苏州市价格志（上册）

《苏州市价格志》编纂委员会 编

中国·苏州

古吴轩出版社

图书在版编目（CIP）数据

苏州市价格志 / 《苏州市价格志》编纂委员会编.—苏州：古吴轩出版社，2017.4

ISBN 978-7-5546-0908-8

Ⅰ.①苏…　Ⅱ.①苏…　Ⅲ.①物价管理–概况–苏州
Ⅳ.①F726.753.3

中国版本图书馆CIP数据核字（2017）第065182号

责任编辑：俞　都
装帧设计：徐小良　俞　都
责任校对：陈　盼　李爱华　赵亚婷
责任照排：刘　浩

书　　名：苏州市价格志
编　　者：《苏州市价格志》编纂委员会
出版发行：古吴轩出版社
　　　　　地址：苏州市十梓街458号　　　邮编：215006
　　　　　Http://www.guwuxuancbs.com　E-mail:gwxcbs@126.com
　　　　　电话：0512-65233679　　　　传真：0512-65220750
出 版 人：钱经纬
印　　刷：无锡市证券印刷有限公司
开　　本：787×1092　1/16
印　　张：74.5　　插页：16
字　　数：1820千字
版　　次：2017年4月第1版　第1次印刷
书　　号：ISBN 978-7-5546-0908-8
定　　价：400.00元（上下全二册）

如有印装质量问题，请与印刷厂联系。0510-85435777

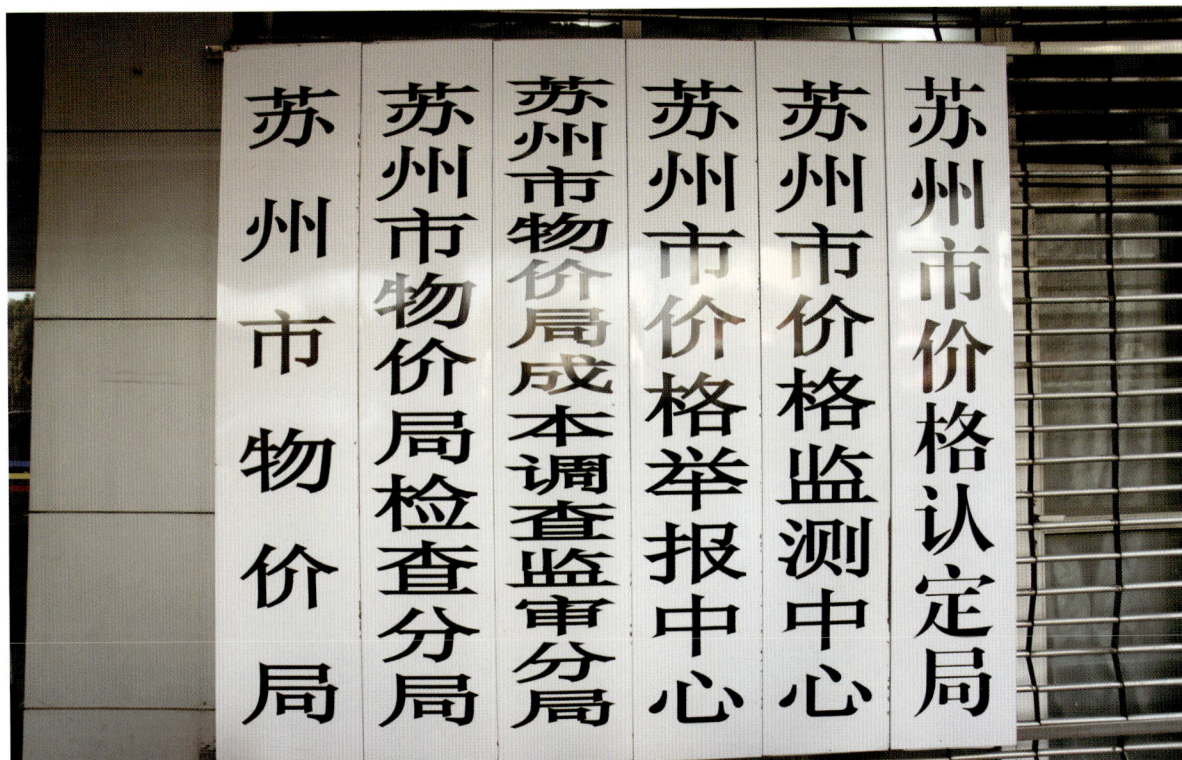

办公大楼

"文化大革命"期间,位于道前街的"五七"粮店

苏州居民在中药店铺配药

20世纪80年代初,苏州市民争购家用电器,自行提货

建国初期,苏州小巷中的大饼油条早餐铺

1958年苏州居民食堂"今日菜单"及标价牌

从1953年11月开始长达40余年,苏州市居民所购
粮、油、生面等均实行国家定价计划定量供应

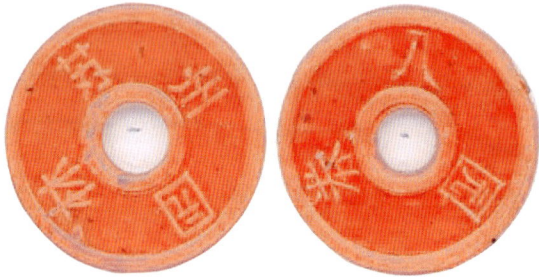

建国初期苏州园林入园券，时门票价为每人次0.03~0.05元

1982年6月，虎丘门票样式，门票为每人次0.10元

发放给苏州市区居民参观园林的优惠券，凭券可免费入园

20世纪80年代拙政园门票样式，门票为每人次0.70元

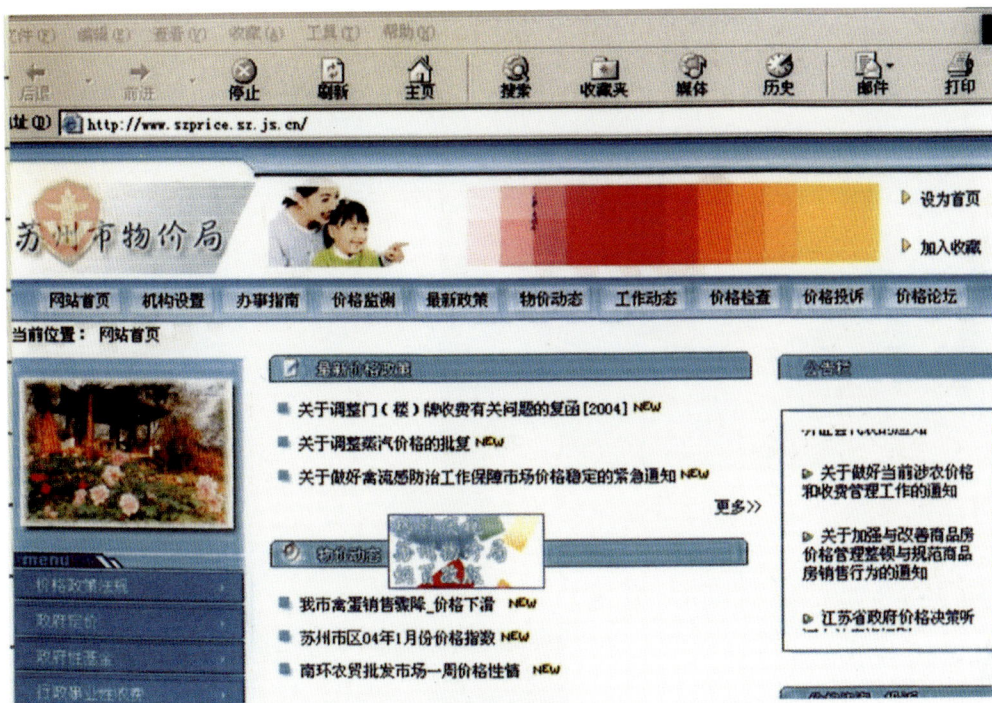

1999年4月27日，苏州市价格信息网开通，向社会宣传价格政策法规，公布各种商品及收费的价格与标准。图为2004年苏州市物价局网站首页

2002年9月，苏州市物价局进驻苏州市行政服务中心实行"一站式"服务。图为市物价局行政服务窗口

2004年4月26日，市物价局举办市区管道煤气价格调整决策听证会，来自社会各界的22名听证代表出席。另有4名本市居民参加旁听

苏州市价格诚信单位在市物价局组织下积极开展价格惠民信用活动

2004年市物价局"12358"价格举报电话与市政府"110"、"899"联动执法，切实维护人民群众价格权益

2008年5月，苏州市物价系统在观前街玄庙观举行"纪念《价格法》实施十周年"宣传活动，现场接受市民价格咨询与投诉

2010年11月，苏州物价局倡议苏州城区25家大型超市和7家园区邻里中心生鲜店开展以"保障供应、价格惠民、稳定物价"为主题的蔬菜价格惠民活动，开创了以非行政手段稳定物价、调控物价的全新模式

苏州市社会价格监督服务网络街道物价监督志愿者向市民发放《价格服务简明手册》

《人民日报》2010年12月5日5版图片报道：从2010年12月1日起，江苏省苏州市公办农贸市场摊位租金实行减半收取，这项优惠政策将持续3个月。图为12月1日，苏州市民在一家农贸市场内选购蔬菜

2010年12月2日，中央电视台《新闻联播》报道苏州市25家超市生鲜店开展价格惠民活动新闻

《苏州日报》刊登价格协会专版

2005年5月9日，市物价局在开明大戏院举办纪念《价格法》七周年专场文艺演出，主题是"坚持依法治价，构建和谐苏州"

市价格协会依托11个行业价格分会，积极引导企业加强价格自律。图为市价格协会餐饮行业分会同各兄弟部门举行"吴地厨王杯"比赛情景

2014年12月25日,《苏州市价格志》志稿评审会在苏州市物价局召开,《苏州市价格志》编委会成员及地方志办公室领导出席会议

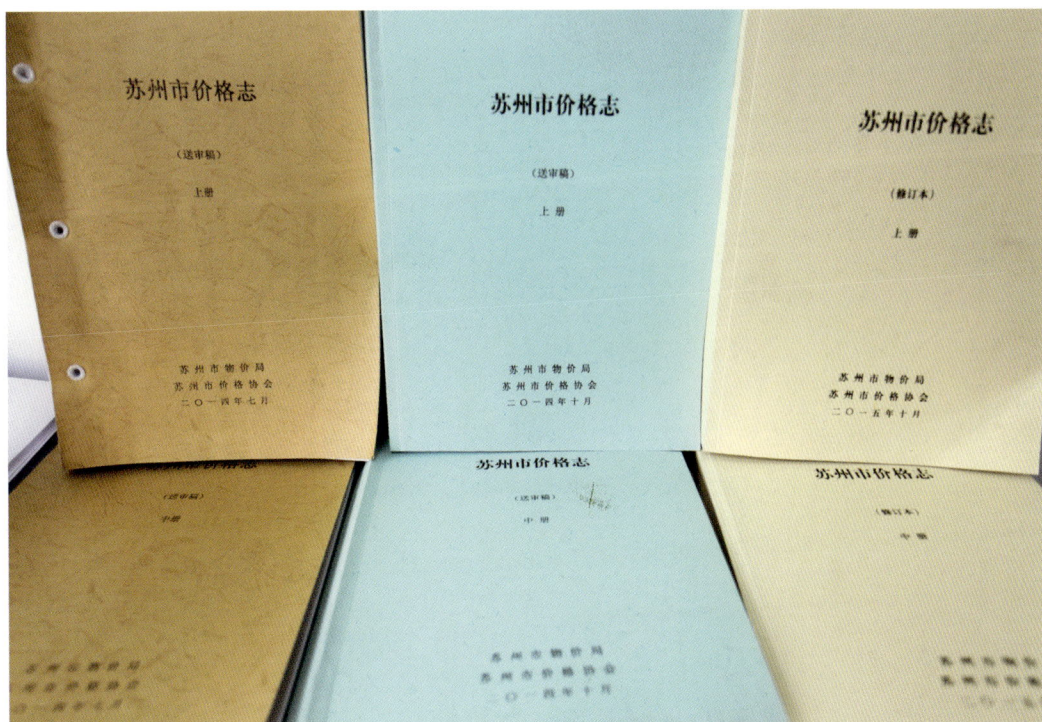

《苏州市价格志》编纂三易篇目,四易其稿,历经六载,艰苦笔耕,终于付梓。图为《苏州市价格志》历年志稿本

历年苏州市物价变动统计报表、调价文件档案

从市档案馆抄录的历史价格资料

部分国家级、省级、市级荣誉

凡 例

一、本志定名为《苏州市价格志》。志中所称价格包括商品价格和服务价格。国家行政机关、事业单位的有关收费,即行政性、事业性收费也纳入记述范围。

二、本志不设上限,追溯至事物起始发端;多以清末民国初起记述,有的章节从中华人民共和国成立后记述;下限为2010年底。大事记延伸至2013年。

三、本志记事立足当代,兼及古代,详今略古。主要记述中华人民共和国成立后苏州市场价格总水平和各大类商品价格变化的史实,由于商品价格和服务收费的品种、规格、项目纷繁复杂,本志不一一列述,择重记述各个时期关系国计民生、居民衣食住行基本生活必需品的价格和苏州物价管理部门有关价格改革的史实。

四、本志以记述苏州市市区行政区划境域为主,对业务范围延伸至市外者作简略记述。考虑到建国后市境行政区划历经多次调整,故行政区划党政机构、职位名称及地名,本志记述均用当时名称。

五、本志从现代社会分工、科学分类和便于编纂出发,继承"横分门类,纵向叙事"的传统做法。采用述、记、志、录、图、表等并用的综合体裁,以志为主,图、表随文设置。结构设章、节、目三个层次,部分目下设子目。行文采用语体文,以记述体为主。本志的总述和各章的概述,述议结合,勾勒事物发展的轮廓;《大事记》采用编年体。

六、朝代名称沿用历史正称,如明朝、清朝。本志纪年,清朝及清朝以前历史纪年用朝代年号后括注相应的公元纪年,民国纪年后括注公元纪年。为了行文简略,以"建国前(或后)"表示"中华人民共和国成立前(或后)"。

七、本志中,江苏省物价局、江苏省物价局检查分局、苏州市物价局、苏州市物价局检查分局等首次出现用全称,以下分别简称为省物价局(省局)、省检查分局(省分局)、市物价局(市局)、市检查分局,其他有关简称类同。

八、本志计量单位一般采用当时法定或通用的计量单位。所记的商品价格,沿用当时流通的货币为计价单位,并在部分地方加以注明。本志数字的使用,遵循2011年发布的《出版物上数字用法的规定》(GB/T 15835-2011)。

九、本志资料,均为经过核实整理的历史文献、档案、正史、旧志、报刊、专志、历年苏州价格信息、价格月报、价格简报、价格内参、市场价格监测资料和口碑资料;数字资料,以统计部门公布的为准。统计部门未作统计的,采用有关行业、部门自行统计的数据。

序

    在中华民族波澜壮阔的历史长河中,方志与国史、家谱一起,共同记载传承着中华民族璀璨悠久的历史和丰富宝贵的文化财富,具有非常独特的地位及深远的文化影响。盛世修志,自古已然,而苏州现存的方志,虽卷帙浩瀚,却没有一部完整专门的价格志。经物价部门历时六载的不懈努力,今天苏州历史上第一部完整的价格专业志书——《苏州市价格志》终于问世了。这是一项艰苦而复杂的系统工程,也是一件功在当代、惠及子孙的大事,至为可喜可贺。

    价格问题直接关系到民生福祉、经济发展和社会稳定。回顾历史,无论是建国初期、1960~1962年国民经济困难时期,还是"文化大革命"十年浩劫,苏州的物价工作始终得到历届苏州市委、市政府的高度重视和关注,制定和贯彻了一系列促进经济发展、稳定市场物价、安定人民生活的价格政策措施,收到了显著成效。1978年12月中共十一届三中全会拉开了经济改革的序幕。价格改革作为整个经济改革的开路先锋,一马当先,有序展开,并贯穿了30多年来经济体制改革的全过程。苏州的价格改革结合本地实际,"摸着石头过河",探索出了不少成功之路,也经历了诸多风雨,总的来说是走在全省乃至全国的前列。从改革高度统一的计划价格体制开始,苏州率全国之先放开了小商品价格,制定了乡镇企业"四定一活"定价原则,又经历了从"调放结合,以调为主"到"调放结合,以放为主",从"计划价"单轨运行到"计划价"、"市场价"双轨运行,从"宏观调控下主要由市场形成机制"到"完善主要由市场决定价格的机制",走出了一条具有苏州特色的价格改革之路。与改革之初过度僵化的价格体制严重制约经济活力,加剧国民经济部门间失衡,影响生产发展和人民生活改善的状况相比较,现今的姑苏大地全面步入小康社会,经济繁荣,社会和谐,供给充裕,95%以上的价格由市场决定,价格总水平保持基本稳定,城乡居民收入大幅提高,改革给苏州广大城乡居民带来了看得见、摸得到的好处和实惠。价格改革在苏州的顺利推进和成功实践,不仅有力地促进了苏州的计划经济体制向市场经济体制的根本转变,而且有力地促进了苏州经济又好又快发展。

    以史为镜,鉴古知今。从编纂《苏州市价格志》的过程中,我们至少可以得到这样三点启示:一是必须保持市场价格总水平的基本稳定。价格稳定事关千家万户切身利益,事关经济社会发展大局,事关国家长治久安,任何时候都不能放松懈怠,不能掉以轻心,不能马虎大意。二是必须坚持市场决定价格的改革方向。发挥市场在资源配置中的决定性作用,发挥价格这个最有效的经济杠杆,建立充分反映资源稀缺程度、市场供求状况、环境损害成本及修复效益的价格形成机制,让市场决定价格,让市场配置资源,从而调动社会各方积极性,促进经济结构转型和产业升级。三是必须加强完善政府宏观调控。构建统一开放、竞争有序的市场体系,保持宏观经济稳定,弥补市场失灵,需要综合施策,加强价格政策与货币、财政、税收、投资、产业等政策协调配合,促进社会总供求平衡,才能适应经济新常态,稳定物价,繁荣市场,促进经济社会健康和谐发展。

《苏州市价格志》综合性强,涉及面广,编纂难度大,编委会及编写组的同志们历经六载寒暑,广征博采,撷菁集萃,三易纲目,五易志稿,终于付梓。全书遵循实事求是的科学态度,系统记述了苏州近百年来主要商品和服务价格翔实可靠的历史资料及变动情况,以及价格管理体制改革的沧桑演变,是一部集"资政、存史、教化"等功效于一体的学术著作。它对于今人和后人了解苏州价格历史,认识价格运行规律,设计价格政策,评估价格改革成效,提高价格调控管理监督服务水平,促进苏州经济社会发展都会起到积极作用。而这些,也正是我们编纂出版《苏州市价格志》的初衷和目的。

现在我们真诚地把这部《苏州市价格志》奉献给广大的物价工作者、经济工作者、史志研究者以及关心价格问题的朋友们,衷心地期望它能受到大家的欢迎,为大家所运用。

是为序。

苏州市物价局局长　阚明清

总目录

目 录

总　述

　　苏州，自公元前514年吴王阖闾建吴大城以来，在2500多年的历史长河中一直是江南经济最繁华的地区之一。伴随着商品交换的出现，苏州境内便有了商品价格。古代苏州市场的商品，主要是以大米为代表的农副产品和以丝绸为主的手工业制品，其价格一般通过交换形成，多以贝币、粮食或金属货币计量。由于粮食是人类赖以生存的主要食物，粮食收成的丰歉和价格变化直接影响民生和社会稳定，所以历代苏州地方官府都很重视粮食生产和价格稳定，米价也就成为苏州历史上诸物价的核心。早在春秋吴越争霸时期，范蠡就提出平粜论，主张官府在丰年收购储备粮食，以备荒年平价平粜，稳定市场物价。

一

　　隋炀帝开通江南大运河，沟通黄河、淮河、长江、钱塘江四个水系。苏州日渐成为东南沿海沟通内外的水陆要冲和全国财货集散、转运、信息交流的一个中心。自唐宋以来，经济日益发达的苏州就有"鱼米之乡，人间天堂"、"丝绸之都"的美称。从明代到清代鸦片战争前，苏州封建经济继续发展，并开始孕育资本主义萌芽。明清年间，苏州枫桥形成了全国最大的米市、粮食集散市场，每年交易量以百万石计。乾隆年间，米商还设立了苏州历史上较早的行业组织"豆米公所"，磋商议定价格是行业同人须共同遵守的规则。农业上由于兴修水利，改进农具和改革耕作制度，水稻亩产明显提高，达三石左右。清乾隆四十年（1775），苏州府产米约2000万石，是民与国所赖的"粮仓"之一。米价大体平稳，促进了商业和手工业的繁荣和兴盛。当时，自给自足的小农经济占主导地位，市场上商品交易多以金银计价，社会购买力较低，物价相对低廉平稳，具体价格多由买卖双方协商而定，苏州地方官府对市场物价一般不加干涉。遇到天灾、战乱，粮价上涨过高而影响民众生活时，官府才命令粮商抑价，或与商会协议限价，或通过义仓实行平粜。

二

　　清末民初时期，苏州受战乱和灾歉影响，市场物价在上下波动中缓慢上涨。清光绪二十五年（1899），苏州米价每石约银洋2元，稻柴每担130文（制钱），菜油每担银洋3元。宣统三年（1911），苏州各乡因灾歉收，米价腾贵，四乡发生抢米事件；元和、长洲、吴县三县县令谕米商减价，每升以86文出售，石米之价约合银洋8元。民国初期，军阀统治苏州，生产遭到破坏，战乱不断，遇天灾人祸则米价升腾，时局稍稳或年景正常后，米价即回落。物价时升时降，总的呈缓慢上涨趋势。民国元年（1912），苏州兵乱，枫桥一带商铺遭焚毁，工商停业，物价上涨，米价每石约银洋6.9元。民国10年（1921），苏州四乡虫害水灾，米价每石逾10元。民国11年至12年（1922~1923），年景正常，米价每石回落至7.5元，面粉每袋银洋2.4元。民国14年（1925），江浙军阀交战，苏州米价腾贵，最次之米每石逾10元，高者12~13元。清末民初，引起物价上涨的另一原因是官府滥铸铜圆，以事搜刮。清末，进口紫铜每斤洋3角，可铸铜圆80枚，而每1（银）元兑铜币为90枚，是以官府滥铸不已，币值不断下跌，则表明为物价不断上升。以1银圆兑换铜币计，光绪二十五年（1899）为100枚（铜币一枚折兑制钱10文），宣统年间为120~130枚，民国17年（1928）达到320枚。

民国16年（1927）北伐胜利，成立国民政府，起初的数年内，苏州市场物价由于战乱和灾歉，有所上涨。民国18年（1929），米价每石上涨至14~15元；民国19年（1930）7~9月，一度达19元。翌年新谷登场后，米价渐落。民国22年（1933）和民国24年（1935）国民政府两次实行币值改革后，商品逐步以纸币（法币）计价，苏州市场物价曾小有波动，旋即回落。嗣后至民国26年（1937）抗日战争爆发，米价基本稳定在每石10元（法币）左右。以民国26年（1937）每石10.33元计，比民国元年（1912）上涨50%，平均年递升不足1.5%。市场物价大致保持了基本稳定。随着政治经济的发展，这一时期，苏州工商各业建立了同业公会已达120多家，遍布各个主要行业，苏州市场物价已初步形成按市场供求关系，主要由工商企业同行业议定价格的格局。市场物价随行就市主要由供求状况决定，苏州当局一般不予干预。

抗日战争时期，日军侵占苏州的8年中，伪币贬值，物价暴涨，日军大量搜购军粮，致市场大米价约涨10万倍，引发其他商品价格全面上涨，食油涨9万倍，猪肉13万倍，火柴8万倍，火油20万倍，饰金8万倍。一般民间工商企业损失至巨。太平洋战争爆发后不久，汪伪江苏省政府强制发行"中储券"，又对米、面粉、食油、棉纱、棉布等重要物资实行统制，又因伪币发行量失控，通胀加剧，物资匮乏，苏州人民饱受国土沦陷和恶性通胀货币贬值之苦。在物价不断暴涨之际，苏州作为汪伪江苏省会所在地，曾几次成立"平抑物价"管制机构，装点门面，企图控制物价，均无效果。

抗日战争胜利后，民国34年（1945）9月，国民政府宣布按200元"中储券"兑换法币1元，限期兑换。旬日后，苏州各物之价即上涨1倍以上；至民国35年（1946）2月下旬，米价每石为22000余元，上涨近10倍，其他各物皆涨。《苏州明报》云："不死于战乱将死于生活。"同年7月，南京政府发动内战，滥发纸币，通货膨胀加剧，币值一日数贬，百物飞涨。民国36年（1947）5月上旬，苏州发生民众抢米风潮，迫于无奈的百姓，连抢胥门外7家粮行。民国37年（1948），物价涨幅数日成倍；是年8月，国民政府进行"币值改革"，发行金圆券，以法币300万元折兑金圆券1元，强行收兑民间的黄金、银圆、外币，并宣布冻结一切物价，维持民国37年（1948）8月19日价格水平，并建立经济督导团以及经济检查大队，强行限价，手段严厉。但因当时采取的措施不触及根本，自然均告无效。半月后，苏州市场与各地一样，有价无市，抢购风潮迭起，黑市与"黄牛"则大为猖獗，民不聊生。11月1日，政府当局被迫取消限价命令，全国物价扶摇直上。苏州米价1949年4月26日每石金圆券160万元，与上年8月19日的每石金圆券20元相比，8个月里上涨8万倍，比民国34年（1945）9月的米价上涨3.75亿倍，为亘古之未有。

<h1 style="text-align:center">三</h1>

1949年4月27日，苏州解放。同日下午，苏州市军管会解放军代表即宣布：人民币400元（旧币，下同），暂作袁头银圆1枚；食品每市斤价格，鲜肉为66元，菜为3.5元，盐为4元，食油为100元。当时，解放战争尚在进行之中，工农业生产尚未从战争中恢复，加上投机之风、贮物保值之风盛行，物价仍有较大波动。是年5月下旬至11月，华东地区出现三次物价涨风。为安定人民生活，苏州市军管会和人民政府与沪宁沿线各地协同采取措施：一方面通过国营贸易部门掌握粮食、食油、棉纱、棉布、食盐、食糖、煤炭、石油等重要物资，制定和调整其价格，对市场物价施加影响。同时，通过运用经济手段和行政手段打击投机、稳定市场、稳定物价，1950年春节前，人民政府由江西、东北等地调来大批粮食和日用工业品，通过抛售打击投机资本，苏州市场春节后6天内售给米商8000余石，米价由节前每石27万元跌至23万元，各种物价也随之下跌，投机商人投机不成，大亏其本。另一方面，在宏观上采取统一财政收支，控制现金流通，实行保值的折实单位制，加强税收，发行公债，加强物资统一调度，严格市场物价管理等一系列措施，终于使连续升腾了十几年的市场物价得到完全控制，由此奠定了长期稳定的基础。1950年至1952年，苏南区全社会零售物价总指数上升了10.9%。对保障人民生活起过好作用的折实单位，于1950年12月停办。

第一个五年计划时期（1953～1957），为巩固物价稳定的局面，在对手工业和资本主义工商业进行社会主义改造的同时，国家进行大规模的经济建设。1953年11月起到1954年9月，苏州市政府根据中央规定先后对粮食、油料、食糖、棉布实行计划收购和计划供应（简称统购统销），以保持价格稳定。在对重要生产资料和重要农产品实行统一分配、计划供应的计划价格体制基础上，逐步建立健全了全市统一定价的计划价格管理体制，制定实施了一系列的价格管理办法。国营商业和供销社逐步确立在市场的领导地位，1954年，苏州国营商业批发比重达82.91%，私营工业基本纳入为国营商业加工订货或统购包销轨道，其产品价格均由国营商业公司按国家定价政策制定。

1955年2月21日，国家发行新人民币，以一比一万元收兑旧人民币，商品价格按同比改标。苏州市曾发生过短时期的抢购棉布、绒线等商品现象，经宣传解释后渐趋缓和。同年3月1日新币正式流通，市场恢复正常，物价未发生变动。至1956年"三大改造"（农业、手工业和资本主义工商业的社会主义改造，即私营工商业完成公私合营改造、个体手工业实现合作化改造、农村初级合作社向高级合作社改造过渡）完成后，最终形成由国家制定全部价格的体制。在1955年发行新人民币和1956年全面提高工资期间，为防止物价波动，苏州市场物价同全省其他地区一样被临时冻结。

1957年，为缓解因社会购买力迅速提高和经济结构变化而发生的供求失衡矛盾，是年四季度苏州市区开放国家管理下的农副产品自由交易市场。首批允许在自由市场交易的有蔬菜、鲜鱼、家禽蛋品、南北货小土产、酱工复制品、幼畜等6类共138个商品。与上年成立的国家粮食市场，一同作为计划市场的补充。自由市场的商品价格，约比国家牌价高10%。同年，为调节部分商品供求关系，国家陆续调高部分商品零售价格，其中猪肉提价5.88%，食盐提价11%，呢绒提价25%。1957年，苏州零售物价指数同比上升5.24%，为第一个五年计划时期内升幅最大的一年，从1953年至1957年，苏州全市职工平均工资增加13.4%。而苏州零售物价指数以1952年为100，1957年为112.4，职工工资收入高于物价涨幅1%。

1958年以后，受"大跃进"影响，苏州工农业生产下降，市场物资供应紧张，财政困难。从1959年始，苏州农业严重减产，农产品供应渐趋紧张短缺，至1960～1962年国民经济严重困难时期，物资匮乏，"黑市"交易活跃，口粮不够，瓜菜相代，人民基本生活负担加重，生活水平一度明显下降。市场上除一些主要商品计划价格受国家严格控制外，其他商品价格均有不同程度上涨，物价一度出现混乱现象。这一时期商品价格出现了国家规定的平价、高价和自由市场价三种价格形式。高价和自由市场价一般要比平价（计划价）高2～4倍。1959年5月，新成立苏州市市场物价管理委员会；8月成立苏州市物价局。这是建国后苏州首次设立的专职物价机构，致力于加强市场物价管理，防止物价波动，安定人民生活。这一时期政府采取的措施有：1960年始，苏州市对主要生活用品和副食品实行计划供应，即配给制，凭票凭证定量供应的副食品有肉类、蔬菜等26个品种；凭票凭证定量供应的日用工业品有棉花、针棉织品、肥皂、煤球等34个品种；是年9月还适当降低了市民口粮、口油定量标准。用这些措施来保障价格稳定和保障市民低水平的生活必需。1961年，在市郊恢复1959年取消的农村集市贸易，价格由双方自由议定，以补充副食品供应。集市开放初期，农民出售的蔬菜、蛋品、猪肉价格一般超过国家牌价（平价）二倍以上。1962年第三季度苏州市区集市贸易价格：每市斤（下同）大米平价0.139元，集市0.80元；猪肉平价0.85元，集市2.60元；食油平价0.74元，集市4.50元；鲜鱼平价0.60元，集市1.80元；鸡蛋每只平价0.10元，集市0.18元；洗衣皂每块平价0.15元，集市0.80元；火柴每小盒0.02元，集市0.08元。而当时称之为"黑市"的价格还高于集贸市场交易价。同年7月份，市郊又增设7个贸易货栈（山地货、食品水产、腌腊、竹木柴炭等行业），吸引浙江货源，允许小商小贩在货栈内交易，交易价在货栈指导下议定。1961年2月，根据国家通知，苏州市开始供应高价糖果、高价糕点和高价菜（简称"三高"商品）。至1963年6月，苏州市又扩大了高价商品范围，增加了绸缎、毛巾、被面、针织品、自行车、手表、卷烟、酒等紧俏日用品，高价一般比平价（计划价）高出2～4倍，增加了货币回笼。在供应高价商品的同时，坚决稳住凭证凭票定量供应的18类生活必需品的价格，以保障人民基本生活水平的稳定。同年7月下旬起，按市人委通知，以改进计划供应稳定物价为目的，试行城市居民按工资水平发放购货券，凭券按牌价供应呢绒、羊毛制品、铝制品等13类72种商品；在郊区，对农民按收购农产品金额，发放购货券，凭券按牌价供应橡胶、铝制品和搪瓷制品等13类58种日用工业品。

为刺激农业生产，增加紧缺的主副食品供应，1960年至1962年，国家调高部分农副产品的收购价格。苏州市粳稻收购价提高14.6%，小麦提高14.7%，油菜籽提高22.4%，生猪提高31.44%，其他农产品收购价也有不同程度提高。1960年至1961年，新粮上市时对统购粮食超购加价10%。为稳住计划供应牌价，国家对粮食、棉花、油脂、油料等重要商品实行价格补贴。苏州还对肥皂、洗涤剂、草纸、铁锅等日用工业品生产亏本进行地方财政补贴。同时，市物价局加强市场物价管理，严格审批或转报多类商品价格，坚决稳住与人民密切相关的主要生活必需品价格和收费标准，整顿市场价格混乱现象，国家管理价格形式得到加强。

1963年开始，随着工农业生产逐步恢复，市场商品供应也逐步恢复正常。1964年1月，苏州市区城市居民恢复1960年9月前的粮油供应标准。同年7月起，猪肉等主要副食品取消凭票供应办法，实行敞开供应，猪肉价格还因7月份收购量增加而作临时降价处理。1965年12月，猪肉每市斤由0.85元调低至0.80元；消费品中除针棉织品和飞马、红金牌香烟，其余都退出高价商品范围。

从1958年至1966年，苏州市零售物价指数（国家牌价）以1957年为100，1961年升至107，1965年降为98.4，1966年则为97.5，这中间市场物价经过一个上升、抑制通货膨胀、波动回落的过程。

"文化大革命"时期，社会经济生活陷入动乱，苏州市物价管理机构一度中断，物价管理工作基本瘫痪，市场物价长期冻结，积累了更多的价格矛盾，价格体系中的不合理状况进一步加剧。1978年，苏州市零售物价指数比1966年上升了5个百分点。为稳定市场物价，保障人民生活，政府支付了巨额财政补贴，为稳定大米价格，仅苏州市区市民口粮部分，1962～1966年国家财政补贴了1544.77万元，年均308.95万元，1967～1979年共补贴5857.63万元，年均450.59万元。

1949年新中国成立后到1978年改革开放前，苏州和全国全省一样，实行的是高度集中的价格管理体制。97%以上的商品价格和服务价格由政府管理，逐步形成了以计划价格为主要形式的价格体系，这对稳定社会、保持市场物价基本稳定、发展经济曾起到积极作用。随着形势的发展，政府定价"一统天下"的体制弊端日渐明显，管理权限高度集中，主要商品实行计划购销和凭证（票）计划供应，许多价格既背离价值，也不反映供求，束缚了生产力发展。

四

1978年12月召开的中共十一届三中全会确定了新时期党的基本路线，拉开了经济体制改革的序幕。价格改革作为经济体制改革的关键，一马当先，有序展开。30年来，苏州价格系统干部职工，按照国家、省的统一部署，在历届苏州市委、市政府的正确领导下，坚持以邓小平理论和"三个代表"重要思想为指导，认真落实科学发展观，积极推进价格改革，特别是在1992年邓小平视察南方发表重要谈话后，苏州市价格系统按照"三个有利于"的标准，坚持市场取向，抓改革，求实效，保稳定，促发展，大胆探索，勇闯"禁区"，经过30年的艰苦努力，苏州价格改革在转换价格形成机制、理顺价格关系、建立价格调控体系、完善价格法律约束机制、努力保持市场价格总水平的基本稳定等方面取得了突破性进展，促进了苏州经济社会又好又快发展。整个苏州30年价格改革历程，大致经历了五个阶段。

第一阶段（1979～1984年），价格改革初始探索阶段。中国经济体制改革首先从农村实行家庭联产承包责任制开始，价格改革也是从调整明显过低的农副产品价格开始，拉开了全国价格改革的序幕。

1978年12月党的十一届三中全会决议指出："为了缩小工农产品交换的差价，全会建议国务院作出决定，大幅度提高农产品收购价格。"1979年4月起，按照国家、省统一部署，贯彻"调放结合，以调为主"的方针，苏州市以农产品价格改革为突破口，调整严重扭曲的价格体系，于1979年、1983年先后大幅度地提高了粮食、油料、猪肉、水产等部分农产品收购价。其中，1979年粮食价格提高19.3%，油菜籽提高28.5%，生猪计划收购价提高23%，水产品提高33%。1983年每50千克油菜籽收购价为46.8元，比1979年再提高27%。同时，对于国家定量供应的口粮、食油都维持原价，亏损由国家补贴；市民消费超过定量部分，按市场价（议价）供应；对于粮食制品业，从1979年起按省粮食部门制定的市场价格供应粮油。1984年起，赤豆、绿豆、蚕豆、芝麻等小杂粮、小油料退出统购统销范围，实行议价购销。苏州根据上级规定，1979年11月适当提高了肉、禽、蛋等八类副食品销售价，其中猪肉32.5%，牛肉38.5%，羊肉50%，鸡蛋37%，水产品40.8%，牛奶12.5%；家禽和蔬菜此前已先行提了价，未再提价。于是饮食、糕点行业450个品种也相应提高售价。为不致降低市民的生活水平，由各单位每人每月随工资发给5元副食品补贴，物价补贴首次由暗贴改为明贴。1981年后，还逐步扩大了农副产品的议价购销范围。1982年，苏州市对水产品议价放宽，允许高出牌价30%~50%；1983年又对计划外的小品种蔬菜、水果实行价格放开。由于运用价格杠杆，大幅度地提高了主要农副产品的收购价格，适当提高了主要副食品销售价格，从而调动农民的生产积极性，增加了生产，保障了供给。1979~1984年，农产品收购价格平均提高了45.6%，其中粮食收购价格提高了56.6%。这一时期，全市农林牧渔业总产值年均递增5.1%，农民人均收入年均递增20.2%。1984年，全市粮食、棉花总产量分别达310.14万吨和5.99万吨，均创历史最高水平。

1981年开始启动日用工业品价格改革，国家通过先后两次调低化纤织品价格，同时调高纯棉织品价格，拉开了全国性工业品价格"以调为主"的改革序幕。1981年11月，苏州地产化纤布30个品种调低价格。1983年1月，化纤布又平均降价27.7%，降价总金额为486万元；纯棉布平均提价22.8%，提价总金额为226万元；苏州牌手表每只零售价由65元降至55元，降价15.4%。1981年8月，苏州在全国率先对233种小商品试行工商协商定价，以后又进一步分期分批放开大部分小商品价格和部分日用工业品价格。1983年，苏州在全国又率先对针纺织品试探实施花色质量浮动价格，并逐步扩大到获得省、部优以上各类日用工业品名牌产品。这一时期苏州工业品价格改革的主要形式，同农副产品一样，以有计划的调整为主，但不同的是价格有升有降，国家单一的计划价格"禁区"被突破，国家定价、国家指导价、市场调节价三种价格形式并存的新格局展露雏形。有的物资按照供应对象情况，开始探索实行国家计划价格与市场价格并行的"双轨制"。

随着价格改革的不断深化，单一国家定价模式被突破，价格形式日趋多样化，定价主体也日趋多元化，与此同时，违反价格政策的违纪案件也不断增多。为了保证价格改革有序推进，维护国家、企业、消费者的利益，国务院决定在全国县以上物价部门内设立价格检查机构。

苏州市于1984年3月设立苏州市物价检查所，专司物价监督检查。当年共查处物价违纪案件143件，没收违纪金额240.57万元（不含县）。

第二阶段（1985~1988年），价格改革全面推进阶段。改革重点由农村转向城市，主要内容是打破高度集中的价格管理体制，实行"放调结合，以放为主"方针。由于比较复杂的叠加因素，1985年出现了改革开放以来第一轮通货膨胀。

1985年8月，苏州市对地产缝纫机、手表、收音机、电风扇四种商品价格放开，由生产企业定价；1986年9月，又放开了国产冰箱、洗衣机、收录机等七种工业消费品价格。嗣后逐步调整并放开了大部分副食品和日用工业品价格，其间于1985年开始，粮食收购从统购改为合同定购，合同外的粮食实行议购议销。粮食购销价格打破了自1953年开始沿袭了30多年的"统购统销"的一统天下，粮食购销价格形成了国家指导价与市场调节价并存的新格局。同年7月放开了生猪收购价和猪肉销价，取消猪肉按城镇人口定量供应办法，适当给予肉食品补贴。市民每人每月2.50元，高等学校学生3.50元，不食猪肉的少数民族每人另增发2元。1985年下半年，计划收购的18种大宗蔬菜减少为12种。而对集贸市场副食品交易，一般情况下由买卖双方自由议价成交，价格随行就市。这一时期，市场曾出现几次主副食品价格异常而影响市民生活的情况，苏州市曾多次对主副食品采取临时性限价措施，其中1985年、1988年较为严厉。

与此同时，苏州市逐步调整了部分非商品收费标准，1981年提高了公费、劳保单位成员的医疗收费标准；1982年6月，苏州园林门票价格提高，由3~5分提高到1~2角；1983年、1985年先后提高了理发、沐浴业收费，幅度为10%~50%不等。1984年暑期后，中小学学杂费调高、小学改为低年级3元，中年级4元，高年级5元；初中改为8元；高中9元。其间，经过一系列的价格改革，市场商品价格和服务收费进入上升通道，1985年商品零售物价数和居民消费价格指数与上年相比分别上升12.1%和11.9%。由于采取了一些价格管理措施，加上宏观紧缩政策效应奏效，1986年苏州市商品零售和居民消费价格总指数涨幅分别回落到6.4%和6.5%。

进入20世纪80年代，为适应乡镇、村办工业的迅速发展和苏州工农业生产发展对生产资料急剧增加的需求，一部分生产资料进入市场调节范围，苏州市以"生产资料价格中心"的形式对放开的市场调节价加以引导管理。这一时期逐渐在苏州市场上形成了生产资料价格计划内和计划外"双轨制"。以生产资料为例，苏州市1985年四季度钢材、木材、水泥、化工等主要生产资料市场调节价比国家牌价（计划价）约高30%到150%。为扶植推动乡镇企业的发展，苏州市首创实施的乡村工业产品价格"活两头，管中间"（即"四定一活"，固定原材料消耗定额、固定工资、固定费用、固定税利，放活原材料价格）等的价格改革举措，既吸引了省内外资源流入苏州，又促进帮助了乡镇企业发展使其成为苏州经济的"半壁江山"。

从1985年开始，苏州市的价格管理工作由单纯的管理型逐步向管理服务型转变。年初成立苏州市价格学会，旨在结合苏州的实际，研究探索价格改革理论，服务价格管理实践。同年下半年又设立价格信息服务部门，对市场商品价格提供信息服务。

总需求大于总供给的矛盾突出，加上货币超量发行、投资膨胀、消费拉动等因素，造成了1988~1989年严重通货膨胀。在商品短缺的经济条件下，价格实行"双轨制"，计划内、外差价较大，致1988~1989年市场流通秩序一度出现混乱，倒买倒卖钢材等生产资料和生产原材料，高价销售彩电、冰箱、自行车等紧俏日用工业品的行为抬头，一些部门为了牟取暴利，任意扩大购销差率，搞同城多次转手倒卖，货未动价先变，以零套零，哄抬价格。社会上一度出现抢购商品和挤兑储蓄存款风潮，反过来又推动价格上涨。同全国全省一样，苏州市物价总水平涨幅很快，各分类价格指数全面上涨，市场价格逐日攀升，1988年、1989年苏州市区市场商品零售物价总指数较上年分别上涨23.9%和16.1%，居民消费价格总指数较上年分别上涨22.7%和16.8%，分别比全省高出1.6和0.8个百分点，涨幅创改革开放以来十年的新高。

第三阶段（1989~1996年），改善宏观调控，治理通货膨胀。深化价格改革，放开大部分价格，逐步建立以市场形成价格为主的价格机制和企业定价为主，宏观调控与间接调控相结合的价格管理体系。

苏州市价格系统认真落实党中央提出的"治理经济环境，整顿经济秩序，全面深化改革"的方针，围绕"治理整顿"目标要求，采取"控、管、查"三管齐下措施，控制价格总水平过快上涨。积极运用价格杠杆，狠抓"米袋子"、"菜篮子"工程建设，确保主副食品有效供应；严控出台涨价措施；开展行政事业性收费的清理整顿，治理"三乱"（乱涨价、乱收费、乱摊派）；强化价格监督检查和市场价格监督机制。经过三年的价格"治理整顿"，至1990年，苏州市场物价涨幅开始趋稳，居民消费价格指数和零售商品物价指数的涨幅从连续3年的二位数分别回落到3.9%和3.2%。改革开放以来第二次治理通货膨胀，取得了阶段性成果。

1991年，苏州遭遇百年未遇的特大洪涝灾害，苏州市价格部门积极应对，做好抗洪救灾稳价保供工作。同年，苏州市按照上级统一部署二次大幅提高粮食购销价格，其中1991年5月1日全国粮油统销价格调整，每500克粮食、食用油平均提价分别为0.10元和1.35元，涨幅分别为68%和170%；全省粮价每500克提价0.13元，幅度为90%。同时对职工实行物价补贴，职工每人每月6元，无赡养负担的每人每月4元。是年，苏州市区居民消费价格总指数和零售价格总指数同比分别上升8.4和8.7个百分点。

1992年，以党的十四大为标志，改革开放和经济发展进入新时期，价格改革进入全面放开阶段，不失时机推进价格管理体制和价格形成机制的改革。这一时期按照"放、调、管"相结合，以放为主的路子，加快了价格改革步伐，彻底地放开了大部分商品和服务价格。1992年初，率先放开了苏州市的蔬菜价格，又放开了市管的火柴、肥皂、糖精等65种工业消费品价格，以及奶粉、鲜果等18种农副产品价格，提高钢材、有色金属等生产资料计划价格，适当缩小"双轨"价差。1993年4月1日，苏州市放开粮油购销价格和经营，取消粮食定购和对居民的定量供应，不再使用粮票、油票等。而后，按照上级"放开多数，管住少数"的要求，进一步缩小国家定价范围，苏州市除省以上明确管理，以及省指定苏州市必须管理的商品和服务价格外，其余商品价格全部放开，由企业经营者自主定价。据测算，苏州市1992年放开商品价格的比重由上年的75.33%上升至83.7%，1993年进而上升至95%左右。

但是推进粮食市场化的时机尚不成熟，农民种粮效益差，弃耕抛荒增多，粮田面积减少，全国粮食产量下降，致使粮价上涨，又带动主副食品和市场物价上升，加上全国高投资规模、高货币信贷投放、高工业增长，价格改革步伐过快，大面积放开价格，市场调节比重扩大，而市场约束机制尚未形成，乱涨价、变相涨价时有发生，引发了又一轮通货膨胀。从1993年始，苏州市区商品零售和居民消费价格总指数涨幅又连续3年均在20%上下的高位上运行，1993年同比分别为121.4和123.0，1994年同比分别为122.6和123.4，1995年同比分别为113.3和118.0，抑制通货膨胀又成为这一阶段经济工作的首要任务。随着全国性粮食供求再次紧张，1994年苏州市区重新恢复粮食计划供应，改用"备用券"定量供应，这项临时措施至1996年年底随着粮食供应的充裕才消失。

1995年初，党中央、国务院强调必须把坚决抑制通货膨胀作为宏观调控的首要任务，尽快把过高的物价涨幅降下来。经苏州市人代会审议通过，苏州市确定了"1995年确保商品零售价格指数上升幅度比上年明显回落，力争控制在省确定的15%之内"的全年物价控制目标。从此苏州市开始实行政府领导下的物价调控目标责任制，并将这行之有效的制度坚持至今。是年，苏州市政府分别与市物价、工商、粮食、商业、物资、市政公用局和郊区政府等七个主要责任部门和地区签订责任书，并建立地区、部门以及相关单位的物价控制目标责任制，将粮食、食用油、猪肉、鸡蛋、蔬菜以及水、电、煤气等价格分解落实到位，努力抑制主副食品价格的上涨。通过整顿金融秩序、加强宏观调控，加大价格监管力度，对放开的少数重要商品价格和服务价格加强监审，实行提价申报、备案制度和差率管理，落实明码标价制度，规范市场价格行为，动用价格调节基金，建立主副食品储备制度和生产基地，实行"菜篮子"市长负责制，粮食大幅提价，实行价外补贴，深化粮食购销体制改革，促进了粮食丰收、供求矛盾缓解，粮食相对过剩，粮价回落，通胀得到抑制，至1996年，苏州市区商品零售价格总指数和居民消费价格总指数分别回落到106.2和111.0。

　　第四阶段（1997~2002年），依法治价，大力整顿价格和收费秩序。这一阶段以《中华人民共和国价格法》（1998年5月1日实施）和2002年《江苏省定价目录》的公布为主要标志，苏州市通过颁布一系列的价格法规规章，大张旗鼓宣传价格法律法规，严格依法治价，为市场机制正常运行创造了良好环境。全市物价部门及时调整工作思路，开始把价格职能、工作定位转变到"定规则、当裁判、搞服务"上来，充分运用价格手段，积极助推苏州经济发展。

　　针对1997年至2002年，市区商品零售物价总指数和居民消费价格总指数出现的连续多年的负增长，以及亚洲金融危机和1998年洪涝灾害影响，苏州市积极运用价格杠杆，促进扩大内需、调整经济结构和优化经济发展环境，抑制通货紧缩，促进价格总水平合理回升，实现了国民经济软着陆。

　　1998~1999年，苏州市认真贯彻国家、省关于清费、治乱、减负一系列文件精神，大力整顿价格和收费秩序。1998年，国家、省公布取消、降低、合并行政事业性收费97项，取消、降低6项邮电通讯费，据不完全统计，两项合计可减负4.1926亿元；苏州市自立的33项行政事业性收费全部清理取消完毕，苏州市区可减负3196.944万元（其中驾驶员培训费1281.46万元转为经营性收费）；下属六市及园区、新区共计取消315项收费，合并41项、降低105项收费，合计可减负2.4332亿元；农村电价清理整顿方案市府审议通过报省审批同意，据统计可减轻企业及农民负担4.2亿元；国产大化肥、进口尿素销价调低，按年销售量计算可减少农民成本开支1820万元。黄金饰品价格调低可减少群众支出1854万元。上述五项苏州市范围内可减负11.5129亿元。为大力支持企业改制改革，全市对行政事业性收费进行"改税一批，剥离一批，取销一批，规范一批"，进一步制止乱收费行为。1998年5月，苏州市物价部门会同市监察部门确定270家单位进入《企业交费登记卡》制度首批试点，并逐步在全市推广。减轻企业负担，治理各种乱收费，促进了国企改革、外向型经济和个私经济的发展。

　　积极加大"第三产业"价格改革力度，运用价格杠杆，扶持新的经济增长点。1999年11月，经市政府同意，苏州市物价局结合本地实际，下发了关于运用价格杠杆扩大消费需求，促进苏州市经济发展的10条意见，将培育房地产市场，深化旅游服务业改革，落实减轻农民负担,扩大农村消费市场,规范涉企收费,建立教育、医疗收费新机制,规范市场价格行为,强化价格服务作为价格工作重点。

大力培育新经济增长点,支持房地产业发展。随着改革开放进程,至1998年,苏州市区福利分房停止,住房走向商品化、市场化,商品房价格也进一步纳入价格管理轨道。根据《价格法》及相关法规的规定,从1998年开始,苏州市先后制定和推行了《苏州市商品房价格规范管理实施细则》《商品住宅预售价格管理暂行规定》《物业管理收费标准》和《房地产中介服务"分等定级"收费管理》等办法,支持房地产业健康发展,进一步理顺房地产价格和物业管理服务收费,清理规范涉房收费,推动居民住房消费,支持小城镇建设,维护购房者和业主利益。这一时期苏州市区的普通商品房平均售价为每平方米2000元左右。

20世纪90年代以来,旅游业作为苏州经济增长点和"朝阳产业"得到长足发展,其门票价格也随着经济社会发展和国民收入增加而上升。2000年,苏州市整顿旅游价格秩序,改善游览参观点门票价格形成机制,鼓励发展苏州地方特色旅游,围绕发展假日经济要求,重点规范旅游市场价格行为。同年6月1日起,苏州"一日游"实施A、B双线,为游客提供多种组合的选择,并规范"一日游"定点定线旅游价格和服务行为,市物价局先后发文调整拙政园、留园等列入联合国世界文化遗产名录的苏州古典园林门票价格,批复盘门三景等部分游览景点的门票价格。2000年2月,拙政园、留园每人次门票分别调至20元和16元。同时围绕"吃住行游购娱"六大旅游要素,采取积极的价格政策,开展"五一"和"十一"旅游黄金周节日市场物价大检查,支持和培育苏州市旅游支柱产业的发展。

1998年开始,国家大力推进粮食流通体制改革,实行"四分开一完善",进一步完善粮食市场形成价格机制,在粮价持续下跌实行顺价销售前提下,2001年取消粮食定购任务,全面放开粮食购销价格,由市场形成,并认真落实粮食收购保护价政策,确保农民收入不降低,扩大农村市场消费。苏州市加强农资价格监管,全面推行涉农收费公示制度,切实减轻农民负担。

以切实减轻农民负担,启动农村家电消费市场,促进农业和农村经济发展为目的的农村电价"两改一同价"改革,从1997年开始在苏州大市范围内逐步推行:1999年8月1日,苏州市在全省率先贯彻实施农村综合电价方案,农民生活用电大幅下降至每千瓦时0.57元,一年可减轻农村用电负担近1亿元;2000年12月1日,苏州市又在全省率先实行城乡居民生活用电同价,农民生活用电每千瓦时从0.57元降至0.52元,按照全市农村居民生活用电量5亿千瓦时计算,农村居民生活用电费用每年可减少开支2500万元左右;为确保农村电价改革成果,按照国家和省的部署,2002年5月,苏州市又开展了农村电价和农村电网收费专项检查。

1994年5月,国家实施计划内、外成品油价格并轨。1998年,国家加大成品油价格改革力度,国内成品油价格与国际逐步接轨,其价格进入大幅上升通道。2000年2月至12月,成品油价格频繁调整,创下了1年不到时间内调价9次的历史记录。随着苏州经济快速发展和人民生活水平的提高,私家汽车迅速增多,不仅成品油价格为百姓所关注,苏州市区机动车"停车难,收费乱"也成为城市管理的新课题。为应对油价调整,市物价部门适时放开货运、水运价格,加快公路运价改革,对公路及城市客运价格,则根据线路、季节、车型的不同,实行优质优价、浮动价格等措施,缓解营运企业的成本压力,支持城乡公交事业发展。

第五阶段（2003~2010年），落实科学发展观，围绕经济结构调整，价格改革攻坚克难，保持物价总水平稳定。面对席卷全球的金融危机，苏州市价格部门积极应对，努力转变职能，推动价格工作由定调价为主向"调控、管理、监督、服务"为主转变，切实履行价格监管职能，全力服务苏州经济社会又好又快发展。

2003年，苏州市有力抑制了"非典"引发的市场价格风波。同年4月，及时启动市场价格预警系统，24小时加强市场价格动态监测和上报；为抑制"非典"时期市场价格异动，市物价局积极干预和调控，曾连续四次对抗击"非典"的口罩、消毒剂、药品等进行最高限价和差率管理；强化市场价格监督检查，依法从重从快惩处哄抬价格、牟取暴利等价格违法行为，对典型案例公开曝光，以震慑不法经营者，稳定市场价格和人心。同时根据上级统一部署结合苏州实际，市物价部门会同财政等相关部门对商业、餐饮、旅馆、娱乐、公交、出租车、旅游等行业实行价费优惠减负政策，减轻"非典"影响，促进苏州经济发展。

为建立符合社会主义市场经济的价格形成体系，苏州市进一步探索行业价格管理模式，在95%以上商品和服务价格实行市场调节价的形势下，加强完善市场形成价格机制改革，2003年4月28日成立苏州市价格协会，撤销1992年7月设立的苏州市行业价格管理协会，将苏州市价格学会更名为"苏州市价格协会"，"二会"合并，将原"二会"的成员、职能及资产均并入苏州市价格协会。苏州市积极构建政府价格管理职能向行业协会转移的平台，市价格协会在市物价部门指导下，在市区相继组建了农贸市场、餐饮、百货、旅社等11个涉及民生的行业价格分会，大胆实践、积极探索市场经济条件下，坚持市场导向与政府调控相结合，依托价格行业协会加强价格自律的新路。2009年6月2日至4日，全国地（市）级价格协会工作经验交流会在苏州举行，苏州市价格协会的做法，受到了中国价格协会的肯定和推广。

2004年10月，联合国第28届世界文化遗产大会在苏州召开，为切实保护和合理利用好世界文化遗产苏州古典园林，同年9月份前，苏州市先后较大幅度地调整了拙政园、留园等七处列入世界文化遗产名录的园林，以及文物保护规格较高的虎丘、寒山寺等景点票价，并实行淡季、旺季差价和"一票制"门票。同步推出的还有市区园林年票每人每年120元等多项配套措施。通过利用价格杠杆控制入园人次，提高门票收入，达到了既保护世界文化遗产又合理利用的"双赢"目的。

推进资源性价格形成机制的改革。继续深化成品油价格改革，贯彻落实上级调整成品油价格的政策；全面实行城乡用电同网同价；为推行节能减排，2003年8月1日起，苏州市实行居民生活用电峰谷分时电价，每千瓦时峰时（8点至21点）为0.55元，较前上升0.03元，谷时（21点至次日8点）为0.30元，较前下降0.22元。居民用电每千瓦时平均下降0.08元左右，市区首批8万多户居民得到了实惠；同时，对1999年10月起在机械等六大行业试行峰谷分时电价的比价拉大至5∶1，调整后的高峰、平段、低谷分时电价，每千瓦时分别为0.763元、0.458元和0.153元。实行环保收费改革，2009年12月，苏州市大幅度提高污水处理费标准、水资源费，以及阶梯式水价的推行实施，促进了环境友好型社会建设。这一时期苏州市进一步健全完善自来水、煤气、园林门票、城市公交等公用事业价格听证机制。苏州市还组织开展涉农、涉企、教育、医药、医疗、房价、资源等价费专项检查，制止乱涨价乱收费行为。

从2003年开始，苏州市区普通商品房价格逐月攀升，2004年开始，进入快速上升的通道，2008年，受国际金融危机影响一度回稳，至2009年以来，中国的房价出现了新一轮超常规的上涨，苏州也不例外，地段稍好一点的住房已涨至每平方米万元以上，据苏州市房产管理部门提供的数据，2009年度苏州市区商品住房每平方米均价为7447元，比上年增幅为10.62%，至2010年，苏州市房价普遍已接近万元大关，均价每平方米为9980元，与上年相比涨幅高达34.01%。房价的上涨，客观上使大量资金进入房地产业，加快了苏州各地城市化进程，极大地改善了居民的居住条件，给地方政府增加了相当比例的财政资金，解决了大量劳动力的就业问题，并对冲了大量超发的货币，暂时缓解了食品等生活必需品价格上涨的压力，但房价大幅上涨存在的问题也是显然的。抑制房价过快上涨，避免高位跳水引发各种经济和社会问题，避免被高位做空进而影响金融安全和整体经济运行的风险，强化价格监管和进行行政调控，仍是对房地产市场进行纠偏不可或缺的手段。

为解决"房价高、看病贵、上学难"等群众反映强烈的价格问题，苏州市在贯彻执行国家、省一系列调控管理措施的同时，积极运用价格杠杆，通过下调和降低涉房收费标准，实施普通商品房销售"一价清"、"一房一价"，规范房地产中介收费行为，加强教育医疗收费管理，规范义务教育"一费制"和代办费管理，降低中小学教材价格，强化初中"民办公助"收费和高中择校生收费"三限"（限分数、限钱数、限人数）政策的管理，多次降低药品虚高价格，加强行业管理、招标采购、实行政府补贴来降低社区药品价格等诸多办法，努力缓解住房、教育、医疗等民生价格热点难点问题。

2009年，苏州市价格部门在全国率先推进的社会价格监督服务网络建设，被列为市政府实事工程之一，当年全市范围已建成107个服务站，价格监督服务网点729个，价格监督服务台398个，聘请价格监督服务员2136人，"苏州把价格公共服务网络建设列入政府实事工程，构建公共服务长效机制"的做法，受到国家发改委和省物价局的肯定和推广。同年8月，市物价部门积极探索，推行重要民生商品价格（收费）采集公布制度，"价比三家"，创新为民服务平台。至2010年底共发布65期，把1300多种与群众生活密切相关的主副食品、日用工业消费品、药品等价格，通过新闻媒体、网站等多种渠道向社会公布，通过"比价格、晒价格"，老百姓得到了实惠，商家价格自律意识得到增强，政府价格服务职能实现了转变。同时市价格部门强化垄断行业和公用、公益事业成本监审，加强成本约束和价格监管，促使经营者改进管理，降低成本，提高效益，服务苏州经济社会发展。

进入新世纪，随着苏州经济社会又好又快发展，保持市场价格总水平的基本稳定，面临着新压力。苏州市价格部门积极运用经济、法律手段，辅之以必要的行政手段，努力改善价格宏观调控，千方百计控制价格总水平的过快上涨。针对2003年下半年起，粮价上涨带动肉禽蛋等主要副食品价格上涨，对城市居民生活带来一定影响的问题，2004年，苏州市坚决执行国家发改委下达的"两条控制线"调控政策，暂停出台调价措施，适时疏导价格矛盾，严格控制出台涨价项目，是年，苏州市区居民消费价格总指数和商品零售价格总指数涨幅分别控制在5.0%和1.7%。2007年，受猪肉等副食品大幅上涨等因素影响，居民消费价格面临较大的上涨压力，苏州市加强价格监测预警，加大价格调控力度，强化价格监督检查，全年居民消费价格水平上涨4.2%，分别比全国和全省低0.6和0.1个百分点。2008年初，苏州市遭遇特大冰冻雨雪灾害，市政府迅速成立了以市长为组长的市价格调控领导小组，统一领导全市保供稳价工作，市价格部门严格控制调价项目，启动临时价格干预措施，苏州市有28家企业列入调价备案企业名单，其中市区7家，有6种商品调价需要备案。当年苏州市在全省率先制定对低收入群众实行价格上涨动态补贴办法，为其撑起"保护伞"，全市12.8万困难群众分享到总金额达2400万元的上半年物价补贴，缓解了物价上涨给困难群众生活带来的压力。2010年，稳定市场物价总水平又被放至更加突出的位置上，苏州市价格部门认真贯彻国家、省、市关于稳定消费价格总水平，保障群众基本生活的通知精神。11月，苏州市又提前启动物价上涨动态补贴机制，全市共发放10月份物价临时补贴841.2万元，惠及19万人；2008年到2010年，全市累计发放低收入群众临时物价动态补贴6400多万元。面对高涨的蔬菜价格，苏州市价格部门在全省率先开展了以"1元菜"为主打——"保障供应，价格惠民，稳定物价"蔬菜价格惠民活动，采取政府价格部门倡议，价格惠民进超市、进社区，社会舆论监督引导消费预期的全新模式来稳定蔬菜价格。参加活动的18家大型超市和工业园区邻里中心7家生鲜店积极响应政府物价部门倡议，每家每天至少拿出4个品种的蔬菜进行优惠销售，平均售价比农贸市场低30%左右。该活动推动了周边6家农贸市场10余种蔬菜价格下降，最高降幅超过25%。江苏省物价局迅即推广苏州的做法，南京等兄弟城市也纷纷学习苏州经验，开展价格惠民活动。中央电视台12月2日《新闻联播》节目报道了苏州市25家超市、生鲜店开展价格惠民活动新闻。同时，市价格部门采取6条措施稳定在苏高校伙食价格，认真落实鲜活农产品绿色通道政策，苏州还对大米、面粉和食用油实行免费放行，公有农贸市场摊位费实行减半，市政府联合督查组开展了"市十条"贯彻落实情况的督查，市相关部门还携手市区20家大中型商贸流通企业就粮食、猪肉、鸡蛋、食用油、蔬菜等群众生活必需品签订保供协议。通过上述保供稳价措施，2010年尽管受主副食品价格上涨，资源性价格上扬，物流费用、劳动力成本增加，以及全球流动性过剩，币值动荡等多重因素叠加影响，苏州市全年居民消费价格总水平涨幅为3.4%，仍分别低于全国、全省0.1和0.4个百分点，阻击通胀取得了阶段性成果。

总之，经过30多年的艰苦努力，波澜壮阔的中国价格改革在苏州得到成功实践：传统僵化的计划价格体系和高度集中的价格管理体制发生了根本性的变化，严重扭曲的价格结构得到了明显改善。代之而起的是，苏州市场上95%以上的商品和服务价格放开，通过竞争形成市场调节价，宏观调控下主要由市场形成价格的价格机制基本建立；为稳定市场价格总水平，政府主要运用经济、法律手段，辅之以必要的行政手段，直接调控与间接调控相结合的价格调控体系基本建成；在社会主义市场经济条件下，以《价格法》为核心的价格法律体系基本形成，与《价格法》相配套的苏州地方性价格法规、规章陆续制定实施，基本实现了价格工作有法可依；与此同时，主要商品和服务之间的价格关系趋于合理，工农业产品比价关系明显改善，基础产品价格偏低、加工产品价格偏高的扭曲比价明显改变；具有苏州特色的价格监管服务体系逐步完善，已初步形成了政府定价、政府指导价与市场调节价并重，价格监管与价格服务并重的价格监管服务体制，初步形成了具有苏州特色的社会价格监督服务网络和重要民生商品价格采集公示制度，价格认证和鉴定，成本调查和监审，价格协会和行业管理工作新模式。

价格改革在苏州的顺利推进和成功实践，有力地促进了苏州由计划经济体制向市场经济体制的根本转变，有力地促进了苏州经济又好又快发展，有力地促进了苏州全面步入小康社会。改革开放30年来,苏州城乡居民收入水平大大提高,市场物价基本稳定。市统计局统计数据显示:2007年苏州城市居民人均可支配收入突破2万元大关,达到21260元,比1981年增长45.7倍,年均增长16.3%;全市农民人均纯收入突破万元,达10475元,比1978年增长45.4倍,年均增长14.1%;苏州市区商品零售价格总指数1979~2007年年均增长5.3%,居民消费价格总指数1985~2007年年均增长7.8%。至2010年,苏州城市居民人均可支配收入接近3万元,达29219元,全市农民人均纯收入达14657元。城乡人民收入增长的速度远远超过物价上涨的速度,价格改革给广大人民群众带来了看得见、摸得到的实惠。

第一章 农产品价格

农产品是人类社会赖以生存的根本，其生产发展和价格稳定事关国计民生，为历朝政府所重视。苏州素称鱼米之乡，地处温带，属亚热带季风海洋性气候，四季分明，气候温润，雨水充沛，土地肥沃，平野稻香，碧波鱼跃，农耕先进，物产富饶，一年以稻麦两熟为主，夏收小麦、油菜籽和春茧，秋收稻谷、棉花和秋茧，兼以畜禽、水产、茶叶为辅，还有各类瓜果蔬菜，四时八鲜，可以说以精耕细作著名的苏州农业，造就了这座"上有天堂，下有苏杭"的东方水城。

封建时代，以大米为代表的农副产品价格主要由市场供求关系所决定，苏州地方官府主要通过储备一些粮食在一定程度上平抑粮价，但农产品价格很大程度上受气候、丰歉、战乱等因素的影响，价格水平多有起伏。

民国时期，苏州农产品价格与工业品相比，价格低廉，且随市场供求、农业丰歉以及工业品价格的波动而变动。从民国元年（1912）至民国26年（1937）的26年间，苏州市场物价基本稳定，以米价为例，民国元年（1912）石米均价为6.89元，民国26年（1937）为10.33元，上涨49.9%，平均年递升不足1.5%。但从日军占领苏州（1937年末）至苏州解放的12年中，农产品价格受通货膨胀的影响，动荡十分剧烈，涨幅惊人。抗战八年，苏州市场价格大米约涨10万倍，食油9万倍，猪肉13万倍。抗战胜利后，通货膨胀进一步加剧，至民国38年（1949）4月26日，苏州市场白米每石售价金圆券160万元，较之上年8月19日白米每石金圆券20元，上涨8万倍，比民国34年（1945）9月的米价上涨3.75亿倍。

新中国成立初期，苏州农产品生产销售仍沿袭以一家一户为规模，加之个体手工业者和私营工商业也允许经营农产品，其批发和零售价格仍主要在市场交易中形成。民以食为天，稳定市场物价，首要在农产品价格。其时，苏州市军管会和市政府通过国营贸易部门，掌握大米、面粉、食油、棉花等农产品及其他重要物资，并依据国家政策和市场供求情况，规定国营商业采购销售农产品的收购牌价、批发牌价、零售牌价，逐步加强对市场价格的控制，并在平抑物价时，逐步确立了国营商业和供销社在市场的领导地位。这一时期，农产品市场交易价格一般高于国营商业和供销社的牌价，且波动较大。

1953～1954年，苏州市根据国家的统一部署，先后对粮食、棉花、油料、油脂等主要农产品实行计划收购和计划供应，其价格完全实行国家统一规定的计划价格。后又分别对主要副食品、主要工业原料和出口农副产品实行派购，派购任务以内的实行国家规定的计划价格，派购任务以外的实行议价。其时苏州市主要农副产品的定价权集中在中央和省。为应对经济严重困难和农产品短缺严重的局面，1960年12月开始对统购粮食超购部分实行加价政策。1962年又允许小宗农副产品实行议价，之后又逐步把农副产品划为一、二、三类，分别实行国家、省、市、县管理的计划价格或协商议价；对一、二、三类之外的农副产品实行集市贸易价格。1966年"文化大革命"开始至1978年，苏州市场物价处于基本冻结的状态，仍沿用单一的国家定价的基本形式，苏州市郊农村中的自留地亦在割"资本主义尾巴"风中一度被取消，苏州市粮油贸易市场被取缔，还一度严禁农民进城出售自留地蔬菜或副食品。至1978年，国家对粮油收购价多次较大幅度地提高，而销售价格长期不动，粮食和油料、油脂购销价格不堪负担分别于1961年和1971年开始倒挂。市场物价长期冻结，农产品购销严重倒挂，积累了更多的矛盾，使整个价格体系不合理状况更加突出。

1979年开始的农产品价格改革是价格改革的突破口。在党的十一届三中全会精神指引下，苏州积极摸索符合本地农村实际的经济体制、价格体制以及经营方式的改革。30多年来，苏州市的农产品价格改革在国家宏观政策指导下，突破计划经济的传统观念的束缚，坚持市场取向，采取循序渐进的方式，走"调、放、管"的路子，促进了苏州农村经济社会又好又快发展。其改革历程大体可分为以下三个阶段：

1979~1984年全面提高农产品收购价格，促进粮棉油快速发展阶段

1982年，苏州市普遍推行家庭联产承包责任制，把土地承包给农民自主经营，极大地调动了农民生产积极性。与此同时，苏州市积极贯彻国家"调放结合，以调为主"的方针，大幅提高了粮食、油料、生猪、水产等主要农副产品的收购价格。1979年至1984年，农产品收购价格平均提高45.6%，其中粮食收购价提高56.6%。这两项举措给苏州农业发展注入了前所未有的强劲动力，全市粮、棉、油生产快速增长，全面丰收。1984年，全市粮食总产量达310.4万吨，创历史最高水平，比1978年增长5.4%；棉花总产量3.99万吨，也创历史最高水平，比1978年增长64.8%；油料总产量9.91万吨，比1978年增长8.5%。这一时期，全市农林牧渔业总产值平均递增5.1%，农民人均纯收入年均递增20.2%。

在国家全面大幅提高农产品价格的同时，对于国家定量供应给城镇居民的口粮、食油仍维持原价（平价）不作变动，亏损由国家财政补贴；城镇居民消费超过定量部分的粮油价格，则按市场价（议价）供应；对于粮食复制品业，从1979年起按省粮食部门制定的市场价格供应粮油。这一阶段，主要农产品购销价格进一步倒挂，销价低于国家购价的矛盾更加突出，财政不堪负担，农产品价格非改革不可。

1985~1996年逐步放开农产品价格，市场价格机制助推乡镇企业异军突起阶段

1985年，根据中央文件要求，苏州重点加快改革农产品统购派购制度，取消粮油、棉花统购价，实行合同定购和市场收购的"双轨制"。对合同定购的粮油、棉花实行比例价格，如粳稻按倒二八计价，即80%超购加价，20%统购价，每百市斤由统购价13.6元改为比例价19元，粮食购销价格形成了国家指导价与市场调节价并存的新格局，并逐步放开水产、水果、茶叶、家禽、蛋品、猪肉等农副产品价格。1991~1992年，国家又二次大幅度提高粮食统销价格，初步实现了购销同价。为推进粮食市场化进程，1993年4月1日，国家放开粮食购销价格，取消粮食定购和对居民的定量供应。但时机尚未成熟，全国性粮价上涨推动主副食品和市场物价上涨，通货膨胀加剧。1994年，国家加强宏观调控抑制通胀，重新恢复粮食定购，定购粮食购销价格实行国家定价，定购以外的粮食自由调节。江苏省还对夏、秋粮收购

实行价外补贴，苏州市又对粮食销价实行挂牌限价，恢复居民凭券定量供应粮食。同时，国家加大了粮食流通体制的改革力度，实行"米袋子"省长负责制、"菜篮子"市长负责制，努力抑制主副食品价格的上涨。

为抑制通货膨胀，确保人民生活必需品价格的基本稳定，苏州市积极实施"米袋子"、"菜篮子"工程建设。按照中央"决不放松粮食生产，积极发展多种经营"的方针，苏州开始逐步调减粮食播种面积，扩大经济作物，加快效益比较好的水产养殖业、畜牧业、蚕桑业等的发展。大力发展多种经营，改革农产品流通制度，至1995年，全市牛奶产量1.23万吨，水产品28.41万吨，水果6.21万吨，蚕茧1.24万吨，分别比1985年增长21.3%、78.9%、58.8%和1.2倍，保障了市民"菜篮子"有效供给和价格稳定。随着国家对粮食连续大幅提价和农民种粮积极性提高，粮食连年丰收，粮价回落带动了主副食品价格回落，通胀得到抑制。至1996年末，苏州市农副产品告别了短缺经济时代，农副产品计划价格"凭票"供应成为历史。

进入20世纪80年代，苏州乡镇企业异军突起，逐步形成了以市场取向为主，以政府推动为主，走共同富裕道路的"苏南模式"。这一时期苏州市各级价格部门积极运用市场价格机制，对乡镇工业产品价格实行"活两头，管中间"的政策，"定消耗，定工资，定费用，定利润，活价格"，放开价格，灵活作价，按照市场价值规律来合理配置资源，有力促进了全市乡镇企业的迅猛发展。1985年，全市乡镇企业完成工业产值99.74亿元，占全市工农业总产值的近半壁江山；1995年，工业产值1382亿元，占全市工农业总产值的近三分之二。乡镇企业职工人数超过百万，大量农村剩余劳动力实现了就地转移，工资性收入成为农民收入的重要来源，这一时期，农村社会总值年均递增29.1%，农民人均收入年均递增20.2%。

20世纪中后期至21世纪初期宏观调控下农产品价格主要由市场形成的机制基本建立，助推农业现代化发展阶段

粮价是百价之基，从1996年下半年开始至2003年下半年，以粮食为代表的农产品价格全国处于持续下跌、徘徊低迷状态，随之出现了从1997年至2002年的长达6年的通货紧缩。

为切实保护农民利益，调动农民生产积极性，国家于1997年出台了按保护价敞开收购粮食政策；1998年又大力推进粮食流通体制改革，实行"四分开一完善"，建立和完善在中央宏观调控下省政府统一领导，省、市、县分级负责的粮食工作机制，同时，进一步培育完善粮食市场形成价格机制，粮食购销价格主要由市场供求决定。从2001年秋粮上市起，按照国家、江苏省统一部署，苏州取消粮食定购任务，购销价格全面放开。

为确保农民收入不降低，2004年国家先后对稻谷和小麦实行最低收购价政策，2008年至2010年，国家又先后多次调高粮食最低收购价水平，苏州与全国全省一样，粮食价格从2003年下半年开始恢复性上涨，且延续至今，升幅较大。伴随着粮食收购价的不断上升，带动了其他农产品价格上了一个新台阶。全面提高农产品收购价格和逐步放开价格，基本上解决了农产品价格总水平偏低和价格结构突出不合理的矛盾。截至2009年，苏州市场农产品价格中，除蚕茧和种子继续实行政府定价和政府指导价外，其他农产品价格都实行市场调节价，以市场形成为主的农产品价格形成的机制已经基本建成。

价格是市场经济的核心，从1997年开始，伴随着苏州工业化、城市化、国际化进程的加

快，苏州市各级价格部门运用价格杠杆作用，积极助推苏州农业现代化发展，在确保粮食生产稳定发展和粮食供应安全的前提下，引导广大农民以市场价格为导向瞄准市场需求，大幅调减粮棉油，积极发展高效种养项目，通过对全市粮棉油蚕以及生猪、水产、苗木花果、蔬菜等特色农业品生产成本收益调查，发布正确、及时的价格信息，在引导市场收购价的合理形成、帮助生产者降本增收、发布价格预警预报、规避农产品市场经营风险、提高农业整体产出效益等方面发挥价格部门独特的作用。在"富民、强村、现代农业"的总目标下，全市已形成了沿太湖和阳澄湖周边的水产养殖区，丘陵山区的花果苗木区，沿长江的创汇蔬菜种植区和阳澄淀泖优质水稻区四大生产布局区域，基本形成了优质水稻、特色园艺、优质畜禽和特种水产"四大主导产业"，涌现了常熟董浜万亩蔬菜、辛庄万亩优质水稻、张家港常阴沙万亩机播水稻、昆山巴城万亩葡萄园等一大批现代农业规范化示范典型。2007年，全市农业社会总产值达1216亿元，比1978年增长367倍，年均递增22.6%，其中农村工业大发展，总产值达9397亿元，比1978年增长919倍，年均递增26.5%；农牧渔业总产值达到181.08亿元，比1978年增长8.66倍，年均递增8.6%，与1978年相比，农业比重下降50.3个百分点，牧业上升5.2个百分点，渔业上升31.4个百分点。牧业渔业成为苏州农业发展和农民增收的新的增长点。不仅保障了市场有效供给，更使全市农民生活得到明显改善，年人均纯收入从改革开放前1978年的226元，增至2009年的12969元，翻了57.39倍。2009年末，全市每百户农民耐用消费品拥有量洗衣机为105.6台，电冰箱106.3台，空调器173.7台，热水器106.1台，摩托车92.3辆，汽车（生活用）16.3辆，电话机103部，移动电话229.8部，彩电198.9台，家用计算机63.2台。

苏州农产品价格改革不仅建立了以市场形成价格为主的机制，而且促进了地方农业生产的发展，调整优化了农业产业结构，保障了有效供给，提高了农民收入，更为维护市场稳定、深化改革提供了良好的社会环境。

第一节　粮油价格

一、稳定粮价

"国以民为重，民以食为天"，苏州历史上百姓以粳米为主食，以菜籽油为食油，米价是诸物价的核心。苏州解放初期，人民生活水平低，吃饭仍为生活第一要素，粮价稳定与否，对当时稳定市场、稳定物价至关重要。人民政府从大力稳定粮食价格入手，取得了稳定市场、稳定物价的巨大胜利。

1949年5月至1950年2月，苏州粮食市场价格仍为投机商操纵控制，出现了四次大涨价。第一次，1949年5月底至6月中旬，其时上海解放，人民币在市场尚未站稳脚跟，上海市场黄金、银圆投机风盛行而引发的抢购风潮，迅速蔓延至苏州，6月1日，苏州市场1枚银圆换人民币580元，10日涨至2800元，引起米、油、面粉等主要商品价格飞涨，数日内物价上涨2.7倍。第二次，1949年6月底至7月中旬，因台风侵袭、大雨成灾，粮食供应失衡，大米价格每石从7月1日的1.8万元（旧人民币，下同），涨至19日的4.8万元。第三次，1949年10月10日至11月底，以棉纱等工业品为首的投机商掀起涨风,波及到秋收登场的粮价,苏州市场大米每石从10月10日的2.9万元,陡涨至11月26日的12.8万元,上涨4.4倍。第四次,1950年2月,苏州市场白米每石价格最高时涨至27.3万元,带动日用工业品也纷纷上涨。其原因是同年2月6日国民党飞机轰炸上海发电厂,致上海工业生产一度局部停顿,造成沪市物价波动,冲击波及苏州市场物价。对以上四次粮价涨风,苏州市军管会和人民政府及时采取措施,通过严厉打击金银投机活动、控制货币投放、国营公司掌握资源、调集和抛售粮食、加强市场管理等措施,涨风迅即被遏制。

1949年6月23日起,中国人民银行苏州支行举办折实单位储蓄,每日公布折实单位的人民币值,机关、学校、团体和公司企业一般都使用折实单位计算工资。每一折实单位含中白粳米1升、太和牌面粉2市斤、神鹰牌细布1市尺、菜油4两、硬柴5市斤。折实储蓄,对吸收游资、收缩通货、稳定金融、稳定物价、安定人民生活起到重要作用。至1950年12月,随着苏州市场物价基本稳定,折实单位亦告停办。1949年11月至12月,为平抑物价,由公营商业公司参与,组成粮食、面粉、食油和纱布4个固定交易市场,各自成立专业管理委员会,建立市场交易各种制度,包括发布当日市场零售价制度,取消期货交易和提货单交易,处理了280多起违反市场交易规则的行为。同时,市人民政府责成米商每天保证投放市场200石大米,并先后从江西、湖南、东北等地急调数千万斤粮食,每天抛售,稳定市场,平抑粮价。1950年2月春节后,开市的"红盘"交易中,国营中粮公司将从江西、四川调来的数千万斤粮食敞开抛售,苏州市场6天内售给米商8000余石,米价由节前的每石27万元跌至23万元,各种物价随之下跌,投机商人投机不成,大亏其本。是年3月,中央人民政府政务院颁布《关于统一国家财政经济工作的决定》,财政、贸易、银行等主管部门统一行动,多方采取措施,稳定市场、稳定物价,有效遏止市场粮价涨升。4~5月间,粮食青黄不接,国营中粮公司供应的粮食已占整个粮食市场的80%,逐步取得了市场的领导权,投机米商迅速被淘汰,粮价趋于稳定。苏州市场大米每百市斤零售价均在12.4万~13.9万元之间平稳运行,这种状况一直保持至1953年底。苏州市场以此为契机,扭转了十余年来米价涨风,奠定了苏州市场物价长期稳定的局面。

表1-1　1950~1953年苏州市城乡粮食购销价格表

单位:(旧人民币)元/百市斤

年份	收购价		零售价	
	粳稻	小麦	大米(标二粳)	面粉(标准粉)
1950	85900	85000	139800	163600
1951	80000	99000	124100	174300
1952	88100	87000	132100	163400
1953	89500	97500	139500	163000

二、统购统销价格

1953年11月,政务院发出《关于实行粮食计划收购和计划供应的命令》(简称统购统销),决定粮食由国家统购统销,取消批发环节,取消粮食自由贸易。江苏省粮食厅和商业厅于1953年12月26日对全省县城以上市场的17种主要粮种的统购统销价格作出具体规定。

表1-2　1953年全市主要粮食品种统购统销平均价格表

单位：(旧人民币) 元/百市斤

项目		全省平均价	其中：苏州
统购价	籼稻	70200	72000
	粳稻	87300	88500
	糯稻	88000	91500
	小麦	95000	96500
	玉米	69100	71000
统销价	籼米	115300	118000
	粳米	137300	139500
	糯米	140600	144500
	面粉	161700	161000

根据国家、省的统一部署，苏州市也先后对粮食、油料等主要农产品实行计划收购和计划供应，其价格完全实行国家规定的价格，从而开始了苏州长达40多年的粮油购销计划价格的历史。

1954年至1960年粮价变动很少。购价略微下降，苏州地产的粳稻、小麦收购价1954年每百市斤分别为8.95元和9.65元（新人民币，下同），1955年至1960年均分别为8.90元和9.60元。

苏州市民粮食供应，自1955年9月正式实施以人定量标准，市区按劳动强度和年龄大小，月定量分为9类，粮食定量水平，20世纪50~70年代月平均26市斤左右，20世纪80~90年代中期为28市斤以上。20世纪60年代初国民经济困难时期，口粮定量标准有所降低。计划定量供应标二粳大米每市斤零售牌价为0.139元，至1966年4月每市斤调高1厘，为0.14元，同时给职工每年增发粮价补贴2元。

苏州解放初期菜油价格随市场粮价而上涨波动。1950~1952年，菜油价格逐步趋稳，每市斤市场零售价在旧人民币50万至55万元间。1953年油菜籽随粮食实行统销统购。1955年9月，食油和粮食同时实行计划供应，是年菜籽油每市斤统销牌价为0.51元（新人民币，下同），后逐步调高，至1961年为0.73元，1965年为0.79元，一直稳定至改革开放后的1991年4月。从20世纪50年代中期一直到20世纪90年代初，为保障城镇居民的基本生活、保持物价稳定，凭票定量供应的粮油销价基本没有变动。

表1-3　苏州市城镇居民凭票定量供应粮油价格表

单位：元/市斤

时间	大米（标二粳）	面粉（标准粉）	菜油
1955年9月~1965年3月	0.139	0.163	0.51元（1955年）
			0.575元（1956~1959年）
			0.64元（1960年）
			0.73元（1961~1963年）
1965年4月~1991年4月	0.14	0.163	0.79元（备注：自1964年5月起菜油涨价）

1956年成立的国家粮食市场，与1957年国家管理下的农副产品自由交易市场，一同作为苏州市粮食等农产品计划市场的补充，自由市场的农产品价格约比国家牌价高10%。国民经济困难时期从1960年开始，苏州市对粮食、油料和主要农副食品实行更严格的计划供应，即配给制，粮油定量减少，其价格也严格按照国家牌价执行。

1960年12月，省人民委员会通知，从1960年起，对多提供商品粮的生产队实行奖励，超购部分按统购价加价10%收购，该规定于1962年停止执行。1961年，苏州市郊恢复1959年取消的农村集市贸易，价格由交易双方自由议定，一般超过国家牌价2倍以上。

1961年，为恢复农业生产，根据省人民委员会通知，于5月20日提高全省粮食的统购价格，苏州市的粳稻收购价每百市斤从8.90元提高至10.20元，提幅14.61%，小麦从9.60元提高至11.30元，提幅17.70%，油菜籽从19.20元提高至23.50元，提幅22.4%。统购价提高后而统销价格未动，米价又形成购销倒挂。1964年，按省规定，苏州市调整了菜油统销价格，每市斤从0.74元提高至0.79元。

1965年4月1日起，省规定将供应城镇人口口粮的统销价格提高到与统购价相同，使城乡人民口粮价格一致。苏州城镇人口凭票定量粳米（标二粳）每市斤统销牌价从0.139元提高至0.14元。同时增发职工粮价补贴每年2元（至1980年工资调整时停止）。同年9月，省又决定恢复超购粮加价奖励办法，按统购价加价12%。

1966年，为调整工农业产品比价，9月1日，上级对粮食统购价再次提高，同时取消超购加价12%的规定。苏州每百市斤粳稻、小麦统购价分别提高到11.40元和13.10元，但是统销价未动，又造成新的购销价格倒挂。按全国平均价计算，籼米倒差8.43%，粳米倒差10.06%，糯米倒差13.63%。

苏州市从1962年秋施行工业品换余粮的办法，生产队完成征购任务后，余粮50千克稻谷或43千克麦，可选购32.5千克化肥或5千克桐油。农民在完成国家征购任务后，可议价出售自己多余的粮食，参加集市贸易。

1971年，粮食征购任务从1965开始实行的"一定三年"不变政策，改为"一定五年"不变。江苏省革命委员会通知，从这一年开始，超购部分按统购价加价30%计算。

同年6月，提高油料统购价格，实行全省一价。每50千克大豆油、油菜籽、花生仁统购价为15.50元、28.00元和38.00元，分别比原价提高6.02%、21.63%和26.67%。同时比照粮食超购加价办法，实行加价30%的规定。油料收购价提高后，油脂销售价未动，形成购销价格倒挂。苏州每50千克豆油、菜油、花生油统销价为84元、79元和83元，倒差分别为6.67%、4.82%和7.78%。

三、调整粮油购销价格

1979年，中共十一届三中全会后，以调整明显过低的农产品收购价格为标志，拉开了全国性价格改革的序幕。

是年4月起，按照省统一部署，苏州陆续提高了粮食、油料、生猪、水产等农产品收购价格。其中粮食提价19.3%，油菜籽提价28.6%。

表1-4　1979年主要粮油品种统购价格调整表

项目	全省平均价（元/50千克）	同比（±%）	苏州平均价（元/50千克）	同比（±%）
籼稻	11.60	+20.80	11.60	+20.83
粳稻	13.53	+19.42	13.60	+19.30
糯稻	15.50	+14.81	15.50	+14.81
小麦	15.91	+20.44	15.80	+20.61
玉米	11.70	+21.88	11.70	+21.88
豆油	116	+28.89	116	+28.80
菜油	106	+27.71	106	+27.71
花生油	115	+27.78	115	+27.78

　　粮食、油料、油脂统购价格提高后，销售价格仍未变动，使购销价格倒挂进一步扩大。这一年粮油超购加价的幅度由30%提高到50%。

　　1979~1984年这一阶段，由于大幅提高粮油等农产品收购价格的改革措施得到落实，以及普遍推行家庭联产承包责任制，极大地提高了农民生产积极性，农业全面丰收。1981年，苏州市郊粮食计划征购200万千克，实际征购273万千克；油料收购任务为15万千克，实际收购34.5万千克，1983年收购达45万千克。1984年，全市粮食、棉花总产量均创历史最高水平，分别为310.4万吨和3.99万吨，比1978年分别增长5.4%和64.8%；油料总产量9.91万吨，比1978年增长5.4%。

表1-5　1978~1984年苏州市粮油平均收购价格情况表

单位：元/50千克

项目	1978年	1979年	1980年	1981年	1982年	1983年	1984年
粳稻	11.40	13.60	13.90	14.20	15.84	15.10	15.54
小麦	13.10	15.80	16.07	17.50	18.80	18.21	18.10
油菜籽	28.00	36.00	37.63	47.75	49.46	44.10	45.40

　　注：质量标准中等。1978~1979年粳稻、小麦、油菜籽收购价为省下达的统购价，不含超购加价的收益部分。

　　1983年起，油菜籽、花生仁按"倒四六"（40%按统购价，60%按超购价）比例价收购，每50千克比例价油菜籽、菜油为46.8元和138元，花生仁和花生油为62.4元和150元。

　　由于农业全面丰收，议价粮油市场货源比较充足，为丰富市场供应，更好地满足消费者需求，1982~1983年，苏州市先后对议价粮油销售价格作了调整，1982年3月1日起，议价菜油每500克销价从1.60元调低到1.50元，5月调低为1.40元。至1983年6月8日，议价菜油又临时降低销价为1.15元，且敞开供应，不限对象，至7月10日止。1983年4月1日，议价籼米（标二）、糯米（标一）、特副面粉、标准面粉每500克销价分别降为0.31元、0.37元、0.37元和0.35元。赤豆、蚕豆每500克议销价也调低至0.50元和0.29元。

四、定购统销与议价并存

　　1985年，国家改革粮食收购制度，由统购改为合同定购，合同外的粮食实行议购议销，粮食购销价格形成了政府指导价与市场调节价并存的新格局。国务院规定，实行合同定购的稻谷、小麦和玉米，按"倒三七"计价，即30%按统购价计算，70%按超购价计算，不再对超过定购基数的部分实行加价。江苏省根据具体情况，将籼稻定为"倒二八"计价，小麦定为"倒四六"计价，其余定购粮食品种均按"倒三七"计价。定购价格大体略低于1984实际购价水平。由于取消了超购加价50%的政策，影响一部分农民种粮收入和积极性，为1985年后粮食供求关系趋紧，粮价后来的大幅度上扬埋下了隐患。

表1-6　1985年江苏省主要粮食品种的定购比例表

单位：元/50千克

项目	籼稻	粳稻	糯稻	小麦	玉米
比例价	15.70	19.00	19.60	21.20	15.80
比原实际收购价（±%）	−1.87%	+1.22%	−2.00%	−4.98%	−2.17%

实行比例价后，国家对返销农村的粮油实行了购销同价，随着收购价格的调整，返销粮油价格也不断提高，城乡销售价格也形成倒挂，影响工农、城乡关系。同时，各种辅助粮、种子粮、饲料粮以及其他用粮，其销售价格都调整至比例价水平，实行购销同价。根据这个规定，苏州市场凭票计划供应的粮油销价仍维持原价，但议购议销的粮油等农产品价格有所上调，为稳定市场物价，苏州市于1985年9月对已经放开的粮油等部分农副产品提出指导性价格管理意见，在1985年6月底各专业公司实际执行的议价基础上，规定一定的向上浮动幅度（下浮不限）。

表1-7　1985年9月苏州市指导性议购议销粮油产品价格表

类别	品种规格	价格管理范围	本年6月底价格水平	上浮幅度
粮油	特副面粉	销价	0.37元/市斤	10%
	标一粳	销价	0.34元/市斤	10%
	标一籼	销价	0.29元/市斤	10%
	东北大豆	销价	0.41元/市斤	10%
	一级赤豆	销价	0.44元/市斤	10%
	菜油	销价	1.40元/市斤	10%
轻工原料	单季稻草（齐头）	购价	2.10元/担	—
	小麦草（齐头）	购价	2.20元/担	30%

注：稻草10月1日后上市为基础价，过12月31日加季节差0.10元。1986年至1990年稻谷等定购比例价不断提高，
　　而凭票定量计划供应的粮油销价未动，购销倒挂严重。

表1-8　1988~1989年苏州市定购统销原粮、油料价格表

单位：元/50千克

品名	定购价		统销价	
	1988年	1989年	1988年	1989年
红小麦	23.50	25.00	17.40	18.52
花小麦	24.10	25.60	17.90	18.96
白小麦	24.70	26.30	18.30	19.48
早、晚籼稻	17.20	22.20	12.74	16.44

品名	定购价		统销价	
	1988年	1989年	1988年	1989年
杂交籼稻	17.70	23.00	13.11	17.04
晚粳稻	20.75	26.80	15.37	19.85
早粳稻	19.60	25.60	14.52	18.86
粳糯稻	23.00	29.50	17.04	21.85
籼糯稻	21.00	27.50	15.56	20.37
玉米	17.30	18.30	12.80	13.56
花生仁	72.00	76.80	55.38	59.08
花生果	51.90	55.40	39.92	42.62
油菜籽	50.40	53.80	38.80	41.38
低芥酸油菜籽	54.00	57.60	42.40	45.18
一等棉籽	15.00	17.40	12.50	14.50
二等棉籽	12.75	14.80	10.60	12.33
三等棉籽	10.50	12.20	8.75	10.17

表1-9 1988~1989年苏州市成品粮、油价格表

单位：元/50千克

品名	等级	定购价		统销价		备注
		1988年	1989年	1988年	1989年	
小麦粉	标准	29.40	31.50	21.80	23.80	—
	特副	34.70	37.20	25.70	28.10	—
	特一	37.70	40.30	27.90	30.50	—
早、晚籼米	标二	25.00	31.90	18.50	23.90	—
	标一	26.20	33.50	19.40	25.10	—
	特等	28.00	35.70	20.70	26.80	—
杂交籼米	标二	25.70	32.90	19.00	24.70	—
	标一	27.00	34.60	20.00	25.90	—
	特等	28.80	36.90	21.30	27.70	—
	精洁	36.50	46.70	27.00	35.10	—
晚粳米	标二	29.10	37.30	21.60	27.90	—
	标一	30.50	39.20	22.60	29.30	—
	特等	32.60	41.80	24.20	31.30	—
	精洁	41.30	53.00	30.10	39.60	—
早粳米	标二	28.00	36.10	20.70	27.00	—
	标一	29.40	37.90	21.70	28.40	—
	特等	31.40	40.40	23.20	30.20	—
籼糯米	标二	30.80	39.60	22.80	29.70	—
	标一	32.30	41.60	23.90	31.20	—
	特等	34.40	44.40	25.50	33.30	—
粳糯米	标二	32.40	41.60	24.00	31.10	—
	标一	34.00	43.70	25.20	32.70	—
	特等	36.30	46.60	26.90	34.80	—
玉米粉	—	19.50	20.50	14.40	15.20	—
花生油	二级	172.50	183.90	132.69	141.46	—

续表

品名	等级	定购价		统销价		备注	
		1988年	1989年	1988年	1989年		
菜籽油	二级	148.40	158.40	114.20	121.85	—	
	一级	157.30	167.90	121.10	129.20	—	
	精制	165.40	175.20	127.20	134.80	—	
	特级	182.30	192.10	140.20	147.80	—	
	色拉	205.00	215.00	160.00	165.40	—	
	低芥酸	165.00	170.00	127.00	133.50	—	
棉籽油	毛油	108.00	125.00	90.00	104.17	统销价	
	精炼	126.00	145.50	105.00	121.25	1988年	1989年
米糠油	毛油	109.00	129.00	80.00	96.00	65.00	70.00
	精炼	105.00	116.00	143.00	157.00	79.00	79.00
糯米粉	标一	36.10	46.50	27.20	35.30	19.30	19.80
粳米粉	标一	32.60	41.90	24.70	31.90	16.50	17.00
富强卷面	—	53.00	56.00	—	—	—	
特副卷面	—	49.00	52.00	—	—	—	
富强龙须卷面	—	57.00	60.00	—	—	—	
特副龙须卷面	—	53.00	56.00	—	—	—	
特副粉生面	—	40.00	43.00	—	—	市区	
特副粉皮子	—	42.00	45.00	—	—	市区	

表1–10　1986~1990年全省与苏州粮油定购比例价实际收购价情况对比表

单位：元/50千克

年份	粳稻		小麦		油菜籽	
	全省	苏州	全省	苏州	全省	苏州
1986	19	19.94	21.9	22.42	49.44	49.95
1987	20.8	21.61	21.9	21.4	50.25	51.38
1988	20.8	21.9	24	23.8	57.91	57.3
1989	26.8	28.5	25.6	26.4	70.07	69.29
1990	26.8	28.8	25.6	27.7	74.26	73.38

　　1987年根据国务院规定，对合同定购的粮食奖售化肥和柴油，每交售粮食50千克，奖售平价尿素5千克，平价柴油1.5千克。

　　进入1988年，议价粮油市场变化较大，资源紧缺，价格日趋上升。根据省要求，取消平价供应行业粮油及饲料等的规定，苏州市从4月1日起，每年324万斤奶牛饲料全部改为议价供应，为稳定市场，决定当年暂不向饮户收取粮票，饲料议转平差价由市粮食部门承担。对供应行业用的平价食油30%转为议价供应，苏州市全年平转议数量为37万斤，其中卤汁豆腐干改为议价供应10万斤，饭菜业6万斤，集体商业12万斤，食品工业9万斤，对行业用议价油由每市斤1.65元调为1.75元；居民议价油仍以每市斤1.65元限量供应，每人每月为半斤。同时苏州市除大众早点外，对其余行业用米、面粉改为议价供应。实行议价供应的复制品，不收粮票，每市斤收平议差价0.30元。同年5月，根据省政府文件精神，粮油议销价格按照"管而不死，活而不乱"的原则，实行差率管理，其品种有小麦（含面粉），稻谷（含米），玉米，大麦，山芋干，大豆及油，花生仁及油，油菜籽及油，棉籽及油。据此，苏州市物价委员会会同市粮食局发出《关于下达议价粮油综合差率、批零差率的通知》，明确议价粮油的批发价格按进货成本加综合差率（倒扣）计算；购进原料经加工后的成品销售，其批发按进货成本加规定的加工费、加工过程中的运杂费、减副产品回收，再加综合差率（倒扣）制定。综合差率的最高幅度为：市区（含郊区）销售的为7%、省内市区外销售的8%、销往省外的由供需双方协商定价。议价粮油的零售价格按供货单位核定的批发价加批零差率（顺加）制定；批零差率规定，稻谷、三麦、大豆、花生、大米、面粉、食用油为6%，其他粮油为7%。同时明确按本通知计算的批发价为市区最高价，严禁商品"旅游"，就地转手加价。

1988年下半年，随着议价粮油资源紧缺，供需矛盾突出，外地议销价格纷纷上涨。同年10月6日，苏州市物价委员会向市委、市政府呈《关于改进议价粮油供应及价格安排意见的报告》称："苏州市自贯彻中央、省、市政府关于做好当前物价工作，稳定市场的紧急通知精神，严格控制议价粮油的价格。与邻近地区相比，苏州市市区的价格处于低谷。目前议价粮油资源告急，部分品种有价无货，议价粳米已动用平价资源，严重影响市场供应。"

表1-11 1988年10月4日邻近地区粮油现行议销价格表

单位：元/500克

品名	苏州	无锡	常州	镇江	南通	杭州	湖州
标一粳米	0.57	0.58（无货）	0.60（无货）	—	—	0.68	—
籼米	0.53	—	0.53	—	—	0.55	0.60
特副粉	0.44	0.50	052	0.45	0.40	0.55	0.55
标准粉	0.41	0.48	0.47	0.43	—	—	—
菜油	2.08	2.20	2.10	2.20	1.93（凭票每人1斤）	1.95（凭票限量）	2.00（凭票每人半斤）
大豆	0.68	—	0.70	0.72	—	0.70	0.70

当时苏州市场突出反映问题的是：市区建筑、城建、交通、郊区等外来人员共约10.4万人，由于粮食紧张，要求供应议价粮呼声较高，9月份安排80多万斤大米、籼米，现粮食部门无法安排供应；饮食、糕点、饼干行业用粮和旅馆外来流动人员吃粮，市区每月供应大米120万斤，现安排平价47万斤，议价30万斤，缺口43万斤。面粉每月需200万斤，其中平价120万斤，议价80万斤，此外饼干厂还需增加议价面粉每月50万斤。现行米面议价的销价偏低，粮食部门无法安排供应。市区工业用粮，全年约需1亿斤，其中大米近4000万斤，当年粮食部门仅供应30%，大部分由工厂自行组织，由于议价粮食货紧价涨，有的工厂面临停产，涨价部分企业难以消化。也因议价粮价纷纷上涨，现行饲料价格难以维持，市饲料公司亏损，猪、禽、鱼饲料供应紧张，养殖户反映强烈。早已放开的赤豆、芝麻等小杂粮，均是外采商品，而产地纷纷涨价，如维持现价，粮食部门无法经营，会直接影响苏州市全年市场供应。

为解决上述问题，确保市场供应，保持市场物价基本稳定，市物价部门会同粮食部门采取议价粮油按照目前实际进价加规定的差率，参照邻近地区价格作相应调整，以适当的价格吸引粮源来苏，确保外来务工人员和流动人员口粮需求。今后价格变动仍需向物价部门申报。对工业用粮大户，可委托粮食代购代销，粮食部门收取3%手续费，或采取工商协商定价供应。其涨价部分由工厂自行消化，产品价格原则上不作调整。对餐饮、旅社行业仍维持临时办法平议价双轨供应。

表1-12　1988年10月苏州市区议价粮油调价表

单位：元/500克

品名	现行价		调后价	
	批发价	零售价	批发价	零售价
标一粳米	0.57	0.60	0.66	0.70
籼米	0.53	0.56	0.63	0.67
特副粉	0.44	—	0.52	0.55
标准粉	0.41	—	0.49	0.52
菜油	2.08	2.20	2.36	2.50
大豆	0.68	0.72	0.70	0.74
糯米	0.60	—	0.71	0.75

注：议价菜油，供应对象为市区集伙单位和行业用油，对居民供应暂不出台。

1989年8月1日起，根据省局文件精神，结合苏州实际，苏州市对粮油议销价格以管理作价办法为主，对部分品种通过申报和备案制度控制价格水平，并根据粮油议购议销的不同渠道，实行分类指导和管理。购零差率扩大至12%，购调差率增为9%，严禁同城转手加价出售，以有利于企业正常经营活动和参与市场竞争，有利于粮食市场稳定和平抑市场粮油价格。

为稳定市场，满足广大居民对食油的需要，经市政府同意，自1990年1月1日起，苏州市区（含郊区）议价菜油对居民敞开供应实行最高限价，每500克议价菜油最高价为2.60元。市区所有经营议价菜油的单位均不得突破，并在上述最高价的范围按作价办法订价，向市物价委员会申报。

1990年3月30日起，市物价委员会调整生面、皮子、阳春面等粮食复制品价：生面每500克（收粮票，下同）从0.24元提为0.27元，皮子从0.26元提为0.30元，阳春面每碗100克销价从0.14元提为0.20元、150克销价从0.19元提为0.25元。经市政府同意，同年6月28日起，调整油条、大饼价格，油条每根（收粮票25克）由现行的0.05元调为0.06元，甜、咸油酥大饼每只（收粮票50克）统一调为0.12元。

1990年3月，国家为缓解食油供需矛盾，提高了油脂、油料收购价格，根据省文件规定，苏州市从4月1日起调整。菜籽、菜籽油在各类油料品种中收购量最大，对平衡油脂供求的作用也较大，故本次价格提高相对较高。苏州市油菜籽定购价（中等）每50千克从53.8元提高到70.40元，调幅30.9%；菜籽油（二级）每50千克定购价从158.40元调高到207.40元，调幅30.9%。油脂、油料收购价格提高后，销售价格政策和水平不变。同年6月，苏州市对市场议价菜油不再实行提价申报，经营企业可按照规定作价办法相应确定销价。

为贯彻国务院关于议销粮油价格管理的有关精神，自1990年10月1日起，苏州市对部分粮油的议销价格通过组织同行业议价，实行最高限价（挂牌价）管理。

根据苏州市物价局、苏州市粮食局苏价农字（90）40号文件精神，经市区议销粮油协商

小组第一次会议协商研究,市区议销粮油最高挂牌价如下:

表1-13   1990年10月1日苏州市区议销粮油最高挂牌价(第一期)表

单位:元/50千克

品名	价格	品名	价格
特二粳米	72.0	菜油	245.0
标一粳米	68.0	棉油	235.0
标一糯米	75.0	豆油	255.0
标一杂交籼	65.0	玉米	41.0
标一早籼米	63.0	热榨豆饼	62.0
富强粉	72.0	冷榨豆饼	70.0
特副粉	65.0	菜饼	32.0
标准粉	62.0	棉仁饼	32.0
东北大豆	90.0	麸皮	35.0
普通大豆	85.0	清糠	35.0

从1989年5月份开始,农业连续两年获得丰收,全国粮油市场供求趋缓,价格水平稳中有降。1990年,全国粮食总产量创历史新纪录,接近4500亿千克,部分地区出现了农民"卖粮难"。"一粮带百价",市场粮价下降,许多农副产品和副食品价格相继下滑,随着"米袋子"、"菜篮子"工程的见效,老百姓天天接触的主副食品消费价格稳定下来,稳住了整个零售物价的阵脚,同全国全省一样,1990年苏州市居民消费价格指数和零售物价指数涨幅从连续三年的二位数分别回落到3.9%和3.2%。宏观经济环境得到改善,治理整顿取得明显成效。

值得一提的是,1985~1990年期间,粮价改革以放权、转换价格机制为重点。1985年,粮食由统购改为合同定购,定购以外的粮食实行议购议销和市场调节,允许多渠道经营粮食。随着苏州农村第二、第三产业迅猛发展,国家又先后放开了蔬菜、水产品以及部分经济作物的购销价格,价格升幅大,收益明显增加。由于粮食比较效益和定购价格偏低的矛盾比较突出,粮食生产一度出现徘徊的局面。苏州全市1985~1990年粮食总产量六年中均比1984年有所下降,已降至1983年左右的水平,致使供求关系再度趋紧,1985年后市场粮食价格大幅上扬。

表1-14   1978~1990年苏州全市粮食总产量表

单位:万吨

年份	全市	市区	常熟	张家港	昆山	吴江	太仓
1978	294.26	74.11	56.38	34.63	46.68	52.67	29.79
1979	313.98	81.35	58.46	34.87	49.60	59.07	30.63
1980	254.31	61.60	47.08	30.61	43.21	46.44	25.37
1981	222.47	51.41	41.41	27.40	37.76	42.08	22.41
1982	281.16	70.82	51.23	31.08	45.61	55.29	27.13
1983	267.47	68.11	48.83	30.88	39.05	56.64	23.96
1984	310.14	76.03	56.93	33.26	50.98	64.18	28.76
1985	238.49	54.94	43.35	28.99	39.23	48.64	23.34

年份	全市	市区	常熟	张家港	昆山	吴江	太仓
1986	278.14	68.03	52.85	32.31	45.48	51.89	27.58
1987	260.17	63.83	47.47	29.23	42.72	51.52	25.40
1988	270.78	66.41	51.10	30.43	44.05	51.77	27.02
1989	259.60	66.05	46.63	28.10	42.58	50.18	26.06
1990	283.50	72.61	51.07	31.02	47.36	53.32	28.12

五、调高居民粮油统销价

20世纪60年代中期以来，定量供应居民的粮油销售价格长期未作调整。1979年以后，国家多次提高粮食收购价格，粮食购销价格倒挂严重，财政补贴逐年增加，国家财政补贴1978年为36亿元，1990年上升为400多亿元，定购粮食购销差价每500克补贴0.30元左右，销价再不调整，严重制约粮油改革进程，国家财政也难以承受，深化粮油价格改革势在必行。为此，国务院决定从1991年5月1日起，大幅度提高粮油统销价格。按照省的统一部署，苏州五种粮食（面粉、籼米、粳米、大豆、玉米）统销价格平均每500克提高0.131元，提价幅度为90.4%；四种油脂（菜籽油、花生油、精炼棉籽油、豆油）统销价格平均每500克提高1.32元，提价幅度为170%。根据省下达的价格水平，苏州市销售的主要粮油品种价格调整情况为：特副面粉每500克（下同）从0.183元提高到0.31元，标二粳米从0.14元提高到0.29元，标一粳米从0.147元提高到0.30元，特等糯米从0.183元提高到0.38元，菜籽油从0.79元提高到2.08元。据测算，全市一年粮食提价金额约7424万元，食油提价金额约1419万元，粮油合计提价8843万元。

统销粮油价格调高后，为了使城镇大多数居民的实际生活不因粮油提价受到大的影响，决定按照国家、企业、个人共同负担的原则，给城镇居民适当补偿，每个职工每月基本工资提高6元，无赡养负担的对象补偿4元。

这次粮油价格改革方案出台前夕，从4月23日开始，苏州市场也陆续出现居民群众排队踊购粮油的现象，并逐步波及到争购议价菜油、食糖、酱油、挂面等商品，是日，省委、省政府签发传真电报《关于切实做好粮油统销价格调整工作的通知》。4月24日，市粮食局采取限购定量供应粮油，市物价局发出《关于当前物价管理若干规定的通知》，明确五条政策。省物价局当天签发特急传真电报向各市、县转发苏州市物价局五条规定。

4月25日，市场继续踊购粮油等商品。市委、市政府签发传真电报《关于切实做好粮油统销价格调整工作的紧急通知》，要求各县（市）、区、部门、单位加强宣传教育，严格执行政策；搞好市场供应，切实加强领导。同日，市物价局对市区集贸市场部分农副产品实行最高限价。市物价局、市粮食局明确议价菜油实行最高限价，每500克批发价2.30元，零售价仍维持2.45元。

从4月24日至26日，市物价局组织市粮食局，市商业局及饮服、食品工业公司，各区物价局及商业局40余人，按照处理粮油复制品价格连锁反应的原则，测算了市管品种、市统一平衡品种的价格调整方案，合计418个品种规格，其中市区统一平衡价格的26只，经市统一测算的392只。4月27日，市政府召集物价、商业、粮食等部门会议，听取并研究通过了市物价局关

苏州市价格志

于处理粮油复制品连锁反应的调价方案。同日,市物价局发出《关于调整粮油统销价格的通知》、《关于粮油相关制品价格调整的通知》。为保证市场平价菜油的供应,市粮食局采取暂停供应议价菜油的办法。

从4月26日开始,市物价局部署开展围绕粮油调价的物价专项检查。市、区物价局根据群众举报,抓紧从严从重处理部分单位擅自提高议价菜油价格的行为,新闻媒体作了跟踪报道。

经全市各级、各部门的共同努力,从4月27日,苏州市场踊购粮油等商品的情况渐趋缓和,28日以后,市场情况逐步进入正常,群众思想比较稳定,市场物价比较平稳。4月30日,市物价局全面部署粮油调价措施出台及跟踪检查工作。5月1日,苏州全市粮油及其制品和相关产品调价平稳顺利出台。为保证国家这项重大价格改革措施落到实处,市、区两级物价局出动96名干部,分成34个小组,从5月1日至5日共对市区粮油店、生面加工坊、饼馒店、副食品商店、菜场集贸市场及有关经营个体户共计1761户展开价格监督检查,对239户违反物价纪律的经营者进行处罚,有效地稳定了市场物价。

表1-15 1991年5月1日苏州市中央及省管粮油统销价格表(一)

单位: 元/50千克

品种(原粮油)	调后统销价	品种(原粮油)	调后统销价
红小麦	20.00	低芥酸油菜籽	74.40
花小麦	20.00	花生果	69.60
白小麦	21.00	花生仁	96.50
早、晚籼稻	17.00	一等棉籽	22.70
杂交籼稻	18.00	二等棉籽	19.30
早粳稻	19.00	三等棉籽	15.90
晚粳稻	21.00	中等玉米	16.00
籼糯稻	22.00	中籽粒大豆	45.00
粳糯稻	24.00	大籽粒大豆	46.50
油菜籽	70.40	—	—

表1-16 1991年5月1日苏州市中央及省管粮油统销价格表(二)

单位: 元/50千克

品种(成品粮油)	调后统销价	品种(成品粮油)	调后统销价
标准粉	27.00	标二籼糯米	32.00
特副粉	31.00	标一籼糯米	34.00
特二粉	32.00	特等籼糯米	36.00
特一(富强)粉	35.00	标二粳糯米	34.00
标二早、晚籼米	25.00	标一粳糯米	36.00
标一早、晚籼米	26.00	特等粳糯米	38.00
特等早、晚籼米	28.00	中等玉米粉	19.00
标二杂交籼米	26.00	二级菜籽油	208.00
标一杂交籼米	27.00	一级菜籽油	220.00
特等杂交籼米	29.00	色拉菜籽油	263.00
精洁杂交籼米	37.00	低芥酸菜籽油	220.00
标二早粳米	28.00	二级花生油	231.00

品种（成品粮油）	调后统销价	品种（成品粮油）	调后统销价
标一早粳米	29.00	一级花生油	244.00
特等早粳米	31.00	棉毛油	163.00
标二晚粳米	29.00	棉清油	190.00
标一晚粳米	30.00	二级大豆油	215.00
特等晚粳米	32.00	一级大豆油	227.00
精洁晚粳米	42.00	—	—

表1-17　1991年5月1日苏州市市管粮油统销价格表（三）

单位：元/50千克

品种	调后统销价	品种	调后统销价
标一粳米粉	34.00	特副粉玉带卷面	56.00
标一粳糯米粉	40.00	富强粉玉带卷面	60.00
特等粳糯米粉	42.00	水磨粳糯米粉	85.00
特副粉卷面	52.00	次生产粉	23.00
富强粉卷面	56.00	毛糠油	129.00
特副粉龙须卷面	56.00	精糠油	157.00
富强粉龙须卷面	60.00	—	—

表1-18　1991年5月1日苏州市粮油相关产品平衡品种价格表

品种			单位	市区规格	收粮标准	出率	调后最高零售价（元）
生面	普通	特副粉	顶票	1.5～3毫米	500克	625克	0.46
		富强粉	500克	1.5～3毫米	500克	625克	0.50
	龙须	特副粉	500克	1毫米以下	500克	625克	0.50
		富强粉	—	1毫米以下	500克	625克	0.54
馄饨皮	大	特副粉	500克	每500克粮30～100张	500克	675克	0.52
		富强粉	500克	—	—	675克	0.56
	小	特副粉	500克	每500克粮150张	500克	675克	0.57
		富强粉	500克	每500克粮150张	500克	675克	0.61
油条			顶粮50克	1两2根热重80克，冷重77克	50克	—	0.18
			顶粮50克	1两1根热重、冷重分别不少于80克、77克	50克	—	0.16
阳春面			碗	—	150克	—	0.40
			碗	—	100克	—	0.30
纯粮馒头			只	—	100克	—	0.14
粮食复制品平议差价			顶粮500克	—	—	—	0.40

表1-19　1991年5月1日苏州市市管粮油相关复制品种价格表

品名		规格	每500克粮票供应成品数量	零售价格（元）
粳米粉		标一	500克	0.34
粳糯粉		标一	500克	0.40
		特等	500克	0.42
		水磨	400克	0.85
生面	普通	特副	625克	0.46
		富强	625克	0.50

品名		规格	每500克粮票供应成品数量	零售价格（元）
生面	龙须	特副	625克	0.50
		富强	625克	0.54
馄饨皮		80~100张	675克	0.52
		150张以上	675克	0.57
卷面	普通	特副	500克	0.52
		富强	500克	0.56
	龙须	特副	500克	0.56
		富强	500克	0.60
	玉带	特副	500克	0.56
		富强	500克	0.60

表1-20　1991年5月1日苏州市区平衡品种（乙级企业）最高限价表

品名	单位	顶票	售价（元）	总成本（元）	毛利率（%）	总产量	规格
特副粉鲜肉小馄饨	碗	50克	0.27	16.939	37.26	100	皮70克　心12.5克
鲜肉大馄饨	碗	50克	0.54	33.391	38.16	100	皮70克　心45克
鲜肉大包	只	50克	0.26	16.159	37.85	100	皮75克　心27.5克
鲜肉小笼	客（5只）	50克	0.72	45.553	36.73	100	皮75克　心85克
油氽紧酵	客（5只）	50克	0.80	50.313	37.11	100	皮75克　心85克
鲜肉中包	只	25克	0.145	18.274	36.90	200	皮37.5克　心16克
鲜肉汤包	客（10只）	50克	0.74	45.553	38.44	100	皮75克　心85克
鲜肉小烧卖	客（10只）	50克	0.74	15.413	38.63	100	皮70克　心85克
鲜肉大烧卖	客（5只）	50克	0.72	45.413	36.93	100	皮70克　心85克
特副粉鲜肉生煎馒头	客（4只）	50克	0.52	32.834	36.86	100	皮75克　心57.5克
绞连棒	根	25克	0.08	9.7425	39.11	200	热：29克　冷：28克
油氽散子	把	50克	0.17	10.93	35.7	100	热：33.5克　冷：32.5克
大麻团	只	50克	0.15	10.945	39.19	100	热：80克　冷：75克
油氽面衣	只	50克	0.16	9.97	37.69	100	热：72.5克　冷：70克
特副粉鲜肉锅贴	客（4只）	50克	0.52	32.734	37.05	100	热125克　冷120克　其中馅心57.5克
油氽肉团子	只	50克	0.23	14.183	38.33	100	热：95克　冷：90克
盖浇面面底	碗	150克	0.32	20.805	35	100	—
盖浇面面底	碗	100克	0.24	14.804	38.31	100	—
油酥甜大饼	只	50克	0.16	9.07	43.3	100	热：75克　冷：72.5克
油酥咸大饼	只	50克	0.15	8.215	45.23	100	热：72.5克　冷：70克
实心馒头	只	100克	0.14	3.34	52.28	50	热：150克　冷：145克
油条	根	25克	0.09	42.535	52.74	1000根	热：40克　冷：38.5克
油条（素油）	根	25克	0.09	41.935	53.41	1000根	热：40克　冷：38.5克
油条	根	50克	0.16	—	—	500根	不少于热80克、冷77克
阳春面	碗	150克	0.40	20.805	47.99	100碗	—
阳春面	碗	100克	0.30	14.804	50.65	100碗	—
粮油复制品平议差价	每500克粮		0.40	—	—	—	—

表1-21　1991年5月1日粮油提价对零售物价指数的影响表

项目		现行价（元/500克）	调后价（元/500克）	提价金额（元/500克）	提价幅度（%）	权数（‰）	平议比重（%）	影响总指数上升（%）
合计		—	—	—	—	—	—	5.322
粮食	小计	—	—	—	—	—	—	3.682
	面粉	0.183	0.31	0.127	69.04	0.959	99.94	0.067
	粳米（标一）	0.147	0.30	0.153	104.08	28.680	99.95	2.984
	糯米	0.174	0.36	0.186	106.90	1.150	97.03	0.119
	挂面	0.33	0.52	0.19	57.58	1.495	100.00	0.086
	水面	0.27	0.46	0.19	70.37	6.058	100.00	0.426
菜油（二级）		0.79	2.08	1.29	163.29	13.444	74.72	1.64

1991年，苏州市同全省一样，秋粮遭受百年未遇的特大洪涝灾害，大灾之年为保护农民利益，稳定粮食生产，使议价粮油加工企业正常运行，省物价局、粮食局以最低收购保护价形式下发了议购指导价。

表1-22　1992年4月1日苏州市粮食定购价格调整表

单位：元/50千克

品名	现行定购价	调后定购价
红小麦	25	31
花小麦	25.6	31.6
白小麦	26.3	32.2
早、晚籼稻	22.2	24.5
杂交籼稻	23	26
早粳稻	25.6	28.6
晚粳稻	26.8	31.8
籼糯稻	27.5	30.5
粳糯稻	29.5	34.5
玉米	18.3	21.3

1992年，为缓解粮食生产成本上升和购价偏低的矛盾，根据中共十三届八中全会关于加快粮价购销倒挂体制改革，有计划地解决粮食收购价偏低和购销倒挂问题的指示精神，从4月1日起，江苏省又一次大幅提高粮食的收购价格，全省粮食定购价格平均每50千克提高4.65元，提价幅度18.7%，提价额为4.52亿元。其中，每50千克中等质量原粮的收购价格，红小麦31.00元、花小麦31.60元、白小麦32.20元、杂交籼稻26.00元、晚粳稻31.80元。苏州市执行省下达的收购价格。

为理顺粮食购销价格，减轻粮食购销倒挂和财政补贴，省下达的三种粮食统销价格平均每500克由0.27元提高至0.41元，提价幅度为48.6%。对职工每月补贴5元。这次提价，实现了粮食购销同价，购销关系基本理顺，粮食经营缓解费用仍由财政补贴。经过1991~1992年粮食销价两次大幅度提高，对于减轻财政负担，创造条件转换粮食企业经营机制，搞活粮食流通，以及促进节约用粮，缩小城乡差别等起到了十分显著的作用。

表1-23 1992年4月1日苏州市成品粮食统销价格调整表

单位：元/50千克

等级	现行价格	调整价格	等级	现行价格	调整价格
小麦粉			晚粳米		
标准	27	39	标二	29	45
特二	32	48	标一	30	47
特一	35	51	特等	32	50
早、晚籼米			籼糯米		
标二	25	36	标二	32	44
标一	26	38	标一	34	46
特等	28	40	特等	36	49
杂交籼米			粳糯米		
标二	26	38	标二	34	49
标一	27	40	标一	36	52
特等	29	43	特等	38	55
早粳米			玉米粉		
标二	28	41	—	19	24
标一	29	43	—	—	—
特等	31	46	—	—	—

表1-24 1992年4月1日苏州市原粮统销价格调整表

单位：元/50千克

品名	现行价格	调整价格
红小麦	20.0	31.0
花小麦	20.0	31.6
白小麦	21.0	32.2
早、晚籼稻	17.0	24.5
杂交籼稻	18.0	26.0
晚粳稻	21.0	31.8
早粳稻	19.0	28.6
籼糯稻	22.0	30.5
粳糯稻	24.0	34.5
玉米	16.0	21.3

表1-25 1992年4月1日苏州市粮食副产品统销价格调整表

单位：元/50千克

品名	现行价格	调整价格
一号麸	12.00	14.90
二号麸	11.50	14.30
三号麸	8.20	10.20
清糠（参考价）	12.50	14.80

苏州对粮油副产价格按原粮调整的价格幅度也作了相应调整，并明确米面复制品平议差价每500克从1991年的0.4元调低为0.10元。

1992年3月19日，市物价局、粮食局发出《关于对部分粮油及复制品实行临时限价的通知》，每500克议价粮油及复制品最高限价分别为：特副粉0.55元，菜油零售价2.30元，批发价2.15元，特副粉生面0.70元、特副粉馄饨大皮子0.75元，小皮子0.80元，上述规格和成品供应数量与平价相同。市区所有生产、经营单位和个体、工商户均须严格执行，违者从重处罚。

表1-26   1992年4月1日苏州市粮食复制市管品种价格调整表（一）

品名		等级	规格	每500克票证供应成品数量	收粮标准	零售价格	
						调前价	调后价
卷面		特二	1毫米至3毫米	500克	500克	—	0.72元
		特一	1毫米至3毫米	500克	500克	0.56元	0.76元
		特副	1毫米至3毫米	500克	500克	0.52元	0.70元
生面	普通	特二	1毫米至3毫米	625克	500克	—	0.63元
		特一	1毫米至3毫米	625克	500克	0.50元	0.67元
		特副	1毫米至3毫米	625克	500克	0.46元	撤销
	龙须	特二	1毫米及以下	625克	500克	—	0.68元
		特一	1毫米及以下	625克	500克	0.54元	0.72元
		特副	1毫米及以下	625克	500克	0.50元	撤销
馄饨皮子	大	特二	每500克粮食80~100张	675克	500克	—	0.68元
		特一	每500克粮食80~100张	675克	500克	0.56元	0.72元
		特副	每500克粮食80~100张	675克	500克	0.52元	撤销
	小	特二	每500克粮食150张以上	675克	500克	—	0.73元
		特一	每500克粮食150张以上	675克	500克	0.61元	0.77元
		特副	每500克粮食150张以上	675克	500克	0.57元	撤销

表1-27   1992年4月1日苏州市粮食复制市管品种价格调整表（二）

品名	单位	顶票	售价（元）	总成本(元)	毛利率(%)	总产量	规格	
油酥甜大饼	只	50克	0.18	10.76	40.22	100	热：75克	冷：72.5克
油酥咸大饼	只	100克	0.17	9.905	41.74	100	热：72.5克	冷：70克
油条	根	25克	0.10	51.035	48.97	1000	热：40克	冷：38.5克
素油油条	根	25克	0.10	50.435	49.57	1000	热：40克	冷：38.5克
油条	根	50克	0.18	47.075	47.69	500	热：80克	冷：77克
特二粉阳春面	碗	150克	0.48	25.905	46.03	100	—	
特二粉阳春面	碗	100克	0.35	18.204	47.99	100	—	
实心馒头	只	100克	0.18	5.04	44	50	热：150克	冷：145克
盖浇面面底	碗	150克	0.40	25.905	35.24	100	—	
盖浇面面底	碗	100克	0.29	18.204	37.23	100	—	
特二粉鲜肉大馄饨	碗	50克	0.56	34.991	37.52	100	皮70克	心45克
特二粉鲜肉小馄饨	碗	50克	0.29	18.539	36.07	100	皮70克	心12.5克
鲜肉大包	只	50克	0.28	17.859	36.22	100	皮75克	心27.5克
鲜肉中包	只	25克	0.16	19.974	37.58	200	皮37.5克	心16克
油氽紧酵	客（5只）	50克	0.82	52.013	36.57	100	皮75克	心85克
鲜肉大烧卖	客（5只）	50克	0.74	47.113	36.33	100	皮70克	心85克
鲜肉小烧卖	客（10只）	50克	0.76	47.113	38.01	100	皮70克	心85克

表1-28　1992年4月1日苏州市粮食复制市管品种价格调整表（三）

品名	单位	顶票	售价（元）	总成本（元）	毛利率(%)	总产量	规格
鲜肉汤包	客（10只）	50克	0.76	47.253	37.83	100	皮75克　心85克
鲜肉锅贴	客（4只）	50克	0.54	34.434	36.23	100	热:125克　冷:120克 其中馅心57.5克
鲜肉生煎馒头	客（4只）	50克	0.54	34.534	36.05	100	皮75克　心57.5克
绞连棒	根	25克	0.09	11.4425	36.43	200	热:29克　冷:28克
油氽散子	把	50克	0.20	12.63	36.85	100	热:67克　冷:65克
大麻团	只	50克	0.20	12.495	37.53	100	热:80克　冷:75克
油氽面衣	只	50克	0.19	11.67	38.58	100	热:72.5克　冷:70克
油氽肉团子	只	50克	0.25	15.893	36.43	100	热:95克　冷:90克　心15克
葱油花卷	只	50克	0.10	5.81	41.90	100	热:77.5克　冷:75克
鲜肉团子	只	50克	0.20	13.153	34.24	100	热:100克　冷:97.5克
鲜肉粽子	只	50克	0.40	25.431	36.42	100	热:125克
鲜肉汤团	只	25克	0.14	17.16	38.71	200	皮40克　心11.5克
咸猪油糕	块	50克	0.17	10.83	36.29	100	热:90克　冷:87.5克
炒肉馅团子	只	25克	0.28	34.61	38.20	200	60克
百果蜜糕	块	50克	0.31	19.715	36.40	100	冷:95克
桃团	只	50克	0.16	10.054	37.16	100	85克
荤油豆沙青团子	只	50克	0.20	11.445	36.42	90	热:112.5克　冷:107.5克
猪油丁豆沙青团子	只	50克	0.22	14.042	36.17	100	热:100克　冷:95克
定胜糕	块	50克	0.16	9.744	39.10	100	热:75克　冷:72.5克
甜糕	块	50克	0.16	10.285	35.72	100	热:87.5克　冷:85克

　　为保持全市市场物价基本稳定，控制好各种连锁反应，切实保证国家调整粮食统销价格政策顺利实施，同年3月17日，市物价局及时出台了有关市场价格管理的八条临时规定，省物价局肯定了苏州市做法，并以传真电报的形式转发各市。同时，苏州市注意做好宣传解释工作，取得广大群众的理解和支持，进一步加强市场监控，开展跟踪检查，打击趁改革之机乱涨价和"搭车"涨价的不法行为。

六、放开粮油购销价格

　　1993年3月，根据国务院关于加快粮食流通体制改革的精神，省政府决定从4月1日起，全省取消粮食、油料定购任务，收购价格放开，对定量、定（统）销供应的粮油价格放开，不再使用粮票、食油票券（军用粮票、油票除外），平价粮食副产品、复制品价格同步放开，粮食、油料加工费标准同步放开。按照国务院、省政府的决定，3月20日苏州市物价局、市粮食局发文明确：为保护农民种粮的积极性，促进粮食生产的稳定增长，根据国务院决定，建立粮食收购保护价制度。全省的收购保护价就是1992年的定购价格。每年播种前，由县（市）物价、粮食等部门根据粮食生产成本和供求情况，研究公布粮食收购指导价，实际收购时可根据市场情况，收购价格可以浮动。全市的收购保护价，由市物价局会同有关部门参照省定收购保护价拟定，报请市政府批准后公布。1993年，苏州市粮食收购保护价为：每50千克中等质量标准红小麦31元，晚粳谷31.80元，粳糯谷34.50元，保护价实施范围，限于指导性收购计划收购的粮食。苏州市油脂的购销价格也一并放开。

　　粮油价格放开初期，为保持粮油及其复制品价格的基本稳定，苏州市对国有粮食企业经营的粮油销售价格，按照略低于市场价，实行"一城一价、衔接毗邻、相对稳定"的原则，确定苏州市区主要品种价格水平：标一粳米每500克（下同）0.65元，标二面粉0.60元，二级菜油2.30元。各县（市）可按上述原则并参照苏州市区价格自行确定本地的价格水平。同时市区对粮食复制品主要品种确定最高价格水平：普通大饼每50克0.19元，油条每25克0.11元，阳春面每150克0.52元，生面（实物量）每500克0.60元，皮子（实物量）每500克0.60元，其他品种价格按照"死毛利活价格"确定。原以议价粮食为原料的相关制品（如酱油、醋、豆制品等）销售价格不动。

　　出台一段时间后，国有粮食企业继续发挥主渠道平抑物价的作用，根据市场行情，按不高于市场价原则，实行同行业价格管理、企业自主定价。对主要粮食复制品价格也实行同行业价格管理。

　　1993年粮食价格放开后，为防止粮价暴涨暴跌，经省政府同意，决定自1993年起，在建立粮食储备制度的同时，省、市、县都必须建立粮食风险调节基金。江苏省财政厅、物价局下发《关于建立粮食风险调节基金有关问题的通知》，全省粮食调节基金总规模3亿元，其中省级1亿元，市、县级2亿元，省、市、县财政自1993年起每年筹集1亿元，至1995年底达到总规模。

　　省物价局、粮食局下达《关于1993年秋粮合同收购指导价格的通知》，晚粳稻每50千克中等质量标准为40～45元，杂交籼稻为30～35元。各市在省定指导价格的幅度内，结合本地实际情况，制定具体指导价格水平。由于粮源紧张，为鼓励农民售粮，1993年苏州市粳稻实际收购价每50千克为48元，比全省价格高出2.25元。

七、粮油价格调控

　　1991～1992年，全国粮食出现持续减产。1993年下半年开始，全国从南到北市场粮价逐月上涨，当年末涨幅即超过60%。"一粮带百价"，粮价上涨带动市场物价上升，引发新一轮通货膨胀。鉴于市场粮油等价格上涨过猛，经市政府同意，12月22日，市物价局会同工商、商业、粮食部门发出《关于对粮油、蔬菜、猪肉实行临时限价管理的通知》，苏州市区粮油最高销售价格为：特二粳米（最高等级）每500克0.95元以下，标一粳米0.85元以下（上述为散装价格，包装大米另收包装费，包装费每千克不超过0.04元），特二面粉每500克0.72元以下，菜油每500克3.50元以下。限价管理的规定适用于市区国营、集体、个体经营者。

　　市场实践证明，放开粮价时机尚不成熟。为稳定物价、安定人心，国务院决定从12月31日起，对粮食销售实行挂牌限价。根据国务院和省委、省政府关于平抑粮油价格，稳定市场的部署，经市政府同意，市物价局会同工商、粮食部门发出《关于市区平抑粮油价格加强市场管理的通知》，规定了市场主要粮油品种、等级的挂牌零售价格，每50千克标二杂交籼米65元，标一杂交籼米67元，标一晚粳米81元，标准小麦粉60元，二级菜籽油330元，特等杂交籼米72元，特等晚粳米87元，特二小麦粉70元。所有国营粮店和其他粮油经营单位（户）一律实行公开挂牌销售，明码标价，确保降价的目标到位，严禁哄抬粮价、囤积居奇、牟取暴利、徇私舞弊、卖大户行为。对拒不执行国家规定的单位和商贩，严肃处理。

1994年的市场粮食价格与上年相比，全省涨幅达30%左右，每50千克市场价小麦70元，粳稻95元，特二粉100元，特等粳米145元，出现了自1952年以来粮食价格上涨的一个高峰。粮价推动其他价格上涨，通货膨胀加剧。同全省粮油价格相比，由于苏州紧靠上海，受沪上粮价放开影响，市场粮价高于全省平均水平，且呈逐月上涨走势，与上年相比1994年市区每千克（下同）年平均价：特二粉1.696元，上涨46.8%；特二粳米2.010元，上涨51.3%；标一糯米2.232元，上涨49.4%；二级菜油8.299元，上涨65.2%；猪板油9.388元，上涨59.6%。

从1994年3月开始，苏州市区粮食和凭票外菜油价格矛盾突出，价格上扬，除标一粳和特二面粉仍执行国家规定的挂牌价外，特二粳和菜油普遍出现超挂牌价现象和提级提价，如菜油，规定限价每500克为4元，实际绝大部分无货供应或超限价。为稳定苏州粮油等居民基本生活必需品价格，切实整顿粮油市场，规范经营者价格行为，同年3月24日至25日，市政府召开全市物价工作会议，动员部署加强物价管理，开展物价大检查工作。4月中旬，国务院物价大检查华东工作组来苏检查工作。5月5日，市政府领导带领物价、工商、粮食等部门检查市场价格，接受群众现场举报揭发，对香花桥农贸市场兴隆粮店超过市区规定挂牌价、以次充好、混等混级提价销售大米案进行严肃查处。同年5月，为对粮油加强价格调控，规范市场价格行为，苏州又连续出台了三个规定：市政府批转了市物价局《苏州市居民基本生活必需品和服务价格实行监审的实施细则》，明确把35种与居民基本生活密切相关的主副食品、日用工业消费品、公用事业和主要服务项目列为重点监审对象，分别实行国家定价、提价申报、提价备案、差率管理、最高限价等管理办法，明确对粮食及复制品，食用菜油的批发和零售价格实行省挂牌限价或市规定价格水平或作价办法；市物价局、工商局、粮食局、标准计量局联合发出《关于加强粮油市场管理的通知》，对进一步整顿粮油市场，规范粮油经营者的行为，加强粮油质量和价格管理作出了六条规定；市物价局还会同工商局制定了《关于集贸市场明码标价的通知》，规定了三大类商品的明码标价形式，聘请"物价协管员"，公布市场参考价、行情价，组织同行业议价，加强集贸市场价格监督检查等。

同年，党中央、国务院决定，恢复粮食定购，定购粮食实行国家定价，定购以外的粮食由市场调节，并从6月10日起全国统一调整粮食购销价格，对主要粮食品种的销售价格实行省、市国家定价，即省管市、市管县，一级管一级。省核定苏州市区每50千克粮食销价为：标一粳米97元，特等粳米104元；标一籼米96元，特等籼米103元；特二面粉95元，特一面粉101元。根据省政府《关于提高粮食购销价格的通知》精神，经市政府同意，市物价局、粮食局下达调整粮食购销价格的通知，全市分为两个价区：张家港市、常熟市、太仓市及吴县新区、工业园区与苏州市区（含郊区）同价；昆山市、吴江市和吴县乡镇按每50千克比苏州市区价低一元执行，各地不得擅自变动，所有经营单位均需严格执行。详见下表：

表1-29 1994年6月10日苏州市区及各市（县）、区粮食销售价格调整表

单位：元/500克

品名	苏州市区（含郊区）、工业园区、张家港市、常熟市、太仓市、吴县新区	昆山市、吴江市、吴县乡镇
标一粳米	0.97	0.96
特等粳米	1.04	1.03

品名	苏州市区（含郊区）、工业园区、张家港市、常熟市、太仓市、吴县新区	昆山市、吴江市、吴县乡镇
标一杂交籼米	0.96	0.95
特等籼米	1.03	1.02
特二面粉	0.95	0.94
特一面粉	1.01	1.00

食油价格同时调整：省定县（市）二级菜油每500克零售价4元，省辖市市区零售价500克为4.2元。市区和部分县实行凭券、凭证限量供应的食油仍按原价格供应到6月底，未实行限量供应的地区，从6月10日起执行调整价格，一律敞开供应。但由于货源紧张和经营者惜售，苏州市区不凭券的议价菜油，市场基本无货供应。

为保持市区粮食复制品价格的相对稳定，市区对主要品种统一价格：普通大饼每只（规格热重72.5~75克、冷重70~72.5克）0.27元，油条每根（规格热重40克、冷重38.5克）0.16元，特二粉生面、皮子（实物量）每500克0.95元，特一粉生面、皮子（实物量）每500克1.01元；其他复制品价格调整只考虑粮价提价因素，从紧核定，按规定严格控制粮食调价的连锁反应。

与此同时，国务院加大了粮食流通体制的改革力度，实行"米袋子"省长负责制，采取粮食政策性业务与经营性业务"两条线"分离的办法，深化粮食购销体制改革。粮食经营和价格管理体制重新形成了国家管理与市场调节结合的"双轨制"。

同年8月中下旬，苏州市区粮食供应和价格出现了一些新情况：部分群众排长队踊购国营粮店散装特等粳米，导致有的粮店脱销断档，有的粮店为防止"买大户"，实行限量供应；而集体个体粮店散装米价格均超过规定，每500克大米一般在1.25~1.40元，个别经营户超过1.50元；随着粮食供应进入接新期，各地粮源库存下降，稻谷价格每50千克达75~85元，成品粮价格随之节节上扬；受邻区上海特等粳米价格放开的影响，因沪市特等粳米每500克零售价为1.35~1.50元，邻近地区品质较好的大米纷纷流入上海，以致苏州米市货俏价更扬，袋装米批发价在1.15~1.25元，零售价在1.40元左右。

粮食供应及其价格涉及千家万户，与群众生活息息相关，鉴于几个月来苏州市粮食等价格涨幅较大，居民反映强烈的情况，为稳定社会，稳定市场和价格，苏州市委、市政府高度重视物价问题，连续采取了多项措施：1994年，先后二次听取关于物价情况的汇报。8月30日，市委、市政府领导带领物价等有关部门负责检查了市区粮油、猪肉、蔬菜等主副食品供应和物价情况，市人大、市政协领导参加了检查活动；检查结束后，召开现场会议，听取了各部门近期落实市场供应和加强价格管理措施的汇报，对当前市场管理和物价工作提出了要求。从1994年9月1日起，苏州市区居民重新恢复粮食计划凭票定量供应，由国营粮店保质、保量按国家规定的价格供应居民基本口粮。此举迅速稳定了居民的情绪，保证了市场平稳和社会稳定。同年9月2日，市政府召开市长常务会议，听取了市物价局对当前物价形势和稳定物价的若干意见的汇报，研究了当前苏州市的物价工作，对加强当前市场管理和物价工作作出了决议：市政府建立市场物价管理协调小组，负责研究协调市场物价管理的重大问题；以市政府名义迅速下发了

《关于加强物价管理的若干意见》；坚决控制粮食、猪肉等主要食品价格上涨，对国家定价供应的粮油按照"保量、保质、稳价"的要求实行总量控制；加强对粮食市场和价格的管理，坚决取缔无证经营；对拆迁的12家国有粮店限十月一日之前恢复，恢复前要增加临时供应网点；对生猪生产和组织外地货源明确了奖励措施；年内不再出台新的调价措施等。在9月1日至2日召开的各市（县）、区物价局长、检查所长会议上，市领导充分肯定了前一阶段苏州市物价工作所取得的成绩，对当前物价工作提出了高度重视价格调控、加强粮油主副食品价格监管、强化市场价格监督检查、年内不再出台新的调价措施等四项要求。

同年9月中旬，为有利于吸引粮食资源，整顿流通秩序，保证市场供应，维护市场粮食稳定，在确保按国家定价定量供应粮食的前提下，市物价局会同粮食、工商等部门对市场粮食价格制定了新的管理办法，其核心是以批发市场价格为基础，实行差率管理和水平控制，并允许品质较好的粮食价格适当上浮。即以市区新市桥、南园两个批发市场的进货价为据，采取按等级随机抽样的方式按旬测算综合价，由市物价局计算加权平均进货价，顺加3%为市区综合批发价；市场粮食指导性零售价以综合批发价顺加8%为基础由市物价局会同粮食局参照当时市场供需情况及毗邻地区价格水平制定，并及时公布；市区各经营单位必须在规定的幅度内制定销售价格。为体现优质优价，对品质较好的粮食，经物价、粮食部门批准，允许批发价在10%幅度内向上浮动，零售价可相应上浮。

表1-30　1994年9月14日苏州市区部分市场粮食指导价表

单位：元

品名	批发价	零售价
10千克袋装特等粳米	24	25.60
15千克袋装特等粳米	36	38.40
25千克袋装特等粳米	60	64.00

注：上述价格以零售价每500克1.28元计价（含包装费），除国营粮店外允许上浮5%。

1994年10月，为发展粮食生产，搞好秋粮收购工作，全省大幅提高了定购粮食的购销价格，拉开了粳籼差价，以适应市场需要。省物价局、粮食局规定每50千克中等质量粮食收购价格为：早籼稻定购价43元，抗旱补贴12元，合计55元；常规中籼稻定购价50元，抗旱补贴12元，合计62元；籼糯稻定购价53元，抗旱补贴12元，合计65元；粳糯稻定购价54元，抗旱补贴16元，合计70元。收购价与补贴一次与粮农结算兑现。据苏州市工农业产品成本调查队采集的数据，是年，苏州市每50千克粳糯稻实际收购价为77.2元，比省定购价高出7.2元，以此吸引粮源、缓解供需矛盾。

1995年，市场粮食价格继续上涨。为抑制通货膨胀，国务院决定稻谷、小麦、玉米、大豆四种粮食的定购价不作调整。在稳定定购价的同时，允许各地对定购部分实行价外补贴，弥补农民粮食生产的新增成本。

同年1月，省物价局、粮食局为进一步完善和加强粮食管理，制定了《江苏省定购粮食销售价格作价办法》，该《办法》规定定购粮食的管理方式、经营差率、利润水平等。为调动农民种粮积极性，5月，省物价局、粮食局根据国务院精神，对国家定购的小麦实行价外补贴政策,定购价仍按1994年的水平不变,每50千克小麦补贴12元,价外补贴不参与依质论价,不计入购入成本,收购时随定购价一并结算给农民。议购小麦和其他粮食品种实行随行就市收购。油菜籽实行指导价格,每50千克指导价135元,各地可上下浮动5%,收购不分计划内外,一价收购。同年10月,省下达了定购稻谷收购价格和实行价外补贴的通知,每50千克杂交稻53元,粳稻54元,价外补贴维持1994年标准,杂交稻12元,粳稻16元,全省一价。

是年,苏州市粳稻每50千克的实际收购价为86.57元,小麦为72.89元,分别比省定购价高出16.57元和8.89元。

为消化抗旱价外补贴,减少财政和粮食风险基金的压力,进一步理顺粮价,根据省政府意见,经市委、市政府同意,市物价局、粮食局下达通知,苏州市从1995年2月1日起对城镇居民计划供应大米价进行适当调整:市区、工业园区、常熟市、张家港市、太仓市及吴县新区供应的特等粳米,销售价每500克调高为1.36元;昆山市、吴江市及吴县乡镇调高为1.32元。大中专院校的学生供应价格按上述价格执行。军粮供应价格办法不变。苏州市的计划供应粮价比南京、南通等兄弟城市略高,集市粮价也高于省内兄弟城市,特等粳米每千克3.18元左右,特二粉2.04元左右,二级菜油9.40元左右。为力争多掌握粮源,在努力完成定购任务的同时,积极开展议价收购,苏州市议价收购每50千克中等质量的小麦为75元,粳稻为90元,分别比定购价高12元和20元,并规定全市一价,各地不得突破。同年6月份后,随着新菜籽油上市和进口毛油到货,菜油市价每千克回落至9元左右。

1995年,江浙沪毗邻地区秋粮收购信息交流会于10月19日在昆山召开,上海市,浙江嘉兴市,湖州市,江苏苏州市及青浦、嘉定、太仓、昆山、吴江等地的物价局、粮食局的代表出席会议。会议要求:为防止粮食价格争战,各地要加强联系,衔接地区间价格,共同努力搞好秋粮收购。

同年11月25日,苏州市物价局会同粮食局发文调高苏州市区(含吴县市新区)部分面粉销售价格:

表1-31   1995年12月1日苏州市定购部分面粉价格调整表

项目		计价单位	市区(含新区、工业园区)、吴县市新区	张家港、常熟、太仓、昆山、吴江市城区
特一粉	零售价	元/500克	1.19	1.15
	批发价	元/50千克	108	106
特二粉	零售价	元/500克	1.14	1.10
	批发价	元/50千克	103	101

1995年苏州市统计局城调队数据显示,全年居民消费价格指数中食品类同比仍上涨22.3%,其中粮食涨35.7%,油脂类涨1.4%,糕点涨51.6%,其他食品涨16.8%,饮食业涨21.8%。粮油价格仍成为拉动物价上涨的主要因素。

1996年,国务院深化粮食体制改革,实行中央指导下的省级人民政府定价,国家定原则,省定具体价格水平,并大幅提高了定购粮食的购销价格。江苏小麦、稻谷、玉米三种定购粮食(不含价外加价)加权平均价每50千克由52.73元提高到75.10元,提价幅度为42.42%。根据省文件精神,苏州市下达1996年每50千克中等质量定购小麦、油菜籽、粳稻的收购价分别为72元、135元和81元。议价小麦、粳稻为80元和85元。定购粳稻收购价另加价外补贴2元。据市农本调查数据,苏州市当年每50千克小麦、油菜籽、粳稻的实际收购价分别为75.69元、133.09元和86.57元。

省物价局、粮食局为完善粮食价格管理,1996年制定了《江苏省定购粮食调拨销售价格的作价办法》,明确定购粮食调拨(供应)价格、成品粮出厂(批发)价格实行政府定价,调拨价格省内市际间由省制定,市内县际间由市制定,零售价格由省统一制定。1996年7月26日,根据省政府《关于调整粮食销售价格的通知》精神,结合苏州市的实际情况,经市政府同意,市物价局、粮食局出台苏州市粮食调整方案,按省一次性核定目标价格调整方案为:每500克产地县(市)零售价格,特二粉1.29元、特一粉1.36元、标一杂交籼米1.44元、特等杂交籼米1.49元、标一粳米1.53元、特等粳米1.60元。鉴于产销区费用不同,这次调整适当安排地区差价,每500克销区与产区的差价为0.02~0.03元。根据市价水平,定购粮食销售按照"一次定价、下浮出台、择机微调、逐步到位"的原则,安排目标价和下浮出台价。苏州市这次出台的粮食销售价格是下浮价格,低于省上述的核定价。详见下表:

表1-32　1996年8月1日苏州市粮食销售价格调整表(下浮价)

单位:元/500克

品名	苏州市区、吴县新区	张家港市	其他市
特二粉	1.23	1.22	1.20
特一粉	1.33	1.32	1.30
标一杂交籼米	1.26	1.25	1.23
特等杂交籼米	1.33	1.32	1.30
标一粳米	1.48	1.47	1.45
特等粳米	1.58	1.57	1.55

同年8月份,市物价局调整凭票特等粳米袋装(每张票9千克)销售价格,从当年1月1日起执行的每袋25元调高到29元。同时,苏州市区以定购粮食为原料加工的生面、皮子同步调整:特一粉生面每500克(实物量,下同)为1.33元、皮子1.40元,特二粉生面为1.23元、皮子为1.30元,各县(市)具体价格水平由当地合理安排。已经用议价粮食为原料的粮食制品、副食品以及餐饮业价格严禁趁机抬价、"搭车"涨价。

由于粮食连续三年大幅度提价,国内粮价与国际市场基本接轨,种粮效益明显改善,农民种粮积极性提高,粮食连年丰收。1996年,江苏粮食总产量3476.5万吨,创历史新高;1997年,粮食总产量又比上年增长2.5%,创历史最高水平。苏州全市粮食从1995年至1997年,连续三年丰收,总产量递增分别为265.67万吨、265.77万吨和279.93万吨。1996年11月份开始,苏州市场粮食价格总体回落。为使广大市民共享秋粮丰收成果,从11月18日起,市区居民每人凭券供应15千克新大米,每500克新米临时降价为1.50元。从1994年9月开始的苏州市区居民凭票定量供应粮食的这项措施,历时二年多,随着粮食供应的充裕,至1996年底才消失。粮食供求矛盾缓解,并出现了相对过剩局面,市场粮价回落,通货膨胀得到抑制。

八、改革完善粮食价格机制

1997年，苏州市场粮价逐月下降，每500克特等粳米市场平均价从1月份的1.36元，至12月降至1.045元，降幅达23.16%，与上年相比，苏州米价全年降幅达25.1%。在市场粮价大幅回落的情况下，落实粮食价格政策，保护农民利益成为粮价管理的重点。国务院制定了按保护价收购粮食的政策，江苏省规定粮食订购计划（41.9亿千克）和价格维持上年水平，粮食保护水平每50千克小麦65~69元，杂交籼稻65元，晚粳稻75元。1997年，苏州粮食丰收，总产量279.93万吨，高于上年0.83万吨，油料总产量130213吨，比上年低16393吨。据市农本调查资料统计，尽管粮油生产成本因当年大化肥价格回落而下降，但由于农民粮油实际出售价格降低，致种植粮油收益下降。每50千克平均价格：小麦64.75元，比上年减收14.45%；油菜115.25元，比上年减收13.40%；粳稻72.53元，比上年减收8.63%。特别是油菜籽出现亏本，亩纯收益为负7.03元。

1997年下半年，由于中央采取了按保护价收购粮食的扶农政策，对制止粮价继续滑坡，稳定农民种粮积极性起了促进作用。但由于粮食大市场资源充足，1995~1998年全国粮食连续4年增产，平均产量在5亿吨左右，结构性阶段性过剩的局面已初露端倪，市场粮价仍旧低迷。苏州当时市场行情，大米每500克零售价一般在1~1.2元，较上年同期低0.3元以上；小麦、稻谷每50千克市场价分别在58~61元、60~65元，均比上年同期低25%左右。市价偏低，粮食顺价销售难以实现，国有粮食部门库存增加，政策性粮食经营又出现了新的购销逆差和亏损，挂账数额逐步增大，粮食流通体制亟待改革。

1. "四分开一完善"

1998年，国务院大力推进粮食流通体制改革，实行在国务院宏观调控下，由省级政府对粮食生产、流通全面负责的体制，颁布了《粮食收购条例》、《粮食购销违法行为处罚办法》，粮食管理走上了法制轨道。同时制定了"按保护价敞开收购，国有粮食收储企业顺价销售，资金封闭运作"和深化流通体制改革的一系列政策措施。

改革的主要任务是"四分开一完善"，即政企分开，储备与经营分开，中央与地方责任分开，新老粮食财务挂账分开，完善粮食价格机制。改革的总体要求是"管住收购、规范批发、放活零售"。

完善粮食价格机制的主要内容分六个方面：在正常情况下，粮食价格主要由市场供求决定，粮食企业按市场价格经营粮食。当粮价过度波动时，政府主要依靠储备粮的吞吐等经济手段，调节粮食供求，促使粮食价格合理形成。继续实行定购制度，定购粮食的收购价格主要依据市场粮价确定：市场粮价高于保护价时，定购价参照市场粮价确定；市场粮价低于保护价时，定购价按不低于保护价的原则确定。国有粮食收储企业严格执行顺价销售政策，不得低价亏本销售粮食。粮食批发、零售价格放开，搞活粮食流通。加强储备粮的价格管理，建立健全粮食价格调控体系。

国务院粮改政策实施以来，苏州市各级各部门认真贯彻落实各项政策，取得明显的成效。粮食收购价格政策落实兑现较好，国有粮食收储企业坚持顺价销售，苏州市场粮价有所上升。1998年5月11日，苏州市国有粮店开始执行省规定的粮食价格，每500克特等粳米零售价为1.35元，较前上涨0.25~0.35元；特二面粉为1.20元，较前上涨0.2元左右。在国有粮店价格出台前后，受国家政策调控影响，市区粮食批发市场成倍增长，据新市桥粮食批发市场统计，9~12日，日成交量超过90吨，较前增加一倍以上，10日成交量达118吨，为近几年罕见。个体户粮店价格出现全面上涨，每500克大米零售价从1~1.1元涨至1.20~1.30元，比原零售价上涨0.2元左右，菜油从3.7~4.0元涨至3.9~4.2元，生面皮子等价格也出现上升。但国有粮食企业顺价销售仍有困难，个体户因销价低于国有粮店，有明显的价格竞争优势。受粮价上涨影响，5月10日前低于成本价的市场鸡蛋价格每500克从2.6~2.8元已涨至3.2~3.4元，数天内涨幅在20%，市场每500克猪肉及蔬菜价格也比5月上旬上涨0.2~0.5元。苏州市区粮食5月份同比、环比均涨6.5%，6月份同比涨20%、环比涨8.6%，7月份同比涨20%、环比下降0.9%，8月份同比涨20.9%、环比涨0.3%。

同年6月，围绕粮食流通体制改革要求，坚决贯彻国务院敞开收购，实行顺价销售的要求，在夏粮收购期间，苏州市红小麦每50千克定购价为70元，保护价为60元，油菜籽每50千克收购价不低于110元，全市各级物价部门积极做好夏粮收购过程价格监督检查，以保护农民生产积极性，促使市场粮价回升。7月，组织力量对夏粮收购价格执行情况进行检查，并派员分赴部分市（县）、区对粮价进行督查。8月21日，国家计委粮食调控办公室领导来苏考察苏州市粮食改革"三项政策"的落实情况；8月26日至27日，市物价局参加市政府举办的粮食政策学习班，认真学习领会国务院《关于进一步深化粮食流通体制改革的决定》等上级有关文件精神。同月，市物价局会同市粮食局对库存粮食成本及价格进行初步测算分析，根据中央和省有关粮价改革政策，市物价局于28日发文核定苏州市市区1997年中等质量标准粳稻谷销售价格每50千克为85.60元，以保证秋粮收购腾仓促销。

1998年8~9月，省物价局、粮食局下达秋粮收购价，每50千克中等质量定购价和保护价分别是：玉米68元、58元，早籼稻57元、50元，杂交籼稻70元、62元，粳稻76元、67元。据此，经市政府研究批准，10月19日，市物价局、粮食局下达了1998年度粳稻每50千克中等质量的定购价格为76元、保护价格为67元。其他等级的收购价格按现行粮食依质论价办法计价。为引导农民调优品种结构，对具有推广价值的少数特优小品种，其保护价可在大众品种价格的基础上适当上浮，上浮幅度在5%以内掌握。国有粮食收储企业要严格执行各项收购政策，按保护价敞开收购，坚持依质论价，不得压级压价或抬级抬价。市物价局组织各市（县）局开展秋粮成本收益的调查，并于10月8日形成调查报告称"今年秋粮价格下调，出现丰产减收"，上报省局、市政府后被录用。11月4日，市物价局就今年秋粮收购和价格政策执行情况到吴江市作实地调查了解，在盛泽镇和梅堰镇等粮管所收购现场看到：国家规定的收购价格和按质论价标准执行严肃，透明度高；粮食企业的服务承诺和人大监督员名单在墙上醒目公布，接受农民监督；在结算点严格执行户交户结，现金结算，只代扣农业税的政策规定，让农民当场拿到现钱，切实保护了农民利益，加之气候好、产量高、质量好，价格接近上年，农民得到了实惠，特别是种粮大户更满意，国家敞开收购为他们解决了丰收之后的后顾之忧。调查中还了解到：近期受外省、市低价粮食流入的冲击较大，粮价行情比收购前每50千克下跌3元左右，增加了粮食企业顺价销售的难度。

据市农本调查统计：苏州市1998年每50千克中等质量小麦、粳稻的实际收购价格分别为64.57元和72.4元，同比略低0.18元和0.13元，实际收购价与上年基本持平。

2. 顺价销售

1999年夏，国务院深化粮食流通体制改革，主要是"按保护价敞开收购农民余粮、粮食收储企业实行顺价销售、粮食收购资金封闭运行"这三项政策。根据国务院的部署和要求，1999年5月24日，省政府《关于进一步完善粮食流通体制改革政策措施的通知》下发，决定夏粮定购价与保护价并轨，并适当调低保护价水平，小麦和籼稻实行全省一价，粳稻以长江为界，适当拉开地区差价。是年，苏州市每50千克中等质量标准的小麦、油菜籽、粳稻的实际收购价分别为52.68元、99.63元、59.06元。其中小麦实际收购价比省低0.84元，油菜籽、粳稻分别比省高2.16元和2.91元。苏州粮油市场价格行情继续下行，特等粳米每千克行情价7月初2.00～2.10元，至12月上旬下滑至1.56～1.70元，短短半年降幅达19%～22%。

表1-33　苏州市粮食批发交易市场价格行情表

单位：元/千克

品名	1999年7月2日			品名	1999年12月10日		
	等级规格	最高价	最低价		等级规格	最高价	最低价
粳米	标一	2.00	1.80	陈米	—	1.60	1.30
粳米	清洁	2.30	2.20	粳米	清洁	1.70	1.62
面粉	特二	1.80	1.70	面粉	特一	1.82	1.78
菜油	二级	7.00	6.90	杂交米	—	1.46	1.40
粳米	特等	2.10	2.00	粳米	特等	1.70	1.56
面粉	特一	2.00	1.80	面粉	特二	1.42	1.40
杂优籼	标一	2.00	1.80	糯米	特一	2.50	2.30

同年，省物价局、粮食局等部门根据国务院文件精神，为规范处理陈化粮，减少国家损失，减轻财政负担，联合下发《江苏省陈化粮销售处理实施细则》，规定了必须做好陈化粮质量鉴定、销售处理和差价损失补贴等方面的工作，当地物价部门负责根据市场行情确定陈化粮竞价交易底价和费用补贴标准等工作。苏州市陈粮市场批发行情价格，1999年8月底每千克陈米为1.68～1.70元，随着新粮的登场，价格逐月下降，至12月10日为1.30～1.60元。

2000年，是苏州市红小麦和油菜籽收购价格放开的第一年。依据中央和省政府的规定，苏州市夏季粮油价格放开，红小麦退出保护价范围，收购价格由收购企业根据市场行情确定，允许和鼓励有资质的企业直接收购、经营粮食。当年苏州市相继成立了粮、棉行业协会，及时协调收购价格，维护市场秩序，保护各方利益。根据苏州市粮油行业协会会议精神，初步安排夏季粮油收购价格，每50千克红小麦为40元，上下浮动5%，油菜籽为85元左右。为及时掌握价格动态和走势，发布正确的价格信息，市物价局于5月22日发出《关于在粮油收购期间开展价格上报工作的通知》。6月16日、19日，市物价局就夏季粮油收购和价格情况，到太仓市沙溪、浮桥镇和吴江市盛泽、坛丘镇，实地调研了解：收购价格基本由市场形成，多渠道收购形成价格竞争及市场供求对价格的影响显现，油菜籽因需求较旺，各地油厂现金敞开收购，且受浙江争购的影响，竞争激烈，价格上浮，吴江每50千克收购价上升至88元，太仓也上升到85元。各地粮食部门收购量大幅下降，收购难度和经营风险增加，而对于打破粮食部门独家收购而形成的市场价格，农民比较欢迎。2000年，市场粮油价格仍旧低迷。如7月份，特等粳米市场平均零售价格每千克（下同）1.99元，比上年同期的2.35元下降15.44%，二级菜油平均价格为5.53元，比上年同期的6.89元下降19.78%，特二面粉平均价格为1.93元，比上年同期的2.20元下降12.27%。

在粮价的连年下跌，造成效益滑坡，乃至亏本的影响下，全市农业和粮食生产加快了产业结构优化升级的步伐。伴随着苏州工业化、城市化、国际化进程的加快，从1997年开始，全市各地把农业结构的战略性调整作为农村经济工作的重要举措来抓，瞄准市场需求，依托资源和技术优势，积极发展高效种养项目，调高农业整体产出效益，大幅调减粮棉油种植面积。据市统计局资料：全市播种面积从1979年的801.12千公顷，至2000年缩减至487.04千公顷，至2007年为264.42千公顷；全市粮食总产量1979年为313.9万吨，至2000年为193.95万吨，至2007年为94.14万吨。在粮食供应依托大市场、大流通的大背景下，在确保粮食基本安全的大前提下，价格杠杆促进了全市农业产业结构优化升级，大步推进水产、畜牧和蔬菜园艺业，大力实施外向型、生态型、特色型、设施型和都市型"五型农业"。全市渔业、牧业、林业总产值（1990年不变价），从1979年的23910万元、100756万元和2896万元，至2000年分别增长至204024万元、130526万元和4764万元。水果总产量也从1979年的31261吨，增至2000年的59203吨，至2007年达79767吨。水产品总产量从1979年的79370吨，增至2000年的345139吨。2000年成为苏州农业产业结构由单一的"以粮为纲"转向农林牧渔业多种经营全面发展的"分水岭"，牧业、渔业、林业成为苏州农业发展和农民增收新的增长点。

2001年，全国粮食市场粮价走低，跌幅较大；顺价销售困难，购销倒挂，库存陈粮较多，仓储和资金压力加大；少数地区出现打白条、拒收和压级压价现象。根据国务院《关于进一步深化粮食流通体制改革的意见》的要求，江苏于2001年全面推进粮食购销市场化改革，主要是：取消粮食定购任务，充分尊重农民的生产经营自主权，引导和鼓励农民根据市场需求调整种植结构；全面开放粮食市场，放开粮食收购，引导和鼓励多种所有制购销加工企业和个体粮商依法从事粮食收购、经营和销售业务，实现粮食经营主体多元化；放开粮食购销价格，粮食购销价格由市场形成，随行就市，粮食经营者按市场价格收购和销售粮食，实行优质优价。从2001年秋粮上市起，根据江苏省的政策，苏州市粮食价格全面放开。

2002~2003年，苏州粮食市场价格初步建立了由供求关系决定的价格形成机制，但市场粮价继续走低，苏州市粳稻每50千克收购价从1996年至2003年这八年平均价为66.1元，其中4年高于均价，最高1996年为79.4元，4年低于均价，最低2002年为52.5元；伴随着收购价的变化，苏州市场大米零售价每500克特等粳米在0.90元至1.35元范围内出现上下波动，总体处于低位。

而从1998年开始，市场物价总水平持续回落，零售价格总指数和居民消费价格总指数连续四年出现负增长，是改革开放以来价格总水平最低谷期。其时物价总水平的持续回落，在很大程度上是建立在农业连年丰收、粮油等农产品价格下降的基础之上，而农产品持续下降，导致"谷贱伤农"，挫伤了农民的生产积极性，给农业生产健康稳定发展带来消极影响，也为今后的物价上涨埋下了隐患。根据市物价局成本调查队组织所属各市、区对小麦、粳稻、油菜籽等主要农产品生产成本、收益所作的常年调查统计资料，1997~2003年具体情况详见下表：

表1-34　1997~2003年苏州市小麦、油菜籽、粳稻生产成本与收益表

品名	年份	亩生产成本（元）	亩物质费用（元）	亩用工作价（元）	含税成本（元/50千克）	平均售价（元/50千克）	亩纯收益（元）	纯收益与上年比较（±%）
小麦	1997	298.18	163.08	135.3	55.14	64.75	57.43	-21.15
	1998	272.08	153.18	118.9	90.7	64.57	-85.5	-248.88
	1999	261.1	155.1	106	51.48	52.86	7.82	109.15
	2000	256.69	136.79	119.9	46.34	38.96	-49.51	-733.12
	2001	208.78	120.78	88	46.34	47.43	5.36	110.83
	2002	225.72	130.37	94.6	56.59	40.72	-67.06	-1351.12
	2003	227.8	132.22	94.3	50.6	49.87	-3.29	95.09
油菜籽	1997	369.7	117.55	252.15	139.84	115.25	-70.3	-3169.87
	1998	381.8	133.7	248.1	161.6	122.17	-154.8	-120.20
	1999	351.56	133.56	218	117.75	99.63	-58.02	62.52
	2000	308.26	107.7	200.56	95.96	83.57	-42.92	26.03
	2001	303.08	102.88	200.2	110.32	86.59	-69.66	-62.30
	2002	309.29	104.69	204.6	133.65	78.74	-134.11	-92.52
	2003	277.18	90.88	186.3	138.44	110.45	-56.29	58.03
粳稻	1997	491.16	253.36	237.8	48.13	72.53	283.86	-10.64
	1998	501.07	261.22	239.85	46.8	72.4	313.25	10.35
	1999	461.44	253.44	208	47.01	59.06	133.25	-57.46
	2000	456.39	227.49	228.9	43.7	56.4	147.86	10.96
	2001	418.86	225.26	193.6	39.1	60.16	251.69	70.22
	2002	421.68	254.48	167.2	40.91	52.48	133.29	-47.04
	2003	419.59	265.49	154.1	38.76	76.03	404.8	203.70

注：2003年开始，苏州市农民免交农业税，总生产成本只包括物质费用和用工作价。

3. 最低保护价

2004年，为切实保护农民种粮积极性，防止"谷贱伤农"，根据国务院有关会议精神，国家发展改革委员会等部门对重点粮食品种公布了最低保护价，每50千克中等质量的籼稻72元，粳稻75元。江苏省开始实施对种粮农民直接补贴政策，对全省种植水稻农户每亩补贴20元，旨在充分发挥价格杠杆导向作用，引导农民种粮。同全省一样，苏州粮食价格开始恢复性上涨，且涨幅较大。苏州市区1~6月粮食价格涨幅同比依次为23.9%、25.4%、51.8%、52.5%、51.4%和50.9%，累计上涨42.7%，拉动居民消费价格总水平上升0.98个百分点，其中大米上涨53.5%，面粉上涨19.5%，粮食制品上涨19.1%，其他粮食品种上涨20.4%。1~9月粮食价格同比上涨47.6%。10月新米上市，普通新米批发价在每千克2.80元左右，品牌新米批发价则在每千克3.40~3.70元，分别比上年增长40%和45%以上，全年涨幅达43.7%，是1997年以来上涨幅度最大、涉及品种最多、持续时间最长、影响范围最广的一次粮价波动。同时带动了肉、禽、蛋等副食品价格的上扬。

市统计局2004年11月26日第76期《统计资料·今年农村经济形势简析》称："由于粮棉油收购价格回升，农民种植粮棉油生产积极性明显提高，对农业投入增加，农田肥药投入足，病虫害防治得力，尤为显著的是各地政府出台的每亩地有20元的种粮直补金，10元的良种补贴，购农具有额外的费用补贴，加上实行农业税减免'三补一减'的优惠政策，让大多

数农民舍得在田里花工夫……今年秋熟水稻亩产量普遍要比上年高。"市物价局工农产品成本调查队在《二○○四年苏州市主要农产品生产成本收益调查分析》中表明:"粮棉油等农业生产喜获丰收,农副产品价格普遍上涨,农民收入明显增加,粮食生产出现重要转机,农作物播种面积逐年减少的速度得到有效遏止,稻种面积还首次出现了增加,这与党和政府高度重视'三农'并出台了一系列支农惠农政策是直接相关的。"

表1-35　2004年苏州市小麦、粳稻、油菜籽成本收益表

项目	单位	2004年	2003年	2003~2004年收益明细	±%
		每亩			
主产品产量	千克	258.50	209.80	48.70	23.20
产值合计	元	390.42	225.95	164.47	72.79
		每50千克主产品			
平均出售价格	元	72.60	50.25	22.35	44.48
总成本	元	61.10	65.78	−4.68	−7.11
生产成本	元	46.73	48.72	−1.99	−4.08
净利润	元	11.50	−15.53	27.03	—
现金成本	元	31.39	35.04	−3.65	−10.42
现金收益	元	41.21	15.21	26.00	170.94
		每亩			
主产品产量	千克	557.10	525.70	31.40	6.00
产值合计	元	1012.91	827.11	185.80	22.46
		每50千克主产品			
平均出售价格	元	87.55	75.68	11.87	15.68
总成本	元	50.68	47.90	2.78	5.80
生产成本	元	43.27	40.25	3.02	7.50
净利润	元	36.87	27.78	9.09	32.72
现金成本	元	28.14	27.81	0.33	1.19
现金收益	元	59.41	47.87	11.54	24.11
		每亩			
主产品产量	千克	148.80	100.60	48.20	47.90
产值合计	元	385.08	233.14	151.94	65.17
		每50千克主产品			
平均出售价格	元	125.86	111.41	14.45	12.97
总成本	元	128.41	175.19	−46.78	−26.70
生产成本	元	110.96	147.06	−36.10	−24.55
净利润	元	−2.55	−63.78	61.23	—
现金成本	元	36.61	59.04	−22.43	−37.99
现金收益	元	89.25	52.37	36.88	70.42

左侧分类:小麦、粳稻、油菜籽

粮食价格自2003年10月开始恢复性上升,至2004年第四季度,这波涨价潮平息。随着粮食购销市场化程度不断提高,供求关系对粮价的决定性越来越明显,粮食供求总体平衡,没有出现大起大落,确保了市场粮价从2003年开始至2007年稳定在比较合理的价位上,粮食价格的总体稳定,是这一阶段市场价格总水平基本稳定的重要原因,这主要得益于国家一系

第一章　农产品价格

列惠农支农促农政策的影响，即粮食收购价格的回升以及农民种粮积极性高涨。

2005年5月，省物价、粮食部门公布了当年杂交籼稻和粳稻最低收购价格：每50千克中等质量标准杂交稻72元，粳稻75元。10月，省物价局、粮食部门又制定了《江苏省2005年稻谷最低收购价预案》。由于国家未将江苏列入稻谷主产区范围，且江苏稻谷市场收购价格这几年均高于国家最低收购价水平，所以对稻谷一直没有执行国家最低收购价"执行预案"。苏州市2004~2007年粳稻平均价格大多年份略高于全省出售价，小麦、油菜籽基本持平。详见下表：

表1-36　江苏省、苏州市粮油农产品出售价格对比表

单位：元/50千克

年份	小麦		粳稻		油菜籽	
	江苏	苏州	江苏	苏州	江苏	苏州
2004	71.58	72.6	87.56	87.6	130.62	125.86
2005	65.11	63.2	89.92	91.43	114.00	107.36
2006	69.29	66.8	84.94	82.60	116.52	106.08
2007	71.93	67.2	88.73	89.9	175.84	152.21

2006年，为保护农民种粮积极性，促进国家粮食安全，全省决定对种植水稻、小麦的农民，在稳定水稻直补政策的基础上增加农资综合直补，每亩水稻和小麦分别补贴15元和10元。2007年，江苏省进一步加大农资增支综合直补力度，改进补贴实施办法，按核定补贴面积每亩补贴30元，当年水稻直补和农资综合直补资金增加到23.28亿元。2004~2007年，全省累计对农民粮食直接补贴52.88亿元，1300多万农户3800多万农民受益。从2004年至2007年，苏州市各级政府先后采取粮食直补（每亩20元）、良种补贴（每亩5元）、农资综合直补（小麦每亩10元、水稻30元）、农机具购置补贴等支农、惠农政策来增加种粮农民的收入。

2008年，国家发改委先后两次调高粮食最低收购价水平，其中每50千克粳稻由75元提高到82元，红小麦由69元提高到72元，两次累计分别比2007年提高7元和3元。苏州市较好地执行了国家的最低收购价政策，为保护农民利益，苏州市秋粮开秤收购指导价为中等质量晚粳稻每50千克97元（可视市场行情上下浮动3元），与2007年86元相比（也可上下浮动3元）上升12.7%，托市收购价格比上年提高，对此售粮农户比较满意。苏州市还对与国营粮仓签订合同的种粮大户实行价外加价的优惠政策，全市统一每50千克加价6元。2008年，粳稻、小麦、油菜籽每50千克的平均出售价格分别为96.65元、71.93元和231.02元，与2007年相比分别增长9.22%、7.09%和51.78%。2008年，苏州市涉农资金补贴高于标准，发放标准每亩为：全年农资综合补贴69元（水稻分摊38元），水稻直补20元，水稻良种补贴25元，水稻保险25元（其中农民自负4元）。这样当年种植粳稻每亩补贴合计为104元，比去年56元增加48元，增幅85.71%。但良种补贴必须到种子站购买稻种，才能享受补贴政策。为鼓励推广优质品，昆山对购买优质稻种的农户每亩再加10元补贴。2008年1月27日，突如其来的冰冻雨雪灾害，导致道路结冰，交通运输受阻，苏城粮、油、肉、蛋、菜等农副食品市场供应困难，价格水涨船高，苏州市委、市政府高度重视，成立了以市长阎立为组长，副市长周伟强为副组长的价格调控工作领导小

组,价格调控领导小组下设办公室,市物价局局长曹霞富任办公室主任,统筹领导全市的稳价保供工作。并及时启动应急方案稳价保供:开通专项绿色通道,紧急调运主副食品,对运输鲜活农产品的车辆优先放行,一律免收路桥通行费;1月31日,苏州市全面实施价格调控干预措施,对全市成品粮、食用油、猪肉、鸡蛋、牛奶、石油液化气等6大类商品实行提价申报和调价备案,并从元月30日至3月31日对鲜活农产品批发市场和零售市的相关费用予以减免,以此来降低成本,增加供应,促使价格稳定下降。据市价格监测中心2月3日的监测报告:苏州市场粮食、食用油供给量充足,粮食批发价大众粳米和标一晚籼米每500克分别由1.30和1.25元涨至1.32元和1.40元,但市场零售价基本稳定,分别为1.60元和1.40元左右。特一面粉零售平均价格仍为1.65元。食用油价格高位企稳,由于对食用油调价备案干预的政策已施行,抑制了企业涨价的冲动。市场散装菜籽油和豆油的批发价每500克分别为6.5元和6.45元,零售价均为7.0元;桶装(5升,下同)金龙鱼牌菜籽油70.5元;桶装金龙鱼牌调和油批发价70.5元,零售价73.3元;桶装金龙鱼牌大豆油和鲁花压榨油分别为63.5元和129.9元。通过全市各级各部门的共同努力,2008~2009年全年价格调控工作取得阶段性成效,市区CPI涨幅从5月份起逐月回落,大米、面粉、菜油、肉、蛋、菜等在内的15种重要商品和服务价格,均被控制在调控目标范围之内。

表1-37 2008、2009年苏州市区粮油价格调控目标执行情况表

年份	品名	计量单位	年零售价格水平(升幅%)	责任部门	执行单位	执行情况
2008	特等粳米	元/千克	4.40	市粮食局、工商局、物价局,各区政府	粮食市场、各粮食零售企业	3.96
	特一面粉	元/千克	4.00	市粮食局、工商局、物价局,各区政府	粮食市场、各粮食零售企业	3.40
	四级菜油	元/千克	18.00	市粮食局、工商局、物价局,各区政府	粮食市场、各粮食零售企业	13.68
2009	特等粳米	元/千克	4.80	市粮食局、工商局、物价局,各区政府	粮食市场、各粮食零售企业	4.22
	特一面粉	元/千克	4.40	市粮食局、工商局、物价局,各区政府	粮食市场、各粮食零售企业	3.46
	四级菜油	元/千克	18.00	市粮食局、工商局、物价局,各区政府	粮食市场、各粮食零售企业	10.06

2009年,根据国家发改委《关于再次提高2009年稻谷和小麦最低收购价格的通知》精神,中等质量的小麦和粳稻,每50千克收购价由上年的72元和82元分别提高至83元和95元,分别提高了15.01%和15.85%。当年苏州市小麦实际平均收购价为82.73元,比上年同期的71.93元,提高了15.01%;油菜籽收购实行行业指导价为每50千克170±10元,实际收购价为177.55元,比上年231.02元减少23.15%。油菜籽收购价下降的原因是:前两年价格上升快,刺激了油菜籽的生产,国内菜籽油供应充裕,价格上升动力不足;与国际油脂、油料增产,价格低迷的影响密切相关。苏州市秋粮中晚粳稻收购指导价是每50千克97元,与去年持平,但仍高出国家规定的最低收购2.11%;而农民实际出售粳稻的平均价格每50千克为98.87元,比上年96.66元增加2.39%。同时,苏州市各级政府继续支持和鼓励粮食种植,加大支农、惠农措施,2009年除落实国家良种补贴外,对水稻、小麦和油菜籽每亩良种再加了补贴10元,还同2008年一样,对将秋粮出售给国营粮库的规模种粮大户,继续执行每50千克政府补贴

6元的优惠政策。2010年，国家规定小麦最低收购价每50千克为86元，苏州市实际收购价为92元（上下浮动2元）。油菜籽国家临时收储价每50千克195元，苏州市指导价为200元，允许上下浮动10元。粳稻国家最低收购价每50千克105元，苏州市开秤价125元，上下浮动2元，苏州市实际收购价为128~138元。政府优惠政策继续执行。

从20世纪90年代末以来的10多年间，苏州粮食价格开始进入上升通道。随着苏州经济社会的快速发展，特别是工业化、城市化、国际化的加快，苏州的粮食种植面积在缩小，食品消费的刚性人口却在增长，2004年苏州的商品粮人口约为625万，到2009年底已突破1000万。苏州已从著名的"鱼米之乡"、粮食生产出口区转变为粮食进口主销区，苏州一年消耗掉的粮食约为72亿斤，自给能力为21亿斤，自给率接近30%，每年要从外地引进50亿斤左右粮食，这些因素决定了苏州粮食价格与全国，乃至全球粮价走势息息相关、密不可分，在相当长的一段时间内，粮油价格仍会在高位运行。粮食是关系国计民生的重要战略商品，保障苏州地方粮食供应安全和价格水平的基本稳定，事关地方经济社会稳定大局。从国内、国际形势看，苏州市面临的地产粮自给率日趋下降，年度产需平衡缺口大，消费需求刚性增长，价格上升快，供需长期紧平衡的困难，都对苏州市粮油安全、保供稳价提出了新的挑战。

经过30多年的价格改革，苏州粮食价格和粮食流通体制发生了根本性变化。区别于计划经济下的粮油"统购统销"，在市场经济条件下，粮油被赋予了商品属性，粮油购销价格基本由市场调节形成，粮食购销渠道逐步拓宽，销售市场完全放开，形成了"一市一场"，即苏州市和各县级市都建有一个粮食批发市场，全市年成交量已发展到133万吨，相当于280万亩水稻的总产，满足了全市居民70%的口粮消费。中央和地方储备粮油管理体系运行良好，在大市场、大流通的背景下，政府宏观调控能力和运用价格经济杠杆保供稳价能力有所增强，农民种粮积极性进一步提高，国家粮食安全得到充分保障。

表1-38　1949~1985年苏州粮油购销价格情况表

单位：元/百市斤

年份	收购价			零售价		
	粳稻	小麦	油菜籽	大米（标二粳）	面粉（标准粉）	菜油
1949	—	—	—	—	—	—
1950	8.59	8.50	9.85	13.98	16.36	50.80
1951	8.00	9.90	14.33	12.41	17.43	54.30
1952	8.81	8.70	11.80	13.21	16.34	50.50
1953	8.95	9.75	11.40	13.95	16.30	46.50
1954	8.95	9.65	13.80	13.95	16.30	51.00
1955	8.90	9.60	13.80	13.90	16.30	51.00
1956	8.90	9.60	13.80	13.90	16.30	57.50
1957	8.90	9.60	19.20	13.90	16.30	57.50
1958	8.90	9.60	19.20	13.90	16.30	57.50
1959	8.90	9.60	19.20	13.90	16.30	57.50
1960	8.90	9.60	19.20	13.90	16.30	64.00
1961	10.20	11.30	23.50	13.90	16.30	73.00
1962	10.20	11.30	23.50	13.90	16.30	73.00

年份	收购价			零售价		
	粳稻	小麦	油菜籽	大米（标二粳）	面粉（标准粉）	菜油
1963	10.20	11.30	23.50	13.90	16.30	73.00
1964	10.20	11.30	23.50	13.90	16.30	79.00
1965	10.20	11.30	23.50	14.00	16.30	79.00
1966	11.40	13.10	23.50	14.00	16.30	79.00
1967	11.40	13.10	23.50	14.00	16.30	79.00
1968	11.40	13.10	23.50	14.00	16.30	79.00
1969	11.40	13.10	23.50	14.00	16.30	79.00
1970	11.40	13.10	23.50	14.00	16.30	79.00
1971	11.40	13.10	28.00	14.00	16.30	79.00
1972~1973	11.40	13.10	28.00	14.00	16.30	79.00
1974~1978	11.40	13.10	28.00	14.00	16.30	79.00
1979	13.60	15.80	36.00	14.00	16.30	79.00
1980	13.60	15.80	36.00	14.00	16.30	79.00
1981	13.60	15.80	36.00	14.00	16.30	79.00
1982	13.60	15.80	36.00	14.00	16.30	79.00
1983	13.60	15.80	46.80	14.00	16.30	79.00
1984	13.60	15.80	46.80	14.00	16.30	79.00
1985	19.00	21.20	46.80	14.00	16.30	79.00

注：1950年至1955年2月流通的是旧人民币，本表中所列价格已换算成新人民币。

表1-39　1986~2010年苏州粮油购销价格情况表

单位：元/50千克

年份	红小麦（标准面粉）		晚粳稻（标二粳米）		油菜籽（菜油二级）	
	收购价格	销售价格	收购价格	销售价格	收购价格	销售价格
1986	16.30	16.30	13.60	14.00	36.00	78.00
1987	16.30	16.30	14.82	14.00	36.00	78.00
1988	17.40	16.30	15.37	14.00	38.80	78.00
1989	18.52	18.20	19.85	29.00	41.38	78.00
1990	18.52	18.20	19.85	29.00	54.15	78.00
1991	18.52	27.00	19.85	29.00	54.15	208.00
1992	22.98	39.00	23.56	45.00	54.15	208.00
1993	35.00	75.00	45.00	75.00	75.00	230.00
1994	63.00	85.00	70.00	95.00	120.00	420.00
1995	63.00	100.00	70.00	136.00	135.00	500.00
1996	72.00	130.00	83.00	155.00	135.00	430.00
1997	72.00	100.00	81.00	120.00	120.00	430.00
1998	70.00	95.00	76.00	105.00	130.00	410.00
1999	56.00	90.00	61.00	100.00	105.00	380.00
2000	40.00	85.00	61.00	85.00	85.00	370.00
2001	50.00	85.00	63.00	95.00	85.00	340.00
2002	43.00	90.00	53.00	90.00	88.00	330.00
2003	48.00	95.00	63.00	102.00	105.00	360.00

第一章　农产品价格

53

续表

年份	红小麦（标准面粉）		晚粳稻（标二粳米）		油菜籽（菜油二级）	
	收购价格	销售价格	收购价格	销售价格	收购价格	销售价格
2004	75.00	108.00	88.00	130.00	140.00	370.00
2005	67.00	110.00	88.00	140.00	115.00	380.00
2006	66.80	151.50	82.60	189.50	106.10	362.00
2007	69.00	169.00	88.40	195.00	152.20	483.50
2008	72.00	170.00	97.00	198.00	231.00	684.00
2009	83.00	173.00	97.00	211.00	170.00	503.00

注：1. 1993～1999年油菜籽实行市场价收购。

2. 小麦、油菜籽从2000年起，粳稻从2001年起实行指导价收购。

3. 1993年起，面粉、粳米、菜油实行市场价销售，表中所列为年均价。标准面粉改名特二粉，标二粳米改名特等粳米。2004年起，二级菜油改名四级菜籽油。

表1-40　1978～2010年末实有耕地面积表

单位：千公顷

年份	全市	市区	常熟	张家港	昆山	吴江	太仓
1978	377.02	85.25	71.80	50.18	58.61	64.62	46.56
1979	375.20	84.91	71.52	49.80	58.58	64.45	45.94
1980	374.29	84.83	71.19	49.72	58.36	64.38	45.81
1981	373.78	84.68	71.09	49.68	58.31	64.40	45.62
1982	373.36	84.63	71.03	49.65	58.26	64.33	45.46
1983	372.77	84.42	70.96	49.62	58.17	64.28	45.32
1984	371.59	84.18	70.84	49.52	58.04	64.16	44.85
1985	367.68	83.88	70.13	49.41	57.86	62.13	44.27
1986	365.56	83.54	70.05	49.25	57.55	61.12	44.05
1987	363.60	82.84	69.89	49.09	57.35	60.81	43.62
1988	361.45	82.49	69.68	48.88	57.23	59.93	43.24
1989	360.76	82.23	69.51	48.81	57.11	59.89	43.21
1990	360.32	82.13	69.42	48.75	57.03	59.80	43.19
1991	358.99	82.01	68.91	48.51	56.87	59.67	43.02
1992	350.39	80.93	68.22	48.17	55.90	54.60	42.57
1993	343.33	80.40	66.67	48.07	55.30	50.50	42.39
1994	337.18	79.26	66.44	47.82	54.21	47.38	42.07
1995	332.70	77.05	65.94	47.61	53.40	46.90	41.80
1996	308.56	66.38	64.13	44.26	47.79	47.87	38.13
1997	306.51	65.61	63.96	44.23	47.22	47.69	37.80
1998	304.76	65.13	63.73	44.17	46.93	47.16	37.64
1999	304.22	64.99	63.50	44.17	47.00	47.16	37.40
2000	302.00	64.58	63.43	43.85	45.91	46.98	37.25
2001	298.49	62.70	63.10	43.40	45.83	46.41	37.05
2002	288.16	60.39	61.89	42.52	41.00	45.33	37.03
2003	281.09	57.86	61.74	40.91	39.74	44.28	36.56
2004	257.49	54.78	60.34	40.12	22.39	43.86	36.00
2005	247.80	51.35	58.53	38.57	21.06	43.23	35.06

年份	全市	市区	常熟	张家港	昆山	吴江	太仓
2006	239.65	51.93	58.05	36.37	20.11	38.33	34.86
2007	234.71	50.19	57.29	35.61	19.34	37.93	34.35
2008	231.11	48.84	56.90	34.83	18.86	37.55	34.13
2009	229.72	48.48	56.44	34.68	18.70	37.47	33.95
2010	225.24	47.60	55.52	34.15	18.17	36.78	33.02

表1-41　1978~2010年播种面积表

单位：千公顷

年份	全市	市区	常熟	张家港	昆山	吴江	太仓
1978	831.59	205.22	153.69	98.40	130.08	153.03	91.17
1979	801.12	201.13	150.93	91.90	121.81	147.51	87.84
1980	783.57	197.42	143.59	94.47	116.51	148.12	83.46
1981	787.64	187.25	146.44	99.03	119.53	151.56	83.83
1982	790.34	187.32	147.53	98.43	121.55	152.48	83.03
1983	771.49	179.67	143.32	94.93	118.07	156.94	78.56
1984	752.67	172.29	136.06	95.53	112.47	159.22	77.10
1985	702.71	160.30	127.05	85.99	108.93	145.35	75.09
1986	683.62	153.75	127.41	84.54	107.06	138.33	72.53
1987	669.00	148.11	122.58	84.74	105.66	134.97	72.94
1988	655.85	143.93	122.38	83.59	104.30	129.28	72.37
1989	645.89	143.08	120.36	83.45	102.66	123.59	72.75
1990	639.87	143.35	117.53	83.10	102.41	121.48	72.00
1991	625.28	139.13	113.77	82.50	101.63	116.51	71.74
1992	615.01	137.76	114.08	81.41	98.83	113.32	69.61
1993	585.45	126.86	117.91	80.57	88.16	103.69	68.26
1994	575.05	127.42	116.13	75.54	85.43	103.63	66.90
1995	578.18	126.13	114.26	79.28	88.80	103.62	66.09
1996	569.20	126.89	108.16	79.17	85.87	103.23	65.88
1997	553.76	126.73	105.96	79.02	84.03	93.55	64.47
1998	532.80	125.57	100.10	78.37	80.36	84.16	64.24
1999	512.43	114.27	102.71	78.27	75.83	78.59	62.76
2000	487.04	109.74	104.02	78.48	64.43	68.62	61.75
2001	423.70	85.97	97.77	72.75	51.76	56.34	59.11
2002	400.49	77.54	92.12	71.45	47.97	53.66	57.75
2003	336.71	53.19	84.64	67.63	36.52	42.55	52.18
2004	317.06	44.86	82.60	66.06	30.86	41.39	51.29
2005	310.80	43.65	80.92	62.45	29.07	42.87	51.84
2006	273.95	28.12	72.69	54.40	27.22	44.93	46.59
2007	264.42	23.78	71.30	55.26	27.10	40.97	46.01
2008	272.42	23.00	76.63	58.75	28.57	36.17	49.30
2009	270.18	21.33	75.87	58.31	27.42	37.79	49.46
2010	269.92	20.46	75.65	57.60	26.61	39.54	50.06

表1-42 1978~2010年粮食总产量表

单位：万吨

年份	全市	市区	常熟	张家港	昆山	吴江	太仓
1978	294.26	74.11	56.38	34.63	46.68	52.67	29.79
1979	313.98	81.35	58.46	34.87	49.60	59.07	30.63
1980	254.31	61.60	47.08	30.61	43.21	46.44	25.37
1981	222.47	51.41	41.41	27.40	37.76	42.08	22.41
1982	281.16	70.82	51.23	31.08	45.61	55.29	27.13
1983	267.47	68.11	48.83	30.88	39.05	56.64	23.96
1984	310.14	76.03	56.93	33.26	50.98	64.18	28.76
1985	238.49	54.94	43.35	28.99	39.23	48.64	23.34
1986	278.14	68.03	52.85	32.31	45.48	51.89	27.58
1987	260.17	63.83	47.47	29.23	42.72	51.52	25.40
1988	270.78	66.41	51.10	30.43	44.05	51.77	27.02
1989	259.60	66.05	46.63	28.10	42.58	50.18	26.06
1990	283.50	72.61	51.07	31.02	47.36	53.32	28.12
1991	274.92	70.11	48.96	29.96	46.67	50.91	28.31
1992	282.55	71.88	51.73	31.81	46.45	50.97	29.71
1993	263.58	67.58	48.77	30.86	42.11	45.59	28.67
1994	262.88	67.50	49.08	30.23	42.37	45.62	28.08
1995	265.67	67.73	50.45	31.46	43.31	43.49	29.23
1996	279.10	69.79	52.10	35.36	45.49	46.33	30.03
1997	279.93	69.58	50.91	39.75	44.13	46.10	29.46
1998	239.63	60.10	44.04	32.93	37.46	38.44	26.66
1999	225.84	52.28	41.23	35.61	35.39	34.20	27.13
2000	193.95	42.66	41.14	30.65	28.32	26.77	24.41
2001	159.48	32.60	37.00	25.80	21.04	21.69	21.35
2002	146.42	26.09	33.94	26.06	19.34	19.80	21.19
2003	112.77	15.10	27.92	21.63	13.48	15.50	19.14
2004	117.71	12.91	29.51	25.01	13.12	16.69	20.47
2005	110.76	12.09	27.24	24.43	12.51	15.54	18.95
2006	111.21	9.95	27.93	24.85	12.43	16.90	19.15
2007	94.14	7.66	23.70	23.41	11.52	12.45	15.40
2008	113.23	7.42	30.15	28.09	12.68	13.86	21.03
2009	112.93	6.89	30.30	27.99	12.55	14.36	20.84
2010	114.44	5.84	31.21	28.09	12.37	15.89	21.04

表1-43 1978~2010年油料总产量表

单位：吨

年份	全市	市区	常熟	张家港	昆山	吴江	太仓
1978	91320	14970	18560	5810	21620	18610	11750
1979	90590	13460	17480	6080	21780	22640	9150
1980	81620	10070	16060	5320	17790	21550	10830
1981	113140	14880	19720	5540	27370	31660	13970
1982	149960	24260	23700	7200	35770	44120	14910
1983	82040	13040	12810	5250	18080	25290	7570

年份	全市	市区	常熟	张家港	昆山	吴江	太仓
1984	99120	14630	17900	5400	23850	27390	9950
1985	141019	19579	21930	7140	35130	43100	14140
1986	127928	18019	18946	9452	28551	40231	12729
1987	127386	16842	18492	9289	30259	39577	12927
1988	129988	15901	18933	10044	29292	40115	15703
1989	120464	16876	15171	8031	34067	33698	12621
1990	140129	20661	17364	11068	36076	38528	16432
1991	140690	18379	16385	8782	37940	41610	17594
1992	149597	20700	18113	9538	39071	42641	19534
1993	118139	19187	13644	8258	30131	35476	11443
1994	89575	15355	10522	7925	14514	31052	10207
1995	145608	24045	18941	10853	30561	45679	15529
1996	146606	26309	18105	12145	30375	44059	15613
1997	130213	25055	14553	12957	26503	41008	10137
1998	56462	11826	6545	4336	11030	18104	4621
1999	123902	27142	13783	11192	19872	42564	9349
2000	126066	22783	16299	13101	18199	43683	12001
2001	102529	17681	14179	16202	14744	28166	11557
2002	78093	13037	10804	12217	10574	22224	9237
2003	62418	7786	12592	11893	7624	15629	6894
2004	69234	6140	14786	13009	7545	17307	10447
2005	69593	7781	14615	11926	6962	18303	10006
2006	63019	6826	15610	5240	5621	20208	9514
2007	64107	4038	17214	5418	3679	24873	8885
2008	42571	3216	12944	5977	3178	9970	7286
2009	46632	3378	13128	7231	2541	12498	7856
2010	34468	2900	9267	5659	1803	8465	6374

第一章 农产品价格

第二节 棉花价格

一、沿革

苏州地区种植棉花集中分布在常熟、太仓、沙洲（张家港）3市（县）沿江地区。棉花自宋代传入中原，随着元代北方移民南下，棉、麦等旱地作物已在太湖流域引种。明代立国之初，政府下令强制种棉，规定种植标准和超额奖励政策。到清代，苏州地区棉花生产又有进一步发展。棉农所产棉花除缴纳税赋，自纺自织、自给自足外，剩余的进入市场交换，价格自行商议确定。商贩向棉农收购棉花的价格因丰歉而涨落。明清间，毗邻的松江府，植棉、纺纱、织布甚是发达，苏州时为东南商埠，成为衣被天下的棉布加工和集散中心之一，号为"苏布"。乾隆时，苏州、无锡一带盛行以棉易布，棉花与棉布保持一定的比价。鸦片战争后，洋布充斥，自纺自织的家庭棉布手工业遭受沉重打击。

原棉大部分用于纺织、医药和棉混纺工业，少数用于居民生活中的必需品——棉花胎及卷花。民国初期，棉花商品化程度逐步提高，后逐渐为官营商业机构所控制，至20世纪30年代，江苏省农民银行设立江苏省合作社农产运销处，在乡间组织棉花运销合作社，开展生产贷款、收购及运销业务。收购价实行二次结算。收购时专收籽棉，按市价八折预付价款，轧成皮棉出售后，除去费用、手续费等，有余再返回社员（合作社成员）。非社员托由合作社运销时，手续费增加20%。抗日战争爆发后，国民政府于民国27年（1938）通过官营商业贸易机构贸易委员会下设的"福生府"，后改组为花纱布管理局，控制棉花贸易，垄断购销价格。

苏州解放前，经营棉花有4种形式：中国纺织建设公司及其各地分支机构，从国外进口原棉后出售；纱厂直接到产地设庄收购；纱厂委托产棉区行商（花庄）设庄收购；是行商（花号、花庄）组织运销。用棉单位主要有苏纶纱厂、源康纱厂和苏州纱厂等，全年用棉量为1.1万~1.5万吨。日伪时期，苏州为伪省会所在地，除对粮食等实行战时物价管制外，对棉花、棉纱、棉布等重要物资价格实行统制，对棉花限价、压价收购，掠夺资源，破坏生产。据历史资料记载：民国32年（1943）8月，苏州市场20支棉纱每件销价为中储券6720元，至民国34年（1945）7月，涨至中储券195000元。解放战争期间，苏州市场棉花、棉纱、棉布的价格随着米价的飞涨而波动。民国35年（1946）10月，20支棉纱每件市场销价为法币44万元，至民国38年（1949）7月为13亿元。

二、棉花统购统销价格

棉花是重要的经济作物，是纺织工业的原料，是关系国计民生的战略物资。鉴于棉花商品的特殊性和重要性，建国后，国家十分重视棉花工作，苏州解放后，国营建中贸易公司即经营原棉，1950年起，国家对棉花实行统购统销政策，先后由苏州市花纱布公司、市农产品采购局、市供销社等单位专营。苏州多年来棉花购销以计划和行政手段管理为主，由国家统一定价，关闭市场，实行统一收购、统一加工和统一调拨的体制，其定价权一直集中在中央和省。这一状况直到20世纪90年代后期才逐步被改变。

建国初期，标准级皮棉（7/8英寸细绒棉，下同）收购价江苏省平均价每500克4240元（旧人民币，下同），苏州为4995元，高于无锡（4840元）、南通（4657元）、泰州（4312元）和徐州（3845元）。苏州各县供销社采购经理部向农民收购棉花，直接交给中国花纱布公司，中国花纱布公司的各分支机构派员至县供销社经理部监督收购，并结付供销社实际支出的费用。当时未规定内部调拨费用。花纱布公司供应纱厂纺棉，向纱厂支付工缴费，纱厂属于代加工性质，没有规定纺棉供应价格。苏州市用棉单位主要有苏纶纺织厂、苏州毛纺厂、化纤纺织厂，以及漂棉厂、石棉厂等，年平均用棉量在1.75万吨左右。至20世纪80年代后，全市用棉量逐渐增加至每年5.5万吨左右。

为促进棉花生产，保证棉农经济利益，协调棉粮比价关系，1950年至1953年，中央财经委员会每年发布棉粮比价指示。1950年规定江苏省每500克皮棉换中熟米3.25千克，每500克标准级皮棉平均收购价为7961元；1951年棉粮比价提高到1∶8.5，收购价提高到最低为8620元，最高为9500元；1953年中央商业部规定，江苏省每500克标准级皮棉价格最高为9260元，最低为8380元。

1954年9月14日，中央人民政府政务院发布关于棉花计划收购的命令后，棉花即列入国家一类农产品，国家对棉花实行统购统销，国家不再公布棉粮比价。中央商业部规定江苏省四个产区的标准级皮棉每500克收购价格：苏州常熟8850元，南通8800元，盐城8450元，徐州8250元。

1956年，全国供销社核定江苏省原棉省内内部调拨附加成本按收购牌价加4.1168%从值费率（包括利润，下同），每50千克加4.6384元（新人民币，下同）从量费用。1956年，江苏省规定纺棉供应价格，其中无锡市标准级皮棉供应价每50千克为96.83元。

1961年起，国家在按计划收购棉花时，实行奖售粮食或化肥政策，奖售标准每过几年略有调整。从1963年到1978年间，随着粮食收购价提高，国家先后三次提高棉花收购价格。

1963年，全国棉花收购价平均提高10.11%，江苏提价幅度为6.14%，全省标准级皮棉每50千克收购价最低为89元，最高为92元，江苏省原来棉花收购价格北低南高，差价偏大，较低的徐州、淮阴地区多提一些，苏州及南通等地区原收购价格较高，为与浙江、上海地区衔接，少提一些。同时，省内棉花调拨费用和供应价也作了调整。

1971年，全国实行新的棉花标准为3级27毫米细绒棉（简称"327"，以下的标准级，均指327细绒棉），江苏规定标准级皮棉每50千克收购价为：徐州、连云港、淮阴104元，南京、盐城、扬州、镇江104.50元，南通、苏州、无锡、常州105元。

1972年，随着收购价格的调整，全省皮棉供应价统一调整为每50千克标准级皮棉122元，至1975年全省皮棉供应价分为产区和销区两个水平，产区为121.80元，销区为122元。

1978年，每50千克标准级皮棉收购价格全省统一调整为115元，供应价调整为132.90元；调拨费用相应调整为：从值费率为5.76%～8.22%，从量费用每50千克皮棉为5.60～6.30元。

三、超购加价

1979年，国务院为发展棉花生产，保证棉织品供应，扩大出口贸易，增加外汇收入，决定对棉花实行超购加价办法。江苏省规定以县为单位实行超购奖粮或超购加价：每超购1千克皮棉奖原粮1.5千克；超购加价，采用基数加价法，即以1976～1978年三年的平均收购量为定购基数，对超过基数收购部分，加价30%，定购基数一定5年不变。超购加价款由供销社经营单位支付，中央财政负担。同年，江苏省还大幅提高皮棉收购价格，每50千克标准级皮棉淮南为132.50元，淮北为138.25元，同时，棉子收购价格从每50千克（一等）8元调为10元，1983年又调至12元。还调整了省内调拨费用，从值费率调为5.79%～7.79%，从量费用不变。提高棉花收购价后，国家规定的皮棉供应价格不动，由此发生的调价价差，实行财政补贴，当年，江苏每50千克皮棉补贴22.89元。同时，江苏还规定，每交售50千克皮辊棉和锯齿棉分别奖售化肥40千克和42千克。国家和省调高棉花收购价和超购加价政策，调动了棉农生产积极性，是年，苏州全市棉花总产量突破4万吨，达4.4850万吨。

国务院决定：1980年新棉上市起，棉花收购牌价提高10%、超购加价30%的政策不变。江苏每50千克皮棉收购价调整为淮南145.80元，淮北153.10元，皮棉供应价不变，调价价差继续由财政补贴，全省平均每50千克皮棉补贴38.59元，连同超购加价款，仍由中央财政补贴。1979～1982年，苏州市分别补贴188.68万、844.21万、1300.12万、1612.88万元。由于1979年、1980年棉花收购价格两次提高，而供应价未动，为此，1983年国家调整棉花供应价，省规定从1月20日起，全省标准级皮棉供应价由每50千克132.9元提高为173.50元（详见下表1–44）。调拨费用调整为从值费率8.88%～10%，从量费用每50千克为7.10～7.50元。

表1-44　江苏省棉花供应价格表（全省一价）

单位：元/担

长度	一级	二级	三级	四级	五级	六级	七级	等外
33毫米	225.55	215.14	204.73	194.32	—	—	—	—
31毫米	215.14	204.73	194.32	183.91	—	—	—	—
29毫米	204.73	194.32	183.91	173.50	—	—	—	—
27毫米	194.32	183.91	173.50	163.09	145.74	—	—	—
25毫米	185.65	175.24	164.83	154.42	137.07	—	—	—
23毫米	176.97	166.56	156.15	145.74	128.39	107.57	86.75	60.73

注：1. 锯齿棉南方棉每担加5.8元，北方棉每担加6.1元，等外棉不加。

　　2. 表列价格为布包装价格，麻包装（布封头）每担扣除0.7元。

从1978年开始，国家采取提价、超购加价并举的措施鼓励棉花生产的发展，单产和总产水平不断提高，苏州市1983年棉花总产量达50530吨，1984年达59870吨，产量创历史最高水平。由于新老产区收购基数不一致，加价矛盾突出，超购加价的比重日益扩大，财政负担加重。1984年，根据市场供求状况，国家取消了淮北棉花加价5%价外补贴，超购加价由基数法改为比例价法。淮北棉区实行"倒二八"比例价，淮南棉区实行"正四六"比例价，苏州市即按40%加价、60%牌价收购。淮北、淮南两地标准级皮棉收购价每50千克分别为180.79元和163.30元，从而改变了新老棉区加价收益不均的状况。

四、合同定购与生产扶持费

1985年，国家取消棉花统购，改为合同定购。淮北棉区实行"倒三七"比例价，标准级皮棉收购价每50千克176.42元，淮南棉区执行上年价格。合同以外的棉花，按1980年牌价收购，不加价。1986年淮北棉区实行"倒四六"比例价，标准级皮棉每50千克收购价为172.04元，淮南棉区价格仍为163.30元，未变动。1987年，南北棉区统一实行"倒三七"比例价，标准级皮棉每50千克收购价为176.42元，超购加价款每50千克皮棉30.62元，仍由国家补贴。

1984~1987年，国家虽然多次调整计价比例，但对棉农而言，实际收购价格保持基本稳定，并未明显增长。而同期放开的蔬菜、水产品、土特产品的市场收购价格大幅上升，收益明显增长。同时，苏州市农村第二、第三产业迅速发展，而棉花种植却成本高、风险大、比较效益偏低，1985年开始，棉花生产出现滑坡。苏州市1986年棉花产量降至42606吨。在此期间，全省及苏州棉纺加工能力增长较快，1986年起，出现棉花供需缺口，从而影响苏州乃至全省的纺织工业生产和出口创汇。市物价委员会1986年12月29日《价格信息》第72期（内部材料）《棉花棉纱缺口较大，应积极采取对策》载："1986年苏州市棉花定购任务4.6万吨，预计只能完成3.7万吨，但全市需要量为5.5万吨，缺口近2万吨，再加上棉花等级和长度普遍好于往年，低级棉缺口更大。""市物委最近决定……经营单位计划外组织的纯棉纱（线）可以按进价加直接费用，再加1%管理费报市物委审定价格，以缓和目前棉纱的产销矛盾。"

为调动棉农生产积极性，根据新的供求形势，1987年省政府研究制定了发放棉花生产扶持费措施，在国家收购牌价以外，皮棉发放扶持费每50千克5.60元，扶持费一半由用棉单位承担，一半由供销社承担。同时提高售棉奖售物资标准，每收购50千克皮棉奖标准氮肥20千克、标准磷肥10千克、柴油2.5千克。1988年，省棉花扶持费标准提高至50千克皮棉20.60元。棉籽收购实行政府指导价，一等棉籽每50千克25元，允许上下浮动10%。

1989年，国家大幅度提高棉花收购价格，自当年新棉上市起，每50千克标准级皮棉收购综合价为236.42元，提价幅度为34%。同时规定了棉花收购要坚持由供销合作社统一收购，不开放棉花市场，不搞价格双轨制。江苏省另加棉花扶持费3.58元，由棉纺企业承担，棉花调拨价调为248元。

同年10月16日，苏州市物价委员会、市供销社、市粮食局联合下发《关于棉籽拨交和棉油、棉饼价格的通知》，通知明确规定：供销部门随棉收购的棉籽，全部拨交粮食部门。其中30%按国家定购价加拨交差费率，由粮食部门加工油脂后按省定供应价毛油每吨2770元，精炼油每吨3170元拨交肥皂厂，完成拨交计划后的余油，按平价安排当地食品用油；70%部分按省指导价加拨交差费率，加工后的油、饼、壳，按省、市粮食议销价格管理暂行规定办法作价，议销供应市场。每50千克一等棉籽的拨交价格为31.63元，二等为28.18元，三等为24.61元。全市精炼棉油议销成本价每50千克为195元，棉壳成本价每50千克为12元，棉饼根据成本和不同用途，由县（市）自定议销价格。

1990年8月，国家再次提高棉花收购价，每50千克标准级皮棉收购综合价从236.42元提高为300元，其他等级按规定的等级差价率计算。随棉收购的一等棉籽收购价调为每50千克27.50元（详见下表）。

表1-45　1990年江苏省皮辊棉收购价格表

单位：元/50千克

长度	一级	二级	三级	四级	五级	六级	七级	等外
33毫米	390	372	354	336	—	—	—	—
31毫米	372	354	336	318	—	—	—	—
29毫米	354	336	318	300	—	—	—	—
27毫米	336	318	300	282	252	—	—	—
25毫米	321	303	285	267	237	—	—	—
23毫米	306	288	270	252	222	186	150	105

注：锯齿棉级内各等级收购价格，在同等级皮辊棉基础上，每50千克另加衣分亏损补贴10.80元，等外棉不加衣分亏损补贴。

表1-46　1990年江苏省棉籽收购价格表

单位：元/50千克

规格		定购价（30%部分）	指导价（70%部分）	综合价（对农收购价）
等级	皮棉			
一等	1~5级	22.70	29.60	27.50
二等	6级	19.30	26.70	24.50
三等	7级及等外	15.90	23.80	21.40

为扶持棉花生产，解决各地扶持性政策措施混乱问题，全省统一每50千克棉花扶持费为30元。在收购结束后，不分等级，按从量与棉农结算。由于皮棉收购价调整，每50千克标准级棉花调拨价调为317元，产地县棉麻公司标准级皮辊棉供应价格每50千克由255元提高至324元，产区二级站供应价格从258元调至329元。

国家调高棉花收购价格和省发放棉花生产扶持费政策的实施，对于调动棉农生产积极性，扭转棉花生产减少局面起到了关键作用。1990年，全市棉花总产量上升至36932吨，比上年增长11.84%；1991年，苏州虽遭受特大洪涝灾害，全市棉花总产量仍达到42202吨，比上年增长14.27%，缓解了棉花的供需矛盾。

1991年，棉花收购调拨、供应价格，棉籽收购价格，以及棉花生产扶持费等政策均未作变动。

1992年，江苏曾酝酿放开棉花价格，但由于时机不成熟而未实施。1993年，国家提高棉花价格：每50千克标准级皮棉收购价格提高为330元，其他等级差按规定差率计算。省定棉花生产扶持费取消。一等棉籽每50千克调高为30元，二等、三等、四等棉籽收购价分别为27元、21元和15元。每50千克标准级棉花调拨价提高为368元，锯齿棉另加12.40元衣亏补贴；供应价格产地县棉麻公司为375.40元，销区二级站统一执行产区二级站价格，即381.10元。

1994年，棉花纺织企业发展迅速，棉花供不应求，边界地区出现抬价抢购棉花的现象。国家加大了对棉花的管理力度，重申棉花继续实行国家统一定价，不放开经营，不放开市场，不放开价格，并且大幅度提高了棉花价格，每50千克标准级皮棉收购价格提高至544元（其中中央财政价外奖励44元），提价幅度达64.8%。一等棉籽收购价调为50元，棉花调拨价调为368

元，供应价格产地县棉麻公司调为607.76元（含增值税）。锯齿棉衣亏补提高至20元。

1995年，根据市场供求及棉花与粮食等农产品的比价，为调动农民植棉积极性，国家再度提高棉花收购价格，每50千克标准级皮棉收购价提高到700元，中央财政不再补贴，提价幅度达28.7%。棉花等级差价率四级以上一律调整为4%，四级以下调为10%，25毫米以上长度差价率的级差一律为4%，等外棉差价率为45%。棉籽收购价格相应调整，一等至四等籽分别为65元、55元、44元和33元。调拨价格调为839.69元，供应价格产地县棉麻公司调为855元（含增值税），产区二级站统一执行861元，销区二级站与产区同价，另外从量收取运杂费5元。级内锯齿棉衣亏补贴28.53元（含增值税、城建税、教育费附加），棉花调拨价格中的衣亏补贴也改按此标准执行，一至四级棉花技术改进费1元。标准级以外的各等级皮辊棉供应价格均按1995年度调整后的等级差价率计算。

五、絮棉销售价格

絮棉，俗称棉絮，即将原棉弹松后，按用途制成棉胎、卷花两个品种，是人们御寒保暖的生活必需品。

建国初期，苏州市场絮棉（二级，相当于皮棉六级，下同）1951~1953年市场零售价每500克为1.16元。

1954年，根据全国第五次物价会议精神，规定产棉区絮棉销价，皮絮棉差率不超过20%。苏州市每500克絮棉为0.92元，同时实行絮棉凭票证计划供应。1960年前，凭证供应不限量。1961年回收布证7市尺供应絮棉0.5千克。1962年、1963年每人每年凭证供应1.4市两。1964年每人凭证供应2市两。1965年每人供应3市两，另外补助2市两。1966年每人供应7市两。1969~1983年每人每年供应5市两。1976年给上山下乡知识青年每人供应3千克。同年起，凡购买棉胎的可减收30%票证。这一办法维持至1983年12月絮棉调高销售价后才取消。1955年，苏州絮棉价格调整为每500克0.93元。1957年又调整为每500克0.87元。此后该价格一直没有变动，维持至1982年。

其间，国家多次调高棉花收购价格，而絮棉零售价格不动，经营絮棉所发生的亏损，1963年全国供销合作总社规定，在经营损益中冲抵。1978年，江苏省供销社、财政厅又规定经营絮棉亏损定额。1979年棉花收购价格调高后，絮棉亏损改由财政补贴，全省絮棉财政补贴平均每50千克为13.43元。

1980年棉花收购价提高后，絮棉销售价不动，经国务院批准，调价价差仍实行财政补贴，全省平均每50千克定额补贴22.59元。

1983年1月，省供销社、财政厅规定，省定絮棉补贴定额平均每50千克调整为25.56元，全省分两个水平，产地和销地每50千克分别补贴23.42元和27.80元。

由于絮棉价格1957年以后没有调整，而棉花收购价从1957年已调高了5次，六级皮棉每50千克全省平均收购价由52.30元提高至91.71元，升幅达75%以上，经营絮棉购销价格倒挂，亏损严重。为此，江苏按照国务院规定，从1983年12月1日起调高絮棉零售价格。苏州市场二级机弹絮棉零售价格每千克由1.74元提高至2.40元。全省分为四个价区：一类地区2.40元，二类地区2.38元，三类地区1.34元，四类地区1.30元。絮棉零售价格调整后，原省财政补贴取消，中央财政补贴仍维持不变。絮棉调高零售价格后，历时30年的居民絮棉计划定量取消，实行敞开供应。

1984年，省供销社、财政厅决定取消1980年提高棉花收购价差的价差补贴和淮北棉5%的价外补贴，絮棉定额补贴调低为每50千克12.96元。

1985年，省供销社、物价局、财政厅决定：从1月1日起恢复1980年因提高棉花收购价格而发生的絮棉价差的财政补贴，每50千克絮棉在1984年核定的补贴定额上，再增加8.25元，即每50千克絮棉中央财政补贴定额调整为21.21元。同年12月10日起，乙级絮棉零售价每千克降低0.18元。

表1-47　1972~1985年苏州市区几个年份原棉、絮棉购销情况表

年份	原棉（吨）		民用絮棉加工销售			
	购入	销售	等内花（吨）	等外花（吨）	等内胎（条）	等外胎（条）
1972	14772	13792	—		—	—
1974	13483	10482	74.70	4.70	32445	103278
1976	14973	13789	67.60	2.90	67754	102910
1979	17973	17598	62.90	0.10	95221	64720
1982	21644	20362	77.60	—	128860	92900
1985	13368	15135	53.20	—	—	—

注：1983年起，不分等内等外。

1989年8月26日，根据省物价局通知，苏州市物价委员会会同市供销合作社先后调整了絮棉（胎）销售价格。详见下表：

表1-48　苏州市絮棉、棉胎价格表

单位：元/千克

品名	品级	产区（常熟、太仓、张家港）				销区（市区、吴县、吴江、昆山）			
		机弹		梳棉		机弹		梳棉	
		批发	另售	批发	另售	批发	另售	批发	另售
卷花价格	特一级	5.28	5.81	5.82	6.40	5.36	5.90	5.90	6.49
	特二级	4.87	5.36	5.37	5.91	4.95	5.45	5.45	6.00
	特三级	4.46	4.91	4.92	5.41	4.54	5.00	5.00	5.50
	特四级	4.19	4.61	4.62	5.08	4.27	4.70	4.70	5.17
	五级（甲级）	3.56	3.92	3.92	4.31	3.64	4.00	4.00	4.40
	六级（乙级）	2.60	2.86	2.87	3.16	2.68	2.95	2.95	3.25
	七级（丙级）	2.06	2.27	2.27	2.50	2.14	2.35	2.35	2.59
	等外（丁级）	1.74	1.91	1.92	2.11	1.82	2.00	2.00	2.20
棉胎价格	特一级	5.56	6.12	6.13	6.74	5.64	6.21	6.21	6.83
	特二级	5.13	5.64	5.65	6.22	5.21	5.73	5.73	6.30
	特三级	4.70	5.17	5.18	5.70	4.78	5.26	5.26	5.79
	特四级	4.41	4.85	4.86	5.35	4.49	4.94	4.94	5.43
	五级（甲级）	3.76	4.14	4.14	4.55	3.84	4.22	4.22	4.64
	六级（乙级）	2.75	3.03	3.03	3.33	2.83	3.11	3.11	3.42

品名	品级	产区（常熟、太仓、张家港）				销区（市区、吴县、吴江、昆山）			
		机弹		梳棉		机弹		梳棉	
		批发	另售	批发	另售	批发	另售	批发	另售
棉胎	七级（丙级）	2.18	2.40	2.41	2.65	2.26	2.49	2.49	2.74
价格	等外（丁级）	1.84	2.02	2.03	2.23	1.92	2.11	2.11	2.32

注： 1. 棉胎网纱费另加，批发价每条加0.91元，另售价每条加1.00元。

2. 苏州絮棉机械厂生产的用32s棉纱，网纱密度为每10厘米18根纱的棉胎，其他批发价每条加1.36元，另售价每条加1.50元。

3. 特一级～特四级执行日期：1989年9月1日；五级（甲级）～等外（丁级）执行日期：1989年9月7日。

同年11月25日，根据省通知，市物价委员会、市供销社先后发文明确，从12月1日起，苏州市区、吴县、吴江县、昆山市等销区市场三级机弹皮辊絮棉零售价格每千克为6.70元，其他等级的价格及棉胎价格见附表。太仓县、常熟市、张家港市等产区市场的絮棉价格及棉胎价格均低于苏州市区价格0.10元/千克。同时明确，絮棉等级从这次调价起，撤销原普通絮棉的甲、乙、丙、丁级和优质絮的特一级、特二级、特三级、特四级，现设置一、二、三、四、五、六、七和等外级，与原料皮棉等级相一致。絮棉价格调整后，国家财政补贴仍按原规定标准执行。絮棉及棉胎的批零差率、机梳差率不变，仍均为10%。棉胎销售价格的作价公式是：

每条棉胎批发价=（同级絮棉批发价×耗用絮棉重量+用纱重量×纱价+网纱工资）÷（1-加工税率）

下表所例的产、销区絮棉、棉胎价格为最高价格，各地不得突破。

表1-49　苏州市销区絮棉价格表

执行地区：苏州市区（郊区）、吴县、吴江县、昆山市　　　　　　　　　　　　　　单位：元/千克

等级	皮辊棉				锯齿棉			
	机弹		梳棉		机弹		梳棉	
	批发价	另售价	批发价	另售价	批发价	另售价	批发价	另售价
一级	6.82	7.50	7.45	8.20	7.81	8.60	8.63	9.50
二级	6.45	7.10	7.09	7.80	7.45	8.20	8.18	9.00
三级	6.09	6.70	6.72	7.40	7.00	7.70	7.72	8.50
四级	5.72	6.30	6.27	6.90	6.63	7.30	7.27	8.00
五级	5.00	5.50	5.54	6.10	5.81	6.40	6.36	7.00
六级	4.00	4.40	4.36	4.80	4.54	5.00	5.00	5.50
七级	3.36	3.70	3.72	4.10	3.90	4.30	4.27	4.70
八级	2.63	2.90	2.90	3.20	3.09	3.40	3.36	3.70

表1-50　苏州市销区棉胎价格表

执行地区：苏州市区（郊区）、吴县、吴江县、昆山市　　　　　　　　　　　　　　单位：元/千克

等级	皮辊棉				锯齿棉			
	机弹		梳棉		机弹		梳棉	
	批发价	另售价	批发价	另售价	批发价	另售价	批发价	另售价
一级	7.77	8.60	8.40	9.30	8.76	9.70	9.58	10.60

等级	皮辊棉				锯齿棉			
	机弹		梳棉		机弹		梳棉	
	批发价	另售价	批发价	另售价	批发价	另售价	批发价	另售价
二级	7.40	8.20	8.04	8.90	8.40	9.30	9.13	10.10
三级	7.04	7.80	7.67	8.50	7.95	8.80	8.67	9.60
四级	6.67	7.40	7.22	8.00	7.58	8.40	8.22	9.10
五级	5.95	6.60	6.49	7.20	6.76	7.50	7.31	8.10
六级	4.95	5.50	5.31	5.90	5.49	6.10	5.95	6.60
七级	4.31	4.80	4.67	5.20	4.85	5.40	5.22	5.80
八级	3.58	4.00	3.85	4.30	4.04	4.50	4.31	4.80

注：每条棉胎价格＝棉胎实际重量（包括网纱重量）×同级棉胎价格，棉胎网纱费不再另加。

表1-51 苏州市产区絮棉价格表

执行地区：太仓县、常熟市、张家港市   单位：元/千克

等级	皮辊棉				锯齿棉			
	机弹		梳棉		机弹		梳棉	
	批发价	另售价	批发价	另售价	批发价	另售价	批发价	另售价
一级	6.72	7.40	7.35	8.10	7.71	8.50	8.53	9.40
二级	6.35	7.00	7.00	7.70	7.35	8.10	8.08	8.90
三级	6.00	6.60	6.62	7.30	6.90	7.60	7.62	8.40
四级	5.62	6.20	6.17	6.80	6.53	7.20	7.17	7.90
五级	4.90	5.40	5.44	6.00	5.71	6.30	6.26	6.90
六级	3.90	4.30	4.26	4.70	4.44	4.90	4.90	5.40
七级	3.26	3.60	3.62	4.00	3.80	4.20	4.17	4.60
八级	2.53	2.80	2.80	3.10	3.00	3.30	3.26	3.60

表1-52 苏州市产区棉胎价格表

执行地区：太仓县、常熟市、张家港市   单位：元/千克

等级	皮辊棉				锯齿棉			
	机弹		梳棉		机弹		梳棉	
	批发价	另售价	批发价	另售价	批发价	另售价	批发价	另售价
一级	7.67	8.50	8.30	9.20	8.66	9.60	9.48	10.50
二级	7.30	8.10	7.94	8.80	8.30	9.20	9.03	10.00
三级	6.94	7.70	7.57	8.40	7.85	8.70	8.57	9.50
四级	6.57	7.30	7.12	7.90	7.48	8.30	8.12	9.00
五级	5.85	6.50	6.39	7.10	6.66	7.40	7.21	8.00
六级	4.85	5.40	5.21	5.80	5.39	6.00	5.85	6.50
七级	4.21	4.70	4.57	5.10	4.75	5.30	5.12	5.70
八级	3.48	3.90	3.75	4.20	3.94	4.40	4.21	4.70

注：每条棉胎价格＝棉胎实际重量（包括网纱重量）×同级棉胎价格，棉胎网纱费不再另加。

随着省皮棉供应价的调整，根据省通知精神，苏州市物价委员会、市供销合作社从1990

苏州市价格志

年11月1日起相应调整了絮棉（胎）销售价格,苏州市区等销区市场三级机弹皮辊絮棉零售价格每千克为9.10元。太仓县、常熟市、张家港市等产区市场的絮棉及棉胎价格均低于市区价格0.12元/千克。其他等级的价格及棉胎价格,详见下表:

表1-53　1990年苏州市销区絮棉价格表

执行地区:苏州市区(郊区)、吴县、吴江县、昆山市　　　　　　　　　　　　　　　　　　单位:元/千克

| 等级 | 皮辊棉 | | | | 锯齿棉 | | | |
| | 机弹 | | 梳棉 | | 机弹 | | 梳棉 | |
	批发价	另售价	批发价	另售价	批发价	另售价	批发价	另售价
一级	9.10	10.02	10.02	11.02	10.74	11.82	11.82	13.00
二级	8.76	9.64	9.64	10.60	10.32	11.36	11.36	12.50
三级	8.27	9.10	9.10	10.02	9.86	10.84	10.84	11.92
四级	7.28	8.56	8.56	9.42	9.34	10.28	10.28	11.30
五级	6.94	7.64	7.64	8.40	8.28	9.10	9.10	10.00
六级	5.80	6.38	6.38	7.02	6.86	7.54	7.54	8.30
七级	4.96	5.46	5.46	6.00	6.04	6.64	6.64	7.30
八级	3.80	4.18	4.18	4.60	4.70	5.18	5.18	5.70

表1-54　1990年苏州市销区棉胎价格表

执行地区:苏州市区(郊区)、吴县、吴江县、昆山市　　　　　　　　　　　　　　　　　　单位:元/千克

| 等级 | 皮辊棉 | | | | 锯齿棉 | | | |
| | 机弹 | | 梳棉 | | 机弹 | | 梳棉 | |
	批发价	另售价	批发价	另售价	批发价	另售价	批发价	另售价
一级	10.25	11.28	11.17	12.29	11.89	13.08	12.97	14.27
二级	9.91	10.90	10.79	11.87	11.47	12.62	12.51	13.76
三级	9.42	10.36	10.25	11.28	11.01	12.11	11.99	13.19
四级	8.93	9.82	9.71	10.68	10.49	11.53	11.43	12.57
五级	8.09	8.90	8.71	9.67	9.43	10.37	10.25	11.28
六级	6.95	7.65	7.53	8.28	8.01	8.81	8.69	9.56
七级	6.15	6.77	6.61	7.27	7.19	7.91	7.79	8.57
八级	4.95	5.45	5.38	5.86	5.85	6.44	6.33	6.96

表1-55　1990年苏州市产区絮棉价格表

执行地区:太仓县、常熟市、张家港市　　　　　　　　　　　　　　　　　　单位:元/千克

| 等级 | 皮辊棉 | | | | 锯齿棉 | | | |
| | 机弹 | | 梳棉 | | 机弹 | | 梳棉 | |
	批发价	另售价	批发价	另售价	批发价	另售价	批发价	另售价
一级	8.89	9.88	9.90	10.89	10.62	11.68	11.70	12.87
二级	8.64	9.50	9.52	10.47	10.20	11.22	11.24	12.36
三级	8.15	8.97	8.98	9.88	9.74	10.71	10.72	11.79
四级	7.66	8.43	8.44	9.28	9.22	10.14	10.16	11.18
五级	6.82	7.50	7.52	8.27	8.16	8.98	8.98	9.88
六级	5.68	6.25	6.26	6.89	6.74	7.41	7.42	8.16
七级	4.84	5.32	5.34	5.87	5.92	6.51	6.52	7.17

等级	皮辊棉				锯齿棉			
	机弹		梳棉		机弹		梳棉	
	批发价	另售价	批发价	另售价	批发价	另售价	批发价	另售价
八级	3.68	4.05	4.06	4.47	4.58	5.04	5.06	5.57

表1-56 1990年苏州市产区棉胎价格表

执行地区：太仓县、常熟市、张家港市　　　　　　　　　　　　　　　　　　　单位：元/千克

等级	皮辊棉				锯齿棉			
	机弹		梳棉		机弹		梳棉	
	批发价	另售价	批发价	另售价	批发价	另售价	批发价	另售价
一级	10.13	11.14	11.05	12.16	11.77	12.95	12.85	14.14
二级	9.79	10.77	10.67	11.74	11.35	12.49	12.39	13.63
三级	9.30	10.23	10.13	11.14	10.89	11.98	11.87	13.06
四级	8.81	9.69	9.59	10.55	10.37	11.41	11.31	12.44
五级	7.97	8.77	8.67	9.54	9.31	10.24	10.13	11.14
六级	6.83	7.51	7.41	8.15	7.89	8.68	8.57	9.43
七级	6.03	6.63	6.49	7.14	7.07	7.78	7.67	8.44
八级	4.83	5.31	5.21	5.73	5.73	6.30	6.21	6.83

注：每条棉胎价格=棉胎实际重量×同级棉胎价格。

六、棉花实行国家指导价

1996年，受市场制约，棉花产销出现了供大于求的局面。棉纺织品积压，纺织企业生产经营困难，提价因素难以消化，出现了全行业亏损的状况。为保护棉农利益，国家规定棉花收购价格不变，并及时推进棉花价格体制改革。同年10月，省物价、供销、纺织等部门下达的调拨供应价格通知中规定：棉花供应价由国家定价改为国家指导价，并以上年供应价为中准价，允许上下浮动幅度为4%，具体的供应价格水平由供需双方协商，即每50千克标准级皮辊棉中准供应价产地县855元，二级站产区，销区均为861元（1995年价格水平）。同时取消棉花指令性计划调拨，实行棉花交易会制度，衔接供需。省将一等棉籽收购价每50千克由65元调为50元。

1997年，棉花收购价格仍维持标准级皮棉每50千克700元不变，棉花供应价浮动幅度由4%扩大到6%。一等棉籽收购价调为每50千克52元，二等至四等籽分别为47元、37元和27元，每50千克籽棉加工费由现行的3.50元调整为5元。由于纺织企业不景气，加之纺织企业化纤使用比例不断上升，国际市场棉花价格下跌，棉花进口及来料加工增加等影响，棉花滞销压库，供大于求的矛盾加剧，销售价格持续下降，实际成交价格逐步跌破国家规定的浮动幅度，棉花购销企业出现了较大亏损。由于棉花收购价格不动，而销售价格下跌，棉价运行中"一头死，一头活"的矛盾亟待解决。

1998年，受亚洲金融危机影响，纺织品出口受阻，纺织企业困难加大，棉花销售不畅，库存积压的问题更为突出，棉花实际销售价格继续下跌，经营企业亏损严重。为促进棉花供求总量平衡，理顺产销关系，保持棉花生产稳定发展，国家进一步推进棉花价格改革，经国

务院批准，决定适当降低棉花收购价格，将棉花收购价格由政府定价改为政府指导价，标准级皮棉收购中准价为每50千克650元，上下浮动幅度为5%，对于1998年度收购的新棉，在销售中因棉花收购价格因素造成的价差损失，由国家全额补贴。棉花仍由供销社棉花企业统一收购、加工和经营，并允许纺织企业向县级棉麻公司直接委托代购棉花。棉花销售价格放开，价格水平由供需双方根据市场供求协商确定，在市场竞争中形成。

省政府确定，1998年江苏棉花收购价格统一按下浮最低价标准级皮棉每50千克617.50元执行。棉籽继续实行省定价，一等棉籽收购价每50千克50元，比上年低2元，二等至四等棉籽也相应降低2元，分别为45元、35元和25元。在调整棉花收购价格同时，为促进高等级棉销售，并逐步与国际标准衔接，国家适当缩小高等级棉的等级、长度差价率，棉花四级以上和27毫米以上等级、长度差价率的级差，由现行的4%调整为2%，其余等级、长度差价率仍维持原规定不变。

表1-57　1998年4月20日皮辊棉各等级、长度差价率表

长度	一级（%）	二级（%）	三级（%）	四级（%）	五级（%）	六级（%）	七级（%）
31毫米	108	106	104	102	—	—	—
29毫米	106	104	102	100	—	—	—
27毫米	104	102	100	98	88	—	—
25毫米	100	98	96	94	84	—	—
23毫米	95	93	91	89	79	69	59

由于棉花收购价格下调，按牌价计算，收购价格每50千克下调了82.50元。棉花价格的下调，使农民植棉收益有较大幅度的下降，势必对农业结构调整起到重要的推动作用。据苏州市工农产品成本调查队《1998年苏州主要农副产品生产成本调查分析报告》：当年棉花每50千克出售价为587.84元，比上年下降16.5%。苏州全市棉花总产量从1998年的24284吨，至1999年锐减为9349吨，降幅达61.50%。

表1-58　1949~1998年苏州地区棉花购销价格变化表

年份	皮棉收购价格 标准级（元/50千克）	絮棉零售价格（销区） 乙级棉（元/500克）	备注
1949	49.95	—	江苏省标准级7/8英寸中级细绒棉，下同
1950	87.77	—	1949年5月~1955年2月前的价格已换算成新人民币
1951	95.00	1.16	1950~1952年皮棉收购按省最高价统计
1952	90.00	1.16	
1953	92.60	1.16	—
1954~1956	88.50	0.92（1954） 0.93（1955） 0.87（1956）	1954~1956年按省下达的苏州常熟产区价格统计
1957	85.73	0.87	
1958	85.72	0.87	1957年以后按省定价统计
1959	85.73	0.87	
1960	85.76	0.87	

续表

年份	皮棉收购价格 标准级（元/50千克）	絮棉零售价格（销区） 乙级棉（元/500克）	备注
1961	85.76	0.87	1957年以后按省定价统计
1962	85.79	0.87	
1963~1970	90.79	0.87	
1971~1977	105.00	0.87	自1971年起实行国家棉花新标准：3级27毫米细绒棉
1978	115.00	—	
1979	132.50	0.87	当年起对超产收购部分棉花实行超购奖粮或超购加价
1980~1983	145.80	0.87（1980~1982）	当年起皮棉收购价改为按比例计价（即40%）
1984~1986	163.30	1.20（1983~1984）	
1987~1988	176.42	1.35（1985） 1.26（1985.12.10~1988）	1987年江苏省发放棉花生产扶持费每50千克皮棉5.60元，1988年调为22.60元
1989	236.42	3.35（1989.12）	另加扶持费3.58元
1990~1992	300.00	4.55	另加扶持费30元
1993	330.00		
1994	544.00	—	取消省定扶持费（包含价外奖励44元）
1995~1997	700.00	—	
1998	617.50		统一执行政府指导价，每50千克标准级皮棉，中准收购价650元下浮5%

注：1. 皮棉标准级，建国初期江苏省标准为7/8英寸细绒棉，至1971年全国实行新的棉花标准，新标准级3级27毫米细绒棉，简称"327"。

2. 絮棉等级，从1989年12月起设置一级至七级和等外级，与原料皮棉等级相一致，乙级絮棉改为三级机弹皮辊絮棉。

七、放开购销价格

1998年11月，国务院下发《关于深化棉花流通体制改革的决定》，进行棉花流通体制改革。

1999年2月，江苏省政府下发《关于深化棉花流通体制改革的实施意见》，明确建立政府指导市场形成价格的体制，放开棉花购销价格，棉花价格主要由市场供求形成，建立健全棉花市场价格机制，国家主要通过储备调节和进出口调节等经济手段调控棉花市场，防止棉花价格大起大落。同时要拓宽流通渠道，减少流通环节，促进公平竞争。

1999年是放开棉花价格的第一年，为保证新老棉花流通体制平稳过渡，省物价局下达1999年度棉花收购价格行为管理意见，明确：从1999年度起，放开棉花收购价格，棉籽收购价格一并放开。经省政府批准，具有棉花收购经营资格的棉花收购企业（含加工企业、棉纺企业、棉农合作经济组织等）有权自主确定棉花收购价格。地方政府和部门不得直接干预棉花收购企业制定的棉花收购价格。继续以籽棉形式收购计价及委托加工的籽棉加工费最高不超过现行水平每50千克5.00元（含增值税），具体标准由双方协商确定。棉花收购价格水平根据国内外市场行情，正常情况下应兼顾棉农的成本支出水平，按照购得进、销得出的原则，由购销双方协商确定，同时体现按质论价、优质优价的原则，严禁混等混级收购和存放棉花。要保持棉花、棉籽价格基本稳定，收购价格一经确定，三天内不得随意变动，每次变动的幅度一般应控制在5%以内。各级物价等有关部门要努力做好棉花生产成本调查和棉花收购价格的监测工作，建立健全棉花生产成本调查体系和收购价格监测网络，及时发布棉花生产成本和棉花价格信息，引导棉花价格形成，引导结构调整，促进总量平衡。2000年新棉上市，省物价局明确了籽棉委托代加工费、籽棉收购计价办法和优质优价等有关规定。

2001年，在国务院召开的全国棉花工作会议上，国务院提出按照一放（放开收购）、二分（社企分开，储备与经营分开）、三加强（加强市场管理、质量管理和宏观调控）的改革道路，实现产业化经营。为充分发挥储备对市场的调控能力，2001年，中央直属棉花储备库项目全面启动，总规模1600万担。

2002年5月，全国棉花交易市场成功进行商品棉竞卖交易。同年，全国首次棉花供需见面会在济南召开。2003年4月，国内第一个区域性棉花交易市场——河南华中棉花交易市场在郑州正式挂牌试营业。2004年6月，经中国证监会批准，棉花期货正式在郑州交易所上市。这些举措的实施，标志着中国棉花流通体制改革的重大突破和棉花市场化体系的培育和日臻完善，以及棉花产业的国际话语权增强。

2005年4月30日，国家海关总署正式公布，从2005年5月1日至2005年12月31日，对关税配额外报关进口的棉花按"有限数量限制的暂定关税率"征收进口关税。这项举措对于限制低价进口棉进口，平衡国内棉花供需和价格影响巨大。

针对近年来棉花价格波动，为增强中国棉花国际竞争力，保障国家棉花产业安全，保护棉农积极性，2007年，国家正式启动了棉花良种推广补贴项目。

棉花价格放开后，由政府发布预测性价格信息是市场经济条件下政府调控、引导价格的有效方式。在棉花价格放开后的近十年里，每年新棉上市前，国家均组织由国家发改委牵头，财政、农业等多部门参加的电视电话会，通过新闻媒体向社会发布棉花供求、生产及成本情况，引导市场价格合理形成和农民合理安排种植结构。苏州市工农产品成本调查队也每年通过棉花等成本收益调查分析报告发布价格预测，引导本市农民调整、调优种植结构。

八、棉花价格市场形成

棉花价格由市场形成是棉花价格形成机制的重大转折。1999~2009年十年间，棉花价格总体呈现一年高一年低，面积一年多一年少的特征，棉花市场价格每年都有一定的波动。苏州自1997年开始，伴随着工业化、城市化、国际化进程的加快，苏州工业中新兴产业崛起，而在轻纺等传统工业产业升级换代、化学纤维的广泛使用，以及农业产业结构调整，大幅调减粮棉油作物等多重因素的作用下，十年来，苏州市棉花总产量逐年下降，而棉花价格也随全国乃至全球市场行情而上下波动。

1999年棉花价格放开后，多年来积累的产销矛盾促使棉花收购价格大幅度降低，328标准棉（下同）的全省平均收购价仅为每50千克380元左右，比上年下降近四成。据苏州市工农产品成本调查队资料（下同），1999年，苏州市每50千克棉花平均出售价为320.38元，收益比上年减少297.12元，亩纯收益为−624.53元。

2000年，随着纺织品出口和内销增加及国际棉花市场销售形势好转，且棉花生产量、质量均好于上年，国内棉花市场收购价有所回升，平均收购价格每50千克499元，比上年上涨31.1%，苏州市棉花每50千克平均出售价为463.29元，同比上涨44.6%。

2001年，受国际市场棉花价格持续下跌、国内棉花产量增加较多影响，棉花价格大幅度下跌，平均收购价每50千克343元，比上年下降31.2%。苏州全市每50千克棉花出售价格381.56元，较上年下降17.64%，其中常熟市为389.66元，张家港市为356.85元，太仓市为400.30元。

2002年，国内棉花产量下降，价格出现上涨，平均收购价每50千克503元，比上年上涨了46.6%。苏州市每50千克棉花出售价格539.23元，较上年上涨41.32元。常熟、张家港、太仓三市分别为560.97元、556.12元和501.82元。当年全市棉花总量为7527吨，比2001年总产量12976吨下降41.99%。

2003年，部分地区受灾严重，种植面积虽比上年增加，但单产下降较多，9月新棉上市后，棉花购销价格大幅度上涨，平均收购价每50千克832元，比上年上涨65.4%。而苏州市棉花种植面积随经济结构调整的深化和城市化建设的加快，在前几年减少的基础上，再度较大幅度减少。据统计，棉花为9.9万亩，减13.8%，单产每亩69.60千克，较上年减产11.10%，但因当年开始免交农业税，棉花总生产成本减少5.1%，加上棉花每50千克出售价格781元，同比上升44.83%，使棉花亩纯收益由上年亏158.7元，转为当年盈165.6元。

由于棉花产量下降，国家加大了棉花进口，到2004年初，受进口棉花冲击，棉花销售价格快速下降，形成了购售"剪刀差"。2003年、2004年度棉花价格波动剧烈，每吨从最高点的18000多元下降至2004年7月初的13000元左右，每吨价差超过5000元。这是国内棉花市场放开以来，也是新中国成立以来对产业影响最大的一年。

2004年是棉花生产年景较好的一年，产量大幅增加，供需矛盾得到缓解，但棉花市场价格大幅走低，平均收购价仅为每50千克519元，较上年下降37.6%。苏州市棉花价格下跌，产量增加，收益大幅下降，每50千克平均出售价格为493.33元，较2003年下降36.01%；棉花每亩单产为80.70千克，比上年增加13.90千克，增幅20.8%，但每亩净利润为负221.64元，比上年减少372.19元。

2005年全国部分产棉地区受灾严重，致使单产下降，新棉开秤后价格上涨，平均收购价每50千克663元，比上年涨27.7%。调查显示，2004年棉花价格大幅下跌，严重挫伤棉农的种植积极性，种棉与种粮比享受不到国家优惠政策，促使苏州棉农改种粮油或其他农作物。加上8、9月苏州市受台风影响，棉花两次大面积倒伏，蕾铃大量脱落，下半年气温持续偏高，病虫害严重，上年棉价大跌使棉农对防治虫害出现松懈，导致受害严重影响产量，尽管棉花平均每50千克出售价格为656.4元，比上年增加33.10%，但因棉花每亩单产大幅下降，成本上升，造成棉农收益大减，每亩净利润为负224.98元。

2006年气候条件较好，适宜棉花生产，单产提高，但产需矛盾依然突出，供求关系趋紧，由于国际棉价走低、国内棉花丰收、国家宏观调控到位等原因，价格下降，平均收购价每50千克598元，比上年下降9.8%。苏州市棉花当年增产增收，调查数据显示，由于单产恢复并达到比正常年份偏高的水平，尽管苏州棉花每50千克平均出售价为588.9元，比上年下降10.38%，但棉花每亩现金收益为801.77元，比上年增加11.21%。

2007年，国内棉花收购价格总体呈平稳上升走势，低开高走，新棉开秤初每50千克640元左右，后一路走高，最高达690元左右，同比上升15%左右。在国家鼓励推广下，苏州棉农对种子的选择逐步向优质高产及抗虫棉靠拢，优质种子虽价格贵，却质量好，出苗率、成活率都比普通品种高。受棉花市场价格上涨影响，苏州棉花每50千克平均出售价格为699.59元，比上年大幅增长了18.88%，每亩棉花现金收益为835.79元，增幅为4.24%。

2008年下半年以来，棉花市场收购价格持续下跌，直接导致棉农收益的减少，尽管气候好，光照充足，未受台风侵蚀，病虫害少，棉农普遍使用高产量、高抗病的良种，2008年棉花亩产比上年增加6.9%，但由于每50千克棉花平均出售价格为566.45元，比上年下跌19.03%，加上种植成本上升，苏州市棉农亩均收益比上年同期少收238.26元。

2009年下半年，棉花收购价格有所回升，据棉农出售籽棉情况显示：籽棉出售的价格最高时在每千克6.2元左右，最低时在5.4元左右，棉籽收购价在每500克0.9元左右，每50千克皮棉出售价平均在688.3元，比上年同期566.45元增加了21.51%。虽然2009年棉花出售价格有所回升，但由于遭受大伏天连阴雨，造成棉花倒伏，棉蕾大批脱落，棉花亩均产量为72.6千克，比上年减少7.5%，加上生产成本的增加，主要是土地成本的增加，当年苏州市棉农亩均收益比上年同期减少20.39元，减幅为2.85%。

纵观苏州10年来放开后的棉花市场，在价格形成上还存在着一些问题：价格波动大，影响农民种棉积极性；种棉风险大，种棉与种粮比较效益低，生产成本呈持续上升趋势，而价格却无规则地上下波动，造成不少农户不愿种棉而改种粮食及其他经济作物；棉花收购价格形成的主体不平等，棉农缺乏定价权，只能被动地接受纺织企业、棉花购销企业及商贩提出的价格，棉农增收难。这些问题，亟待进一步深化改革。

表1-59　1978~2009年苏州市棉花总产量

单位：吨

年份	全市	市区	常熟	张家港	昆山	吴江	太仓
1978	36330	37	10881	13050	50	—	12312
1979	44850	38	14581	17850	70	—	12311
1980	35180	21	11315	14530	50	10	9254
1981	32340	29	11226	12590	40	—	8455
1982	42420	8	16132	15740	30	—	10510
1983	50530	27	18747	21230	—	—	10526
1984	59870	48	21030	22350	10	—	16432
1985	42606	30	16194	15310	10	—	11062
1986	39294	48	15442	14860	8	—	8936
1987	30780	19	12424	10764	6	—	7567
1988	36259	18	12983	14034	7	—	9217
1989	33023	13	13716	12288	11	—	6995
1990	36932	—	13788	14028	13	—	9103
1991	42202	30	14618	15227	18	—	12309
1992	35415	—	11797	12935	25	—	10658
1993	25191		8344	10559	15	—	6273
1994	35945	—	11490	15671	19	—	8765
1995	40210	—	14081	16578	11	—	9540
1996	36594	—	13022	13994	20	—	9558
1997	22725	—	9152	7753	20	—	5800

年份	全市	市区	常熟	张家港	昆山	吴江	太仓
1998	24284	—	8348	10824	33	—	5079
1999	9349	—	3283	4219	—	—	1847
2000	11722	—	5402	4938	42	—	1340
2001	12976	—	5590	5725	—	—	1661
2002	7527	—	3150	3102	37	—	1238
2003	6816	—	2778	2950	18	—	1070
2004	7450	—	2846	3463	33	—	1108
2005	4605	—	2397	1396	36	—	776
2006	3117	—	1701	754	45	—	617
2007	2459	—	1424	435	35	—	565
2008	2525	—	1561	358	42	—	564
2009	2135	—	1377	181	42	—	535

苏州市价格志

第三节　蚕茧价格

一、沿革

苏州蚕茧生产历史悠久。1985年，在太湖之滨吴兴县钱山漾新石器时代遗址中，考古发掘得到家养桑蚕丝织成的古绢残片、丝绳等，证实在4700年前，太湖流域已有养蚕、取丝、织丝行为，反映了长江下游与黄河流域一样，都是农桑蚕茧、丝绸的发源地。

古时农家栽桑、养蚕产茧，自缫制丝，缴纳国赋之余，皆进入流通。《诗经·氓》即有"氓之蚩蚩，抱布贸丝"，这是直接交换；进而产生丝行，成为农户与丝织户的中介。苏州出现丝行，不晚于唐宋间。由汉及唐，随着经济中心向长江流域转移，吴地桑蚕生产发达，丝织业随之兴盛，成为中央王朝丝帛赋税的重要地区。丝织手工业也从亦耕亦织的农家分化出来。正是依托着苏州发达的栽桑养蚕、产茧缫丝产业，从北宋以来，苏州渐为全国丝绸生产和贸易中心之一。

从北宋崇宁元年（1102）至清光绪三十二年（1906），长达800多年中，宋、元、明、清四朝皇室，均在苏州设过织锦院、织造局等官府手工业工坊。明清时期的苏州出产以蚕茧丝为原料的苏缎、宋锦、漳绒、缂丝等精美品种，闻名海内外，号称"日出万绸，衣被天下"，苏州也成为国内最早产生资本主义萌芽的地方之一。

历史上，蚕茧一般采用手估目测来定茧价，唱价收购。清康熙年间，苏州织造李煦奏折称：丝价每市斤纹银一两一钱至一两二钱。鸦片战争前，生丝、绸缎已是中国重要的出口物资。清同治、光绪年间，苏州全城依丝织为业者逾10万人，达到全盛。

缫丝，古来即为农家家庭副业，历史上农家缫制土丝时，皆用鲜茧。清同治十年（1871），苏州成立丝业行会组织——苏州丝业公所，以保障会员专营之利。吴县蚕丝年产量最高的年份光绪四至五年（1878~1879）达到1.2万市担。清光绪九年（1883）始设茧捐税，鲜茧每担捐银4两，干茧每担捐银12两。光绪十五年（1889），上海洋商曾在吴县洞庭东山、西山设茧行收茧，外销牟取厚利。光绪二十二年（1896），苏经丝厂投产，城市机器缫丝与农家手工缫丝并存，直至1950年。光绪二十五年（1899），苏州有丝行10家，年收丝1500市担，价银60万两。光绪年间，苏州丝织耗丝曾达8000市担，本地产丝不敷应用，于是丝行向无锡、湖州、硖石采购，供丝织之需。光绪三十二年（1906），沪宁铁路苏沪段通车后，意大利商行在吴县东桥开设源大茧行，洋行随之纷至沓来，苏州、无锡一带蚕茧外运增加，土丝产量减少，苏州纱缎业原料短缺。

民国初年，苏州纱缎业云锦公所与苏、浙、皖三省茧业公所，一再请求限制蚕茧出口，要求划分丝区、茧区，限制增加丝厂。民国4年（1915），江苏省议会决定，吴县、吴江等6县划为丝区，其余54县定为茧区，茧区每县限设茧行5家，民国6年（1917）又改为限设茧行20家。民国8年（1919），苏、浙两省通令禁止蚕茧和茧种出省，绸厂原料困难有所缓和。

吴县的茧行，除丝厂和洋行直接收茧者外，民国6年（1917）经批准的有15家，逐渐发展至62家。据苏州市丝绸公司资料，民国10~14年（1921~1925），吴县鲜茧年产量为2万~2.63

万市担；民国15～19年（1926～1930），约4.5万～6万市担；民国19年（1930）后，保持年产4万市担。民国25年（1936），蚕茧丰收，开秤茧行38家。据吴县蚕桑改良区该年报告，春期收鲜茧4万市担，烘成干茧14470市担，总值银130万元。

民国13年（1924）起，日商在盘门外日租界内设立瑞丰茧行、绪纶茧行，形成蚕茧市场，不受中国政府管辖。苏州沦陷期间，日伪统制蚕丝，压价收茧，蚕茧已是日本侵略者统制掠夺的重要物资，仅民国30～31年（1941～1942）两年，日本华中蚕丝公司就在苏州地区收集干茧1.13万担，运往日本。蚕茧、丝绸备受摧残掠夺，民国28年（1939），吴县鲜茧年产约3万市担；产绸近5万匹，仅及战前六分之一，民国34～35年（1945～1946），约为2万市担。

抗战胜利后，丝织业界力图恢复旧观，民国37年（1948）曾产绸580万米。苏州解放前夕，物价飞涨，经济濒临崩溃，蚕茧丝绸业生存艰难。

二、蚕茧计划经济价格

苏州是中国桑蚕茧生产的主要产区之一，厂丝和丝绸是苏州市出口创汇的传统优势和重要商品。蚕茧收购价格关系到茧农收入和丝绸加工业成本。建国初，国家即对蚕茧实行收购价格管理，至今60多年来，国家仍对蚕种、鲜茧收购，干茧供应基准价格及浮动幅度实行政府定价或政府指导价，苏州市没有定价权。

1949年4月苏州解放后，苏南行政公署工商处即公布蚕茧的收购价格，规定烘折280斤、缫折420斤的茧质标准，春茧每50千克的收购价格为旧人民币5000至20000元。是年，苏州春期开秤茧行，苏州市区为20家，吴县为9家，市区丝厂收购得鲜茧21961市担；苏州六县（市）全年鲜茧总产量为1797吨，桑地面积10.57万亩。

1950年起，蚕茧收购统一由国营中国蚕丝公司（简称中蚕公司）委托各地供销社办理。同时，不论公营、私营丝厂，都不得直接向农村收茧，丝厂一律为中蚕公司代缫加工厂丝，中蚕公司按代缫加工合同向丝厂供应茧子。1958年改变为外贸公司代缫。1969年改代缫为购销关系产品，产品仍由外贸公司收购。厂丝收购价，1951年标准价为20/22旦尼尔、2A级每吨4.18万元，1966年调整为每吨4.2万元，直至1985年。代缫加工时，工缴费每吨为5200元（C级），3A级则为7840元（产品税由发料单位负担）。

1951年，苏南行署公署工商处对茧质、茧价作出调整。

表1-60　1950～1951年鲜茧收购价格表

年份	期别	茧质标准（斤）		茧价（[旧人民币]万元/50千克）
		烘折	缫折	
1950	春茧	280	420	73.2
	秋茧	275	390	68
1951	春茧	265	370	73
	秋茧	260	350	77

1952年，经华东财经委员会批准，《解放日报》公布新的蚕茧收购价格：以二级烘折、缫折320斤为标准，每50千克收购价格，苏南为83万元（旧人民币，下同），苏北为80万元。同时实行

选茧出售，选出的双宫茧每50千克收购价为55万~60万元，黄斑茧为37万~42万元，烂茧为27万~32万元。

1953年，由于丝绸产品积压，全省蚕茧收购价格调低。调低后的13级茧价以第5级（烘折260斤、缫折320斤）为标准，每50千克收购价格，苏南为70万元，苏北为67万元，比上年降低15.7%。同时严格要求选茧出售，并相应调低下脚茧价格。

1954年，为发展茧丝生产，江苏省提高蚕茧收购价格，仍以5级为标准，每50千克收购价格苏南春茧为73万元，秋茧为75万元；苏北春茧为70万元，秋茧为72万元，比上年提高4%。评茧方法仍以目测为主。苏州解放后，蚕桑事业发展较快。1954年，全市桑田面积扩大至12.05万亩，蚕茧总产量达3243吨，比1949年增长80.5%。

1955年，蚕茧收购价格再次提高，同时取消地区差价，实行苏南、苏北同价。以5级为标准，每50千克收购价格，春茧为75元（新人民币，下同），秋茧为78元。下脚茧实行春秋同价：每50千克双宫茧52~60元，印烂茧15~30元，其他类茧38~50元。

表1-61　1955年苏州市蚕茧收购价格表

单位：元/50千克

品类	等级												
	1	2	3	4	5	6	7	8	9	10	11	12	13
缫折（斤）	280	290	300	310	320	330	340	350	360	370	380	390	400
春茧（元/50千克）	89	84	80	77	75	73	71	69	67	64	61	58	55
秋茧（元/50千克）	92	87	83	80	78	76	74	72	70	67	64	61	58

1956年，全省蚕茧收购价格进一步提高，以5级标准，每50千克收购价格，春茧由75元调为83元；秋茧由78元调为86元，提高10.26%。同时规定，凡茧质超过1级以上时，缫折每减5千克，茧价递增5元。下脚茧的收购价格亦相应提高。1957年，江苏全省的收购价格不变。

从1958年起，江苏省蚕茧收购价格明显提高，鲜茧标准品每50千克收购价为100元，比上年提高20.48%。评茧的方法亦有了明显的改进。茧级由茧层率、上茧率和解舒三要素决定，上茧率按茧层率分等定级，结合解舒补正。1959年，蚕茧的分级收购价格不变。对选出的下脚茧，实行按质论价，分等计价。此蚕茧收购价格及其分等标准，一直沿用至1972年而基本未作变动。

据《苏州市志》（1995版）载：1958年"大跃进"后，苏州桑田面积逐年减少，产量大幅下降，1963年跌至谷底，桑田减少到8.07万亩，蚕茧总产量只有907吨。20世纪60年代后期开始回升，1974年桑田面积恢复到9.9万亩，蚕茧总产4993吨。

1973年，省对蚕茧的收购价格进行调整，并制定出新的评茧方法。以干壳量7克为标准，每50千克鲜茧的基准收购价格，由100元调为110元，上升幅度为10%。同时实行价外补贴，每50千克鲜上茧，春茧补贴8元，夏秋茧补贴2元。重新恢复地区差价，以干壳量7克、上茧率100%为标准，每50千克鲜茧收购价格，苏南为111元，苏北为116元。评茧方法以干壳量为标准分级定价，以上茧率和解舒作为补正。干壳量以0.2克为一级，超过9克每级递加5元，低于7克每级递减3元；上茧率以100%为基数，每差5%为一茧级；解舒好坏以升降一级为限。对下脚茧亦实行分等定价,并规定了具体价格标准。上述蚕茧的收购价格及其分级标准,一直执行到1978年而基本未作变动。详见下表:

表1-62　1973年江苏省蚕茧分级收购价格表

等级		1	2	3	4	5	6	7	8	9	10	11
50克干壳量(克)		9	8.8	8.6	8.4	8.2	8	7.8	7.6	7.4	7.2	7
价格(上茧率100%)(元/50千克)	苏南	150	145	140	136	132	128	124	120	117	114	111
	苏北	155	150	145	141	137	133	129	125	122	119	116

三、蚕茧国家定价

1979年至1992年,蚕茧收购价格继续实行国家定价。

1979年,根据国家供销合作总社、国家物价局的通知,江苏省对蚕茧收购价格的等级差价作进一步调整。决定从新茧上市起,取消苏南、苏北地区差价,实行全省一价,每50千克鲜茧的收购价格统一调整为138元。原规定上茧率超过90%以上的春茧补贴8元、夏秋茧补贴2元的价外补贴仍继续执行。上茧率不满90%时,价外补贴不加;上茧率不足50%时,按次茧价收购;干茧壳量以0.2克为一级,超过9克每级增加6元,低于7克每级减少4元。

表1-63　1979年江苏省蚕茧分级收购价格表

等级	1	2	3	4	5	6	7	8	9	10	11
50克鲜茧干壳量(克)	9	8.8	8.6	8.4	8.2	8	7.8	7.6	7.4	7.2	7
价格(元/50千克)	189	183	177	172	167	162	157	152	148	144	140

同时,对下脚茧的收购价格亦作了较大幅度的调整,并取消南北差价。为鼓励蚕农做好选茧出售工作,提高茧质,决定对次茧、双宫茧及其他茧同样给予春茧补贴8元、夏秋茧补贴2元的价外补贴。

表1-64　1979年江苏省蚕茧下脚茧分级收购表

单位:元/50千克

品类	等级		
	1	2	3
次茧	127	119	110
双宫茧	127	119	110
其他茧	100	90	80
印烂茧	40	30	20
蛾、削口茧	48	46	44
鼠口茧	30~33		

上述收购价格一直执行到1986年而基本没有变动,收购价格较为稳定。

苏州市从1975年开始,因片面强调"以粮为纲",桑田面积逐年减少,蚕茧总产逐年下降,至1978年桑田面积减至9.17万亩,总产减至3325吨。1979年后,大力发展多种经营,蚕茧事业又得到很快发展。1985年,桑田面积恢复到10.3万亩,蚕茧总产达5663吨,1986年达到6089吨,创历史新高。

由于苏州市丝绸业发达,桑蚕茧需求量大,1961年,江苏省就规定苏州专区蚕茧"地产地缫,不外调",供苏州市及吴江缫丝。1974年后,蚕桑生产一度下降,而乡镇的乡、村二级小丝厂则如雨后春笋地建立起来,苏州市区缫丝只好仰仗川浙两省压库之茧。1976年后,外省茧子基本停止调入,苏州丝厂采取向外地产区输出技术、资金等方式换得蚕茧,终因原料不足,1977年停工4个月,1978年停工2个月。1982年,外贸部门实行划区定点供应蚕茧,苏州本地供应不足部分,由苏北新建茧区供应,订立地区长期供应合同,但实际执行并不理想。

四、蚕茧"价格大战"

1986年末开始,国内外市场对厂丝的需求量迅猛上升,蚕茧供不应求。为了保持地方资源,争取多收外地蚕茧,许多地区采取加价的办法,提高蚕茧的实际收购价格,由此引发区域性的哄抬价格、抢购蚕茧的混乱局面。为此,参照毗邻省份及蚕茧主产区采取的扶持生产的补贴措施,经江苏省政府同意,省丝绸总公司规定:从1987年春茧收购开始,对收购鲜蚕茧发放生产扶持费,平均每50千克30元。具体金额为:每收购50千克鲜上茧,春茧扶持40元,夏、早秋茧扶持20元,中、晚秋茧扶持30元;次茧、双宫茧及其他茧按各级鲜上茧扶持金额减半执行,平均每50千克扶持费为10元。

1987年蚕茧收购价格上,抬价争购愈演愈烈。据苏州市物价委员会《价格简报》1987年第10期载:"今年春茧收购季节,浙江省毗邻吴江县的地区,收购价格平均每担达320元至390元,而吴江县的收购价格,按省规定平均每担250元左右,再加上省丝绸公司平均每担增加30元左右的生产扶持费,也只达到平均每担280元左右。为了控制外流,各乡政府又增加每担'以工补茧'17元,使实际收购价达到平均每担300元左右。"吴江县反映,"秋茧实际收购价格平均每担将达280元左右,就是这样,也难阻止秋茧外流"。造成蚕茧收购争夺战的主要原因:养蚕收益低,桑蚕茧发展不快。现行的蚕茧收购价格,是1979年制定的,以后虽有一些价外补贴,但总的来说价格水平偏低,在其他农产品相继放开或提价的情况下,比较效益明显下降,茧农生产积极性下降。据1986年农本资料,苏州市农副产品每标准劳动日的净产值为:粮食9.01元,油菜3.70元,棉花4.70元,蔬菜13.47元,果品14.52元,蚕茧2.93元,内塘养殖4.35元,生猪1.99元,蚕茧处于上述各业的倒数第二位。蚕茧供应矛盾突出,地区间收购体制不一,价格政策很难落实。这几年来,丝绸工业发展很快,吴江县是苏州市蚕茧生产的主产区,年收购蚕茧10万至12万担,但只能满足该县生产需求的四分之一。邻近的浙江省,丝绸工业发展更快,有的县光丝绸厂就有30多家,导致蚕茧供求矛盾日益突出。在收购体制上,地区间做法不一,苏州市吴江县,由乡多服公司统一收购烘茧,由外贸收购站予以指导和监督,而浙江省是国营乡镇企业、个体、工商户三个头收购,这就在客观上造成了几种经济成分的企业和个人,在供求矛盾突出的情况下,抬价争购。为制止哄抬抢购蚕茧,苏州市吴江县政府及有关部门十分重视,层层传达贯彻省有关文件精神,明确蚕茧由各乡多服公司一个头负责收购烘茧,其他任何部门不得插手蚕茧的收购任务;严格控制外流,把各乡、村完成蚕茧合同收购任务列入对乡、村干部考核的内容,茧农按发放的蚕种张数核定收购数量，缺1斤罚款0.3元至0.5元，同时组织工商、公安、税务等部门设卡和加强管理，严格控制外流。

1988年，由于国家外贸体制改革和国际市场供求发生变化，国内一度收购秩序较为混乱，出现"蚕茧大战"。为制止抬价抢购，国家及时下发加强管理的通知，4月，省物价局、省丝绸总公司对收购价格进行了整顿，桑蚕茧基准价（干壳量7克）收购价每50千克175元，同时扩大原定的等级差价，按干壳量每差0.2克为一档，7~7.6克的差价由原来的4元扩大到6元，7.6~8.6克的由原来的差价5元扩大到7元，8.6克以上的由6元扩大到8元。次茧及其他茧类价格作相应调整。同时省丝绸总公司继续发放桑蚕茧生产扶持费，每50千克鲜上茧春茧60元、夏茧30元、秋茧50元，其他各类下脚茧按各期鲜上茧补贴标准减半执行。生产扶持费发放后，原规定的价外补贴同时取消。

1989年，为稳定桑蚕生产，提高茧质和收购秩序，国家对蚕茧收购价格实行最高限价管理，据此，江苏规定以干壳量9.2克为中准级，每50千克最高收购价格480元，同时进一步扩大质量差价，干壳量7~7.6克的由6元扩大到10元，7.6~8.6克的由7元扩大到12元，8.6克以上的由8元扩大到14元，其他茧类也作相应调整。这一价格政策一直执行到1992年。

由于收购价格的提高使茧农收益大幅度增长，调动了茧农生产积极性，带动了蚕桑生产的较快发展。据省统计，蚕茧收购价格1992年比1979年提高了247.8%，农民每亩纯收益由1978年的25.90元提高至1992年的297.12元。全省蚕桑生产面积也由1979年的78万亩发展到1992年的249.6万亩，总产由26000吨增加到141000吨。从20世纪80年代末，苏州农村开始逐步扩大经济作物生产，比较效益好的蚕桑业得到迅速发展，全市蚕茧总产量1978年为3325吨，经过短短15年发展，至1993年全市桑园面积达12846公顷，蚕茧总产量达17414吨，比1978年增长5.237倍，两项创苏州蚕桑业建国以来最高历史纪录。由于收购价格的逐年提高和桑蚕业的发展，从1980年开始，苏州蚕农每亩纯收益进入节节上升的通道，1980年蚕农每亩纯收益147.31元，至1994年达527.08元，其中最高年份为1990年，每亩纯收益为641.35元。

表1-65　1980~1993年苏州市桑蚕茧平均价格、成本收益表

| 年份 | 每亩 | | | | | | 每50千克主产品 | |
	产量（千克）	产值（元）	生产成本（元）	含税成本（元）	净产值（元）	减税纯收益（元）	平均价格（元）	含税成本（元）
1980	83.00	319.59	163.49	172.28	226.10	147.31	184.61	99.74
1981	78.40	317.88	193.96	209.23	219.56	108.65	194.59	128.49
1982	87.85	357.91	182.07	197.32	268.23	160.59	195.09	107.92
1983	73.50	327.54	173.74	184.39	225.01	143.15	223.00	121.61
1984	100.00	478.32	286.88	296.88	321.55	181.44	221.48	137.85
1985	120.40	555.72	332.00	342.21	401.59	213.51	214.16	132.18
1986	98.00	488.53	319.45	331.86	346.48	156.67	229.00	156.07
1987	101.50	685.52	487.81	499.55	540.99	185.97	318.41	232.36
1988	87.80	992.36	695.54	708.18	798.38	283.65	565.50	381.20
1989	118.10	1245.22	778.47	806.91	1013.59	438.37	507.47	329.31
1990	142.78	1660.12	994.66	1018.77	1339.70	641.35	552.41	339.95
1991	142.00	1680.87	1248.69	1270.23	1240.79	410.64	570.91	431.73

| 年份 | 每亩 | | | | | | 每50千克主产品 | |
	产量 （千克）	产值 （元）	生产成本 （元）	含税成本 （元）	净产值 （元）	减税纯收益 （元）	平均价格 （元）	含税成本 （元）
1992	127.10	1291.20	1064.19	1088.41	988.84	202.79	483.06	407.67
1993	112.20	1155.14	1072.16	1096.10	850.32	59.04	494.46	469.63

五、蚕茧全省统一定价

1993年，为进一步深化农产品流通体制改革，省政府按照建立市场经济体制的要求，对茧丝流通体制进行了改革。明确将蚕茧收购和经营权下放到县，以县为单位根据市场供求情况自主经营。蚕茧经营体制改革后的鲜茧收购价格仍执行全省统一定价。是年，省规定标准级蚕茧（干壳量9.2克，上茧率100%）收购价格每50千克为440元。

1994年至1998年的五年中，省规定的标准级蚕茧收购价有升有降，逐年调整，每50千克为1994年650元，1995年春茧770元、秋茧630元，1996年仪评660元、目评630元，1997年730元，1998年春茧730元、秋茧680元。

1995年，国家虽也较大幅度提高了春茧价格，但受市场制约，从夏茧开始苏州市茧价出现大幅下跌，全年高低价差1倍左右，特别是秋茧出现价不抵本，以致平均价比1994年有较大幅度的下降，茧贱伤农，严重挫伤了生产者积极性，对稳定苏州市蚕茧生产产生了一定的负面影响。

吴江是苏州市乃至全国著名的桑蚕茧重点产地。为了做好1996年的春茧收购工作，加强蚕茧收购价格的管理，稳定收购秩序，保护生产经营者的利益，根据省物价局《关于下达1996年春茧收购价格的通知》精神，苏州市物价局就加强春茧收购价格管理采取三条措施：严格执行春茧收购价格，蚕茧收购价格属于中央指导下的省级政府定价，经省政府同意，省物价局明确制定了当年的春茧收购价格，督促有关方面严格执行；吴江市与浙江省毗邻地区的价格，吴江市政府与相接壤地区协商衔接，提出具体收购价格意见，报经苏州市政府审核，然后报省物价局、丝绸集团总公司同意后执行；各级物价部门积极会同当地工商、检查、丝绸、供销、标准等部门，坚决制止抬级抬价或压级压价、不执行质量标准等各种违反政策、扰乱市场的行为，对违反政策规定的行为从严查处。

省从1997年再次调整鲜茧质量差价，仍以9.2克为中准级，每0.2克为一档；干壳量7克（含7克以下）至7.6克每档差价由10元调整为12元，7.6克至8.6克每档由12元调整为14元，8.6克以上由14元调整为18元。全省从1998年全面推广仪器检验作价，杜绝蚕茧价格手估目评，坚持按质论价。

受国内外丝绸市场供求状况及价格行情变化的影响，1994年江苏蚕桑生产面积374万亩，为历史最高点，而到了1997年，下降到150万亩左右。而据苏州市统计局及苏州市物价局工农产品成本调查队资料反映：苏州全市蚕茧总产量也从1993年创历史记录的17414吨和1994年的16356吨迅速下滑，至1998年总产降至8669吨，同上年相比降幅达47%；全市自1995年开始桑蚕茧每亩减税纯收益也出现较大亏损。

第一章 农产品价格

81

表1-66 1994~1998年苏州市桑蚕茧成本收益表

项目名称		计量单位	1994年	1995年	1996年	1997年	1998年
每亩	产量	千克	118.00	101.00	91.35	101.00	105.20
	产值	元	2071.24	1318.92	1117.81	1700.20	1648.90
	生产成本	元	1481.81	2025.39	2051.18	2204.60	2140.30
	含税成本	元	1544.16	2110.45	2144.69	2455.70	2325.60
	减税纯收益	元	527.08	−795.13	−1026.88	−755.50	−636.70
每50千克主产品	平均价格	元	846.52	613.78	580.36	813.60	759.13
	含税成本	元	569.20	1000.74	1116.14	1175.10	1070.67

六、政府指导价及浮动幅度

1995年,国家计划委员会等四部门联合发文,将蚕茧收购价、干茧供应价由国家管理的国家定价改为国家指导下的省级政府定价,同时将厂丝出厂价列为国家指导价管理。同年,省政府办公厅印发了江苏省物价局等四部门制定的《江苏省蚕桑事业改进费征收管理办法》,决定蚕桑事业改进费由市、县人民政府委托地方税务部门负责征收,征收标准为每50千克鲜茧20元或每吨干茧1000元。2003年,省政府取消了蚕桑事业改进费收费项目。

1999年至2001年春,鲜茧收购价格继续实行国家指导下的省级政府定价。

1999年,国家下调桑蚕茧收购价格,春秋鲜茧标准级收购价每50千克分别为640元和630元。

2000年,国家下达春秋鲜茧标准级收购价格,每50千克分别为690元和800元。2001年春,鲜茧每50千克标准级收购价格为780元。

2001年,秋茧收购价格管理办法改革。根据《国务院办公厅转发国家经贸委关于深化蚕茧流通体制改革的通知》精神,省政府办公厅发文明确,从当年秋茧收购起,鲜茧收购价格和干茧销售价格实行省级政府指导价管理。蚕茧收购经营单位依据省定指导价和规定的浮动幅度,根据市场供求状况,自主定价,厂丝价格放开,省不再作统一规定。据此,省下达2001年秋季鲜茧每50千克标准级中准收购价格为750元,可上下浮动10%。

2002年,省制定本年度春、秋两季鲜茧中准收购价格,每50千克标准级分别为680元和600元,上下浮动幅度均为10%。等级差价,次下茧与上茧的比价仍按原规定执行。

2003年,省下达的春、秋两季鲜茧的中准收购价格每50千克标准级分别为600元和650元,浮动幅度调整为上下浮度15%。

1999~2003年五年间,苏州蚕茧总产量从8100多吨一路下滑至3400多吨,其原因是:随着全市农业产业结构调整,张家港、昆山、常熟、太仓、吴中等地从20世纪90年代中期开始,或不栽桑养蚕,或大幅调减桑园面积,仅有吴江市蚕桑种植面积仍保持在5万亩左右的水平;从1994年开始,丝绸行业受国内外市场影响,价格时高时低,蚕茧收购价格忽上忽下,很不稳定;与其他农产品相比,养蚕成本逐年增加,特别是化肥、农药等农资价格不断上涨,且养蚕早起晚睡,十分辛苦,技术要求比较高,又是一种劳动力消耗相对集中的劳动方式,因而挫伤了蚕农的积极性,导致蚕桑生产出现萎缩的局面。

表1-67　1999~2003年苏州市桑蚕茧年平均价格、成本收益表

项目名称		计量单位	1999年	2000年	2001年	2002年	2003年
每亩	产量	千克	115.00	118.80	117.50	83.50	78.10
	产值	元	1631.79	2393.04	2144.72	908.57	1278.12
	生产成本	元	2088.80	2358.61	1784.58	1642.56	1240.22
	含税成本	元	2228.14	2533.17	1867.41	1705.39	1244.82
	减税纯收益	元	−556.35	−140.13	277.31	−796.82	33.30
每50千克主产品	平均价格	元	682.78	983.35	898.32	539.59	806.41
	含税成本	元	932.31	1040.93	782.17	1012.81	785.40

注：从2003年起苏州市农业税不再由农民交纳，即从2003年起蚕茧成本收益中不再有农业税。

2004年，省规定春秋两季鲜茧的中准收购价格每50千克标准级均为680元，上下浮动幅度为15%。各类次、下茧每50千克收购价格分别以标准级上茧比价确定，次茧及双宫茧为60%，等级差价递减为25元；其他茧为45%，等级差价递减为30元；下茧为5%，等级差价递减为12元。

由于2003年秋季蚕茧收购价格大幅度上涨，2004年蚕农养蚕生产积极性高涨。蚕农精心喂养蚕，每张春茧产茧42.5千克，达到历史高产水平，秋茧已呈现高产优质登场，全市全年蚕茧总产量3512吨，比上年增产75吨。由于蚕茧质量提高及价格上涨，平均每50千克收购价达868元，比上年增106元。蚕农增产增收，效益可观。

2005年5月和9月，省物价局分别下达春、秋季鲜茧中准收购价，均为每50千克标准级730元，上下浮动幅度为20%。

2006年，中国茧丝绸行业保持较快发展，茧丝价格和丝类商品出口平均单价均有较大幅度提高，同年，商务部"东桑西移"工程开始实施。根据产销形势和生产成本等因素，2006年，省再次提高蚕茧收购指导价格，每50千克标准级春、秋鲜茧中准收购价格均为990元，上下浮动幅度为10%。据苏州市工农产品成本调查队资料：是年，苏州市桑蚕茧每50千克平均出售价格为1362.93元，同比上升32.09%，每亩净利润为641.38元，创历史最高水平。

在市场行情及价格经济杠杆的作用下，2004年至2006年，苏州蚕茧生产较前五年取得了较高的收益。

据《苏州价格简报》（2005年第16期、第18期）分析：由于国际、国内丝绸市场行情回暖，2004年生丝价格由原来的每吨14万元左右，上涨至2005年6月的19万元，之后，继续缓步走高。国际丝价大幅攀升，给春蚕收购价注入了助推剂，加上天公作美，气候适宜，单产高，茧质好，价格高，收益好。

《2005年吴江市春蚕生产情况调查报告》称："今年吴江市的春茧收购价是根据上级文件精神和市场行情制定的，同时考虑到本市的实际情况，中准价确定为每50千克950元，可上下浮动10%收购。结果市场平均价在1025元左右，比去年875元上升17.5%。农调户每50千克为1020.80元，比去年870.21元上升17.2%，升幅与全市平均水平持平。由于今年春茧收购价达1000多元，这是近几年春茧收购价的最高水平，蚕农收益大增，笑逐颜开，许多没有饲养的农户懊恼不及。农调户数据反应，每亩净利润为203.56元，比去年129.60元增73.96元，

增幅达57.1%，现金收益每亩为732.36元，比去年604.10元增128.26元，增幅为21.2%。"

表1-68　2004~2006年苏州市蚕茧价格成本收益表

项目名称		2004年		2005年		2006年	
		当年	同比增减	当年	同比增减	当年	同比增减
每亩	产量	78.80千克	0.90%	61.10千克	−13.70%	68.70千克	12.40%
	产值	1333.77元	4.35%	1199.51元	8.41%	1894.95元	45.73%
	总成本	997.63元	−4.51%	1213.29元	21.62%	1253.47元	3.31%
	净利润	201.88元	减亏60.16元	87.06元	−56.88%	641.48元	636.83%
	现金收益	928.88元	3.87%	969.28元	4.35%	1536.39元	58.51%
每50千克主产品成本	平均出售价格	843.69元	4.62%	1031.80元	22.30%	1362.93元	32.09%
	总成本	701.66元	−0.84%	962.72元	37.21%	901.55元	−6.35%
	净利润	141.99元	减亏37.95元	69.08元	−51.35%	461.38元	567.89%
	现金成本	190.34元	6.00%	262.70元	38.02%	257.89元	−1.83%
	现金收益	653.31元	4.14%	769.10元	17.72%	1105.04元	43.68%

为确保蚕种生产供应，促进全省蚕桑业的可持续发展，2006年9月，江苏省物价局将一代杂交蚕种春、秋品种销售价格由每张33元、30元调整为39元。

综合考虑当年茧丝市场供求总体平衡的情况，2007年省物价局下达春、秋季鲜茧每50千克标准级中准收购价格均为950元，上下浮动15%。尽管当年苏州市增加桑蚕茧补贴每亩30元，但由于收购价下降较大，桑蚕茧减产，与上年相比，苏州市每亩实际减少收入897.79元。

2008年至2009年，蚕茧收购价格继续实行省级政府指导价管理。根据茧丝市场形势和蚕茧生产情况，这两年蚕茧收购价格保持了相对稳定，2008~2009年春季、秋季桑蚕鲜茧标准品中准收购价格（含税）每50千克都为980元，上下浮动幅度15%，等级差价仍按原规定执行。各类次、下茧价格与上茧的比价仍按照省物价局和省丝绸总公司规定执行。尽管2008年受丝绸产品出口退税率上调和奥运经济对丝绸消费的拉动，但由于成本因素的影响，相对于其他农副产品，蚕桑生产的比较效益在下降。苏州市桑蚕茧每亩净利润2007年为−244.19元，2008年为−297.88元，2009年为−197.34元。苏州全市蚕茧总产量2000年为7291吨，2008年已下降到1654吨，2009年下降至915吨。据江苏省物价局编撰的《江苏价格改革30年》分析："茧丝流通体制改革后，由于以县为单位的利益主体多元化，加之国际、国内市场行情多变，收购秩序比较混乱，蚕茧出现周期性的'蚕茧大战'，实际执行价格与省规定价格差距较大，不同年份、不同地区的价格差距也较大。每50千克收购价格高时1300多元，低时只有150元，严重偏离国家规定的价格政策，对生产起到了破坏性作用。"苏州全市2010年桑园总面积为3618公顷，蚕茧总产量为638吨，均居建国以来种植面积和产量的最低位置。

表1-69　1978~2010年江苏省下达蚕茧收购价格情况表

单位：元/50千克

年份	全年实际收购均价	省规定收购价格
1978	112.50	其中：苏南110，苏北115

年份	全年实际收购均价	省规定收购价格
1979	138.00	取消地区差，全省一价
1980	138.00	—
1981	138.00	—
1982	138.00	—
1983	138.00	—
1984	138.00	—
1985	138.00	—
1986	138.00	—
1987	138.00	—
1988	175.00	
1989	480.00	最高限价
1990	480.00	—
1991	480.00	—
1992	480.00	—
1993	440.00	—
1994	650.00	—
1995	700.00	其中：春蚕770，秋蚕630
1996	660.00	—
1997	730.00	—
1998	710.00	其中：春蚕730，秋蚕680
1999	681.00	其中：春蚕640，秋蚕630
2000	966.00	其中：春蚕690，秋蚕800
2001	827.00	春蚕780±10%，秋蚕750±10%
2002	597.00	春蚕680±10%，秋蚕600±10%
2003	788.00	春蚕600±15%，秋蚕650±15%
2004	901.20	春蚕600±15%，秋蚕680±15%
2005	1175.00	春蚕730±20%，秋蚕730±20%
2006	1520.00	春蚕990±10%，秋蚕990±10%
2007	1001.00	春蚕950±15%，秋蚕950±15%
2008	980.00	春蚕980±15%，秋蚕980±15%
2009	980.00	春蚕980±15%，秋蚕980±15%
2010	1100.00	春、秋茧中准级1100±15%

表1-70　1978~2009年苏州市蚕茧总产量情况表

单位：吨

年份	全市	市区	常熟	张家港	昆山	吴江	太仓
1978	3325	753	89	58	30	2320	75
1979	4116	911	91	60	36	2925	93
1980	4784	1077	139	69	45	3351	103
1981	4657	1004	147	70	39	3294	103
1982	5418	1143	164	67	41	3898	105
1983	4192	856	118	50	38	3051	79
1984	4536	775	115	46	41	3473	86
1985	5663	725	77	33	29	4710	89

年份	全市	市区	常熟	张家港	昆山	吴江	太仓
1986	6089	627	42	42	19	5281	78
1987	6539	557	36	43	18	5813	72
1988	7493	609	36	50	17	6703	78
1989	9062	1116	61	66	25	7672	122
1990	9785	1347	134	85	30	7983	206
1991	9040	1414	239	83	81	6885	338
1992	12077	3506	363	130	463	7050	565
1993	17414	3159	364	196	675	12358	662
1994	16356	2534	325	274	500	11900	823
1995	12435	2130	267	265	374	8600	799
1996	9805	1002	27	—	50	8436	290
1997	9020	438	22	—	—	8346	214
1998	8669	419	23	—	—	8000	227
1999	8170	432	20	—	—	7508	210
2000	7291	670	20	—	—	6375	226
2001	7397	422	20	—	—	6730	225
2002	5785	259	11	—	—	5405	110
2003	3437	123	3	—	—	3164	147
2004	3512	61	2	—	—	3328	121
2005	2771	36	2	—	—	2662	71
2006	3008	29	—	—	—	2902	77
2007	2478	25	—	—	—	2395	58
2008	1654	9	—	—	—	1602	43
2009	915	—	—	—	—	892	23

表1-71　1949~2010年苏州市历年桑园面积表

年份	桑园面积（公顷）	年份	桑园面积（公顷）	年份	桑园面积（公顷）
1949	7051	1991	10747	2002	5333
1952	7360	1992	11795	2003	4164
1957	7191	1993	12846	2004	3918
1962	5843	1994	12301	2005	3895
1965	5745	1995	9275	2006	3881
1970	7051	1996	7092	2007	3879
1975	7046	1997	7967	2008	3853
1978	6115	1998	7583	2009	3745
1980	6065	1999	6834	2010	3618
1985	6868	2000	6188	—	—
1990	7973	2001	6090	—	—

苏州市价格志

第四节　生猪及猪肉类价格

一、沿革

苏州生猪产销历史悠久，猪肉是苏州人的主要副食品。苏州历史上，肉类形成了经营生猪（猪行）、宰杀（宰场）、鲜肉（肉铺）、熟肉等自然行业。养猪为苏州6县（市）农民从事畜牧业的主项，主要供食用和积肥，均以家庭饲养为主。苏州生猪供应历来主要靠外地调入，本地直接收购只占一部分。

清代苏州的生猪市场集中在山塘河畔、猪行河头一带，乾隆二十七年（1762）创建"毗陵公墅"，也称猪行会馆、猪业公所。乾隆时徐扬《盛世滋生图》中，山塘街该处就有市招"腌猪老行"。猪行的生猪货源主要来自苏北泰州、泰县、泰兴和如皋、海安等地。苏城生猪主要由猪贩收购后通过猪行，由宰猪作和肉铺宰售。

清光绪二十五年（1899），苏州市场鲜猪肉每斤制钱（下同）八十文。宣统元年（1909），鲜肉每斤180文。民国12年（1923），鲜肉每斤180文。民国19年（1930）10月，建立鲜肉业同业公会，办事处设在玄妙观火神殿，同业有179户459人。当年，苏州市场鲜猪肉销售价每市斤0.285元（银圆），民国27年（1938）为0.40元（法币），民国28年（1939）后，苏州猪肉销售价格开始迅速上涨，至民国34年（1945）1月，鲜猪肉市场销价每市斤达到680元（中储券），同年9月为法币65元。民国35年（1946）9月，每斤鲜肉涨至2200元（法币），民国36年（1947）7月涨至9600元。民国37年（1948）7月，每斤鲜肉又涨至95万元（法币）；同年11月，苏州市场每斤鲜猪肉为金圆券18元。至民国38年（1949）3月苏州解放前夕，市场鲜猪肉每斤为金圆券3800元，比上年上涨了211倍之多。

二、计划经济时期猪肉价格

苏州解放初期，市区有猪行24户，鲜肉业有382户，肉品有16户。生猪的购销业务仍以私商为主，价格由市场形成，购价每百斤在25万至30万元（旧人民币）之间。1950年3月，16家猪行成立猪业联营处。1951年，国营土产公司成立猪肉业务小组，并在市区设3个鲜肉发放点。1952年，土产公司猪肉业务小组扩大为猪肉运销部，猪业联营处解散，不少从业人员进入国营公司。为调节供求稳定肉价，国家开始有重点地对生猪购销价格实行统一管理。1953年，国营苏州市食品公司成立后，猪肉业务即归专业公司经营，挂牌收购生猪，按其质量分为六等18级，以五等出肉率62%、毛重75～85千克为基价，每百市斤收购价为31.30万元（旧人民币）。市场零售鲜猪统白肉每市斤为6500元，1954年设11个鲜肉供应点，向集体伙食单位供货。1955年下半年起，食品公司也向私营肉店供货，按肉店经营人员每天供货半头猪。1956年公私合营后，食品公司从生猪收购、屠宰加工到市场供应、完成出口任务等，逐步实行一体经营。苏州解放初期，市生猪收购销售价格详见下表：

表1-72　　1949~1956年苏州市生猪收购销售价格表

项目	1949年	1950年	1951年	1952年	1953年	1954年	1955年	1956年
生猪收购价（元/百市斤）	—	—	—	31.30	31.30	32.30	32.30	33.70
鲜猪肉价（统白肉）（元/市斤）	0.62	0.70	0.52	0.55	0.65	0.68	0.68	0.71
酱猪肉价（熟）（元/市斤）	—	—	—	1.28	1.12	1.24	1.20	1.20

注：旧人民币已折算为新人民币。

1954年，苏州市开始贯彻中央精神，对生猪实行派养派购政策。1956年，生猪生产由个体饲养改为生产队饲养，私养逐渐减少，生猪的存栏量开始下降。为缓解这一局面，1957年省政府决定重新规定生猪的收购等级及其作价办法：将原有的等级简化为六个等级，以五等猪出肉率60%~62%为基价，等级差价1.70元，实行"出肉率定等，毛斤计价，肥膘加价"的作价办法，同时调高生猪的收购价和提高猪肉的销售价格，每50千克收购价调为39元，每500克猪肉售价调为0.62元。从1958年"大跃进"开始，生猪饲养量锐减，生猪质量下降，难以按规定的等级标准收购。进入20世纪60年代，猪肉供应紧张，城市和农村均实行凭票定量供应。1961年5月，为促进生猪生产，省再次调整生猪收购政策，取消原计价办法，改为实行"毛重定级、毛斤计价"的新计价办法；降低收购标准，等级标准压缩为四级，以三等猪毛重50~65千克、出肉率53%~55%为基价，调高收购价格，每50千克调为45元，猪肉的销售价每500克调整为0.80元，同时实行奖售政策。

当时苏州的肉类供应，本地猪仅占20%，80%需从外地调入。20世纪60年代苏州市猪肉市场供应十分紧张，城镇居民肉食品实行凭票定量供应，1960年每人每月2市两，加荤食品券1张（限购0.20元）供应熟肉或香肠、皮蛋、咸蛋等，春节增至每人7.5两，券供0.30元。1961年，生猪货源减少，每人每月减至1两，并号召党员、干部上缴肉票，带头少吃猪肉。其时，苏州定量供应的猪肉等主副食品价格严格执行国家牌价。1962年，情况有所好转，每月人均恢复2两，取消荤食品券，实行敞开供应。1963年，定量逐渐增加，尤其节日期间，货源增加，价格不变（详见下表）。1961年，苏州市郊国家指导下的农村集市贸易上出售的猪肉、禽、蛋、蔬菜等价格，一般超过国家牌价二倍以上，而当时称之为"黑市"的价格，尚高于此。资料显示：1962年5~6月，"苏州自由市场食品价格，各类肉类4至5元一斤，鱼类3至4元一斤，蛋类每元2至3只"。

表1-73　　1957~1964年苏州市猪肉购销牌价表

项目	1957年	1958年	1959年	1960年	1961年	1962年	1963年	1964年
生猪收购价（元/百市斤）	36.90	36.90	36.90	36.90	48.50	48.50	48.50	48.50
鲜猪肉价（统白肉）（元/市斤）	0.73	0.73	0.73	0.73	0.85	0.85	0.85	0.85
酱猪肉价（熟）（元/市斤）	1.30	1.30	1.30	1.30	1.30	1.30	1.30	1.50

1964年，随着工农业生产逐步恢复，市场商品供应也逐步恢复正常，这一时期，生猪生产发展较好，圈存量增多，出栏率急增，出现过剩现象。同年7月起，苏州市区猪肉等主要副食品取消凭票供应办法，实行敞开平价供应，猪肉价格还因7月份收购量增加而作临时降价

处理。至1965年12月，鲜猪肉（统白肉，下同）每市斤由0.85元调低至0.80元。

"文化大革命"期间，市郊农村中自留地在"割资本主义尾巴"中一度被取消，苏州市场亦一度禁止农民进城出售自己种养的蔬菜或家畜、家禽，由于限制和禁止生猪的私人圈养，生猪生产迅速滑坡，圈存量直线下降。至1973年决定重新对生猪实行派购，并在收购等级中增设特等一档，收购价格为每50千克56元，以鼓励养大猪、肥猪。

苏州市区从1965年至1978年，整整14年猪肉零售价格（统货）一直维持在每市斤0.80元的水平上，以维持低水平下的市场物价基本稳定。

表1-74　1965～1978年苏州市猪肉购销牌价表

项目	1965～1973年	1974～1978年	
生猪收购价（元/百市斤）	48.50	53.60	
鲜猪肉价（统白肉）（元/市斤）	0.80	0.80	
酱猪肉价（熟）（元/市斤）	1.30（1965年）	1.04（1966年）	1.30（1967～1978年）

三、多种猪肉价格并存

1979年以来，苏州市农村实行经济体制改革，鼓励农民大力发展养猪事业，猪肉市场供应矛盾逐步缓解。市食品公司日宰猪量由600～700头猛增至1000～1200头，生猪收购价提高，零售价相应提高，市场供应采取议价和计划平价同步执行。市区逐步恢复和发展农副产品贸易集市，农村"小刀手"（自筹自卖者）入城经营鲜肉的个体户逐步增多，并相继出现了一批养猪专业户、养猪大户。1979年，苏州生猪收购价基价（出肉率63%～66%）每担（百市斤）由53.60元调高至64元，其价格一直保持至1984年。

1. 猪肉销价上调

1979年11月起，遵照党中央、国务院和省委、省革委会的通知，结合苏州市情况，对猪肉等8种主要副食品提高价格，同时对职工每人每月补贴五元。苏州市8种主要副食品提价的幅度是：猪肉每斤由0.80元提到1.06元，鲜蛋每斤由0.84元提到1.15元（淡季价），牛肉由每斤0.65元提到0.90元，羊肉由每斤0.52元提到0.78元，水产平均计算每斤由0.51元提到0.77元，家禽平均每斤由1元提至1.08元，牛奶每瓶由0.12元提到0.15元，大宗蔬菜销价不提。

以1987年全市城镇人口每月平均实际消费量（包括直接供应群众、集体伙食单位、饮食业和熟食业的全部数量）计算，8种主要副食品提价后，每月每人增加开支为2.363元。细账见下表：

表1-75　1987年苏州市城镇居民猪肉等8种主副食品调价情况表

单位：元

品名	每人每月消费量	调价前每斤单价	调价后每斤单价	平均每人每月增支
猪肉	3.75斤	0.80	1.06	0.963
猪下脚	1.20斤	0.45	0.55	0.12
猪肉复制品	0.387斤	1.28	1.76	0.184
熟猪油	0.32斤	1.06	1.41	0.111
家禽	0.63斤	1.00	1.08	0.05

品名	每人每月消费量	调价前每斤单价	调价后每斤单价	平均每人每月增支
鲜蛋	0.56斤	0.84	1.10	0.144
鱼（鲜咸）	2.56斤	0.51	0.77	0.666
牛肉	0.018斤	0.65	0.90	0.005
羊肉	0.027斤	0.52	0.78	0.007
牛奶	0.78瓶	0.12	0.15	0.023
鲜蔬菜	22.76斤	0.041	0.045	0.09
合计	—	—	—	2.363

　　根据上述测算，8种主要副食品提价后每个职工每月补贴五元，实际上可以抵补两个多一点的人因提价而增加的开支。以全市就业人数算，每个职工平均赡养抚养人口为0.7人。副食品价格补贴实行后，确实可以做到绝大多数职工家庭的生活水平不致下降，一些赡养抚养人口少的职工，还可能有余。只有少数赡养抚养人口多或者消费水平高的职工，可能暂时会受点影响。

表1-76　1979年11月1日苏州市主要副食品零售价格调整表

类别	品名	规格	原零售价（元/斤）	调整零售价（元/斤）	提价额（元/斤）	提价（%）
鲜猪肉	正片统肉	去大骨、去板油、腰子、脚爪	0.80	1.06	0.26	32.5
	净肋条	去奶脯	0.82	1.02	0.20	24.39
	净夹心	无骨	0.96	1.24	0.28	29.17
	净腿肉	无骨	0.96	1.24	0.28	29.17
	大排骨	不带膘肉	0.82	1.10	0.28	34.15
	膘肉	连皮、无皮	0.82	1.00	0.18	21.95
	脯肉	奶脯、缩脚脯	0.58	0.62	0.04	6.9
	颈肉	—	0.58	0.62	0.04	6.9
	胸子	草排下半部带肉	0.74	0.90	0.16	21.62
	小排骨	炒排尾尻骨等	0.48	0.68	0.20	41.65
	前膝股	—	0.74	0.90	0.16	21.62
	后膝股	—	0.68	0.90	0.22	32.35
	前蹄髈	带小脚爪连皮	0.64	0.84	0.20	31.25
	后蹄髈	带小脚爪连皮	0.55	0.84	0.29	52.73
	肉丝、片、馅	腿、夹肉加工	0.96	1.28	0.32	33.33
	肉丝、片、馅	肋条、剥皮蹄髈加工	0.86	1.10	0.24	27.91
	剥皮蹄髈	前、后蹄	0.52	0.76	0.24	46.15
	小脚爪		0.38	0.56	0.18	47.37
	光骨	扇子、臀膀骨	0.11	0.10	-0.01	-9.10
	光骨	通水骨、和尚骨	0.11	0.15	0.04	36.36
	板油	鲜、冻货	1.00	1.33	0.33	33.00
	花油	鲜、冻货	0.70	0.78	0.08	11.43
	腰子	鲜、冻货	0.85	1.10	0.25	29.41
	猪肝	鲜、冻货	0.85	1.00	0.15	17.65
	猪心	鲜、冻货	0.70	0.90	0.20	28.57
	肚子	大肚	0.47	0.70	0.23	48.94

类别	品名	规格	原零售价（元/斤）	调整零售价（元/斤）	提价额（元/斤）	提价（%）
鲜猪肉	心肺	鲜、冻货	0.40	0.44	0.04	10.00
	光肺	鲜、冻货	0.30	0.32	0.02	6.67
	全条大肠	—	0.36	0.44	0.08	22.22
	大肠头	—	0.40	0.50	0.10	25.00
	除头大肠	—	0.30	0.36	0.06	20.00
	尾巴、夹肝	—	0.34	0.40	0.06	17.65
	猪头	平头带舌	0.34	0.44	0.10	29.41
	猪头	无舌	0.32	0.42	0.10	31.25
	猪血	熟	0.05	0.06	0.01	20.00
鲜牛肉	黄牛肉	统货、净肉	0.65	0.90	0.25	38.46
	黄牛肉	肋条、净肉	0.63	0.87	0.24	38.10
	黄牛肉	腿、夹净肉	0.67	0.93	0.26	38.81
	水牛肉	统货、净肉	0.63	0.88	0.25	39.68
	水牛肉	肋条、净肉	0.61	0.85	0.24	39.34
	水牛肉	腿、夹净肉	0.65	0.91	0.26	40.00
	牛肝	—	0.50	0.69	0.19	38.00
	牛腰	—	0.40	0.55	0.15	37.50
	牛大、小肠	—	0.17	0.24	0.07	41.18
	水牛脑	—	0.15	0.21	0.06	40.00
	黄牛脑	—	0.12	0.17	0.05	41.67
	牛鼻肺	—	0.17	0.24	0.07	41.18
	牛尾	—	0.17	0.34	0.17	50.00
	牛罗夹	—	0.40	0.55	0.15	37.50
	牛舌心	—	0.50	0.69	0.19	38.00
	牛红场	—	0.25	0.35	0.10	40.00
	牛肚	—	0.30	0.42	0.12	40.00
	牛鞭子	—	0.40	1.00	0.60	150.00
	牛睾丸	—	0.15	0.30	0.15	100.00
	牛血	—	0.04	0.05	0.01	25.00
鲜羊肉	山、绵羊肉	剥皮带骨	0.52	0.78	0.26	50.00
	山、绵羊肉	带皮、带骨	0.54	0.81	0.27	50.00
	山、绵羊肉	冻肉去骨	0.68	1.02	0.34	50.00
	山、绵羊光肝	—	0.55	0.80	0.25	45.45
	山、绵羊光肚	—	0.20	0.26	0.06	30.00
	山、绵羊光心	—	0.55	0.80	0.25	45.45
	山、绵羊光肺	—	0.18	0.24	0.06	33.33
	山羊心、肝、肺	全套	0.40	0.56	0.16	40.00
	山羊大肠	—	0.20	0.26	0.06	30.00
	山羊腰子	—	0.62	0.90	0.28	45.16
	羊脑子	—	0.05	0.07	0.02	40.00
	羊睾丸	—	0.54	0.80	0.26	48.15
	羊肥子	—	0.63	0.96	0.33	52.38
	羊头	带皮毛	0.15	0.18	0.03	20.00

第一章 农产品价格

类别	品名	规格	原零售价（元/斤）	调整零售价（元/斤）	提价额（元/斤）	提价（%）
鲜羊肉	羊头	去毛有皮	0.17	0.22	0.05	29.41
	羊头	无皮	0.10	0.12	0.02	20.00
	羊脚	带皮毛	0.15	0.18	0.03	20.00
	羊脚	无皮	0.08	0.10	0.02	25.00
	羊血	熟	0.04	0.05	0.01	25.00
腌腊	咸肉	正片统货、去爪	0.90	1.22	0.32	35.56
	咸肉	腿肉、夹心	1.00	1.50	0.50	50.00
	咸肉	肋条	0.92	1.22	0.30	32.61
	咸肉	颈肉,沿领指骨斩下	0.74	0.76	0.02	2.7
	咸肉	缩脚脯、奶脯	0.54	0.68	0.14	25.93
	咸肉	前后蹄	0.68	0.94	0.26	38.24
	咸肉	带脚圈小脚爪	0.44	0.60	0.16	36.36
	咸猪头	平头带舌	0.40	0.54	0.14	35
	咸猪头	平头无舌	0.38	0.52	0.14	36.84
	北火腿	一级整只	1.50	2.00	0.50	33.33
	北火腿	一级上腰峰	2.10	2.94	0.84	40
	北火腿	一级中腰峰	1.40	1.90	0.50	35.71
	北火腿	一级下腰峰	1.60	2.20	0.60	37.5
	北火腿	一级脚爪	1.25	1.74	0.49	39.2
	北火腿	一级油头	1.00	1.34	0.34	34
	北火腿	一级哈头、底板	0.25	0.25	—	—
	北风肉	整片	1.20	1.60	0.40	33.33
	北风肉	夹心	1.50	2.00	0.50	33.33
	北风肉	肋条、风蹄	1.10	1.48	0.38	34.55
	北风肉	颈肉、缩脚脯	0.80	1.06	0.26	32.5
	南火腿	一级整只	1.80	2.60	0.80	44.44
	南火腿	一级上腰峰	2.60	3.80	1.20	46.15
	南火腿	一级中腰峰	1.70	2.50	0.80	47.06
	南火腿	一级下腰峰	2.00	2.90	0.90	45
	南火腿	一级脚爪	1.40	2.00	0.60	42.86
	南火腿	一级油头	1.00	1.50	0.50	50
	南火腿	一级哈头、底板	0.30	0.30	—	—
	南火腿	二级整只	1.60	2.40	0.80	50
	南火腿	二级上腰峰	2.30	3.50	1.20	52.17
	南火腿	二级中腰峰	1.50	2.20	0.70	46.67
	南火腿	二级下腰峰	1.70	2.50	0.80	47.06
	南火腿	二级脚爪	1.30	1.90	0.60	46.15
	南火腿	二级油头	1.00	1.50	0.50	50
	南火腿	二级哈头、底板	0.25	0.25	—	—
	香肠	如皋式（粗）	1.50	2.22	0.72	48
	香肚	鲜肉半斤装	0.54	0.78	0.24	44.44
	熟猪油	板油加工	1.15	1.53	0.38	33.04
	熟猪油	花膘油混合加工	1.06	1.41	0.35	33.02
	黄油	熟食店的汤油	0.80	1.06	0.26	32.5

类别	品名	规格	原零售价（元/斤）	调整零售价（元/斤）	提价额（元/斤）	提价（%）
腌腊	猪油渣	甲级	0.75	1.00	0.25	33.33
	猪油渣	乙级	0.55	0.80	0.25	45.45
	猪肉松	一级	2.60	3.50	0.90	34.62
	猪蹄筋	干货	3.20	6.50	3.30	103.13
	干肉皮	猪肉皮	1.57	2.20	0.63	40.13
	油汆肉皮	甲级猪肉皮加工	2.00	2.70	0.70	35
	油汆肉皮	乙级猪肉皮加工	1.70	2.30	0.60	35.29
	油汆肉皮	丙级猪肉皮加工	1.20	1.62	0.42	35
兔肉	鲜冻兔肉	正只、去头带骨	0.40	0.80	0.40	100.00
	鲜冻兔肉	去骨净肉	0.50	0.96	0.46	92.00
	鲜冻兔肉	带骨碎肉	0.15	0.40	0.25	167.00
	兔肝	—	0.40	0.60	0.20	50.00
	兔心腰	—	0.30	0.50	0.20	66.67
	兔肺	—	0.09	0.12	0.03	33.33
	兔肚	—	0.14	0.20	0.06	42.86
	兔头	带毛	0.05	0.08	0.03	60.00
熟肉	酱肉	—	1.30	1.84	0.54	41.54
	叉烧	—	1.70	2.50	0.80	47.06
	酱鸭	—	1.53	1.96	0.43	28.1
	红烧羊肉	—	1.20	1.84	0.64	53.33
	酱牛肉	—	1.40	2.00	0.60	42.86
	肉松	烟糖行业加工	3.4	4.4	1.00	29.41

2. 猪肉销价下调

随着粮食连年丰收，生猪生产发展，国家收购增加，生猪出现了购大于销的矛盾。根据国家通知精神，从1980年6月，苏州市将猪肉及肉蛋制品在1979年11月国家规定的零售牌价的基础上临时向下浮动，按统货猪肉零售价计算，一般每斤降低7分钱，即苏州市每斤从1.03元降至0.96元，经历了三年多时间，直至1983年12月1日恢复原价。在这期间，苏州传统熟肉产品也得到了恢复和发展，尤其是"陆稿荐"，已有酱卤等4个大类100多个品种，其代表品熟酱肉亦作相应调低，每斤从1979年的1.84元，先后调至1.76元（1980~1981年）、1.56元（1982年）和1.60元（1983~1984年）。

根据苏州市民肉类消费讲究分档、要求高的特点，1982年6月19日，市物价委员会、市商业局发出《关于调整鲜（冻）猪肉分部位的零售价格的通知》，在确保整片带骨统肉零售价每斤0.96元不变的前提下，为扩大猪肉销售、拉开肥瘦之间的比价，满足群众不同消费，适当调整分部位价格。同时对当年市肉联厂新开发的便于家庭冰箱存放、热销猪肉速冻小包装价格进行明确规定。详见下表：

表1-77　1982年6月22日苏州市鲜冻猪肉零售价表

单位: 元/市斤

品名	规格	现行		调整		与吴县地区衔接价	
		批发	零售	批发	零售	批发	零售
正片猪肉	去通水骨、扇子肉、和尚骨、前后蹄等	—	0.99	—	0.99	—	—
正片猪肉	带骨统货、去板油、腰子、脚爪	0.902	0.96	0.902	0.96	0.884	0.94
正片猪肉	带骨统货、去板油、腰子、连脚爪	0.889	—	0.889	—	0.871	—
正片猪肉	带骨统货、带板油、腰子、去脚爪	0.907	—	0.907	—	0.889	—
前夹心	带颈肉、胸子、炒排、扇子肉、和尚骨等	0.89	0.95	0.88	0.94	0.92	
后腿肉	带通水骨、臀膀骨、缩脚脯、去后蹄胴脚爪	0.96	1.02	1.02	1.09	1.07	
肋条	去板油、带大排、膘肉、奶脯	0.87	0.93	0.82	0.87	0.85	
统夹心	带胸子、炒排、扇子骨、和尚骨、去颈肉等	0.95	1.01	0.96	1.02	1.00	
统后腿	带通水骨、臀膀骨、缩脚脯、去后蹄胴脚爪	0.99	1.05	1.06	1.13	1.11	
无骨夹心肉	去颈肉、前蹄胴、扇子骨、和尚骨、胸子等	1.05	1.12	1.07	1.14	1.12	
夹心肉	去胸子、炒排、颈肉、前蹄胴、带扇子骨、和尚骨	—	—	1.02	1.08	1.06	
无骨后腿肉	去通水骨、臀膀骨、尾尻骨、缩脚脯、后蹄胴	1.15	1.22	1.22	1.30	1.28	
后腿肉	去通水骨、臀膀骨、后蹄胴、带尾尻骨、缩脚脯	1.03	—	1.11	1.18	1.16	
后腿肉	去通水骨、臀膀骨、带后蹄胴、尾尻骨、缩脚脯	1.00	—	1.07	1.14	1.12	
后腿肉	去后蹄胴、尾尻骨、缩脚脯、带通水骨、和尚骨	—	—	1.16	1.23	1.21	
统肋条	带板油、奶脯、大排、膘肉	0.89	0.95	0.84	0.89	0.87	
统肋条	带板油、带大排、膘肉、去奶脯	0.90	0.96	0.85	0.90	0.88	
方肉	去奶脯、大排及膘肉	0.88	0.94	0.75	0.80	0.78	
大排	肋条上部不带膘肉	1.00	1.06	1.17	1.24	1.22	
膘肉	连皮、无皮	0.85	0.90	0.71	0.75	0.74	
颈肉	领支骨前直线斩下	0.56	0.60	0.44	0.47	0.46	
脯肉	奶脯、缩脚脯	0.56	0.60	0.44	0.47	0.46	
胸子	炒排下半部带肉	0.77	0.82	0.75	0.80	0.78	
炒排	前夹的小排、尾尻骨、月亮骨等	0.62	0.66	0.73	0.78	0.77	
前后蹄髈	去脚爪的小蹄髈	0.79	0.84	0.80	0.85	0.83	
小前蹄髈	带脚爪、有皮的	0.75	0.80	0.77	0.82	0.80	
小后蹄髈	带脚爪、有皮的	0.71	0.76	0.77	0.82	0.80	
剥皮蹄髈	剥皮猪的前后蹄胴	0.66	0.70	0.77	0.82	0.80	
肉馅	无骨肋条、方肉加工	0.96	1.02	0.89	0.95	0.93	
光骨	扇子骨、臀膀骨	0.09	0.10	0.09	0.10	0.10	
光骨	通水骨、和尚骨	0.14	0.15	0.14	0.15	0.15	
鲜肉皮	大排等肥膘皮	0.902	0.96	0.90	0.96	0.94	
鲜肉皮	奶脯、缩脚脯的皮	0.56	0.60	0.44	0.47	0.46	
大蹄髈	带爪前蹄髈	—	0.88	0.85	0.90	0.88	
大蹄髈	带爪后蹄髈	—	0.88	0.88	0.94	0.92	
大蹄髈	去爪前蹄髈	—	0.98	0.94	1.00	0.98	
大蹄髈	去爪后蹄髈	—	0.98	1.03	1.10	1.08	
小排	肉联厂生产出口的副产品	0.54	0.60	0.73	0.78	0.77	
胸骨排	肉联厂生产出口的副产品	0.63	0.70	0.73	0.78	0.77	
龙脊排	肉联厂生产出口的副产品	0.45	0.50	0.66	0.70	0.69	
二排、肋排	肉联厂生产出口的副产品	0.79	0.84	0.85	0.90	0.88	
大排	肉联厂生产出口的副产品	1.00	1.06	1.17	1.24	1.22	

品名	规格	现行 批发	现行 零售	调整 批发	调整 零售	与吴县地区衔接价 批发	与吴县地区衔接价 零售
纯精肉	肉联厂生产出口的副产品	1.20	1.28	1.30	1.38	1.36	
碎肉	肉联厂生产出口的副产品	0.69	0.74	0.69	0.74	0.73	
小肉	肉联厂生产出口的副产品	0.56	0.60	0.56	0.60	0.59	
脚圈	肉联厂生产出口的副产品、无皮	0.242	0.26	0.24	0.26	0.25	
脚圈	肉联厂生产出口的副产品、有皮	0.326	0.35	0.33	0.35	0.34	
肉丝、片馅	肉联厂加工产品、腿夹肉（连包装）纯精肉	—	—	1.33	1.42		
肉馅	肉联厂加工产品、无骨肋条加工（连包装）	—	—	0.93	0.99	—	

注：肉联厂加工小包装其他品种，按上述分部位零售价另加每斤0.04元包装加工费。

表1-78　1983年苏州市收购肉猪价格表

等级	出肉率（%）	单价（元/担）
特	72	73.1
一	69～72	69.9
二	66～69	66.7
三	63～66	63.5
四	60～63	60.3
五	57～60	57.1

表1-79　1983年苏州市养猪成本测算表

类别		实际使用饲料单价（元/斤）	每百斤毛猪饲料成本 料重比	每百斤毛猪饲料成本 金额（元）	每百斤肉猪收购价（元）	差额（元）
试验猪	A水平 每千克混合料含粗蛋白17%	0.231	3.13∶1	72.30	63.50	−8.8
	B水平 每千克混合料含粗蛋白11%	0.171	3.31∶1	56.60	63.50	+6.9
	农民原来养猪用料（不添加饼类和鱼粉）	0.166	2.96∶1	49.14	63.50	+14.36

表1-80　1983年苏州市饲养瘦肉型杂交猪饲料成本测算表

地区	饲养水平	混合饲料单价测算（元/斤） 全用平价粮	混合饲料单价测算（元/斤） 全用议价粮	混合饲料单价测算（元/斤） 按试验实用 单价	混合饲料单价测算（元/斤） 按试验实用 平价占比	混合饲料单价测算（元/斤） 按试验实用 议价占比	料重比	每增一市斤毛重饲料成本（元） 全用平价料	每增一市斤毛重饲料成本（元） 全用议价料	每增一市斤毛重饲料成本（元） 试验实用结算
吴江	A	0.155	0.273	0.249	—	—	3.12∶1	0.484	0.852	0.777
	B	0.102	0.226	0.161	—	—	3.16∶1	0.322	0.714	0.509
昆山	A	0.137	0.238	0.196	—	—	3.24∶1	0.44	0.771	0.64
	B	0.106	0.19	0.138	—	—	3.445∶1	0.365	0.655	0.48
常熟	A	0.149	0.267	0.248	—	—	3.03∶1	0.45	0.809	0.75
	B	0.111	0.215	0.213	—	—	3.33∶1	0.37	0.72	0.71
平均	A	0.147	0.259	0.231	45%	55%	3.13∶1	0.461	0.810	0.723
	B	0.106	0.210	0.171	66%	34%	3.31∶1	0.353	0.696	0.566

表1-81　　1983年7月苏州市饲料价格明细表

品种	单价（元/斤）		品种	单价（元/斤）	
	平价	议价		平价	议价
青糠	0.052	0.125~0.16	芝麻饼	—	0.50
麸皮	0.050	0.135~0.15	棉仁饼	0.07	0.125~0.155
大麦	0.125	0.21	黄豆	0.23 0.127（陈）	0.45~0.50
元麦	0.128	0.27	鱼粉	0.75	（进口价）
小麦	0.165	0.26	血粉	—	0.65
玉米	0.118~0.120	0.235~0.24	添加剂	—	0.65~0.96
豆饼	0.13	0.33~0.40	贝壳粉	0.37	—
花生饼	0.105	0.244	粳稻粉	0.113	0.22
菜籽饼	0.09	0.135~0.155	籼稻谷	0.11	0.215

3. 调整生猪收购价

1984年以后，中国大中城市和部分县城普遍出现瘦肉猪供不应求，肥肉卖不出去情况。1984年3月1日起，江苏省取消特等猪收购价格，并缩小生猪的等级差价，以三等猪为基价，等级差率由5%调整为4.5%。同时对生猪收购实行派购和议购相结合的办法，议购每50千克按牌价加价10元。

同年4月24日，市物价委员会会同市商业局、市多种经营管理局下发《关于收购瘦肉型生猪价格等有关问题的通知》，按照有利于促进瘦肉型猪的生产发展、市场物价稳定和商业经营的原则，凡符合瘦肉型猪收购规格标准的，在现行同等级普通猪的收购价格基础上，暂定每百斤毛重加价4元。随着生活水平的提高，苏州市民肉类消费水平也逐年提高，1964年人均为10.2千克，1974年为19.7千克，1984年达31千克。

1984年下半年开始，苏州市生猪生产出现下降，猪肉供应渐趋紧张。据《苏州物价》1984年10月4日第13期《关于生猪价格问题的调查》分析，其主要原因是：养猪成本大幅度提高，母猪存栏数不断下降，造成市场苗猪紧缺，平均头重增加至50~60斤，苗猪价格每斤从上年平均0.99元上升至1.25元左右，饲养139天，平均头重148.1斤，净收益从上年的每头12.53元降至4.39元，国家供应配合饲料价格每百斤11.74元，较前大麦7.8元增加3.94元。比价不合理，养猪收益不如养禽，吴江八坼农民算了一本账，饲养一只蛋鸭净收益可达25.15元，养3只猪一年收益只有30元左右，集市活鸡价格每斤1.50~1.70元，议销价亦在1.32~1.60元，而猪肉每斤平均销价为1.03元；养猪不如卖粮，近期小麦集市价为0.17元左右，生猪平均增加一斤毛重需耗用精饲料3.5~4斤，合小麦价为0.59~0.68元，而一斤毛重生猪只能卖0.605元（1983年百斤肥猪平均收购为60.54元）。除此之外，从20世纪80年代中期开始，大部分农副产品逐步实行了议购议销，而生猪继续实行派购，价值规律未发挥作用，农副产品之间比价关系不合理，挫伤了养猪积极性。20世纪80年代，随着苏州乡镇工业大发展，农民务工收益与养猪收益悬殊则更大，更加影响了本地生猪生产。

4. 恢复居民凭票平价供应

为保证市场供应、稳定物价，安定职工、居民生活，苏州市从1984年11月23日起恢复猪肉实行凭票定量供应，城镇居民定量标准为每人每月三元钱，按现行零售牌价供应，即鲜猪肉统白肉每市斤1.03元。饮食业和集伙单位按现行水平核定计划,平价供应。居民定量和饮食业、集伙单位核定供应计划以外销售的猪肉,均实行议价销售,议价猪肉平均每市斤高于牌价0.25元。猪肉定量供应实行后,市区及各县市场比较平稳。但因规定小包装猪肉价格在2元以下,1元以上的仍收取一张票(1元券),能多买到平价肉,特别吸引群众,故小包装肉供应仍较紧张。

四、逐步调整放开猪肉价格

1. 放开生猪收购价

1985年4月,国务院决定放开猪价,取消派购,实行合同订购、指导议购、议购议销。计价办法改为"出肉率定等,毛重定级,毛斤计价",等级差率仍为4.5%。收购价放开后取消奖售粮制度。按国务院文件精神,苏州市放开生猪购销价格,生猪统购改为有指导的议价。从4月1日起,生猪实行合同收购,省规定苏州市生猪的指导性收购价格为每担86元,并允许在10%的范围内上下浮动。同年7月1日起,放开猪肉销价,对猪肉销价也改为指导性议价,市区统猪肉出台价从每市斤1.03元提高至1.43元,提幅29.1%,并根据从紧掌握的原则,对相关制品的价格作了调整。由于猪肉、小杂粮、小油料价格放开,以及外地奶粉提价等因素,苏州市食品(含禽蛋)、饮食、糕点价格亦调整了443个品种,调整面占行业经营品种的35.5%,零售价平均提幅为23.06%。在上述价格调整的同时,给城镇居民发了肉食品补贴,苏州市按上级精神,每月每人发放肉食补贴,市民每人2.5元,高等院校学生增发3.5元,禁猪少数民族另增发2元。

为适应市场商品经济的发展、商业经营单位日益增多,以及价格逐步放开的状况,为便于各零售商店及个体经营户正确执行国家的价格政策,正确制定商品的零售价格,市物价委员会于1985年6月8日发出了《关于零售商店经营各类商品执行规定批零差率及有关政策规定的通知》,其中对食品类中鲜冻猪肉及其制品规定了批零差率。详见下表:

表1-82　1985年6月鲜冻猪肉及其制品批零差率表

品名	批零差率(%)	品名	批零差率(%)
统鲜、冻正片猪肉	8(倒扣)	香肠、香肚	12
猪肉分部位	5(倒扣)	干肉皮、咸肉	12
猪品付产	10(倒扣)	肉松火腿、风肉	15
鲜肉小包装	7(倒扣)	蹄筋	10
牛肉及副产品	10(倒扣)	熟油(包括油渣)	7
羊肉及副产品	10(倒扣)	—	—

2. 调高猪肉购销价格

1985年猪肉购销价格放开后,由于生猪生产增长不快,收购价偏低,货源偏紧,猪肉销售价格呈持续上涨的走势。当时猪肉市场供应,市食品公司占全社会的97%以上,集市比重不到3%。市食品公司供应的每500克鲜猪肉统货价格:1984年为1.03元(凭票供应价);1985年为1.43元(议价),升幅38.83%;1986年为1.65元(代销价),升幅为15.38%,冻猪肉为1.38元,与上年持平。

表1-83　1986年苏州市鲜猪肉代销价格表

单位：元/500克

品名	规格	价格	
		郊区农村代销价	城区定点代销价
统肉	整片带骨去板油、腰子、爪	1.57	1.65
前腿	整段去爪，第五、六根肋骨之间	1.60	1.69
前腿	整段去爪，颈肉、前蹄胴	1.72	1.82
前腿	整段去爪，颈肉、前蹄胴、炒排、胸子	1.83	1.93
胸子	夹心炒排下半部分带肥肉	1.35	1.45
炒排	—	1.32	1.42
夹心肉	无骨带膘（皮）	1.90	2.01
光骨	扇子骨、臀膀骨	0.25	0.30
光骨	通水骨、和尚骨	0.30	0.35
颈肉	齐颈支骨斩下	0.65	0.65
前蹄胴	去爪	1.50	1.55
肋条	整段统货	1.40	1.45
肋条	整段去奶脯	1.45	1.50
大排骨	去肥膘成三角形状	2.25	2.32
方肉	去大排、奶脯	1.32	1.38
方肉	去大排、带奶脯	1.26	1.32
奶脯	沿肚颈线斩下	0.65	0.65
肥膘	有皮无皮同价	0.85	0.85
肋排	方肉去膘、去奶脯	1.72	1.80
后腿	整段去爪、保留脊柱骨二节	1.75	1.85
后腿	整段去蹄胴	1.81	1.92
后腿	去通水骨、臀膀骨	1.85	1.95
后腿	去通水骨、臀膀骨、后蹄胴	1.93	2.04
后腿	带骨去尾尻骨、缩脚脯、蹄胴不露骨	1.95	2.06
尾尻骨	不露骨	1.32	1.42
缩脚脯	三角脯	0.65	0.65
后腿肉	无骨带膘（皮）	2.06	2.18
后蹄胴	去爪	1.50	1.55
剥皮蹄髈	前后同价	1.44	1.49
大蹄髈	带爪前蹄约2/3的通水骨包括和尚骨	1.63	1.68
大蹄髈	带爪后蹄约1/5的通水骨包括和尚骨	1.80	1.86
大蹄髈	去爪、前蹄	1.70	1.75
大蹄髈	去爪、后蹄	1.87	1.93
小蹄髈	前后同价	1.45	1.50

注：1. 此价为鲜肉代销零售价，凡郊区农村供应点代销鲜猪肉，按统货价每斤1.57元执行。城区定点代销供应点鲜肉按统货价每斤1.65元执行。凡代宰部门代销部门的结算价格按每斤1.51元执行。

2. 猪副产品一律按现行价格执行。

深受市场消费者欢迎的猪肉小包装，在代销鲜猪肉价格上涨后，为解决购销倒挂和财政不再补贴的困难，1986年底市食品公司也相应调高了销售价格。

表1-84　1986年12月18日苏州市猪肉小包装价格表

品名	规格	销价售价（元）	
		出厂价	零售价
前腿纯精肉丝	塑料袋包装1斤装	2.52	2.71
前腿纯精肉丝	塑料袋包装0.5斤装	1.275	1.37
前腿肉丝、片、丁	肥瘦15%、85%，1斤装	2.30	2.47
前腿肉丝、片、丁	肥瘦15%、85%，0.5斤装	1.165	1.25
后腿纯精肉、丝	塑料袋包装1斤装	2.764	2.97
后腿纯精肉、丝	塑料袋包装0.5斤装	1.397	1.50
后腿肉丝、片、丁	肥瘦15%、85%，1斤装	2.507	2.70
后腿肉丝、片、丁	肥瘦15%、85%，0.5斤装	1.269	1.36
肉酱	前腿肉加工肥瘦3：7，1斤装	2.079	2.23
肉酱	前腿肉加工肥瘦3：7，0.5斤装	1.055	1.13
条酱	方肉加工1斤装	1.506	1.62
条酱	方肉加工0.5斤装	0.768	0.83
大排	方肉加工1斤装	2.361	2.54
肋排	方肉加工0.5斤装	1.888	2.03
肋排	方肉加工2斤装	3.766	4.05
小排	方肉加工1斤装	1.542	1.66
小排	方肉加工2斤装	3.074	3.30

　　1987年，生猪存栏数量逐月下降，市场猪肉供不应求，矛盾突出。6月初，苏州市生猪收购价三等一级已从每百斤93元调整为97元。6月22日，苏州市政府召开市长办公会议，听取了市物委等有关部门关于当前市场物价和副食品生产、供应工作的情况和意见汇报，"对当前生猪接收价格，会议决定，暂定每百斤108元"。

　　根据省关于冻鲜猪肉实行同价，定量供应外猪肉销价放开的电报精神，1987年12月1日起，苏州市定量以内冻猪肉与鲜猪肉同价，每500克零售价从1.38元上调为1.65元，上调幅度19.57%。同时市区居民实行每人每月凭票供应猪肉3.4元。居民定量外的猪肉价格每500克为2.20元，比定量内的价格高33.3%，不凭票供应的猪肉店仍出现排队购买现象。随着猪肉价格的调整，市区饮食业24个品种30个规格的点心调整了价格，平均提幅为22%；卤菜业6个品种调整了价格，平均提幅31%；咸肉也由每斤2.46元调为2.68元，提幅12%。是年，苏州市区集贸市场副食品价格只升不降，12月10日，集贸市场鲜猪腿肉（去骨）价格每500克为3.80元。

　　进入1988年后，粮食价格的上升，带动了猪肉等副食品价格的进一步上涨。牛肉各产地也行情看涨，市肉联厂因牛肉进价及成本较高，销售价从1988年元月20日起调整为每500克牛肉出厂价2.34元，零售价2.60元。

　　为逐步理顺主要副食品购销价格，促进生产发展，丰富食品货源，发挥市场价值规律的作用，满足群众需求，根据中央和省的统一部署，从1988年3月16日起，苏州市进一步放开猪肉等六种副食品价格。其主要内容是：提高生猪收购价格。合同定购的三等一级，从4月1日起，市郊每50千克收购价暂由107元提高到140元，每头供应比例价饲料粮100千克。合同收购以外的生猪收购价格放开，现阶段三等一级收购价为150元。农民每交售一头生猪，奖售比例价配合饲料200斤及优先供应议价配合饲料200斤。详见下表：

表1-85　1988年4月1日苏州市合同定购外生猪收购价格表

单位：元/50千克

等级	规格	合同收购外订购价格
一等	出肉率69%以上	163.50
二等	出肉率66%至69%	156.80
三等	出肉率63%至66%	150
四等	出肉率60%至63%	143.30
五等	出肉率57%至60%	136.50
等外猪	出肉率57%以下	每低一个出肉率每百斤减2.30元

经市政府同意，从1988年4月起，苏州市调整生猪、奶牛配合饲料销售价格：每50千克（下同）比例价生猪配料价从18.20元调整为20.50元，议价生猪配料价由22元调为27元；比例奶牛配料核定为22.50元，议价奶牛配料由24元调为31.90元。

同时，适当调整猪肉及主要相关制品销售价格。从3月16日起，市区凭票定量供应的猪肉统货价由原鲜冻同价，每500克1.65元调整为冻肉2.20元、鲜肉2.30元，咸肉由原每千克5.36元调整为6.38元。禁猪民族凭票供应的统货牛肉每500克由2.20元调为2.50元。凭票定量供应以外的猪肉、牛肉，议价敞开供应，其销售价格本着薄利经营的原则，扣紧经营环节的差率，购销同步调整。当时苏州市区议销零售价格每500克为：猪肉（鲜冻不分）2.56元，统牛肉2.70元。以猪肉为原料的咸肉、菜肴、点心、卤菜、糕点、饼干以及大饼、油条等，根据搞活经营、打紧差率的原则，按照规定的作价办法相应调整。详见下表：

表1-86　1988年3月16日苏州市食品公司鲜冻猪肉现行价格表

单位：元/500克

品名	规格	零售价		
		凭票供应		敞开供应
		鲜	冻	
统肉	整片带骨	2.30	2.20	2.56
前腿	整段去爪，第五、六根肋骨之间	2.34	2.22	2.61
前腿	整段去爪、颈肉前蹄胴	2.52	2.36	2.80
前腿	整段去爪、颈肉前蹄胴、炒排、胸子	2.65	2.49	2.93
胸子	夹心、炒排下半部分带肥肉	2.05	1.91	2.35
炒排	—	2.00	1.86	2.30
夹心肉	无骨带膘皮	2.73	2.58	3.04
光骨	扇子骨、臀膨骨	0.36	0.36	0.36
光骨	通水骨、和尚骨	0.41	0.41	0.41
颈肉	齐领子骨斩下	1.06	1.06	1.06
前蹄胴	去爪	2.25	2.18	2.55
肋条	整段统货	1.97	1.85	2.32
肋条	整段去奶脯	2.03	1.90	2.40
大排骨	去肥膘成三角状	3.25	3.14	3.47
方肉	去大排、奶脯	1.77	1.60	2.28
方肉	去大排、带奶脯	1.70	1.55	2.16

品名	规格	零售价		
		凭票供应		敞开供应
		鲜	冻	
奶脯	沿肚筋线斩下	1.06	1.06	1.06
肥膘	有皮无皮同价	1.30	1.30	1.40
肋排	方肉去膘去奶脯	—	—	3.16
后腿	整段去爪、留脊柱骨二节	2.63	2.56	2.84
条肉糜	去脯方肉加工	1.82	1.65	2.33
夹心肉糜	肥瘦比4∶6	2.75	2.61	3.04
后腿	整段去蹄胴	2.68	2.61	2.85
后腿	去同行碎骨、臀膨骨	2.76	2.69	2.98
后腿	去通水骨、臀膨骨、后蹄胴	2.84	2.76	3.05
后腿	带骨去尾尻骨、缩脚脯、蹄胴	2.88	2.80	3.09
尾尻骨	不露骨	2.00	1.86	2.30
缩脚脯	三角脯	1.06	1.06	1.06
后腿肉	无骨带膘皮	3.07	2.99	3.30
后蹄胴	去爪	2.25	2.18	2.55
剥皮蹄髈	无皮、前后同价	2.18	2.10	2.55
大蹄髈	带爪前蹄约2/3的通水骨包括和尚骨	2.39	2.27	2.62
大蹄髈	带爪后蹄约1/5的通水骨包括和尚骨	2.57	2.50	2.85
大蹄髈	去爪、前蹄	2.44	2.33	2.75
大蹄髈	去爪、后蹄	2.62	2.55	2.96
小蹄髈	连爪前蹄	2.21	2.14	2.41
小蹄髈	连爪后蹄	2.21	2.14	2.41
板油	—	2.20	2.20	2.20
腰子	—	3.50	3.50	3.50
混合油	—	1.87	1.87	1.87

表1-87　1988年3月16日苏州市区咸肉销售价格表

单位：元/500克

品名	规格	零售价
咸肉	整片统货	3.19
咸肉	段片统货	3.08
咸肉	后腿、后脊柱骨下刀、去蹄髈、缩脚脯	3.80
咸肉	前腿，第五、六根肋骨下刀，去颈肉，蹄胴	3.48
咸肉	硬肋、有排头、有肋骨	2.91
咸肉	软肋、有排头、无肋骨	2.86
咸肉	方肉无排头，条肉，无奶脯，不分硬、软肋	2.85
咸肉	颈肉沿颈支骨斩下	1.35
咸肉	缩脚脯、奶脯	1.35
咸肉	前、后蹄胴，去脚圈、爪	3.20
咸肉	带脚圈的脚爪	2.45
咸腿	整只后腿连爪	3.49
咸腿	整只后腿去蹄胴、去爪	3.55
咸腿	整只后腿去爪	3.53

表1-88　1988年3月16日苏州肉联厂猪肉小包装价格表

单位：元

品名	规格	零售价
前腿纯精肉	500克装	4.26
前腿纯精肉	250克装	2.16
前腿纯精肉	125克装	1.10
前腿肉丝片	肥瘦比15∶85，500克装	3.86
前腿肉丝片	肥瘦比15∶85，250克装	1.96
前腿肉丝片	肥瘦比15∶85，125克装	1.00
后腿纯精肉、丝、片	500克装	4.34
后腿纯精肉、丝、片	250克装	2.20
后腿纯精肉、丝、片	125克装	1.13
后腿肉丝、片	肥瘦比15∶85，500克装	3.94
后腿肉丝、片	肥瘦比15∶85，250克装	1.99
后腿肉丝、片	肥瘦比15∶85，125克装	1.02
肉糜	前腿加工肥瘦比3∶7，500克装	3.47
肉糜	前腿加工肥瘦比3∶7，250克装	1.76
肉糜	前腿加工肥瘦比3∶7，125克装	0.91
肉糜	去脯方肉加工500克装	2.49
肉糜	去脯方肉加工250克装	1.27
肉糜	去脯方肉加工125克装	0.67
大排	500克装	3.66
大排	250克装	1.85
肋排	1000克装	6.66
肋排	500克装	3.35
肋排	250克装	1.71
小排	1000克装	4.97
小排	500克装	2.51
小排	250克装	1.28

表1-89　1988年3月16日苏州市食品公司熟肉制品零售价格表

单位：元/500克

品名	规格	价格	陆稿荐获省、部优质产品价格
酱肉	方肉加工	4.51	4.82
炒排	肋排加工	5.91	—
苏式大排	大排加工	6.53	—
叉烧	纯精肉加工	8.59	9.17
酱腿胴	后蹄胴加工	5.34	—
酱汁肉	方肉加工	4.46	4.76

　　猪肉等副食品销价调整的同时，实行增发职工生活补贴。根据市财政局、市物价委员会《关于调整猪肉等副食品销价后给职工增发生活补贴有关问题的通知》规定：市区干部职工（含离、退休人员）每人每月补贴10元；禁猪民族干部、职工每人每月补贴14元；大中专院校学生每人每月补贴7元；禁猪民族的学生补贴10元；民政收养人员补贴5元。

这次调整猪肉等副食品销价，由暗贴改为明补的改革措施出台后，市区1988年5月市场零售物价指数同比上升20.2%，是十一届三中全会以来市区零售物价指数上升最高的月份。其中，食品类价格指数比去年同期上升23.2%，影响总指数上升13.549%；在食品类中，副食品价格指数比去年同期上升31%，影响总指数上升11.677%；仅猪肉零售价调整，就影响总指数上升4.52%，这还不包括猪肉相关制品价格相应调整的影响。

为有利于促进生猪生产，缓和市场供求矛盾，经市政府同意，市物价委员会发出《关于调整生猪购销价格的通知》，从1988年8月20日起对当前生猪购销价格作出调整：合同订购内三等一级生猪收购价格每50千克由现行的150元调整为170元；接收价每50千克由现行的162元调整为185元；凡合同定购内三等一级生猪收购价每50千克低于170元的，按每50千克实际收购价加15元调拨差价作为接收价。生猪收购、接收价格调整后，市区凭票定量供应的猪肉（统货）维持原零售价不变，即冻猪肉每500克2.20元，鲜猪肉每500克2.30元。对凭票定量供应以外的议价猪肉销售价格实行鲜、冻分别定价，冻肉（统货）每500克零售价仍为2.56元，鲜肉（统货）每500克为2.90元。食品公司具体分部位价格详见下表。由于冻肉仍维持原价，凡使用冻肉的复制品、相关制品价格不作调整。

表1-90   1988年8月20日苏州市食品公司不凭票议价鲜猪肉价格表

单位：元/500克

品名	规格	零售价	品名	规格	零售价
统肉	整片带骨	2.90	后腿	整段去蹄胴	3.88
前腿	整段去爪，第五、六根肋骨之间	2.95	后腿	去通水骨、臀膀骨	3.49
前腿	整段去爪、颈肉、前蹄胴	3.18	后腿	去通水骨、臀膀骨、后蹄胴	3.58
前腿	整段去爪、颈肉、炒排、胸子	3.31	后腿	带骨去尾尻骨、缩脚脯、后蹄胴	3.64
胸子	夹心、炒排上半部分带肥肉	2.70	尾尻骨	不露骨	2.70
炒排	—	2.70	缩脚脯	三角脯	1.06
夹心肉	无骨带膘皮	3.43	后腿肉	无骨带膘皮	3.89
光骨	扇子骨、臀膀骨	0.36	后蹄胴	去爪	2.90
光骨	通水骨、和尚骨	0.41	大蹄髈	前爪前蹄约2/3的通水骨包括和尚骨	3.01
颈肉	齐领子骨斩下	1.06			
前蹄胴	去爪	2.90	大蹄髈	带爪后蹄约1/5的通水骨包括和尚骨	3.24
肋条	整段统货	2.56			
肋条	整段统货去奶脯	2.66	大蹄髈	去爪前蹄	3.07
大排骨	去肥膘成三角状	4.13	大蹄髈	去爪后蹄	3.30
方肉	去大排奶脯	2.45	小蹄髈	前爪连蹄	2.85
方肉	去大排带奶脯	2.32	小蹄髈	后爪连蹄	3.85
奶脯	沿肚筋线斩下	1.06	板油	—	2.20
肥膘	有皮无皮同价	1.40	腰子	—	3.50
肋排	方肉去膘去奶脯	3.58	混合油	—	1.87
后腿	整段去爪、留脊柱骨二节	3.32	—	—	—

1988年9月，经市政府批准，苏州市区建立了副食品价格调节基金（稳副基金），当时"稳副基金"主要来源于物价违纪案件的罚没收入，以弥补财政补贴之不足。当年，苏州市

区上交财政的查处价格违法案件罚没收入为532万元。

1988年11月12日，市物价委员会发出《关于市区议价饲料价格安排意见的通知》，为稳定副食品价格，对于生猪、奶牛配合饲料，包括合同订购任务内议价饲料的价格不动，其差价部分由财政补贴，补贴标准暂定为：合同定购任务内议价生猪（即合同定购生猪每头供应100千克）配合饲料每50千克补贴9元，比例价奶牛配合饲料每50千克补贴4.70元，供应给牛奶公司的议价奶牛配合饲料每50千克补贴7.40元。以上补贴均按实际供应饲料数季末或年末向财政结算。合同定购任务外议价生猪配合饲料和各种禽蛋配合饲料的调整价格，详见下表：

表1-91　1988年部分配合饲料调整价格表

单位：元/50千克

品名	现行价	调整价	备注
议价猪配	27.00	36.00	—
议价蛋禽配	29.50	37.90	—
议价肉禽配	30.40	38.40	—
议价全价前期肉鸡配	47.30	62.00	—
议价全价后期肉鸡配	44.40	56.70	—
议价全价蛋鸡配	35.90	45.60	—
议价AA肉鸡0~3周配	—	65.20	新定价格
议价AA肉鸡4~9周配	—	58.80	新定价格
议价迪卡蛋鸡配	—	55.40	新定价格

1989年市场猪肉价格继续呈上涨趋势，凭票计划供应和不凭票敞开供应的猪肉价格，鲜肉与冻肉又拉开了差价。详见下表：

表1-92　1989年春节苏州市区市场部分副食品零售价格表

品名	规格	单位	零售价格			
			凭券		敞开	
			鲜	冻	鲜	冻
夹心肉	无骨带膘皮	元/500克	2.73	2.58	3.43	3.04
胸子	夹心、炒排上半部分带肥膘	元/500克	2.05	1.91	2.70	2.35
炒排	—	元/500克	2.00	1.86	2.70	2.30
前蹄胴	去爪	元/500克	2.25	2.18	2.90	2.55
肋条	整段统货	元/500克	1.97	1.85	2.56	2.32
肋条	整段去奶脯	元/500克	2.03	1.90	2.66	2.40
大排骨	去肥膘成三角状	元/500克	3.25	3.14	4.13	3.47
方肉	去大排奶脯	元/500克	1.77	1.60	2.45	2.28
方肉	去大排、带奶脯	元/500克	1.70	1.55	2.32	2.16
肋排	方肉去膘去奶脯	元/500克	—	—	3.58	3.16
后腿	带骨去尾尻骨、缩脚脯、蹄胴	元/500克	2.88	2.80	3.64	3.09
后腿肉	无骨带膘皮	元/500克	3.07	2.99	3.89	3.30
后蹄胴	去爪	元/500克	2.25	2.18	2.90	2.55
板油	—	元/500克	2.20	2.20	2.20	2.20
腰子	—	元/500克	3.50	3.50	3.50	3.50

品名	规格	单位	零售价格
前腿纯精肉	500克装	元/袋	4.26
前腿纯精肉	250克装	元/袋	2.16
前腿肉丝、片	肥瘦比15∶85，500克装	元/袋	3.86
前腿肉丝、片	肥瘦比15∶85，250克装	元/袋	1.96
后腿纯精肉丝、片	500克装	元/袋	4.34
后腿纯精肉丝、片	250克装	元/袋	2.20
后腿肉丝、片	肥瘦比15∶85，500克装	元/袋	3.94
后腿肉丝、片	肥瘦比15∶85，250克装	元/袋	1.99
肉糜	去脯方肉加工500克装	元/袋	2.49
肉糜	前腿加工肥瘦比3∶7，500克装	元/袋	3.47
肉糜	前腿加工肥瘦比3∶7，250克装	元/袋	1.76
肉糜	去脯方肉加工250克装	元/袋	1.27
大排	500克装	元/袋	3.66
肋排	1000克装	元/袋	6.66
肋排	500克装	元/袋	3.35
小排	1000克装	元/袋	4.97
小排	500克装	元/袋	2.51

根据当时生猪购销状况，苏州市从1989年7月25日起，合同定购内三等一级生猪收购价由现行的210元调整为200元。三等一级生猪接收价每50千克分别调整为：郊区食品站及郊区直供基地场户直接运送至市肉联厂的生猪，由现行的225元调整为215元；建在县（市）的直供基地直接运送市肉联厂的生猪，由现行的227元调整为217元。对市区凭票定量供应以外的冻猪肉价格（点心行业用冻肉价格不变）实行鲜冻同价（包括分部位价格），即每500克冻猪肉统货零售价由2.56元调整为2.90元。对地产猪肉小包装一律顶票供应，供应价格及顶票办法不变。对郊区凭票定量供应以外的猪肉零售价实行鲜冻分别定价：冻肉按市区价格执行，鲜肉（统货）每500克由现行的2.90元调整为3.20元。具体分部位价格由食品公司测算并报市物委备案。

1988年后，生猪生产由于饲料价格和苗猪价格上涨较大，养猪不赚钱甚至亏本的现象十分普遍，严重挫伤了养猪者的积极性，郊区及大市范围内的生猪存栏量、上市量、上交数和母猪饲养量下降幅度均在30%左右，跌入了1985年以来的最低谷，同时也给市场猪肉供应造成较大的困难，集市肉价上涨幅度较大，群众反应较大。

为从根本上调动养猪生产者的积极性，苏州市从1989年起采取了提高生猪收购价，增加奖售饲料与扩大平议价价差，发放贴息贷款扶持生猪直供基地和郊区养猪大户的"三管齐下"的价格调控和财政补贴措施，取得了明显成效。生猪生产者每养一头肉猪一般有20元左右，好的有40元左右的收益，养猪积极性骤增，生猪生产形势迅速好转。1989年，郊区的生猪出栏数、年末圈存数都有较大的回升，上交市食品公司的肉猪多达12.44万头，比1988年增长51.3%；市区124个商品肉猪直供基地，其中国营、集体、猪场37个，郊区大户87户先后建成，生产规模稳定和提高，年出栏肉猪10.6万头，比1988年约增加80%，其上交量已达到市区居民定量供应量，从而使市区猪肉自给率由1988年的70%上升为83%，这对稳定市区主副食品价格起到了重要作用。

对副食品的生产经营给予一定的财政性补贴完全必要，是稳定生产、稳定市场、稳定社会的重要经济调控手段，而稳定猪肉为代表的副食品价格是控制稳定市场物价总水平的关键。1989年，市区安排财政性补贴猪肉4247万元，其中食品经营3150万元，饲料供应1000万元，基地贷款贴息97万元，共计占市区财政性补贴总额的81.9%，比上年净增2098元，增长97.60%。

表1-93 苏州市区生猪购销情况表

项目	单位	1988年	1989年
一、食品部门生猪收购量	万头	32.00	37.95
其中：市属基地上市	万头	2.20	7.96
郊区基地、农户上市	万头	8.22	12.44
县属基地、农户上市	万头	12.12	11.08
外地收购调入	万头	9.46	6.47
本地自给率（%）	—	70.44	82.95
二、基地及郊区生猪收购价	元/担	150~170	200
每头奖售饲料量	斤	—	400
每头奖售饲料平议差价	元	25~35	50
春节推迟上市每头奖励额	元	30	30
三、县调节生猪接收价	元/担	—	204
每头饲料补贴额	元	10	20
四、食品部门猪肉销售量	吨	16400	18700
其中：居民定量供应	吨	9500	9800
议价销售	吨	—	7100
供应点心行业	吨	—	1800
占社会总销量比例（%）	%	—	90
鲜肉供应比例（%）	%	60	70
冻肉储存月平均量	吨	—	3000
五、居民定量肉销售价（鲜/冻）	元/斤	2.3/2.2	2.3/2.2
供应郊区农民肉价	元/斤	供议价	3.2
议价肉销售价（鲜/冻）	元/斤	2.9/2.56	2.9/2.9
点心行业冻肉供应价	元/斤		2.56

3. 集市猪肉首次限价

为稳定市场猪肉价格，根据中央、省、市政府的有关通知精神，1988年9月3日，市物价委员会会同市工商局成立集市猪肉限价议价小组，研究明确了在各区物价局对集贸市场猪肉实行同行议价基础上的最高限价，并议定了第一次实行最高限价的品种规格和价格（详见下表1-94）。以后则根据市场行情变化不定期地议定公布限价。从9月5日早市起执行，市物价检查所协调部分力量至各区，与各区物价局会同区工商局及有关部门共同加强对猪肉限价执行情况的督查。

表1-94 苏州市集贸市场猪肉最高价格通知单表

品名	规格	单位	最高价格
统肉	整片带骨	元/500克	3.77
前腿	整段去爪颈肉、前蹄胴	元/500克	4.13
炒排	—	元/500克	3.51
夹心肉	无骨带膘皮	元/500克	4.46
肋条	整段统货	元/500克	3.33
肋条	整段去奶脯	元/500克	3.46
大排骨	去肥膘成三角状	元/500克	5.37
方肉	去大排带奶脯	元/500克	3.02
肋排	方肉去膘去奶脯	元/500克	4.65
后腿	整段去蹄胴	元/500克	4.39
后腿	去通水骨、臀膨骨	元/500克	4.54
后腿肉	无骨带膘皮	元/500克	5.06
蹄胴	去爪	元/500克	3.77

注：1. 上述品种为最高限价，但可以根据市场供求向下浮动，尾数保留到分。

2. 价格自1988年9月5日早市起执行。

1989年9月，为稳定市场物价，加强对农副产品贸易市场的价格指导和管理，苏州市对农贸市场猪肉、水产品、禽蛋、蔬菜等部分品种实行限价管理。其中猪肉限价情况见下表：

表1-95 苏州市区集贸市场猪肉最高限价表

单位：元/500克

品名	最高价格	说明	品名	最高价格	说明
后腿肉	4.5	无骨带膘（皮）	方肉	3.0	去大排、奶脯
夹心肉	3.9	无骨带膘（皮）	肋条	3.2	整段去奶脯
大排	5.0	去肥膘成三角状	—	—	—

注：1. 上述品种价格，各经营者均不得突破，下浮不限。

2. 价格自1989年9月28日早市起执行。

五、放开猪肉销价

1. 取消凭票定量敞开供应

进入20世纪90年代，生猪生产和供应格局发生了很大变化，苏州市各级党委政府加大了对市场物价调控力度，相继建立并加强了对生猪生产基地和养猪大户的扶持力度，在流通领域，苏州市加紧建设各类主副食品批发交易市场，多渠道经营的竞争局面已经形成，为吸引外地货源来苏改善市场供应、开展有序竞争创造了条件。1990年，以猪肉为代表的副食品供应渐趋充足，价格也趋于稳定。

1990年6月28日，苏州市适当调整了凭票猪肉小包装价格，以减少工厂生产亏损，满足市场供应。同年9月，根据省决定放开小包装猪肉价格的要求，苏州市猪肉小包装不凭票敞开供应。

表1-96　1990年6月28日猪肉小包装价格调整表

品名	规格	收票标准	零售价（元/袋）	
			调前	调后
后腿纯精肉、丝、片	500克装	1张	4.34	4.59
后腿纯精肉、丝、片	250克装	1张供应2袋	2.20	2.33
前腿纯精肉、丝、片	500克装	1张	4.26	4.45
夹心肉酱	500克装	1张	3.47	3.70
大排	500克装	1张	3.66	4.06
肋排	1000克装	2张	6.66	6.68
小排	1000克装	1张	4.97	5.11
条肉酱	去脯方肉加工500克装	1张	2.49	2.49

注：猪肉小包装出厂价=零售价×（1-4%［免税批零差率］）。

表1-97　1990年9月22日苏州市地产小包装猪肉敞开供应零售价表

品名	规格	零售价（元/袋）
后腿纯精肉、丝、片	500克装	6.13
后腿纯精肉、丝、片	250克装	3.10
前腿纯精肉、丝、片	500克装	5.79
夹心肉酱	500克装	4.72
夹心肉酱	250克装	2.39
大排	500克装	5.16
肋排	1000克装	9.09
小排	1000克装	7.17
条肉酱	去脯方肉加工500克装	3.33

　　随着生猪生产和市场格局发生的变化，1991年苏州市进一步深化生猪价格改革。从4月1日起，苏州市区猪肉销售取消凭票定量，实行敞开供应。根据当时收购价格水平，市区出台的零售价格，维持现行猪肉统货每500克2.90元不变，分部位价格亦执行现行价格。3月份的肉票仍按原供应办法，即每张肉票抵0.6元差价，使用至月底。同时明确：国营市食品公司批发销售的猪肉实行"差率控制，全年统算"的管理办法，加强成本核算，单独建账，以利年终考核，并积极发挥主渠道稳定市场、平抑猪价的作用。对食品公司批发企业以外的经营单位自行外采的白条肉，其销价不得超过食品公司的同品种、同规格的价格。以猪肉为原料的相关制品、复制品价格一律不得提高。

　　对市郊和市直供基地计划内生猪（三等一级）收购价格每50千克安排为170元，饲料补贴每头10元，并优惠供应每头配合饲料200千克，其中50千克给饲料差价4.1元，150千克供应优惠配合饲料，每50千克30元。对于计划外收购的生猪，由经营单位根据销售情况，实行随行就市衔接收购。

　　为加强生猪价格放开后的市场价格管理，市物价局决定建立"苏州市区猪肉行业价格管理小组"，由市物价局牵头，市商业局、工商局、蔬菜副食品办公室，各区物价局，市食品、蔬菜公司和国营、集体、个体经营者代表组成。其主要职责是：根据生产成本，合理的疏通费用和利润以及产销供求情况，消费习惯等，议定生猪（肉）批发市场的参考成交价、市场零售限价,报市物价局下达执行;组织交流进货渠道、价格行情、市场供求,预测价格变化趋势,商议有关猪价改革、管理的反馈和问题,配合有关部门做好猪价改革。苏州市区猪肉行业价格采取条、块结合的管理方式,市食品公司、市蔬菜公司负责本系统的价格管理,各区物价局会同工商局负责辖区内农贸市场和个体经营户的价格管理。

2. 集市猪肉再次限价

猪肉价格放开后,市场个体小刀手迅速发展,参与竞争。受1991年百年不遇的特大洪涝灾害影响,市场主副食品价格发生波动,国营食品公司部分供应冻肉,个体肉贩趁机抢购生猪,抬高鲜肉价格,市区8月份猪肉价格比上年同期上升近20%。为保持中秋、国庆两大节日市场物价基本稳定,从9月20日至10月5日,市物价局对猪肉等农副产品实行最高限价,除国营、集体经营的猪肉按原规定价格执行外,各经营单位,包括集贸市场、个体商贩均不得突破限价,下浮不限。详见下表:

表1-98　1991年9月20日~10月5日苏州市区猪肉最高限价(零售价)表

品名	最高限价(500克)	品名	最高限价(500克)
夹心肉(无骨带膘皮)	3.60元	纯精肉	5.50元
后腿肉(无骨带膘皮)	4.10元	蹄胴(去爪)	3.50元
大排骨(去肥膘)	5.00元	方肉(去大排奶脯)	2.80元
小排骨(去肥膘)	3.50元	肋条(去奶脯)	3.00元
小排骨	3.00元	—	—

10月份,猪肉、牛肉价格继续上扬,同比分别上升17.5%和11.1%。其中受产区提价的影响,牛肉每吨供应价达6000元,与上年同期相比每吨上升500元。

1991~1992年,全国粮食出现持续减产。随着1993年粮食价格的放开,当年末粮价涨幅即超过60%,粮价上涨,带动市场物价上升,引发猪肉、蔬菜价格新一轮的上涨。经市政府同意,从1993年12月27日起,苏州市对粮油、猪肉、蔬菜实行临时性的限价管理,限定每500克后腿猪肉(去骨)在5.80元以下,大排在6.80元以下。1994年春节期间又再次限定:每500克后腿猪肉在5.60元以下,大排在6.50元以下。同时以批发价优惠供应大专院校食堂猪肉和鸡蛋。

3. 调控监审猪肉价格

1994年5月,市政府批转市物价局《关于苏州市居民生活必需品和服务价格实行监审的实施意见》,猪肉价格列入监审范围,开始推行猪肉综合批发价和差率管理的办法。

由于货源短缺,猪肉价格一路上扬。1994年6月份,市区每千克猪腿肉、夹心、方肉、大排的平均价格分别为12.80元、10.71元、8.69元和13.79元,与上年同期相比,分别上涨50.23%、44.15%、62.43%和27.69。据市价格监测网反映,同年8月份市区猪肉月度平均零售价比上月上涨24%,比去年同期上涨58%。为平抑市场猪肉价格,规范经营者价格行为,根据市政府菜篮子会议精神,市物价局会同工商局从1994年8月29日起对集贸市场的猪肉实行"中准指导价"。由市物价局根据生猪收购价格及外采进货价格,按旬公布主要部位的中准指导价,允许集贸市场个体经营户在8%浮动幅度内自行掌握,各经营者不得突破基准价和浮动幅度,违者严肃处理,并做好明码标价和公示工作。

表1-99　1994年8月29日苏州市区猪肉指导价格表

单位：元/500克

品名	规格	中准指导价
后腿猪肉	去骨	7.80
大排	去肥膘	8.80
夹心	去骨	7.00
方肉	去大排奶脯	5.00

注：允许集贸市场实际成交价在8%幅度内向上浮动，具体价格由经营户自行制定，并以户为单位做好明码标价工作。

在推行猪肉综合批发价和差率管理新办法，制定市场中准指导价，把个体小刀手纳入价格管理范围的同时，为保证货源、平抑肉价，苏州市采取对外采猪肉以奖代补的政策，调动经营单位的积极性。从8月26日至10月底，市区三个主要经营单位共引进27321头生猪，折合统肉约137万千克，约占同期市区销量三分之一，从价格调节基金中拨出20.47万元奖励，对猪肉保量稳价起到了积极作用。

1995年，苏州市猪肉价格在上半年较低价位稳定后，7月底以来价格出现突发性反弹，8月下旬每50千克生猪收购价由330~340元上涨至420元左右，涨幅高达30%左右；外采苏北预冷肉每吨由9700元左右上涨至1.1万元以上，涨幅达15%以上，市区集贸市场价格也随之大幅上扬，达30%以上。苏州市采取抓好基地生产，猪生产和计划上市，适当提高价格和补贴，鼓励多渠道引进外地猪肉，发挥国有食品主渠道对猪肉市场的主导作用，加大猪肉市场价格的监管等综合措施来稳定猪肉市场供应，促使价格稳中有降。同年9月底，苏州市对国营、集体及农贸市场经营的猪肉分别临时实行最高指导价管理，并公布市区价格监督电话，接受群众举报。部分指导价格情况见下表：

表1-100　苏州市区国营、集体猪肉指导价格变动表

单位：元/500克

品名	规格	执行日期			备注
		1995年10月7日	1995年12月6日	1995年12月8日	
后腿猪肉	去骨	8.10	7.90	6.40	
大排	去肥膘	9.00	8.60	7.00	
夹心	去骨	7.20	7.10	5.80	
方肉	去大排奶脯	5.80	5.80	4.80	12月8日的价格为从肉联厂购进的冻肉最高零售价格，经营者不得突破，允许下浮，并按规定做好明码标价工作
小排	—	7.10	6.90	4.50	
肋排	方肉去膘皮	7.60	7.40	5.60	
蹄髈	去爪	7.20	7.00	5.50	
纯精肉	前后腿无膘无皮无骨	10.00	9.70	8.00	

注：上述价格为最高价格，经营者不得突破，允许下浮。

表1-101　苏州市区农贸市场猪肉指导价格变动表

单位: 元/500克

品名	规格	执行日期				
		1995年9月27日	1995年10月28日	1995年11月18日	1995年12月16日	1996年1月6日
后腿猪肉	去骨	8.90	8.90	8.90	8.70	8.50
大排	去肥膘	10.00	10.00	9.80	9.30	9.20
夹心	去骨	7.90	7.90	7.90	7.70	7.60
方肉	去大排奶脯	6.40	6.40	6.60	6.60	6.60
小排	—	7.70	7.70	7.70	7.70	7.50
肋排	方肉去膘皮	8.20	8.20	8.20	8.00	7.90
蹄髈	去爪	7.90	7.90	7.70	7.70	7.50
纯精肉	前后腿无膘无皮无骨	10.50	10.50	10.00	10.00	10.00

注: 上述价格为最高价格, 经营者不得突破, 允许下浮, 并按规定做好明码标价工作。

　　根据1995年11月28日市政府召开的"菜篮子"工作会议要求, 从1996年1月1日起, 市物价局对市区农贸市场猪肉等六大类价格实行差率管理, 其中明确农贸市场猪肉(统白肉)的最高批零差率为12%, 并根据市区主要批发成交行情出台市场平均批发价, 以此为基础公布零售指导价, 原则上每周公布一次, 各经营者不得突破规定的指导价。

　　1996年, 根据市政府规定, 从元旦起在全市范围内实施生猪定点屠宰, 其中苏州市区设9个屠宰点。1~4月, 市区屠宰点检验合格上市生猪18.6822万头, 月均上市46705头, 每天1557头, 不仅杜绝了国家税费的流失, 污染得到控制, 而且使市场有了充足的货源, 更为稳定肉价创造了条件。市物价部门从自身职能出发, 把它作为政府调控猪价的载体, 把生猪定点屠宰点作为价格监测点, 及时掌握猪价、成交量和货源渠道等变化动态; 以各屠宰点批发价作为每周形成农贸市场猪肉零售指导价的基础, 使零售指导价既反映成本变化, 又反映市场供求, 保证了猪肉指导价的相对合理性; 加强对生猪价格监控和收费的监管。对必要的收费由物价部门核定, 如有偿服务费等, 除此之外, 严禁乱收费。据《苏州价格简报》1996年第17期载: 市区生猪定点"1~4月份收费(每头28元)500余万元, 其中税、工商管理费、基金合计200余万元。据税务部门反映, 仅屠宰税一项1~4月份收入95万元, 比上年同期成倍增加(1994年全年仅收125万元)"。

　　为规范生猪屠宰税费征收工作, 制止乱收费, 1997年, 省规定生猪屠宰每头10元, 生猪技术改进费每头4元, 国有食品经营的每头1元, 工商管理费每头3~5元, 生猪检验费每头3~5元, 综合管理费每头8~12元。为调动农民养猪积极性, 减轻养猪户、生猪经营者的负担, 根据国家、省的有关文件精神, 2002年、2004年, 苏州市贯彻上级文件, 取消了屠宰税、生猪技术改进费、生猪定点屠宰管理费、工商管理费等多项行政事业性收费, 将综合服务费改为生猪屠宰加工费, 并转为经营性收费, 规定生猪定点屠宰环节的生猪检验费为每头4元; 为鼓励规模养殖, 对规模养殖户的畜禽产品检疫费按原标准的70%收取。

　　1996年7月下旬开始, 生猪货源明显减少, 价格快速大幅上扬。8月上旬, 苏州市国营和集体肉店从苏北购进的预冷肉价格每吨又涨至11500元左右, 比7月中旬每吨上升约1000元, 升幅为8.5%左右; 而近日市区屠宰场成交价, 因受每50千克毛猪收购价上涨20元左右影响,白条肉每500克成交价在6~6.3元，比7月中、下旬上涨0.3~0.4元。农贸市场肉价也出现明显上涨，每500克腿肉涨至9元左右，夹心涨至8元左右，大排涨至12元以上，分别比7月下旬上涨0.5元、0.5元和2元左右。根据成本上升和差率等情况，从8月7日起，市区适度提高了国营、集体店猪肉零售指导价。为努力平抑肉价，市食品公司所属肉店供应的鲜猪肉价格都按市物价局公布的指导价每500克优惠0.2元供应市民；冻肉价格按市物价局核定价格供应，即每500克冻腿肉5.80元，冻夹心5.10元，冻方肉4.30元等，大大低于鲜猪肉价格。同时，从8月8日起提高合同内生猪收购价，每50千克毛猪肉从原365元调为390元，并实行每头30元价外补贴，还要求苏州市基地的生猪力争多上市，严禁外流。

同年8月中旬，市区猪肉价格继续上升，成为群众对食品价格反映的热点。当时外来猪肉进货价格每吨升至12200元，比8月5日又上涨了约800元。为有效稳定国营和集体肉店的价格，平抑市场肉价，8月12日，苏州市决定对近期外采猪肉追加"进价差价补贴"新措施，即核定基价，超基价部分实行差价补贴，销价保持稳定。经测算，每天需从市场物价调节基金中补贴1.5万余元，第一阶段暂定十天左右。实行差价补贴后，猪肉销价保持不变，菜场仍按市物价局8月7日规定的指导价格执行，如每500克腿肉8.30元，大排9.20元，夹心肉7.40元；食品公司猪肉零售价仍按上述指导价每500克低0.2元执行。同时，从8月26日起，市区二级物价部门开展以猪肉、鸡蛋、部分蔬菜及豆制品是否执行物价部门规定的指导价为重点农贸市场物价大检查。

至9、10月份，一度明显上扬的猪肉价格渐趋平稳。市区动用价格调节基金，每日对外采肉猪400头实行差价补贴，每天贴补额达2万余元，市区国营、集体、肉店销售实行"保量稳价"措施后，每500克鲜、冻腿肉分别为8.5元和7.5元，大排9.5元和8.5元，夹心肉7.6元和6.6元，明显低于农贸市场肉价，充分发挥了主渠道稳价保供作用。

六、猪肉销价波动

从1996年下半年至2009年底十余年间，生猪市场经历了四次完整的价格波动。至2010年，仍处在新一轮价格波动的高价阶段。

1. 第一次波动

从1996年开始至1998年。由于受1995年阶段性"卖猪难"的影响，1996年下半年，全国生猪出栏减少，猪肉价格开始上扬。苏州市从1996年8月以来，虽然国营、集体主渠道猪肉价格保持了基本稳定，但是农贸市场猪肉价格不断上涨。至1997年，猪肉价在高位上仍居高不下，高峰价预冷肉进价每吨在14000元以上，生猪收购价每50千克在500元上下，腿肉农贸市场零售价每500克在10.50元以上。市物价局价格监测表明：农集贸市场猪腿肉、夹心、方肉、大排等主要品种与上年同期比，涨幅在12%~18%不等。为稳定1997年春节猪肉价格，年初，市区从市物价调节基金中预付生猪收购定金100万元，安排当年生猪基地上市生猪1万头，市区从2月1日起，国营主渠道每天上市生猪1000头以上，动用价格调节基金80余万元，用于价格补贴，主要用于：对合同内上市生猪每头10元抑价补贴，相应降低批发价；对外采预冷肉每吨超过12800元部分实行补贴。通过基金调节，国营主渠道猪肉价稳定在1996年12月份的水平上，即每500克腿肉8.60元，夹心7.80元，大排9.5元，方肉6.80元。另外，对合同内生猪购批价格作了安排，收购价每50千克为420元，白肉批发价每吨为11850元。在稳住了国营、集体主渠道的猪肉价格的同时，节日期间市物价局对市区农贸市场部分品种共发布了三期指导价，对涉及节日居民群众生活的猪肉、鸡蛋、大宗蔬菜、豆制品等近20个品种实行最高指导价，规定经营者不得突破，允许下浮。同时，全市积极开展"菜篮子"、"米袋子"和人民生活密切相关的服务收费为重点的春节市场物价大检查，市区共出动489人次，分成23个检查组，对55个农贸市场的4144个摊位、60户粮油户、544户经销居民基本生活必需品和监审商品的零售点，以及105个服务收费点等共计5795户进行了检查，处罚269户，罚没款总金额2.65万元，遏制了趁节日之机乱涨价、乱收费的价格违法行为。由于加强调控管理，1997年苏州市区春节市场物丰价稳，猪肉等主要副食品及蔬菜价格基本在指导价范围内，青菜、菠菜等大众菜价明显回落。详见下表：

表1-102　1997年2月13日采价苏州市区农贸市场部分品种价格表

单位：元/500克

品名	规格	价格
后腿猪肉	去骨	10.50～11
大排	去肥膘	11～11.50
夹心	去骨	9～10
方肉	去大排奶脯	7.50～8
小排	—	8～8.50
蹄髈	去蹄去爪	8～8.30
鸡蛋	新鲜完整	3～3.20

1997年中秋、国庆和丝绸旅游节期间，为稳定市场猪肉价格，经市政府同意，苏州市实际动用市场物价调节基金34万元专款，用于猪肉价格补贴，从9月6日至10月5日，市区国营、集体肉店供应的猪肉实行优惠零售价，每500克售价比原价平均下降0.33元，如后腿肉从每500克8.90元下降为8.60元。市物价局要求按规定做好明码标价工作，每天上午八点半之前要确保对市民的供应，不得突破优惠零售价，不得"卖大户"。

与猪价处于高位不同，同期全国粮食价格走低，猪粮比价不断增大，一般在1：6以上，养猪效益好，高价使生产积极性空前高涨，从而引发了1997年的养猪热，仔猪补栏量猛增，能繁母猪比重直线上升，生产经济十分可观，据1997年苏州市农副产品生产成本与收益资料反映，规模养猪每50千克平均出售价格为486.58元，减税纯收益25.28元。伴随着生产发展，市场供求关系发生变化，到1998年，生猪价格开始下跌。这一个时期生猪市场恢复性发展得益于中国经济快速发展，需求旺盛，猪价随之上涨，养猪赢利水平提高。

2. 第二次波动

1998年2月开始，市区猪肉价格开始下行，二月正是新春佳节，与1997年春节期间肉价暴涨形成强烈反差：市区每千克猪腿肉、夹心、方肉、大排月平均价格分别为17.79元、15.88元、13.85元和20.60元，与上年同期相比分别下降16.01%、15.53%、13.87%和7.33%。其原因是：养猪赢利水平居高，存栏水平超过正常水平，市场供大于求，春节后，市场肉价加速下跌，本地生猪收购价格每50千克在300元左右，比节前跌幅在25%左右，从苏北外采预冷肉进价每吨在10200元左右，比春节前每吨跌3000元左右，跌幅在20%以上。1998年全年，苏州零售价格和消费价格指数中肉禽蛋的分类指数分别为88.6和85.6，同比分别下降11.4和14.4个百分点。该年12月份市区猪肉每千克平均价格：腿肉为13.39元，夹心12.13元，方肉10.84元，大排15.95元，与上年同期相比分别下跌24.61%、24.56%、21.05%和23.21%。

这期间，由于市场的供求和需求均较平稳，基本维持在盈亏平衡线附近小幅震动，生猪市场走势靠自身供求关系调节。市区猪肉价格在1999年一段时间出现了一定的深度亏损。以苏州肉联厂为例，1999年2月初鲜肉每千克的批发交易价为8.20~9.80元，3月下旬跌至7.00~8.40元，还赠送下脚，6月18日交易价跌至6.40~7.40元，也赠送下脚。而市区5月份农贸市场每千克猪肉月平均零售价也下跌到腿肉为10.49元，夹心9.39元，方肉8.43元，大排12.75元。除此之外，猪肉价格处于微利—微亏的平稳态势。而这一周期的亏损谷底是2003年上半年，受非典疫情的影响，生猪运销格局改变，省、市间交通受阻，导致猪价深跌，生猪存栏下降，尤其是母猪存栏比重下降幅度较大，其间又受禽流感疫情刺激，导致生猪供应严重不足，孕育了非典疫情过后生猪价格的加速反弹。

3. 第三次波动

从2002年7月到2006年上半年，"非典"疫情刚过，"非典"期间补栏停滞所造成的生猪供求矛盾突出，而禽流感疫情刺激猪肉消费增加，同时受饲料价格大幅上涨等多重因素影响，苏州市从2003年7月开始，生猪、仔猪、猪肉价格连续上涨。苏州市区农贸市场2003年7月份每千克猪肉月平均价：猪腿肉12.52元，夹心11.63元，方肉11.52元，大排13.95元，分别比上年同期上涨8.43%、10.69%、9.78%、8.08%。到2004年9月达到最高点，苏州市区农贸市场每千克猪肉月平均价：腿肉18.45元，夹心17.21元，方肉17.05元，大排19.65元，分别比上年同期上涨36.46%、37.46%、43.84%、29.73%。

这一阶段不仅吸引社会闲余资本投资养殖业，而且大大激发农民的养猪积极性，使养猪规模不断扩大，存栏量急剧增加，高赢利期维持了两年半左右，生猪供应充足，渐至过剩，于2004年10月开始回落，一直持续至2006年上半年生猪价格陷入谷底。是年6月份，市区猪肉每千克月平均价为：腿肉14.64元，夹心14.27元，方肉14.53元，大排16.57元，与上年同期相比，分别下降12.51%、11.4%、9.79%和7.74%。

4. 第四次波动

从2006年下半年猪价开始止跌回升，在稳定了一段时间后，于2007年开始进入上升通道，至5~6月突然加速上升，每千克猪肉价格开始突破20元，上升至2000年以来最高水平。以猪腿肉为代表品，苏州市区农贸市场2007年年平均价每千克为21.78元，2008年为26.70元，2009年为21.05元，2010年为21.49元（详见下表1–103）。目前正处在高价位阶段，波动周期尚未结束。此轮价格波动、幅度、涨势均超过前几轮。

表1-103　苏州市区农贸市场猪肉零售行情年平均价格表

单位: 元/千克

品名	2000年	2001年	2002年	2003年	2004年	2005年	2006年	2007年	2008年	2009年	2010年
猪腿肉	13.16	12.87	12.11	13.23	16.54	16.33	15.85	21.78	26.74	21.28	21.59
猪夹心	11.48	11.57	10.65	12.02	15.18	15.98	14.87	20.59	25.43	20.21	20.71
方肉	9.73	9.78	9.62	10.68	14.50	15.03	14.76	20.42	26.20	20.48	20.30
大排	14.22	14.12	13.29	13.94	17.07	18.29	16.80	23.09	28.22	23.98	23.92

资料来源: 苏州市物价局成本调查队市场价格监测资料。

　　针对猪肉价格上涨, 为稳定市场价格, 苏州市认真贯彻落实国家、省的一系列调控措施, 结合苏州的实际采取促进生猪生产, 大力吸引外地货源, 保障市场供应, 稳定价格水平, 规范市场秩序, 对城市低收入家庭及大中专院校学生实施补贴等多项措施。

　　市政府于2007年下发了《关于印发苏州市猪肉供应应急预案的通知》, 明确建立和完善活体、猪肉和冻肉的储备机制。在保持苏州市生猪存栏不低于75万头和能繁母猪存栏数不低于6万头的前提下, 加强活体猪和冻肉的储备。研究制定了有关奖励措施, 通过各种途径, 切实加大外埠生猪和猪肉的调入, 以保障市场供应。

　　鼓励扶持生猪生产, 构建养殖育肥猪和母猪的农户参加保险补贴机制。在扶持生猪生产方面, 对能繁母猪实行补贴, 补贴标准每头50元。积极推进能繁母猪的保险工作, 苏州市生猪农业保险: 每头母猪保险1000元, 交保费60元, 其中省财政补贴20%, 市财政补贴20%, 县级市财政补贴40%; 育肥猪, 每头保额400元, 交保费20元, 其中省财政补贴20%, 市财政补贴20%, 县级财政补贴40%。

　　降低生产流通成本。进入新世纪, 随着苏州农村经济结构的调整转型, 苏州市生猪市场供应, 百分之八十依靠外地调运。在大市场大流通的背景下, 全面清理涉及生猪生产流通的收费, 对于降低生猪经营成本, 增加有效供给, 促使价格稳中有降, 具有关键作用。根据省规定, 苏州市从2007年8月15日至12月31日, 减半征收涉及生猪或猪肉的九项行政事业性收费, 对调入生猪的合法装载运输车辆免收普通公路和高速公路通行费。当2008年初遭遇历史上罕见的暴雪灾害, 短期内苏州市肉禽蛋菜价格出现较大波动时, 市物价局发文明确, 自1月30日至3月31日, 凡是到苏州市交易的鲜活农产品, 工商管理费、生猪检验费、交易服务费、停车费全部减半收取, 对进入农贸市场自产自销的农副产品一律免收摊位费。市区上述五项收费共计减免880.1万元; 同时要求有关部门认真落实上级有关通知, 对运送生猪等鲜活农产品的车辆一律免收路桥通行费; 要求所有加油站优先保证鲜活农产品运输车辆的油料供应, 做到不限量、不加价, 确保绿色通道畅通, 以降低经营成本, 增加有效供给, 促使价格下降。

　　加大生猪市场价格调控和监测。2008年1月31日, 市物价局在全市启动临时价格干预措施, 将28家具有一定规模的批发、零售企业确定为干预对象, 这些企业在调整粮油、猪肉等六大类商品价格时, 必须向物价部门书面报告备案, 制止了不合理的价格上涨。并对上述六大类商品实行高强度的价格监测, 及时启动价格异动预警预报。2009年5~6月间, 受国际金融风暴和国内经济下滑的影响, 生猪一度出现供求失衡的现象, 为防止"猪贱伤农", 保持市场稳定和维护养猪户的利益,市物价局根据上级文件要求,结合苏州的实际,会同市发改委、财政局、农林局、贸易局、工商局、质监局等部门,于7月出台了《苏州市防止生猪过度下跌调控预案实施意见(暂行)》,成立了全市生猪市场调控应急领导小组,市政府分管领导任组长,市物价局长任副组长,市物价局等7部门为成员单位,领导小组办公室设在市物价局,负责日常工作。

构建物价动态补贴机制。针对这一轮粮油、猪肉等主副食品价格过快上涨对低收入群体生活带来的影响,2008年7月4日,市政府转发市物价、民政、财政、劳动社保、总工会、统计等六部门制定的《关于对低收入居民实行基本生活消费价格上涨动态补贴办法》,在全省率先出台了视物价上涨情况给低收入群体发放动态补贴的办法,启动实施后大大缓解了因猪肉等食品类价格上涨给低收入群众的冲击,努力保障了困难群众基本生活水平不因物价上涨而降低。苏州市上述这些措施,对于生猪生产、市场调运、保供稳价稳定居民生活发挥了极其重要的作用。

表1-104　苏州市生猪历年收购价格表

单位:元/50千克

年份	生猪收购价格	年份	生猪收购价格
1979	64.00	1996	410.00
1980	64.00	1997	486.58
1981	64.00	1998	320.80
1982	64.00	1999	299.64
1983	64.00	2000	303.61
1984	64.00	2001	298.93
1985	82.50	2002	286.85
1986	86.96	2003	338.20
1987	118.27	2004	468.06
1988	183.4	2005	414.15
1989	182.32	2006	390.00
1990	165.49	2007	800.00
1991	174.48	2008	775.00
1992	197.00	2009	535.00
1993	259.00	2010	580.00
1994	428.00	2011	820.00
1995	415.00	—	—

第五节　水产品价格

一、沿革

苏州地处太湖之滨，野生水产品资源丰富，池塘淡水鱼养殖也有悠久历史，素以"鱼米之乡"著称于世。历史上，苏州水产行业有鲜鱼行和腌腊鱼货两大自然行业。清代，虎丘山门前大码头、二码头有鱼市，每天午后，渔民"艇载而来，垄集于市"；小普济桥一带聚居"卖鱼妇"。腌腊鱼货经营也很兴旺，明万历时的孙春阳南货铺即有"腌腊房"。

据历史资料记载，清朝光绪二十五年（1899），苏州市场零售青鱼与鲜肉同价，每市斤为制钱80文；宣统元年（1909），青鱼为制钱200文。民国19年（1930）至民国25年（1936），苏州市的活青鱼、活鲢鱼零售价格变动频繁，但幅度不大，总水平比较稳定。抗日战争爆发不久，江苏沦陷，抗战胜利后国民政府又发动内战，同时币制不断更迭，形成恶性通货膨胀，致使当时苏州市鲜鱼价格比往年上涨几十倍之多。

表1-105　1930~1936年苏州市淡水鱼价格表

年份	苏州零售价（[法币]元/市斤）	
	活青鱼（5斤以上）	活鲢鱼（2斤以上）
1930	0.34	0.23
1931	0.35	0.23
1932	0.33	0.24
1933	0.32	0.25
1934	0.31	0.20
1935	0.31	0.16
1936	0.33	0.23

表1-106　苏州市水产品历史资料（市场销价）表

单位：元/市斤

年份	货币名称	草鱼	鲢鱼
1930	银圆	0.30	0.15
1931	银圆	0.21	—
1932	银圆	0.34	0.12
1933	银圆	0.26	0.12
1934	银圆	0.26	—
1935	法币	0.20	—
1936	法币	0.18	—
1937	法币	0.20	—
1938	法币	0.20	0.12
1939	法币	0.28	0.14
1940	法币	12月1.44元	0.51
1941	法币	11月2元	12月1.40元
1942	法币	—	上半年3.17元

年份	货币名称	草鱼	鲢鱼
1942	中储券	12月6元	下半年3.8元
1943	中储券	26	—
1944	中储券	—	—
1945	中储券	—	—
1945	法币	9月40元	—
1946	法币		
1947	法币		
1948	法币	上半年36万元	—
1948	金圆券	下半年4.3元	—

二、水产品计划价格

苏州解放后,逐渐成为全省乃至全国的主要水产品基地之一,承担支援兄弟省市和出口海外的任务。国营苏南水产运销公司于1951年4月在无锡建立,苏州办事处设在山塘街,1953年苏州办事处更名苏州支公司,苏州水产供销公司正式建立。苏州解放初期,国营商业经营水产,组织青鱼、青虾等运销上海等地,不仅支持了渔业生产,又平衡了市场供求矛盾。腌腊鱼行从1950年的25户,逐年递减,至1954年全部被淘汰。而鲜鱼行从1950年的22户至1955年先后关闭,仅剩胥门信顺、娄门公信同、阊门大丰、齐门尤则铭等"连家带店"式鱼行维持到1956年公私合营。之后,逐步形成水产收购、调拨、批发、零售专业化经营,并在齐门、葑门设鲜鱼批发部,在山塘街设咸鱼批发部,在观前街设海味批发部;在葑门东街设渔需部,专供渔网、渔具等渔用物资。1958年初,在上塘、玄妙观、平一菜场设零售部,并在常熟浒浦、启东吕四、东台弶港、浦东川沙等渔港设临时收购站,采购海鲜。

建国初期,苏州市鱼市交易价格仍由产销双方按市场供求情况自行作价,但价格受国家政策的影响而稳中有升。1954年,江苏省境内发生大水灾。各地水产供销部门为保护渔民利益,按中财委规定的"斤鱼斤米"原则,安排收购价格。而丹阳以南的鱼价,仍沿用历史习惯,参照上海价格拟定,苏州亦是,与苏北价格差距较大。而当时,以咸品为主的黄鱼和带鱼的经营仍为自由购销,价格随行就市。1954年,苏州市咸统货大、小黄鱼零售价格每500克分别为旧人民币3300元和2700元。

表1-107 1950~1953年苏州市淡水鱼价格表

年份	零售价([旧人民币]元/500克)		
	活青鱼(1.5千克以上)	鲜鲤鱼(1千克以上)	活鲢鱼(1千克以上)
1950	5240	3690	2020
1951	6880	4835	3260
1952	5680	3820	3100
1953	6030	4290	3270

表1-108　1954年苏州市淡水鱼购销价格表

品名	零售价（〔旧人民币〕元/500克）	
	规格	价格
鲜青鱼	活2.5千克以上	5800
鲜鲤鱼	活2.5千克以上	4250
鲜鲢鱼	活2.5千克以上	3300

表1-109　1950~1953年苏州市黄鱼、带鱼价格表

年份	零售价（〔旧人民币〕元/500克）	
	咸统大黄鱼	咸统小黄鱼
1950	1900	1700
1951	1980	1888
1952	2120	1900
1953	2600	2400

1955年灾区积水排除后，水面缩小，鱼货减少，鱼价有所上升。1956年上半年，因咸小黄鱼大量上市，鲜青鱼、鲤鱼和鲢鱼的价格有所下降。下半年各地陆续开放自由市场，鱼价又有所上升。根据吴县的统计资料，主要淡水鱼种平均购价涨了31.75%，苏州市青鱼零售价格涨至与肉价持平。1957年下半年，各地加强了市场和价格管理，价格逐渐回落。1958年，鱼价变化很小，稳中有升。

20世纪50~60年代初期，水产品收购实行派购政策。1957年，江苏省规定8个水产品由国营公司收购，主要是出口品种，有苏州银鱼干、梅鲚鱼干等。1958年，国家将21种水产品列为二类产品，其中海鲜16种，淡水鱼5种（青、草、鲢、鳙、鲤）。

表1-110　1959年苏州市淡水鱼购销价格表

品名	代表规格	收购价（元/50千克）	零售价（元/500克）
		吴县	苏州市
鲜青鱼	1.5千克以上	44	0.59
鲜鲤鱼	1千克以上	35	0.50
鲜鲢鱼	1千克以上	30	0.36

1961年派购规定，专业渔业单位海洋捕捞汛期80%、非汛期50%的水产品，交售水产公司；淡水渔业公社、大队捕捞80%，专业生产队50%的水产品，交售水产公司。1962年后改为按不同水产品分档定百分比，海货有大小黄鱼、带鱼、鲳鱼等7种；淡水有银鱼、梅鲚、鲫鱼、刀鱼、凤尾鱼、虾计6种，规定派购数为其产量的80%，其他海鲜为60%，淡水养殖鱼为60%，完成派购任务后允许上集市出售。1962年起，为鼓励交售水产品，苏州还实行一定奖售，按金额计奖，每多交售10元（收购价格）奖布票3寸、香烟票3包、白酒票4两、甲种券3张、乙种券2张。1964年5月后，改为只奖售属出口任务的水产品。

表1-111　　1955~1961年苏州市黄鱼、带鱼价格表

年份	零售价（元/500克）		
	咸统货大黄鱼	咸统货小黄鱼	咸统货带鱼
1955	0.26	0.24	0.33
1956	0.34	0.27	0.35
1957	0.32	0.27	0.31
1958	0.36	0.31	0.34
1959	0.34	0.27	0.40
1960	0.34	0.28	0.38
1961	0.38	0.32	0.38

　　从1959年下半年开始至1962年，苏州市区农产品供应短缺，水产品供应紧张，也实行凭票限量供应。凭票供应的鲜鱼实行政府规定的价格，即牌价，而集市交易价则比牌价高出2~3倍。1957年，苏州鲜鱼牌价每500克0.38元；1962年第三季度，鲜鱼每500克牌价为0.60元，集市价为1.80元，而当时称之为"黑市"的交易价，还高于此。在三年困难时期，国家尽可能稳住牌价，安定人民生活，对居民群众基本生活必需品，采取商业赔钱、政府补贴的办法。1961年，苏州市食品水产公司稳价赔本128万余元。

　　1961年，江苏省人民委员会对产地实行派购和奖售政策，对销地实行凭票定量供应措施。同年8月，在国务院规定十八类商品零售价格的同时，江苏省为减轻鱼价上升对市场物价的影响，决定把购零差率缩小到20%~25%，其中批零差率缩小到13%左右。到1962年下半年，鱼价涨势得到遏制，并有所回落。1963年，放开平时供应，每年四大节日凭票供应，元旦、五一、国庆人均供应0.25千克，春节为0.5千克。1979年，后国庆改为供应0.5千克，春节改为1千克。之后，国民经济情况好转，鱼货的供求矛盾缓和，有关部门主动调整了部分鱼价，如安排季节差价，规定购零差率、批零差率等。

表1-112　　1960~1965年苏州市淡水鱼购销牌价表

类别	品名、规格	产销地	1960年	1961年	1962年	1963年			1964年		1965年	
						3月1日	6月15日	12月1日	6月1日	10月15日	4月15日	11月1日
收购价（元/50千克）	鲜青鱼 1.5千克以上	吴县	47.50	—	—	45	46	48	45.50	42	44	47
	鲜鲤鱼 1千克以上	吴县	37	—	—	40	37	36	38	48	34.50	37
	鲜鲢鱼 1千克以上	吴县	33.50			38	35	35	32	31	28	39.60
零售价（元/500克）	鲜青鱼 1.5千克以上	苏州市	0.60	0.79	0.66	0.65	—	—	0.60	0.62	0.58	0.61
	鲜鲤鱼 1千克以上	苏州市	0.48	0.66	0.59	0.51	—	—	0.48	0.51	0.46	0.50
	鲜鲢鱼 1千克以上	苏州市	0.40	0.60	0.56	0.47	—	—	0.44	0.42	0.38	0.40

　　1966年以后，淡水鱼资源衰退，鱼货减少，供应紧张，加之生产重点由捕捞转向养殖，成本上升，但鱼价未能得到及时调整，接着"文化大革命"全面展开，致使鱼价长期处于冻结状态。为保

证市场供应和外调、出口任务,苏州水产冷冻厂于1966年6月建成投产。1969年,冷藏能力扩至490吨,苏州地区水产品出口任务基本能自己加工。1972年,出口银鱼300吨,鲫鱼、河鳗100吨,出口罗马尼亚冻鱼1600吨,还自营出口香港肉用鸡1026吨。苏州淡水鱼资源丰富,仅吴县太湖、洞庭和吴江松陵、庙港4个水产站,1971~1980年共收购淡水鱼124.2万担,而供给苏州市区仅14.7万担,占总收购量的11.04%。因绝大部分供出口、外调,鱼米之乡吃鱼难矛盾突出。

1973年11月,江苏省调高了淡水鱼收购价格。全省包括苏州市平均提价幅度:1.5千克以上青鱼15%,1千克以上鲤鱼12.24%,1千克以上鲢鱼14.53%。苏州吴县每50千克鲜鱼收购价调高到:青鱼49元,鲤鱼40元,鲢鱼30元,销价一律不动。

表1-113　1950~1978年苏州市淡水产品历史价格表

单位:元/市斤

年份	活草鱼(3斤以上)	活白鲢(2斤以上)	活鲫鱼(3两以上)	活鳊鱼(5两以上)
1950	0.50	—	0.53	—
1951	0.556	—	0.64	—
1952	0.43	—	0.60	—
1953	0.51	—	0.61	—
1954	0.524	—	0.61	—
1955	0.48	—	0.44	—
1956	0.54	0.35	0.53	0.54
1957	0.56	0.34	0.65	0.56
1958	0.64	0.39	0.67	0.52
1959	0.593	0.41	0.72	0.68
1960	0.62	0.47	0.70	0.60
1961	0.95	0.60	0.81	0.76
1962	0.76	0.64	0.79	0.78
1963	0.71	0.60	0.74	0.71
1964	0.68	0.50	0.68	0.68
1965	0.61	0.48	0.67	0.67
1966~1971	0.61	0.48	0.67	0.67
1972	0.61	0.48	0.67	0.67
1973~1977	0.66	0.48	0.67	0.67
1978	0.66	0.48	0.67	0.67

表1-114　1949~1977年苏州市海产品历史价格表

单位:元/市斤

年份	鲜大黄鱼(冰鲜)	鲜带鱼(冰鲜)	鲳鱼(冰鲜)	虾米(海米)
1949	—	—	—	—
1950	0.39	—	—	2.33
1951	0.37	—	—	3.46
1952	0.36	—	—	3.18
1953	0.32	—	—	3.77
1954	0.405	—	—	3.50
1955	0.41	0.36	0.325	3.08

年份	鲜大黄鱼（冰鲜）	鲜带鱼（冰鲜）	鲳鱼（冰鲜）	虾米（海米）
1956	0.35	0.345	0.41	3.31
1957	0.354	0.34	0.41	4.90
1958	0.39	0.38	0.41	4.90
1959	0.44	0.39	0.52	4.90
1960	0.40	0.39	0.52	4.90
1961	0.43	0.39	0.52	4.90
1962	0.43	0.44	0.52	4.90
1963	0.43	0.42	0.52	4.90
1964	0.43	0.395	0.52	4.90
1965	0.43	0.395	0.55	5.78
1966	0.405	0.395	0.53	5.78
1967	0.405	0.395	0.53	5.80
1968	0.405	0.395	0.53	5.80
1969	0.405	0.395	0.53	5.80
1970	0.405	0.395	0.53	5.80
1971	0.405	0.395	0.53	5.80
1972	0.405	0.395	0.53	5.80
1973	0.405	0.395	0.53	5.80
1974	0.405	0.395	0.53	5.80
1975	0.405	0.395	0.53	5.80
1976	0.405	0.395	0.53	5.80
1977	0.405	0.395	0.53	6.20

表1-115　1950~1965年苏州市区主要淡水鱼零售价表

单位：元/100市斤

时间	鲜青鱼（3斤以上）	鲜草鱼（3斤以上）	鲜鲤鱼（3斤以上）	鲜鲢鱼（2斤以上）	鲜鳊鱼（5两以上）	鲜鲫鱼（3两以上）	说明
1950	52.4	44.4	36.9	28.2	53.24	54.5	年平均价
1953	58.3	51	42.9	32.7	58	60	年平均价
1956	48.43	44.3	34.85	28.5	40.06	36.47	年平均价
1958	55.3	53.5	40.9	32	53.6	54.3	年平均价
1960	60	56	48	43	62	64	年平均价
1962	73	70	62.7	55.6	70.7	71.5	年平均价
1965.11.1	61	55	50	40	50.1	50.1	渔季540号文

1962~1978年，作为咸品的黄鱼和带鱼的购销价格实行统一管理，变动很少。

表1-116　1962~1966年苏州市带鱼零售价格表

单位：元/500克

1962年		1963年		1964年		1965年		1966年		
250克以上		200克以上	350克以上	200克以上	350克以上	200克以上	350克以上	150克以上	200克以上	350克以上
咸带	鲜带	咸带	鲜带	咸带	鲜带	咸带	鲜带	咸带	鲜带	鲜带
0.38	0.40	0.39	0.41	0.39	0.39	0.36	0.39	0.34	0.34	0.99

三、改革水产品统一定价

1979年4月，根据国务院通知，江苏省大幅度提高了水产品的收购价。全省包括产区苏州市平均提高幅度：1.5千克以上青鱼为39.7%，1千克以上鲤鱼为38.87%，1千克以上鲢鱼为34.02%。同年11月，省管12个市场淡水鱼零售价格提高幅度为：青鱼1.5千克以上为54.97%，鲤鱼1千克以上为51.14%，鲢鱼1千克以上为46.72%。当时，苏州吴县的鲜青鱼收购价为每50千克64元，零售价为每500克0.85元；鲜鲤鱼收购价为每50千克55元，零售价为每500克0.73元；鲜鲢鱼收购价为每50千克40元，零售价为每500克0.55元。

同年11月，苏州市革命委员会商业局对水产品价格有关问题作出规定：水产品的批零差率：淡水鲜品为顺加13%；淡水活鱼为20%；湖蟹、黄鳝为16%；低值鱼（不分鲜、活品）为20%；海水产品省管品种为13%，地方管品种为15%，低值鱼为20%。海、淡水咸品一律为15%，干品及海珍品一律为13%，贝类（包括螺丝）一律加批零差价每百斤2元。鲜咸差价：除省规定的外，海水产品黄鱼零售价每百斤加3元，鲳鱼加5元，马鲛鱼加6元，鲞鱼加8元，其他一律加2元。淡水咸品（不包括鳜鱼、鲢鱼）按同品种同等级鲜品价格内加25%（即1÷[1-25%]），鳜鱼、鲢鱼按照比质比价的原则订价。规格差率：海水鲜品除省规定的外，2两及2两以下，销售规格与收购规格相同，其他海水鲜品的销售规格一律按收购规格九五折执行。海水咸品，2两及2两以下，销售规格与收购规格相同，其他规格一律按收购规格九五折执行。淡水咸品参照周围地区规格衔接确定。菜场售鲜品的暴腌品参照咸品规格价格，按照按质论价的原则，由菜场自己确定。虾子鲞鱼的零售价格，核定为水产批发部生产的每斤为2.7元，食品公司、卤菜店生产的每斤为3元，烟糖公司、糕点厂生产的每斤为3.2元。

改革开放后，苏州农村养鱼、渔民捕捞积极性提高，水产品货源日渐丰富；同时国家改变派购比例、减少品种，实行派购、议购并举，进一步促进了水产品的生产。

1980年，市水产公司在北园批发部增设水产品贸易货栈，当年议价成交量8394担，1981年增至1.82万担，1983年达11.16万担，淡水鱼由1980年占水产品的7.5%增至40%。为了保证节日供应，国营水产公司还进行议价购进，平价售出，如1982年"议转平"鲜带鱼5500担，海蜇3000担，占年成交量的28.6%。

1980年，国家对渔民完成派购任务后的水产品实行议购议销，但苏南淡水鱼养殖主产区因以物资回供办法进行补差，所以收购时仍执行牌价。

1981年5月14日，省物价委员会、省水产局根据国务院及省政府有关规定联合下达了《关于对集体渔业社队自留水产品试行议购议销的通知》，对开展议购议销的品种范围、价格、经营方式、管理等问题，作了具体规定，除对虾、鲥鱼实行全额收购，不搞议购议销外，其他品种完成派购任务后，可以由水产贸易货栈议购议销或代销处理。当年苏州市对完成派购任务以后的各种淡水鱼开展议购议销，苏州郊区生产的淡水鱼，首先满足苏州市人民的需要，不得外销。淡水鱼议销价格，由市物委规定最高限价，总的原则是既照顾生产者的利益，又能起到平抑集市价格的作用。1981年12月，市物委对几个主要品种最高零售价规定见下表：

表1-117　1981年12月苏州地产淡水鱼最高零售价格表

单位：元/斤

品名	零售价	品名	零售价
活青鱼	1.7	活鳊鱼	1.3
活草鱼	1.4	鲜鳜鱼	1.8
活鲢鱼	0.80	活鲤鱼	1.1
活鲫鱼	1.4	活甲鱼	2
大统虾	2	—	—

　　1983年10月，为了在搞活议价水产品的同时平抑集市价格，继续保持市场物价的基本稳定，市物价委员会特对淡水鱼中主要品种的议销价格作如下规定：淡水产品的议销价格，实行分级管理。市物委管的品种有青鱼、草鱼、花鲢、白鲢，其余品种的议销价格由水产局和水产公司掌管（具体划分由水产局定），并负责制定具体价格，通知所有经营单位执行。青、草、花鲢、白鲢四种淡水鱼的第一期议销零售价安排如附表，各经营单位在执行规定价格中可以根据市场情况上下浮动，向上浮动10%，不得逾越，向下浮动不限。如遇情况变化，需要调高或调低议销价格者，随时可以按分管权限报批调整，不得自行越权调整。鲜鱼价格按25%的鲜活差率计算，公式为：鲜鱼价格=活鱼价格÷（1+25%）。凡不足表列规格的淡水鱼，其议销价应根据按质论价、低于表列小规格鱼价格的原则，由经营单位灵活掌握。淡水鱼的议购价格必须严格控制，不允许互相哄抬议购价格争夺货源，经营部门不仅要丰富市场供应，同时也要顾及市场物价的基本稳定，顾及消费者的承受能力，顾及政治上的影响，尽力把水产品的议购议销工作做得更好。

表1-118　1983年10月24日淡水产品议销零售价格表

单位：元/斤

品名	规格	议销零售价	品名	规格	议销零售价
活青鱼	5斤以上	1.60	活花鲢	2斤以上	0.85
	3斤以上	1.40		1斤以上	0.80
活草鱼	5斤以上	1.30	活白鲢	2斤以上	0.80
	3斤以上	1.20		1斤以上	0.75

四、价格逐步放开

　　1985年，国家决定放开水产品价格，全部实行市场调节。之后，淡水鱼价格上升幅度较大，促进了市场供应量的增加。

　　1985年3月，国家进一步放宽政策，水产品划为三类产品，一律不派购，价格放开，实行市场调节。至年末，水产公司在市场上销售9.3万担，而农贸市场销售8.94万担，国营占51.2%，农贸市场占48.8%。郊区水产品产量增长很快，1985年产量5324吨，收购3283吨，分别比1980年增长108%和119.6%。1985年市区销售总额2123万元，为1980年的2.5倍。

表1-119 1979~1985年苏州市淡水产品历史价格表

单位：元/市斤

年份	活草鱼（3斤以上）	活白鲢（2斤以上）	活鲫鱼（3两以上）	活鳊鱼（5两以上）
1979	0.98	0.61	1.20	1.10
1980	0.98	0.61	1.10	1.10
1981~1982	0.98	0.61	1.15	1.10
1983	0.98	0.61	1.15	1.10
1984	0.98	0.85	1.15	1.20
1985	2.26	1.08	1.70	1.70

表1-120 1979~1985年苏州市海产品历史价格表

单位：元/市斤

年份	鲜大黄鱼（冰鲜）	鲜带鱼（冰鲜）
1979	0.56	0.50
1980	0.56	0.50
1981~1982	0.56	0.50
1983	0.65	0.50
1984	2.30	0.50
1985	3.50	1.50

表1-121 1979~1985年苏州市区主要淡水鱼零售价表

单位：元/100市斤

日期	鲜青鱼（3斤以上）	鲜草鱼（3斤以上）	鲜鲤鱼（2斤以上）	鲜鲢鱼（2斤以上）	鲜鳊鱼（5两以上）	鲜鲫鱼（3两以上）	说明
1983年4月1日	140	120	110	80	120	130	市物委通知
1985年9月1日	280	226	158	108	170	170	水贸4号文

1986年春节，苏州市淡水鱼价格比1985年春节有较大幅度下降，鲫鱼下降10.4%，鲢鱼下降8.1%，草鱼下降28.3%，青鱼下降25.52%。当年春节前后鱼价下跌的主要原因有：淡水鱼生产发展，产量大幅度增长。1984年全国水产品产量619.4万吨，其中淡水鱼22.5万吨。1985年全国水产品产量697万吨，其中淡水鱼250万吨左右，总产量增长12.53%，淡水鱼增长11.11%，苏州市养殖水面扩大，淡水鱼产量大幅度增长。1984年养殖水面为88.09万亩，1985年扩大到98.34万亩，增长11.64%，淡水鱼产量1985年179.89万担，比1984年122.54万担增长46.8%。外调量减少。由于各地普遍抓了淡水鱼养殖，1985年苏州市外调减少，河北、武汉等地由原来的销区变为产区。1985年全市外调量为1451.5吨，比1984年外调量2625.5吨下降44.72%，1986年1月份外调量比去年同期下降41.67%。1986年春节鱼价的下降，是正常现象，也是鱼价趋向理顺的表现。根据1985年淡水鱼成本资料的反映，如果价格稳定在春节期的水平上，养鱼者每个标准劳动日的所得，能保持在6元左右，平均每亩鱼塘收入仍将在400元左右，比从事其他农副业收入高。

同年，国营公司对水产品实行议价，根据10个主要品种的价格与上年同期相比，总水平是议价上升4.7%，集市价上升20.3%。国营议价品种均是大路货，每500克分别上升

0.02～0.10元。集市价品种中,大路品种由于鱼货提前上市,货源较多,价格略有下降,鲤鱼、鳊鱼、鲫鱼、草鱼下降9.8%。花色品种如虾、蟹、鳜鱼、黄鳝等上升幅度达38.3%。

表1-122　1985～1986年国营公司议价及集市价水产品价格同期对比表

单位:元/500克

品名	规格	国营公司议价		集市价	
		1986年9月20日	1985年9月20日	1986年9月20日	1985年9月20日
鲤鱼	750克以上	—	—	1.80	2.00
鲫鱼	150克以上	1.80	1.70	2.30	2.50
白鲢	750克以上	0.94	0.92	1.20	1.20
花鲢	750克以上	0.99	0.96	1.30	1.30
草鱼	1250克以上	—	—	2.00	2.30
鳝鱼	75克以上	—	—	3.30	2.80
鳊鱼	250克以上	1.80	1.70	2.20	2.40
活青虾	统货	—	—	7.00	5.50
鳜鱼	250～500克	—	—	7.00	5.00
蟹	中等以上	—	—	8.00	5.00

1987年1月20日,为稳定春节市场物价,保持居民基本生活的稳定,苏州市对集贸市场主要农副产品包括鲜鱼实行最高销价。市区集市鲜鱼最高议销价格详见下表:

表1-123　1987年1月20日苏州市区鲜鱼最高销价价格表

品名	规格	议销价格 (元/500克)	备注	品名	规格	议销价格 (元/500克)	备注
花鲢	900克以上	1.13	最高销价	鲫鱼	大阪鲫225克以上	1.80	最高销价
花鲢	450克以上	0.99	最高销价	鲫鱼	本地鲫100克以上	1.40	最高销价
白鲢	900克以上	1.08	最高销价	鲫鱼	大阪鲫150克以上	1.40	最高销价
白鲢	450克以上	0.94	最高销价	带鱼	300克以上	1.80	中准价
草鱼	1350克以上	1.95	最高销价	带鱼	175克以上	1.50	中准价
草鱼	700克以上	1.82	最高销价	带鱼	100克以上	0.92	中准价
鳊鱼	225克以上	1.80	最高销价	鲳鱼	225克以上	2.30	中准价
鳊鱼	150克以上	1.40	最高销价	鲳鱼	150克以上	1.90	中准价
鲫鱼	本地鲫150克以上	1.80	最高销价	鲳鱼	150克以下	1.38	中准价

1987年11月,根据省物价局、水产局《关于贯彻执行加强东海冬汛带鱼价格和市场管理规定的通知》精神,市物价委员会下达市区主管公司经营带鱼每500克的最高零售价为条重100克以上为1.80元,条重250克以上为3.00元,条重350克以上为3.80元。批发价=零售价÷(1+13%),经营单位可根据收购价格的下浮相应下浮。

五、调控水产品价格

1988年,苏州市出现了比较严重的物价上涨,为了保证市场供应,稳定物价,促进生产,进一步完善水产品价格管理,市物价委员会决定放开部分水产品价格,包括虾蟹类(不含虾仁）、鳝鱼、鳗鱼、鳜鱼、鲥鱼、甲鱼、海蜇、咸鱼、干品类和海味类，实行市场调节，各经营企业根据市场供求，不受各种差率限制灵活制定价格。除上述以外的水产品均实行国家指导价格，在实行国家指导价格中的鲢鱼、鳊鱼、鲫鱼和草鱼四种水产品实行价格水平与作价差率双重指导，其余品种实行作价差率指导。批发企业（包括批零兼营企业）对实行国家指导价格的水产品作价办法由原来的控制利润率改为实行综合差率，其水产品批发价格的计算公式为：

批发价＝（进价＋运杂费＋包装费）÷（1−途耗率）÷（1−综合差率）

综合差率的最高幅度为：淡水鱼（含货物税）14%，海水鱼11%，冷冻水产大、小包装10%。零售企业（不包括零兼批企业）直接从外地采购的商品，其零售价格可按进货成本（即进货价、包装费、运杂费和合理损耗）顺加4%的批发毛利再加上批零差率计算零售价；若从本地批发企业或批发交易市场进货的，则按进价加批零差率计算。各类商品的批零差率为：海水产品13%～15%；淡水产品鲜13%，活20%，小包装10%。但对国家有规定指导价格水平的四个品种，经营单位必须在规定的价格水平内规定作价办法计算价格。实行市场调节价格的水产品可以不受各种差率限制，根据成本和市场供求情况由经营单位自行灵活定价。但当市有关部门在必要时对农贸市场的水产品实行限价期间，各经营单位所经营的商品（包括实行国家指导价格的水产品），其价格应按限价规定执行，不得突破。

1988年苏州市实行国家指导价格的水产品详见下表：

表1-124　1988年3月市区部分水产品最高指导价格表

单位：元/50千克

品名	规格	批发价	鲜鱼零售价
草鱼	1350克以上（含1350克）	244	281
草鱼	700克以上（含700克）	228	262
花鲢	900克以上（含900克）	133	153
花鲢	450克以上（含450克）	118	136
白鲢	900克以上（含900克）	128	147
白鲢	450克以上（含450克）	113	130
花白鲢	325克以上（含325克）	95	109
鳊鱼	225克以上（含225克）	244	281
鳊鱼	150克以上（含150克）	190	218
鲫鱼	150克以上（含150克）	244	281
鲫鱼	225克以上（含225克）	244	281
鲫鱼	100克以上（含100克）	190	218

1988年春节期间，为稳定市场物价，市政府加强行政干预调控，苏州市区对淡水鱼实行优惠价，青鱼每500克零售价为4.50元，草鱼2.20元，鳊、鲫鱼2.00～2.20元。特需供应专项安排，价格更优。以水产部门节前投放的草鱼为例，其零售价为每500克2.20元，比集市草鱼2.50元低13.6%，市水产部门发挥主渠道作用，以优惠价格供应市场，平抑了春节鲜鱼市价，居民群众比较满意。同年中秋、国庆节水产品供应，在市府的重视下，市水产供销公司在货

源组织上作了充分准备，但是节日销量却只有57吨，其中海水鱼不到15吨，原因有：农贸市场货源丰富，品种多，活鱼多，价格相对稳定，而公司经营由于量大无法养活，加上品种以花白鲢为主，影响销量；销售渠道不畅；海水鱼价昂贵抑制了消费。

表1-125　1988年9月1日苏州市水产行情价格表

单位：元/50千克

品名	规格	批发价	零售价	
			鲜鱼	活鱼
花鲢	900克以上	165	190	215
花鲢	450克以上	150	173	195
白鲢	900克以上	155	178	202
白鲢	450克以上	140	161	182
花白鲢	325克以上	115	132	150
冻草鱼	1350克以上	244	281	
冻草鱼	700克以上	228	262	
冻青鱼	2250克以上	300	345	
冻青鱼	2250克以下	280	322	
黑鱼片	统	530	583	
河虾仁	中粒	1250	1375	
带鱼	500克以上	420	483	
带鱼	350克以上	400	460	
带鱼	250克以上	320	368	
带鱼	150克以上	250	288	
带鱼	100克以上	180	207	
带鱼	50克以上	100	115	
鲳鱼	150~250克	350	403	
鲳鱼	150克以上	270	311	
海蜇头	三矾	1100	1265	
海带	辽宁一级	175	198	

1989年，苏州市物价部门根据国家和省物价局通知，结合物价大检查，对市区水产品价格政策执行情况组织检查，并明确了经营水产品的作价办法，其中批发环节作价公式为：{［实际进价+运杂费+包装费（扣残值）］÷（1-综合差率）}÷（1-途耗率）。综合差率：淡水鱼为14%，海水鱼为11%，大、小包装白冷冻水产为10%。零售环节以批发价顺加批零差率计算零售价，批零差率：淡水冰鲜鱼为15%，活鱼为30%，海水鱼为15%，冻品小包装为10%。

同年9月，为稳定市场物价，加强对农副产品贸易市场的价格指导和管理，苏州市对农贸市场猪肉、水产品、禽蛋、蔬菜等部分品种实行限价管理。其中水产品限价情况见下表：

表1-126　苏州市区集贸市场水产品最高限价表

单位：元/500克

品名	最高价格	说明	品名	最高价格	说明
带鱼	4.8	条重300克以上	活鳊鱼	3.4	条重250克以上

品名	最高价格	说明	品名	最高价格	说明
带鱼	3.8	条重200克以上	活本鲫鱼	4.5	条重150克以上
带鱼	2.4	条重100克以上	活白鲫鱼	4.0	条重250克以上
活鳊鱼	3.8	条重400克以上	—	—	—

注：1. 上述品种价格，各经营者均不得突破，下浮不限。

　　2. 价格自1989年9月28日早市起执行。

表1-127　1989年9月苏州市水产供销公司带鱼价格表

单位：元/千克

品名	规格	批发价	零售价	品名	规格	批发价	零售价
带鱼	大300克至500克	8.20	9.60	带鱼	小100克至200克	4.20	4.80
带鱼	中200克至300克	6.60	7.60	带鱼	丝100克以下	2.00	2.30

　　1984年至1989年，随着市场物价的上涨，苏州市水产品价格每年也以平均15%的升幅持续上升。

　　1990年，苏州水产品市场供应充裕，上半年度平均价格出现明显下降，4月份下降幅度（分类指数为91.7%）为1984年来最低月份。1990年上半年度，苏州市水产品零售物价指数比上年同期下降22.2%。同年5月15日，苏州市500克以上鲢鱼平均市价每千克为4.25元，150克以上鲫鱼为8.66元，150克以上鳊鱼为7.96元，河虾为26.82元。

　　1991年，苏州遭受了百年未遇的特大洪涝灾害，严重影响了当年的水产品产量，致使价格有所回升。同年4月的水产品价格与去年同期相比，上升9.1%，影响总指数上升0.61个百分点。自7月份以来，价格指数逐月上升，9月份，主要品种鲢鱼、鲫鱼和河虾的价格指数，分别比上年同期上升8.1%、11.2%和19.7%，水产品总指数上升0.61个百分点。从价格上升幅度来看，集市大大高于国营，与上年同期相比，集市上升9.3%，国营仅上升2.6%。但水产品市场销售情况出现显著的变化，鲜活水产以集市销售为主，个别水产品如小海米等以国营销售为主，即集市销售量大大超过国营销售量，整个水产品市场，集市销量比重已超过90%。

　　1994年，粮油、猪肉等食品类价格上涨过猛，养殖成本的上升，带动当年水产品上涨22.2%，其中鲫鱼每千克年平均零售价为15.108元，比上年11.883元上涨27.1%。到了1995年，水产品市场零售年平均价格又在上年的基础上上升16.7%。1985～1995年这一阶段，苏州市各级政府加大了"菜篮子"工程建设，逐步调减粮食作物，加快水产养殖发展，加上水产品养殖效益较好，调动广大农民的养鱼生产积极性，农民纷纷挖塘养鱼。至1995年，苏州市水产品达28.41万吨，比1985年增长78.9%，年均递增6%，水产品开始告别了短缺时代，苏州水乡人民"吃鱼难"成为历史。根据1995年11月28日市政府召开的"菜篮子"工作会议要求，为稳定水产品价格，1996年1月1日起，市物价局对市区农贸市场水产品价格实行差率管理，其中淡水鱼批零差率为35%，海水鱼为25%。

六、随行就市有升有降

从1996年1月开始，随着粮油、肉禽及其饲料价格的回落，以及市场供应的充足，以鲢鱼、鲫鱼为主的水产品价格开始有所回落，与上年同期相比，降了0.3个百分点。而之后又受春节期间猪肉等主要副食品价格上升的影响，水产品价格也有所回升，随后稳中趋落，持续低走。由于农业连续丰收，"菜篮子"工程建设逐步完善，主副食品市场供应充裕，自1997年4月份，食品类指数首次进入负增长，作为主副食品中的大类，水产品价格开始了长达八年的一路下行。1997年全年，水产品分类价格指数为95.7，同比下降4.3%；1998~2000年，水产品分类价格指数依次为95.1、90.0和96.4，同比分别下降4.9%、10.0%和4.6%。详见下表：

表1-128　　1998~2000年苏州市主要水产品价格表

单位：元/千克

品名、规格		1998年	1999年	2000年
带鱼 0.25千克以上	苏州市	16.542	15.736	17.760
	常熟市	17.908	15.412	16.785
鲤鱼 0.5千克以上	苏州市	—	—	—
	常熟市	7.408	6.497	6.284
鲢鱼 0.5千克以上	苏州市	7.963	6.775	6.931
	常熟市	8.063	6.878	7.173
虾（上等）	苏州市	67.041	54.387	50.203
	常熟市	63.894	50.258	45.840
海带（上等）	苏州市	5.624	5.246	5.191
	常熟市	6.042	5.790	5.542
草鱼 0.5千克以上	苏州市	8.294	7.834	8.291
	常熟市	9.577	8.386	8.378
鲫鱼 活200克左右	苏州市	15.382	13.011	11.008
	常熟市	15.687	13.814	13.128
鳝鱼（一等）	苏州市	47.734	44.894	44.537
	常熟市	46.918	41.725	44.090

资料来源：江苏省城市经济调查局编纂的物价统计资料。

2001~2003年，水产品分类价格指数仍是稳中有降，与上年同期相比分别为91.1、101.4和98.9。水产品价格随着粮食、猪肉等主副食品的升降而升降，其间水产品价格也完全由市场形成，价格随行就市，"活"、"鲜"水产拉开较大差价。2003年，受"非典"和禽流感影响，下半年水产品价格开始恢复性上涨，7月份，水产价格环比上升5.9%，同比上升1.1%，但全年累计仍比上年下降1.1%。2004年，粮价恢复性上涨，带动了由禽蛋、水产品等副食品价格的恢复性上涨，其中水产品价格上涨了15.7%，结束了自1996年以来价格一路下滑的局面，保护了农民养殖水产品的积极性，防止了"鱼贱伤农"。

从2004年至2010年，水产品价格有升有降，基本保持稳定。2005年至2007年，价格有所回落。2008年，随着粮价的上涨，带动饲料、劳动力等成本的上升，鲜鱼价格也逐步攀升。详见下表：

表1-129　2001~2010年苏州市区农贸市场水产品年平均价表

单位：元/千克

品名、规格	2001年	2002年	2003年	2004年	2005年	2006年	2007年	2008年	2009年	2010年
鲢鱼 0.5千克以上	6.32	5.94	6.01	9.92	8.05	7.62	8.51	10.97	10.81	11.47
鲫鱼 200克左右	10.81	9.95	9.35	11.42	11.23	9.91	11.27	13.77	13.70	14.03
鳊鱼 250克以上	9.98	9.52	8.92	10.91	10.42	9.28	10.25	12.78	12.58	13.28
带鱼 0.25千克以上	16.24	16.44	16.88	24.53	19.51	18.90	19.87	21.36	23.22	27.49
河虾上等	37.73	37.35	43.44	46.65	50.63	58.98	61.92	61.92	73.08	87.43

资料来源：苏州市物价局成本调查队市场价格监测资料。

　　自20世纪90年代中期开始，苏州水产品价格全部放开，实行市场调节，极大地促进了渔业生产的发展。随着农业经济增长方式的转变和人民生活水平的不断提高，市场水产品供应愈来愈丰富，全市水产品产量由1978年的8.2万吨增加至2007年的29.3万吨，增长了2.6倍，河蟹、青虾、鳜鱼、中华鳖（甲鱼）、太湖三白（即白鱼、白虾、银鱼）等地方名特优品种和罗氏沼虾、加州鲈鱼等国内外新品特种水产养殖迅速崛起，有效地丰富了市民的"菜篮子"。同时，在全市农林牧渔业多种经营全面发展中，2007年渔业总产值比1978年增长了138.6倍，渔业又占农业总产值的22.7%，成为苏州农业发展和农民增收新的增长点。

第六节　禽蛋牛奶价格

一、禽蛋价格

1. 沿革

苏州市鸡、鸭、鹅等家禽历来以农家分散饲养为主,将其视为副业,一般在自给自足后进入集市交易。收购方法主要由鸡贩或商人赴各乡镇收购,或由商人委托当地鸡鸭行代收。历史上,苏州市场家禽及蛋品的货源大部分来自苏北等外埠,价格随产地行情的变化而不定,家禽价格与苏州市场的鲜猪肉价格基本保持同步,其比价,苏州俗语称为"毛鸡肉价钿"。同时,苏州禽蛋业与哺坊有密切联系。哺坊一般又兼营鸭行、蛋行,甚至兼营糠秕(饲料)行,故禽蛋与哺坊合成蛋哺业。

清末,苏州哺坊多集中在陆慕镇及娄门外,禽蛋行户多在阊门外。民国初,蛋哺业有较大发展,齐门外、葑门外有多家哺坊开办。哺坊有两种经营方式:一种是苗禽出售给养户或苗禽小贩,小贩则串四乡八镇售卖,哺坊甚至给小贩"赊销",卖出还钱。另一种是出售苗禽时与专业养户订立契约,哺坊提供苗禽并承担一定饲料等费用,待家禽长成后,双方按比例分拆。当时,苏州市场上鸡蛋每个六文,鸭蛋每个七文。民国20年(1931),哺坊业建孵蛋业同业公会,有会员11户。据省《物价志》记载,民国37年(1948)前后,鸡的平均收购价格一般在每斤0.30～0.40元(含银圆,下同)之间,鸭每只在1元上下,鹅每只在1.30元左右。这一价格水平及其收购方法一直延续到建国初期。

2. 禽蛋计划价格

苏州解放后,农村实行土地改革,苏州农民饲养家禽大增,蛋哺业由此而兴旺,哺坊苗禽年投放市场达300万只左右。1950年,蛋行有13户50人,资金2759元。1951年,哺坊蛋业有50户210人,资金1.77万元。1955年,家禽业有47户86人,蛋品业有136户136人,哺坊有14户139人。

建国初期,江苏省各地商业部门开始根据鲜蛋的供求情况,确定市场牌价,组织收购,并实行季节差价。其时各地市场的收购价格高低不等,最高收购价格每50千克达到48万元(旧人民币,下同),最低时为29万元。市场零售价格每500克在3000～4000元之间。1956年,江苏省商业厅统一制定鲜蛋的购销价格,苏州市每50千克最高收购价格在47元(新人民币,下同),最低为33元,市场零售价格每500克在0.40～0.63元之间。

1957年,在"发展生产,保障供给"方针指导下,为了促进家庭饲养业的发展,江苏省决定对家禽收购制定等级差价。公鸡分为两个等级,以一等为收购基价,差价为4元,平均每50千克收购价格为42元。同时实行季节差价,根据季节变化情况,相应调整收购价格,上调幅度限制在10%～20%之间。1958年,苏州市鲜鸡蛋的收购价为每百市斤56.50元。

表1-130　1951~1958年苏州市蛋品零售价格表

单位：元/市斤

年份	鲜鸡蛋	鲜鸭蛋	年份	鲜鸡蛋	鲜鸭蛋
1951	0.55	0.40	1955	0.63	0.59
1952	0.52	0.38	1956	0.65	0.62
1953	0.58	0.50	1957	0.65	0.62
1954	0.61	0.58	1958	0.66	0.64

　　1959年，江苏省商业厅在《关于物价管理权限的规定》中，将家禽（主要指鸡、鸭）列为省管品种，对家禽的收购规格及其价格作出统一规定，实行等级差价。鸡分为三个等级：以三等为基价，公鸡每50千克二等比三等高4~8元，一等比三等高8~15元；母鸡每50千克二等比三等高5~8元，一等比三等高11~15元。鸭分为三个等级：以三等为基价，每50千克二等比三等高4~7元，一等比三等高9~12元。鹅分为两个等级：以二等为基价，每50千克一等比二等高4~6元。苏州市执行省家禽价格的相关规定，实行政府定价。

　　1958开始至1962年，由于粮食减产，家禽饲养量直线下降，鲜蛋的收购价格曾一度上涨。其时，每50千克鲜蛋的收购价格最高时达到86元，最低时也有60多元。1959年至1962年，市场主副食品供应十分紧缺，禽蛋也实行严格的计划供应，是时，凭票供应平价鸡蛋每市斤为0.76元，而"黑市"交易鸡蛋每只为0.2元，较之国家牌价高2倍左右。

　　1963年4月，根据国家商业部通知，本着有利于发展生产和经营的原则，江苏省决定调低家禽的收购价格，下调幅度为7%，购零差率为20%~25%。母鸡每50千克收购价格为80元。1964年，江苏省再次调整家禽的购零差率，调整为20%~30%。同时实行季节差价。旺季调低，淡季调高，浮动幅度在10%以内。1964年，为了推动家禽饲养业的发展，尽快解决鲜蛋供应紧张的矛盾，江苏省人民政府决定，拿出一定的奖励粮食，按照统一的价格和奖售标准，到市场收购种蛋。当时，苏州市每500克种蛋的收购价格为0.70元，奖励粮食125克。实施这一奖售措施后，至1965年，鲜蛋的收购价格明显回落，市场供应趋向缓和。其时，每50千克鲜蛋的最高收购价格降为66元，最低为52元。价格回落后，奖售措施被一直延续下来，直到取消鲜蛋派购为止。

　　"文化大革命"期间，苏州市家禽和蛋品的价格基本处于冻结状态。1967~1979年，鲜蛋取消季节差价，实行统一收购价格。这一时期苏州鲜蛋的收购价格基本处于稳定状态，每50千克保持在69~70元之间；零售牌价每500克在0.85~0.95元。

3. 禽蛋多种价格并存

　　1978年，江苏省计划委员会、商业厅发出《关于家禽收购价格的通知》，决定较大幅度地提高家禽的平均收购价格。鸡、鸭、鹅平均上调24%。其中，三等活公鸡每50千克由41元调至57元，升幅为39%；三等母鸡每50千克由65元调为80元，升幅为23.1%；三等鸭每50千克由46元调至58元，升幅为26.1%；三等鹅每50千克由43元调至54元，升幅为25.6%。同时提高家禽的等级差价和销售价格。调价后，调动了农民饲养家禽的积极性。

　　1980年，江苏省对鲜蛋实行浮动价格，上浮幅度为10%。其时，每50千克鲜蛋的收购价格为92元，上浮后达到102元上下。实行浮动价格后，调动了农民饲养家禽的积极性，鲜蛋数量迅速增加,市场一度饱和。苏州市区鸡蛋也一度取消凭票计划敞开供应。至1982年,每50千克鲜蛋的收购价格基本上又回落到上浮之前的价格水平,而保持在92元左右。

1981年6月,随着农副产品价格的调整和改革,江苏省决定对家禽的购销实行浮动价格。规定以现行牌价为最低保护价,可在30%的幅度内向上浮动,淡季个别品种必要时可以高于30%,但最高不得超过40%。购销价格实行浮动后,家禽品种之间的差价幅度较大,群众反映较多。为了适当减轻城市职工因提价而增加的负担,江苏省计划委员会、商业厅于1982年4月决定,将省管12个市场的现行家禽平均零售价格降低。规定三等公鸡每50千克由73元降至67元,降幅为8.21%;三等母鸡每50千克保持在94元上下;三等鸭每50千克由69元降至59元,降幅为16.9%;三等鹅每50千克由63元降至57元,降幅为10.5%。

1983年9月,国家商业部决定对肉、禽、蛋在计划平价供应之外,实行议价经营,实行多渠道流通。江苏省人民政府规定,对完成计划派购任务后的地区和单位,其剩余部分的鲜蛋可以实行议购议销,价格随行就市。

1984年7月,根据季节变化以及鲜鸡蛋购销的情况,省决定自7月10日起调整鲜鸡蛋季节差价。鲜鸡蛋的收购价格,各市、县均在现行价格基础上每百斤降低5元,全省平均由每百斤91.16元调整为每百斤86.16元。省通知8月26日起又恢复原价。鲜鸡蛋的销售价格也作相应调整。同时规定鲜鸡蛋从9月1日起,不搞派购,可以实行议购议销,但从9月1日到春节前,13个市的鲜鸡蛋平价定量供应的部分仍按平价供应,即苏州市鲜鸡蛋凭票定量供应的价格每500克为1.13元。

1985年3月,根据国务院通知,江苏省取消鲜蛋的派购任务和平价定量供应,实行议购议销。为了保护农民的利益,在收购价格上实行最低保护价,每500克鲜蛋不低于0.80元。

从1985年12月1日起,苏州市物价局对鸡蛋、活鸡实行限价:鸡蛋每500克2.00元,活母鸡每500克1.80元(鸡蛋与活母鸡价格为中准价,允许上浮10%)。限价品种和价格水平将随季节、供求变化有所调整。

表1-131 1959~1985年苏州市蛋品收购价格表

单位:元/百市斤

年份	鲜鸡蛋	年份	鲜鸡蛋
1959	65.00	1970	69.00
1960	65.00	1971	69.00
1961	85.00	1972~1973	69.00
1962	85.00	1974~1978	69.00
1963	80.04	1979	91.00
1964	75.92	1980	102.00
1965	70.01	1981	91.00
1966	69.24	1982	93.00
1967	70.00	1983	93.00
1968	70.00	1984	93.00
1969	69.00	1985	100.00

表1-132　1959~1985年苏州市蛋品零售价格表

单位：元/市斤

年份	鲜鸡蛋	鲜鸭蛋	年份	鲜鸡蛋	鲜鸭蛋
1959	0.76	0.74	1969	0.84	0.84
1960	0.76	0.74	1970~1978	0.84	0.81
1961~1962	0.76	0.74	1979	1.15	1.10
1963	1.10	1.08	1980	1.13	1.09
1964	0.98	0.84	1981	1.13	1.07
1965	0.85	0.81	1982	1.13	1.07
1966	0.85	0.82	1983~1984	1.13	1.07
1967~1968	0.85	0.83	1985	1.55	1.40

　　1986年，国营公司对禽蛋实行议价，从6种代表品价格看，家禽价格与上年相比基本持平，蛋类价格上升较大，国营议价鸡蛋上升21.5%，鸭蛋上升15.7%，价格总水平是上升的，其中议价上升18.7%，集市价上升2.99%。

表1-133　1985~1986年国营公司议价及集市价禽蛋价格同期对比表

单位：元/500克

商品类别	规格	国营公司议价		集市价	
		1986年9月20日	1985年9月20日	1986年9月20日	1985年9月20日
活母鸡	1000克以上	—	—	2.00	2.00
活鸭	1000克以上	—	—	1.50	1.50
活鹅	4斤以上	—	—	1.50	1.55
活公鸡	2斤以上	—	—	2.00	1.90
鸡蛋	新鲜完整	1.58	1.30	1.75	1.70
鸭蛋	新鲜完整	1.40	1.21	1.60	1.40

　　1987年初，江苏省鲜蛋购销价格完全放开，取消保护收购价格，实行随行就市，每500克鲜蛋收购价格在1元左右。而苏州市食品公司2月17日的鲜鸡蛋批发价每500克为1.45元，零售价为1.60元。随着市场粮食及饲料价格上扬，市场鲜蛋货源的逐月减少，鸡蛋价格也一路走高。6月28日起，苏州市实行鲜鸡蛋代销价，市食品公司鲜鸡蛋代销供应价每500克为1.79元，代销零售价为1.90元。到12月15日，市食品公司鲜鸡蛋代销供应价为2.16元，代销零售价为2.30元，而集市鸡蛋价每500克为2.70~2.90元。4月4日，市食品公司的鲜鸭蛋每500克批发价为1.40元，零售价为1.54元，至8月28日，鸭蛋价格批发价为1.55元，零售价为1.71元。随着家禽成本的上升，1987年1月，市食品公司冻公、母鸡统货批发价每千克为3.80元，零售价为4.26元，至9月中下旬，冻草鸡已涨至每千克5元，冻光鸭为4.80元，冻肉用鸡为5.70元。

　　1988年，苏州市区鲜鸡蛋价格逐月走高，2月17日开始，每斤代销零售价格由1.90元调整为2.03元，代销批发价由每斤1.79元调整为1.90元（详见下表1-134）。1988年3月16日，在发放居民副食品补贴的同时，苏州市区取消鲜蛋票证，节日凭票供应的鲜蛋，按规定差率作价销售。自5月9日起，苏州市食品分公司禽蛋腌醋加工厂生产加工的太湖种新鹅，根据微利保本原则，为丰富市场，满足消费者需要，执行每千克4.50元的供应价。同年8月15

日起，该厂又适当调整冻光新鹅的市场供应价至每千克4.7元，箱装西装肉鸡市场供应价为每千克6.60元，箱装肉鸡为每千克6.20元，20日起，箱装全鸡冰蛋销售价格为每500克2.45元。至8月23日，又适当调整了盘冻肉鸡的销售价格，为每千克6.00元。为增加市场供应的花色品种，该厂又从外地调入冻禽及其分割包装，根据进价及综合差率拟定各品种的供应价（详见下表1–135）。为保证1989年元旦和春节两大节日市场供应，苏州市食品公司从产地调入一批鲜鸭蛋，于1988年12月8日起，拟定鲜鸭蛋代销批发价每千克为4.30元，代销零售价为4.60元。

表1–134　1988年苏州市鲜鸡蛋代销价格表

单位：元/500克

日期	项目	鲜鸡蛋					
		正品	白蛋	乙头	红搭壳	洋黄	带壳流清
2月17日	代销批发价	1.90	1.57	1.47	1.29	1.02	1.05
	代销零售价	2.03	1.73	1.62	1.42	1.12	1.16
6月1日	代销批发价	2.11	1.77	1.77	1.44	1.21	—
	代销零售价	2.25	1.91	1.91	1.58	1.35	1.46
6月15日	代销批发价	2.16	—	1.82	1.44	1.21	—
	代销零售价	2.30	—	1.96	1.58	1.35	1.46
7月21日	代销批发价	2.11	—	1.77	1.44	1.21	—
	代销零售价	2.25	—	1.91	1.58	1.35	1.46
8月2日	代销批发价	2.16	—	1.82	1.44	1.21	—
	代销零售价	2.30	—	1.96	1.58	1.35	1.46
8月8日	代销批发价	2.25	—	1.91	1.58	1.24	1.35
	代销零售价	2.40	—	2.06	1.73	1.39	1.50
8月20日	代销批发价	2.45	—	2.08	1.72	1.47	1.47
	代销零售价	2.60	—	2.23	1.87	1.62	1.62

表1–135　1988年9月2日冻家禽及其分割包装销售价格表

品名	单位	规格	批发价	零售价
冻新鹅	元/千克	盘冻	5.00	5.60
冻鸭	元/千克	盘冻	5.48	6.14
西装肉鸡	元/千克	箱装	7.00	7.84
鸡翅膀	元/千克	5千克包装	9.50	10.64
鸡腿	元/千克	5千克包装	9.50	10.64

　　1989年，苏州市近郊鲜蛋生产有较大的发展，如市第一养鸡场产鲜鸡蛋35万千克，比上年增加20万千克，但占社会总销量的比重仍很小。而市食品公司共组织销售鸡蛋240万千克，占社会总销售量的56.5%，其中定量供应居民125万千克，国营公司较好地发挥了主渠道作用，使鸡蛋价格全年始终稳定在每市斤2.60元，集贸市场鸡蛋价格也较平稳，群众比较满意。为保证鲜蛋上市淡季时的居民定量供应，当年政府的价格补贴为180万元。

表1-136　1989年苏州市区蛋品产销情况表

项目	数值	项目	数值
食品公司鲜蛋销售量（万斤）	480	居民凭票蛋销售价（元/斤）	2.60
占社会总销量比例（%）	56.5	公司议价蛋销售价（元/斤）	2.60
居民定量蛋供应量（万斤）	250	市鸡场产蛋量（万斤）	70

同年9月，为稳定市场物价，加强对农副产品贸易市场的价格指导和管理，苏州市对农贸市场猪肉、水产品、禽蛋、蔬菜等部分品种实行限价管理。其中禽蛋限价情况见下表：

表1-137　苏州市区集贸市场禽蛋最高限价表

单位：元/500克

品名	草鸡	三黄鸡	鸡蛋
最高价格	3.8	3.2	2.9

注：1. 上述品种价格，各经营者均不得突破，下浮不限。

2. 价格自1989年9月28日早市起执行。

1990年8月25日，苏州市食品公司根据市物价局《关于鲜鸡蛋销售价格的通知》，结合当时市场蛋价情况，确定鲜鸡蛋的批发价为每千克5.06元，代销零售价为每千克5.40元。

1994年2月，食品价格居高不下，鸡、蛋价格均有不同程度的上涨。其中活母鸡为每千克13.93元，与上年同期的10.69元相比上涨了30.31%；鲜鸡蛋每千克为5.89元，与上年同期的5.01元相比上涨了17.56%。当时，为利于大专学院改善学生食堂菜肴供应，维持价格相对稳定，经市政府分管领导同意，2月25日，一次性安排市食品公司以优惠价供应一批鲜鸡蛋，每千克价格为4元，至3月5日止。3月，禽蛋价格有所下降，活母鸡为每千克12.87元，与上月同期相比降幅为7.61%，鲜鸡蛋每千克为5.18元，与上月同期相比降幅为12.05%；之后禽蛋价格每月间有升有降，但总体呈上升走势，且幅度较大。1994年12月，根据市政府文件将蔬菜、鸡蛋列为监审品种的规定，市物价局发出《关于对蔬菜、鸡蛋价格实行差率管理的通知》，明确由经营者依据实际进价加规定差率自行制定零售价格，鸡蛋（正品）最高进零差率为16%，在市场价格出现较大波动时，按照宏观调控的要求，可由市物价局测定公布零售指导价，各经营者不得突破规定指导价。同年12月，市场每千克活母鸡价格为14.23元，每千克鲜鸡蛋价格为6.52元，分别比上年同期上涨22.04%和14.99%。

1995年8月初，苏州市鸡蛋价格突发上扬，近半个月每500克市场零售价涨至3.60~3.80元。市场鸡蛋价格的上涨也主要是受苏北产地货源减少、价格上涨的影响。8月底，鸡蛋每500克市场价达4元以上，比月初上涨20%，为1979年以来的最高水平。至12月，活母鸡每千克为17.03元，与上年同期相比上升了19.68个百分点；而鲜鸡蛋也上升了13.65个百分点，为每千克7.41元。

根据1995年11月28日市政府召开的"菜篮子"工作会议要求，从1996年1月1日起，市物价局对市区农贸市场猪肉、蔬菜、水产、活禽、鲜蛋、豆制品等六大类价格实行差率管理（详见下表1-138），并根据市区主要批发成交行情出台市场平均批发价，以此为基础公布零售指导价,原则上每周公布一次,各经营者不得突破规定的指导价。

表1-138 苏州市区农贸市场蛋品价格最高批零差率表

品类	批零差率(%)
鲜蛋	16
活禽	25

1996年5月开始,苏州市鲜鸡蛋市场指导价达到了近年来最高水平,每500克为4.20元。

4. 禽蛋价格市场化

1997年以后,由于农业连续丰收,市场粮价的回落,主副食品供应的充裕,市场物价总水平的逐步回落,家禽、蛋品的价格完全放开,随行就市。以1998年为例,市区肉禽蛋年平均价格与上年同期相比下降11.4个百分点,如该年12月活母鸡、三黄鸡(均为1500克左右)市场每千克售价为15.80元和11.22元,分别比上月下跌3.78%和10.81%。鲜鸡蛋(洋鸡蛋)、鸭蛋每千克分别为6.12元和7.35元,与上月持平。1998年至2000年,其价格呈一路下跌的走势。详见下表:

表1-139 1998~2000年苏州市主要禽蛋价格表

单位:元/千克

品名		1998年	1999年	2000年
鸡(上等)	苏州市	16.838	17.182	16.434
	常熟市	14.353	13.478	14.220
鸭(上等)	苏州市	12.576	14.462	13.226
	常熟市	10.887	10.441	9.722
熟禽(上等)	苏州市	28.778	27.833	26.314
	常熟市	22.667	22.833	23.667
鲜蛋(新鲜完整)	苏州市	6.165	5.325	4.297
	常熟市	6.300	5.518	4.543

资料来源:江苏省城市经济调查局编纂的江苏省物价统计资料。

2001年以后,禽蛋价格止跌,稳步回升。2003年,受"非典"和禽流感疫情的双重影响,禽蛋价格先跌后涨。2004年至2006年,禽蛋价格在稳定一阶段后,于2007年开始进入上升通道,价格一路攀升,上升至2000年以来的最高水平。纵观禽蛋价格涨跌走势,与市场猪肉价格涨跌基本保持同步。详见下表:

表1-140 2000~2010年苏州市区历年禽蛋价格表

单位:元/千克

品名	2000年	2001年	2002年	2003年	2004年	2005年	2006年	2007年	2008年	2009年	2010年
草鸡	14.63	13.92	13.71	13.99	15.37	17.66	16.74	18.53	19.67	20.49	21.67
肉鸡	9.09	8.81	8.70	9.08	9.81	10.58	9.99	11.75	13.31	12.91	13.18
鸡蛋	4.42	4.84	5.00	5.03	6.24	6.55	6.30	7.55	7.66	7.65	8.60
鸭蛋	6.03	6.25	6.82	6.65	8.18	9.34	9.21	10.71	11.29	10.87	11.30

二、牛奶价格

1. 沿革

苏州饲养奶牛始于清朝道光十三年（1833），由创办博习医院（现苏州大学附属第一医院前身）的美国人杜步西从荷兰引进第一头奶牛，牛奶专供外国传教士和医生饮用。光绪二十一年（1895），张逸庭医生从上海购进2头同种奶牛，首创张公兴奶牛场。到民国前后，办有自力农场等8家奶牛场。苏州解放前牛奶仅为少数官僚富豪和部分医生病员所饮用，销路不广。加上国外奶粉倾销，牛奶生产不景气，时全市仅有乳牛百头左右，日产鲜奶约500千克。由于币值不稳定，售价常以大米折算，一磅牛奶约合一市斤大米。

2. 牛奶计划经济价格

建国后，牛奶生产逐步发展，乳品加工业也成为苏州解放后新兴的行业。苏州解放初，政府接管自力农场，分别从东吴大学、博习医院、昆山耶稣堂调进奶牛11头建立苏州市农场。1956年10月，9家私营牧场并入苏州市农场，改名地方国营苏州乳牛场，20世纪50年代加工生产消毒牛奶、食用白脱奶油及冰淇淋等。

苏州市1951年每瓶（半磅，鲜甲级，下同）牛奶售价为旧人民币2000元，该价格一直维持至1955年。1956年，苏州市牛奶售价降为每半磅0.16元（新人民币，下同）。

1959年以后的三年困难时期，生产萎缩，奶源不足，苏州市同省内兄弟城市一样实行凭婴儿出生证和医院证明订奶的办法。从1956年至1963年，本市奶价没有变化，仍维持牛奶每瓶0.16元的售价水平，但市场供应十分紧张。

1963年后，市场情况开始好转，牛奶生产也逐步恢复正常，牛奶售价有所下降，1964年由每瓶0.16元降至0.14元，1965年又降至每瓶（227克，鲜甲级，下同）0.12元。该价格一直维持至1978年，整整14年没有变动。从1976年开始，由于消费量增加，又出现牛奶供不应求的状况。因售价长期不动，经营牛奶已发生亏损，只得由地方财政予以补贴。

进入20世纪70年代，增建奶粉车间、麦乳精车间。1980年11月，乳牛场改组为牛奶公司，并建立乳品厂。1979年11月，根据国家调整八类副食品销售价格的通知，苏州市每瓶消毒牛奶售价由0.12元提高为0.15元。嗣后该价格维持了6年未变动。

3. 政府调整牛奶及其制品价格

为满足全市人民对牛奶的需要，增加牛奶供应量，1982年，牛奶公司所属乳品厂迁建至虎丘新塘村，1985年，新厂第一期工程日产八万瓶消费牛奶建成投产。1984年以后，牛奶生产成本因饲料价格变动而大幅度上升，于是从1985年开始，苏州市消毒牛奶售价进入上升通道。由于乳牛饲料提价，1985年，市牛奶公司同比增加成本11.96余万元，1986年上半年比上年同期又增支5.78万元。1985年3月，经苏州市物价委员会批准，消毒牛奶每瓶零售价由0.15元调为0.17元，1986年4月1日又调为0.20元；鲜奶收购价也由原来的每斤0.275元提高至0.30元。1986年上半年，消毒牛奶销售利润平均每瓶仅1厘8，调价以后测算平均也仅1分多。由于市牛奶公司在3月初就向市区8.5万饮户发放《告饮户书》，说明调价等原因，取得了饮户的谅解和支持，调价比较顺利。

表1-141　1986年苏州市消毒牛奶、全脂奶粉价格调整表

品名	规格	单位	出厂价		批发价		零售价	
			现行价	调整价	现行价	调整价	现行价	调整价
特级全脂加糖奶粉	500克塑料袋装	元/袋	2.54	3.05	2.72	3.21	3.05	3.60
	454克塑料袋装	元/袋	2.32	2.78	2.48	2.93	2.78	3.28
	454克玻璃瓶装	元/瓶	2.64	3.10	2.82	3.26	3.16	3.65
	454克铁听装	元/听	3.30	3.76	3.52	3.96	3.94	4.44
消毒牛奶	227克装	元/瓶	—	—	—	—	0.17	0.20

注：上述价格于1986年4月1日起执行，3月份预订时按新价收款。

表1-142　1987年苏州市全脂奶粉调整价格表

品名	规格	单位	出厂价		批发价		零售价	
			现行价	调整价	现行价	调整价	现行价	调整价
特级全脂加糖奶粉	500克塑料袋装	元/袋	3.05	3.31	3.21	3.48	3.60	3.90
	454克塑料袋装	元/袋	2.78	3.01	2.93	3.17	3.28	3.55
	454克玻璃瓶装	元/瓶	3.10	3.34	3.26	3.52	3.65	3.94
	454克铁听装	元/听	3.76	4.00	3.96	4.21	4.44	4.72

注：经市物委批复同意，从1987年3月1日起，市牛奶公司调整全脂奶粉价格。

1987年12月，苏州市物委对奶粉计价规定有两种方法。一种是产地批发价加地区差率计价，计算方法如下：

苏州批发价＝产地批发价×（1+地区差率）

苏州零售价＝苏州批发价×（1+批零差率）

上海产品地区差率为2.5%。省内产品地区差率为：苏州市各县（市）为1%，无锡产瓶装为2%、袋装为1.5%，其他各市为2.5%。浙江省湖州、嘉兴产品地区差率为3%。

另一种是产地进价加费用加综合差率计价，计算方法如下：

苏州批发价＝（进价+运费+途耗+包装）×（1+综合差率）

苏州零售价＝苏州批发价×（1+批零差率）

江、浙、沪的奶粉按前一种办法作价，其他省市按进价加费用乘综合差率5%作价，奶粉批零差率为12%。

表1-143　1987年2月苏州市糖业烟酒公司奶粉价格表

品名	规格	单位	批发价	零售价
光明牌全脂奶粉	454克听装	元/听	4.83	5.41
光明牌全脂奶粉	1135克听装	元/听	10.67	11.95
光明牌全脂奶粉	500克袋装	元/袋	4.03	4.51
光明牌全脂奶粉	454克铝箔纸袋	元/袋	4.03	1.51
沪光牌全脂奶粉	500克袋装	元/袋	4.03	4.51
双喜牌全脂奶粉	500克袋装（特级）	元/袋	3.48	3.90
双喜牌全脂奶粉	454克听装（特级）	元/听	4.21	4.72
锡山牌全脂奶粉	400克袋装	元/袋	3.16	3.54
虞山牌全脂奶粉	400克瓶装	元/瓶	3.26	3.65

品名	规格	单位	批发价	零售价
虞山牌全脂奶粉	454克袋装	元/袋	3.20	3.58
虞山牌全脂奶粉	500克袋装	元/袋	3.52	3.94
中华牌中华奶粉	454克双套袋装	元/袋	3.58	4.01

1988年3月,市物委发文调整消毒牛奶、全脂奶粉销售价格:227克瓶装消毒牛奶零售价每瓶由0.20元调高至0.26元;500克袋装全脂奶粉出厂价由3.35元调整为4.02元,零售价由3.90元调整为4.50元。新价自4月1日起执行。

同年4月1日,经省政府同意,省粮食局决定全部取消平价饲料供应,苏州市每年324万斤奶牛饲料全部改为议价供应。无锡、常州等市在提高牛奶销价(每瓶0.26元,与苏州同价)的同时,每个饮户加收粮票4~5斤。苏州市考虑到牛奶刚调价,为稳定市场,决定当年暂不收粮票。饲料议转平差价由市粮食部门承担。是年,市牛奶公司实际亏损为0.2万元,至1989年亏损上升至21万元,市政府当年给予公司消毒牛奶生产费用31.23万元的财政补贴(按每瓶补1分钱计),另外还安排30万元的产品税减免,以支持牛奶生产,满足市民需要。

为稳定牛奶价格,减少财政补贴,1989年8月15日,市物委作出《关于同意订饮消毒牛奶收取粮票的批复》:经市政府研究同意,决定从8月1日起,每瓶消毒牛奶,每月收取粮票5市斤,消毒牛奶价格不动,仍为每瓶0.26元。为了照顾婴儿饮奶,新生婴儿一年内免收粮票。当时苏州市区每年约8000名新生婴儿订奶免收粮票部分,需市财政支出20万元左右补贴给粮食部门,弥补奶牛饲料供应中的平议差价。1989年,市郊奶牛饲养量2634头,市乳品厂鲜奶收购量1058万千克,消毒牛奶产量750万千克,冬季市区牛奶饮户扩大到12万户,达历史最高水平,从而使市区居民户均订奶达0.65瓶,列全省之首。

表1-144　1989年苏州市区牛奶产销情况表

项目	单位	数值
市郊奶牛饲养量	头	2600
市郊鲜奶总产量	万千克	872
乳品厂鲜奶收购量	万千克	1058
鲜奶收购价	元/千克	0.74
牛配饲料供应价	元/千克	0.45
消毒牛奶产量	万千克	750
最高月牛奶订户	万户	12
市区居民饮奶数	瓶/户	0.65

为缓解苏州市乳牛和乳制品生产、经营的困难,支持乳牛业发展,依据省物价局文件精神,经市政府同意,市物价局于1990年9月7日发出通知:于10月1日起,鲜牛奶收购价格每500克由0.36元调整为0.41元;消毒牛奶销售价格由每瓶(227克)0.26元调整为0.30元;收粮票标准不变;酸牛奶由每瓶(227克)0.35元调整为0.40元。双喜全脂奶粉销售价于9月10日起调整,每袋(454克袋装)出厂(批发)价由4.38元调整为4.82元,零售价由4.90元调整为5.40元。市饲料公司生产的计划内乳牛配合饲料销售价格于10月1日起由每50千克22.50元

调整为25元。

为进一步促进牛奶生产,满足市民对奶制品的需求,解决当前和今后在订奶收粮票上存在的管理和差价变化问题,补偿奶制品生产过程中成本增加因素,以及合理衔接毗邻地区价格,经市政府研究同意,1991年12月,市物价局决定对牛奶及奶制品购销价格作适当调整。鲜牛奶收购价格每500克由0.41元调整为0.43元;收购价格调整后,以饲换奶政策不变,计划内优惠价奶牛饲料价格不变。消毒牛奶由每瓶0.30元调整为0.32元,同时取消现行每月收粮票2.5千克的规定,改为每瓶增加0.06元饲料差价的办法,对外每瓶按0.36元公布和收费。酸牛奶由0.40元调整为0.37元,同时每瓶增加0.06元饲料差价,对外每瓶按0.43元公布和收费。双喜全脂甜奶粉零售价格每袋454克(塑料袋装)由5.40元调整为5.60元,400克铝箔袋装每袋由5.30元调为5.50元。鲜奶收购价、消毒牛奶及酸奶调整价格于1992年元旦起执行,奶粉调整价格自1991年12月10日起执行。其他奶制品价格可按价格管理权限作相应调整。

1991年12月18日,为稳定牛奶生产和价格,经市政府领导同意,市物价局发出《关于苏州市奶牛饲料价格调节基金管理办法的通知》。通过该基金的建立,对议价粮食的价格变动进行调节,以稳定鲜奶收购中的以饲换奶政策,保持牛奶生产和收购价格的相对稳定,从而为稳定销售价格创造条件。基金来源是,将消毒牛奶(含酸牛奶)1992年元旦调价后所增加每瓶(袋)0.06元的饲料差价按实提取作为专项基金,基金的使用范围由分管市长审批,主要用于以饲换奶过程中产生的平议饲料差价的补贴。现行补贴标准为每500克0.116元。以饲换奶中补贴差价的饲料数量全年控制在625万千克内,按实审核,超量不补。专项基金采取设立专户、专款专用,滚动使用,由牛奶公司负责代收代支,并报市物价局审核后,方可从专项基金中划出用于饲料差价补贴,并接受财政、审计部门监督。该办法自1992年元旦起执行。

由于牛奶价格涉及到广大饮户,1992年,在深化价格改革,缩小国家定价范围,扩大市场调节比重,放开商品价格的形势下,牛奶价格仍作为市管国家定价6个品种之一,列入政府管制范围之内。同年8月13日,市物价局对市饲料公司作出关于调整奶牛饲料销价的批复:奶牛饲料零售价格从现行的每50千克36.60元调整为39.00元;计划内供应价格调整为27.40元,实际供应价格不变,仍为25.00元,其差额每50千克2.40元,由奶牛饲料价格调节基金解决。上述价格从9月10日起执行。

4. 放开牛奶价格

为适应市场经济发展的需要,确保粮价改革的顺利实施,1993年3月29日,市物价局发出文件,决定鲜奶收购及销售价格当年4月份稳定在现有水平,从5月份起放开鲜奶收购价格及消毒牛奶销售价格,由企业自主确定。消毒牛奶、奶粉实行市场调节价后,在变动价格前,应事先向物价部门备案。要切实做好鲜奶收购和供应工作,既要考虑企业的效益,又要考虑农民和居民的利益,同时保质保量,开发新品满足市场的需要。同时,市饲料公司对3月份奶牛配合饲料计划供应到4月10日止,4月11日~5月10日实行平稳过渡,饲料公司每千克供应价格为0.90元,对奶牛饲养户供应为0.62元,差价仍按原办法补贴给饲料公司。供应数量按3月份收购新奶数和原以奶换饲的标准计算。从5月11日起取消价差补贴,销售价格由企业定价,并报物价部门备案。为稳定牛奶生产和价格,保护农民的生产积极性,继续实行奶牛饲料调节基金管理,基金主要用于对核定交售的鲜奶实行价外补贴。从4月1日起,收购每千克鲜奶给予价外补贴0.12元。

5. 调控牛奶价格

1993~1994年,市场物价涨幅较大,牛奶作为"菜篮子"工程中的重要品种之一,受到政府和人民群众的重视。1994年4月,地产消毒牛奶、双喜奶粉也被列入苏州市居民基本生活必需品和服务价格监审目录。

为促进苏州市奶牛事业的发展,满足市民对牛奶的需求,解决企业成本上升、费用不断增加的实际困难,以及合理衔接毗邻地区的价格,经市政府同意,1994年4月25日,市物价局下达《关于调整牛奶价格的通知》:鲜奶收购价格每千克由现行的1.09元调整为1.28元(其中包括饲料补贴每千克0.20元,补贴给乡兽医站管理费与奶脂损耗每千克0.04元)。消毒牛奶由现行每瓶0.48元调整为0.60元,酸牛奶由每瓶0.50元调整为0.65元,其中提取每瓶0.09元作为奶牛饲料价格调节基金。上述新价于1994年5月1日起执行。同时要求收好用好奶牛饲料价格调节基金。同年9月份起,因鲜奶收购价格调整和原辅料等价格上升、费用增加等因素,企业出现亏损,要求调价。为贯彻国家和省控制物价上涨下半年不再出台新的调价措施的决定,维持牛奶正常生产供应,经市政府领导同意,消毒牛奶仍维持原价,暂不调整,对牛奶公司生产的消毒牛奶按每瓶0.051元的标准实施补贴。市物价局按月核实订户数量后,由市场物价调节基金按实划拨。

饲料价格是养殖业成本的基础,直接影响到猪肉、牛奶等食品价格的稳定。1995年5月,市物价局发出《关于对地产猪配、牛配饲料价格实行监审的通知》,明确饲料价格的作价办法,即由成本、费用和利润组成。其中工厂利润率不超过4%,获部、省优质产品称号的饲料其利润率可放宽1%,批零差率按不超过6%掌握,并实行提价备案制度。

1995年以来,牛奶公司奶牛生产用的青粗饲料全面上涨,如草干、青玉米每50千克1995年进价为9元,1996年分别涨至12元和13元左右,成本及费用不断增加,在激烈的市场竞争条件下,又受到上海等外地牛奶的冲击。为扶持和稳定苏州市牛奶生产,满足市民对牛奶的需求,经市政府同意,从1995年1月1日起,消毒牛奶零售价每袋(227克,下同)从现行的0.60元调整为0.75元;从1996年1月1日起,消毒牛奶订售价格每袋又由0.75元调整为0.90元。同时市物价局又批复盒装纯牛奶:500毫升每盒出厂价4.25元,批发价4.65元,零售价5.50元;200毫升每盒出厂价2.00元,批发价2.15元,零售价2.50元。1997年1月1日起又调整牛奶购销价格,鲜牛奶收购价为每千克2.10元(质量标准按原规定不变),地产双喜牌消毒牛奶订售价为每袋(227克)1.00元。

1997年10月10日,市物价局发文核定地产消毒牛奶等奶制品市场零售价为:227克袋装消毒牛奶、盒装花式牛奶分别为1.20元和1.10元,200克瓶装酸奶为1.50元。

20世纪80~90年代,伴随着苏州农业生产结构调整,逐步调减粮食种植面积,大力发展多种经营,加快畜牧业、水产养殖业、蚕桑业的发展,逐步放开大部分农副产品价格,增加了农产品有效供给,牛奶生产也告别了短缺经济时代,牛奶供应充裕,市场竞争充分。至1995年,全市牛奶产量达1.23万吨,年递增1.9%,比1985年增长21.3%。

根据1998年10月5日市政府召开的牛奶购销协调会议精神,为积极引导牛奶生产,市物价局发文同意从10月11日起调整标准奶中准收购价,每千克为2元,允许按市场情况在5%幅度内掌握。凡具有收购资质的企业(含吴县市境内企业)都要严格执行上述价格政策,严禁采用不正当价格手段,扰乱收购市场秩序,误导生产,如有违反,由物价部门依据《中华人民共和国价格法》予以严肃查处。从1998年至2005年八年间,由于粮食及奶牛养殖饲料价格相对稳定和市场竞争激烈等因素,市牛奶公司主要品种双喜鲜牛奶订售价仍维持每袋1.00元左右不变。

2005年下半年以来,受奶牛养殖饲料加工、能源、人力成本、物流等多个环节成本逐年上升的影响,苏州市牛奶产品价格进行了多次调整,以双喜乳业(苏州)有限公司生产的主要品种双喜鲜牛奶(220ml袋装)为代表的价格变化详见下表:

表1-145　地产袋装双喜鲜牛奶价格变动表

单位:元

调价日期	原价	调整价	调价日期	原价	调整价
2005年10月1日	1.00	1.10	2008年3月1日	1.40	1.60
2007年4月1日	1.10	1.20	2010年7月1日	1.60	1.80
2007年11月1日	1.20	1.40	—	—	—

进入20世纪90年代中后期,苏州市牛奶生产进一步发展,牛奶价格完全放开,实行企业自主定价,通过市场竞争形成,有效供应充裕。以创元双喜乳业、苏州云兰奶业、张家港梁丰集团三家企业为中心的奶牛饲养量迅速扩大,苏州市牛奶产量由1978年的0.2万吨增加到2007年的9.8万吨,增长了48倍,极大地丰富了鲜牛奶的市场供应,满足了人们的生活需求。

2008年9月,三鹿奶粉发生三聚氰胺事件,原料奶及奶制品的质量和价格受到人们的格外关注。根据省有关文件要求,结合苏州市区奶牛的饲养成本、流通和加工成本,市场供求和原料奶质量差异等实际情况,2008年11月,市物价局、工商局、畜牧兽医局、市奶业协会联合发出《关于公布苏州市区原料奶交易参考价格的通知》,明确苏州市区原奶交易参考价格(基准价)为每千克3.15元(脂肪含量3.3%,蛋白含量2.95%)。其价格作为原料奶交易双方签订购合同时的参考,同时明确,正常情况下交易参考价每半年公布一次。2009~2010年,苏州市物价局会同相关部门又先后多次发出《关于公布苏州市区原料奶交易参考价格的通知》,明确苏州市区原料奶交易参考价格(基准价)为每千克3.05~3.25元不等(脂肪含量3.3%,蛋白含量2.95%)。为保持奶牛养殖户和奶业企业的利益,奶业企业在收购原料奶超过交易参考价格(基准价)上下幅度5%时,应告知市主管部门,同时报苏州市物价局。奶业企业在每年2月底和8月底,将收购原料奶的数量、价格等情况报市物价局等部门。原料奶交易双方购销交易合同须按规定格式要求签订。严禁滥用饲料添加剂、兽药、违禁添加物以及违反规定使用兽药抗生素、在饲料中添加动物源性饲料等危害牛奶质量安全的行为。为防止原料奶价格大起大落,对哄抬价格、串通涨价、价格欺诈等不正当价格行为予以严厉打击,对以次充好、假冒伪劣、短斤缺两等违法行为予以严肃查处。

第七节　蔬菜水果价格

苏州地处富饶的江南水乡，蔬菜、鲜果四季丰富，尤其青菜四季皆有，素有"杭州不断笋，苏州不断菜"之说，加之以京杭大运河为主道的水路四通八达，历来又是南北土货的集散地，因而南北货、海货、山地货、果品等业牙商牙行和以鲜果蔬菜等为原料的酱业、豆腐业等自然行业自古兴旺。苏州传统的豆制品行业有豆腐、豆芽、筋粉等，前店后坊，规模小，属家庭手工作坊。

一、蔬菜价格

蔬菜是基本生活资料，其价格变动与民众生活密切相关。建国前，苏州的蔬菜经营一种是菜农自产自销，多为近城郊区及南园、北园菜农，约占30%；另一种是从地货行批得蔬菜贩卖，约占70%。市区晨集暮散、自然形成的菜市，至苏州解放前夕共有24个，价格随行就市，头菜、尾菜价格相差较大。

1. 蔬菜计划经济价格

1950年4月国营苏州土产公司建立后，即开展蔬菜购销业务。1952年2月市摊贩联合筹备委员会建立后，菜场内按自然行业归类编组，蔬菜市场归土产公司领导，公司负责外地蔬菜的货源组织；郊区供销社负责市郊蔬菜生产和上市。每百市斤市场零售价青菜为4.34元（已折成新人民币，下同），卷心菜为3.50元，大白菜（净）为5.06元，冬瓜为2.90元。蔬菜价格由同行公议，经政府有关部门批准后执行。1956年4月，公私合营后苏州市开始成立国营蔬菜公司，下设葑门、齐门、胥门、阊门、娄门等收购站，组织蔬菜收购流通。向菜场提供货源，后逐渐演变成菜场；并与郊区蔬菜大队直接挂钩，签订合同，实行计划种植，统购包销，改蔬菜的多头经营为独家经营。同年，豆制品行业公私合营后建立豆制品厂，其产销归口蔬菜公司经营。蔬菜价格由蔬菜公司具体负责，在政府物价部门下达的全年蔬菜销售价格总水平内，根据季节的变化，结合供求状况，具体指定各类品种的收购价格，而后在收购价格的基础上，加上20%~25%的购零差价，制定出各类蔬菜的销售价格。20世纪50~60年代，蔬菜市场供应郊区地产仅占一小部分，大部分由外地调入。为保证市场蔬菜鲜果供应，蔬菜公司在市郊发展蔬菜生产基地，果品公司扶持西瓜、柑橘、金针菜等种植，取得显著成效。至1968年后，外地调入品种数量逐渐减少，至1976年后，鲜蔬菜供应，郊区已占三分之二。

20世纪60年代，国民经济遇到困难，蔬菜短缺。1960年实行凭卡供应，居民凭票限量供应。自1962年1月始，蔬菜每人每天供应0.8~1市斤；7月后，每人每季度荤素券10张，蔬菜券1份若干张（每人每天0.5市斤），专用券3张，豆制品券3张。1961年，每月人均0.12~0.20元，春节期间每人增加0.20元豆制品，0.5~1市斤黄豆芽，2两油面筋；在人均日供蔬菜不足半斤时，曾用"雪花菜"（豆渣）替代。1962年第三季度，鲜蔬菜（混合）每市斤为0.094元（牌价），比1957年上涨24.83%，而集市价则比牌价要高出80.9%。苏州市平价蔬菜供应不足，蔬菜的零售价格成倍上涨。为了保证蔬菜价格的相对稳定，全市蔬菜的购零差率曾一度缩小为

10%～15%，并采取财政补贴的办法，尽可能稳住蔬菜牌价。1960年，财政给蔬菜公司的稳价补贴为10.28万元，1961年为83.55万元。1963年后，随着国民经济的好转，蔬菜种植面积的调整，蔬菜价格逐步下跌。除豆制品类外，其他蔬菜都取消凭票供应，春节期间白菜、茨菰仍凭票。至1965年，基本恢复到1959年的价格水平。1964～1966年，蔬菜公司一度出现盈余，1964年为5.61万元，1966年为83.55万元。1966～1978年，苏州市蔬菜的购销价格水平基本保持稳定，其综合平均价格一直保持在每50千克4～5元之间，低于20世纪50年代的水平。蔬菜公司经营性亏损逐年增大，供需矛盾仍很突出。

表1-146　1952~1978年苏州市蔬菜历史价格表

单位：元/百市斤

年份	鲜蔬菜（平均价）	青菜	卷心菜	大白菜（净）	冬瓜	茭白（肉子）
1952	—	4.34	3.50	5.06	2.90	10.16
1953	—	6.21	9.50	7.86	4.49	8.84
1954	—	2.53	6.73	6.87	5.10	11.80
1955	—	3.55	5.16	7.72	4.50	11.31
1956	5.71	3.01	4.92	8.43	5.02	14.22
1957	6.07	2.79	4.35	7.73	4.77	16.34
1958	7.33	—	—	—	—	—
1959	6.80	—	—	—	—	—
1960	7.23	3.38	5.36	6.91	3.67	13.01
1961	6.85	4.86	5.14	6.96	4.37	14.60
1962	6.04	3.88	6.59	7.35	—	16.34
1963	4.51	3.22	5.75	7.5	—	13.89
1964	4.33	2.28	5.00	6.3	—	13.38
1965	4.41	2.45	5.00	5.45	3.5	12.72
1966	5.03	2.53	5.275	6.345	3.865	12.60
1967	4.99	2.435	4.73	6.755	4.06	12.25
1968	4.24	3.04	4.655	6.505	3.03	12.32
1969	4.94	2.70	4.195	6.09	3.47	14.98
1970	4.75	2.60	4.635	6.21	3.29	12.71
1971	4.23	2.55	4.20	5.26	3.585	12.94
1972	4.67	2.775	4.17	5.815	3.45	13.99
1973	5.36	3.17	4.915	6.47	3.565	14.62
1974	5.32	3.15	4.775	5.83	3.12	14.77
1975	5.18	3.185	5.13	7.20	3.25	14.31
1976	4.98	3.02	5.275	6.17	2.915	15.08
1977	5.25	3.50	5.15	5.96	3.47	15.06
1978	4.65	3.025	4.27	4.22	3.50	14.86

2. 改革蔬菜价格产销体制

20世纪80年代初，伴随着放开生猪、蔬菜等大宗农副产品价格，蔬菜等副食品供应渠道逐步扩大，市场日趋兴旺。蔬菜价格产销体制先后经历了"大管小活"、"管放结合"、"放调结合"三个阶段。蔬菜价格也由单纯的计划价格发展到由市场调节、辅助宏观调控的价格管理体制。同时，市区农副产品贸易市场得到恢复和发展，蔬菜、鲜果及干菜、干笋等供销渠道不断扩大，购销价格逐步放开搞活，由市场形成，刺激集市贸易成交量一年比一年增加，从而满足了城乡居民的需求。

(1) 菜价"大管小活"

1983年4月，苏州蔬菜产销体制由统购包销改为"大管小活，合同订购"的办法，即18种大宗蔬菜仍以计划为主，其余由产销直接见面，议价交易。也就是苏州市购销计划价格只管18种大宗蔬菜。这18种大宗蔬菜的购销计划价格安排是，全年混合收购价每担4.11元，零售价4.72元，比1982年实际收购价高3.42%，零售价高1.38%，并规定收购价不得低于全年混合平均价的9.7%，零售价不得高于全年混合平均价的105%，以保护生产者和消费者的利益。

同时，苏州市对计划外的细小品种蔬菜、水果实行价格放开。

1985年，国家取消蔬菜的指令性计划种植和派、定购任务，改统购包销为合同定购。合同定购以外的部分和细小品种放开，实行议购议销或自产自销。蔬菜价格实行"大管小活"的管理形式。定购品种因成本上升而需提高价格时，可按前三年同期平均价格水平上浮20%；市场销售供过于求时，按前三年最低价格水平执行。实行合同定购后，苏州市蔬菜购销正常，其销售价格总水平略有上升。1985年下半年，计划收购的18种大宗蔬菜减少为12种。国家管理的12个品种为大青菜、小青菜、冬瓜、包菜、番茄、白菜、土豆、毛豆、莴笋、长豇豆、毛芋艿、长白萝卜，既管零售价、中准收购价、保护价，又管上市任务。市物委管理的12个蔬菜品种价格水平为：加权平均收购价每担5.06元，为上年同期实绩的134.98%；加权平均零售价每担6.16元，为上年同期实绩的134.99%（详见下表1-147）。允许蔬菜公司具体执行计划价格有一定的机动幅度，即收购价水平不得低于计划的97%，零售价格水平不得超过5%。1985年，郊区蔬菜定购为42.5万担，占市区上市量的三分之一，其余品种全部放开。为保证市场供应，苏州市在吴江等地开辟直供蔬菜基地。而对集贸市场副食品交易，一般情况下由买卖双方自由议价成交，价格随行就市。

表1-147　1985年7月~12月苏州市鲜蔬菜价格安排意见表

品名	收购						销售					
	价格（元）		指数（%）	预计上市		按上年同期价格计算的收购额（元）	价格（元）		指数（%）	预计销售		按上年同期价格计算的销售额（元）
	计划价	上年同期		上市量（担）	上市金额（元）		计划价	上年同期		数量（担）	金额（元）	
主要品种加权	5.06	3.48	134.98	333500	1687900	1250488	6.16	4.75	134.99	359400	2212700	1639140
大青菜	3.20	2.04	156.86	71000	227200	144848	4.50	2.87	156.79	80000	360000	229606
小青菜	3.30	2.16	152.78	51000	168300	110158	4.40	3.12	141.03	40000	176000	124796
包菜	4.00	2.77	144.40	30000	120000	83102	5.00	3.69	135.50	40000	200000	147601
大白菜	5.40	4.45	121.35	100000	540000	444994	6.50	5.49	118.40	70000	455000	384291
萝卜	2.10	2.08	100.96	11000	231000	22880	3.70	3.62	102.21	30000	111000	108600
土豆	9.30	9.29	100.11	1000	9300	9290	13.00	10.63	122.30	1400	18200	14881

品名	收购						销售					
	价格（元）		指数（%）	预计上市		按上年同期价格计算的收购额（元）	价格（元）		指数（%）	预计销售		按上年同期价格计算的销售额（元）
	计划价	上年同期		上市量（担）	上市金额（元）		计划价	上年同期		数量（担）	金额（元）	
冬瓜	5.20	3.36	154.76	17500	91000	58801	5.50	3.92	140.31	55000	302500	215594
番茄	6.50	4.12	157.77	20000	130000	82398	10.00	5.59	178.89	3000	30000	16770
豇豆	8.60	6.61	130.11	11000	94600	72708	11.00	6.91	159.19	20000	220000	138200
毛豆	13.20	9.03	146.18	12000	158400	108360	16.00	11.61	137.81	10000	160000	116102
毛芋芳	14.00	12.55	111.55	9000	126000	112954	18.00	14.27	126.14	10000	180000	142699

　　蔬菜市场放开后，蔬菜公司对菜场逐步扩大了经营自主权，蔬菜小品种允许菜场跨地进货，直接向外地产地进货，并可向集市贸易进货，价格放开。1984年，又取消鲜菜站按百分比给菜场配菜的办法，实行定销选购，同时把原来给菜场的经营差额补贴改为奖励，即完成定销任务实行奖励，鼓励国营菜场参与市场竞争。

　　1979年后，随着各类农产品价格的大幅度提高，苏州市蔬菜的购销价格水平开始逐年上升。同时，为了满足人民生活水平的不断提高，各级政府开始提倡多品种、早上市，鼓励大棚种菜，由此，蔬菜的生产成本亦逐年增加。由于一方面要保证苏州城区居民吃菜，一方面要维持菜农利益，收购与销售间出现逆差价。蔬菜价格倒挂，使市蔬菜公司亏损逐步增大，1978年亏58.73万元，1980年亏125.58万元，1982年亏156.30万元，至1985年已达204.6万元。在此情况下，为了稳定蔬菜价格，保障人民群众生活，市政府继续对蔬菜的营销实行财政补贴，以解决蔬菜购销价格倒挂的矛盾。在蔬菜购销价格总水平相对稳定的前提下，对蔬菜的品种差价和季节差价进行合理调整。

表1-148　　1979~1985年苏州市部分蔬菜历史价格表

单位：元/百市斤

年份	鲜蔬菜（混合价）	青菜	卷心菜	大白菜	冬瓜	茭白（肉子）
1979	5.17	3.26	4.415	4.065	4.115	15.79
1980	5.73	3.81	5.535	5.205	4.58	18.50
1981	6.12	3.905	4.665	5.115	4.84	10.215
1982	5.99	4.23	4.545	5.575	4.49	9.05
1983	6.53	3.75	4.985	5.815	—	10.17
1984	6.41	4.575	4.31	5.59	5.115	11.35
1985	5.99	5.595	6.86	6.555	6.675	22.86

（2）菜价"管放结合"

　　1986年，随着农产品价格改革的不断深化，原有的蔬菜产销体制弊端日益突出，尤其是市场消费结构不断变化，对蔬菜的品种、质量要求也愈来愈高。人民群众生活水平的提高和市场的需求促进了苏州市集市贸易的兴旺和不断发展，据全市482个农副产品集市统计，1986年成交额为65163.72万元，比1985年增长54.74%。其中农村成交额为57765.89万元，比

1985年增长57%;市区7398.01万元,比1985年增长39.1%。1986年,苏州市区集市年平均价格指数同比为95.3,即比上年下降4.7%。其中除粮食、肉禽蛋、干菜、干鲜果有不同幅度的上升外,下降幅度最大的是鲜菜,比上年下降20.6%,水产品也下降8.8%。

1986年,国营公司对鲜蔬菜实行议价,按12种代表品价格与上年同期相比,价格上升幅度较大。国营议价上升27.87%,集市价上升15.29%。国营议价上升较大的品种有,毛豆为53.9%,萝卜为55.6%;集市价上升的品种有6种,上升幅度为31.5%,价格下降有4种,即小青菜、冬瓜、茄子、韭菜,下降幅度为9.5%。

表1-149　1985~1986年国营公司议价与集市价鲜蔬菜价格同期对比表

单位:元/500克

品名	规格	国营公司议价		集市价	
		1986年9月20日	1985年9月20日	1986年9月20日	1985年9月20日
小青菜	新鲜	0.06	0.05	0.12	0.14
扁豆	新鲜	—	—	0.40	0.30
长豇豆	新鲜	—	—	0.26	0.26
毛豆	新鲜	0.20	0.13	0.22	0.18
土豆	新鲜	0.20	0.16	—	—
毛芋艿	新鲜	0.18	0.18	0.30	0.27
萝卜	新鲜	0.14	0.09	0.24	0.16
冬瓜	新鲜	—	—	0.10	0.13
茄子	新鲜	—	—	0.15	0.18
青椒	新鲜	—	—	0.60	0.40
韭菜	新鲜	—	—	0.20	0.22
丝瓜	新鲜	—	—	0.20	0.18

为了保证蔬菜零售物价的基本稳定,维护生产者的积极性和广大消费者的利益,1987年2月16日,市物委下达了《关于1987年市区蔬菜购销价格安排的通知》,要求生产、经营部门努力抓好生产,加强经营管理,鉴于合同定购蔬菜品种的变化,对大青菜、小青菜、包菜、大白菜、土豆、莴笋、冬瓜、豇豆等8种实行指导价格管理的蔬菜进行调整,指导方法由原来管理年度购销总水平改变为管理8个品种月度零售中准价及浮动幅度。详见下表:

表1-150　1987年苏州市8个大宗蔬菜分月中准零售价格表

单位:元/500克

月份	大青菜	小青菜	包菜	土豆	莴笋	冬瓜	大白菜	豇豆
一	0.06	—	0.05	—	—	—	0.05	—
二	0.06	—	0.05	—	—	—	—	—
三	0.05	—	—	—	—	—	—	—
四	0.05	—	—	—	0.15	—	—	—
五	0.05	—	0.07	—	0.06	—	—	—
六	—	—	0.06	0.14	—	—	—	—
七	—	0.07	—	0.15	—	0.10	—	0.20
八	—	0.07	—	—	—	0.06	—	0.14

月份	大青菜	小青菜	包菜	土豆	莴笋	冬瓜	大白菜	豇豆
九	—	0.06	—	—	—	0.04	—	—
十	0.05	—	0.07	—	—	—	0.09	—
十一	0.05	—	0.05	—	—	—	0.05	—
十二	0.06	—	0.05	—	—	—	0.05	—

注：以上中准价格最高浮动幅度为40%。如遇特殊情况，需要超过40%者，需事先报物委同意；下浮不限。

8个品种以外的蔬菜价格，由经营部门市蔬菜公司根据季节、质量和供求自行制定价格，贯彻基本稳定的要求，全部品种的年度零售价格总水平，不超过上年实绩的10%。由于原规定批零差率较紧，同意将原每百千克批发价6元以下加固定批零差价1.6元调整为每百千克批发价8元以下顺加批零差价2.4元，8元以上的仍执行批零差率25%~30%。蔬菜补贴款应用于稳定菜价，使用范围必须严格控制在市政府规定的方面，重点用于指导价格管理的品种，保证指导价格的实现。

1985~1987年，苏州曾对主副食品采取临时性限价措施，以保持"菜篮子"价格的基本稳定。

（3）菜价"放调结合"

1988年以后，苏州市蔬菜产销体制进入了"放调结合"阶段。为了巩固改革成果，从根本上解决居民吃菜问题，省政府办公厅转发了省政府经济研究中心"菜篮子"工程规划提要，正式在全省实施"菜篮子"工程，苏州市也建立了"菜篮子"市长负责制。在这一阶段，苏州市兴建了一批菜园子，发展了一批蔬菜批发市场，对缓解蔬菜产销矛盾、调剂淡旺季余缺、丰富市场供应发展了积极作用。苏州市蔬菜价格也基本放开，由生产经营者自主定价。

表1-151　1988年10月20日部分干菜价格行情表

单位：元/千克

类别	地区	花生米（甲级）	黄花菜（甲级）	黑木耳（甲级）	香菇（一等）
供货价	市果品	3.92	6.03	42.60	33.70
	吴县	—	5.52	43.48	40.00
	吴江	2.90	6.40	43.48	32.00
	昆山	2.42	6.14	43.10	42.60
	太仓	3.00	5.60	47.00	39.0
	常熟	—	5.80	42.00	40.00
	张家港	2.54	6.70	43.76	38.00
零售价	市果品	4.50	7.00	29.40	39.10
	吴县	4.00	8.40	44.00	—
	吴江	3.34	7.40	50.00	36.80
	昆山	2.76	7.00	49.80	49.00
	太仓	3.50	7.00	53.00	47.00
	常熟	—	6.40	50.40	48.00
	张家港	—	—	—	43.22

1988年2月，为稳定春节市场物价，苏州市区继续对黄豆芽、白菜、母鸡等23个副食品实行临时限价措施。其中每500克黄豆芽最高限价为0.24元，母鸡最高限价为2.42元。

1992年，苏州市全面放开了蔬菜经营和蔬菜价格。长期靠财政补贴管理的蔬菜价格放开后，为稳定群众生活，苏州市政府通过改"暗贴"为"明贴"，将一半的财政暗补贴放到了明处，给居民发放适当的补贴，给职工每人每月3元钱菜价补贴。放开蔬菜价格实施一年的结果是生产增长、流通活跃、市场货源丰富，供求情况良好。蔬菜价格除少数月份受天气影响涨幅较高外，全年蔬菜分类价格指数同比为114，仅影响零售物价总指数上升0.84个百分点，低于1991年蔬菜分类价格指数（126.9）的水平，群众比较满意。同时，蔬菜是鲜活商品价格和经营放开后，广大菜农自产自销或通过菜贩，直接进入市场，加速了流通，减少了环节，增加了花色和品种，提高了"菜篮子"的质量，符合广大居民群众的需求。蔬菜经营放开，打破了蔬菜公司依赖国家补贴的观念，强化了参与市场竞争搞好经营的意识，重视了蔬菜质量，减少了烂菜损失。据市区16家菜场统计，1992年1~10月共烂菜11484担，比上年同期32591担下降了64.76%，烂菜率由1991年的6.4%下降为3.3%。改变了以往蔬菜批发部门按点子分配的状况，菜场有了跨地段、跨行业进货的自主权，经济效益提高，利润比上年增加了3%左右。但是，蔬菜行业面对经营体制的改革还缺乏适应能力，经营数量降幅较大。1992年1~10月，批发部门共经营33.16万担，比上年同期82.75万担下降了59.9%；菜场销售蔬菜34.93万担，同比下降31.4%。这在风调雨顺、生产增长的情况下，感觉不到有什么影响，但如果遇到受灾减产、市场供不应求的新情况，就会使主渠道缺乏调控能力，市场供求失衡，为1993~1997年菜价的暴涨埋下了隐患。

1993年12月至1994年初，为遏止蔬菜等主副食品价格上涨，苏州对蔬菜豆制品实行临时最高限价管理。

1994年12月5日，苏州市物价局对主要蔬菜品种价格实行差率指导，统一规定实行差率指导的品种和最高进零差率标准，由经营者依据实际进价加规定进零差率自行制定零售价格。详见下表：

表1-152　苏州市区蔬菜（主要品种）最高进零差率表

品种名称	最高进零差率（%）
叶类菜：大白菜（半毛菜）、小青菜、包菜	60
瓜果类：豇豆、黄瓜、四季豆、土豆、萝卜、辣椒、茄子、花菜、冬瓜	40

根据1995年11月28日市政府召开的"菜篮子"工作会议要求，为稳定蔬菜价格，1996年1月1日起，市物价局对市区农贸市场蔬菜价格实行差率管理。详见下表：

表1-153　苏州市区农贸市场蔬菜价格最高批零差率表

品类		批零差率（%）
蔬菜	每500克进价在1元以下	70
	每500克进价在1元及以上	50
豆制品		20

表1-154　1997年2月13日采价苏州市区农贸市场部分品种价格表

单位：元/500克

品名	规格	价格
药芹	—	1.10～1.20
大青菜	—	0.70～0.80
白菜	—	0.80～0.90
包菜	—	0.80～0.90
萝卜	—	0.90～1.10
百叶	—	3.20
豆腐	400克盒装	0.75
水豆腐	—	0.80

从1998年开始至2002年，市场价格总水平稳中趋降，一度出现负增长。苏州市蔬菜供应充裕，一律实行议购议销，价格全部放开，且稳中有降，由市场形成。随着苏州农业产业结构的调整、城市扩大和近郊菜地的减少，苏州市场的蔬菜供应相当一部分依靠外地输入，逐步形成了苏州蔬菜价格大市场、大流通的格局。由此，蔬菜价格水平的变动随季节、气候、市场供求状况的变化而高低不一。苏州市蔬菜产销体制及价格改革不断深化调动了菜农生产的积极性，活跃了流通，增加了蔬菜供应品种，方便了群众购买。

表1-155　1998～2000年苏州市主要蔬菜年平均价格表

单位：元/千克

品类	地区	1998年	1999年	2000年
大白菜（一等）	苏州市	1.605	1.623	1.485
	常熟市	1.393	1.317	1.408
油菜（一等）	苏州市	2.135	2.020	1.963
	常熟市	1.698	1.541	1.608
黄瓜（一等）	苏州市	3.074	2.658	3.008
	常熟市	3.068	2.632	2.787
冬瓜（一等）	苏州市	1.820	1.409	2.098
	常熟市	2.038	1.677	1.828
西红柿（一等）	苏州市	2.859	2.766	2.738
	常熟市	3.329	2.875	3.013
萝卜（一等）	苏州市	1.749	1.802	1.786
	常熟市	1.699	1.617	1.499
黄花菜（一等）	苏州市	15.376	14.771	15.065
	常熟市	12.250	12.333	12.000
黑木耳（一等）	苏州市	69.537	79.086	79.505
	常熟市	52.917	54.500	60.000
干菇（一等）	苏州市	69.781	67.528	67.306
	常熟市	57.333	57.167	59.800

注：摘自《江苏省物价统计资料1950～2000》，省城市经济调查局编。

2008年初，中国南方遭遇特大雪灾，南北交通受阻。苏州市同时也遭遇特大冰冻雨雪灾害,市场粮食、蔬菜等主副食品供应告急,价格上涨。为确保市场供应,稳定市场物价,市物价局立即联系工商等相关部门,传达贯彻国家减免集贸市场管理费、个体工商户管理费、车辆入场费减半收取的政策,动员农林部门减半收取生猪检验费,对自产自销的农副产品全部免除摊位费,仅在市区范围就减免收费520万元。同时,市价格部门向外地几个主要的蔬菜供应基地发布苏州的价格信息,运用价格杠杆吸引货源;会同公安、交通部门认真落实鲜活农产品绿色通道政策,建立农产品运输快速通道,对来苏的大米、面粉和食用油实行免费放行;与城管部门协商允许农民走街进巷卖菜;还携手市区20家大中型商贸流通企业就粮食、猪肉、鸡蛋、食用油、蔬菜等群众生活必需品签订保供协议。通过这些努力,苏州市场货源快速集聚,价格也很快回落到正常水平,保证了苏州市区"米袋子"、"菜篮子"有效供给和价格的基本稳定。

2008年,苏州市场物价,特别是"菜篮子"价格上涨较快,根据市价格调控领导小组第二次会议精神,为认真落实市政府领导"对农资市场批零差价比较大的情况,由市物价局牵头,会同工商、农林、贸易和监察等部门开展调研,找出问题原因所在,拿出解决问题的方案"的批示,市物价局会同上述部门于同年9月底到无锡、上海、杭州、南京等地调研农产品产供销情况,形成了调研报告。为减少中间环节,最大限度降低农产品批零价差,调研报告提出了建农产品直销门店、农贸市场设平价直销摊位的建议。市政府先后几次召开由各市区政府领导、有关部门参加的协调会,提出了先行试点的要求。

2010年11月,面对高涨的蔬菜价格,苏州市价格部门在全省率先开展了以"1元菜"为主打——"保障供应,价格惠民,稳定物价"蔬菜价格惠民活动,采取"政府倡议,企业参与,价格惠民进超市、进社区,社会舆论监督引导消费预期"的全新模式来稳定蔬菜价格。参加活动的18家大型超市和工业园区邻里中心7家生鲜店积极响应政府物价部门倡议,每家每天至少拿出4个品种的蔬菜进行优惠销售,平均售价比农贸市场低30%左右。该活动推动了周边6家农贸市场10余种蔬菜价格下降,最高降幅超过25%。江苏省物价局迅即推广苏州的做法,南京等兄弟城市也纷纷学习苏州经验,开展价格惠民活动。11月30日,国家发改委在其网站上对苏州市稳定蔬菜价格的做法予以肯定,称之为"创造性开展工作,采取切实有效措施贯彻落实国务院关于稳定蔬菜价格的要求,取得实效"。中央电视台12月2日《新闻联播》节目报道了苏州市25家超市、生鲜店开展价格惠民活动新闻。同时,市物价局采取6条措施,切实稳定在苏高校食堂伙食价格。

同年12月,在市物价局牵线搭桥下,苏州地区两家蔬菜基地的蔬菜首次试点走进白塔社区、桃花坞社区,开展"平价蔬菜进社区活动",新鲜价廉的蔬菜受到社区群众的热烈欢迎。此举为减少蔬菜流通环节,解决"蔬菜最后一公里"瓶颈问题提供了全新模式。

3. 集市限价

20世纪80~90年代,苏州市场曾出现几次主副食品价格异常而影响市民生活的情况,苏州市曾多次对主副食品采取临时性限价措施,以保持市场蔬菜价格的基本稳定,比较严厉的是1985~1987年这一阶段。

1985年第四季度开始,集贸市场蔬菜等主副食品价格上涨过快,同年12月,根据省政府《关于加强城市蔬菜工作的通知》和《关于加强物价控制的通知》精神,经市政府同意,市物委对集贸市场部分商品零售价实行限价管理，以稳定市场物价，维护生产者和消费者利益。在苏州市委、市政府的统一部署下，市物委从全市抽调400名干部、职工，从1985年12月1日至1986年春节，对集市农副产品价格加强检查，并对部分农副产品实行限价措施。为此，市政府于11月27日召开加强集市价格管理动员大会，各区及有关业务部门的负责人、参加集市价格管理的全体干部出席了会议。市长等市领导到会作了动员部署，强调指出检查、管理的内容：第一不准超出限价标准，第二不准克扣斤两、混级抬价、弄虚作假。第三不准卖大户。检查的重点是菜场的集市。市物委领导对有关规定作了具体部署。

经市议价小组研究确定，从1985年12月1日起，先对蔬菜、鸡蛋、活鸡等8个品种实行限价：青菜每斤0.08元，包菜每斤0.09元，大白菜0.09元，长白萝卜0.08元，菠菜0.18元（以上蔬菜价格均为中准价，允许上浮20%）；鸡蛋每斤2.00元，活母鸡每斤1.80元（鸡蛋与活母鸡价格为中准价，允许上浮10%）。限价品种和价格水平将随季节、供求变化有所调整，不定期公布执行。

1987年下半年，针对集贸市场"菜篮子"价格上涨较快的情况，根据市政府指示精神，从6月22日起，苏州市区对集贸市场价格实行临时限价管理，确定了15个品种的成交中准价格和上浮幅度，具体是：每500克（下同）番茄0.30元，茄子0.30元，菜椒0.40元，四季豆0.25元，土豆0.20元，小青菜0.12元，蕹菜0.12元，鸡蛋1.90元，鸭蛋1.60元，活母鸡2.20元，活鲫鱼（225克以上）3.00元，鲜鳊鱼（225克以上）2.50元，鲜花鲢鱼（450~1000克）1.50元，带鱼（275克以上）2.50元，鳝丝2.70元。上述品种蔬菜允许上浮20%，水产和禽蛋允许上浮10%。中准价格水平一般情况下每月研究调整一次。从1985年底至1987年10月24日，苏州市农贸市场议价小组发布"苏州市农贸市场部分农副产品中准价格通知单"共49号。

1993年12月，为遏止粮油、蔬菜、猪肉等主副食品价格上涨过猛，根据国务院"对一些放开价格的副食品，价格上涨过猛时，要实行最高限价"的精神，经市政府研究同意，市物价局会同工商、商业、粮食等部门，从12月27日起对粮油、蔬菜、猪肉实行临时限价管理，其中每500克最高销售价：青菜1.50元，大白菜0.70元，萝卜0.60元，下浮不限；限价规定适用于市区国营、集体、个体经营者，限价水平由市物价局根据市场行情变化会同有关部门适时研究调整。1994年春节期间，从2月3日起，又明确市区蔬菜主要品种的限价水平：每500克青菜1.40元以下，白菜0.60元以下，萝卜0.50元以下。用行政手段对非政府定价的商品进行价格管制，用以维护特定时期的蔬菜价格水平的基本稳定，是维护社会安定和保障人民群众生活的重要措施之一，在计划经济向市场经济过渡的特定历史条件下，取得了较好的效果。

4. 豆制品价格

豆制品供应自20世纪60年代初国民经济困难时期开始实行定量计划供应。1960年实行凭卡供应，翌年改为凭票供应，每月人均0.12~0.20元，春节期间每人增加0.20元豆制品、0.5~1市斤黄豆芽、2两油面筋。1963年后，线粉（即水粉丝）、粉皮敞开供应，其他豆制品仍实行凭票供应，延续至1985年。改革开放后，农副产品生产发展迅速，豆制品原料充足，1982年5月后不再用冷榨豆饼作为原料，全部改用黄豆，豆制品质量明显改善；筋粉也恢复绿豆、豌豆作淀粉，油面筋也不只是在春节前生产，成为常年生产品种。在平价计划供应的同时，议价豆制品实行敞开供应。当时，"由于政策放宽，市区个体豆制品工商户陆续发展，自制自售，讲究质量，很受居民欢迎"，其价格较平价（凭票）贵1倍左右。1986年12月，每500克素鸡（每只不超过175克，下同）平价0.28元，议价0.55元；百叶（每500克30张，下同）平价0.40元，议价0.91元；豆腐（每板32块）每块平价0.028元，议价0.13元。1987年1月，豆制品议销价格为：豆腐每块（小箱每块400克以上）0.11元，素鸡每500克0.46元，百叶0.76元，允许20%的浮动幅度。

1988年3月16日，江苏省决定在发放居民副食品补贴的同时，豆制品价格实行议购议销，取消了原来对豆制品行业的平价黄豆供应，全部改为议价供应。出台时黄豆价格由每500克0.135元改为0.54元，上升300%，由此带来豆制品平均价格上升176.77%。苏州市区取消豆制品票证，实行敞开供应。豆制品（包括节日供应的粉丝）取消平价定量，改按现行议价豆制品价格销售。

为支持市蔬菜公司、食品工业公司所属企业豆制品生产的发展，促进企业改善经营，完善价格管理，1988年3月，市物价委员会作出《关于豆制品价格管理的规定》，对百叶、素鸡、豆腐、油豆腐、白干丝、普通香干等大宗平价豆制品实行国家指导价形式，由市物价部门规定作价办法制定价格。为便于市场销售价格的基本统一，对百叶等大宗豆制品实行在物价部门领导下的行业管理，各生产企业的订调价格应事先送市蔬菜公司协调平衡后，提前15天报市物委备案并附成本明细对比表。如10天内市物委无否决意见，生产企业可按平衡价格准时执行。其他花色豆制品实行市场调节价，由生产者自行定价。

1989年苏州市豆制品产销情况详见下表。到1992年5月，市区豆制品价格完全放开，实行市场调节价。

表1–156　1989年苏州市区豆制品产销情况表

项目	单位	数值
豆制品厂核定投料数	万斤	960
核定人均投料数	斤	13.6
核定黄豆投料成本	元/斤	0.54
核定投料差价补贴	元/斤	0.33
代表品种百叶销售价	元/斤	1.10
豆制品供应办法	—	敞开供应

1993年，市场物价总水平上涨较快，为遏止"菜篮子"价格过快上涨的势头，根据市政府文件精神，市物价局于7月28日起，将部分地产豆制品列入"提价申报商品"，规定现行零售价格：百叶（规格16×16厘米，30张，500克）每千克4.60元，素鸡（3条，500克左右）3.00元，豆腐（400克/盒）0.60元，白干丝（均匀7厘米左右）每千克3.20元，臭豆腐干（10～11块，500克）每块0.08元。各生产经营单位必须严格执行提价申报制度，不得擅自突破现行价格。

1995年4月14日，市物价局作出《关于调整豆制品价格的批复》，鉴于目前豆类食品厂生产原辅材料及水、电、煤价格的不断上涨，费用增加等因素影响，企业亏损严重，生产难以为继的实际情况，为确保豆制品的正常生产和供应，满足市场需求，决定从1995年4月20日起调整该厂部分豆制品价格：盒装内脂豆腐（400克）为每盒0.75元，百叶每500克为3.20元，素鸡和白干丝价格每500克均调整为1.80元。1998～2002年市场价格总水平稳中下降，市区豆制品价格也随之下跌，退出价格监审，一律实行市场调节价。

表1-157 2000~2010年苏州市区豆制品年平均价格表

单位：元/千克

品名	2000年	2001年	2002年	2003年	2004年	2005年	2006年	2007年	2008年	2009年	2010年
豆腐	1.36	1.32	1.33	1.47	2.72	1.82	1.87	2.04	2.78	2.79	2.83
百叶	6.46	6.29	6.29	6.65	7.95	8.15	8.45	8.83	11.64	11.99	12.20
素鸡	3.87	3.83	3.89	4.30	5.69	5.93	5.95	6.57	8.98	9.53	9.15

表1-158 2000~2010年苏州市区蔬菜年平均价格表

单位：元/千克

品名	2000年	2001年	2002年	2003年	2004年	2005年	2006年	2007年	2008年	2009年	2010年
青菜	1.61	1.65	2.08	2.25	2.01	2.82	2.39	3.03	3.12	3.55	4.03
包菜	1.40	1.37	1.38	1.71	1.96	1.98	2.00	2.40	2.59	2.93	3.27
绿豆芽	1.57	1.53	1.51	1.60	1.72	1.77	1.84	2.03	2.83	2.84	3.28
土豆	1.86	1.87	2.30	2.02	2.24	2.52	2.87	3.32	3.71	3.87	4.99
大蒜叶	3.14	2.40	2.76	3.19	3.36	3.87	4.31	4.64	4.68	5.66	7.60
菜心	2.10	1.89	2.32	3.29	2.02	3.56	3.13	4.11	3.93	3.62	3.11
韭菜	2.55	2.64	2.39	2.86	3.10	3.41	4.05	4.20	4.55	4.82	5.71
韭芽	5.19	4.67	4.40	4.75	5.21	6.94	7.07	7.19	7.70	6.83	8.37
春笋	3.53	3.14	4.59	4.89	5.10	3.73	5.00	5.60	9.78	8.81	5.66
冬笋	7.71	7.54	6.31	6.43	11.91	11.08	13.01	13.55	20.73	19.19	16.28
毛豆	2.53	2.91	3.69	4.06	4.17	3.98	6.92	5.76	6.87	5.93	6.06
青椒	3.72	3.34	2.86	3.76	3.69	4.26	4.47	5.00	5.58	6.32	6.50
萝卜	1.66	1.55	1.93	1.92	1.78	2.22	2.19	2.43	2.66	2.70	3.01
菠菜	2.97	2.45	2.85	3.29	3.46	4.46	3.93	5.67	5.59	5.59	6.23
芹菜	2.50	2.09	2.29	2.84	2.84	3.38	3.54	3.92	4.43	4.79	4.94
白菜	1.43	1.54	1.34	1.71	1.56	1.91	1.78	2.21	1.99	2.35	2.95
西红柿	2.89	2.92	2.71	3.34	3.50	3.68	4.30	4.48	4.85	5.11	6.07
花菜	2.76	2.32	2.81	3.46	3.23	3.73	3.95	4.40	4.81	5.02	5.44
莴笋	2.24	1.96	2.13	2.58	2.62	2.82	3.16	3.27	3.51	3.73	3.38
空心菜	2.67	3.14	3.10	3.13	3.52	3.52	3.85	4.04	4.39	4.33	4.04
茄子	3.58	3.10	2.92	3.47	3.51	3.83	4.27	4.71	5.25	5.15	6.47
蚕豆	2.24	1.92	2.44	2.80	2.08	2.24	2.26	2.57	3.27	4.00	3.49
四季豆	4.17	3.92	3.42	4.32	4.83	5.08	5.99	6.39	7.21	7.52	7.80
长豇豆	4.68	4.46	4.24	4.48	4.87	5.39	6.25	5.90	6.91	6.75	6.86
苋菜	2.52	2.51	2.73	2.80	3.52	3.52	3.65	4.41	4.85	4.71	4.93
茭白	4.18	4.10	4.30	4.69	5.69	6.67	6.80	7.29	7.31	7.48	7.56
黄瓜	3.13	2.95	2.70	3.34	3.35	3.78	4.42	4.39	5.01	5.39	5.97
冬瓜	1.88	1.74	1.46	1.75	1.78	1.74	2.19	2.17	2.70	2.53	2.49
丝瓜	3.40	3.14	3.48	3.75	4.45	4.58	5.09	5.21	5.84	5.84	5.93

资料来源：苏州市物价局成本调查队市场价格监测资料。

二、水果价格

1. 沿革

苏州历史上的花果栽培，吴县（吴中区）是花木果品的主产区，吴县洞庭山的橘子、枇杷，在唐代即为"贡品"。主要品种有桂花、橘子、枇杷、杨梅、金橘、梅子、白果（银杏）、栗子、桃子等。为桂花、枇杷全国五大产区之一，为白果全国十大产区之一。其他各县（市）地产桃、梨、桔等果品。鲜果按供应量和上市时间长短有大水果、小水果之分，大水果中苹果、梨、柑橘、香蕉，业中称"四大名旦"；西瓜上市量虽大，但时间较短而归入小水果类。苏州市场经常上市的水果有40多个品种。除少部分本地产水果外，绝大多数是外地品种的水果，占苏州市场份额的大部分，近十年来更有价格较贵的进口水果和返季水果应市。

一般来说，果品行业价格不同于其他行业，因鲜果不易久储，易腐烂变质，故价格随行就市，上市和落市之间价格差异较大，其经营特点是价格灵活，以脱手售出快为佳，这就形成了苏州水果市场传统的价格格局。

2. 地产水果计划价格

从20世纪50年代开始，地产鲜果一直由供销社统购包销，1962年曾一度实行议购议销，1964年取消。以苏州吴县产一级料红橘为代表，1950年柑橘的收购价格为每50千克12万元（旧人民币，下同），1951年为每50千克13万元，1953年为每50千克15万元，1955年为每50千克17.50元（新人民币，下同），1956年为每50千克19元，1957年为每50千克23.50元，呈逐年上升的趋势。从1963年至1977年，柑橘的收购价格基本上一直保持在每50千克20元左右，而未作变动。1978年后继续上升，每50千克为22元。这一阶段，苏州水果市场供应紧缺，品种也较单一。

1983年11月29日，苏州市吴县料红橘14只以内批发价格为每斤0.426元，零售价格为0.52元；16只以内批发价格为每斤0.369元，零售价格为0.45元；19只以内批发价格为每斤0.314元，零售价格为0.38元。

表1-159　1949~1985年苏州市历年果园面积和水果总产表

年份	果园面积（亩）	水果总产（吨）	年份	果园面积（亩）	水果总产（吨）	年份	果园面积（亩）	水果总产（吨）
1949	16441	6785	1962	22752	12213	1975	31470	23357
1950	16469	9725	1963	24111	9234	1976	32543	23691
1951	17097	7013	1964	23856	10816	1977	33752	17667
1952	17757	7584	1965	23982	16236	1978	36602	18653
1953	17796	6071	1966	23596	11828	1979	39667	31261
1954	18175	6314	1967	23238	15363	1980	41670	17407
1955	18585	7223	1968	23937	12098	1981	44631	25874
1956	18767	8403	1969	24389	12335	1982	49960	27435
1957	19812	8257	1970	25595	19039	1983	51068	32903
1958	21944	8734	1971	25801	13702	1984	76904	26776
1959	30427	7661	1972	28585	20841	1985	86569	39113
1960	30784	13181	1973	29685	21208	—	—	—
1961	27327	11041	1974	32656	27520	—	—	—

表1-160　　1960~1985年苏州市瓜、果产量表

年份	西瓜		果类（千克）
	实种面积（亩）	总产量（千克）	
1960	—	700	1100
1962	365	181200	5850
1966	93	67400	174200
1974	—	44150	201450
1977	3678	3674200	103300
1980	4185	1827750	213500
1982	4191	3734750	337000
1985	3158	2311350	382100

表1-161　　1978~1983年苏州市吴县果品发展情况表

年份	总面积（亩）	总产量（担）	其中									
			枇杷		杨梅		橘子		白果		栗子	
			面积（亩）	产量（担）	面积（亩）	产量（担）	面积（亩）	产量（担）	面积（亩）	产量（担）	面积（亩）	产量（担）
1978	32571	328473	3208	9866	4414	37150	9429	120049	1012	4278	2516	5823
1979	34660	570601	3252	18528	5338	84793	10901	294383	1070	3775	2515	9388
1980	36252	286369	3450	5825	5583	15506	11835	109668	1089	8313	2722	11193
1981	38544	474785	3389	878	5430	77616	14811	266933	1121	7723	2639	3928
1982	41473	458738	3412	33058	5642	30513	16552	242907	1116	6943	2626	12939
1983	41596	566349	3326	2055	5975	56392	16924	406232	1120	4192	2641	5053

表1-162　　1978~1983年苏州市吴县东山果品发展情况表

年份	总面积（亩）	总产量（担）	其中									
			枇杷		杨梅		橘子		白果		栗子	
			面积（亩）	产量（担）	面积（亩）	产量（担）	面积（亩）	产量（担）	面积（亩）	产量（担）	面积（亩）	产量（担）
1978	12424	141179	1721	6118	1648	16975	4728	69915	521	2285	472	1288
1979	12895	274085	1739	11335	1649	26377	5412	181540	593	2403	505	2388
1980	13615	106001	1761	3204	1829	6288	5855	52033	615	4725	526	2022
1981	14244	204041	1634	373	1702	24885	7050	143648	621	4468	519	1634
1982	14565	200001	1628	16764	1701	15113	7368	125064	621	4277	519	2838
1983	14857	292238	1628	815	1702	20950	7649	239924	621	2378	519	1484

表1-163　　1950~1983年苏州市吴县主要果品历年收购价格表

单位：元/担

年份	品种				年份	品种				年份	品种			
	橘子	枇杷	白果	栗子		橘子	枇杷	白果	栗子		橘子	枇杷	白果	栗子
1950	12	18	45	21	1955	17.5	24	28	18	1960	22	30	38	22
1951	13	21.5	45	23	1956	19	22	34.5	20	1961	22	30	38	26
1952	13	18	45	20	1957	23.5	28	38	22	1962	22	30	38	28
1953	15	22	38	20	1958	22	30	38	22	1963	20	30	38	26
1954	17.5	21	32	18	1959	22	30	38	22	1964	20	28	38	26

年份	品种				年份	品种				年份	品种			
	橘子	枇杷	白果	栗子		橘子	枇杷	白果	栗子		橘子	枇杷	白果	栗子
1965	20	28	38	24	1972	20	28	42	27	1979	26.4	35	46	32
1966	20	28	38	24	1973	20	28	42	27	1980	42	35	80	42
1967	20	28	38	24	1974	20	32	42	27	1981	33	42	69	42
1968	20	28	38	24	1975	20	32	42	27	1982	29.7	42	69	42
1969	20	28	38	24	1976	20	32	42	27	1983	35~40	50~55	150~160	55~60
1970	20	28	38	24	1977	20	32	42	27	—	—	—	—	—
1971	20	28	38	24	1978	22	32	46	32	—	—	—	—	—

3. 水果同行议价

1983年，苏州市从晚熟苹果上市开始，对水果中主要品种苹果、柑橘等价格放开，只管理购销、季节、品质、批零差率。

为适应市场开放，多渠道流通，搞活经营，在主管部门统一规定下，1984年，苏州市水果、干果两个批发部结合本行业情况，对批发调拨价格试行灵活作价办法。水果批发部从枇杷上市开始，实行随行就市浮动作价。干果批发部改变原来批发调拨按对象折扣调拨的作价规定，实行批量定价，批发调拨根据数量和市场行情按批量协商作价。当年初夏，苏州市吴县枇杷丰收，总产达2万余担，鲜一级白沙最高成交价每担56元，最低48元。6月25日，福建印尼西瓜首先应市，每斤零售价为0.48元，农贸市场的西瓜日见增多，价格也随着地产瓜的大量上市而迅速下跌。7月16日，零售水果店西瓜酥蜜零售价（4斤以上）为每斤0.18元，华东26号（4斤以上）为每斤0.17元，农民自行出售的酥蜜为每斤0.25元，部分品种出现了集市价格低于商店零售价的现象。7月18日以后，由于气温有所下降，瓜价再次下跌，农民卖价在每斤0.10～0.12元。地产其他品种如山桃、杏子逐年减少，且多采青用于蜜饯加工原料，上市量有限，价格趋涨，桃子每斤0.32元，杏子每斤0.80元。1984年起，按中共中央文件精神，进一步放宽农副产品的议购议销。是年，又取消了对议价商品最高限价管理措施，允许多渠道流通，取消价格上兼营服从主营的规定，使果品的流通和经营更活了。

1985年7月，主副食品价格随着猪肉价格的放开而快速上涨，为稳定市场物价，从1985年7月开始，由市物委牵头，每周两次召集国营、集体、个体经营户，率先对时令鲜果主要品种试行同行业议订价格的形式，并以此为试点，逐步推向其他行业。水果实行同行业议订价格的形式，一直沿用至1990年，其价格呈逐步上升的走势。同年9月，苏州市对已经放开的部分农副产品实行指导性价格管理，其中对水果中的苹果、柑橘、西瓜这三大类价格，要求市果品公司在商品上市一个月前，另行上报基础价、浮动幅度和季节差率，由市物委审核后再行执行。

从1979年开始，随着苏州近郊大面积扩种西瓜，市场供应渐见充裕，至1986年，苏州市西瓜零售价格总水平不仅未超过1985年水平，还有所下降。1986年，西瓜实行同行业议价管理。由市果品公司牵头，各批发企业和部分零售商店组成西瓜议价小组，议价小组定期召开会议，根据西瓜指导性作价原则和市场行情的变化，及时、合理商定主要品种的批发价（或成交价），市果品公司根据议价小组的意见，印发批、零最高价格通知单，于6月29日开始执行市区批、零最高价格，分别为每担20元、25元。自产自销的瓜农和长途贩运者，在市场上销售西瓜时，价格由买卖双方面议，并遵守物价和工商行政管理部门的有关管理规定。1986年，苏州吴县东、西山枇杷大丰收，白沙一级品每50千克在70~80元，市场零售价每0.5千克在1.1~1.2元。

同年，国营公司对鲜果实行议价，根据三个主要品种与上年同期价格相比，国营议价上升25.6%，集市价上升18.4%。国营议价品种中，价格都上升，金帅苹果上升幅度为35.48%，香蕉上升幅度为18.2%。市价也都上升，青蕉苹果上升幅度为26.7%，砀山梨上升幅度为10%，香蕉上升幅度为16.7%。

表1-164　1985~1986年国营公司议价及集市价鲜果价格同期对比表

单位：元/500克

品名	规格	国营公司议价		集市价	
		1986年9月20日	1985年9月20日	1986年9月20日	1985年9月20日
苹果	一级金帅	0.84	0.62	—	—
	一级青蕉	—	—	0.95	0.75
砀山梨	一级	—	—	0.55	0.50
香蕉	一级	1.30	1.10	1.40	1.20

1987年5月，市水果行业价格管理小组根据市物委传达的国务院最近对稳定市场物价的指示精神，决定对水果中的香蕉、柑橘和梨三个大类实行最高限价，如香蕉每50千克批发价为120元，批零差率最高不超过30%。

1988年属柑橘生产大年，全国总的趋势是：面积扩大，产量增加，供销系统收购量有较大的回升，购销价格稳中有升。综合平均收购价每千克1.08元，比去年上升9.4%。其中，浙江为1元，上升5%；湖南为1元，上升11.9%；湖北为0.86元，上升11.9%；四川为0.86元，上升6.2%；重庆为0.95元，上升17.3%。外地柑橘价廉物美，对苏州地产的料红橘和福桔冲击较大，致地产橘子价格低迷下降。

表1-165　1988年10月20日苏州市干鲜果价格行情表

单位：元/千克

类别	地区	苹果（中等青蕉）	梨（中等鸭梨）	橘子（无核蜜橘）	香蕉（中等）	红枣（甲级）	核桃（甲级）	桂圆（甲级）	通心莲（甲级）
供货价	市果品	2.40	2.00	2.80	2.40	3.00	3.55	29.72	24.00
	吴县	2.00	1.60	1.80	2.00	4.00	—	—	—
	吴江	2.70	—	—	—	—	3.80	33.04	25.00
	昆山	2.60	—	1.80	2.40	4.00	—	—	24.60
	太仓	2.60	—	—	2.40	4.60	3.72	—	25.00
	常熟	2.50	2.00	2.40	2.30	3.60	—	—	23.00
	张家港	2.20	1.60	2.00	2.20	3.40	—	—	24.20
零售价	市果品	3.40	3.00	3.60	3.20	3.48	4.12	34.48	27.84
	吴县	3.00	2.80	3.00	3.00	6.00	—	36.00	32.00
	吴江	3.20	—	—	—	—	4.38	38.00	28.80

类别	地区	苹果 （中等青蕉）	梨 （中等鸭梨）	橘子 （无核蜜橘）	香蕉 （中等）	红枣 （甲级）	核桃 （甲级）	桂圆 （甲级）	通心莲 （甲级）
零售价	昆山	3.50	—	2.60	3.00	4.40	—	—	28.54
	太仓	3.40	2.60	—	2.80	5.60	4.40	40.16	30.00
	常熟	3.30	2.50	3.10	2.80	4.32	—	—	26.40
	张家港	—	—	—	—	3.52	—	—	27.34

1989年12月7日，市物委根据市鲜果行业议价小组讨论的意见，发出《鲜果限价通知》：苹果及梨一级品最高批发价每50千克分别为132元和112元，零售价每500克分别为1.63元和1.40元。各经营者必须服从限价管理，并在限价水平内，严格按作价办法确定具体销价。至1990年4月24日，市物委根据鲜果行情的变化及经营单位的要求，又对部分鲜果作了适当调整。详见下表：

表1-166　1990年苏州市部分鲜果价格调整表

品名	产地	等级	规格	最高成交批发价		最高零售价	
				单位	单价	单位	单价
苹果	各地	一级	每500克4只以内	元/50千克	168	元/500克	2.10
梨	各地	一级	每500克4只以内	元/50千克	136	元/500克	1.70

至1990年12月15日，苏州市区集贸市场水果零售平均价格每千克苹果3.84元，比上年同期3元上涨28%；梨3元，同比上涨15.38%；橘子2.2元，比上年2.33元上涨29.41%；香蕉2.86元，同比上涨22.75%。

4. 价格放开

1991年以后，水果价格在农副产品中率先完全放开，随行就市。地产的料红橘和福桔，皆为吴县东西山传统品种，因抗风及耐寒力弱，且料红橘果小核多，口感较差，20世纪90年代开始逐步被淘汰。而温州蜜橘，20世纪70年代前后分别从无锡和浙江黄岩引进。随着水果价格放开，购销渠道扩大，水果市场活跃，国营果品公司销量明显下降，私营个体集市水果店（摊）成为市场的主角，品种繁多的外地产水果也成为苏州市场的主角，价格放开随行就市，完全由市场供需所决定，随季节、丰歉、上市量及生产成本的变化而价格高低不一。详见下表：

表1-167　1999年1月14日苏州市果品批发交易市场价格行情表

单位：元

品名	产地	规格	价格	品名	产地	规格	价格
芦柑	漳州	500克	1.50~1.80	红富士	山东	500克	1.30~2.00
文旦	浙江	500克	1.30~1.50	砀山梨	安徽	500克	0.75~1.30
脐橙	四川	500克	2.10~2.70	特级香梨	新疆	箱（10千克）	95.00
一级香梨	新疆	箱（10千克）	85.00	—	—	—	—

表1-168　　1999年1月22日苏州市果品批发交易市场价格行情表

单位：元/千克

品名	最高价	最低价	品名	最高价	最低价
红富士苹果	4.00	3.00	砀山梨	2.60	2.20
贡桔	2.80	2.40	金橘	2.40	2.00
芦柑	3.60	3.00	文旦	3.00	2.60

表1-169　　1999年9月22日苏州市果品批发交易市场价格行情表

单位：元

品名	规格	价格	品名	规格	价格
安徽砀山梨	箱（9千克）	13.00~14.00	红富士苹果	箱（8千克）	22.00
葡萄	箱（9.7千克）	24.00	哈密瓜	千克	4.20
柚子	千克	2.20	新西兰猕猴桃	箱	85.00
陕西猕猴桃	箱	14.00	新疆香梨	箱（10.5千克）	75.00
四川石榴	千克	9.50	安徽板栗	千克	10.00

表1-170　　1999年10月13日苏州市果品批发交易市场价格行情表

单位：元

品名	规格	价格	品名	规格	价格
红富士苹果	箱	18.00	砀山梨	箱	13.00
江西贡桔	千克	3.00	新疆葡萄	千克	3.00
山东西瓜	千克	2.00	菠萝	千克	2.00
哈密瓜	千克	3.00	猕猴桃	千克	3.50

表1-171　　1999年10月22日苏州市果品批发交易市场价格行情表

单位：元

品名	规格	价格	品名	规格	价格
安徽砀山梨	500克	0.65	浙江蜜橘	500克	0.40
红提（进口）	箱（10千克）	230.00	海南无籽瓜	500克	0.90
柚子（福建）	500克	1.10	红富士苹果（山东）	500克	1.00
猕猴桃（进口）	一板（36只）	78.00	红富士苹果（陕西）	500克	1.20
猕猴桃（国产）	500克	3.00	河北水晶梨	500克	2.30

表1-172　　1999年12月10日苏州市果品批发交易市场价格行情表

单位：元

品名	规格	价格	品名	规格	价格
安徽砀山梨	500克	0.65	浙江蜜橘	500克	0.40
红提（进口）	箱（10千克）	230.00	海南无籽瓜	500克	0.90
柚子（福建）	500克	1.10	红富士苹果（山东）	500克	1.00
猕猴桃（进口）	一板（36只）	78.00	红富士苹果（陕西）	500克	1.20
猕猴桃（国产）	500克	3.00	河北水晶梨	500克	2.30
贡桔（江西）	500克	1.30~1.40	新疆香梨	500克	3.50

表1-173 1998~2000年苏州市主要水果价格表

单位：元/千克

品名		1998年	1999年	2000年
苹果（一级）	苏州市	5.155	4.966	4.686
	常熟市	4.750	5.114	4.915
梨（一级）	苏州市	4.450	3.123	2.459
	常熟市	4.216	4.063	3.646
西瓜（一级）	苏州市	1.241	1.543	1.351
	常熟市	3.086	3.515	3.290
香蕉（一级）	苏州市	4.203	4.087	4.754
	常熟市	4.880	4.814	5.230

注：摘自《江苏省物价统计资料1950~2000》，省城市经济调查局编。

改革开放后，苏州果品市场在大市场大流通的背景下，货源丰裕，价格稳中渐升。苏州市大面积扩大柑橘、葡萄、水蜜桃等果品生产是在1978年以后，苏州市通过逐步调减粮食播种面积，在比较早的时间内对水果等比较效益好的农副产品价格完全放开，价格随行就市，促进了花果栽培的大发展。至1985年，6县（市）有果园8.66亩，水果总产3.01万吨，创历史新水平；至1995年，全市水果产量达6.21万吨，年均递增4.7%，比1985年增长58.8%。进入21世纪，苏州进一步加快推进农业结构性战略调整，瞄准市场需求，使苏州传统特色果品如白沙枇杷、细蒂杨梅、凤凰水蜜桃、大佛手银杏、九家种板栗等传统特色果品得到了进一步开发利用，这不仅有效地丰富了市民的"菜篮子"、"果篮子"，更使农民富裕和农村经济发展上了一个新台阶。下表（表1-174）为市物价局价格监测中心提供的苏州市区五大类水果年平均零售价格。

表1-174 2001~2010年苏州市区水果市场年平均零售价格表

单位：元/千克

品名	2001年	2002年	2003年	2004年	2005年	2006年	2007年	2008年	2009年	2010年
苹果	4.17	4.41	3.96	4.41	3.89	5.16	5.28	6.36	6.30	7.51
梨	2.44	2.21	2.74	2.85	2.92	3.40	3.61	3.71	4.03	4.76
柑橘	2.58	2.77	2.86	3.03	3.27	4.13	4.31	4.34	3.81	4.58
香蕉	3.18	3.33	3.52	4.05	3.83	4.04	3.73	4.37	4.77	5.02
西瓜	2.70	2.66	2.77	3.38	3.60	4.16	3.67	4.33	3.75	3.54

注：苏州市物价局价格监测中心提供。

第八节 茶叶价格

一、沿革

苏州有着源远流长的茶文化，苏州太湖洞庭东、西山种茶始于唐代中叶，以洞庭茶、四月茶著称。清康熙年间，民间有"吓煞人香"茶，苏州地方官府以此为贡品，因名不雅，改称"碧螺春"，而今已成为中国十大名茶之一。现产自于苏州市吴县（吴中区）太湖洞庭东山、西山和光福一带的碧螺春茶，色泽碧绿，茶叶鲜嫩，卷曲如螺，清香扑鼻，驰名中外，周恩来总理曾以此茶作为礼物赠送外宾。苏州碧螺春制茶仍保持传统工艺，由当地茶农就地加工。碧螺春采茶最好时间为每年3月20日（春分）至4月20日（谷雨），其中4月5日（清明）前后为主要采茶时间，碧螺春茶以茶芽精制，500克约有6万个青头（茶芽），制作全靠手上功夫，火候要求高。据清代顾禄《清嘉录》载："谷雨前，邑侯采办洞庭东山碧螺春入贡，谓之贡茶。"清明之前更佳，称"明前茶"，其价格最贵。根据资料记载，碧螺春茶叶的收购价格，民国19年（1930）至25年（1936），每担在法币104~128元之间，其价格基本平稳。民国时期的苏州市场中等质量的碧螺春、龙井茶叶每市斤民国20年（1931）为银圆0.997元，1935年为法币（下同）1.007元，1936年为0.938元，其价格基本平稳。抗日战争爆发以后，随着物价的上涨，茶叶价格也一路上行，1939年为2.64元，1940年为5.09元。1945年为512元，1947年为34800元，1948年上半年为30.64万元，1948年下半年为金圆券13.28元。

苏州栽培茶花遍于虎丘一带，是全国四大香花产区之一。其历史可以追溯至北宋。清光绪中期，随着花窨茶业的发展，茶花生产品种有茉莉、白兰、玳玳、珠兰等10余种。民国时期，起初用于窨茶的以玳玳花为最多，占90%。后因茉莉易栽培，繁殖快，逐年取代玳玳。至民国29年（1940），茉莉花产量两倍于白兰。苏州地产的茶花主要供应中国北方地区，以及本地私人茶商窨制花茶之用。此外，苏州市常熟、张家港（沙洲）的低山丘陵地也产绿茶。

建国后，苏州全市茶树种植、生产发展较快。据1995年版《苏州市志》载：1949年茶园面积1755亩，茶叶总产66吨；从20世纪50年代后期开始恢复，逐年发展。至20世纪80年代初，茶园面积已突破6000亩；1985年为6260亩，茶叶总产达265吨，其中碧螺春茶叶22.6吨。至2005年，吴中区碧螺春种植面积发展稳定在2.1万亩上下，正常年景下总产量130吨左右。

建国初期，苏州茶叶市场的供应以私商为主，其经营以自由购销为主要形式，价格随行就市。20世纪50年代农副产品统购统销政策实施后，茶叶被列为二类农产品，实行国家定价。20世纪80年代中叶，苏州市物价委员会会同市供销社对茶叶实行指导性价格管理。20世纪90年代开始，苏州茶叶购销价格实行市场调节价。为保持茶叶市场价格的基本稳定，苏州市价格协会（行业价格协会）一度对茶叶零售价实行行业价格管理，不定期地公布苏州市区茶叶市场平均价格，以规范茶叶行业的市场价格行为。

二、地产茶叶统购统销价格

1. "碧螺春" 茶收购价

建国后，为了发展茶叶生产，苏州碧螺春茶叶的收购价格开始逐年提高。其间，碧螺春茶叶的"中准级"标准，从1950年至1987年曾变动过多次。1950年至1954年分为三级六等，1955年至1956年分为三级，1957年分为三级六等，1958年分为三级五等，1959年至1961年分为二级三等，1962年至1987年分为七级十三等。1950年至1978年苏州市碧螺春茶叶收购价格如下表：

表1-175　1950～1978年碧螺春茶叶收购价格表

单位：元/50千克

年份	价格	年份	价格
1950	84	1959	435
1951	83	1960	435
1952~1954	160	1961	610
1955	170	1962	435
1956	195	1963	435
1957	278	1964~1978	522
1958	323	—	—

注：1950年到1954年价格已折算成新人民币。

1982年4月，根据省有关部门的文件精神，苏州市提高碧螺春茶叶收购价格，以解决收购价偏低的问题，但在现行零售价不得提高的情况下，采取压缩商业进销差价和供销社系统经营环节费用的办法，来保证零售价格一律不动。详见下表：

表1-176　1982年碧螺春收购价格、批发价格调整表

品名	现行价格（元/担）	调整后价格（元/担）	调整幅度	等级		批发价格（元/担）		现行零售价（元/500克）
				级	等	现行价	调整价	
碧螺春	1150	1250	8.5%	一	1	2130	2168	24.50
					2	1956	1991	22.50
	970	1050	8.4%	二	1	1826	1858	21.00
					2	1678	1708	19.30
	810	870	7.7%	三	1	1522	1549	17.50
					2	1391	1416	16.00
	680	730	8%	四	1	1304	1327	15.00
					2	1174	1195	13.50
	550	590	7.1%	五	1	1043	1062	12.00
					2	957	973	11.00
	440	470	6.2%	六	1	870	885	10.00
					2	783	796	9.00
	350	370	4.4%	七	—	696	708	8.00

1983年4月，国家调整茶叶工商税税率，1984年新茶上市起税率由40%降为25%。碧螺春

茶标准品四级收购价每担由730元提高为776元，调拨价每担由1304元降低为1252元，批发价每担由1327元降低为1304元，恢复原来的批零差率15%，零售价格不变，每斤仍为15元。

表1-177　1984年碧螺春购销价格调整表

等级		收购价格（元/担）		调拨价格（工厂交货）（元/担）		批发价格（元/担）		零售价格（元/斤）
级	等	现行价	调整价	现行价	调整价	现行价	调整价	
一	1	1250	1331	2131	2045	2168	2130	24.50
	2			1957	1878	1991	1956	22.50
二	1	1050	1118	1826	1753	1858	1826	21.00
	2			1679	1611	1708	1678	19.30
三	1	870	925	1523	1461	1549	1522	17.50
	2			1392	1335	1416	1391	16.00
四	1	730	776	1304	1252	1327	1304	15.00
	2			1175	1127	1195	1174	13.50
五	1	590	626	1044	1001	1062	1043	12.00
	2			956	919	973	957	11.00
六	1	470	498	870	835	885	870	10.00
	2			782	752	796	783	9.00
七	一	370	395	692	668	708	696	8.00

为确保碧螺春传统名茶的品质风格，确保外贸出口需要，确保大中城市特需供应，1986年，明确规定茶叶购销价格列入省管指导性价格。根据中央和省的指示精神，当年茶叶实行指导性收购价，指导性收购价以放开前的收购牌价为基础，本着有利生产和销售的原则，确定1986年碧螺春茶指导性收购价格在1985年上浮价基础上再提高15%，即比1984年收购牌价上升72%，继续实行七级十三等的价格，统一执行省定标准样。对次品茶根据品质等级，在七折以下按质论价收购。

苏州碧螺春茶叶流通的主渠道是吴县供销社，严格按照国家制定的碧螺春标准茶样和价格，做到对样评茶计价；产地基层供销社、多服公司联营收购茶叶，也必须执行国家统一制定的茶样和七级十三等的价格标准，认真地执行评茶计价政策。产地基层社代县收购，其代购费率为6%。

吴县东山、石公、堂里、金庭四个碧螺春主产地执行产地市场供应价，非产地市场按表列批发价和零售价格执行，批零差率为13%。县公司对系统内县以上经营公司发生调拨业务时，按批发价倒扣3%为调拨价。详见下表：

表1-178　1986年3月18日苏州市吴县碧螺春茶叶收购、调拨、销售价格表

级别		收购价			调拨价（元/担）	产地市场供应价（元/斤）	非产区（元/斤）		出厂价（元/担）
级	等	1984年（元/担）	1986年（元/担）	上浮（%）			批发价	零售价	
一	1	1331	2300	—	3434	35.40	35.40	40.00	3270.10
	2	1225	2100	—	3138	32.40	32.40	37.00	2988.10
二	1	1118	1950	—	2915	30.10	30.10	34.00	2766.60
	2	1022	1800	—	2693	27.80	27.80	31.50	2565.10

级别		收购价			调拨价 （元/担）	产地市场供应价 （元/斤）	非产区（元/斤）		出厂价 （元/担）
级	等	1984年 （元/担）	1986年 （元/担）	上浮 （%）			批发价	零售价	
三	1	925	1600	—	2397	24.70	24.70	28.00	2283.10
	2	851	1450	—	2175	22.40	22.40	25.00	2071.60
四	1	776	1300	—	1953	20.10	20.10	23.00	1860.10
	2	701	1200	—	1805	18.60	18.60	21.00	1719.10
五	1	626	1050	—	1583	16.30	16.30	18.50	1507.60
	2	562	950	—	1435	14.80	14.80	17.00	1366.60
六	1	498	850	—	1287	13.30	13.30	15.00	1225.60
	2	447	780	—	1183	12.20	12.20	14.00	1126.90
七	—	395	700	—	1065	11.00	11.00	12.50	1014.10
总水平		—	—	72.09	—	—	—	—	—

表1–179　1979～1987年碧螺春四级茶叶收购价格表

单位：元/50千克

年份	1979～1981	1982～1983	1984	1985	1986～1987
价格	680	730	776	1130	1300

2. "碧螺春"茶统销价

1954年7月，江苏省商业厅规定茶叶的批零差率：一般城市掌握在20%～25%之间，小城市不低于16%；批发起点量：南京、无锡、苏州市7.5千克起批，常熟等市5千克起批。1955年，江苏省私营茶行的批发业务被停止，零售商全部实行批购经销。其时的销售价格，根据资料记载，1955年苏州市场湖烘四级茶的批发价格为每50千克247元，碧螺春零售价格为每500克3.22元，批零差率为30%。1959年，碧螺春四级茶全省11个城市的平均零售价格为每500克5.21元，苏州市为5.10元；精制绿茶四级全省平均零售价格为每500克1.43元。

1962年，江苏省人民委员会批转供销社《关于贯彻提高内销高、中级茶叶价格的报告》，决定自当年4月1日起，在原有价格的基础上，将高、中级茶叶的销售价格平均提高2.42倍。例如，苏州四级碧螺春茶的零售价格每500克由5.21元提高到28.92元，四级精制绿茶的零售价格每500克由1.43元提高到11.52元。实行高价政策后，高级茶大量积压，销售量锐减。在此情形下，1963年9月，江苏省人民委员会决定停止茶叶的高价销售，恢复正常的供应价格。同年10月，碧螺春茶由每500克28.92元降为12.78元，降幅为56%；精制绿茶由每500克11.52元降为3.61元，降幅为69%。1964年，碧螺春茶的市场零售价格每500克升高到14.37元，精制绿茶每500克为4.30元，但到了1965年，又分别回落到12.11元和3.90元，并一直延续到1979年。

其间，苏州四级碧螺春茶的批零差率：1962年为22%，1963年为28%，1965年为22%，1980年为15%，1982年为13%，1985年为15%；之后一直延续这个水平的批零差率，直至20世纪90年代后，碧螺春茶叶价格放开，实行市场调节价为止。

表1-180　　1949~1987年苏州市碧螺春茶叶历史零售价表

单位: 元/500克

年份	茶叶（碧螺春四级）	年份	茶叶（碧螺春四级）
1949	—	1964	14.30
1950	—	1965	12.10
1951	—	1966~1971	12.10
1952	—	1972~1973	12.10
1953	—	1974~1977	12.10
1954	—	1978	12.10
1955	3.22	1979	12.10
1956	—	1980	15.00
1957	—	1981~1982	15.00
1958	—	1983	15.00
1959	5.10	1984	15.00
1960	5.10	1985	21.50
1961	12.50	1986	23.00
1962	29.10	1987	29.80
1963	12.70	—	—

3. 绿毛（精）茶购销价

1957年以前，苏州地产绿毛茶的收购价格由市场自行确定。资料显示，1953年，苏州吴县绿毛茶的收购价格每50千克为50万元（旧人民币，下同）。1954年，吴县由每50千克50万元调为55万元。1956年，吴县由每50千克55元（新人民币，下同）调为61元。1957年以后，江苏省统一规定绿毛茶的收购价格，以中准级为标准，1957年绿毛茶的收购价格每50千克为94元，1961年每50千克为105元，1962年至1963年每50千克为94元，1964年至1966年每50千克为110元，1967年至1973年每50千克为108元，1974年至1978年每50千克为115元，1979年每50千克为121元，并一直延续到1983年。1984年以后，绿毛茶实行指导收购价格，允许在原来收购价格的基础上，向上浮动不超过20%。

精制茶零售价统一规定为按批发价加规定批零差率组成。以苏州市四级精制绿茶的批零差率为例: 1959年至1965年为28%; 1966年至1978年为22%; 1979年至1980年为20%; 1983年为19%，直至20世纪90年代。花茶和红茶批零差率均为19%。

4. 茶花价格

1950年，虎丘一带花农发展至2135户，同年春，中国茶业公司在苏州建立窨花工作组。1951~1952年，为保护花农经济利益，政府提高茶花的收购价格，茉莉花每担（100市斤），收购价从1949年的240元（已折合为新人民币，下同），先后提高至1950年的269元和1951年的370.8元，白兰花、玳玳花的每担收购价也从1950年的349元和25元，分别提高至1952年的551.24元和35.78元。又因辽宁、沈阳、西安、武汉等地茶商来苏私购茶花，出现求大于供，花价猛涨，使茶花利润超过农业近10倍，花农收入陡增。是时，卖掉两条白兰花就可以吃一碗肉面，故附近纯农户、集镇工商户、小贩纷纷种植茶花，至1952年末，花户增至4327户，1953年产量达85万千克，创建国后的最高纪录。该年茉莉花、白兰花、玳玳花每百市斤收购价分别为164.67元、244.27元和38.87元，前二者价格同比分别下降27.5%和22.7%，而玳玳花价格与上年相比上涨29.2%。

同年，窨花工作组筹建的地方国营苏州茶厂建成。1955年，市供销合作社茶叶加工厂并入苏州茶厂；市区19家私营制茶业户也实行公私合营，建立久华制茶厂，至1958年并入国营苏州茶厂。1954年，市郊虎丘一带生产的茶花，纳入政府计划生产、计划收购，并由商业供销部门采取包购的形式进行收购，用于窨制花茶供应全国。茉莉、白兰、玳玳茶花的收购价格也由省供销社会同省计委物价部门共同制定。窨制花茶的原茶，解放后也由供销合作社统一经营，计划调拨。详见下表：

表1-181　1981年花茶收购价格表

单位：元/担

品名等级	县城收购价格	品名等级	县城收购价格
三窨一级茉莉烘青	876.50	半窨一级茉莉末茶	93.10
二窨一级茉莉烘青	849.60	半窨二级茉莉末茶	74.90
一窨一级茉莉烘青	805.40	半窨四级茉莉子芯	300.50
二窨二级茉莉烘青	662.40	半窨五级茉莉子芯	238.10
一窨二级茉莉烘青	618.20	玉兰烘青三级	359.00
一窨三级茉莉烘青	477.10	玉兰烘青四级	305.30
半窨三级茉莉烘青	455.00	玉兰烘青五级	252.50
半窨四级茉莉烘青	348.50	玉兰烘青六级	199.70
半窨五级茉莉烘青	278.40	玉兰片茶一级	120.00
半窨六级茉莉烘青	225.60	玉兰片茶二级	75.80
半窨一级茉莉片茶	137.30	玉兰末茶一级	75.80
半窨二级茉莉片茶	93.10	玉兰末茶二级	58.60

注：玉兰花下花量减少一斤，每担扣2.50元；玉兰花下花量减少一斤半，每担扣3.70元；玉兰花下花量减少二斤，每担扣5.00元。

表1-182　各类花茶品质说明表

品名	成品茶级别	窨次	茶胚级别	香气	水色	滋味
茉莉花茶	一级	三窨一提	—	鲜灵浓厚纯正清高	淡黄清澈明亮	醇厚鲜甜爽口
	二级	二窨一提	—	鲜浓纯正尚高	黄澈尚明亮	醇和鲜浓相称
	三级	一窨一提	—	鲜浓正常	黄而不浑	鲜浓正常
	四级	半窨全提	—	尚鲜	黄而欠明	尚浓正常
	五级	半窨全提	—	略浮尚鲜	稍黄	尚浓稍淡
	六级	半窨全提	—	浮香	黄暗	略粗老
玉兰花茶	三级	—	同三级精茶胚	鲜爽	黄澈	浓而纯正
	四级	—	同四级精茶胚	尚鲜爽	黄而不浑	尚浓
	五级	—	同五级精茶胚	尚浓	黄而欠明	稍淡
	六级	—	同六级精茶胚	稍淡	稍黄	稍粗老

表1-183　花茶加工标准及审评方法表

花茶审评方法	十五评比方法	各类各窨次用花量规定	出厂水份规定
各类各级花茶成品茶品质规格、外形、内质均对照省内精制绿茶标准评,其中内质香气一项目前尚未建立香气标准,以文字说明为准,以上都是各类各级最低标准。	分别评比外形与内质; 外形评比:松紧、整碎、净度、嫩度。 内质评比:香气、滋味、水色和叶底的老嫩。	玉兰花茶每百斤用花量: 正茶6市斤,副茶5.5市斤。 茉莉花茶每百斤用花量: 半窨25市斤,一窨42市斤,二窨70市斤,三窨95市斤。 各窨次玉兰打底数量1市斤。	8.5%~9.5% (高窨次8.5%~9%, 低窨次9%~9.5%)。

表1-184　1949~1985年苏州市茶花收购价格表

单位:元/百市斤

年份	茉莉花	白兰花	玳玳花	年份	茉莉花	白兰花	玳玳花
1949	240.00	—	—	1965	118.50	189.00	114.00
1950	269.00	349.00	25.00	1966	117.30	188.50	135.00
1951	370.80	551.24	35.78	1967	109.50	188.20	137.00
1952	227.16	299.65	30.09	1968	120.00	188.00	140.00
1953	164.67	244.27	38.87	1969	118.50	188.03	138.20
1954	118.32	202.46	35.45	1970	118.50	188.09	138.00
1955	110.95	204.58	39.81	1971	116.50	192.52	138.10
1956	109.61	192.92	39.97	1972~1973	156.00	226.00	150.00
1957	111.74	195.03	41.28	1974~1978	156.00	226.00	150.00
1958	118.77	196.89	51.57	1979	172.00	215.00	162.00
1959	115.37	192.14	51.17	1980	172.00	226.00	162.00
1960	115.61	192.23	51.34	1981	172.00	226.00	162.00
1961	116.66	193.41	72.87	1982	172.00	226.00	162.00
1962	118.92	185.62	87.85	1983	172.00	226.00	162.00
1963	119.35	197.54	88.56	1984	172.00	226.00	162.00
1964	113.49	192.01	113.60	1985	172.00	226.00	162.00

　　20世纪80~90年代,苏州城市化进程加快,虎丘近郊一带的农田渐变成工厂和居民住宅区,茶花种植业逐渐萎缩消失。

三、茶叶指导性价格

　　1986年5月,茶叶购销价格放开,向市场调节价过渡。为了加强茶叶指导性价格的管理,苏州市物价委员会、市供销社联合发出通知,对1986年市区茶叶销售价格的管理作如下规定:建立茶叶行业价格会议制度,成立茶叶价格协调小组,具体制定和调整茶叶最高销售价格,并确定春蕾茶叶商店、大众茶叶商店和观前土特产商店为茶叶价格样板商店,所有茶叶经营单位都要参照样板商店的产品同质同价,允许有10%幅度上下,但不能超过最高价格。

　　1986年,吴县碧螺春毛炒(烘)青在1983年规定牌价的基础上,总水平上浮幅度16.1%,其中超级上浮66.7%,一、二级分别上浮40%和16.8%,三级品维持原水平不动,四、五、六级茶分别下浮15%、20%、30%。详见下表:

表1-185 1986年吴县地产毛炒（烘）青指导价格表

等级		收购价			调拨价（元/担）	产地批零不分供应价（元/斤）	县内非产地批发价（元/担）
		1984年（元/担）	1986年（元/担）	±%			
超	一	300	500	+66.7	694	7.40	736
一	1	260	400	+53.8	556	5.90	589
	2	240	300	+25	419	4.45	444
二	3	217	260	+19.8	364	3.90	386
	4	194	220	+13.4	309	3.30	328
三	5	174	174	—	245	2.60	260
	6	155	155	—	219	2.30	232
四	7	138	117	−15	167	1.80	177
	8	121	103	−15	148	1.60	157
五	9	106	85	−20	123	1.30	130
	10	92	74	−20	108	1.15	114
六	11	80	56	−30	83	0.90	88
	12	69	48	−30	72	0.80	76

为适应市场供求变化和质量高低，收购价格允许在县下达的规定指导价格基础上，上下浮动5%以内，由基层社自行掌握。

精制绿茶在1983年规定牌价的基础上，总水平上浮幅度为15%，一级上浮20%，每市担为436元，二级上浮15%，每市担355元，三级上浮7%，每市担279元，四级不动，每市担仍为218元，五级及五级以下，由经营企业根据市场情况，随行就市、自行掌握。为适应季节和供求变化，允许经营单位在上述省定指导价格基础上，上下浮动5%以内。对夏秋茶的收购价格，均低于春茶价（炒、烘、青仍执行同级同价）。

根据省安排的意见，苏州市1986年度（至1987年春茶上市前）一至四级精制茶、毛茶最高销售指导价格（详见下表1-186），名、优茶和四级以下的茶叶，各经营单位可根据市场情况、进价高低按照比质比价的原则自行掌握。

进销差率和批零差率的安排，省内产茶叶的进销差为：精制茶批发价=产地调拨价×（1+综合差率8%），毛茶批发价=产地调拨价×（1+综合差率6%）。省外购进茶叶，其中：大宗茶叶批发价=（进价+直接费用）×（1+综合差率7%），名、优茶叶批发价=（进价+直接费用）×（1+综合差率[7%~12%]）。批零差率不分省内外，精制茶、毛茶一律按20%，名、优茶一律按15%计算。

表1-186 1986年度苏州市区茶叶市场最高销售指导价格表

单位：元/500克

品名	等级		批发价	另售价	品名	等级		批发价	另售价
	级	等				级	等		
精制绿茶	一级		6.16	7.40	绿毛茶	一	1	4.84	5.80
精制绿茶	二级		5.02	6.00	绿毛茶	一	2	4.46	5.40
精制绿茶	三级		3.95	4.70	绿毛茶	二	3	4.04	4.90
精制绿茶	四级		3.11	3.70	绿毛茶	二	4	3.64	4.40

品名	等级		批发价	另售价	品名	等级		批发价	另售价
	级	等				级	等		
精制红茶	一级		5.13	6.20	绿毛茶	三	5	3.28	3.90
精制红茶	二级		4.04	4.90	绿毛茶	三	6	2.90	3.50
精制红茶	三级		3.40	4.10	绿毛茶	四	7	2.60	3.10
精制红茶	四级		2.83	3.40	绿毛茶	四	8	2.28	2.70

表1-187　1986年6月苏州茶厂精制红、绿茶价格表

精制红茶			精制绿茶		
等级	批发价 （元/50千克）	零售价 （元/500克）	等级	批发价 （元/50千克）	零售价 （元/500克）
一级	475	5.70	一级	610	7.30
二级	404	4.80	二级	500	6.00
三级	340	4.10	三级	395	4.70
四级	279	3.30	四级	300	3.60
五级	225	2.70	五级	244	2.90
六级	174	2.10	六级	190	2.30

1987年1月，苏州市公布精制绿茶最高销价，每500克精制绿茶一级为7.40元，二级为6.00元，三级为4.70元，四级为3.70元，各经营单位在此指导价格内销售，不得突破最高销价。

1987年4月，苏州吴县洞庭的碧螺春茶，价格平稳，虽遭前期干旱影响，仍然可获丰收，总产量可达18000千克，保持上年水平，每50千克碧螺春收购价1300元。在经营上，当年继续实行供销社与多服公司联合收购的形式，其指导性收购价与上年持平。为鼓励茶农生产高档名茶，当年采取发放生产扶持费与交售茶叶挂钩的新措施，并拉开档次：实行高档茶一级一等每千克为12元，多发；中档茶四级一等每千克为4元，少发；低档的七级茶，不发。产地市场新茶供应价格分别为：高档茶一级一等每500克43元，中档茶四级一等每500克25元，低档七级茶每500克13.5元。

同年5月4日，苏州市茶叶价格协调小组开会协商确定新茶指导价格。鉴于初春气温较低又下雪珠，对茶叶产量有所影响，安徽、浙江等产地茶叶价格一般比上年上升10%~20%，但目前价格已达高峰，以后将逐步回降。会议确定苏州市区特级炒青中准零售指导价每500克为8元，上浮幅度为10%，下浮不限。样板商店将挂牌公布，各经营单位可在此水平范围内，根据进货成本和计价方法自行制定销售价格。同月19日，市茶叶价格协调小组又明确一级炒青中准零售指导价每500克7元，允许上浮10%，下浮不限。6月，市茶叶价格协调小组公布第三期茶叶中准指导价，每500克中准零售指导价：毛绿茶特级7.30元，一级6.40元；精制特级绿茶8.00元，一级7.00元，二级6.40元。上浮不超过10%，下浮不限。由于外地新茶大量上市，流通领域进一步搞活，苏州市许多经营单位从事茶叶买卖，产地一些企业提级提价，以低档充高档，名不符实情况较为严重，部分经营单位违反规定，擅自扩大差率，群众反映强烈。为维护消费者利益，市茶叶价格协调小组根据按质论价的要求，适当降低了部分质价不符的茶叶价格。同时市物价检查所进行了茶叶专项检查，对层层转手加价、扩大进销差率、

虚报成本等的12家经销商进行了严肃处理。

表1-188　　1987年5月18日苏州市土产棉麻公司外采茶叶价格表

品名及规格	产地（进货地）	单位	进货价	批发价	供应价
安徽炒青一级	歙县	元/500克	5.40	5.83	6.00
安徽炒青精制一级	歙县	元/500克	5.60	6.05	6.22
黄山雨前	歙县	元/500克	7.20	7.76	7.98
黄山云雾	歙县	元/500克	6.96	7.50	7.71

表1-189　　1986年、1987年苏州市区茶叶零售市场平均价格表（监测资料）

年份	花茶（茉莉烘青三级）	红茶（工夫三级）	绿茶（炒青三级）
1986	12.60元/千克	8.00元/千克	9.20元/千克
1987	15.20元/千克	8.20元/千克	9.80元/千克

1988年4月15日，市物价委员会在《关于加强茶叶价格管理的通知》中，除重申1986年茶叶规定的进销差率、批零差率保持不变外，对零售企业直接从外地（即市区境外）购进茶叶的计价公式作了规定：允许顺加4%的批发毛利，再顺加规定的批零差率，即批零差率不分省内外，大宗茶叶20%，名、优茶15%。此外，凡有中准指导价格规定的茶叶，各经营单位在取得有关部门质量等级证明后，可按比质比价的原则，突破上述差率规定，按相应等级的中准价格销售。进货成本较高者，可适当上浮，但上浮幅度最高不得超过10%。上述规定对当时放开拉活茶叶市场起了积极的作用。

1990年3月，根据省物价局、供销合作总社文件精神，苏州市对《苏州市区茶叶价格管理规定》作了部分修改，扩大了调拨环节和批发环节的综合差率：调拨环节中精制茶综合差率8%～9%，毛茶综合差率10%；批发环节中精制茶综合差率9%～10%，毛茶8%。同时，在计价公式中，充分考虑了合理运杂费的因素。修改后的《苏州市区茶叶价格管理规定》于4月1日起执行。同年5月又公布苏州市区茶叶指导价格水平，明确市区境内所有经营单位均应在下述价格水平范围内，根据作价规定计价销售，其他低档绿茶价格最高不得超过下述相应的中准价格水平。详见下表：

表1-190　　1990年5月10日苏州市区茶叶指导价格水平表

品名	等级	单位	中准价		最高价	
			批发	零售	批发	零售
毛绿茶	特级	元/500克	7.08	8.50	7.83	9.40
	一级	元/500克	6.42	7.70	7.08	8.50
精制绿茶	一级	元/500克	7.33	8.80	8.08	9.70
	二级	元/500克	6.67	8.00	7.33	8.80

1985年，苏州重点加快了农产品统派购制度改革，并逐步放开水产品、茶叶、水果等农产品价格，提出了"决不放松粮食生产，加快发展多种经营"的方针，茶叶生产发展加快，逐步形成有一定规模的碧螺春茶叶生产基地，不仅茶叶产量从每亩50斤左右逐步增加到百斤

上下，而且随着茶叶收购价格的稳步上升，茶农收益逐步提高，每50千克碧螺春售价1978年为573.22元，至1990年上升为6563.77元，增长了11.45倍。茶农的每个劳动日净产值从1978年的1.18元，至1990年增长至14.22元，增长了12.05倍。

表1-191 1978~1990年碧螺春产品生产成本收益与劳动生产率调查表

项目		单位	1978年	1979年	1980年	1981年	1982年	1983年	1984年	1985年	1986年	1987年	1988年	1989年	1990年
每亩	产量 主产品	500克	44.1	46.4	45.5	48.5	45.5	44.8	83.8	97.0	153.8	102.5	98.7	101.4	103.4
	产量 副产品	500克	—	55.7	216.7	12.6	14.0	12.5	32.0	23.0	30.9	17.9	16.3	18.9	18.9
	产值 合计	元	329.59	406.46	563.60	384.11	445.00	365.94	958.53	1974.95	3182.91	4614.62	6262.92	6978.74	6975.28
	产值 主产品	元	252.79	310.55	325.65	380.31	440.76	343.63	901.23	1956.49	3121.09	4525.07	6165.17	6789.98	6786.52
	产值 副产品	元	76.80	95.91	237.95	3.80	4.24	22.31	57.30	18.46	61.82	89.55	97.75	188.76	188.76
	物质费用	元	37.69	34.86	41.30	69.11	80.66	74.18	52.01	31.31	151.82	55.60	139.78	252.47	343.26
	用工作价	元	208.24	413.28	515.51	287.66	361.08	289.46	980.14	891.93	1530.36	984.66	1022.97	1619.87	1818.57
	劳动日	个	247.9	430.5	433.2	228.3	252.5	183.2	556.9	457.4	708.5	401.9	360.2	443.8	466.3
	劳动日工价	元	0.84	0.96	1.19	1.26	1.43	1.58	1.76	1.95	2.16	2.45	2.84	3.65	3.90
	总生产成本	元	245.93	448.14	556.81	356.77	441.74	363.64	1032.15	923.24	1682.18	1040.26	1162.75	1872.34	2161.83
	税金	元	12.52	10.08	32.06	16.17	16.84	11.10	41.53	32.46	65.82	79.63	262.70	120.79	128.99
	净产值	元	291.90	371.60	522.30	315.00	364.34	291.76	906.52	1943.64	3031.09	4559.02	6123.14	6726.27	6632.02
	减税纯收益	元	71.14	-51.76	-25.27	11.17	-13.58	-8.80	-115.15	1019.25	1434.91	3494.73	4837.47	4985.61	4684.46
	成本纯收益率	%	28.93	-11.55	-4.54	3.13	-3.07	-2.42	-11.16	110.40	85.30	335.95	416.04	266.28	216.69
每百元产值	物质费用	元	11.44	8.57	7.33	17.99	18.13	20.27	5.43	1.59	4.77	1.20	2.23	3.62	4.92
	生产成本	元	74.62	110.75	98.80	92.88	99.27	99.37	107.68	46.75	52.85	22.54	18.57	26.83	30.99
每50公斤主产品	生产成本	元	427.74	737.89	707.12	728.31	961.63	762.20	1158.04	942.95	1072.49	995.07	1159.95	1796.60	2033.99
	含税生产成本	元	456.13	759.61	777.58	761.65	998.64	786.98	1207.60	976.41	1115.29	1072.76	1426.11	1915.72	2158.74
	平均出售价格	元	573.22	669.29	715.71	784.14	968.70	767.03	1075.45	2017.00	2029.32	4414.70	6246.37	6696.23	6563.37
每劳动日	主产品产量	500克	0.18	0.11	0.11	0.21	0.18	0.24	0.15	0.21	0.22	0.26	0.27	0.23	0.22
	净产值	元	1.18	0.86	1.21	1.38	1.44	1.59	1.63	4.25	4.28	11.34	17.00	15.16	14.22

四、茶叶同行议价

20世纪90年代后，绝大多数农副产品价格进一步放开，苏州市区茶叶购销价格也逐步放开，价格总体稳中有升。为加强市场茶叶价格管理，市物价部门通过行业价格协会，根据茶叶市场不同时段的价格行情，及时公布茶叶零售市场平均价，以指导茶叶经销企业合理定价，从而保持了苏州茶叶市场价格的基本稳定。现选取部分年份的茶叶市场价格，列表如下：

表1-192　1999年苏州市区茶叶零售市场平均价格表

单位：元

品名	规格等级	产地	零售价 （1999年1月8日）	零售价 （1999年3月8日）
碧螺春	一级（500克袋装）	吴县东山	480.00	450.00
碧螺春	一级（200克袋装）	吴县东山	210.00	210.00
毛尖	一级（500克袋装）	浙江天目	48.00	—
云尖	一级（200克袋装）	安徽黄山	28.00	—
毛尖	一级（250克袋装）	宜兴	—	14.00
毛尖	一级（250克袋装）	苏州	—	19.00
明前毛峰	特级（125克袋装）	宜州	—	24.50
黄山毛峰	特级（150克袋装）	安徽	33.00	—
黄山毛峰	一级（150克袋装）	安徽	—	16.00
三杯香	一级（250克袋装）	浙江泰顺	12.00	12.00
高绿	一级（250克袋装）	浙江泰顺	9.00	9.00
龙井	特级（500克袋装）	浙江西湖	350.00	380.00
龙井	一级（500克袋装）	浙江西湖	300.00	240.00
顶谷大方	一级（500克袋装）	安徽	80.00	60.00
红茶	二级（500克袋装）	安徽祁门	22.00	22.00
黄牌立顿红茶	1×100包	英国进口	35.00	35.00

表1-193　1999年5月10日苏州市区茶叶零售市场平均价格表

单位：元

品名	规格等级	产地	零售价
碧螺春	一级（500克袋装）	吴县东山	480.00
碧螺春	二级（100克盒装）	吴县东山	90.00
毛尖	一级（250克袋装）	黄山	20.00
毛尖	一级（250克袋装）	泰顺	22.00
早云毫	一级（100克袋装）	思茅山	16.00
明毫	特级（150克袋装）	杭阳	22.50
新毛峰	一级（150克袋装）	黄山	21.00
毛峰	一级（150克袋装）	黄山	16.00
三杯香	特级（250克袋装）	浙江泰顺	12.00
三杯香	一级（250克袋装）	浙江泰顺	10.00
高绿	一级（250克袋装）	浙江泰顺	9.00
龙井	特级（250克袋装）	浙江西湖	105.00
龙井	超特级（250克袋装）	浙江西湖	200.00
龙井	一级（250克袋装）	浙江龙井	46.00
顶谷大方	一级（500克袋装）	安徽	80.00
承天雪龙	特级（200克袋装）	泰顺	36.00
分前银毫	一级（250克袋装）	福建	20.00
红茶	二级（500克袋装）	安徽祁门	22.00
红茶	二级（100克盒装）	安徽祁门	4.40
黄牌立顿红茶	1×100包	英国进口	35.00

表1-194 1999年7月10日苏州市区茶叶零售市场平均价格表

单位:元

品名	规格等级	产地	零售价
碧螺春	一级（500克袋装）	吴县东山	450.00
碧螺春	一级（200克袋装）	吴县东山	188.00
毛尖	一级（250克袋装）	福建	12.00
毛峰	一级（150克袋装）	安徽	22.00
三杯香	特级（250克袋装）	浙江泰顺	12.00
三杯香	一级（250克袋装）	浙江泰顺	10.00
高绿	一级（250克袋装）	浙江泰顺	8.80
龙井	特级（250克袋装）	浙江西湖	105.00
龙井	一级（100克袋装）	浙江西湖	32.00
顶谷大方	一级（250克袋装）	安徽	40.00
红茶	二级（250克袋装）	安徽祁门	11.00
黄牌立顿红茶	1×100包	英国进口	38.00

表1-195 2000年5月10日苏州市区茶叶零售市场平均价格表

单位:元

品名	规格等级	产地	零售价
碧螺春	特级（500克袋装）	吴县东山	500.00
碧螺春	特级（125克盒装）	吴县东山	158.00
碧螺春	二级（500克袋装）	吴县东山	200.00
毛尖	一级（250克袋装）	宜兴	17.50
毛尖	一级（250克袋装）	安徽黄山	18.00
天目毛尖	一级（250克袋装）	杭州	24.00
新毛峰	特级（150克袋装）	黄山	27.00
毛峰	一级（150克袋装）	安徽	18.00
三杯香	特级（500克袋装）	浙江泰顺	28.00
三杯香	一级（500克袋装）	浙江泰顺	24.00
翠绿	一级（100克袋装）	思茅	10.00
高绿	一级（250克袋装）	浙江泰顺	8.80
龙井	特级（80克袋装）	浙江西湖	80.00
龙井	一级（250克袋装）	浙江西湖	46.00
顶谷大方	特级（500克袋装）	安徽	68.00
金山时雨	特级（250克袋装）	靖溪	24.00
红茶	二级（250克袋装）	安徽祁门	11.00
黄牌立顿红茶	1×100包	英国进口	38.00
苦丁茶	一级（50克袋装）	大埔	16.00
银钩	特级（250克袋装）	泰顺	24.00

表1-196 2000年7月10日苏州市区茶叶零售市场平均价格表

单位:元

品名	规格等级	产地	零售价
碧螺春	特级（125克盒装）	吴县东山	158.00
碧螺春	特级（200克袋装）	吴县东山	188.00

品名	规格等级	产地	零售价
碧螺春	二级（150克袋装）	吴县东山	60.00
毛尖	一级（250克袋装）	苍南	16.00
明前黄芽	一级（50克袋装）	安徽黄山	14.00
金山时雨	特级（250克袋装）	镇溪	24.00
松针	一级（250克袋装）	宜州	10.00
毛峰	特级（150克袋装）	安徽	27.00
三杯香	特级（250克袋装）	浙江泰顺	13.00
三杯香	一级（250克袋装）	浙江泰顺	11.00
邓尉雪绿	一级（250克袋装）	吴县	30.00
高绿	一级（250克袋装）	浙江泰顺	8.80
龙井	特级（250克袋装）	浙江西湖	105.00
龙井	一级（100克袋装）	浙江西湖	18.50
龙井	二级（250克袋装）	浙江龙井	38.00
顶谷大方	特级（200克袋装）	安徽	28.00
松阳银猴	特级（200克袋装）	松阳	32.00
红茶	一级（250克袋装）	安徽祁门	11.00
黄牌立顿红茶	1×100包	英国进口	38.00
苦丁茶	一级（50克袋装）	大埔	16.00

表1-197　2001年5月10日苏州市区茶叶零售市场平均价格表

单位：元

品名	规格等级	产地	零售价
碧螺春	特级（500克袋装）	苏州东山	680.00
碧螺春	一级（500克袋装）	苏州东山	460.00
碧螺春	二级（500克袋装）	苏州东山	380.00
毛尖	一级（500克袋装）	福建	37.00
毛尖	特级（250克袋装）	宜兴	20.00
云尖	一级（500克袋装）	安徽黄山	56.00
金山时雨	特级（250克袋装）	溃陵	24.00
碧螺毛峰	特级（150克袋装）	宜州	24.00
毛峰	一级（500克袋装）	安徽	45.00
三杯香	特级（500克袋装）	浙江泰顺	24.00
三杯香	一级（500克袋装）	浙江泰顺	18.00
新芽高绿	一级（250克袋装）	浙江泰顺	8.80
高绿	一级（500克袋装）	浙江泰顺	18.00
龙井	特级（500克袋装）	浙江西湖	580.00
龙井	一级（500克袋装）	浙江西湖	100.00
顶谷大方	特级（500克袋装）	安徽	75.00
顶谷大方	一级（500克袋装）	安徽	56.00
红茶	特级（500克袋装）	安徽祁门	35.00
红茶	一级（500克袋装）	安徽祁门	22.00
黄牌立顿红茶	1×100包	英国进口	36.00

第一章　农产品价格

177

表1-198　2002年苏州市区茶叶零售市场平均价格表

单位：元

品名	规格等级	产地	零售价（7月10日）	零售价（9月12日）	零售价（11月6日）
碧螺春	一级（500克散装）	苏州东山	360.00	400.00	380.00
碧螺春	特级（500克盒装）	苏州东山	600.00	580.00	680.00
毛尖	特级（250克袋装）	宜兴	26.00	23.00	26.00
毛尖	一级（250克袋装）	黄山	20.00	18.00	18.00
毛峰	特级（500克袋装）	安徽	180.00	—	180.00
毛峰	一级（500克散装）	安徽	80.00	80.00	45.00
三杯香	特级（500克袋装）	浙江泰顺	24.00	26.00	32.00
三杯香	一级（500克袋装）	浙江泰顺	18.00	20.00	24.00
高绿	一级（250克袋装）	浙江泰顺	8.00	8.00	8.00
高绿	一级（250克袋装）	宜兴	8.00	8.00	8.00
龙井	特级（500克散装）	浙江杭州	480.00	480.00	520.00
龙井	特二级（500克袋装）	浙江杭州	380.00	400.00	400.00
龙井	一级（500克散装）	浙江杭州	120.00	160.00	160.00
顶谷大方	特级（500克散装）	安徽	86.00	80.00	70.00
红茶	特级（500克散装）	安徽祁门	100.00	—	100.00
红茶	一级（500克散装）	安徽祁门	35.00	25.00	35.00
黄牌立顿红茶	1×100包	英国进口	32.00	36.00	35.00
苦丁茶	特级（500克散装）	海南	360.00	300.00	350.00
苦丁茶	一级（500克散装）	海南	120.00	100.00	150.00
乌龙茶	一级（500克散装）	安溪	80.00	80.00	80.00

表1-199　2003年苏州市区茶叶零售市场平均价格表

单位：元

品名	规格等级	产地	零售价（1月10日）	零售价（3月10日）	零售价（5月10日）
碧螺春	特级（500克盒装）	苏州东山	680.00	680.00	880.00
碧螺春	一级（500克散装）	苏州东山	450.00	380.00	480.00
毛尖	特级（250克袋装）	宜兴	28.00	28.00	28.00
毛尖	一级（250克袋装）	黄山	20.00	20.00	20.00
毛峰	特级（500克袋装）	安徽	80.00	64.00	64.00
毛峰	一级（500克散装）	安徽	36.00	36.00	36.00
三杯香	特级（500克袋装）	浙江泰顺	24.00	24.00	24.00
三杯香	一级（500克袋装）	浙江泰顺	18.00	18.00	18.00
高绿	一级（250克袋装）	浙江泰顺	16.00	8.00	8.00
高绿	一级（250克袋装）	宜兴	16.00	8.00	8.00
龙井	特级（500克散装）	浙江杭州	680.00	600.00	800.00
龙井	特二级（500克袋装）	浙江杭州	380.00	380.00	400.00
龙井	一级（500克散装）	浙江杭州	110.00	140.00	92.00
顶谷大方	特级（500克散装）	安徽	80.00	80.00	80.00
红茶	特级（500克散装）	安徽祁门	35.00	100.00	100.00
红茶	一级（500克散装）	安徽祁门	25.00	35.00	35.00
黄牌立顿红茶	1×100包	英国进口	35.00	32.00	36.00
苦丁茶	特级（500克散装）	海南	350.00	320.00	300.00

品名	规格等级	产地	零售价（1月10日）	零售价（3月10日）	零售价（5月10日）
苦丁茶	一级（500克散装）	海南	160.00	160.00	140.00
乌龙茶	特级（500克散装）	安溪	80.00	80.00	80.00

表1-200　2003年苏州市区茶叶零售市场平均价格表

单位：元

品名	规格等级	产地	零售价 （7月10日）	零售价 （11月10日）
碧螺春	特级（500克盒装）	苏州东山	880.00	650.00
碧螺春	一级（500克散装）	苏州东山	480.00	380.00
毛尖	特级（250克袋装）	宜兴	28.00	28.00
毛尖	一级（250克袋装）	黄山	20.00	15.00
毛峰	特级（500克袋装）	安徽	64.00	80.00
毛峰	一级（500克散装）	安徽	36.00	36.00
三杯香	特级（500克袋装）	浙江泰顺	24.00	24.00
三杯香	一级（500克袋装）	浙江泰顺	18.00	18.00
高绿	一级（250克袋装）	浙江泰顺	8.00	8.00
高绿	一级（250克袋装）	宜兴	8.00	8.00
龙井	特级（500克散装）	浙江杭州	850.00	550.00
龙井	特二级（500克袋装）	浙江杭州	400.00	300.00
龙井	一级（500克散装）	浙江杭州	92.00	130.00
顶谷大方	特级（500克散装）	安徽	80.00	95.00
红茶	特级（500克散装）	安徽祁门	100.00	100.00
红茶	一级（500克散装）	安徽祁门	35.00	35.00
黄牌立顿红茶	1×100包	英国进口	36.00	32.00
苦丁茶	特级（500克散装）	海南	300.00	350.00
苦丁茶	一级（500克散装）	海南	160.00	130.00
乌龙茶	特级（500克散装）	安溪	80.00	80.00

五、茶叶市场调节价

进入21世纪，苏州茶叶市场上价格完全放开，拉开春茶、秋茶价格档次，实行按质论价、随行就市办法，竞争也渐趋激烈，浙江、福建等外地茶叶也以碧螺春的名称纷纷抢滩苏州。为保持市场份额，苏州地产碧螺春茶的经销商将现摘的青叶通过"现炒"的方法吸引茶客购买，苏州地产的正宗"明前碧螺春茶"，每斤价格突破千元。据苏州市春蕾茶庄价格行情：产自东山基地现炒的散装特级碧螺春2003年3月25日每斤为1400元；同年4月25日东山基地每斤为1500元，西山基地为1200元。详见下表：

表1-201　2003年3月25日苏州市春蕾茶庄价格行情表

品名	产地	规格	单价（元）	说明
碧螺春	东山基地	500克散装特级	1400.00	现炒
碧螺春	浙江	500克散装特级	800.00	—
碧螺春	浙江	500克散装特一	580.00	—

表1-202　2003年4月25日苏州市春蕾茶庄价格行情表

品名	产地	规格	单价（元）
碧螺春	东山基地	500克散装特级	1500.00
碧螺春	西山基地	500克散装特级	1200.00
碧螺春	东山基地	500克散装一级	800.00
碧螺春	西山基地	500克散装特一级	700.00

　　据《价格内参》2005年6月21日第十四期《"碧螺春"茶叶减产增收的奥秘——今春"碧螺春"茶叶产销情况调查》载：2004年以来，苏州市吴中区以碧螺春茶原产地为重点，做大做强碧螺春这一名茶产业，改变传统的千家万户分散生产经营观念，以创新生产经营模式，提高茶农合作组织化程度为基础，以实现茶农增收为出发点，通过区、镇、村、户四级联动，政府、企业、茶农三方配合，充分显示碧螺春茶这一传统名牌产品的优势，牢固树立名茶更须质优，质优才能价高的生产理念，从而使碧螺春茶价格在高位上持续坚挺，最终使两地茶农实现了增收。东山、西山茶农2004年每500克碧螺春售价分别为205元、160元；2005年尽管减产，但碧螺春茶叶依然增收，东、西山两镇碧螺春平均价格每500克260元，比去年184元增加76元，增幅为41.3%，其中碧螺春每500克东山镇均价320元，西山镇均价200元，分别比去年增加115元和40元。2005年东、西山两镇碧螺春茶总收入达5755万元，比上年增加910万元，增幅18.8%。两镇部分茶叶种植大户单碧螺春茶收入就超过2万元。调研报告显示：从2005年开始，碧螺春早茶市场行情上升，青叶2005年收购价每500克320元，碧螺春早茶市场零售价每500克2600元，而等到茶叶大量上市时，每500克碧螺春市场售价800~1000元。这一市场行情使早茶有了极大的经济吸引力。为此东、西山两镇茶农开始大量引进大叶种茶叶，以较早采到青叶，这无疑给传统小叶种带来极大的冲击。虽然近十多年以来，茶叶价格一路走高，使东、西山等地的茶农种植茶树的积极性上涨，但受土地资源等因素的制约，苏州吴中区碧螺春茶种植面积稳定在2.1万亩上下，其成本收益详见下表：

表1-203　2004年、2005年东山、西山碧螺春平均收购价格表

单位：元/500克

年份	东山平均价	西山平均价	平均价
2004	205	160	184
2005	320	200	260

表1-204　2005年东山、西山茶叶种植成本收益一览表

调查项目	东山	西山	合计
一、调查户数	9510	8712	18222
二、面积	—	—	—
1.种植面积（亩）	9217	11080	20297
2.户均面积（亩）	0.97	1.27	1.11
3.相比去年增加（亩）	12	578	590
4.增加率（%）	0.1	7	3

调查项目	东山	西山	合计
三、产量	—	—	—
1.种植产量(吨)	56.2	55.4	111.6
相比去年减少(吨)	—	—	20.3
减幅(%)	18.6	12	15.4
2.均亩产量(斤)	12	10	11
3.单产减少(斤)	—	—	2.4
减幅(%)	20	16.7	17.9
四、价格	—	—	—
1.每斤售价(元)	320	200	260
相比去年增加(元)	115	40	77.5
增幅(%)	—	—	41.3
五、收入	—	—	—
1.总收入(万元)	3539	2216	5755
相比去年增加(万元)	705	204	910
增幅(%)	—	—	18.8
2.亩均收入(元)	3840	2000	2835
相比去年增加(元)	765	80	375
增幅(%)	—	—	15.2
3.户均收入(元)	3721	2544	3158
相比去年增加(元)	738	234	495
增幅(%)	—	—	18.6

表1-205　2006年2月24日苏州市春蕾茶庄价格行情表

品名	产地	规格	单价(元)
碧螺春	春蕾基地	500克散装一级	280.00
碧螺春炒青	春蕾基地	500克散装特一级	190.00
松萝茶	春蕾基地	500克散装特级	260.00
茉莉春毫	苏州	500克散装特级	85.00
竹海毛尖	宜兴	500克散装特级	70.00
松萝香尖	松萝山	500克散装特级	60.00
祁门红茶	祁门	500克散装一级	45.00
祁门红茶	祁门	250克袋装四级	8.00
龙井	新昌	500克散装二级	160.00
顶谷大方	安徽	500克散装特二级	85.00

表1-206　2006年4月25日苏州市春蕾茶庄价格行情表

品名	产地	规格	单价(元)
碧螺春	东山基地	500克散装特二级	680.00
碧螺青	西山基地	500克散装特二级	580.00
龙井	浙江	500克散装特二级	650.00
碧螺春炒青	东山基地	500克散装特级	190.00
雪绿	地产	500克散装特级	120.00
明前毛尖	武夷山	500克散装特级	80.00

品名	产地	规格	单价（元）
祁门红茶	祁门	500克散装二级	30.00
滇红	云南	500克/块甲级	32.00
乌龙茶	安溪	500克散装一级	90.00
乌龙茶	安溪	500克散装二级	50.00
普洱茶	云南	500克散装特级	58.00

表1-207　2006年9月10日苏州市春蕾茶庄价格行情表

品名	产地	规格	单价（元）
碧螺春	东山基地	500克散装一级	340.00
碧螺春炒青	春蕾基地	500克散装特级	100.00
茉莉银毫	苏州	500克散装特一级	46.00
龙井	杭州	500克散装特级	460.00
顶谷大方	安徽	500克散装特级	100.00
金山时雨	安徽	500克散装特级	85.00
松萝茶	安徽	500克散装特级	72.00
虞山绿茶	常熟	500克散装特级	76.00
竹海毛尖	宜兴	500克散装特级	70.00
祁门红茶	祁门	500克散装二级	30.00

表1-208　2007年苏州市春蕾茶庄价格行情表

品名	产地	规格	单价（元）	
			2月25日	12月10日
碧螺春	春蕾基地	500克散装一级	260.00	280.00
碧螺春炒青	春蕾基地	500克散装特级	190.00	200.00
茉莉银毫	苏州	500克散装特级	85.00	85.00
龙井	新昌	500克散装二级	160.00	180.00
龙井	浙江	500克散装一级	248.00	260.00
松萝茶	安徽	500克散装特级	72.00	76.00
顶谷大方	安徽	500克散装特级	100.00	100.00
顶尖	安徽	500克散装特级	110.00	120.00
竹海毛尖	宜兴	500克散装特级	70.00	70.00
祁门红茶	祁门	500克散装一级	45.00	45.00
祁门红茶	祁门	250克袋装	（四级）8.00	（二级）30.00

表1-209　2007年5月25日苏州市春蕾茶庄价格行情表

品名	产地	规格	单价（元）
碧螺春炒青	苏州	250克袋装特级	16.00
铁观音	安溪	150克盒装特级	48.00
马背驮茶	云南	250克盒装特级	80.00
高山乌龙茶	安溪	100克盒装特级	60.00
顶谷大方	安溪	500克散装特级	68.00
三杯香	泰顺	250克袋装特级	70.00
竹海毛尖	宜兴	500克散装特级	70.00

品名	产地	规格	单价（元）
宫廷普洱	云南	200克听装特级	65.00

表1-210　2007年苏州市春蕾茶庄价格行情表

品名	产地	规格	单价（元）
碧螺春炒青	苏州	500克散装特级	200.00
龙井	浙江	500克散装特一级	360.00
龙井	浙江	500克散装一级	180.00
虞山绿茶	常熟	500克散装特级	80.00
顶谷大方	安徽	500克散装特级	100.00
金山时雨	安徽	500克袋装特级	90.00
金山时雨	安徽	500克盒装一级	66.00

表1-211　2009年11月26日苏州市春蕾茶庄平均价格行情表

品名	产地	规格	单价（元）
碧螺春炒青	苏州	500克散装特级	200.00
龙井	浙江	500克散装特一级	380.00
龙井	浙江	500克散装一级	200.00
虞山绿茶	常熟	500克散装特级	80.00
顶谷大方	安徽	500克散装特级	110.00
金山时雨	安徽	500克袋装特级	140.00
金山时雨	安徽	500克盒装一级	66.00

表1-212　2009年12月25日苏州市春蕾茶庄平均价格行情表

品名	产地	规格	单价（元）
碧螺春	春蕾基地	500克散装一级	400.00
碧螺春炒青	春蕾基地	500克散装特级	200.00
茉莉银毫	苏州	500克散装特级	85.00
龙井	新昌	500克散装二级	180.00
顶谷大方	安徽	500克散装特级	100.00
顶尖	安徽	500克散装特级	140.00
竹海毛尖	宜兴	500克散装特级	70.00
祁门红茶	祁门	500克散装一级	45.00
祁门红茶	祁门	250克袋装二级	30.00

第一章　农产品价格

第二章 金银及其饰品价格

苏州为江南乃至全国的富庶之地，历来有"藏金于民"的传统。黄金和白银作为市场一般等价物和硬通货，直接关系到经济的发展、物价的稳定和人民的生活。同时，黄金和白银在国际支付、国家储备、私人投资、保值增值避险，乃至稳定市场物价和币值等方面，都具有特殊地位和举足轻重的作用。

第一节　沿　革

　　历史上，苏州银楼业的业务规模大小悬殊，大户俗称"金子店"，小户俗称"银匠店"，统称银楼。银楼业主要经营黄金、白银饰品，有的也兼营珍珠、宝石，大银楼还兼营同业的金银原料买卖，小银楼则以加工和出售银质饰品为主。清康熙四十九年（1710），苏州已有金珠铺79家。乾隆、嘉庆年间，银楼业更趋兴旺，同治七年（1868），银楼业创建安怀公所时，苏州银楼多达118家。

　　清末民初，苏州市场商品交易以银两、银圆、银角、铜圆和铜钱等硬币为主要流通手段。银两作为趸批货物使用，零售市场一般已不流通。民国3年（1914），因第一次世界大战影响，银价上升，金价回落，苏州银楼业得到进一步发展。黄金饰金每两（旧料一斤为16两，合31.25克，下同）苏州市场价格：民国5年（1916）为银圆60元，民国8年（1919）为银圆56元，民国15年（1926）为银圆56.5元。北伐战争后，妇女崇尚时新，纷纷剪去发髻，又因国外的镶嵌饰品大量输入，同时金价回升，民国24年（1935）为法币110元，民国25年（1936）为法币119元，民国26年（1937）为法币121元。

　　日伪统治苏州期间，币值混乱，物价上涨，市民争相购买黄金和首饰，以保持币值。饰金价格不断上涨，民国27年（1938）饰金每两为法币204.5元，至民国32年（1943）6月为中储券22400元。苏州当时作为伪江苏省省会，金银业也畸形发展。

　　抗战胜利后，物价继续动荡，通货膨胀严重，不仅市民抢购黄金、银圆成风，投机商人更以买卖黄金、银圆牟取暴利，苏州银楼业又增至98家。民国34年（1945）9月苏州市场黄金（饰金）每两为23600元（法币，下同），翌年9月涨至225000元，民国36年（1947）10月竟涨至5.3亿元。民国37年（1948）8月，国民政府发行金圆券，同时规定单位和个人持有的黄金、白银，都应在规定的期限内，向指定银行兑换金圆券，逾期不兑者一律没收。至此，苏州银楼业均处于停闭状态，或转入黑市活动。

　　苏州解放前，物价暴涨，货币瞬息贬值，金银多起带头作用。一般市民为保持币值，维持生计，皆将所得之纸币购储金银备用，尤其是银圆，因其买卖方便，宜于日常生活使用，更为市民所信赖。苏州城内玄妙观和阊门外南阳里一度成为金银黑市交易市场，全市最多时计有金银摊130余处，银圆贩子1400余人，市民将这些银圆贩子称为"黄牛"。

第二节　金银收兑配售价格

一、金银国家管制价格

苏州解放之初，人民币阵地尚未巩固，一些失业人员、商贩以及旧公务人员多有从事银圆交易者，但一些投机分子和不法商人插手其间，从中垄断操纵，致使银圆价格剧烈波动，有时黑市价格高出国家收兑牌价一倍以上，刺激物价，危害人民生活。为此，苏州市军事管制委员会主任韦国清特于1949年6月10日召开全市干部动员大会，强调金银黑市买卖对国计民生的危害，要求迅速采取行动予以取缔。6月13日，市公安局会同工商局（市场物价由工商局监管）、财政经济处干部紧急出动，对持有银圆、黄金黑市交易者当场按牌价予以收兑。14日，一万多工人、学生举行示威游行，宣传"取缔银圆投机"。市军管会后又持续多天，在车站、码头检查来往旅客，一经查获夹带金银，随即按人民银行牌价兑换人民币。此一行动，计收兑黄金649两、饰金130两、银圆267790枚。从此以后，"黄牛"不敢再行公开买卖，投机商人也销声匿迹，物价涨风亦初告平息。

1949年6月13日，根据《华东区管理金银暂行办法》，先对全市银楼业予以集中管理，后于6月末勒令停业，职工转业。国家规定，由中国人民银行统一管理金银。国家允许人民持有金银，但不得计价使用和私相买卖。金银的收购和配售统一由人民银行办理。企业和科研单位生产、科研需用的金银，须经人民银行批准，并接受银行的管理与监督。1949年11月，金银黑市价格又见猖獗，黄金每两价达60万元（旧人民币，下同），而银行收兑牌价则为30万元。1950年6～11月，由上海来苏州私购黄金之风又起，此时苏州黑市黄金每两竟高达157万元，交易手段亦甚狡猾，钱货易地分付。1950年中，苏州市军事管制委员会金融监理处破获黑市金银交易案计40余起，其查获黄金50余两，白银800余两，银圆100余枚，现钞2000余万元，或贬价收兑，或没收并处以罚金，个别严重案件予以法律制裁。一些投机商人连遭打击、取缔，嚣张气焰顿时收敛，物价趋于稳定，人民币信誉提高。尚有一些市民因黑市交易中杂有金银赝品而受骗上当，因而到人民银行兑换金银者日多，市上金银黑市一蹶不起，黑市价也逐渐跌落。

1949年6月，苏州市开始收兑金银。1951年、1952年金银收兑量大幅度增加。20世纪60年代初，苏州市主、副食品价格发生波动，少数金银投机者乘隙而动，使银行收兑金银数量减少。1966年"文化大革命"初期，城乡居民纷纷向人民银行交售金银饰品，当时每两黄金（16两制）收购价为95元左右。收兑量猛增至黄金433945克，白银3983991克，银圆242072枚。1982年后，国内恢复金银饰品销售，收购量逐年下降。1985年，黄金收购量仅为1952年912500克的0.7%。

二、金银配售国家定价

苏州解放后，全市工业生产需用的金银配售数量逐渐增加，其销售价实行国家定价。20世纪50年代，主要用于工艺美术等手工业产品，平均每年配售黄金约4千克，白银900多千克。20世纪60年代后，平均每年配售黄金2千克上下，白银400多千克。20世纪70年代，苏州电子产品兴起，平均每年配售黄金15.8千克，白银4255千克。

1979年11月1日起，经国务院批准，国家对黄金收购销售价格进行调整。中国人民银行苏州市支行执行的黄金价格详见下表：

表2-1　苏州市黄金价格调整表

执行日期：1979年11月1日

项目		原价格 （公制每克人民币：元）	调整后价格 （公制每克人民币：元）	说明
黄金收购价	门市收购	3.04	3.04	均按纯重量计价
	矿山生产、冶炼付产、回收群众采金	8.40	12.50	
	矿山生产、冶炼付产 含量99.9%以上（包括99.9%）	8.60	12.80	
黄金销售价	含量99.9%以下 （不包括99.9%）	8.80	13.80	—
	含量99.9%以上低于99.99%	9.00	13.90	
	含量达99.99%	9.60	14.00	

注：据中国人民银行苏州市支行苏银信（79）65号文件。

从1982年起，恢复国内金饰品生产与销售后，人民银行供应金银配售量增幅更大。进入20世纪80年代中期，随着经济的发展，人民生活水平提高，物价的上涨以及金银的保值作用，市场金饰品开始热销，金银配售量增幅更大，1980~1985年，市区平均每年配售黄金244千克，白银9316千克。随着市场物价总水平的上涨，中国人民银行配售的金价也一路上升。1985年，市区黄金饰品经营企业数量增加至22家，销售量达700千克。1986年，中国人民银行银圆收购价格由每枚5.00元调整为每枚12.00元；工业用银价格从原来每千克320元、420元调为每千克500元，原来每千克590元则调为每千克800元。1986年10月21日，银行供应工厂的配售价每克由43.20元调为60.80元，提高41.4%。据英国伦敦黄金贸易市场价格计算，当时国际金价每克为人民币55.76元，而中国银行供应工厂的配售价60.80元高于国际行情10%。至20世纪90年代初、中期，苏州市金饰品进一步热销，1991年，全市销量为1720千克，经营黄金饰品企业增至48家；至1993年、1994年，分别达6360千克和4800千克，经营黄金饰品企业分别为76家和108家，配售价也上升至每克108.48元。

1994年8月1日起，国家调整白银收购价。白银收售价格由固定定价改为浮动定价方式，白银的收售价格按低于国际市场白银价格的10%制定，配售价格和国际市场白银价格持平；收售价格均以国内外汇市场的平均汇率折人民币计算。当白银配售价格和国际市场白银价格的价差超过10%或国内外汇汇率有较大变化时，由中国人民银行会同国家计委适时调整国内白银的收售价格。调整后的白银收购价格为：含银量不足99.9%的，每千克1330元；含银量达99.9%以上的每千克1350元；银圆每枚31.60元。调整后的白银配售价格为：含银量不足99.9%的，每千克1480元；含银量达99.9%以上的，每千克1500元。

随后，市场价格总水平平稳中下降，金饰品需求看跌，金价走低，配售价也一路下滑，1995年，全市黄金饰品销量降至3700千克，而经营企业数量增加至172家。1997年，全市金银饰品销售总重量降至2601千克，其中市区为1187千克，县区为1414千克；销售重量比上年下降14%，其中市区下降17%，县区下降11%；黄金配售价格也从上年的每克107.67元跌至95.12元。为进一步深化中国黄金管理体制改革，逐步实现国内黄金价格与国际市场黄金价格的接轨，1999年，中国人民银行总行一年中曾6次调整黄金配售价格，涨跌互现，跌多涨少，从而引起黄金行业生产经营成本和零售价格的变化。2000年，黄金配售价一路走低，至2001年2月，配售价（1号金）已降至71.74元。详见下表：

表2-2　1989~2001年苏州市场黄金历年收购及配售价格表

单位：元/克

日期	收购价	配售价（1号金）	配售价（2号金）
1989年1月1日	48.00	64.10	63.30
1993年5月20日	51.20	81.20	80.40
1993年9月1日	96.46	108.48	107.68
1995年8月21日	92.72	104.33	103.53
1996年2月1日	95.73	107.67	106.87
1997年1月1日	90.49	102.04	101.24
1997年7月1日	88.00	95.12	94.32
1998年2月20日	80.50	83.60	82.80
1998年8月18日	78.15	81.50	80.70
1998年10月12日	81.36	84.80	84.00
1999年5月20日	74.50	77.81	77.01
1999年6月9日	71.64	75.70	74.90
1999年7月15日	68.90	72.10	71.30
1999年10月10日	84.20	87.70	86.90
1999年10月25日	79.97	83.40	82.60
1999年12月8日	75.57	78.90	78.10
2000年2月14日	81.00	84.44	93.64
2000年3月7日	78.00	81.40	80.60
2000年4月4日	74.80	77.80	77.00
2000年10月24日	73.36	76.65	75.85
2000年11月17日	70.84	74.08	73.28
2001年2月21日	68.15	71.74	70.94
2001年9月10日	—	73.25	—
2001年9月13日	—	74.87	—
2001年9月20日	—	76.91	—

注：2001年6月份开始，中国人民银行实行周报价制度，每周公布黄金配售价，国内金价与国际黄金市场接轨。

三、金银取消"统购统配"

随着中国加入世贸组织日期的临近，中国人民银行公布的黄金原料配售价也逐步与国际市场金价接轨。2001年，国家计委宣布放开百余种商品和服务的价格管制后，此前一直由中央政府定价的足金饰品价格也于同年8月1日放开。其时，中国人民银行从2001年6月开始实行周报价制度，每周公布的配售价，已经和国际黄金市场交易价格保持同步，二者之间的价格差始终保持在2元左右。一旦发生紧急突发事故,中国人民银行根据具体情况及时调整黄金原料价格。如,2001年美国"9·11"事件发生后,国际黄金价格持续上升,中国央行货币金银局在一月内两次调整金价,9月10日千足金每克73.25元,9月13日调高到74.87元,9月20日央行再次宣布金价上涨,国标1号金配售价上调到76.91元,比上周四宣布的金价每克上涨2.04元。

2001年11月,经国务院批准,中国人民银行发出《关于白银管理改革有关问题的通知》,取消白银"统购统配"管理政策,放开白银市场,允许白银产需直接见面,上市交易。

同年11月28日,国内首个黄金现货交易所——上海黄金交易所挂牌试运作,标志着中国黄金市场全面放开,彻底改变了50多年来黄金由国家统收专营,严禁民间买卖的局面,国家的政策从储金御国变为藏金于民,对普通百姓而言,黄金不仅具有装饰性的商品功能,而且兼备了金融投资和储备的两大功能。苏州市从2000年1月开始,足金金条上市供应市民,每克零售价格112元(暂定价),为全市统一价,不得上下浮动,不再另收加工费。2001年4月,足金金条(块、砖)零售价按足金饰品基准价格每克100元执行,不再收加工费。2001年8月后金价放开,部分专卖店开始实行金条(块、砖)的回收业务,价格随行就市,但与饰金保持一定的差价。

第三节　金饰品价格

一、政府统一销售价格

1982年，国务院同意在国内恢复销售黄金首饰，苏州为全国7个定点生产城市之一。市金属工艺厂从1982年9月开始生产，当年生产9738克，销售658克（K金制品折合计算），国家规定足金每克销售价为64元。为统一本市涉外金首饰售价，同时与上海价格适当衔接，经市政府和省物委同意，1982年12月20日，市物价委员会发文调整苏州市对外宾供应的K金首饰价格：14K金首饰每克27元调为28.50元，18K金首饰每克34.60元调为36.50元，22K金首饰每克41.50元调为44.50元，24K金首饰每克45元调为48.50元。

1983年，市金属工艺厂生产27361克，销售7385克。由于民众还不富裕、价格偏高和妇女佩戴金饰品的风气尚未兴起，故销售不畅。

经国务院批准，1984年7月1日起降低了黄金饰品的国内销售价格。根据省通知："每一小两（31.25克，下同）黄金饰品的销售价格，由2000元降至最高不超过1500元，向下浮动最低价不得低于1400元。"苏州市饰金销售价格每克从64元调低到45.6～46.8元，市场上出现"黄金热"，一度发生脱销。以市金属工艺厂门市部为例，1983年平均每月销售107.03克，当年上半年平均每月销售322.92克，7～11月平均每月销售2364.53克。造成市场金饰品销售大增的原因，除了金饰品价格下降的主因外，城乡居民收入增加，购买金饰品增多，部分群众担心物价上涨，争购保存金饰品以保值，也是重要因素。当年生产黄金饰品245.8千克，比1983年增长8倍。

黄金饰品国内销售价格降低后，对外宾供应黄金饰品的价格也作了适当调整，根据省通知精神，从1984年7月5日起，苏州市参照上海市价格，对K金首饰零售价（含工缴费）调整如下：14K饰金每克由零售价28.50元调为25.30元，18K饰金每克由36.50元调为32.40元，20K饰金每克由40.50元调为33.80元，22K饰金每克由44.50元调为37.30元，24K饰金每克由48.50元调为40.60元。

1985年，苏州市金饰品每克售价调高至54.40元，销售仍然十分旺盛。当年苏州市生产金饰品达1700千克（包括常熟金属工艺厂）。

1986年5月16日，市物委发文调整部分内销金饰品加工工艺费，将东洋脚镶嵌戒每只出厂加工工艺费由9元调整至10元，零售加工工艺费由10元调整为11元；搭花脚镶嵌戒每只出厂加工工艺费由9元调整为12元，零售加工工艺费由10元调整为13元。特种镶嵌金饰品的加工工艺费由工厂与客户协商定价，宝石价格另计。

1986年8月，黄金饰品销售转俏，出现排队争购现象，据人民银行对全市九个经营单位统计，8月1日至8日共销售黄金饰品39千克，回笼人民币210万元，比正常销售增长1倍多。从销售结构看，克数求重，含金求足，而且愈重、愈纯愈俏；销售品种以项链居多，戒指较少；销售对象主要是城市青年妇女。

造成排队争购现象的主要原因有：人民币汇价调整，在居民思想上产生了人民币贬值的观感，猜测作为一般等价物的黄金价格也会相应调整。近日银行收购银圆价格由每块5元调整为每块12元；工业用银价格由原来每千克320～420元调为500元，原来每千克500元的调为800元。群众根据金银比价关系推测白银提价也会影响黄金价格上升，因而产生了一种保值思想，购买黄金存放。有人认为黄金要恢复1982年价格，1982年黄金价格每两2000元（包括加工费每两500元，折合每克为64元），而现在价格每两1700元（折合每克54.4元），低于1982年。外地争购黄金饰品的现象给本市带来了影响，也加剧了群众的紧张心理。但从当时银行储蓄情况分析，还没有发现提款争购黄金饰品的现象，到7月底，苏州市全年的储蓄任务已经完成。从临近几个金店的北局储蓄所看，7月下旬储蓄存款余额为4230.07万元，到8月为止仍维持在4228万元。当时苏州市金饰品货源充裕，可以保证市场供应，但由于居民在品种上的偏爱，加上加工能力的限制，造成了某些紧俏黄金饰品发生脱销。

根据省物价局、省人民银行的通知精神，从1986年10月21日起调整黄金饰品价格：足金饰品零售价从原每克54.4元调高至73.6元，提幅为35.3%；出厂价格由每克49.6元调为68.10元，提高37.3%；其他K金饰品也按规定折率计算相应作了调整，调价次日，市区8家金饰品经营店中，4家无货供应，4家有货，但其柜台出示数量不多，品种不全，项链等大件基本没有，主要是戒指，且足金较少。群众反映，"黄金涨价是人民币贬值，通货膨胀"，这次金饰品涨价既是意料之中，又是意料之外，感到时间突然，幅度太大。经营单位反映金饰品生意可做，担心货源紧张，影响经营利润下降。

根据市场物价总水平上升和国家文件的规定，市物委、中国人民银行苏州分行先后发文，从1987年5月10起调整金饰品价格，足金饰品零售价格每克由73.6元调整为78.40元，出厂价每克由68.10元调整为72.23元，银行供应工厂配售价每克由60.8元调整为64元，其他K金饰品价格按规定折率相应调整。

同年9月10日起，足金饰品零售价每克又调至86.40元，出厂价每克调至80.23元，银行供应工厂配售价每克由64.00元调整为72.00元，其他K金饰品价格按规定折率相应调整。

1988年4月1日起，中国人民银行苏州分行供应给生产单位内销饰品用金价格由每克72元调为75.2元；足金饰品出厂价每克由80.23元调整为81.60元，其他K金饰品价格按规定折率相应调整；内销金饰品零售价仍为每小两2700元，即每克86.40元不变。

1988年6月1日起，苏州市调整内销金饰品价格，人民银行供应给生产单位内销饰品用金价格由每小两2350元调整为每小两2750元（即每克由75.2元调整为88元）。足金饰品出厂价格每克由81.6元调整为94.86元，零售价格每克由86.4元调整为每克100元，其他K金饰品出厂价和零售价按规定折率相应调整。

1988年物价上涨严重，黄金饰品市场供应紧俏，群众纷纷抢购金饰品用以保值。为回笼货币，抑制通货膨胀，各大银行一度开展吸收储蓄，奖售金饰品的做法。

为维护消费者利益，加强金饰品市场管理，制止擅自提高金饰品价格、乱收工艺费行为，同年7月18日，市物委会同人民银行苏州分行发出《关于加强内销金饰品价格管理的通知》，重申四条规定：经销内销金饰品必须报经人民银行批准；全市销售点均批准为零售业务，因此不得兼搞内销金饰品批发业务；部分销售点擅自提高金饰品销售价格和K金饰品加工工艺费，违反国家规定，必须坚决制止；为进一步加强金银管理，搞好金饰品销售工作，各内销金饰品销售点必须按国家规定的金饰品价格挂牌营业，并必须对每件金饰品标明成色、重量、单价和金额，对镶嵌金饰品还必须标明宝石等名称和价格，未标明上述内容的不得上柜零售。各金饰品生产厂和各销售店必须严格遵守国家规定，对违反规定的，将采取罚款，停止分配金饰品计划，没收其非法所得，直至撤销其销售点。

对金饰品价格的市场检查发现，有一部分经营者在销售作价中任意作价和搭售非金饰品，变相提高金饰品价格，人民群众反映强烈。为维护消费者利益，同年9月10日，市物委重申和明确黄金饰品价格管理规定：足金和K金饰金（无镶嵌金饰品）属国家定价，不论是地产或外采产品，在苏州市的销售价格必须按市物委和人民银行苏州分行的规定执行，即足金饰品出厂价每克94.86元，零售价每克100元，其他K金饰品出厂价和零售价按规定折率和金饰品加工工艺费市物委文件的规定执行。镶嵌珍宝金饰品（指镶嵌的珍宝与金品不可分割的整体饰品）可按经进货地主营部门批准的经营单位的合理成本，加8%～10%的进零差率，最高不超过10%制定零售价格。市内不允许转手批发。各经营单位在销售金饰品时不准搭售非金饰品，对非金饰品的销售价格可按合理进价加20%～30%，最高不超过30%的进零差率确定。不准任意扩大非金饰品的作价差率来变相提高金饰品的价格。

1989年7月18日，市物价委员会、中国人民银行苏州分行发出《关于一九八九年内销黄金饰品统一销售价格的通知》，鉴于当年内销黄金以外汇购进，产品以人民币销售，为统一理顺市场黄金饰品的零售价格，规定市金属工艺厂出厂价格：足金（24K）每克为110元，零售价每克为120元；含金量为99%的黄金饰品出厂、零售价格低于足金价格1元销售。

二、金价浮动

1989年8月21日，市物价委员会规定：今年内销黄金饰品足金按零售价每克120元作为最高限价，任何单位均不得超出；允许根据实际情况适当下浮，但最低不得低于每克100元。K金饰品销售，按规定折率计价，不得再加任何费用。以上规定也适用于银行吸储、侨汇商店对内宾销售中用人民币结算的价格。

自1989年以来，苏州市对金银饰品价格采取比较宽松的管理办法，促进了苏州市饰品市场的活跃繁荣和企业经济效益上升，为进一步搞活经营，繁荣市场，满足群众消费需要，1990年3月7日，根据当时的外汇调剂价格等因素，中国人民银行苏州分行、市物委联合发文，下达1990年内销黄金饰品销售计划的通知，确定金饰品本市出厂价为：足金每克最高不超过105元，零售企业可在每克100～120元之间浮动。1991年11月14日，市物价局、中国人民银行苏州分行又发文明确：内销黄金饰品价格仍按市物委文件的规定执行，即纯金饰品零售价每克120元，为苏州市最高限价，任何单位不得突破，允许根据实际情况适当下浮，但每克最低不得低于100元。镶嵌珍宝黄金饰品，可按进货地主管部门批准的经营单位的价格为基价，按金、宝、加工费分别作价的办法，制定苏州市零售价格。即金价按规定执行。宝石价格按人造和天然分别定价：人造宝石按进零差率15%，天然宝石按进零差率25%制定；加工费按合理金价加进零差率20%～30%制定。各类饰品同城不允许转手加价。各内销黄金饰品销售点不得从事黄金饰品的批发业务。

随着外汇调剂价格的变化，1992年6月26日起，苏州市纯金饰品最高零售价格每克从120元调整为110元，最低价格每克从100元调整为97元。同年8月1日起，苏州市补充规定，对每件（条）重量在3克以下（含3克）、成色22K以下的K金饰品，由于份量很轻，加工复杂，工艺精细，进价较高，其零售价格允许按实际进价加10%~13%进销差率计价销售，此外不得再加任何费用。同年12月25日起，纯金饰品最低零售价每克从97元调整至100元，最高零售价仍为110元。

20世纪90年代，特别是1993年至1995年，苏州市居民消费和商品零售价格指数连续三年均在20%上下的高位运行，受这一轮通货膨胀的影响，苏州市金饰品价高量升。

从1993年2月19日起，苏州市内销黄金饰品（纯金）最高零售价格每克从110元调高至120元，最低零售价从100元调高至105元。

从1993年5月29日起，苏州市千足金饰品（"999"金）每克最高零售价从120元调高至135元，最低零售价从105元调高至115元。"99"金和"999"金零售差价为1元。

1994年2月4日起，市物价部门会同中国人民银行苏州分行再次调高内销黄金饰品零售价，千足金（"999"金）每克零售价从现行的115~135元，调高到140~145元；足金（"99"金）价格从现行的114~134元，调高至139~144元。以上价格均含加工费和税金，各经营单位不得突破。

经国务院批准，从1995年1月1日起，金饰品消费税改为在零售环节按5%征收。但是，1995年苏州市各类黄金饰品零售价格继续按1994年规定价格执行。为保证零售企业正常经营和市场供应，苏州市决定将每件（条）重量（毛重）在3克（含3克）以下、成色22K（含22K）以下的金饰品进销差率由原10%~13%调整为15%~18%。

在金饰品价格上升的同时，消费者"买涨不买落"。苏州全市金饰品1985年销量为700千克；至1991年达1720千克；1992年为3050千克；1993年达到高峰，为6360千克；1994年、1995年有所回落，但仍分别达4800千克和3700千克。

表2-3　1982年至1996年4月苏州市黄金饰品市场零售价格表

单位：元/克

时间	价格
1982年	64
1983年	64
1984年7月1日	45.6~46.8
1985年	54.4
1986年10月21日至1987年5月9日	73.6
1987年5月10日至1988年3月30日	78.4
1988年4月1日至1988年5月30日	86.4
1988年6月1日至1989年7月19日	100~120
1989年7月20日至1992年6月25日	100~120
1992年6月26日至1992年12月24日	97~110
1992年12月25日至1993年2月18日	100~110
1993年2月19日至1993年5月28日	105~120
1993年5月29日至1994年2月3日	115~135
1994年2月4日至1996年4月14日	140~145

三、金价与加工费分离计价

1996年4月15日起,苏州市在全省率先对黄金饰品实行金价与加工费分离计价新办法。

随着经济的发展和人民生活水平的提高,苏州市黄金饰品市场发展迅猛,到当年三月底为止,全市批准开业的金店达177家(其中市区为57家),1995年苏州市黄金饰品销售量为3701千克,占全省销售量的四分之一。同时,黄金饰品的花式品种也越来越多,工艺水平越来越高,群众对黄金饰品的消费趋向多层次化,有一部分消费者对黄金饰品的花式、工艺、品味提出了很高的要求。而原来的黄金饰品计价办法已远远不能适应黄金饰品市场这种变化趋势,它把金价和加工费合在一起,不管黄金饰品的品种、规格、大小、款式、工艺水平等方面的差异,统一规定为一个价格,这一规定价格不能客观地反映每一种黄金饰品自身所具有的价值。为此,为了顺应建立社会主义市场经济体制的需要,逐步同邻近上海市场和国际市场接轨,更好地贯彻"按质论价、优质优价"的原则,使黄金饰品的价格逐步接近或符合其自身的价值,鼓励生产企业开发新品种、新款式,采用新工艺,不断丰富市场供应,满足群众多层次的消费需要,经多次调查研究,广泛听取黄金饰品生产、经营企业和社会各界意见,并经省物价局、省人民银行同意,市物价局、中国人民银行苏州分行决定从1996年4月15日起对苏州市黄金饰品价格管理办法进行改革,在全省率先实行金价与加工费分离计价新办法。其主要内容:"999"金、"99"金、K金饰品价格按黄金价格加加工费制定,不得另加其他费用。其中"999"金和"99"金价每克分别为140元和139元,K金饰品在销售时按规定折率计价。以上金价作为苏州全市统一零售价格,不得上下浮动。苏州市区黄金饰品每克加工费收取标准为:戒指类1.5~2.5元,项链的链类2~3.5元,挂件圈类2.5~3.5元,手镯类4~5元。各企业在生产经营黄金饰品时,按生产环节、零售环节收取加工费,不得突破。镶嵌类黄金饰品按黄金、珠宝、加工费分别作价的办法制定零售价。金价仍按上述规定执行;珠宝价格按天然和人造分别定价,天然与人造珠宝分别按进零差率25%和15%制定;加工费按实计算,不得另加费用。每件(条)重量(毛重)在3克(含3克)以下、成色在22K以下(含22K)的K金饰品,其零售价格按实际进价加15%~18%进零差率制定(如进货时黄金价格与加工费分开的,则合并为实际进价),不允许加收任何费用。彩金饰品零售价格每克为150元(含加工费),不得突破。18K以下按规定折率计价。

为加强管理,由市物价局、中国人民银行苏州分行等主管部门会同主要生产、经营单位组成黄金饰品行业价格管理小组,负责日常的黄金饰品价格管理工作;并要求各经营企业必须按规定做好明码标价工作,在营业区域显著位置悬挂市物价检查所监制的铜牌,标明当时金价;上柜销售的黄金饰品必须使用由市物价检查所监制的统一标价卡,做到一货一签,标明品名,产地,成色(含金量),珠宝名称及规格,重量,价格,物价员章,做到六标一章齐全。

同年8月19日,市物价局、中国人民银行苏州分行发出《关于制定苏州市黄金饰品门市加工费、调换收费标准的通知》,门市调换(以旧换新)收费标准分成四个类别按克数收取,戒指类每克5~6.50元,项链手链类每克6.50~8元,项坠耳圈类每克7.50~9元,手镯类每克8~10元,不得突破。居民来料加工损耗足金为1%。足金二锉、四锉链为3%,K金为5%。原金加工成色不低于95%,凡千足金不得收取提炼费,其余每克收取提炼费3元。不满0.5克按0.5克计算,不满1克按1克计算。加工添金部分按当日零售价结算,不再另加加工费。立等可取、现场操作按件加工费每件另加10元。顾客特殊加工需要的加工费标准由双方协商。

1997年8月5日,市物价局、中国人民银行苏州分行联合发出《关于进一步完善黄金饰品加工费的通知》,对市物价局1996年4月《关于改革金饰品价格管理办法的通知》中的加工费标准进行适当细化,由原四类四档调整为五类九档,增加黄金工艺摆件一类(具体标准详见表2-4)。摆件(不包括金箔卡)作价按金价加加工费确定,摆件加工费可由各经营企业按黄金摆件进货价中的加工费标准顺加不超过20%的差率自行确定。黄金饰品加工费细化完善的目的是运用价格杠杆,鼓励企业生产、经营款式新颖、工艺精细的饰品,提高苏州市场黄金饰品的工艺水平,从而促进市场繁荣,满足人民群众多层次消费需求。

表2-4 1997年苏州市黄金饰品加工费收取标准表

单位:元/克

类别	加工费标准	品种款式
戒指类	1.5	各式天元、龙凤、花线戒
	2	各式方戒
	2.5	各式车花戒
项链手链类	2~2.5	侧身链、蛋元链、方丝链、子母链、双套侧身链、双套平链、双套链
		水波链、元套链、方管链、元管链等
	3~3.5	胆型链、胆型侧身链、胆型珍珠链、珍珠链、二锉链、四锉链、罗丝链、绳串链、绳串蛇胆链(珍珠链、侧身链)、双马鞭夹链、各式车花链等
挂件圈类	2.5~3	单丝圈、双丝圈、绞丝圈、天元圈、各式压花坠、浇铸坠、花生、元宝、凿花坠、车花坠、车花丝圈、各式车花耳坠、锁片、观音坠等
	3.5	花色吊坠(印底)等
手镯类	4~4.5	一般手镯、简单空心二开车花镯等
	5	各式封底花色车花镯
摆件类	按进价中的加工费标准顺加20%的差率制定	—

苏州市率先对金饰品零售环节试行价费分离办法实施后,得到了省物价局的肯定,至2000年,省物价局推行苏州这一改革举措。

2000年4月18日,市物价局、中国人民银行苏州分行联合转发省物价局《关于改革金饰品价格体制和金饰品零售环节试行价费分离的通知》,重申足金饰品属于政府定价商品,苏州市继续试行足金饰品零售环节实施价、费分别计价的作价办法;根据中国人民银行现行黄金配售价格和省规定的作价办法,苏州市足金饰品零售基准价为每克108.70元,任何单位和企业不得随意上下浮动;足金金条(块、砖)零售价格按足金饰品基准价执行,不再收加工费。同时规定22K及以下的K金、铂金及镶嵌饰品实行市场调节价,取消原有差率管理规定,具体由苏州市黄金饰品行业价格管理小组负责协调市场价格水平,指导经营者规范定价行为,维护金饰品市场正常的经营秩序,促进市场健康发展。足金饰品的加工费仍以克重为单位收取,并根据省局通知精神,对苏州市现行的加工费标准进行适当的调整(详见下表2-5)。特殊工艺的饰品加工费由企业自定,并事先向苏州市物价局备案。上述规定从同年5月10日起执行。

表2-5 苏州市足金饰品加工费标准表

执行日期：2000年5月10日　　　　　　　　　　　　　　　　　　　　　　　　　　单位：元/克

类别	品种款式	加工费标准
戒指类	各式天元、龙凤、花线戒	2.50~4.00
	各式方戒	3.50~5.50
	各式车花戒	4.00~6.50
项链手链类	侧身链（马鞭链）、双套侧身链、双套平链、水波链	3.50~6.00
	各式花链	5.00~9.00
挂件圈类	各式单丝、双丝、绞丝、天元、车花丝圈；各式压花、浇铸、凿花、车花坠（耳坠）；花生、木鱼、锁片、观音坠	3.50~6.00
	花色吊坠（印底）等	5.00~8.00
手镯类	一般手镯、空心二开车花镯等	4.50~8.00
	各式封底花色车花镯	6.00~10.00
摆件类	电铸	40.00

四、金价下跌

1996年，苏州市场物价总水平开始逐渐回落。1997年至2002年，苏州市区居民消费价格总指数和商品零售物价总指数出现连续多年的负增长，受亚洲金融危机、国内经济和消费环境的影响，国家对黄金配售价格作了调整，从1997年开始，苏州市金饰品零售价格进入了阶梯式的下降通道。1997年5月15日，苏州市金饰品零售价千足金每克从140元降至136元，足金从139元调低至135元，以后一路下行。至2001年7月底国家放开黄金价格前夕，苏州市场的足金零售价政府定价为每克100元。详见下表：

表2-6　1996~2001年苏州市黄金饰品市场零售价格表

单位：元/克

日期	千足金"999"	足金"99"	K金	说明
1996年4月15日	140.00	—	—	开始试行另加加工费
1997年5月15日	136.00	135.00	—	—
1997年11月1日	129.00	128.00	按规定的折率计价	—
1998年3月25日	120.00	119.00	按规定的折率计价	—
1999年7月15日	110.00	110.00	按规定的折率计价	千足金与足金实行同价销售，取消原规定差价
1999年10月25日	124.00	124.00		
2000年5月10日	108.70	108.70	放开	—
2001年4月3日至8月8日	100.00	100.00	放开	—

五、金价放开

国家宣布从2001年8月1日开始放开黄金价格，金饰品价格也随国际、国内市场行情而上下波动。特别是2007年后，受美国次贷危机的影响，美元贬值，金融动荡，世界黄金价格一路走高，国内金价也随之水涨船高。苏州市黄金价格也一路上涨，至2010年底，每克足金价为360元。

其间，2001年8月初，上海、南京等地金饰品市场引起前所未有的大波动，大打价格战，

苏州市价格志

足金饰品市场零售价一度跌至每克86元,甚至更低。

苏州的金饰品价格水平历来参照上海市场。为防止金饰品价格"大跳水",因无序竞争带来的市场混乱,进而损害本市生产、经营、消费三者利益,市物价部门牵头,召集市区龙凤、恒孚等十多家黄金饰品企业协商研究,即召开苏州市行业价格管理协会金饰品价格管理小组会议,共同协商讨论。在考虑苏州市区足金饰品的成本,经营情况以及参考邻近地区价格水平的基础上,根据国家有关金饰品零售价格管理的政策精神,苏州市行业价格管理协会于2001年8月7日发出《关于苏州市区足金饰品行业指导价格的通知》,公布苏州市区的足金饰品行业指导价格为每克96元。加工费另计,仍按原标准收取。请各经营企业及时调整、更换标价铜牌和明码标价卡,认真做好明码标价工作。发布日期定为2001年8月9日。

自此以后,苏州市区金饰品市场行情价格相当一段时间内,由苏州市行业价格管理协会(2003年后为苏州市价格协会)下属的金饰品行业价格协调小组,根据市场行情不定期公布金饰品行业指导价,供各经营单位参考,自主确定。市区历年金饰品市场行情价详见下表:

表2-7　2001~2010年黄金饰品价格放开后苏州市场零售行情价表

单位:元/克

日期	千足金"999"	足金"99"	日期	千足金"999"	足金"99"
2001年8月9日	96	96	2002年5月25日	103	103
2002年12月20日	108	108	2003年1月9日	112	112
2003年1月25日	118	118	2003年9月10日	123	123
2003年11月14日	130	130	2003年12月17日	136	136
2004年3月17日	140	140	2004年11月26日	146	146
2005年11月29日	154	154	2005年12月24日	165	165
2006年1月19日	175	175	2006年4月4日	180	180
2006年4月26日	188	188	2006年5月12日	208	208
2006年6月13日	195	195	2006年10月16日	185	185
2006年12月6日	195	195	2007年3月1日	205	205
2007年7月2日	200	200	2007年9月19日	210	210
2007年10月17日	220	220	2007年11月3日	230	230
2007年11月10日	240	240	2008年1月3日	240	240
2008年1月10日	250	250	2008年1月29日	260	260
2008年2月3日	270	270	2008年3月4日	280	280
2008年4月4日	270	270	2008年4月29日	260	260
2008年5月6日	250	250	2008年7月15日	265	265
2008年7月31日	255	255	2008年8月13日	242	242
2009年2月2日	252	252	2009年2月13日	262	262
2009年2月20日	275	275	2009年3月5日	260	260
2009年4月12日	250	250	2009年8月2日	260	260
2009年9月7日	270	270	2009年9月29日	280	280
2009年10月11日	290	290	2009年11月6日	300	300
2009年11月18日	310	310	2009年12月3日	320	320
2009年12月11日	305	305	2010年3月2日	295	295
2010年3月13日	310	310	2010年5月13日	325	325

日期	千足金"999"	足金"99"	日期	千足金"999"	足金"99"
2010年6月	315	315	2010年7月	310	310
2010年8月17日	325	325	2010年9月	335	335
2010年9月26日	350	350	2010年10月14日	360	360

注：从2001年8月1日起，国家将足金、千足金、K金价格完全放开，实行市场调节价格管理。实际销售价格由行业协会协商自律，经营者自主确定。上述表格价格为苏州金饰品市场行情价格。

　　进入新世纪以来，随着苏州地区城乡经济和社会生活水平的发展和提高，铂金饰品受到广大城乡居民，特别是青年妇女的喜爱和欢迎。2000年2月25日，市物价局工业品价格处会同市行业价格管理协会，公布苏州市区铂金饰品（品质标识为PT900，下同）行业协议零售价格为每克188元；同年7月15日，又公布铂金饰品的行业协议零售价格为每克198元，并以每件为单位，按下列标准另行收取加工费。铂金价格行情随着黄金价格的上涨而上涨，价格完全放开，随行就市，普遍高于足金饰品价格，而历史上，铂金价格一般在黄金价格的1.2～1.5倍区间波动。

表2-8　苏州市铂金加工费行情表

铂金（PT900）	加工费
挂件、耳钉类	40元/件
手链、项链、戒指类	80元/件
手镯类	100元/件

注：以上加工费标准为最低收费标准，上浮不限。

表2-9　1982~2010年苏州市场足金零售价表

时间	金价（元/克）	时间	金价（元/克）
1982	64	2005年12月24日	165
1982年6月1日	100	2006年5月12日	208
1994年2月4日	145	2006年10月16日	185
1997年5月15日	136	2007年11月10日	220
1998年3月25日	120	2008年3月4日	280
1999年7月15日	110	2008年8月13日	242
1999年10月25日	124	2010年5月13日	325
2001年4月3日	100	2010年10月14日	360
2002年12月20日	108	—	—

1982~2010年苏州市场足金零售价走势图

金价（元/克）

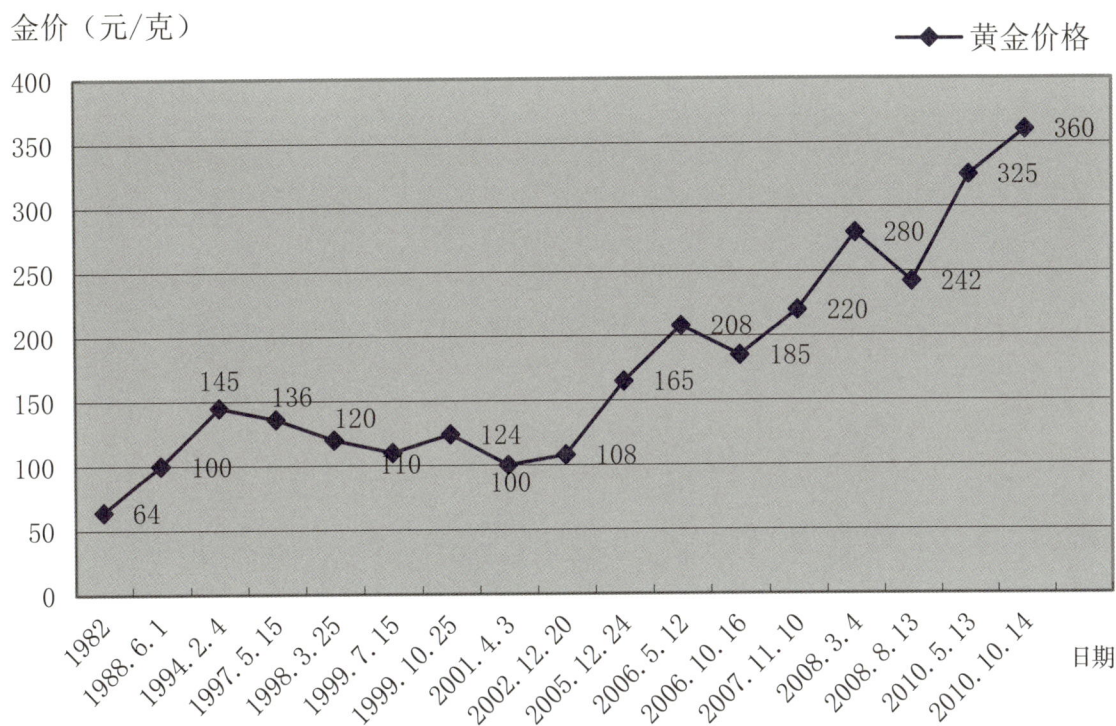

◆ 黄金价格

图表数据点：
- 1982: 64
- 1988.6.1: 100
- 1994.2.4: 145
- 1997.5.15: 136
- 1998.3.25: 120
- 1999.7.15: 110
- 1999.10.25: 124
- 2001.4.3: 100
- 2002.12.20: 108
- 2005.12.24: 165
- 2006.5.12: 208
- 2006.10.16: 185
- 2007.11.10: 220
- 2008.3.4: 280
- 2008.8.13: 242
- 2010.5.13: 325
- 2010.10.14: 360

日期

第三章 轻工业品价格

　　轻工业品是指满足人们日常使用的工业产品,其种类繁多。建国前,苏州市丝绸、纺织、日用工业品等近、现代工业比较发达,成为中国民族资本主义工商业发展较早、基础较好的城市之一。苏州地产大部分日用工业品除自产自销外,还向苏北等外埠输出;部分技术含量较高的日用工业品则从海外及毗邻的上海输入。苏州轻工业品销售价格受市场货源紧缺,货币稳贬,时局平乱的影响而涨跌。从1937年7月全民抗日战争爆发至1949年4月苏州宣告解放这段时期内,轻工业品价格波动激烈,特别是临近解放前夕的1948年至1949年间,更是涨幅惊人,早晚市场价格都不相同。

　　中华人民共和国建立后,经过1950~1952年三年恢复时期,轻工业品价格得到了稳定,经济秩序得到整顿。1953年后随着各地工业生产的发展和品种的增加,关系国计民生的主要轻工业品价格由国务院和省政府管理,苏州地方只管理一些小商品价格,计划经济和计划价格管理体制开始确立。1955年后,轻工业品价格稳中有降,平均降低5%左右。1958年搞"大跃进",1960年进入困难时期,部分工业品供不应求,价格出现波动,为稳定市场、稳定物价,实行凭票证供应的日用工业品范围有所扩大,数量有所减少,自由市场商品价格随之上涨。1961年2月起,苏州市对糖果、糕点、菜肴实行高价供应政策后,1962年6月起,苏州市又将高价商品范围扩大到绸缎、被面、毛巾、自行车、手表等日用工业品。三年困难时期,国家尽可能稳住日用品牌价,安定人民生活,对生活必需品采取商业赔钱、财政补贴的办法,工业品中的肥皂、洗涤剂、草纸、铁锅等也都采取计划亏损和财政补贴措施,以求价格保持基本稳定。1963年至1965年,苏州市经济情况逐步好转,市场供应逐步恢复正常,至1965年末,高价商品除一小部分针棉织品和"飞马"、"红金"二种牌号香烟外,其余商品恢复平价供应。

　　1966年"文化大革命"开始。1967年8月,中共中央通知要求切实加强物价管理,对不合理的价格和差价一律放到"文化大革命"后期处理。日用工业品价格同其他商品价格一样被"冻结"。

　　1979年后,随着经济体制和价格改革进程的加快,苏州市于1981年11月起,以调低化纤布价格,同时调高烟酒价格为起点,拉开了日用工业品价格改革"以调为主"的帷幕。同年8月,苏州市率全国之先,首批公布了233种日用小商品试行工商协商定价。这项率先推行的改革措施得到省物委和国家物价局的认可,并得到大力推广介绍。嗣后,苏州于1982~1984年先后多批次进一步放开小商品价格。至1985年底,在苏州市场上的小商品价格已基本放开,退出计划价格范围,实行市场调节。随着价格改革的逐步深入,苏州市又率先对部分轻工产品价格实行优质优价和浮动价格,下放价格管理权限,给企业一定的自主定价权。其后,价格改革进一步深入,轻工业品价格进入"放调结合,以放为主"阶段。至1992年后,轻工品价格完全放开,物价部门对重要的关系民生的日用工业品价格实行提价申报备案制度,绝大部分日用消费品价格管理权下放给企业,由生产经营者与消费者协商定价。1998年以后,工业品市场价格,包括日用工业品市场价格,发生了根本性变化,市场供应充沛,由"供不应求"演变为"供大于求",由"卖方市场"演变为"买方市场"。日用工业品市场新品种、新规格层出不穷,价格稳中有降,竞争激烈,价格完全放开,由市场调节形成。价格管理则以反暴利、反价格欺诈、反价格垄断为主,实行明码标价,倡导明码实价,价格诚信。

第一节　丝绸价格

苏州纺织品行业,历史上由绸缎业、棉夏土布业、华洋布业及针棉织品等自然行业逐步演变合流而成。绸缎、棉布本属两大行业,针棉织是民国初发展起来的。辛亥革命后,行业界限渐被打破,绸缎店兼营棉布,布店兼营绸缎,在流通销售中,绸缎、华洋布、土布三个行业遂合并为绸布业。以棉花、蚕茧等农产品为原料的丝绸、棉纺织品,历史上其价格主要随农产品的丰歉而波动变化。为叙述方便,故将纺织品价格分为丝绸、棉纺织品(含针织、毛纺、化纤)两节叙述。

一、沿革

丝绸是中国古文明代表之一,中华文化的重要组成部分。苏州是丝绸的发源地之一,由考古发掘得到的古绢残片、丝绳等,都可以证实早在4700年前新石器时代,太湖流域已有被誉为"世界上原始农业时期最伟大创造"的养蚕、取丝、织纤等技术,反映了长江下游与黄河流域一样,都是蚕桑丝绸的发源地。

由汉及唐,全国经济中心由黄河流域向长江流域转移。吴地蚕桑、丝织业日益发达,成为中央王朝丝帛税赋的重要地区。丝织手工业,由亦耕亦织农家分化出来,进入郡城,专业织造。苏州至今还有与丝绸相关的织里、锦帆路等地名。北宋元丰年间(1078~1085),丝织手工业户在苏州城内祥符寺建轩辕宫,称机圣(神)庙,兼作机业议事之所。苏州丝织作精湛,北宋崇宁元年(1102)至光绪三十二年(1906),宋、元、明、清四朝皇室,均在苏州设过织造院、织造局等名称的官府手工业工场。加上苏州地处大运河、江海及南北交通要冲,自北宋以来,苏州渐为全国丝绸生产和贸易中心之一。明清时期,苏州郡城"家杼轴而户纂组","织作在东城,比户习织,专其业者不啻万家",苏缎、宋锦、漳绒、缂丝等精美品种,闻名海内外,号称"日出万绸,衣被天下",为国内最早产生资本主义萌芽的行业和地方之一。明代,苏城丝织技术渐向城郊吴江产茧丝地区扩散。清康熙年间(1662~1722),据苏州织造李熙奏折称:当时白米丰年每石仅值纹银七八钱,中等年一两左右。丝价每市斤纹银一两一钱至一两二钱左右。清同治十年(1871),成立"苏州丝业公所",通过丝业行会组织以保障会员专营之利。清同治、光绪年间,达到全盛时期,称作"织机一万五(千台),产绸三十六万(匹),价银六百万(两),全城依丝织业为生者,逾十万人"。生产品种逐渐增多,丝织品价格缓慢上升。光绪二十五年(1899)至三十年(1904)间,山丝价格从每百两25元(银圆,下同）上升至36元，头号花累缎和三号素累缎每市尺价格分别从0.43元和0.35元上升至0.70元和0.50元。

　　道光二十年（1840），鸦片战争后，上海开埠，日本等国外商在"引丝抑绸"谋略下，外商以中国茧、丝为原料，挟其机器织造，使用人造丝和化学染料的技术优势，迅速夺取中国国内外的销售市场。苏州丝绸业与全国一样，遇到严重危机，为振兴实业，清光绪二十一年（1895）官督（1875~1908）商办的苏经丝厂、苏纶纱厂创建，苏经丝厂是江苏省第一家使用机械动力的机器缫丝工厂。光绪年间，上海洋商纷至沓来在东、西山等近郊设行大量收茧、丝原料，外销以牟取厚利，致本地产丝不敷应用，丝价大涨。光绪二十五年（1899）普通厂丝每市担为纹银288两，宣统三年（1911）每市担普通厂丝上涨至纹银800两。辛亥革命前后，苏州丝织原料短缺，木机数量萎缩锐减，至民国元年（1912），织机减至4000台，不足同治、光绪年间的三分之一，民国2年（1913）产绸仅2.8万匹。据载，无锡售给美国的白厂丝价格每公担714.13美元，民国5年（1916）涨至1064.96美元，民国6年（1917）为1427.60美元，民国7年（1918）为1633.93美元。可见当时丝价之昂贵。

　　为救亡图存苏州绸缎业，云锦公所与苏、浙、皖三省茧业公所，一再请求限制蚕茧出口，制止增加丝厂和茧行，至民国8年（1919），苏、浙两省通令禁止蚕茧和蚕种出省，民国9年（1920）以后白厂丝每公担平均外销价为1246美元。绸厂原料困难有所缓和。民国元年（1912），引进铁木织机，民国3年（1914）创办苏经纺织厂，为苏州近代丝织业第一家使用新式织机集中生产的手工工场。丝织业界在生产技术设备、产品结构等方面进行改革，以产品新颖、品质精美、价格适宜，适应消费对象的变化来谋求出路，夺回国内外市场。民国7、8年间（1918~1919），丝织业已有起色，"据云锦公所对所属80余家工厂、纱缎厂统计，6年10月~7年9月，生产缎、纱等9.17万匹，价208万元；7年10月~8年9月，生产10万匹，价214.1万元。价额大体为光绪盛销时的30%。民国19年（1930）以后，国际市场生丝价格下跌，国内市场普通生丝每百市斤价格民国19年（1930）为972元（银圆，下同），民国20年（1931）为1720元，民国21年（1932）为1222元，民国22年（1933）为650元，民国23年（1934）为500元。民国24年（1935）丝价才逐步回升。民国15年（1926）后，随着电力机推广，苏州铁机丝织业锐意革新和发展，至民国25年（1936），苏州丝织品产量约为794万米，为新中国建立前苏州丝织品产量的最高峰，其中电力机产量占81.6%"。至抗日战争爆发前夕，苏州丝织业重新成为本市举足轻重的一大行业，在江苏省丝织业内则位居第一，与沪、杭两地丝织业同负盛名。振亚绸厂则在改进设备和技术，实现工厂近代化，创制新产品，讲究质量等方面，皆为苏州丝织业之先。

　　民国26年（1937）日军侵占苏州，丝织业备受摧残，日伪不仅统制茧丝，压价收茧，运往日本，而且用电受限制，丝绸市场限于沦陷区，外销堵塞，至民国34年（1945）2月停止供电，丝织厂全部告停，只剩165台木机苟延残喘。生产原料价格猛涨，民国27年（1938）普通厂丝每市担为法币950元，民国28年（1939）则猛涨至法币2965元，是年丝织厂年产不足5万匹，仅及战前六分之一。至民国32年（1943）2月，普通厂丝每市担涨至中储券28000元，翌年3月暴涨至中储券120000元，上涨达1.29倍。

　　抗战胜利后，国内传统市场沟通，丝织业力图复兴。随着国统区恶性通货膨胀经济崩溃，丝织业又陷入困境，普通厂丝每市担民国35年（1946）9月为新法币（下同）360万元，民国36年（1947）7月则猛涨至3100万元。民国37年（1948）"八一九"限价期间，白厂丝限价为每担1400元（金圆券，下同），同年11月限价放开，各项物价涨势惊人，但丝织品却因战争影响销路不畅，导致生丝价格猛跌，白厂丝每担跌到15000元，最低价格只有7800元，而同期生产成本高达20200元。是年，苏州丝织产量为588万米，但实销呆滞，生产由囤积保值与投机倒卖市场支撑，而工厂则因币值猛贬，出不抵入，原料枯竭，开工严重不足，苦苦支撑，丝绸生产几乎完全停顿。

表3-1　　1899~1947年部分年份苏州市普通厂丝市场销价表

年份	货币名称	销价	年份	货币名称	销价
1899	纹银	288两/担	1938	法币	950元/担
1911	纹银	800两/担	1939	法币	2965元/担
1930	纹银、银圆	700两/担	1943	中储券	2月28000元/担
1931	纹银、银圆	1225两/担	1944	中储券	3月120000元/担
1932	纹银、银圆	880两/担	1946	法币	9月360万元/担
1933	银圆	650两/担	1947	法币	7月3100万元/担
1934	银圆	500两/担	—	—	—

二、丝绸计划价格

苏州解放初期，由于解放前经济濒于崩溃，丝绸产品生产几乎完全停顿，加上帝国主义对中国实行经济封锁禁运，生丝出口断绝，国内销路不畅；绸布店中囤货投机商，经营高档呢绒丝绸的商号，在人民政府遏止和打击下，逐步被取缔和淘汰。丝绸又不再成为囤积保值的手段，因而丝绸价格急剧下降。据载：1949年5月生丝每50千克价格折合大米5250千克，8月降至900千克，仅含成本的六分之一。1949年苏州产绸162万米，1950年降至95万米，丝绸业继续存在严重困难。

1950年中国蚕丝公司苏南分公司根据公私兼顾的方针，与私营茧丝厂签订加工代缫合同，规定加工代缫费标准：每60千克D级丝加工费为九二米600千克，C级丝为九二米731.25千克，B级丝为九二米862.2千克，A级丝为九二米1012.5千克。代缫每担再给2吨煤，下脚丝由公司挂牌购买，每担价格为大米375千克。

为了恢复丝绸生产，苏南行署工商局在无锡成立苏南丝绸专业公司，1950年4月苏州成立国营花纱布公司，即开展代购业务，对各厂库存生丝现金收购，每件（60千克）生丝收购价为16.8万元（旧人民币，下同），折合大米4500千克，当时市场最高价格只有3750千克。同时委托丝厂收购蚕茧和加工代缫。规定D级生丝60千克可换干茧410千克，每50千克生丝加工代工代缫费为大米675千克，下脚丝作为厂方收入。

1951年初，国家外贸部门组织苏州丝绸业16只产品去东欧7国展出，东吴丝织厂"塔夫绸"等产品受到欢迎，打开了苏联、东欧市场丝绸销路。人民政府采取加工、收购、开展物资交流的方式，同时鼓励企业开发软缎、织锦、真丝、线绨被面等不同档次的大众消费品种，开拓了国内市场。通过上述措施，至1951年苏州丝绸生产开始回升，产量至167.2万米，度过了困难时期。之后产量逐年增长，1955年达460万米。是年经过公私合营和合作化，苏州丝绸行业全部纳入加工订货的国家资本主义轨道，继而形成苏州振亚、光明、东吴、新苏等4家丝织厂、2家丝绒厂、1家宋锦织物厂，这些企业的产、供、销全部纳入计划经济体制。当时丝绸产品的定价权限集中在国家和省。

据载：1952年，苏南大多数丝厂实行加工代缫，当年市场B级白厂丝每百千克平均价为2440万元（旧人民币，下同）。1953年提高到2988万元。1955年国家发行新人民币，丝价只按新旧人民币兑换比例加以调整，实际价格直到1957年都没有变动。1958年，省商业厅针对生丝成本高于销售价格的情况，决定将标准品20/22 2A级白厂丝的销售价格提高10%，等级差价从每百千克90元（新人民币，下同）缩小到30元。1960年，当时江苏省对外贸易局、纺织工业厅规定A级白厂丝全省统一收购价（出厂价）为每百千克3375元。1966年10月，江苏省根据纺织工业部指示，将20/22 2A级白厂丝出厂价格调整为每吨41800元。加工代缫费为每吨12000元。自1966年10月至1978年20/20 2A级白厂丝及12102双绉真丝绸价格保持稳定不变。

下表为1950至1978年省管丝绸代表品种价格变动情况及苏州丝绸代表品种市场零售价格变动情况。

表3-2　1950~1978年江苏省丝绸代表品价格变动情况表

调整年月	20/22 2A级白厂丝（元/吨）		12102双绉真丝绸（元/米）		
	出厂价	批发价	出厂价	批发价	零售价
1950平均价	—	B级16120	—	—	—
1951平均价	—	B级22880	—	—	—
1952平均价	—	B级24400	—	—	—
1953平均价	—	B级29806	—	—	—
1954	—	B级29880	—	—	—
1955	—	B级29880	—	—	—
1956	—	B级29880	—	—	—
1957	—	B级29880	—	—	—
1958	—	D级33300	—	—	—
1959	—	D级33300	—	—	—
1960	—	A级33750	—	—	—
1961	—	A级33750	—	—	—
1962	—	A级33750	—	—	—
1963	—	A级33750	—	—	—
1964	—	A级33750	—	—	—
1965	—	A级33750	—	—	—
1966.10	41800	—	3.64	4.08	4.59
1967	41800	—	3.64	4.08	4.59
1968	41800	—	3.64	4.08	4.59
1969	41800	—	3.64	4.08	4.59
1970~1978	41800	—	3.64	4.08	4.59

注：1950~1954年的价格已折成新人民币。

表3-3　1955~1978年苏州市丝绸零售牌价表

单位:元

年份	色花绨被面7012（条）	色软缎被面70308（条）	色富春纺66707（公尺）	色双绉12102幅126（公尺）
1955	—	14.18	—	5.28
1956~1958	—	14.18	—	5.28
1959	—	14.18	—	5.28
1960	—	14.18	—	5.28
1961~1962	—	14.18	—	5.28
1963	—	14.18	—	5.28
1964	—	14.18	2.88	5.28
1965	—	14.18	2.88	5.28
1966	9.73	14.18	2.88	5.28
1967~1971	9.39	11.80	2.43	6.93
1972~1973	9.39	11.80	2.43	4.89
1974~1975	9.39	11.80	2.43	4.89
1976	9.39	11.80	2.43	4.89
1977~1978	9.39	11.80	2.07	6.70

三、丝绸外贸出口价格

苏州是全省乃至全国主要的丝绸工业基地和出口基地,历史上就已形成蚕茧、缫丝、丝织、绸缎、染炼、丝绸服装、丝绸复制品（刺绣、绣品、缂丝）等较为齐全的门类,具有相当的规模和较高的生产水平,丝绸产品的产值、利润、出口创汇均在全国名列前茅。

据载:苏州丝绸产品从20世纪50年代初期到80年代中期,按照国家出口计划和规定价格由国营商业公司、外贸公司下发订单给工厂,通过加工订货,统购包销,蚕茧、蚕丝、丝绸等苏州传统出口商品,由公司直调口岸外贸公司,大部分调拨给上海外贸口岸,由上海外贸对口专业公司组织对外出口。1974年初,江苏外贸口岸建立后,苏州出口货源逐步改由江苏外贸专业公司组织对外出口。

1979年,苏州开始主动调整丝绸产品结构,努力提高丝绸产品在国际市场上的竞争能力,对生产出的水榭牌真丝塔夫绸、顺纡乔其纱、湖心亭牌真丝印花双绉等国家、部、省优质名牌产品实行"优质优价",销售价格逐步上升。

建国后,苏州丝绸出口商品,概由国家对外贸易部所属专业进出口公司及其分公司负责外销经营,苏州实际创汇数不详。从20世纪80年代开始,贯彻对外开放,对内搞活经济方针,1985年苏州始有出口创汇记载。1985年苏州绸缎、棉布出口势头良好,外贸出口金额已超过1亿元（外贸计划收购价格）。出口创汇产品品种及丝绸产品外贸出口收购价格情况详见下表:

表3-4　1985年苏州市区生丝、绸缎等产品出口创汇超100万美元的生产（供货）企业

出口生产（供货）企业	主要供货品种	出口创汇（美元）		
		合计	供省内	供省外
苏州第一丝厂	白厂丝	1992491	1992491	—
苏州丝绸工学院实习工厂	白厂丝	1152450	1152450	—

出口生产(供货)企业	主要供货品种	出口创汇(美元)		
		合计	供省内	供省外
苏州刺绣厂	绣花丝绸服装	2552719	2033719	519000
苏州绣品厂	日用机绣品	1640780	728	1640052
苏州绸缎炼染一厂	真丝炼白绸、染色绸	1349034	1011734	337300
苏州丝绸工业公司	绸缎	42414218	42414218	—

1986年9月,按照国家规定,苏州统一内、外销绸缎作价办法,以鼓励企业多用厂丝多生产绸缎,满足国内外市场需求。

国家物价局为适应蚕茧提价和外贸体制改革的新情况,经与纺织部、经贸部、商业部共同研究,决定从1988年4月1日起调整厂丝价格。提高厂丝出厂价格。产区20/222A即白厂丝的出厂价格每吨从54000元上下提到70000元。各产区省、自治区物价局可在70000元的基础上,结合主次产区的不同情况上下浮动5%或10%,个别地区最高不超过15%。计价办法仍按原中国丝绸公司1986年制定的《丝绸出厂价格作价办法》执行,其中少数费用各地可稍作调整。

表3-5　苏州丝绸产品外贸出口收购价格情况表

商品名称	计量单位	最高年份外贸收购			出口生产(供货)单位
		年份	数量	计划价	
绸缎	万元/万米	1982	3966	11721	振亚、东吴、光明、新苏丝织厂、丝绸印花厂、绸缎炼染厂
厂丝	万元/吨	1970	484	2178	第一丝厂、江南丝厂
加工丝线	万元/吨	1981	74.2	378	东吴丝织厂、花线厂
绸服装	万元/万件	1985	109	709	丝绸服装厂、利童装厂
丝绸复制品	万元/万件	1985	934	934	刺绣厂、绣品厂、缂丝厂

资料来源:《苏州市志》(1995版)。

表3-6　1979~1987年江苏省丝绸代表品种价格变动情况表

调整年月	20/22 2A级白厂丝(元/吨)		12102双绉(真丝绸)(元/米)		
	出厂价	批发价	出厂价	批发价	零售价
1979~1985	41800	—	3.64	4.08	4.59
1986.9	54000	—	6.57	7.14	8.14
1987	54000	—	10.17	11.30	12.88

四、丝绸价格"以调为主"

党的十一届三中全会后,拉开了丝绸价格改革的序幕。1986年以前,丝绸产品实行统购包销,价格由国家统一制定的计划管理体制,丝绸产销统一性与人民群众需求多样性的矛盾比较突出,反映在产品价格上,就是层层报批,企业难以根据生产成本与市场供求灵活调整价格。针对上述情况,20世纪80年代中后期的丝绸价格改革的推进执行"以调为主"的方针。

1. 调低交织绸价格

为适应苏州市丝绸市场化纤长丝交织绸、棉丝交织绸的新变化,1982年2月,苏州市物价委员会批准市丝绸工业公司关于《苏州市弹力涤纶丝织品作价办法(试行)》。按照纺织工业部1966年1月颁发的《人造丝织产品出厂价格作价办法》，结合苏州市弹涤丝织品的生产实际和现行价格水平，明确了坯绸原料成本、力织工费成本及单价、浆丝成本，以及利润、税率等作价办法，明确了印染绸的染化料成本、染白绸、染色绸、印花绸，以及包装、利税等的作价办法。允许弹力丝织物的厂零差率顺加25%，即市场零售价=出厂价×（1+25%）。

为利于企业生产和扩大销售，同年6月3日市物委发文给市丝绸工业公司、商业局调低涤纶长丝及其交织产品价格：原料价格按规定的供应价和经营费计算；利润率纯涤丝坯绸由原来的12%调为10%，其他交织物利润率仍为12%不变；花色差价内销印花绸在计算出厂价后，每百米减15元计价，外销不减；进零差率仍在出厂价基础上顺加计算，染色绸仍为25%，印花绸调低为23%。苏州市涤纶长丝及其交织物代表品价格调整详见下表：

表3-7 1982年苏州市涤纶长丝及其交织物代表品价格调整表

品号/品名	出厂价格（元/万米）						零售价格（元/米）					
	调前价格			调后价格			调前价格			调后价格		
	炼白	染色	印花	炼白	染色	印花	炼白	染色	印花	炼白	染色	印花
26351/特丽纶	280	294	—	262	279	—	3.51	3.69	—	3.27	3.48	—
0213/狭海南绫	348	364	435	325	344	396	4.35	4.56	5.43	4.05	4.29	4.86
92171/春丽绉	424	444	516	362	386	436	5.31	5.55	6.45	4.53	4.83	5.37
92158/涤平纺	462	484	571	390	416	479	5.79	6.06	7.14	4.89	5.19	5.88
92157/涤棉绸	—	—	365	254	274	319	—	3.75	4.56	3.18	3.42	3.93
92154/涤纤绸	—	422		348	380		—	5.28		4.35	4.74	

1983年1月起，根据国家以及国家物价局、中国丝绸公司联合通知要求，省物委、纺工厅、商业厅联合发文，苏州调整合纤绸、棉丝交织绸代表品种价格，合纤绸价格下降幅度为22%~26%；棉丝交织绸上升3.05%，线绨被面价格不变。从1979至1985年苏州地产丝绸主要代表品种零售价格稳定，基本不变动。详见下表：

表3-8 1983年江苏省合纤绸、棉丝交织绸代表品种价格调整表

品名	规格	调前价			调后价			零售价升降	
		出厂价	批发价	零售价	出厂价	批发价	零售价	金额	幅度（%）
114阔特丽纶	68/1涤丝上腊/68/1涤丝	3.66	4.04	4.59	2.75	3.04	3.45	-1.14	-24.84
114涤平纺	68/1涤丝上腊/150D涤丝低弹	4.06	4.46	5.07	3.01	3.30	3.75	-1.32	-26.04
114涤羽绫	150D涤低弹上腊/150D涤丝低弹	7.17	7.87	8.94	5.52	6.07	6.90	-2.04	-22.82
70文尚葛	120D人丝/21/2S棉纱	2.70	3.46	3.93	2.78	3.56	4.05	+0.12	+3.05
140线绨被面	120D人丝/42S丝光棉纱	6.71	8.26	9.39	6.87	8.26	9.39	—	—

表3-9 1979~1985年苏州市丝绸零售牌价表

单位：元

年份	色花绨被面7012（条）	色软缎被面70308（条）	色富春纺66707（公尺）	色双绉12102幅126（公尺）
1979~1980	9.39	11.80	2.07	6.70
1981~1982	9.39	11.80	2.07	6.70

年份	色花绨被面7012（条）	色软缎被面70308（条）	色富春纺66707（公尺）	色双绉12102幅126（公尺）
1983~1984	9.39	11.80	2.43	6.70
1985	9.39	11.80	2.07	6.70

表3-10　1985年苏州市丝绸类批零差率表

品种	批零差率（%）	等级差率（%）			
		一等	二等	三等	等外
丝棉	10	—	—	—	—
丝绸	以零售价为基础打八八折为批发价	100	97	93	87
丝绸服装	10	—	—	—	—

2. 优质加价

1986年下半年,市物委根据国家优质加价的规定,先后同意获部、省优质产品奖的东吴丝织厂生产的织锦被面、织锦缎、古香缎、克利缎、金玉缎及锦绣丝织厂生产的软缎被面,在中准价的基础上优质加价5%；东吴丝织厂生产的塔夫绸获金质奖,在中准价的基础上优质加价15%。

表3-11　1986年6月苏州市地产丝绸产品中准价格表

单位: 元/米

品名品号	成品门幅	出厂（中准价）			零售（中准价）		
		白	色	花	白	色	花
11152电力纺	92.5厘米	1.34	1.41	—	1.59	1.71	2.31
11153电力纺	74厘米	2.04	2.75	—	3.18	3.30	3.90
11155电力纺	72厘米	1.95	2.03	—	2.34	2.46	3.06
11156电力纺	72厘米	2.08	2.17	—	2.49	2.61	3.21
11158电力纺	72厘米	2.36	2.45	—	2.82	2.94	3.54
11207电力纺	92.5厘米	2.35	2.44	3.19	2.82	2.94	3.54
11206电力纺	115厘米	2.98	3.10	—	3.60	3.72	4.47
11210电力纺	91厘米	3.28	3.41	—	3.96	4.08	4.68
12102双绉	114厘米	5.28	5.45	6.08	6.57	6.69	7.44
12103双绉	115厘米	5.63	5.82	6.44	7.05	7.17	7.92
12104双绉	115厘米	6.50	6.72	—	8.16	8.28	9.03
12107双绉	92.5厘米	4.24	4.39	4.88	5.28	5.40	6.00
12148双绉	104厘米	5.09	5.26	—	6.36	6.48	7.23
12151双绉	72厘米	2.85	2.95	—	3.51	3.63	4.23
12152双绉	73.5厘米	3.68	3.81	—	4.56	4.68	5.28
12157双绉	92.5厘米	3.15	3.27	—	3.90	4.02	4.62
12158双绉	92.5厘米	3.61	3.74	—	4.47	4.59	5.19
12159双绉	72厘米	3.55	3.68	—	4.41	4.53	5.13
12170双绉	91厘米	4.48	4.64	—	5.61	5.73	6.33

3. 统一内、外销丝绸价格

1986年，为鼓励企业多用厂丝，多生产绸缎，满足国内外市场需要，经国务院批准，决定统一内、外销绸缎作价办法，适当提高内销绸缎的厂、销价格。根据省物价局、商业厅、丝绸总公司《关于整顿丝绸产品厂、销价格的通知》要求，从1986年9月1日起，苏州市执行省调整后新的丝绸产品价格：

原料价格：按照省《丝绸出厂价格作价办法》（简称"八六"本）核定20/22 2A级白厂丝每吨出厂价格（包括补贴）为5.4万元。内销丝绸用丝20/22 2A级按每吨4.4万元，外销织绸用丝（20/22 3A级）每吨4.54万元加规定管理费计价。其他社会用丝均按每吨5.4万元加规定管理费计价。120D国产人造丝每吨出厂价格为1.45万元，中国丝绸公司按代理原则进口的120D进口人造丝每吨为20140元（其他规格人造丝价格详见下表3-12），各地自行组织的进口人造丝按照代理价执行。

表3-12　人造丝价格表

原料名称	进口人造丝		国产人造丝	
	进口成本价（元/千克）	计价单位（元/千克）	出厂价（元/千克）	计价单位（元/千克）
60D铜铵人造丝	27.793	28.63	—	—
100D铜铵人造丝	23.048	23.74	17.00	17.51
75D粘胶人造丝	25.058	25.81	20.00	20.60
120D粘胶人造丝	20.140	20.74	14.50	14.94
120D铜铵人造丝	20.140	20.74	—	—
150D粘胶人造丝	19.767	20.36	14.00	14.42
120D醋酸人造丝	13.507	13.91	—	—
200D粘胶人造丝	—	—	13.30	13.70
300D粘胶人造丝	—	—	12.50	12.88
250D粘胶人造丝	17.84	18.38	—	—

丝绸价格：丝绸厂按照原料价格和"八六"本计价后，原有外销绸的临时补贴予以取消。内销绸由于各类产品在原料价格和生产、销售方面的差距较大，应区别对待：

进口人造丝按代理价计价的品种。实行进口代理价的人造丝，原则上应全部用于织外销绸，考虑到部分内销高档丝绸产品，必须使用进口人造丝的实际亲口光，允许63518金边绸、96571莲花库锦、96198彩库锦、50155条子花绸、51815伊人绸、51817迎春绸、62209双A软缎、11010合粘绉、65111乔绒等九个品种按代理价人造丝计价。其他须用进口代理价人造丝计价的内销高档绸缎，须经省物价局、省丝绸总公司同意后方可执行。

内销真丝绸价格。省内销售的真丝绸凡属外销收购剩余正品和副次品，由工业部门拨交内销的，其转内销出厂价格原则上应按市场可销情况制定转内可销价，可销价水平最高不得超过"八六"本的规定。内销真丝绸因价格偏高，销售不畅的，经工商协商，厂、批、零价格可以同步下浮；工厂生产有困难的真丝绸公司统筹解决。为了有利生产和销售，目前对部分市场不畅销的品种，出台价格水平年内暂时下浮（品种见下表）待市场畅销后按牌价执行。

表3-13　苏州市实行下浮的部分纯真丝产品表

品种范围	电力纺类、斜纹绸（绉）类、领带绸、12464层云绸、12301素塔夫绸、12302花塔夫绸、12776双乔绉

注：各地物价局可会同工、商主管部门根据市场销售情况适当扩大或减少下浮的品种范围。

由于合纤绸产大于销，为有利于扩大销售，绝大部分合纤绸厂、销价格暂不调整，对少数花色新颖、市场适销的轻薄织物，经工商协商一致，按"八六"本计价，报县物委和主管部门备案后，厂、销价格同时调整。今后新安排生产的产品，统一按"八六"本和规定差率计价。

商业作价：商业销进差率、批零差率：真丝绸销进差率为8%，合纤绸为10%，各类交织绸（包括被面）、人丝绸等销进差率为12%，个别品种差率偏大的由市物价局会同工、商主管部门适当调整，批零差率统一为14%。

计算公式：批发价格=出厂价格÷（1-销进差率）

零售价格=批发价×（1+批零差率）

地区差率：为有利于商品按经济区划合理流通，改变原来在零售价格基础上加规定金额的办法，改按产地批发价格加规定地区差率的计价办法。计算公式：

销地批发价格=产地批发价格×（1+地区差率）

表3-14　苏州市丝绸地区差率表（省内及上海、浙江产品）

地区	差率%	地区	差率%
苏州市（吴县）	1.5	昆山	1.5
常熟	2	太仓	2
吴江	2	沙洲	2

注：1. 省外调入（不包括上海、浙江）产品在以上地区差率基础上增加1%。

2. 各县调入所属市内产丝绸，地区差率一律为1%。

调拨作价：按照商品合理流向和少环节的原则，产地调给销地的产品调拨扣率按批发价倒扣4%执行（即打九六折）。

计算公式：调拨价格=批发价格×（1-4%）

等级折扣率和另段折扣率：等级折扣率，厂、批、零同率执行。即一等品为100%，二等品为一等品的96%，三等品为92%，等外品为85%。

零售另段折扣率：5米至14.9米的为大另，分等定价，一等品为95%、二等品为90%、三等品为85%、等外品为75%；2米至4.9米的为中另，不分等级，按一等品的80%计价；1.9米以下的为小另，不分等级，按一等品的65%计价；坯绸小另起点长度为0.4米。

尾数取舍：不论产地、销地、批发、零售单价在10元以下的保留到分，分以下四舍五入；10元以上的保留到角，角以下四舍五入，出厂价的尾数取舍按"八六"本规定执行。

关于放开商品作价：为了更好地发挥价格杠杆作用，促进企业生产高档的丝绸产品，适应消费需要，决定将省产的97160金银丝被面、7341-1古香被面、8414彩锦被面价格放开，实行企业定价。价格放开后，原有的丝绸补贴同时取消（即厂丝价按每吨5.4万元，人造丝按进口代理价计价）。由企业根据生产成本和市场供求，参照"八六"本自行定价，调价时报省、市、县物价部门和省丝绸公司备案。

关于优质优价：凡被评为金、银质奖和部、省优质奖的产品，可分别加价，即金质加价15%，银质加价10%，部、省优质加价5%，也可以少加或不加。实行优质加价的产品在织物上必须有明显的优质标志。丝绸产品中凡花色新颖和市场畅销的品种，生产企业对内销品种价格实行有控制浮动，从1987年起上浮幅度一般不超过10%，批零价格同步浮动。

关于非市场直接消费用绸的作价：工业用绸和工艺品用绸，如筛绢、毯边绸、宋锦等，取消补贴按"八六"本和规定差率计价。供应国内用于加工服装的丝绸按内销价作价。供应外轮公司、友谊商店、宾馆的绸缎按外销产品作价。

乡镇丝绸产品作价：乡镇企业使用计划外原料生产的丝绸产品，可根据"四定一活"的作价原则，参照"八六"本定价。

表3-15　1986年9月1日苏州市主要丝绸产品价格表

品号及品名	花或素	成品门幅（公分）	纬密（10厘米/根）	色别	零售价（元/米）
12102双绉	素	115	38.5	炼白	8.14
				染色	8.58
				直印	9.23
				吊印	9.50
12103双绉	素	115	37	炼白	8.89
				染色	9.37
				直印	9.99
				吊印	10.30
12107双绉	素	92.5	39	炼白	6.48
				染色	6.83
				直印	7.39
				吊印	7.58
12473层云绸	花	—	47	炼白	9.18
				染色	9.59
0122电力纺	素	—	45	炼白	3.97
				染色	4.14
				直印	4.85
				吊印	5.04
62103花软缎	花	71	52	炼白	4.38
				染色	4.54
62209AA素缎	素	74	50	炼白	5.06
				染色	5.23
62401织锦缎	花	75	102	熟织	10.60
62402织锦缎	花	92	102	熟织	12.60
62501古香缎	花	75	78	熟织	9.12
62901金玉缎	花	71	64	熟织	7.66
62801克利缎	花	71	64	熟织	7.66
50155条子色绡	花	—	31	色织	5.71
51101美丽绸	花	70	31	炼白	3.15
				染色	3.34

品号及品名	花或素	成品门幅（公分）	纬密（10厘米/根）	色别	零售价（元/米）
51815伊人绸	花	91	31	炼白	7.99
				染色	8.33
51817迎春绸	花	94	31	炼白	10.30
				染色	10.80
66301袖里绸	素	—	26	炼白	3.09
				染色	3.33
66601腊羽纱	素	—	24	炼白	2.31
				染色	2.50
66707富春纺	素	—	23	炼白	2.44
				染色	2.62
				直印	3.16
				吊印	3.35
70305软缎被面	花	—	50	染色	19.20（苏、锡、常、宿）
70308软缎被面	花	135	50	染色	15.50（苏州）
70311织锦被面	花	141	74	染色	30.00（苏州）
97030软缎被面	花	142	50	染色	21.00（吴江）
97065真丝交织被面	花	143	25	染色	12.80（丹阳）
97106金银被面	花	143	74	染色	55.80（苏州）
7010线绨被面	花	135	27	染色	11.70
0703线绨被面	花	—	27	染色	13.30
0507福乐绸	白	—	—	染色	3.24

1987年按照省规定，苏州市白厂丝收购价未变动，仍为每吨5.4万元，但丝绸代表品种12102双绉真丝绸出厂价格却连续上调，1986年9月调整为每米6.57元，1987年又调整为每米10.17元，批发价及零售亦作相应调高。

表3-16　1987年5月苏州部分当令丝绸产品价格表

单位：元/米

品号品名	色别	中准价		浮动（优质）价	
		批发	零售	批发	零售
12107双绉	白	5.68	6.48	—	—
	色	5.99	6.83	—	—
	直印	6.48	7.39	6.80	7.76
	吊印	6.65	7.58	6.98	7.96
12148双绉	白	7.07	8.06	—	—
	色	7.44	8.48	—	—
	花	8.03	9.15	8.43	9.61
12158双绉	白	4.95	5.64	—	—
	色	6.22	5.95	—	—
	直印	5.72	6.52	6.01	6.85
	吊印	5.89	6.71	6.18	7.05
12170双绉	白	6.20	7.07	—	—
	色	6.43	7.33	—	—

品号品名	色别	中准价		浮动（优质）价	
		批发	零售	批发	零售
12170双绉	花	6.99	7.97	7.34	8.37
A2029	色	5.36	6.11	—	—
92575	色	4.30	4.89	—	—
10101乔其	白	4.95	5.64	—	—
	色	5.13	5.85	—	—
	直印	5.89	6.71	—	—
	吊印	6.12	6.98	—	—
10107乔其	白	4.70	5.36	—	—
	色	4.85	5.53	—	—
	花	5.49	6.26	—	—
12102双绉	白	7.14	8.14	—	—
	色	7.53	8.58	—	—
	直印	8.10	9.23	9.32	10.60
	吊印	8.33	9.50	9.58	10.93
12103双绉	白	7.80	8.89	—	—
	色	8.22	9.37	—	—
	直印	8.76	9.99	9.20	10.49
	吊印	9.00	10.30	9.45	10.82
A2031	色	5.09	5.80	—	—

表3-17　1987年苏州市场部分丝绸被面价格表

单位：元/条

品号	品名	原价格		浮动价格	
		批发	零售	批发	零售
70305	软缎被面	16.90	19.30	18.60	21.20
70308	软缎被面	13.60	15.50	15.00	17.10
70311	织锦被面	28.10	32.00	30.90	35.20
70311	织锦被面东吴优质	29.50	33.60	32.50	37.10
97030	软缎被面	18.50	21.10	20.40	23.20
97082	软缎被面	16.50	18.80	18.20	20.70
97082	软缎被面锦绣优质	17.30	19.70	19.00	21.70
97106	金银被面	49.00	55.90	54.00	61.50
97107	软缎被面	16.50	18.80	18.20	20.70
7010	线绨被面	10.60	12.10	11.70	13.30

五、调整内销丝绸作价办法及价格

　　20世纪80年代中后期至90年代初期，受国际、国内丝绸市场行情上涨的影响，蚕茧价格一路上行，使生丝及绸缎价格也一路上涨。根据省物价局、丝绸总公司文件精神，苏州市从1988年1月5日起调整了部分内销丝绸作价办法和价格。

　　白厂丝：20/22白厂丝ＡＡ级价格从1986年的每吨5.4万元调整为每吨6.20万元。丝绸用厂丝计价单位为每千克63.24元。其他各等级、条份的厂丝的计价价格详见下表：

表3-18　20/22D白厂丝计价价格

单位：元/吨

等级 条份	6A	5A	4A	3A	2A	A	B	C	D	E	F	G
19/21、20/22、21/23	77520	71400	67932	65280	63240	61200	59160	57120	55080	53040	51000	48960

人造丝：进口人造丝按代理价计价；国产120D粘胶人造丝按每千克17元加3%管理费即17.51元计价。其他条份价格不变，详见下表：

表3-19　人造丝价格表

单位：元/千克

原料名称	进口人造丝		国产人造丝		原料名称	进口人造丝		国产人造丝	
	进口成本价	单价	出厂价	单价		进口成本价	单价	出厂价	单价
60D铜铵人造丝	34.90	35.95	—	—	120D铜铵人造丝	25.50	26.27	17.00	17.51
100D铜铵人造丝	28.90	29.77	—	—	150D粘胶人造丝	24.70	25.44	—	—
75D粘胶人造丝	31.50	32.45	—	—	120D醋酸人造丝	17.15	17.66	—	—
120D粘胶人造丝	25.50	26.27	17.00	17.51	粘胶短纤维	7.55	7.78	—	—

天然棉纱：均在"八六"本规定计价基础上加5%作为新的计价标准。上述原料今后如遇国家调价，则统一按国家调价计价。

内销绸缎出厂价格计算规定。调整后的内销绸缎出厂价格的计算办法、工费和利润率等仍按"八六"本规定计价。真丝及其交织绸的增值税按实交数合算计价税率统一为：坯绸5%，染炼印花2.5%，熟织物5.5%。

部分特需和高档丝绸定价。为保证部分内销高档特需丝绸的品质风格，对必须使用进口人造丝的色织交织提花绸和双面双梭箱以上的提花织物，其人造丝按进口代理价计价。

江苏省产97106金银丝被面、70341-1古香被面、8414彩锦被面和丝绒四种高档丝绸产品，由生产企业根据生产成本和市场供求情况，参照"八六"本自行定价并需向业务主管部门备案。

外转内销的丝绸价格：外转内销的丝绸价格原则上仍按内销市场情况制定转内可销价。但考虑到国内市场的需求变化，作适当灵活处理。即既可按内销产品作价，也可按外销产品作价。

优质加价和花色差价浮动。对获得国家金质奖或采用并达到国外先进标准取得验收合格证书的产品，可加价20%；对获得国家银质奖或采用并达到国际标准取得验收合格证书的产品，可加价10%；对获得部、省优质奖的产品，可加价5%。企业需要实行优质加价时应经业务主管部门和物价部门审查同意。内销丝绸实行花色差价浮动，允许上浮幅度为10%，下浮幅度不限，但必须厂、销同步浮动。对花色新颖、市场适销的仿真丝型轻薄织物经业务主管部门和物价部门批准可实行工艺差价浮动，其上浮最高不超过20%（包括花色差价浮动幅度10%）。对花色陈旧、销路不畅的合纤织物产品，如92582华达呢、0236春秋丁、92509华达呢（有梭织机）和0256涤平纺的厂销价格，按中准价下浮10%～15%，今后若销售情况好转,允许恢复中准价。

　　商业流通领域作价。改变原商业作价办法,即改代扣为顺加。具体为:产地批发企业一律以当地出厂价格为基础顺加作价。对零售企业供货价(即产地批发价格)顺加加价率分别为:纯真丝绸9%,纯合纤绸11%,其他绸缎和被面为13%。对销地供货价(即调拨价格)顺加加价率分别为:纯真丝绸5%,纯合纤绸7%,其他绸缎和被面9%。批零差率统一为14%。从外地调入的内销绸缎价格,在接到产地调价通知单后可相应调整。考虑到运价及利息增加因素,现行地区差率适当调高:本市(除市区和吴县)商品仍为1%不变,江苏、浙江和上海产品由1.5%调为2%,其他地区产品由2.5%调为3%。

　　乡镇企业产品价格。乡镇企业产品原则上也应按上述计价规定执行。由于使用原材料价格差异,生产有困难的,可参照"八六"本规定的计价办法(其中原材料价格允许按实计算)制定价格。

表3-20　　1988年1月苏州市区部分丝绸内销价格目录表　　表一

品号品名	花或素	扣外幅(公分)	纬密(10厘米/根)	色别	出厂价(元/百米)	批发价(元/米)	零售价(元/米)
10101乔其	素	133	33.5	生	479.00	—	—
				白	614.70	6.70	7.64
				色	632.70	6.90	7.87
				花	709.70	7.74	8.82
11102羊纺	素	96.5	48	生	259.00	—	—
				白	288.00	3.14	3.58
				色	300.00	3.27	3.73
14401花累缎	花	81	49	熟	1090.00	11.90	13.60
28101素库缎	素	78	49	熟	1016.00	11.10	12.70
91114素绉缎	素	124	49.5	生	1050.00	—	—
				白	1173.30	12.80	14.60
				色	1231.30	13.40	15.30
				花	1284.30	14.00	16.00
91115电力纺	素	98	38.5	生	636.00	—	—
				白	711.00	7.75	8.84
				色	737.00	8.03	9.15
64171　27001宋锦	花	98	90	熟	978.70	11.10	12.70
62102花软缎	花色	75.5 397	50	生	352.00	—	—
				白	385.00	4.35	4.96
				色	397.00	4.49	5.12
62103花软缎	花	76	52	生	377.00	—	—
				白	412.00	4.66	5.31
				色	424.00	4.79	5.46
62401织锦缎	花	78	102	熟	1226.30	13.90	15.80
96267素软缎	素	94	50	生	418.00	—	—
				白	457.00	5.16	5.88
				色	471.00	5.32	6.06

品号品名	花或素	扣外幅（公分）	纬密（10厘米/根）	色别	出厂价（元/百米）	批发价（元/米）	零售价（元/米）
96327花软缎	花	98	51	生	455.00	—	—
				白	496.30	5.61	6.40
				色	511.30	5.78	6.59
K6225阔宋锦	花	156	90	熟	1590.00	18.00	20.50
51804光缎羽纱	素	99.5	29	生	219.00	—	—
				白	263.00	2.97	3.39
				色	278.00	3.14	3.58
51815伊人绡	花	92	—	生	577.00	—	—
				白	719.00	8.12	9.26
				色	749.00	8.46	9.64
51817迎春绡	花	94	—	生	747.00	—	—
				白	928.00	10.50	12.00
				色	966.00	10.90	12.40
63180里子绸	素	149	24.5	坯	320.00	3.62	4.13
				白	392.00	4.43	5.05
				色	420.00	4.75	5.42
66716花夫纺	花	101	23	坯	186.00	2.10	2.39
				白	227.30	2.57	2.93
				色	242.30	2.74	3.12
				花	286.30	3.24	3.69
A2029涤双绉	素	135	46	生	315.00	—	—
				白	453.30	4.99	5.69
				色	487.30	5.41	6.17
				花	545.30	6.06	6.91
A2040苏双绉	素	132	36	生	310.00	—	—
				白	454.70	5.05	5.76
				色	491.70	5.46	6.22
				花	544.70	6.05	6.90
12102双绉	素	126	38.5	生	785.00	—	—
				白	916.30	9.99	11.40
				色	959.30	10.50	12.00
				花	1017.30	11.10	12.70

1988年1月苏州市区部分丝绸内销价格目录表　表二

品号品名	花或素	扣外幅（公分）	纬密（10厘米/根）	色别	出厂价（元/百条）	批发价（元/条）	零售价（元/条）
70102 真丝被面	花	143.5	36	坯	1850	23.80	27.10
				色	2107.40		
70305 软缎被面	花	142	50	坯	1654	2100	23.90
				色	1858		
70308 软缎被面	花	142	50	坯	1289	16.50	18.80
				色	1456.40		
70311 织锦被面	花	151.75	74	坯	2686	33.90	38.60
				色	3001		

品号品名	花或素	扣外幅（公分）	纬密（10厘米/根）	色别	出厂价（元/百条）	批发价（元/条）	零售价（元/条）
97107 独花软缎被面	花	141.5	49	坯	1615	20.50	23.40
				色	1813		
0707 线绨被面	花	143.2	19	坯	842	11.50	13.10
				色	1022		
97082 独花软缎被面	花	143	49	坯	1615	20.50	23.40
				色	1813		

表3-21　1988年苏州市地产丝绸内销价格的补充规定价格

单位：元

品号及品名	色别	现行价格		
		出厂价（元/百米）	批发价（元/米）	零售价（元/米）
62209ＡＡ软缎	生	377	—	—
	白	416	4.70	5.36
	色	430	4.86	5.54
11010合粘绉	生	406	—	—
	白	455	5.14	5.86
	色	467	5.28	6.02
96459涤花绡	生	348	—	—
	白	434.3	4.91	5.60
	色	470.3	5.31	6.05
62501古香缎	熟	1040	11.80	13.50
62503古香缎	熟	1239.7	14.00	16.00
7010（原7010-1）线绨被面	生	842	—	—
	色	1017	11.50	13.10

注：62501、62503古香缎系更正价格。

表3-22　1988年8月苏州市地产丝绸被面价格表

单位：元/条

品号品名	中准出厂价	中准零售价	上浮零售价
70305软缎被面	30.70	39.50	43.50
97082软缎被面	29.50	38.00	41.80
97144飞虹软缎被面	30.72	39.60	43.50
67107软缎被面	30.01	38.70	42.50
97147织锦被面	43.47	56.00	61.60
70311织锦被面	46.34	59.70	69.00
70311-1织锦被面	46.56	60.00	66.00
97040三色软缎被面	27.09	34.90	38.40

六、价格"调放结合"

20世纪90年代，丝绸价格改革进入"调放结合，以放为主"阶段，价格逐步与市场接轨。

1989年前后，由于市场等一系列情况的变化，工费上涨较大。为了解决工厂实际困难促进生产, 1986年以来, 在江苏"八六"本作价办法的基础上采用了原料、工费补贴, 但因情况不断变化, 一补再补, 造成结算手续越来越繁琐, 并直接影响资金的周转, 已经不能适应当前的经济发展和改革的需要。为了提高产品质量, 发展生产, 扩大出口, 必须理顺价格关系。在调查研究的基础上, 结合江苏产、供、销的情况, 1990年省物价局、丝绸总公司修订了《江苏省丝绸出厂价格作价办法》(简称江苏"九〇"本), 从1990年7月1日起执行。江苏省物价局、江苏省丝绸总公司联合就试行《江苏省丝绸出厂价格作价办法》明确规定:

关于原料价格。为促进产品质量的提高, 实行优质优价, 对现行丝类产品的等级差价进行修改, 以20/22D2A级白厂丝出厂价格每吨15万元为基础, 拉大级差, 即白厂丝2A级以上, 每递增一个等级, 级差增加为3A3000元、4A5000元、5A8000元、6A10000元; 白厂丝2A级以下, 每降一个等级分减为A级3000元、B级5000元、C级8000元、D级10000元, 其他条件与此类同。总公司为组织生产, 计划分配的人造丝不分国产、进口, 一律以120D代表规格品每吨2.40万元计价。

关于绸缎价格。各类真丝绸及其交织绸, 人丝绸及其交织绸, 合纤绸及其交织绸和被面, 均按照江苏"九〇"本作价办法核定出厂价格。外销产品厂丝按3A级, 内销产品厂丝按2A级加规定的管理费计价, 即20/22D3A级每吨为15.3万元×(1+2%)=15.606万元, 20/22D2A级每吨为15万元×(1+2%)=15.3万元; 工费和染化料费用的调整, 考虑到既要适度解决工厂生产困难, 又使产品价格在市场上有竞争能力的要求, 分别提高1倍和1.5倍。按新办法计价后, 外销丝绸现行的各种补贴予以取消; 内销价格为最终价格, 各地工、商企业不得再行上浮, 同时, 涨上去的可以不到位, 并分散出台, 确保市场稳定。商业流通领域的各项差率仍按现行办法执行。考虑到当时市场疲软情况, 为了拓宽销售渠道, 扩大产品销售, 省物价局允许企业视市场供求情况实行价格下浮, 具体下浮幅度由企业自定。

1990年7月26日市物价局、市丝绸公司联合发出《关于内销绸缎价格的通知》。根据江苏"九〇"本丝绸作价的规定, 苏州市丝绸产品出厂价均按新的作价办法, 即江苏"九〇"本核定出厂价格, 普通包装为每百米2~5元, 已经省同意计入。商业批发、零售价格仍按省"八八"本规定的作价差率, 即进销差率(顺加)纯真丝绸9%, 合纤绸(含仿真丝绸)11%, 各种交织绸(包括被面)、人丝绸13%; 批零差率统一为14%计算。按江苏"九〇"本计算低价格, 不再实行上浮, 但允许企业根据实际情况采取分步办法逐步到位新价, 或适当下浮。上述通知自8月1日起开始执行。

自1990年8月1日起, 苏州市根据省确定的《丝绸九〇作价办法》, 安排了地产丝绸价格(共184个品种632个规格的价格), 其中真丝织物价格上升30%~50%, 人丝织物、合纤绸上升10%左右, 被面上升5%, 纺真丝下降10%左右。由于销售不畅, 市场实际价格基本稳定。

表3-23 1990年9月1日苏州市区部分计划外物资(轻纺)挂牌价表

单位: 元/吨

品名	规格	挂牌价	品名	规格	挂牌价
低压聚乙烯	薄膜级	6200	涤纶长丝	55.5dtex(50D)	27800
低压聚乙烯	注射级	5500	涤纶长丝	75.5dtex(68D)	22500

品名	规格	挂牌价	品名	规格	挂牌价
高压聚乙烯	—	6500	涤纶长丝	165dtex（150D）	16800
聚丙烯	均聚级	6400	涤纶低弹丝	150-165dtex（135-150D）	20800
聚丙烯	共聚级	8900	涤纶细旦丝	55.5dtex（50D36F）	30800
聚苯乙烯	透苯	8400	涤纶细旦丝	75.5dtex（68D48F）	28800
聚苯乙烯	碱苯	9100	涤纶细旦丝	83.25dtex（75D66-72F）	27300
聚氯乙烯	粉状	4700	涤纶短纤	—	9500
聚氯乙烯	糊状	7300	人造丝	120D筒装	24800
苯乙烯	可发	12000	人造丝	120D并装	22800
ABS	—	11300	粘胶散纤	—	13500
AS	—	11400	人造棉纱	30支	18200
尼龙	6	19500	POY丝	235D	13900
涤纶切片	长丝级	8500	腈纶条	各种规格	14700
涤纶切片	短丝级	7300	腈纶散纤	各种规格	11600

表3-24　1990年12月16日苏州市区部分计划外物资（轻纺）挂牌价表

单位：元/吨

品名	规格	挂牌价	品名	规格	挂牌价
低压聚乙烯	薄膜级	3200	涤纶长丝	75.5dtex（68D）	22000
低压聚乙烯	注射级	5800	涤纶长丝	165dtex（150D）	16500
高压聚乙烯	—	7000	涤纶有光长丝	120dtex（108D）	21000
聚丙烯	均聚级	7400	涤纶低弹丝	150-165dt（135-150D）	21000
聚丙烯	共聚级	8900	涤纶低弹丝	75dtex（68D）	28500
聚苯乙烯	透苯	8800	涤纶细旦丝	55.5dtex（50D36F）	30800
聚苯乙烯	碱苯	9100	涤纶细旦丝	75.5dtex（68D48F）	288800
聚氯乙烯	粉状	4700	涤纶细旦丝	83.25dtex（75D66-72F）	27300
聚氯乙烯	糊状	7100	涤纶短纤	—	9500
苯乙烯	可发	11500	人造丝	120D筒装	25000
ABS	—	11000	人造丝	120D并装	22200
AS	—	11200	粘胶散纤	—	14000
尼龙	6	19000	人造棉纱	30支	18600
涤纶切片	长丝级	8600	POY丝	235D	14500
涤纶切片	短丝级	7000	腈纶条	各种规格	14700
涤纶长丝	55.5dte（50D）	27800	腈纶散纤	各种规格	13500

　　针对纺织丝绸市场不景气的情况，为促进生产企业发展和搞活流通领域，1991年7月，苏州市物价局会同市商业局、纺织工业公司、市丝绸工业公司转发省物价局等部门《关于颁布纺织品实行浮动价格的政策规定的通知》，明确对丝绸类产品实行浮动价，上下浮动幅度为15%；对省产97106金银丝被面、70341-1古香被面、8414彩锦被面和丝绒四种高档丝绸产品，由企业根据成本和市场供求情况自行定价。

　　同年9月，根据"搞活经济、促进发展"和开展"质量、品种、效益年"活动的要求，市物价局出台了关于搞活企业、促进经济发展的十四项价格措施，对优质优价、新产品定价明确了优惠政策；对时令性强、花色款式多变、消费弹性大的商品适当扩大实行花色差价、季节差价, 浮动价格的范围, 并由生产、经营企业根据工、商同步浮动的原则, 在规定的浮动幅度内自行定价。同时, 市物价局对苏州服装专业市场实行价格放开试点, 凡进驻市场的工业企业、商业经营企业、个体户在市场内销售服装及面料, 包括纺织品、丝绸产品时, 其成交价格可按市场可销价格水平自行确定。经营单位在市场外经销上述产品仍须执行国家规定价格和作价办法。苏州的这一试点工作, 为建设和培育市场经济, 探索市场价格管理秩序进行有益尝试。

七、丝绸实行市场调节价

1992年, 价格改革进入全新阶段。同年4月, 市物价局发出关于对苏州丝绸轻纺市场实行价格放开试点的通知: 进一步放开商品价格。凡进场单位经营的轻纺原材料、染化料、助剂, 除执行最高限价或市区挂牌价外, 由企业灵活作价。国家有专项规定的商品, 企业必须遵守, 如要突破, 须经市场物价管理办公室批准。企业全年综合计算平均销售利润率经批准可突破3%。放宽经营环节。进驻苏州丝绸轻纺市场的单位经营纺织品、丝绸产品、服装、轻纺原材料、染化料、助剂时, 经市场物价管理办公室批准可再批发一次。

同年10月, 省物价局颁布了新的商品(服务)价格分工管理目录, 整个丝绸产品中除茧丝(厂丝)仍由国家物价局管理外, 其余品种均退出政府定价范围, 实行市场调节价。至此, 丝绸产品价格改革完成了由计划管制价格到市场形成价格的根本转变。

1993年至1994年, 受国内外丝绸市场供求状况及市场行情变化的影响, 厂丝及丝绸产品价格显著上涨, 为保持丝绸价格的相对稳定, 一度由市物价局会同市行业价格管理协会协议公布丝绸市场基准价格水平, 各生产经营单位如超过行业议价水平的, 须向市物价局实行提价备案。详见下表:

表3-25 1994年3月11日苏州市区涉外行业主要商品协议价表

品名	单位	原中准价及加价幅度	现中准价及加价幅度
真丝面料	米	65元±10%	75元上下浮动10%
丝绸制品(服装)	件	进价加150%	进价加100%~200%

表3-26 1994年4月4日苏州市区真丝面料行业协议价表

品名(一级品)	规格型号	原零售价(元/米)	现零售价(元/米)
02色双绉	3.4尺门幅	33.00	35.00
02花双绉	3.4尺门幅	41.90	44.00
03色双绉	3.4尺门幅	34.00	36.00
03花双绉	3.4尺门幅	41.90	46.00
14654色素绉缎	3.4尺门幅	40.80	45.00
14654花素绉缎	3.4尺门幅	43.00	47.50
14101花素绉缎	3.4尺门幅	47.00	48.00
12464花层云缎	3.4尺门幅	41.90	47.50

注: 最近因厂丝价格上调, 故零售价相应调整。以上品种为市物价局备案商品, 如超过以上价格, 须到市物价局市场价格管理科备案。

据市统计局城调队1995年市场零售价格指数反映：1995年全年绸缎价格与上年同期相比上涨8.5%。其中1995年1月份绸缎市场零售价格与上年同期相比上升16.4%；苏州地产02真丝双绉每米为40.25元，比上年同期每米38.70元上升4.0%；苏软缎被面每条51.5元，比上年同期每条50.50元上升1.5%；织锦缎每米29元，比上年同期每米22元上升31.8%；美丽绸每米7.06元，比上年同期5.55元上升27.2%；丝绒（太仓产）每米24.5元，比上年同期每米18.05元上升31.4%；砂洗丝（韩国产）每米36.80元，比上年同期20.00元上升84%。1996年至1998年丝绸产品价格又一路下跌，导致桑蚕茧生产出现较大的亏损。其间，国家计委等四部门将厂丝出厂价由国家定价改为国家指导价管理。至2001年，厂丝价格放开，省不再作统一规定，由生产企业根据市场供求状况，自主定价，至此丝绸价格完全放开，由市场形成。

表3-27　2000年苏州市吴江东方丝绸市场部分商品价格行情参考表　表一

单位：万元/吨

品种	规格	等级	成交价	生产厂家
锦纶FDY	70D/16F半光	优	2.75	广东高要
锦纶FDY	100D/36F高弹丝	优	3.35	广东高要
锦纶FDY	140D/36F	优	2.72	广东高要
粘胶人造丝	120D/24F	优	3.40	江苏南京
FDY	300D/144F	优	1.21	江苏苏州
FDY	108D/72F	优	1.42	吴江辽吴
DT（网）	50D/18F	优	1.50	无锡宏达
DT（铁）	100D/36F	优	1.26	吴江辽吴
DTY	150D/48F	A	1.41	浙江桐乡
DTY	150D/36F	中心价格	1.44	苏州振亚
DTY	200D/96F	优	1.36	苏州振亚
DTY	300D/96F	优	1.33	吴江辽吴
DTY（网）	75D/36F	优	1.92	吴江辽吴
DTY（网）	150D/36F	优	1.58	上海惠中
POY	50D/48F（八头纺）	中心价格	1.26	苏州振亚
POY	150D/96F	优	1.16	江苏盛泽

2000年苏州市吴江东方丝绸市场部分商品价格行情参考表　表二

单位：元/米

品种	规格	单价	品种	规格	单价
喷水涤塔夫	170T	1.90	轻盈纺	210T	2.30
喷水涤塔夫	180T	2.10	春亚纺（全弹）	进口16×27	3.30
喷水涤塔夫	190T	2.25	春亚纺（全弹）	进口14.5×25	3.50
喷水涤塔夫	210T	2.65	春亚纺（全弹）	国产17×27	2.50
伤喷水涤塔夫	160T	1.68	塔丝隆	174T	5.45
牛津布	1×1	2.65	塔丝隆	178T	5.95
牛津布	1×2	3.00	塔丝隆	184T	6.25
牛津布	2×2	3.10	喷水千禧麻	250克	7.60
色丁	50D×50D	2.50	雪克	75D×75D	3.60
棉闪缎	15×30	4.70	喷水菱形麻	220克	7.50

品种	规格	单价	品种	规格	单价
涤丝闪光缎	15×30	3.50	彩云麻	205克	3.85
有梭五美缎	11×5	2.30	福乐纱（全弹）	130克	4.40
有梭五美缎	12×5	2.52	喷水水洗绒	250克	5.30
有梭五美缎	13×5	2.72	磨毛水洗绒	250克	4.90
仿塔夫	16×26	1.40	喷水卡丹绒	270克	6.50
尼丝纺	190T	3.60	桃皮绒	平纹	5.20
尼丝纺	210T	4.25	桃皮绒	斜纹	6.70
尼丝纺	230T	4.80	喷水花瑶	75×150	4.70
轻盈纺	170T	2.20	珍珠麻	140克	2.85
轻盈纺	190T	2.35	—	—	—

　　随着苏州工业化进程步伐不断加快，外向型经济快速发展，民营经济奋起直追，高新产业迅速崛起，加上苏州古城区经济结构调整优化，苏城传统的丝绸、纺织行业在严峻激烈的国际、国内市场竞争中被"大浪淘沙"，振亚、光明、新苏、东吴四大丝织厂和苏纶纱厂等纺织、丝绸行业从1998年开始，历经企业转制、股份转让、职工下岗再就业、土地置换拆迁，相关企业于20世纪末至21世纪初数年间先后停产停业，有关价格档案资料散失湮灭。"花落花开自有时，蓄芳待来年"，辉煌绵长的苏州丝绸、纺织业渐向城南郊外吴江扩散转移。

苏州市价格志

第二节 棉（涤）纺织品价格

一、沿革

苏州纺织生产历史悠久，在城东唯亭的草鞋山新石器时代遗址，曾出土6000年前葛织物残片。棉花自宋代传入中国，明清时期棉纺织亦已兴隆，纺纱织布已成为江南农村的副业，比邻苏州的松江府，明代时植棉、纺纱、织布甚是发达，有"衣被天下"之说。苏州明清之时为东南商埠，是棉布的集散地。经苏州青蓝坊染色、踹坊整理后的青蓝布，行销南北，有"苏布名称四方"之誉。纺织品大多以粮食（大米）和金银为计价单位，其价格随市场和农业丰歉而变动，为粮价波动所左右。

鸦片战争后，洋布充斥市场，土布价格大跌。自纺自织的家庭手工业及踹布业遭受沉重打击。为"振兴商务，自保权利"，清光绪二十一年（1895）官督商办的苏纶纱厂、苏经丝厂创建，为苏州近代棉纺、丝织工业的肇始。光绪二十三年（1897）七月，苏纶纱厂投产，有1.82万匹全套纺纱机器，配以蒸汽机、磨电机成为中国最早的10多家机器纺纱企业之一，也是苏城棉纺织业的主体。第一次世界大战期间，"洋纱"进口减少，国内纱布价格猛涨。民国2年至4年（1913~1915），16支棉纱每件平均价格为157.13元（银圆，下同），民国8年（1919）上升至263.05元，上升67.4%；20支棉纱每件价格为纹银328两。民族棉纺织业逐渐得到发展。民国12年至19年（1923~1930）的纱布价格比较平稳，16支棉纱价格在200元（银本位）上下浮动。"九一八"事变后，全国抵制日货，提倡使用国货，苏州棉纺织业同省内无锡、徐州等地一样竞相增加设备，扩大规模，民国25年（1936），苏纶纱厂纱锭增至5万余枚，布机增至1040台。同年纺织业生产售纱约1.3万件（不含苏纶厂织布用纱）、细布92万余匹（匹长约40码）、色织布近5万匹（匹长30码）。《中国工业调查吴县工业》载，民国25年（1936），苏州纺织、丝绸业工厂，有棉纺织业12家、织带厂34家、织袜厂6家、织绸厂127家，它们的资本总数依次为205.8万元、6.8万元、1.2万元和19.6万元。各业产品总价值是：棉纺织375.9万元，织带43.9万元，织袜7.8万元，织绸166.8万元。

日军侵苏期间，苏州民族纺织工业遭受严重摧残，价格涨幅惊人。日伪当局于民国33年（1944）始，对棉纱等重要日用工业品价格实行"统制"。苏州市白细布价格在抗战前民国26年（1937）每市尺为0.1元（法币），民国33年（1944）2月涨至0.44元，民国34年（1945）8月又涨至8000元（中储券），按法币2元兑中储券1元计算，8年间涨了15万倍。抗战胜利后不久，投机商抛售囤积商品，市场销售一时呆滞，价格猛跌，"双鱼"牌棉纱每件由2700万元（中储券，下同）跌至1050万元，十二磅细布由77万元跌至49万元。抗战胜利后，经民族资本家努力，苏州纺织业有所恢复和发展，但从民国35年（1946）起，市场对纱布需求激增，纱布成为紧缺物资，价格开始上涨，苏州市7月20支棉纱每件平均价为115万元（新法币，下同），白细布每市尺为610元，至民国36年（1947）苏州市20支棉纱每件价格为1160万元，白细布为4700元。民国37年（1948）国民政府虽以金圆券1元折兑法币300万元，并实施严厉限价，但收效甚微，纱布价格仍旧暴涨。民国37年（1948）12月苏州市20支棉纱每件为8000元（金圆券，下同），民国38年（1949）4月苏州解放前夕下旬涨至1380万元，白细布每市尺从民国37年（1948）9月的0.32元上升至民国38年（1949）4月上旬的5400元。

二、棉纱布统购统销

苏州解放初期，棉纺织品价格仍受物价波动的惯性和市场行情的变化影响而继续升腾。1949年5月6日，苏州市20支天宫纱市场价每小包（10磅）为3000元（旧人民币，下同），白细布每市尺为45元，至1950年4月，棉纱每小包涨至105875万元，白细布每市尺涨至2000元，一年内分别上涨了35倍和44倍。

为稳定纱布市场价格，苏州解放后，公营建中贸易公司建立，即开展棉花、棉纱、棉布购销业务。1949年底，在城内观前街三万昌茶馆内设纱布市场，遏止棉纱棉布涨价风潮，保证市场供应，打击投机布商。根据中央和政务院《关于统一国家财政经济工作决定》，1950年4月，苏州市国营花纱布（纺织品）公司建立，通过整顿市场物价，吞吐物资，调剂供求，规定批发价起点和批零差率，限制私营企业投机活动，绸布店中囤货投机商、经营高档呢绒丝绸的商号，逐步被淘汰和取缔。同年6月始，花纱布公司开展代纺代织业务，即国营公司通过对私营企业拨给原料、加工订货，实行工缴货价，迫使花纱布价格逐步稳定、回落。苏纶、苏州等纱厂，协成、同和染织厂等布厂共14家，代纺代织额占总纱锭的80%，代织额占开纱布机的48%。1951年4月起，国家实行对棉纱统购，纱布价格由政府部门和国营公司控制和规定。至1953年，苏州纺织企业全部实行委托加工、统购产品；同年流通领域建立二级站后，负责地产纺织品的收购、调拨、执行国家计划及价格。三级批发站负责安排零售店及供销社货源。

1954年9月15日，全国实行棉布统购统销，纺织品价格归中央管理。居民用布实行凭布票定量供应，三项用布（生产用布、公共用布、临时用布）实行审批供应，私人商户停止批发业务。1956年纺织品实行全行业公私合营。从此，纱布棉纺织品（丝绸）价格进入长期稳定阶段。如白细布，1955～1963年零售价为每米0.75元（新人民币，下同），1964～1982年零售价为每米0.78元（详见下表3-28）。

20世纪60年代初国民经济困难时期，棉布供应紧张，城乡发放布票，由50年代人均每年20市尺以上减至10市尺以下，1961年仅发1.6市尺。从1962年开始，在对棉毛衫裤、毛巾、被面、绸缎等工业用品免收布票，实行高价商品政策的同时，对包括棉布、针棉织品、絮棉等在内的18类生活必需品价格则坚决稳住，严格按国家牌价销售供应，在市场商品供应量减少的情况下，通过上述措施，防止市场物价波动，安定人民生活和社会秩序。随着苏州市经济情况的逐步好转，市场商品供应量逐步恢复正常，1964年后布票发放量逐年增加，1969年后年人均固定发16市尺，新生儿、婚事、丧事等特殊情况，均予补助一定数量的布票。其间，苏州试产化纤布，1963年市纺织品站收购的苏纶纺织厂产的粘胶布71万米，投放市场，很受欢迎，至1965年末，高价商品中除一小部分针织品和"飞马"、"红金"两种香烟外，其余商品均恢复平价供应。

20世纪70年代化纤类纺织品发展迅速。1973年苏州地产涤纶混纺布（涤棉、涤卡）上市，当年收购504万米，1976年增至850万米，1978年达1663万米。代表品种涤棉布（深色40×40）每市尺零售价从1971年至1980年均为1.44元（牌价）。化纤布、涤纶混纺布、中长纤维布大量投放市场，大大缓解了棉布定量供应不足，纺织品市场供求趋稳，老百姓穿衣难的问题开始得到缓解。

表3-28   1949~1979年苏州市部分棉纺织代表品种历史价格

单位：元

年份	漂白府绸 40×40	市布 21×21	提花被单布 21×21	涤棉布（深色40×40）	毛巾 414	深色棉毛衫男（圆领32S90公分）	精漂圆领男衫 32S95公分
	元/市尺	元/市尺	元/市尺	元/市尺	元/条	元/件	元/件
1949	—	0.115（年末）	—	—	0.30（年末）	—	—
1950	—	0.27	—	—	0.70	—	—
1951	—	0.275	—	—	0.89	—	—
1952	—	0.27	—	—	0.83	—	—
1953	—	0.25	—	—	0.82	—	—
1954	0.49	0.25	0.57	—	0.83	—	—
1955	0.49	0.25	0.57	—	0.84	2.81	—
1956~1958	0.49	0.25	0.57	—	0.84	2.81	—
1959~1961	0.49	0.25	0.57	—	0.84	2.77	1.66
1962~1964	0.49	0.25	0.57	—	0.84	3.25	1.66
1965~1970	0.49	0.26	0.565	—	0.88	3.16	1.68
1979	0.49	0.26	0.65	1.44	0.83	3.07	1.68

表3-29   1949~1979年21支"双鱼"牌纯棉纱价格变动表

单位：元

变动时间	成本价	出厂价	批发价	零售价
1949年5~12月	—	—	107.99	116.00
1950	—	—	585.60	630.00
1951	—	—	714.38	768.00
1952	—	—	782.00	841.00
1953年10月18日	—	—	772.00	830.00
1965年5月15日	563.83	734.00	767.00	828.00
1970	569.71	731.00	767.00	828.00
1975	579.40	731.00	767.00	828.00
1976	583.73	731.00	767.00	828.00
1977	599.21	731.00	767.00	828.00
1978	599.54	731.00	767.00	828.00
1979年7月1日	3497.12	4078.00	4281.00	4624.00

注：1. 1949~1951年为20支"双鱼"纱，1951年起为21支"双鱼"纱。

2. 计量单位：1979年6月底前为件，重0.1791吨，每件40小包；1979年7月1日起改为吨，每吨为5.582件。

3. 购批差率，1950年起为4.5%，1970年调整为5%。

4. 批零差率，1950年起至1965年为7.5%，1965年起为8%。

5. 商业供应纺织工业系统生产用纱按出厂价加2%计价。

6. 工业系统内部调拨差率，1953年1月20日前为0.6%，后调整为1%。

7. 1949~1954年的价格已折成新人民币。

表3-30　1949~1965年省管棉纱、布代表品种价格变动表

品种规格	变动时间	出厂（元/百米）	批发（元/米）	零售（元/米）
双鱼市布 36英寸21×216058	1949.5~12（市价）	—	0.112	0.16
	1950（市价）	—	0.56	0.615
	1951（市价）	—	0.70	0.765
	1952（牌价）	—	0.73	0.81
	1953（牌价）	—	0.72	0.75
	1954（牌价）	—	0.684	0.75
	1965年5月15日	67.50	0.71	0.78
浅花布 34英寸21×216058	1949.7~12（市价）	—	0.152	0.174
	1950（市价）	—	0.593	0.69
	1951（市价）	—	0.866	1.02
	1952（牌价）	—	0.886	1.035
	1953	—	0.886	1.035
	1954.1	—	0.862	1.005
	1955	—	0.842	1.005
	1956	—	0.866	1.005
	1958	—	0.864	1.005
	1964.5	—	0.96	1.11
	1965年5月15日	97.80	1.055	1.216

注：1. 1949年7月12日为平均价。

2. 1964年后为上海四君子浅花布。

3. 1949~1954年的价格已折成新人民币。

表3-31　1949~1965年省管棉纱、布代表品种价格变动表

品种规格	变动时间	出厂（元/百米）	批发（元/米）	零售（元/米）
被单布 48英寸21×21 71.4×64	1949.7~12（市价）	—	0.194	0.225
	1950（市价）	—	0.956	1.035
	1951（市价）	—	1.13	1.32
	1952（牌价）	—	1.117	1.275
	1953年1月8日	—	1.122	1.23
	1964.5	—	1.112	1.275
	1965年5月15日	128.90	1.36	1.56
大红布 80G21支 6058（坯）36英寸	1954	—	—	—
	1958	—	0.80	0.93
	1964.5	—	0.80	0.91
	1965年5月15日	85.7	0.91	1.02

注：1. 1949~1964年5月为常熟产正牌44英寸被单布，以后为无锡产43英寸21×21　71.4×64被单布。

2. 1954~1958年上海产工农兵42匹（匹）大红布，以后为无锡产品。

3. 1949~1954年价格已折成新人民币。

三、调整棉（涤）纺织品价格

1. 化纤价降、纯棉价升

改革开放使苏州纺织品价格发生根本变化。随着纺织工业的发展，特别是化纤纱布生产发展加快，成本大幅度下降，价格却长期不动，导致棉纺织品和化纤纺织品的比价不合理，利润悬殊；1981年11月，国家决定降低涤棉布价格。全省涤棉布、中长织物平均每米降低0.6元，平均降幅为11.5%，苏州地产代表品种涤棉布（深色40×40）每市尺从1970年至1980年的1.44元，降至1981年的1.27元，降低幅度为11.8%。

为改善化纤制品与棉制品的不合理比较关系，促进国民经济的发展和人民衣着的改善，1983年1月20日起，根据中共中央、国务院《关于降低化学纤维织品价格和提高棉纺织品价格的通知》要求，以及省的统一部署，苏州市又一次较大幅度降低化学纤维品的价格，同时适当提高棉织品的价格，其中化纤布平均降价27.7%，化纤袜降价18.4%，纯棉布平均提价22.68%，纯棉针织品平均提价16.3%。中共中央、国务院文件明确规定，代表品种："纯棉府绸的零售价格每米从一元二、三角提到一元五、六角，涤棉细布每米从三元七、八角降为二元四角左右，比价可由一比二点九缩小到一比一点五左右；普通纯棉卡其布的零售价格每米由二元四角左右提高至二元七角左右；普通涤卡每米由六元降为四元八角左右，比价可由一比二点六左右缩小为一点八左右。"棉布与涤棉布比价详见下表：

表3–32 棉布与涤棉布比价表

单位：元/市尺

项目		调价前			调价后		
		棉布价格	涤棉布价格	比价	棉布价格	涤棉布价格	比价
群众大量购买的、规格相近的品种	卡其	0.81	2.09	1∶2.58	0.92	1.61	1∶1.75
	平布	0.43	1.26	1∶2.93	0.52	0.79	1∶1.52
	平均	0.557	1.54	1∶2.77	0.65	1.06	1∶1.63
同规格的品种	卡其	1.00	2.09	1∶2.09	1.12	1.61	1∶1.44
	平布	0.49	1.26	1∶2.57	0.60	0.79	1∶1.32
	平均	0.66	1.54	1∶2.33	0.77	1.06	1∶1.38

资料来源：《中共中央、国务院关于降低化学纤维织品价格和提高棉纺织品价格的通知》中发〔1982〕56号文件。

2. 按质论价

1983年3月，经省批准苏州市率全国之先对苏州地产的"黑牡丹"牌花布实行有浮动幅度的指导价格，浮动幅度为10%～15%。这一措施的出台，打破了二十多年来纺织品价格管理单一定价的传统模式，拉开了质量、花色差价，解决了纺织品产销统一计划性与需求多样性的矛盾，企业可以根据生产成本和市场供求灵活调整，企业经济效益明显提高。同年，纺织工业部在昆山召开全国纺织工业会议时，推广了苏州经验。1984年国家物价局等部门下发了《关于进一步贯彻纺织品按质论价政策的暂行规定》，继续在出厂环节对针织涤纶纬编织物、色织涤纶混纺布实行品质差价和花色差价。这一措施的目的在于促进大中型企业利用工艺较先进、技术力量相对较强的优势，向中高档产品发展，增加出口创汇；促进小型企业利用大中型企业腾出的市场空间,生产中低档产品,满足国内,主要是农村地区的需要。

从20世纪80年代开始,苏州市乡镇纺织业异军突起,对乡镇纺织丝绸企业产品价格苏州市率先实行"四定一活"的作价办法,扩大生产经营者的定价自主权,促使乡镇企业迅猛发展,使之逐渐成为苏州纺织工业的"半壁江山"。随着纺织品市场生产、购销渠道的不断扩大,由国营企业独家生产、国营商业企业独家经营的局面被打破,市场供应不足的矛盾解决,市场供求总体平衡,部分化纤织物供大于求。1983年12月,实行了29年的棉布统购统销宣告结束,苏州市棉布不再凭布票购买,实行敞开供应。

表3-33　1980~1985年苏州市部分棉纺织代表品种历史价格

单位:元

年份	漂白府绸 40×40	市布 21×21	提花被单布 21×21	涤棉布 (深色40×40)	毛巾 414	深色棉毛衫男 (圆领32S90公分)	精漂圆领男衫 32S95公分
	元/市尺	元/市尺	元/市尺	元/市尺	元/条	元/件	元/件
1980年	0.49	0.26	0.65	1.44	0.88	3.07	1.68
1981年	0.49	0.26	0.565	1.27	0.88	3.07	1.68
1982年	0.49	0.26	0.565	1.27	0.88	3.07	1.68
1983年	0.49	0.34	0.71	0.87	1.06	3.69	1.96
1984年	0.59	0.34	0.71	0.87	1.06	3.69	1.96
1985年	0.59	0.34	0.71	0.87	1.06	3.69	1.96

表3-34　1980~1987年21支"双鱼"牌纯棉纱价格变动表

单位:元/吨

变动时间	成本价	出厂价	批发价	零售价
1980年	3501.09	4078.00	4281.00	4624.00
1981年	3455.48	4078.00	4281.00	4624.00
1982年	3462.52	4078.00	4281.00	4624.00
1983年1月20日	4250.63	5142.00	5348.00	5776.00
1987年	—	5142.00	5348.00	5776.00

注：1. 购批差率,1983年调整为4%。

2. 批零差率,1965年起至1987年止为8%。

3. 商业供应纺织工业系统生产用纱按出厂价加2%计价。

4. 工业系统内部调整差率,1983年1月20日前为0.6%,后调整为1%。

表3-35　1983~1987年省管棉纱、布代表品种价格变动表

品种规格	变动时间	出厂价（元/百米）	批发价（元/米）	零售价（元/米）
双鱼市布 36英寸21×216058	1983年1月20日	85.30	0.93	1.02
	1987年	85.30	0.93	1.02
涤棉漂白布 110G45支11076	1983年1月19日	352.10	3.79	4.32
	1983年1月20日	220.30	2.45	2.79
	1987年	220.30	2.45	2.79
浅花布 34英寸21×216058	1983年1月20日	122.10	1.33	1.53
	1987年	122.10	1.33	1.53

表3-36 1983~1987年省管棉纱、布代表品种价格变动表

品种规格	变动时间	出厂价（元/百米）	批发价（元/米）	零售价（元/米）
被单布	1983年1月20日	153.30	1.67	1.92
48英寸21×21 71.4×64	1987年	153.30	1.67	1.92
大红布	1983年1月20日	109.30	1.19	1.35
80G21支 6058（坯）36英寸	1987年	109.80	1.19	1.35
涤棉纱	1983年1月20日	9872	10267	11088
65/8545支绞纱	1987年	9872	10267	11088

这一时期，工厂开经营部，街道集体、私营个体户办的绸布店发展迅猛，纺织市场竞争激烈。国家价格改革步子加快，企业有了一定的自主定价权和自主经营权，"放开"、"搞活"范围逐步扩大，以市场为导向，发展厂商联合、厂店挂钩，从江、浙、沪、鲁等地直接进货，浮动作价从生产环节扩大到批发、零售环节，多数纺织品价格实行国家指导价，这类纺织品价格有不同程度的上涨。

1986年5月，市物价委员会会同市纺织工业公司转发省《关于进一步贯彻纺织品按质论价若干问题规定的通知》，凡获得金质、银质奖和部、省优质称号的所有纺织产品价格，可适当加价，加价幅度在现行作价办法规定的价格基础上，金质奖产品不超过15%，银质奖产品不超过10%，部、省优质产品不超过5%。凡花色新颖和市场畅销的品种，企业可以将价格适当向上浮动。浮动幅度一般掌握在5%以内，最高不超过10%。同时获得金、银质奖和部、省优质称号的产品可累计加价，加价期限掌握在半年到一年内，可提前撤销或适当延长。还对新产品和新工艺产品分别作出了试销价和加价的规定。市物价部门还规定，本通知适用于所有生产、经营纺织产品的企业、单位，并规定了在变动产品价格时必须实行报批、备案制度。此举不仅给生产企业注入了活力、扩大了企业的自主定价，更为下一步纺织品价格全面放开奠定了基础。

3. 按规定批零差率作价

20世纪80年代，随着商品经济的发展，商业经营单位日益增多，为了方便各零售商店，包括面广量大的个体经营户，都能正确地执行国家的价格政策，1985年6月，市物价委员会发出《关于零售商店经营各类商品执行规定批零差率及有关政策规定的通知》，对纺织品类、服装类、针棉织品类等各类涉及民生商品零售作价作出详细规定。同时要求各经营单位严格遵守执行，并规定出售各种商品必须实行明码标价，任何单位或个人进货都要有凭证，不准从零售商店套购紧俏商品转手加价倒卖。不准短尺短码、串等改规、以次充好、提级提价、压级压价，以及任意涨价等不正当手段牟取非法利润。

表3-37 1985年苏州市纺织类批零差率表

品种	批零差率（%）	等级差率（%）			
		一等	二等	三等	等外
纯棉原色布	10	100	99	98	90
纯棉色布	13	100	96	87	80
纯棉花布	15	100	95	87	80

品种	批零差率（%）	等级差率（%）			
		一等	二等	三等	等外
纯棉色织布	15	100	97	93	80
化纤布	14	100	95	85	75
呢绒	14	100	95	88	75

表3-38　1985年苏州市服装类批零差率表

品种	批零差率（%）	等级差率（%）			
		一等	二等	三等	等外
涤纶经纬编外衣	14	100	95	88	75
涤纶外衣	10	100	95	90	85
涤纶经编蚊帐	12	100	95	90	85
全棉纱布蚊帐	12	100	95	90	85
全棉线珠罗蚊帐	12	100	95	90	85
涤棉男女硬领衬衫	13	100	95	90	85
纯棉化纤男女上装	10	100	95	90	85
纯棉化纤男女裤子	10	100	95	90	85
纯棉化纤男女罩衫	10	100	95	90	85
各种童装	10	100	95	90	85
经纬编男女硬领衬衫	13	100	95	90	85
呢绒服装	10	—	—	—	—

表3-39　1985年苏州市针棉织品类批零差率表

品种	批零差率（%）	等级差率（%）			
		一等	二等	三等	等外
汗衫、背心、汗裤	15	100	95	88	75
棉毛衫裤	14	100	95	88	75
厚绒衫裤	14	100	95	88	75
毛巾、枕巾、浴巾、汗巾	15	100	95	90	75
被单（包括被里）	15	100	95	90	80
手帕	15	100	90	80	按质论价
棉毯、线毯、绒毯	14	100	95	90	80
弹力锦纶袜	14	100	93	85	70
棉纶丝袜	14	100	93	85	70
尼龙衫、腈纶衫	14	100	95	85	75
纱线袜	15	100	88	73	60
羊毛衫	15	100	95	85	75
毛线（包括全毛、毛粘、毛腈）	15	100	95	85	75
腈纶绒线	14	100	95	85	75
毛毯	13	销价100	98	93	—
		进价100	96	92	—
腈纶毯（复合纤维）	14	销价100	98	93	—
		进价100	96	92	—
腈纶毯（正规纤维）	14	100	95	90	—

品种	批零差率（%）	等级差率（%）			
		一等	二等	三等	等外
毛化纤混纺毛毯	14	销价100	98	93	—
		进价100	96	92	—
羊毛围巾、领圈	15	100	95	90	—
粘纤、腈纶围巾	14	100	95	90	—
锦纶丝头巾	15	—	—	—	—
弹力、腈纶手套	14	100	95	90	75
各种纱线手套	15	100	95	90	75
宝塔线、筒子线	15	100	95	90	
民用线	20	100	90	80	
真丝围巾	15	—	—	—	
鞋带	25	100	95	90	
排须、旗须	18	100	95	90	
各种边带	20	100	95	90	
枕套、台布、帐沿、绣花被面	13	100	95	90	
枕芯	15	100	95	90	
于涎	20	100	95	90	
奶托、肚兜、卫生带、书包	15	100	95	90	
背包、旅行袋、网线袋	15	100	95	90	
背包带、帆布裤带	15	100	95	90	
斗篷	10	100	95	90	
棉毛修补坏布	10	100	95	90	

4. 搞活交易市场价格

为了扩大商品流通，繁荣城乡市场，促进商品生产的发展，1987年8月20日，市物委发出《关于对苏州市纺织丝绸交易市场、日用小商品交易市场物价管理办法的通知》。根据国家的物价方针、政策和改革流通体制的要求，结合本市实际情况，对苏州市纺织丝绸交易市场和日用小商品交易市场的物价管理，经市政府领导同意，作如下规定：

苏州市纺织丝绸交易市场和日用小商品交易市场是为生产、流通服务的交易场所。市场应本着服务为主、薄利经营的宗旨，面向社会，为商品流通、满足市场需要提供场所，提供服务。入场交易的买卖双方都要按照多渠道、少环节的要求，自觉遵守国家规定的物价方针政策和纪律，开展各项经营业务活动。

对于已经明确由工商企业协商定价的商品，由供需双方按照成本和市场供求情况，随行就市，协商成交。

对于不属于工商企业协商定价的商品（包括国家定价和国家指导价商品），可按供货方所在地的价格管理权限，凭物价部门或业务主管部门批准（认可）的价格入场成交或委托代销。代销手续费可按3%~5%的幅度掌握。

为了有指导地发挥交易市场的作用，本市各工业企业进入交易市场销售自己生产的产品，其最高销售价，允许超过批发价，略低于苏州市零售价供货。在交易市场之外的工业自销产品，仍应执行分对象作价的原则（对批发企业按出厂价或低于批发价作价，对零售企业按批发价作价，对直接消费者按零售价作价）。

凡是苏州市国营、集体、个体零售单位（含各县［市］）从交易市场购进的商品，在销售时，应坚决执行国家规定的价格，其中购进外地产品，执行规定价格有困难的，可以按照物价委员会《关于对部分外采日用工业品实行最高限价管理的规定》执行。

各经营单位一般不得在交易市场内（外）作两次批发。

为保证市场物价的基本稳定，各县（市）物委和业务主管部门，都要加强对工业品交易市场的价格管理和指导。全市各类工业品交易市场的价格管理办法都应按照本规定精神办理。

四、调放结合，以放为主

1. 放开高档棉纺织品服装价格

随着价格改革的不断深化，纺织品价格改革也从"以调为主"转为"调放结合、以放为主"。1988年前后，苏州市贯彻省进一步扩大纺织品价格的浮动幅度的要求，将一些新花色、新规格的纺织品逐步退出政府定价序列，实行市场调节价。如放开了80支以上纯棉纱及其织物和中长纤维布的价格；对纯棉坯布、涤纶长丝经编布扩大了浮动幅度，通过价格杠杆，鼓励企业升级换代，提高产品档次。在纺织品原料价格方面，省大幅度降低了合成纤维价格，适当提高人造纤维价格，允许涤纶丙纶染色短纤维出厂价格在本色短纤维出厂价格基础上加价20%，以促进化纤企业更多地生产差别化纤维，弥补缓解了省内天然纤维棉花等供应不足的矛盾。随着改革开放人民生活水平的提高，相对比较高级的精纺、粗纺呢绒在市场开始畅销。下表为1988年苏州市地产部分精、粗纺呢绒价格表：

表3-40　1988年苏州市地产部分精纺、粗纺呢绒价格表

单位：元/米

货号品名	出厂价	批发价	零售价
01701全毛麦尔登	43.30	47.10	53.20
01078全毛麦尔登	38.20	41.50	46.90
11076混纺麦尔登	29.30	31.80	35.90
11913-3混纺麦尔登	37.50	44.10	50.30
02088全毛大衣呢	39.80	43.30	48.90
12096圈纱大衣呢	26.30	28.60	32.30
12094珠绒大衣呢	22.70	24.70	27.90
12073混纺大衣呢	31.70	34.50	39.00
13063混纺海军呢	23.40	25.40	28.70
21048全毛啥咪呢	36.00	39.60	44.70
22060全毛华达呢	33.60	36.90	41.70
22063全毛华达呢	35.50	39.00	44.10
22064全毛华达呢	36.10	39.70	44.90
23210全毛花呢	33.20	36.50	41.20
26021全毛女衣呢	28.40	31.20	35.30
31068毛粘啥咪呢	25.00	27.50	31.10

货号品名	出厂价	批发价	零售价
32049毛涤华达呢	25.10	27.60	31.20
33486毛粘花呢	25.90	28.50	32.20
38317毛涤花呢	23.90	26.30	29.70
38258A毛涤花呢	21.20	23.30	26.30
38320毛涤花呢	24.10	26.50	29.90
036002圈纱花呢	20.00	22.00	24.90

为丰富人民的生活，适应市场服装款式多变、流行周期短等特点，提高服装行业生产、经营单位的积极性，缓和做衣难的矛盾，1988年7月5日，市物委对市纺织工业公司、商业局、个体劳动者协会发出《关于改革服装行业价格管理办法的通知》，特对苏州市服装行业价格管理办法作出如下改革：

来料加工工价：各承接来料加工的单位或个体户可根据各类服装款式、加工难易、交货时间快慢灵活确定，并与客户协商一致。

内销服装出厂价：苏州市各生产单位，可根据原、辅材料的实际进价、耗用情况及生产批量大小、费用开支情况自行确定。

经营服装的批发价和零售价格：批发企业的进销差率按实际进价顺加8%~10%（最高不超过10%）；零售企业的进零差率一般为15%~20%，对少数市场适销、款式新颖的时令服装，最高不超过30%（以上均包括从外地进货的地区差率）。下浮不限。各生产、经营单位要本着对消费者负责的精神，加强内部管理，明码标价，不得弄虚作假、以次充好。在本市范围内批发企业之间不准互相加价转手批发，零售单位不准以零套零。

上述政策适用于除省管针织内衣等品种之外的所有服装（包括羊毛衫、腈纶衫等编织服装）。各县（市）对服装行业的价格管理办法由各县（市）物价部门决定。

至1989年，苏州市纺织品市场价格与1983年1月全国统一规定价相比，总水平上升较多。据市物委在呈报市政府的1989年上半年重要地产工业品价格情况调查记载：棉纱比1983年价格上升16%~23%，坯布上升25%，针棉织品上升35%。由于成本上升过快，企业在实际执行中已有较大的突破。纯棉纱：苏州市苏纶纱厂21支纯棉纱规定基价每吨5069元，1988年4月调为6097元，12月，经市物委同意每吨另加600元，由下道工序让利，实际价格为6697元；1988年成本为5763.04元，每吨盈利220.54元，32支棉纱盈利更多为643.40元。该厂当年实现利润2291万元，比1987年增加238万元，增幅10.39%。1989年以来，由于棉花实际到厂成本及等级长度因素，成本又有所上升。21支纯棉纱1~5月成本每吨为7354.34元，而实际平均销价已达7514元，其水平比1983年规定价高出48.2%。棉纱价格的上涨造成下道工序消化不良，成本上升，导致最终产品价格上涨。

白市布：苏纶纱厂生产的白布多数出口，内销比例占40%左右。1989年规定价是在1983年价格上加价30%，每百米为123.20元，而工厂实际销价是138.90元，1989年1~5月实际成本为129.53元，并不亏本。苏纶纱厂外销方面还有一部分价外补贴，如1988年外贸补贴为208万元。

汗衫背心、棉毛衫裤：苏州针织总厂1989年1~5月共生产内衣387万件，其中外销251万件，占总产量64.8%；内销中已有96万件交纺织品公司纺织品供应站供应市场。代表品32支90厘米精漂男式汗衫每十件生产成本为23.69元，出厂价为25.26元，保本薄利，成本利润仅为2%。为支持企业发展生产，满足市场供应，又同意该厂试行针织服装类产品新的作价办法，基本精神是该厂生产的针织服装承认原材料价高因素，以针织服装的盈利来弥补内衣的薄利。

床单：苏州床单厂1989年1~5月销售床单32.98万条，其中7.94万条外销，占总销量的24.1%；内销25.04万条，占75.9%。内销床单价格是按1983年基价加价，例如32支/2×16支六尺半线印花床单1983年基价每条11.97元，1988年调价为16.16元，下半年加32艺差、花色差，优质加价后允许出厂价卖到每条20元左右。1989年以来由于棉纱价格上涨企业不堪负担，从价格政策上看，企业自销可按批发价，因此六尺床单平均销价为每条21.60元。该厂在市纺织品交易市场销售床单价格高出规定价格的25%左右。

袜子与毛巾：从1987年开始，为支持生产、满足市场供应，国家把袜子和毛巾作为工商企业协商定价的商品下放，由企业根据生产成本和供求情况，自行确定价格。两年多来，价格上升较多，但由于生产发展了，市场供求缓和，据了解毛巾已出现滞销压库情况，价格基本稳定，袜子也不像前两年供应紧张了。

表3-41　1989年上海针织品苏州市场价格表

单位：批发：元/斤、十件　零售：元/斤、件

商品大类	货号	品名规格	供零售的销售价格即批发价	苏州市零售价
毛线	41-773	50666毛腈团绒50S外毛50%腈纶50%	28.70	32.70
	41-774	669毛腈中粗50S外毛50%腈纶50%	25.00	28.50
	41-775	669毛腈中粗50S外毛50%腈纶50%	25.00	28.50
	41-776	271全毛中粗50S外毛100%	38.10	43.40
	41-777	271全毛中粗50S外毛100%	38.10	43.40
	41-778	280全毛高粗56S外毛100%	40.20	45.80
	41-784	616毛腈细绒56S外毛50%腈纶50%	27.50	31.40
棉毛衫裤	254-10005	32支深色棉毛螺纹领男衫80厘米	51.40	5.86
		（棉锦罗口）85厘米	54.90	6.26
		90厘米	57.80	6.59
		95厘米	61.20	6.98
		100厘米	64.70	7.34
		105厘米	68.20	7.77
		110厘米	71.60	8.16
	254-10006	32支深色棉毛小开口男裤80厘米	52.60	6.00
		（棉锦罗口）85厘米	56.20	6.41
		90厘米	59.10	6.74
		95厘米	62.70	7.15
		100厘米	66.20	7.55
		105厘米	69.80	7.96
		110厘米	73.30	8.36
	254-10007	32支活性中色棉毛螺纹领75厘米	48.20	5.49
		女衫（棉锦罗口）80厘米	51.40	5.86
		85厘米	54.10	6.17

1990年初，针对上述地产内衣成本上升，利润太薄，不利于企业生产发展和满足市场需求的现状，苏州市对地产内衣出厂、批发、零售价格适当进行调整。详见下表：

表3-42　1990年2月苏州地产纯棉内衣部分价格表

单位：出厂、批发：元/十件、十条　零售：元/件、条

货号	品名规格	出厂价	批发价	零售价
412121	42S精漂圆领男汗衫90	27.50	31.30	3.57
412101	42S精漂男背心90	20.45	23.20	2.64
412220	42S精漂女衫85	21.21	24.10	2.75
412203	42S精漂短式加阔女背心85	19.37	22.00	2.51
312121	32S精漂圆领男汗衫90	28.10	31.90	3.64
311220	32S精漂满花圆领女衫85	24.98	28.40	3.24
312101	32S精漂平边男背心90	20.84	23.70	2.70
311506	32S精漂满花圆领小人衫55	16.07	18.30	2.09
311306	32S中人圆领衫70	21.77	24.70	2.82
311213	32S汗布印花女衫85	24.98	28.40	3.24
207206-1	32S活性中色棉毛女衫85	53.36	60.60	6.91
207274-1	32S活性中色棉毛女裤85	59.70	67.80	7.73
205106-1	32S深色棉毛圆领男衫90	55.68	63.30	7.22
203376-1	32S浅色棉毛中人开口裤70	39.45	44.80	5.11
202281-N	32S浅色棉毛女中人衫70	41.00	46.60	5.31
207212-1	32S活性中色棉毛高领女衫85	59.70	67.80	7.73
205106-1	32S深色棉毛圆领男衫90	56.05	63.70	7.26
205206-1	32S深色棉毛圆领女衫85	50.99	57.90	6.60
205176-1	32S深色棉毛开口毛裤90	58.46	66.40	7.57
205274-1	32S深色棉毛女长裤85	51.51	58.50	6.67
205112-1	32S深色棉毛高领男衫90	62.64	71.20	8.12
205212-1	32S深色棉毛高领女衫85	56.90	64.70	7.38

1986年6月，根据服装款式多变、流行周期短、季节性强等特点，市物价委员会发出《关于统一服装批零差率的通知》。明确扩大批零差率，对新品种、新货号、新款式的服装，包括各种面料的成人、儿童服装的批零差率从6月20日起统一执行13%。同时决定，在苏州市服装零售（包括个体户）企业试行行业价格管理，严禁以零售价格购进后就地加价出售。并明确各零售店根据进货性质（出厂价、批发价）加规定的地区差率、进销差率、批零差率制定市场零售价格。服装的地区差率为1%；进销差率毛呢服装、田径裤、衬裤为5%，中裤、绒布长裤为2%，其他服装为8%；批零差率统一为13%；自行加工或委托加工的服装允许按加工成本加25%的综合差率制定零售价格。

1987年1月，根据有关规定及当时的实际情况，苏州市各类绒线作价办法如下：

凡是从产地按批发价调入的统一加地区差价（省内及上海1%，其他2%），再加15%的批零差率（腈纶绒线14%）为苏州市零售价。凡低于批发价购进的，可顺加低于批发价的差额，再加地区差价和批零差价制定零售价格。各经营单位都不准以零套零和就地转手加价。

按上述办法制定出的零售价格，全毛针织绒每千克不得超过62元，纯毛中、粗绒线（含

毛量100%）每千克不得超过55元，全毛中、粗绒线（含毛量92%以上）每千克不超过51元，70%羊毛、30%腈纶的毛腈中、粗绒线每千克不超过43元。50%羊毛、50%腈纶的毛腈中、粗绒线每千克不得超过38元。凡属进货渠道正常，执行上述限价确有困难的应报经市物委批准。

为严格控制日用工业品价格上涨，维护消费者利益，根据省、市有关文件精神，1987年8月15日，市物价局作出《关于对部分外采日用工业品实行最高限价的规定》，实行最高限价管理的外采日用工业品范围暂定为电冰箱、洗衣机、自行车、毛毯、毛线、毛巾、被面、床单、汗衫、汗背心、棉毛衫裤等十一类。凡直接从产地生产企业或批发单位按合理进价购进的毛毯、毛线、毛巾、被面、床单、汗衫、汗背心、棉毛衫裤等八类纺织品，可根据进价加4%综合差率和现行规定的地区差率（价）后作为苏州市最高批发价，再加12%批零差率后作为苏州市最高零售价格。从非产地购进的上述商品，其批零价格原则上也不得超过本市最高限价，若尚无最高限价的可按进价加最高不超过12%（包括地区差）的进零差率确定本市零售价格。实行最高限价管理的外采日用工业品其具体批、零价格，在市区的各经营单位可根据本规定测算后报市物委批准后执行，并不允许在本市范围内（含县）再加价销售给批发单位或向外地销售。本规定从同年8月25日起开始执行。下表为1987年9月经市物委批准的部分外采纺织品最高限价商品登记表：

表3-43　1987年9月外采纺织品最高限价表

单位名称	产地、品名规格及货号	进货价格（元）	限价（元）		数量（单位）
			批发	零售	
日用品经营部	沪46196尺印花床单	13.30	—	15.60	100（条）
	沪46126尺印花床单	17.50	—	20.50	100（条）
前进调剂商店	张家港、常熟毛腈绒线	37.50	—	42.00	50（千克）
人民商场	沪62-4588印花被单	9.07	—	10.70	200（条）
	沪62-6066印花被单	16.74	—	19.70	140（条）
	沪62-6087印花被单	9.15	—	10.80	160（条）
	沪62-6047印花被单	16.03	—	18.80	200（条）
虎丘供销社	辽宁本溪2.8千克纯毛水波纹提花毯	102.00	108.00	121.00	200（条）
南门商业大楼	沪877印花面巾（二）	14.20	14.90	16.70	10（条）
	沪8701腈棉枕巾（二）	23.60	24.80	27.80	10（条）
	沪8701腈棉枕巾（三）	22.30	23.40	26.20	10（条）
	沪8701腈棉枕巾（甲）	21.10	22.10	24.80	10（条）
	沪8620枕巾（二）	21.20	22.30	25.00	10（条）
	沪8702枕巾（三）	16.40	17.20	19.30	10（条）
	沪8702枕巾（二）	17.30	18.20	20.40	10（条）

1987年9月，苏州市物价委员会对毛巾（包括枕巾、浴巾）价格的浮动幅度作了调整。毛巾类出厂价格统一按1983年1月20日价格（即"八三"本核定的价格）为基础，全白、素色、彩条、彩格毛巾允许上浮35%，印花、提花、割绒、螺旋、丝光毛巾允许上浮37%，优质产品仍按原规定加价率经市物委批准后执行。商业批发、零售价格按销进差率10%，批零差率15%安排。

表3-44　1989年9月苏州毛巾厂主要毛巾价格表

货号	品种规格	出厂价（元/十条）	批发价（元/十条）	零售价（元/条）
6-2121	7.1两彩条毛巾	5.32	5.91	0.68
6-2411	10.1两全色印花毛巾	7.99	8.88	1.02
6-2433	10.1两彩条印花毛巾	7.67	8.52	0.98
6-2611	13两全色印花毛巾	9.76	10.84	1.25
6-2612	13两全色拨染印花毛巾	9.89	10.99	1.26
6-2791	13.5两丝光缎格绣花毛巾	17.27	19.19	2.21
6-2811	15两全色印花毛巾	11.01	12.23	1.41
6-2812	15两素色吊白印花毛巾	11.20	12.44	1.43
6-2825	15两彩色毛巾	9.68	10.75	1.24
6-2831	15两彩色印花毛巾	10.76	11.96	1.38
6-3111	17两全色彩条印花毛巾	12.32	13.69	1.57
6-3121	17两中条毛巾	10.94	12.16	1.40
6-3131	17两彩条印花毛巾	11.97	13.30	1.53
6-3132	17两彩条印花毛巾	12.12	13.47	1.55
6-3133	17两彩条印花毛巾	12.02	13.26	1.54
6-3241	17.6两全色螺旋毛巾	13.81	15.34	1.76
6-5021	30两彩条加长巾	19.75	21.94	2.52
6-6272	20两浓缩月牙印花枕巾	17.66	19.51	2.24
6-7421	70两彩条浴巾	46.43	51.30	5.90
6-7701	91.5两素色缎档螺旋浴巾	70.54	77.95	8.96
6-6101	20两浓缩月牙印花枕巾	17.67	19.52	2.24
6-6151	23两全色割绒印花枕巾	26.04	28.77	3.31

　　1987年11月，江苏省纺织工业厅颁发了《毛毯作价办法》，为贯彻执行省厅文件精神，结合苏州的实际情况，苏州市物委、纺织工业公司、商业局联合发出《关于毛毯价格的通知》，明确省定常州和南通产代表品纯毛提花水纹毛毯（46/48支外毛、2.8千克、四色边）产地出厂价格每条为108元，苏州市生产企业生产的毛毯按省定1987年毛毯作价办法计算，比质比价，报当地物价和业务主管部门确定。产地批发价按出厂价顺加9%。进销差率确定零售价按批发价顺加14%批零差率确定。产地批发部门向外地商业部门调拨价格由倒扣改为按出厂价格顺加7%确定。从外地调入的毛毯一律按产地批发价加地区差率确定苏州市批发价格。考虑到近年来运杂费用增加因素，地区差率安排为省内及上海产品由1.5%调为2.5%。其他地区产品由3.5%调为4.5%，批零差率为14%。城乡差率由县（市）物委确定。乡镇企业的产品也要参照上述规定执行。若因原材料价高执行确有困难，允许加适当差价，并报当地物价和业务主管部门确定。

2. 棉纺织品出口创汇价格

　　新中国建立后，从20世纪50年代初开始，苏州纺织品（丝绸）商品出口，概由国家对外贸易部所属各专业出口总公司及其分公司负责外销经营，苏州实际创汇数及出口价格不详。1980年，国家开始实行贸易外汇留成制度。1985年苏州始有出口创汇记载。下表为苏州市区纺织品外贸收购数量、收购计划价、出口创汇情况。

表3-45　苏州市区纺织品外贸收购量及计划价格情况表

商品名称	计量单位	新中国建立后出口供货起始年份	最高年份外贸收购			出口生产（供货）单位
			年份	数量	计划价（万元）	
棉布	万米	1958	1985	2348	3052	苏纶纺织厂，染织一、二、三、五厂
涤棉布	万米	1980	1984	922	3320	苏纶纺织厂、染织一厂
人棉布	万米	1974	1984	545	654	苏纶纺织厂
棉纱	万米	1979	1984	10414	948	苏纶纺织厂
涤棉纱	件	1983	1984	1891	567	苏纶纺织厂
人棉纱	件	1961	1984	7325	696	苏纶纺织厂
呢绒	万米	1979	1985	45.5	796	第一毛纺织厂、第四毛纱厂
毛针织品	万件	1958	1980	80.6	1027	工艺编织厂、羊毛衫厂、第二毛衫厂
床单	万条	1966	1985	33	347	床单厂
汗衫背心	万打	1977	1982	21.9	366	针织总厂、针织品厂
布、涤服装	万打	1958	1984	355.6	1000	服装一、二、四、五、六厂，儿童用品厂

表3-46　1985年苏州市区出口创汇超100万美元的生产（供货）企业

出口生产（供货）企业	主要供货品种	出口创汇（美元）		
		合计	供省内	供省外
苏纶纺织厂	棉纱、棉布	13578682	13321382	257300
苏州染织二厂	棉布	2232546	1713846	518700
苏州染织三厂	纯棉产品	2259091	2159391	99700
苏州第一毛纺厂	全毛花呢	1081834	761534	320300
苏州毛巾厂	面巾、浴巾	2298650	885350	1413300
苏州床单厂	床单	1206584	1025084	181500
苏州针织总厂	汗衫背心、棉毛衫裤	1663631	1663631	—
苏州儿童用品厂	服装、童帽	1032252	840365	191887

　　1989年纺织品面临原材料、能源提价和工费增加困难，同时对省口岸出口计划交货严重滑坡，出口创汇大幅度下降问题，为此省政府下发了《关于认真抓好出口商品生产、落实适销货源的紧急通知》，并经省计经委协调，同年8月省物价局、纺织工业厅、对外经贸会颁发了《关于1989年出口棉纺织品作价的通知》和《关于1989年出口两纱两坯工贸作价的联合通知》，苏州市为全省纺织品出口大市，为完成和超额完成国家纺织品出口计划和加强价格管理，苏州市物委、外经委、纺织工业公司于8月12日联合转发上述二个通知，要求工贸双方自同年7月1日起严格遵照执行。省《1989年出口棉纺织品作价的通知》明确规定，出口棉纺织品价格以1983年1月20日国家统一定价为基础，按以下上浮幅度进行整顿：棉纱不超过32%（股线另加3%），坯布不超过34%，印染布不超过36%，色织布和针棉织品不超过45%。纺织品继续实行优质优价、花色差价政策。同时，对出口两纱两坯工贸作价作出新规定：以21支普梳棉筒子纱每吨8200元为标准，相应计算工贸结算价格。纯棉纱及坯布比国家物价局、纺工部、商业部规定的价格上浮22.13%，65/35涤棉比规定的价格上浮19.45%。以上价格仅限于出口工贸结算价格，内销不准参照执行。"两纱"、"两坯"价格上浮后，其后道出口产品价格在规定基础上，部分产品价格仍然偏低的，可参照"两纱"、"两坯"的上浮幅度，由工

贸企业双方协商定价,确保本市的纺织品出口计划完成。

3. 调整纺织品的价格

1990年2月,江苏省纺织工业厅、商业厅、物价局联合发文,对少数通过国营商业系统调拨调剂的棉纱和涤棉纱的作价办法明确了新规定:通过商业部门供应的各种社会用纱线(如絮棉、医药、皮革、工艺品、市场民用线等)的产地批发价,按国家规定的出厂价加6%的销进差率制定;销地批发价按产地批发价加地区差率制定,地区差率按省规定棉纺织品地区差率掌握,批零差率按10%计算。商业部门因调剂市场需要组织少数棉纱转供生产企业的作价,即商业部门按出厂价加2%的费率和实际运杂费作为对生产企业的供应价。省内商业部门从产地调给销地以后再供纺织工业系统生产用的纱线,销地商业部门亦可按产地商业部门的供应价,加实际运杂费和不超过1%的管理费作价。

1990年3月,市物价委员会整顿地产色织布价格,当时价格高于整顿后价格的必须降为整顿后的价格。商业流通环节作价恢复倒扣作价办法:销进差率为11%[批发价=出厂价÷(1-进销差率)],批零差率为14%[零售价=批发价×(1+批零差率)]。外地调入商品可按照产地牌价通知调整,其中地区差率省内产品为2.5%,省外产品为3%。

表3-47　1990年苏州地产色织布整顿后的价格

单位:元/米

生产厂	品名规格	出厂价	批发价	零售价
纯棉				
染织一厂	色织被单布43″21s×21s59.4×58	2.713	3.05	3.48
	1711格子提花被单43″21s×21s32×64	3.743	4.21	4.80
	色织彩格绒44″21s×21s64×54	3.812	4.28	4.88
	色织彩格绒60″21s×21s64×54	4.987	5.60	6.38
染织二厂	2304球喜提花被单条44″21s×21s69×60.5	3.184	3.58	4.08
	25301被单条43″21s×21s63×60	2.876	3.23	3.68
	29322被单斜44″21s×21s82×62	3.412	3.83	4.37
	S289003剑杆牛仔布59″7s×7s68×42	10.261	11.53	13.14
	298002防缩单面绒45″10s×10s56×40	4.917	5.52	6.29
	208001防缩单面绒43.7″10s×7s62×34	5.207	5.85	6.67
染织三厂	EP210G防缩彩格布21s×21s80×58	4.156	4.67	5.32
	123G防缩双面绒21s×16s64×54	4.205	4.72	5.38
	152G防缩条布21s×21s64×50	4.163	4.68	5.34
	120G全棉色织布21s×21s64×58	3.260	3.66	4.17
	113G防缩格绒21s×21s64×54	3.662	4.11	4.69
涤棉				
染织一厂	涤棉色织细纺43″45s×45s80×70	4.631	5.20	5.93
	涤棉色织细纺44.5″45s×45s100×70	5.235	5.88	6.70
	涤棉色织细纺44″45s×45s100×70	4.435	4.98	5.68
	涤棉色织细纺43″45s×45s80×70	4.424	4.97	5.67
染织三厂	80T/C113G色织涤棉细纺45s×45s80×70	4.435	5.10	5.81
	92T/C113G色织涤棉细纺45s×45s92×70	4.937	5.55	6.33

苏州市物价局、纺织工业公司于1990年12月8日转发了省纺织工业厅、物价局《关于调整床单价格的通知》，规定省产纯棉、涤/棉床单的出厂、批发、零售价格自1990年11月15日起统一调整，调整后床单代表品产地价格为：

表3-48 1990年11月江苏省床单代表品产地价格表

品名规格	成品规格			产地价格（元/条）		
	长（公分）	宽（公分）	净重（千克）	出厂价	批发价	零售价
纯棉16S×16S尺丝拔染印花床单	228	200	0.94	27.12	31.20	35.60
纯棉32S×2×16S/5.5尺丝光拔染印花床单	228	185	0.85	27.35	31.40	35.80
纯棉32S×2×32S/26尺丝光拔染印花床单	228	200	0.9214	31.49	36.20	41.30
纯棉42S×2×42S/26尺丝光拔染印花床单	228	200	0.70	27.06	31.10	35.50
纯棉20S×20S/7尺彩格被里	270	226.7	0.9215	22.00	25.60	29.20
涤50/棉5028S×28S染色印花床单	254	203	0.6375	26.90	30.90	35.20
涤50/棉5028S×28S素色床单	254	203	0.6375	23.23	26.70	30.40
涤50/棉5028S×28S漂白床单	254	203	0.6375	22.74	26.10	29.80

注：表列价格自1990年11月15日起执行。表列纯棉丝光拔染印花床单品种的价格，系按28丝光（有后工段处理）计算。

凡未列入《江苏省床单代表品产地价格表》的其他规格、花色品种，均按以下计价口径进行调价，即以江苏省纺工厅、物价局《关于〈江苏省床单计价暂行规定〉的通知》为基础，作如下修改，原料单价改按新的纱线价格加1.5%管理费计算；计算批发价的销进差率按13%调整；计算纯棉丝光印花床单价格时，对于丝光费用的计算应严格按照实际生产工艺确定，分别按28丝光或28以上特丝光的档次费用标准计算。出口纯棉，涤/棉床单价格以上述规定的价格为基础，同质同价，按质论价，原料、批量、包装等特殊的，可适当加（减）价，具体加（减）价办法由工贸双方协商。床单的地区差率苏州市区及吴县地区差率扩大0.5个百分点，即由2.5%提高到3%；其他县（市）按原规定地区差率3%不变。

随着纺织工业的发展，特别是化纤工业的兴起，纺织品货源充足，花色品种不断增多，国内外市场花色流行周期加快，群众的选择性日益增强，为适应新形势的变化，进一步优化产品结构，提高经济效益，改善商业经营管理，满足人民的需要，1991年7月，苏州市物价局会同市商业局、纺织工业公司、市丝绸工业公司转发省物价局等部门《关于颁布纺织品实行浮动价格的政策规定的通知》，明确对纺织、丝绸产品实行浮动价格，除国家定价的汗衫、背心、棉毛衫、棉毛裤四个代表规格品外，决定对棉纺织印染产品、针织复制产品、毛麻产品、毛纺织产品、丝绸类产品实行浮动价。浮动价按其作价办法计算出中准价，允许向上向下浮动，规定棉纺织品中的漂、色布，色织布，床单，棉平绒，花色内衣，上下浮动幅度为15%；花布上下浮动幅度为20%；精粗纺呢绒20%；毛线（包括针织绒）10%；毛毯15%。根据国务院规定，对供应出口的纺织品实行优质优价，浮动价格的政策也适用于出口纺织品定价（不含丝绸类产品）。同时，对流通领域实行花色差价同步浮动，允许经营企业对上述产品在规定出厂价基础上，在各道流通环节合计不超过零售价10%的幅度内上下浮动，以搞活经营，满足消费者的需求，提高企业经济效益。为鼓励生产高档品种，对10号及以下（60支以上）的高支纱及其制品，由企业根据生产成本和市场供求情况自行定价。对棉纺织产品价格及其零售价格实行花色浮动是价格改革的一种尝试和探索，为全面放开纺织品、丝绸价格作了奠基和准备。

五、放开纺织品价格

为逐步建立有利于市场竞争和推动经济发展的价格形成机制和管理机制，江苏省政府于1992年3月发出通知，决定对全省国合商业实行"四放宽"政策，进一步放开的纺织品中帆布、维棉布、色织布、卫生衫裤、床单、呢绒、毛毯等商品价格，实行企业自主定价。5月，市物价局放开市管的蚊帐、絮棉棉胎、服装、羽绒被、混纺等65种工业消费品价格。10月，省物价局重新颁发价格分工管理目录，整个纺织、丝绸产品退出政府定价范围，实行市场调节价。至此，纺织品价格改革完成了由计划管制价格至市场形成价格的根本转变。

1. 价比三家

价格放开后，苏州市场上同一品牌的纺织品价格由于进货渠道、经营理念、购物环境的不同和市场竞争激烈等因素，出现了"同货不同价"，为方便广大居民比较选购，《苏州价格信息》开辟了"价比三家"专栏。下表为1992年6、7月间部分纺织品市场"价比三家"价目表：

表3-49 价比三家部分男式汗衫、背心价格表

采价日期: 1992年6月18日 　　　　　　　　　　　　　　　　　　　　　　　　　　　　单位: 元/件

商店	弹力男式背心			男式圆领汗衫（60支）					男式圆领汗衫（32支）			
	（特号）	（大号）	（中号）	115厘米	110厘米	100厘米	95厘米	90厘米	110厘米	100厘米	95厘米	90厘米
人民商场	3.45	3.30	—	13.20	12.60	9.87	9.36	10.10	—	—	—	—
新苏州商厦	—	—	—	12.80	12.00	10.50	10.00	9.40	—	—	—	—
针纺织品商场	—	—	—	—	—	—	—	—	6.02	5.07	4.76	4.50
永健综合商店	3.38	—	2.85	—	—	—	—	—	—	5.42	5.10	4.82
汇丰商场	3.20	3.10	2.90	12.80	12.60	—	10.00	10.10	—	5.40	4.70	4.50
石路商场	—	—	—	—	—	—	—	—	—	5.50	4.90	4.70	4.41

表3-50 价比三家部分纺织品价格表

采价日期: 1992年7月22日 　　　　　　　　　　　　　　　　　　　　　　　　　　　　　　单位: 元

品名	规格等级、牌号	计量单位	人民商场	工业品商场	商业大厦	石路商场	吴县商业大楼	新城商场
毛巾	沪21支中档印花560	条	—	2.45	—	2.60	—
锦纶丝袜	沪锦丝210克双丝底女袜	双	2.69	2.52	2.76	—	2.70	—
印花双人床单	民光全棉丝光46086×7	条	44.30	46.60	44.30	46.60	46.50	—
的确良衬衫	沪司麦脱纯白男长38.5厘米	件	20.90	19.20	22.20	21.00	—	21.80
混纺毛线	沪紫貂668毛腈混纺	千克	50.20	—	50.20	50.20	50.00	49.00

2. 价格监审

1994年5月，为抑制新一轮的通货膨胀，苏州市政府批转了市物价局《关于苏州市居民基

本生活必需品和服务价格实行监审的意见》。6月，市物价局公布了包括棉纺织品在内的监审商品价格及服务收费标准。棉纺织品中棉毛衫裤、32支、42支汗衫、汗背心等为居民基本生活必需品，其价格被列为监审商品中的提价备案品种。如要超过行业协议价水平，须向市物价局备案。各企业在制定价格时应执行原规定的公分差率，区别作价。

表3-51 1994年5月20日苏州市区汗衫汗背心、全毛绒线行业协议价表

单位：元

品名牌号	产地	规格型号	计量单位	零售价
一、汗衫汗背心（一级品）				
32支男背心（鹅牌）	上海	90公分	件	8.50
32支男背心（绿叶牌）	上海	90公分	件	5.00
32支男背心（新苏州牌）	苏州	90公分	件	6.70
32支女背心（新苏州牌）	苏州	85公分	件	6.30
32支男汗衫（鹅牌）	上海	90公分	件	10.50
32支男汗衫（绿叶牌）	上海	90公分	件	6.60
32支男汗衫（新苏州牌）	苏州	90公分	件	7.00
42支男汗衫（鹅牌）	上海	90公分	件	11.20
60支男背心（鹅牌）	上海	90公分	件	12.40
60支男背心（新苏州牌）	苏州	90公分	件	10.90
二、全毛绒线				
皇后牌全毛细团绒	上海	219（防蛀）	500克	60.50
熊猫牌全毛细团绒	上海	4214	500克	46.00

表3-52 1994年10月25日苏州市区棉毛衫裤行业协议价表

单位：元/件（套）

牌号	品名货号	规格	产地	零售价
三枪牌	12-20155/60027	38英寸柔软男圆领套衫裤90公分	上海	62.60
三枪牌	12-20215/60037	38英寸柔软女圆领套衫裤85公分	上海	55.60
三枪牌	12-20117X	42英寸/2闪色半领男衫90公分	上海	31.50
三枪牌	541532X	42英寸/2闪色男裤90公分	上海	28.00
三枪牌	12-30087X	42英寸/2闪色半领女衫85公分	上海	27.10
三枪牌	541631X	42英寸/2闪色女裤85公分	上海	25.00
三枪牌	12-20179A/B	细针长袖男套衫裤L	上海	47.70
三枪牌	11-S20181A/B	细针长袖女套衫裤M	上海	40.60

表3-53 1995年苏州市区全毛绒线协议价格表

单位：元/盒

时间	品名	型号规格	产地	零售价
1月16日	皇后全毛绒线	防蛀细绒（219）	上海	65.60
9月18日	皇后全毛绒线	防蛀细绒（219）	上海	68.00

表3-54　1995年7月20日苏州市区汗衫汗背心行业协议价格表

单位：元/件

品名牌号	产地	规格型号	零售价
32支男背心（鹅牌）	上海	90公分	10.88
32支男背心（绿叶牌）	上海	90公分	8.38
32支男背心（新苏州牌）	苏州	90公分	7.80
32支女背心（新苏州牌）	苏州	85公分	6.30
32支男汗衫（鹅牌）	上海	90公分	13.70
32支男汗衫（绿叶牌）	上海	90公分	6.60
32支男汗衫（新苏州牌）	苏州	90公分	10.10
42支男汗衫（鹅牌）	上海	90公分	11.20
60支男背心（鹅牌）	上海	90公分	12.40
60支男背心（新苏州牌）	苏州	90公分	10.90

表3-55　1995年10月20日苏州市区棉毛衫裤行业协议价表

单位：元/件（套）、盒

牌号	品名货号	规格	产地	零售价
三枪牌	12-20155/60027	38英寸柔软男圆领套衫裤90公分	上海	75.20
三枪牌	12-20215/60037	38英寸柔软女圆领套衫裤85公分	上海	67.00
三枪牌	12-20117X	42英寸/2闪色半领男衫90公分	上海	37.10
三枪牌	541532X	42英寸/2闪色男裤90公分	上海	34.00
三枪牌	12-30087X	42英寸/2闪色半领女衫85公分	上海	31.40
三枪牌	541631X	42英寸/2闪色女裤85公分	上海	29.00
三枪牌	12-20179A/B	细针长袖男套衫裤L	上海	60.70
三枪牌	11-S20181A/B	细针长袖女套衫裤M	上海	51.00

表3-56　1995年苏州市区零售市场纺织品行情价格表

单位：元/条、件（套）、盒

商品名称	时间	人民商场	工业品商场	一百商店	石路商场	彩香商场	长发商厦
32支明光牌200厘米4622床单	2月25日	82.90	76.60	87.50	82.40	82.00	77.80
三枪棉毛衫90公分男12-20155/60027		68.90	—	67.90	—	66.30	—
三枪棉毛衫85公分女12-20215/60037		61.20	—	61.00	66.30	—	—
皇后牌团细绒		60.50	60.00	65.00	61.20	63.00	60.00
500克紫貂毛腈绒		—	—	33.00	30.50	30.00	28.80
32支明光牌200厘米4622床单	4月15日	79.80	76.60	82.50	82.40	82.00	79.80
三枪棉毛衫90公分男12-20155/60027		68.90	—	69.20	—	68.10	68.80
三枪棉毛衫85公分女12-20215/60037		61.20	—	61.80	62.10	61.80	61.30
皇后牌团细绒		65.00	65.00	65.00	65.00	65.00	65.00
500克紫貂毛腈绒		—	—	33.00	33.00	33.00	33.00
汗衫32支鹅牌90公分男		—	—	—	—	8.60	8.30
背心32支新苏州牌85公分女		—	—	—	—	—	—
32支明光牌200厘米4622床单	8月15日	79.80	76.60	—	—	84.30	79.80
皇后牌团细绒		65.00	—	—	65.00	65.00	65.00
500克紫貂毛腈绒		33.00	—	—	33.00	33.00	33.00

商品名称	时间	人民商场	工业品商场	一百商店	石路商场	彩香商场	长发商厦
32支明光牌200厘米4622床单	10月13日	82.90	76.60	68.00	—	80.00	83.70
皇后牌团细绒		68.00	68.00	—	65.00	65.00	68.00
500克紫貂毛腈绒		33.00	—	—	33.00	33.00	33.00
32支明光牌200厘米4622床单	11月15日	87.80	79.80	68.00	—	80.00	83.30
皇后牌团细绒		68.00	68.00	68.00	—	68.00	68.00
500克紫貂毛腈绒		33.00	—	33.00	—	33.00	33.00
32支明光牌200厘米4622床单	12月15日	82.80		68.00	—	80.00	83.30
皇后牌团细绒		68.00	—	68.00	—	68.00	68.00
500克紫貂毛腈绒		33.00	—	33.00	—	33.00	33.00

据苏州市统计局城调队零售价格指数反映：1995年全年纺织品价格与上年同期相比上升12.1%，其中棉布价格上升36.6%，棉花化纤混纺布上升12.7%，化纤布上升8.3%，呢绒上升16.3%，其他纺织品上升11.2%。

表3-57　苏州市区纺织品代表品种1995年与1994年零售价格对比表

类别及名称	产地牌号规格等级	计量单位	平均价格（元）		涨幅%
			1994年1月	1995年1月	
棉布类					67.4
白布	幅宽90厘米皖	米	3.430	6.300	83.7
色布	幅宽90厘米无锡	米	3.285	5.500	67.4
花布	幅宽90厘米三明	米	3.400	5.550	63.2
灯芯绒	幅宽90厘米蚌埠	米	7.500	12.445	65.9
被单布	幅宽110厘米东台	米	5.200	8.500	63.5
棉花化纤混纺布类					29.3
涤棉布	幅宽90厘米常熟	米	4.100	6.500	58.5
装饰布	幅宽150厘米杭州	米	19.550	21.850	11.8
化纤布类					27.0
涤纶弹力呢	幅宽144厘米进口	米	27.400	30.000	9.5
人造棉布	幅宽144厘米沪	米	5.100	8.250	61.8
呢绒类					19.4
华达呢	幅宽144厘米沪	米	60.200	76.250	26.7
粗花呢	幅宽144厘米苏州	米	40.200	50.500	25.6
麦尔登呢	幅宽144厘米内蒙古	米	63.750	81.500	27.8
毛涤花呢	章华幅宽144厘米沪	米	41.650	46.700	12.1
其他纺织品类					11.5
纯毛线	272长江纯毛一级南京	千克	90.666	91.300	0.7
混纺毛线	668紫貂混纺一级沪	千克	54.733	65.533	19.7
棉絮	一级梳棉苏州	千克	17.900	17.900	—
床单	沪民光纯棉双人印花	条	49.633	69.500	40.0
毛毯	沪申誉纯毛2.8千克	条	243.667	248.750	2.1
服装类					36.0
皮衣	老虎头男夹克绵羊皮海宁	件	945.333	1143.667	21.0
呢大衣	雪山牌男长大衣常熟	件	153.500	258.000	68.1

続表

类别及名称	产地牌号规格等级	计量单位	平均价格（元）		涨幅%
			1994年1月	1995年1月	
西服	苏州独牌男套装中号	套	427.000	572.333	34.0
衬衫	海螺男白长袖衫沪	件	32.100	43.267	34.8
裤子	飞达牌男中号（花尼）广东	条	60.367	75.533	25.1
羽绒衣	沪上羽中号	件	258.000	342.000	32.6
风衣	苏州益盛女式	件	88.800	127.333	43.4
夹克衫	金鹰男中号沪	件	118.333	153.000	29.3
连衣裙	麻纱中号苏州	条	107.310	109.667	2.2
单裙	一步裙中号苏州	条	28.300	29.000	2.5
毛衣	金菊牌男式羊毛衫沪	件	106.467	148.667	39.6
童装	小吕宋50~60厘米牛仔衫苏州	套	65.433	88.133	34.7

表3-58　1996年6月15日苏州市区汗衫背心行业协议价格表

单位：元/件

品名牌号	产地	规格型号	零售价
32支男背心（鹅牌）	上海	90公分	10.88
32支男背心（绿叶牌）	上海	90公分	9.00
32支男汗衫（鹅牌）	上海	90公分	13.70
32支男汗衫（绿叶牌）	上海	90公分	6.60
42支男汗衫（鹅牌）	上海	90公分	11.20
60支男背心（鹅牌）	上海	90公分	12.40
32支菊花牌精梳精漂男背心	上海	90公分	8.70
42支菊花牌精漂圆领男汗衫	上海	90公分	11.10

注：以上32支、42支汗衫、汗背心为市物价局备案品种，如因进价提高而超出以上价格水平，须向市物价局工业产品价格处提价备案报告（并将进货发票附后）；以上60支汗衫、汗背心为行业议价品种，如超出以上价格水平，须向市行业价格管理协会秘书处备案。汗衫、汗背心的公分差率按原规定执行。

表3-59　1996年10月21日苏州市区轻纺原料市场平均价格表

单位：元/吨

品名	规格	市场平均价（国产）	市场平均价（进口）	备注
低压聚乙烯	薄膜级	8700	8600	—
低压聚乙烯	拉丝级	7800	7800	—
高压聚乙烯	—	9000	8800	—
聚丙烯	均聚级	7700	7700	—
聚丙烯	共级	9700	9700	—
聚苯乙烯	透明	7500	7900	—
聚苯乙烯	改性	7700	8200	—
聚氯乙烯	粉状	6900	6600	—
聚氯乙烯	糊状	11800	—	—
ABS	—	9500	10500	—
AS	—	8500	9600	—
涤纶切片	长丝级	10300	—	有光另加200

第三章　轻工业品价格

249

品名	规格	市场平均价（国产）	市场平均价（进口）	备注
FDY涤纶全牵伸丝	56dtex（50D）	25000	—	有光27000
	75dtex（68D）	21500	—	有光23000
	85dtex（75D）	21000	—	有光22000
	110dtex（100D）	19500	—	有光21006
	165dtex（150D）	18500	—	有色丝每吨另加3000~5000
	330dtex（300D）	18500	—	有色丝每吨另加3000~5000
DT涤纶长丝	56dtex（50D）	23000	—	有色丝每吨另加3000~5000
	75dtex（68D）	18000	—	有色丝每吨另加3000~5000
	110dtex（100D）	17300	—	有色丝每吨另加3000~5000
	165dtex（150D）	16000	—	有色丝每吨另加3000~5000
DTY涤纶低弹丝	75dtex（68D）	23000	—	有色丝每吨另加2000~4000
	110dtex（100D）	21500	—	有色丝每吨另加2000~4000
	165dtex（150D）	20500	—	有色丝每吨另加2000~4000
涤纶短纤	—	12500	—	—
人造丝	120筒装	33000	—	无光34000
人造丝	120并装	—	—	—
粘胶散纤	—	14000	—	—
人造棉纱	30支	21000	—	—
腈纶条	3D×102毫米	18400	—	—
腈纶散纤	1.5D×38毫米	14700	—	—
澳洲原毛	60支T58	—	42500	—
澳洲原毛	56支	—	40000	—
澳洲原毛	58支	—	47800	—
澳洲羊毛条	56支	—	51500	—
澳洲羊毛条	58支	—	53000	—
澳洲羊毛条	60支	—	57000	—
澳洲羊毛条	64支	—	61800	—
澳洲服散毛	60支	—	37800	—
南美原毛	58支	—	40500	—
南美羊毛条	50支	—	41000	—
南美羊毛条	56支	—	45000	—
南美羊毛条	58支	—	46000	—

注：根据市政府［1994］98号文件及市物价局苏价综字［1995］67号文件精神，本次由行业管理组织议定的价格视为界定暴利界限的市场平均价格，在此价格基础上上浮合理幅度最高不得超过8%，超出部分就是暴利。

表3-60　1996年11月15日苏州市区棉毛衫裤行业协议价格表

单位：元/件（套）

牌号	品名货号	规格	产地	零售价
三枪牌	12-20155/60027	38英寸柔软男圆领套衫裤90公分	上海	75.20
三枪牌	12-20215/60037	38英寸柔软女圆领套衫裤85公分	上海	67.00
三枪牌	12-20117X	42英寸/2闪色半领男衫90公分	上海	37.10

牌号	品名货号	规格	产地	零售价
三枪牌	541532X	42英寸/2闪色男裤90公分	上海	34.00
三枪牌	12-30087X	42英寸/2闪色半领女衫85公分	上海	31.80
三枪牌	541631X	42英寸/2闪色女裤85公分	上海	29.30
三枪牌	12-20179A/B	细针长袖男套衫裤L	上海	61.30
三枪牌	11-S20181A/B	细针长袖女套衫裤M	上海	51.90

注：以上棉毛衫裤为监审商品中的提价备案品种。如要超过以上水平，须向市物价局备案。各企业在制定价格时应执行原规定的公分差率，区别作价。

随着市场通货膨胀得到控制，从1998年开始，苏州市纺织品市场供求日益趋稳，渐演变成"卖方市场"，供大于求，汗衫、汗背心、棉毛衫裤等品种价格退出提价备案，实行市场调节价格。纺织品市场价格也总体稳定，并随着生产成本和市场供求状况而发生变动。

表3-61 2000年9月8日苏州市彩香商场棉纺织品价格行情

商品名称	门幅	产地	零售价
印花被套布	170厘米	常州	7.5元/米
印花绒布	170厘米	常州	10.80元/米
独幅斜纹被单布	220厘米	南通	16.00元/米
独幅提花被单布	220厘米	南通	17.00元/米
台格布	130厘米	浙江	12.00元/米
台格布	180厘米	浙江	17.50元/米
优质独幅斜纹被单布	—	通州	48.00元/条
提花被单布	—	—	49.50元/条
全棉花装饰布	170厘米	常州	7.50元/米
宽幅方格被套布	220厘米	常州	12.50元/米
纱布	90厘米	苏州	3.00元/米
棉花胎	—	苏州	25.00元/千克
全棉色织布	80厘米	—	6.50元/米
全棉印花布	90厘米	—	6.50元/米

第三节　日用百货价格

20世纪50年代至70年代,日用百货中的手表、自行车、缝纫机及收音机,为高档耐用消费品,人们称之为"三转一响",为那时候男女青年结婚置备家当的追求物品。当时生产数量不多,居民生活水平较低,购买力不强,销售量有限。从50年代中期开始,随着计划经济体制的确立,到80年代中后期30多年间,上述商品须凭计划票证供应,而价格则严格按照国家和省的规定牌价执行。由于当时苏州本地基本不生产上述商品,大多数是从上海、南京、天津等外地调进,进价加上规定的地区差率(价)形成了苏州市场上述商品的市场零售牌价。随着工业生产的发展和人民生活水平的提高,市场需求日益增大,从70年代后期开始,苏州先后建立了手表、自行车、缝纫机、收音机、电视机等厂家,以满足市场的巨大需求,其价格主要是由苏州市物价部门审核后报省审定。到80年代,随着改革开放的逐渐深入,价格管理上实行"先调后放",继国产手表出厂价格于1985年5月放开,实行企业定价后,收音机、自行车、缝纫机等价格也逐步放开。1988年9月,为贯彻国家稳定市场稳定物价的紧急通知,市物委对自行车、国产手表、缝纫机、电冰箱、黑白电视机等23种(类)已经放开的商品实行提价备案制度。1990年7月,除自行车、冰箱、黑白电视机3种商品仍实行提价申报制度,其余商品退出提价申报范围,实行市场调节价。到1992年,手表、缝纫机、自行车、收音机、收录机等同其他日用百货商品一样,价格全部放开,实行市场调节价。为保持日用工业品市场价格的基本稳定,市物价部门对日用百货的主要商品价格实行行业价格管理,一直沿用至21世纪初。从1998年开始至今,日用百货市场供应充裕,价格总体比较平稳。

一、手表价格

建国前,苏州市场上的手表全是进口舶来品,价格金贵,普通百姓不敢问津。国产手表是建国后20世纪50年代末发展起来的,当时都是机械手表,进口和国产手表的价格纳入计划经济轨道,由国家和省制定,价格基本稳定。50年代至60年代初,以瑞士产17钻全钢防震英纳格男表为代表品,1953年苏州市场零售价每只113元,1954年至1961年为151元。1959年开始至1963年,受"大跃进"等影响,工农业生产不景气,市场日用工业品价格上涨。从1961年2月起,苏州对糖果、糕点、菜肴实行高价政策后,1962年6月起,苏州又扩大了高价商品范围,增加了手表、自行车、绸缎、被面、毛巾等工业品。瑞士产17钻全钢防震英纳格男表每只市场零售价由151元提高到378元,涨了2.5倍;沪产上海牌17钻全钢防震大三针男表零售价由100元提高到240元,涨幅2.4倍。

1963年,省商业厅通知,对市场国产高价手表零售价实行降价措施,降幅为13.4%;1964年12月,省物价委员会、商业厅通知,国产手表零售价退出高价,全部实行平价供应,国产手表实行全省一价:沪产17钻半钢防水大三针男表每只由100元调低到80元,17钻全钢防水大三针男表每只由130元调低到100元,17钻全钢防震防水大三针男表由150元调至120元;同时规定,手表的批发价按零售价格的8.8折计算。还规定调低进口手表价格,其中瑞士产全钢防水防震英纳格男表每只由378元调低至265元。

1962年7月下旬，苏州市人委通知，为稳定物价，改进计划供应，苏州开始试行对城区、郊区职工、农民分别按工资水平及农产品收购额发放购货券，凭券按牌价（平价）供应呢绒、铝制品等日用工业制品，对手表、自行车等紧俏的日用工业品则从1964年开始凭专用票券平价计划供应。由于市场供应紧张，手表、自行车"一票难求"，催生了票券的"黑市交易"。

1965年9月，根据全国物价委员会、商业部通知规定，进口手表的销售价格作不同幅度的调整：一、二类高档表基本恢复到平价水平，标准品价格下调41.7%；三、四、五类中档手表比原平价高23%左右，标准品平均下调30%；六类表（日本、法国、西德表）比原平价分别高出43%和29%，标准品价格平均下调23%。进口手表为全国一价，批零差率统一为12%。详见下表：

表3-62　1965年进口手表标准品零售价格调整表

单位：元/只

产地国别	牌号（中文）	规格	档次	类别	零售价格		
					原平价	高价	新平价
瑞士	劳力士	17钻全钢防水防震大三针凸金子男表	高档	一类一等	450	788	450
瑞士	欧米茄	17钻全钢防水防震		一类二等	350	613	350
瑞士	西马	17钻全钢防水防震大三针男表		一类三等	280	490	280
瑞士	摩纹	17钻全钢防水防震大三针男表		二类一等	220	385	230
瑞士	柯迪柏	17钻全钢防水防震大三针男表		二类二等	195	342	215
瑞士	罗马	17钻全钢防水防震大三针男表	中档	三类	195	342	195
瑞士	梅花	17钻全钢防水防震大三针男表		三类	167	293	195
瑞士	英纳格	17钻全钢防水防震大三针男表		四类	151	265	185
瑞士	路兹	17钻全钢防水防震大三针男表		五类	135	237	175
日本	西铁城	17钻全钢防水防震大三针男表		六类一等	108	189	155
西德	司多娃	17钻全钢防水防震大三针男表		六类二等	108	189	140
法国	列普	17钻全钢防水防震大三针男表		六类二等	108	189	140

表3-63　1953~1985年苏州市17钻全钢男英纳格手表零售价格表

单位：元/只

年份	17钻全钢英纳格男表	年份	17钻全钢英纳格男表
1953	113	1966	185
1954	151	1967~1969	185
1955	151	1970	185
1956~1957	151	1971~1972	185
1958~1960	151	1973~1981	260
1961	151	1982~1983	220
1962~1963	378	1984	220
1964	265	1985	220
1965	185	—	—

1978年以后，江苏省对日用百货商品中的不合理价格和有关差率进行调整。1979年1月，

进口一类手表的销售价格平均调低16.67%。

苏州手表厂筹建于20世纪70年代初，由苏州钟表元件厂、钟表元件二厂等抽调人员组成，1971年试产苏州牌17钻全钢防震手表17.03万只。1978年4月，苏州手表厂生产的17钻全钢防震252全国统一机芯苏州牌手表，经部级投产鉴定会议通过鉴定，同意按部颁"QB315–62机械手表标准"一级表投产。同年10月，苏州市革命委员会计划委员会向省革委会计委等呈发《关于要求核定苏州牌手表购销价格的报告》。报告建议每只苏州牌手表出厂价为53元，批发价为61.60元，商业销进差率为14%，零售价为70元，批零差率按零售价倒扣12%计算。但因目前工厂成本较高，1~8月，实际成本每只为36.20元，建议从产品正式投放市场之日起，一年内暂由商业在出厂价格之外，每只补贴2.50元，出厂价格中包括内外包装，交货地点为商业公司仓库。

苏州牌机械手表经试销六年之久后，1979年5月，省计委发文批复同意苏州牌手表每只零售价为70元，明确批发、出厂价格授权给苏州市决定。苏州市革委会于同年5月26日发文决定每只出厂价为54.2元，批发价61.60元。1981年，由省、市投资1469万元，苏州手表厂形成年产手表100万只生产能力，逐渐形成机械男表、统一机芯表、日历女表、薄型表四个系列。

表3-64 1979~1980年苏州牌手表系列零售价格表

单位：元/只

品名	零售价	品名	零售价
17钻半钢机械男表	60	17钻全钢单历机械表	78
17钻全钢统一机芯男女表	70	—	—

1979年，苏州新建电子手表厂，试产指针式电子石英混装电子手表，除电池、集成电路是进口外，其余为国产配件和自制零件。由于电子手表当时在中国还是一门新兴工业，在国家尚未作出鉴定以前，苏州市安排先行试销价如下：

表3-65 1979年苏州产石英电子手表价格表

单位：元/只

品名	零售价	零售价	出厂价	批发价	备注
指针式混装	65	—	—	—	—
指针式单历	75	—	—	—	—
指针式双历	85	—	—	—	—
登月牌半钢双历男表	140	—	103.3	123	日本精工 整套机芯 市物委批准价
登月牌全钢双历男表	150	—	110.9	132	日本精工 整套机芯 市物委批准价

1980年1月、3月，根据省物委批复，基本同意苏州市对登月牌石英电子手表试销价意见，对指针式混装手表零售价调低至每只60元，半钢双历男表出厂价调高至每只105.8元，商业进销差为14%，批零差为12%（倒扣）。

为保证石英电子手表电池的供应，1981年4月，市物委作出《关于电子手表电池价格的批复》：电子手表厂进口的电池规格直径7.9×3.6毫米每粒出厂价为1.5元，批发价1.7元，零售价2元。直径11.6×4.2毫米每粒出厂价3.08元，批发价3.5元，零售价4元。商业部门经营按规定批发价、零售价供应市场。电子手表厂自销时，也要分别对象按上述价格执行。

1981年5月，市物委对市钟表元件五厂生产的多菱牌17钻全钢手表试销零售价作出批复，核定每只为55元，由工业试销。

1982年1月，国家降低国产手表零售价格。苏州地产苏州牌17钻全钢三防男表每只零售价由70元调到65元。沪产春蕾牌、宝石花、钻石牌17钻全钢男表每只分别由125元、110元、105元调为100元、90元和90元。

1982年1月14日，市物委作出《关于19钻苏州牌女式手表试销零售价格的批复》，同意苏州手表厂的该款手表试销零售价每只为60元，并负责保修。

1982年3月，市物委作出《关于多菱牌手表和苏州牌单历男表价格的批复》：多菱牌17钻统机全钢男表，由现行试销零售价每只55元降低为50元，同时核定批发价为44元，出厂价为38.70元。苏州牌17钻统机全钢单历男表，零售价格仍按现行试销零售价每只78元不变，并核定批发价为68.60元，出厂价为60.40元。工业自销部分，应严格按对象作价，即直接出售给消费者的按零售价，供应给零售商店的按批发价，供应给本市二级站按出厂价，供应给外地批发单位按商业调拨价。

1983年1月，国家再次调低国产手表零售价格。苏州牌17钻全钢三防男表每只由65元调低到55元，苏州产多菱牌17钻全钢三防男表仍为50元不变。沪产春蕾牌19钻全钢三防男表、上海牌19钻全钢三防男表零售价每只均从100元降至90元。宝石花、钻石牌17钻全钢三防男表每只分别从90元、90元降至80元和75元。南京产钟山牌9钻全钢防震男表从40元降至35元，不防震钟山牌9钻全钢男表仍为30元。同时明确：女表、中型表与同牌号、同质量的男表同价。

表3-66 1983年1月苏州产机械手表价格调整表

单位：元/只

产品牌号及规格	级别	出厂价		批发价		零售价	
		调前	调后	调前	调后	调前	调后
苏州牌17钻全钢三防男表	2	50.34	42.59	57.20	48.40	65.00	55.00
苏州牌17钻全钢单历慢拨	2	60.40	46.46	68.60	52.80	78.00	60.00
苏州牌19钻全钢三防女表	2	—	42.59	—	48.40	60.00	55.00
多菱牌17钻全钢三防男表	3	38.70	38.70	44.00	44.00	50.00	50.00

1983年12月28日，国家轻工业部发出《关于核定苏州电子手表厂直径28m/m（SZD-2型）指针电子手表试销价格的函》，具体试销价格详见下表：

表3-67 直径28m/m（SZD-2型）指针电子手表试销价格表

规格	零售价（元/只）	批发价（元/只）	出厂价（元/只）
直径28m/m单机	40.00	35.70	31.90
直径28m/m日历	45.00	40.20	35.90

为扩大国产机械手表的销售，促进手表生产，满足人民的需要，经国务院批准，决定降低国产机械手表价格。1984年5月，省物价局、商业厅通知调低国产机械手表零售价格：沪产上海牌和春蕾牌19钻全钢三防男表、宝石花钻石牌17钻全钢三防男表每只分别降为70元、65元和60元。苏州产苏州牌17钻全钢三防男表每只由55元降为50元。南京产钟山牌9钻全钢防震男表和不防震钟山牌全钢男表分别降为28元和23元。扬州产琼花牌17钻全钢简装防震男表每只由40元降为35元。

表3-68　1984年国产机械手表零售价格调整表

执行日期：1984年6月1日　　　　　　　　　　　　　　　　　　　　　　　　　　　单位：元/只

产地	牌号	规格	原价	调后价
上海	上海	19钻全钢三防男表	90	70
上海	春蕾	19钻全钢三防男表	90	70
上海	宝石花	17钻全钢三防男表	80	65
上海	上海	17钻全钢三防女表（20.3m/m）	80	65
上海	上海	17钻全钢三防女表（17.2m/m）	80	65
上海	钻石	17钻全钢三防男表	75	60
上海	宝石花	17钻全钢三防女表（17.2m/m）	80	65
天津	海鸥	19钻全钢三防男表	90	70
天津	海鸥	19钻全钢三防女表（19.4m/m）	80	65
天津	东风	19钻全钢三防男表	80	65
北京	双菱	20钻全钢三防男表	75	60
西安	延安	19钻全钢三防男表	70	55
西安	蝴蝶	19钻全钢三防男表	70	55
广州	广州	17钻全钢三防男表	70	55
广州	明珠	17钻全钢三防男表	70	55
丹东	孔雀	17钻全钢三防男表	70	55
重庆	山城	17钻全钢三防男表	70	55
重庆	山城	17钻全钢三防女表	70	55
南京	钟山	9钻全钢防震男表	35	30
南京	钟山	9钻全钢不防震男表	30	25
苏州	苏州	17钻全钢三防男表	55	50
苏州	多菱	17钻全钢三防男表	50	40
扬州	琼花	17钻全钢简装防震男表	40	35
杭州	西湖	19钻全钢三防男表	55	45

1984年4月，省轻工厅、商业厅、物价局联合发文核定苏州牌19钻镀金女表每只出厂价54.2元，批发价61.6元，零售价70元。

国务院决定从1984年6月1日起再次降低国产机械手表的销售价格，每只手表的平均降价幅度为20%左右。苏州牌17钻全钢三防男表由55元降为50元，多菱牌17钻全钢三防男表从50元降为40元，降价幅度小于平均降幅。降价后根据市区七个主要零售商店所销十二市产的各种手表情况看：上海产调价前十天（下同）共销563只，调价后共销987只，增加75.3%；天津产调价前销172只，调价后销326只，增加89.5%；南京产调价前销35只，调价后销76只，增加117%；苏州手表调价前销157只，调价后销92只，减少58.5%。

表3-69　1984年苏州市主要零售商店手表调价前后十天销售对照表

单位：只

产地	调价前	调价后	增减幅度（%）
上海	563	987	+75.3
天津	172	326	+89.5
南京	35	76	+117.1
扬州	28	51	+82.1
北京	11	7	-63.6
山东聊城	6	9	+50
苏州	157	92	-41.4
大连	15	1	-13.3
合计	1002	1556	+55.2

在石家庄召开的"八四年下半年全国百货订货会议"上手表销售情况为：上海成交达340万只左右，丹东140万只左右，北京20万只左右，南京40万只左右，扬州10万只左右，而苏州市只成交2840只。苏州牌手表的销售情况如此不妙，主要原因是价格因素。这次全国调价，对苏州两只手表降幅较小，全国各地各种牌号的手表比价不合理。同样是二级表，杭州产的西湖牌从55元下浮到45元，南昌产的庐山牌从55元降为42元，合肥产的红星牌从55元降为45元，这样对苏州已造成南北逼压之势，再加上上海、天津等地的强大对手，苏州手表面临严峻的局面。

鉴于上述情况，市物委于6月14日召开会议，商业局、百站、轻工局、手表厂、钟表公司、计委、经委参加，专门研究手表价格问题。工商一致认为对苏州牌男表要进一步降价（或下浮），从50元降为45元，对女表因成本较高，工业认为暂缓降价。商业要求男女表同步调整，经请示，市政府领导指示：对苏州牌女表的价格与其迟降不如早降。市物委建议：苏州牌男女表零售价从50元降为45元（或下浮）。为了妥善解决工厂亏本问题，建议手表采取工商联营，并参照浙江经验，扩大销进差，经营利润按工大于商的原则分成，这样确保工商都保本微利。为此，苏州市物委向省物价局发出《关于苏州手表进一步降价的紧急报告》。

1984年6月，根据省轻工业厅、物价局、商业厅的批复，同意对工商部门库存滞销的老品种苏州牌17钻全钢防震男式手表的价格下浮10%，每只零售价45元，批发价39.60元，出厂价34.85元。

国产机械手表再一次降价后，市场销量大幅度增长。据中国百货公司统计，6月份共销售国产机械手表276.5万台，比去年同期增长34%，比降价前的5月份增长44%。由于沪产手表质量好、信誉高、品种多，加上这次降价幅度大、销售量明显上升，各种女表畅销，城市男表销售变化不大，因手表拥有量渐趋饱和，而农村市场手表销售量明显增加，农民购买占70%以上，销售量比降价前增长1.3倍。

1985年5月，国产手表出厂价格放开，实行企业定价。随着改革开放的进程和人民生活水平提高，全国手表市场繁荣，产品品种繁多，市场价格竞争激烈，手表从20世纪60～70年代的"卖方市场"渐变为"买方市场",产大于销,降价竞销的现象渐趋明朗。

表3-70　1987年3月苏州市主要进口手表零售价

单位:元/只

产地	品名	零售价
瑞士	梅花21钻全钢单历三防大针男表	280
瑞士	梅花17钻20u镀金单历三防中型表	350
瑞士	梅花17钻10u镀金大针三防女表	325
瑞士	雪铁纳17钻10u镀金三针三防女表	286
瑞士	百浪多17钻全钢单历三针三防男、女表	187
瑞士	百浪多17钻10u镀金单历三防女表	238
瑞士	英纳格17钻10u镀金石英盖异壳女表	293
瑞士	英纳格17钻全钢单历三防大针男表、中型表	242
瑞士	英纳格17钻10u镀金大针单历女表	308
瑞士	欧米茄17钻20u镀金三防大针革带女表	457
日本	西铁城21钻全钢双历全自动三针三防男表	228
日本	西铁城21钻全钢双历全自动石英盖钢带男表	243
日本	精工17钻全钢双历全自动石英盖女表	230
日本	精工17钻3u镀金全自动石英盖钢带女表	233
日本	东方21钻全钢双历全自动钢带夜明盘女表	163

1988年,国产手表价格进一步下降。上海牌19钻全钢三防手表每只降为50元,宝石花牌17钻全钢三防手表降为47元,钻石牌17钻全钢三防男表降为44元,钟山牌9钻全钢防震男表降为24元。同时,随着人民生活水平的提高,苏城居民对进口名牌手表日渐青睐需求不断增加。当时,进口手表的定价权仍在国家,由国家物价局委托北京钟表总公司制定下达,具体价格见下表:

表3-71　1988年4月苏州市进口手表价格表

单位:元/只

品名	批发价	零售价	品名	批发价	零售价
25钻欧米茄全钢双历自动男表	1100	1250	英纳格全钢石英盖电子男表	250	284
25钻欧米茄镀金双历自动男表	968	1100	7钻欧米茄18K金女表　日历电子(革带)	2816	3200
17钻西马镀金男表	398	450	雷达永不磨损型单历电子男表　加K金表带	7880	8950
25钻梅花全钢双历自动男表	356	405	郎琴17钻10n镀金不防水　石英盖女表二针	369	419
17钻梅花镀金日历女表	387	440	雪铁纳7钻双历5n镀金防水　5n镀金带电子男表	464	527
17钻雷达双历自动男表(钢带)	355	403	奥尔马17钻三/三女表　5n镀金夜明胶盖	242	275
17钻梅花全钢中型表	223	253	罗唐纳17钻10n镀金三/三女表	242	275
25钻梅花全钢自动双历钢带男表	550	625	莱浮7钻10n镀金二针不防水　电子女表石英盖	209	238
25钻梅花10w镀金自动单历女表	436	495	依保路3n镀金二针电子男表	246	279
雷达水不磨损单历电子男表	2810	3193	尼为达1占蓝宝石玻璃三针　单历电子男表	449	510
雷达水不磨损日历电子男表	3920	4450	东方双狮牌彩面双历自动男女表	117	133

1988年9月,为坚决贯彻中央以及省、市政府关于做好当前物价工作和稳定市场的紧急

通知精神，市物委出台《关于做好当前物价工作的若干规定》，明确对自行车、电冰箱、黑白电视机、电风扇、手表、缝纫机等23种（类）已经放开的商品价格，进行适度管理，实行提价申报，必须提前10天向当地物价部门申报，经明确表态后，方可实施。

1989年，苏州手表厂生产的登月牌石英电子手表，款式比较新颖，价格也比较实惠，受到了消费者的欢迎。下表为该厂的部分电子手表新品在苏州的市场零售价。

表3-72　1989年5月苏州手表厂新产登月牌石英电子手表价格表

单位：元/只

品名规格	零售价	品名规格	零售价
6×8镀金国产椭圆壳连带石英电子表	75	6×8镀金进口暗开档壳连带石英电子表	98
6×8镀钛国产胖壳石英电子男表	60	6×8白壳进口暗开档壳连带石英电子表	92

表3-73　1989年7月苏州手表厂产登月牌石英电子手表新品价

单位：元/只

货号	品名规格	零售价	货号	品名规格	零售价
8108	进口全钢圆壳连带男表	85	9104	进口小长方镀金女表	75
8108	进口芯双日历连带女表	158	92	国产中方镀钛男表	55
9104	进口中长方镀金男表	80	—	—	—

表3-74　1989年8月苏州手表厂产登月牌石英电子手表新品价

单位：元/只

品名	零售价	品名	零售价
宁基黑壳连带男表	105	1014中瑞壳镀金女表	80
8667G暗开档黄圈黑（白）壳男表	85	8670L暗开档黄圈白壳女表	85
8667G暗开档镀金男表	90	镀钛腰圆壳女表	55

为加强工业消费品的价格管理，1989年9月14日市物委下达《关于工业消费品管理目录的通知》，明确手表、时钟等21种（类）工业消费品价格现阶段实行提价申报制度，不论生产或经营单位，需提价时，均应事先向市物价部门申报，经批准后方可实施。

随着市场物价总水平的走低，为促进商品经济发展，适当调整物价控制力度，根据省、市有关文件精神，1990年7月，市物委修订部分商品价格管理措施，决定对手表、时钟等11种工业消费品不再实行提价申报制度。生产企业可按成本和市场供求情况确定价格，经营企业可以按照现定作价办法（差率）相应确定销售价格。1990年苏州市规定手表的销进差率为12%，批零差率为12%（倒扣）。

表3-75　1990年9月苏州手表总厂部分登月牌石英电子表降价表

单位：元/只

规格型号	原零售价	调后零售价	备注
2023A国产壳小长方镀金女表	70	65	不连带
2033国产胖壳镀金男表	70	60	不连带

规格型号	原零售价	调后零售价	备注
2034进口壳镀金男表	88	68	连带
2042黑（白壳）暗开档长方男表	85	75	不连带
2042-1黑（白壳）暗开档长方男表	95	85	连带
2043暗开档金圈白壳女表	85	80	连带
2049小长方镀金女表	65	58	不连带
2050黑框红边长方男表	89	69	连带
2052双历男表	148	124	连带

　　1992年3月起，苏州市场手表价格同其他日用工业品价格一样，价格全部放开。对手表市场价格，市物价局会同市行业价格协会百货行业分会开展行业议价活动，根据市场行情，不定期公布手表协议价。例如：1993年2月份，英纳格豪华双日历男、女手表每只均为350元，4月升至405元；日产西铁城双日历自动男、女手表2月份每只均为200元，4月升至230元。

表3-76　1993年苏州市区部分日期进口手表协议价

单位：元/只

品名牌号	零售价	
	2月8日	4月8日
英纳格豪华双历男表	350	405
英纳格豪华双历女表	350	405
1-32精工双历元男表	306	350
1-20精工双历自动女表	306	350
1-50梅花双历自动男表	380	380
1-53梅花金方日历自动女表	1140	1140
罗马金方双历自动男表	340	340
罗马金方双历自动女表	340	340
西铁城双历自动男表	200	230
西铁城双历自动女表	200	230
1-287依保罗金牙边男表	880	880
1-293依保罗金银方形女表	730	730

　　1995年，经市行业价格管理协会钟表行业小组协商决定，每块零售价在5000元以下的手表实行统一标价，不实行下浮；每块5000元以上可在5%范围内上下浮动。如有违反，将按有关规定进行处罚。当年，该行业小组共发出《苏州市区钟表协议价》四期，涉及的国内外手表品牌为上海产圣飞亚，珠海产罗西尼，深圳产天王、飞亚达，日本产西铁城，瑞士产依波路、白波多、劳力士等多个系列数百种型号规格的中、高档手表价格。如名款手表每块零售价差异较大，沪产的圣飞亚石英手表每块在90～383元，机械表则在132～166元；深圳产飞亚达石英手表每块在268～4820元；瑞士产依波路石英表在780～1380元；瑞士产天梭表在1130～1580元。苏州市场上国内外生产的手表价格主要是由生产成本及市场供求形成，但在通货膨胀的背景下，手表价格在物价部门的指导下由行业组织协商议定，较好地维护了消费者和经营者的价格权益。

1998年以后，随着人民生活水平提高和科技的进步，计时方法的多样化，手机计时等的普及，特别是各种价廉物美的国产进口石英电子表的普及，国产机械手表所占的市场份额越来越小，几乎形成了有价无市的景状。进口高档品牌的机械手表价格仍然坚挺，详见下表：

表3-77　1999年7月苏州手表厂产登月牌石英电子表新品价格表

单位：元/只

货号	品名规格	零售价	货号	品名规格	零售价
8108	进口全钢圆壳连带男表	85	9104	进口小长方镀金女表	75
8108	进口芯双日历连带女表	158	92	国产中方镀钛男表	55
9104	进口中长方镀金男表	80	—	—	—

表3-78　2001年3月苏州长江钟表眼镜专业公司部分瑞士英纳格手表价格行情表

单位：元/只

型号	规格	零售价
2618-51-310a	25钻机芯	1690
2168-51-310G	25钻机芯	1890
2168-51-310P	25钻机芯	2130
775-50-11a	全钢蓝宝石玻璃日历透底自动25钻全实身表带防水女表	2710
775-50-11G	间金蓝宝石玻璃日历透底自动25钻全实身表带防水女表	3030
2168-50-11a	全钢蓝宝石玻璃双历透底自动25钻全实身表带防水男表	2710
2168-50-11G	间金蓝宝石玻璃双历透底自动25钻全实身表带防水男表	3030
778-50-31a	全钢蓝宝石玻璃日历透底自动25钻全实身表带防水女表	3160
778-50-31G	间金蓝宝石玻璃日历透底自动25钻全实身表带防水女表	3460
778-50-31P	镀金蓝宝石玻璃日历透底自动25钻全实身表带防水女表	3650
3165-50-31a	全钢蓝宝石玻璃日历透底自动25钻全实身表带防水男表	3160
3165-50-31G	间金蓝宝石玻璃日历透底自动25钻全实身表带防水男表	3460
3165-50-31P	镀金蓝宝石玻璃日历透底自动25钻全实身表带防水男表	3650
901-30-20a	全钢长方拱形蓝宝石玻璃弹弓蝴蝶制实身表带石英防水女表	1800
901-30-20P	镀金长方拱形蓝宝石玻璃弹弓蝴蝶制实身表带石英防水女表	2150

表3-79　2001年12月苏州市第一百货商店部分手表价格行情表

单位：元

品名及规格	单位	产地	零售价	品名及规格	单位	产地	零售价
梅花对表	对	瑞士	2350	欧米茄男表	只	瑞士	14900
梅花女表	只	瑞士	4150	英纳格男表	只	瑞士	1680
梅花男表	只	瑞士	2100	英纳格对表	对	瑞士	1420
劳力士男表	只	瑞士	27120	英纳格女表	只	瑞士	1980
天梭对表	对	瑞士	1650	西铁城对表	对	北京	400
天梭女表	只	瑞士	3700	西铁城女表	只	北京	430
天梭男表	只	瑞士	3000	西铁城男表	只	北京	520

二、自行车价格

建国初期，苏州居民购买力低，自行车属高档耐用消费品，销售数量有限，苏州市场主要是销售上海、天津等地产品。自行车价格均为国家定价,凭票供应。沪产永久牌自行车每辆零售价格在160元上下,1956年销售价曾下调10%。1962年,国民经济困难时期国家对部分自行车实行高价敞开销售。苏州市场销售沪产永久牌12型28英寸男式每辆650元,11、12型男式轻便车每辆270元,51型28英寸载重车每辆300元,天津飞鸽牌28英寸标定男式车每辆300元。

1963年,省物价委员会下发通知,从5月1日起降低自行车零售价。永久牌11、12型轻便型男式车调为215元,51型28英寸载重车调为250元;飞鸽牌28英寸标定男式车240元。同年8月5日,上述牌号自行车零售价分别调低为183元、198元、193元。1964年自行车退出高价范围,基本恢复到原来水平。1965年4月,国家再次调低自行车销售价格:永久牌男式28英寸自行车每辆从163元调至141元,12型男式28英寸自行车从173元调至156元,51型载重28英寸自行车从182元调至168元,永久31型轻便26英寸自行车从157元调至140元。凤凰牌自行车17型28英寸每辆从162元调至140元,11型28英寸从157元调至138元。飞鸽牌自行车28英寸每辆从188元调至155元,62型从194元调至177元。自行车批零差率从10%修改为14%,同时调整地区差价:上海产品每辆为5元至6元,天津产品每辆为7.5元至8元。

苏州生产自行车是从20世纪70年代起步,起初苏州自行车零件厂只生产转铃、手闸、轴皮等零配件。1974年1月,更名为苏州自行车厂,始产飞鹿牌自行车。经省、市审批核定,苏州自行车厂生产的飞鹿牌PA73型28英寸全链罩电镀衣支架皮面镀铬鞍自行车每辆出厂价为133元,国营批发牌价为138元,销进差率3.63%,零售价格157元,批零差率为14%。

1975年1月,苏州市革命委员会生产指挥组核定苏州自行车生产的飞鹿牌SA7328英寸半链罩镀铬衣架软座垫自行车每辆出厂价122.50元,批发价127.10元,零售价144.90元,飞鹿牌同型号烘漆衣架软座垫自行车每辆出厂价120元,批发价124.50元,零售价142元。上述三种品名规格的自行车销进差率均为3.6%,批零差率均为14%。

1977年5月,因配套厂自行车鞍座皮面皮革原材料困难,无法供应苏州自行车厂,经双方协商改为供应人革软面镀铬鞍座及人革软面烘漆鞍座两种,每只进价分别为7.89元和7.06元,与皮面镀铬鞍座9.20元差价分别为1.31元和2.14元。由于两种人革鞍座的质量及价格较原来的皮革鞍座低,故苏州市革命委员会计划委员会审核后报省审批,于1979年7月15日核定苏州自行车厂所产的28英寸自行车全链罩人革坐垫自行车调低价格,详见下表:

表3-80　苏州自行车厂28英寸自行车调整价格表

单位:元/辆

产品名称	规格	出厂价	批发价	零售价
飞鹿牌PA73型28英寸全链罩	人革镀铬坐垫	131.70	137	156
	人革烘漆坐垫	130.90	136	155

1978年11月16日,苏州市革命委员会向省计划委员会作出《关于苏州自行车厂试产飞鹿牌24寸轻便自行车暂定价格的请示报告》。报告称:同年7月1日,该厂试制成一批24寸轻便自行车样品车,经过一段时间的试骑后,试产少量24寸轻便车内部试销,以利征求意见,改

进提高质量，为国家鉴定正式投产、投放市场，繁荣经济打好基础。经测算每辆成本需120元，但考虑今后大批量生产后成本将有所下降，故试销价暂定为115元，由工业进行试销，试销期内免税。

1979年以后，对自行车价格的制定，苏州市级物价部门和企业才逐步有了一定的定价自主权，作价办法都是以生产成本加税金及合理利润为依据，参考市场供求状况制定具体价格。

1981年10月，市物委作出《关于QH17型自行车试销零售价格的批复》，鉴于该车尚未形成生产能力，产品质量尚需进一步提高，目前成本较高，经研究同意QH17型24寸全包链自行车试销零售价为149元，由工业部门直接供应给消费者。在试销期间，如果经营单位需要代销时，应按试销零售价给对方4%的回扣。

1982年3月17日，市物委发出《关于24寸飞鹿牌17型自行车厂、销价格的通知》。1982年省计划已下达商业收购2万辆，根据省物委电话通知授权市物委决定，苏州自行车厂生产的24寸飞鹿牌QH17型自行车每辆零售价149元，批发价133元，出厂价121.70元（连包装），装车费包括在批零差内。上述出厂价和批发价为1982年临时价格，执行到年底撤销。

同年7月，市物委作出《关于24寸QG18型飞鹿牌自行车临时试销价格的批复》，该型自行车试销零售价为149元，批发价133元，出厂价121.70元（连包装）。同年9月，市物委批复《24寸飞鹿牌QG19型自行车试销价格》，每辆零售价为149元，批发价133元，出厂价121.70元（连包装）。上述两款自行车价格试销期均为一年。

1982年9月，市物委核定苏州自行车厂生产的飞鹿牌自行车24寸轻便QG19-1每辆出厂价137.30元，批发价150元，零售价168元。以上价格为试销价。

1982年10月，市物委对沧浪力车修配厂生产的脚踏三轮车（黄鱼车）核定每辆出厂价280.35元，批发价311.50元，零售价355元。工业企业自销上述脚踏三轮车时必须按不同对象分别作价，即对本市批发单位为出厂价，零售商店为批发价，直接使用单位为零售价。

同年12月27日，苏州市物价委员会作出《关于28寸PA31型载重自行车试销价格的批复》，同意飞鹿牌载重车每辆零售价156.4元（带保险杠零售价加1.7元），批发价137.2元，出厂价125.5元，由工业试销一年。

1983年2月18日，苏州市物价委员会确定飞鹿牌16型24寸轻便车一次性优惠零售价每辆为95元，优惠批发价为84.80元；18型24寸轻便车一次性优惠零售价每辆105元，优惠批发价为93.70元。如销给批发经营单位，工厂按优惠批发价给2%回扣（即九八折）计价。1983年4月苏州市物价委员会根据与同类产品按质论价的原则，确定苏州自行车厂生产的飞鹿牌28寸PA-79型轻便自行车零售价每辆为159.00元，批发价每辆为139.50元，出厂价每辆为127.60元。

1983年4月，市物委下发《关于工业自销自行车实行内部浮动价格的通知》：苏州自行车厂生产的自行车，价格由市以上物价部门核定。由自行车厂自销的自行车，允许根据市场供应情况，在零售价、出厂价不动的前提下，销售给批发商（不包括产地二级站计划收购的）可在规定的出厂价和批发价之间进行浮动，批发商业经营时也可相应浮动，但上浮不得超过规定批发价的3%；销售给零售商业的可按规定的批发价上浮1%~3%或下浮1%~5%。对质量差、花色陈旧、库存时间长、滞销积压的自行车，出厂价格下浮后仍属偏高，可按物价管理权限，逐级报批降价或削价。实行浮动价格，应在产品的盛销期或滞销期进行，做到准确及时，以利产销。浮动价格要相对稳定，一般要执行半年以上，并经轻工局批准，报市物委备案。

为扩大销路，1983年5月市物委批准苏州自行车厂飞鹿牌24寸轻便型QG19-1型优惠价：每辆出厂价128.3元，批发价140.2元，零售价157元。

1985年，上海经济区全面规划时，苏州自行车厂为提高产品质量，扩大销路，与上海自行车厂联营，改名为上海自行车厂苏州分厂，其产品挂永久牌牌子，其价格参照上海永久牌自行车价格。即上海自行车厂苏州分厂生产的"永久牌51型"，型号规格为：载重28寸男式轻便鞍半链罩载重胎，上海产地批发价每辆141.9元（软边加重）、140.4元（软边），批零差率统一为14%。产地零售价每辆分别为162元（软边加重）和160元（软边）。

1986年9月，省物价局决定放开自行车价格，允许厂家根据生产成本及市场供求情况，自行定价。根据省、市安排，国产自行车价格实行先调后放，从1986年9月3日起调整自行车价格，上海、天津、江苏产的自行车零售价格总水平提高25.8%，每辆车提价额为20~80元。其中，上海产自行车平均提高27.8%（凤凰牌提高29.5%，永久牌提高29%，飞达牌提高22.2%，飞翔牌提高19.5%），江苏产自行车平均调高19.5%（金狮牌提高23.0%，长征牌提高17.7%，大桥牌提高16.8%），天津产自行车平均提高27.5%（飞鸽牌提高29.3%，红旗牌提高24.1%）。下表为当时苏州市主要自行车市场零售牌价表：

表3-81　1986年9月3日苏州市主要自行车零售牌价表

单位：元/辆

品名	产地	规格	零售价
凤凰	上海	PA18型28英寸全链罩猪皮镀铬鞍座黑色（男）	224
凤凰	上海	PA28型28英寸全链罩泡沫镀铬涨闸黑色（男）	245
凤凰	上海	QF66型26英寸全链罩泡沫镀铬鞍座彩色（女）	242
凤凰	上海	PA12型28英寸半链罩双档烘漆鞍座黑色（男）	189
永久	上海	PA13型28英寸全链罩猪皮镀铬鞍座黑色（男）	267
永久	上海	PA17型28英寸全链罩泡沫镀铬鞍座黑色（男）	220
永久	上海	QF42型26英寸全链罩轻便烘漆鞍座黑色（女）	214
永久	上海	QE26型26英寸全链罩轻便烘漆鞍座黑色（男）	224
飞达	上海	QH410型24英寸半链罩轻便铬鞍座彩色（女）	192
飞达	上海	QH452型24英寸全链罩泡沫铬鞍座彩色（女）	199
飞鸽	天津	1-11-6028英寸22型优彩	278
金狮	常州	ZA83型28英寸半链罩烘漆鞍座黑色（男）	183
金狮	常州	QF22型26英寸全链罩泡沫镀铬鞍座涨闸彩色（男）	230
金狮	常州	QH32型24英寸全链罩猪皮镀铬鞍座不锈钢泥板彩（女）	210
长征	无锡	EA58型载重28英寸保险梗轻便烘漆鞍座四柱衣架黑色（男）	181
长征	无锡	QE81型26英寸全链罩平车把手刹铬单衣支架彩色	190
长征	无锡	504型24英寸跑车把不锈钢泥板花肩前叉彩色（女）	203
大桥	南京	PA73型28英寸全链罩镀铬衣架黑色	189
大桥	南京	QE22型26英寸全链罩不锈钢泥板彩色	205

9月3日，苏州市自行车提价后，名牌车继续供不应求，其他牌号的自行车仍旧滞销，尽管外地杂牌车尚未提高价格，但销售不景气，比正常销售减少一半左右。经营单位普遍反映名牌车

调价后仍走俏,货源紧缺,远远不能满足市场需求,无法敞开供应,因此黑市交易仍然存在。

自行车价格放开后,全国各地自行车生产厂家纷纷实行按批量大小供应作价办法供应给商业批发单位(详见下表3-82)。由于进货批量不一,进价也不尽相同,加上规定的14%批零差率,这样就导致同一牌号同一规格型号的自行车,市场零售价出现"同货不同价"现象。

表3-82 1987年全国各产地自行车供应作价办法表

产地	品名	大批量(%)	中批量(%)	小批量(%)	批零差率(%)
上海	永久	5	7.5	12.5	14
上海	凤凰	5	7.5	12.5	14
上海	飞达	3.5	6	11	14
天津	飞鸽	5.5	8	11.5	14
天津	红旗	3.5	6	10.5	14
常州	金狮	4	6.5	11	14
广州	五羊	3	5	8.7	14
南京	大桥	4	6.5	—	14
无锡	长征	4	6.5	12	14
杭州	海狮	3	6	11.1	14
杭州	梅鹤	3	6	11.1	14
昆明	金鸡	2	5	11	14
沈阳	白山	5	7	11	14
沈阳	新叶	5	7	11	14
沈阳	航空	5	7	11	14
青岛	金鹿	5	8	10-12	14
哈尔滨	孔雀	5.5	7	12	14
长春	飞鸽	6	7	12.5	14
四平	白云	6	7	12	14

表3-83 1987年4月天津产自行车在苏城零售价格表

单位:元/辆

品名	规格	零售价
飞鸽	710m/m(28寸)01型标定黑色	191
飞鸽	710m/m(28寸)62型加重黑色	206
飞鸽	710m/m(28寸)0.2型黑色	225
飞鸽	710m/m(28寸)22-1型涨闸彩色	249
飞鸽	710m/m(28寸)22型优质彩色	280
飞鸽	710m/m(28寸)24型彩色(女)	224
飞鸽	710m/m(28寸)23-1型涨闸彩色	238
飞鸽	710m/m(28寸)42型黑色(女)	226
飞鸽	710m/m(28寸)32型涨闸黑色	242
飞鸽	710m/m(28寸)36型涨闸彩色(女)	250
红旗	710m/m(28寸)17-1型涨闸彩色	225
红旗	710m/m(28寸)18型黑色(女)	206

1987年8月15日,根据省、市物价工作会议及上级有关文件,为严格控制日用工业品价格上涨,维护消费者利益,市物委作出《关于对部分外采日用工业品实行最高限价管理的规定》。实行最高限价管理的外采日用工业品范围暂定为电冰箱、洗衣机、自行车、毛毯、毛线、毛巾、被面、床单、汗衫、汗背心、棉毛衫等11类。上述外采日用工业品凡按规定价格进货、渠道正常的,应按苏州市规定的价格执行;如因进货成本提高,按苏州市规定的批发、零售价格执行发生亏损的,可根据减少费用,缩小现行规定作价差率(价)的原则制定零售价格,并作为本市的最高限价。各经营单位可根据本规定测算后,报市物委批准后执行,并不允许在本市范围内(含县)再加价批发给批发单位或向外地销售。电冰箱、洗衣机、自行车可根据省物价局和省商业厅文件精神,允许按现行规定价格作为中准价格,向上浮动幅度为5%,浮动后的批零价格作为苏州市的最高限价。

江苏省内产自行车内外胎厂、销价格经省有关部门批准于1988年1月1日起调整。自行车内外胎调价后,企业可根据市场情况灵活掌握,可在调整后的厂、销价格基础上由工商部门协商上下浮动,外胎可以上下浮动10%,内胎可以上下浮动15%。省内产自行车内外胎苏州市地区差率为2%,批零差率为12%。

表3-84   1988年1月1日苏州市区自行车内外胎调价后价格表

单位:元/条

品名	规格	出厂价(产地)	批发价(销地)	零售价(销地)
软边加重外胎	28×1.5英寸	9.30	11.20	12.50
软普外胎	28×1.5英寸	8.90	10.70	12.00
硬普外胎	28×1.5英寸	7.90	9.44	10.60
硬边外胎	26×1.375英寸	6.69	7.96	8.92
内胎	28×1.5英寸	2.65	3.16	3.54
内胎	26×1.375英寸	2.40	2.96	3.32

1988年开始,苏州市场物价上涨较快,出现高价销售彩电、冰箱、自行车等紧俏日用工业品情况。为打击黑市,制止高价倒卖彩电、冰箱、自行车票证,满足部分消费者需求,回笼货币,平抑市价,经省批准,同年4月24日,市区开办了"苏州特需市场",经市物委审批,不凭票证,以高于正常市场零售价格、低于黑市价格的"特需零售价"销售自行车等紧俏日用工业品。下表为自行车特需零售价与市场零售价的对比情况。

表3-85   1988年苏州市特需商场出台商品价格表

执行日期:1988年4月24日

单位:元/辆

产地	品名规格	市场零售价	特需零售价
上海	DX-130电瓶车	670	800
日本	雅西80C摩托车	3940	4940
上海	凤凰18型自行车	224	350
上海	永久16型自行车	209	310
上海	永久17型自行车	224	324
上海	永久600(460型)自行车	254	345

产地	品名规格	市场零售价	特需零售价
上海	永久601（460型）自行车	254	340
上海	永久602（360型）自行车	249	340

表3-86　1988年8月1日上海自行车厂苏州分厂永久牌自行车调价表

单位：元/辆

品名	规格	调后价	
		批发价	零售价
永久ZA-51型	710m/m载重	170.30	194.00
永久QF-43型	660m/m女车	169.70	224.00
永久QF-1104型	660m/m女车	223.00	254.00

苏州市场销售的自行车多从外地调入，1988年8月，市区调整自行车差率（价）规定，省内及沪产自行车每辆从2元调为3.5元，天津以远为7.5元，批零差率仍为14%（顺加）。销售价格计算公式：销地批发价=产地批发价+地区差价；销地零售价=销地批发价×（1+批零差率）。

1988年9月，为坚决贯彻中央以及省、市政府关于做好当前物价工作和稳定市场的紧急通知精神，市物委出台《关于做好当前物价工作的若干规定》，明确对自行车、电冰箱、黑白电视机、电风扇、手表、缝纫机等23种（类）已经放开的商品价格，进行适度管理，实行提价申报，必须提前10天向当地物价部门申报，经明确表态后，方可实施。

表3-87　1988年9月19日上海自行车厂苏州分厂新型男轻便车新定价

单位：元/辆

产品型号	色泽	出厂价	批发价	零售价
QE1103	黑色	163.70	184.20	210.00
QE1103	彩色	167.60	188.60	215.00
QE1105	彩色	190.20	214.00	244.00

1989年天津市物价局召开了有工商业等有关单位参加的"飞鸽"自行车销售市外价格衔接协调会。会上决定，自8月26日起适当调低十一个型号自行车供市外价格（详见下表3-88）；天津交电站现行加价率，天津自行车一厂的五种型号大、中批量分别按5.5%和8%执行，其余各型号均暂维持当时让利加价率不变。

表3-88　1989年飞鸽牌自行车部分型号调后供应价格表

规格型号	天津交电站供货价格				
	原料差价（元/辆）	大批量		中批量	
		+%	供应价（元/辆）	+%	供应价（元/辆）
飞鸽710毫米62	63.10	5.5	225.00	8	228.90
飞鸽660毫米83-1	21.00	5.55	257.50	8	263.10
飞鸽660毫米84-1	21.00	5.5	260.00	8	265.60
飞鸽660毫米84-93	21.00	5.5	236.00	8	241.10

第三章　轻工业品价格

规格型号	原料差价 （元/辆）	天津交电站供货价格			
		大批量		中批量	
		+%	供应价（元/辆）	+%	供应价（元/辆）
飞鸽660毫米84-94	21.00	5.5	238.40	8	243.60
飞鸽710毫米201	39.00	4.5	203.30	7	207.20
飞鸽710毫米202	39.00	4.5	195.80	7	199.50
飞鸽710毫米221	39.00	4.5	200.80	7	204.60
飞鸽710毫米209	34.00	4.5	208.20	7	212.40
飞鸽710毫米209-1	34.00	4.5	222.30	7	226.80
飞鸽710毫米209-3	34.00	4.5	208.20	7	212.40

为加强工业消费品价格管理，1989年9月14日，市物委发出《关于下达工业消费品价格管理目录的通知》，家用电冰箱、自行车、黑白电视机这三种商品列入现阶段实行提价申报制度的商品目录，如需提价，均应事先向省物价局申报，经批准后方可实施。

1989年10月，苏州市物价委员会调整自行车作价差率，以适应市场多渠道流通进货格局，指导规范各经营单位自行车价格，省内及沪产自行车地区差价每辆从3.5元调低为3元。其作价差率详见下表：

表3-89　1989年10月苏州市自行车作价差率表

商品名称	作价差率（%）		
	地区差率	销进差率	批零差率
自行车	省内、沪3元，省外5元，天津以远7.5元，广西、四川、东北以远10元	—	14
内外胎	2	8	12
黑胶布	2	12	14
三轮车	1.5	12	12
机动二用车	1	13	一价
电力助动自行车	1.5	—	9
摩托车	—	产地：8（顺加） 其他：4（顺加）	9

表3-90　1989年11月永久联营自行车部分产地价格表

单位：元/辆

产地	规格型号	出厂价	批发价	零售价
苏州	ZA51型载重车黑	—	170.30	194.00
苏州	26英寸QF43型女彩	171.60	193.00	220.00
苏州	26英寸QF422型（原QF1104型）	194.90	219.30	250.00
苏州	26英寸QE322型（原QE1103型）	163.70	184.20	210.00
苏州	26英寸QE322型（原QE1103型）	167.60	188.60	215.00
苏州	26英寸QE322型（原QE1105型）	190.20	214.00	244.00
南通	28英寸PA18型	188.80	212.30	242.00
南通	28英寸PA19型黑色	191.30	215.20	245.00
南通	28英寸PA19型墨绿	195.60	220.00	251.00
南通	28英寸ZA51型加重	163.00	183.40	209.00

苏州市价格志

表3-91　　1989年11月沪产自行车产地价格表

单位：元/辆

规格及型号	出厂价	批发价	零售价
凤凰牌			
QG901型24英寸男式彩色	179.80	201.80	230.00
QH901型24英寸女式彩色	183.20	206.10	235.00
QH903型24英寸女式彩色	183.20	206.10	235.00
BMX832型20英寸脚闸彩色	179.40	201.80	230.00
QF75型26英寸女式全链罩彩色	183.20	206.10	235.00
QF69型26英寸女式全链罩黑色	175.50	197.40	225.00
QE750型26英寸男式全链罩彩色	197.20	221.90	253.00
QF750型26英寸女式全链罩彩色	207.40	233.30	266.00
PA20型28英寸男式全链罩漆泡沫鞍彩色	163.70	184.20	210.00
PA18型28英寸男式全链罩铬猪皮鞍彩色	175.50	197.40	225.00
PA18型28英寸男式全链罩铬牛皮鞍黑色	176.20	198.20	226.00
PA18型28英寸男式全链罩铬牛皮鞍彩色	180.10	202.60	231.00
PA28型28英寸男式铬泡沫鞍彩色	183.20	206.10	235.00
PA28型28英寸男式全链罩铬猪皮鞍彩色	186.30	209.60	239.00
PA230型28英寸男式全链罩铬猪皮鞍黑色	198.80	223.70	255.00
PA230型28英寸男式全链罩铬猪皮鞍彩色	202.80	228.10	260.00
PA230型28英寸男式全链罩铬牛皮鞍黑色	203.40	228.90	261.00
PA230型28英寸男式全链罩铬牛皮鞍彩色	207.40	233.30	266.00
QF760型26英寸女式全链罩铬泡沫鞍彩色	224.50	252.60	288.00
永久牌			
QE315型26英寸男式全链罩铬泡沫鞍彩色	184.80	207.80	237.00
QF415型26英寸女式全链罩铬泡沫鞍彩色	188.70	212.30	242.00
QE316型26英寸男式全链罩铬泡沫鞍彩色	187.90	211.40	241.00
QF416型26英寸女式全链罩铬泡沫鞍彩色	191.80	215.80	246.00
QF401型26英寸女式大弯梁全链罩铬泡沫鞍彩色	198.80	223.70	255.00
QF432型26英寸女式全链罩铬泡沫鞍彩色	218.30	245.60	280.00
QH428型24英寸女式全链罩铬泡沫鞍彩色	187.10	210.50	240.00
PA111型28英寸男式全链罩铬猪皮鞍彩色	209.00	235.10	268.00
PA202型28英寸男式全链罩铬猪皮鞍彩色	244.80	275.40	314.00
PA202型28英寸男式全链罩铬猪皮鞍黑色	241.00	271.10	309.00
SC67型27英寸男式六飞十二速铬猪皮鞍彩色	252.60	284.70	324.00
QE16型26英寸男式全链罩漆鞍墨绿色	—	184.20	210.00
飞达牌			
QG451-1型24英寸男式铬泡沫鞍彩色	158.00	175.40	200.00
QH452-1型24英寸女式铬泡沫鞍彩色	162.00	179.80	205.00
QG445-1型24英寸男式铬泡沫鞍彩色	173.90	193.00	220.00
QH456-1型24英寸女式铬泡沫鞍彩色	177.80	197.40	225.00

　　由于上海和天津生产的自行车产地价格于1990年4月1日调整，根据省商业厅、省物价局文件精神，苏州市物委会同市商业局自5月7日起调整自行车地区差价。苏州市区地差调整情况如下：省内产自行车地差每辆从3元调整为5元，上海产从每辆3元调整为4.50元，外省

产每辆从7.5元调整为9元。各县（市）的地区差价可按苏州市区的调后地区差价加原市、县（市）地区差额（原与市区同价的仍按市区价）制定。省内生产的联营车，联营产地不加地区差价。调整自行车地差时，要结合调价贯彻执行，不要单独调地差。自行车的商业内部供货作价办法，仍按省商业厅1986年8月30日《关于改革自行车商业供货作价办法的通知》执行。苏州市区批发价按上海对二级站供货价顺加7.5%和规定地差确定。批零差率14%。

1990年7月2日，苏州市物委作出《关于市五化交公司对沪产自行车价格实行上浮报告的批复》：鉴于五化交公司从沪购进的凤凰牌自行车部分型号的实际进价较高，按作价规定，企业难以经营，根据省商业厅《关于部分交电、百货商品作价办法中几个问题的通知》有关规定，比照邻市同型号自行车价格水平，同意五化交公司对从上海正常渠道购进的实际进价较高，经营确有困难的沪产部分型号自行车在苏州市规定价格基础上适当上浮，幅度不超过5%，并在销售前向市物委备案。

1991年3月，苏州市物价局对自行车的价格管理，作了新的规定，自上年第四季度开始，部分型号的名牌自行车，或产地供货价格高于规定价格或产地价外加价、企业经营发生困难，市场价格比较混乱，为整顿价格秩序，丰富市场供应，满足群众的消费需要，决定对部分型号的名牌自行车采取以下办法加强管理：市区内（含吴县）由市物价局、商业局组织自行车经营企业进行行业管理。议定价格的原则为：批发企业可按从产地进货价格顺加进销差率5%再加规定地区差价制定苏州市批发价，批零差率14%，具体价格水平由五化交行业价格小组负责议定，并由市日用工业品价格中心发布。该中心发布的价格为市区最高限价，允许下浮，不得突破，各县（市）按市区价格加规定市、县（市）差价制定本区域的自行车价格，同样允许下浮，不得突破。以上规定从1991年3月25日起执行。

表3-92　苏州市日用工业品价格中心上海产自行车挂牌价

执行日期：1991年4月1日

单位：元/辆

品名	规格型号	批发供应价格	零售价格
凤凰	710毫米PA20男黑漆泡沫鞍	253.10	289.00
凤凰	710毫米PA男黑铬泡沫鞍	256.90	293.00
凤凰	710毫米PA14男黑	309.00	352.00
凤凰	710毫米PA12男黑	225.50	257.00
凤凰	660毫米QF66女彩	283.50	323.00
凤凰	660毫米QE69男黑	259.70	296.00
凤凰	660毫米QF86女彩	277.10	316.00
凤凰	610毫米QG901男彩	242.10	276.00
凤凰	610毫米QH901女彩	290.70	331.00
凤凰	610毫米QH903女彩	262.30	299.00
凤凰	907型女车	267.00	304.00
永久	710毫米PA17男黑铬猪皮鞍	253.10	289.00
永久	660毫米QF401女彩弯管	276.20	315.00
永久	438型女车	299.10	341.00
永久	660毫米QF432女彩	293.30	334.00

表3-93 1991年4月上海产自行车苏州市场价格

单位：元/辆

品名	规格包装	出厂价或产地批发价格	批发价	零售价
永久	710毫米PA13男黑	307.00	313.90	358.00
永久	710毫米PA13男彩	314.00	321.00	366.00
永久	660毫米QE16男黑	250.00	256.40	292.00
永久	660毫米QF42女黑	254.40	260.80	297.00
永久	660毫米QF42女彩	261.40	268.00	306.00
凤凰	710毫米PA18男黑铬猪皮鞍	271.90	278.60	318.00
凤凰	710毫米PA18男黑铬泡沫鞍	266.70	273.30	312.00
凤凰	710毫米PA18男黑铬牛皮鞍	277.20	283.90	324.00
凤凰	710毫米PA18男彩铬猪皮鞍	278.90	285.60	326.00
凤凰	710毫米PA18男彩铬牛皮鞍	284.20	291.00	332.00
凤凰	710毫米PB18女黑铬猪皮鞍	280.70	287.40	328.00
凤凰	710毫米PB18女黑铬泡沫鞍	275.40	282.10	322.00
凤凰	710毫米PB18女黑铬牛皮鞍	286.00	292.80	334.00
凤凰	710毫米PB18女彩铬猪皮鞍	287.70	294.50	336.00
凤凰	710毫米PB18女彩铬泡沫鞍	282.50	289.20	330.00
凤凰	710毫米PB18女彩铬牛皮鞍	293.00	299.80	342.00
凤凰	660毫米QE65男黑	258.80	265.40	303.00
凤凰	660毫米QF65女黑	263.20	269.80	308.00
凤凰	660毫米QE750男彩	283.30	290.00	331.00
凤凰	660毫米QF750女彩	296.50	303.30	346.00
凤凰	660毫米QF750女彩自由花	300.00	306.90	350.00

1992年以后，绝大多数日用消费品价格放开，自行车定价权也下放给企业实行市场调节价。由于生产自行车的原材料价格不断上涨，加之自行车花色品种不断翻新，性能增加，质量提高，价格也呈不断上涨的态势。在苏州市场上同一品牌规格型号的自行车，在不同商家价格也不尽相同：

表3-94 苏州市物价部门公布自行车价比三家情况表 表一

执行日期：1992年3月26日

单位：元/辆

商店	凤凰								
	18型	86型女车	750型女车	65型女车	65型男车	66型女车	907型女车	901型女车	902型女车
自行车专业市场	337	325	350	—	315	325	300	320	325
宏声交电商店	330	—	346	—	279	323	—	—	—
石路商场	335	—	350	—	303	318	—	—	341
凤凰自行车商店	332	324	—	—	320	324	—	—	—
新苏州商厦	—	—	—	320	315	—	302	317	—
人民商场	—	—	—	—	—	—	—	321	—
工业品商场	337	—	356	320	315	290	292	317	307
南门商业大楼	336	—	—	—	—	320	—	325	304

苏州市物价部门公布自行车价比三家情况表　表二

单位：元/辆

商店	永久								
	13型男车（沪）	17型男车	16型男车	51型男车	42型女车	448型女车	434型女车	445-1型精品女车	67型十速赛车
自行车专业市场	360	—	285	240	300	320	315	404	413
宏声交电商店	—	—	—	—	—	—	315	—	—
石路商场	—	289	—	—	—	—	299	—	—
凤凰自行车商店	355	—	280	—	290	—	310	—	—
新苏州商厦	—	282	285	255	—	—	315	408	—
人民商场	358	289	—	250	—	—	315	—	—
工业品商场	—	—	292	—	297	319	315	—	408
南门商业大楼	—	285	290	—	—	325	315	—	—

苏州市物价部门公布自行车价比三家情况表　表三

单位：元/辆

商店	兰铃			飞利浦（女车）			ABC			阿米尼	
	511型赛车(合资)	45型女车	59型男车	2401（合资）	2402	2403	男赛车	城运车	男装山地车	12速	山地女车（2618型）
自行车专业市场	540	364	526	350	341	337	464	501	622	—	—
宏声交电商店	540	—	520	—	343	337	—	—	—	670	—
石路商场	—	—	—	—	—	—	480	515	638	610	—
凤凰自行车商店	—	—	—	345	—	—	520	—	632	600	765
新苏州商厦	—	—	—	—	—	—	486	—	—	657	783
人民商场	534	351	—	—	343	341	337	—	—	670	—
工业品商场	—	367	—	—	344	337	477	—	—	—	—
南门商业大楼	—	—	—	—	341	337	—	—	—	—	—

表3-95　1992年9月8日苏州市自行车价比三家

单位：元/辆

品名	规格等级牌号	人民商场	工业品商场	石路商场	吴县商业大楼	新城商场
自行车	凤凰PA-18型牛皮鞍座	—	343	335	337	—

　　为规范自行车市场价格秩序，市物价局通过市行业价格协会自行车小组组织各经营单位开展自行车行业议价活动，不定期公布市区自行车协议价格，协议价不准突破，允许下浮（详见下表3-96），以维护消费者价格权益。

表3-96　1993年4月苏州市区自行车协议价格表

发布日期：1993年4月8日　　　　　　　　　　　　　　　　　　　　　　单位：元/辆

牌号	规格	产地	零售价	牌号	规格	产地	零售价
永久	17	上海	350	凤凰	906女	上海	414
永久	17-1	上海	330	凤凰	872	上海	560
永久	51	上海	280	凤凰	65女	绍兴	313
永久	424	上海	320	凤凰	14	上海	410
永久	434女	上海	350	凤凰	28黑泡沫鞍	上海	366
永久	438女	上海	350	凤凰	86	上海	350
永久	448女	上海	370	凤凰	410	上海	430
永久	27	上海	320	凤凰	408	上海	493
永久	345-1	上海	405	凤凰	806	上海	848
永久	67	上海	408	凤凰	20泡沫鞍	上海	330
永久	16	上海	325	凤凰	69男	上海	350
永久	803	上海	570	凤凰	18	上海	370
永久	301	上海	335	凤凰	65男	上海	343
永久	202女	上海	297	凤凰	901	上海	345
永久	401	上海	350	凤凰	902	上海	375
永久	445-1	上海	418	凤凰	65	绍兴	308
永久	347	上海	431	凤凰	66	上海	350
永久	452	上海	478	凤凰	750女	上海	390
永久	805	上海	570	凤凰	903	上海	345
永久	347-1	上海	410	凤凰	65女	上海	350
永久	432	上海	358	凤凰	805女	上海	528
永久	322	上海	310	凤凰	69女	上海	358
永久	42	上海	325	凤凰	870	上海	560
凤凰	805	上海	500	凤凰	911男	上海	511
凤凰	295	上海	275	凤凰	911女	上海	523
凤凰	760女	上海	398	—	—	—	—

表3-97　1993年11月苏州市区自行车协议价格表

发布日期：1993年11月15日　　　　　　　　　　　　　　　　　　　　　　单位：元/辆

牌号	规格	产地	零售价	牌号	规格	产地	零售价
凤凰	750型女车	上海	410	凤凰	911型女车	上海	515
凤凰	805型女车	上海	535	凤凰	972型女车	上海	638
凤凰	65型女车	上海	365	凤凰	902型女车	上海	375
凤凰	66型女车	上海	365	永久	17型男车	上海	350
凤凰	18型男车	上海	390	永久	434型女车	上海	355
凤凰	65型男车	上海	360	永久	438型女车	上海	355
凤凰	86型男车	上海	371	永久	445-1型女车	上海	420
凤凰	901型女车	上海	365	永久	803型男车	上海	580
凤凰	903型女车	上海	365	永久	422型女车	上海	355
凤凰	14型男车	上海	410	永久	401型女车	上海	365
凤凰	69型女车	上海	375	永久	452型女车	上海	490
凤凰	69型男车	上海	370	永久	301型男车	上海	360

续表

牌号	规格	产地	零售价	牌号	规格	产地	零售价
凤凰	805型男车	上海	495	永久	448型女车	上海	360
凤凰	906型女车	上海	440	—	—	—	—

表3-98 1994年9月20日苏州市区自行车协议价格表

单位：元/辆

牌号	规格	产地	零售价	牌号	规格	产地	零售价
凤凰	750型女车	上海	427	凤凰	902型女车	上海	428
凤凰	65型女车	上海	396	永久	17型男车	上海	394
凤凰	66型女车	上海	393	永久	434型女车	上海	422
凤凰	18型男车	上海	421	永久	438型女车	上海	421
凤凰	65型男车	上海	391	永久	445-1型女车	上海	443
凤凰	901型女车	上海	395	永久	803-3型男车	上海	636
凤凰	86型男车	上海	408	永久	422型女车	上海	409
凤凰	903型女车	上海	396	永久	401型女车	上海	410
凤凰	14型男车	上海	479	永久	301型男车	上海	403
凤凰	69型女车	上海	411	永久	448型女车	上海	428
凤凰	69型男车	上海	406	—	—	—	—

注：本协议价为中准价，各经营企业允许在上浮2%，下浮3%范围内定价。如需突破幅度，应到苏州市行业价格管理协会备案。

1993年苏州大华自行车公司与台商合作，开发生产的高档"绅士"牌山地车，以进口原装组件，配以台湾零部件在国内组装而成，具有材质高，车型新颖、美观，车体轻，功能全，价格适中等特点。"绅士"山地车均为26英寸系列，分男、女两式，各有12、18调速两种，激光幻彩荧光喷漆装饰达10多个花色。

表3-99 1993年苏州市场"绅士"牌自行车价格表

单位：元/辆

规格型号	批发价	零售价	规格型号	批发价	零售价
2612男、女车	658	750	2618男、女车	710	810
2612-1男、女车	640	730	—	—	—

从1996年开始，苏州市场普通型自行车价格稳中趋降。自行车市场从供求平衡逐渐进入到供大于求。以凤凰65型男式自行车为例，1996年每辆在365～410元，1997～1999年年平均价分别为363.55元、342.47元和336.50元，与上年同期相比分别下降10.81%、5.8%和1.74%。

2000年5月，苏州市地产腾羚牌电动自行车市区零售价为：普通型（E）每辆2600元，标准Ⅰ型（B1）每辆2998元，标准Ⅱ型（B2）每辆为3098元。

2000～2010年，随着摩托车、电动自行车（助动车）、家用小轿车的逐步普及，苏州市场自行车供大于求格局已成定局，普通自行车价格稳中下降趋势明显，但少数进口名牌及各种花色山地车、变速运动自行车琳琅满目,价格比普通自行车较坚挺、昂贵,快捷轻便的电动自行车(助动车)逐渐取代传统的自行车,其价格也完全由市场供求决定。

表3-100　1996年苏州市区零售市场自行车行情价格表

单位: 元/辆

商品名称	日期	人民商场	工业品商场	一百商店	亚细亚商厦	长发商厦	石路商城
凤凰 65型男自行车	1月15日	365	421	421	395	420	395
	4月15日	410	410	421	395	418	395
	7月15日	410	410	410	395	398	395
	11月15日	410	410	410	395	398	395

表3-101　2000年1月28日苏州工业品商场部分自行车、电动自行车、摩托车等价格行情表

单位: 元/辆

品名型号	价格	品名型号	价格
滕羚电动自行车	2600	阿米尼2601女车(铁圈)	378
大陆鸽普通型电动自行车	2900	阿米尼2601女车(铝圈)	398
大陆鸽豪华型电动自行车	3350	阿米尼2601标准玫瑰园女车(铝圈)	628
贵族金星山地车	548	森威501宽胎女车(铬圈)	250
贵族智慧仿山地车	588	布鲁克斯312女车	215
贵族爱国者自行车	2188	皇冠王2614女车	268
美利达城市猎人轻便车	548	绅士2601-2淑女车	240
美利达676轻便车	698	三斯2618D变速车	368
美利达公牛(X-1)自行车	4588	春兰小松鼠CL50Q7-A	4800
飞鸽402男轻便车	368	春兰虎CL-5摩托车	12600
飞鸽402女轻便车	348	春兰太子CL125-3A摩托车	14200
凤凰65型男车	335	五羊本田踏板车WH125T-R	17500
凤凰66型女车	300	五羊本田B型摩托车125CC	9800
凤凰65型女车	340	—	—
凤凰18型男车	370	—	—
凤凰百鸟朝凤女车	300	—	—

表3-102　2002年3月苏州人民商场部分助动车、自行车价格行情表

单位: 元/辆

品名及规格	产地	零售价
助动车		
世纪鸟104E	常州	2960
世纪鸟DTH-02Z螳螂头	常州	2650
新光TDR01Z	无锡	2780
佳乐TDL73Z-1	无锡	2600
洪都TDL02Z	常州	2780
洪都TDL01Z超豪华	常州	2680
电子马TDL-218EOH	无锡	2290
小羚羊TDH1Z	苏州	2680
和平TDL01-4	苏州	2200

品名及规格	产地	零售价
和平TDH01-5	苏州	2250
自行车		
绅士26M-8	苏州	458
绅士26C-1	苏州	238
绅士26L-6避震山地车	苏州	980
绅士26L-6淑女车	苏州	368
绅士26L-0女车	苏州	238
绅士26L-2轻便车	苏州	238
绅士26-5轻便车	苏州	328
绅士26L-1T轻便车	苏州	198
绅士26M-1	苏州	258
绅士26M-9	苏州	308
雅歌缩折烤漆自行车	天津	728
捷马26-DMA男城市车	天津	398
捷马24-C女城市市	天津	388
捷安特乔伊车	昆山	658
捷安特艾琳娜	昆山	538
捷安特拓荒者	昆山	998
捷安特玛斯特EX	昆山	688
捷安特雅典娜EX	昆山	688
捷安特雅典娜2000	昆山	498
捷安特玛斯特2000	昆山	498
捷安特喜美	昆山	398
凤凰QE66	上海	340
凤凰QF66	上海	345
凤凰991-1	苏州	295
法斯特白鹅女车	苏州	248
法斯特火箭炮	苏州	308
法斯特勇士王	苏州	308
法斯特精品女车	苏州	298
法斯特精品男车	苏州	288
法斯特单速避雷	苏州	258
法斯特变速避雷	苏州	495
帅牌单速避震	天津	468
帅牌12速避震	天津	528
帅牌艾丽斯	天津	398

表3-103　2010年8月25日苏州市部分电动自行车价格采集公布表

单位：元/辆

品牌	型号规格	大润发			家乐福			华润万家			欧尚	国际商城	人民商场	石路专业市场
		何山	苏福	相城	体育	东环	中翔	金枫	苏美	吴中				
阿米尼	TDR7007Z	—	—	—	—	—	—	—	—	—	—	—	1798	2098
	格瑞7054	—	—	—	—	—	—	—	—	—	1898	—	—	2398

苏州市价格志

品牌	型号规格	大润发			家乐福			华润万家			欧尚	国际商城	人民商场	石路专业市场
		何山	苏福	相城	体育	东环	中翔	金枫	苏美	吴中				
和平	锋范 TDR267Z	1899	1999	1898	1899	1899	1899	—	—	—	1898	1850	—	1898
	小蝴蝶 TDR259Z	—	1699	1699	—	—	—	—	—	1699	—	—	1699	1599
	梦幻天使 TDR252Z	—	—	1699	1799	1799	1799	1699	1699	—	—	1799	—	1799
	赛牛 TDR261Z	—	1999	—	1899	1899	1899	—	—	1799	—	1799	—	—
	美金龙 TDR246Z	—	—	—	—	—	—	1799	1799	—	—	—	—	—
捷安特	L-700（锂电池）											2798		2798
	L-130											2398	2398	2598
	L-131											2098	2098	2198
	L-206T											2548	2548	2698
	325											2498		2638
奔集	小蜜蜂 TDR21-31Z	1399	1599	1399	1450	1450	1450	—	—	—	1499	1499	1499	—
	公主二代 TDR26-9Z	1699	—	1780	1698	1698	1698	—	—	—	—	1798	1780	1798
	赛博 TDR21-96Z	—	—	—	1780	—	—	—	—	—	—	—	—	1698
奔集	小状元 TDR21-91Z	1758	—	—	1758	1758	1758	—	—	—	—	—	1598	—
	梦幻天使 TDT25-1Z	—	—	1599	1598	1598	1598	—	—	—	—	—	1588	1580
	贝贝 TDR21-76Z				1548	1548	1548	—	—	—	—	—		

三、家用缝纫机价格

缝纫机的使用，始于民国初期。当时缝纫机主要从国外进口，服装厂用于批量生产服装，苏州市场缝纫机零售量极少，其价格不详。建国初期，缝纫机价格属国家定价。当时苏州不生产缝纫机，市场销售的缝纫机大多为上海产品，1953~1954年，苏州市场沪产一斗平板缝纫机每台零售价116元，1955年沪产一斗平板缝纫机价格调低至113.6元，该价格一直保持至1963年。从20世纪60年代开始，缝纫机市场供应紧俏，销售实行凭票供应。1964年沪产一斗平板缝纫机零售价每台调高至130元，1966年又调高至133元。"文化大革命"期间，市场物价冻结，缝纫机价格一直未变动，直至1970年。从1971年至1985年4月，沪产一斗平板缝纫机苏州市场零售价格稳定在每台150元。

表3-104 1953~1985年沪产一斗平板缝纫机苏州市场零售价一览表

单位：元/架

年份	零售价	年份	零售价
1953	116	1966	133
1954	116	1967~1969	133

年份	零售价	年份	零售价
1955	113.6	1970	133
1956~1957	113.6	1971~1972	150
1958~1960	113.6	1973~1981	150
1961	113.6	1982~1983	150
1962~1963	113.6	1984	150
1964	130	1985	150
1965	130	—	—

1956年，苏州3家小工坊合并成立公私合营苏州缝纫机厂，以装配缝纫机为主营业务。"大跃进"期间，企业由装配缝纫机向制造零件过渡。1964年7月，江苏省缝纫机行业改组，成立江苏省南京缝纫机总厂，苏州缝纫机厂成为南京总厂的分厂，成为专业生产缝纫机零部件企业。至20世纪70年代中期，苏州缝纫机厂已独立，并逐渐发展，成为全国缝纫机生产定点企业，整机年生产能力达7万架。起初，苏州缝纫机厂生产的缝纫机商标为"卫星牌"家用缝纫机，1978年整机商标改为凤凰牌。1979~1981年，省计委、轻工厅批准贷款400多万元，扩建成年产整机15万架、零件50万套的生产能力。当时，缝纫机价格的定价权集中在国家和江苏省，苏州市没有定价权。省物委、轻化工厅、商业厅联合发文，根据国家"1966本"的有关规定：核定苏州缝纫机厂生产的代表品凤凰牌JA1-1型家用缝纫机每架零售价为133元，批发价118~118.6元，出厂价107.9~109元，上述价格从20世纪70年代中期一直执行至1985年基本未作变动。

1981年2月，市物委对苏州缝纫机厂超产自销缝纫机售价作出批复，鉴于该厂近两个月内正品机头自销价格有70元至73.70元等五种，比较混乱，各地来电来函质询颇多。为正确执行物价政策，该厂应按照省政府的有关规定"工厂按规定可以自销的部分生活资料，应按规定分对象的价格出售，即对消费者（包括集团消费）要执行国营商业的零售牌价，对零售单位按批发牌价，对批发单位按出厂价格供应"的精神办理。鉴于该厂超产缝纫机所用的原材料不享受计划内价格，故同意超产缝纫机销给零售单位，可以代销形式按零售价给以5%的代销手续费，并在发票上注明"代销"字样。对市协作办列入市协作计划内的缝纫机，原材料以轻工市场产品优惠价供给工厂的，可按商业调拨价执行。工厂自行协作的销售价格，可按商业调拨价执行。在1980年12月11日以后，工厂已销售给零售经营单位的，均应按此规定执行，多收的货款应退还有关单位。

1981年11月，市物委批复苏州缝纫机厂试产的凤凰牌JA10-1型二斗塑面藏式缝纫机试销零售价每台156元。试销期内，如需由商业经销者，仍按文件精神处理。

1982年苏州缝纫机厂试制成新产品JA2-3型缝纫机。同年9月，苏州市物价委员会作出《关于JA2-3型缝纫机试销价格的批复》，根据1966年省物委、轻化工厅、商业厅联合通知规定并参照上海加价水平，经研究同意JA2-3型缝纫机每台零售价141元，批发价125.90元，出厂价115.80元。

1983年6月30日，江苏省商业厅、轻工业厅发出《关于核定凤凰牌新型号缝纫机出厂、销售价格的批复》，经省物委审核同意，核定具体价格，详见下表：

表3-105　苏州产凤凰牌新型号缝纫机出厂、销售价格表

产品名称	单位	出厂价（元）	批发价（元）	零售价（元）
凤凰牌10-1型贴塑二斗藏式缝纫机	架	120.7	132.1	148
10-1型机头	只	72.2	79.3	88.7
凤凰牌2-3型贴塑二斗藏式缝纫机	架	112.6	123.2	138
2-3型机头	只	64.1	70.4	78.7
凤凰牌2-4型贴塑二斗藏式缝纫机	架	115	125.9	141
2-4型机头	只	66.5	73.1	81.7

1983年10月，省轻工业厅作出《关于缝纫机副机头、机架一次性处理价格的批复》，同意对苏州缝纫机厂历年积存的可利用品JA1-1缝纫机头、机架作一次性处理，由生产企业直接出售给消费者。价格定为：每台机头零售价62.60元，每副机架零售价22.50元。如需交零售商店经销，可按出厂价格执行，每头机头55.90元，每副机架20.10元。

1984年6月5日，江苏省轻工业厅发出关于凤凰牌JA2-3、2-4型机付机头处理价格的复函：明确JA2-3型机付机头每台零售价格为66.90元，JA2-4型机付机头每台零售价格为69.40元。

1985年5月，按照国家、省的统一部署，国产缝纫机、手表等日用工业品价格放开，实行企业定价。同年6月，为适应商品经济的发展和便于各零售企业正确制定商品零售价格，市物委发出《关于零售商店经营各类商品执行规定批零差率及有关政策规定的通知》，其中对缝纫机的批零差率明确规定为顺加12%。随着缝纫机价格的放开，苏州市场上上海、天津、广州以及苏州地产缝纫机价格随之上调。苏州缝纫机厂凤凰牌缝纫机调价幅度工厂暂定为10%。

1985年下半年，苏州缝纫机厂与中国标准缝纫机公司开展了横向经济技术协作，在标准公司的技术指导下，凤凰牌缝纫机质量达到A级水平。1986年6月，该厂凤凰牌的价格，决定参照省内的标准执行。从7月10日起调整价格，详见下表：

表3-106　1986年6月凤凰牌缝纫机出厂、销售价格表

品名	出厂价（元）	批发价（元）	零售价（元）
凤凰牌JA1-1型	122.20	133.50	149.50
其中：机头	67.80	74.10	82.80
机架	24.40	26.70	29.80
二斗塑料台板	30.00	32.70	36.90

1987年11月，苏州市场上海产飞人牌JA2-3缝纫机每架零售价174.00元，苏州产凤凰牌JA1-1缝纫机每架零售价146.30元。苏州城乡差价各县（市）每架缝纫机均为1元。

1988年，上海百货公司变更供货作价办法，经苏州市物委同意外地产缝纫机按顺加率计算苏州市销售价格，顺加率是：折扣率6%，地区差率2.5%，批零差率12%，从1月20日起执行。

1988年，苏州市场缝纫机价格上涨，天津产"牡丹牌"FA2-1型塑面二斗藏式缝纫机产地每台调后供应价：大批量142.11元，中批量145.48元，小批量150.90元，调后产地零售价为

169元。广州产"华南牌"JA型家用缝纫机实行优质优价,JA2-1型塑面板缝纫机产地零售价从170.20元调为187.20元,JA2-2型产地零售价从153.70元调为169.10元。上海产及苏州地产缝纫机价格调整情况详见下表:

表3-107　1988年1月20日苏州市沪产缝纫机批零价格表

单位:元/架

规格	品名	产地供价	批发价	零售价
JA1-1	二斗塑面藏缝纫机	146.80	159.28	178.00
JA1-1	二斗细斗藏式缝纫机	145.40	157.76	177.00
JA1-1(有铁盒)	二斗塑面藏式缝纫机	148.60	161.23	181.00
JA1-3	二斗塑面藏式缝纫机	150.00	162.75	182.00
JA1-9	二斗塑面藏式缝纫机	150.00	162.75	182.00
JA1-9	二斗细木藏式缝纫机	146.80	159.28	178.00
JA1-9	老三斗塑面藏式缝纫机	158.50	171.97	193.00
JA2-1	二斗塑面藏式缝纫机	151.70	164.59	184.00
JA2-3	二斗细木藏式缝纫机	150.30	163.08	183.00
JA2-3	二斗塑面藏式缝纫机	151.70	164.59	184.00
JA2-4	二斗塑面藏式缝纫机	154.50	167.63	188.00
JB1-3	二斗塑面藏式缝纫机	154.60	167.74	188.00
JB1-5	老三斗塑面藏式缝纫机	164.00	177.94	199.00
JB1-5	二斗塑面藏式缝纫机	155.50	168.72	189.00
JB1-5	新头塑面藏式缝纫机	157.30	170.67	191.00
JB1-6	新头塑面藏式缝纫机	158.10	171.54	192.00
JB1-6	塑面老三斗(板甲5)藏式缝纫机	162.30	176.09	197.00
JB1-6	二斗塑面藏式缝纫机	156.30	169.59	190.00
JB1-6	细木二斗塑面藏式缝纫机	152.10	165.03	182.00
JB7-1(有灯)	二斗塑面藏式缝纫机	180.70	196.06	220.00
JB7-1(有灯)	二斗塑面藏式缝纫机	176.70	191.72	215.00
JB8-2	二斗塑面藏式缝纫机	158.00	171.43	192.00
FB2-1	二斗细木藏式缝纫机	169.30	183.69	206.00

表3-108　1988年8月23日苏州市区沪产缝纫机调价表

单位:元/架

品名	市区调前价		市区调后价	
	批发价	零售价	批发价	零售价
JA1-1二斗塑藏机	159.28	178.00	201.30	225.50
JA1-3二斗塑藏机	162.75	182.00	205.50	230.00
JA1-9二斗塑藏机	162.75	182.00	205.50	230.00
JA2-1二斗塑藏机	164.59	184.00	207.80	233.00
JA2-3二斗塑藏机	164.59	184.00	207.80	233.00
JA2-4二斗塑藏机	167.63	188.00	211.60	237.00
JB1-3二斗塑藏机	167.74	188.00	209.00	234.00
JB1-5二斗塑藏机	168.72	189.00	209.90	235.00
JB1-5二斗塑藏机彩头	170.67	191.00	213.30	239.00

品名	市区调前价		市区调后价	
	批发价	零售价	批发价	零售价
JB1-6二斗塑藏机彩头	171.54	192.00	214.50	240.00
JB1-6二斗塑藏机	169.59	190.00	210.50	236.00
JB8-2二斗塑藏机彩头	171.43	192.00	216.20	242.00

表3-109　1988年8月26日苏州地产凤凰牌缝纫机调价表

单位：元/台

型号	调后价		
	出厂价	批发价	零售价
JA1-1型	134.90	146.80	164.50
JA2-1型	139.40	151.70	170.20

　　1988年9月，为稳定市场物价，抑制通货膨胀，根据国家、省、市有关规定，市物委发文明确对洗衣机、黑白电视机、电冰箱、自行车、手表、缝纫机等23种（类）已经放开的商品价格，实行提价申报，如需提价必须提前十天向当地物价部门申报，经明确表态后，方可实施。

　　1989年1月，苏州市规定沪产缝纫机整机价格等于机头价格加上机脚价格再加台板价格。苏州市场批发价=沪小批量供应价×（1+地区差率）；苏州市场零售价=苏州批发价×（1+批零差率）。上海产品地区差率2.5%，批零差率12%。副品折扣率：甲5头，甲5板，即九五折，机脚九折。

表3-110　1989年1月沪产缝纫机产地价格表

单位：元/只、块、副

货号	厂名	品名规格	供应价格			零售价
			大批量	中批量	小批量	
3-010004	行业	JA1-1（15×80）机头	91.50	94.10	96.60	108.20
3-01000-1	行业	JA1-1（15×80）彩色机头	94.70	97.30	99.90	111.00
3-43000	协昌	JA1-3机头	95.40	98.10	100.70	112.30
1-45000	一缝	JA1-9机头	95.40	98.10	100.70	112.30
1-45000-1	一缝	JA1-9彩色机头	98.60	101.40	104.10	116.60
1-54000	一缝	JA1-4机头	94.20	96.90	99.50	111.40
3-11000	协昌	JA2-1机头	97.50	100.30	102.90	115.20
3-13000	协昌	JA2-2机头	101.00	103.90	100.60	119.40
1-25000	一缝	JA2-3机头	97.50	100.30	102.90	115.20
1-30000	一缝	JA2-4机头	101.00	103.90	106.60	119.40
1-18000	一缝	JA6-1机头	102.40	105.30	108.10	121.10
1-18000-1	一缝	JA6-1彩色机头	105.60	108.60	111.50	124.90
1-55000-1	一缝	JA19-1彩色机头	112.30	115.40	118.50	132.70
4-21000	三缝	JB1-1机头	102.80	106.70	108.50	121.50
4-21000-1	三缝	JB1-1彩色机头	106.00	109.00	111.90	125.30
4-17000	三缝	JB1-3机头	98.60	101.40	104.10	116.60
4-17000-1	三缝	JB1-3彩色机头	101.80	104.60	107.40	120.30

货号	厂名	品名规格	供应价格			零售价
			大批量	中批量	小批量	
4-44000	三缝	JB1-5机头	99.40	102.20	105.00	117.60
4-44000-1	三缝	JB1-5彩色机头	102.60	105.50	108.30	121.30
4-52000	三缝	JB1-6机头	100.10	102.90	105.60	118.30
4-52000-1	三缝	JB1-6彩色机头	103.20	106.20	109.00	122.10
4-22000-1	三缝	JB7-1彩色机头	112.40	115.60	118.60	132.80
4-27000-1	三缝	JB7-2彩色机头	112.40	115.50	118.60	132.80
3-40000	协昌	JB8-2机头	102.10	105.00	107.80	120.70
3-40000-1	协昌	JB8-2彩色机头	105.30	108.20	111.10	124.40
4-53000-1	三缝	JB10-1彩色机头	110.20	113.40	116.40	130.40
1-41000-1	一缝	FB1-2彩色机头	118.30	121.60	124.90	139.90
1-46000-1	一缝	FB1-3彩色机头	116.90	120.20	123.40	138.20
1-47000-1	一缝	FB2-1彩色机头	121.70	125.10	128.50	143.90
4-58000	三缝	F14-2机头	98.10	100.80	103.50	115.90
4-58000-1	三缝	F14-2彩色机头	101.20	104.10	106.90	119.70
3-51000-1	协昌	JH14-1彩色多能机头	278.30	286.10	293.70	328.90
3-57000-1 1	协昌	JH14-2彩色多能机头	318.00	327.00	335.70	376.00
3-00260 4 1	行业	塑料巾面二斗藏式板	54.50	56.00	57.50	64.40
3-00000 4	行业	缝纫机脚	40.10	41.20	42.30	47.40

表3-111　1990年6月部分沪产缝纫机苏州市区价格表

单位：元/架

货号	品名规格	调前价		调后价	
		批发价	零售价	批发价	零售价
JA1-1	塑面二斗缝纫机	201.30	225.50	213.10	238.70
JA1-9	塑面二斗缝纫机	205.50	230.00	217.50	243.60
JA2-1	塑面二斗缝纫机	207.80	233.00	220.00	246.40
JA2-3	塑面二斗缝纫机	207.80	233.00	220.00	246.40
JB1-1	塑面二斗缝纫机	213.50	239.00	226.00	253.00
JB1-3	塑面二斗缝纫机	209.00	234.00	221.20	247.70
JB1-6	塑面二斗缝纫机	210.50	236.00	223.00	250.00
JB8-2	塑面二斗缝纫机	216.20	242.00	229.00	256.50

随着市场物价总水平的走低，为促进商品经济发展，适当调整物价控制力度，根据省、市有关文件精神，1990年7月，市物委修订部分商品价格管理措施，决定对缝纫机等11种工业消费品不再实行提价申报制度。生产企业可按成本和市场供求情况确定价格，经营企业可以按照现定作价办法（差率）相应确定销售价格。由于缝纫机总体市场供大于求，价格从1990年开始稳中趋降。

表3-112　1991年7月沪产缝纫机产地调后价格表

单位：元/只、块、副

货号	厂名	品名规格	供应价格			零售价
			大批量	中批量	小批量	
13-010004	行业	JA1-1(15×80)机头	127.20	130.80	134.70	150.80
13-01000-14	行业	JA1-1(15×80)彩色机头	130.40	134.10	138.00	154.60
1-45000	一缝	JA1-4机头	131.10	134.80	138.70	155.30
1-30000	一缝	JA2-4机头	139.00	143.00	147.20	164.90
4-56000	三厂	JA2-12机头	135.00	138.80	142.90	160.00
1-18000	一厂	JA6-1机头	141.00	144.90	149.20	167.10
1-18000-1	一厂	JA6-1彩色机头	144.10	148.20	152.60	170.90
1-55000-1	一厂	JA19-1彩色机头	154.60	158.90	163.60	183.20
4-21000	三厂	JB1-1机头	134.00	137.80	141.90	158.90
4-21000-1	三厂	JB1-1彩色机头	137.20	141.10	145.20	162.60
4-17000	三厂	JB1-3机头	128.50	132.10	136.08	152.30
4-17000-1	三厂	JB1-3彩色机头	131.70	135.40	139.40	156.10
4-44000	三厂	JB1-5机头	129.60	133.20	137.10	153.60
4-44000-1	三厂	JB1-5彩色机头	130.40	134.10	138.00	154.60
4-52000	三厂	JB1-6机头	130.40	134.10	138.00	154.60
4-52000-1	三厂	JB1-6彩色机头	133.60	137.40	141.40	158.40
1-41000-1	一厂	FB1-2彩色机头	154.10	158.50	163.10	182.70
1-46000-1	一厂	FB1-3彩色机头	152.80	157.10	161.70	181.10
1-47000-1	一厂	FB2-1彩色机头	157.50	162.00	166.70	186.70
4-58000	三厂	FA4-2机头	130.40	134.10	138.00	154.60
4-58000-1	三厂	FA4-2彩色机头	131.50	135.20	138.20	155.90
3-57000-1	协昌	JH14-2多功能彩色机头	377.40	388.00	399.40	447.30
3-13000	协昌	JA2-2机头	139.00	143.00	147.20	164.90
3-11000	协昌	JA2-1机头	134.30	138.00	142.10	159.20
3-43000	协昌	JA1-3机头	132.70	136.40	140.40	157.20
1-45000	一厂	JA1-9机头	132.70	136.40	140.40	157.20
1-45000-1	一厂	JA1-9彩色机头	135.90	139.70	143.80	161.10
4-59000	三厂	JA1-17机头	128.50	132.10	136.00	152.30
13-002904	行业	塑贴面二半藏式板	57.40	59.00	60.80	68.10
13-00290Z4	行业	塑贴面二半藏式拆装板	60.30	62.00	63.80	71.50
13-000004	行业	缝纫机脚	52.90	54.40	56.00	62.70

　　1992年以后，苏州市场缝纫机价格同其他日用百货商品一样，价格全部放开，由市场形成。随着苏州人民生活水平的提高，1998年后，市场缝纫机消费需求疲软，价格走低。进入

新世纪,苏州百姓购买成品服饰已成生活消费的习惯和主流,家用缝纫机逐步淡出苏州人民的生活,苏州市场已见不到家用缝纫机。

四、收音机、收录机价格
1. 收音机价格

20世纪30年代,苏州出现私营无线电商店,连卖兼修电子管收音机,其价格的制定主要依据市场供求状况,并参考生产成本变化。这种价格管理状况一直沿用至苏州解放初期。

1956年初,在社会主义改造高潮中,25家无线电修理商店,34名从业人员,集资1.2万元,建立苏州市无线电修理合作社,以修理电子管收音机、扩音机为主,并生产少量配套元件。

1957年,苏州市无线电修理生产合作社采用国产零部件仿上海广播器材厂的交流五管电子管收音机组装57-A型收音机,是为苏州生产收音机之始。

1959~1962年,苏州先后设计生产多款型号的收音机,至1963年,由于苏州无线电厂转产无线电通讯机,加上生产亏损市场滞销,电子管收音机从此停产。1963年,国产半导体器件问世后,电子元器件向小型化发展。当年,苏州无线电厂试制晶体管收音机,"因成本大,售价高,未能打开销路,仅生产2295台"。直到1968年,苏州才开始生产晶体管收音机。

20世纪70年代是江苏及苏州电子工业大发展的时期,在价格管理上实行高度集中的体制,强调"计划第一,价格第二"。对于计划内产品、名优产品及参与国家重点项目配套的产品,均执行国家统一定价;对地方电子产品,一般由地方生产主管部门提出定、调价方案,经地方物价部门审核报省物价部门批准执行。苏州电子产品价格,包括收音机价格,均按上述模式执行。协商价自行定价的只占总量的4.6%。据《江苏省价格志》载:"1975~1976年,江苏大多数企业生产的收音机成本高,价格低,市场销售不畅,导致大批企业亏损。"

1973年,苏州无线电五厂设计生产的快鹿牌台式晶体管收音机,音响好,价格低,颇受消费者欢迎,特别在广大农村打开了销路,各地交电公司争相订货。下表为苏州无线电五厂生产的快鹿牌半导体收音机部分产品价格。

表3-113　苏州产快鹿牌半导体收音机部分产品价格表

产品名称	规格型号	单位	出厂价（元）	零售价（元）	备注
快鹿牌七管半导体交直流台式两用收音机	T410A	台	17.85	21.00	—
快鹿牌七管半导体中波便携式收音机	B407	台	25.25	28.70	—
快鹿牌七管半导体中波台式收音机	T410	台	27.47	31.50	1980年10月产
快鹿牌交直流半导体收音机	T410-A	台	32.36	37.20	1981年5月产
快鹿牌七管半导体收音机	811	台	28.30	32.50	1981年5月产
快鹿牌七管半导体直流台式收音机	S-220	台	20.70	23.80	1983年10月产
快鹿牌七管半导体台式交直流两用收音机	T410A-1	台	21.75	25.00	1983年11月产

注:若给商业批发单位按出厂价结算,销给零售单位按零售价回扣7%结算,保修费另加。

1974年后,苏州不断开发收音机品种,有便携式、小台式等。1980年3月,苏州市计划委员会作出《关于4L1立式收音机价格的批复》:经研究同意市电子工业局和市商业局的协商意见，江南无线电厂批量生产的孔雀牌4L1型七管半导体交直流两用立式木壳收音机每台出厂价为34.76元，零售价39.5元（批零同价）。

同年，江南无线电厂还以补偿贸易方式，耗资6.4万港币，从香港购进一条电子钟控收音机装配生产线，并自行设计两条收音机装配生产线，使收音机的年产能力迅速提高。苏州市物价委员会向省物委、省电子厅、省商业厅上报江南无线电厂生产的电子钟控收音机价格。经省同意可由苏州地方物委审批。1980年8月8日市物委批复：参照当时沪产海燕牌K103 6管二波段钟控收音机每台出厂价117.90元，零售价134元。江南无线电厂生产的孔雀牌3TZ-201型石英电子钟收音机价格，经工商协商达到一致，每台出厂价120.80元，零售价138元，商业进销差率按12.5%计算，保修费按牌价1%，仍按全国统一规定办。1980年全市收音机产量达40.9万台。

同年9月，市物委对苏州有线电三厂生产的806型六灯交流收音机销售价格作出批复：同意该机每台出厂价为95元，试销零售价为100元。苏州地产收音机参照沪产同类产品核定价格。当时沪产红灯牌六灯交流收音机苏州市场批发价每台94.3元，零售价每台106元。

1981年7月，由江南无线电厂、无线电五厂、有线电厂等组建的江南广播通讯联合厂，生产上述各种型号的收音机65万台，苏州第一电子仪器厂也生产台式、落地式等型号收音机，市物委批准第一电子仪器厂生产的东吴牌14T-1型台式收音机每台零售价139元（即孔雀牌8449收音机，获全国质量评比二等奖）。孔雀牌2TF-403四波段十二管半导体收音机（二级机）出厂价每台为146.70元，苏州市试销零售价每台为167.00元。

同年8月，市物委同意江南无线电厂部分产品在市场零售价格不变的前提下，由工厂适当让利给商业，以扩大商业进零差率。具体价格见下表：

表3-114　1981年8月江南无线电厂部分产品价格表

生产单位	产品名称	原价			调整价		
		出厂价（元/台）	零售价（元/台）	差率（%）	出厂价（元/台）	零售价（元/台）	差率（%）
江南无线电厂	603交直流收音机	27.59	31.50	12.4%	27.56	31.50	12.5%
江南无线电厂	4L1半导体收音机	34.76	39.50	12%	34.56	39.50	12.5%
江南无线电厂	2TF-403大台式机	146.70	167	12%	146.10	167	12.5%

苏州市物委批准同意，从1981年11月6日开始，调低部分地产半导体收音机厂、销价格，以有利于扩大市场销售，具体价格见下表：

表3-115　1981年11月部分地产半导体收音机调价表

单位：元/台

品名规格	出厂价		零售价	
	原价	调后价	原价	调后价
七管T406三段波快鹿	41.34	38.70	47.50	45
七管B408快鹿	25.70	23.65	29.50	27.50
七管T410A交直流快鹿	32.36	30.10	37.20	35
七管T410快鹿	27.47	21.50	31.50	25

品名规格	出厂价		零售价	
	原价	调后价	原价	调后价
六管603孔雀	27.50	21.50	31.50	25
七管B407快鹿	25.11	21.36	28.70	24.70
七管T421交直流快鹿	34.12	29.40	39	34
六管602孔雀	27.12	21.62	31	25
七管703交直流孔雀	31.93	29.84	36.50	34.50
七管4BH201二波段孔雀	33.93	31.82	39	37

　　1981年11月，市物委作出《关于孔雀牌4TH-203二波段晶体管交直流收音机试销价格的批复》，同意该型号收音机出厂价每台44.37元，零售价每台51.00元。

　　1982年1月，市物委审核江南无线电厂生产的孔雀牌8347型15管二波段交流大台式半导体收音机每台出厂价为109.85元，零售价127元，并报省物委审批。省物委函复市物委。明确："由地方分管的半导体收音机新品种试销价可以由地方物委管，也可以采取出厂价由工业为主管理，销售价由商业为主管理，工商意见不一致时由当地物委仲裁决定。总之应本着按质论价，比质比价的原则确定。"后因市场滞销，产品积压，部分地产大台式、落地式收音机于1982年底停产，苏州的收音机生产由此滑坡。1983年初，经市物委批准，东吴牌14T-1型台式收音机、L312落地收音机削价处理，每台分别为110元和105元；虎丘牌落地收音机单机削价处理每台100元，双机（带电唱机）削价处理每台150元；孔雀牌704型收音机削价处理每台14元。双菱牌4037台式收音机零售价每台由60元削价为50元，金门牌TS324-Ⅱ型台式收音机每台由129元削价为90元。

　　1983年11月，市物委先后批复江南无线电厂生产的孔雀牌5163型六管半导体袖珍收音机（连耳塞）每台出厂价9.03元，零售价10.50元；无线电五厂生产的快鹿牌S-232型交直流两用七管半导体台式收音机出厂价33.76元，零售价38.80元。

　　1983年苏州手表、缝纫机、半导体收音机市场发生变化，销售呆滞，库存积压，价格下滑，而袖珍半导体销售尚好。据统计，1983年全年，苏州人民商场销售半导体收音机6007台，宏声交电商店销售2544台，展销商店289台，与1982年相比分别下降25%、40%和69%。

　　1984年3月，为适应市场的需要，江南无线电厂生产5266型调频调幅袖珍收音机，市物委审批其出厂价每台为24.36元，零售价每台为28元。

　　1985年，无线电五厂和江南无线电厂仅生产收音机1.2万台。同年8月，市物委、轻工局、电子工业局、商业局发出《关于缝纫机等四种产品实行企业订价的联合通知》，收音机与缝纫机、国产手表、电风扇的价格放开，实行企业定价，收音机价格开始退出国家定价，完全由市场形成，传统的收音机逐渐被市场新生宠儿录音机所替代。

2. 收录机价格

　　1979年，苏州江南无线电厂为港商加工装配钟控录音机，是为苏州生产录音机之始。此后，苏州江南无线电厂、无线电五厂、电子计算机厂、电视机三厂等先后试产过多款录音机，因技术力量薄弱、设计不周，元器件供应不落实、市场滞销等原因而流产，其中市场比较适销的仅江南无线厂生产的孔雀牌9353型、9356型、9357型和无线电五厂生产的快鹿牌

苏州市价格志

SL-195型等数种。苏州电子计算机厂在计算机生产低潮时的1982年也生产过CPR-102型录音机，价格详见下表：

表3-116　部分地产收录机价格表

品名	规格	出厂价 （元/台）	零售价 （元/台）	备注
苏州电子计算机厂产	CPR-102型录音机	116.45	137	1982年产
孔雀牌录音机	9352-Ⅱ型调幅大台式	172.26	198	1983年2月产
孔雀牌录音机	9353-Ⅲ型调频调幅台式	210.80	248	1983年5月产
孔雀牌录音机	9356型调频调幅大台式	238	280	1983年7月产
孔雀牌录音机	9354型调频调幅三波段台式	300.15	345	1984年1月产
孔雀牌录音机	9357型调频调幅大台式	339.30	390	1984年3月产
孔雀牌录音机	9270型双卡立声台式	569.50	670	1986年5月产

20世纪80年代初，录音机开始在苏州市场走俏，1983年苏州市场录音机销量增长幅度大。据苏州市统计局资料载：1983年全年人民商场销售录音机3046台，南门商业大楼销售1379台，宏声交电商店销售724台，与上年相比分别增长102%、10%和82%，台式录音机已比手提式见俏，每台价位400元左右的多功能机最好销，高档全进口也大受欢迎，200元左右的低档机销售不好。

1983年2月5日，苏州市物价委员会对孔雀牌9353-Ⅱ型调幅大台式录音机核定出厂价格，为每台172.26元（不含保修费），零售价每台198元。

表3-117　1984年9月国家商业部部分录音机新订口岸零售价格表

单位：元/台

品名	国别	牌号	规格型号	口岸零售价
录音机	日本	夏普	GF-A2Z（S）四波段单卡双声道分离便携式	540
录音机	日本	夏普	GF-7750Z单卡双声道四波段分离式	710
录音机	日本	夏普	VZ-1500Z（S）、CP-1500XP两组音箱单卡双声道四波段卧式 组合	1000
录音机	日本	夏普	GF-800Z（D）对卡双门双声道四波段分离式	1300
录音机	日本	夏普	GF-500Z双卡双声道四波段	710
录音机	日本	夏普	M-W22K双卡双声道四波段组合	660

注：销地价格按规定加地区差价制定。

1984~1985年上半年，苏州市场录音机热销，经营录音机的单位日益增多，有专业商店、综合商店、劳动服务公司，还有贸易中心等，但有些经营单位不懂如何作价，乱定销售价格，造成市场上录音机价格十分混乱，同一牌号同样功能的录音机零售价格悬殊幅度很大，因此群众反应较大。1985年5月7日，市物委发出《关于整顿录音机价格的通知》，根据国家、省相关文件，规定对电视机、录音机、名牌曲酒、卷烟、名牌自行车、照相机等供不应求的商品（包括计划内的和超产的部分），所有工业企业、商业批零企业，各种贸易中心、交易市场，都必须执行规定价格，不得高价购进，高价出售，也不准搞浮动价格。为使各经营单位能够正确执行国家规定的录音机价格,特作如下规定:凡是国产录音机,一律执行规定的价格;凡是进口录音机(包括国内组装机)一律按商业部规定的统一计价办法计价(具体计价办法见下表3-118),可以下浮,不得上浮。各经营单位要按照上述规定进行自查,凡是违反规定的应立即纠正。苏州市物价检查所要认真对经营单位作一次全面检查,违反规定者给以严肃处理。各县(市)物委、物价检查所参照本通知贯彻执行。

表3-118　商业部规定地方零星进口便携式录音机销售价格统一计价办法表　表一

便携式录音机分类基价表

录音机类型	磁带室门式		喇叭		基价
	开启式	扁插式	数量	尺寸	
单声道机	一扇	—	1	4英寸(102m/m,下同)及以下	195
			2	4英寸及以下一个,小高音一个	205
双声道机	一扇	—	4	4英寸及以下二个,小高音二个	423
			2	4英寸及以下	333
双声道双卡机	二扇	—	4	4英寸及以下二个,小高音二个	610
			2	4英寸及以下	483
双声道简易双卡机	一扇	一扇	4	4英寸及以下二个,小高音二个	491
			2	4英寸及以下	396

商业部规定地方零星进口便携式录音机销售价格统一计价办法表　表二

必备功能不加价表

功能设备名称	中英文对照	备注
收音调谐钮	TUNING调谐	—
波段选择开关	BAND波段	有其他功能档的另加价
收音条幅波段二个	MW中波,SW短波	超过二个波段另加价
音量钮一只	VOLUME(VOL)音量	—
功能选择开关二档	FUNCTION功能	只有RADIO(收音)TAPE或CASS(磁带或卡式),如还有其他功能另加价
喇叭	SPEAKER(SP)喇叭	单声道一只或二只,双声道四只或二只超过4英寸(102m/m)另加价3英寸×5英寸按4英寸计算
拉竿天线一根	ANT(天线)	—
机内话筒(微音器)	MIC(话筒)	单声道一只,双声道二只,外附另加价。少机内话筒每只减少20元
按键	录音(REC)重绕(REW)播放(PLAY)快绕(EF)停止/开门(STOP/EJECT)	停止和开门分设另加5元
电源线一根	—	连插头
试音带一盘,耳塞机一只	—	没有的不扣价
插孔插座	—	均不加价

商业部规定地方零星进口便携式录音机销售价格统一计价办法表　表三

牌号	品质差率(%)
日本产:乐声(松下)、东芝、日立、声宝(夏普)、三洋、索尼、胜利(JVC)、将军、日电(NEC)、爱华、西德、荷兰产各种牌号	100
日本产:皇冠、先锋、银星、超霸、标准、三菱、巨星等名牌	90
其他国家和地区产品	80

1985年7月，针对当时市场录音机牌号、功能差异较大，现有作价办法不能完全解决不少新颖录音机的定价问题，市物委发出《关于整顿录音机价格的补充通知》，明确市区各经营单位所经营的各类收音机，凡有国家规定价格的，按规定牌价执行。没有规定价格的市物委委托市五化交公司物价科统一核定价格。要求各主管局、各公司、各区立即通知所属各个经营单位主动携带样机、说明书、进货单等资料前往市五化交公司办理核价手续。从8月10日开始，凡物价检查或消费者举报有不符上述规定情况者，一律按擅自定价论处。各县（市）录音机价格的管理办法，由各地物委自行研究决定。

表3-119　1985年10月部分国产、进口录音机产地、口岸零售价格表

单位：元/台

牌号	规格型号	产地	产地（口岸）零售价
海月牌	3HCL-B录音机	上海	269
春雷牌	3PL3盒式进口机芯稳压电源及话筒录音机	上海	200
星浪牌	SK-42四喇叭录音机	上海	295
	HL103进口机芯盒式录音机	上海	122
	HL103A盒式收录两用机	上海	160
	2L141便携式录音机	上海	195
红灯牌	2L143型进口机芯四喇叭四波段台式收录二用机	上海	360
	2L145台式收录两用机	上海	230
	2L149型小台式收录两用机	上海	118
	2L1420立体声二喇叭二波段收录两用机	上海	275
	L400B收录两用机	上海	299
	2L1400立体声进口机芯四喇叭四波段录音机	上海	478
航天牌	L316C录放机	上海	156
	L305型录放机	上海	88
	L400A型进口零件组装收录两用机	上海	285
上海牌	L-866录音机	上海	458
美多牌	CT6620A台式录音机	上海	290
海燕牌	6704大台式四喇叭录音机	上海	313
	7101立体声收录组合机	上海	698
熊猫牌	L-04录音机	南京	255
红星牌	DF1006型录音机	南京	261
	DF1006A录音机	南京	315
蝙蝠牌	LT-121-809录音机	南京	247
梅花牌	M104A三波段二喇叭录音机	无锡	270
	M-106D录放机	无锡	98
	M-112B台式录音机	无锡	263
	立体声录音机	无锡	398
	906录音机	无锡	418
咏梅牌	TL201-A四喇叭录音机	无锡	269
	TL203录音机	无锡	425
	M-900录音机	无锡	285
声宝牌	QT-94Z录音机	日本	890
孔雀牌	9352—Ⅱ台式收录两用	苏州	198

牌号	规格型号	产地	产地（口岸）零售价
三洋牌	NW-2K四喇叭双卡录音机	日本	681
	C-40双卡立体声录音机	日本	680
声宝牌	GF-A2Z（S）录音机	日本	540
	2T-290ZG收录两用机	日本	810
	TRQ-247盒式录音机	日本	120
	GF-575ZB收录两用机	日本	1300
	GF-800Z（D）录音机	日本	1300
三洋牌	H2511盒式录音机	日本	120
松下牌	RX-F10F录音机	日本	550
	RX-C52F录音机	日本	750
三洋牌	M9830K四喇叭录音机	日本	571
	9915K录音机	日本	656
康佳牌	1040-J录音机	深圳	352
	1043B四波段收录两用机	深圳	792
康艺牌	2932-S三波段二喇叭4英寸收录两用机	香港	388
珠江牌	8222录音机	广州	520
牡丹牌	SL-5录音机	北京	265
三洋牌	M-1170单卡袖珍式	日本	148
	C-40双卡立体声	日本	680
	M-9838K单卡四波段双声道	日本	523
夏普牌	GF-A2Z（S）单卡四波段双声道分离便携式	日本	540
	GF-7750Z单卡四波段双声道分离式	日本	710
	GF-500Z双卡四波段双声道	日本	710
	GF-530Z双卡四波段双声道	日本	750
松下牌	RX-F33F双卡四波段立体声	日本	640
索尼牌	CFS-W600双卡双声道分离式四喇叭带电脑快录双面同时录音	日本	850
东芝牌	RT-SX85双卡双声道分离式一档电脑带快录	日本	850
星球牌	SLT814-A（台式）	常州	262
	SL303调频调幅立体声	常州	389
	SL832双卡立体声	常州	590
	SL831台式调频调幅立体声	常州	379
	SL838便携式学生机	常州	99.80
	CPR-102收录机	苏州	137

1986年9月，根据国家和省的统一部署，苏州市场国产录音机、电冰箱、洗衣机、自行车等七种日用品出厂价格放开，由企业自主定价，允许国产录音机生产企业根据生产成本、市场供求、同类产品价格，正确决定自己产品价格；企业必须在价格变动前十天，报业务主管部门和物价部门备案。根据省规定，实行企业定价的商品，厂零差率一般按现行差率执行。录音机出厂价顺加13%厂零差率为零售价，任何单位不得突破零售价，地区差率市、县（市）统一，凡省内（包括上海）调入的产品按产地零售价顺加2%，其他外省调入的产品按产地零售价顺加4%计算当地市场零售价。为保持产品竞争优势，地区差率可低于规定，但不得超过规定。

由于上海口岸价格调整，同年10月22日起，苏州市调整部分进口录音机、电冰箱、洗衣机价格。经测算，日本产23种型号录音机、零售价格总水平提高16.56%，如声宝牌GF-530乙型录音机每台零售价从765元调高至890元。苏州市部分进口原装录音机调价情况详见下表：

表3-120　苏州市部分原装进口录音机调价表

品名	规格	单位	产地	零售价	
				调前价（元）	调后价（元）
录音机	GF-800乙型声宝	台	日本	1330	1510
录音机	GF-A2Z型声宝	台	日本	551	592
录音机	RX-CW50F型乐声	台	日本	765	890
录音机	TRX-W300型日立	台	日本	806	959
录音机	CFS-W600型索尼	台	日本	867	1040
录音机	RT-SX85型东芝	台	日本	867	1120
录音机	C-40型三洋	台	意大利	694	836

1987年，录音机市场逐渐发生变化，国产录音机市场销售转平，库存增加，为促进录音机生产良性循环，让消费者得到更多实惠，同年10月11日起，北京、上海及省内外诸多名牌录音机厂家对其生产的录音机降低价格，降价幅度在5%～15%不等。具体价格见下表：

表3-121　1987年部分国产名牌录音机及配套件降价表

单位：元/台

类别	产品商标	型号	降价幅度	产地原价	产地现价	生产厂
收音机	牡丹牌	MB214B	10%	695	626	北京无线电厂
	牡丹牌	MB218	15%	180	153	北京无线电厂
	熊猫牌	SL-05	5%	388	368	南京无线电厂
	熊猫牌	SL-861	6.9%	730	680	南京无线电厂
	长江牌	CL8516	10.6%	615	549	武汉无线电厂
	梅花牌	M918	10%	580	522	无锡无线电厂
	星球牌	SL858A	5.5%	762	720	常州录音机总厂
	燕舞牌	L1541A	8.79%	635	580	盐城无线电总厂
	长江牌	CL6713	9.1%	615	559	武汉无线电厂
录音机芯	梅花牌	M313	9.4%	37	33.5	无锡无线电厂
	三峰牌	LX501	9.4%	37	33.5	天津津华无线电厂
	华联牌	LX-86	13.5%	37	32	华联无线电器材厂
录音机磁头	山峰牌	TC821DK-2A	16.7%	6	5	上海永建录音器材厂

苏州市五化交公司也于1987年10月11日起调低沪产名牌录音机市场零售价格（详见下表3-122）。同月17日又调低由天津广播器材厂组装的日本乐声牌RX-4W200F四波段四喇叭双卡双声道录音机零售价，每台由1900元降至1660元。

表3-122　　1987年沪产名牌录音机市场零售价格表

执行日期：1987年10月11日　　　　　　　　　　　　　　　　　　　　　　　单位：元/台

品名	规格	产地	现行零售价	调整零售价
录音机	2L666型双卡分箱式四波调频红灯	上海	689	654
	2L762型双卡分箱式三波调频红灯	上海	439	390
	CM6550型组合式三波调频美多	上海	836	765
	L960型双卡分箱式三波上海	上海	459	393

　　1987年11月，市物委规定苏州市录音机城乡差价，吴县、吴江、张家港、太仓、昆山、常熟六县（市）每台录音机均为1元，其中吴县的西山为1.5元。

　　1988年受市场物价总水平上涨的影响，收录机市场价格也有程度不同的上涨，下表为进口及沪产收录机价格行情。

表3-123　　1988年1月进口录音机口岸价格表

单位：元/台

产地	规格品名	零售价
日本	夏普GF-800Z（D）双卡双声道四波段双门分离式	1480
日本	夏普GF-A2Z单卡四波段双声道分箱	580
日本	夏普GF-530Z单卡四波段双声道便携	880
日本	夏普QT-94Z双卡双声道电能式一档电脑分箱	1150
日本	惠尔康CPW-1958双卡双声道四波段四喇叭携、组	620
日本	三洋C-30单卡双声道四波段四喇叭组合	629
日本	三洋M-1170单卡袖珍	158
日本	东芝RT-SX85双卡双声道快录一档电脑分离式	1100
日本	松下RX-F10F单卡双声道四波段便携	580
日本	丽声RC-7070双卡双声道四波段四喇叭便携	542.2
日本	声浪MG-Z1袖珍单放双耳机	790
日本	爱华CA-W50H双卡双声道四波段四喇叭分箱	980
日本	索尼CFS-W600双卡双声道四波段四喇叭双面同录分离式	1020
日本	三卡TCR-220双声道便携	640
中国香港	康艺C-124F单卡便携	278
中国香港	康艺8828双卡双声道四波段四喇叭快录分箱	725

表3-124　　1988年1月部分国产录音机价格表

单位：元/台

产地/生产厂	规格品名	出厂价	产地零售价
上海一〇一厂	海燕牌6801型单卡分箱式	383	440
上海一〇一厂	海燕牌7101型单卡组合式	461	530
上海一〇一厂	海燕牌6615型三波段立体声双卡六喇叭分箱	—	365
上海一〇一厂	海燕牌6704型双声道双卡四波段四喇叭台式	231	266
上海无线电三厂	红灯牌2L149型单卡单声道一波段一喇叭小台式	105	121
上海无线电三厂	2YZ8000型双卡单声道四波段四喇叭分箱式	587	675
上海电声厂	银河牌BL717三波段双声道单卡便携	—	334

产地/生产厂	规格品名	出厂价	产地零售价
上海电声厂	银河牌SL-212单声道单卡便携	126	145
上海华生无线电厂	海月HC-8500型单卡分箱	273	314
上海新华无线电厂	航天KY-2216型单卡双声道便携	191	219
上海新华无线电厂	航天KL-3型袖珍	86	99
上海春雷电讯厂	多灵DL8480单卡便携	—	132
上海无线电三厂	美多CP6961双声道双卡三波段四喇叭便携	296	340
上海无线电三厂	美灵CM6550双卡双声道四喇叭分层分箱	—	750
上海录音器材厂	L-866单卡双声道台式	366	421
上海一〇一厂	声宝VZ-1500Z（S）CP-1500XP（S）组合	—	1060
广州	科艺800型双卡双声道四喇叭四波段携组分体五段均衡器	—	730
广州	爱丽MC-8588双卡分体四喇叭快录轮放	—	720
南京	蝙蝠LT121-809	—	247
南京	红星DF1010	—	190
南京	红星DF1016带电源	—	105
南京红旗无线电厂	莺歌HL3016四喇叭	—	228
南京	熊猫SL-05便携式单卡双声道	—	368
南京	熊猫SL-21-1	—	253
南京	红叶SL-1517	—	178
南京	夏普VZ-1500组装	—	1010
南京大桥机器厂	玫瑰SL805-A	—	453
南京大桥机器厂	玫瑰SL226	—	485
无锡	梅花M918	—	522
常州	星球SL858A	—	720
盐城	燕舞L1541A双卡立体声喇叭	—	580
盐城	燕舞L188双卡分箱	—	519
盐城	燕舞L1598双卡组合	—	530

第三章 轻工业品价格

1988年4月24日，苏州市区开办"特需市场"，以高于市场零售价，低于黑市价格，销售市场紧俏的日本进口录音机，声宝牌GF94型和GF780E（S）两款录音机市场零售价均为1110元，特需零售价分别为1470元和1400元，以平抑市价，打击黑市，满足部分消费者需要。

1988年9月，为抑制通货膨胀，稳定市场价格总水平，根据国家和省、市有关规定，市物委对已经放开的23种（类）日用工业消费品价格，实行提价申报制度，录音机、收音机价格也列入23种商品之中，企业如需提价，必须提前10天向当地物价部门申报，经许可后方可实施，从而抑制了录音机价格不合理上涨的冲动。

表3-125　1988年12月沪产红灯牌收录机苏州产区价格表

单位：元/台

品名	规格	零售价	品名	规格	零售价
红灯收录机	2L768型	394	红灯收录机	2L762型	407
红灯收录机	2L662型	447	红灯收录机	2L862型	372
红灯收录机	2L766型	372	—	—	—

1990年,市场物价总水平渐趋平稳,录音机市场渐趋饱和,价格上升乏力。同年7月,市物委修订部分商品价格管理措施,决定对录音机、收音机、缝纫机等11种工业消费品不再实行提价申报制度。生产企业可按成本和市场供求情况确定价格,经营企业可按照规定作价办法(差率)相应确定销售价格。工、商企业对退出提价申报制度的价格变动应向物价部门备案。

1992年以后,苏州市场收、录音机价格全部放开,由市场形成。

由于收、录音机市场供大于求,以及电子产品更新换代快等原因,在1993~1994年这轮通货膨胀中,苏州市场收音机、录音机价格保持基本稳定。据市统计局城调队统计资料显示:红灯797二波段收音机1993年市场年平均零售价每台为38.475元,1994年年平均零售价为39.038,同比上涨1.5%;红灯双卡9103-1录音机1993年市场年平均零售价每台243元,1994年平均零售价为245.014元,同比上涨0.9%。同时,市物价局组织市行业价格协会百货分会对市场新近出现的,销售价格升高的家电行业中的音响价格实行行业协议价,规定行业协议价允许下浮,不得突破。详见下表:

表3-126 1993年苏州市区主要家用电器行业协议价

单位:元/台

品名	型号规格	零售价	
		7月20日	8月18日
爱华	360	5440	5310
爱华	3000	6060	6060

表3-127 1994年苏州市区主要家用电器行业协议价

公布日期:1994年1月28日

单位:元/台

品名	型号规格	零售价	
		1993年10月25日	1994年1月28日
爱华	360	4400	4600
爱华	707	—	7400
索尼	B170K	4700	4700

表3-128 1994年苏州市音响产品市场零售价格表

单位:元/台

商品类别	规格等级	平均价格	
		5月份	11月份
录像机	松下HD82	4166.66	3700
音响	爱华360	4275	4237
音响	JVCMX55S	5950	5950
影碟机	夏普K8000	7150	7150
影碟机	先锋1720K	5000	5100

从20世纪90年代中后期开始到2010年,随着科学技术日新月异的发展,收音机、录音机产品更新换代步伐加快,除极少数高档录音机市场有售外,多数产品被市场淘汰。居民购买

电子音响产品向CD、VCD、SVCD、DVD、多功能音响、家庭影院、MP3、MP4等方向发展，价格也完全通过市场调节形成。由于电子音响产品的层出不穷，往往新产品刚上市时价格较高，随着产品技术不断进步完善成熟，大规模生产后，价格则一路走低，逐步淘汰出局，被新产品所替代。

表3-129　1996年苏州市音响产品市场零售价格表

单位：元/台

商品类别	规格等级	平均价格	
		5月份	11月份
录像机	松下SD50	2481	2455
音响	建伍VD302	3358	3375
影碟机	先锋270K	2600	2800

表3-130　1997年苏州市音响产品市场零售价格表

单位：元/台

商品类别	规格等级	平均价格	
		5月份	11月份
录像机	东芝K3单放	1506	1475
音响	爱华K77	4433	4150
VCD	新科-25C2.0	1680	1292

表3-131　1998年苏州市音响产品市场零售价格表

单位：元/台

商品类别	规格等级	平均价格	
		5月份	11月份
VCD	万利达N28单碟	1213	1281
VCD	新科-330三碟	1261	1045

表3-132　1999年苏州市音响产品市场零售价格表

单位：元/台

商品类别	规格等级	平均价格	
		5月份	11月份
SVCD	万利达N28单碟	1080	步步高AB103单碟899.66
SVCD	新科-330三碟	1165	1296.00

表3-133　1998~2000年苏州市、常熟市家用电器价格表

单位：元/台

商品类别	地区	1998年	1999年	2000年
录音机（台）	苏州市	202.222	194.667	178.000
双卡	常熟市	267.000	262.000	262.000

资料来源：江苏省城市经济调查局编纂的江苏省物价统计资料。

表3-134　2001年7月苏州工业品商场部分商品价格行情表

单位：元/台

品名	型号	产地	零售价	品名	型号	产地	零售价
索尼CD机	E888	马来西亚	1530	厦新SVCD	696H2	厦门	588
索尼CD机	EJ615	马来西亚	1050	极牌家庭影院	K-28	广州	1680
索尼CD机	EJ625	马来西亚	1180	极牌家庭影院	2T-01	广州	2480
索尼CD机	EJ715	马来西亚	1220	极牌家庭影院	K-29	广州	3250
索尼CD机	EJ725	马来西亚	1180	极牌家庭影院	K-8	广州	6500
索尼CD机	E201	马来西亚	850	先驱家庭影院	2116（6件套）	顺德	3880
索尼CD机	E445	马来西亚	850	先驱家庭影院	816	顺德	2680
小霸王学习机	929	中山	180	先驱家庭影院	D1	顺德	5980
步步高复读机	683B	东莞	168	先驱家庭影院	991	顺德	5280
步步高复读机	792	东莞	268	金正DVD	NJ91	东莞	1398
步步高复读机	796	东莞	298	步步高VCD	009KB	东莞	548
步步高复读机	790	东莞	238	飞乐DVD	518	上海	1580
步步高复读机	782	东莞	268	飞乐DVD	519	上海	1480
步步高复读机	791	东莞	338	厦新SVCD	6000	厦门	598
步步高复读机	786A	东莞	278	上广电SVCD	200A	上海	598
步步高复读机	518	东莞	298	上广电DVD	781	上海	1298
步步高复读机	788	东莞	358	上广电SVCD	200A	上海	618
步步高复读机	796K	东莞	338	上广电DVD	781	上海	1298
步步高复读机	791K	东莞	348	飞乐家庭影院	—	上海	2488
永华复读机	1678	上海	188	飞乐中环	3044	上海	700
永华复读机	HF-2680	上海	198	飞乐中环	8000	上海	850
永华复读机	2100D	上海	178	飞乐音箱	8000	上海	2050
永华复读机	2991	上海	258	飞乐功放	8000	上海	1950
永华复读机	200AH	上海	298	君牌中环	火红	广州	690
永华复读机	HF-2781	上海	288	君牌中环	哥伦布	广州	500
永华复读机	3200BH	上海	496	君牌功放	AV2001	广州	1680
上广电游戏机DVD	860	上海	1880	君牌家庭影院	哥伦布6件	广州	3800
上广电DVD	781PS	上海	1680	坚牌音箱	AV-2200	厦门	1570
上广电DVD	781VGA	上海	1980	坚牌套机	AV1600	厦门	2180

五、苏州市部分日用百货历史价格表

表3-135　1949~1990年苏州市日用工业品历史价格表

年份	工农雨鞋 25公分 元/双	苏州产肥皂 （裕华、光荣） 元/条	香皂 （上海牌） 元/块	牙膏 （白玉） 元/支	牙刷 塑柄锦纶丝 元/支	手电筒 （大无畏） 元/只	搪瓷面盆 沪34公分白甲 元/只
1949	1.60（年末）	—	—	—	—	—	—
1950	3.89	0.32	0.43	—	—	1.60	2.88
1951	4.02	0.34	0.45	—	—	2.10	2.88
1952	4.15	0.305	0.38	—	—	2.10	2.88
1953	3.84	0.31	0.38	0.41	—	1.68	2.80
1954	4.04	0.325	0.41	0.41	—	1.63	2.80

年份	工农雨鞋 25公分 元/双	苏州产肥皂（裕华、光荣）元/条	香皂（上海牌）元/块	牙膏（白玉）元/支	牙刷 塑柄锦纶丝 元/支	手电筒（大无畏）元/只	搪瓷面盆 沪34公分白甲 元/只
1955	3.99	0.32	0.41	0.41	—	1.63	2.92
1956	3.99	0.30	0.41	0.42	1.56	1.19	2.92
1957	4.12	0.30	0.41	0.42	0.88	1.19	2.92
1958	4.12	0.30	0.41	0.42	0.65	1.72	2.94
1959~1961	4.12	0.30	0.41	0.42	0.65	1.72	2.96
1962	4.12	0.42	0.41	0.42	0.65	1.72	2.96
1963	4.12	0.42	0.43	0.50	0.54	1.72	2.96
1964	4.12	0.48	0.48	0.50	0.37	1.72	2.83
1965	4.29	0.48	0.48	0.50	0.28	1.72	2.83
1966	4.29	0.46	0.48	0.50	0.28	1.72	2.55
1967	4.29	0.46	0.49	0.50	0.28	1.74	2.55
1968	4.29	0.46	0.49	0.50	0.28	1.75	2.55
1969~1972	4.29	0.46	0.49	0.48	0.28	1.75	2.55
1973~1974	4.29	0.46	0.49	0.48	0.28	1.86	2.55
1975~1977	4.29	0.46	0.49	0.48	0.26	1.86	2.55
1978	4.29	0.46	0.49	0.48	0.20	1.86	2.55
1979~1980	4.29	0.46	0.49	0.48	0.28	1.86	2.55
1981~1985	4.29	0.46	0.49	0.48	0.28	1.86	2.55
1988	—	0.70	—	—	—	—	—
1990	—	0.92（试销价）	—	—	—	—	—
1990	17.90	—	—	—	—	—	—
1990	—	1.00	—	—	—	—	—

表3-136　1950~1990年苏州市日用工业品历史价格表

计价单位：元/只、块

年份	搪瓷口杯（沪9公分白甲）	铝锅（沪24公分砂光）	铁壶水瓶（5磅沪产）	竹壳水瓶（5磅苏州）	热水瓶胆（5磅苏州）	缝纫机（上海一斗平板）
1950	—	—	—	0.86	—	—
1951	—	—	—	1.19	—	—
1952	—	—	—	1.42	1.23	—
1953	0.96	—	—	1.62	1.23	116
1954	0.99	—	—	1.66	1.23	116
1955	0.99	6.80	7.74	1.71	1.23	113.60
1956~1957	0.99	7.51	7.74	1.71	1.42	113.60
1958~1960	0.96	7.51	7.74	1.71	1.42	113.60
1961	0.96	7.51	7.41	1.71	1.42	113.60
1962~1963	0.96	7.51	7.41	2.43	1.42	113.60
1964	0.88	7.51	7.41	2.15	1.30	130
1965	0.88	5.61	6.67	1.90	1.20	130
1966	0.77	5.61	6.67	1.90	1.20	133
1967~1969	0.77	5.61	6.66	1.90	1.20	133
1970	0.77	5.51	6.66	1.90	1.20	133
1971~1972	0.77	5.51	6.66	1.90	1.20	150

续表

年份	搪瓷口杯 （沪9公分白甲）	铝锅 （沪24公分砂光）	铁壶水瓶 （5磅沪产）	竹壳水瓶 （5磅苏州）	热水瓶胆 （5磅苏州）	缝纫机 （上海一斗平板）
1973~1981	0.77	5.64	6.66	1.90	1.20	150
1982~1983	0.77	5.64	6.66	2.27	1.45	150
1984	0.77	6.52	6.66	2.27	1.45	150
1985	0.77	6.52	6.66	3.27	1.50	150
1986	—	—	11.50	3.23	1.77	—
1990	—	—	12.20（地产）	—	3.49	—

表3-137　1949~1990年苏州市日用工业品历史价格表

年份	书写纸 （3#60克）	剪刀 （3号白脚）	草席 （4尺隐稍）	铁锅	普通照明灯泡 （15~40瓦）	火柴	煤油 （灯用）
	元/令	元/把	元/条	元/张	元/只	元/十小盒	元/千克
1949	—	—	—	—	—	0.07	—
1950	—	0.51	—	0.339	—	0.17	1.26
1951	—	0.51	—	0.329	0.52	0.19	1.32
1952	—	0.47	—	0.372	0.50	0.182	0.91
1953	—	0.47	—	0.395	0.39	0.185	0.91
1954	—	0.47	—	0.395	0.38	0.17	0.95
1955	—	0.47	2.44	0.334	0.38	0.17	0.95
1956	—	0.46	2.54	0.334	0.38	0.17	0.95
1957	—	0.52	3.16	0.357	0.38	0.16	0.95
1958	—	0.44	3.16	0.357	0.38	0.16	0.95
1959	—	0.51	3.34	0.357	0.38	0.16	0.95
1960	—	0.51	4.33	0.41	0.38	0.16	0.95
1961	9.50	0.59	5.19	0.41	0.38	0.16	0.95
1962	9.50	0.59	5.19	0.41	0.38	0.20	0.95
1963	10.00	0.60	5.19	0.325	0.42	0.20	0.95
1964	10.00	0.61	5.19	0.32	0.42	0.20	0.95
1965	9.00	0.58	5.19	0.29	0.42	0.20	0.87
1966~1970	7.00	0.58	5.19	0.29	0.42	0.20	0.87
1971~1974	7.00	0.58	5.19	0.29	0.42	0.20	0.66
1975	7.90	0.58	5.19	0.29	0.42	0.20	0.66
1976~1979	9.20	0.58	5.19	0.29	0.42	0.20	0.66
1980	9.20	0.58	5.19	0.29	0.42	0.20	0.66
1981~1983	9.20	0.75	5.21	0.29	0.42	0.20	0.66
1984	9.20	0.75	5.21	0.38	0.46	0.20	0.66
1985	9.20	0.75	5.21	0.59	0.46	0.20	0.66
1988	—	—	—	—	—	0.50	0.66
1989	—	—	—	—	—	0.50	0.66
1990			17.30（甲级）	1.37	—	0.70	—

表3-138   1990年苏州市百货商品规定作价差率表

商品	作价差率（%）		
	地区差率	销进差率	批零差率
纸张（含书写、油光、复印纸、凸版、黄板纸等）	上海2，镇江2.5，山东5，广州7	10	15
打字机	上海2，天津5	10	12
照相机	2（市县调1）	10	10
胶卷	—	10（顺加）	15
油印机、速印机	上海2，天津5	10	12
电传、复印誊印机	2	—	10
电子打字机	2	—	10
计算器	2	—	10
微机（电脑）			6~10
微机配件、专用件	—	—	10
全（布、半）胶鞋	沪通2，常州2，南京2.5，淮阴3，广州6，天津5	10	14
搪瓷制品	无锡2，上海2.5，南京2.5，杭州2.5，徐州4.5，广州6，天津6	—	15
铝制品	3.5	—	15
高压锅	3.5	—	15
铁壳保温瓶	上海3，南京4.5，徐州7.5，芜湖4，杭州3.5，广州6，天津7	9	16
保温瓶胆	上海4.5，南京6，徐州10，芜湖6.5，杭州6	11	15
塑壳保温瓶（气压瓶、大口瓶）	上海3，南京4.5，徐州7.5	10	15
火柴	—	10	25
肥皂	每条0.02元	9	15
香皂	上海、南京2.5，天津、厦门5，济南、武汉3.5，哈尔滨7	9	15
洗衣粉	上海3.5，南京3，合肥3.5，徐州4.5	10	12
缝纫机	2.5	8	12
手表	—	12	12（倒扣）
钟	上海、省内2.5，烟台6	10	15
牙膏	江、浙、沪2.5，其他5	8（顺加）	15
铅笔	3	—	20
钢笔、金笔	2	—	16
铱金笔	2	—	15
镶嵌珍宝金饰品	—	—	10
非金饰品			30
电池	上海、南、京杭州2，广州、天津5	9	14
皮鞋	2	10	12（含花色差）
布鞋	—	11	14

表3-139   1994年苏州市部分日用百货商品价格表

商品类别	单位	规格等级	平均价格（元）	
			5月份	11月份
卫生纸	包	省内产	0.75	0.75
铝锅	只	仪征产24厘米	16.9	18.65
燃气热水器	只	万家乐液化5-A	670	715

表3-140　1996年苏州市部分日用百货商品价格表

商品类别	单位	规格等级	平均价格（元）	
			5月份	11月份
卫生纸	包	省内产	1.16	1.16
铝锅	只	仪征产24厘米	19.66	19.55
燃气热水器	只	万家乐6.5升水控	983.34	977
抽油烟机	台	长城不沾油子弹头	469.75	486.60
洗衣粉	袋	450克白猫高效低泡	3.50	3.28
洗衣皂	条	光荣53型300克	1.75	1.67
牙膏	支	90克中华普通	1.94	1.98
学生簿本	册	60克32K练习本	0.60	0.60

表3-141　1997年苏州市部分日用百货商品价格表

商品类别	单位	规格等级	平均价格（元）	
			5月份	11月份
卫生纸	包	省内产	1.15	1.06
铝锅	只	仪征产24厘米	20.05	22.13
燃气热水器	只	水仙牌小浴神	1471	1465
抽油烟机	台	长城不沾油子弹头	447.25	423.00
洗衣粉	袋	450克白猫高效低泡	3.30	3.20
洗衣皂	条	光荣53型300克	1.75	1.69
牙膏	支	90克中华普通	3.30	3.24
学生簿本	册	60克32K练习本	0.60	0.60

表3-142　1998年苏州市部分日用百货商品价格表

商品类别	单位	规格等级	平均价格（元）	
			5月份	11月份
搪瓷面盆	只	36厘米花	24.30	23.98
彩色胶卷	卷	135富士36	19.91	20.00
卫生纸	包	省内产	1.12	0.95
铝锅	只	仪征产24厘米	23.23	23.23
燃气热水器	只	水仙牌小浴神	1437	1413
微波炉	台	格兰士WP-800S	713.63	670
抽油烟机	台	帅康106C	687.97	714.30
洗衣粉	袋	450克白猫高效低泡	3.30	3.08
洗衣皂	条	光荣53型300克	1.60	1.60
牙膏	支	175克中华普通	4.33	4.07
学生簿本	册	60克32K练习本	0.60	0.60

表3-143　1999年苏州市部分日用百货商品价格表

商品类别	单位	规格等级	平均价格（元）	
			5月份	11月份
搪瓷面盆	只	36厘米花金边	26.48	27.38
彩色胶卷	卷	135富士36	20.50	20.59
卫生纸	包	省内产	1.04	0.94

商品类别	单位	规格等级	平均价格（元）	
			5月份	11月份
不锈钢锅	只	"555"牌20厘米美式钢盖	63.05	60.81
燃气热水器	只	水仙牌小浴神	1396	1637.00
微波炉	台	格兰士WP-800S	657.54	664.50
抽油烟机	台	帅康106C	730.88	764.15
洗衣粉无磷	袋	450克白猫高效低泡	4.33	4.17
洗衣皂	条	雕牌200克超能	1.98	1.75
牙膏	支	175克中华普通	3.95	3.96
学生簿本	册	60克32K练习本	0.60	0.60

表3-144　1998~2000年苏州市、常熟市日用工业品价格

单位：元

商品类别	地区	1998年	1999年	2000年
缝纫机（台）家用	苏州市	379.236	377.500	377.500
	常熟市	365.000	365.00	365.000
毛毯（条） 纯毛2.8千克	苏州市	315.000	375.000	315.000
	常熟市	276.000	279.333	267.500
床单（条） 纯棉双人	苏州市	75.408	75.752	83.122
	常熟市	90.000	90.000	90.000
被面（条） 软缎	苏州市	162.250	185.000	185.000
	常熟市	96.000	96.000	96.000
床罩（个） 双人	苏州市	269.611	745.778	848.000
	常熟市	320.000	315.500	320.000
铝锅（个） 22厘米一级品	苏州市	21.079	21.100	46.350
	常熟市	20.533	20.967	21.000
铁锅（口） 家用炒菜锅	苏州市	10.167	10.142	9.666
	常熟市	34.500	34.500	34.500
碗（个） 彩花	苏州市	1.813	1.781	1.734
	常熟市	1.100	1.100	1.100
肥皂（条） 一级品	苏州市	1.738	2.029	1.861
	常熟市	1.900	1.883	1.800
洗衣粉（袋） 500克一级	苏州市	5.716	4.433	4.382
	常熟市	3.200	4.008	5.025
卫生纸（卷） 短卷纸	苏州市	1.059	0.978	0.939
	常熟市	0.808	0.779	1.000
铁壳暖水瓶（个） 彩花铝肩5磅一级品	苏州市	69.972	65.667	59.278
	常熟市	24.200	26.767	27.250
搪瓷脸盆（个） 36厘米一级	苏州市	22.159	23.000	22.861
	常熟市	20.400	20.400	20.400
面脂（盒） 中档	苏州市	6.329	24.167	22.798
	常熟市	6.875	6.000	6.042
体温计（支） 口腔	苏州市	2.700	2.700	2.673
	常熟市	2.650	2.650	2.650

第三章　轻工业品价格

301

商品类别	地区	1998年	1999年	2000年
摩托车（辆）	苏州市	16450.000	15716.667	14975.000
两轮100型	常熟市	7496.667	6737.500	6108.333

表3-145　1998~2000年苏州市、常熟市日用工业品价格

单位：元

商品类别	地区	1998年	1999年	2000年
自行车（辆）	苏州市	353.333	340.445	339.361
660毫米型	常熟市	380.000	380.000	380.000
儿童读物（本）	苏州市	2.200	2.500	2.500
故事大王	常熟市	2.200	2.200	2.500
中文工具书（本）	苏州市	53.750	55.000	55.000
现代汉语小词典	常熟市	40.000	55.000	55.000
课本（本）	苏州市	5.513	5.485	6.674
高中语文	常熟市	3.560	5.370	5.370
扑克（副）	苏州市	3.947	4.400	4.438
一级纸牌	常熟市	3.600	3.425	4.500
象棋（副）	苏州市	5.300	6.800	6.800
一级纸牌	常熟市	4.500	4.500	3.600
胶卷（卷）	苏州市	20.021	21.000	20.208
富士135彩色36张	常熟市	20.000	20.000	20.000
杂志（本）	苏州市	2.800	3.000	3.000
读者	常熟市	2.800	3.000	3.000

资料来源：江苏省城市经济调查局编纂的江苏省物价统计资料。

第四节　家用电器价格

20世纪80至90年代，苏州生产的长城牌电扇、孔雀牌电视机、香雪海冰箱、春花牌吸尘器等家用电器产品因可靠的质量、新颖的款式和相对低廉的价格，被誉为苏州轻工电子业产品的"四大名旦"，风靡于世，畅销大江南北。

一、电风扇价格

苏州电扇厂生产的长城牌电扇20世纪80~90年代为国内著名品牌，"长城电扇、电扇长城"的广告词家喻户晓，妇孺皆知。其前身为苏州宇宙装配修理电机社等10余家集体厂、社，于1970年合并而成，试产1400毫米吊扇等。1979~1980年，江苏省轻工厅拨款25万元、国家轻工业部批准中短期贷款120万元，电扇生产设备向配齐、专用、精密、自动和半自动化发展，产品质量提高。1981年，全省台扇质量测试评比中，长城牌400毫米、300毫米、琴式台扇分别获总分第一、第二名。当时长城牌电扇价格由苏州市物价部门核定，报省物价部门批准。根据省商业厅批准400m/m四档琴键遥控台扇代表品的销价，苏州市物委发文对其规格电扇厂、销价格一并调整。下表为苏州电扇厂1981年3月电扇价格调整前后对比情况。

表3-146　苏州市吊、台扇价格调整表

执行日期：1981年3月1日　　　　　　　　　　　　　　　　　　　　　　　　　　　　　单位：元/台

品名	规格	现行价			调整价		
		出厂	批发	零售	出厂	批发	零售
电扇厂台扇	300m/m二档普及	106	120	134	不动	不动	不动
电扇厂台扇	300m/m四档琴键遥控定时	150	176	197	135	153	171
电扇厂台扇	300m/m四档琴键遥控	134	151	169	120	136	152
电扇厂台扇	300m/m可控无极无速	136	154	172	128	145	162
电扇厂台扇	400m/m电容式简易	120	141	158	115	131	147
电扇厂台扇	400m/m四档琴键遥控定时	159	187	209	148	168	188
电扇厂台扇	400m/m四档琴键遥控	145	169	189	132	151	169
电扇厂落地扇	400m/m四档琴键遥控	230	292	327	177	201	225
电扇厂落地扇	400m/m四档琴键遥控	—	—	—	192	218	244
电扇厂二用落地扇	400m/m四档琴键遥控				173	199	223
塑料五厂塑料台扇	300m/m四档遥控	84	96.5	108	75.6	85.9	96.2
电扇厂吊扇	900m/m	90.4	102.7	115	75	85	95

20世纪80年代初期，电扇生产发展很快；苏州市除省定点单位苏州电扇厂外，先后有13家工厂生产电扇，各种牌号电扇大量涌入市场，苏州市场销售的电扇（包括外地市、县产品）共有65种品种规格，市场价格混乱，有些生产单位以协作、福利产品等名义发票低价出售。16寸四档琴键遥控台扇较低的每台仅85元，12寸电扇最低只有70元。市物委于1981年7月向市政府上呈《关于整顿全市电扇销售价格的报告》。鉴于当时长城牌电扇产销矛盾突出，为

有利于扩大销售，经上级指示和有关部门共同研究，市物委发出《关于降低长城牌电扇销售价格的通知》，将销售价格统一调整如下表3-147，并要求不论工厂自销，经理部销售和商业零售，均应严格遵照执行。为让工商共同做好电扇的推销工作，明确凡由工厂给二级站的按出厂价内扣3%，给三级店的按出厂价，出厂与批发之间的差率为5%。

表3-147　苏州市长城电扇销售价格调整表

执行日期：1981年7月22日　　　　　　　　　　　　　　　　　　　　　　　　　　　　　　单位：元/台

品名	规格	现行价			调整价		
		出厂	批发	零售	出厂	批发	零售
台扇	300m/m二档普及	106	120	134	106	112	125
台扇	300m/m四档琴键遥控定时	135	153	171	135	142	159
台扇	300m/m四档琴键遥控	120	136	152	120	126	141
台扇	300m/m可控硅无极无速	128	145	162	128	135	151
台扇	400m/m电容式简易	115	131	147	115	121	136
台扇	400m/m四档琴键遥控定时	148	168	188	148	156	175
台扇	400m/m四档琴键遥控	132	151	169	132	139	156
落地扇	400m/m四档琴键遥控	177	201	225	177	186	208
落地扇	400m/m四档琴键遥控	192	218	244	192	202	226
二用落地扇	400m/m四档琴键遥控	173	199	223	173	182	204

根据市政府批转市物委《关于整顿全市电扇销售价格的报告》的通知精神，8月29日市物委发出《关于整顿电扇销售价格的通知》，根据优质优价，劣质劣价的原则，明确对所有电扇均以苏州电扇厂生产的长城牌电扇为标准，比质比价，统一核定价格。名牌号电扇在苏的零售价格详见下表3-148。各电扇销售单位（包括零售店，工业自销，外地在苏门市部）均无权确定在本市销售价格，已有规定价格的按规定价格执行；没有规定价格的报市五化交公司核价，并由公司报市商业局、市物委备案；工厂生产的电扇新品种、新规格均由主管局初审后报市物委核定；严禁任何单位以"协作"、"福利"等名义低价出售或私分，已发票证一律作废。

表3-148　苏州市区电扇统一价格表

执行日期：1981年9月1日　　　　　　　　　　　　　　　　　　　　　　　　　　　　　　单位：元/台

品名	规格	零售价	品名	规格	零售价
长城	300m/m四档琴键遥控	141	金狮	400m/m四档琴键遥控	136
长城	300m/m四档琴键遥控定时	159	红卫	400m/m四档琴键遥控	128
长城	300m/m二档普及型	125	飞帆	400m/m四档琴键遥控	128
长城	300m/m可控硅无级变速	151	石湖	400m/m四档琴键遥控	128
信风	300m/m四档琴键遥控（全塑）	96.20	风华	400m/m四档琴键遥控	128
三叶	300m/m四档琴键遥控	130	凤凰	400m/m四档琴键遥控	128
白云	300m/m四档琴键遥控	124	无牌	400m/m四档琴键遥控	128
牡丹	300m/m四档琴键遥控	124	华生	400m/m四档琴键遥控定时	236
雪岭	300m/m四档琴键遥控定时	133	长城	400m/m四档琴键遥控	175
红梅	300m/m四档琴键遥控	110	骆驼	400m/m四档琴键遥控	169

品名	规格	零售价	品名	规格	零售价
金鸡	300m/m四档琴键遥控	110	灵岩	400m/m四档琴键遥控	157
喜鹊	300m/m四档琴键遥控	110	申湖	400m/m四档琴键遥控	151
锡山	300m/m四档琴键遥控	110	金狮	400m/m四档琴键遥控	151
飞燕	300m/m四档琴键遥控	110	雪花	400m/m四档琴键遥控台湾产	170
沪光	300m/m四档琴键遥控	110	长城	400m/m四档琴键遥控落地	208
晶时	300m/m四档琴键遥控	124	双骆	400m/m四档琴键遥控落地	185
无牌	300m/m四档琴键遥控	110	双骆	400m/m四档琴键遥控落地定时	200
五羊	350m/m四档琴键遥控	186	灵岩	400m/m四档琴键遥控落地	180
三山	350m/m四档琴键遥控	124	三山	400m/m四档琴键遥控落地定时	195
牡丹	350m/m四档琴键遥控	124	凤凰	400m/m四档琴键遥控落地	180
华生	400m/m四档琴键遥控	192	三台	400m/m四档琴键遥控落地	180
华生	400m/m普及型	137	金狮	400m/m四档琴键遥控落地	170
五羊	400m/m四档琴键遥控	198	金狮	400m/m四档琴键遥控落地定时	185
长城	400m/m四档琴键遥控	156	荷花	400m/m四档琴键遥控落地	195
长城	400m/m电容式简易	136	小百花	400m/m四档琴键遥控落地	185
台湾	400m/m四档琴键遥控	148	花岗	400m/m四档琴键遥控落地	150
骆驼	400m/m四档琴键遥控	152	备注	—	—
灵岩	400m/m四档琴键遥控(镀铬)	142	定时	加15元	—
灵岩	400m/m四档琴键遥控	140	喷香	加2元	—
三山	400m/m四档琴键遥控	142	—	—	—
潇湘	400m/m四档琴键遥控	136	—	—	—
丹凤	400m/m四档琴键遥控	136	—	—	—
红马	400m/m四档琴键遥控	136	—	—	—

1981年10月13日和11月1日,市物委根据省、市通知精神,先后二次发文调低苏州电扇厂等地产电扇价格,详见下表:

表3-149 苏州市长城电扇出厂、销售价格调整表

执行日期:1981年10月13日　　　　　　　　　　　　　　　　　　　　　　　　　单位:元/台

品名	规格	现行价			调整价		
		出厂	批发	零售	出厂	批发	零售
台扇	300m/m二档普及	106	112	125	93	106	119
台扇	300m/m四档琴键遥控定时	135	142	159	119	135	151
台扇	300m/m四档琴键遥控	120	126	141	106	120	134
台扇	300m/m可控硅无极无速	128	135	151	113	128	143
台扇	400m/m电容式简易	115	121	136	101	115	129
台扇	400m/m四档琴键遥控定时	148	156	175	130	148	166
台扇	400m/m四档琴键遥控	132	139	156	116	132	148
落地扇	400m/m四档琴键遥控	177	186	208	155	176	197
落地扇	400m/m四档琴键遥控	192	202	226	168	191	214
二用落地扇	400m/m四档琴键遥控	173	182	204	152	173	194

表3-150　苏州市台扇、落地扇厂、销价格调整表

执行日期: 1981年11月20日　　　　　　　　　　　　　　　　　　　　　　　　　单位: 元/台

品名	规格	现行价			调整价		
		出厂	批发	零售	出厂	批发	零售
长城牌台扇	300m/m二档普及	93	106	119	85	97	109
长城牌台扇	300m/m四档琴键遥控定时	119	135	151	109	124	139
长城牌台扇	300m/m四档琴键遥控	106	120	134	97	110	123
长城牌台扇	300m/m可控硅无极无速	113	128	143	103	117	131
长城牌台扇	400m/m电容式简易	101	115	129	92	105	117
长城牌台扇	400m/m四档琴键遥控定时	130	148	166	119	135	151
长城牌台扇	400m/m四档琴键遥控	116	132	148	106	121	135
长城牌落地扇	400m/m四档琴键遥控	155	176	197	145	165	185
长城牌落地扇	400m/m四档琴键遥控定时	168	191	214	159	181	202
长城牌二用落地扇	400m/m四档琴键遥控	152	173	194	144	164	184
虎牌塑料电扇	300m/m四档遥控	75.6	85.9	96.2	69	78	87
虎牌塑料电扇	350m/m四档遥控	89	101	113	81	92	103
虎牌塑料电扇	350m/m四档遥控定时	98	112	125	90	102	114

　　1981年12月14日, 根据当时市场产销情况和外地同类产品价格水平, 市物价委员会对苏州电扇厂生产的1400毫米吊扇厂、销价格调整如下: 出厂价由128元降为118.8元, 批发价由151元降为135元, 零售价由169元降为151元。

　　1982年8月, 市物委批复苏州电扇厂生产的FC2-3型1400毫米出口吊扇价格, 根据工、贸双方的协商意见, 作一次性降价处理, 每台为86元。

　　1982年, 全省电扇测试评比中, 长城牌吊扇、落地扇分别获第一名。同年12月, 国家物价局、轻工部、商业部《关于降低台扇的通知》称: "近几年台风扇的生产发展很快, 市场价格比较混乱。为了有利于发展生产, 扩大销售, 决定适当降低上海产华生牌16寸台风扇的销售价格, 即产地每台由现行190元降为175元, 其他规格相应降价。江苏长城牌台风扇价格是否调整, 由江苏省物价委员会酌定, 其他产地、牌号的产品凡有条件降价的, 也可适当降价。调价执行日期为1983年1月20日。"据此精神, 1983年1月5日, 省物委、商业厅、轻工厅联合发出《关于调整台风扇价格的通知》, 但对长城电扇价格, 省文称: "经研究, 江苏省苏州产长城牌台风扇价格暂时不动。"

　　1983年3月10日, 市物委对苏州电扇厂新产品价格作出批复: FS2-40D400毫米摇头定时落地电扇每台出厂价148元, 批发价168元, 零售价188元。350毫米FT1-35D摇头、定时、变速多用扇每台出厂价124元, 批发价141元, 零售价158元。400毫米FT7-40D摇头、定时、变速多用扇每台出厂价128元, 批发价146元, 零售价164元。

　　同年4月25日, 市物委对苏州电扇厂新生产的外销吊扇价格作出批复: 外销出厂价FC3-3型140毫米吊扇每台87元, FC4-3型吊扇每台92元, 从交货之日起执行。7月12日又对该厂生产的外销电扇出厂价批复如下: FS2-40D型落地扇每台131元, FT7-40D型灯台扇每台113元。

　　同年11月, 市物委对长城牌彩灯定时等六种新颖电扇核定厂、销价格, 详见下表:

表3-151 苏州电扇厂长城牌新颖台、顶、吊扇价格的批复

执行日期：1983年11月19日

产品名称及规格	单位	出厂价（元）	批发价（元）	零售价（元）
400m/m台扇彩灯FT4-40DA	台	121	137.5	154
400m/m台扇彩灯FT4-40A	台	109	124	139
400m/m两用落地扇FS5-40D台灯	只	83	94	105
400m/m两用落地扇FS5-40D扇头	只	73	83	93
400m/m两用落地扇FS6-40D台灯	只	80	91	102
400两用落地扇FS6-40D扇头	只	73	83	93
1050m/m吊扇FC1-1	台	77	87.5	98
400m/m顶扇Fy1-40	台	109	124	139

1985年，苏州电扇厂实行联营后，产量大为提高，当年产长城牌电扇30.95万台，成为国内电扇业的著名品牌和骨干厂之一。1985~1986年，省、市物价部门加大价格改革力度，进一步扩大企业自主定价商品的范围，电风扇等11种日用工业品出厂价列入企业定价范围，即出厂价格放开。下表为1986年苏州市场部分电扇批发、零售价格：

表3-152 1986年6月苏州市地产电风扇五化交公司牌价表

单位：元

牌号		型号	批发价	零售价
长城牌	台扇	350m/mFT1-35D	141	158
		400m/mFT4-40DA彩灯	137.5	154
	落地扇	400m/mFS2-40D	168	188
		400m/mFS5-40D	177	198
	吊扇	1400m/mFC3-3	135	151
		900m/mFC1-0	85	95
	顶扇	400m/mFY1-40	124	139
骆驼牌	吊扇	1400m/m带调速器	141.9	158.9
	落地扇	400m/mFS-40F	177	198
		400m/m方盘带轮四档琴键遥控定时	166	186

表3-153 1986年6月外地部分电风扇在苏州市市场的批零价格表

单位：元/台

牌号		产地	规格	产地批发价	批发价	零售价
台扇	华生	上海	400m/m四档琴键遥控摇头	168	171	192
		上海	电容式遥控	156	158	177
		上海	400m/m四档F44C彩灯定时	184	187	209
	菊花	无锡	400m/m5A	138	140	157
		无锡	400m/mFT42-6	148	150	168
落地扇	菊花	无锡	16S型	171	174	195
		南通	400m/m落地工业扇	131	149	169
	华生	上海	400m/m琴键遥控落地（附叶子地盘）	196	199	223

1987年4月，电扇在苏州市作价办法是：出厂价格由生产企业根据成本和市场供求等因素自行确定，但如价格调高，需在调高前10天报市物委和市主管部门备案。批发价格和零售价格按规定销进差率和批零差率计算确定：销进差率为10%～12%，批零差率为12%。计算公式：批发价=出厂价÷（1-10%～12%）；零售价=批发价×（1+12%）。从外地调入的电扇可按产地规定批发价加地区差率确定本市销价。地区差率均为1.5%。下表为苏州电扇总厂生产的长城系列电扇价格：

表3-154　1987年苏州市长城电扇系列产品价格

执行日期：1987年4月10日

品名	规格	单位	出厂价（元）	批发价（元）	零售价（元）
台灯多用扇	FT1-35D	台	124.00	141.00	158.00
	FT1-40D	台	128.00	146.00	164.00
	FT4-40D	台	119.00	135.00	151.00
	FT4-40	台	106.00	121.00	135.00
	FT4-40DA	台	121.00	137.50	154.00
	FT4-40A	台	109.00	124.00	139.00
落地扇	FS2-40D	台	148.00	168.00	188.00
	FS2-40	台	145.00	165.00	185.00
	FS4-40D	台	159.00	181.00	202.00
	FS3-40	台	144.00	164.00	184.00
	FS5-40D	台	156.00	177.00	198.00
	FS6-40D	台	162.00	180.00	202.00
	FS7-40D	台	189.00	210.00	235.00
顶扇	FY1-40	台	109.00	124.00	139.00
吊扇	FC3-3	台	118.00	135.00	151.00
	FC1-105	台	77.00	87.50	98.00
	FC1-0	台	75.00	85.00	95.00
换气扇（单向）	FV2-25	台	55.00	61.00	68.00
	FV3-25	台	49.50	55.00	61.60
	FV4-25	台	47.00	52.00	58.00
	FV5-25	台	47.00	52.00	58.00
换气扇（双向）	FV1-25	台	62.00	68.90	77.00

1987年11月市物委规定苏州地产电风扇每台城乡差价吴江、张家港、常熟均为1元，吴县、昆山、太仓不计城乡差价。

1988年，在通货膨胀的大背景下，由于市场原材料价格及人工费用的上升，加上名牌电风扇销售势头旺盛，供不应求，苏州地产的长城牌电扇、骆驼牌电扇也相继提高价格，以适应市场竞争和企业生存的需要，具体价格见下表：

表3-155　　1988年5月21日苏州市部分骆驼电扇调价表

单位：元/台

规格名称	原价		调后价	
	批发	零售	批发	零售
FT-40定时台扇	135	151	148	166
FS-40H落地扇	179	200	189	212
FS-40P落地扇	187	209	195	218
FS-40NA落地扇	210	235	217	243
FS40-17落地扇	185	207	189	212
FS40-18落地扇	239	268	248	278
FS40-19落地扇	248	278	264	296
FS40-20落地扇	186	208	192	215

表3-156　　1988年8月15日苏州电扇总厂长城牌系列电扇调价表

单位：元/台

产品型号	调后价		产品型号	调后价	
	批发	零售		批发	零售
落地扇FS5-40D	202	226	台扇FT4-40DA	162	181
落地扇FS6-40D	202	226	台扇FT8-40D	166	186
落地扇FS7-40D	241	270	台扇FT1-15	—	42
落地扇FS8-40D	193	216	台扇FT7-30	139	153
落地扇FS9-40D	193	216	吊扇FC4-140A	158	177
落地扇FS10-40D	252	282	吊扇FC8-140	158	177
落地扇FS11-40D	254	284	吊扇FC3-120	124	139
落地扇FS12-40D	258	289	吊扇FC4-120	124	139
落地扇FS15-40D	252	282	吊扇FC1-120	124	139
落地扇FS16-40D	205	230	吊扇FC2-105	110	123
落地扇FS17-40D	202	226	换气扇KHG1-25	77	86
落地扇FS18-40D	198	222	换气扇KHG2-25	68	76
落地扇FS19-40D	302	338	换气扇KHG3-25	62	69
落地扇FS20-40D	345	386	换气扇KHG4-25	58	65
圆周扇FY1-40	143	160	换气扇KHG5-25	58	65
鸿运扇FYT1-30	132	148	换气扇KHG6-25	58	65
鸿运扇FYS1-35	165	185	法国扇FV1-20	44	49

表3-157　　1988年8月15日吴县防爆电机厂骆驼牌系列电扇价格表

单位：元/台

规格	品名	批发价	零售价
FT-40	定时台扇	175	196
FT-30-60	300毫米定时台扇	127	142
FS40-17	定时落地灯扇	227	254
FS40-18	豪华型遥控落地灯扇	283	317
FS40-19	高级电脑控制多功能落地扇	301	337
FS40-20	豪华型落地定时灯扇	230	258
FS40-22	普通定时落地扇	173	194

续表

规格	品名	批发价	零售价
FS-40P	多速微风落地灯扇	234	262
FS-40NA	多功能落地灯扇	254	284
FC120-3	1200毫米吊扇	124	139
FC140-3	1400毫米吊扇	158	177
FV-25A	250毫米单向换气扇	58	65
FV-25	250毫米单向换气扇	56	63
FV-20A	200毫米单向换气扇	52	58
FT15-06	150毫米神童扇	36	40
FT15-07	150毫米香风扇	39	44

20世纪80年代,电风扇开始进入千家万户,市场销售火爆,价格持续上升,除苏州地产"长城牌"和"骆驼牌"电风扇比较热销外,上海、南京、无锡等外地产品也纷纷进入苏州,争夺市场销售份额。苏州地产电扇也不断开发新的花色品种,以适应市场的竞争的需要,详见下表:

表3-158　1989年5月苏州市部分长城牌电扇价格表

单位:元/台

品名	规格型号	出厂价	批发价	零售价
吊扇	FC3-120A带调速开关	131	149	167
吊扇	FC2-105A带调速开关	118	134	150
落地扇	FS16-40标准型	198	225	252
落地扇	FS17-40高雅装饰型	195	221	248
落地扇	FS11-40高级电子钟控落地扇	233	265	296
落地扇	FS15-40高级电子选时落地扇	232	263	294

表3-159　1989年6月苏州电扇总厂产品价格表

单位:元/台

类别	产品型号	出厂价	批发价	零售价
落地扇	FS5-40D	178	202	226
	FS6-40D	178	202	226
	FS7-40D	212	241	270
	FS8-40D	170	193	216
	FS9-40D	170	193	216
	FS10-40D	222	252	282
	FS11-40D	233	265	296
	FS12-40D	227	258	289
	FS15-40D	232	263	294
	FS16-40D	198	225	252
	FS17-40D	195	221	248
	FS18-40D	174	198	222
	FS19-40D	266	302	338

类别	产品型号	出厂价	批发价	零售价
落地扇	FS20–40D	304	345	386
	FS20–40B	274	311	349
	FS22–40D	319	363	406
	FS24–40D	296	336	376
	FS26–40D	296	336	376
	FS21–40D	222	252	282
	FS27–40	319	363	406
	FSE25–40D	154	175	196
鸿运扇	FVS1–35	145	165	185
	KBM–30	140	159	178
台扇	FT4–40DA	143	162	181
	FT8–40D	146	166	186
	FT8–30	138	157	176
	FT7–30	122	139	156
	FT10–40	146	166	186
	FT10–40D	152	173	194
	FT14–40	222	252	282
吊扇	FC4–140（A）	139	158	177
	FC8–140（A）	139	158	177
	FC3–120（A）	131	149	167
	FC2–105（A）	118	134	150
	FC8–120	133	151	169
换气扇	FV1–20	39	44	49
	KHG1–25S	68	77	86
	KHG2–25B	60	68	76
	KHG3–25B	55	62	69
	KHG4–25B	51	58	65
	KHG5–25B	51	58	65
	KHG6–26B	51	58	65

表3–160　1989年7月吴县防爆电机厂骆驼牌电扇产地价格表

单位：元/台

规格	品名	批发价	零售价
FT–40E	定时台扇（全金属）	196	220
FT–30–06	300毫米定时台扇	127	142
FS40–17	定时落地灯扇	227	254
FS40–18	豪华型遥控落地灯扇	283	317
FS40–19	高级电脑控制多功能落地扇	301	337
FS40–20	豪华型落地定时灯扇	230	258
FS40–22	普通定时落地扇	173	194
FS–40P	多速微风落地灯扇	234	262
FS–40NA	多功能落地灯扇	254	284
FC120–3	1200毫米吊扇	151	169

續表

規格	品名	批發價	零售價
FC140-3	1400毫米吊扇	158	177
FV-25A	250毫米單向換氣扇	58	65
FV-25	250毫米單向換氣扇	56	63
FV-20A	200毫米單向換氣扇	52	58
FT15-06	150毫米神童扇	36	40
FT15-07	150毫米香風扇	39	44
FS40-23	豪華型多功能遙控落地燈扇	307	344
40V-A	400毫米節能微風吊扇	31	35

1989年9月，市物委下達《關於工業消費品管理目錄的通知》，明確電風扇價格現階段實行提價申報制度，不論生產或經營單位，需提價時，均應事先向市物價部門申報，經批准後方可實施。

1989年9月2日，市物委發出《關於適當降低部分家用電器、十三種名酒價格的通知》，稱：為配合調整客運票價方案出台，採取適當措施，穩定物價，穩定市場，緩解群眾緊張心理，擴大商品銷售，減少資金佔壓，決定對本市生產的春花吸塵器、長城電風扇、香雪海冰箱等家用電器適當降價。下表為長城電風扇降價情況，執行日期為1989年9月5日：

表3-161　蘇州市"長城牌"電風扇降價表

單位：元/台

規格型號	現行價格			降低後價格		
	出廠價	批發價	零售價	出廠價	批發價	零售價
FC8-120A	133	151	169	125	142	159
FC3-120A	131	149	167	123	140	157
FC2-105A	118	134	150	115	131	147
FS11-40	233	265	296	226	257	288
FS15-40	232	263	294	222	252	282

1990年7月，市物委修訂部分商品價格管理措施，部分家用電器價格退出提價申報，但電風扇、黑白電視機、自行車、家用電冰箱仍實行向省物價局提價申報制度。

20世紀90年代後，電扇市場銷售及價格漸趨平穩，供大於求的情況逐步顯現，在激烈的市場競爭中，蘇州地產長城牌電扇和駱駝牌電扇均開發出台扇、落地扇、吊扇、鴻運扇、微吊、換氣扇等系列新產品，以適應市場大眾需求。

表3-162　1991年4月蘇州駱駝電器系列產品價格表

單位：元/台

品名	規格	型號	產地批發價	產地零售價
落地扇	400毫米豪華型落地定時燈扇	FS40-17	227	254
落地扇	400毫米遙控落地燈扇	FS40-18	283	317
落地扇	400毫米電腦控制多功能落地扇	FS40-19	292	327

品名	规格	型号	产地批发价	产地零售价
落地扇	400毫米豪华型落地定时灯扇	FS40-20	230	258
落地扇	400毫米新潮落地扇	FS40-22	173	194
落地扇	400毫米新潮落地扇（方座）	FS40-22A	183	205
落地扇	400毫米多功能遥控落地灯扇	FS40-23	298	334
落地扇	400毫米红外线遥控定时落地扇	FS40-24	302	338
落地扇	400毫米电脑四通遥控落地扇	FS40-25	346	388
落地扇	400毫米时代型高雅落地扇	FS40-26	256	287
落地扇	400毫米豪华型落地灯扇	FS40-27	231	259
落地扇	400毫米无级调速落地扇	FS40-29	230	257
落地扇	400毫米多速微风落地灯扇	FS40P	234	262
落地扇	400毫米多功能落地灯扇	FS40NA	254	284
落地扇	400毫米豪华型落地扇	FS40-31B	149	167
落地扇	400毫米豪华型落地扇	FS40-31A	137	153
落地扇	400毫米高雅落地扇	FS40-32B	155	174
落地扇	400毫米高雅落地扇	FS40-32A	143	160
落地扇	400毫米高雅豪华型落地扇	FS40-33	168	188
落地扇	400毫米高雅豪华型落地扇	FS40-33A	150	168
落地扇	400毫米定时落地灯扇	FS40-34	213	239
落地扇	400毫米无级调速定时落地灯扇	FS40-35	238	266
落地扇	400毫米时代型落地扇	FS40-36	156	175
落地扇	400毫米豪华型落地扇	FS40-37	159	178
落地扇	300毫米360度旋转双风叶球型扇	FS30-1	354	396
台扇	400毫米定时台扇	FT-40E	175	196
台扇	400毫米豪华型台扇	FT40-06	123	138
台扇	300毫米台扇	FT30-08	97	109
台扇	300毫米台扇	FT30-09	106	119
台扇	200毫米摇头变速台扇	FT20-10	59	66
台扇	200毫米摇头台扇	FT20-11	55	62
夹扇	200毫米调速夹扇	FT20-12	59	66
夹扇	150毫米夹扇	FT15-09	38	43
夹扇	150毫米夹扇	FT15-10	38	43
台扇	150毫米台扇	FT15-11	35	39
台扇	150毫米调速球型生肖扇	FT15-12	44	49
台扇	150毫米神童扇	FT15-08	39	44
鸿运扇	250毫米转页式电风扇	KYRT5-25	71	79
鸿运扇	300毫米转页扇	KYRT5-30	124	139
圆周扇	400毫米圆周扇	FCE40-1	153	172
换气扇	250毫米单向换气扇	KHG2-25B	56	63
换气扇	250毫米单向换气扇	KHG3-25B	58	65
换气扇	250毫米单向换气扇	KHG4-25B	58	65
换气扇	200毫米单向换气扇	KHG3-20B	52	58
吊扇	1500毫米吊扇	FC150-3	177	198
吊扇	1400毫米吊扇	FC140-3	158	177
吊扇	1400毫米吊扇	FC140-5	158	177

第三章 轻工业品价格

品名	规格	型号	产地批发价	产地零售价
吊扇	1400毫米吊扇	FC140-6	158	177
吊扇	1200毫米吊扇	FC120-5	142	159
吊扇	1200毫米吊扇	FC120-6	142	159
吊扇	1200毫米遥控吊扇	FC120-7	174	195
吊扇	1050毫米吊扇	FC105-3	131	147
吊扇	900毫米吊扇	FC90-1	118	132
微吊	400毫米节能微风吊扇（带开关）	FC40V-B	25	28
微吊	450毫米节能保健吊扇（带开关）	FC45V-B	26.5	30
微吊	500毫米节能保健吊扇（带开关）	FC50V-B	28.6	32
微吊	550毫米节能保健吊扇（带开关）	FC55V-B	31.3	35

表3-163　1991年5月苏州长城电器系列产品价格表

单位：元/台

品名	规格	型号	产地批发价	产地零售价
落地扇	400毫米高级电子钟控	FS11-40	257	288
落地扇	400毫米电子选时落地灯扇	FS15-40	252	282
落地扇	400毫米国际标准型	FS16-40	225	252
落地扇	400毫米高雅装饰型	FS17-40	221	248
落地扇	400毫米红外线遥控	FS19-40	302	338
落地扇	400毫米电子选时	FS21-40	252	282
落地扇	400毫米五通道电脑遥控黑马王子	FS22-40	363	406
落地扇	400毫米电脑高级遥控	FS26-40	336	376
落地扇	400毫米普及型	FS29-40	240	269
落地扇	400毫米普及型	FS30-40	234	262
落地扇	400毫米普及型	FS31-40	236	265
落地扇	400毫米普及型	FS32-40	231	259
落地扇	400毫米普及型	FS33-40	258	289
落地扇	400毫米普及型	FS35-40	151	169
落地扇	400毫米普及型	FS36-40	276	309
落地扇	400毫米普及型	FS37-40	222	249
落地扇	400毫米普及型	FS38-40	285	319
落地扇	400毫米普及型	FS39-40	160	179
落地扇	400毫米普及型	FS42-40	230	258
台扇	250毫米米老鼠	FT1-25	87.5	98
台扇	200毫米金童	FT3-20	62	69
台扇	300毫米迷你	FT7-30	139	156
台扇	300毫米台壁两用扇	FT8-30	157	176
台扇	300毫米	FT9-30	110	123
台扇	300毫米	FT10-30	115	129
台扇	400毫米	FT10-40A	166	186
台扇	400毫米	FT10-40B	173	191
台扇	400毫米	FT16-40	146	164
台扇	400毫米	FT17-40	169	189
台扇	400毫米	FT18-40	160	179

苏州市价格志

品名	规格	型号	产地批发价	产地零售价
台扇	400毫米	FT19-40	160	179
台扇	400毫米	FT20-40	160	179
台扇	400毫米	FT21-40	151	169
鸿运扇	300毫米豪华型多功能台式	KYT3-30	142	159
鸿运扇	300毫米箱式	KYT4-30	124	139
鸿运扇	250毫米座钟式	KYT8-25	79	89
鸿运扇	300毫米箱式	KYT5-30	106	119
壁扇	250毫米箱式	FW1-25	76	85
壁扇	300毫米箱式	FW1-30	106	119
壁扇	300毫米箱式	FW2-30	115	129
壁扇	400毫米箱式	FW1-40	142	159
壁扇	400毫米箱式	FW2-40	142	159
吊扇	1050毫米电容式调速	FC2-105A	131	147
吊扇	1200毫米电容式调速	FC8-120A	142	159
吊扇	1400毫米电容式调速	FC8-140A	158	177
吊扇	豪华型遥控	—	172	189
微型吊扇	400毫米带开关微型	—	—	28
微型吊扇	500毫米带开关微型	—	—	34
换气扇	250毫米双向百叶窗式	KHG1-25S	77	86
换气扇	250毫米网罩式单向自开式	KHG4-25B	58	65
换气扇	250毫米网罩式单向自开式	KHG5-20B	53	59

从1993～1995年苏州市场出现新一轮的严重通货膨胀，由于电风扇市场销售已近饱和，苏州地产电风扇价格仍保持基本稳定。据市场价格监测资料反映，以代表品长城FS11-40落地电风扇为例，1993年每台为294元，至1994年12月为320元，同比涨幅为8.8%。1995年为330.5元，同比涨幅为3.28%。1996年7月，正是电风扇热销季节，长城电扇价格不涨反跌，代表品FS11-40落地电扇每台为330元，比上月353元下跌6.52%。嗣后，价格一路下行，随着电扇市场价格的完全放开，至1997年7月，该型号电扇市场平均价为317.91元，同比下降幅度为3.66%。

表3-164　1996年苏州市区部分商场落地扇行情价格表

单位：元/台

商品名称	日期	人民商场	工业品商场	石路商城
长城落地扇FS11-40	1月15日	335	335	335
长城落地扇FS11-40	4月15日	335	335	356
长城落地扇FS11-40	8月15日	335	366	356
长城落地扇FS11-40	11月15日	288	368	356

随着苏州市区人民生活水平的提高，家用空调器在20世纪90年代中后期逐步进入寻常人家，逐步取代消夏纳凉的主角电风扇。至20世纪90年代末期，随着苏州电扇厂、吴县防爆电机厂的"关停并转"，长城牌、骆驼牌电风扇也逐步淡出了苏州人的视野。

浙江、深圳、珠海等外地生产的适应家庭空调环境下的款式新颖、灵巧轻便的空调扇等新品种、新规格的电扇在苏州市场占有一席之地。各种规格型号电扇的价格在市场充分竞争中形成，由于供大于求的格局没有改变，从2000年到2010年底电扇价格基本平稳，变化不大。下表为2002年及2010年夏季苏州市场部分电扇价格行情及对比情况：

表3-165　2002年苏州市工业品商场部分电扇价格行情表

单位：元/台

品名及规格	产地	零售价	品名及规格	产地	零售价
先锋电扇DK51/KYT-30E	宁波	187	美的电扇FW40-A2	顺德	168
先锋电扇DK40/KYT-30D	宁波	129	美的电扇KYT30-G1	顺德	152
先锋电扇S1-30A	宁波	268	美的电扇KYT30-A2	顺德	116
先锋电扇DX01/XT40	宁波	138	美的电扇KFJ30-D1	顺德	198
先锋电扇DB12/FB-40	宁波	1130	联创空调扇198K	深圳	678
先锋电扇DD34/FD-40G	宁波	135	格力电扇KYTA-30A	珠海	198
先锋电扇DD31/FD-40F	宁波	158	格力电扇KYTA-30	珠海	113
联创空调扇188K	深圳	598	格力电扇TE-30	珠海	125
联创空调扇188A	深圳	698	格力电扇KYTA-25	珠海	109
联创空调扇DF-198A	深圳	738	格力电扇KYTA-20	珠海	85
美的电扇FS40-B2	顺德	142	格力电扇FSC-358G	珠海	308
美的电扇FS40-S1	顺德	236	格力电扇FSE-40P	珠海	188
美的电扇FS40-C9A	顺德	236	格力电扇FSF-40B	珠海	303
美的电扇FS-40-H3	顺德	337	格力电扇FSD-40B	珠海	263
美的电扇FS40-A3	顺德	280	格力电扇FSV-40	珠海	139
美的电扇FW40-F3	顺德	168	美的电扇KYT30-F1	顺德	105

表3-166　2010年7月7日苏州市部分电风扇价格采集公布表　表一

单位：元/台

品牌	型号（规格）	观前苏宁	观前五星	观前国美	石路五星	石路国美	石路苏宁	人民商场	泰华商城	国际商城
艾美特	立式转页扇FB3009T2	310	389	389	296	—	389	310	290	311
	立式转页扇FB3016T2	360	448	448	380	—	—	335	330	358
	遥控落地扇FS4016R	—	409	—	347	—	—	327	305	327
	落地扇XS40T2	270	329	167	279	338	—	260	—	263
	落地扇JS40AT2	—	319	319	199	—	—	189	—	199
	落地扇FS4023R	—	438	439	329	439	—	—	—	350
	落地扇FS4027R	320	409	439	—	439	478	327	—	327
	落地扇FS4028DR	—	678	678	576	—	678	540	500	540
	落地扇FS4035R	—	648	—	550	—	—	—	450	—
	落地扇S314R	—	319	418	—	—	—	310	—	310
	空调扇CF405RI	580	869	868	738	868	868	—	—	695
	空调扇CF415RI	—	869	—	—	—	—	—	—	—
	空调扇CF603RI	765	—	—	—	—	899	—	600	—
格力	落地扇KYSI-30	199	259	198	219	238	—	210	—	199
	落地扇KYSI-30A1	—	338	253	287	298	—	295	—	—

品牌	型号（规格）	观前苏宁	观前五星	观前国美	石路五星	石路国美	石路苏宁	人民商场	泰华商城	国际商城
格力	落地扇KSJ-30	179	239	—	179	179	—	179	—	179
	落地扇FDI-40	—	199	—	169	228	—	—	—	—
	落地扇FDE-40	179	239	239	199	239	239	179	—	179
	落地扇FDG-40BD	—	538	—	—	—	389	—	—	430
	落地扇FDK-40	149	199	—	169	—	—	149	—	149
	空调扇KS-0601D	—	1058	1058	899	—	—	—	—	846
美的	落地扇FS40-8A2	179	234	211	179	211	234	179	—	179
	落地扇FS40-8B2	—	234	211	179	—	—	159	—	—
	落地扇FS40-8D	188	222	222	189	222	222	188	—	178
	落地扇FS40-8A	—	—	211	—	—	352	169	—	169
	落地扇FS40-6E	179	211	211	179	211	—	179	—	169
	落地扇FS40-7AR	—	587	—	399	—	538	400	—	399
	落地扇FS40-8E2	—	211	—	—	—	—	159	—	159
	落地扇FS40-6DR	239	316	281	239	281	—	240	—	239
	KYS30-A3	189	234	—	189	—	234	188	—	189
	KYS30-9B	—	—	—	—	—	—	199	—	188
	空调扇AD120-D	598	704	—	—	704	704	600	—	560
	空调扇AD120-L	—	516	—	—	—	499	—	—	—
	塔扇FS10-5AB	—	281	—	—	—	—	250	—	—
	塔扇FS10-5ARK	—	399	399	—	—	—	—	—	—
	塔扇FS10-6AR	—	940	—	799	—	999	790	—	750
先锋	落地扇KYT-30D18	—	299	299	254	299	299	—	—	239
	落地扇FL-301	—	189	189	160	—	—	—	—	—
	落地扇FD-4029	179	199	199	227	199	268	—	—	—
	空调扇FK-L22/R	—	685	685	518	625	—	—	—	—
	空调扇FK-L26/R	480	565	—	469	565	—	—	—	569
	空调扇FK-N22/R	—	998	—	848	998	—	—	—	989

2010年7月7日苏州市部分电风扇价格采集公布表　表二

单位：元/台

品牌	型号（规格）	大润发			家乐福		华润万家	
		苏福	何山	东环	体育中心	东环	苏美店	金枫店
艾美特	立式转页扇FB3009T2	—	—	—	259	259	309	309
	遥控落地扇FS4016R	208	199	208	208	208	269	269
	落地扇XS40T2	—	—	—	219	219	259	259
	落地扇JS40AT2	178	169	159	—	—	—	—
	落地扇FS4035R	—	369	378	—	—	—	—
	落地扇S314R	—	239	248	248	248	—	—
	空调扇CF405RI	—	—	—	519	519	—	—
	空调扇CF415RI	548	479	569	548	548	—	—
	空调扇CF603RI	—	598	598	—	—	—	—
	塔扇FT36T2	—	—	—	289	289	—	—
	塔扇FT36R	—	—	—	389	389	—	—

续表

品牌	型号（规格）	大润发			家乐福		华润万家	
		苏福	何山	东环	体育中心	东环	苏美店	金枫店
格力	落地扇KYSI-30	169	—	169	—	—	218	218
	落地扇KYSI-30A1	248	229	248	—	—	249	249
	落地扇KSJ-30	—	159	—	—	—	—	—
	落地扇FDI-40	—	—	—	—	—	—	—
	落地扇FDE-40	—	—	—	—	—	156	156
	落地扇FDK-40	—	119	119	—	—	149	149
美的	台式转页扇KYT-25	—	—	117	109	109	—	—
	落地扇FS40-8A2	—	175	198	—	—	169	169
	落地扇FS40-8B2	—	—	—	—	—	179	179
	落地扇FS40-8D	—	—	—	179	179	189	189
	落地扇FS40-8A	—	—	—	168	168	289	289
	落地扇FS40-6E	158	158	158	—	—	179	179
	落地扇FS40-7AR	398	398	398	398	398	429	429
	落地扇FS40-8E2	157	158	157	—	—	—	—
	落地扇FS40-6DR	—	238	238	238	238	239	239
	KYS30-A3	—	188	178	188	188	199	199
	KYS30-9B	—	195	—	219	219	—	—
	空调扇AD120-D	—	—	—	598	598	—	—
	空调扇AD120-K	698	866	698	—	—	—	—
	空调扇AD120-L	—	398	—	—	—	—	—
	塔扇FS10-5AB	—	198	198	—	—	199	199
	塔扇FS10-5ARK	—	—	—	349	349	—	—
先锋	落地扇KYT-30D15	—	125	138	128	128	—	—
	落地扇KYT-30D18	249	199	249	249	249	—	—
	落地扇KFT-30G3	—	155	158	158	158	—	—
	落地扇FL-301	—	—	—	169	169	—	—
	落地扇FD-4029	178	149	151	158	158	—	—
	空调扇FK-L22/R	498	—	499	459	459	—	—
	空调扇FK-L26/R	459	399	459	—	—	—	—
	空调扇FK-N22/R	—	—	—	499	499	—	—

2010年7月7日苏州市部分电风扇价格采集公布表　表三

单位：元/台

品牌	型号（规格）	好又多	北京华联三香店	新区乐购	沃尔玛	大润发相城店	家乐福相城店	麦德龙	欧尚
艾美特	立式转页扇FB3009T2	—	—	249	—	—	259	—	259
	遥控落地扇FS4016R	—	—	249	—	208	208	—	208
	落地扇XS40T2	—	—	—	—	—	219	—	219
	落地扇JS40AT2	—	—	—	—	178	—	—	229
	落地扇FS4035R	—	—	—	—	378	269	—	—
	落地扇S314R	—	—	—	—	248	248	—	—
	空调扇CF405RI	—	—	499	—	—	519	618	—
	空调扇CF415RI	—	—	—	—	569	548	—	—

苏州市价格志

品牌	型号（规格）	好又多	北京华联三香店	新区乐购	沃尔玛	大润发相城店	家乐福相城店	麦德龙	欧尚
艾美特	空调扇CF603RI	—	—	—	—	—	—	—	—
	塔扇FT36T2	—	—	—	—	—	289	—	—
	塔扇FT36R	—	—	—	—	—	389	—	—
格力	落地扇KYSI-30	—	—	199	199	—	—	179	178
	落地扇KYSI-30A1	243	—	—	—	248	—	—	—
	落地扇KSJ-30	—	—	—	—	169	—	—	—
	落地扇FDI-40	—	—	—	149	—	—	—	128
	落地扇FDE-40	189	—	—	—	—	—	—	188
	落地扇FDK-40	—	—	—	—	119	—	—	129
美的	台式转页扇KYT-25	139	—	—	129	118	109	—	118
	落地扇FS40-8A2	179	199	179	199	178	—	—	—
	落地扇FS40-8B2	—	—	—	—	—	—	—	—
	落地扇FS40-8D	—	189	—	199	—	179	—	—
	落地扇FS40-8A	—	—	—	—	—	168	319	169
	落地扇FS40-6E	159	179	159	179	158	—	—	159
	落地扇FS40-7AR	—	—	399	499	398	398	—	520
	落地扇FS40-8E2	—	—	158	179	158	—	—	157
	落地扇FS40-6DR	—	269	239	—	238	238	239	239
	KYS30-A3	—	199	—	—	188	188	189	188
	KYS30-9B	—	—	199	159	195	219	—	—
	空调扇AD120-D	—	—	598	598	—	598	—	—
	空调扇AD120-K	—	—	—	—	698	—	—	698
	空调扇AD120-L	—	—	—	398	—	—	—	—
	塔扇FS10-5AB	—	—	—	238	—	—	—	308
	塔扇FS10-5ARK	—	—	—	—	—	349	—	—
先锋	落地扇KYT-30D15	—	—	169	—	139	128	—	—
	落地扇KYT-30D18	—	—	249	—	249	249	—	—
	落地扇KFT-30G3	—	—	169	—	158	158	—	—
	落地扇FL-301	—	159	—	—	—	169	—	—
	落地扇FD-4029	—	168	149	—	179	158	—	—
	空调扇FK-L22/R	—	429	—	—	—	459	—	498
	空调扇FK-L26/R	—	—	—	—	459	—	—	459
	空调扇FK-N22/R	—	—	—	—	499	499	—	—

二、电视机价格

电视机分黑白和彩色两种。苏州地产"孔雀牌"电视机，曾作为苏州的"四大名旦"之一而家喻户晓，辉煌于20世纪80～90年代。

1. 黑白电视机价格

1970年，苏州开始研发黑白电视机。当时苏州第三电子仪器厂采用上海广播器材厂提供的图纸和零部件，组装试产35厘米电子管黑白电视机，当年生产20台。1971年4月，第三电子仪器厂并入全民所有制的八一电子仪器厂。1972年生产了200台。1973年4月，八一电子仪器厂被国家第四机械工业部（简称四机部，即后来的电子工业部）定为电视机发展重点企业，更名为苏州电视机厂，由四机部拨款500多万元，移地进行扩建。1975年，第一条电视机装配生产线建成，至1976年改为电子管与晶体管混合电路，型号为孔雀牌KQ-14H。据1995年版《苏州市志》载："电视机厂自1974年专业生产电视机以来，连年亏损，至1979年累计达1749.1万元。"1980年停产，共生产1.9万台。1981年12月，市物价委员会发出《关于部分电视机销售价格的通知》，根据当前市场对电视机的需求情况及全国价格水平，经研究决定对部分电视机的销售价格通知如下：KQ350-1A 14英寸木壳黑白电视机鉴于工厂停产，决定对库存机进行一次性处理，每台零售价410元。对苏州电视机厂生产的新品种12英寸、14英寸全频道电视机，根据国家规定同类机价格，并参照外地价格水平，其零售价为：KQ35 14英寸全频道进口管全塑黑白电视机零售价每台437元，KQ31-40 12英寸全频道进口管全塑壳黑白电视机零售价每台385元。厂零差率按原规定执行（7%倒扣）。

1981年国家先后调低16英寸、19英寸黑白显像管的出厂价格，16英寸每只由100元调为80元，19英寸每只由140元调为110元；同年10月，江苏省决定撤销全塑壳12英寸黑白电视机试销价，实行与木壳机同价。11月省核定进口组装一次性试销价，其中14英寸彩色电视机每台930元，录像机每台8500元。

1982年初，由于孔雀牌黑白电视机销售不景气，国家允许在规定价格基础上浮动10%，苏州电视机厂将黑白机价格向下浮动了10%，即14英寸黑白电视机进口管全频道每台零售价为400元，12频道为370元；14英寸黑白电视机国产管全频道每台零售价为370元，12频道为340元。此举使孔雀牌黑白电视机比金星、凯歌、飞跃、熊猫、北京等同类产品价格每台低40元，从而逐步打开了孔雀牌黑白电视机的销路。

表3-167 苏州市孔雀牌黑白电视机价格一览表

单位：元/台

生产单位	品名	规格及型号	出厂价	零售价
苏州电视机厂	14英寸黑白电视机	全频道、进口管	348.00	400.00
苏州电视机厂	14英寸黑白电视机	12频道、进口管	321.90	370.00
苏州电视机厂	12英寸黑白电视机	全频道、进口管	321.90	370.00
苏州电视机厂	12英寸黑白电视机	12频道、进口管	295.80	340.00
苏州电视机厂	17英寸黑白电视机	12频道、进口管	443.70	510.00
苏州电视机厂	17英寸黑白电视机	全频道、进口管	469.80	540.00

注：1. 凡进口管或国产管其零售价每台减30元，凡12频道机每台减30元。

2. 出厂价是根据零售价倒扣13%计算（批零一价）。

1983年10月，国家确定用进口显像管装配的20英寸黑白电视机价格，全频机出厂价每台583元，零售价每台670元；12频道机出厂价每台557元，零售价每台640元。

1984年，江苏省14英寸黑白电视机有9种型号荣获质量一等奖，为贯彻优质优价原则，同年10月10日，江苏省物价局、电子工业厅调整14英寸黑白电视机零售价格，进口管、全频道由现行零售价400元调整为420元，12频道由现行零售价370元调整为395元。国产管、全频道由现行零售价370元调整为395元，12频道由现行零售价340元调整为370元。苏州孔雀牌黑白电视机也作相应的调价。

1985年，黑白电视机价格推行比质比价，按质论价政策，江苏省原则上规定进口管与国产管的黑白电视机之间，全频道与12频道之间的零售差价保持30元；出厂价按零售价倒扣13%制定，不再具体规定品种规格。下表为1985年苏州、南京、无锡、上海、北京等部分产地的黑白电视机零售价格表：

表3-168   1985年部分黑白电视机零售价格表

牌号	规格型号	产地	产地零售价（元/台）
孔雀	14英寸全频道进口管黑白	苏州	400
孔雀	14英寸KQ35-14AV全频道进口管双天线双喇叭	苏州	440
孔雀	14英寸KQ35-12-3全频道进口管双天线双喇叭	苏州	440
仿东芝	14英寸KQ35-12-2全频道进口管仿东芝14BSOE机型	苏州	420
孔雀	17英寸全频道进口管黑白	苏州	540
孔雀	17英寸12频道进口管黑白	苏州	510
熊猫	14英寸全频道进口管黑白	南京	440
熊猫	14英寸全频道G管黑白	南京	410
三元	14英寸TV—ⅡD全频道AG管黑白	南通	370
三元	17英寸全频道AG管	南通	510
虹美	14英寸KQ35-2A全频道进口管黑白	无锡	400
虹美	14英寸JD-16H全频道黑白	无锡	400
虹美	14英寸WHD-1712频道G管黑白	无锡	350
虹美	17英寸WJD-27A4HF黑白	无锡	550
虹美	17英寸WJD-22-C-A双天线（带恒压电源）黑白	无锡	550
飞跃	14英寸35D1-2G全频道黑白	上海	410
飞跃	14英寸35D1-4G全频道双天线双喇叭黑白	上海	415
飞跃	17英寸44D2-2全频道双天线双喇叭细颈管黑白	上海	560
金星	14英寸14B35-4UG全频道黑白	上海	415
凯歌	14英寸4D16UG全频道黑白	上海	410
凯歌	14英寸4D22UH全频道二喇叭黑白	上海	445
百合花	14英寸D35-2UG全频道黑白	上海	385
牡丹	14英寸35H1型黑白	北京	425
昆仑	14英寸B355全频道H管黑白	北京	425
上海	17英寸J144-1U黑白	上海	560
广州	17英寸全频道黑白	广州	560

注：电视机省内产品按产地零售牌价加1%地差，省外产品（含进口）按产地或口岸地零售牌价加2%地差，为苏州市市场零售价格（不包括省内用进口散件组装，使用国外牌号的彩电）。

同年，苏州电视机厂生产的孔雀牌14英寸黑白电视机在第四届全国黑白电视机评比中荣获国家银质奖，总分列同类产品之首。该厂要求恢复该产品的正常价格，经江苏省物价局同意，该厂14英寸孔雀牌黑白电视机与无锡产黑白电视机同价，即每台提价10元。

由于黑白电视机滞销，苏州市按省物价局、商业厅、电子工业厅通知，从1986年5月26日起，对部分黑白电视机实行价格下浮，而14和17英寸牌号的孔雀、红梅、三元黑白电视机，仍按现行价格不动，其他牌号的黑白电视机，根据产品质量和市场销售情况，价格下浮10%以内。下浮的具体价格由市物价部门、工业主管部门和商业部门研究安排。

至20世纪80年代中后期，苏州电视机厂已形成生产黑白电视机、彩色电视机、投影电视机等系列产品，电视机总产量1985、1986、1987和1988年分别达到82.89万台、87.66万台、100.97万台和131.77万台。下表为1987年9月苏州电视机厂黑白电视机零售价格表：

表3-169　1987年9月苏州电视机厂部分电视机零售价格表

单位：元/台

牌号	型号	零售价	备注
孔雀牌14英寸黑白机	KQ35-12-3	440	A/H管双天线双喇叭
	KQ35-16-3		
	KQ35-14		
孔雀牌14英寸黑白机	KQ35-12-3	410	G管双天线双喇叭
	KQ35-16-3		
	KQ35-14		
孔雀牌17英寸黑白机	KQ44-12-2	550	A/H管双天线双喇叭
	KQ44-12-3		
	KQ44-12-4		
	KQ44-14		
	KQ44-16		
孔雀牌17英寸黑白机	KQ44-12-2	520	G管双天线双喇叭
	KQ44-12-3		
	KQ44-12-4		
	KQ44-14		
	KQ44-16		

1987年11月，市物委明确苏州部分耐用消费品的城乡差价，黑白电视机城乡差价每台为：吴县1.5元（西山2元），吴江、张家港均为1元，太仓2元，昆山、常熟不计。

1987年孔雀牌44厘米黑白电视机在全国质量评比中荣获三个一等奖，并获1987年国家优质产品银质奖，根据优质优价原则，孔雀牌44厘米黑白电视机的产地零售价调整为每台590元，从1988年1月29日起执行。同年4月3日起，孔雀牌14英寸各型号黑白电视机每台零售价调高至470元，17英寸各型号黑白电视机每台调高至630元。

表3-170　1988年2月1日苏州五化交站电视机调价表

单位：元/台

牌号	规格	产地	调前零售价	调后零售价
昆仑	黑白14英寸35CMB356型两喇叭	北京	449	454
昆仑	黑白14英寸35CM356-1型两喇叭	北京	449	454
昆仑	黑白14英寸35CM352-2型	北京	434	449
昆仑	黑白14英寸35CM357型两喇叭	北京	449	454
昆仑	黑白14英寸35CM352-2A型	北京	434	449
昆仑	黑白14英寸35CMB355型	北京	434	449

牌号	规格	产地	调前零售价	调后零售价
昆仑	黑白17英寸43CM441型	北京	551	581
熊猫	黑白43CM17英寸44H1电子调谐	南京	601	626

1989年9月14日，市物委发出《关于下达工业消费品价格管理目录的通知》，家用电冰箱、自行车、黑白电视机等商品列入现阶段实行提价申报制度的商品目录，如需提价，均应事先向省物价局申报，经批准后方可实施。

1990年7月，部分家用电器价格退出提价申报，但黑白电视机等四种耐用消费品仍实行向省物价局提价申报制度。

1991年初，江苏省商业厅调整黑白电视机地区差率，详见下表：

表3-171　1991年初江苏省商业厅调整黑白电视机地区差率表

地区	黑白电视机			地区	黑白电视机		
	现行		调整		现行		调整
	省内（%）	省外（%）	不分省内外（%）		省内（%）	省外（%）	不分省内外（%）
苏州市	1.8	2.5	3	扬州市	2	3	3.5
无锡市	1.5	2.5	3	淮阴市	2	3	4
常州市	1.5	2.5	3	盐城市	2	3	4
镇江市	2	2.5	3.5	徐州市	1.5	2.5	4
南京市	2	3	3.5	连云港市	2	3	4
南通市	2	3	3.5	—	—	—	—

1991年开始，电视机价格逐渐下降，首先是沪产黑白电视机率先降价，引发苏州市场电视机价格相继降价。

表3-172　1991年3月26日苏州市沪产黑白电视机降价表

单位：元/台

屏幕	牌号	型号	扬声器	产地零售价	
				调前	调后
35厘米14英寸	金星	B35-1U	一大	500	455
35厘米14英寸	金星	B35-1U1	一大一小	505	460
35厘米14英寸	飞跃	35D1-2	一大	500	455
35厘米14英寸	飞跃	35D14-2AH	二大	515	470
35厘米14英寸	凯歌	4D35U6	一大	500	455
35厘米14英寸	凯歌	4D35U6-4	一大一小	505	460
35厘米14英寸	百合花	D35-3U3	二大	515	470
35厘米14英寸	百合花	D35-7U	二大二小	517	472
35厘米14英寸	多菱	JD35-320	一大一小	505	460
35厘米14英寸	多菱	JD35-32UF	二大二小	517	472
35厘米14英寸	云燕	35D14FS	二大、电调、简遥	590	515
35厘米14英寸	云燕	35D15FS	二大电调	550	485
44厘米17英寸	金星	B44-1U	一大一小	710	640

屏幕	牌号	型号	扬声器	产地零售价	
				调前	调后
44厘米17英寸	金星	B4410	一大一小	710	640
44厘米17英寸	飞跃	44D1-2	一大一小	710	640
44厘米17英寸	飞跃	44D19-4	二大电调谐	830	760
44厘米17英寸	凯歌	4D44U9	一大一小	710	640
44厘米17英寸	凯歌	4D44U2	一大一小	710	640
44厘米17英寸	百合花	D44-1U2	二大二小	710	640
44厘米17英寸	百合花	D44-3U	一大一小电调	830	760

在这一轮电视机大降价中,据统计,苏州市场上,3~4月黑白电视机则比上年同期价格下降14.6%。

从20世纪90年代开始,随着电视机产业的更新换代,黑白电视机逐渐被彩色电视机所替代,苏州市场黑白电视机有价无市,逐步销声匿迹。1992年,黑白电视机价格完全放开,实行市场调节价,由生产经营者自主定价。

2. 彩色电视机价格

苏州地产孔雀牌彩色电视机1980年开始研制,1982年研制出35厘米(14英寸)KQC-35-1型彩色电视机30台,至1985年批量生产出41937台彩色电视机。孔雀牌14英寸彩电产地零售价为每台998元。

1983年,国家降低彩色电视机销售价格。随着中国引进生产线的投产,彩色电视机及其配套件由全套进口散件装配逐步向国产化发展,生产数量有了较大的增长,为了扩大销路,满足人民需要,年初,国家物价局、电子工业部决定降低彩色电视机价格。彩色电视机的销售价格安排如下表:

表3-173 彩色电视机零售价格调整表

执行日期:1983年1月20日　　　　　　　　　　　　　　　　　　　　　单位:元/台

品种		生产厂、产地	牌号	型号	产地、口岸价		江苏省销地调后零售价
					原价	调后	
国产机	14英寸	北京电视机厂	牡丹	TC-483D	1200	998	1020
	14英寸	上海电视机厂	金星	C37-401	1200	998	1020
	14英寸	天津无线电厂	北京	838	1200	1028	1050
	22英寸	北京电视机厂	牡丹	TC-201D	2000 2200	1700	1730
	22英寸	上海电视一厂	金星	C56-402	2000 2200	1700	1730
	22英寸	天津无线电厂	北京	839	2000 2200	1795	1830
	20英寸	—	—	各型	1800 2000	1500	1530
进口机	14英寸	日本	各牌	—	1250	1050	1070
	20英寸	—	各牌	—	2200	1600	1630

注:1.调价后进口件和国产件装配同价。

2. 天津无线电厂生产的北京牌14英寸838型彩色电视机附有指触式频道预选、自动亮度调整电路、耳机录音插口、电源100~300伏稳压等。天津22英寸839型同14英寸并带视频插口。

国家规定：除上表所列以外其他厂生产的彩色电视机，各地在接到产地调价通知后，加规定地差自行计算相应调整。省内生产的彩色电视机，目前商业尚未经营，今后如有收购，凡与表列同规格、质量的，1983年暂按：地产地销的部分，工业对商业按零售价倒扣10%作价；商业调往外地的部分，工业对商业按零售价倒扣13%作价（均不含保修费2%）。与表列规格质量不同的，应报省定价。工商联营、商业代批、代销等方式的，工商如何作价，由当地协商确定。

国家还规定：地方零星进口的彩色电视机的销售价格，一律按下列修改后的规格差率进行调整。为了保证市场零售价格的统一，各地、各企业都必须严格执行本通知规定的价格，不准降价竞销。各级物价部门、工商管理部门要加强监督执行。

表3-174 1983年各规格进口彩色电视机修改差率表

规格	12-13英寸	14英寸	15英寸	16英寸	17英寸	18英寸	19英寸	20英寸	21英寸	22英寸	24英寸	26英寸
差率%	80	100	106	110	120	130	140	152	162	175	200	220

20世纪80年代中后期，苏州电视机厂生产的部分型号的14英寸孔雀牌彩色电视机，其产地零售价格详见下表：

表3-175 苏州电视机厂部分型号电视机价格表

规格品名	产地零售牌价（元/台）
孔雀牌14英寸彩电	998
孔雀牌14英寸KQ3-39型	1008
进口件组装14英寸索尼带遥控	1220
进口件组装14英寸索尼KV-1430CH遥控多功能	1290

表3-176 1984年9月国家商业部部分电视机新订口岸零售价格表

单位：元/台

品名	国别/地区	牌号	规格型号	口岸零售价
彩色电视机	日本	索尼	18英寸KV-1882CH遥控	1520
彩色电视机	日本	日立	18英寸CEP-323D遥控	1470
彩色电视机	荷兰	菲利普	14英寸CT-6020	1050
彩色电视机	荷兰	菲利普	20英寸CT-6050	1600
彩色电视机	中国香港	康艺	14英寸KT-8135	998
黑白电视机	日本	夏普	14英寸14P-56MC	460
黑白电视机	日本	夏普	17英寸17P-27MC	560

1985年开始，彩色电视机热销，价格呈不断上涨的走势。苏州市场上各类进口、国产彩电品种繁多，且逐步取代、淘汰黑白电视机，当时市场上彩电实行凭票供应，普通百姓对"彩电票"是一票难求，供应十分紧张，价格也比较混乱。为此，苏州市依据上级规定，明确不论

进口和国产的彩电，其零售价格国家都有统一规定（详见下表3-17），各零售经营单位购进的彩电，应按表列的零售价格执行，不论计划内、外购进的各种彩电均不得向上浮动。

表3-177　1985年3月苏州市彩色电视机零售价格牌价表

单位：元/台

牌号与规格	产地	产地零售价（或口岸价）	本市（含县）零售价
牡丹TC483D 14英寸	北京	998	1020
金星C37-401型 14英寸	上海	998	1020
北京838型 14英寸	天津	1028	1050
JVC14-7190S 14英寸	CKI组装（沪）	1050	1070
2237-1A二喇叭 14英寸	上海	1010	1030
福日 14英寸	福州	998	1020
日立14CRP-451D 14英寸	日本（沪）	1050	1070
声宝C-3700DK 14英寸	日本（沪）	1050	1070
长虹15型 14英寸	四川广元绵阳	998	1020
索尼KV-1430CH 14英寸	上海	1050	1070
索尼KV-1430CH　遥控多功能 14英寸	苏州	1290	1290
日产各型号 14英寸	日本	1050	1070
日立CEP-321D 18英寸	CKI组装（沪）	1400	1430
乐声TC-830D 18英寸	CKI组装（沪）	1400	1430
东芝181E3C 18英寸	CKI组装（沪）	1400	1430
声宝18C-1803DK 18英寸	CKI组装（沪）	1400	1430
索尼18KV-1882CH 18英寸	CKI组装（沪）	1520	1550
日立 20英寸	日本	1600	1630
声宝 20英寸	日本	1600	1630
罗兰斯（西德件） 20英寸	广东中山	1600	1630
乐声 20英寸	日本	1600	1630
金星C56-1型 22英寸	上海	1700	1730
金星C56-402 22英寸	上海	1700	1730
东芝201E3C 20英寸	上海	1600	1630
福日 20英寸	福州	1500	1530

1985年4月，国家物价局规定彩色电视机实行统一定价，规定产地零售价14英寸（一般型）为每台998元，18英寸为每台1330元，20英寸为每台1500元，22英寸（一般型）为每台1700元，直到1987年未变。

1987年2月26日，国家物价局发出了《关于严格控制彩色电视机乱涨价的通知》，明确规定：不论彩电的成本、进价高低，都必须按照国家规定的现行价格执行；彩电的价格，不论产地和销地都必须执行国家规定的有关作价原则。进口彩电一律要执行商业部制定的口岸价格，其计价公式为：销地零售价=口岸零售价×（1+地区差率）。尾数保留到10元，10元以下四舍五入。进口彩电（普通型）每台口岸零售价为：14英寸1050元，16英寸1160元，18英寸1400元，20英寸1600元，地区差率为2%。进口散件国内组装并使用国外商标牌号的彩电可执行进口彩电价格。

国产彩电的计价公式为：销地零售价=产地零售价×（1+地区差价）。国产彩电（一般型）每台产地统一零售价为：14英寸998元，18英寸1330元，20英寸1500元，22英寸1700元。地区差率为2%（省内1%，其他2%），尾数保留到10元，10元以下四舍五入。

根据电子工业部《关于下发国产彩色电视机附加功能加价规定的通知》规定：自动亮度调整加价50元，双喇叭加价10元，视频输入插孔加价20元，视频输入、出插孔加价20元，预选器数码管显示加价20元，可控数码显示电子钟加价30元，半遥控器（含选台、电源、亮度、音量、消音按钮）加价80元，全遥控器加价120元。

1987年6月，针对台湾产的彩电在苏州市如何作价销售的问题，苏州市明确，按照国家物价局有关文件精神，可按福建省当地零售价加规定的地区差率确定，地区差率为2%。35厘米（14英寸）彩电为每台1030元，其他规格彩电价格原则上按下列规格差率计算：以35厘米为100%，41厘米（16英寸）为110%，47厘米（18英寸）为133%，50厘米（20英寸）为152%，56厘米（22英寸）为175%。从其他省、市进的台湾产彩电苏州市零售价也参照此办法执行。

1987年9月，苏州电视机厂生产的彩色电视机、彩色投影电视机零售价格如下表：

表3-178　　1987年9月苏州电视机厂部分电视机零售价格表

单位：元/台

牌号	型号	零售价	备注
孔雀牌14英寸彩电	KQ37-39	998	双天线
孔雀牌18英寸彩电	KQ47-39	1340	双天线双喇叭
索尼14英寸彩电	KV1432CH遥控	1220	进口件组装
索尼18英寸彩电	KV-1882CH遥控	1550	进口件组装
40英寸遥控背投式彩色投影电视机	PJ-400	10500	组装
60英寸彩色投影电视机	PJ-60S	8430	组装

1987年11月，市物委明确苏州部分耐用消费品的城乡差价，重申彩色电视机不加城乡差价，实行国家统一零售价及规定的作价办法。下表为部分国产彩色电视机苏州市区销售价格：

表3-179　　苏州市区部分国产彩色电视机销售价格表

单位：元/台

产地	牌号规格型号	零售价	产地	牌号规格型号	零售价
上海	金星14英寸C37-401	1018	上海	上海18英寸Z247-1A	1382
上海	金星14英寸C373（C37-3）	1049	上海	上海18英寸Z247-3A	1428
上海	金星14英寸C374	1049	上海	上海18英寸Z647-1A	1448
上海	金星14英寸C376	1018	上海	上海18英寸Z647-1B	1448
上海	金星14英寸CJ371	1115	上海	上海18英寸Z647-2A	1663
上海	飞跃14英寸37D1-2	1018	上海	上海18英寸Z647-4A	1469
上海	飞跃14英寸37D1Q-2	1018	上海	百合花18英寸CD47-1	1494
上海	凯歌14英寸4C3701	1038	上海	百合花18英寸CD47-2	1382
上海	凯歌14英寸4C3702（4C3702-1）	1038	上海	金星22英寸C56-402	1734
上海	上海14英寸Z237-1	1018	上海	金星22英寸C563	1765
上海	上海14英寸Z237-1A	1049	上海	金星22英寸C56-402-1	1801

产地	牌号规格型号	零售价	产地	牌号规格型号	零售价
上海	上海14英寸Z237-2A（Z237-2）	1049	上海	上海22英寸Z656-11A	1862
上海	百合花14英寸CD37-1	1018	上海	上海22英寸Z656-2A	2076
上海	金星18英寸C46-1	1403	苏州	孔雀14英寸KQ37-39	1008
上海	金星18英寸C472	1357	苏州	孔雀18英寸KQ47-39	1375
上海	金星18英寸C473	1382	苏州	孔雀18英寸KQ47-36	1415
上海	金星18英寸C473-1	1525	苏州	孔雀18英寸KQ47-1882	1685
上海	金星18英寸C475	1387	北京	昆仑14英寸S371	1074
上海	金星18英寸C4711	1382	北京	昆仑14英寸S373-C	1069
上海	金星18英寸C471-1	1556	北京	昆仑18英寸S471	1382
上海	金星18英寸CJ471	1469	北京	牡丹18英寸47C3A	1377
上海	飞跃18英寸47C2-2	1443	无锡	虹美18英寸WCD-25	1444
上海	飞跃18英寸47C2-3	1418	无锡	虹美14英寸WCD-29	1023
上海	凯歌18英寸4C4701	1443	无锡	虹美14英寸C3373	1064
上海	凯歌18英寸4C4701-1	1479	南京	熊猫18英寸DB47C3-1	1439

表3-180　1987年12月苏州市地产电视机价格表

单位：元/台

规格品名	零售价	浮动价
孔雀18英寸KQ-47-39型	1375	1835
孔雀18英寸KQ-47-36型	1415	1835
孔雀18英寸KQ-47-1882	1695	2115
孔雀18英寸三洋机芯天线	1430	—
孔雀18英寸索尼机芯遥控	1550	2115
孔雀18英寸	1330	
孔雀14英寸KQ3-39型	1008	—
孔雀14英寸	998	—
索尼14英寸带遥控	1220	—

表3-181　1987年12月苏州市进口电视机价格表

单位：元/台

规格品名	零售价
日立、索尼、乐声（松下）、菲利浦、东芝、三菱14英寸	1050
康艺14英寸数码显示	1020
艾德华14英寸	998
日立、索尼、乐声（松下）、菲利浦、东芝、三菱16英寸	1160
乐声TC-688DHN双伴音制式（中国香港）全频道16英寸	1200
夏普18英寸C1834DK、C1833DK光电自控	1450
声宝、日电20英寸	1600
艾德华20英寸	1500
索尼20英寸KV-2092CH全频道遥控	1720

表3-182　1987年12月部分国产电视机产地价格表

单位：元/台

产地	规格品名	零售价
北京	牡丹18英寸47C3双喇叭	1340
北京	三洋18英寸CTP5903M	1430
天津	长城18英寸TJC471型	1330
南京	熊猫14英寸DB37C	998
南京	熊猫18英寸DB47C3-2型	1475
广州	乐华20英寸TC-219KDH	1530
广州	美视20英寸CEC888CD-198ET	1550
上海	金星22英寸C56-402-1视频出入	1765
上海	上海22英寸Z656视频输出入装置	1795

　　1988年，苏州市场彩色电视机供不应求，货俏价扬。为打击黑市，制止高价倒卖彩电、冰箱、自行车等票证，回笼货币，满足部分消费者需求，经省批准，苏州市区于4月24日开办"苏州市特需市场"，经市物委审批销售的彩电等紧俏日用工业品，以高于市场零售价格，低于黑市价格应市。下表为彩电在特需市场的价格与国家规定的市场零售价格对比情况：

表3-183　1988年苏州市特需商场出台商品价格表

执行日期：1988年4月24日　　　　　　　　　　　　　　　　　单位：元

产地	品名规格	单位	市场零售价	特需零售价	备注
上海	彩色电视机（44701-1）凯歌	台	1479	2500	5月6日调整加外汇差价，每台彩电加价为：18英寸400元，14英寸250元，20英寸以上500元
苏州	索尼18英寸遥控彩电	台	1685	2700	
苏州	孔雀18英寸彩电	台	1375	2300	
苏州	孔雀14英寸彩电	台	1008	1400	

　　同年5月，为缓解企业困难，经省有关部门批准，省产彩电暂实行加收外汇差价，并于5月6日起执行。彩电在现行零售价格基础上加收外汇差价，14英寸具体加价额为每台加收250元，18英寸每台加收400元，20英寸及以上加收500元。彩电批发价格由工商企业在零售价每台与出厂价之间协商制定。商业部门经营外省产彩电，凡经产地物价部门批准调整或加收外汇差价的，销地可随之相应调整价格或加收外汇差价（特区除外）。经营进口彩电，可在国家规定牌价的基础上，比照省产彩电不同规格的加价额加价销售。

表3-184　苏州产孔雀牌彩电加收外汇差价的价格表

单位：元/台

规格型号	出厂价	零售价
KQ47-1882	1865.65	2095（其中外汇差价400元）
KQ37-39	1119.62	1258（其中外汇差价250元）
KQ47-39	1637.6	1840（其中外汇差价400元加视频插孔）
KQ47-39	—	1775（其中外汇差价400元）
KQ47-36	1717.7	1930（其中外汇差价400元加视频插孔）
KQ47-36	—	1815（其中外汇差价400元）

　　1988年6月，根据国家物价局、电子工业部、商业部等有关规定精神，省物价局、商业厅、电子工业厅联合发出《关于彩色电视机实行浮动价格的通知》和《补充通知》，彩电实行浮动价格是为了解决生产企业困难，缓和市场供求矛盾。省产彩色电视机实行浮动价格后，取消原来价外加收外汇差价的规定。据此，苏州市明确彩电实行浮动价格，按省相关的七项规定执行：

　　（1）国产彩电实行浮动价格。价格管理权限仍由机械电子工业部、商业部共同管理，国家物价局审定。

　　（2）国产彩电的零售价格，一般机型在国家统一规定的产地零售价格基础上浮动。即14英寸每台由998元上浮到不超过1190元，18英寸每台1330元上浮到不超过1700元，20英寸每台由1500元上浮到不超过1900元，22英寸每台由1700元上浮到不超过2100元。各地生产的各种牌号，一般型彩电按不高于上述规定的价格水平进行浮动，功能加价仍按原电子工业部、商业部规定办理。南京无线电厂生产的熊猫牌彩色电视机属国务院有关部门管理的代表品彩电，保持牌誉差价，即14英寸每台加30元，18英寸到22英寸每台加50元。生产企业直接销售零售企业的，按产地零售价倒扣7%，如有困难，可由工商双方协商；销给批发企业的，可由工商双方商定；直接销给消费者的执行零售价格。

　　（3）贯彻优质优价的原则，合理安排质量差价。质量达到国际水平，其产地零售价，获金质奖的每台可加价80元，获银质奖的每台可加价60元，熊猫牌14英寸DB37C2型彩电获国家银质奖，每台加价60元。

　　（4）凡用进口散件组装的彩电，在国内销售，不论使用哪国商标一律执行国产彩电价格。1985年电子工业部、国家物价局、商业部联合下达补充通知中第一条规定同时废止。

　　（5）保修费仍按现行规定执行，即国产机由生产企业按浮动后零售价随机另扣0.5%～1%，由负责保修单位使用。

　　（6）彩电产地价格浮动后，销地的零售价格加地区差率相应调整（苏州地区差率调整如下表）。任何经营单位不得零售价进货，加价或加手续费出售。

　　（7）浮动价格，从1988年6月15日起执行。

表3-185　苏州市彩色电视机地区差率表

市、县	省内产品（%）	省外产品（%）	市、县	省内产品（%）	省外产品（%）
苏州市	1.5	2.5	昆山县	1.5	2.5
常熟市	1.5	2.5	吴县	1.5	2.5
张家港市	1.5	2.5	吴江县	1.5	2.5
太仓县	1.5	2.5	—	—	—

表3-186　江苏省及上海生产的部分彩电产地浮动价格表

单位：元/台

产地	牌号	规格型号	产地零售价（浮动）
上海	上海	14英寸Z237-1	1220
上海	上海	14英寸Z237-1A（银质奖）	1310

产地	牌号	规格型号	产地零售价（浮动）
上海	上海	14英寸Z237-1A（C）耳机、录音插孔、双喇叭（银质奖）	1310
上海	上海	14英寸Z237-2A（Z237-2）耳机、录音插孔、双喇叭	1250
上海	上海	18英寸Z247-1A耳机、录音插孔、双天线	1775
上海	上海	18英寸Z247-3A耳机、录音插孔、双喇叭、双天线、视音频输出	1820
上海	上海	18英寸Z647-1A（1B）耳机、录音插孔、双天线、视音频输出	1840
上海	上海	18英寸Z647-4A耳机、录音插孔、双喇叭、双天线、视音频输出入	1860
上海	上海	20英寸Z651-2A中国香港双线路（销广东加70元）	2275
上海	上海	22英寸Z656-1（1A）图像环境光自动控制（OPC）	2275
上海	上海	22英寸Z656-3A	2405
上海	飞跃	14英寸37D1-2（37D1Q-2）	1220
上海	飞跃	18英寸47C1-3防护玻璃屏、双天线、双喇叭	1810
上海	飞跃	18英寸47C2-2图像环境光自动控制（OPC）、双天线、双喇叭	1895
上海	飞跃	18英寸47C2-3防护玻璃屏、双天线、双喇叭	1870
上海	凯歌	14英寸4C3701（4C3701-1、4C3702、4C3702-1）双喇叭	1240
上海	凯歌	18英寸4C4701图像环境光自动控制（OPC）、双天线、双喇叭	1895
上海	凯歌	18英寸4C4701-F图像环境光自动控制（OPC）、双天线、双喇叭	1835
上海	凯歌	18英寸4C4701-1数码管显示、防护玻璃屏、双天线、双喇叭、图像环境光自制	1930
上海	凯歌	18英寸4C4702双天线、双喇叭	1280
南京	熊猫	14英寸DB37C2	1845
南京	熊猫	18英寸DB47C3-1（DB47C5）	1845
南京	熊猫	18英寸DB47C4	1875
南京	熊猫	18英寸DB47C4-1	1940
南京	熊猫	18英寸DB47C4-2	1950
南京	熊猫	18英寸DB47C3-2	1895
南京	熊猫	20英寸CTO-6050/93T	1995
南京	熊猫	20英寸T515C32DTC	2285
南京	飞利浦	20英寸CTO-6050/93T	1995
南京	沙巴	20英寸T515C32DTC	2285
无锡	虹美	14英寸WCD25	1235
无锡	虹美	14英寸C3733	1275
无锡	虹美	18英寸WCD25	1850
无锡	虹美	18英寸WCD25-2	1910
无锡	夏普	18英寸1826-DK（1820-DK）	1850
无锡	飞利浦	20英寸CTO-6050/93T	1995
南通	三元	14英寸37SYC-2型双喇叭	1230
南通	三元	18英寸47SYC-2型12组预选器	1830
南通	三元	18英寸47SYC-3-1自动亮度调整	1880
南通	三元	18英寸47SYC-3-2	1880

同时，国家商业部、国家物价局又发出通知，对进口彩色电视机实行浮动价格，明确规定：

进口整机的功能加价，按国产机功能加价表的规定执行；国产机附加功能加价表没有规定的暂不实行功能加价。双线路加价仍按规定办，即只在广东省执行，广东省以外地区不执行。

天津、上海、广州口岸地及福建、广东省未列入附表的各种进口牌号的整机（含从香港、台湾地区进的）由当地商业厅（局）、物价主管部门审核后报商业部、国家物价局审批。其他地区参照附表价格水平，本着按质论价原则由各省、自治区、直辖市商业厅（局）会同物价局（委员会）核定，并报商业部、国家物价局备案。

表3-187　进口彩色电视机口岸浮动价格表

单位：元/台

国别（地区）	牌号规格	浮动前现行口岸销售价	浮动后口岸零售价普通机型基价
日本	日立21英寸	3400	3400
	日立20英寸	1600	2480
	日立18英寸	1400	2280
	日立16英寸	1160	2010
	日立14英寸	1050	1750
	索尼20英寸	1600	2480
	索尼18英寸	1400	2280
	索尼16英寸	1160	2010
	索尼14英寸	1050	1750
	松下20英寸	1600	2480
	松下18英寸	1400	2280
	松下16英寸	1160	2010
	松下14英寸	1050	1750
荷兰	飞利浦20英寸	1600	2480
	飞利浦18英寸	1400	2280
	飞利浦16英寸	1160	2010
	飞利浦14英寸	1050	1750
日本	东芝20英寸	1600	2430
	东芝18英寸	1400	2230
	东芝16英寸	1160	1960
	东芝14英寸	1050	1700
	三菱20英寸	1600	2430
	三菱18英寸	1400	2230
	三菱16英寸	1160	1960
	三菱14英寸	1050	1700
	声宝20英寸	1600	2430
	声宝18英寸	1400	2230
	声宝16英寸	1160	1960
	声宝12英寸	1050	1700
	日电（NEC）20英寸	1600	2430
	日电18英寸	1400	2230
	日电16英寸	1160	1960
	日电14英寸	1050	1700
	胜利（JVC）20英寸	1600	2230
	胜利18英寸	1400	2030
	胜利16英寸	1160	1760
	胜利14英寸	1050	1500
	三洋20英寸	1600	2230

国别（地区）	牌号规格	浮动前现行口岸销售价	浮动后口岸零售价普通机型基价
日本	三洋18英寸	1400	2030
	三洋16英寸	1160	1760
	三洋14英寸	1050	1500
	将军20英寸	1600	2030
西德	德律风根20英寸	1600	2230
	根德20英寸	1600	2230
	罗兰士20英寸	1600	2030
法国	沙巴20英寸	—	2230
	汤姆逊20英寸	1600	2030
韩国	皇冠20英寸	1600	2230
香港地区	康艺20英寸	1500	2230
	佳丽彩20英寸	1600	2030

注：日立21英寸不再加功能价，其他产品功能价由口岸另加。

同年7月12日，机械电子工业部、国家物价局、商业部发出了《关于彩电实行浮动价格的补充通知》，通知中规定：获得部优产品型号的13种牌号的彩色电视机，可按国家管理的9种牌号彩色电视机的牌誉差价加价，即35厘米的加价30元，47厘米至56厘米的加价50元。这22种彩色电视机的牌号是：孔雀、青岛、黄河、海燕、如意、金凤、天鹅、长虹、上海、长城、三元、乐华、春风、环宇、熊猫、金星、飞跃、凯歌、北京、牡丹、昆仑和福日，当时苏州孔雀牌彩电获全国质量评比一等奖。

1988年下半年，据物价检查和消费者来信来访反映，苏州市有些县（市）、区的经营单位在彩色电视机经营中乱开价格乱收费，违反价格管理法规。例如，据市信访办《信访摘编》第12期摘录群众来信反映：太仓万宝经营服务部销售18英寸彩色电视机，发票上开1881元，另开收据再收1119元，实际价格为3000元，比规定价格高出千余元。吴江盛泽镇上的日用建材经营部销售20英寸飞利浦彩色电视机，发票上开2065元，实收款3050元。吴江县供销社系统从9月15日起由中山、垂虹、东门商场展销三天，乱定价格，18英寸彩色电视机4000元，凤凰自行车380元，还有电冰箱等都大幅度地超出了正常价格。对此行为群众反映强烈，纷纷要求物价部门严肃处理。

为此，市物委于10月15日，重申彩色电视机价格管理的有关规定：根据物价政策精神，各级物价部门和业务主管部门必须加强对彩色电视机等紧俏耐用消费品的价格管理，严格贯彻省物价局、商业厅、电子工业厅《关于彩色电视机实行浮动价格的通知》和《补充通知》的有关规定：

国产彩电价格管理权限属机械电子工业部、商业部和国家物价局，进口整机彩电价格管理权限属商业部。各生产、经营企业必须按国家规定执行，不得擅自提高价格或加收任何费用。

凡用进口散件组装的彩电，在国内销售时，不论使用哪国商标牌号，一律执行国产彩电价格，过去规定的"进口散件国内组装使用国外商标执行口岸价"即行废止。

苏州市外采彩电的零售价按国家规定的产地零售价格加地区差率制定，省内产品的地区差率为1.5%,省外产品为2.5%。

各县(市)、区物价部门应加强监督检查,不得听任企业任意涨价或变相涨价。

下表为苏州地产孔雀牌彩电部分品种规格原零售和浮动价格对比:

表3-188　苏州地产孔雀牌彩电部分品种规格原零售和浮动价格对比表

执行日期:1988年6月15日

单位:元/台

规格品名	出厂浮动价	原产地零售价	产地浮动价
孔雀牌14英寸KQ37-39	1130	1008	1270
孔雀牌18英寸KQ47-39	1633	1375	1835
孔雀牌18英寸KQ47-38	—	1415	1835
孔雀牌18英寸KQ47-1882	1881	1695	2115
孔雀牌18英寸索尼机芯遥控	1882	1550	2115
孔雀牌18英寸KQ47-39-2	1691	—	1900
孔雀牌18英寸KQ47-39-4	1882	—	2115
孔雀牌18英寸KQ47-36	1633	—	1835
孔雀牌18英寸KQ47-36-2	1735	—	1950
孔雀牌20英寸KQ51-39	1892	—	2055
孔雀牌20英寸KQ51-39-1	1851	—	2080

针对经济形势出现的新情况,中共十三届三中全会提出"治理经济环境,整顿经济秩序,全面深化改革"的方针,同年10月6日,国务院决定对小汽车、大轿车、彩色电视机、电冰箱、洗衣机、空调器、吸尘器、录像机、照相机等29种(类)商品,列为国家规定的专项控制商品目录,用以控制社会集团的购买规模,缓解彩电等商品市场供不应求的尖锐矛盾,降低通货膨胀压力,保证供应,稳定市场物价。

1988年12月,省电子工业厅批复,对苏州、无锡、南通获得国家银质奖,三市七个型号18英寸的彩电实行优质加价,每台加价60元。沪、宁产部分获得银质奖的彩电也实行优质加价。具体价格见下表:

表3-189　苏、锡、通获银质奖的彩电实行优质加价表

单位:元/台

产地	牌名规格	零售价	产地	牌名规格	零售价
苏州	孔雀牌KQ47-36	1895	南通	三元牌47SYC-3	1940
苏州	孔雀牌KQ47-39	1895	南通	三元牌47SYC-3-2	1940
无锡	虹美牌47厘米WCD25	1910	南通	三元牌47SYC-2	1810
无锡	虹美牌C4725-2	1970	—	—	—

表3-190　沪、宁产部分获国家银质奖的彩电实行优质加价表

单位:元/台

牌名规格型号	产地零售价	本市零售价	牌名规格型号	产地零售价	本市零售价
飞跃18英寸47C2-2	1895	1942	金星18英寸C4715	1845	1891
飞跃18英寸47C2-3	1870	1917	金星22英寸C563	2240	2296

牌名规格型号	产地零售价	本市零售价	牌名规格型号	产地零售价	本市零售价
凯歌18英寸4C4701	1895	1942	上海22英寸Z656-3A	2405	2465
凯歌18英寸4C4702	1845	1891	熊猫18英寸47C-1	1905	1934
凯歌18英寸4C4701-1	1930	1978	熊猫18英寸47C4	1935	1964
金星18英寸C46-1	1855	1901	熊猫18英寸47C5	1905	1934
金星18英寸C475	1840	1886	—	—	—

1989年1月，国家对彩电开征特别消费税和国产化发展基金。向消费者价外收取特别消费税为：14英寸彩电每台400元，14英寸以上每台600元。价外征收国产化发展基金，14英寸每台100元，14英寸以上每台300元。下表为国产长虹、山茶、红岩和苏州电视机厂组装索尼等品牌彩电产地销售价格：

表3-191　国产53厘米（21英寸）平面直角彩电产地销售价格表

单位：元/台

产地	牌名	型号	产地零售价	特别消费税	国产化发展基金	价、税、发展基金三项合计
绵阳	长虹	CJKJ53B	2835	600	300	3735
昆明	山茶	SC-C54A	2835	600	300	3735
重庆	红岩	SC-531	2825	600	300	3725
重庆	金鹊	53ECIY	2865	600	300	3765
珠海	夏普	C-2102YI	2845	600	300	3745
沈阳	百花	EC2103R	2820	600	300	3720
苏州	索尼	SONY-2112	2995	600	300	3895

表3-192　1989年彩色电视机产地零售价格、特别消费税、国产化发展基金表

单位：元/台

产地	牌号	型号	产地零售价	牌誉差价	功能加价	价、税、发展基金三项合计
南京	熊猫	360651厘米	2125	50	175	3025
南京	熊猫	360951厘米	2005	50	55	2905
绵阳	长虹	CJK47A147厘米	2065	50	315	2965
上海	金星	C51351厘米	2175	50	225	3075
上海	金星	C51451厘米	2255	50	305	3155
天津	北京	831151厘米	2015	50	65	2915

针对社会上紧俏的彩色电视机"商品搞旅游、价格滚雪球"的弊病，1989年2月27日苏州市计划委员会会同商业、工商、物价等部门商定，从3月1日起，对苏州市区范围内的彩色电视机实行专营定点供应，具体规定如下：

暂定广播电视服务公司、人民商场、南门商业大楼、交电商场、电视机厂门市部、市五化交公司无线电修理部、宏声交电商店、友谊商店、侨汇商店为销售彩电专营点。彩电专营批发定点为苏州市五化交公司采购供应站、苏州电视机厂。

非定点专营单位，一律不准经营彩电，对其库存彩电，均按专营后的价格销售，尚未公

布价格的待具体价格下达后的十五天内销完;已公布价格的到2月底,还未销售完,不得再销售,如何处理,另行通知。非专营单位应将1989年2月底的库存彩电在3月5日前上报辖管税务部门和工商行政管理部门。税务、工商部门汇总后于3月10日前告市计委。

各专营批发、零售点,应向工商行政管理部门及时办理"彩电专营许可证"手续。彩电专营单位必须严格执行国家关于彩电专营的有关规定。如有违反国家专营规定者,取消其专营批发和零售资格,吊销"彩电专营许可证",并追究责任。

据市统计局资料反映:苏州市场彩电、冰箱等大件消费品购买主要集中在1989年初刚开始实行特别消费税的一段时间。当时彩电的购买量比上年同期增50%,随着时间的推移,人们感到价格过高,彩电、冰箱的销售由俏转平。随着国家治理整顿通货膨胀方针的不断深入,从1989年二季度开始,大件耐用消费品销量下降,市场供应由紧转平,转滞最为突出的是苏州市场彩电、冰箱、洗衣机、录音机、电扇等大件消费品,销售量全面下跌,据苏州市统计局《统计资料》(1986年第86期)载:"彩电专营后,价格上涨,库存增多,由预售到现买到商业部门让利优惠供应,这一系列的变化前后不过三四个月。"至1989年上半年,苏州市区居民彩电购买量比上年同期下降20%。在国家宏观控制下,控购商品范围扩大,彩电等集团消费得到压缩,二季度比一季度下降17.88个百分点,上半年比去年同期增长13.8%,扣除物价上涨因素,集团消费实际上是下降的。而苏州农村电视机销售情况,由于彩电价格过高,一般农户难以承受,43厘米(17英寸)以上的正宗黑白电视机则相对热销。

为加强工业的消费品的价格管理,1989年9月14日,市物委发出《关于下达工业消费品价格管理目录的通知》,重申《各规格牌号的彩色电视机列入国务院有关部门管理价格的目录》。

1990年3月,江苏省商业厅规定,彩色电视机工业部门对产地批发企业按零售价倒扣14%(不含保修费)作价;产地批发企业调给销地市(县)公司按当地零售价倒扣11%作价,批发企业对零售企业按零售价倒扣9%作价。

1990年3月15日起,按国家规定降低国产彩电特别消费税和零售价格,特别消费税适当调低,每台14英寸降为100元,18英寸、22英寸降为300元,20英寸降为400元,21英寸(平面直角)降为550元。以外汇或侨汇销售的彩电,其特别消费税按调后税额减半征收。同时取消价外征收的彩电国产化发展基金。苏州产孔雀牌KQ47-39A(18英寸)代表品的零售价(含税)每台从2795元降为2395元,各款品种的具体价格见下表:

表3-193 1990年3月15日苏州地产彩色电视机新价表

单位:元/台

牌号规格型号	零售价	价税二项合计	牌号规格型号	零售价	价税二项合计
孔雀14英寸KQ37-39	1330	1430	孔雀20英寸KQ51-39-1	2280	2680
孔雀14英寸KQ37-38	1330	1430	孔雀20英寸KQ51-38-1	2280	2680
孔雀14英寸KQ37-39-1	1330	1430	孔雀20英寸KQ51-39-4	2535	2935
孔雀18英寸KQ47-39	2095	2395	孔雀20英寸KQ51-39-3	2535	2935
孔雀18英寸KQ47-36	2095	2395	孔雀20英寸KQ51-38-3	2535	2935
孔雀18英寸KQ47-39-2	2100	2400	孔雀20英寸KQ51-36	2310	2710
孔雀18英寸KQ47-36-2	2150	2450	康艺20英寸MR5145-1	2405	2805

牌号规格型号	零售价	价税二项合计	牌号规格型号	零售价	价税二项合计
孔雀18英寸KQ47-38-2	2150	2450	索尼21英寸KV2181DC	3295	3845
孔雀18英寸KQ47-1882	2315	2615	孔雀22英寸KQ56-39	2490	2790
孔雀18英寸KQ47-39-4	2315	2615	孔雀22英寸KQ56-38	2490	2790
孔雀18英寸KQ47-39-3	2315	2615	孔雀22英寸KQ56-38-2	2555	2855
孔雀18英寸KQ47-38	2035	2335	孔雀22英寸KQ56-39-2	2555	2855
孔雀18英寸KQ47-39A	2095	2395	孔雀22英寸KQ56-38-3	2745	3045
索尼18英寸KV1882	2315	2615	孔雀22英寸KQ56-39-3	2745	3045
孔雀20英寸KQ51-39	2255	2655	孔雀22英寸KQ56-39-4	2745	3045
孔雀20英寸KQ51-38	2255	2655	—	—	—

1990年孔雀牌电视机分别获国家、省优奖,按照规定实行加价,详见下表:

表3-194 1990年孔雀牌电视机获奖后新价格表

产品名称	型号规格	生产企业	获奖	零售价（元/台）
黑白电视机	KQ44-16-3	苏州电视机厂	省优	820
黑白电视机	KQ44-12-6	苏州电视机厂	国家银质奖	820
彩色电视机	KQ47-39	苏州电视机厂	国家银质奖	2395
彩色电视机	KQ47-36	苏州电视机厂	国家银质奖	2395
彩色电视机	KV1882	苏州电视机厂	省优	2615

进入20世纪90年代,在国家宏观调控和价格杠杆机制的作用下,电视机市场由"高烧不退"到逐步降温,由供不应求到供大于求,先是黑白电视机滞销,后是彩色电视机实行优惠降价促销。电视机销售开始从"卖方市场"逐步进入到"买方市场"。

1991年1月9日苏州市物价局、商业局调整了部分家电商品地区差率(价),苏州市区调整后的地区差率(价)为:音像设备省内、沪2%,省外4%,其中彩色(黑白)电视机省内1.8%,省外2.8%。1991年开始,电视机价格逐渐下降,沪产彩色电视机在苏州市场也实行临时优惠零售价格,详见下表:

表3-195 1991年沪产彩色电视机临时优惠零售价格表

单位:元/台

牌号	型号	价格	牌号	型号	价格
金星	C47-41037厘米14英寸	1280	飞跃	47C2Y2-647厘米18英寸	2295
金星	CJ37137厘米14英寸	1375	飞跃	47C2Y-347厘米18英寸	2250
金星	C373（C37-3)37厘米14英寸	1310	凯歌	4C4704-1A47厘米18英寸	2120
金星	C37437厘米14英寸	1310	凯歌	4C4701-447厘米18英寸	2260
金星	C37637厘米14英寸	1280	凯歌	4C4705-247厘米18英寸	2435
金星	C37737厘米14英寸	1300	凯歌	4C470147厘米18英寸	2195
飞跃	37D1-237厘米14英寸	1280	凯歌	4C4701-147厘米18英寸	2230
飞跃	37D1Q-237厘米14英寸	1280	凯歌	4C4701-247厘米18英寸	2285
飞跃	37C2-337厘米14英寸	1315	凯歌	4C4701-347厘米18英寸	2195
飞跃	37C3-337厘米14英寸	1315	凯歌	4C470247厘米18英寸	2145

牌号	型号	价格	牌号	型号	价格
凯歌	4C370137厘米14英寸	1300	凯歌	4C470347厘米18英寸	2195
凯歌	4C3701-137厘米14英寸	1300	凯歌	4C470547厘米18英寸	2085
凯歌	4C370237厘米14英寸	1300	凯歌	4C4705-147厘米18英寸	2120
凯歌	4C3702-237厘米14英寸	1300	多菱	JD47C-R47厘米18英寸	2025
凯歌	4C370337厘米14英寸	1300	百合花	CD47-147厘米18英寸	2015
凯歌	4C370537厘米14英寸	1300	百合花	CD47-247厘米18英寸	2025
凯歌	4C370437厘米14英寸	1335	百合花	CD47-347厘米18英寸	2015
凯歌	4C3704-137厘米14英寸	1450	百合花	CD47-547厘米18英寸	2055
多菱	KD37C-R37厘米14英寸	1250	百合花	CD47-647厘米18英寸	2370
百合花	CD37-137厘米14英寸	1250	金星	C491849厘米19英寸	2590
百合花	CD37-1A37厘米14英寸	1250	金星	C51251厘米20英寸	2475
百合花	CD37-237厘米14英寸	1285	金星	C51451厘米20英寸	2555
百合花	CD37-337厘米14英寸	1285	金星	C51551厘米20英寸	2490
百合花	CD37-437厘米14英寸	1370	金星	C51851厘米20英寸	2490
金星	C46-147厘米18英寸	2155	金星	C51151厘米20英寸	2445
金星	C47247厘米18英寸	2050	金星	C51851厘米20英寸	2475
金星	C47347厘米18英寸	2075	飞跃	51C2-151厘米20英寸	2285
金星	C473-147厘米18英寸	2215	飞跃	51C3-151厘米20英寸	2285
金星	C47547厘米18英寸	2140	飞跃	51C2-251厘米20英寸	2265
金星	C471147厘米18英寸	2075	飞跃	51C2Y-251厘米20英寸	2635
金星	C471047厘米18英寸	2125	凯歌	4C510451厘米20英寸	2560
金星	C4711-147厘米18英寸	2245	凯歌	4C510551厘米20英寸	2310
金星	CJ47147厘米18英寸	2160	百合花	CD51-251厘米20英寸	2270
金星	C47847厘米18英寸	2050	金星	C54154厘米21英寸	2980
金星	C471547厘米18英寸	2145	金星	C54254厘米21英寸	2975
金星	C471247厘米18英寸	2175	飞跃	54C52Y-254厘米21英寸	2980
金星	C471847厘米18英寸	2265	飞跃	54C52Y21-254厘米21英寸	2980
金星	C472-147厘米18英寸	2105	凯歌	4C540154厘米21英寸	2980
金星	C472147厘米18英寸	2110	金星	C56456厘米22英寸	2615
金星	C472047厘米18英寸	2210	金星	C56-40256厘米22英寸	2350
金星	C471747厘米18英寸	2260	金星	C56-402-156厘米22英寸	2415
飞跃	47C1-347厘米18英寸	2110	金星	C56356厘米22英寸	2440
飞跃	47C2-247厘米18英寸	2195	飞跃	56C1-356厘米22英寸	2480
飞跃	47C2-347厘米18英寸	2170	飞跃	56C2-356厘米22英寸	2455
飞跃	47C3-347厘米18英寸	2110	—	—	—

在这一轮电视机大降价中，据统计，苏州市场上，3～4月彩电降价影响最大，价格比上年同期下降21.5%，影响4月份市场零售物价总指数下降1.21个百分点。

1992年经济改革步伐加快，6月份国家停止对彩电实行专营管理，并停止征收彩电特别消费税，家用电器包括电视机价格完全放开，由生产者、经营者根据生产成本和市场供求状况自主定价。苏州市对主要家用电器则实行行业价格管理，由市行业价格协会百货行业分会协商制定行业协议价，不定期公布。

表3-196   1992年9月8日苏州市彩色电视机价比三家表

单位：元/台

品名	规格等级牌号	人民商场	工业品商场	石路商场	吴县商业大楼	新城商场
彩色电视机	孔雀21平直遥KQ54-39号	2130	2200	2150	2230	2280

表3-197   1993年苏州市区主要家用电器行业协议价表

单位：元/台

品名	型号规格	零售价	
		7月20日	8月18日
松下	2188	5050	4650
	M25	9500	8800
	D25	8500	8500
索尼	2189	5300	5300
	2553	8800	8600
东芝	2125	4700	4700
	2104	4650	4650
JVC	65Cm	8500	8500
日立	21D8C	4500	4500
	25M8A	7900	7800
夏普	2130	4350	4350
	21M5Z	4650	4650

1993年下半年，苏州市场物价上涨幅度较大，根据市政府文件精神，同年7月31日，市物价局决定对已放开的部分商品实行提价申报制度，苏州地产的孔雀牌彩电也列入其中。凡列入提价申报的商品，各单位必须严格执行提价申报制度，不得擅自突破现行价格。如需提价，需报经市物价局批准后方可调整，下表为公布的孔雀牌彩电提价申报现行价格：

表3-198   1993年苏州市提价申报商品的现行价格表

单位：元/台

品名	规格	零售价	备注
孔雀彩电	4438-1	1640	地产
孔雀彩电	4939-1	1990	地产
孔雀彩电	5439-5	2280	地产
孔雀彩电	KQ6439	4220	地产

表3-199   1994年初苏州市区主要家用电器行业协议价表

单位：元/台

品名	型号规格	零售价 （1993年10月25日）	零售价 （1994年1月28日）
松下	2188	4300	4500
	M25	8400	8400
	29V30R（画王）	13000	13000

品名	型号规格	零售价 （1993年10月25日）	零售价 （1994年1月28日）
索尼	2185	4700	4700
	2189	4600	4950
	2553	7800	7800
	2585	—	7400
东芝	2125	4250	4200
	2104	4050	4100
	2806	—	8400
日立	21D8C	4100	4100
	25M8A	7000	6800
夏普	21M52	4100	4100

为抑制新一轮通货膨胀，根据市人民政府颁布的《苏州市禁止不正当价格行为和牟取暴利暂行办法》及市物价局《关于明确主要商品和服务价格暴利界限的通知》文件精神，市物价局明确，家用电器属于当前采用市场平均价格及合理幅度控制暴利的商品，1994年12月，包括电视机在内的主要家用电器价格由市物价部门公布市场平均价格，其合理上浮幅度为15%，超过即为牟取暴利。通过反暴利来稳定家用电器市场价格。例如下表3-200中，松下2188彩电苏州市区市场平均价格为每台3630元，最高售价为3630+3630×15%=4174.50元，售价超出4174.50元的部分就是暴利。

表3-200　1994年12月苏州市区主要家用电器市场平均价

单位：元/台

品名	型号规格	原零售价 （1994年5月1日）	现市场平均价
松下	2188	4250	3630
	25GF10R	9200	7750
	29GF10R	12100	9800
索尼	2185	4800	4200
	2189	4950	4250
	2565	—	7200
	2585	7300	6750
	2965	—	9180
东芝	2125	4150	3400
日立	21D8C	3900	3250
日立	25M8A	6800	5600

在这一轮通货膨胀中，由于对家用电器采取了反暴利的价格管制手段，家电类的涨幅远远低于当时居20%上下高位的价格涨幅，取得比较满意的效果。详见下表：

表3-201　苏州市区家电类代表品种1995年与1994年零售价格对比表

类别及名称	产地牌号规格等级	计量单位	平均价格（元）		涨幅（%）
			1994年1月	1995年1月	
家用电器类	—	—			3.7
收音机	红灯牌双卡9103-1沪	台	38.800	39.333	1.4
彩色电视机	孔雀54-39-8苏州	台	2268.000	2390.000	5.4
黑白电视机	孔雀44-12-7苏州	台	480.000	557.500	16.1
录音机	红灯双卡9103-1	台	244.667	243.000	-0.7
录放像机	松下J27日本	台	3775.000	3946.667	4.5
摄像机	索尼FX-500日本	台	9050.000	9050.000	—
洗衣机	小天鹅全自动8AI无锡	台	1661.000	1780.000	7.2
电风扇	长城落地扇11-40苏州	台	307.000	308.667	0.5
电冰箱	双门165B香雪海苏州	台	1790.000	1790.000	—
电冰柜	145立升香雪海苏州	台	2875.000	1770.000	-38.4
吸尘器	春花卧式800瓦苏州	台	448.000	448.000	—
电熨斗	红心500瓦自动调温沪	台	48.000	55.333	15.0
抽排油烟机	老板牌8B双孔杭州	台	398.000	465.000	16.8
电烤箱	玉立牌不锈钢CKF-10B宁波	台	290.000	335.000	15.5
换气扇	长城双向250瓦苏州	个	87.500	86.000	-1.7
空调器	春兰31B泰州	台	3750.000	3750.000	—
热水器	万家乐淋裕燃气5-A顺德	台	720.000	720.000	—
电吹风	万里450瓦沪	个	62.900	70.000	11.3

　　1996年以后的几年里，由于国内生产彩电及显像管的生产能力不断扩大，彩色电视机供过于求，市场竞争日趋激烈，价格大幅度下降。在降价竞争中，一些彩色电视机、彩色显像管生产企业以低于生产成本的价格进行销售，扰乱了正常价格秩序，损害了其他经营者和消费者的合法权益。为了制止彩色显像管、彩色电视机行业的不正当价格竞争行为，维护正常的市场竞争秩序，1999年3月，国家计划委员会、信息产业部制定了《关于制止彩色显像管、彩色电视机不正当价格竞争的试行办法》，并于当年4月1日起施行。

表3-202　1996年苏州市区部分商场电视机行情价格表

单位：元/台

商品名称	日期	人民商场	工业品商场	一百商店	长发商厦	石路商城
孔雀2188D彩电	1月15日	2250	2200	2200	2200	2150
松下2140彩电		3300	3200	3230	3230	—
孔雀17′黑白电视机		580	—	560	560	560
索尼2189彩电		3450	3340	3340	3340	3400
孔雀2188D彩电	4月15日	2580	2280	2280	2280	2280
松下2150彩电		3980	3330	3500	3500	3580
孔雀17′黑白电视机		580	—	560	560	560
索尼G21-71彩电		3800	3700	3700	—	3800
孔雀2188D彩电	8月15日	2250	2100	2100	2100	2180
松下2150彩电		—	3250	—	3300	—

商品名称	日期	人民商场	工业品商场	一百商店	长发商厦	石路商城
孔雀17′黑白电视机	8月15日	580	520	520	560	560
索尼G21-71彩电		3300	3200	3200	—	3200
孔雀2188D彩电	11月15日	—	2100	2100	2100	2100
松下2150彩电		—	3250	3200	3400	3580
孔雀17′黑白电视机		510	—	520	—	560
索尼G21-71彩电		3200	3200	3200	—	3800

表3-203　1996年苏州市区部分商场家用电器行情价格表

单位：元/台

商品名称	日期	人民商场	工业品商场	一百商店	长发商厦	石路商城
松下HD82录像机	1月15日	3300	3300	3300	3300	3350
索尼G80X给合单响		4350	3400	—	3350	—
先锋1720K影碟机		—	4850			
松下HD82录像机	4月15日	3150	3250	3300	3300	3250
建伍VD302音响		3200	3500	3500	—	3200
先锋270K影碟机		3350	2600			2670
松下HD82录像机	8月15日	3150	3150	3150	3150	3200
建伍VD302音响	8月15日	—	2800	3250	2800	3150
先锋270K影碟机		3350	—		—	—
松下HD82录像机	11月15日	3150	2750	2950	3150	3150
建伍VD302音响		—	—		—	—
先锋270K影碟机		—	2800			

　　这一阶段，苏州市场彩电、冰箱、空调等家用电器竞争激烈，价格全面放开，价格大战硝烟四起。同样尺寸的彩电，由于品牌不同价格差距较大，即使是同一品名同一规格的彩电在苏州各卖场价格差距也较大。曾经辉煌的苏州电视机厂被外资企业合资重组，"孔雀牌"彩电被外资的彩电品牌荷兰"飞利浦"兼并。下表为苏州飞利浦彩电在苏州长发商厦的市场价格行情，以及部分国产彩电的价格行情：

表3-204　1999年7月苏州长发商厦部分彩电价格行情表

单位：元/台

商品牌号	品名规格	零售价	商品牌号	品名规格	零售价
21B8	飞利浦54厘米	1599	HS3708E	海尔37厘米	1280
21FC	飞利浦54厘米	1699	HP2128	海尔54厘米	1620
21S8	飞利浦54厘米	1800	H2598	海尔64厘米	2650
21K8	飞利浦54厘米	1499	H2998	海尔74厘米	3580
25H8	飞利浦64厘米	2700	T3731	康佳37厘米	1080
25S8	飞利浦64厘米	2880	F2139D5	康佳54厘米	1350
25A6	飞利浦64厘米	2380	F2519D	康佳64厘米	1990
25V7	飞利浦64厘米	3250	F2085L	康佳74厘米	3450

商品牌号	品名规格	零售价	商品牌号	品名规格	零售价
25B8	飞利浦64厘米	2480	B2115	长虹54厘米	1520
25V88	飞利浦64厘米	3500	2566B	王牌64厘米	2180
25B9	飞利浦64厘米	3190	2938Z	王牌74厘米	3480
29H8	飞利浦74厘米	4480	21G20K	LG54厘米	1498
29H9	飞利浦74厘米	5350	25H82E	LG64厘米	2580
29A6	飞利浦74厘米	3480	29C70	LG74厘米	4580
29S8	飞利浦74厘米	3580	B2113	长虹54厘米	1640
28G8	飞利浦74厘米	4999	D2523A	长虹64厘米	2290
28B8	飞利浦74厘米	4400	C2993	长虹74厘米	4770
29V7	飞利浦74厘米	4600	C6425	金星64厘米	1870
34G8	飞利浦86厘米	8400	C7417	金星74厘米	2680

到2000年,彩电降价竞销势头尚未平息,彩电价格比1996年平均下降30%左右。随着等离子电视、液晶电视、DLED电视等平板电视新技术的兴起,粗笨沉重的背投电视已经基本被市场所淘汰,液晶电视、等离子电视因价廉物美成为消费者购买的主流产品。

表3-205 　2002年1月苏州石路国际商城部分电视机价格行情表

单位: 元/台

品名	价格	品名	价格	品名	价格
飞利浦21KB彩电	1380	松下2148彩电	1480	创维29TI-9000彩电	3080
飞利浦29RF68LX彩电	3580	松下29GF87R彩电	3680	长虹G25D19彩电	1680
飞利浦34SG彩电	6980	松下25GF86彩电	1700	长虹G2989彩电	2380
飞利浦25SE彩电	2320	松下34P200G彩电	14800	长虹PF29D18彩电	3280
飞利浦43英寸PTV彩电	16800	松下2918RB彩电	2980	长虹DP3488彩电	9998
飞利浦34H8银彩电	5480	海信TF2988彩电	3480	长虹DP5188彩电	19600
飞利浦29M8/800A	6480	海信TC2998D彩电	5999	夏普34UD2F彩电	10380
飞利浦21E8彩电	1530	海信TC2975L彩电	2480	夏普25UB1UF1彩电	1999
飞利浦34H8彩电	4990	海信TC2196彩电	1150	夏普29TD1彩电	3990
飞利浦29RF95彩电	5380	海信TDP4301彩电	14600	夏普25SB1彩电	2410
飞利浦29E8彩电	2580	TCL2506A彩电	1498	夏普29SB2彩电	3730
飞利浦DS100	7400	TCL2906A彩电	1799	索尼34M80彩电	9480
熊猫29MF05彩电	2520	TCL1436A彩电	998	索尼EX29M80彩电	6830
熊猫25M05彩电	1420	TCL3416D彩电	5280	春兰CL2508Z彩电	1598
熊猫21M08彩电	980	TCL2116T2彩电	1280	春兰CL2909Z彩电	2390
熊猫22596A彩电	1300	金星D2929彩电	2660	三洋CK25G5彩电	1680
熊猫2986彩电	2620	金星D2908彩电	3850	厦华S3417彩电	5180
西湖Y2922彩电	1698	金星SVAD2936F彩电	6900	厦华29LATVC彩电	2480
西湖CH2900A彩电	2480	金星D2117T彩电	1010	康佳T2982D彩电	2580
西湖CM2588彩电	1760	金星D2908彩电	4610	康佳P2962K彩电	3080
西湖HD3458P彩电	10600	创维21228000彩电	998	康佳A2981彩电	3999
西湖2529彩电	1660	创维29FA8000彩电	2490	三星2901AP彩电	2100
松下2502彩电	1200	创维25NDDV彩电	3600	三星7288W彩电	5100
松下2598彩电	3500	创维34SD9000彩电	4280	三星2951彩电	1700

进入21世纪，科学技术创新加大了电视机、电脑、通信工具价格下降的空间，实践证明，技术创新是经济持续发展的永恒动力，科技的进步必然导致劳动生产率的不断提高和产品成本的不断下降，产品生命周期缩短，更新换代频率加快，从而导致高科技产品价格的年年下降。与上年相比，2003年苏州市场电视机价格下降18.8%，电脑价格下降30.2%，手机等通信工具下降35.9%。

表3-206　2009年9月23日苏州市部分液晶彩电价格采集公布表

单位：元/台

品牌	型号	尺寸	产地	石路国际	人民商场	泰华商城	苏宁电器		国美电器		五星电器	
							石路店	观前店	石路店	观前店	石路店	观前店
长虹	LT32710	32	四川	—	—	—	2996	2996	3499	2990	3999	3490
	LT32876	32	四川	—	—	—	3500	—	4190	3496	4999	3990
	LT42810FU	42	四川	8490	—	—	6990	6590	8999	6590	8990	8999
	LT40876FHD	40	四川	—	—	—	4990	4990	6999	4990	6990	5490
海尔	L32R3	32	青岛	—	—	—	4990	3990	3999	—	4990	5299
	L42R3	42	青岛	—	—	—	5990	6696	—	4990	—	5990
海信	TLM32V88	32	青岛	—	—	4799	4599	—	5599	3999	4999	4999
	TLM32V88PK	32	青岛	5799	—	—	4999	—	6999	4399	5399	5499
	TLM32V86K	32	青岛	4999	—	—	4199	—	5599	3599	4799	4999
	TLM40V68PK	40	青岛	6599	4700	5999	5599	4800	—	4999	6499	5999
	TLM42V67PK	42	青岛	—	—	7999	6999	—	7999	6299	7599	7599
康佳	LC32DS60C	32	深圳	—	—	—	4590	3290	4590	3290	4590	4590
	LC32GS80C	32	深圳	4250	—	—	—	—	5290	3500	5290	5290
	LC40DT68C	40	深圳	6990	—	—	—	5550	—	5499	—	6890
	LC42GS80DC	40	深圳	7500	—	—	8290	—	8290	5999	8290	8290
松下	TH-L32X10C	32	山东	4990	3700	5990	4990	—	5490	—	4990	5490
	TH-L32X15C	32	山东	5990	—	—	5990	4990	6490	—	5990	6490
	TC-P42S10C	42	上海	8800	—	9990	8490	7490	9999	7490	8999	8990
索尼	32V5500	32	上海	—	—	6990	6599	5999	—	5999	—	7000
	40V5500	40	上海	—	—	7490	7999	—	—	7499	9000	9299
	40W5500	40	上海	—	—	8990	9999	8999	—	8999	—	10999
夏普	32D30BK	32	南京	7990	—	7490	5499	—	7490	6499	7490	6499
	40E66A	40	南京	—	—	—	8299	8299	9999	8799	9999	9999
东芝	32AV550	32	大连	4590	3580	—	4999	3790	—	—	4999	—
	42AV300	42	大连	7980	—	—	6999	—	—	—	7999	—

至2010年底，苏州彩电市场供大于求的格局仍未被打破，以54厘米（21英寸）彩电为例，各种品牌的液晶平板电视机价格已跌破1000元大关，而各种大规格、高清晰度、多功能的平板彩电以质优价廉而备受消费者欢迎。

表3-207　2010~2011年苏州市场彩电零售价格监测表

单位：元/台

牌号、规格、等级	价格（1月4日）	价格（5月24日）	价格（9月2日）	价格（1月4日）
康佳29寸纯平（29As818）	1955	1955	1955	1955
康佳25寸纯平（As529）	1500	1500	1500	1500
康佳液晶LC32Ds60C	4499	4990	4399	4580
康佳液晶26寸LC26ES30LC26CS80C	2590	2999	2530	2530
康佳液晶32寸LC32FS80LLC32FS82	4999	3990	4050	3450
长虹液晶26寸LT26610	2500	2150	2500	2190
长虹液晶32寸LT32810	4450	4590	4490	4590
长虹CHD25800	1690	1690	1690	1690
长虹CHD29866	2100	2100	2100	2100

表3-208　2010年6月9日苏州市部分彩电价格采集公布表　表一

单位：元/台

品牌	型号（规格）	产地	观前		石路			人民商场	泰华商城	国际商城
			苏宁	国美	苏宁	五星	国美			
海信	LED32T28KV	青岛	5399	4999	4699	4599	5200	4200	5050	4699
	LED42T29GP	青岛	10099	9999	9100	8999	9999	8600	—	9099
索尼	LCD32EX400	上海	3999	3999	3499	3999	3999	3800	3900	3900
	LCD32BX300	上海	3499	3499	—	3499	3499	3330	3430	3500
	KLV32BX205	上海	2999	2999	—	2999	2999	2890	2930	3000
	LCD40EX400	上海	5799	5799	—	5799	5799	5550	5680	5800
	KLV40BX400	上海	4999	4999	—	4999	4999	4800	4890	4900
三星	LA32C360	天津	3499	3699	3700	3499	3499	3429	3380	3699
	LCD40C530	天津	5699	5999	5699	5690	5699	5585	5500	5999
	LCD40C550	天津	5799	6499	5899	5790	5799	5680	5600	6499
夏普	LCD32Z100AS	南京	3249	3249	3299	3199	3199	3040	—	—
	LCD32G100A	南京	3399	3399	3399	3399	3399	3229	3350	3400
	32Z370A	南京	—	—	—	—	—	3510	—	—
	LCD40E66	南京	6299	6299	6299	5799	5999	5700	—	—
	LCD40G100A	南京	5499	5499	5499	5499	5499	5220	5400	5499
长虹	LCD32729	四川	3000	2990	2990	2999	2999	2990	—	—
	LT32629	四川	—	—	—	2990	2599	2500	—	2590
	LT40720F	四川	4990	4690	4990	4690	4690	4275	—	4690
	LCD42810FU	四川	4990	4990	4990	4990	4990	4900	—	4990
海尔	LU32F6	青岛	3290	3290	3290	3290	3290	3200	—	—
	LB42K3	青岛	6690	—	6900	5990	6000	6600	—	—
TCL	LCD32E9BE	南京	—	3999	3800	3999	3899	3800	—	3790
	32F19BD	南京	2990	3299	3299	3299	—	2999	—	—
	40V10FBE	南京	3990	4990	4800	4990	4599	4590	—	4590
	42E9FBE	南京	5990	5490	4900	5190	4999	4990	—	4990
创维	LCD32L05HP	深圳	3399		3399	—	3000	—	—	—
	TFT32L05HR	深圳	3399	2990	—	2999	3000	2899	2600	2999
	TFT32M11HM	深圳	—	—	—	—	—	2999	2320	—

续表

品牌	型号（规格）	产地	观前		石路			人民商场	泰华商城	国际商城
			苏宁	国美	苏宁	五星	国美			
创维	TFT32L01HM	深圳	—	2690	—	2699	2690	2390	—	2690
	32LED10	深圳	5499	5399	—	5390	5399	4999	4490	5499
	LCD42K05	深圳	5590	5599	5999	5599	5599	5499	—	5599
	TFT42L01HF	深圳	—	—	—	4590	4600	3990	—	4390

2010年6月9日苏州市部分彩电价格采集公布表　表二

单位：元/台

品牌	型号（规格）	产地	大润发			家乐福		欧尚	麦德龙
			苏福	何山	东环	体育中心店	东环		
海信	LED32T28KV	青岛	—	4199	5069	4399	4399	4599	—
	LED42T29GP	青岛	—	8799	—	8699	8699	9988	—
索尼	LCD32EX400	上海				4299	4299	3599	—
	LCD32BX300	上海				3499	3499	3499	
	KLV32BX205	上海	2898	—	2988	2999	2999	2988	2899
索尼	LCD40EX400	上海				5699	5699	5799	—
	KLV40BX400	上海	4990	—	4990	—	—	4999	5099
三星	LA32C360	天津	3480	3399	3799	3199	3199	3480	3499
	LCD40C530	天津	—	5399		5699	5699	5699	5499
	LCD40C550	天津	—	5599		5699	5699	5799	—
夏普	LCD32Z100AS	南京	—	3399		3199	3199	—	—
	LCD32G100A	南京	3399	—	3659	3349	3349	3299	—
	32Z370A	南京	—	—	—	—	4199	—	
	LCD40E66	南京							
	LCD40G100A	南京	5490	5499	5490	5499	5499	5990	
长虹	LCD32729	四川	—	2690	2407	2699	2699	2598	—
	LT32629	四川	2288	2288	2178	2299	2299	2188	
	LT40720F	四川				5599	5599	4798	
	LCD42810FU	四川				4999	4999	5399	
海尔	LU32F6	青岛	—	—	—	—	—	—	—
	LB42K3	青岛	—	—	—	—	—	—	—
TCL	LCD32E9BE	南京	3699	3699	3698	3699	3699	3599	
	32F19BD	南京	—	2799	2948	2899	2899	2799	
	40V10FBE	南京	—	4590					
	42E9FBE	南京	5589	5099		4899	4899	6999	—
创维	LCD32L05HP	深圳	—	—		—	—	—	2999
	TFT32L05HR	深圳	2999	2849	2999	2799	2799	2890	—
	TFT32M11HM	深圳	—					2790	—
	TFT32L01HM	深圳	—					2399	—
	32LED10	深圳	4998	4999	4998	4999	4999	4990	
	LCD42K05	深圳	—			—	—	4998	—
	TFT42L01HF	深圳		3799	4059	3899	3899	3999	

表3-209　2010年9月15日苏州市部分液晶电视机价格采集公布表　表一

单位：元/台

品名	规格型号	产地	大润发				家乐福			好又多	华润万家			欧尚
			何山店	苏福店	东环店	相城店	体育中心店	东环店	中翔店	南门店	金枫店	苏美店	吴中店	
创维	TFT32L05HR	深圳	2999	2999	2999	2999	2999	2999	2999	2999	3199	3199	3199	2999
	TFT32L01HM	深圳	—	—	—	—	—	—	—	—	2699	2699	2699	—
	32LED10	深圳	4199	4199	4199	—	3699	3699	3699	4999	4999	4999	4999	4470
	LCD42K05	深圳	—	5599	—	—	5599	5599	5599	—	—	—	—	—
	TFT42L01HF	深圳	4059	—	—	—	3999	3999	3999	—	4699	4699	4699	—
	TFT42L05HF	深圳	4999	4999	4999	4999	4999	4999	4999	4999	5699	5699	5699	4999
海信	LED32T28KV	青岛	—	—	—	—	—	—	—	—	—	—	—	—
	LED42T29GP	青岛	9159	9159	9159	9159	—	—	—	—	—	—	—	—
索尼	LCD32EX400	上海	—	—	—	—	—	—	—	—	—	—	—	—
	LCD32BX300	上海	—	—	—	—	—	—	—	—	—	—	—	—
	KLV32BX205	烟台	2988	2988	2988	2988	2999	2999	2999	—	—	—	—	2988
	LCD40EX400	上海	—	—	—	—	5499	5499	5499	—	—	—	—	—
	KLV40BX400	上海	4699	4699	4699	4699	4799	4799	4799	—	—	—	—	4699
	KLV40EX400	上海	—	—	—	—	—	—	—	—	—	—	—	5499
三星	LA32C360	天津	—	3599	3499	—	—	—	—	—	—	—	—	3480
	LCD40C530	天津	5499	5436	5199	—	—	—	—	—	—	—	—	5199
	LCD40C550	天津	6669	6669	5999	—	—	—	—	—	—	—	—	—
夏普	LCD32Z100AS	南京	—	—	—	—	2999	2999	2999	—	—	—	—	—
	LCD32G100A	南京	3449	3659	2927	—	—	—	—	—	—	—	—	—
	LCD32L100A/S	南京	—	3449	3449	3449	2999	2999	2999	—	—	—	—	—
	LCD40E66	南京	—	—	—	—	—	—	—	—	—	—	—	—
	LCD40G100A	南京	6328	6328	—	—	5299	5299	5299	—	—	—	—	—
长虹	LCD32729	四川	—	—	—	—	2599	2599	2599	—	—	—	—	—
	LT32629	四川	—	2399	2999	—	2388	2388	2388	2799	2299	2299	2299	2688
	LT32810U	四川	—	—	—	—	—	—	—	—	3799	3799	3799	3749
	LT32629	四川	—	2799	—	—	2388	2388	2388	—	2599	2599	2599	—
	LT40720F	四川	—	—	—	—	—	—	—	—	3199	3199	3199	—
海尔	LU32F6	青岛	—	—	—	—	—	—	—	—	—	—	—	—
	LB42K3	青岛	—	—	—	—	—	—	—	—	—	—	—	—
TCL	LCD32E9BE	南京	3299	3299	3790	—	—	—	—	3290	—	—	—	3290
	32F19BD	南京	2999	2999	2999	—	—	—	—	—	3099	3099	3099	2999
	40V10FBE	南京	—	—	—	—	—	—	—	—	—	—	—	—
	42E9FBE	南京	—	4788	4788	—	—	—	—	—	4999	4999	4999	—

资料来源：苏州市价格监测中心。

第三章　轻工业品价格

2010年9月15日苏州市部分液晶电视机价格采集公布表　表二

单位：元/台

品名	规格型号	产地	沃尔玛	乐购	麦德龙	石路店 苏宁电器	石路店 五星电器	石路店 国美电器	观前店 苏宁电器	观前店 五星电器	观前店 国美电器	国际商城	人民商场	泰华商城
创维	TFT32L05HR	深圳	2999	3699	—	2999	3350	2990	2999	2800	3999	2990	—	2890
	TFT32L01HM	深圳	2690	—	—	—	—	2690	—	—	2490	—	—	—
	32LED10	深圳	4999	—	4999	3699	4900	4990	3690	4299	4990	3699	3690	3680
	LCD42K05	深圳	5599	—	—	4599	5500	5599	5490	4800	5599	5499	5400	5380
	TFT42L01HF	深圳	4590	5999	—	—	—	4290	3999	—	4590	—	—	—
	TFT42L05HF	深圳	4999	5999	4599	4999	—	4999	—	4499	4990	4999	4500	4780
海信	LED32T28KV	青岛	—	—	—	5399	—	4999	4499	—	5999	—	5000	5020
	LED42T29GP	青岛	—	9999	—	8999	8820	8999	8199	7560	9999	8299	8200	8350
索尼	LCD32EX400	上海	—	3999	—	3999	3820	3899	3899	3600	4590	3999	3743	3650
	LCD32BX300	上海	—	3999	—	3299	3250	3299	3299	3199	3790	3299	3167	3080
	KLV32BX205	烟台	—	2999	—	2999	2950	2999	2999	2800	3490	2999	2890	—
	LCD40EX400	上海	—	5799	—	5499	5400	5199	5399	—	6499	5499	5279	5130
	KLV40BX400	上海	—	4999	—	4799	4600	4699	4699	4400	5699	4799	4511	—
	KLV40EX400	上海	—	5799	—	—	5400	5199	5399	4999	6499	5499	—	—
三星	LA32C360	天津	—	3999	3499	—	3450	3499	3499	3250	4190	3499	3430	3260
	LCD40C530	天津	—	5999	5499	—	5100	5199	5199	4899	6499	5199	5200	4850
	LCD40C550	天津	—	6499	—	—	5900	5999	5999	5599	6999	5499	5500	—
夏普	LCD32Z100AS	南京	—	—	—	3100	3050	3099	—	2800	3599	—	—	—
	LCD32G100A	南京	—	—	—	3400	3300	3399	3399	2900	3799	3399	3060	3180
	LCD32L100A/S	南京	—	—	—	—	—	—	3099	2800	3599	3199	2790	2900
	LCD40E66	南京	—	—	—	—	—	5599	5599	4999	6999	—	—	—
	LCD40G100A	南京	—	—	—	5300	5200	5299	5299	4800	6499	5299	4770	4950
长虹	LCD32729	四川	—	3690	—	—	—	2990	2999	2880	3799	—	2600	—
	LT32629	四川	2399	2295	—	—	—	2299	2450	2800	2999	2590	—	—
	LT32810U	四川	—	—	—	—	—	3190	3190	—	3990	—	3190	—
	LT32629	四川	—	—	—	—	—	2299	2450	—	2999	—	2190	—
	LT40720F	四川	—	4399	—	—	4590	4690	4690	4499	5490	4690	4275	—
海尔	LU32F6	青岛	—	—	—	—	3250	3290	2990	2980	3690	—	—	—
	LB42K3	青岛	—	—	—	—	—	5590	5399	5399	5990	—	—	—
TCL	LCD32E9BE	南京	3790	3999	—	3299	3250	3299	3299	2970	3699	3299	3290	—
	32F19BD	南京	2999	3299	—	2999	2950	2999	2999	2700	3599	2999	2999	—
	40V10FBE	南京	—	—	—	—	—	4990	4690	4100	—	—	4590	—
	42E9FBE	南京	4788	4999	—	4999	4900	4999	5190	4499	7990	4999	4990	—

2010年9月15日苏州市部分液晶电视机价格采集公布表　表三

单位：元/台

品名	规格型号	产地	石路店 苏宁电器	五星电器	国美电器	观前店 苏宁电器	五星电器	国美电器	国际商城	人民商场	泰华商城
海信	LED32T28KV	青岛	5399	—	4999	4499	—	5999	—	5000	5020
	LED42T29GP	青岛	8999	8999	8999	8199	7560	9999	8299	8200	8350
索尼	LCD32EX400	上海	3999	4999	3899	3899	3600	4590	3999	3743	3650

品名	规格型号	产地	石路店			观前店			国际商城	人民商场	泰华商城
			苏宁电器	五星电器	国美电器	苏宁电器	五星电器	国美电器			
索尼	LCD32BX300	上海	3299	4499	3299	3299	3199	3790	3299	3167	3080
	KLV32BX205	上海	2999	2999	2999	2999	2800	3490	2999	2890	—
	LCD40EX400	上海	5499	6999	5199	5399	—	6499	5499	5279	5130
	KLV40BX400	上海	4799	5999	4699	4699	4400	5699	4799	4511	—
	KLV40EX400	上海	—	6999	5199	5399	4999	6499	5499	—	—
三星	LA32C360	天津	—	3999	3499	3499	3250	4190	3499	3430	3260
	LCD40C530	天津	—	6599	5199	5199	4899	6499	5199	5200	4850
	LCD40C550	天津	—	7499	5999	5999	5599	6999	5499	5500	—
夏普	LCD32Z100AS	南京	3100	3599	3099	—	2800	3599	—	—	—
	LCD32G100A	南京	3400	3799	3399	3399	2900	3799	3399	3060	3180
	LCD32L100A/S	南京	—	—	—	3099	2800	3599	3199	2790	2900
	LCD40E66	南京	—	—	5599	5599	4999	6999	—	—	—
	LCD40G100A	南京	5300	5999	5299	5299	4800	6499	5299	4770	4950
长虹	LCD32729	四川	—	—	2990	2999	2880	3799	—	2600	—
	LT32629	四川	—	—	2299	2450	2800	2999	2590	—	—
	LT32810U	四川	—	—	3190	3190	—	3990	—	3190	—
	LT32629	四川	—	—	2299	2450	—	2999	—	2190	—
	LT40720F	四川	4590	—	4690	4690	4499	5490	4690	4275	—
	LCD42810FU	四川	—	—	4990	4999	—	5990	—	5000	—
海尔	LU32F6	青岛	—	3290	3290	2990	2980	3690	—	—	—
	LB42K3	青岛	—	—	5590	5399	5399	5990	—	—	—
TCL	LCD32E9BE	南京	3299	5399	3299	3299	2970	3699	3299	3290	—
	32F19BD	南京	2999	3499	2999	2999	2700	3599	2999	2999	—
	40V10FBE	南京	—	—	4990	4690	4100	6990	—	4590	—
	42E9FBE	南京	4999	6590	4999	5190	4499	7990	4999	4990	—
创维	LCD32L05HP	深圳	—	—	—	2999	—	3999	—	2900	—
	TFT32L05HR	深圳	2999	3999	2990	2999	2800	3999	2990	—	2890
	TFT32L01HM	深圳	—	—	2690	—	—	2490	—	—	—
	32LED10	深圳	3199	5999	4990	3690	4299	4990	3699	3690	3680
	LCD42K05	深圳	4599	6999	5599	5490	4800	5599	5499	5400	5380
	TFT42L01HF	深圳	—	—	4290	3999	—	4590	—	—	—
	TFT42L05HF	深圳	4999	—	4999	—	4499	4990	4999	4500	4780

三、电冰箱价格

1980年之前，电冰箱销售对象主要是医疗科研单位和餐饮行业。其价格由国家医药管理总局、轻工业部和国家物价总局共同管理。1980年前后销售对象逐渐转向民用。

苏州生产电冰箱的历史始于1978年。当年，苏州医疗刀剪厂（苏州冰箱厂前身）试制成3台医疗冰箱，并在200立升医疗冰箱基础上试制13SB80-1家用电冰箱，1979年试成投产，当年产香雪海80立升冰箱1096台；由于企业设备、技术条件限制，年产量一直徘徊在3000台左右。其价格暂定为：80立升进口件香雪海电冰箱每台出厂价620元、批发价725元；80立升国产件电冰箱每台出厂价590元，批发价690元。与沪产同类冰箱相比，显得质次价高，销路不好。

1980年6月，鉴于苏州产香雪海冰箱生产销售的问题，商业积压1700余台，省商业厅和轻工厅决定工业停止生产，商业停止收购，并调低售价进行推销。

1980年6月30日，市物委对苏州冰箱厂、市五化交公司作出《关于调低80立升香雪海冰箱价格的批复》：鉴于地产冰箱与沪产同类产品冰箱比价显得太高，销售呆滞，库存积压较大，为了有利于推销，经研究同意对80立升进口件电冰箱（批零不分价）每台由725元调低为580元，80立升国产电冰箱（批零不分价）每台由690元调低为495元。另外，对上半年生产的进口件冰箱尚余750台，仍按原出厂价每台620元由商业部门收购，工厂自销可按商业部门的价格销售。

1982年7月，苏州冰箱厂与第二轻工机械厂合并，技术力量加强，翌年即形成批量生产能力，80立升1型被评为省优产品，1983年家用冰箱产量1.52万台。

1984年8月，国家物价局、轻工业部通知规定，家用电冰箱的标准品为单门直冷式，并规定了各规格电冰箱中准出厂价和零售价格（详见下表3-210），电冰箱的出厂价格和零售价格在部定中准价格的基础上可以分别或同时上下浮动8%。

表3-210　1984年各规格电冰箱中准出厂价和零售价格表

单位：元/台

规格（立升）	100	110	120	130	140	150	160	170	180	190	200
出厂价	535	561	588	615	646	676	707	738	774	809	845
零售价	605	635	665	695	730	765	800	835	875	915	955

从1983～1985年，苏州冰箱厂先后研制成功香雪海牌125立升单门、160立升单门、160立升双门（意大利元件组装）、175立升双门（意大利元件组装）等系列电冰箱，并获部、省优秀新产品证书。地产香雪海冰箱开始进入苏州普通百姓家庭。

表3-211　1984年苏州冰箱厂香雪海牌冰箱部分价格表

单位：元/台

规格和型号	出厂价	批发价	零售价
BY135L	598	640	685
BY170L	798	828	890
125立升	598	640	685
SBB5L135立升	598	640	685
BX170立升	798	828	890

1985年开始，苏州市场电冰箱等家用电器开始热销，价格也比较混乱，同年6月25日，苏州市物委会同市轻工业局发出《关于整顿电冰箱、洗衣机价格的通知》。为了加强对耐用消费品价格的管理，根据上级有关精神及生产厂家的要求，决定对电冰箱、洗衣机价格进行整顿，在现有零售价格不上升（个别品种下降）的基础上统一厂、零差率，以便于销售工作进行（整顿后的电冰箱价格详见下表3-212）。产品销售纳入国家指令性计划的一定要按对象作

价，没有计划的如确因成本上升，生产困难的，可在出厂价与批发价之间工商协商浮动定价，但对零售企业不得高于批发价。电冰箱的二等品作价统一为正品零售价的九五折（二等品是指外观质量略差，不影响整机内在质量）。从本文下达起电冰箱的价格均由市物价委员会根据部定作价办法具体审批和管理。

表3-212　1985年7月1日苏州市地产香雪海牌电冰箱价格表

单位：元/台

产品规格	出厂价	批发价	零售价	
			原价	调整价
75立升	513	539	580	580
125立升	606	637	685	685
170立升	779	818	890	880
180立升（双门）	880	925	995	995

注：上述价格均已包括包装物在内。

1986年6月，市物委根据轻工部指定的作价办法，对苏州市生产的电冰箱核定价格，批零差率暂定为7%。已核定的地产电冰箱价格详见下表：

表3-213　1986年6月苏州市地产电冰箱市场价格表

单位：元/台

产品名称	生产企业	出厂价	批发价	零售价
香雪海75立升	苏州电冰箱厂	513	539	580
香雪海125立升	苏州电冰箱厂	606	637	685
香雪海170立升	苏州电冰箱厂	779	818	880
香雪海180立升（双门）	苏州电冰箱厂	880	925	995
白雪180立升	常熟市制冷设备厂	720	—	800（试销价）
寒山牌170立升	昆山电冰箱厂	753	791	850

同年7月，市物委明确，对国产电冰箱按产地零售价加2%地区差率计算出苏州本地零售价。此规定从7月20日起执行。1986年9月，苏州市场电冰箱、洗衣机、自行车、黑白电视机、录音机、80支以上纯棉纱及其织物和中长纤维布等七种日用工业品价格陆续放开，并提高了自行车及丝绸产品价格，市管以上的不少工业的价格也先后调高。因上海口岸价格调整，进口电冰箱、进口洗衣机、进口录音机等从10月22日起也相应调高。苏州市场日本产8种型号及意大利产1种型号的电冰箱零售价格总水平提高27%，如声宝牌170立升SJ-175型电冰箱每台零售价从1400元调高至1790元，提幅27.86%；101立升SJ-105声宝电冰箱每台零售价从933元调高至1180元，提幅26.47%。同年12月，市区范围内再次掀起争购抢购日用工业品的热潮。苏州香雪海电冰箱部分规格品种也相应调高了市场价格。

表3-214　1986年底苏州香雪海牌电冰箱价格表

单位：元/台

规格	出厂价	零售价	规格	出厂价	零售价
125立升单门	628	710	160立升双门（意大利元件）	1146	1295
160立升单门	779	880	175立升双门	1257	1420

注：出厂价与零售价之间的厂零差率为13%。

　　1987年，进口电冰箱和上海、四川、广州等外地生产的电冰箱在苏州市场开始热销，供不应求。下表为苏州市部分进口冰箱1987年7月市场零售价格，以及部分国产冰箱产地零售价。

表3-215　1987年7月部分国产冰箱产地零售价格表

单位：元/台

产地	品名规格	价格	产地	品名规格	价格
上海	航天RZB-140升双门	980	长沙	中意TDF230升四星直冷	1869
上海	葵花100升双门	735	常熟	白雪130升单门	725
上海	上菱BDY-165双门双温	1450	常熟	白雪160升单门（罗马尼亚元件）	838
上海	上菱BYD-180双门双温	1580	杭州	西冷B170升双门双温	1224
上海	双鹿BY-145单门	860	杭州	西冷B-130升单门	685
上海	双鹿BY-137双门	1150	杭州	西冷B169升单门（进口机组）	835
上海	双鹿BY-170双门	1370	南京	伯乐160升直冷双门双温	1082
四川	长庆BYD-180升双门	1550	南京	伯乐BYB170升单门	833
四川	长庆BY137升单门半自动	820	嘉兴	益友BY110升压缩式	627
四川	长庆BY150单门	690	嘉兴	益友BY185升压缩式	915
广州	万宝158直冷式双门	1197	—	—	—

表3-216　1987年7月苏州市部分进口冰箱零售价格表

单位：元/台

产地	牌号	规格	价格
日本	声宝	101升SJ-105	1180
日本	松下	103升HR-105TAH	1210
日本	东芝	106升GR143E	1220
日本	东芝	150升GR184E	1690
日本	声宝	170升SJ-175	1790
日本	三洋	170升SR-517DC	1790
日本	东芝	170升GR-204E	1830
日本	三菱	170升MRE-1750G	1830
意大利	菲利普	180升ARG-259	1830
意大利	菲利普	235升ARB-466	2190
西德	西门子	257升KS-264	2400

　　由于沪产及穗产冰箱市场货紧价扬，7月底纷纷提高价格。广州万宝牌冰箱还规定有10%的上浮幅度。苏州也相应从7月29日作了调整，具体价格见下表：

表3-217　1987年上海、广州产电冰箱调价表

单位：元/台

规格	零售价	规格	零售价
双鹿牌145升单门BY145D	908	葵花牌100升双门LBD100型	796
双鹿牌145升单门BY145D等A级	880	葵花牌100升双门LBD100型等A级	772
双鹿牌180升双门BYD180型	1480	葵花牌100升双门LBD100型等B级	756
双鹿牌180升双门BYD180型等A级	1440	万宝牌158A直冷式双门	1370（最高上浮价）
航天牌140升双门RZB140A	1090	万宝牌158L直冷式双门	1330（最高上浮价）
航天牌177升双门RZB177型	1430	万宝牌155L无霜双门	1550（最高上浮价）
航天牌177升双门RZB177型等A级	1390	—	—

　　1987年8月15日，根据省、市物价工作会议及上级有关文件，为严格控制日用工业品价格上涨，维护消费者利益，市物委作出《关于对部分外采日用工业品实行最高限价管理的规定》。实行最高限价管理的外采日用工业品范围暂定为电冰箱、洗衣机、自行车、毛毯、毛线、毛巾、被面、床单、汗衫、汗背心、棉毛衫等十一类。上述外采日用工业品凡按规定价格进货、渠道正常的，应按苏州市规定的价格执行；如因进货成本提高，按苏州市规定的批发、零售价格执行发生亏损的，可根据减少费用，缩小现行规定作价差率（价）的原则制定零售价格，并作为本市的最高限价。各经营单位可根据本规定测算后，报市物委批准后执行，并不允许在本市范围内（含县）再加价批发给批发单位或向外地销售。电冰箱、洗衣机、自行车可根据省物价局和省商业厅文件精神，允许按现行规定价格作为中准价格，向上浮动幅度为5%，浮动后的批零价格作为苏州市的最高限价。

　　1987年10月，苏州市场电冰箱主营单位市五化交公司部分进口、国产电冰箱价格详见下表：

表3-218　1987年10月苏州市五化交公司部分进口、国产电冰箱价格表

单位：元/台

规格	牌号	产地	批发价	零售价
175升单门	波拉	波兰	777	836
150升单门	萨拉托夫	苏联	830	893
240升单门	明斯克	苏联	1172	1260
230升单门	明斯克	苏联	1283	1380
180升单门	阿克梯克	罗马尼亚	867	932
260升双门	明斯克	苏联	1739	1870
160升单门	西冷	杭州	—	923

　　1987年11月，市物委明确耐用工业消费品城乡差价，其中电冰箱单门、双门城乡差价每台为：吴县为3元（西山为3.5元），吴江、张家港、太仓均为2元，昆山125立升以下为3元，130立升以上为5元。

表3-219　1987年12月苏州市地产电冰箱价格表

单位：元/台

产地	规格品名	零售价
苏州	香雪海160升BYD双门直冷式	1295
苏州	香雪海175升BYD双门直冷式	1420
苏州	香雪海125升BYD单门	710
苏州	香雪海160升BY单门	880

表3-220　1987年12月苏州市进口电冰箱价格表

单位：元/台

产地	规格品名	零售价
日本	东芝（TOSHIBA）双门150升GR184E	1820
日本	日立（HITACHI）双门170升R-175	1900
意大利	菲利普（PHILIPS）180升ARG259	1900
意大利	菲利普（PHILIPS）235升ARB466	2150

表3-221　1987年12月部分国产电冰箱产地价格表

单位：元/台

产地	规格品名	零售价
上海冰箱二厂	上菱180L等B级BYD180	1500
上海电冰箱厂	双鹿145升BY145型单门	784
常熟	白雪130升单门	680
南京新联机械厂	伯乐BYD-1C0双门双温直冷式	1082

　　1988年2月，国家定点冰箱厂，常熟市机械总厂生产的白雪牌电冰箱，由于原材料价格上升、费用增加等原因，经苏州市物价局批准，适当调整了厂销价格。

表3-222　白雪牌电冰箱价格表

单位：元/台

品名规格	出厂价	批发价	零售价
BC-125L单	672	706	759
BY-160L单	786	826	888

注：厂零差率为13%含维修费。

　　1988年，苏州市场电冰箱货俏价扬，冰箱票一票难求。为打击黑市买卖，制止高价倒卖冰箱、彩电、自行车等票证，回笼货币，满足部分消费者需求，经批准，苏州市于同年4月24日开办"苏州市特需市场"，经市物委审批销售的冰箱等紧俏日用工业品，以高于市场零售价，低于黑市价格应市。下表为冰箱在特需市场出台价格与国家规定的零售价格对比情况：

表3-223　苏州市特需市场冰箱价格与市场价格对比表

单位：元/台

产地	品名规格	市场零售价	特需零售价	市场零售价	特需零售价
杭州	电冰箱150升三门友谊牌	1350	1650	—	—
杭州	电冰箱150升双门华星牌	1260	1550	—	—
意大利	电冰箱180升双门菲利浦	2193	2600	—	—
意大利	电冰箱235升双门菲利浦	2315	2760	—	—
苏联	电冰箱260升单门明斯克	1870	2200	5月1日起调整	
苏州	香雪海冰箱125升单门	730	930	770	970
苏州	香雪海冰箱160升单门	910	1160	990	1240
苏州	香雪海冰箱160升双门	1420	1920	1510	2010
苏州	香雪海冰箱175升双门	1520	2020	1660	2160

表3-224　1988年4月苏州江南轻工机械厂冷柜价格表

单位：元/台

产品名称	规格型号	出厂价	批发价	零售价
立式陈列冷柜	LCLG	2305	2439	2680
卧式冷柜	WLG-400	1884	1993	2190
卧式冷柜	WLG-260	1514	1602	1760
卧式冷冻柜	WLG-280	2133	2257	2480
卧式冷冻柜	WLG-300	2262	2393	2630
单缸冷饮机	PL-120	1324	1401	1540
双缸冷饮机	PL-240	1875	1984	2180
交直二用冷饮车（需直流充电器另加200元）	JZLC-120	2646	2800	3077
家用冰淇淋搅拌器	JJBT-10	29	—	—

　　1988年5月1日起，苏州地产香雪海电冰箱受钢板等原材料价格上涨的影响而提高售价，各款冰箱零售价格上升幅度在5.5%～9.4%。详见下表：

表3-225　1988年5月1日苏州地产香雪海牌电冰箱调价表

单位：元/台

品种规格	原价格		调整价格	
	出厂价	零售价	出厂价	零售价
单门125升	646	730	670	770
单门160升	818	924	860	990
双门160升	1221	1380	1310	1510
双门175升	1345	1520	1440	1660
双门230升	—	—	1640	1890

表3-226　1988年5月1日苏州地产香雪海牌电冰箱调价表（续）

单位：元/台

品种规格	原价格		调整价格	
	批发价	零售价	批发价	零售价
单门（外付）125升	694	694	732	732
单门（外付）160升	878	878	941	941
双门（正乙）160升	1366	1366	1495	1495
双门（外付）160升	1311	1311	1435	1435
双门（正乙）175升	1505	1505	1643	1643
双门（外付）175升	1444	1444	1577	1577

　　1988年9月，苏州香雪海冰箱再次调价。受这轮通货膨胀的影响，香雪海冰箱涨幅在14.3%～7.8%之间。

表3-227　1988年9月1日香雪海牌冰箱调价表

单位：元/台

品种规格	原价格		调后价格	
	出厂价	零售价	出厂价	零售价
BC125升单门	670	770	750	880
BC160升单门	860	990	950	1120
BCD160升双门	1310	1510	1390	1640
BCD170升双门	1440	1660	1520	1790
BCD203升双门	1640	1890	1760	2070

　　同年9月，为稳定市场物价，抑制通货膨胀，根据国家、省、市有关规定要求，市物委发文明确对家用电冰箱等23种（类）商品列入提价申报范围，如需提价必须提前十天向物价部门申报，经同意后方可实施。

　　至1989年上半年，苏州市场抢购彩电、冰箱等耐用消费品的风潮逐步平息，彩电、冰箱、洗衣机、电扇等家庭大件耐用消费品销量下降，市场供应由紧俏转平转滞。苏州市场电冰箱牌号、型号多，挑选性强，消费者更注重名牌，更注重理性购买，持币待购，等待冰箱价格回落。一些非主流、非名牌的电冰箱开始滞销、库存增多。至下半年冰箱价格开始回落，一般降价每台在100元至200元之间。一些质量低劣的冰箱，或被勒令停产，或被限产、转产，面临倒闭的危险。全国各地流通部门，冰箱库存增加，销量锐减，一场推销冰箱大战序幕已拉开。造成冰箱价格战的原因：生产能力扩大，产量增加。据国家统计局统计，1988年电冰箱产量740万台，比上年增长84.4%，列33种主要工业产量增幅之首，随着供应量的增加，市场将日趋饱和。库存数量上升。1988年抢购风造成错误的市场导向，工厂开足马力生产。例如，广州万宝集团公司生产的万宝冰箱突破100万台，商业部门纷纷组织进货，一些经营单位又惜售，等待涨价，以致冰箱库存增大。国家紧缩银根，使不少工商企业流动资金周转困难，迫使其压缩库存，尽快向市场抛售，而消费者由竞相抢购转向"择优"选购，比价格、挑款式。电冰箱属于高档耐用消费品。当时中国人均收入水平较低，购买一台冰箱需几年的积蓄，尤其广大农村消费更受限制。

表3-228　1989年上半年市五化交公司电冰箱新定价格表

单位：元/台

规格型号牌号	批发价	零售价	规格型号牌号	批发价	零售价
上海产BC140升正乙航天	1652	1652	广州BCD210升三门三温万宝	2905	2905
洪泽BC140升A三星级航天	1652	1652	西德产RS2640275升西门	2397	2397
广州BC-46W万宝	963	963	苏联150升萨拉托夫	979	1050

表3-229　1989年湖南产中意、白云牌电冰箱价格下浮表

单位：元/台

规格型号	调前长沙零售价	调后价	规格型号	调前长沙零售价	调后价
中意双门BCD185一等	2300	2070	白云双门BCD180一等	2280	2170
中意双门BCD230一等	2610	2460	白云双门BCD225一等	2620	2370

1989年9月，市物委发出通知：适当降低部分家用电器等价格，苏州地产香雪海牌冰箱也列入降价行列，降价幅度每台冰箱在100元左右，以稳定市场，稳定物价，扩大冰箱销售，减少资金占压，详见下表：

表3-230　1989年9月苏州香雪海牌三电冰箱降价表

单位：元/台

品名	规格	原价格			降低后价格		
		出厂价	批发价	零售价	出厂价	批发价	零售价
香雪海电冰箱	BC-140	1035	—	1190	955	—	1098
香雪海电冰箱	BC-160A	1122	—	1290	1042	—	1198
香雪海电冰箱	BCD-162	1531	—	1760	1461	—	1680
香雪海电冰箱	BCD-245（H）	2345	—	2695	2243	—	2580
香雪海电冰箱	BCD-255（H）	2393	—	2750	2278	—	2620

为加强工业的消费品的价格管理，1989年9月14日，市物委发出《关于下达工业消费品价格管理目录的通知》，家用电冰箱、自行车、黑白电视机这三种商品列入现阶段实行提价申报制度的商品目录，如需提价，均应事先向省物价局申报，经批准后方可实施。

表3-231　1990年3月苏州香雪海牌低温冰箱价格表

单位：元/台

品名规格	出厂价	零售价
110立升低温箱	1270	1435
140立升低温箱	1360	1537
90立升低温箱	1155	1305

1990年4月17日，市物委作出《关于对日用工业品价格实行行业管理的暂行规定》。一大

批与人民关系较为密切的放开价格的日用工业品价格纳入行业管理。家用电冰箱价格仍实行提价申报制度,但是,冰箱市场销售依旧疲软,降低价格,竞相销售成为业界常态。

表3-232　1990年4月苏州江南轻工机械厂天平牌制冷产品价格表

单位:元/台

品名	型号规格	出厂价	批发价	零售价
单缸冷饮机	PL120	1600	1693	1860
双缸冷饮机	PL240	2305	2439	2680
家用冷柜	BD110	1338	1414	1520
卧式冷柜	WLG280	2460	2603	2860
玻璃移门冷柜	BD260A	3096	3276	3600
封闭玻璃两用冷柜	BD240	2391	2530	2780
家用冰淇淋搅拌器	JJBT-01	29	—	—

表3-233　1990年8月万宝牌电冰箱苏州地区价格表

单位:元/台

规格型号	产地牌价	零售价	规格型号	产地牌价	零售价
BCD-203W三门203升	2190	2278	BCD-148WA双门148升	1650	1716
BCD-210W三门210升	2340	2434	BCD-146W双门146升	1650	1716
BCD-158A双门158升	1486	1545	BCD-155W双门155升	1620	1685
BCD-158B双门158升	1581	1644	BC-46W双门46升	630	655
BCD-148W双门148升	1572	1635	—	—	—

表3-234　1990年8月上海产冰箱产地价格表

单位:元/台

生产厂名	牌号	型号	出厂价	零售价
上菱电冰箱总厂	上菱	BCD-216W双门	2090	2350
	上菱	BCD-180W双门	1784	2050
上海电冰箱厂	双鹿	BC-145D单门	1035	1190
	双鹿	BCD-182双门	1636	1880
	双鹿	BCD-180B三门	1670	1920
	双鹿	BD-100单门冷冰箱	1140	1280
	双鹿	BCD-154双门	1460	1640
上海远东冰箱厂	远东	BD-150卧式冷冻箱	1496	1720
	远东	BD-130卧式冷冻箱	1375	1580
	远东	BCD-220三门双冷柜	1914	2200
上海新中华机器	航天	BCD-222双门双温控	1905	2190
	航天	BCD-215三门	1818	2090
	航天	BCD-183双门电子温控	1523	1750
	航天	BD-120单门四抽屉式	1523	1750
	航天	冷冻箱	1122	1290

1992年初,国家物价局决定放开缝纫机,国产手表,收音机,电风扇,自行车,黑白电视

机,电冰箱,洗衣机,收录机,中长纤维80支以上纯棉纱及其制品,服装,布鞋,布帽,各种罐头价格,由企业自行定价,不受任何差率限制。苏州地产同一牌号型号香雪海电冰箱价格也不尽相同,详见下表:

表3-235　1992年9月8日苏州市电冰箱价比三家表

单位: 元/台

品名	规格等级牌号	人民商场	工业品商场	石路商场	吴县商业大楼	新城商场
电冰箱	香雪海165升双门	—	1680	1640	1690	1620

1994年,市场出现新一轮通货膨胀,但电冰箱由于全国性市场总体供大于求,价格上涨乏力,苏州市场香雪海双门165B电冰箱、上菱BCD-180W电冰箱12月份市场平均零售价每台分别为1780元和2650元,与上月相比分别下降1.10%和1.60%。1995年香雪海双门165B电冰箱市场零售价与上年持平,145立升香雪海电冰柜市场零售价每台为1770元,比上年2875元下降38.4%。

1996年以后的十余年间,电冰箱供大于求的格局仍未改变,市场竞争激烈,各生产厂家在产品款式、功能、耗电、档次、牌誉等方面进行价格竞争,冰箱销价除名牌外,一般产品价格升少降多。同一牌号的电冰箱在苏州市区价格也不尽相同,促使消费者在选购时"价比三家"。

表3-236　1996年苏州市区部分商场电冰箱行情价格表

单位: 元/台

商品名称	日期	人民商场	工业品商场	一百商店	长发商厦	石路商城
香雪海BCD165B电冰箱	1月15日	1780	1790	1540	1480	1780
上菱BCD180W电冰箱	1月15日	2580	2600	2600	2550	2470
香雪海BCD165B电冰箱	2月15日	1780	1790	1820	1790	1780
上菱BCD180W电冰箱	2月15日	2580	2450	2550	2600	2470
香雪海BCD165B电冰箱	4月15日	1780	1790	1820	1790	1790
上菱BCD180W电冰箱	4月15日	2580	2450	2550	2450	2420
香雪海BCD165B电冰箱	8月15日	1780	—	1820	—	—
上菱BCD180W电冰箱	8月15日	2450	—	2600	2400	2640
香雪海BCD165B电冰箱	11月15日	—	—	1820	—	—
上菱BCD180W电冰箱	11月15日	2490	—	2450	2400	2580

表3-237　1999年9月苏州市第一百货商店部分冰箱特价行情表

单位: 元/台

品名及型号	特价	品名及型号	特价
海尔冰箱126	1170	海尔冰箱216	2710
海尔冰箱181	2500	海尔冰箱238	3300
海尔冰箱189	2620	海尔冰箱265	2060
海尔冰箱197	2660	海尔冰箱268	3610

表3-238　1999年10月苏州市商业大厦部分电冰箱价格行情表

单位：元/台

品名规格	价格	品名规格	价格
上菱182升双门冰箱	1650	春兰190升双门冰箱	2530
春兰168升双门冰箱	1930	春兰230升双门冰箱	3290
春兰188升双门冰箱	2180	春兰232升双门冰箱	3100

　　其间，曾经辉煌的苏州香雪海股份有限公司于1997年同"三星"集团旗下的"三星电子"合资，香雪海牌电冰箱被韩国三星牌电冰箱取而代之。

表3-239　1997~2000年苏州市区电冰箱部分月份月平均价格表

单位：元/台

商品名称	年份	2月份	4月份	6月份	8月份	10月份
三星165升电冰箱	1997	2073	2104	2073	1943	2070
上菱BCD180W电冰箱	1997	2387	2377	2149	—	2412
三星165升电冰箱	1998	2088	1877	1926	2026	2030
海尔小王子178升电冰箱	1998	2642	2544	2676	2777	2725
三星180升电冰箱	1999	1980	—	—	—	—
三星BCD-205BN电冰箱	1999	—	2619	2406	2530	2437
海尔小王子178升电冰箱	1999	2680	2748	2598	2610	2534
三星BCD-205BN电冰箱	2000	2420	—	—	—	—
三星BCD-205B电冰箱	2000	—	2405	2432	2187	2383
海尔小统帅185升电冰箱	2000	—	2326	2320	2410	2310

　　2000年至2010年，经过激烈的竞争，苏州电冰箱市场重新洗牌，一大批功能单一、能耗较大、牌誉较差的冰箱被淘汰出局。以三星、海尔、西门子、新飞等品牌的产品异军突起，在苏州市场占有较大的份额，无论是功能还是款式，花色繁多，琳琅满目，其价格由市场形成，也大都能被消费者接受。下表为苏州市价格监测中心采集公布的冰箱价格行情：

表3-240　2001年9月苏州市石路国际商城部分电冰箱价格行情表

单位：元/台

品名规格	零售价	品名规格	零售价	品名规格	零售价
容声108冰箱	1480	新飞108冰箱	1438	海尔185F冰箱	2360
容声161C/HC冰箱	1960	新飞150冰箱	1588	海尔205F冰箱	2560
容声162/HC冰箱	2490	新飞175冰箱	2050	海尔187B冰箱	3080
容声168冰箱	1690	新飞191D冰箱	3180	海尔207B冰箱	3190
容声172/HC冰箱	2650	西门子22V11冰箱	2690	海尔217BN冰箱	3380
伊莱克斯168冰箱	2260	西门子19V11冰箱	2390	—	—
伊莱克斯218E冰箱	3750	LG183AD冰箱	2280	—	—
伊莱克斯188冰箱	2580	美菱178冰箱	1850	—	—
伊莱克斯248S冰箱	3980	海尔175F冰箱	2260	—	—

表3-241　　2002年7月苏州工业品商场部分冰箱价格行情表

单位：元/台

品名规格	产地	零售价	品名规格	产地	零售价
三星冰箱BCD-21DN	苏州	3100	三星冰箱BCD-202	苏州	2680
三星冰箱BCD-212N	苏州	2980	三星冰箱BCD-215DN	苏州	2980
三星冰箱BCD-191N	苏州	2580	西门子冰箱KK24E16	滁州	4650
三星冰箱BCD-198WD	苏州	2580	西门子冰箱KG22E18	滁州	3950
三星冰箱BCD-213WD	苏州	2480	美的冰箱BCD-191H	顺德	2280
三星冰箱BCD-170	苏州	1980	美的冰箱BCD-200AH	顺德	2380
三星冰箱BCD-246N	苏州	3780	新飞冰箱BCD-193K	新乡	2280
三星冰箱BCD-247N	苏州	3780	伊莱克斯冰箱188	长沙	2460
三星冰箱BCD-232WN	苏州	3680	伊莱克斯冰箱BCD-251L	长沙	4380
三星冰箱BCD-211WN	苏州	3180	容声冰箱BCD-168	顺德	1720

表3-242　　2009年12月23日苏州市部分电冰箱价格采集公布表

单位：元/台

品牌	型号	产地	石路国际	人民商场	泰华商城	苏宁电器		国美电器	五星电器	
						石路店	观前店	石路店	石路店	观前店
西门子	KA62NV	滁州	9990	7900	9990	9990	—	9990	9990	9990
西门子	KA62NV40	滁州	13990	—	13990	13990	11550	13990	13990	13990
西门子	KA69NV30	韩国	22990	18999	22990	22990	18990	—	22990	22990
西门子	KK28F88	滁州	—	7290	7990	7990	7290		7990	7990
西门子	KK28F58	滁州	6990	6690	—	6990	—	6990	—	6790
西门子	KK28F73	滁州	—		—	6990	—	6990	6990	6990
西门子	KK27F77	滁州	7690	6690	7690	7690	6990	7690	7690	7690
西门子	KK22F66	滁州	4790	4190	4790	4790	4190	4690	4790	4790
西门子	KK22F58	滁州	4990	6990	5690	5690	4990	—	—	5690
西门子	KK21V70	滁州	3490						3990	3990
西门子	KK20V60	滁州	—		—	3490	—	3490	3490	3490
西门子	KK20V71	滁州	3590	2990	3590	3590			3590	3590
西门子	KK20V62	滁州	2490	2490	—				2490	2490
西门子	KK20V40	滁州	2490	—	2890	2890	2490	2990	2890	2890
西门子	KK19V40	滁州	—				2090		2500	2390
西门子	KK19V71	滁州	2690		3090	3490			2790	3090
西门子	KK19V61	滁州	—		2790	2990	2490		2790	2790
西门子	KK20E76	滁州	3790	4399	4290	4390			—	—
西门子	KK18V40	滁州	1790		2090		2090			
三星	BCD-220MLVP	苏州	5062	3990	—	4660	3990	4680	5080	4580
三星	RSA2SQVS	苏州	10600	8490	9980	10200	8490	—	11680	9890
三星	BCD-230MKGF	苏州	6437	4990	5950	5920	4990	6050	—	5690
三星	BCD-230MLGR	苏州	6437	4890	—	5920	—	6050	6438	—
三星	BCD-252MLVS	苏州	—	4790	5590	5510	4790	5600	5998	5750
三星	BCD-252MLGF	苏州	—	5690	—	6550	5690	6800	7150	6490
三星	RS21HZRPN	韩国	25500	24900	23900	—			—	—
三星	RS21HVRPN	韩国	—	14500	17500	16500			19500	16780
三星	RSG5BLFH	韩国	26125	20900	25300	24100			26200	23990

品牌	型号	产地	石路国际	人民商场	泰华商城	苏宁电器		国美电器	五星电器	
						石路店	观前店	石路店	石路店	观前店
三星	RS21HSRPN	韩国	16200	12900	15300	—	—	—	—	—
三星	RSA2SQSW	苏州	7399	7390	8780	9890	7390	—	10980	9290
海尔	BCD–301W	青岛	—	8990	—	—	9800	9060	9399	9399
海尔	206TCF	青岛	1999	2399	—	—	—	—	—	2880
海尔	228WBSV	青岛	4480	—	—	—	—	5780	5350	5380
海尔	226STV	青岛	3998	—	—	—	—	3780	3989	3899
海尔	318WSL	青岛	5980	—	—	—	—	7199	7098	6999
海尔	539WT	青岛	—	4999	—	—	4999	7199	7059	7999
海尔	551WST	青岛	11280	10800	—	—	—	10600	10650	11980
海尔	222KSA	青岛	4980	—	—	—	3980	4780	4588	4580
海尔	215DC	青岛	—	—	—	—	3099	3690	3649	3649
海尔	195KAW	青岛	—	2399	—	—	—	2890	—	2799
新飞	BCD–189GSK	新乡	2150	—	—	—	2200	—	2200	—
新飞	BCD–177CHF	新乡	—	—	—	2680	2680	—	2680	—
新飞	BCD–227CHT	新乡	—	—	—	3080	3280	—	3080	—
新飞	BCD–223Z	新乡	—	—	—	2499	2499	—	2499	—
新飞	BCD–560WA	新乡	7500	—	—	7999	7980	—	7980	—
新飞	BCD–218MS	新乡	—	—	—	3690	3690	—	3690	—
新飞	BCD–197VCZ	新乡	—	—	—	2070	2070	—	2070	—
新飞	BCD–219VC	新乡	2399	—	—	2850	2850	—	—	—

四、吸尘器价格

苏州是国内吸尘器生产起步较早的城市之一。1979年，苏州长江五金厂参照意大利刷窗机试制成吸尘刷窗机和吸尘打蜡机。1980年3,月长江五金厂划出部分人员改名为家用电器一厂，专业生产清洁器具。1984年5月，家用电器一厂定名为苏州吸尘器厂，时固定资产140万元，吸尘器生产能力1.8万台。1985年，生产"春花牌"吸尘器18859台，品种达15种。苏州吸尘器厂成为国内吸尘器生产起步早、较快形成批量生产的企业。同年，春花牌T28A吸尘器被轻工部选送莱比锡国际博览会和莫斯科展览会展出，VC620W吸尘器在第四届亚太地区国际贸易博览会展出，SLD9A上蜡打光机获江苏省第四届轻工产品优秀新产品称号。下表为苏州春花牌吸尘器系列产品价格：

表3-243　1987年苏州吸尘器厂春花牌系列产品价格表

单位：元/台

型号	名称	出厂价	批发价	零售价
TX8A–62	筒式吸尘器620瓦	420	450	495
TX8B–62	筒式吸尘器620瓦	420	450	495
TX8A–80	筒式吸尘器800瓦	450	484	532
TX8B–80	筒式吸尘器800瓦	450	484	532
TX8A–100	筒式吸尘器1000瓦	500	538	592
TX8B–100	筒式吸尘器1000瓦	500	538	592
CSC–1A	吸尘擦窗机	138	150	169

苏州市价格志

型号	名称	出厂价	批发价	零售价
CDL-2A	吸尘打蜡机	315	338	380
CWX-4A	微型吸尘器	108	117	132
BTX-11B	背提式吸尘器	124	135	151
CQD-12A	轻便打蜡机	73	80	89
B620W	筒式吸尘器	243	264	297
B800W	筒式吸尘器	297	323	363
B1000W	筒式吸尘器	403	438	492
WX-10A	卧式吸尘器	550	594	660
VC620WB	调速立式吸尘器	206.80	220	242

1988年,苏州市场吸尘器热销,苏州吸尘器厂新生产的B型、C型调速吸尘器新品种,其出厂、批发、零售价详见下表:

表3-244　1988年4月春花牌吸尘器价格表

单位:元/台

品名	规格	出厂价	批发价	零售价
B型调速吸尘器	620瓦	235	250	275
C型调速吸尘器	620瓦	230	245	269

由于受原材料涨价,生产费用上升,以及苏州市场吸尘器等日用消费品热销争购的影响,同年6月,春花牌吸尘器调高价格,详见下表:

表3-245　1988年6月15日春花牌家用B、C型吸尘器调价表

单位:元/台

型号	原价			调整价		
	出厂	批发	零售	出厂	批发	零售
B型调速吸尘器	235	250	275	240	255	280
C型调速吸尘器	230	245	269	234	249	274

为加强工业的消费品的价格管理,1989年9月14日,市物委发出《关于下达工业消费品价格管理目录的通知》,吸尘器等十多种日用工业品价格列入现阶段实行提价申报制度的商品目录,如需提价,均应事先向市物价部门申报,经批准后方可实施。

表3-246　1989年3月25日苏州市春花牌吸尘器系列产品价格表

单位:元/台

型号	品名	批发价	零售价	型号	品名	批发价	零售价
VC620W-B	调速吸尘器	255	280	XW-60	卧式吸尘器	321	347
VC620W-BⅡ	调速吸尘器	255	280	TX8C-100	筒式吸尘器	617	666
XDL-60	电子控制调速	249	274	XWL-80	筒式吸尘器	596	643
XDL-60	调速立式吸尘器	227	250	XWL-100	筒式吸尘器	639	690

型号	品名	批发价	零售价	型号	品名	批发价	零售价
XD-60	凳式吸尘器	352	380	DL-34	单盘打蜡机	667	720
XW60-A	卧式吸尘器	306	330	DL-34	吸尘衣刷	7.68	8.45
XW60-B	卧式吸尘器	347	375	XW-50	卧式吸尘器	319	345

1989年下半年，在治理整顿经济环境抑制通货膨胀方针指导下，为稳定市场、稳定物价、扩大商品销售、市物委发出通知，适当降低春花牌吸尘器等家用电器价格。

表3-247　1989年9月苏州春花牌吸尘器降价表

执行日期：1989年9月5日　　　　　　　　　　　　　　　　　　　　　　　　　　　　　　单位：元/台

品名	规格	原价格			降低后价格		
		出厂价	批发价	零售价	出厂价	批发价	零售价
春花牌吸尘器	XDL-60	234	249	274	221	235	259
	XW-60（A）	288	306	330	274	291	320
	XW-60（B）	302	321	347	290	308	339
	XW-60C	295	314	345	290	308	339

随着市场物价总水平的走低，为促进商品经济发展，适当调整物价控制力度，根据省、市有关文件精神，1990年7月，市物委修订部分商品价格管理措施，决定对吸尘器等11种工业消费品不再实行提价申报制度。生产企业可按成本和市场供求情况确定价格，经营企业可以按照现定作价办法（差率）相应确定销售价格。1992年以后，大部分家用电器价格放开，春花牌吸尘器价格随市场供求及生产成本的变化而变动，完全由市场形成。

表3-248　1993年初苏州春花牌电器系列产品价格表

单位：元/台

型号	名称	简称	功率	批发价	零售价
XTW-62	家用卧式吸尘器	B卧	620瓦	341	375
XTW-80	家用卧式吸尘器	B卧	800瓦	351	385
XTW-80A	家用卧式吸尘器	B改卧	800瓦	351	385
XTW-70D	家用卧式吸尘器	D卧	700瓦	288	316
XTW-80D	家用卧式吸尘器	D卧	800瓦	298	328
XTW-70G	家用卧式吸尘器	G卧	700瓦	296	325
XTW-80G	家用卧式吸尘器	G卧	800瓦	306	337
ZW80-S	家用卧式吸尘器	S卧	800瓦	362	398
ZW100-S	家用卧式吸尘器	S卧	1000瓦	380	418
ZW100-SA	家用卧式吸尘器	手控S卧	1000瓦	400	440
ZW100-929	家用卧式吸尘器	豪华卧	1000瓦	500	550
ZB40-926	推杆式吸尘器	推杆式	400瓦	220	242
ZB40-931	推杆式吸尘器	AB500	400瓦	233	256
TX8C-100	筒式吸尘器	C筒高强度软管	1000瓦	627	690
ZL100-TA	筒式吸尘器	TA筒高强度软管	1000瓦	790	870
XL-120	筒式吸尘器	不锈钢D筒高强度软管	1200瓦	982	1080

型号	名称	简称	功率	批发价	零售价
XL-120L	筒式吸尘器	D筒高强度软管	1200瓦	890	980
XGS-100A	干湿两用吸尘器	改型干湿高强度软管	1000瓦	793	872
ZGS-100S	干湿两用吸尘器	S干湿	1000瓦	1165	1280
ZG300-925	工业吸尘器	工业吸	3000瓦	5200	5700

1993年下半年,随着原材料成本价格的不断上涨,春花牌吸尘器系列产品价格也于同年8月1日上调。详见下表:

表3-249　1993年8月1日苏州市春花牌吸尘器系列产品调价表

单位:元/台

型号	名称	简称	功率	批发价	产地零售价
XTW-62	家用卧式吸尘器	B卧	620瓦	355	390
XTW-80	家用卧式吸尘器	B卧	800瓦	373	410
XTW-80A	家用卧式吸尘器	B改卧	800瓦	373	410
XTW-70D	家用卧式吸尘器	D卧	700瓦	305	336
XTW-80D	家用卧式吸尘器	D卧	800瓦	335	368
XTW-70G	家用卧式吸尘器	G卧	700瓦	327	360
XTW-80G	家用卧式吸尘器	G卧	800瓦	343	377
ZW100-938	家用卧式吸尘器	938	1000瓦	405	445
ZW80-S	家用卧式吸尘器	S卧	800瓦	407	448
ZW100-S	家用卧式吸尘器	S卧	1000瓦	425	468
ZW100-SB	家用卧式吸尘器	手控S卧	1000瓦	482	530
ZW100-929	家用卧式吸尘器	旋风929	1000瓦	544	598
ZB40-926	推杆式吸尘器	推杆式	400瓦	253	278
TS500	推杆式吸尘器	TS500	400瓦	255	280
ZL110-E	筒式吸尘器	E筒	1100瓦	773	850
ZL100-TA	筒式吸尘器	TA筒	1000瓦	891	980
XL-120	筒式吸尘器	不锈钢D筒	1200瓦	1164	1280
XGS-100A	干湿两用吸尘器	改型干湿	1000瓦	891	980
ZGS-100S	干湿两用吸尘器	S干湿	1000瓦	1345	1480
ZG300-925AB	工业吸尘器	工业吸	3000瓦	5364	5900
GCI-80A	清晰抛光机	宾馆打蜡机	800瓦	8818	9700
DX-16A	家用清洗打蜡机	清打机	160瓦	264	290
GP2-935	家用打蜡机	小天使打蜡机	50瓦	244	268
DQZ-2A	汽车清洗打蜡机	汽打机	20瓦	222	244
DW-01	汽打机稳压电源	稳压器	—	59	65
DK-120A	电煎烤箱	电煎烤箱	1200瓦	373	410
DK100-B	电烤箱	电烤箱	1000瓦	244	268
CX-8A	擦鞋机	擦鞋机	80瓦	307	338
JS05-921	单筒净水器	单净器	—	135	148
JS05-922	双筒净水器	双净器	—	262	288
BW-A	多用保温器	热宝	60瓦	26.4	29

表3-250　2001年10月苏州工业品商场部分吸尘器价格行情表

单位: 元/台

品名	货号	产地	零售价
飞利浦吸尘器	6329/1100W	苏州	637
飞利浦吸尘器	6328/1100W	苏州	590
飞利浦吸尘器	8378/1300W	苏州	1498
飞利浦吸尘器	8376/1300W	苏州	1199
飞利浦吸尘器	8353/1300W	苏州	729

五、洗衣机价格

20世纪70年代后期,洗衣机开始进入苏州普通百姓家庭。苏州地产的白云泉牌洗衣机试制于1979年8月,市第二轻工机械厂小批量试产白云泉1型单缸洗衣机,当年产量185台。1980年成立苏州洗衣机厂,1981年7月再次并入第二轻工机械厂。同年3月25日,市物委作出《关于洗衣机产、销价格的批复》:核定79-1型白云泉洗衣机每台出厂价187元,批零统一价为210元,销进差率由工商双方协商确定。

1981年10月5日,市物委作出《关于天平牌XL-15型洗衣机试销价格的批复》:因苏州电机厂试生产的天平牌XL-15型洗衣机各种性能、工艺及质量需进一步稳定提高,故核定其试销价每台为160元,由工业部门直接供应给消费者,不得以试销零售价售给批发或零售单位。如需批发或零售单位经营或代销,工业部门应按试销零售价给对方适当的回扣。

1982年,试制成白云泉三型单缸洗衣机产量增至13768台,成本降低,质量有所提高,改变了销售呆滞的局面。同年3月8日,市物委作出批复,同意白云泉普及式三型单缸洗衣机每台零售价为196元,出厂价为178元。

1984年9月,国家物价局、轻工业部对洗衣机实行浮动价格,国家相关部门制定标准品的中准价格及其浮动幅度:单缸洗衣机标准品,每台中准出厂价177元,中准零售价200元;双缸洗衣机标准品每台中准出厂价292元,中准零售价330元。其他不同结构、规格、用料和功能的洗衣机,比照标准品价格,按实际成本相应增减,合理定价,报轻工业部备案。在部定中准价的基础上,可上下浮动8%。全部由进口件组装生产的洗衣机价格应高于部定中准价格20%,具体价格由地方安排。

1985年6月25日,苏州市物委会同市轻工业局发出《关于整顿电冰箱、洗衣机价格的通知》。为了加强对耐用消费品价格的管理,根据上级有关精神及生产厂家的要求,决定对电冰箱、洗衣机价格进行整顿,在现有零售价格不上升(个别品种下降)的基础上统一厂、零差率,以便于销售工作进行(整顿后的洗衣机价格详见下表3-25)。产品销售纳入国家指令性计划的一定要按对象作价,没有计划的如确因成本上升,生产困难的,可在出厂价与批发价之间工商协商浮动定价,但对零售企业不得高于批发价。洗衣机的二等品作价统一为正品零售价的九五折(二等品是指外观质量略差,不影响整机内在质量)。从本文下达起洗衣机的价格均由市物价委员会根据部定作价办法具体审批和管理。

苏州市价格志

表3-251　1985年7月1日苏州市地产白云泉牌洗衣机价格表

单位：元/台

产品规格	出厂价	批发价	零售价	
			原价	调整价
3B型单缸（喷漆）	176	185.1	199	199
3B型单缸（喷塑）	181	190.7	205	205
1S型双缸（喷漆）	264	277.1	298	298
1S型双缸（喷塑）	273	286.4	308	308
2型脱水机（喷漆）	99	104.2	112	112
2型脱水机（喷塑）	104	109.7	118	118
2S型双缸（喷漆）	283	297.6	—	320（新定价）
2S型双缸（喷塑）	288	302.3	325	325

注：上述价格均已包括包装物在内。

1986年7月，市物委发出《关于调整ⅡS双缸洗衣机和新订ⅢS双缸洗衣机价格的通知》，根据轻工业部、国家物价局《关于颁发家用洗衣机和电冰箱订价办法（试行）的通知》规定，从鼓励工厂积极开发新品，满足市场供应的目的出发，经研究，对白云泉洗衣机具体价格安排如下：

表3-252　1986年7月苏州市白云泉、皇冠牌洗衣机调整价格表

单位：元/台

生产企业	品名规格	原价			调整价（新定价）		
		出厂	批发	零售	出厂	批发	零售
苏州洗衣机厂	白云泉ⅡS双缸洗衣机喷漆	283	297.6	320	287.6	302.3	325
苏州洗衣机厂	白云泉ⅡS双缸洗衣机喷塑	288	302.3	325	292	306.9	330
苏州洗衣机厂	皇冠ⅡS双缸洗衣机喷漆	—	—	—	292	306.9	330
苏州洗衣机厂	皇冠ⅡS双缸洗衣机喷塑	—	—	—	296.5	311.6	335
苏州洗衣机厂	白云泉ⅢS双缸洗衣机喷漆	—	—	—	300.9	316.2	340
苏州洗衣机厂	白云泉ⅢS双缸洗衣机喷塑	—	—	—	305.3	320.8	345
苏州洗衣机厂	皇冠ⅢS双缸洗衣机喷漆	—	—	—	305.3	320.8	345
苏州洗衣机厂	皇冠ⅢS双缸洗衣机喷塑	—	—	—	309.7	325.5	350

注：以上价格从1986年7月20日起执行。

同月，市物委发出《关于明确国产洗衣机等七种商品地区差率的通知》，国产洗衣机、电冰箱、录音机、空调机（器）、电饭锅（煲）、摩托车、机动脚踏车七种商品系新发展的商品，地区差率没有明确规定，在实际计价中产生了一些问题。根据全省交电商品物价座谈会对家电、交电商品地区差率的平衡意见，并参照邻近地区同类商品地区差率，经研究决定如下：对国产洗衣机、电冰箱、录音机、电饭锅（煲）按产地零售价加2%地区差率计算本市零售价。以上通知从1986年7月20日起执行。

1986年9月8日，市物委发出《关于放开冰箱等七种工业消费品的通知》：按省物价局要求，决定从9月10日起，放开国产冰箱、洗衣机、录音机等的价格，由生产企业定价。允许洗衣机等工业品生产企业在国家政策指导下，根据生产成本、市场供求、同类产品价格水平，

正确决定自己产品的价格。今后价格如有变动，企业必须在价格变动前十天，报业务主管部门和物价部门备案。为避免市场零售价格的变动和混乱，根据省文规定，实行企业定价的商品，厂零差率一般按现行差率执行，即出厂价顺加13%厂零差率为零售价，任何单位不得突破零售价。商业内部作价在保证对方合理流通、正常经营的前提下，由批发经营企业自行决定。地区差率市、县统一，凡省内（包括上海）调入的产品按产地零售价顺加2%，其他外省调入的产品按产地零售价顺加4%计算当地市场零售价。为保持产品竞争优势，地区差率可低于规定，但不得超过规定。

1986年10月5日起，由于原材料价格及生产成本上升，苏州洗衣机厂生产的白云泉脱水机零售价从112元调高至130元。由于上海口岸价格调整，从10月22日起，苏州市场部分进口洗衣机零售价调高，日本产6种型号的洗衣机，零售价格总水平提高了32%，如声宝牌2.5千克双缸ES-25H2T每台零售价从503元提高至646元，2.2千克双缸PS-62日立和NA-1900松下洗衣机均从每台零售价474元调高至610元。

1987年，苏州市场洗衣机同彩电、冰箱等日用工业品一样销售旺盛，供不应求，而上海产洗衣机性价比优于苏州地产洗衣机，因而市场热销。在市场通货膨胀的背景下，沪产洗衣机零售价有了不同程度的上涨。下表为1987年7月沪产洗衣机产地零售价格：

表3-253　1987年7月沪产洗衣机产地零售价格表

单位：元/台

规格牌号	生产厂	价格
单缸xpB20-1水仙牌	上海洗衣机总厂	216
单缸xpB20-2水仙牌	上海洗衣机总厂	196
单缸xpB20-1上海牌	新江机器厂	219
单缸xpB15-1A申花牌	上海三灵电器厂	209
单缸xp15-4海豚牌	上海微型电机厂	235
单缸xpB15-2方方牌	上海方方洗衣机厂	190
单缸xpB15-3浪花牌	上海浪花洗衣机厂	190
单缸xpB20-1吉尔灵	上海电器塑料厂	189
单缸xpB20-3吉尔灵	上海电器塑料厂	195
单缸xpB15-3司其乐	上海司其乐洗衣机厂	216
单缸xp15-3海豚牌	上海微型塑电机厂	195
双缸xpB20-2塑胆水仙牌	上海洗衣机总厂	355
双缸xpB20-2塑胆副品水仙牌	上海洗衣机总厂	320
双缸xpB20-3塑胆水仙牌	上海洗衣机总厂	357
双缸xpB20-3塑胆副品水仙牌	上海洗衣机总厂	321
双缸xpB20-9S铝胆水仙牌	上海洗衣机总厂	374
双缸xpB20-9S铝胆副品水仙牌	上海洗衣机总厂	355
双缸xpB20-10S铝胆水仙牌	上海洗衣机总厂	445
双缸xpB20-10S铝胆副品水仙牌	上海洗衣机总厂	423
双缸ES-22F2普通型SKD水仙牌	上海洗衣机总厂	455
双缸ES-25H2新水流线SKD水仙牌	上海洗衣机总厂	490
双缸xpB20-2铝胆上海牌	新江机器厂	368
双缸xpB20-1S铝胆有蜂鸣器申花牌	上海三灵电器厂	363

规格牌号	生产厂	价格
双缸xpB20-1S铝胆外壳喷型申花牌	上海三灵电器厂	365
双缸xpB20-3S铝申花牌	上海三灵电器厂	385
双缸xpB20-2S塑胆吉尔灵	上海电器塑料厂	325
双缸xpB20-5S半自动塑胆吉尔灵	上海电器塑料厂	520
双缸xpB20-6S全塑胆吉尔灵	上海电器塑料厂	350
双缸xpB20搪瓷胆方方牌	上海方方洗衣机厂	318
双缸xpB20-2S塑胆方方牌	上海方方洗衣机厂	344
双缸xpB20-1S铝胆司其乐	上海司其乐洗衣机厂	363
双缸xpB20-2S塑胆司其乐	上海司其乐洗衣机厂	395
双缸xpB15-1S—Ⅱ塑胆浪花牌	上海浪花洗衣机厂	318
套缸S-302ASRD全自动水仙牌	上海洗衣机总厂	850
套缸xQB30-1全自动海豚牌	上海微型电机厂	650

注：沪产洗衣机在本市的零售价按产地零售价加2%地区差率确定。

1987年8月15日，根据省、市物价工作会议及上级有关文件，为严格控制日用工业品价格上涨，维护消费者利益，市物委作出《关于对部分外采日用工业品实行最高限价管理的规定》。实行最高限价管理的外采日用工业品范围暂定为电冰箱、洗衣机、自行车、毛毯、毛线、毛巾、被面、床单、汗衫、汗背心、棉毛衫等11类。上述外采日用工业品凡按规定价格进货、渠道正常的，应按苏州市规定的价格执行；如因进货成本提高，按苏州市规定的批发、零售价格执行发生亏损的，可根据减少费用，缩小现行规定作价差率（价）的原则制定零售价格，并作为本市的最高限价。各经营单位可根据本规定测算后，报市物委批准后执行，并不允许在本市范围内（含县）再加价批发给批发单位或向外地销售。电冰箱、洗衣机、自行车可根据省物价局和省商业厅文件精神，允许按现行规定价格作为中准价格，向上浮动幅度为5%，浮动后的批零价格作为苏州市的最高限价。

1987年11月25日，苏州市场零售价格行情：广东产双缸洗衣机每台422元，上海产水仙10S双缸洗衣机454元。同月，市物委明确每台洗衣机城乡差价：单缸吴县1.5元（西山2元），吴江、张家港、太仓均为1元，昆山2元，常熟1元；双缸吴县1.5元（西山2元），吴江、张家港、常熟均为2元，太仓1元，昆山3元。

表3-254　1987年12月苏州市地产洗衣机价格表

单位：元/台

产地	规格品名	出厂价	批发价	零售价
苏州	白云泉洗衣机双桶喷漆XPB20-1S	264	277.1	298
苏州	白云泉洗衣机双桶喷塑XPB20-1S	273	286.4	308
苏州	白云泉洗衣机双桶喷漆XPB20-2S	287.6	302.3	325
苏州	白云泉洗衣机双桶喷塑XPB20-2S	292	306.9	330

表3-255　1987年12月苏州市进口洗衣机价格表

单位：元/台

产地	规格品名	批发价	零售价
日本	日立PAF-7203.3千克机械全自动	1047	1120
日本	东芝VH-1110B2.2千克双缸	559	598
日本	松下NA-19002.2千克双缸	559	598
日本	声宝ES-25H2T2.5千克双缸	592	633

表3-256　1987年12月部分国产洗衣机产地价格表

单位：元/台

产地	规格品名	零售价
上海	水仙牌XPB20-1B铝胆单缸	216
上海	水仙牌XPB20-9S铝胆双缸	374
上海	上海牌XPB20-1S铝胆单缸	219
无锡	小天鹅牌XQB20-6A套桶	595
无锡	小天鹅牌XPB20-5单缸	215
南京	三乐QB25-2全自动套缸	689

表3-257　1988年3月上海水仙牌洗衣机价格表

单位：元/台

规格	型号	产地批发价
XPB20-5S	水仙双缸洗衣机	395
XPB20-6S	水仙双缸洗衣机	379
XPB20-7S	水仙双缸洗衣机	388
XPB30-12S	水仙双缸洗衣机	519
XQB30-11S	水仙微电脑全自动洗衣机	795
XPGⅡ-30千克	水仙工业洗衣机	4430
XPGⅡ-70千克	水仙工业洗衣机	13500

注：洗衣机上海至苏州地区差价为2%。

　　1988年4月24日，苏州市区开办"特需市场"，以高于市场零售价，低于黑市价格，销售市场供不应求热销的日本进口洗衣机，以平抑市价，制止黑市倒卖洗衣机等紧俏日用工业品，满足部分消费者需求。详见下表：

表3-258　苏州特需市场洗衣机价格与市场销价对比表

产地	品名规格	单位	市场零售价	特需零售价
日本	洗衣机2千克东芝	元/台	610	810
日本	洗衣机2千克日立	元/台	610	810

　　1988年4月，无锡产小天鹅半自动、全自动洗衣机产地新定零售价每台分别为460元和595元。同年6月30日，小天鹅洗衣机产品又调整价格，详见下表：

表3–259　1988年6月30日小天鹅洗衣机产品价格表

单位：元/台

品名规格型号	零售价	品名规格型号	零售价
XBB2-5小天鹅半自动套缸	451	XQB20-61小天鹅全自动套缸	759
XQB2-6A小天鹅全自动套缸	685	XQB20-611小天鹅全自动套缸	777
XBB20-51小天鹅半自动套缸	582	—	—

1988年6月5日起，苏州洗衣机厂生产的皇冠牌XPB20-5S双缸洗衣机提高价格，每台出厂价由355.44元调整为386元，零售价由396元调整为436元，涨幅为10.10%。

在苏州市场比较热销的广东中山洗衣机厂生产的威力牌XPB20-S双桶洗衣机的价格再次调高，从1988年8月1日起，批发价每台由375元调整至415元，零售价由420元调整至452元。上海产声誉较好的洗衣机价格则采取批量作价的办法灵活作价，如沪产司其乐洗衣机型号为65上排水双缸洗衣机，上海市场零售价每台为510元，对外批发时大批量（500台以上）每台批价为449元，中批量（250台以上）每台批价为460元，小批量（250台以下）每台批价为464元；同品牌型号7S双缸洗衣机上海市场零售价每台为458元，大、中、小批量价格每台分别为403元、412元、416元。通过以上批量作价的办法，积极参与市场竞争，以争取更大的市场份额。

1988年9月，为稳定市场物价，抑制通货膨胀，根据国家、省、市有关规定，市物委发文明确对洗衣机、黑白电视机、电冰箱、自行车、手表、缝纫机等23种（类）已经放开的商品价格，实行提价申报，如需提价必须提前十天向当地物价部门申报，经明确表态后，方可实施。

1988年下半年，在洗衣机市场货俏价扬的背后，潜伏着洗衣机生产产大于销的局面，部分二线品牌的洗衣机库存开始积压。

1989年上半年，苏州包括洗衣机在内的日用家电大件耐用消费品销量下降，价格下跌，市场供应由紧俏转为平滞，洗衣机等家用电器销量全面下跌。由于苏州市场洗衣机的牌号、型号多，消费者更注重名牌，挑选性价比强的洗衣机购买，从上年的争购抢购转向理性购买。

表3–260　1989年1月部分沪产洗衣机产地零售价格表

单位：元/台

品名规格	零售价	品名规格	零售价
水仙8S双缸	457	上海脱水1型	194
水仙10S双缸	512	申花双缸7S	552
水仙14S双缸	473	凯歌套缸1型	825
水仙801S双缸	538	吉尔灵6S双缸	470
上海6S双缸	499	吉尔灵单缸1型	265
上海16S	518	吉尔灵单缸3型	275
上海单缸1型	285	浪花套缸30-1T	747
上海单缸101型	299	—	—

注：上海市批零差率按零售价93%折扣。

1989年上半年，工业消费品新涨价因素较大，涨势虽比上年同期有所下降，但许多商品由于苏州本地不生产，靠外地调入，受采购渠道、流通环节多少、异地异价等因素的影响，直接或变相增加苏州消费者的负担。如沪产水仙牌8S洗衣机，苏州市零售价为466元，由于上海厂方为弥补材料亏损，改换型号为802S，表面加印几朵花，其他性能结构均无改变，到苏州市零售价为507元，上涨8.8%。类似搪瓷面盆、铝制品等沪产日用工业品批到外地均要加上材料差价。这在当时已成为惯例，苏州市也无能为力。

随着市场物价总水平的走低，为促进商品经济发展，适当调整物价控制力度，根据省、市有关文件精神，1990年7月，市物委修订部分商品价格管理措施，决定对洗衣机等11种工业消费品不再实行提价申报制度。生产企业可按成本和市场供求情况确定价格，经营企业可以按照现定作价办法（差率）相应确定销售价格。由于洗衣机总体市场供求产大于销，价格从1990年开始稳中趋降。

表3-261 1992年9月8日苏州市洗衣机价比三家表

单位：元/台

品名	规格等级牌号	人民商场	工业品商场	石路商场	吴县商业大楼	新城商场
洗衣机	沪水仙101S双桶铝合金	548	548	530	520	520

1993年至1995年，家用电器价格恢复性上涨。洗衣机的原材料涨价，加之多数产品更新换代功能增多，款式翻新，质量提高，销售价格上涨，但与零售物价总指数相比，则涨幅不大。据苏州市统计局统计资料显示，苏州市场代表品无锡产小天鹅全自动8S洗衣机，1993年市场零售年平均价每台为1555.41元，1994年年平均价为1702元，同比涨幅9.6%；1994年1月，市场零售价小天鹅全自动8AI洗衣机每台为1661元，1995年1月涨至1780元，同比涨幅为7.2%。

从1996年开始，由于日用工业品市场总体供大于求，市场竞争导致价格下跌，家用电器分类价格指数开始下跌，1996年与上年同比全年下跌5.1%。当年2月份，小天鹅XQB30-8洗衣机市场平均价每台为1549.33元，与上月同期相比下降3.1%，水仙XPB25-505洗衣机月平均价每台为580元，较上月665元下降12.78%。

表3-262 1996年苏州市区部分商场洗衣机行情价格表

单位：元/台

商品名称	日期	人民商场	工业品商场	一百商店	长发商厦	石路商城
小天鹅全自动XQB30-8洗衣机	1月15日	—	1550	1480	1780	—
水仙XPB25-101S洗衣机	1月15日	—	—	—	580	—
小天鹅全自动XQB30-8洗衣机	4月15日	1758	1550	1758	—	1550
水仙XPB25-402S洗衣机	4月15日	740	700	700	700	700
小天鹅全自动XQB30-8洗衣机	8月15日	1758	1758	1758	1758	1758
水仙XPB25-402S洗衣机	8月15日	740	700	700	695	700
小天鹅全自动XQB30-8洗衣机	11月15日	1758	1758	1758	1758	1758
水仙XPB25-402S洗衣机	11月15日	700	700	700	695	700

1997年至1998年，苏州市场各款洗衣机市场价格行情涨跌互现，稳中有降，上述型

号的小天鹅洗衣机，1998年12月市场平均价为1636元，与上年同期相比下降0.25%。水仙XPB25-402S市场月平均价为580元，与上年同期每台689元相比下降15.84%。

1999年以后，苏州洗衣机市场稳中有变，价格总体平稳，但在结构上有两大变化：全自动机激增，双筒洗衣机锐减。这一升一降，使双筒洗衣机在总量中所占比重，由上年同期的31.60%，下降为15.61%，而全自动洗衣机在洗衣机总销售量的比重，由上年的68.39%，上升为84.39%。全自动机升、双筒机降的原因比较明显，主要是人民生活水平提高后，越来越讲究生活质量，全自动洗衣机不仅可以减轻家务劳动，而且可以增加家庭休闲活动的时间，符合时代潮流趋势发展。在全自动洗衣机中滚筒式比重上升，波轮式却缓慢下降。过去滚筒式全自动洗衣机由于价格较高，每台在2500元以上，且品种比较单调，因此销售有限。

20世纪90年代末，滚筒式洗衣机技术进步较快，如西门子出的"超静强快洗"系列，使洗涤时间大为缩短，运作时噪声大大缩小，克服了过去洗涤时间长，噪声大的缺点；又如海尔推出的"数字羊绒洗"，在滚筒式洗衣机里，输入数字变频技术，使羊绒织物可以机洗，为人们解决了一大难题，而且洗涤时更为宁静，满足了一部分富裕家庭的需求。另外，厂方又推出了一种价格在2000元左右的特价机，使价格进一步和波轮式洗衣机靠拢，这部分特价机推向市场后，销势很不错，这样，滚筒式洗衣机既拥有高档的洗羊绒机，又有中档机和较低档的特价机，更接近各个消费层次的需求，这无异比波轮式洗衣机更占有市场优势；滚筒洗衣机原来就独有的可加热、烘干、不卷缠衣服、磨损小等优点，这是其他机种不具备的，在价格相近的情况下，滚筒式更受人欢迎。

由于上述原因，进入21世纪后，洗衣机市场上全自动机占绝对优势；在全自动机中，滚筒式和波轮式则平分秋色。

表3-263　1999年苏州人民商场股份有限公司洗衣机价格行情表

采价日期：1999年1月29日　　　　　　　　　　　　　　　　　　　　　　　　　　单价：元/台

品名	规格	零售价	优惠价
小天鹅洗衣机	XQB38-83	1780	1390
小天鹅洗衣机	XQB38-83AL	1948	1690
小天鹅洗衣机	XQB30-91AL	1450	1350
小天鹅洗衣机	XQB30-85PS	1860	1780
小天鹅洗衣机	XQB40-868FG	2780	2280
小天鹅洗衣机	XQB50-885FG	3180	2480
小天鹅洗衣机	XQB40-868FC	2580	2080
小天鹅洗衣机	XQB42-878	1880	—
小天鹅洗衣机	XQB50-885FC	2980	2350
小天鹅洗衣机	XQB50-828	4980	—
小天鹅洗衣机	XQB50-801	3180	—
小天鹅洗衣机	XQB50-802	3680	—
小天鹅洗衣机	XQB50-814H	4860	—

表3-264　1999年9月苏州市第一百货商店部分洗衣机特价行情表

单位：元/台

品名规格	特价	品名规格	特价
831松下洗衣机	1250	50-E海尔洗衣机	1450
30-8小天鹅洗衣机	998	50-C海尔洗衣机	1680
45-6800日立洗衣机	1790	—	—

表3-265　1999年10月苏州市商业大厦部分洗衣机价格行情表

单位：元/台

品名规格	价格	品名规格	价格
水仙42-9705双缸洗衣机	630	50-5105双缸洗衣机	850

表3-266　1998~2000年苏州市、常熟市家用电器价格

单位：元/台

品名	地区	1998年	1999年	2000年
洗衣机（台）	苏州市	1643.208	1800.000	1251.778
小天鹅全自动	常熟市	1820.000	1780.000	1760.000

资料来源：江苏省城市经济调查局编纂的江苏省物价统计资料。

　　2000年12月小天鹅XQB38-83月平均价为1497元，较上年同期1544元下降3.03%；海尔全自动滚筒洗衣机市场平均价为4783元，较上月每台4674元上升2.34%。

　　2001年至2010年，苏州市场洗衣机品种繁多，功能多样，市场竞争激烈，供过于求的格局仍保持不变，价格稳中趋降，消费者"价比三家"，价格也比较便宜，可供选择余地很大。

表3-267　2001年9月苏州市石路国际商城部分洗衣机价格行情表

单位：元/台

品名规格	零售价	品名规格	零售价	品名规格	零售价
西门子EX501洗衣机	2990	海尔50-XQB600洗衣机	2980	海尔42-62洗衣机	1780
海尔30-22洗衣机	1350	海尔21-12洗衣机	980	海尔50-68A洗衣机	2480

表3-268　2002年1月苏州人民商场部分洗衣机价格行情表

单位：元/台

品名	规格型号	零售价	品名	规格型号	零售价
松下洗衣机	40-8470	1460	日立洗衣机	45-S710	1750
松下洗衣机	55-8560	2490	日立洗衣机	55-ST10	2340
松下洗衣机	45-845	1400	LG洗衣机	46-18	1230
三洋洗衣机	45-428	1400	LG洗衣机	50-97SF	2320
三洋洗衣机	50-238	2300	三星洗衣机	50-88S	850
荣事达洗衣机	40-928G	1280	三星洗衣机	52-210C	2280
荣事达洗衣机	12-P	590	三星洗衣机	48-2188	1442
小鸭洗衣机	DTL5F	400	西门子洗衣机	WD3000	5490
小鸭洗衣机	50-NM346	3100	西门子洗衣机	EX500	2950

品名	规格型号	零售价	品名	规格型号	零售价
小鸭洗衣机	36-661	1630	西门子洗衣机	W,1800XS	3890
惠而浦洗衣机	5026S	2100	—	—	—
惠而浦洗衣机	4225TS	1550	—	—	—

表3-269　2009年10月14日苏州市洗衣机价格采集公布表

单位：元/台

品牌	型号	产地	石路国际	人民商场	泰华商城	苏宁电器		国美电器		五星电器		家乐福超市
						石路店	观前店	石路店	观前店	石路店	观前店	
小天鹅	XQB50-1508G	无锡	—	—	—	1498	1298	1470	1698	1898	1698	—
	XQB52-2508PG		—	—	—	—	—	2298	1948	2298	2298	—
	XQ55-2588G		1898	1470	—	1698	1498	1698	1498	1698	—	—
	XQ55-1006E		—	3100	—	3798	—	3798	3208	3798	3798	—
	XQ55-1016ESL		—	3210	—	3898	3308	3889	3308	3889	3889	—
	XQ60-3268G		—	—	—	1898	1698	1898	1698	1898	1998	—
	XQ60-3288C		2798	2470	—	2798	—	—	2398	2798	2898	2559
	XQ65-908E		—	—	—	—	—	4098	3468	4098	4098	—
	XQ65-958ES		—	3300	—	4298	—	4298	3678	4298	4298	—
	XQ70-1098CS		—	—	—	5298	—	5298	4628	5298	5298	—
海尔	XQBM30-968	青岛	—	1150	—	—	—	—	1180	—	1180	—
	XQG50-8866		—	—	—	3480	(B)3090	3490	2890	3468	—	2898
	XQS50-Z9288		—	1950	—	—	—	2680	2180	2618	2180	—
	XQG52-Q818H		—	—	—	—	2509	3580	2680	3216	—	—
	XQG55-H12866		6100	4380	6500	5680	4880	5680	4880	5856	4880	—
	XQS55-T9288		3100	2260	—	—	—	3080	2480	2076	2480	—
	XQS60-J9288		—	—	—	—	—	3280	2780	3336	2780	—
	XQS60-T9288		—	—	—	—	2680	3280	2680	3176	2680	—
	XQS65-J9288		—	—	—	—	—	3380	2880	3456	2880	—
	XQS65-Z9288		—	—	—	—	—	—	2380	2856	2380	—
	XQG60-QHZB1281		—	—	7800	—	—	—	—	7200	6000	—
三星	XQB50-Q85S	苏州	—	1580	—	—	1490	—	1490	2128	2088	—
	XQB60-Q85S		2180	1850	2190	—	—	—	1790	—	—	—
	XQB70-Q85S		2380	1990	2290	—	1890	—	1890	2390	2190	—
	WF8500NHS		—	3520	3480	3490	2990	4390	2990	3740	3590	—
	WF8500NHW		—	2730	3150	3090	2690	3190	2690	3380	3280	—
	WF8600NGU		4490	—	—	4360	—	—	—	4428	—	—
	WF9752N8S		4620	3910	4480	4250	3690	—	3690	4590	4290	—
	WD9602R8S		6620	5910	6280	6090	—	—	5290	6350	—	—
	WD9602R8V		5990	4490	5680	5510	4790	—	4790	5748	—	—
	WD9752C8S		—	—	6900	—	—	—	5890	—	—	—
	WD8754RJA		7380	6550	7180	—	—	—	—	—	—	—
西门子	S2185	无锡	4290	—	4390	4390	—	4390	3450	4390	4390	—
	WD5105		5890	4990	—	5890	5090	—	4990	5890	5890	—
	WD5125		—	5460	—	6390	—	6390	—	6390	6390	—

续表

品牌	型号	产地	石路国际	人民商场	泰华商城	苏宁电器		国美电器		五星电器		家乐福超市
						石路店	观前店	石路店	观前店	石路店	观前店	
西门子	WD7125	无锡	—	—	—	6980	—	6890	—	—	6890	—
	WS08M360		—	3880	4690	—	—	4690	3890	4690	4690	—
	WS10M368		—	4480	5290	—	—	5290	4390	5290	5290	—
	WS10M460		5290	—	—	—	—	—	4390	—	—	—
	WS12M468		—	4990	5890	5890T1	4990	5890	4890	—	—	—
	WM10S360		—	4490	5490	—	4690	5490	4590T1	5490T1	5490	—
	WM10S368		—	5090	—	—	—	6190	5190T1	—	—	—
	WM12S468		6590	5690	—	—	—	—	5590T1	6590T1	6590	—
	WM12S461		—	—	—	—	—	5890	4990T1	—	—	—

六、家用空调器价格

苏州市场空调器的生产和使用出现在20世纪70年代中后期。改革开放初，从国外进口引进的空调器由于其价格昂贵，普通百姓家庭无缘问津，只是出现在星级宾馆、高档写字楼、商场、餐饮娱乐场所等处。随着科学技术的进步和空调器国产化进程的加快，20世纪80年代中后期，苏州金粉厂、东风电器厂、苏州电工仪器厂、苏州电表厂等企业先后试制成CKT-3A型窗式空气调节器、5500大卡/时单相窗式空调器、3000大卡/时立式等多种规格的风机盘管空调器，以及风幕和船用风机盘管空调器。下表为1987年4月苏州太仓生产的江南牌部分冷气产品价格：

表3-270　1987年4月江南牌部分冷气产品价格表

单位：元/台

品种	出厂价	备注	品种	出厂价	备注
CKT-3空调器	1600	窗式	LF-12空调器	13000	立式
KC-280空调器	2100	窗式	KQF-5去湿器	1800	省优产品
KC-25空调器	2000	窗式	KQF-6去湿器	2900	省优产品
LF-6空调器	6600	立式	HF-1509风幕机	620	—

对空调器的价格管理，从它一开始投放市场时，苏州市价格部门就对其价格实行放开，完全由生产营业者自主确定，实行市场调节价，在一般正常情况下，物价部门不予干预。下表为1988年3～4月苏州五化交公司空调器市场价格：

表3-271　1988年3月苏州市广州万宝牌空调器销售价格表

单位：元/台

品名型号	出厂价	批发价	零售价	品名型号	出厂价	批发价	零售价
单冷窗式空调器KC-18	1720	1840	2024	冷暖窗式空调器KC-18D	2072	2217	2395
单冷窗式空调器KC-22.4	1923	2058	2264	冷暖窗式空调器KC-22.4D	2285	2445	2641
单冷窗式空调器KC-25	2024	2166	2383	冷暖窗式空调器KC-25D	2388	2556	2760

表3-272　1988年4月苏州市五化交公司家用空调价格表

单位: 元/台

产地	品名规格	批发零售价
太仓	窗式空调KC-18单制冷1600大卡220伏	1693
太仓	窗式空调KC-26单制冷2250大卡220伏	2295
太仓	窗式空调KC-28单制冷2800大卡220伏	2244
太仓	窗式空调KC-8D电热型冷热2800大卡220伏	2397
太仓	窗式空调KC-3单制冷3000大卡380伏	1734
太仓	窗式空调KCT3-A热泵冷热3000大卡380伏	1887
太仓	窗式空调KC-35S单制冷3500大卡	2397
太仓	立柜式LF-6单制冷6000大卡高体冷风380伏	7242
太仓	立柜式LF-6电热型冷热6000大卡高体冷风380伏	7560
太仓	空调器LF-12单制冷1200大卡高体冷风380伏	14382
太仓	空调器LF-12D电热型1200大卡高体冷热	15200

　　1988年前后，进口空调机是价格昂贵的奢侈品，远远高于国产空调价格，一般是国产空调价格的二至四倍。下表当时广州市场进口空调机销售价，苏州销售价则由进价加进销差率组成，经销企业自主定价。

表3-273　1988年9月18日广州市场进口空调机售价一览表

单位: 元/套

产地	牌号型号	规格	价格
日本	三菱PSH-3型	3匹冷暖柜式分体	23000
日本	三菱PS-6型	6匹风冷柜式分体	29500
日本	三菱PC-3型	3匹悬吊式分体	19000
日本	三菱PC-5型	5匹悬吊式分体	25500
日本	三菱PW-8型	8匹水冷柜式分体	27000
日本	三菱PW-15型	15匹水冷柜式分体	48000
日本	三菱PW-20型	20匹水冷柜式分体	66500
日本	三菱PW-30型	30匹水冷柜式	92000
日本	三菱MW-17CC型	2匹单冷窗式	8050
日本	三菱MWD-17CC型	2匹单冷窗式带抽	8500
日本	三菱PSH-5型	5匹冷暖式分体	26800
日本	三菱MVD-09BC型	1匹冷暖柜式分体	15000
日本	三菱MVD-09CC型	1匹单冷带抽墙挂分体	13500
日本	三菱WRC-1506型	2.5匹单冷窗式	9180
日本	三菱PAH-15YB型	15匹冷暖柜式分体	68000
日本	三菱MWH-13AS型	1.5匹单冷窗式	7200
日本	乐声CW-12413135型	1.5匹单冷窗式	6950
日本	乐声CW-183VS型	2匹单冷窗式	7800
日本	乐声124J235D5型	1.5匹单冷窗式	7200
日本	乐声94J23D5型	1匹单冷窗式	6400
日本	乐声183V235型	2匹单冷窗式	7800
日本	乐声92J23D5型	1匹冷暖窗式	6750

产地	牌号型号	规格	价格
日本	乐声90V235型	1匹单冷柜式分体	12500
日本	乐声CW-184VD型	2匹单冷带抽	8100
日本	乐声CS-120VK型	1.5匹单冷墙挂式分体	14300
日本	乐声CS-17VC型	2匹单冷墙挂式	17500
日本	东芝RAC-33型	1.5匹单冷窗式	6950
日本	东芝22SM4型	1匹单冷窗式	6400
日本	东芝20GK型	1匹单冷窗式分体	12500
日本	日立RA2187BD型	2匹单冷窗式带抽	8200
日本	日立RA5180BD型	2匹单冷窗式带抽	8200
日本	日立RA-3180B型	2匹单冷窗式	7800
日本	日立RA5140BD型	1.5匹单冷窗式带抽	7000
日本	日立RPC-4型	4匹单冷	23000
日本	日立RP5HQ1型	5匹冷暖柜式分体	28000
日本	日立RAS-2203型	2匹单冷墙挂式	17500
日本	三洋SAD-K71B型	0.8匹单冷墙挂式分体	9800
日本	三洋83K3型	1匹单冷窗式	5430
日本	三洋SA122G型	1.5匹单冷窗式	6500
日本	声宝130D型	1.5匹单冷窗式	6500
美国	开利51CGA012903型	1.5匹单冷窗式	6500
美国	开利51CGA118903型	2匹单冷窗式	7200
美国	安达AC-155型	1.75匹单冷窗式	5760
美国	约克C2ED090型	10匹水冷柜式	27000
美国	约克C2EX240型	30匹水冷柜式	78000

　　1988年9月，为稳定市场物价，抑制通货膨胀，根据国家、省、市有关规定，市物委发文明确对空调器、洗衣机、黑白电视机、电冰箱、自行车、手表、缝纫机等23种（类）已经放开的商品价格，实行提价申报，如需提价，必须提前十天向当地物价部门申报，经明确表态后，方可实施。

　　为抑制通货膨胀，1988年10月6日，国务院决定，将空气调节器，即指窗式、柜式的制冷或制冷制热机，列入国家规定的29种专项控制商品目录，以控制单位集团购买、稳定市场物价。

　　随着市场物价总水平的走低，为促进商品经济发展，适当调整物价控制力度，根据省、市有关文件精神，1990年7月，市物委修订部分商品价格管理措施，决定对空调器等11种工业消费品不再实行提价申报制度。生产企业可按成本和市场供求情况确定价格，经营企业可以按照规定作价办法（差率）相应确定销售价格。当时苏州市场上主要销售的是价格较贵的进口空调器，以日本生产的居多，详见下表：

表3-274　1992年7月苏州空调器商店空调器价格行情表

单位：元/台

牌号	规格	批发价	零售价	结构
松下	700单冷0.56千瓦	4000	4400	窗式
三洋	125冷热1.1千瓦	5750	6320	窗式

牌号	规格	批发价	零售价	结构
三菱	5G冷热3.7千瓦	27000	28000	立柜分体
松下	5CJV11冷热3.7千瓦	24200	26000	立柜分体
日立	5HQ2冷热3.7千瓦	22600	24000	立柜分体
三菱	2242单冷0.74千瓦	6900	7600	分体挂壁
大金	FTY22冷热无线0.74千瓦	8600	9460	分体挂壁
松下	1800单冷（4500大卡）带管	11000	12100	分体挂壁
东芝	09P4单冷0.74千瓦	3950	4350	窗式
日立	3103B单冷0.74千瓦	3950	4350	窗式
三菱	3G6冷热2.3千瓦	23200	24500	立柜分体
东芝	1253冷热3.7千瓦	26000	27500	立柜分体
三菱	17DC冷热无线1.5千瓦	14000	15400	分体挂壁
松下	1200单冷无线1.1千瓦	10500	11900	分体挂壁

1993年以后，随着苏州市区居民生活水平的提高，居住环境的改善，价格相对低廉的国产家用空调器开始热销，逐步进入普通百姓的家庭。为保持空调市场价格的基本稳定，防止不合理上涨，苏州市物价部门对空调器价格实行行业管理，不定期地公布挂牌价格，作为市场最高销售价格，允许下浮，如需突破，需向市行业价格管理协会申报或备案，并要求各经销企业做好明码标价工作。

表3-275　1993年8月1日苏州市区国产、进口空调器挂牌价格表

单位：元/台

品名规格	统一挂牌价	品名规格	统一挂牌价	品名规格	统一挂牌价
春兰窗式机KC-16	2390	华宝LFD-12	19800	三菱MSH-12KC	14800
春兰窗式机KC-18	2890	华宝LF-12	19400	三菱MSH-17JC	16800
春兰窗式机KC-20	2990	华宝KFR-71LW	11300	松下CW-904	4650
春兰窗式机KCR-19	2950	华宝LF-6	9980	松下CW-1270FH	7000
春兰窗式机KCD-31A	3550	华宝KC-16	2690	松下CS-902	7800
春兰壁挂机KFR-20GW	5900	华宝KC-20	2990	松下CS-973KC	10300
春兰壁挂机KFR-32GW	6600	华宝KCR-19	3100	松下CS-970KC	10300
春兰柜式机KFD-17LW	11000	华宝KC-31	3350	松下CS-970	10300
春兰柜式机RF-14W	19980	汇丰KCT-22	2980	松下CS-1273FH	13800
华宝KF-27GW1	5720	汇丰KC-13A	1988	松下CS-1270FH	13800
华宝KF-27GW2	5900	三菱SRK-916	4800	松下CS-3BHV11	24000
华宝KFR-27GW1	6130	三菱MSH-09DC	11800	松下CS-5BHV11	27300
华宝KFR-27GWB1	6480	三菱MSH-12DC	14800	东芝RAC-09	4200
华宝KFR-27GWB2	6840	三菱MSH-17DC	16600	东芝RAV-713FH8	23200
华宝KF-35GWD1	6920	三菱PSH-3G6	25600	东芝RAV-1253FH8	27300
华宝KF-35GWD2	7070	三菱PSH-5G6	30000	东芝RAS-20BKR4（W）	6800
华宝KFR-35GWD1	7480	三菱FDC-253	8000	三洋SA-125GE	6200
华宝KFR-35GWD2	7640	三菱FDC-283	9800	三洋SA-165GE	6600
华宝KF-45GW1	8330	三菱FDC-304	24000	三洋SPW-R30EC	19000
华宝KFR-45GW1	9000	三菱FDC-504	28300	三洋SAP-122GH5	12600

品名规格	统一挂牌价	品名规格	统一挂牌价	品名规格	统一挂牌价
华宝KF-19GW×2	8370	三菱PSH-8YB-E	58500	三洋SAP-182GH5	13900
华宝RF-7.3W	13390	三菱PSH-10XB-E	69000	大金FTY35BCV1	12800
华宝RF-12W	23220	三菱PAH-20YB-E	132000	大金FB71BB1	14100
江南LFR12W	19990	三菱MSD-09KC（单冷）	10200	大金将军9AK	7000
江南LF12W	19600	三菱MSH-09KC	12000	日立P-5HQ2C	25200

　　1994年至1997年，苏州市场空调器价格总体水平为稳中趋升。以江苏省泰州产春兰牌冷暖挂壁空调器为代表品，据苏州市统计局统计，1994年上述品牌的空调器年平均价每台为3720元，与上年相比上升2.6%。据市物价局市场价格监测资料显示，1997年12月，春兰牌32GKWA挂壁空调器每台为4085元，较上月3923元上升4.12%。

表3-276　　1994年7月1日苏州市区国产、进口空调器挂牌价格表

单位：元/台

类别	名称	规格型号	挂牌价
国产空调器	春兰窗式机	KC-16	2390
	春兰窗式机	KC-18	2890
	春兰窗式机	KC-20	2990
	春兰壁挂机	KFR-20GW	6150
	春兰壁挂机	KFR-32GW	6850
	春兰柜式机	KFD-70LW	11500
	春兰柜式机	RF-14W	21000
	春兰柜式机	KC-31B	3650
	春兰柜式机	KCD-31B	3750
	春兰柜式机	LF-28	37800
	华宝	KF-27GW1	5720
	华宝	KF-27GW2	5900
	华宝	KFR-27GW1	6130
	华宝	KFR-27GW2	6320
	华宝	KFR-25GWB2	6840
	华宝	KF-35GWD1	6920
	华宝	KF-35GWD2	7070
	华宝	KFR-35GWD1	7480
	华宝	KFR-35GWD2	7640
	华宝	KF-45GW1	8330
	华宝	KFR-45GW2	9000
	华宝	KF-19GWX2	9350
	华宝	RF-7.3W	13390
	华宝	RF-12W	23220
	江南	LFR12W	19990
	江南	LF12W	19600
	江南	LFD-12	19800
	江南	LF-12	19400

类别	名称	规格型号	挂牌价
国产空调器	江南	KFR-71LW	12060
	江南	LF-6	9980
	江南	KC-16	2690
	江南	KC-20	2990
	江南	KCR-19	3100
	江南	KC-31	3350
	汇丰	KCT-22	2980
	汇丰	KC-13A	1988
	夏普	AH-25C1（平板）	5980
	夏普	AH-25C2（百叶窗）	5980
	夏普	AH-35C1（平板）	7980
	夏普	AH-35C2（百叶窗）	7980
	夏普	AY-25C4（百叶窗）	6880
	夏普	AY-25C1	6980
	夏普	AY-25C2	6980
	夏普	AY-35C1	8980
	夏普	AY-35C2	8980
	康吉尔（进口原装主机）	KC-16	2680
	康吉尔（进口原装主机）	KC-16A	2900
	康吉尔（进口原装主机）	KCD-20	3150
	康吉尔（进口原装主机）	KC-20	2980
	康吉尔（进口原装主机）	KCR-20A	3320
	康吉尔（进口原装主机）	KC-20C	3380
	康吉尔（进口原装主机）	KC-20J	3100
	康吉尔（进口原装主机）	KC-31	3500
	康吉尔（进口原装主机）	KCD-31	3700
	康吉尔（进口原装主机）	KF-25GW	5980
	康吉尔（进口原装主机）	RFD7.5W	12000
	康吉尔（进口原装主机）	RFD7.5WA	12500
	康吉尔（进口原装主机）	RFD12.8W	22000
进口空调器	三菱	SRK-916	3800
	三菱	MSH-09KC/LV	10500
	三菱	MSH-12KC/LV	12800
	三菱	MSH-17JC/LV	14800
	三菱	PSH-3G6	23000
	三菱	PSH-5G6	29000
	三菱	FDF-253	8200
	三菱	FDF-283	8800
	三菱	FDF-304	21800
	三菱	FDF-504	26000
	三菱	PSH-10XB-E	64000
	三菱	SRK-285	9200
	三菱	SRK-323	12000
	松下	CW-904	4200

第三章　轻工业品价格

类别	名称	规格型号	挂牌价
进口空调器	松下	GW-1270FH	6000
	松下	CS-903	7300（不带管）
	松下	CS-973KC	8800（不带管）
	松下	CS-970KC	8800（不带管）
	松下	CS-1273FF	10500（不带管）
	松下	CS-1270FH	10500（不带管）
	松下	CS-3BHV11	21000（不带管）
	松下	CS-5BHV11	24500（不带管）
	东芝	RAC-09	4000
	东芝	RAC-713FH8	20800
	东芝	RAC-1253FH8	25000
	三洋	SA-125GE	6000
	三洋	SA-165GE	6200
	三洋	SPW-R30EC	16800
	日立	RP-5HQ2C	23000
	日立	RAC-3101CH	7600
	日立	RAC-5101CH	8000

从1998年开始，苏州市场空调器价格完全放开，市场竞争激烈，价格呈稳中下降的走势，以春兰32GW挂壁空调为例，1999年8月，市场零售价每台为4160元，较上月4208元下降1.12%；2000年8月每台为3596元，与上年同期每台4160元相比下降13.56%；2001年8月每台为2958元，与上年同期相比价格下降17.74%。

表3-277　1998~2000年苏州市、常熟市家用空调器年平均价格表

单位：元/台

品名	地区	1998年	1999年	2000年
空调器（台）壁挂20kW	苏州市	4258.411	5475.000	3641.000
空调器（台）壁挂20kW	常熟市	4749.000	4581.667	4480.000

表3-278　2001年9月苏州市石路国际商城部分空调价格行情表

单位：元/台

品名型号	零售价	品名型号	零售价
海尔KFK-33GW/B空调	3680	海尔KFK-58LW/AF空调	6980
海尔KFK-35GW/BPF空调	5650	海尔KFK-52LW/5XF空调	7550
海尔KFK-35GW/BF空调	4380	海尔KFK-23GW空调	3230
海尔KFK-48LW/AF空调	6180	海尔KFK-25GW/F空调	3830

表3-279　2001年9月苏州泰华商厦部分空调价格行情表

单位：元/台

品牌	规格型号	产地	零售价	品牌	规格型号	产地	零售价
三星	APE1818	苏州	6950	伊莱克斯	KFR-45LW/B	杭州	5100
三星	APE1816	苏州	6750	伊莱克斯	KFR-50LW/B	杭州	6400
三星	APE2418	苏州	8650	伊莱克斯	KFR-60LW/B	杭州	6970
三星	APE2412	苏州	8400	美的	KFR-32BW/I1Y	顺德	3480
海信	KFR-2501GW	青岛	2850	美的	KFR-32GW/AY	顺德	3380
海信	KFR-2701GW/BP	青岛	4180	美的	KFR-36GW/AY	顺德	4080
海信	KFR-28GW/BP	青岛	3898	美的	KFR-35GW/F1Y	顺德	4230
海信	KFR-3501GW/BP	青岛	4980	美的	KFR-50LW/F2DY	顺德	5680
海信	KFR-3502GW/BP	青岛	5180	美的	KFR-50LW/L2DY	顺德	6280
海信	KFR-5001LW/BP	青岛	6498	美的	KFR-71LW/K2DY	顺德	6980
海信	KFR-5201LW/BP	青岛	6798	美的	KFR-50LW/MDY	顺德	6880
海信	KFR-5001LW/D	青岛	4950	格兰仕	KFR-25GW/A1-1	顺德	2480
海尔	KFR-23GW/B	青岛	3680	格兰仕	KFR-35GW/A1-1	顺德	2780
海尔	KFR-33GW/B	青岛	3980	格兰仕	KFR-51LW/	顺德	5350
海尔	KFR-35GW/CF	青岛	4123	格兰仕	KFR-75LW/S	顺德	7350
海尔	KFR-26GW/ABPF	青岛	5080	LG	LP-P2550HA	天津	8580
海尔	KFR-35GW/ABPF	青岛	5880	LG	LP-P2050HA	天津	8060
海尔	KFR-48LW/BF	青岛	6880	LG	LP-Q2651DA	天津	6960
海尔	KFR-58LW/AF	青岛	7280	LG	LS-1251HT	天津	3190
海尔	KFR-71LW/EF	青岛	9580	LG	LS-1254HG	天津	2950
海尔	KFR-51LW/NBPF	青岛	9280	春兰	KFR-22GW/E	泰州	2698
伊莱克斯	KFR-25GW/A	杭州	3160	春兰	KFR-27GW/C	泰州	2798
伊莱克斯	KFR-33GW/F	杭州	3560	—	—	—	—

表3-280　2002年7月苏州工业品商场部分空调价格行情表

单位：元/台

品名规格	产地	零售价	品名规格	产地	零售价
三星空调KFRD-60LW/VSB	苏州	7280	海尔空调KFRD-46LW/F	青岛	5580
三星空调KFRD-50LW/VSB	苏州	6350	海尔空调KFR-26GW/ABFP	青岛	4880
三星空调KFRD-50LW/LA	苏州	6750	LG空调LS-L1257HA	天津	3498
三星空调KFRD-65LW/LA	苏州	8400	波尔卡空调KFR-33GW	无锡	2280
三星空调KFRD-65LW/VDB	苏州	8350	波尔卡空调KFR-32GW/E	无锡	2600
三星空调APE2418	苏州	8650	日立空调KFR-25GW/K	上海	3350
三星空调KFRD-67LW/VDA	苏州	12888	日立空调KFR-36GW/BPB	上海	5240
美的空调KFR-50LW/MBPY	顺德	6580	科龙空调KFR-32GW/DF	顺德	3100
美的空调KFR-71LW/PY-R	顺德	7430	科龙空调KFR-50LW/MF	顺德	5500
海尔空调KFR-58LW/NBPJXF	青岛	9380	—	—	—

　　从2000年至2010年，家用空调器市场供应充裕，供大于求，价格大战频现，价格回升乏力，各种品牌、规格的空调器新品频频出现。为争夺市场份额，价格大战烽火四起。苏州市场同一型号的空调在不同商家差价最多可差上千元。比如2010年5月底苏州市场奥克斯KFR-

51LW型空调，石路五星店卖每台2998元，而在大润发何山店却要卖每台4229元，相差1231元。志高KFB-35GWMD型号的空调，石路国美店卖每台1680元，而欧尚超市则标价每台2350元，相差670元。市物价部门通过采集公布苏州市场空调价格，让广大消费者价比三家不吃亏，选购称心满意性价比高的空调。

表3-281　2010年3月17日苏州市主要空调价格采集公布表　表一

单位：元/台

品牌	型号（规格）	产地	观前		石路		大润发		家乐福（东环）	好又多（南门）
			苏宁	五星	苏宁	五星	苏福	东环		
格力	KFR-23GW/K	珠海	—	2198	—	2298	3798	2098	2098	—
	KFR-26GW/K	珠海	—	2888	—	2398	2248	2198	—	—
	KFR-32GW/K	珠海	—	3238	—	2748	2598	2548	—	—
	KFR-35GW/K	珠海	—	3488	—	3078	3898	3550	—	—
海尔	KFR-35GW/01CA	青岛	3599	3619	3599	—				
	KFR-26GW/01ZE	青岛	2799	2799	2799	3480				
	KFR-35GW/01ZE	青岛	2999	2999	2999	3740				
	KFR-50LW/02D	青岛	7049	7049	7049		3599			
	KFR-72GW/02D	青岛	9349	9349	9349	—				
	KFR-50LW/02R	青岛	6099	6889		7500				
	KFR-72GW/02R	青岛	7199	8389		8989				
美的	KFR-26GW/BP2DY	顺德	2880	2880	2680	2880	3280	2680	2980	2580
	KFR-32GW/BP2DY（H4）	顺德	3180	3180	3180	3180	3680	3280	—	2780
	KFR-35GW/BP2DY（H4）	顺德	3280	3280	3280	3280	3780	3780	—	2980
	KFR-35GW/BP3DY（F3）	顺德	4580	4580	4580	5080	—	—	—	—
	KFR-35GW/BP2DY（E）	顺德	3580	3580	3580	3580	3590	3480	3580	—
	KFR-51LW/BP2DY（H4）	顺德	6280	6280	6280	6280	—	—	—	—
	KFR-72LW/BP2DY（H4）	顺德	7580	7580	7580	7580	—	8380	—	—
	KFR-51LW/DY-P（E2）	顺德	6450	6450	6450	7500	—	5680	—	—
	KFR-72LW/DY-P（E2）	顺德	7950	7950	7954	9900	—	6980	—	—
志高	KFR-32GWMD+1	佛山	—	—	—	2280	1799	1799		
	KFR-35GWMD+1	佛山	3780	3280	—	2380	1879	1878		
	KFR-32GWMD+2	佛山	—	—	—	—	—	2059		
	KFR-35GWMD+2	佛山	3990	5300	—	3980	—	2799		
	KFR-51LW/B	佛山	6580	6350	5580	6580	3399	3399		
	KFR-72LW	佛山	—	7700	4630	—	—	4499	—	—
奥克斯	KFR-23GW/SA1-1	宁波	2098	2798	1998	2098	1499	—		
	KFR-32GW/SA1-1	宁波	2198	3498	2398	2398	—	—		
	KFR-35GW/SA1-1	宁波	2398	3698	2598	2598	—	—		
	KFR-26GW/BPSF-3	宁波	2498	—	2598	2498				
	KFR-35GW/BPSF-3	宁波	2998	—	2798	2898				
	KFR-35GW/BPSV-3	宁波	3398	4398	3398	3398				
	KFR-51LW/N2	宁波	4198	5280	4198	—				
三菱电机	MSH-FD12VA	上海	5800	3648	3648	3648	—	3665		
	MSZ-ZD09VA	上海	5900	—	5600	—	—	—		
	MSZ-SYE12VA	上海	5800	5830	5800	6180	—	—		

品牌	型号（规格）	产地	观前		石路		大润发		家乐福（东环）	好又多（南门）
			苏宁	五星	苏宁	五星	苏福	东环		
三菱电机	MFH–GC50VCH	上海	—	—	6800	7580	—	—	—	—
	MFH–GC60VCH	上海	—	—	8500	9580	8500	—	—	—
	MFH–GC70VCH	上海	—	—	10800	11860	10800	10880	—	—
	MUZ–SXD72VA	上海	—	15800	13300	—	—	—	—	—
大金	FTXP25JV2CP	上海	4350	4350	4350	4500	—	—	—	—
	FTXP32JV2（CP\CN\CW）	上海	4550	4550	4550	4700	—	—	—	—
	FTXP35JV2（CP\CN\CW）	上海	4950	4950	4950	5100	—	—	—	—
	FTXP32HV2（CP\CN\CW）	上海		4550	4350		—	—	—	—
	FTXP35HV2（CP\CN\CW）	上海		4950	4950		—	—	—	—
	FVXS60GV2CN	上海	—	11600	10400		—	—	—	—
	FVXS72GV2CN	上海	11400	12800	11400	12600	—	—	—	—

2010年3月17日苏州市主要空调价格采集公布表　表二

单位：元/台

品牌	型号（规格）	产地	华润万家		欧尚	新区乐购	泰华商城	国际商城	人民商场
			金枫	苏美					
格力	KFR–23GW/K	珠海	1958	1958	2198	2098	—	1950	2098
	KFR–26GW/K	珠海	2048	2048	2298	2168	3208	2100	2888
	KFR–32GW/K	珠海	2378	2378	2480	2548	3298	2400	3238
	KFR–35GW/K	珠海	2608	2608	2680	2768	3878	2650	3488
海尔	KFR–35GW/01CA	青岛	—	—	—	—	—	—	4180
	KFR–26GW/01ZE	青岛	—	—	—	—	—	—	—
	KFR–35GW/01ZE	青岛	—	—	—	—	—	—	2899
	KFR–50LW/02D	青岛	—	—	—	—	—	—	9899
	KFR–72GW/02D	青岛	—	—	—	—	—	—	11999
	KFR–50LW/02R	青岛	—	—	—	—	—	—	—
	KFR–72GW/02R	青岛	—	—	—	—	—	—	7299
美的	KFR–26GW/BP2DY	顺德	—	—	2880		3380	2780	2780
	KFR–32GW/BP2DY（H4）	顺德	—	—	3180		3680	3180	3180
	KFR–35GW/BP2DY（H4）	顺德	—	—	3280		3780	3280	3280
	KFR–35GW/BP3DY（F3）	顺德	—	—	4580		5080		4580
	KFR–35GW/BP2DY（E）	顺德	—	—	3780		4080	—	3580
	KFR–51LW/BP2DY（H4）	顺德	—	—	6280		7880	6280	6280
	KFR–72LW/BP2DY（H4）	顺德	—	—	7580		8880	7580	7580
	KFR–51LW/DY–P（E2）	顺德	—	—			6900	6450	6450
	KFR–72LW/DY–P（E2）	顺德	—	—	7650		8600	7950	7950
志高	KFR–32GWMD+1	佛山	—	—	—	—	—	—	—
	KFR–35GWMD+1	佛山	—	—	2150	—	—	—	—
	KFR–32GWMD+2	佛山	—	—	—	—	—	—	—
	KFR–35GWMD+2	佛山	—	—	—	—	—	—	—
	KFR–51LW/B	佛山	—	—	3579	—	—	—	—
	KFR–72LW	佛山	—	—	—	—	—	—	—

续表

品牌	型号（规格）	产地	华润万家		欧尚	新区乐购	泰华商城	国际商城	人民商场
			金枫	苏美					
奥克斯	KFR-23GW/SA1-1	宁波	—	—	—	—	2190	—	2398
	KFR-32GW/SA1-1	宁波	—	—	1997	—	2390	1700	2798
	KFR-35GW/SA1-1	宁波	—	—	2097	—	2700	1900	2998
	KFR-26GW/BPSF-3	宁波	—	—	—	—	2600	1999	3798
	KFR-35GW/BPSF-3	宁波	—	—	—	—	3150	2399	4598
	KFR-35GW/BPSV-3	宁波	—	—	—	—	—	2698	5198
	KFR-51LW/N2	宁波	—	—	3498	—	4850	2898	4998
三菱电机	MSH-FD12VA	上海	—	—	3298	—	3998	3648	3648
	MSZ-ZD09VA	上海	—	—	5600	—	—	—	—
	MSZ-SYE12VA	上海	—	—	—	—	6780	5800	5800
	MFH-GC50VCH	上海	—	—	7000	—	7380	—	6800
	MFH-GC60VCH	上海	—	—	8700	—	9180	—	8500
	MFH-GC70VCH	上海	—	—	13500	—	11680	—	10800
	MUZ-SXD72VA	上海	—	—	—	—	14880	13500	13500
大金	FTXP25JV2CP	上海	—	—	—	—	4880	—	4350
	FTXP32JV2（CP\CN\CW）	上海	—	—	—	—	5080	—	4550
	FTXP35JV2（CP\CN\CW）	上海	—	—	—	—	—	—	—
	FTXP32HV2（CP\CN\CW）	上海	—	—	—	—	5080	4550	4550
	FTXP35HV2（CP\CN\CW）	上海	—	—	—	—	5600	—	—
	FVXS60GV2CN	上海	—	—	—	—	11400	10300	10300
	FVXS72GV2CN	上海	—	—	—	—	12600	11400	11400

表3-282　2010年5月26日苏州市部分空调价格采集公布表　表一

单位：元/台

品牌	型号（规格）	产地	观前			石路			人民商场	泰华商城
			苏宁	五星	国美	苏宁	五星	国美		
格力	KFR-23GW	珠海	—	2298	1900	—	2298	1898	—	—
	KFR-26GW	珠海	—	2400	2180	—	2398	2168	2968	—
	KFR-32GW	珠海	—	2748	2598	—	2748	2598	3358	3448
	KFR-35GW	珠海	—	2998	2868	—	2998	2998	3638	3598
海尔	KFR-35GW/01cA	青岛	3599	3599	3599	3599	3599	3599	3699	—
	KFR-26GW/01ZE	青岛	2799	2799	2799	2799	2799	2799	—	—
	KFR-35GW/01ZE	青岛	2999	2999	2999	2999	2999	2999	2999	2400
	KFR-50LW/02D	青岛	—	7499	7049	7999	—	6099	—	—
	KFR-50LW/02R	青岛	6099	6889	6889	—	—	7199	6499	—
	KFR-72GW/02R	青岛	8389	8389	8389	9699	—	—	7880	—
美的	KFR-26GW/BP2DY	顺德	2480	2880	2780	2780	2780	2780	—	—
	KFR-32GW/BP2DY	顺德	2880	3280	3180	3180	3180	3180	3180	—
	KFR-35GW/BP2DY	顺德	2980	3280	3280	3280	3280	3280	3280	3280
	KFR-35GW/BP3DY	顺德	3599	4580	4380	3480	3980	4580	4580	4580
	KFR-35GW/BP2DY	顺德	3220	3580	3580	3580	3580	3580	3580	3580
	KFR-51LW/BP2DY	顺德	6280	6280	6260	6280	6280	6280	6280	6280

品牌	型号（规格）	产地	观前			石路			人民商场	泰华商城
			苏宁	五星	国美	苏宁	五星	国美		
美的	KFR-72LW/BP2DY	顺德	7580	7580	7580	7580	7580	7580	7380	7580
	KFR-51LW/DY-P	顺德	—	6480	6450	6450	6450	6450	—	6400
	KFR-72LW/DY-P	顺德	7950	7950	7950	7950	7950	7950	7950	7450
志高	KFR-32GWMD	佛山	1880	1880	—	—	1780	1580	—	—
	KFR-35GWMD	佛山	1980	1980	—	—	1880	1680	—	—
	KFR-51LW	佛山	3280	3280	3280		3180	—	—	—
	KFR-72LW	佛山	4630	4630	4630	4630	4430	—	—	—
奥克斯	KFR-23GW/SA1	宁波	2098	—	1498	1698	1198	1998	2398	—
	KFR-32GW/SA1	宁波	2398	1898	2398	1898	1798	2398	2798	—
	KFR-35GW/SA1	宁波	2598	2098	2598	2098	1950	3398	2998	—
	KFR-26GW/BPSF	宁波	2598	2498	2598	2698	1950	2898	—	2300
	KFR-35GW/BPSF	宁波	2998	2898	2898	3198	2450	3398	—	2550
	KFR-35GW/BPSV	宁波	3398	3198	3098	2898	2900		—	—
	KFR-51LW	宁波	4198	—		3098	2998	—		2999
三菱电机	MSH-FD12VA	上海	3648	3648	—	3648	3648	3648	3648	3648
	MSZ-SYE12VA	上海	5800	5800	5800	4900	5700	5800	5800	5800
	MFH-GC50VCH	上海	6800	—		6800	6800	6800	—	—
	MFH-GC60VCH	上海	8500	8800	—	7500	8500	8500	—	—
	MFH-GC70VCH	上海	10800	—		—	10600	10800	—	—
	MUZ-SXD72VA	上海	12500	13700	—	13500	13800	13300	—	13300
大金	FTXP25JV2CP	上海	4350	4350	—	4350	4220	4000	—	4350
	FTXP32JV2（CP\CN\CW）	上海	4550	4550	4450	4550	4420	4000	—	4550
	FTXP35JV2（CP\CN\CW）	上海	4950	4950	4800	4950	4800	4300	—	4550
	FTXP32HV2（CP\CN\CW）	上海	4550	4200	—	4550	—	4300	4550	4500
	FTXP35HV2（CP\CN\CW）	上海	4950	4600	4200	4950	—	4300		
	FVXS60GV2CN	上海	11650	10300	11400	10300	10000	9500	10300	10300
	FVXS72GV2CN	上海	11650	11400	11200	11400	11050	11450	11400	11400

2010年5月26日苏州市部分空调价格采集公布表　表二

单位：元/台

品牌	型号（规格）	产地	国际商城	大润发			家乐福（东环）	沃尔玛	欧尚
				苏福	何山	东环			
格力	KFR-23GW	珠海	1990	—	2038	—	—	1968	1850
	KFR-26GW	珠海	2080	—	—	—	—	—	2080
	KFR-32GW	珠海	2450	—	—	—	—	2498	2570
	KFR-35GW	珠海	2660	—	—	—	—	2598	2450
海尔	KFR-35GW/01cA	青岛	—						
	KFR-26GW/01ZE	青岛	—						
海尔	KFR-35GW/01ZE	青岛	—	—	2369	—	—	—	—
	KFR-50LW/02D	青岛							
	KFR-50LW/02R	青岛							
	KFR-72GW/02R	青岛							
美的	KFR-26GW/BP2DY	顺德	2480	2480			—	—	2480

品牌	型号（规格）	产地	国际商城	大润发			家乐福（东环）	沃尔玛	欧尚
				苏福	何山	东环			
美的	KFR-32GW/BP2DY	顺德	2880	2880	3780	3180	—	—	2880
	KFR-35GW/BP2DY	顺德	2980	2980	3180	3280	—	—	2980
	KFR-35GW/BP3DY	顺德	4580	—	—	4580	4580	—	4580
	KFR-35GW/BP2DY	顺德	3220	—	—	3580	—	—	3220
	KFR-51LW/BP2DY	顺德	6280	—	—	—	—	—	6280
	KFR-72LW/BP2DY	顺德	7580	—	7300	—	—	—	7580
	KFR-51LW/DY-P	顺德	6450	—	—	—	6450	—	6450
	KFR-72LW/DY-P	顺德	7950	—	—	—	7950	—	—
志高	KFR-32GWMD	佛山	—	1799	1799	—	—	—	—
	KFR-35GWMD	佛山	1780	1878	1878	—	—	—	2350
	KFR-51LW	佛山	3100	—	3399	3399	—	—	—
	KFR-72LW	佛山	4500	—	—	4499	—	—	—
奥克斯	KFR-23GW/SA1	宁波	—	—	—	1489	—	—	2098
	KFR-32GW/SA1	宁波	1898	—	—	—	—	—	2199
	KFR-35GW/SA1	宁波	1998	—	2199	—	—	—	—
	KFR-26GW/BPSF	宁波	—	—	—	—	—	—	—
	KFR-35GW/BPSF	宁波	2680	—	—	—	—	—	—
	KFR-35GW/BPSV	宁波	3100	—	—	—	—	—	—
	KFR-51LW	宁波	3250	—	4229	3289	3498	—	—
三菱电机	MSH-FD12VA	上海	—	—	—	—	—	—	—
	MSZ-SYE12VA	上海	5800	—	—	5800	—	—	—
	MFH-GC50VCH	上海	—	—	—	—	—	—	—
	MFH-GC60VCH	上海	—	—	—	—	—	—	—
	MFH-GC70VCH	上海	—	—	—	—	—	—	—
	MUZ-SXD72VA	上海	13300	—	—	—	—	—	—
大金	FTXP25JV2CP	上海	—	—	—	—	—	—	—
	FTXP32JV2（CP\CN\CW）	上海	—	—	—	—	—	—	—
	FTXP35JV2（CP\CN\CW）	上海	—	—	—	—	—	—	—
	FTXP32HV2（CP\CN\CW）	上海	—	—	—	—	—	—	—
	FTXP35HV2（CP\CN\CW）	上海	—	—	—	—	—	—	4968
	FVXS60GV2CN	上海	10300	—	—	—	—	—	—
	FVXS72GV2CN	上海	11400	—	—	—	—	—	—

第五节　药品价格

一、沿革

苏州的中药产销历史悠久。据记载，可追溯到三国时期，至宋代，苏州已出现药市和饮片、丸散专业生产的店号。明清时期，在吴门医派的推动下，苏州形成一批以特色见长的前店后坊大药铺，如创始于雍正十二年（1734）的雷允上涌芬堂，乾隆二十四年（1759）开业的沐泰山堂药铺。乾隆、嘉庆年间，雷允上涌芬堂和沐泰山药铺资产均达纹银数百万两之巨，营业发达，名声日著。道光年间，中药行业为适应自身发展，改组药王庙行会组织，经营零售业务自制自销的药铺，另建太和公所，祖传成方小肆亦依附在内；供应药铺制药原料的药材批发行业自建药业公所，参燕行业设立人参会馆。中药价格由业者自定，或由同业公会议定。同治年间，雷允上涌芬堂开发出用于外症和咽喉炎症的六神丸新品种，颗粒细小，为全国首创，不数年间行销全国。民国元年（1912），苏州已有药铺55户，祖传成方小肆14户，并已形成雷允上涌芬堂、沐泰山堂、良利堂、王鸿翥堂四大名药铺。据民国10年（1921）太和公所资料统计，当年54户药铺申报的总营业额达50.53万元，其中雷允上涌芬堂列首位，仅六神丸一项的销售额即达3.5万元，民国20年（1931）六神丸年销量约为50万瓶。日军侵占苏州时，药铺遭受严重损失，损失为15.87万余元，劫余资金仅及战前4/10，后坊设备大都被毁。日伪统治期间，因交通阻塞、邮路中断等原因，导致药源匮乏，药价暴涨，药铺营业萎缩。抗战胜利后，物价和交通阻塞等情况未有多大改变，苏州各药铺在职工会支持下，勉力维持。

民国时期，尽管政府当局歧视中国传统医药业，但广大人民求医用药仍以中医药为主。雷允上涌芬堂和沐泰山堂等大型药铺前店后坊已具有相当规模。苏州中药业这种工商合一、手工操作、前店后坊、自制自销形成的药铺，一直保持到苏州解放后1956年对私改造时才告结束。

苏州西药（化学药品）经营始于清末，生产则始于民国初年。清末鸦片战争前后至民国期间，苏州市场供应的西药基本是舶来品，货源主要依赖上海码头，经营者虽多，但都是中小店，量小价高。民国14年（1925），西药同业建临时性组织，称"西药公会"。民国21年（1932），国民政府颁布取消中医中药政令，促进了西药的推广和发展。日军侵占苏州期间，西药被列为战略物资，控制甚严，只允许日商经销日本药品。西药奇货可居，厚利可图，到上海跑单帮者很多，经营者猛增。民国32年（1943）建"新药业同业公会"。抗战胜利后，进口美国药品充斥市场，外国洋行及不法商人直接操纵市场和价格，致西药价格高得惊人，一些药品多以黄金计价。如民国37年（1948），在江苏中等城市市场上，青霉素钾盐针剂20万U每瓶折黄金8钱多，链霉素针剂100万U每瓶折黄金2.45钱。当时民间流传着这样一句民谣："黄金有价药无价。"

二、药价国家统制

苏州解放后，1949年9月，西药业改组新药业同业公会，建新药业同业联营处，开展统一进货，统一零售价和扶助中、小同业，清理销毁伪劣药品等活动。当时全省和苏州市的西药价格尚没有专门机构管理,主要根据市场供求状况,由购销双方协商制定。由于帝国主义封锁,资源稀少,朝鲜战争爆发,西药更是物以稀为贵,价格波动很大。如20万青霉素针,1950年初南京市场每瓶零售价格为1.28万元(旧人民币,下同),4个月后就猛涨到每瓶3.30万元。1951~1952年,苏南、苏北、南京调整了税率,开征所得税,控制投机商的非法利润,加强了市场管理,使西药价格得到平抑。

1953年,全省贯彻执行《中国医药公司物价工作方案》,1954年苏州国营土产公司设药材批发部;国营苏州药房成立,建药品批发组,批零兼营。1955年省医药公司、省药材公司先后成立,苏州也于1955年6月先后成立国营医药公司和药材公司,中、西药收购、调拨、批发业务从此由专业公司经营。医药价格开始进入国家管理的轨道。同时逐步对私营药房和药铺进行改造,至1956年苏州全市中药行业和西药行业分别归口药材公司和医药公司,实行全行业的公私合营,形成了"站(二级)、批(三级)、零(零售)"计划经营体制,全市医药价格走上了统一管理的轨道。

苏州市药材公司和医药公司的主要职责之一是:贯彻执行国家和省的统一定价,严格执行省规定的各项差率。例如:20世纪50年代按省当时规定,西药出厂价格执行国家规定的价格,商业产地(或口岸地)批发价,一般按实际进价(工业出厂价、外资拨交价)加一定的差率计算;商业内部调拨按批发价倒扣作价,销地批发价在产地批发价的基础上加地区差价制定;零售价格在批发价的基础上加批零差率。对地区差价的掌握和计算采用商品分类和市场分类分别加不同地区差率的办法。省规定:南京、苏州、无锡、常州、镇江、扬州等地为二类市场,其他地区为三类市场。因药品对人民生活关系重大,公司基本能控制全部批发业务的药品,如青霉素、链霉素等为一类商品;公司经营量大的主要商品、原料药品,如磺硫胺等为二类商品;公司经营量小的一般原料药品为三类商品。在实际执行过程中,大中城市之间地区差率一般为3%~5%,批零差率一般为10%~18%,调拨扣率一般为8%~10%。

1955年按省药材公司颁布的物价工作制度实施细则,苏州中药材也形成收购、调拨、批发及零售计划经营体制,地产的六神丸、牛黄解毒丸、行军散等重要中成药价格也由省统一制定,对同一产地的中成药,执行全国统一销售价格,并采取缩小地区差价和批零差价、降低成本利润率、分别不同情况规定批零差率等措施稳定市场药价。重要饮片:一般品种为60%~80%,供不应求、损耗较大的品种为100%~150%,名贵、冷背药材为200%。中成药:一般品种为25%左右,其他品种最高限为35%,最低限为12%。

从20世纪50年代中期至80年代末期,药品价格实行严格的计划经济管理模式。这个时期,药品生产企业少,流通渠道比较单一,流通领域为三级批发,一级零售。国家对绝大部分药品价格从出厂、批发和零售这三个环节进行严格控制,这一阶段的药品价格基本稳定。例如:1963年,全省统一调整了西药的批零差率,分类规定批零差率在12%~18%不等。1966年9月,根据商业部、全国物价委员会的统一部署,省对275个品种797个规格的西药实行全国统一价格。1969年江苏西药全面实行全国统一出厂、销售价格,共有2000余个品种规格。出厂价格根据定额生产费用,含量差价和利税率制定,销售价格按出厂价格顺加14%进销差率制定。而从1965年始,省对下乡中成药按薄利多销的原则制定价格。规定出厂利润不超过3%,批发利润不超过1%,零售利润不超过2%,并一律按商业牌价明码标价,实价销售。"文化大革命"期间，全省中药价格调整了两次，一次是1969年底降低中药价格，另一次是1970年6月降低中成药价格，重点是加强中药价格的统一管理，稳定总水平，缩小城乡差价，巩固和发展合作医疗事业，对"农村合作医疗单位"供应药材、中成药，一律按批发价执行。

三、药价分级管理

1979年至1996年这一时期，江苏省有计划、有步骤地进行药品价格形成机制和管理体制的改革。价格管理体制由高度集中向中央、省、市分级管理过渡；在价格形成机制上由政府全面定价向政府主要管理少数列入公费医疗目录治疗性药品，多数药品价格由市场形成过渡。

1984年6月，省物价局、省医药总公司放开50种医药小商品价格，企业开始有了一定的定价权。同月国家修订下达分级管理目录，国家管理的化学药品由1900多种减少至371种；1986年再次调整管理目录，国家管理的化学药品由371种减少至67种，省管品种减少至122种，其余品种下放各市，由各市医药和有关生产企业共同管理。

中药价格也逐步放宽价格限制，1980年，中成药省只管理包括六神丸在内的32种。1985年，省只管理麝香、甘草、杜仲、厚朴四种野生名贵中药材价格，其余品种包括省管的中成药价格，也全部下放给市、县管理。苏州市从1985年5月25日起，对中药价格管理作了重大改革，市医药公司对经营的900多种中药材价格，除了34个品种由市以上管理外，其余全部放给市、县二级经营单位管理。这项改革采取"放两头，稳中间"的办法，即把收购价格和调拨价格放开，价格基本实行随行就市，以适应市场供求变化，批零价格则要求在一定时间内保持稳定，一般半年平衡调整一次，以避免价格放开后市场零售价出现频繁变化和大起大落现象。价格放开后，少数长期紧缺的中药材，如白术、甲片、大海等品种价格有较大幅度的提高，但通过价格改革会使中药市场供应发生变化，使以前经常出现配药难状况得到改善，对满足人民群众的用药需要产生积极的作用。

1986年，省允许对中药材收购价格实行国家指导价和议价两种价格，中药材价格开始由购销双方协商定价。

表3-283　1950~1987年主要年份江苏省西药品种零售价格水平表

单位：元

项目	1950年	1952年	1955年	1958年	1959年	1961年	1966年	1969年	1980年	1987年
青霉素钾盐针 20万U（瓶）	1.42	—	0.815	0.75	—	—	0.26	0.14	0.14	0.21
四环素片 20万U×100片（瓶）	—	—	—	—	—	75.00	12.00	5.00	3.50	4.15
土霉素片 20万U×100片（瓶）	—	—	—	—	123.00	—	8.00	3.50	3.50	3.10
氯霉素片 0.25×100片（瓶）	31.40	—	75.00	75.00	—	—	13.00	6.00	5.50	5.00
维生素C片 50毫克×100片（瓶）	1.21	—	—	0.85	—	—	0.60	0.60	0.60	0.65
淡鱼肝油AD丸 100粒（瓶）	3.19	—	1.17	0.68	—	—	0.85	0.75	0.53	0.53
异烟肼片 0.05×100片（瓶）	—	3.39	2.07	1.43	—	—	0.75	0.50	0.50	0.50

续表

项目	1950年	1952年	1955年	1958年	1959年	1961年	1966年	1969年	1980年	1987年
人用注射器 2毫升（支）	—	—	0.94	1.20	—	—	0.81	0.67	0.67	0.82
体温表 口腔纸管（支）	—	—	—	1.17	—	—	0.71	0.71	0.71	0.90

注：资料来源于《江苏省价格志（1995）》。上述采用的西药价格为二类市场价格，按省规定，南京、苏州、无锡、常州等地均为二类市场。

随着经济的快速发展和价格市场化进程的不断加快，对药品价格的管制也逐步放松。苏州市药品价格管理体制也从全部由省以上政府管理，转变为统一领导，中央、省、市和企业分级管理的模式。这项改革使不合理的药品价格得到比较及时的调整，药品价格与价值进一步贴近，大大地调动了生产经营者的积极性，促进了医药经济的发展。改革开放初期，苏州药品市场购销渠道扩大，药品药材市场活跃，外地成药新品种不断涌入本地市场，药品收购由计划经济时代"以产定销"转为"以需定购"，苏州医药系统实行产、供、销一体经营。1980年，市医药工业和商业合为一个公司，药品收购额增至4620万元，调拨额4722万元。1982年，医药站与苏州市、县16家制药厂建立购销业务，经营289个品种规格。1983年，收购额6913万元，调拨额6408万元。

苏州中药材历来主要靠外地调入，调入比重占总购进的70%～80%，20世纪70年代调入量为400万～500万元；80年代，随着市场滋补药品热销，调入量为600万～700万元。从1980年5月始，中药站计划调拨改为调剂性自由贸易后，中药材行业全国性、地区性订货会、交流会、协调会等成为购销药材的主渠道，药材价格也逐步走向市场。中药材价格也随种植成本和市场供求情况而上下变动，由供需双方协商议定。

到了1992年，价格改革进入全新阶段，同年10月省颁布的价格管理目录明确，省管理的西药品种（原料、制剂）只有20种、医疗器械4种、中药材151种、中成药9种；下放到市、县管理的西药品种也只有14种。绝大多数药品价格由市场调节，极大地促进了中国医药生产经营企业数量的迅速增加，中外合资企业，外商独资企业生产（包括进口药品）的拥有物质专利或曾经拥有物质专利的药品不断增多。苏州在外向带动战略的引导下，20世纪90年代中期开始，生物医药产业成为苏州市现代工业体系的支柱产业之一。这类药品技术含量高、疗效好、市场实际销售价格较高，也带动了国内仿制药品价格的上扬。

进入20世纪90年代以后，随着国内药品生产经营企业数量的迅速增多，药品生产流通领域出现了严重的低水平重复建设现象。低水平重复建设使得药品生产流通领域的竞争变得异常激烈，引发了医药购销领域许多不正之风。由于"医药合一"体制和药品被动消费的特点，以及不少普通药品生产严重供大于求的现状，造成生产、批发环节过度竞争，而销售环节垄断，药品差价率和折扣率越来越大，以致药价畸高，价格秩序严重混乱，社会和群众反映强烈。

表3-284　苏州市区市场零售中药1994年、1995年价格对比表

类别及名称	产地牌号规格等级	计量单位	平均价格（元）		涨幅（%）
			1994年1月	1995年1月	
中药	—	—	—	—	1.9
甘草	新疆蜜炙一级统货	千克	9.500	9.500	—
银花	山东一级统货	千克	94.000	94.000	—
菊花	本省一级	千克	59.000	32.000	-45.8
陈皮	苏州一级	千克	3.000	3.000	—
黄连	四川雅莲一级	千克	67.000	67.000	—
党参	甘肃炒片一级	千克	46.000	37.000	-19.6
当归	甘肃混等	千克	20.000	18.000	-10.0
黄芪	甘肃蜜炙一级	千克	17.000	17.000	—
牛黄解毒片	广西12片小瓶	瓶	0.430	0.458	6.5
银翘解毒丸	广西12片	盒	0.800	0.917	14.6
板蓝根冲剂	广西15克×10	盒	3.200	4.000	25.0
藿香正气丸	苏州十支	盒	0.817	0.875	7.1
滋补药品	香港一洲洋参丸12粒	盒	11.500	13.000	13.0

表3-285　苏州市区市场零售西药1994年、1995年价格对比表

类别及名称	产地牌号规格等级	计量单位	平均价格（元）		涨幅（%）
			1994年1月	1995年1月	
西药	—	—	—	—	10.1
胃药	西安吗丁啉	袋	13.100	16.750	27.9
感冒药	扬州感冒通	袋	2.100	2.400	14.3
抗菌药针剂	青霉素80万单位	支	0.440	0.510	15.9
抗菌药片剂	苏州氟哌酸康尔牌	片	0.165	0.168	1.8
止泻药	四川黄连素	片	0.077	0.077	—
外用药	四川洁尔阴	瓶	13.400	13.400	—
心血管病用药	无锡心痛定	片	0.026	0.026	—

表3-286　苏州市区市场零售医疗用品1994年、1995年价格对比表

类别及名称	产地牌号规格等级	计量单位	平均价格（元）		涨幅（%）
			1994年1月	1995年1月	
医疗用品	—	—	—	—	44.4
体温计	上海口腔	支	1.500	2.200	46.7
医用胶布	常州13×1000小盒	盒	1.100	2.300	109.1
保健用品	福建场效应治疗仪YF-T01A	个	126.000	141.000	11.9
注射器	上海KF5CC一次性用	支	0.800	0.800	—
血压计	上海兔牌XK2400-001	支	91.300	98.100	7.4

四、整顿药价

鉴于上述情况，1996年国家计委开始着手整顿药价秩序，加强管理，重新颁布了中管药品目录，扩大了中管的范围。江苏省也于1997年、2002年和2006年先后修订了省管药品目录，增强了药品价格管理力度。尽管如此，按药品数量来说，属于国家和省管理的药品仍只

占全部药品的40%左右，其余60%都属于市场调节价范围。在物价部门停止对市场调节价药品备案后，部分药品出现了涨价势头。这些药品虽然销售额不大，但由于数量众多，覆盖面广，特别是某些工艺、剂型、规格垄断的药品价格更为突出。为解决这个群众反映较大的问题，从1996年开始，在认真贯彻国家、省多次降低政府定价药品价格的同时，苏州市物价局积极探索，对列入市场调节价格范围的药品组织同行业议价，以规范价格行为，遏制药价过快上涨为目标，指导、依托药品行业价格组织，实行间接调控管理，努力降低市场零售药品价格总水平。这项工作大体经历了以下四个阶段：

1. 药品零售平衡作价办法

为了加强和改善对药价的管理，使药品零售价格能真实地反映实际出厂价格的变化情况，降低过高的零售价格，从1997年开始，苏州市成立了由市物价局、市医药管理局、医药采供站、药材采供站二级、三级批发单位为成员的苏州市医药价格管理办公室，会同苏州市行业价格管理协会医药行业管理组，对除国家、省管理的药品价格外的，列入《苏州市职工医疗保险药品报销范围》的药品，实行了零售环节平衡作价办法。平衡药品零售价格原则上以药品实际进货价为基础顺加不超过15%的批零差率，制定当地市场零售价。药品实际进货价格的测算主要掌握三条原则：以有代表性生产企业生产的药品为基础；适当安排品牌质量差价；注意与周边地区同品种同规格药品价格的衔接。其操作顺序为：先由苏州市药品零售价格行业平衡协调成员单位提出药品零售价格的平衡意见，而后由苏州市医药价格管理办公室会同苏州市行业价格管理协会组织在全市综合平衡后实施，并通过"苏州价格信息"和"药品价格通知单"的形式向社会公布。通过药品零售环节实施平衡作价，增强了药品价格的管理力度，规范了当时严重混乱的市场价格秩序，有效地控制了愈演愈烈的药品折扣现象。苏州市的这个做法，得到省物价局的肯定，并在全省推广，在当时的历史条件下取得了较好的社会效果。

2. 药品开展行业议价

随着市级物价部门药品定价权限的限制和市场价格改革的深化，对市场调节价药品，物价部门的行政干预已不符合价格法规。2003年苏州市价格学会和苏州市行业价格管理协会二会合并，更名为苏州市价格协会。在原医药行业价格管理组的基础上，同年7月组建了市价格协会药品行业分会，以行业价格管理作为抓手，对市场调节价药品引导和加强价格自律，充分发挥行业组织的作用。目前苏州市药品行业协会会员单位已达100多家，覆盖了全市主要的医疗单位及药品生产、经营、流通企业。从而有效地影响和引导了全市药品价格走向规范有序。

在组织药品同行业议价的过程中，坚持以规范价格行为、遏制药品价格过快上涨为主要目标，运用间接管理手段，对药品零售价格水平进行积极引导，采取自愿原则，不强制备案，不作药品进入本地市场的前置条件，不接受生产企业直接报价。行业议价局限在行业会员单位内部，只接受行业单位的价格申报，由会员共同协商，在会员单位范围内公布行业参考价格，供会员单位在定价时参考自律。行业参考价格的制定公布采取民主协商的原则，定价依据主要有三个：参照、比价、评审。参照：不同生产企业生产的同剂型同规格的同种药品，定价主要是参照江苏省和苏州市、邻近地区的现行价格水平。比价：同一通用名下的不同剂型和规格，按国家规定的差比价规定进行测算。评审：对无法参照、不能比价的新药，或者价格明显偏高的药品，则运用药物经济学的原理组织医药和药学专家进行评审，首先根据治疗效果进行定性，然后根据同类治疗药物的治疗周期、总费用、日均费用等进行定量，以此确定价格。

行业参考价格定期每月公布一次。一般是月初协商，中旬公布，主要公布形式是药品价格通知单，既通知到会员单位，同时也在苏州医药价格信息网上公布，接受社会监督。当时，行业参考价格平均每期公布数量是200个，近三年来，共公布51期通知单，涉及品种达万种。社会覆盖面已经扩大到了主渠道的商业批发和连锁总店，以及绝大多数的医疗机构。

由于苏州市物价局一直坚持依托协会进行行业自律，坚持科学合理定价，坚持服务会员的宗旨，这项工作已初见成效，并被药品生产经营企业、医疗机构所认可。广大会员单位能自觉接受协会指导，遵守行业参考价格，主动申报新品价格，共同维护好良好的经营秩序。在此基础上，苏州市物价局已初步建成了一个较为完整的药品价格数据库，储存了24000多条药品价格最新数据，并通过苏州药品价格信息网向全社会公布。据了解，同种药品在不同地区的销售价格中，苏州的价格水平明显偏低，达到调控降低苏州药品市场价格水平的目的。

3. 加强"非典"药品监管

2004年4月，中国部分地区发生了不同程度的非典型肺炎疫情。市场相关商品价格一度发生异常波动，抢购板蓝根、口罩、消毒液等防护药品、用品也波及苏城。

为贯彻省物价局4月21日紧急会议精神，苏州市物价局为配合做好非典型肺炎疫情控制和疾病防治工作，维护社会稳定，加强市场价格监管，保证市场供应，根据国家关于加强价格监管维护市场稳定的通知精神，经请示省物价局，于4月22日发出通知，决定对部分中药饮片实行最高限价管理，并对市场管理采取如下措施：

凡属于实行政府定价和政府指导价的药品，应严格按照国家和省规定价格执行；属于市场调节价的药品，应严格按照省备案和省公示价格执行，不得突破。

开展重点药品价格监测工作，品种范围主要包括：省规定的监测品种，本次实行最高限价的中药饮片及相关品种，来苏尔、过氧乙酸、84消毒液、口罩等。以上品种请各地及市物价局定点的监测点将其进价和零售价格每天上报给市物价局监测中心。

为加强市场价格监管，对公布的中药饮片及相关品种价格实行动态管理，及时跟踪调查其成本和市场供求的变化，定期公布最高限价，以指导各经营企业合理定价、科学定价，维护市场稳定。

强化市场价格监督检查力度，对哄抬物价、牟取暴利等不正当价格行为，依法从重从快惩处，切实维护市场秩序。

根据省物价局通知的要求，苏州市物价局决定自2003年6月10日起，解除防治非典药品及相关商品价格临时干预措施。苏州市解除品种为苏州市物价局通知中涉及的金银花等38种品种规格的中药材、消毒剂、白醋、药皂、口罩、体温表、喷雾器、乳胶手套、一次性手套等防护用品，以及卫生纱布、三氯异氰尿酸、次氯酸钠、冰醋酸等4种原料。解除干预后，取消对以上商品价格的最高限价、各种差率、利润率控制，实行市场调节；原实行政府指导价或者政府定价管理的品种、价格管理形式不变。苏州市物价局《关于对防治"非典"药品及相关商品实行干预措施的紧急通知》同时撤销。

4. 开展行业审价

众所周知,药价的执行主体是各基层医药单位。苏州市物价局于2004年制定了《苏州市医药流通单位价格行为规则》。其主要内容就是制定一套制度,建立一个网络,成立一支队伍。从而做到定价有依据,调价按程序,贯彻到实处,并做好价格公示工作。通过《行为规则》来规范指导医疗行业流通单位价格行为,同时依据该《行为规则》,组织开展行业审价,以提高调价的正确率,确保国家各项药价改革政策措施能落实到位。

2004年《行为规则》实施一段时间后,苏州市物价局会同药品行业分会,组织医药行业业务骨干开展年审工作。审价重点是定价依据和程序。一审是否与物价部门或业务主管部门建立畅通的信息沟通渠道,保持经常性的联系,以保证及时了解药品价格政策和水平。二审制定调整药品价格的依据是否齐全,真实有效。主要查阅省物价局文件及药品价格通知单。三审各医疗单位是否按照物价部门的规定,正确制定集中招标采购药品临时零售价格,向当地物价部门备案,并予以公示。

这样通过听汇报、查阅台账、价格核对、现场检查等方法对各个单位内部价格管理工作作出总体审价评价。五年的审价工作,既提高了医药流通单位的工作积极性和主动性,提高了物价员的政策业务水平,又提高了物价部门和行业分会的权威性和凝聚力,推动了医药行业价格自律良性互动。

五、药品招标采购

1. 背景

积极推进集中招标采购,切实降低药品虚高价格。1999年国家开始推行药品集中招标采购制度。目标是通过制度设计,培育出良性竞争的市场环境和正常态势,纠正医药市场扭曲的竞争机制,促进有效竞争、降低药品虚高价格,减轻患者药品费用负担。江苏省物价局从2000~2005年相继出台了加强对招标药品采购价格及收费的一系列的政策规定,来积极推进这一工作的开展。

2. 苏州做法

苏州的药品集中招标采购工作始于2000年,在苏州市委、市政府的领导下,苏州市建立了由物价局、纠风办、卫生局、药监局、工商局、财政局、劳动和社会保障局等七个部门组成的联席会议制度,来组织指导全市的药品集中招标采购工作的开展,并将医疗机构药品集中招标采购列入政府采购目录。同年12月,在各医疗机构的积极参与下,药品集中招标采购正式开展起来。

从2000~2008年的八年来,苏州药品政府采购经历了集中采购—集中招标采购—网上限价采购这样三个过程。招标方式也从刚开始的商品名组合标书到单品种商品名招标,再到通用名集中招标采购这样三种方式。招标范围也逐步扩大,至2003年底,已覆盖到苏州市级医药机构的所有临床用药(特殊用药和抢救用药除外);2005年实现了大市范围内市、县统一招标采购;到2008年,苏州市乡镇以上的公立医疗机构均参加了全市统一的药品集中招标采购,药品采购的范围已覆盖到医院的所有临床用药。采购金额也逐年增长,至2006年接近20亿元，按金额统计超过了医院全部用药的85%。

苏州市在坚持阳光采购、降价让利的基础上，通过部门联动、构建平台、规范行为、加强监督等手段，不断修改完善药品招标采购办法，扩大采购范围，增加采购品种，经过8年来的不懈努力，在净化苏州市药品经营环境，规范药品市场价格秩序，减轻广大老百姓医药费用负担、推动医疗卫生体制改革上取得了明显成效。从2001年至2008年，苏州市进行了8次大规模的药品集中招标采购工作，使苏州市的药品价格在国家定价的基础上有了较大幅度的降低，苏州市的药品集中招标采购无论在招标主体数量、品种覆盖比例、招标方式、降价幅度上都居全国前列。

苏州市物价局在实施药品政府采购的实践中，积极发挥自身职能，着重在三个方面做好工作：

积极参加招标规则和采购标书的制定工作。药品是特殊商品，专业性较强，降价让利又是主要目的之一。参加招标的药品情况复杂，有的属于政府定价，有的属于企业定价，政府定价的药品在通用名定价的基础上，还存在着原研制、优质优价、单独定价的质量层次差价。因此，苏州市物价局主动参与了招标规则和采购标书的制定工作，特别是招标质量层次的划分和中标数量方面，积极发挥价格部门的职能优势，本着公开公平公正的原则，努力构建良好市场竞争环境，通过苏州市物价局积极主动配合工作，使招标规则和采购标书能为各方接受，从而保证每一次的集中招标采购工作能够顺利进行。

开展投标药品价格审核确认工作。价格确认工作是物价部门在集中招标采购工作中的主要任务。这项工作可以在投标后做，也可以前置，在投标前做，苏州市物价局选择了后者。主要是考虑到现行医药价格二级管理体制，存在地区差异；药价管理目录不同，水平不一；定价行为规范程度的不平衡；大量市场调节价药品存在等因素。为了保证招标公正进行，苏州市物价局与其他单位进行了协商。以2005年至2006年为例，共组织了4次价格依据的确认，涉及品种近2万种，从而有效地保证了投标药品价格政策依据执行的准确性。

及时确认公布中标药品的临时最高零售价格。对于物价部门来讲，及时确认公布临时最高零售价格是招标采购工作的头等大事。苏州市物价局严格按照省物价局规定的集中招标采购价格管理办法，在规定时间内确认临时零售价，通过苏州医药价格信息网、医疗机构的电子触摸显示屏、印发出版、媒体宣传等多种渠道，公布中标药品临时最高零售价格。2002年到2004年，苏州市物价局按照省局规定，采购四六分账的方法进行测算平衡，用通用名方式公布临时最高零售价格，2002年是200多种，2003年是1000种，2004年是3000种，平均降幅约为20%。2005年到2008年是按照顺加作价的方法，以中标价格为依据，分成五个区间，公布中标药品临时价格5000个。2006年，在新的招标周期内，增加公布了1800个药品价格，平均降幅为18%左右。2007年苏州市物价局增加公布847种集中招标采购药品价格和5583种网上限价采购品种的价格。以上公布的价格已经覆盖了市级医疗机构的全部品种，县级医疗机构的80%。执行范围是大市范围内的所有非营利性医疗机构。从而使招标采购降价让利，减轻病患者的负担的目标落到了实处。

3. 多种招标方法

为了构建公开、公平、公正、简便廉价的招标平台，促进竞争机制的建立，保证医疗机构采购到质量保证、价格合理的临床药品。针对出现的招标采购程序繁琐，成本高，企业负担重；部分品种价格下降幅度小甚至没有的情况，在考察四川省网上限价采购等地先进方法的基础上，苏州市物价局从2006年开始推出了多种模式并存的招标方法：

对竞争性强、药商促销力度大的药品继续实行集中公开招标；对价格低廉、用量小、临床不易滥用的药品采用备案采购，对列入公开招标目录、医疗机构备案采购国家特殊管理以外的药品（约占25%）试行网上限价采购。药品网上限价采购，由采购人（即医疗机构）确定采购目录和采购预算价（即最高限价），中介代理机构组织，物价、卫生、药监等部门进行监督，通过计算机互联网在网络平台上接受供应商的远程报价、成交供应商的产生等都通过网络在线实现，外地供应商也无需来苏州参加开标。

自2006年至2008年，苏州市对抗微生物用药、消化系统用药、循环系统用药、生物制品及中成药等五大类的部分药品，实行了网上限价采购，对每种药品都设定了政府采购预算价（即最高投标价）超过限价的报价一律无效。并且规定成交供应商如不履约，将按规定予以严肃处理。以2006年为例，苏州市网上限价采购进行了八期。据统计，报名参加的药品生产、经营企业有46家，中标企业有29家。医院计划采购品种（八期不重复品种）为402个，产生中标结果的品种有363个。从采购成交价的降幅情况来看，一至八期网上限价采购的价格在原来集中公开招标的中标价格的基础上又有了一定程度的下降，详见下表：

表3-287　苏州市2006年药品政府采购（网上限价采购）成交价降幅情况表

采购期数	中标品种数（个）	最大降幅（%）	降幅在5%以上的占总数（%）	投标品种平均降幅（%）
第一期	243	75.63	27.16	5.92
第二期	260	74.03	23.84	4.68
第三期	243	67.48	25.1	2.17
第四期	245	58.5	23.26	1.94
第五期	262	57.1	20.23	3.34
第六期	267	66.67	17.04	3.16
第七期	277	62.22	19.49	3.53
第八期	249	53	18.88	3.15

表3-288　苏州市2006年药品政府采购（网上限价采购）最大降幅品种情况表

采购期数	中标品种	最大降幅（%）	原中标价（元）	现中标价（元）
第一期	北京某药厂生产的尼莫斯地平注射液	75.63	158	38.5
第二期	苏州某药厂生产的甲砜霉素胶囊	74.03	30.8	8
第三期	山西某药厂生产的马来酸曲美布汀片	67.48	25.1	7.48
第四期	常州某药厂生产的卡托普利片	58.5	7.35	3.05
第五期	常州某药厂生产的卡托普利片	57.14	7.35	3.15
第六期	苏州某药厂生产注射用美洛西林钠	66.67	15	5
第七期	哈药集团制药总厂生产的注射用阿莫西林钠	62.22	4.5	1.7
第八期	湖北科益药业公司生产的注射用阿昔洛韦	53	3.83	1.8

2007年苏州市进一步加强了动态调整药品零售价格的力度，把5583种药品纳入了网上限价竞价的采购范围，限定这些药品的最高中标价格和最高零售价格每月定期开标，通过配送商品的竞争，逐步降低医院的进货价格。据统计，2007年公布的5583种药品价格，降幅达10%。苏州市的药品网上限价采购的试行，在保证药品质量的前提下，既提高了采购效率，降低了药品价格，又规范了药品采购行为，有效地预防了商业贿赂。

同时市物价局规定，在苏州市的招标临时价格和国家规定价格两者之间，一律按就低原则执行；市物价局还相应降低了医疗机构的加价率，县级及县以上非营利性医疗机构应以最小零售包装的实际采购价为基础，顺加不超过15%加价率，实际采购价高于500元的，最高加价额不得超过75元，确保广大患者真正从药品集中招标采购工作中得到实惠。

4. 省统一招标采购

2009年，根据卫生部、发展改革委等六部委《进一步规范医疗机构药品集中采购工作的意见》，江苏省物价局制定了《江苏省药品集中采购价格管理办法》，该办法规定以省为单位实施药品集中采购，各省辖市不再单独进行。苏州市2009年11月执行该办法，不再以苏州市为单位进行药品集中招标采购工作，统一执行省下达的集中采购药品价格。根据省规定，集中采购药品作价计算公式为：中标药品零售价格=采购价×（1+加价率）；中标药品零售价格=采购价+加价额。不同类型的药品实行不同的加价率。廉价药根据省级价格主管部门公布的廉价药品目录，在对制药企业进行遴选的基础上，区别情况制定零售价格：零售价格5元及以下，直接执行零售价格，采购价格由购销双方协商；零售价格5.01~6.25元，在采购价格基础上加2.5元；零售价格6.26~10元，在采购价格基础上加40%；零售价格10.01~15元，在采购价格基础上加4元。

六、药价政府补贴社区让利

1. 政府补贴

为降低社区常用药品零售价格，切实减轻居民负担，促进社区卫生服务事业健康发展，2007年苏州市出台了《市区居民常用药品政府补贴暂行办法》，自当年7月1日起，在苏州市平江区、沧浪区、金阊区、工业园区38个社区医疗机构试行，同年9月1日吴中区、相城区、高新区305个社区医疗机构也开始实施这一办法。该办法规定上述区域的居民持医保卡去社区卫生站就医，即可享受到因政府补贴、卫生服务站让利而得到的实惠。

为使政府补贴落到实处，在市政府的协调领导下，市物价、卫生、财政、社保四部门联手行动，各司其职，四部门联合拟定了《市区居民常用药品政府补贴暂行办法》，报经市政府批准后实施。苏州市物价局主要负责：前期的调研论证，确定优惠幅度；测算和公布社区常用药品具体价格和政府补贴水平；苏州社区常用药品价格数据库的日常维护；加强对社区用药的日常监管，确保药品优惠政策落实到位。

据统计，2007年苏州市7个市辖区、5个县级市已建成了社区卫生服务中心117个，社区卫生服务站884个，社区卫生服务覆盖人口600.41万人，覆盖面达98.86%。根据补贴暂行办法，市、区两级政府每年安排4600万元专项补贴资金，用于社区卫生机构的用药补贴。其拨付方式为：社区居民常用药政府补贴按实际用药量进行结算，每双月结付90%，其余10%年度考核后予以拨付;同时实行常用药品政府补贴的社区服务中心(站)与所在区的卫生局签订了《居民常用药品政府补贴协议》,明确双方职责义务,便于监督,切实保证了到社区看病的居民享受到实惠。

表3-289　2007年下半年苏州市区社区常用药品实施政府补贴后情况统计表

		药品销售金额		就诊人次		次均费用		
		金额(元)	与去年同期比(%)	数量(人次)	与去年同期比(%)	金额(元)	与去年同期比(元)	幅度(%)
七月	社区医疗机构	5344795.47	40.00	86506	65.00	69.51	-12.27	-15.00
	全社会医疗机构	46643639.23	19.00	531379	13.00	104.24	3.22	3.00
八月	社区医疗机构	5281513.29	38.00	85826	65.00	69.33	-13.21	-16.00
	全社会医疗机构	45724014.81	17.00	511470	12.00	105.58	2.15	2.00
九月	社区医疗机构	4797768.89	29.00	80781	58.00	66.62	-14.62	-18.00
	全社会医疗机构	43829499.87	13.00	490425	4.00	105.71	2.16	2.00
十月	社区医疗机构	5136566.46	40.00	85601	70.00	66.76	-15.36	-18.70
	全社会医疗机构	43857340.45	13.00	511486	12.00	103.98	0.1	0.10
十一月	社区医疗机构	5868366.34	63.00	94569	87.00	68.21	-11.75	-14.70
	全社会医疗机构	47473128.07	20.00	530682	20.00	106.88	0.13	0.20
半年合计	社区医疗机构	31714812.54	42.00	519940	69.00	68.09	-13.44	-16.48
	全社会医疗机构	273033146.92	16.40	3090530	12.20	105.28	1.56	1.46

资料来源:苏州市社保基金中心统计报表。

2. 社区让利

自2007年7月1日开始,社区共有512种西药和369种中成药为补贴基本药物,具体药物品种规格超过3800种,这些药物多为治疗常见病、多发病、慢性病的常用药物。当居民在社区卫生服务中心(站)接受门诊医疗服务时,所用的药品按照政府补贴价结付,而补贴价是由苏州市物价局按苏州市药品零售限价的80%核定,其中包括政府补贴和社区卫生服务中心(站)让利两部分,也就是说,一种原来售价10元药品,政府补贴价后为8元,居民到社区看病,10元的药品只要付8元,能获得2元的实惠。据苏州市社保基金中心统计数据显示,实施社区药价改革后的2007年下半年,在社区医疗机构看病的人员,人均用药支出为68.09元,比上年同期减少13.44元,降幅达16.48%。

表3-290　2007~2008年苏州市部分社区常用药品销售价格对照表

序号	通用名	商品名	剂型	规格与包装	单位	生产企业	国家最高限价(元)	市招标临时价格(元)	社区用药政府补贴价格(元)	苏州平价药房价格(元)
1	苯磺酸左旋氨氯地平片	施慧达	素片	2.5毫克×14	盒	吉林省天风制药有限责任公司	74.10	31.30	25.00	27.50
2	酒石酸美托洛尔片	倍他乐克	素片	25毫克×20	盒	阿斯利康制药有限公司	10.00	8.10	6.50	7.20
3	吲达帕胺片(薄膜衣)	寿比山	薄膜衣片	2.5毫克×30	盒	天津力生制药股份有限公司	20.50	15.50	12.40	13.50
4	头孢克洛干混悬剂	希刻劳	干混悬剂	0.125克×6	盒	礼来苏州制药有限公司	26.50	24.70	19.80	21.50

序号	通用名	商品名	剂型	规格与包装	单位	生产企业	国家最高限价（元）	市招标临时价格（元）	社区用药政府补贴价格（元）	苏州平价药房价格（元）
5	六味地黄丸（浓缩丸）	—	浓缩丸	3克/8丸×200	盒	兰州佛慈制药股份有限公司	13.80	13.00	10.40	9.50
6	多潘立酮片	吗丁啉	素片	10毫克×30	盒	西安杨森制药有限公司	17.40	16.80	13.40	13.50
7	头孢拉定	泛捷复	胶囊	250毫克×24粒	瓶	中美上海施贵宝制药	35.60	35.60	28.50	33.50
8	麝香保心丸	—	水丸	22.5毫克×42粒	盒	上海和黄药业有限公司	25.40	14.80	11.80	17.80
9	强力枇杷露	—	煎膏剂	180克	瓶	苏州华葆药业	17.00	16.20	13.00	14.50
10	珍菊降压片	—	片剂	0.25克×60粒	盒	上海雷允上药业	18.10	9.80	7.80	8.00

药价明显下降后，吸引了附近居民到社区就诊，去社区就诊的人数明显增加。统计数据显示，2007年下半年在社区医疗机构看病的人员为52万人，比上年同期增加69%，占全社会医疗结构就诊人数的1/6强，大大缓解了大医院人满为患、难以应付的局面，而病人在自己的家门口得到更便捷而周到的服务。

社区医疗结构药品销售金额明显增加。由于社区医疗卫生机构业务量明显上升，就诊人数增加带来了药品销售金额的明显增长。据统计，2007年下半年社区医疗结构药品销售金额为3171.48万元，比去年同期增长42%，占全社会医疗机构药品销售额的1/9，比全社会医疗机构药品销售额增幅高出25.6%。

社区让利10%的优惠措施中，苏州市物价局采取了以下两个措施：通过政府集中招标采购降低药品价格，这是社区药品降价的基础。苏州市的药品集中招标采购无论在招标主体数量、品种覆盖比例、招标方式、降价幅度上都居全国前列。特别是在药价上，苏州的药品零售限价比国家规定的最高零售价格平均低25%，在此基础上，苏州市物价局再按中标零售价格的80%制定社区常用药补贴价，总体价格水平已接近平价药房的价格，部分品牌药、合资药、进口药已明显低于平价药房。同时，运用市场经济手段，放开社区药品采购权，鼓励社区自主采购降低成本，提高社区经营积极性，从而确保了社区让利10%的落实。以同规格的常用降压药"施慧达"为例，居民在医院配要31.3元，到社区卫生服务中心只要25元；20片的降压药"倍他乐克"平价药房零售价格为7.2元，社区补贴价为6.5元。

在社区让利过程中，采取社区管理与医保管理相结合的办法。凡苏州市参加社会医疗保险的居民，即包含城镇职工医疗保险、城镇居民医疗保险、少年儿童住院大病医疗保险、农村合作医疗保险在内的所有参保人员，都可以在社区享受政府补贴价。其方法是依托社区药品平台信息管理系统，实施"三个统一"，即统一的社保定点，统一的医保卡，统一的支付水平，从而从操作层面上确保了这次降低社区药价改革工作的落实到位。

为确保社区让利政策家喻户晓，市物价局十分重视社区卫生机构的价格公示工作，加大了宣传力度。明确要求各社区医疗卫生机构，必须将苏州市物价局统一制作的前50种居民常用药品价目表，公示在社区医疗卫生机构的服务窗口或显要位置上，公示内容包括药品通用名、商品名、剂型、规格、产地、价格等项目。明确要求各社区医疗卫生机构，将苏州市物价局统一规定的3800多种社区居民常用药品以公示本的形式，摆放在显著位置，便于广大社区居民监督。有条件的社区医疗卫生机构还与市、区物价局的网站，以及苏州医药价格信息网相链接，方便居民群众查询。在社区药价改革出台前，通过苏州各大新闻媒体广为宣传，使社区居民家喻户晓，老幼皆知。

在政府补贴、社区让利两个方面的作用下，苏州市降低社区药品价格改革试点达到了预期目的。3800多种常用药品价格下降20%，广大居民成为此项改革的获益者。居民普遍反映：小病首选社区、配药首选社区、康复首选社区，看病到家门口的社区卫生站，药价便宜，方便周到，少排队，真实惠。

七、药价改革新政

医药价格改革是项十分重要、艰巨、复杂的系统工程。党中央、国务院高度关注，2009年4月颁布了《中共中央、国务院关于深化医药卫生体制改革的意见》和《国务院关于印发医药卫生体制改革近期重点实施方案（2009~2011）的通知》。同年8月，国家有关部门统筹研究贯彻落实深化医药卫生体制改革的意见，重点之一是初步建立国家基本药物制度，公布国家基本药物目录，规范基本药物采购和配送，合理确定、招标、降低基本药物零售价格，并根据国务院决定，首先在城乡基层医疗卫生机构实施基本药物制度。

国家发展改革委定价药品目录内的药品和纳入国家基本药物目录的药品，在不突破国家规定价格的前提下，以最小零售包装的实际采购价为基础，顺加不超过15%的加价率作价，实际购进价500元以上的最高加价额不超过75元。《江苏省定价药品目录》内的药品（纳入国家基本药物目录的药品除外），在不突破省定最高零售价的前提下，以最小零售包装的实际采购价为基础，按金额大小分五个等级实行加价差率顺加作价。属于市场调节价的药品，在确定采购价格后，参照省定药品作价办法制定零售价格。

2010年3月5日，国家发展改革委发出《关于调整〈国家发展改革委定价药品目录〉等有关问题的通知》，明确纳入国家发展改革委药品目录序号实行国家定价的中、西药品为1917种，纳入各省、自治区、直辖市价格主管部门定价范围的非处方药剂型目录序号的中、西药品为556种，其中纳入国家基本药物药品目录的为307种。同年12月31日，省物价局印发《江苏省物价局定价药品目录》，纳入非处方药目录序号的中、西药品为584种，纳入地方增补目录序号的中、西、民族药品为276种，其中纳入全省基本药物药品目录的为599种。

2010年5月，新闻媒体集中报道了个别药品价格严重虚高的问题，为进一步规范政府价格行为，切实降低药品虚高价格，维护消费者利益，国家发展改革委办公厅、省物价局先后下达了《关于进一步加强药品价格监管的通知》等文件，为贯彻上级文件精神，结合苏州本地实际，市物价局发出了《关于加强基本药物药品价格管理通知》。

根据苏州市人民政府《关于实施国家基本药物制度工作方案（试行）的通知》的要求，吴江市、平江区、沧浪区、金阊区政府办的基层医疗卫生机构（即社区卫生服务中心、站）进行先行试点，全面执行基本药物药品的价格规定，执行省集中招标药品价格，实施零差率销售。到2010年底前，全市所有政府办基层医疗卫生机构全部实施基本药物制度，全部配备和使用基本药物，并实施零差率销售。为确保药物药品制度的落实，市物价部门组织开展全市基本药物药品情况的专项检查。

2010年8月，苏州市物价局制定下发了《苏州市区中药饮片价格管理实施细则（试行）》，该实施细则规定：列入《国家基本医疗保险、工伤保险和生育保险药品目录》范围内的中药饮片实行政府指导价，其他中药饮片品种实行市场调节价。苏州市物价局负责制定本市市区实行政府指导价的中药饮片统一最高零售价格。医疗卫生机构和零售药店在此范围内制定具体零售价格，但不得高于最高零售价格。具有国家批准文号，但作为中药饮片销售的品种，每千克批发价在500元以下的，最高零售价格=批发价×（1+15%）；每千克批发价超过500元的，最高零售价格=批发价+75元。实行基本药物零差价销售的政府办基层医疗机构（即社区卫生服务中心、站），配备使用符合国家标准的中药饮片按照含税出厂价格销售。实行市场调节价管理的中药饮片价格，各生产经营单位应根据成本和市场供求情况，合理制定价格，自觉规范定价行为。继续发挥行业组织价格管理作用，加强中药饮片的成本、市场供求和价格水平测定和协商，为价格主管部门制定价格提供资料依据。

苏州市部分常用药品零售价格历年变化情况见下表：

表3-291　苏州市部分常用药品零售价格历年变化情况表　表一

品名：美息伪麻片（白加黑）　规格：12片/盒	
调整日期	零售价（元）
1996年2月7日	13.20
1999年11月15日	9.00
2001年8月15日	10.70
2008年5月23日	9.30

苏州市部分常用药品零售价格历年变化情况表　表二

品名：复方氨酚烷胺胶囊（快克）　规格：10粒/盒	
调整日期	零售价（元）
1993年3月31日	4.73
1994年6月8日	5.60
1995年8月24日	6.20
1996年8月22日	7.00
2000年10月15日	8.80
2001年11月26日	9.80
2007年10月23日	9.50
2008年5月23日	7.00
2008年7月2日	9.80
2010年5月1日	9.50

苏州市部分常用药品零售价格历年变化情况表　表三

品名：安乃近片　规格：0.5克×100片/瓶	
调整日期	零售价（元）
1981年1月1日	2.00
1987年6月14日	2.30
1988年5月28日	2.80

品名：安乃近片　规格：0.5克×100片/瓶	
调整日期	零售价（元）
1998年5月28日	5.43
2002年1月15日	7.00
2007年5月15日	9.10
2010年5月1日	4.70

苏州市部分常用药品零售价格历年变化情况表　表四

品名：酚氨咖敏片（曾用名：克感敏片）　规格：100片/瓶	
调整日期	零售价（元）
1981年1月1日	1.10
1986年9月25日	1.25
1987年6月14日	1.55
1988年3月21日	1.90
1989年3月27日	2.50
1991年8月1日	3.00
1995年7月5日	3.45
1996年5月22日	4.10
2000年11月20日	4.50

苏州市部分常用药品零售价格历年变化情况表　表五

品名：维生素B_1片　规格：10毫克×100片/瓶	
调整日期	零售价（元）
1981年1月1日	0.35
1986年11月1日	0.55
1988年5月28日	0.60
1989年8月20日	0.70
1994年5月11日	0.92
1998年4月1日	1.30
2001年12月28日	2.00
2007年10月20日	2.60
2010年5月1日	2.60

苏州市部分常用药品零售价格历年变化情况表　表六

品名：奥美拉唑肠溶片（洛赛克）　规格：20毫克×14粒/瓶（阿斯利康制药）	
调整日期	零售价（元）
1995年2月7日	242.00
1998年5月28日	240.00
1999年5月10日	230.00
2003年1月30日	217.00
2007年8月7日	206.00
2010年5月1日	197.00

苏州市部分常用药品零售价格历年变化情况表 表七

品名：奥美拉唑肠溶胶囊 规格：20毫克×14粒/盒	
调整日期	零售价（元）
1996年6月7日	171.00
1999年5月28日	152.00
1999年5月10日	140.00
2000年11月15日	105.00
2003年1月30日	71.40
2007年7月11日	50.60
2010年5月1日	16.80

苏州市部分常用药品零售价格历年变化情况表 表八

品名：排石颗粒 规格：20克×10袋/盒（南京同仁堂）	
调整日期	零售价（元）
1979年5月1日	2.70
1980年7月15日	3.50
1982年8月1日	3.70
1983年12月5日	5.20
1985年3月25日	5.80
1985年11月15日	6.50
1986年8月5日	7.80
1987年6月10日	8.70
1988年4月10日	10.40
1991年12月15日	10.70
1992年7月23日	15.00
1997年12月10日	32.40
2003年11月15日	30.00

苏州市部分常用药品零售价格历年变化情况表 表九

品名：六神丸 规格：30粒/支（苏州）	
调整日期	零售价（元）
1979年5月1日	0.27
1980年7月15日	0.30
1985年5月22日	0.57
1986年12月11日	0.75
1988年9月5日	1.25
1991年3月25日	1.50
1992年1月15日	1.53
2000年7月10日	3.60
2003年3月1日	4.00
2007年3月10日	7.99
2009年9月29日	8.60

苏州市部分常用药品零售价格历年变化情况表　表十

品名：三七化痔丸（曾用名：化痔丸）　规格：30克/瓶（广州中一）	
调整日期	零售价（元）
1979年5月1日	1.20
1984年4月20日	1.24
1985年5月30日	1.30
1987年6月10日	1.58
1988年3月6日	1.90
1989年8月6日	2.53
1990年7月7日	2.82
2000年9月28日	6.41
2004年4月1日	8.60

苏州市部分常用药品零售价格历年变化情况表　表十一

品名：琥乙红霉素片　规格：125毫克×20片/盒	
调整日期	零售价（元）
1997年5月28日	19.50
1998年4月8日	18.90
2001年6月20日	11.00
2006年8月28日	5.50
2010年5月1日	3.50

苏州市部分常用药品零售价格历年变化情况表　表十二

品名：头孢拉定胶囊（曾用名：先锋6号胶囊）　规格：0.25克×24粒/盒	
调整日期	零售价（元）
1990年1月1日	31.50
1990年5月5日	33.60
1991年4月22日	37.60
1995年8月14日	44.10
1996年4月1日	35.20
1997年11月1日	27.90
1999年5月10日	24.50
2000年7月31日	22.60
2001年5月20日	17.30
2006年8月28日	13.50
2010年5月1日	5.20

苏州市部分常用药品零售价格历年变化情况表　表十三

品名：克拉霉素片　规格：0.25克×6片/盒	
调整日期	零售价（元）
1999年3月24日	88.00
1999年11月15日	84.00
2000年6月26日	69.60
2001年6月20日	36.90
2004年6月21日	33.00

品名：克拉霉素片　规格：0.25克×6片/盒	
调整日期	零售价（元）
2007年1月15日	24.30
2010年5月1日	15.20

苏州市部分常用药品零售价格历年变化情况表　表十四

品名：谷维素片　规格：10毫克×100片/瓶	
调整日期	零售价（元）
1981年1月1日	0.70
1982年10月15日	0.65
1989年5月15日	0.91
1989年12月27日	0.80
1990年8月10日	1.10
1994年5月27日	1.45
1994年9月5日	2.25
1994年11月15日	3.10
1994年12月31日	3.80
1995年5月25日	4.80
1996年8月5日	3.50
1998年4月1日	2.80
2001年10月29日	4.00
2007年10月20日	3.10
2010年5月1日	2.10

苏州市部分常用药品零售价格历年变化情况表　表十五

品名：盐酸洛美沙星胶囊　规格：100毫克×12粒/盒	
调整日期	零售价（元）
1995年8月23日	35.70
1996年9月27日	35.30
1998年1月1日	30.00
1998年5月6日	35.30
1999年9月10日	29.60
2000年10月15日	23.00
2004年6月21日	15.30
2010年5月1日	4.20

苏州市部分常用药品零售价格历年变化情况表　表十六

品名：注射用青霉素钠　规格：80万单位/支	
调整日期	零售价（元）
1981年1月1日	0.36
1988年5月28日	0.40
1993年1月10日	0.44
1994年1月1日	0.58
1994年9月5日	0.59

品名：注射用青霉素钠　规格：80万单位/支	
调整日期	零售价（元）
1995年7月20日	0.72
1996年4月1日	0.70
1999年1月20日	0.55
2001年5月20日	0.71
2006年8月28日	0.92
2010年1月23日	0.44

苏州市部分常用药品零售价格历年变化情况表　表十七

品名：注射用硫酸阿米卡星（曾用名：丁胺卡那）　规格：0.2克/支	
调整日期	零售价（元）
1985年2月15日	4.85
1986年2月5日	6.24
1988年3月21日	7.48
1991年11月25日	5.50
1994年10月28日	6.15
1996年8月5日	4.50
1997年7月1日	4.10
1997年9月18日	3.80
1999年11月15日	3.20
2000年1月15日	4.60
2001年9月30日	4.00
2006年8月28日	2.60
2010年1月23日	1.80

苏州市部分常用药品零售价格历年变化情况表　表十八

品名：注射用头孢哌酮钠（曾用名：先锋必素）　规格：1克/支	
调整日期	零售价（元）
1986年3月18日	42.10
1987年5月10日	47.80
1988年5月28日	52.70
1992年3月6日	18.00
1994年2月7日	12.00
1994年11月15日	13.80
1995年7月5日	12.00
1995年7月20日	16.10
1997年11月1日	13.40
1999年5月10日	19.80
2000年11月15日	17.50
2001年6月20日	14.30
2004年6月21日	13.00
2005年10月10日	10.00
2010年5月1日	5.20

苏州市部分常用药品零售价格历年变化情况表 表十九

品名：注射用氨苄西林钠舒巴坦钠 规格：0.75克/支

调整日期	零售价（元）
1996年8月13日	33.40
1997年11月1日	31.10
1998年5月6日	33.50
1999年5月10日	29.50
2000年11月15日	22.50
2001年6月20日	20.00
2004年6月21日	11.30
2010年5月1日	6.80

苏州市部分常用药品零售价格历年变化情况表 表二十

品名：注射用头孢拉定 规格：0.5克/支

调整日期	零售价（元）
1989年3月1日	5.52
1989年12月27日	4.85
1993年6月10日	5.80
1996年2月29日	5.54
1997年11月1日	4.67
1998年5月6日	6.80
1999年5月10日	5.60
2000年11月15日	3.50
2001年5月20日	4.00
2006年8月28日	2.30
2010年5月1日	1.70

苏州市部分常用药品零售价格历年变化情况表 表二十一

品名：头孢拉定胶囊（泛捷复） 规格：0.25克×24粒/盒（上海施贵宝）

调整日期	零售价（元）
1986年3月18日	27.40
1986年5月5日	31.50
1988年12月28日	35.00
1990年4月13日	37.60
1991年3月1日	41.80
1992年4月1日	45.60
1993年2月15日	48.80
1993年2月23日	56.00
1994年3月10日	65.00
1998年1月28日	64.00
1999年5月10日	59.20
2000年7月31日	54.80
2002年1月5日	45.00
2006年8月28日	35.60
2010年5月1日	35.30

苏州市部分常用药品零售价格历年变化情况表　　表二十二

品名：雷公藤多苷片　规格：10毫克×100片/瓶（泰州）	
调整日期	零售价（元）
1985年12月31日	54.30
1987年2月12日	68.00
1988年10月23日	82.10
1991年11月10日	90.40
1994年8月18日	92.70
1996年8月5日	75.00
1998年8月24日	74.90
2001年7月10日	75.00
2002年2月10日	62.00
2007年1月26日	60.80
2010年1月23日	40.20

苏州市部分常用药品零售价格历年变化情况表　　表二十三

品名：肌苷片　规格：0.2克×100片/瓶	
调整日期	零售价（元）
1981年1月31日	27.00
1985年1月8日	18.00
1993年12月10日	10.00
1997年2月24日	12.70
2005年12月27日	6.70
2007年10月20日	7.00
2010年1月23日	5.20

苏州市部分常用药品零售价格历年变化情况表　　表二十四

品名：盐酸氯丙嗪片　规格：50毫克×100片/瓶	
调整日期	零售价（元）
1981年1月1日	1.15
1986年9月25日	1.60
1987年8月5日	2.00
1989年6月1日	2.55
1989年12月1日	2.90
1990年8月27日	3.00
1994年9月5日	3.10
1995年1月19日	4.20
1995年5月25日	4.80
1995年7月20日	4.75
2001年12月28日	5.80
2007年1月26日	6.10
2010年1月23日	5.50

苏州市部分常用药品零售价格历年变化情况表　表二十五

品名:胰岛素注射液　规格:10ml:400单位/支

调整日期	零售价（元）
1981年1月1日	2.80
1982年10月15日	3.62
1985年8月10日	4.85
1986年6月5日	6.15
1987年5月10日	6.95
1987年10月25日	9.00
1988年8月26日	12.20
1993年8月16日	15.00
1994年5月11日	18.80
1997年7月1日	17.50
2001年12月28日	16.20
2010年1月23日	12.60

苏州市部分常用药品零售价格历年变化情况表　表二十六

品名:六味地黄丸　规格:200粒/瓶（河南宛西）

调整日期	零售价（元）
1981年4月28日	1.07
1982年9月24日	1.37
1984年4月1日	1.62
1985年4月30日	1.82
1986年3月5日	1.91
1987年9月30日	2.75
1988年4月24日	3.58
1988年9月15日	6.90
1989年2月27日	4.79
1990年7月7日	4.58
1996年3月11日	7.95
1998年8月24日	7.85
1999年3月22日	8.55
2000年2月24日	9.00
2000年9月11日	13.80
2010年5月1日	11.60

第六节　食盐价格

一、历史沿革

盐是生活必需品又是重要的生产资料，虽然它的单位价值较低，但对人民生活和经济发展关系重大。同时，盐税也是国家重要税源，故盐历代是专卖商品，由国家直接管理盐务，并严禁私盐。

汉武帝时，食盐私营，商人竞销，淮盐价格一时出现"盐与五谷同价"现象。唐朝时期，盐价由官府制定，实行全国统一价政策，每斗（5斤）盐价10钱，另加时价百钱为110钱。唐德宗时曾涨至370钱。明天启年间，淮盐每引盐由5钱增至3两8钱，后又增至5两6钱。清乾隆中叶，设立长、元、吴盐公栈（光绪年间改名盐公堂），经营管理盐务。凡官盐店、酱园，必须持有盐公堂火烙"官盐"、"官酱"金字招牌方许经营，由盐公堂配给盐货。顾客购盐，由商店盖上"官"字，以示官盐。这种售盐方式直至抗日战争爆发后才结束。清光绪二十五年（1899），苏州市场食盐销价每斤二十四文。主要销售浙江余姚、岱山盐场及松江袁浦盐场的浙盐，由海运至浏海储屯，后改装转道至苏州。

民国元年（1912），设苏五属盐政局，隶属江苏都督。民国3年（1914），苏州设督销局，民国政府颁布《均盐法》，规定每担食盐征税2.50元。原长、元、吴盐公堂改为股份制，各盐商划地专营。淮南各盐场以桶为计价单位（每桶200斤）。盐商利用桶价的涨落从中牟取暴利，盐价不断上涨。至民国13年（1924）1月，吕泗盐场桶价1300文，徐中场1400文，角斜场1516文。同年10月，淮南各盐场在原价基础上再提价800文。民国15年（1926）淮北板浦、中正、临兴三场在场售价以号为计价单位（每号400包，每包100斤），其价格分别为：板浦场每号最高价260元（银圆，下同），最低价240元，平均价250元；中正场每号最高价280元，最低价210元，平均价245元；临兴场每号最高价250元，最低价230元，平均价240元。苏州市场食盐销价随产地价格的变动而上下波动。民国19年（1930）苏州食盐市场销价，每市斤为0.094元（银圆，下同），民国23年（1934）每市斤食盐为0.090元，民国25年（1936）涨至0.103元。抗日战争时期，苏州市场食盐销价随产地价格明显上涨，民国28年（1939），苏州食盐市场销价每市斤涨至0.14元（法币），民国30年（1941）涨至0.36元，民国31年（1942）日伪裕华盐业公司建立，并在苏州、常熟、无锡等农村设子盐店，每人每月限供盐1市斤，盐价涨至每市斤0.80元（中储券）。民国32年（1943），指定47家官酱店供应盐，每人每月0.5~1市斤。

抗日战争胜利后，施行食盐自由行销，外地运来盐从规定港口入境，报税后领单行销。民国34年（1945）12月，民丰官盐股份公司在观前街施相公弄建立后，又建民生、民利、民福三公司。民国36~37年（1947~1948）之间，淮北盐区场价调整了8次，至民国37年（1948）4月7日每担达到20万元（新法币）。苏州市场食盐销价民国36年（1947）每市斤为400元（新法币），民国37年（1948）食盐销价涨至每市斤为6750元（金圆券）。民国38年（1949）3月，苏州盐商业同业工会建立，有会员24户，其中个体8户。

二、盐价国家统制

中华人民共和国建国后的60多年时间里，盐价一直由国家统一制定，并实行专营，其间价格水平作了多次调整，但政府定价的管理形式至2010年一直未变。

建国初期，盐按国家规定就场征税，自由运销。苏州私营盐商增至27户。盐价变动频繁。食盐价格延续解放前的走势，仍旧上下波动。1949年年末，苏州市场食盐零售价每市斤为0.08元（已折合成新人民币，下同）。1950年4月，国营盐业公司苏州分销处成立，9月改为办事处，苏州、吴县、吴江直接经销，太仓、昆山实行代销。私商在产区进盐，由国营公司下给计划，初由浙江安排进货，后改向苏北新浦盐场进货。1950年盐价每市斤均价涨至0.19元，涨因是苏北产地调价。其主要原因是盐价中的盐税，是按规定的粮食数量计征，一般按斤盐斤米来掌握，其中华东地区每担盐征收大米80斤，盐税随着粮价变，盐价又随着盐税变，盐价处于被动地位。1950年，江苏淮盐批发价变动过31次。国家通过加强盐政管理、取缔私盐、对食盐税额减半征收、改按货币固定金额征收、打击不法盐商等举措，市场盐价趋向稳定。1951年苏州市场食盐年均零售价格每市斤回落至0.135元；国营公司销盐59154担，私商销盐41527担。同年苏州26户盐商建立联营处，并在阊门、娄门、葑门、山塘设立4分销店，后因销路不畅，收支不济，1952年8月联营处撤销，盐商纷纷转业。随着产地调拨价的调低，苏州市场食盐零售价在1952～1953年均为每市斤0.125元，1954年又回落至0.12元。1955～1956年，食盐价格又恢复至0.125元。

1956年公私合营，苏州盐业批发和零售由国营商业和供销社经营，零售盐业仍由卤酱店经销，并增加基层供销社零售。同年12月，江苏省人民委员会统一部署，新海连市对两淮盐场的盐价作了调整：食盐批发价由每担9.40元调为11.30元，零售价每市斤由0.106元调为0.13元；并明确食盐车运每担9.97元，木船运每担9.71元，于1957年1月1日起执行。随之苏州市食盐零售价格从1957年开始调整为每市斤0.145元，提价幅度达11%。苏州市食盐这个价格从1957年开始基本保持了30多年稳定不动，直到1989年11月才全面调整，是其他商品所少有的。当时，为了加强对盐价的管理，将盐价的管理权限收归中央和省，后逐步交由省级政府管理，盐价这一管理政策一直延续至今。1957年，苏州盐业曾划归蔬菜公司、烟糖公司，1965年3月，恢复产运销合一经营体制。

1957年12月，食品工业部通知，从1958年1月1日起对食盐分配价作了调整，其中食盐分配价为：火车、轮运价格为每吨199.50元，木船轮运价为每吨195.50元。

苏州解放后，盐一度是推销商品。1958年后，盐场坨地库存下降，原因是江苏原盐出场价偏低，影响了盐业工业的发展，经轻工业部批准，从1959年12月15日起对原盐出场价进行了适当上调，苏州市食盐零售价每市斤仍为0.145元，不变动。20世纪50年代，苏州销盐中淮盐占92%，浙盐占7%，其中由苏北燕尾港经上海转江海联营占50%，其余由淮阴等地内河运输。

三年困难时期，物资供应匮乏，1961年苏州市对与人民生活密切相关的18类生活必需品实行凭票定量供应，食盐也列入其中，价格则坚决稳住，食盐价格仍为每市斤0.145元，不实行高价商品政策。1962年苏州地区出现食盐抢购风，三天三夜连续供应始平息。当时从四川自贡购进火花盐（细盐）5000吨。1965年12月，轻工业部对盐价管理进行了三项改革：地区差价不计利润，把当时的食盐按销地成本计算价格，只加实际运杂费，不分段加利润差额；

实行地区性一个价,即在一定地区把若干个县的县城地区差价费用加以综合计算,实行一个零售价;直接管理零售价格。同时规定盐税为价外税,盐价构成为:

分配价厂＝（场）价+盐税+中央平衡差+厂区费用

省物价委员会、淮北盐务管理局、省供销社明确规定:从1967年1月1日起,将全省75个县市的食盐（原盐）零售价分为每500克0.13元、0.135元、0.14元、0.145元四个价区,苏州为第四价区,食盐每500克为0.145元。在同一价区内县、市、城乡一价,并统一全省食盐批零差率为12%。同时规定,加碘食盐不加价。通过上述调整,全省调整零售价的有29个市（县）,维持不动的45个市（县）,苏州市盐价没有变动。1976年5月,因受地震影响,市场又刮起食盐抢购风,由铁路、内河、海轮运输大批食盐到苏城,保证了供应。1984年,食盐税由每吨165元降低到160元,批发价和零售价不动。

江苏省盐产区以原盐为原料,采用粉碎、洗涤、烘干、筛选方法生产的粉洗精盐,经轻工业部批准暂定食盐分配价每吨220元。批发价、零售价每吨按下列四个价区价格于1985年1月1日起执行。随着人民生活水平提高,食盐消费结构也发生明显变化,1950~1983年间,苏州居民食用的基本上是原盐,俗称"粗盐",在食盐消费中粗盐占80%~90%。而在20世纪50年代以来属推销商品的精制盐,至80年代中期开始逐渐成为苏州食盐市场的主角。1985年精制盐销量达6663吨,已占50.61%,粗盐降为49.39%。

表3-292　1985年江苏省粉洗盐价格调整表

单位:元/吨

价区	批发价调整前	批发价调整后	零售价调整前	零售价调整后
第一价区	264.00	255.20	300.00	290.00
第二价区	272.80	264.00	310.00	300.00
第三价区	281.60	272.80	320.00	310.00
第四价区	290.40	281.60	330.00	320.00

表3-293　1949~1985年苏州市食盐（原盐）历史价格表

单位:元/市斤

年份	价格	年份	价格
1949	0.08（年末）	1960	0.145
1950	0.19	1961~1962	0.145
1951	0.135	1963	0.145
1952	0.125	1964	0.145
1953	0.125	1965~1966	0.145
1954	0.12	1967~1974	0.145
1955	0.125	1975	0.145
1956	0.125	1976~1978	0.145
1957	0.145	1979	0.145
1958	0.145	1980~1982	0.145
1959	0.145	1983~1985	0.145

1987年1月5日起，食盐税每吨减少12元，全省食盐批发价格平均每吨降低9元。

表3-294　1987年江苏省塑料小包装食盐价格表

盐种	价区	批零差率（%）	500克（元/袋）		1000克（元/袋）	
			批发价	零售价	批发价	零售价
原盐	一	12	0.1408	0.16	0.2726	0.31
	二	12	0.1452	0.165	0.2816	0.32
	三	12	0.1496	0.17	0.2904	0.33
	四	12	0.154	0.175	0.2992	0.34
粉洗盐	一	12	0.146	0.17	0.2904	0.33
	二	12	0.154	0.175	0.2992	0.34
	三	12	0.1584	0.18	0.308	0.35
	四	12	0.1628	0.185	0.3168	0.36
粉精盐	一	12	0.154	0.175	0.2992	0.34
	二	12	0.1584	0.18	0.308	0.35
	三	12	0.1628	0.185	0.3168	0.36
	四	12	0.1672	0.19	0.3256	0.37
再制盐	一	12	0.1584	0.18	0.308	—
	二	12	0.1628	—	—	0.36
	三	12	0.1572	0.19	0.3056	0.37
	四	12	0.1716	0.175	0.3344	0.38

苏州仍为四价区，零售价每500克袋装原盐为0.175元，粉碎洗涤盐为0.185元，粉洗精盐为0.19元，再制盐为0.195元，批零差率统一为12%。

表3-295　1987年1月苏州市食盐价格调整表

盐种	500克塑袋包装（元/袋）			1000克塑袋包装（元/袋）		
	批发价		零售价	批发价		零售价
	调前	调后		调前	调后	
原盐	0.154	0.1495	0.175	0.2992	0.2902	0.34
粉碎洗涤盐	0.1628	0.1583	0.185	0.3168	0.3078	0.36
粉洗精盐	0.1672	0.1627	0.19	0.3256	0.3166	0.37
再制盐	0.1716	0.1671	0.195	0.3344	0.3254	0.38

1988年盐业市场出现紧张状态，一度出现食盐抢购风，商业库存急剧下降，不少地区实行凭票限量供应。盐价偏低以及长期未进行合理调整是造成这种局面的主要原因，当时盐业市场出现这种供求形势，促使国家加快了全面调整改革盐价的步伐。1989年2月召开的全国物价工作会议，通过了全面调整盐价方案，盐的出场价由平均68.58元上调为112.88元，上调幅度64.59%。

民用食盐，由于实行专营，购销价格比较稳定，其价格管理一直采取政府定价的形式。1989年11月，经国务院批准，江苏省从当年11月25日起，适当提高盐价，并将原四个价区归并为二个价区：一价区为产盐市（县），二价区为非产盐市、区。食盐的零售价格为：原盐零售价格每500克提高8分，苏州为二价区，每500克由0.15元提高到0.23元。粉碎洗涤盐、粉洗精盐、精制盐分别以调后的原盐零售价格为基础加0.04元、0.06元、0.07元（具体价格见下表3-297）。碘盐的零售价格仍按加碘不加价的原则执行。苏州对11月份凭票定量供应的食盐仍按调前价格执行。食盐的批零差率统一为16%（倒扣计算），城乡差价仍按现行规定执行，食盐批发企业对供销社的转批优待办法统一按当地食盐批发价为基础，按转批优待折扣率5.5%执行。塑料袋小包装食盐价格，在各种散装食盐价格基础上另行加价，每500克加包装费0.05元，1000克加包装费0.08元。

表3-296　1989年11月25日苏州市食盐销售价格表

单位：元/吨

盐种	规格	调整前零售价格	调整后零售价格	调整前批发价格	调整后批发价格
原盐	散装	300	460	255	386.4
	500克包装	400	560	343	470.4
	1000克包装	380	540	325.4	453.6
粉碎洗涤盐	散装	320	540	272.6	453.6
	500克包装	420	640	360.6	537.6
	1000克包装	400	620	343	520.8
粉（日晒）精盐	散装	340	580	290.2	487.2
	500克包装	440	680	378.2	571.2
	1000克包装	420	660	360.6	554.4
精制盐	散装	340	600	290.2	504
	500克包装	440	700	378.2	588
	1000克包装	420	680	360.6	571.2

1990年4月17日，苏州市物委、工商局、税务局、卫生局、盐业公司联合发出《关于加强盐业市场管理工作的通知》，要点是：盐是国家专营商品，市、县（市）国营盐业公司是盐的专业批发机构，负责各所属供应区辖的批发经营，各经营盐的零售、转批（包括个体经销户）和用盐单位，均应向盐业公司申请供应，不允许从其他渠道进货，如有发现，即予以没收。盐的生产实行制盐许可证制度。凡生产的以氯化钠为主要成分的产品或以原料盐和化工生产废液生产各类加工盐的单位，均需按程序办理生产加工许可证，未经批准而私自生产和销售者，予以取缔。盐属于国家定价商品，各经销单位和个人均不得擅自变动。如有违反，物价部门按《中华人民共和国价格管理条例》予以处罚。

1993年3月，省制盐工业研究所生产的"寿星牌"低钠盐投放市场后，深受消费者欢迎，但由于低钠盐生产材料涨幅大，成本高，为缓解低钠盐生产困难，省物价局调整了低钠盐价格：以青岛再制盐为原料的低钠盐（内套色加固500克塑袋、外纸箱）每吨出厂价1720元，批发价1960元，零售价每500克1.08元；同上述规格，外麻袋包装的每吨出厂价1590元，批发价1830元，零售价每500克为1.00元。以江苏省产精盐为原料的低钠盐（内套色加固500克塑袋、外纸箱）每吨出厂价1580元，批发价1780元，零售价每500克为0.98元；同上述规格，外麻袋包装的每吨出厂为1450元，批发价1650元，零售价每500克为0.90元。

三、工业用盐国家指导价

1994年，江苏省根据国家的有关文件精神，对工业盐价格管理体制进行重大改革。工业用盐的价格由国家定价改为国家指导价，根据用盐行业能够承受和盐业行业维持再生产的原则，由国家规定出场（厂）价的浮动范围，批发价随出场（厂）价的浮动而相应浮动，供需双方在国家规定浮动范围内协商作价。调整现行盐价结构，将现行盐价由出场（厂）价、分配价、批发价、零售价四种形式改为出场（厂）价、批发价、零售价三种形式，取消分配价。工业盐的购销价格完成了由计划经济向政府宏观调控下的市场经济体制的过渡。

2009年12月9日，国家发展改革委作出关于提高食盐出厂（场）价格的通知。根据食盐生产经营成本变化情况，为缓解制盐企业生产经营困难，决定适当提高食盐出厂（场）价格，相应提高产区批发价格，零售价格不提高。食盐出厂（场）价格（含税）每吨提高80元。相应提高食盐产区批发价格。食盐产区批发价格（含税）每吨提高80元。本次食盐出厂（场）和产区批发价格调整，各地食盐零售价格一律维持现行水平不得提高，也不准以任何名义、任何形式变相提高。因出厂（场）和产区批发价格提高导致流通成本增加，由盐业经销企业通过进一步提升管理手段和经营效率，压缩经营成本予以消化。各地盐业经销企业要严格执行国家食盐价格政策，确保食盐市场供应和价格稳定。下表为江苏产区碘盐、无碘盐的出场（厂）价格和批发价格：

表3-297　2009年江苏产区碘盐出场（厂）价格表

单位：元/吨

盐种	不含增值税价		含增值税价
	无碘散装	大包装含碘盐	大包装含碘盐
粉洗盐	357	437	494
粉精盐	408	488	552
井矿盐	375	455	514

表3-298　2009年江苏产区无碘盐出场（厂）价格表

单位：元/吨

盐种	不含增值税价			含增值税价
	合计	散装盐价	包装费	
粉洗盐	387	357	30	437
粉精盐	438	408	30	495
井矿盐	405	375	30	458

表3-299　江苏产区碘盐批发价格表

单位：元/吨

发运港站	盐种	不含增值税价	含增值税价
全省各港站	粉洗盐	495	560
全省各港站	粉精盐	546	617
淮阴清江港	井矿盐	502	567

表3-300　江苏产区无碘盐批发价格表

单位：元/吨

发运港站	盐种	不含增值税价	含增值税价
全省各港站	粉洗盐	445	503
全省各港站	粉精盐	496	560
淮阴清江港	井矿盐	452	511

四、盐价调整

1994年，省物价局再次调整食盐零售价格。根据省规定：苏州市（二价区）原盐每500克零售价提价0.15元，由0.23元提高至0.38元。以原盐为原料加工的粉碎洗涤盐每500克零售加价0.05元提高至0.43元；粉洗精盐每500克零售加价0.08，提高至0.46元；井矿精盐每500克零售加价0.16元，由现行0.30元调整至0.46元。

至20世纪90年代，苏州市场原盐（粗盐）销售基本绝迹。随着人民群众对生活改善的需要，苏州市场上主要销售的是小包装加碘盐和多种营养性食盐。下列表格为1996年省物价局分别采取不同的价格政策制定的具体食盐批发价和零售价格：

表3-301　1996年江苏省食盐产区批发价格表

单位：元/吨

发运港站	盐种	无税价	其中		含税价
			包装费	国家碘盐基金	—
云台公司	原盐	284.66	30	25	333.05
燕尾港	原盐	284.66	30	25	333.05
连云港	原盐	292.69	30	25	342.45
陈港	原盐	285.68	30	25	334.25
八滩港	原盐	292.69	30	25	342.45
射阳港	原盐	278.68	30	25	326.05
头罾港	原盐	278.68	30	25	326.05
黄沙港	原盐	278.68	30	25	326.05
南通港	原盐	280.73	30	25	328.45

表3-302　1996年江苏省食盐批发零售价格表

市场	原盐（无碘）		加碘粉洗盐		加碘粉洗精盐、井矿盐		备注
	批发价（元/吨）	零售价（元/500克）	批发价（元/吨）	零售价（元/500克）	批发价（元/吨）	零售价（元/500克）	
一价区	783.3	0.47	1000.00	0.60	1050.00	0.63	含大小包装和防伪标志
二价区	800	0.48	1016.67	0.61	1066.67	0.64	

表3-303　1996年江苏省小包装食盐价格表

品种	批发价（元/吨）	零售价（元/500克）	备注
复合膜袋装加碘粉洗盐	1550	0.90	价格构成中含税金、聚乙烯包装袋（掺避光色及四套彩印）外加20千克纸箱包装、防伪标志。
复合膜袋装精盐、井矿盐	1640	0.95	
泡菜盐	3600	2.00	包装袋为500克复合塑袋包装（外加20千克纸箱大包装）。

品种	批发价 （元/吨）	零售价 （元/500克）	备注
海盐	4200	2.30	
锌强化营养盐	5000	2.70	
钙强化营养盐	3800	2.1	包装袋为500克复合塑袋包装（外加20千克纸箱大包装）。
低钠盐	3800	2.1	
平衡健身盐	6800	3.6	

表3-304　2000年3月江苏省核定塑料瓶多品种盐试销价格表

单位：元/450克（塑料瓶）

价格	硒强化 营养盐	锌强化 营养盐	钙强化 营养盐	铁强化 营养盐	核黄素强化 营养盐	加氟 食用盐	低钠盐
出厂价	2.80	2.80	3.50	3.10	2.80	2.80	3.10
批发价	3.20	3.20	4.00	3.50	3.20	3.20	3.50
零售价	3.60	3.60	4.50	3.90	3.60	3.60	3.90

注：执行国家轻工局有关生产标准。

表3-305　2000年3月江苏省核定玻璃瓶多品种盐试销价格表

单位：元/50克（玻璃瓶）

价格	胡椒盐	花椒盐	辣椒盐	五香盐
出厂价	3.50	2.00	1.90	1.80
批发价	4.00	2.30	2.20	2.10
零售价	4.50	2.60	2.50	2.40

注：执行国家轻工局有关生产标准。

表3-306　2000年3月江苏省下达500克复合膜袋装碘盐价格表

盐种	批发价（元/吨）	零售价（元/500克）
加碘粉洗盐	1550	0.90
加碘粉精盐、井矿盐	1720	1.00

注：价格构成中含税金、聚丙聚乙烯包装袋（掺避光色及四套彩印）外加25千克纸盒包装、防伪标志。

2001年8月，为规范农村食盐市场供应行为，兼顾食盐批发、转批两个环节的经济利益，省物价局发文将食盐转批优待扣率从7%的固定比率调整为5%~7%的幅度比率。同年9月省局核定腌制盐的销售价格，详见下表：

表3-307　2001年各种腌制盐销售价格表

单位：元/袋

品种	规格	批发价	零售价
日晒腌制盐	500克复合膜袋装	0.70	0.90
	1千克复合膜袋装	1.30	1.60
	5千克复合膜袋装	6.00	7.00
	50千克内塑外编袋装	35.00	—

品种	规格	批发价	零售价
日晒盐（腌制用）	500克复合膜袋装	0.80	1.00
	1千克复合膜袋装	1.50	1.80
日晒盐（腌制用）	5千克复合膜袋装	7.00	8.00
	50千克内塑外编袋装	40.00	—
精制盐（腌制用）	50千克内塑外编袋装	45.00	—
精制海盐（腌制用）	500克复合膜袋装	1.00	1.20
	1千克复合膜袋装	1.80	2.10
	5千克复合膜袋装	7.80	9.00
	50千克内塑外编袋装	50.00	—

注：1. 价格构成中含税金、包装物和防伪标志，复合膜小包装还外加25千克纸盒（或20千克软包装）大包装。

2. 50千克内塑外编袋装的腌制盐仅限供应给酱制品厂等集团消费和腌制海蜇等渔业用盐，只批发，不零售；其他均采用复合膜包装。

3. 日晒腌制盐执行Q/320700ST01-1999企业标准。

4. 日晒盐（腌制用）执行GB5461-2000国标。

5. 精制盐（腌制用）为加碘井矿盐，执行GB5461-2000国标。

6. 精制盐（腌制用）为原盐经过洗涤、粉碎、烘干而成的颗粒状加碘精制海盐，执行Q/320000JY01-1999企业标准。

2001年开始江苏省盐业公司采用先进技术生产了新一代淮牌精制海盐和精制盐，并采用符合环保要求的纸塑袋包装。上述两个品种试销一年后，省物价局于2002年3月批复淮牌精制海盐、淮牌精制盐（井盐）的销售价格。同年12月，省局又核定雪花营养盐的销售价格，具体价格水平见下表：

表3-308　2002年淮牌精制海盐、淮牌精制盐销售价格表

单位：元/袋

品种	规格	出厂价	批发价	零售价
淮牌精制海盐	500克纸塑包装	1.00	1.30	1.50
淮牌精制盐	500克纸塑包装	0.95	1.20	1.40

注：价格构成中含税金、纸塑袋小包装、防伪标志，外加纸箱（或软包装）大包装。执行标准：Q/320000JYJ03-2001。

表3-309　2002年雪花营养盐销售价格表

单位：元/袋、筒

品种	规格	出厂价	批发价	零售价
雪花盐	250克复合膜袋装	0.90	1.13	1.30
	300克PVC筒装	2.16	2.70	3.10
	450克PVC筒装	2.78	3.48	4.00

注：1. 价格构成中含税金、防标、小包装物外加纸箱大包装。

2. 质量执行国家规定的生产标准。

2004年5月，鉴于市场食盐转批情况发生变化，为了更好地规范农村食盐市场供应行为，兼顾食盐批发、转批两个环节的经济利益，省物价局将转批折让扣率由5%~7%调整为7%以内的幅度比率。

2006年12月，省物价局对淮牌精制食用盐和部分行业用盐销售价格作了批复，详见下表：

表3-310 2006年淮牌精制食用盐及行业用盐价格表

品种	规格	批发价（元/吨）	零售价（元/袋）	备注
淮牌精制食用盐	320克纸塑袋装	2750	1.00	价格构成中含税金、纸塑袋小包装、防伪标志，外加纸箱大包装。
肠衣盐	50千克编织袋装	880	—	只限供应特种行业用，只批发不零售
味精盐	50千克编织袋装	900	—	
颗粒盐	50千克编织袋装	1100	—	
畜禽盐	50千克编织袋装	1080	—	

表3-311 1996~2006年苏州市食盐价格情况表

日期	分类	批发价	零售价
1996年	1000克塑袋原盐	846.80元/吨	0.48元/500克
	500克塑袋粉精盐	1066.67元/吨	0.64元/500克
	500克塑袋粉洗盐	1016.67元/吨	0.61元/500克
	500克塑袋井矿盐	1066.67元/吨	0.64元/500克
1999年1月1日	500克复合膜袋装加碘粉洗盐	1500.00元/吨	0.90元/500克
	500克复合膜袋装加碘粉精盐、井矿盐	1640.00元/吨	0.95元/500克
1992年4月6日	500克复合塑袋健康盐（含NaCl70%以下）	2016.00元/吨	1.20元/500克
1998年	500克复合膜袋装加碘精品海盐	2000.00元/吨	1.20元/500克
1999年8月5日	泡菜盐	3600.00元/吨	2.00元/500克
	海盐	4200.00元/吨	2.30元/500克
	锌强化盐营养盐	5000.00元/吨	2.70元/500克
	钙强化盐营养盐	3800.00元/吨	2.10元/500克
	低钠盐	3800.00元/吨	2.10元/500克
	平衡健身盐	6800.00元/吨	3.60元/500克
2000年3月1日	滩晒低钠自然盐	2200.00元/吨	1.30元/500克
	低钠腌制盐	1400.00元/吨	0.90元/500克
2002年	500克复合膜袋装碘盐（加碘粉洗盐）	1550.00元/吨	0.90元/500克
	500克复合膜袋装碘盐（加碘粉精、井矿盐）	1720.00元/吨	1.00元/500克
	雪花营养盐250克复合膜袋装	1.13元/250克	1.30元/250克
	雪花营养盐300克PVC筒装	2.70元/300克	3.10元/300克
	雪花营养盐450克PVC筒装	3.48元/450克	4.00元/450克
	莫顿调味盐蒜香盐130克瓶装	5.30元/130克	5.90元/130克
2006年1月1日	莫顿调味盐清香即食盐115克瓶装	5.80元/115克	6.50元/115克
	莫顿调味盐炖肉烧烤盐132克瓶装	6.20元/132克	6.90元/132克
	淮牌腌制盐（普通型）500克复合	0.80元/500克	1.00元/500克
	淮牌腌制盐（普通型）1000克复合	1.50元/1000克	1.80元/1000克
	淮牌腌制盐（普通型）5千克复合	7.00元/5000克	8.00元/500克

日期	分类	批发价	零售价
2006年1月1日	淮牌腌制盐（普通型）50千克内塑外编	40.00元/50000克	—
2006年1月1日	淮牌腌制盐（精制型）500克复合	1.00元/500克	1.20元/500克
	淮牌腌制盐（精制型）1000克复合	1.80元/1000克	2.10元/1000克
	淮牌腌制盐（精制型）5千克复合	7.80元/5000克	9.00元/5000克
	淮牌腌制盐（精制型）50千克内塑外编	50.00元/50000克	—

2009年，省物价局核定320克小包装食盐等销售价格，并要求在销售320克小包装食盐过程中，要确保普通500克包装碘盐的供给，做到多品种上市供应，由消费者自主选择。

表3-312　2009年苏州市320克小包装食盐等销售价格表

品种	规格	批发价（元/吨）	零售价（元/袋）	备注
淮牌精制食用盐	320克纸塑袋装	2750	1.00	价格构成中含税金、纸塑袋小包装、防伪标志，外加纸箱大包装。
肠衣盐	50千克编织袋装	880	—	仅供应特种行业使用。
味精盐	50千克编织袋装	900	—	
颗粒盐	50千克编织袋装	1100	—	
畜禽盐	50千克编织袋装	1080	—	

2010年6月3日，省物价局核定精制海盐系列品种销售价格，详见下表：

表3-313　2010年6月淮牌精制食用盐销售价格表

品种	规格	批发价（元/吨）	批发价（元/袋）	零售价（元/袋）
精制食用盐	280克纸塑袋装	2820	0.79	0.9
	400克纸塑袋装	2740	1.10	1.25
	1000克纸塑袋装	2680	2.68	3
	2500克复合膜袋装	2815	7.04	8
	5千克复合膜袋装	2740	13.7	15
	10千克涂塑编织袋装	2740	27.4	30
自然晶盐（16-40目）	400克复合膜袋装	3950	1.58	1.80

注：1. 价格构成中含税金、小包装及防伪标志，纸箱大包装。

　　2. 同包装规格井矿盐执行相同价格。

2010年8月2日，省物价局核定海藻碘盐等多品种食盐销售价格。要求省盐业公司在销售海藻碘盐及绿色食用盐系列产品时，要做到多品种盐上市供应，由消费者自主选择，并确保普通碘盐的供给，具体价格水平见下表：

表3-314　2010年8月江苏省多品种系列食盐销售价格表

序号	品种	规格	批发价格（元/吨）	批发价格（元/袋）	零售价格（元/袋）
1	海藻碘盐	400克纸塑复合膜包装	7500	3.00	3.40
2	加钙海藻碘营养盐	400克纸塑复合膜包装	7500	3.00	3.40

苏州市价格志

序号	品种	规 格	批发价格（元/吨）	批发价格（元/袋）	零售价格（元/袋）
3	铁强化营养盐	400克纸塑复合膜包装	7500	3.00	3.40
4	加锌海藻碘营养盐	400克纸塑复合膜包装	7500	3.00	3.40
5	加硒海藻碘营养盐	400克纸塑复合膜包装	7500	3.00	3.40
6	核黄素海藻碘营养盐	400克纸塑复合膜包装	7500	3.00	3.40
7	多元营养海藻碘盐	400克纸塑复合膜包装	8000	3.20	3.65
8	胡萝卜素营养海藻碘盐	400克纸塑复合膜包装	8500	3.40	3.85
9	多糖营养海藻碘盐	400克纸塑复合膜包装	8500	3.40	3.85
10	平衡营养海藻碘盐	400克纸塑复合膜包装	9750	3.90	4.45
11	低钠营养海藻碘盐	400克纸塑复合膜包装	10500	4.20	4.75
12	绿色食品海藻碘盐	400克纸塑复合膜包装	7500	3.00	3.40
13	绿色食品钙强化营养盐	400克纸塑复合膜包装	5250	2.10	2.40
14	绿色食品锌强化营养盐	400克纸塑复合膜包装	5250	2.10	2.40
15	绿色食品硒强化营养盐	400克纸塑复合膜包装	5250	2.10	2.40
16	绿色食品多元营养强化盐	400克纸塑复合膜包装	5750	2.30	2.60
17	特制食盐（绿色食品）	500克纸塑复合膜包装	3400	1.70	1.95
18	特制食盐（绿色食品）	250克纸塑复合膜包装	3700	0.93	1.05
19	特制食盐（绿色食品）	50千克纸塑包装	1420	—	1690

注：1. 价格构成中含税金、小包装及防伪标志，纸箱大包装。

2. 产品质量执行国家规定的生产标准。

2010年8月2日，省物价局作出关于320克复合膜包装淮牌系列绿色强化营养盐销售价格的批复，包括低钠盐、锌强化营养盐、硒强化营养盐、钙强化营养盐、健康平衡盐等五个品种，具体价格见下表：

表3-315　淮牌系列绿色强化营养盐销售价格表

品种	规格	批发价（元/吨）	批发价（元/袋）	零售价（元/袋）
低钠盐	320克复合膜包装	5808	1.86	2.10
锌强化营养盐	320克复合膜包装	5808	1.86	2.10
硒强化营养盐	320克复合膜包装	5808	1.86	2.10
钙强化营养盐	320克复合膜包装	5808	1.86	2.10
健康平衡盐	320克复合膜包装	7008	2.24	2.55

注：1. 价格构成中含税金、小包装及防伪标志，纸箱大包装。

2. 产品质量执行国家规定的生产标准。

表3-316　淮牌精制食用盐及行业用盐价格表

品种	规格	批发价（元/吨）	零售价（元/袋）	备注
淮牌精制食用盐	320克纸塑袋装	2750	1.00	价格构成中含税金、纸塑袋小包装、防伪标志，外加纸箱大包装。
肠衣盐	50千克编织袋装	880	—	只限供应特种行业用，只批发不零售
味精盐	50千克编织袋装	900	—	
颗粒盐	50千克编织袋装	1100	—	省局苏价工函［2006］202号
畜禽盐	50千克编织袋装	1080	—	

第七节　糖烟酒价格

一、糖价

1. 食糖价格

食糖多产自南方，属"南货"，历来由南北货行业经营。苏州经销的食糖，早期主要来自广东。广东商人自明万历、天启年间始，先后择山塘街等地创建岭南、东官、宝安、仙城等会馆。明清年间广东商人每年二、三月份载"糖霜"来苏松一带售卖，秋季携大量棉花回粤，"楼船千百，皆布囊累累"。苏州人喜甜食，故饮食业、糕点业偏重用糖，尤其苏式糖果业食糖用量极大，南货业经营亦"以糖为大宗"。清末，进口糖逐步行销苏州。光绪二十五年（1899），苏州白糖市场销价每市斤年平均价为84文（制钱），年销不足1万担；光绪二十七年（1901）猛增至3万担；进口糖类日增，光绪二十八年（1902）达4.5万担。同年，上塘街永源南货行开设，以趸批食糖为业，拥资6500银圆，雇工30名左右；至民国16年（1927）已包揽苏地"太古糖"（英国太古洋行进口糖）经销，每年糖市"开盘"，由其主持，其他有名的南货号糖价"也得尊其所定"。民国19年（1930）苏城白糖市场销价每市斤年平均价为0.119元（银圆），同年7月在大马路黄家巷成立南北货糖业同业公会，有会员70余户。从民国20年至26年（1931～1937）七年间，苏州白糖价格稳步上升，每年平均价从0.142元（1931）升至0.22元（法币，1937）。苏州市场食糖主要从上海进货，经营台湾白砂糖、东北绵白糖、福建红糖、广东赤砂糖等。

苏州沦陷期间，日伪对砂糖实行控制，由指定商店实行配给，苏州有华商66户、日商23户。食糖价格则一路快速上涨，民国27年（1938）白糖市场年平均销价每市斤0.35元（法币），至民国31年（1942）5月为6.00元（法币），上涨17.14倍。民国32年（1943）9月，糖业在南濠街单独建立同业公会。抗日战争胜利后，同业公会整理后重建并入南北海货糖商同业公会，民国34年（1945）苏州白糖销价每市斤年平均价为220元（法币），苏城多家糖行开设食糖月销达2.4万余担。民国37年（1948）由于通货膨胀加剧，白糖价每市斤从年初每市斤21000元猛涨至8月份每市斤80000元（法币），9月份白糖每市斤0.38元（金圆券，下同），至12月份涨至4.20元。由于物价等原因，上海糖商停止对苏州糖行供货。苏州18家南北货、糖行束手无策，经苏州商会出面求得6000余担，但未几涨价风潮迭起，民国38年（1949）1月，苏州白糖每市斤市场销价为28元，至4月份已暴涨至3200元，苏州糖商已无货可供濒临绝境。

苏州解放后，国营中百公司建立，开设食糖批发业务，通过掌握食糖资源制定国营公司食糖牌价，逐步平息解放初期涨价风潮。1949年末，白砂糖苏州市场零售价每市斤为0.41元（已折算成新人民币，下同）。1951年每市斤粗砂糖涨至0.86元，绵白糖为0.80元；1951年粗砂糖、绵白糖分别回落到每市斤0.72元和0.68元；1952年白砂糖升至每市斤0.76元，绵白糖降至0.67元。1953年，苏城6家私营糖行停止食糖批发，或转为零售，或转业工厂，国家完全掌握了食糖的批发经营，规定零售价每市斤绵白糖（机制）为0.64元，白砂糖为0.61元，食糖仍由南货店（公私合营后称南酱店）经营。

1954年下半年，因社会购买力继续提高，苏州市区对供应日益紧张的食糖于8月18日起实行凭证限量供应，每市斤白砂糖为0.63元，绵白糖为0.72元。从此拉开了长达近40年的计划供应食糖的帷幕。从1955年至1962年整整八年间白砂糖市场零售价一直稳定在每市斤0.72元，国家未作调整，而绵白糖1955年至1957年每市斤零售价为0.765元，1958年国家调整为0.78元，一直维持至1962年。其间，1957年6月，食糖及糖果糕点批发业务划归蔬菜公司，1961年2月，划归市专卖事业公司；1963年12月，专卖公司更名糖业烟酒公司，食糖一直由专业公司专营。

1959年起，农业严重减产，苏州市区农副产品供应渐趋短缺。从1960年开始，食糖严格按户籍人口凭票计划供应。1961年每人每月供应50克（1市两），全市人年均0.6千克；同年2月起，苏州市开始供应高价糖果、高价糕点和高价菜肴（简称"三高商品"），高价食糖与平价食糖价差为1~3倍。直至1965年7月才取消高价。而定量供应的食糖等则严格按国家牌价白砂糖每市斤0.72元执行，以维持最基本生活必需品价格的稳定。1962年食糖人年均供应0.9千克。产妇、新生儿、病人等则需凭医院证明方能增加定量。1963年计划供应的白砂糖、绵白糖每市斤分别从0.72元和0.78元调高至0.87元和0.93元。1965年随着国民经济的恢复，计划供应的白砂糖、绵白糖每市斤国家牌价又分别回落到0.78元和0.84元。这个食糖零售价格从1965年开始至1988年6月整个二十多年间一直保持不变，食糖价格也一直由国家有关部门制定和管理。1965年8月，国家将进口古巴糖零售价调整为每500克0.73元。同时规定供应生产糖果用糖的价格由商业批发价改按商业批发价倒扣10%结算。产地批发单位的进销差率保持在3%左右，批零差率统一定为15%。

1975年后，苏州市区居民食糖定为每人每季凭票供应6市两（市郊为4市两），同时，对产妇、新生儿、病人等分别实行凭证明优惠供应。生产单位，集体伙食单位另按计划供应白砂糖每市斤批发供应价为0.678元。1978年2月，除白砂糖继续凭票供应外，红糖敞开供应。1979年后，每逢春节、国庆等又增加绵白糖供应，人均8市两。

20世纪80年代，尽管食糖供应较60~70年代有了较大改善，国家对食糖除计划供应外，实行议价议销，但当时食糖货源仍旧偏紧，国家安排执行统一调拨价格的食糖减少，为弥补缺口，苏州市用外汇购进部分食糖和计划外采购部分食糖，形成苏州市食糖价格有三种水平：城乡居民定量供应和特需供应，其销售价格一律按国家规定价格执行，即白砂糖批发价每吨为1356元，零售价每500克为0.78元。外汇进口食糖实行代理价，主要用于生产和行业用糖，苏州实行代理价的食糖按一定时期内进货价格综合平均计算，由市糖业烟酒公司核算后，报市物价部门审批后执行。如1988年第二季度白砂糖代理供应价每吨为2200元。计划外自采食糖，按进货价加实际运费再加5%综合差率确定供应价，分批次报市物价部门审批。

下表为1949年至1988年6月苏州市区食糖计划牌价：

表3-317　苏州市食糖等调味品销价计划牌价表

单位：元

时间	食糖（粗砂）	食糖（棉白）	味精	味精	糖精	酱油（一级）
	市斤	市斤	15克瓶（袋）	500克装	一千克	市斤
1949	0.41（年末）		—			0.08（年末）
1950	0.86	0.80	0.40	—	—	0.22

时间	食糖（粗砂） 市斤	食糖（棉白） 市斤	味精 15克瓶（袋）	味精 500克装	糖精 一千克	酱油（一级） 市斤
1951	0.72	0.68	0.40	—	—	0.22
1952	0.76	0.67	0.49	—	—	0.17
1953	0.61	0.64	0.49	—	—	0.17
1954	0.63	0.72	0.43	—	—	0.19
1955	0.72	0.765	0.44	—	101.65	0.18
1956	0.72	0.765	0.44	—	101.65	0.17
1957	0.72	0.765	0.44	—	100.85	0.17
1958	0.72	0.78	0.44	—	67.80	0.17
1959	0.72	0.78	0.44	—	67.80	0.17
1960	0.72	0.78	0.44	—	67.80	0.21
1961~1962	0.72	0.78	0.44	—	67.80	0.18
1963	0.87	0.93	0.55	—	67.80	0.16
1964	0.87	0.93	0.44	11.63	52.00	0.23
1965~1966	0.78	0.84	0.44	11.63	52.00	0.22
1967~1974	0.78	0.84	0.36	8.79	52.00	0.22
1975	0.78	0.84	0.31	6.79	52.00	0.22
1976~1978	0.78	0.84	0.31	8.79	52.00	0.21
1979	0.78	0.84	0.22	6.15	21.40	0.21
1980~1982	0.78	0.84	0.20	5.69	21.40	0.21
1983~1985	0.78	0.84	0.20	5.12	21.40	0.21
1986~1988.6	0.78	0.84	—	—	—	—

根据省商业厅、省物价局关于调整食糖价格的通知，从1988年7月1日起，苏州市计划内食糖价格调整，苏州市区（包括吴县）每500克零售价（下同）白砂糖从0.78元调整为1.19元，绵白糖从0.84元调整为1.23元，古巴砂糖从0.68元调整为1.08元，赤砂糖从0.66元（超赤）和0.64元（机赤）统一调整为1.05元。苏州所辖的其他县（市）在上述价格基础上加0.1元地差；县以下农村集镇可适当安排城乡差价，由各县（市）安排。6月份居民凭票定量供应部分，在6月底之前，仍按原价供应。

这次调价后，食糖批发价格的批零差率，从原来的15%调为14%计算制定；同时，取消过去规定的供应糖果用糖的优待扣率，改按批发价执行。外汇进口食糖和计划外自采食糖，仍按规定执行代理价或保本微利价格。当时按照省有关部门的文件规定，省糖烟酒公司下达地方外汇进口食糖价格，按美元与人民币比价1∶6计算，港口交货的调拨价，进口原糖每吨2000元，用进口原糖加工的白砂糖每吨2400元，绵白糖每吨2450元。对市、县公司实行同价。各市、县的供应价可根据上述调拨价，按省有关规定确定。

根据国家统一部署，从1990年11月1日起，苏州市调整计划内食糖价格。市区绵白糖每500克零售价（下同）由1.23元调为1.79元，白砂糖由1.19元调为1.74元，进口糖由1.08元调为1.61元，机制赤砂糖由1.05元调为1.57元。食糖价格平均上涨38.5%。批零差率按省定差率13%执行，城乡差价仍按1988年7月水平执行。行业用糖各地按原计划价格安排的从11月1日起执行新的批发价，原以计划外安排的仍暂按物价部门批准的价格执行。

1990年12月，根据计划外食糖市场行情和省文件精神，市物价局会同市商业局下达《苏州市计划外食糖价格管理暂行规定》，对计划外自行组织食糖实行国家指导价形式，由市物价局和商业局共同制定作价办法和最高限价。由企业根据作价办法和限价水平确定具体价格，并报同级物价部门备案。并明确从1991年1月1日起，苏州市每吨食糖计划外的最高批发价为：白砂糖3080元，绵白糖3168元，赤砂糖2779元，原糖2850元。如需突破，须由市物价局、商业局报请省批准同意后，方可执行。企业在规定的限价水平内，批发价格按进货价格加合理运杂费、实际包装费（扣残值）和综合差率制定，综合差率全市统一为8%。为避免批发价格多变，同一品种食糖，企业可以按一定时期内各批次的进货价格加权平均计算。同城批发企业的商品调剂，只能在最高批发价水平范围内让利调剂，并注明最高批发价，并严格按照分对象作价的原则销售。凡零售价格低于计划内零售价的食糖，其价格由经营单位自行确定，但不得超过计划内零售价水平销售。

　　1991年冬季开始，食糖市场出现供大于求，食糖大战遍及全国，苏州食糖市场价格连续下跌，也出现食糖"价格大战"，至1992年上半年苏城市场食糖零售价格水平，每500克最高1.15元，最低0.93元。在全省范围，差距则更大：镇江1.00元，盐城1.20元，连云港1.42元，徐州1.55元。而这些价格都是从每500克1.75元左右的国家定价基础上自发降下来的，主营公司批发价则从每吨3080元降至1760元，销售中还要附加上推迟结算和送货上门等优惠条件。究其原因是：从20世纪50～80年代末，食糖价格一直计划购销，统一定价，严格管理，30多年基本稳定不变的价格，在1988～1990年三年中价格改革跨出了两大步，白砂糖零售价每500克从0.78元调至1.15元，再调到1.78元，上升了2.28倍。由于糖料大幅度提价，激发了糖农生产积极性，糖厂产量也随之上去，市场供应从凭票计划到放开供应。1992年全国食糖产大于销上百万吨，加上古巴进口糖70万吨，已到了难以消化的地步，商家改变经营方法，采取以销定进或者代销，降价竞销也愈演愈烈。在食糖经营和价格业已放开，食糖市场供求发生变化的情况下，为改变农民卖糖收不到钱，糖厂因食糖出不去，生产难以为继，经营者积压亏损的情况，国家采取深化价格改革等措施来保护糖业生产和经营者的积极性。1992年6月，国家决定放活食糖价格，出厂价由国家定价改为国家指导价，零售价格已放开，实行市场调节。省政府规定食盐、食糖等26种工业消费品不允许个体、私营商业从事批发业务。

　　1992年8月，国家物价局发出通知，决定从1992年9月1日起，对糖料和食糖价格政策进行调整，糖料收购价格管理形式由国家定价改为国家指导价，甘蔗、甜菜收购指导价分别以现行国家定价每吨1400元、1550元为基础，在上下浮不超过10%幅度内，由各省、自治区安排具体价格。必要时，由地方在此范围内制定最低保护价。食糖出厂价、调拨价、批发价的管理由国家指导价改为市场调节价，由企业根据生产和供求情况灵活定价。食糖零售价格继续放开。

　　1991～1992年上半年一直处于降价竞销的食糖，进入1992年夏末秋初，市场供求情况发生剧变，市烟糖公司过去8个月用尽各种优惠办法（送货上门、赊欠、奖售等）推销，月销售量只有5000吨左右，批发价最低时跌至1600元的白砂糖，至8月底已每吨上涨500元左右，达2350元，半个月已售出1300吨，并已采取限量供应办法，加以控制。食糖为何从呆滞急转为紧缺，其主要原因：国家在食糖产地开展了边境贸易活动，给独联体国家一吨食糖兑换回一吨钢材，这在国内钢材紧缺，价格大幅度上升的情况下，能取得较好的经济效益，从而扭转内销严重亏损的局面，减少了销地的糖源库存。前段时期食糖滞销，价格不断下跌，经营单位和用糖厂家不愿放库存，大多现进现销现用，而随着季节转变，月饼和其他糖果食品生产销售进入旺季，用糖量增加，造成供应商食糖货源比正常年景吃紧。在食糖放开经营，放开零售价格后，社会一些经营单位，见糖源趋紧就惜售，并多进货期待涨价获利。加上近期内国家一些调价措施出台，食盐供应短缺断档，价高的"健康盐"上市，群众担心涨价风要蔓延，因而多购一些食糖储存。

受国际市场原糖价格涨势较猛和国内主产区种植面积减少和受灾等的影响，1993～1995年全国食糖供求矛盾突出，价格大幅上涨。1993年苏州食糖市场价格总水平开始上升，据市统计局城调队统计，糖价恢复性上涨，年平均零售价每千克白砂糖为3.215元，红糖（赤砂）为2.715元。1994年食糖价格大幅上涨，年平均零售价每千克白砂糖为4.481元，红糖为3.892元，与上年同期相比分别上涨39.1%和43.4%。1995年食糖价格继续上涨，全年同比上涨23.8%，但涨幅有所回落。至12月份价格与上年同期相比，涨幅已回落1.9%，年终苏州市场白砂糖零售价每500克为2.80元左右。

1996年，苏州食糖市场价格总水平基本稳定，年平均零售价每千克白砂糖为4.875元，红糖为5.444元。

1997年3月，为加强对市区白砂糖市场销售价格的调控指导，确保物价调控目标任务的完成，市物价局发出《关于公布白砂糖市场平均零售价格及合理幅度的通知》，明确对市区白砂糖市场销售价格实行按月度公布市场平均零售价及合理幅度的管理办法，由市物价局依据市区批发单位的批发价格，加计现行规定的批零差率后制定并公布月度市场零售价格，各零售经营单位在市物价局规定的合理幅度之内自行制定具体销价。批零差率为15%，市场平均零售价格的合理幅度为5%。根据市糖烟酒总公司现行批发价格及市场行情，同年3月26日，市物价局公布4月份市区白砂糖市场平均零售价为每千克5.00元，并要求市糖烟酒总公司所属批发单位在批发凭证上注明市场平均零售价格。下表为1997～2001年部分月份苏州市物价局公布的市区白砂糖（散装）市场平均零售价：

表3–318　1997～2001年部分月份苏州市区白砂糖（散装）市场平均零售价表

年份	月份	零售价（元/千克）	合理幅度
1997	4月	5.00	5%
	7月	5.00	5%
	10月	5.00	5%
1998	8月	3.70	5%
	11月	3.90	5%
	12月	4.20	5%
1999	1月	4.20	5%
	2月	4.20	5%
	7月	4.05	5%
	10月	3.50	5%
2000	2月	3.70	5%
	3月	3.90	10%
	4月	4.20	10%

年份	月份	零售价（元/千克）	合理幅度
2000	8月	5.00	10%
	12月	4.60	10%
2001	3月	5.10	10%
	8月	5.00	10%
	9月	4.90	10%
	11月	4.90	10%

2002~2004年，苏州市场食糖价格总水平稳中下降，代表品白砂糖价格每千克市场零售价在3.30元左右低迷徘徊。2005年开始，白砂糖价格开始反弹，每千克市场零售价突破5元后，小幅攀升，价格总水平受市场供求、食糖主产区收成丰歉及国际市场原糖价格的影响而上下波动。

表3-319　2006~2010年苏州市区白砂糖市场零售（零售）年平均价格表

单位：元/千克

年份	2006年	2007年	2008年	2009年	2010年
年平均价	5.94	5.44	4.90	5.20	7.02

资料来源：市统计局城调队。市价格监测中心。

2. 糖果价格

苏州制造糖果有悠久的历史，明末谢云山始创的"谢家糖"，可称苏式糖果鼻祖。清同治光绪年间，糖果业中具有代表性的店号，采芝斋创于同治九年（1870），文魁斋创于光绪二年（1876）等。例如采芝斋，以粽子糖起家，同治年间在观前街摆糖果摊，置炉熬糖，现做现卖一文钱两只的粽子糖，后发展成经营各种苏式糖果的名店。粽子糖也成为苏式糖果的传统代表品种。采芝斋苏式糖果和西瓜子也成为来苏旅游者购买的苏州土特产的首选品。光绪三十年（1904），糖果业创立永康糖食公所，苏式糖果已形成鲜明的地方特色，长期以来，一直是前店后坊式经营。清末民初，苏州糖果、茶食二业，制造虽各有侧重，销售已交融合流。民国时期，西式糖果（硬糖）行销苏州市场，主要从上海进货。苏州也有人陆续开办起西式糖果。民国19年（1930）二业合并，建茶食糖果业同业公会。糖果价格由业者自订，或由同业公会议定，其价格由苏式糖果原料价格白糖、辅材、人工费用及利润构成，并随食糖价格的变动而上下波动。这种作价方法一直沿用至1956年茶食糖果业实行社会主义改造。

建国后，尤其是公私合营以后，苏式糖果糕点，由作坊式小生产逐步走向机械化，一些具有传统特色的名店老字号仍保持着前店后坊（厂）式经营特色。1954年周恩来总理出席日内瓦会议，曾以采芝斋苏式糖果等招待国际友人，苏式糖果被国际友人称为"中国糖"。苏式糖果的代表品粽子糖每市斤市场零售价：1952年为1.09元（已折合成新人民币，下同），1953年为0.90元，1954年为0.825元，1955年为0.82元，1956~1960年均为0.88元。荤油芝麻酥糖每包市场零售价：1955年为0.09元，1956~1960年为0.10元。从1957年开始，苏州糖果价格开始纳入计划经济轨道，糖果价格由国家有关部门制定和管理。例如：江苏省蜡纸水果糖1959年以前国家规定零售价为每500克1.05元，高粱饴纸包为1.15元。

1959年以后，物资供应紧张，以粮油食糖为原料的糖果糕点等类食品，由地方政府统一制定凭粮票购买标准，发放糖果券、糕点券，平价供应。1961年2月5日~1965年7月14日，苏州部分优质糖果、糕点实行高价敞开供应，不收粮票及券证。同时，市区居民每人每月增发0.25千克糕点券。高价糖果2月份始售，平均每市斤6元左右，5月调整为5.5元左右。1962年3月，高价糖果的供应范围从城市扩大到农村较大集镇。苏式粽子糖1963年每市斤高价为8.94元（1961~1962年粽子糖无货供应）。随后，由于国营商业部门和供销社系统加强高价糖果货源的组织，增加市场供应，价格逐步回落，糖果（包括食糖）的高平差价从1~3倍左右逐步向平价水平接近。随着经济情况的好转，到1965年7月糖果、食糖退出高价范围，恢复平价。苏式粽子糖每市斤降至0.94元。部分糖果品种改为不凭票需凭供应证，而到逢年过节才有供应；糕点一直有平价收粮票，议价敞开供应的二种供应方法。糖果退出高价范围后的价格，江苏省本着工商利润合理分配的原则，规定批零差率仍为15%，调拨扣率为8%，即系统内调拨价按当地批发牌价倒扣8%计算，零售价按当地批发牌价顺加15%计算。

"文化大革命"时期，糖果、食糖价格长期保持稳定。但苏式糖果传统品种被列为"封、资、修"而停产，名店老字号采芝斋、稻香村等牌号被砸，店名更改传统经营方式改变，又撤坊并厂，只求产量不求质量，苏州传统糖果糕点濒临失传之危，引起市民和来苏游客不满。

1979年，国家在提高8种主要副食品价格的同时，提高了糕点和部分糖果加工复制品价格。1985年起，国家为理顺价格关系，妥善处理工业生产资料价格上涨的连续反应，大面积调整火柴、肥皂、洗衣粉、食糖、盐、铝制品、搪瓷制品、纸张、部分中高档烟酒价格。随后，部分糖果实行浮动价和议价，价格总水平随之上升。例如，苏城西式糖果的供应主要从上海等外地调进。1986年11月，苏州市糖业烟酒公司发出调价通知单：沪产百花奶糖、熊猫奶糖每听（454克）批发价分别从3.81元和3.67元调高到3.90元和3.76元，零售价分别从4.38元和4.22元调高到4.41元和4.25元；山东青岛产高粱饴每千克批发价和零售价分别调高到2.26元和2.60元。

表3-320　1949~1990年苏式糖果糕点零售价格变动情况表

年份	粉丝	苏式月饼（玫瑰、百果）	棕子糖	白糖年糕	猪油年糕	荤油芝麻酥糖
	元/市斤	元/市斤	元/市斤	元/市斤	元/市斤	元/包
1949	—	—	—	—	—	—
1950	0.59	—	—	0.56	0.86	—
1951	0.62	—	—	0.56	0.68	—
1952	0.585	0.96	1.09	0.52	0.76	—
1953	0.69	0.86	0.90	0.52	0.76	—
1954	0.83	0.76	0.825	0.38	0.68	—
1955	0.80	0.80	0.82	0.38	0.62	0.09
1956	0.80	0.80	0.88	0.40	0.66	0.10
1957	0.84	0.96	0.88	0.42	0.70	0.10
1958	0.84	0.96	0.88	0.34	0.70	0.10
1959~1960	0.84	0.80	0.88	0.34	0.54	0.10

年份	粉丝	苏式月饼（玫瑰、百果）	棕子糖	白糖年糕	猪油年糕	荤油芝麻酥糖
	元/市斤	元/市斤	元/市斤	元/市斤	元/市斤	元/包
1961~1962	0.84	0.80	—	0.34	0.54	0.10
1963	0.84	0.84	0.94	0.34	0.72	0.10
1964	0.84	0.96	0.94	0.36	0.72	0.10
1965	0.84	0.80	0.94	0.38	0.70	0.09
1966~1978	0.84	0.80	0.94	0.36	0.60	0.08
1979	0.84	0.80	0.94	0.36	0.60	0.10
1980	0.84	0.88	0.94	0.36	0.68	0.10
1981~1982	0.84	0.88	0.94	0.36	0.68	0.10
1983	0.84	0.88	0.94	0.44	0.68	0.10
1984	0.84	0.88	1.14	0.44	0.68	0.10
1985	0.84	1.12	1.14	0.44	0.68	0.13
1989	—	—	—	0.76	1.38	—
1990	—	—	—	0.88	1.50	—

表3-321　1986年3月苏州市食品工业公司商品牌价通知单

生产单位	品名	规格	单位	价格	
				批发	零售
苏州糖果冷饮厂	百花透明纸蛋白糖	每千克192~200只	元/千克	3.24	3.72
苏州糖果冷饮厂	百花盒装糖果	每盒400克	元/盒	1.83	2.10
苏州糖果冷饮厂	水蜜桃透明纸糖	每千克212~220只	元/千克	3.20	3.68
苏州糖果冷饮厂	奶油朱古力	每块20克	元/块	0.217	0.25
苏州糖果冷饮厂	奶油巧克力	每块50克	元/块	0.539	0.62
苏州糖果冷饮厂	盒装果仁巧克力	每盒100克	元/盒	1.30	1.50
苏州糖果冷饮厂	盒装奶油巧克力	每盒100克	元/盒	1.39	1.60
苏州糖果冷饮厂	蛋形奶油巧克力	散装	元/千克	9.56	11.00
苏州食品厂	卤汁豆腐干	250克彩色精盒装	元/盒	1.00	1.15
苏州食品厂	卤汁豆腐干	125克涤纶复合包装	元/袋	0.374	0.43

　　1988年7月和1990年11月，国家对食糖价格两次作了调整，食糖价格较前上升了2.28倍。由于糖果产品的主要原料食糖大幅度提价，糖果成本成倍上升，市场零售价格也随之"水涨船高"。例如，从1988年8月19日开始，沪产糖果每500克零售价调整为：硬糖代表品奶油咸味1.90元，夹心糖2.90元，奶油话梅2.10元；软糖代表品上海奶糖2.20元，大白兔3.60元，百花奶糖3.60元，华山花生夹心3.00元，巧克力蛋形儿童丁10.00元，加价幅度为40%至70%不等。下列为苏州市糖烟酒公司1988年8月和1990年12月调整部分沪产糖果价格通知单，以及部分苏州地产糖果价格调整表：

表3-322　1988年8月苏州市糖烟酒公司部分沪产糖果价格调整通知单

产地	品名	规格	单位	调后价	
				批发	零售
上海益民六厂	香瓜夹心糖	450克袋装	元/袋	2.69	3.04
	仙桃夹心糖	400克袋装	元/袋	2.48	2.80
	仙桃夹心糖	450克袋装	元/袋	2.78	3.14
	菠萝夹心糖	450克袋装	元/袋	2.87	3.24
	龙凤奶糖	散装	元/千克	5.64	6.49
	翡翠奶糖	散装	元/千克	5.03	5.78
	富贵蛋白糖	散装	元/千克	4.68	5.38
	松鹤蛋白糖	散装	元/千克	4.50	5.18
	友谊夹心糖	散装	元/千克	3.98	4.58
	健身夹心糖	散装	元/千克	4.77	5.49
	陈皮梅扁卷糖	50支盒装	元/盒	6.96	8.00
	清凉卷糖	50支盒装	元/盒	6.96	8.00
上海华山厂	百花奶糖	散装	元/千克	6.94	7.98
	双喜太妃	散装	元/千克	6.77	7.79
	西游记奶白糖	散装	元/千克	4.07	4.68
	香兰蛋白糖	散装	元/千克	3.81	4.38
	什锦乳脂糖	散装	元/千克	3.81	4.38
	迎春蛋白糖	散装	元/千克	3.90	4.49
上海天明厂	桉叶糖	20克袋装	元/盒	3.19	4.18
	中桉叶糖	24支盒装	元/盒	3.19	4.15
上海天山厂	红牡丹奶糖	散装	元/千克	4.30	4.95
	话梅糖	散装	元/千克	4.41	5.07
	水果棒糖	180支盒装	元/盒	12.52	14.40
	泡泡糖	500克盒装	元/盒	5.22	6.00
	全家福奶糖	散装	元/千克	4.99	5.74
	留兰香奶糖	散装	元/千克	4.73	5.44
天津	玉柱牌方糖	500克盒装	元/盒	1.89	2.17

表3-323　1990年12月苏州市糖果冷饮厂部分产品价格表

类别	品名	规格	单位	批发价	零售价
拖腊纸糖果	红双喜硬糖	散装	元/千克	4.34	5.00
	桂花硬糖	散装	元/千克	4.34	5.00
	松鼠硬糖	散装	元/千克	4.34	5.00
	咸味硬糖	散装	元/千克	4.34	5.00
	话梅硬糖	散装	元/千克	4.68	5.38
	花生硬糖	散装	元/千克	4.49	5.16
	苏州乳脂糖	散装	元/千克	4.26	4.90
	玉兰蛋白糖	散装	元/千克	4.87	5.60
	香蕉蛋白糖	散装	元/千克	4.87	5.60
透明纸糖果	红双喜蛋白糖	散装	元/千克	5.84	6.72
	姑苏园林蛋白糖	散装	元/千克	5.84	6.72
	百花蛋白糖	散装	元/千克	5.65	6.50
	五福蛋白糖	散装	元/千克	5.65	6.50

类别	品名	规格	单位	批发价	零售价
透明纸糖果	嘉嘉蛋白糖	散装	元/千克	5.65	6.50
	喜临门蛋白糖	散装	元/千克	5.65	6.50
巧克力	金条巧克力	散装	元/千克	14.90	17.20
	蛋形巧克力	散装	元/千克	12.44	14.30
	金杯巧克力	散装	元/千克	14.61	16.80
	金龟子巧克力	散装	元/千克	14.78	17.00
	金元宝巧克力	散装	元/千克	14.09	16.20
	奶油巧克力	20克	元/块	0.293	0.34
	奶油巧克力	50克	元/块	0.713	0.82
	奶油巧克力	100克	元/块	1.39	1.60
	龙凤奶油巧克力	20克	元/块	0.313	0.36
	中金币巧克力	7克	元/块	0.174	0.20
	大金币巧克力	18克	元/块	0.365	0.42
	金币巧克力	14克	元/板	0.574	0.66
	金元宝巧克力	80克	元/盒	1.95	2.24
	园林巧克力	120克	元/盒	2.61	3.00
	花生巧克力	散装	元/千克	10.09	11.60

表3-324　1990年12月市糖业烟酒公司调整部分沪产糖果价格表

生产单位	品名及规格	元/单位	批发价	零售价
益民六厂	酸梅香口糖散装	元/千克	5.77	6.64
	猕猴桃硬糖散装	元/千克	5.95	6.84
	友谊硬糖散装	元/千克	5.77	6.64
	仙桃夹心糖散装	元/千克	6.83	7.86
	鲜荔汁夹心糖散装	元/千克	6.83	7.86
	香瓜夹心糖散装	元/千克	6.73	7.74
	菠萝夹心糖散装	元/千克	6.99	8.04
	苹果夹心糖散装	元/千克	7.10	8.16
	黑加仑子夹心糖散装	元/千克	6.90	7.94
	陈皮梅夹心糖散装	元/千克	6.99	8.04
	咖啡夹心糖散装	元/千克	7.53	8.66
	草莓夹心糖散装	元/千克	6.64	7.64
	巧克力夹心糖散装	元/千克	6.99	8.04
	枕式草莓夹心糖散装	元/千克	7.10	8.16
	橘子夹心糖散装	元/千克	6.73	7.74
	桔柠夹心糖散装	元/千克	6.47	7.44
	柠檬夹心糖散装	元/千克	6.90	7.94
	清凉夹心糖散装	元/千克	7.10	8.16
	清凉润喉糖散装	元/千克	5.77	6.64
	奶油咸味蛋白糖散装	元/千克	5.77	6.64
	仙桃夹心糖400克袋装	元/袋	3.17	3.64
	荔枝汁夹心糖400克袋装	元/袋	3.17	3.64
	菠萝夹心糖450克袋装	元/袋	3.52	4.05
	香瓜夹心糖450克袋装	元/袋	3.34	3.84

生产单位	品名及规格	元/单位	批发价	零售价
益民六厂	黑加仑夹心糖400克袋装	元/袋	3.03	3.48
	红双喜蛋白糖散装	元/千克	5.60	6.44
天明厂	中桉叶糖1×24盒	元/盒	5.43	0.26
	桉叶袋糖20克×200袋	元/箱	62.61	0.36
	清清凉凉糖20克×200袋	元/箱	54.00	0.31
	草莓糖20克×200袋	元/箱	54.00	0.31
上海咖啡厂	乐口福400克×30袋	元/袋	4.54	5.22
	乐口福900克×12听	元/听	12.87	14.80
	乐口福400克×24听	元/听	6.24	7.18

1992年国家全面放开工业消费品价格。作为糖果主要原料的食糖价格也放开，随之而来的是糖果价格也全面放开，实行市场调节价，由经营者自主定价。糖果茶市价格放开后，调动了生产者经营者的积极性，市场供应丰沛，品种琳琅满目，满足了社会各层次人群的需求。苏式糖果、西式糖果价格受生产成本，市场供求情况而上下波动。下列为苏州市行业价格管理协会公布的部分年份市区糖果零售市场平均价格情况表：

表3-325 1992年10月苏州采芝斋苏式糖果厂产品价目表

品名	规格	单位	批发价	零售价
乙级松仁粽子糖	—	元/千克	10.73	12.34
薄荷粽子糖	—	元/千克	5.32	6.12
姜汁粽子糖	—	元/千克	5.20	5.89
椰蓉粽子糖	—	元/千克	5.62	6.46
葡萄干粽子糖	—	元/千克	6.87	7.90
玫酱夹心糖	—	元/千克	5.42	6.24
芝麻软糖	—	元/千克	6.68	7.68
花生软糖	—	元/千克	6.26	7.20
胡桃软糖	—	元/千克	7.39	8.50
乙级松仁软糖	—	元/千克	13.04	15.00
特级松仁软糖	—	元/千克	26.09	30.00
双色松仁软糖	—	元/千克	26.09	30.00
楂精松仁软糖	—	元/千克	13.04	15.00
枣蓉松仁软糖	—	元/千克	11.20	12.88
枣蓉花生软糖	—	元/千克	6.52	7.50
枣蓉胡桃软糖	—	元/千克	9.13	10.50
287花生麻条	塑袋	元/袋	1.74	2.00
250桃玉黑切	塑袋	元/袋	2.05	2.35
333克双狗合糖花生	纸盒	元/盒	2.61	3.00
331克双狗合糖芝麻	纸盒	元/盒	2.61	3.00
339克风景合糖芝麻	纸盒	元/盒	2.91	3.35
304克彩照合糖软松	纸盒	元/盒	4.43	5.10
296克花瓶合糖软松	纸盒	元/盒	4.39	5.05
203克苏式合糖软桃	纸盒	元/盒	1.91	2.20

品名	规格	单位	批发价	零售价
250克玫酱合糖	纸盒	元/盒	1.83	2.10
203克松粽糖	纸盒	元/盒	2.57	2.95
198克厚皮糖	纸盒	元/盒	2.26	2.60
160克蛋黄花生	纸盒	元/盒	1.26	1.45
189克重松糖	纸盒	元/盒	3.13	3.60
178克轻松糖	纸盒	元/盒	4.18	4.80
180克可可轻松糖	纸盒	元/盒	4.26	4.90
336克塑盒什锦糖	纸盒	元/盒	3.91	4.50
353克虎丘彩塑合乙软桃	长方塑	元/盒	3.48	4.00
395克虎丘彩塑芝麻软糖	长方塑	元/盒	3.48	4.00
422克虎丘彩塑花生软糖	长方塑	元/盒	3.48	4.00
脆杏糖	盒	元/盒	1.84	2.12
枣蓉软松糖	盒	元/盒	2.17	2.50
白芝麻软糖	盒	元/盒	1.44	1.66
轻糖瓜仁	盒	元/盒	1.41	1.62
玫酱糖	盒	元/盒	0.843	0.97
姜汁粽子糖	盒	元/盒	0.826	0.95
289克薄荷粽子糖	复合袋	元/袋	1.74	2.00
274克椰蓉粽子糖	复合袋	元/袋	1.74	2.00
239克胡桃软糖	塑袋	元/袋	1.82	2.15
250克甲轻松	塑袋	元/袋	5.57	6.40
296克丁果糖	塑袋	元/袋	1.74	2.00
10小包玫瑰酥糖	塑袋	元/袋	2.19	2.50
10小包芝麻酥糖	塑袋	元/袋	2.54	2.90
8只枣泥松仁麻饼	筒	元/筒	3.45	3.93
100克白糖杨梅	复合袋	元/袋	0.87	1.00
散装奶油玫瑰西瓜子	—	元/千克	10.43	12.00
250克佳美话梅等西瓜子	复合袋	元/袋	2.83	3.25
200克奶油玫瑰西瓜子	纸盒	元/盒	2.61	3.00
400克四式瓜子	纸盒	元/盒	5.26	6.05
190克佳美话梅等西瓜子	听装	元/听	3.04	3.50

表3-326　2001年7月10日苏州市区糖果、糕点零售市场平均价格表

品名	规格	产地	单位	零售价	品名	规格	产地	单位	零售价
凉可润薄荷糖	35克	西班牙	元/支	1.50	山楂片糕	350克	徐州	元/块	3.50
益达口香糖	—	广州	元/支	2.50	云片糕	370克	苏州	元/盒	4.20
荷化薄荷糖	32克	美国	元/支	1.80	三色夹糕	240克	苏州	元/盒	4.00
柠檬利口原味糖	40克	瑞士	元/支	6.40	绿豆糕	250克	苏州	元/盒	3.50
德芙巧克力	80克	北京	元/块	9.00	桃云片	180克	苏州	元/袋	4.00
清嘴口香糖	30片×4	海口	元/盒	4.80	沙琪玛	500克	苏州	元/500克	10.00
箭牌口香糖	16克	广州	元/支	1.50	松子枣泥麻饼	480克	苏州	元/盒	10.00
薄荷利口原味糖	40克	瑞士	元/支	6.40	酥糖	500克	苏州	元/散	8.00
香橙利口原味糖	40克	瑞士	元/支	6.40	条糕	500克	苏州	元/盒	3.50
吉百利黑巧克力	108克	北京	元/块	12.80	—	—	—	—	—

表3-327　2002年4月10日苏州市区糖果零售市场平均价格表

单位：元/500克

品名	产地	规格	零售价	品名	产地	规格	零售价
满口香	上海	散	12.00	七星水果糖	上海	散	9.00
大白兔奶糖	上海	散	12.80	乐天糖	德国	散	20.00
新运通薄荷糖	韩国	散	20.00	德国软糖系列	德国	散	28.00
止咳软糖	上海	散	10.00	好利安	上海	散	22.00
阿尔卑斯	上海	散	19.00	超级话梅糖	上海	散	9.00
墙里薄荷糖	上海	散	13.00	上好佳八宝糖	上海	散	11.00
怡口莲	北京	散	35.00	德芙巧克力	北京	散	45.00
梅芯糖	昆山	散	18.00	椰子糖	海口	散	6.00
果汁软糖	厦门	散	10.00	碳酸糖	苏州	散	15.00
喜之郎软糖	深圳	散	8.00	瑞士糖	天津	散	23.00
吉百利巧克力	北京	散	44.00	好时巧克力	美国	散	48.00
花生牛轧糖	上海	散	11.00	徐福记糖	东莞	散	14.00
叶大昌松仁粽子糖	苏州	散	10.00	玉米糖	沂水	散	7.60

二、卷烟价格

1. 历史沿革

卷烟，亦称纸烟、香烟。清光绪二十五年（1899）初次出现在上海市场。光绪二十九年（1903）苏州海关进口洋货中，首次列有"纸烟"名目。至宣统三年（1911），上海英美烟草公司在阊门横马路正式开市经营香烟批发。民国初期，五洋（洋火、洋烟、洋皂、洋油、洋烛）倾销，纸烟销售日旺。

20世纪20年代，美国花旗烟草公司也在阊门三摆渡经营卷烟批发，有白锡仓、三烟台、大前门、大英、老刀、哈德门等牌号，"洋烟"在苏州市场成为主导产品。民国14年（1925）后，市场上国产卷烟逐步增多，价格则比照"洋烟"价格制定。民国19年（1930）卷烟业同业公会在阊门外横马路建立。20世纪30年代，苏州卷烟业发展很快，旱烟（黄烟）、水烟及皮丝烟商号则逐步萎缩。一时苏城大街小巷许多烟杂店无不出售卷烟，且常代客兑换银圆与铜圆，故烟杂店又称烟兑店。日伪时期，以卷烟谋生者日众。抗日战争胜利后，上海大小烟厂纷纷来苏设置代理行、经销处，多达10余家，由月销数十箱猛增至300箱（每箱250条），以上海福新烟草公司生产的红金牌卷烟最热门。不久，因物价暴涨，通货膨胀加剧，卷烟店纷纷倒闭。其间，苏州也兴办过几家小烟厂，但为期都不长，先后在苏州解放前夕和解放初期关闭歇业。下表为苏州1930~1949年大英牌和前门牌香烟市场零售销价历史资料：

表3-328　1930~1949年卷烟代表品苏州市场零售价格表

年份	货币单位	大英牌	前门牌
1930	银圆	0.064元	—
1931	银圆	0.082元	—
1932	银圆	0.073元	听 0.50元/听
1933	银圆	0.07元	

年份	货币单位	大英牌	前门牌
1934	银圆	0.073元	听 0.558元/听
1935	法币	0.07元	听 0.462元/听
1936	法币	0.07元	—
1937	法币	—	—
1938	法币	0.095元	—
1939	法币	—	0.156元
1940	法币	—	—
1941	法币	7月 0.368元	0.681元
1942	法币	—	上半年 2.6元
1942	中储券	7月 2.10元	下半年 2.225元
1943	中储券	2月 3元	—
1944	中储券	—	—
1945	中储券	—	—
1945	法币	10月 60元	—
1946	法币	6月 254元	—
1947	法币	7月 20支8050元	7月 6000元
1948	法币	7月 20支285000元	7月 375000元
1948	金圆券	12月 20支4.7元	12月 6.4元
1949	金圆券	4月 2500元	4月 2300元

2. 卷烟专卖价格

苏州解放初，土烟业有20户，卷烟有大小烟店约760户，烟贩130余户，10余户卷烟代理批发行。1950年4月，国营百货公司建立后，即开展卷烟批发业务。1952年，上海专卖事业公司对烟厂实行统购包销，苏州代理行即停止卷烟批发。1953年1月，国家对卷烟实行专卖，卷烟购销业务由中百公司移交苏州专卖事业公司（即糖业烟酒公司前身），从此卷烟批发由国营公司专营，设卷烟专卖店，烟草行业实行集中管理，将卷烟分为甲、乙、丙、丁、戊五个等级，价格逐步纳入国家统一定价。苏州市场零售国家牌价，如中华牌香烟（20支粗）、牡丹牌香烟（20支粗）每包均为0.43元（已折合为新人民币，下同）。前门牌香烟、飞马牌香烟、劳动牌香烟每包国家定价分别为0.27元、0.215元和0.16元。

20世纪50年代，苏州吸烟人数不断增加，1959年达11万人左右，1960年统计烟民有14.8万余人（当时苏州城区人口56万人），卷烟供应日趋紧张，从平均日供7245条增至1.15万条，观前、石路等地出现凌晨排队购烟。1959年8月起卷烟实行凭票供应，吸烟者每人每月定量供应15包，1960年后改为每户按月配给，数量也减少，每月供应的品种不同。凭票证供应的香烟零售价格严格执行国家定价，甲级高端烟每包中华0.48元，牡丹0.43元；乙级中端烟每包大前门0.31~0.32元，光荣0.32元，飞马0.23~0.25元；丙级低端烟每包，劳动0.17~0.18元。免票的香烟可拆零供应，比如一分钱拿一支劳动牌香烟。当时买烟丝自己卷烟抽是不用票的，于是很多老烟民练就了一手卷烟好本事。

1961年，国家在保证卷烟定量平价供应的同时，开始对部分卷烟实行高价供应。淮海牌（精装）卷烟零售价格为每包0.50元，丽华牌（简装）每包0.34元，红骑兵牌每包0.30元，以上三个品种等级水平平均比平价水平高出58.3%。

同年3月，苏州供应国外阿尔巴尼亚卷烟，有钻石等6个牌号，价格每包在一角几分至二角左右不等。1962年3月，江苏省提高平价卷烟价格，乙级烟零售价平均上调11%。同时把高价范围扩大到农村较大集镇。1963年10月~1965年3月，苏州对甲、乙级卷烟实行高价，敞开供应。当时，苏州市场卷烟主要从上海调入，因上海烟源减少，逐步向河南、山东、安徽、云南等产烟区采购计划外卷烟。

1965年3月，江苏省降低国产高价卷烟销售价格。徐州市淮海、丽华、红骑兵、鹦鹉等5种高价卷烟零售价格平均下降20%。同时规定对未列入调价目录的品种包括高价烟，库存及以后调入的资源，其高价水平一律按当地平价加2%计算。国产高价烟的价格调低后，所发生的差价全部由烟草公司批发部门补退。同年7月，江苏省取消高价卷烟供应，恢复平价供应，规定批零差率为11%；至年末，苏州高价商品除一小部分针织品和"飞马"、"红金"二种牌号香烟外，其余商品均恢复平价供应。

1967年后，卷烟市场供应有所好转，但一些甲级、乙级因供应量少，仍实行凭票供应。1966~1980年，卷烟价格一直没有大的调整。1979年后，全国卷烟产量增加，卷烟供应长期紧张状态逐渐缓解，同时随着人们消费水平提高，苏州市场低档烟滞销，高档烟仍较为紧俏。20世纪80年代，各地计划外卷烟货源充足，苏州卷烟供应已能基本满足消费需要。

1981年，国家统一提高甲、乙、丙级卷烟零售价格。以省内徐州产卷烟为例，甲级提价7种，平均每包提高0.24元；乙级烟提价9种，平均每包提高0.14元；丙级烟提价5种，平均每包提高0.024元；丁、戊级烟价格不动。甲、乙、丙三种烟平均提高41%。苏州市场上沪产中华牌香烟每包从0.49元提高到1.11元，提高0.52元，牡丹牌每包从0.50元提高到0.85元；前门每包从0.36元提高到0.50元，飞马每包从0.29元提高到0.39元；丙级烟劳动牌每包从0.23元提高到0.26元，提价额仅为0.03元。调价后，苏州卷烟市场的高中档烟供求有所缓和。

1982年6月，为解决江苏地产卷烟品种间不合理比价问题，省适当调低部分品种卷烟零售价格。如喜乐牌（过滤嘴20支精装，甲二级）每包由0.82元调低为0.72元，可可牌（过滤嘴20支精装，甲二级）零售价每包从0.89元调低为0.76元。

1983年3月，省再次调整部分卷烟价格，平均调低13%，其中云龙牌（甲二级，烤烟型20支粗支精装）零售价由每包0.80元调为0.66元，可可牌（甲二级，20支细支精装过滤嘴）由每包0.76元调为0.68元，红旗牌（乙级，20支细支精装过滤嘴）由每包0.62元调为0.58元。苏州市场沪产部分卷烟零售价格没有下行。

1984年1月，江苏省烟草专卖事业公司苏州分公司建立，烟草购调批发业务从糖业烟酒公司划归烟草专卖公司。同年3月，江苏省规定实行专卖制度后的卷烟批零差率：甲、乙级烟为10%，丙级烟为12%，丙级烟加过滤嘴为10%，丁、戊级烟为17%。计算公式为：出厂价=批发价×（1－进销差率）；批发价=零售价÷（1+批零差率）。1985~1987年，江苏省卷烟价格政策和作价办法均未变化。下列为1950~1987年苏州卷烟市场代表品零售价格历史情况表，江苏省徐州产卷烟零售价格变化情况表：

表3-329　1950~1987年苏州卷烟市场代表品种零售价格表

单位：元/包

年份	中华牌香烟（20支粗）	牡丹牌香烟（20支粗）	前门牌香烟（20支粗）	飞马牌香烟（20支）	劳动牌香烟（20支）
1950	—	—	0.35	—	—
1951	—	—	0.36	0.225	—
1952	—	—	—	0.21	0.155
1953	0.43	0.43	0.27	0.215	0.16
1954	0.43	0.43	0.26	0.21	0.18
1955	0.43	0.43	0.29	0.23	0.17
1956	0.43	0.43	0.29	0.23	0.16
1957~1958	0.48	0.43	0.31	0.23	0.17
1959	0.48	0.43	0.31	0.23	0.18
1960~1961	0.48	0.41	0.32	0.25	0.18
1962	0.53	0.45	0.32	0.25	0.19
1963	0.58	0.49	0.35	0.28	0.23
1964	0.58	0.49	0.35	0.28	0.23
1965	0.58	0.49	0.35	0.28	0.23
1966~1980	0.59	0.50	0.36	0.29	0.23
1981~1984	1.11	0.85	0.50	0.39	0.26
1985	1.11	0.85	0.50	0.39	0.26

表3-330　1959~1987年主要年份江苏省徐州产卷烟零售价格变化情况表

单位：元/包

品名	1959年	1962年	1965年	1966年	1980年	1981年	1983年	1987年
红旗牌乙级精装	0.29	0.32	—	0.35	—	0.46		0.46
红旗牌乙级粗简装	0.27	0.30	—	0.33	—	0.43		0.43
淮海牌乙级精装	—	0.29	—	—	—			0.29
淮海牌丙级简装	—	0.27	—	0.26	—	0.32		0.27
丽华牌丙级	—	—	0.22	—	—	0.25		0.25
红骑兵牌	—	—	0.21	—	—			0.21
联盟牌丁级粗支新装	—	—	0.14	0.13	—			0.13
云龙牌甲级细过滤嘴	—	—	—	—	0.70	0.96	0.74	0.74
云龙牌甲级粗	—	—	—	—	0.48	0.80	0.66	0.66
红杉树甲级细过滤嘴	—	—	—	—	—	1.70	1.70	1.70
红旗乙级细精过滤嘴	—	—	—	—	0.55	0.62	0.58	0.58

　　随着中国改革开放进程的加快，20世纪80年代苏州卷烟市场进口香烟数量和品种逐渐增多，年轻一族成为外烟消费者，抽"健牌"、"万宝路"、"555"进口卷烟者逐渐增多。下表为1988年3月苏州市场进口卷烟价格情况：

表3-331　1988年3月苏州市进口卷烟价格情况表

牌号名称	规格		零售价（元/条）	
	包装	长度（毫米）	人民币	兑换券（外汇券）
健牌	软	100	44	40
总督	软	100	43	39
希尔顿	软	100	31	24
南洋：红双喜	软	100	31	24
万宝路	软	100	44	40
万宝路	软	85	43	39
登喜路	硬	94	44	40
乐富门	硬	94	44	40
555	硬	100	44	40
555	硬	84	42	38
金装良友	软	100	31	24
七星	硬	80	40	35
柔和七星	软	85	40	35
云丝顿	硬	84	42	38
云丝顿	硬	100	43	39

3. 放开名烟价格

根据国务院决定，以及省政府和有关厅局通知精神，苏州市自1988年7月28日放开名烟、名酒价格和调整部分烟、酒价格。

放开价格的名烟有：中华，云烟，玉溪，红塔山，红山茶，茶花，牡丹（包括上海牡丹、金牡丹、北京牡丹），阿诗玛，大重九，恭贺新禧，石林，上海红双喜，黄人参等13个品种。

调高的部分高、中档烟为：中级烤烟型卷烟中的大部分牌号提价，平均幅度为50.5%；省产甲级烟平均提价幅度10.5%；甲级混合型和其他香型卷烟中，少部分牌号适当提价，平均幅度18.53%；乙一级烤烟型种的畅销和平销牌号适当提价，平均幅度13.25%；省产乙级烟，平均提价幅度8.2%；乙二级和丙、丁、戊级卷烟均不提价。凡未列入调价方案的带过滤嘴卷烟均在现行零售价基础上，一律每包加价4分。

卷烟的地区差价作适当调整：省产甲级和乙一级卷烟每包比产地价加2分；邻省市即山东、河南、安徽、浙江、上海产甲级和乙级卷烟每包加2分，其余省市产甲级和乙级卷烟每包加3分，听装卷烟不分产地每听加7分。

根据这次放调结合对烟酒价格实行改革的有关规定，苏州市成立了由物价、商业和烟草专卖等部门组成的烟酒两个议价小组，对放开名烟、名酒价格实行定期挂牌，为经营单位提供参考。下列表格为苏州市区13种名烟及部分进口卷烟参考挂牌价：

表3-332　1988~1989年苏州市区13种名烟参考挂牌价

单位：元/包

产地	牌名	烟支规格	包装规格	零售价1988年7月28日	零售价1988年11月28日	零售价1989年9月5日
上海	中华	嘴25×84	硬条、玻璃纸、小包、凹凸型板、玻璃拉线	7.50	11.00	9.00

产地	牌名	烟支规格	包装规格	零售价 1988年7月28日	零售价 1988年11月28日	零售价 1989年9月5日
上海	金中华	嘴25×84	全包装	6.50	8.00	5.50
	听中华	嘴25×81	铁听	20.00	35.00	30.00
	红双喜	嘴25×81	精装20支	3.00	3.50	3.00
	红双喜	嘴25×84	全包装	3.50	4.00	3.30
	牡丹	嘴25×84	全包装（外销）	3.00	3.50	3.20
	牡丹	嘴25×81	精装（内销）	2.80	2.90	1.60
	牡丹	嘴27×70	精装20支	2.10	2.00	2.10
	金牡丹	嘴25×84	全包装	3.00	3.50	3.00
北京	牡丹	嘴25×81	全包装	2.80	2.80	—
	牡丹	嘴25×81	精装20支	2.50	2.50	—
	牡丹	嘴27×70	精装20支	1.80	1.50	—
昆明	云烟	嘴25×84	全包装	5.80	7.50	6.00
	红山茶	嘴25×84	全包装	4.00	5.00	4.00
	大重九	嘴25×84	全包装	3.00	3.30	2.60
	茶花	嘴25×84	全包装	3.60	4.20	3.00
	茶花	嘴25×100	全包装	4.00	4.50	3.50
玉溪	玉溪	嘴25×84	全包装	5.00	5.00	4.00
	阿诗玛	嘴25×84	全包装	3.60	5.00	3.80
	阿诗玛	嘴25×94	全包装	4.00	5.50	4.30
	阿诗玛	嘴25×94	硬条玻纸硬盒翻盖	4.50	6.00	4.80
	红塔山	嘴25×84	全包装	4.00	5.30	4.80
	红塔山	嘴25×94	全包装	4.50	5.80	5.20
	红塔山	嘴25×94	硬条玻纸硬盒翻盖	5.20	6.00	5.80
	恭贺新禧	嘴25×84	全包装	2.70	3.80	3.00
曲靖	石林	嘴25×81	精装	3.00	3.20	3.20
	石林	嘴25×84	全包装	3.30	3.50	3.30
	石林	嘴27×70	精装	2.00	2.00	1.80
	黄人参	嘴25×85	全包装	1.80	1.80	—

表3-333　1988年7月苏州市区部分进口卷烟参考挂牌价

公司、产地	牌号	规格 包装	规格 长度（毫米）	零售价（元/条）	公司	牌号	规格 包装	规格 长度（毫米）	零售价（元/条）
利康夫	伦敦	硬	85	49	南联	威狮	软	85	47
哥伦康夫	皇冠	硬	85	49		金王爵	硬	100	63
福川	威灵顿	软	100	40		喜乐	软	100	34
	锦标	软	100	33		联鹰	硬	84	33
加莱赫	时运	硬	84	49	菲利普	万宝路	软	85	74
	卡尔顿	软	100	50		万宝路薄荷	软	85	74
日本	七星	硬	80	62		力佳	软	85	66
	喜利	软	85	44		超长西加	软	120	67
香港	良友	软	84	50		百乐门	软	85	66
	金高乐	软	100	44		吉时	软	85	45

公司、产地	牌号	规格		零售价（元/条）	公司	牌号	规格		零售价（元/条）
		包装	长度（毫米）				包装	长度（毫米）	
雷诺士	云丝顿	软	84	68	菲利普	万利	软	100	42
	沙龙	软	84	65		喜来登	软	100	42
	多好薄荷	软	120	75		金微	软	100	64
英美	555	硬	84	74	国际	新时代	硬	—	64
	健牌	软	84	82		登喜路	硬	84	72
	希尔顿	软	84	51		乐富门	硬	84	71
	红宝石	软	84	37		卡地亚	硬	94	74
南洋	红双喜	软	100	52		乐胜	软	84	57
	温拿	软	84	43		黑猫	硬	84	45

表3-334 1989年9月苏州市区部分进口卷烟参考挂牌价

牌号	规格		零售价（元/条）	牌号	规格		零售价（元/条）
	包装	长度毫米			包装	长度毫米	
伦敦	硬	85	49	云丝顿	软	84	65
皇冠	硬	85	49	云丝顿	软	100	70
皇冠	硬	100	50	特醇云丝顿	软	84	65
威灵顿	软	100	45	特醇云丝顿	软	100	66
福牌	软	100	33	多好	软	120	70
时运	硬	84	50	多好薄荷	软	120	75
时运	硬	100	55	特威乐	软	84	43
卡尔顿	软	100	55	特威乐	软	100	44
美国雄鹰	软	100	50	555	硬	84	78
七星	硬	80	62	555	硬	99	82
柔和七星	软	85	75	JPS	硬	94	67
良友	软	84	50	健牌	软	99	72
金装良友	软	99	65	希尔顿	软	84	51
短装良友	软	84	50	—	—	—	—

1989年9月，为加强对日用工业消费品价格管理，抑制通货膨胀，市物委下达工业品分级管理目录，对13种名烟名酒在内的21种工业消费品价格实行提价申报制度。这些商品需提价必须事先向物价部门申报，经批准后方可实施。

1990年7月，市物委修订部分商品价格管理措施，重申对13种名烟及进口卷烟仍实行提价申报，由市物委组织有关经营单位实行同行业议价，并公布市区挂牌限价。各县（市）物价部门可参照市区挂牌限价水平，同有关单位确定当地挂牌价格。

表3-335 1991年苏州市区名烟挂牌价格表

单位：元/包

产地	牌名	烟支规格	包装规格	零售价 1991年2月1日	零售价 1991年3月20日
上海	中华	嘴25×84	硬条、玻璃纸、小包、凹凸型板、玻璃拉线	13.00	11.00
	金中华	嘴25×84	全包装	5.50	5.50

产地	牌名	烟支规格	包装规格	零售价 1991年2月1日	零售价 1991年3月20日
上海	听中华	嘴25×81	铁听	43.00	43.00
	红双喜	嘴25×81	精装20支	3.00	3.00
	红双喜	嘴25×84	全包装	3.30	3.30
	牡丹	嘴25×84	全包装(外销)	2.10	2.10
	牡丹	嘴25×81	精装(内销)	1.60	1.60
	牡丹	嘴27×70	精装20支	1.21	1.20
	金牡丹	嘴25×84	全包装	2.00	2.00
	中华	嘴25×84	硬条玻纸硬盒翻盖	16.00	14.00
	牡丹	嘴25×84	全包装(外销)	3.20	3.00
	牡丹	嘴25×100	全包装(外销)	3.60	3.40
昆明	云烟	嘴25×84	全包装	6.00	5.60
	云烟	嘴25×84	硬条玻纸硬盒翻盖	6.50	6.00
	云烟	嘴27×70	精装20支	3.00	3.00
	红山茶	嘴25×84	全包装	4.00	3.80
	红山茶	嘴25×84	硬条玻纸硬盒翻盖	4.50	4.30
	大重九	嘴25×84	全包装	3.00	3.00
	茶花	嘴25×84	全包装	3.50	3.50
	茶花	嘴25×100	全包装	4.00	4.00
	茶花	嘴25×84	硬条玻纸硬盒翻盖	4.10	4.10
玉溪	玉溪	嘴25×84	全包装	4.50	4.50
	阿诗玛	嘴25×84	全包装	5.00	4.70
	阿诗玛	嘴25×94	全包装	5.50	5.20
	阿诗玛	嘴25×94	硬条玻纸硬盒翻盖	6.00	5.70
	红塔山	嘴25×84	全包装	6.30	5.80
	红塔山	嘴25×94	全包装	7.00	6.60
	红塔山	嘴25×94	硬条玻纸硬盒翻盖	6.60	6.00
	恭贺新禧	嘴25×84	全包装	3.00	3.00
	阿诗玛	嘴25×84	硬条玻纸硬盒翻盖	5.50	5.20
	红塔山	嘴25×84	硬条玻纸硬盒翻盖	6.80	6.30
曲靖	石林	嘴25×84	全包装	3.50	3.50

4. 全面放开烟价

1991年,随着中国有计划商品经济的发展和经济体制改革的深入,卷烟零售价格高度集中的管理形式愈来愈不能适应市场变化的要求。为整顿卷烟市场,发挥国营商业在卷烟零售市场的主渠道作用,打击黑市交易,同时利用市场供求和价格变化的信息,促进卷烟商品结构的调整,以利于整个烟草行业的健康发展,经请示国务院领导同意,国家物价局、国家烟草专卖局发出《关于放开卷烟零售价格的通知》,将卷烟(含雪茄烟,下同)零售价格放开。为保证卷烟税收和国家财政收入稳步增长,卷烟的出厂价和调拨价不放开,仍按现行规定执行。各地根据实际情况和调控要求,可以先放开卷烟零售价,也可以同时放开卷烟的三级批发价格。根据国家物价局等的文件精神,江苏省物价局、江苏省烟草专卖局下发《关于全面放开卷烟零售价格的通知》,明确卷烟出厂价、调拨价不放开,三级批发价(包括委托转批价格）实行浮动，由各市烟草专卖局确定中准价及浮动幅度。根据国家和省相关文件精神，苏州市于1991年12月25日全面放开卷烟零售市场价格。三级批发价格实行浮动，经营企业可根据市场行情和供求状况自行定价销售。卷烟零售价放开后，烟草专卖制度不变，要严格按《烟草专卖法》和《实施条例》办事，打击黑市交易和走私贩卖。

1992年，卷烟零售价格和三级批发价格放开后，苏州市场个体烟贩存在多种灵活的经营手段，与国合商业企业相比，个体烟贩在税收负担轻、经销费用少、进货渠道灵活多样等方面具有一定的优势，这样就"造成国合商业的卷烟零售价格每包比个体烟贩高出0.10~0.50元，企业在价格上缺乏竞争力"。此外，卷烟批发单位在销售上将滞销烟分组搭配，批销给基层供销社和国合零售企业，搭配进的滞销根本无法出手，也影响了国合零售企业的经营效益。

1992年底，国家物价局、国家烟草专卖局联合发出《关于放开卷烟的出厂、调拨价格的通知》。通知称：经国务院批准，在已放开卷烟三级批发价和零售价的基础上，全面放开国产卷烟（含雪茄烟、出口卷烟、旅游外汇烟）的出厂、调拨价格，由生产、经营企业自主定价。为保证国家财政收入，同时安排计税基础出厂价格，并由国家物价、烟草财政部门和国家税务局另行制定卷烟计税基础出厂价格管理办法。江苏省物价局、烟草专卖局对卷烟价格政策也作出新规定，省产卷烟的计税基础出厂价格，即为国家烟草专卖局和省烟草专卖局批复的现行出厂价格，任何单位、部门不得自行变动。同时，对新牌号试销出厂价可由省产企业自行定价，报省备案，试销期（一年）满后，申报计税基础出厂价。卷烟价格全面放开后，要健全加强价格管理，价格要相对稳定，不能大起大落。

1993年开始，卷烟零售市场价格呈不断上升的走势，1994年国产名烟红塔山年平均价每盒为11.773元，比上年同期上升12.5%，甲级卷烟龙泉（硬）、乙级卷烟沪产前门每盒年平均价分别为2.738元和0.70元，同上年相比分别上升11.4%和12.9%。1995年红塔山和前门每盒年平均零售价又分别上升到11.778和1.625元，其中前门牌卷烟比上年猛涨132.14%。1996年，随着市场物价总水平的逐渐回落，卷烟涨幅有所回落，白画苑、前门牌两种卷烟较上年分别上涨1.1%和2.8%。详见下表：

表3-336 1993~1996年苏州市区部分卷烟市场年平均零售价格

单位：元/盒

品名	产地	1993年	1994年	1995年	1996年
国产名烟红塔山软壳	云南	10.526	11.773	11.778	9.569
甲级卷烟龙泉硬壳	云南	2.467	2.738	—	—
甲级卷烟白画苑软壳	云南	—	—	2.70	2.715
乙级卷烟前门	上海	0.62	0.700	1.625	1.658
进口卷烟三五牌	英国	—	—	14.625	11.833
进口卷烟乐富门845反盖	英国	5.00	5.00	—	—

表3-337 苏州市区烟类代表品种1994年与1995年零售价格对比表

类别及名称	产地、牌号、规格等级	单位	平均价格		涨幅（%）
			1994年1月	1995年1月	
国产名烟	云南红塔山	元/盒	11.875	11.875	—

类别及名称	产地、牌号、规格等级	单位	平均价格		涨幅（%）
			1994年1月	1995年1月	
甲级卷烟	云南龙泉硬	元/盒	2.650	2.450	-7.5
乙级卷烟	沪前门	元/盒	0.700	0.700	—
进口卷烟	英国84s翻盖乐富门	元/盒	5.000	5.000	—

　　1998年，随着苏州市区物价总水平的回落，饮料、烟酒类全年零售物价指数为99.6，同比下降0.4%；2000年饮料、烟酒类零售物价指数为96.9，同比下降3.1%。2000～2010年卷烟零售市场供需平衡，价格基本稳定。

表3-338　2009～2010年苏州市区部分烟类价格行情表

品名及规格	单位	2009年平均价	2010年平均价
国产烟（中华硬84毫米）	元/盒	47.17	49.83
国产烟（红塔山硬84毫米）	元/盒	8.5	—
进口烟（555牌硬84毫米）	元/盒	10	10
国产烟（苏烟［软包］）	元/盒	—	46
国产烟（南京［红南京］）	元/盒	11	11
国产烟（当地主销中高档）	元/盒	20	—

三、酒价格

1. 沿革

　　自西汉实行"榷酒"，"榷酒钱"（酒税）列为政府的重要收入之一后，酒历代实行专卖。历史上苏州市场烧酒、绍酒、米酒价格通常比照粮食价格制定，并随着粮食价格的波动而变化。苏州酿酒有悠久的历史，始自元代，以吴县横泾一带酿制白酒最为兴盛，称"横泾烧酒"。明清年间酒业由领官帖牙商以"官牙"经营，"开设酒行，代客销售"。酒行牙商于清道光二十四年（1844）在胥门外窑弄创立醴源公所，并报官认可立公砠（标准量器）1只，每砠置酒58斤，用羊吊按1斤1吊校准，即58吊为一砠。全城各酒行"仿设量卖"，"无砠设即属私牙"，时全城有官牙酒商13户。苏州酒的消费量很大。道光年间，包世臣《庚辰杂著》记述苏州粮食"良由糟坊酤于市，士庶酿于家，本地所产耗于酒者大半也"。耗于酿酒的食量倍于口粮，"若不受酒害，则其所产之谷，且足养而有余"。当时"一人饮黄酒五六斤者不为大量"，"常人饮烧酒亦可斤余"，可见酒类消费量之大。清末，酒行牙商已基本淘汰，而前店后坊经营的糟坊十分兴旺。民国时期，苏州从事酒类经营的有3个自然行业：烧酒业（白酒）、绍酒业、油酒酱业。油酒酱业主要经营土黄酒，酱园业多为前店后坊式经营，酱业糟坊不仅向零销酒店、酒贩批销，同时在酱园店门市零售，而且设座供堂吃，备有下酒卤菜，并代客温酒。苏州仿绍酒外销居多，以上海市场为主，而苏州本地则土黄酒销路见好。

　　民国14年（1925）至民国26年（1937），苏州市区黄酒每市斤销价稳定在银圆0.08元至0.11元（法币）之间。烧酒每市斤销价稳定在银圆0.126元至0.074元之间，20世纪30年代初烧酒价格较20年代有所回落。

日伪时期，当局对粮食实行统制，绍兴酿酒业受无粮之胁而大量收缩，投奔来苏开酒坊谋生者增多，由虎丘山塘向齐门外、陆墓镇一带发展，多达数十户。随绍酒坊兴起，城里绍兴酒兴旺，观前、石路一带著名的有元大昌、王济美、金城源等，元大昌、金城源日销小酒量达30余坛。民国30年（1941），苏州市区黄酒销售价每市斤从民国26年（1937）的0.10元上升至0.60元，翌年黄酒又涨至每市斤0.72元。王济美绍酒栈将绍酒放在自己王姓数户蜡烛店售卖，一时绍邦烛业纷纷效仿，烛店兼营绍酒风靡苏城。烟店营酒者也多，尤其是小本经营的小烟酒店，遍及街口巷角。抗日战争胜利后，苏州一些经营烧酒的酒行，始聘苏北泰兴、姜堰一带的酿酒工人来苏开办酒坊，有15户酒商开始自酿烧酒。民国36年（1947）苏州市场烧酒每市斤售价为4200元（法币，下同），37年（1948）5月狂涨至47300元。下表为民国14年（1925）至民国37年（1948）苏州市场部分年份烧酒、黄酒市场销价历史资料：

表3-339　　1925～1948年苏州市场部分年份烧酒、黄酒市场销价历史资料表

年份	货币名称	烧酒（元/斤）	黄酒（元/斤）
1925	银圆	—	0.08
1926	银圆	—	0.09
1927	铜圆、银圆	—	0.11
1930	银圆	0.126	—
1931	银圆	0.107	—
1932	银圆		
1933	银圆	0.074	0.091
1934	银圆	0.077	—
1935	法币	0.106	0.10
1936	法币	0.11	0.10
1937	法币	0.09	0.10
1938	法币		
1939	法币	0.191	—
1940	法币	0.352	—
1941	法币	6月　0.88元	0.6
1942	法币	5月　3元	0.72
1942	中储券	—	
1943	中储券	—	
1944	中储券	—	
1945	中储券	—	
1945	法币	54	
1946	法币	—	
1947	法币	7月　4200元	
1948	法币	5月　47300元	

2. 酒类专卖价格

苏州解放后，国家对酒类实行专卖政策。1951年9月，苏州专卖事业处建立。酒类实行专卖后，酒类零售商实行凭证批购，酒的零售价格由国家统一管理。苏州市黄酒（阳澄）每市斤零售价，1949年国家规定为0.112元（已折合新人民币，下同），1950～1952年调整为每

市斤0.32元，1953年上调至0.48元，1955年又下调至0.44元，1956～1961年又调整为0.42元。苏州地产46度土烧酒（散装），1953年国家规定每市斤零售价为0.715元，1954年为0.72元，1955～1961年调整为0.62元。苏州地产冬酿酒（米酒），1952～1953年国家规定每市斤零售价为0.18元，1954年调为0.20元，1955年又调高至0.22元，1956～1961年又回落到0.18元。

　　1960年，因粮食供应紧张，控制酿酒，白酒实行计划供应，其他酒敞开供应。春节每户供应白酒1千克，单人户0.25千克。1961年规定10岁以上，1962年规定20岁以上，每年人均供应白酒1.875千克，黄酒5.5千克，冬酿酒冬至时供应人均0.25千克。实行计划供应的酒类价格仍维持1961年的价格水平，即每市斤土烧酒0.68元，黄酒0.48元，冬酿酒0.18元。

　　1962年初，根据省的规定，苏州市对茅台酒、洋河酒、汾酒、西凤酒等部分酒实行高价政策。苏州仿绍酒业列入高价，但不久退出。例如洋河大曲白酒（散装，下同），从1960～1961年凭票供应零售价每市斤1.09元的价格，调至每市斤6.00元的高价，实行敞开供应，1963年调低高价酒价格，苏州市场洋河大曲调低为每市斤3.20元，1964年再调低至1.49元。同年底国家考虑高平价差已经不大，决定酒类产品退出高价商品范围，同时适当调高平价水平。地产粮食散装白酒（土烧酒46度）零售价格（平价）每市斤从0.68元调至1.30元。苏州市场白酒、黄酒均实行敞开供应。

　　1965年，江苏省为扩大白酒销售，支持工业生产，决定降低白酒出厂、销售价格。地产粮食散装白酒零售价由每市斤1.30元调低为1.16元，乙种散装白酒由1.04元调为0.85元，普通大曲酒由1.46元调为1.36元。商业部门包装费标准为：500克瓶装0.19元，250克瓶装0.11元，125克瓶装为0.08元。苏州地产阳澄酒（黄酒）、冬酿酒分别维持每市斤0.42元和0.18元不变。

　　1966～1980年酒价格基本未动。1966年下半年，著名的元大昌、王济美、潘万盛、大有福等10余家有"堂吃"的专业酒店、酱园店，先后关闭，老店号全部更名，营业锐减。20世纪60～70年代，苏州糖业烟酒公司经营的酒类主要有大曲、乙种白酒、糟烧、黄酒、醇香酒等，青岛、上海啤酒及各地名酒很少应市。70年代中高档白酒要凭票供应，一般的零拷酒有时也不需凭证，节日市场的长白山葡萄酒之类，大多敞开供应。瓶装啤酒，有黄啤酒及黑啤酒两种，是按户凭证供应，每瓶一毛多钱。夏天散装生啤价格每斤不到一毛钱，要排队买，所以喜饮者往往一次买很多，用桶来装。

　　1979年后，酿酒业兴旺，酒类市场活跃，国家对烟酒实行计划供应与市场调节相结合的政策，每年组织全国性烟酒商品交流会。苏州糖业烟酒公司先后与青岛、烟台、北京、天津、河南、四川、贵州、吉林等名酒产区直接联系，组织大量名优特酒、花色酒、滋补酒上市供应，批发部门改变20世纪60年代以来只承销地产薯干白酒、阳澄酒的单一经营，从嘉兴、吴江、苏北等地组织粮食白酒。1978年末，"文化大革命"中关闭10余年的元大昌酒店又恢复堂吃，经销洋河、双沟、茅台等名酒。

　　1981年，根据国家、省、统一调价方案，提高了酒的销售价格，全省平均提高20%左右。其中苏州地产每市斤零售价：46度散装土烧酒从1.16元提高至1.26元，黄酒（阳澄）从0.42元提高至0.48元，冬酿酒从0.18元调高至0.22元。

　　1983年，国家放开酒类专卖政策，酒厂开始自销产品，企业拥有部分定价权，酒类经营出现多渠道、多形式，农场、乡镇、部队及粮食、供销系统经办的酒厂日增，花色酒、果汁汽酒、啤酒等货源充足，零售商按进价加规定的批零差率计算作价，由于多渠道进货，进价不一，形成相同产地、厂家、品种的酒类市场价格也不一致，竞争激烈。

表3-340 1983年江苏省内各种酒类地区（零售）差价表

品名	规格	单位	徐州、淮阴、连云港地区	盐城、南京地区	扬州、镇江、南通、常州地区	无锡、苏州地区（不含吴县）
各种白酒	散装	元/斤	0.11	0.08	0.05	0.02
各种白酒	1市斤瓶装	元/瓶	0.14	0.11	0.08	0.04
各种黄酒	散装	元/斤	0.09	0.06	0.03	0.01
各种黄酒	1市斤瓶装	元/瓶	0.12	0.08	0.05	0.02
各种露杂酒	散装	元/斤	0.09	0.06	0.03	0.01
各种露杂酒	1市斤瓶装	元/瓶	0.12	0.08	0.05	0.02
各种啤酒	散装	元/千克	0.14	0.10	0.08	0.04
各种啤酒	1.25市斤瓶装	元/瓶	0.09	0.07	0.05	0.03

注：1. 以上地区差价，一律以产地零售价为基价，加规定的地区差价为苏州市零售价。批发价按规定批零差率计算，即批发价=零售价÷（1+批零差率）。

2. 表列各种瓶装酒是以普通瓶装为基价，异形瓶及小盒装的瓶装酒的地区差价。按表差价标准增加20%。

3. 各种瓶装酒类地区差价，是以0.8斤及以上不足1.2斤的为基价，0.5斤及以上不足0.8斤的按65%计算，不足0.5斤的按40%计算，1.6斤及以上到2斤的加70%计算，小瓶啤酒按65%计算。

4. 除洋河、双沟大曲、啤酒和徐淮地区产葡萄酒外，其他酒类如有外加包装费用的，可按产地零售价加规定差价再加实际包装费后为苏州市零售价。

1982~1987年，江苏及苏州市场酒类主要品种价格基本不动，只是逐步提高洋河、双沟等名牌酒的销售价格，以缓和供求矛盾。

1986年5月市物委作出《关于调整12°啤酒产、销价格的通知》，由于生产啤酒的原材料大麦价格放开后，直接影响了啤酒生产的成本，加上燃料、动力等间接因素的影响，生产啤酒发生亏本。目前邻近地区已对啤酒的产、销价格作了调整。为衔接地区间的价格水平，调动工厂生产积极性，经市政府同意，适当调高苏州市的地产12°625毫升熟黄啤酒产、销价格。

东吴酒厂生产的500毫升普瓶装东吴牌醇香酒荣获1984年轻工业部酒类质量大赛银杯部优质酒称号，苏州东吴酒厂提出《关于玻瓶醇香酒实行优质优价的申请报告》。1986年6月，苏州市物价委员会同意在当时价格基础上加价5%，即出厂价每瓶1.0936元；批发价每瓶1.215元；零售价每瓶1.37元。今后如在评比中部优质落选，优质加价随即取消，执行原价。

姑苏牌啤酒从1986年4月试销以来，质量较好，受到消费者的欢迎。但因原、辅材料价格上涨，成本增加，产品微利保本。根据同类产品比质比价的原则和工厂实际生产情况，1986年6月25日，经苏州市物价委员会研究同意出厂价每瓶0.427元，批发价每瓶0.464元，零售价每瓶0.52元，玻璃瓶按每只0.30元计价。

表3-341　1986年苏州市场啤酒价格行情

单位：元/瓶

产地	品名	规格	价格	
			批发价	零售价
苏州东吴酒厂	东吴牌黄啤酒	12浓度625克	0.464	0.52
吴县民生酒厂	民生牌黄啤酒	12浓度625克	0.464	0.52
吴江酒厂	白天鹅黄啤酒	12浓度625克	0.518	0.58
苏州啤酒厂	姑苏牌啤酒	12浓度625克	0.455	0.51
沙洲县酒厂	张家港牌啤酒	12浓度625克	0.509	0.57
常熟市酒厂	虞山啤酒	12浓度625克	0.491	0.55
上海华光厂	光明牌黄鲜啤酒	12浓度625克	0.491	0.65
上海华光厂	光明牌黄鲜啤酒	10.5浓度625克	0.437	0.59
上海啤酒厂	天鹅牌鲜啤酒	13浓度625克	0.527	0.69
上海啤酒厂	天鹅牌黄啤酒	12浓度625克	0.491	0.65
青岛	青岛黄啤酒	出口12浓度625克	0.916	1.01
南京	南京黄啤酒	12浓度625克	0.482	0.54
江苏赣榆	青口啤酒	12浓度625克	0.536	0.60

表3-342　1986年苏州市糖业烟酒公司酒类调价通知单

单位：元/瓶

产地	品名	规格	调整前牌价		调整后牌价	
			批发	零售	批发	零售
洋河美酒厂	苏洋特曲	55° 500克方瓶	4.17	4.67	4.33	4.85
洋河美酒厂	苏洋大曲	38° 500克方瓶	4.97	5.57	5.18	5.80
洋河美酒厂	苏洋大曲	38° 250克方瓶	2.78	3.11	2.90	3.25
江苏滨海	八滩五醅浆大曲	60° 500克普瓶	2.02	2.29	2.07	2.35
江苏滨海	优质五醅浆大曲	60° 500克普瓶	2.68	3.04	2.90	3.29
江苏泗阳	优质洋河大曲（省优）	60° 500克普瓶	2.94	3.34	3.22	3.61
江苏泗洪	优质双沟大曲（省优）	60° 500克普瓶	2.94	3.34	3.22	3.61
江苏泗阳	精装洋河大曲（名酒）	55° 500克蓝天玻璃瓶装	7.29	8.17	8.41	9.42
江苏泗阳	特优洋河大曲（名酒）	55° 500克普瓶	4.18	4.74	5.11	5.72
江苏泗洪	优质双沟大曲（名酒）	53° 500克青瓷瓶	7.205	8.07	8.31	9.31
江苏泗洪	低度双沟特液（部优）	39° 500克方瓶装	5.15	5.77	5.96	6.68
江苏泗阳	低度洋河大曲（部优）	38° 500克方瓶装	4.93	5.59	5.79	6.48
江苏泗阳	精装洋河大曲（名酒）	55° 500克方青瓷瓶	8.00	8.96	9.22	10.33

表3-343　1949~1990年苏州地产主要酒类历史零售价格表

单位：元/市斤

年份	土烧酒46° 散装	黄酒洋澄	冬酿酒	洋河大曲白酒（散装）
1949	—	0.112	—	—
1950	—	0.32	—	—
1951	—	0.32	—	—
1952	—	0.32	0.18	—
1953	0.715	0.48	0.18	—
1954	0.72	0.48	0.20	—

年份	土烧酒46° 散装	黄酒洋澄	冬酿酒	洋河大曲白酒（散装）
1955	0.68	0.44	0.22	—
1956~1961	0.68	0.42	0.18	1.09
1962	0.68	0.56	0.18	6　高价
1963	0.68	0.50	0.18	3.2　高价
1964	1.30	0.42	0.18	1.49　高价
1965~1980	1.16	0.42	0.18	1.39
1981~1982	1.26	0.48	0.22	2.01
1983	1.26	0.44	0.22	2.01
1984	1.26	0.38	0.22	2.01
1985	1.26	0.38	0.22	2.39
1986~1987	1.26	0.38	0.33	—
1989	11月　1.38	0.66	0.33	—
1990	12月　2.12（瓶装）	—	—	—

表3-344　1959~1987年主要年份江苏地产酒零售价格变化情况表

单位：元/500克

品名及规格	1959年	1964年	1965年	1974年	1978年	1981年	1982~1987年
粮食白酒60度散装	0.97	1.30	1.16	—	—	1.26	1.26
乙种白酒60度散装	0.88	0.91	0.85	—	—	0.81	0.81
红葡萄酒半汁散装	—	1.04	0.40	0.47	—	0.54	0.51
黄熟啤酒散装	—	—	—	—	—	0.48	0.48
生啤酒散装	—	—	—	—	0.20	0.26	0.26
徐州大曲散装	—	1.46	1.36	—	—	1.87	1.77

注：红葡萄酒半汁：糖12度，酒度18度。黄熟啤酒：浓度12度，酒度3.5度。

表3-345　1985年苏州市酒类批零差率表

品种	批零差率（%）	品种	批零差率（%）
散装白酒	15	瓶装黄酒	12
瓶装白酒：名酒	12	瓶装啤酒	12
瓶装白酒：其他酒	13.5	散装啤酒	20
散装醇香、甜水、冬酿酒	17	散装露什酒	15
其他散装黄酒	20	瓶装露什酒	12

　　1988年开始，苏州市场物价上涨较快，为满足部分消费者需求，回笼货币，平抑市价，经省批准，同年4月24日，苏州市区开办"特需市场"，以高于正常市场零售价，低于黑市价格销售部分市场紧俏的名酒，特需市场的酒类供应不凭票证，敞开供应。详见下表：

表3-346　1988年苏州市特需商场酒类商品价格表

执行日期：1988年4月24日

产地	品名及规格	单位	市场零售价	外供零售价	特需零售价
江苏泗阳	羊禾牌洋河新特优500克圆异瓶	元/瓶	9.84	12	24
江苏泗阳	羊禾牌洋河旧特优500克普瓶	元/瓶	9.02	10	20

产地	品名及规格	单位	市场零售价	外供零售价	特需零售价
江苏泗洪	双沟牌双沟大曲500克青瓷瓶	元/瓶	12.10	16	32
江苏泗洪	双沟牌双沟大曲125克青瓷瓶	元/瓶	4.18	4.50	9
江苏泗阳	高档洋河大曲500克青瓷瓶宫廷爵杯盒	元/盒	51.30	—	102.60
江苏泗阳	敦煌牌优洋河60°500克普瓶	元/瓶	4.62	—	9.24
湖北潜江	园林青500克普瓶盒	元/瓶	6.88	—	6.88
湖北潜江	园林青250克×2普瓶盒	元/盒	8.69	—	8.69
陕西凤翔	西凤酒500克普瓶	元/瓶	9.65	19	57
江苏泗阳	羊禾牌洋河大曲500克蓝天瓶	元/盒	12.80	16	32
江苏泗阳	羊禾牌洋河大曲500克青瓷瓶	元/瓶	13	18	36
江苏泗阳	羊禾牌洋河大曲50克蓝天瓶	元/瓶	—	3.50	7
安徽亳县	古井贡酒250克×2瓶仿古瓶	元/盒	28.40	39	117
安徽亳县	古井贡酒500克瓷瓶	元/瓶	17.30	34	102
山西汾阳杏花村	汾酒250克普瓶	元/瓶	2.91	11	33
山西汾阳杏花村	汾酒500克花瓶式瓷瓶	元/瓶	14.50	24	72
山西汾阳杏花村	汾酒竹叶青500克×2普瓶	元/盒	23.80	31.10	93.30
湖北武汉	精黄鹤楼500克方异瓶盒	元/盒	11.20	17	51
贵州怀仁	茅台酒55°470克彩盒（出口）	元/盒	21	65	195
贵州遵义	董酒250克异型瓶	元/瓶	5.43	12	36
贵州遵义	董酒125克异型瓶	元/瓶	2.91	6.80	20.40
贵州遵义	董酒500克异型瓶	元/瓶	9.76	22	66
四川宜宾	五粮液500克白鼓瓶	元/瓶	14.30	45	135
四川宜宾	五粮液125克×2白鼓瓶盒	元/盒	10.50	27	81
四川泸州	泸州特曲500克白方瓶	元/瓶	14.30	40	120
四川泸州	泸州特曲500克白方盒	元/盒	16.40	42	126
四川泸州	泸州特曲500克陶瓷瓶	元/瓶	14.30	42	126
四川泸州	泸州特曲250克白方瓶盒	元/盒	8.91	22	66
四川泸州	泸州大曲（出口）454克白方瓶	元/瓶	13.90	40	120
四川绵竹	剑南春500克白方瓶	元/瓶	13.70	27	81
四川成都	全兴大曲500克白方瓶	元/瓶	16.20	25	75
四川古蔺	郎酒500克乳白圆瓶盒	元/盒	17	52	156
四川古蔺	郎酒250克乳白圆瓶盒	元/盒	10	27	81
四川古蔺	郎酒100克×2乳白圆瓶盒	元/盒	10.20	30.60	91.80
安徽亳县	古井贡酒250克异瓶	元/瓶	8.03	16	48
安徽亳县	古井贡酒250克×2仿古瓶盒	元/盒	28.40	36	108
江苏泗阳	羊禾牌洋河大曲38°500克方瓶	元/瓶	7.84	—	15.70
江苏泗洪	双沟特液39°500克方瓶	元/瓶	7.94	—	15.90
江苏泗洪	山河牌双沟大曲60°500克普瓶	元/瓶	4.62	—	9.24
山东青岛	青岛啤酒750克普瓶	元/瓶	1.49	—	2.68
江苏泗阳	羊禾牌洋河大曲250克蓝天瓶盒	元/盒	6.92	8.80	14.50
江苏泗阳	羊禾牌洋河大曲125克蓝天瓶盒	元/盒	4.01	4.65	8.32

3. 放开名酒价格

　　根据国务院统一部署，从1988年7月28日起，苏州市放开13个品种的名烟、名酒价格，放开价格的名酒是：茅台、五粮液、郎酒、泸州特曲、古井贡酒、洋河大曲、双沟大曲、全兴大曲、剑南春、董酒、汾酒、西凤酒、特制黄鹤楼13个品种。

同时，国家提高粮食酿酒品种的价格，部、省优酒：一般优质白酒提价20%以上，知名度高的，品质牌誉好的可以多提，部、省优质洋河、双沟酒提价幅度70%左右；产地零售价格每瓶在3元（含3元）以下的，按普通曲酒的提价额执行。普通曲酒每瓶提价不低于0.20元，洋河、双沟普曲零售价每瓶由2.75元提高3.20元。普通瓶装白酒和散装白酒每瓶（或500克）提价不低于0.10元。省内产普通瓶装啤酒，每瓶提价0.20元左右，散装啤酒每500克提价0.10元。粮食白酒价格允许下浮、瓜干白酒价格是否调整，由各县（市）物价部门决定。白酒、啤酒地区差率（价）仍按现行规定执行。下列表格为13种名酒调整放开后的价格及苏州地产部分啤酒价格调整表：

表3-347　1988年7月28日苏州市区13种名酒价格调整表

产地	品名	规格	单位	批发价	零售价
贵州仁怀	茅台酒（内销）	55度500克瓷瓶	元/瓶	151.79	170
贵州仁怀	茅台酒（内销）	55度250克瓷瓶	元/瓶	79.46	89
贵州仁怀	茅台酒（出口）	55度500克瓷瓶彩盒	元/盒	156.25	175
贵州仁怀	茅台酒（出口）	55度250克瓷瓶彩盒	元/盒	82.14	92
贵州仁怀	茅台酒（出口）	55度125克瓷瓶彩盒	元/盒	43.75	49
贵州仁怀	茅台酒（内销）	55度470~500毫升瓷瓶彩盒	元/盒	156.25	175
贵州仁怀	茅台酒	39度500毫升瓷瓶彩盒	元/盒	156.25	175
贵州仁怀	茅台酒（珍品）	55度500克附仿古青铜杯彩盒	元/盒	494.64	554
贵州遵义	董酒	66度500克异型瓶	元/瓶	39.29	44
贵州遵义	董酒（出口）	66度500克异型瓶	元/瓶	39.29	44
贵州遵义	董酒	66度250克异型瓶	元/瓶	21.43	24
贵州遵义	董酒	66度125克异型瓶	元/瓶	12.14	13.60
四川宜宾	五粮液	66度500克白鼓瓶	元/瓶	80.36	90
四川宜宾	五粮液	66度250克白鼓瓶	元/瓶	41.96	47
四川宜宾	五粮液	66度500克白鼓瓶盒装	元/盒	83.93	94
四川宜宾	五粮液	66度50克×4麦穗瓶盒装	元/盒	46.43	52
四川宜宾	五粮液	52度500克白鼓瓶	元/瓶	80.36	90
四川宜宾	五粮液	52度500克麦穗瓶盒装	元/盒	85.71	96
四川宜宾	五粮液	60度125克×2麦穗瓶盒装	元/盒	48.21	54
四川宜宾	五粮液（出口）	60度500克×2麦穗瓶盒装	元/瓶	83.93	94
四川宜宾	五粮液	60度125克×2白鼓瓶盒装	元/盒	46.43	52
四川泸州	泸州特曲	60度500克白柱瓶	元/瓶	69.64	78
四川泸州	泸州特曲	60度500克白方瓶	元/瓶	71.43	80
四川泸州	泸州特曲	60度500克陶瓷瓶	元/瓶	75	84
四川泸州	泸州特曲	60度500克白方瓶盒装	元/盒	75	84
四川泸州	泸州特曲	60度250克白方瓶盒装	元/盒	39.29	44
四川泸州	泸州特曲（出口）	52度454克白方瓶	元/瓶	71.43	80
四川泸州	泸州特曲	52度500克白方瓶	元/瓶	71.43	80
四川泸州	泸州特曲（内销）	60度250克陶瓷瓶	元/瓶	39.29	44
四川绵竹	剑南春	60度500克白柱瓶	元/瓶	48.21	54
四川绵竹	剑南春	60度500克白方瓶	元/瓶	50	56
四川绵竹	剑南春（出口）	60度500克异瓶	元/瓶	53.57	60

产地	品名	规格	单位	批发价	零售价
四川绵竹	剑南春	60度500克白方瓶盒装	元/盒	53.57	60
四川绵竹	剑南春	60度250克×2白方瓶盒装	元/盒	57.14	64
四川绵竹	剑南春	38度500克异型瓶盒装	元/盒	53.57	60
四川成都	全兴大曲	60度500克白柱瓶	元/瓶	42.84	48
四川成都	全兴大曲	60度500克白方瓶	元/瓶	44.64	50
四川成都	全兴大曲	52度500克白方瓶盒装	元/盒	48.21	54
四川成都	全兴大曲	52度100克白方瓶	元/瓶	11.61	13
四川成都	全兴大曲	52度500克白方瓶	元/瓶	44.64	50
四川成都	全兴大曲	52度250克×2白方瓶盒装	元/盒	50	56
四川成都	全兴大曲	52度100克×2白方瓶盒装	元/盒	26.76	30
四川古蔺	郎酒	54度500克乳白瓶	元/瓶	83.93	94
四川古蔺	郎酒	54度250克乳白瓶	元/瓶	42.86	48
安徽亳县	古井贡酒	62度500克异型瓶	元/瓶	53.57	60
安徽亳县	古井贡酒	62度250克异型瓶	元/瓶	28.57	32
安徽亳县	古井贡酒	62度500克异型瓶盒装	元/盒	57.14	64
安徽亳县	古井贡酒	62度500克瓷瓶	元/瓶	60.71	68
安徽亳县	古井贡酒	62度250克瓷瓶	元/瓶	32.14	36
安徽亳县	古井贡酒	62度125克瓷瓶	元/瓶	17.50	19.60
安徽亳县	古井贡酒	62度250克×2仿古瓷瓶盒装	元/盒	69.64	78
安徽亳县	古井贡酒	62度500克×2仿古瓷瓶盒装	元/盒	64.29	72
安徽亳县	古井贡酒	62度250克×2异型瓶	元/盒	60.71	68
陕西凤翔	西凤牌西凤酒	60~65度500克防盗盖普瓶	元/瓶	31.25	35
陕西凤翔	西凤牌西凤酒	60度250克防盗盖普瓶	元/瓶	16.96	19
陕西凤翔	西凤牌西凤酒	55度500克异型瓶	元/瓶	33.04	37
陕西凤翔	西凤牌西凤酒	55度500克异型瓶盒装	元/盒	36.61	41
陕西凤翔	西凤牌西凤酒	55度125克×4异型瓶盒装	元/盒	40.18	45
山西汾酒	杏花村汾酒	65度500克防盗盖普瓶	元/瓶	35.71	40
山西汾酒	杏花村汾酒	65度500克防盗盖普瓶盒装	元/盒	39.29	44
山西汾酒	杏花村汾酒	65度250克防盗盖普瓶盒装	元/盒	19.64	22
山西汾酒	杏花村汾酒	65度500克老瓷瓶	元/瓶	42.86	48
山西汾酒	杏花村汾酒	65度250克老瓷瓶	元/瓶	23.21	26
山西汾酒	杏花村汾酒	65度125克老瓷瓶	元/瓶	13.04	14.60
山西汾酒	杏花村汾酒	65度500克老瓷瓶盒装	元/盒	46.43	52
山西汾酒	杏花村汾酒	65度500克新瓷瓶	元/瓶	42.86	48
山西汾酒	杏花村汾酒	65度250克新瓷瓶	元/瓶	23.21	26
山西汾酒	杏花村汾酒	65度125克新瓷瓶	元/瓶	13.04	14.60
山西汾酒	杏花村汾酒	48度、55度、60度500毫升新瓶型	元/瓶	35.71	40
山西汾酒	杏花村汾酒	60度500克瓷瓶	元/瓶	42.86	48
湖北武汉	特制黄鹤楼	62度500克白异型瓶	元/瓶	26.79	30
湖北武汉	特制黄鹤楼	62度250克白异型瓶	元/瓶	15.18	17
湖北武汉	特制黄鹤楼	62度500克白异型瓶盒装	元/盒	30.36	34
江苏泗阳	洋河牌洋河大曲	55度500克天蓝玻璃瓶精装	元/瓶	31.25	35
江苏泗阳	洋河牌洋河大曲	55度250克天蓝玻璃瓶精装	元/瓶	16.79	18.80
江苏泗阳	洋河牌洋河大曲	55度125克天蓝玻璃瓶精装	元/瓶	8.88	9.95

产地	品名	规格	单位	批发价	零售价
江苏泗阳	洋河牌洋河大曲	55度50克天蓝玻璃瓶精装	元/瓶	3.88	4.35
江苏泗阳	洋河牌洋河大曲	55度500克方形青瓷瓶装	元/瓶	32.59	36.50
江苏泗阳	洋河牌洋河大曲	55度250克方形青瓷瓶装	元/瓶	17.68	19.80
江苏泗阳	洋河牌洋河大曲	55度125克方形青瓷瓶装	元/瓶	9.73	10.90
江苏泗阳	洋河牌洋河大曲	55度50克方形青瓷瓶装	元/瓶	4.78	5.35
江苏泗阳	洋河牌洋河大曲（新特优）	55度500克圆异形玻璃瓶装	元/瓶	27.59	30.90
江苏泗阳	洋河牌洋河大曲	55度500克方青瓷瓶高档包装	元/盒	62.05	69.50
江苏泗阳	洋河牌洋河大曲	55度250克圆异型玻璃瓶装	元/瓶	14.38	16.12
江苏泗阳	洋河牌洋河大曲	55度125克圆异型玻璃瓶装	元/瓶	7.63	8.55
江苏泗洪	双沟牌双沟大曲	53度500克圆形青瓷瓶装	元/瓶	31.25	35
江苏泗洪	双沟牌双沟大曲	53度250克圆形青瓷瓶装	元/瓶	16.74	18.75
江苏泗洪	双沟牌双沟大曲	53度125克圆形青瓷瓶装	元/瓶	9.02	10.10
江苏泗洪	双沟牌双沟大曲	53度500克圆形青瓷瓶装	元/瓶	27.41	30.70
江苏泗洪	双沟牌双沟大曲	53度250克×2鱼形青瓷瓶礼盒	元/盒	73.84	82.70
江苏泗洪	双沟牌双沟大曲	39度50克×2、53度50克×2青瓷瓶礼盒	元/盒	10.80	12.10
江苏泗洪	双沟牌双沟大曲	39度500克方形玻璃瓶装	元/瓶	12.05	13.50

表3-348　1988年7月28日苏州市地产啤酒价格调整表

产地	品名	规格	单位	批发价	零售价
苏州	东吴	12度640毫升黄熟啤酒	元/瓶	0.714	0.80
苏州	姑苏	12度640毫升黄熟啤酒	元/瓶	0.714	0.80
吴县	民生	12度640毫升黄熟啤酒	元/瓶	0.714	0.80
张家港	张家港	12度640毫升黄熟啤酒	元/瓶	0.732	0.82
吴江	白天鹅	12度640毫升黄熟啤酒	元/瓶	0.714	0.80
太仓	键士	12度640毫升黄熟啤酒	元/瓶	0.732	0.82
昆山	亭林	12度640毫升黄熟啤酒	元/瓶	0.714	0.80
常熟	海虹	12度640毫升黄熟啤酒	元/瓶	0.714	0.80
常熟	虞山	12度640毫升黄熟啤酒	元/瓶	0.714	0.80
苏州	东吴	12度640毫升瓶装	元/瓶	0.804	0.90
吴江	白天鹅	12度640毫升瓶装	元/瓶	0.848	0.95
苏州	太湖	12度640毫升瓶装	元/瓶	0.804	0.90
苏州	东吴鲜啤酒	散装	元/500克	0.317	0.38

　　1992年3月，市物价局批复苏州酿酒总厂生产的500毫升瓶装糯米黄酒每瓶出厂价为1.18元，批发价为1.28元，零售价为1.43元。500毫升瓶装陈黄酒每瓶出厂价为1.10元，批发价为1.20元，零售价为1.30元。以上价格自1992年4月1日起执行。

4. 酒价市场形成

　　1992年5月，根据中央、省文件精神，经市政府同意，市物价局进一步放开65种市级管理工业消费品价格和18种农副产品价格。属苏州市级管理的瓜干白酒、冬酿酒、醇香酒、加饭酒、花色酒等酒类价格全面放开，由企业根据商品成本、供求情况及国家有关政策自主定价或由买卖双方协商议价。1993～1996年酒类价格受这一轮通货膨胀的影响呈逐步上升的走势。下表为苏州市统计局城市调查队统计的市区酒类市场年平均零售价。

表3-349　1993~1996年苏州市区酒市场年平均零售价

单位：元/瓶

品名	产地、牌号、规格等级	1993年	1994年	1995年	1996年
白酒	洋河普曲55度500克装	3.837	4.461	4.823	5.749
果酒	丰收牌中国白葡萄酒北京	5.511	6.928	9.018	10.547
啤酒	东吴牌12度苏州	1.380	1.703	—	—
	张家港12度地产	—	—	2.358	2.80
国产名酒	泸州老窖（特曲）500克装	—	—	52.668	52.222
	洋河瓷瓶本省瓶	27.00	30.078	—	—
全年饮料、烟酒类价格以上年同期价格为100，涨幅（%）		—	13.8	5.7	7.2

1993年下半年，苏州市场物价上涨幅度较大，根据市政府文件精神，同年7月31日，市物价局决定对已放开的部分商品实行提价申报制度，苏州地产的醇香酒、黄酒、啤酒也列入其中。凡列入提价申报的商品，各单位必须严格执行提价申报制度，不得擅自突破现行价格。如需提价，需报经市物价局批准后方可调整，下表为公布的醇香酒、黄酒、啤酒提价申报现行价格，执行日期为1993年7月28日：

表3-350　1993年苏州市提价申报商品价格表

品名	规格	计价单位	零售价	备注
醇香酒	500ml普瓶	元/瓶	2.25	地产
黄酒	配制	元/500克	0.64	地产
	配制	元/500克	0.50	
啤酒	11°普啤	元/瓶	1.25	地产 批发、零售价按原定差率执行
	11°特啤	元/瓶	1.43	
	10.5°特啤	元/瓶	1.25	
	12°普啤	元/瓶	1.35	
	12°特啤	元/瓶	1.45	
	10°普啤	元/瓶	1.12	
	嘉士12°特啤	元/瓶	1.98	
	豪客12°特啤	元/瓶	2.18	

1994年5月，为规范市场价格行为，保持日用工业消费品价格的基本稳定，苏州市对35种居民生活必需品和服务价格实行监审，其中洋河及双沟曲酒零售价格，实行企业进价加规定批零差率的管理方法，控制进零差率，指导经营者合理作价，以稳定名酒价格，并报市物价局备案。

表3-351　苏州市区酒类代表品种1994年与1995年零售价格对比表

类别及名称	产地牌号规格等级	计量单位	平均价格（元）		涨幅（%）
			1994年1月	1995年1月	
白酒	洋河普曲50度	瓶	3.880	4.833	24.6
果酒	北京白葡萄	瓶	5.634	7.188	27.6
啤酒	苏州东吴牌12度	瓶	1.400	1.800	28.6
国产名酒	本省洋河瓷瓶	瓶	30.000	30.000	—

　　从1997年开始，随着国家一系列宏观调控措施的贯彻落实，粮食及农产品供应比较充裕，粮价稳中有降，为稳定物价提供了最基本的条件。由于酿酒的主要原材料为粮食，也为稳定酒价提供了最主要的物质基础，酒类消费品市场货源充裕，供大于求，竞争激烈，酒价也稳中下降。1997年苏州商品零售价格分类指数中饮料、烟酒类同比价格指数为97.4，比1996年下降9.8%。此后，市区酒类价格一路下行，统计数据显示，1998年至2001年4年里，饮料、烟酒商品零售价格分类指数与上年相比分别为99.6、96.3、96.9和100.2。

　　1999年12月，苏州市物价局发出《关于印发〈苏州市区酒吧、茶楼价格管理办法（试行）〉的通知》：为贯彻落实《中华人民共和国价格法》，促进苏州市酒吧、茶楼行业的健康发展，保护经营者和消费者的合法权益，提倡和鼓励公平竞争，苏州市区酒吧、茶楼的价格实行分等级管理，即采取按照硬件条件，饮料食品质量和服务水平相结合来分等定级，价格等级分为特级、一、二、三级。同时市物价局委托市行业价格管理协会组织测定并公布各等级的市场平均毛利率和加价率，确定上浮的合理幅度，指导经营者按照市场状况合理制定价格。这个管理办法一直沿用至2009年，用以制止酒类市场不正当价格行为和牟取暴利。

　　2000年9月，市物价局印发《苏州市区规范餐饮业价格行为的实施细则》，该《实施细则》第七条规定：根据市场形成价格的原则，各等级的市场平均毛利率和饮料、酒水市场平均销售价格，由现行各等级实际毛利率水平和销售价格综合形成。委托行业价格管理组织定期测定各等级的现行实际毛利率和饮料、酒水销售价格，测定结果由市物价局予以公布。经营者应当在市场平均毛利率和饮料、酒水的市场平均价格的合理幅度内自主制定价格。市物价部门未公布市场平均价格的饮料、酒水的计价基础，可按当时3~5家零售商场的同品种商品的算术平均价格为计价基础。其计价公式：销售价格=市场平均零售价格×（1+等级加价率）。据此，市物价局根据市场行情变化不定期公布酒类零售市场平均价格，下表为2001年7月26日公布的市场平均价格：

表3-352　　2001年7月16日苏州市区酒类零售市场平均价格表

产地、厂名	品名	规格	单位	零售价
贵州	茅台酒	500毫升珍品×6盒（新盖）	元/盒	340
贵州	茅台酒	53° 500毫升飞天新盖×12盒	元/盒	210
宜宾	五粮液	52° 500毫升高防豪华×6盒	元/盒	430
宜宾	五粮液	39° 500毫升三防水晶×12盒	元/盒	180
古蔺	郎酒	53° 500毫升豪华珍品×6盒	元/盒	102
绵竹	剑南春	52° 500毫升激光×12盒	元/盒	158
山西	汾酒	53° 500毫升乳白瓶×12瓶	元/瓶	24.50
山西	竹叶青	500毫升×20瓶	元/瓶	16.00
遵义	董酒	59° 500毫升礼盒×12盒	元/盒	13.80
陕西	西凤酒	55° 500毫升红标×20盒	元/盒	17.80
泸州	泸州特曲	52° 500毫升异瓶×12盒	元/盒	47.50
泗阳	洋河大曲	55° 250毫升出口天蓝×24盒	元/盒	18.00
泗阳	洋河优曲	38° 500毫升青瓷×6盒（防伪）	元/盒	30.80
泗阳	洋河优质大曲	55° 500毫升防盗盖×20瓶	元/瓶	28.50
泗阳	洋河特酿	250毫升杯式×24杯	元/杯	3.10

产地、厂名	品名	规格	单位	零售价
泗洪	双沟大曲	46° 500毫升青瓷防伪×12盒	元/盒	41.60
泗洪	双沟特液	39° 500毫升×16盒	元/盒	16.60
泗洪	双沟佳酿	50° 250毫升口杯×40杯	元/杯	17.80
剑南春酒厂	绵竹大曲	39° 500毫升异瓶×20瓶	元/瓶	8.60
宜宾	尖庄大曲	52° 500毫升精×20瓶	元/瓶	3.40
湖北	中国劲酒	35° 500毫升瓷瓶×12瓶	元/瓶	29.50
宜宾	五粮神	46° 475毫升×12盒	元/盒	40.00
汤沟酒厂	汤沟优曲	50° 500毫升异瓶×20瓶	元/瓶	7.00
江西	四特酒	54° 500毫升瓷瓶×12瓶	元/盒	23.50
亳州	古井贡酒	55° 500毫升礼盒精品×6盒	元/盒	38.80
曲阜酒厂	孔府家酒	39° 500毫升×12盒	元/盒	16.80
四川	沱牌曲酒	52° 500毫升水晶瓶×12盒	元/盒	57.50

　　2002~2004年三年中，苏州市区酒类价格运行平稳，居民消费价格总指数种的"烟酒及用品分类指数与上年同期相比分别为101.5、99.5和101.1"。这一阶段，苏州市酒类消费水平稳步上升，随着居民生活水平的不断提高，进口洋酒和红酒消费份额扩大，特别是有利于身体健康和假日休闲消费的干红葡萄酒等果酒，日益受到人们的青睐，价格走势温和向上。

表3-353　2003年2月10日苏州市糖烟酒总公司酒类供应价行情表　表一

单位：元/瓶

产地	品名	规格	供应价	产地	品名	规格	供应价
天津	王朝干红葡萄	750毫升×12瓶	34.00	法国	名仁马爹利	700毫升×12瓶	340.00
河北	长城干白葡萄酒	750毫升×12瓶	19.00	英国	芝华士12年	700毫升×12瓶	190.00
河北	长城干红葡萄酒	750毫升×12瓶	28.00	法国	拿破仑XO	700毫升×12瓶	680.00
连云港	山楂酒	750毫升×12瓶	10.50	法国	拿破仑V.S.O.P	700毫升×12瓶	280.00
张家港	沙洲优黄	750毫升×6瓶（六年）	10.80	英国	黑牌威士忌	700毫升×12瓶	180.00
张家港	沙洲优黄	600毫升×12瓶（三年）	5.20	英国	红牌威士忌	700毫升×12瓶	110.00
张家港	沙洲优黄	600毫升×12瓶陈年	3.80	合资	御鹿V.S.O.P	700毫升×12瓶	280.00
法国	人头马XOE	700毫升×12瓶	750.00	合资	金冠拿破仑XO	700毫升×12瓶	285.00
法国	人头马特级	700毫升×12瓶	320.00	法国	百事吉白兰地XO	700毫升新装×12瓶	700.00
法国	人头马V.S.O.P	700毫升×12瓶	260.00	法国	轩尼诗XO	700毫升×12瓶	780.00
法国	兰带马爹利	700毫升×12瓶	300.00	合资	轩尼诗V.S.O.P	700毫升×12瓶	300.00
法国	马爹利XO	700毫升×12瓶	750.00	法国	蒙特伯爵XO	700毫升×6瓶	750.00

2003年2月10日苏州市糖烟酒总公司酒类供应价行情表　表二

产地、厂名	品名	规格	单位	供应价
贵州	茅台酒	53° 500毫升飞天双杯×12盒	元/盒	240.00
贵州	茅台酒	53° 500毫升新盖双杯×12盒	元/盒	240.00
贵州	茅台酒	48° 500毫升双杯×12盒	元/盒	210.00
贵州	茅台酒	38° 500毫升双杯×6盒	元/盒	200.00
宜宾	五粮液	52° 500毫升三防多棱×12盒	元/盒	320.00
宜宾	五粮液	39° 500毫升三防多棱×12盒	元/盒	220.00

产地、厂名	品名	规格	单位	供应价
古蔺	郎酒	53° 500毫升豪华珍品×6盒	元/盒	86.00
古蔺	郎酒	39° 500毫升豪华珍品×6盒	元/盒	78.00
古蔺	郎酒	39° 500毫升五年陈礼盒×6盒	元/盒	99.80
古蔺	郎酒	53° 500毫升五年陈礼盒×6盒	元/盒	109.80
泸州	庆典泸特	52° 500毫升异瓶×12盒	元/盒	50.00
泸州	国宝酒	52° 500毫升水晶瓶×12盒	元/盒	380.00
泸州	百年老窖	52° 500毫升×6盒	元/盒	168.00
泸州	百年老窖	48° 500毫升×6盒	元/盒	148.00
绵竹	剑南春	52° 500毫升异瓶×12盒	元/盒	115.00
绵竹	剑南春	38° 500毫升异瓶×12盒	元/盒	105.00
剑南春酒厂	绵竹大曲	53° 500毫升异瓶×20瓶	元/箱	80.00
宜宾	尖庄大曲	53° 500毫升×20瓶（运动装）	元/箱	32.00
宜宾	五粮春	45° 500毫升×12瓶	元/瓶	84.00
绍兴	花雕酒	600毫升有带沈永和×12瓶	元/瓶	5.20
绍兴	花雕酒	600毫升古越龙山×12瓶	元/瓶	5.20
绍兴	花雕酒	500毫升五年陈×12瓶	元/瓶	15.00
绍兴	花雕酒	1000毫升×6坛（长瓶双耳）	元/坛	98.00
天津	王朝干白	700毫升×12瓶	元/瓶	22.00

随着居民生活水平不断提高，受市场供求情况及成本变化的影响，苏州市区酒类市场价格呈不断上涨的走势，2007~2010年苏州市区居民消费价格指数中"烟酒及用品"分类指数中酒类指数显示（以上年为100%），2007年为103.2，2008年为105.4，2009年为101.3，2010年为105.8。大众消费的中低档白酒、黄酒、啤酒价格稳定，以茅台酒、五粮液酒、洋河酒为代表的高端消费白酒价格一路走高。据2008年1月14日市场价格监测显示，苏州市场茅台酒价格又有调整，上月14日53度茅台酒由每500克608元上调到738元后，间距时间仅仅一个月，再次上扬达到了每500克838元，即上涨了100元，涨幅达到了13.6%；与上年同期的528元，每500克上涨了310元，涨幅约为59%。52度五粮液价格也同时相随调整，价格从每500克518元涨到了568元，即上涨了50元，涨幅约为10%；较之上年同期的480元，涨幅约为18.3%。详见下表：

表3-354　2006、2007年苏州百润发（苏福店）酒类价格行情对比表

单位：元

品名	规格	产地	2006年1月	2006年6月	2006年12月	2007年1月	2007年6月	2007年12月
45度红星二锅头	500毫升	北京	5.90	5.90	5.90	5.90	5.90	5.90
王朝干红葡萄酒	750毫升	天津	—	—	—	—	31.90	36.80
35度中国劲酒	125毫升	湖北	7.80（28度）	5.80	6.00	6.00	6.00	7.50
45度邵阳老酒坊八年陈	128毫升	湖南	6.80	6.80	6.80	6.80	6.80	6.30
52度新装剑南春	500毫升	四川	—	—	188.00	188.00	188.00	208.00
50度古井玉液	500毫升	安徽	6.20	6.20	6.20	6.20	5.80	5.80
42度糯香醇营养米酒	1800毫升	湖北	11.90	11.90	11.90	11.90	11.90	11.90
46度铁盒口子窖	450毫升	安徽	—	42.80	44.80	44.80	47.80	47.80
46度五年口子窖	400毫升	安徽	75.20	79.80	86.00	86.00	86.00	88.00

品名	规格	产地	2006年1月	2006年6月	2006年12月	2007年1月	2007年6月	2007年12月
古越龙山五年陈	500毫升	绍兴	—	—	—	—	14.20	13.50
52度国御五星15年陈	500毫升	泸州	60.00	48.00	48.00	48.00	49.50	59.00
52度精制银剑南	500毫升	四川	—	—	68.00	68.00	68.00	68.00

表3-355　2009~2010年苏州市区部分酒类价格行情表

品名及规格	单位	2009年平均价	2010年平均价
啤酒（青岛罐装355毫升）	元/罐	4.5	4.5
啤酒（当地主销640毫升）	元/瓶	3.77	—
啤酒（当地主销630毫升）	元/瓶	3.13	3
白酒（新飞天茅台53度500毫升）	元/瓶	758	1020
白酒（五粮液52度500毫升普通瓶装）	元/瓶	633.67	748.5
白酒（洋河（海之蓝42度480毫升））	元/瓶	148	151.33
白酒（当地主销）	元/瓶	291.33	—
白酒（当地主销）	元/瓶	345	—
葡萄酒（长城干红750毫升11度）	元/瓶	43	48
葡萄酒（张裕干红750毫升12度）	元/瓶	38	38
葡萄酒（当地主销干红750毫升11度）	元/瓶	48	—

第三章　轻工业品价格

第四章　重工业品价格

苏州在历史上是个重工业不发达且生产资料资源缺乏的城市。民国时期，苏州市场煤炭、石油、钢材、木材、水泥等重工业产品本地不出产，绝大多数从外地调入或从海外进口，基本上是按市场供求状况自由流通，经营者自主定价。重工业初级产品价格压得较低，而主要依靠进口的石油产品价格则很高，内部比价关系很不合理。为避免同行间相互倾轧和维护行业共同利益，苏州不少行业都建有公会、公所等组织，其重要的职能是"同行公议价格"，重工业产品同行业议订价格在一部分行业中开始实施。在抗日战争期间和抗战胜利后，当局对煤炭等重要物资曾实行过统制货源和分配，价格由当局管制，但各种重工产品的具体价格主要由市场买卖双方的力量所决定，价格总水平仍随着通货膨胀的不断加剧而大幅度上升。

新中国成立初期，苏州市人民政府为恢复和发展经济、安定人民生活，采取掌握煤炭、钢铁等重要物资等一系列稳定物价的措施，促使重工产品价格在原有的基础上逐步稳定下来。

从建国后至改革开放前，苏州重工业生产发展较慢，煤炭、石油、钢材、水泥等重工业产品绝大多数仍从外地调进。

第一个五年计划期间（1953~1957年），中央对重工业产品价格在宏观上采取了"基本不动，个别调整"的政策，开始实行国家统一制定主要重工产品出厂价格，同时逐步建立计划价格管理体制，煤炭、钢铁、水泥、石油等200多种重工产品及物资的出厂价格由国家统一规定。定价权高度集中在中央，苏州地方没有定价权。由于深受苏联计划经济传统理论的影响，生产资料等重工业品价格不属市场商品范畴，对其实行低价政策，出厂价格的制定依据主要是生产成本，调拨价格只计费用不计利润。1956~1957年，针对钢材、机械等产品成本大幅度降低，国家降低了这些重工产品的价格。

1960~1962年三年困难时期，国家没有对重工产品价格作较大的调整，只对个别品种作小幅度调整。1963~1965年，经过一系列调整，苏州地方经济得到恢复和发展，重工产品价格也趋于稳定。

1966年"文化大革命"开始后，苏州的重工产品价格基本上处于冻结状态。20世纪70年代中期开始，因受"文化大革命"影响，苏州市工农业生产所需的原材料、燃料计划分配不足，相当一部分的煤炭、钢铁等重要物资通过"地方自筹"，计划外协作渠道购进，基本形式是"以物易物"，即以苏州地产部分市场紧俏的轻工业品和农产品，向原材料产地交换煤炭、木材、钢材等生产资料，双方以国家规定价格结算。当时对协作物资价格控制甚严，严格执行国家价格，不得高进高出，转嫁亏损，由于控制了原材料价格，苏州市场终端产品价格得以保持稳定。

1979年，重工业产品价格开始进行一系列的调整与改革。首先，国家和省调高一些基础产品和原材料（如煤炭、电力、钢铁等）计划价格，调低了部分加工产品（如机电产品、部分化工产品、支农产品等）计划价格。苏州市重工产品价格也相应作了调整，如：计划内徐州二号烟煤每吨从1979年的38元提高至1984年的40.50元，无烟煤阳泉块每吨从1979年的55.30元提高至1984年的62.00元；计划内19毫米圆钢及铸造用的生铁每吨分别从1979年的560元和171元提高至1984年的608.50元和337元。这些改革措施有效地缓解了因价格结构突出不合理的矛盾，减轻了财政负担，促进基础产业的发展。

其次是国家对中央统一定价的产品允许地方制定临时价格，对煤炭、石油超计划生产的部分实行加价办法，对电价实行附加办法。1979年至1987年，江苏省还几次下放重工业产品价格管理权限，扩大市、县地方和企业的自主定价权，从而调动了地方和企业的生产积极性，缓解了市场供需矛盾。

最后是实行了"双轨制"价格。改革开放之初，为解决本地生产急需的煤炭、钢铁等重工产品，苏州从1981年开始，率先实行了计划外生产资料价格代理制。当时，为了适应计划外生产资料生产、流通在价格上既"管"又"活"的需要，苏州市物价委员会制定并下发了《苏州市地方生产资料价格及协作物资价格若干问题的暂行办法》，通过运用价格杠杆调剂、吸引重工业产品生产资料来苏，也为众多乡镇企业的迅速崛起创造了良好价格环境。1984年起，苏州又对超产、自销产品实行浮动价格，允许在规定价格的基础上，上下浮动20%。1988年上半年，在贯彻上级生产资料价格"双轨制"规定的同时，市物价部门结合苏州经济社会快速发展急需大量计划外重工产品的实际，依托"苏州市物资交易中心"建立生产资料价格中心，对生产资料交易市场的价格行为，用"随行就市，低于市价，有赔有赚，合理盈利"的原则来进行规范。市物价部门先后建立金属材料、木材、建材、煤炭等价格行业管理小组，根据市场行情，协调制定挂牌价，不定期予以公布，作为"双轨制"价格条件下，苏州市场生产资料价格的最高限价，从而有效地遏制了通货膨胀条件下，重工产品价格水平的不合理上扬。

1992年以后，按照发展社会主义市场经济的要求，国家和省有关部门陆续下放重工业品价格管理权限，加快了重工业产品向市场形成价格机制转换的步伐，苏州市逐步实行计划内外价格并轨，直到价格完全放开，由企业自主定价。到20世纪末，除电力、石油等少数事关国民经济命脉的少数品种实行政府定价或政府指导价外，绝大多数工业生产资料实行市场调节价，由经营者依据市场供求变化自行定价，价格总水平随生产成本和市场供求的变化而上下波动。

第一节　煤炭价格

苏州是个煤炭资源匮乏的城市，位于太湖中的西山煤矿自清末开采，曾屡采屡停，终因煤质差、产量低、成本高、销路不畅，于1982年正式闭坑停产。历史上苏州煤炭的来源主要是徐州、安徽淮南、河南焦作、山东、湖北等外地煤矿。据载，"清末，除传统的（木）炭行外，新增了煤号。宣统元年（1909），由润丰昌等23家煤炭行栈联名申请，经元和、长洲、吴县知县批准，在南濠街成立行会组织坤震公所。民国初年，煤炭行栈有170余家"。苏州解放前，煤炭的经营及价格，基本上是按市场供求情况自由流通和自主定价。建立公所的目的是同行间议订价格，避免相互倾轧，维护行业利益。苏州市场销价1930年每市担烟煤、白煤分别为银圆0.97元和1.59元，煤基球每市担银圆0.957元。民国23～25年（1934～1936）苏州年消费煤炭约6万吨，烟煤、白煤、煤基球价格稳中下降，至1936年每市担市场销价分别为法币0.664元、1.205元和0.90元。

　　煤炭系重要物资，曾几度实行过统制。民国26年（1937）后至抗战胜利前，煤炭由日伪政府控制，由日商经销。1937年苏州市场销价每市担烟煤、白煤分别为法币0.90元和1.35元，至1941年已分别涨至法币25元和29元，短短4年分别上涨了27.8倍和21.48倍。抗日战争胜利后，国民政府建立燃料管理委员会，统制货源及分配；大型工厂用煤，直接向该会申请配给，煤炭商号只经营零售业务。1945年9月，煤基球苏州市场销价每市担为法币125元；至1948年上半年涨至每市担法币140万元，以后由于全国性的物价大波动，煤炭价格也大幅度上升；直至1950年，苏州市场烟煤炭价格在每吨285万元（旧人民币）的基础上稳定下来。

表4-1　苏州市煤炭市场销价历史资料表

单位：元/市担

年份	货币名称	烟煤	白煤
1930	纹银银圆	0.97	1.59
1931	纹银银圆	1.133	1.56
1932	纹银银圆	0.938	1.722
1933	银圆	0.931	1.542
1934	银圆	0.738	1.376
1935	法币	0.683	1.327
1936	法币	0.664	1.205
1937	法币	0.90	1.35
1938	法币	2.70	3.20
1939	法币	3.60	4.40
1940	法币	13.20	12.57
1941	法币	25.00	29.00
1942	法币	—	60.00

一、国家统配煤炭价格

　　煤炭是重要的战略物资，其价格稳定与否关系到工农业生产发展和民生稳定与否。1949年4月27日苏州解放，5月即建立公营苏州建中贸易公司经营粮食、煤炭、棉布等重要物资，通过掌控重要战略物资来稳定市场物价。从苏州解放初至1978年，国家对煤炭等重要工业生产资料逐步实行统一分配、统一定价，形成以计划经济为主体的价格管理体制。1950年开始，国家对煤炭、钢材、生铁、木材、水泥等重要生产资料实行统一计划分配，煤炭被列为国家统一分配的8种物资之一。苏州也于1950年6月建立中国煤业建筑器材公司苏州支公司，简称煤建公司。1950年，工业生产用的烟煤徐州二号，苏州市场供应价每吨为28.5元（已折算为新人民币，下同）。

1954年，国家统一规定的煤炭价格，是按原煤炭分范围定出的波动系统来计算的。据载，徐州矿务局每吨原煤实际销价为12.21元。1954年苏州市工业主要用煤以徐州二号烟煤为代表品，每吨供应价为30.30元；无烟煤阳泉块1954年苏州供应价每吨为46.40元；无烟煤阳泉屑1956年苏州供应价每吨为30.20元。无烟煤主要用于民用煤球生产原料。以后的几年，国家统配的煤炭价格苏州供应价均无多大变动。至1958年国家调整价格，苏州市徐州二号烟煤每吨供应价从30.30元提高至32.40元，升幅为6.93%。这个价格保持基本不变，直到1979年。

　　20世纪50年代后期，由于生产发展，煤炭需要量增加，省内各地先后兴建煤矿（俗称小煤窑），地方煤矿随之发展起来。煤炭价格开始均由各地自行管理。由于当时产量很少，价格水平也不尽一致，一般每吨原煤在20元以下。苏州地方煤矿——西山煤矿，也于1957年再次开发重建，至1959年产出煤1.93万吨；1957～1962年共投资248万元（不含电厂），累计产煤4.5万吨，吨均成本43.3元，5年亏损72万元，于1962年4月全面停工。"文化大革命"期间，1969年3月，苏州市革委会响应"大力开发江南煤田，扭转北煤南运"号召，西山煤矿恢复建矿，1970年局部投产，至1982年累计产煤64万吨，吨均成本41.5元，所采煤炭全由市物资局统一购销，均供应苏州市区。西山煤多为地方作一般工业煤，不足之处是硫含量较高，对锅炉管道有腐蚀。由于出售价格每吨均低于成本10～20余元，故年年亏损。1970～1981年共亏损531万元，年均亏损44万余元，至1982年西山煤矿封井停产。

　　1979年4月，国家决定调整煤炭价格。国家统一分配的徐州矿务局原煤价由1978年每吨18.12元调整到20.85元。同时为了增加适销对路的煤种，实行优质优价，大幅度提高了精煤价格，每吨由1978年的39.93元提高到47.42元。苏州市区徐州二号烟煤每吨计划内供应价也由32.40元提高至38.00元，山西无烟煤阳泉块每吨供应价也相应从53.00元调高至55.30元，无烟煤阳泉屑供应价每吨也从29.60元提高至32.40元。

　　1979年6月16日，调整全省地方煤矿的煤价。在江苏省计委、煤炭工业局颁发的《地方煤矿煤炭出厂价格计算和管理办法》和调整煤价的通知中规定：根据地方煤矿地质条件复杂、煤层变化大、机械化程度低、成本费用高、亏损多的实际情况，决定地方煤矿煤炭在与统配煤矿煤炭比质比价的基础上，照顾一定的差价。即苏南的地方煤矿原煤价格，按统配煤矿相同煤质的价格，加27%的价差计价；苏北的地方煤矿原煤价格，按统配煤矿相同煤质，在炭分基价基础上，提高一个等级计价。全省地方煤矿的煤价平均每吨提高4.16元。

　　从1978年开始，苏州市区对煤炭等工业用燃料实行凭证定量供应，超定额实行加价政策。按照各工厂产品产量（或产值）前三年的实际月均消耗量，作为燃料消耗定额，核定年度供应计划，直接分配到厂。燃料消耗定额每年修订一次，修订后由市经委下达。1980年8月起，对已下达燃料消耗定额的173家工厂超定额供应的燃料，实行加价50%。1982年6月规定，每超耗一吨煤炭、焦炭，分别加价收取25元、60元。加价款专户储存，原则上用于节能措施，其中40%缴市财政，60%由市经委安排。

　　进入20世纪80年代，由于原辅材料价格上升，职工工资提高，生产设施改善和老矿井巷道的延伸等原因，煤炭生产成本不断上升，原煤的吨煤成本由1979年的16.99元上升到1983年的22.06元，煤炭企业亏损严重，年亏损额约2000万元。为此，在1983年以后，国家和省政府在价格上采取多种措施,对统配煤矿予以扶持。1983年3月,省政府批准徐州矿务局从1983年开始实行产量、亏损、费用包干。这是全国煤炭生产企业系统中第一个实行经济总承包的企业。承包合同规定,在承包基数内的煤炭价格,按国家规定的价格执行;在承包基数外,每年递增2%的煤炭,按国家规定的价格加价50%执行;再增产的为超产煤,按国家规定价格加价100%执行。实行经济承包以后,调动了煤矿的生产积极性,产量大量增加,煤炭成本上升势头得到抑制,经营状况明显改善。1984年,苏州市区煤炭计划内供应价也随之上升,徐州二号烟煤每吨从38.00元调高至40.50元,山西无烟煤阳泉块每吨从55.30元调高至62.00元,阳泉屑每吨从32.40元调高至44.10元。

表4-2　1950~1985年苏州市工业用煤调拨、供应价格表

单位:元/吨

年份	烟煤徐州二号	无烟煤阳泉块	无烟煤阳泉屑
1950	28.50	—	—
1954	30.30	46.40	—
1955	30.30	45.00	—
1956	30.30	45.00	30.20
1958	32.40	44.50	30.20
1964	—	43.10	29.60
1966	32.40	53.00	29.60
1973	32.40	—	—
1979	38.00	55.30	32.40
1984	40.50	62.00	44.10
1985	40.50	62.00	44.10

1985年3月,国家为了进一步体现优质优价政策,调整了各品种煤之间的比价关系,使煤炭价格有所提高。1986年原煤实际销价与1985年相比,每吨提高了3.92元,达到24.73元;每吨精煤提高了11.42元,达到63.23元。

1986年,为便于操作,国家物价局、煤炭部对统配煤炭增产煤加价办法作了改变,即从1987年1月1日起,对超产煤部分的加价直接计入价格,经综合测算,徐州矿务局的加价幅度达12%。

表4-3　1980~1986年苏州市煤炭价格变动情况表

单位:元/吨

年份	类别	大同混煤	阳泉混煤
1980	计内供应价	52.40	45.70
	计外代理价	—	—
1981	计内供应价	52.40	45.70
	计外代理价	59.90	—
1982	计内供应价	52.40	45.70
	计外代理价	62.00	—
1983	计内供应价	52.40	45.70
	计外代理价	87.00	80.00

年份	类别	大同混煤	阳泉混煤
1984	计内供应价	52.40	45.70
	计外代理价	90.00	75.00
1985	计内供应价	52.70	46.70
	计外代理价	100.00	80.00
1986	计内供应价	60.70	50.70
	计外代理价	115.00	105.00
一	计内供应价	1986比1980年上升15.84%	1986比1980年上升10.94%
	计外代理价	1986比1981年上升91.99%	1986比1983年上升31.25%

　　1988年1月1日，根据省物价局、冶金厅精神，苏州市物价委员会对苏州市区计划焦炭供应价格作出相应的调整，调整价格详见下表：

表4-4　1988年苏州市区计划焦炭供应价格调整表

单位：元/吨

品名	代供工业价		调拨价		工业批发价	
	调前	调后	调前	调后	调前	调后
特号焦	221	263	222	264	223	265
一号焦	181	223	182	224	193	235
二号焦	162	204	163	205	174	216
小焦	129	171	129	171	129	171
焦丁	113	155	113	155	113	155
焦屑	—	—	—	—	60	100

　　1989年，根据国家煤炭运价提高及煤炭运输流向改变等因素，江苏省决定调整计划内工业用煤供应价格。调整后的工业用煤供应价格，除供应小化肥用计划煤炭从1990年1月1日起执行外，其他工业用计划煤炭价格均从1989年10月1日起执行。调整后的苏州市及各县（市）工业用煤计划供应价详见下表4-5。新的工业用煤供应价中已包括港建费、水资源费，但不包括国家规定的价外收取的维简费，超核定能力的幅度加价、省规定的徐州煤加价、徐州地方煤补贴等，如有发生，按省有关规定相应增加。

表4-5　苏州市区及各县（市）工业用煤计划供应价格表

执行日期：1989年10月1日

单位：元/吨

煤种	苏州市及吴县	张家港市	吴江县	昆山市	太仓县	常熟市
阳泉混	83	89.2	95.4	82.6	85.5	88.7
晋城混	94.2	72.2	—	—	—	—
晋城块	77.6	—	—	—	—	—
长冶煤	69.3	—	—	—	—	—
新密煤	63	—	—	—	—	—
澄合煤	74.2	—	—	—	—	—
义马煤	64.1	75.4	72.7	66.3	70.5	78.4

煤种	苏州市及吴县	张家港市	吴江县	昆山市	太仓县	常熟市
韩城煤	78.7	—	84.5			
澄合块	82.3	—	—			
蒲白煤	74.6	—	—			
蜂蜂、邯郸煤	94.4	96.4	98			
徐州精	111.7	123.6	—			
徐州特号	78.2	—	—			
徐州混	75.2	80.4	78.1	69	76.5	84.1
大同块	97.1	—	—			
铜川混	—	92.6	86.8			
黄陵煤	120	—	—			

1990年，国务院决定从8月20日起，适当提高煤炭的计划内价格。徐州矿务局指令性计划煤炭价格平均提价19.6%，即原煤每吨平均销价为34.25元。根据国务院和省政府关于建立煤炭开发和生产发展基金的规定，江苏省决定，从1990年8月20日起，开征煤炭开发和生产发展基金，统配煤矿按原煤实际销售数量，每吨为1元，地方煤矿和乡镇煤矿每吨为5元。年增收约1500万元。煤炭生产和开发基金的建立，缓解了煤炭生产的困难，促进了煤炭工业的发展。

鉴于国家计划内煤炭矿价提高，根据各县（市）测算情况和省安排市属公司的调价水平，市物价局、物资局于1990年12月12日发文调整了苏州市及各县（市）计划内工业用煤供应价格，调整价格详见下表：

表4-6　苏州及各县（市）计划内工业用煤供应价格表

单位：元/吨

煤种	吴县	吴江县	昆山市	太仓县	常熟市	张家港市	苏州市
徐州混	89.7	95.7	89.2	92.2	99.2	100.2	88
阳泉混	122	126	122	124	126	127	120.2
义马煤	90	96.3	94.3	95.2	103.2	104.2	86.3
徐州特号煤	94.1	—	—	—	—	—	92.4
徐州精煤	136.9	—	—	—	147.8	152.5	135.2
晋城煤	133.7	—	—	—	—	135	132.1
长冶煤	100.9	—	—	—	—	—	99
陕西煤（韩城、铜川、蒲白、澄合煤）	—	103.8	—	—	—	107.4	100.6

调整后的工业用煤供应价从1990年9月1日起执行，其中化肥用煤的供应价从1991年1月1日起执行。这次调整后的工业供应价格考虑工业用煤超产加价，山西省的各种计划煤炭加收的短途运费补助费，以及港建费和山西省水资源费，价外不再收取。应在价外收取的部分为：国家物价局对山西省上火车的地方煤炭生产补助款价外再增10元，各县（市）可在市定供应价之外按实向用户加收。其中省公司在调拨价外，上海燃料经理部加收晋城混每吨0.90元、阳泉混每吨7.40元，邳县、万寨运煤组加收阳泉混每吨8.50元，晋城混每吨10元。维简

费和综采费以及徐州地方补贴费。维简费和综采费吨煤收取标准为：洗精煤9.40元，块煤7元，其他品种煤（含原煤）4.70元，其中市场用煤免收综采费。工业供应价调整后，原省物价局以及工业代理价均停止执行。根据文件精神，徐州矿务局1990年省统配煤中增加的100万吨，从1990年10月10日起，每吨加价60元。原规定邳县、万寨、双楼三港口统一执行综合平均调拨价，不利企业核算，停止执行。省分别制定了邳县、万寨、双楼三港口的调拨价，详见下表：

表4-7　1990年省公司调拨价表

单位：元/吨

煤种		上海燃料经理部	浦口煤转站	邳县运煤组	双楼运煤组	万寨运煤组
阳泉煤	市场	95.4	74	79.7	—	83.1
	工业	—	79.9	86	—	89.4
晋城煤	市场	101.2	—	82.1	—	81.3
	工业	—	—	88.7	—	88
阳泉块	市场	—	—	108.7	—	—
	工业	—	—	116.7	—	—
陕西煤	市场	—	—	82.9	—	—
	工业	—	—	85.5	—	—
西山		—	79.1	—	—	—
新密		—	—	77.8	—	—
徐州混		—	63.2	59.5	—	62.6
徐州精		—	128.5	115.4	—	118.9
徐州特号		—	—	81.6	—	81.6
徐州集资		—	141.2	137.8	—	—
徐州自拉煤		—	—	—	60.9	—

各县（市）工业用煤供应价除已核定的煤种外，如遇增加新煤种或因品种串换增加的煤种，经营单位可根据实际情况，提出报告，由各县（市）物价局、物资局按有关规定审批。

1990年11月，苏州市在调整民用蜂窝煤（定量，凭票、证、卡供应）、管道煤气销售价格的同时，苏州市市区计划内市场原煤开始执行新的调整价格。调价的原则是以1965年省定批发价为基础，只考虑今年矿价和运价两个因素。阳泉混煤批发价每吨调为58.40元，供应价每吨54.20元；晋城混煤批发价每吨调为59.00元，供应价每吨54.80元；徐州二号煤批发价每吨调为55.40元。各县（市）调整水平按矿价每吨10元计算，运费提高部分按省对市核定的运费提高金额，适当考虑市到县间的运费调价因素制定各县（市）批发价格；为照顾煤球生产企业不再增加新的困难，对煤球生产企业另定供应价格，运费提高金额超过13元的按13元计算，低于13元的原则上按批发价执行。具体批发、供应价见下表：

表4-8 苏州市各县（市）计划内市场用原煤价格调整表

执行时间：1990年11月

单位：元/吨

县（市）	阳泉混			晋城混			徐州二号	
	现行批发价	调整批发价	调整供应价	现行批发价	调整批发价	调整供应价	现行批发价	调整批发价
张家港市	35.30	66.30	58.30	35.90	66.90	58.90	36.20	63.00
常熟市	34.90	63.80	57.90	35.50	64.40	58.50	36.10	60.80
太仓县	35.00	64.40	58.00	35.60	65.00	58.60	37.70	62.90
昆山市	31.50	59.90	54.50	32.10	60.50	55.10	33.00	57.20
吴江县	35.40	63.80	58.40	36.00	64.40	59.00	36.60	60.80
吴县	31.20	59.90	54.20	31.80	60.50	54.80	32.40	56.90

注：表内供应价只对煤球加工企业。

　　市场用煤的批发起点按省规定：市为1吨，县（市）为0.50吨；超过起批点的执行批发价，不满起批点的执行零售价。零售价格按批零差率15%安排。各县（市）的主要煤种由市管理，其他煤种由各县（市）物价局、物资局按文件规定核定。苏州市燃料公司省管煤种执行省定价格，其他煤种的批发价在现行规定价格上加不超过省定同类品种的调价金额，由市燃料公司报市局备案。

　　1991年12月10日，国务院决定再次提高煤炭的出矿价格，徐州矿务局指令性煤炭平均提价幅度由19.6%提高到30.4%，即平均吨煤价格由34.25元提高到38.11元。

　　根据省物资局、物价局《关于调整各市计划内工业用煤供应价的通知》精神，1992年7月1日起，苏州市执行调整后的工业用煤供应价格。计划内工业用煤供应价根据省物价局、物资局确定的"省管市、市管县"的原则，实行分级管理。即省只管十一个省辖市，各县（市）由省辖市管理。依据这一原则和各地的实际情况，各县（市）的工业用煤价格都进行了适当的调整（详见下表4-9）。新核定的工业用煤供应价中，已包含山西地方矿生产补助费、徐州市调出煤炭补贴费及维简费等，各燃料公司不再在价外收取任何费用。这次调整的工业用煤供应价不包括税金，如发生，各地可在核定的价格外按实向用户收取。个别县（市）少数煤种供应价调整，由各县（市）物价局、物资局按规定进行核定，并报市物价局、物资局备案。

表4-9 苏州市各县（市）工业用煤计划供应价格表

执行日期：1992年7月1日

单位：元/吨

煤种	昆山市	常熟市	张家港市	太仓县	吴县	吴江市
阳泉混	175	178	179	177	175	176
徐州混	150	156	158	155	141	151

　　为加快煤炭价格形成机制的转换，搞活煤炭企业，把企业推向市场，经省政府同意并报经国家物价局批准，从1992年7月1日起，决定在全国率先放开徐州矿务局的煤炭价格，实行企业定价。煤价放开以后，煤价有了大幅度的上升，企业扭亏为盈，1992年原煤市场销价每吨为54.05元，1993年上升到131.74元，精煤价格为232.25元，平均综合价格为139.74元，而当年综合成本为125.64元。

1993年，国家进一步放开统配煤炭出矿价，全国电力、冶金行业用的中央统配动力煤和地方上调中央统配的经济煤炭价格全部放开。至1994年，徐州矿务局煤炭平均销价为149.56元，比上年提高10元；1995年煤价再次上升到165.27元，比上年提高近7元；1996年煤价高达202元，比上年提高36元。

从1996年下半年开始，各类煤炭价格稳中趋降。一方面，1997年以后，受国际经济环境变化和国内市场情况的影响，煤炭消费量逐年下降，1997、1998两年，平均每年消费量下降10%左右，致使煤炭总量过剩。另一方面，由于小煤矿过多过滥，致使国有煤炭生产企业经营状况急剧恶化，总量过剩的矛盾十分尖锐，计划内煤价也逐年下降，1997年平均吨煤价格跌到187.96元，1998年再次下滑到169.20元，比1996年煤价降低33元，比1997年煤价降低18元。生产企业亏损严重，1998年，全省亏损5430万元。1999年煤价仍呈下降态势。

至此，从1999年开始，国家规定除电煤实行政府指导价以外，其他煤炭价格放开。苏州市区煤炭价格全部实行市场调节，价格随行就市，随供需情况及市场经济变化而上下波动。

二、计划外煤炭价格

苏州市区开展采购计划外煤炭起步较早，从20世纪50年代后期开始，苏州经济发展较快，中央、省计划分配的煤炭数量，已远远不能满足生产建设和人口增长的需要。早在1959年，由市计划委员会统一组织去江西产煤区，用协作方式换取计划外煤炭。1962年市煤炭公司用自带的汽车，将萍乡有关矿山煤炭，自运到铁路车站，再由铁路发运回苏。1966~1967年因受"文化大革命"影响，煤炭减产，运输梗阻，于是1968~1976年间，又去矿区自运协作煤炭。从1974年开始，计划外煤炭消费量已超过计划内分配的消费量，并逐步占消费量的主要部分。下表为苏州市1971~1985年煤炭计划内、外的构成情况。

表4-10 1971~1985年煤炭计划内、外构成情况表

年份	煤炭总消费量（万吨）	计划内（万吨）	计划外（万吨）	计划外占总消费量百分比（%）
1971	52.59	30.05	22.54	42.90
1972	50.90	28.12	22.78	44.75
1973	54.27	27.41	26.86	49.50
1974	54.90	27.31	27.59	50.20
1975	53.65	24.61	29.04	54.10
1976	56.16	24.63	31.53	56.10
1977	51.13	21.40	29.73	58.20
1978	61.19	24.77	36.42	59.50
1979	57.80	22.32	35.48	61.40
1980	64.60	24.20	40.40	62.50
1981	77.03	27.71	49.32	64.00
1982	89.46	30.13	59.33	66.30
1983	79.43	24.90	54.53	68.70
1984	100.65	25.27	75.38	74.90
1985	88.30	39.60	48.70	55.20
合计	992.06	402.43	589.63	59.40

为了协进产区煤炭，苏州是以地产的优势产品同外地协作串进苏州短缺的煤炭、钢铁、木材等。如，苏州以当时市场紧俏的粮食、机电设备、手表、自行车、缝纫机、电视机、电冰箱、电扇等协进煤炭。在物物协作工程中，根据供求关系，形成了共同认可的不成文的交换比例。

表4-11　1980~1985年煤炭协作参考比例

煤炭单位：吨

年份	物资名称	协作比例	年份	物资名称	协作比例
1980	煤炭：钢材（吨）	20：1	1981	煤炭：沥青（吨）	5：1
1981	煤炭：玻璃（标箱）	12：1	1981	煤炭：缝纫机（台）	10：1
1981	煤炭：生铁（吨）	10：1	1982	煤炭：薄钢板（吨）	15：1
1981	煤炭：玻璃（标箱）	5：1	1982	煤炭：面粉（吨）	25：1
1983	煤炭：白水泥（吨）	10：1	1983	煤炭：黄豆（吨）	20：1
1983	煤炭：沪产自行车（辆）	6：1	1984	煤炭：14"黑白显像管"（只）	1：1
1984	煤炭：水泥（吨）	2：1	1984	煤炭：尿素（吨）	5：1
1984	煤炭：粳米（吨）	15：1	1985	煤炭：普圆钢（吨）	15：1
1985	煤炭：面粉（吨）	15：1	1985	煤炭：菜油（吨）	30：1
1985	煤炭：纯碱（吨）	12：1	—	—	—

在物资与物资协作中，价格另外结算。除了提供给对方一定数量本地物资外，在进价上，一般是高于国家调拨价。以1980~1985年为例，市区共协作计划外煤炭327.66万吨，占同期耗用量的65.6%，为此，多支付14135万元。详见下表：

表4-12　1980~1985年市物资局组织的协作煤炭数量及差价情况表

年份	煤炭总销量（万吨）	其中		协作比计划煤多付出的差价（万元）
		计划煤（万吨）	协作煤（万吨）	
1980	64.60	24.20	40.40	576
1981	77.03	27.71	49.32	1176
1982	89.46	30.13	59.33	2204
1983	79.43	24.90	54.53	3090
1984	100.65	25.27	75.38	6000
1985	88.30	39.60	48.70	1089
合计	499.47	171.81	327.66	14135

除了开展以物易物串换煤炭外，从1981年开始，苏州还发展补偿贸易，集资开发煤炭。1982年10月19日，市政府与煤炭工业部签订集资办矿协议书，内容是：自1982~1984年，向煤炭工业部提供办矿资产3500万元，资金不再回收；煤炭工业部在国家计划指标外，按每投资100元供应1吨的比例，在28年内供应苏州市烟煤875万吨，并纳入铁路运输计划；苏州市除按国家统一调拨价付款外，另加25%的生产补助费。该协议实际执行至1985年。1982、1983年苏州向煤炭工业部提供916万元，1983~1985年发来煤炭共8.31万吨，为应发数的90.7%。同期，苏州市区直接投资于煤矿的，还有大同市（688万元）、长治市（200万元）、雁北地区（302万元）、太谷县

（50万元）、临汾地区（25万元）、莱芜燃化局（70万元）、包头（250万元），连同向煤炭工业部的投资，共计投入2501万元，其中1982年为1408万元，1983年为1093万元。

1988年，受煤矿减产、消费量上升、进口减少、运输条件制约等因素影响，特别是各地小火电上马较快，煤炭需求量急剧上升，仅苏州市各县（市）小火电投产后，年增耗煤量就达100万吨左右。在供求矛盾尖锐的情况下，供应方面出现一系列"煤炭运销服务公司"，控制资源，增加环节，层层加价；运输环节也提高运价，扩大收费。需求方面则为争夺资源，竞相抬价，唯恐落后，致使煤价不断上扬。而苏州市的生产用煤，几乎全部依靠组织计划外资源供应，煤炭资源紧缺和价格不断上涨给苏州市经济造成较大的压力，以苏州市主要消耗品种大同混煤为例，1988年初市区市场销价每吨115元，五月份提高到120元，进入七月份，不到两个月已连续上涨三次，每吨销价先后提至135元、155元、180元，与年初相比，每吨上涨65元，升幅达56.6%。市区各种煤炭提价幅度详见下表4-13。各县（市）组织进来的计划外煤炭，价格比市区还要高。

表4-13　1988年苏州市区计划外煤炭涨价情况表

类别		销售价格（元/吨）				
		1~4月	5~6月	7月~8月10日	8月10日~8月20日	8月20日~12月31日
烟煤	徐州精煤	135	155	165	175	200
	大同混、淮南煤、兖州煤、黄陵煤、华亭煤、新汝一号、开滦煤、徐州煤	115	120	135	155	180
	徐州一号（水运）、内蒙煤（水运），枣庄、平顶山、大同车运煤	105	115	130	150	175
	一号配煤	103	110	123	140	170
	徐州二号、韩城煤、汤池煤、义马煤、淮北煤、新汶三号煤、崔家沟煤	97	108	120	135	165
	徐州二号（车运）、四川煤、萍乡煤	97	102	115	130	160
	大辛庄煤、西山煤、陕西（浦白、澄合）煤	92	100	115	130	160
	大同统块、淮南块、徐州块	—	135	150	175	200
	大同选块	—	145	160	175	210
无烟煤	阳泉煤、阳泉屑，晋城煤、晋城屑，焦作煤、焦作屑（水运）	103	113	123	150	175
	阳泉煤、阳泉屑，晋城煤、晋城屑，焦作煤、焦作屑（车运）	90	108	118	145	170
	峰峰、新密、四川白煤、朝鲜煤、萍乡白煤（水运）	92	100	118	145	165
	晋城选块、阳泉选块	145	150	160	180	210
	晋城块、阳泉块、焦作块	140	145	155	175	200
	晋城小子、阳泉小子、焦作小子	135	140	150	170	190

为抑制计划外煤价上涨，从1988年7月1日开始，计划外煤炭销售价格需报苏州市物价委员会审定后执行。同年8月18日市物委编发的《价格简报》第22期载："今年苏州市将耗用计划外煤炭约360万吨（其中市区80万吨），按目前吨煤提价65元计，全年增加用煤企业生产成本2.34亿元。今年按半年计将增加1.17亿元（其中市区0.26亿元）。煤价如继续上涨，成本还将大幅提高，企业消化不了，必将向后道转嫁。煤炭是工业生产的主要能源和重要的原材

料，煤价上涨，不可避免地推动化肥、建材、冶金及其他行业的产成品相应提价，连锁反映的势头不可忽视。"

表4-14　1988年7月苏州市、县及邻市计划外煤炭销售价格

单位：元/吨

品名	苏州	吴江	昆山	太仓	常熟	张家港	南京	镇江	常州	无锡
徐州精煤	165	177	169	158	165	155	170	156	155	168
徐州一号煤	130	136	133	130	130	—	—	—	120	135
徐州二号煤	120	136	126	128	127	—	—	120	110	129
徐州煤	115	—	—	—	113	127	118	120	—	123
大同混煤	135	136	138	130	135	132	135	140	130	139
大同块煤	150	152.50	150	148	150	155	146	105	155	155
阳泉晋城煤	123	126	128	120	127	122	105	130	120	125
阳泉晋城块	155		135	134	151.70	150	145	136	155	155
无烟选块	160	—	160	—		155	156	300	—	162
焦炭	300		292	257	—	292	275	—	270	290

资料来源：苏州市燃料公司。

　　1988年第四季度进入煤炭消耗旺季及运输紧张季节后，煤价涨势有增无减。煤炭资源紧缺，价格暴涨，给苏州市工农业生产带来一定影响。按照"治理经济环境，整顿经济秩序，全面深化改革"的要求，为防止出现煤价混乱的局面，促进煤炭资源的组织，满足人民生活及工农业生产需要，苏州市物价委员会于1989年3月30日发出《关于计划外煤炭价格管理的通知》，就苏州市计划外煤炭价格管理作出六项新规定：

　　各经营单位组织购进的计划外煤炭资源，必须为苏州市工农业生产建设需要服务，一般应直接供应用户，不得转手倒卖，层层加价。

　　计划外煤炭价格按保本微利的原则分批作价，由企业按规定的作价办法测算后报经我委"生产资料价格中心"审批执行。

　　凡进货渠道正常，并直接供应给生产用户的，销售价格按下列办法计算：销售价格=（进价+运杂费用）×（1+9%综合差率）+税金。（综合差率包括企业经营管理费、利息、利润、损耗等。如发生协作物资差价，应持合同协议等凭证报经审核后可以另加。）

　　有关公司组织的计划外煤炭按市政府要求转由市燃料公司扎口供应的，原则上应采用划拨指标形式以减少中间环节加价；如必须供应给市燃料公司的，应在我委"生产资料价格中心"批准的销售价格基础上按回扣不低于1.5%作价。市燃料公司则在原供货单位批准价格基础上顺加1%作价销售，税金另加。

　　计划外煤炭组织渠道零星广泛，且进价高低不一，为使销售价格相对平稳，各经营单位可根据实际情况，将数笔资源按上述办法加权平均报经批准确定销售价格。

　　各县（市）计划外煤炭的价格管理，原则上应参照本通知规定执行。具体价格由当地物价局审批。

　　苏州煤炭市场销售价格从1990年年初以来，一直呈下降趋势，市燃料公司计划外煤炭

挂牌价格从1月连跌三次,如大同混煤由年初的每吨265元降到5月份的220元,阳泉混煤由年初的每吨220元降至5月份的175元。其他煤种销价如徐州精煤每吨320元,徐州一号煤每吨220元,陕西煤每吨210元,枣庄煤每吨200元,大同块每吨260元,一号动力配煤每吨210元,均比3月份销价下降20元左右。造成煤价连跌的主要原因:一是一季度工厂生产平稳,需求减少;二是计划煤到货率有所上升;三是整顿煤炭市场秩序初步好转。

1990年11月1日,市物价局生产资料价格中心公布的"苏州市区计划外燃料(煤炭)挂牌价格"则远高于计划价,以阳泉混煤为例,计划内为60元左右(吴县),计划外为160元,二者相比每吨相差100元。详见下表:

表4-15 1990年11月1日苏州市区计划外燃料(煤炭)挂牌价格表

单位: 元/吨

品名	挂牌价	品名	挂牌价
一、烟煤		一号烟煤	190
徐州精煤	316	二号烟煤	180
徐州特号	230	淮北煤	180
徐州一号	205	二、无烟煤	
徐州二号	190	晋城混煤	160
大同块	260	阳泉混煤	160
大同混煤	205	晋城阳泉块	260

注: 市物价局生产资料价格中心公布,允许下浮,不准突破。

1992年开始,国家除城镇居民生活用煤和部队、大专院校的饮食用煤外,其余用煤价格由市场调节,放开新矿井生产的煤炭出矿价格。1993年,进一步放开统配煤炭出矿价格,全国电力、冶金行业用的及中央用的统配电力煤,以及地方上调中央统配的经济煤炭价格全部放开。苏州市场煤炭价格也基本放开。

苏州煤炭市场销售疲软态势从1990年至1992年底一直没有明显好转,煤炭销价稳中有降。

1993年开始,市场出现比较严重的通货膨胀,苏州市场煤炭价格也一路走高。为保持煤价的基本稳定,从1994年至1996年,苏州市对计划外煤炭价格开始实行行业价格管理和反暴利规定。

1994年1月至11月,苏州市物价局通过行业价格协会,加强计划外煤炭价格管理。是年,市行业价格管理协会会同苏州市物价局生产资料价格中心,共发布了四期市区计划外燃料指导价,以制止煤炭乱涨价,规范煤炭市场价格行为。指导价格详见下表:

表4-16 1994年苏州市区计划外燃料指导价格表

单位: 元/吨

品名	发热量	指导价			
		1月27日	3月16日	5月17日	7月8日
一、烟煤					
徐州精煤	27.21(6500大卡/千克以上)	413	415	415	415

品名	发热量	指导价			
		1月27日	3月16日	5月17日	7月8日
徐州特号	25.12（6000大卡/千克以上）	322	310	310	310
徐州一号	23.03（5500大卡/千克以上）	298	287	287	287
徐州二号	20.93~21.73（5000大卡/千克以上）	281	269	269	269
大同块	25.12（6000大卡/千克以上）	345	333	333	333
大同混煤	23.03（5500大卡/千克以上）	298	287	287	287
一号烟煤	20.93~21.73（5000大卡/千克以上）	281	269	269	269
二号烟煤	18.84（4500大卡/千克以上）	246	246	246	246
淮北煤	21.73（5200大卡/千克以上）	246	246	246	246
淮南煤	23.03（5500大卡/千克以上）	298	287	287	287
淮南特号煤	21.12（6000大卡/千克以上）	322	310	310	310
二、无烟煤					
晋城混煤	25.12（6000大卡/千克以上）	269	257	257	257
阳泉混煤	25.12（6000大卡/千克以上）	263	252	252	252
晋城阳泉块	25.12（6000大卡/千克以上）	369	398	398	398
三、焦炭					
冶金焦	—	567	556	546	546

注：苏州市行业价格管理协会、苏州市生产资料价格中心公布。

三、煤炭市场平均价格

为规范企业价格行为，维护正常的市场价格秩序，保护生产者、经营者和消费者的合法权益，依据市政府颁布的《苏州市禁止不正当价格行为和牟取暴利暂行办法》第十二条第四款、第十三条的规定，以及苏州市物价局《关于明确主要商品和服务价格暴利界限的通知》，苏州市物价局从1994年12月开始，对煤炭等生产资料价格实行反暴利管理，其界限在市物价局公布市场平均价格的基础上，合理上浮幅度限定为20%，超过部分则为暴利。随着市场供应情况的好转和价格调控措施逐步见效，1995年4月15日，市物价局又将煤炭反暴利的幅度调整为8%。1994~1996年，苏州市区部分煤炭的市场平均价详见下二表：

表4-17　1994~1995年苏州市区部分燃料市场平均价

单位：元/吨

品名	发热量	1994年市场平均价	1995年市场平均价		
		12月23日	1月18日	7月20日	12月22日
一、烟煤					
徐州精煤	27.21（6500大卡/千克以上）	415	440	464	474
徐州特号	25.12（6000大卡/千克以上）	310	310	328	339
徐州一号	23.03（5500大卡/千克以上）	287	288	305	316
徐州二号	20.93~21.73（5000大卡/千克以上）	269	271	288	300
大同块	25.12（6000大卡/千克以上）	333	384	401	412
大同混煤	23.03（5500大卡/千克以上）	287	288	305	316
一号烟煤	20.93~21.73（5000大卡/千克以上）	269	271	288	300
二号烟煤	18.84（4500大卡/千克以上）	246	237	254	265

品名	发热量	1994年市场平均价	1995年市场平均价		
		12月23日	1月18日	7月20日	12月22日
淮北煤	21.73（5200大卡/千克以上）	246	246	280	290
淮南煤	23.03（5500大卡/千克以上）	287	288	305	316
淮南特号煤	21.12（6000大卡/千克以上）	310	310	320	339
二、无烟煤					
晋城混煤	25.12（6000大卡/千克以上）	257	260	288	300
阳泉混煤	25.12（6000大卡/千克以上）	252	254	283	294
晋城阳泉选块	25.12（6000大卡/千克以上）	398	418	446	458
晋城阳泉混块	25.12（6000大卡/千克以上）	—	—	412	424
三、焦炭					
冶金焦	—	546	610	650	649

表4-18　1996年苏州市区部分燃料市场平均价

单位：元/吨

品名	3月20日	4月15日	5月15日	6月20日	7月26日	8月20日	9月20日	10月21日	11月20日	12月20日
一、烟煤										
徐州精煤	497	512	514	514	503	503	503	503	503	503
徐州特号	361	376	378	378	367	367	367	367	367	367
徐州一号	339	354	355	355	345	345	345	345	345	345
徐州二号	322	337	339	339	328	328	328	328	328	328
大同块	446	461	463	463	441	441	441	441	441	441
大同混煤	339	354	356	356	354	354	354	354	354	354
一号烟煤	322	337	356	356	345	345	345	345	345	345
二号烟煤	288	303	339	339	328	328	328	328	328	328
淮北煤	329	344	347	347	336	336	336	336	336	336
淮南煤	339	354	356	356	345	345	345	345	345	345
淮南特号煤	361	376	379	379	367	367	367	367	367	367
二、无烟煤										
晋城混煤	322	337	339	339	328	328	328	328	328	328
阳泉混煤	316	331	333	333	322	322	322	322	322	322
晋城阳泉选块	480	495	497	497	486	486	486	486	486	486
晋城阳泉混块	446	461	463	463	463	463	463	463	463	463
三、焦炭										
冶金焦	649	664	667	667	667	667	667	667	667	667

　　从1996年下半年开始，各类煤炭价格稳中趋降。1997年以后，受国际经济环境变化和国内市场情况的影响，煤炭消费量逐年下降，1997、1998两年，平均每年消费量下降10%左右，致使煤炭总量过剩。苏州市区计划外市场煤炭价格也一路下行。从1999年开始，国家规定除电煤实行政府指导价以外，其他煤炭价格放开。苏州市区煤炭价格全部实行市场调节，价格随行就市，随供需情况及市场经济变化而上下波动。

表4-19　1999年苏州市区部分燃料市场平均价

品名	挥发分（%）	发热量	市场平均价（元/吨）	
			1月20日	3月22日
一、烟煤				
徐州精煤	28	27.21（6500大卡/千克以上）	492	492
徐州特号	28	25.12（6500大卡/千克以上）	345	345
徐州一号	25	23.03（5500大卡/千克以上）	322	322
徐州二号	18以上	20.93~21.73（5000大卡/千克以上）	313	313
大同块	25以上	25.12（6000大卡/千克以上）	418	418
大同混煤	25	23.03（5500大卡/千克以上）	313	313
一号烟煤	18以上	20.93~21.73（5000大卡/千克以上）	322	322
二号烟煤	18以上	18.84（4500大卡/千克以上）	305	305
淮北煤	22以上	21.73（5200大卡/千克以上）	313	313
淮南煤	25	23.03（5500大卡/千克以上）	322	322
淮南特号煤	28	21.12（6000大卡/千克以上）	344	344
二、无烟煤				
晋城混煤	6~9	25.12（6000大卡/千克以上）	288	288
阳泉混煤	6~9	25.12（6000大卡/千克以上）	282	282
晋城阳泉选块	6~9	25.12（6000大卡/千克以上）	452	452
晋城阳泉混块	6~9	25.12（6000大卡/千克以上）	418	418
三、焦炭				
治金焦	—	—	631	613

　　从2001年第四季度开始，市场煤炭价格开始恢复性上涨，至2003年下半年，受市场供求影响，煤炭价格不断上涨。2004年7月，煤炭（烟煤，下同）在苏州市市场平均价为每吨470元左右；2005年3月，煤炭价格每吨又升至474元左右；至2005年8月，每吨煤价已达560元左右，较上年上涨每吨近100元。2007~2008年，煤炭价格继续暴涨；2007年4月，苏州市场煤炭平均价格水平为每吨615元；2008年1月，为每吨750元；至2008年7月，突破千元大关，达每吨1150元，创历史价格新高后，苏州市场煤炭价格在高价位上逐步回落。2008年12月，煤炭市场平均价格为每吨880元；至2009年2月，煤价每吨又回落至每吨720元；2010年1月，煤炭苏州市场价格又攀升至每吨830元左右；至同年12月，又恢复上涨至930元左右。下表为苏州市物价局价格监测中心提供的煤炭年平均价格：

表4-20　2004~2010年苏州市市场煤炭平均价格表

单位：元/吨

年份	一号烟煤	二号烟煤	无烟煤（白煤）	瘦煤
2004	785.59	611.18	600.00	560.59
2005	756.25	600.78	760.11	546.94
2006	703.06	585.28	823.47	541.81
2007	775.56	612.28	945.42	648.61
2008	1335.90	1033.64	1360.00	994.26
2009	1334.44	784.03	1454.17	1098.06
2010	1693.43	918.86	1561.71	1404.86

资料来源：苏州市物价局价格监测中心。

第二节 石油产品价格

中国石油资源在半封建半殖民地的旧中国开发利用很少,外国石油商相继来华开辟市场,倾销石油。江苏及苏州石油市场受外商控制,价格极不稳定。

石油制品,苏州始销于19世纪70年代,主要品种为煤油(时称"洋油"),用于照明,由广货公所所属商号经销。清光绪七年(1881),苏州城内已有六分之一人家使用煤油灯。民国22~23年(1933~1934),苏州新建的丝厂、纱厂先后投产,润滑油用量激增。汽油进口始于光绪三十三年(1907)。苏州的石油市场一直为英商亚细亚公司,美商德士古公司和美孚公司所垄断。光绪十年(1884),煤油零售每斤32文,豆油每斤85文,煤油价格低廉,灯用时亮度高,外商又采取供应玻璃灯具等促销,销售量日增。光绪二十三年至三十三年,年进口增至100万加仑,民国元年(1912)为636.89万加仑,民国16年(1927)为752.85万加仑(《中国海关册》),其中包含由苏州商号转销至苏嘉杭广大城乡之数。每市斤煤油民国5年(1916)为银圆0.121元,民国23年(1934)仍为银圆0.121元,价格平稳。民国26年(1937)抗战爆发,苏州市场煤油价格开始出现上涨,每市斤为法币0.14元,民国28年(1939)为0.329元,民国30年(1941)21家煤油号成立吴县煤油业同业公会,每市斤煤油7月为法币1.23元,民国32年(1943)7月为7.67元(中储券),民国35年(1946)8月为中储券16000元。抗战胜利后,苏州市场煤油价格一路飚升,民国35年(1946)9月为法币每市斤533元,翌年7月涨至4500元,民国38年(1949)4月为93330元(金圆券)。

一、石油计划经济价格

建国初期,苏南、苏北、南京的石油产品依赖进口,石油价格主要受国外市场影响,波动较大。由于建国初美英政府对中国禁运石油,苏州市场由建中贸易公司组织供应石油制品。1951年4月,市政府奉令接管征用美孚等3家美英公司在苏的全部财产。1952年底,成立中国石油公司江苏分公司苏州供应站。1955年设为苏州分公司,1957年与苏州煤建公司合并成为苏州煤炭建材石油公司,至1978年12月,分建为苏州市石油公司,是当时苏州专营和管理原油及石油制品等计划物资的专业公司。在计划经济体制下,石油作为国家重要的能源也实行统一分配,石油制品价格由国家统一制定和管理,价格管理权限集中在中央和省级,苏州地方没有定价权。

1952年,苏南、苏北、南京的石油产品改由苏联和东欧进口,但供应仍很紧张,被迫实行"管制配给"和"高价限售"政策。1953年开始,江苏省在继续巩固稳定物价的前提下,对部分石油产品价格作了适当调整。1953年1月1日,南京市场每500克煤油价格由1952年的0.487万元(旧人民币,下同)降低到0.457万元,9月11日调整为0.46万元,苏州调为0.455万元。这一年江苏省为了支援煤油下乡,扩大销售,从2月10日起,批零差率由14%~16%降低到10%~11%。同时适当降低大城市的批发起点,苏州市场的批发起点未变,仍为2听(30千克)。1954年,国家规定石油为统购统销商品。苏州煤油批发号全部转业,零售商改成公司的零售代理店。1956年后不再有专业零售商店。1957年起,石油(包括民间灯用煤油)实行凭证定量供应。载重车5吨以上月供200千克,载人25人以上客车月供100千克。

1959年起,中国相继开发建设了一批油田,炼油工业得到长足发展,国产石油产品供给日益增长,产品质量不断提高,生产成本大幅度下降,为降低石油销售价格创造了良好的条件。1965年,江苏省根据国家物价委员会、商业部的指示,首次对石油成品油销售价格作了大幅度全面调整,从1月1日起调整了汽油、柴油价格。苏州市场66号汽油批发价每吨由901元调到699元,降低22.42%;0号柴油批发价每吨由476元调到439元,降低7.77%。同年4月1日又调整了灯用煤油价格,苏州市场每吨批发价由860元调到756元,降低12.09%;零售价格每500克由0.465元调到0.44元,降低5.38%。

1966年4月1日,江苏省执行汽、柴、煤油市场批发价的全国最高限价,规定56号汽油每吨为750元(66号为787元),0号柴油每吨为600元,灯用煤油每500克为0.50元。同时规定了限价范围:汽油只限于铁路、航运、公路交通线上现有经营汽油供应点,柴油只限于现有县城以上经营柴油的供应点,煤油限至农村供应点。由于苏州当时的价格低于最高限价,因而基本不动。同年,对66号汽油定为车用汽油标准品,颁发定额的汽油券在全省和上海市通用,1970年改为限省内通用。

1967年1月15日,江苏省根据商业部通知,降低汽油最高限价。规定由原56号汽油最高批发价格每吨750元调整为66号汽油最高批发限价每吨700元。当时苏州、吴县、昆山66号汽油为每吨699元,低于全省最高限价。

1980年开始,为保专业运输,保特殊车辆,保农业和轻纺工业,苏州市对用油量大,或以成品油作原料、燃料的单位,实行单耗核算、定量包干、上门核销的办法。超定额供应的燃料实行加价50%的政策。1982年6月又规定,每超耗一吨燃料油,加价收取40元。

1972~1982年,在国家"稳定物价"方针指导下,石油市场的价格长期保持不动,时批发价格每吨66号汽油699元,0号柴油价格300元,其中农用重柴油为250元,灯用煤油为580元。成品油历年批发零售价格变化详见下表4-21。

从20世纪90年代中后期开始,随着民用电的日渐普及,拉闸停电及限电现象逐步消失,灯用煤油在苏州城乡居民生活中也日渐弱化,并最终消失。

表4-21　1950~1982年苏州市灯用煤油批发价格变化情况表

调整日期	价格(元/吨)	调整日期	价格(元/吨)
1953年1月1日	830	1971年9月1日	580
1953年9月11日	820	1972~1982年	580

注:1950~1953年的价格已折成新人民币。

表4-22　苏州市灯用煤油历史零售价格表

年份	灯用煤油(元/千克)	年份	灯用煤油(元/千克)
1950	1.26	1954	0.95
1951	1.32	1955	0.95
1952	0.91	1956	0.95
1953	0.91	1957	0.95

年份	灯用煤油（元/千克）	年份	灯用煤油（元/千克）
1958	0.95	1965	0.87
1959	0.95	1966~1970	0.87
1960	0.95	1971~1974	0.66
1961	0.95	1975	0.66
1962	0.95	1976~1979	0.66
1963	0.95	1980	0.66
1964	0.95	1981~1982	0.66

注：1950~1953年的价格已折成新人民币。

表4-23　1950~1982年苏州市66号汽油计划内批发、零售价格变化情况表

批发价		零售价	
调整日期	价格（元/吨）	调整日期	价格（元/500克）
1953年1月1日	901	1981年	0.77
1965年1月1日	699	1982年	0.77
1979年	699	—	—
1982年	699	—	—

注：1950~1953年的价格已折成新人民币。

表4-24　1950~1982年苏州市0号柴油批发价格变化情况表

调整日期	价格（元/吨）	调整日期	价格（元/吨）
1953年1月1日	477	1965年1月1日	439
1953年9月11日	476	1971年9月1日	300
1954年1月1日	476	1982年	300

注：1950~1953年的价格已折成新人民币。

二、多种定价并存

1983年，为节约能源，缓解成品油的供需矛盾，国家决定对部分计划内油品实行高价政策。同年4月，江苏省计划内高价油批发价在平价油价格的基础上加高平差价制定，高平差价每吨规定为汽油232元，煤油361元，柴油540元，即计划内高价成品油的市场批发价每吨为66号汽油932元，灯用煤油951元，0号柴油940元。下半年因国际市场石油价格下跌，国内高价油价格相应下调。9月1日起，江苏省煤油、柴油每吨批发价分别下降40元和108元，汽油价格基本不动。1983年苏州市石油公司建立石油商店，1985年改成市石油公司综合服务部，零售石油制品。1985年公司有21个加油站，对本地及过境车辆供应汽油。

表4-25　1983~1984年成品油批发零售价格表

年份	66号汽油		灯用煤油		0号柴油
	批发价（元/吨）	零售价（元/500克）	批发价（元/吨）	零售价（元/500克）	批发价（元/吨）
1983	699	0.77	580	0.33	300
1984	699	0.77	580	0.33	490

1985年9月，国家允许炼油生产企业自销少量高价成品油，以支持成品油生产企业。从此江苏及苏州市场出现了计划外高价油，进入了双轨制运行时期。计划外高价油批发价格实行按进价加实际费用再加1%的手续费制定，由于江苏及苏州市场供需矛盾突出，总需求量日益增加，计划内数量十分有限，从而刺激了计划外高价油价格猛涨。这时期，苏州大量乡镇企业工业生产迅速发展，对柴油等生产资料需求急剧增加，计划内柴油分配不到，转而依赖市场计划外高价油。以苏州市物资贸易中心1985年第四季度交易价为例，时0号柴油国家计划价为每吨490元，市物资贸易中心交易价为每吨815元，高于计划价1.66倍。

1986年7月，江苏省对计划外高价油实施最高限价，66号汽油出厂限价每吨1030元，0号柴油出厂限价每吨895元，灯用煤油出厂限价每吨950元。计划内油品价格基本未动，苏州计划内66号汽油零售价格每500克0.77元，柴油批发价每吨490元。

1993年，为加快石油价格改革步伐，经国务院批准，国家将平价原油3000万吨转高价销售，用这部分原油加工的成品油也相应"平转高"。同时为理顺高价成品油价格，决定将计划内高价成品油的多种价格并轨，统一计划内高价成品油价格。此时苏州成品油市场是计划内平价、计划内高价（国家计划原油）和计划外高价（企业增产自销）三者并存，成品油市场价格比较混乱。

为规范计划外成品油价格秩序，1994年1月至7月，苏州市物价局通过组织行业议价，根据成品油市场价格行情和供需状况，先后发布四期"苏州市区计划外燃料指导价"，引导规范经营者自觉遵守同行业议价，不得突破指导价。具体指导价格详见下表：

表4-26　1994年苏州市区计划外成品油指导价一览表

单位：元/吨

品名	1月27日	3月16日	5月17日	7月
0号柴油	2400	2180	2450	2311
70号汽油	2600	2300	2650	2739
90号汽油	2650	2360	2750	2876

注：苏州市行业价格管理协会、苏州市生产资料价格中心公布。

三、规范成品油价格

成品油价格实行双轨后，由于受资源短缺的影响，导致计划外成品油价格猛涨，成品油市场流通秩序混乱，成品油的计划内外价差偏大，串轨现象和价格违法现象严重。因此，1994年5月1日，国务院决定对成品油价格实行并轨，并实行国家定价。国家确定成品油价格并轨的原则：贯彻零售价格低于现行市价的原则；贯彻保本微利的原则；贯彻减少环节的原则，即原则上实行一级批发一级零售，部分地区确实需要中转的，可实行两级批发，但从严控制两级价差；贯彻毗邻地区价格互相衔接的原则；贯彻统一结算的原则；贯彻与流通体制改革相结合的原则。根据上述原则，国家计委核定江苏省每吨出厂价70号汽油为2290元，灯用煤油为1955元，0号柴油为1900元。同时直接核定南京市场成品油的零售价。省内其他市场的零售价格由省物价局按照低于市价，经营企业保本微利，适当考虑地区差价等因素制定。省辖市市场标准品每吨零售价：70号汽油为2900元左右，0号柴油为2450元，灯用煤油为2550元。县级市场零售价格水平按比市级市场平均高25元左右制定。成品油市场批发价按零售价格除以一加批零差率制定。批零差率规定为：汽油5.5%，柴油6%，煤油8%。

为贯彻省物价局《关于成品油价格并轨的通知》精神，同年6月13日，苏州市物价局发出《关于成品油城乡差价、代销手续费的平衡意见》：各县（市）成品油城乡差价安排最高为每吨40元，具体价格水平或价区划分由各县（市）物价局核定。根据省文精神，实行代销制的加油站、零售网点可收取适当的代销手续费，其标准为每公升汽油0.035元，柴油0.04元。

由于实行成品油价格并轨，是年，苏州市场成品油价格稳中趋降。据市统计局统计，1994年70号车用汽油年平均价格每吨为2939.63元，比上年每吨2970元下降1.02%。

苏州市于1994年6月进行了原油、成品油流通体制改革，但是一年多来，由于受进口油、走私油冲击，加上源头管理、市场整顿等各项配套措施未跟上，致使炼油企业堵库现象严重，成品油批发价一直不能到位，批零差价过大。为切实执行国家物价政策，稳定油价，规范经营者的竞争行为，根据省局文件精神，1996年3月11日，苏州市物价局发出《关于加强成品油销售价格管理的通知》，决定从3月15日起，对成品油批发价实行最低控制价管理，苏州地区市场的最低控制价为：70号汽油每吨2370元，90号汽油每吨2480元，0号柴油每吨2100元。最低控制价是指批发经营单位油库销给加油站、零售企业及使用单位的提货制价格，各成品油经营单位（含炼油厂销售机构）都必须严格按省、市规定的价格水平执行，不得突破国家牌价，也不得低于市规定的最低控制价，严禁经营单位以补贴运费、贩利等形式进行压价竞销。现行成品油最低控制价按略高于1995年实际平均销价水平确定，以后随着市场供求情况变化适时调整。为确保成品油销售价格的严格执行，各级物价检查机构要加强对成品油市场的督查，尤其要加强对经营单位执行最低控制价的检查，对擅自突破或低于政府规定的价格水平的行为，要依法予以处罚。

根据省物价局文件精神，从1996年6月10日起，苏州市再次调整成品油最低控制价：苏州市区70号汽油每吨从2370元调低至2290元，90号汽油每吨从2480元调低至2430元。为与邻近省、市价格保持衔接，苏州市所辖六市（县）成品油最低控制价仍与苏州市区同价执行。

1996年10月18日起，国家计委决定适当提高柴油价格，以促进成品油生产，缓解柴油市场供不应求的矛盾。江苏市场0号柴油的出厂价格每吨提高90元，销售价格相应提高，考虑到商业环节的换耗和利息支出，批零价格每吨提高95元。

是年10月，苏州市区70号汽油、0号柴油和灯用煤油月平均行情价分别为2336.67元、2424元和2400元，与上月同期相比分别上涨2.04%、5.39%和6.67%。

1996年下半年，由于受国内原油资源短缺和国际市场原油价格持续上涨的影响，成品油产量下降，市场供应紧张，为了增加油品资源供应量，江苏省决定采取增加进口原油加工量的办法，并按保本或少亏原则，采取临时性价格措施，解决进口原油加工亏损的矛盾，其每吨含税出厂价格核定为：70号汽油2230元，灯用煤油2500元，0号柴油为2450元。销售价格由各地价格主管部门按省规定的原则实行综合作价。

鉴于国内原油资源短缺和国际市场原油价格上扬，为缓解苏州市场成品油供需矛盾，根据省规定精神，同年12月5日，苏州市物价局发文下达苏州市成品油临时综合销售价格，苏州市区0号柴油综合批发价和零售价每吨分别为2800元和2970元；苏州市区及所辖六市灯用煤油批发价每吨2900元,零售价每吨3130元。要求市成品油行业价格管理小组要在市物价局的指导下,负责日常成品油价格的管理工作。同年12月10日,市行业价格管理协会下达苏州市成品油挂牌价,苏州市区法定最高限价为0号柴油批发价每吨为2980元,零售价每公升2.7元;灯用煤油批发价每吨为3400元,零售价格每公升3.7元。以上价格为含税价格,不得突破,各市(县)可根据市区规定价格和原规定的地区差价制定当地价格。当月苏州市区70号汽油、0号柴油和灯用煤油每吨月平均行情价分别为2633.33元、2893.33元和3266.67元,与上年同期相比分别上涨11.58%、39.10%和49.85%。

国务院决定从1996年12月25日起,在适当提高柴油的厂销价格的同时,大力整顿油品市场秩序。根据国家计委规定:0号柴油的出厂价在国家规定价格的基础上提高200元,灯用煤油提高100元;柴油零售价格平均提高220元,灯用煤油平均提高110元,市场批发价按规定的作价办法确定。同时要求各地按国务院关于原油、成品油流通体制改革的意见,大力整顿市场秩序和流通秩序,保证经济活动的正常进行。

进入1997年,受国际油价波动及国内市场价格总水平低走的影响,油品价格先高后稳,逐步回落,先是苏州市区第二季度汽油、柴油、煤油等价格明显下跌,与年初相比降幅分别为14%、8.8%及7.8%。至12月份,0号柴油平均价格为每吨2070元,比上年同期下降28.5%;70号汽油平均价格从每吨2633元跌至2406元,同比降幅为8.6%;灯用煤油平均价格从去年同期每吨3266.67元跌至2500元,同比下降达23.47%。其间,为鼓励企业增产灯用煤油,缓解市场供应紧张的矛盾,国家计委从7月1日起,调整了煤油出厂价格,每吨从2055元提高至2200元,零售价也相应每吨提高157元,市场批发价仍按规定的作价办法确定。苏州市区受此影响,油品价格曾一度攀高,后旋即回落。

四、成品油价与国际接轨

随着国民经济的发展,国内石油需求快速增长,但石油产量增幅不大。1993年,中国再度成为石油进口国,而且进口数量逐年扩大。1998年6月,为配合中国石油天然气集团和中国石油化工集团公司的重组,国家公布了原油、成品油价格改革方案,对原油、成品油价格形成机制进行了重大改革,初步确立了国内石油价格与国际市场接轨的机制。

1998年6月,苏州市积极贯彻国家原油、成品油价格改革方案。6月8日,苏州市物价局下发《关于印发上级"原油、成品油价格改革方案"的通知》。6月9日,市物价局召开各市(县)、区物价部门及市石油公司、燃料公司负责人参加的专题会议,传达贯彻上级文件精神,并就苏州市贯彻国家原油、成品油价格改革方案提出具体要求:苏州市所有加油站、经营网点的成品油为城乡一价,必须不折不扣地贯彻落实零售价90号含铅汽油每吨2615元,即每升1.95元;90号无铅汽油每升2.05元,0号柴油每吨2374元,即每升2.00元。上述零售价在6月12日之前全部到位,逾期要追究违纪者责任。

这次成品油价格改革的主要内容是:汽油、柴油出厂价和批发价由企业自主制定,国家不再干预(供军队和铁道、交通等专项用油除外)。汽油、柴油的零售价实行政府指导价,国家计委制定并公布不同销售地区(以省、自治区、直辖市为单位)汽油、柴油(标准品)的零售中准价,中石油和中石化公司在上下5%的幅度内制定具体的零售价格。汽油、柴油零售中准价是以国际市场（新加坡）汽油、柴油进口完税成品（离岸价加海上运保费、关税、消费税、增值税、港口费等）为基础，加上合理流向计算的从炼厂经中转配送到各加油站的运杂费，再加上批发企业和零售企业经营差率计算确定。当新加坡市场汽油、柴油交易价格累计变动幅度超过5%时，由国家计委调整汽油、柴油的零售中准价。汽油、柴油由中石油和中石化公司统一销售（组织配送）到基层零售单位，实行城乡统一零售价格，原则是一省一价。两个集团系统外的加油站，都要按照规定的零售价代销石油公司的成品油。供军队、国家储备用汽油、柴油在出厂价的基础上上浮5%的范围内由供需双方协商确定。航空煤油价格实行政府定价，出厂价格按照新加坡市场航空煤油进口到岸完税成本确定。液化气、灯用煤油、化工轻油和非化肥用重油由中石油和中石化公司在国家计委规定的与汽油的比价关系范围内自行确定。

　　自此，成品油价格同国际市场原油价格紧密关联，由于原油的生产、销售受国际市场及诸多人为和自然因素的影响，根据成品油定价机制，苏州成品油价格同全国、全省一样，出现了频繁的波动，2000年2月至12月短短的11个月中，曾经调价9次，2001年1月至11月中又调价11次，创下了单个商品连续调价的记录。随着苏州私家汽车拥有量的日益增多，油价频繁的涨落开始为市民所瞩目。详见下表：

表4-27　苏州市市场成品油价格变动表

时间	90号无铅汽油（元/升）	0号柴油（元/升）
1999年11月3日	2.30	2.30
2000年2月22日	2.35	2.40
2000年5月1日	2.55	2.55
2000年6月2日	2.75	2.65
2000年7月11日	2.90	2.78
2000年8月17日	2.99	2.90
2000年9月18日	3.07	3.17
2000年10月20日	2.96	3.50
2000年11月16日	2.89	3.38
2000年12月20日	2.87	3.11
2001年1月13日	2.77	2.81
2001年2月3日	2.64	2.64
2001年3月5日	2.81	2.60
2001年4月6日	2.72	2.52
2001年5月11日	2.80	2.70
2001年6月5日	2.95	2.83
2001年7月3日	2.55	2.72
2001年8月11日	2.38	2.72
2001年9月9日	2.38	2.64
2001年10月16日	2.65	2.73
2001年11月26日	2.36	2.43

　　这次成品油价格改革确立了国内成品油价格与国际市场接轨的原则，但是在实际运行中，存在着难以反映国内市场的变化情况以及价格水平波动过于频繁引发投机行为等问题。

为此，2001年10月，国家对成品油价格接轨办法作了进一步完善，主要内容：将国内汽、柴油价格只与亚洲市场挂钩改为与亚、欧、美三地市场价格挂钩，更大程度地反映国际市场油价的变化；从严控制国内成品油价格调整的条件，减少国内成品油调价频率；考虑国内市场消费结构，调整汽油、柴油比价，合理安排国内汽、柴油价格；扩大汽油、柴油零售价格幅度，将浮动幅度由5%提高至8%，给企业更大的定价自主权；建立国内成品油价格的调控机制，设定国内成品油涨（降）价区间，相对稳定成品油价格；放开灯用煤油、化工轻油和燃料用重油价格。

经过1998年和2001年这两次价格改革，初步形成了成品油价格形成机制，确定了同世界原油价格联动、油品间合理比价，扩大零售价浮动率等"原油加成本"的成品油定价机制。新定价机制中是以布伦特、迪拜、米纳斯三地原油价格为基准，加上炼油企业一定的利润产生国内成品油价格机制。这是国内成品油定价机制的一次全新尝试。

五、油价频繁调整

2001年以后，针对国际油价上涨、国内油价偏低的现象，根据国家、省有关文件精神，苏州市每年先后数次调整油价，并逐步按新的接轨办法对成品油价格实行管理，其中尤以2005年国际原油价格出现较大幅度的上涨，国内成品油价格也相应作出调整，在七个月内，先后上涨了5次，为近年来少见。以2005年7月22日为例，苏州市90号、93号、95号、97号无铅汽油最高零售价每升分别为3.94元、4.18元、4.30元和4.41元；0号、−10号柴油每升最高零售价分别为4.01元和4.25元。加入高清洁剂的汽、柴油零售价可按规定另加每升0.05元，上述价格创历史新高。这一时期，江苏省将全省成品油价分为三个价区：一价区为南京，二价区为苏州、无锡、常州、镇江，三价区为徐州、淮阴、盐城、连云港、宿迁、扬州、泰州、南通。省制定各价区标准品汽、柴油零售中准价，各价区的具体零售价由中石油、中石化集团公司在上下浮动8%的幅度内制定，报省局备案。其他标号品种的油价也由两大集团公司按国家规定的品质比率确定。

表4-28　苏州市市场成品油价格变动表

时间	90号无铅汽油（元/升）	0号柴油（元/升）
2002年1月1日	2.17	2.21
2002年3月5日	2.28	2.33
2002年4月4日	2.49	2.55
2002年5月4日	2.68	2.77
2002年10月1日	2.84	2.94
2003年2月1日	2.99	3.10
2003年5月10日	2.76	2.86
2003年7月2日	2.83	2.86
2003年12月6日	3.02	3.03
2004年3月31日	3.23	3.03
2004年5月18日	3.23	3.28
2004年8月25日	3.42	3.50
2005年3月23日	3.66	3.50

时间	90号无铅汽油（元/升）	0号柴油（元/升）
2005年5月10日	3.66	3.64
2005年5月24日	3.54	3.64
2005年6月25日	3.70	3.78
2005年7月23日	3.94	4.01

注：1. 加入高清洁剂的成品油，零售价格另以可加0.03元/升；汽油从2003年7月份起，不再加清洁剂加价，质量标准改为高标准清洁汽油。2005年3月份起，恢复汽油清洁剂加价，质量标准仍为高标准清洁汽油，省文件明确汽油、柴油加收清洁剂的收费标准为0.05元/升。

2. 成品油吨、升折算方法：汽油1350升/吨（约0.741克/立方厘米），柴油1176升/吨（约0.850克/立方厘米）（从2004年8月25日起，改为柴油1170升/吨［约0.855克/立方厘米］）。

3. 汽油的质量标准：GB17930–1999、GB17930–2006（车用汽油）。

4. 品质比率：90号无铅汽油为标准品（100%），93号无铅汽油（106%），95号无铅汽油（109%），97号无铅汽油（112%）。0号柴油为标准品，–10号柴油（106%）。

根据中共中央办公厅、省委办公厅成品油上涨对相关行业、城乡居民生活影响等重点问题进行调研上报的要求，2005年8月中旬，市物价局组织力量，撰写了《成品油上涨对苏州市农业生产的影响》、《苏州初显成品油紧张局面》、《成品油价格上涨对苏州市居民生活影响》、《成品油价格上涨对苏州市相关行业的影响及对策建议》等多篇专题调研文章，通过《价格内参》18~23期专题上报。

专题调研表明，以0号柴油为例，苏州市2004年底的零售价每升为3.50元，至2005年7月底已上涨至4.01元，涨幅达14.57%。柴油价格上涨，直接增加农业生产成本，部分抵消了国家优惠政策给农民带来的实惠，对以种植为主的农民收入将产生较大的影响，以柴油每升上涨0.51元计算，种植水稻、三麦、蔬菜每亩增支分别为3.39元、3.12元和1.72元，按当时苏州市农作物种植面积测算，因柴油上涨一项，苏州市就将降低农民年收入达950万元。

受成品油价上涨的影响，苏州市民用液化石油气价格一路飙升。2005年1~7月，苏州市液化气价格同比上涨17.2%，拉动全市居民消费价格指数上升0.13个百分点；7月底，15千克瓶装液化气平均价格又上涨至69.33元，直接影响居民生活开支，对城市低收入家庭影响尤为明显，为节省开支，只能靠压缩石油液化气用量，转而使用价格相对低的蜂窝煤球。而对苏州当时27.17万辆私家车主而言，每升93号无铅汽油价从3.17元调至4.18元，以每月行驶1500公里计算，车主每月油费增支150元左右，全年每辆私家车主总计增支约1800元左右。面对日益上涨的油价，苏州市民开始青睐小排量、经济型轿车，销售日益红火。调查中反映，以一年跑2万公里计算，经济型轿车在同等油价前提下，可比中级车节省油费支出至少2400元。油价的上调也带动运输成本的上升，从而带动苏州粮食、蔬菜价格的上涨。据市价格监测中心的监测：2005年7~8月运输成本上升，带动大众粳米和中等粳米上涨，分别比6月份上涨3%和4.3%；菜贩反映，一车蒜头16吨左右，从山东临沂至苏州，运费要增加400~500元，摊到成本里原每斤1.3元左右的蒜头批发价，现在要1.7元。而受成品油价飙升的影响，居民出行涉及的公交车、出租客运车等票价要求涨价的呼声也日益高涨。四家公交经营公司全年燃料支出将增加1539万元,亏损额度进一步扩大。每辆出租车全年增加燃油开支8579元。

同年8月中旬,因国际油价暴涨,国内油价批零倒挂,以及广东、上海油荒等情况的多重影响,从8月15日起,苏州市各加油站成品油供应也呈紧张局面,私家车、出租车加油都要等上近30分钟,且部分加油站实行限量供应。据市石油分公司反映,最紧时苏州一度汽油周转仅3.6天,柴油仅4天。

2006~2007年,江苏省要求各地逐步推行石油综合配套改革措施,实行出租车燃油附加费政策,建立出租车运价与成品油价格联动机制。由于当时苏州市区出租车10元起步价高于省内其他城市,且古城区范围较小,调高基本运价会直接影响出租车司机营业收入、增加市民负担等原因,从实际出发,苏州市暂缓执行此项配套政策措施,直至2012年,随着成品油价格的不断走高才开始执行。

苏州经济社会的又好又快发展,对成品油的需求量与日俱增。苏州市场的成品油的销售主要是以下渠道:中石化苏州分公司超过40%,中石油(苏州江苏分公司和上海分公司两个分支机构)系统占30%左右,还有25%左右的销售市场由各个不同的社会销售渠道经营。2007年统计的数字大约是汽油每年150万吨~160万吨,柴油每年140万吨~150万吨,即每天消耗成品油(汽、柴油合计)1万吨左右。2008年,中石化苏州分公司全年汽油销售约75万吨,柴油约68万吨。中石油系统全年汽油销售48万吨左右,柴油销售45万吨左右。其他社会渠道销售量:汽油45万吨,柴油45万吨左右。汽、柴油全年增幅达10%~15%左右。2006~2008年6月,苏州市汽、柴油价格调整次数较少,但仍呈一路走高的趋势。详见下表:

表4-29　苏州市市场成品油价格变动表

时间	90号无铅汽油(元/升)	0号柴油(元/升)
2006年3月26日	4.14	4.15
2006年5月24日	4.54	4.61
2007年1月14日	4.36	4.61
2007年11月1日	4.76	5.07
2008年6月20日	5.59	6.01

注:批发价格按照零售价格倒扣计算:送货5.50%,自提6.00%。2006年3月26日起改为:送货4.50%,自提5.50%。

进入2008年上半年,受社会需求量增加、国际油价屡创新高、成品油价格进销严重倒挂的影响,苏州成品油市场供应多次出现供应紧张、排队购油、品种单一、柴油甚至脱销的现象。2008年6月20日,成品油再次调价,其中,尤以0号柴油涨幅较大,每吨从5935元提高至7031元(不含清洁剂),涨幅达18.47%,提价金额每吨首次突破1000元,达1096元。每升汽、柴油零售价格首次进入"5"元和"6"元时代。

考虑到国际市场油价回落、成品油税费政策等情况,国家降低了成品油价格,将零售环节由基准价加浮动幅度作价办法改为确定最高零售价格,即成品油经营企业在不超过规定最高零售价格的前提下,可自主制定具体零售价格。

按照国家发改委和省物价局文件的规定,苏州市自2008年12月19日起,实行成品油最高零售价格管理规定,统一取清洁剂加价规定。且从2009年1月1日起,正式实施价费税改革方案,成品油的批发价格确定办法也有所改变,按照最高零售价格倒扣,送货每吨300元,自提每吨350元,并且下调了成品油的市场零售价格。其中,90号汽油由每升5.64元降为4.72元,下降0.92元,下降幅度16.31%;0号柴油由每升6.06元降为4.92元,下降1.14元,下降幅度18.82%。这是历年来成品油价格降幅较大的一次。详见下表:

表4-30　苏州市成品油调整前后零售价格对比表

执行日期:2008年12月19日　　　　　　　　　　　　　　　　　　　　　　　　　　　单位:元/升

品名	调整后价格	调整前价格
90号汽油	4.72	5.64
93号汽油	5.01	5.97
97号汽油	5.29	6.31
0号柴油	4.92	6.06
-10号柴油	5.22	6.37

　　注:1. 调整前的价格是从2008年6月20日起开始执行的价格,且价格中已包括0.05元/升的清洁剂加价。

　　　　2. 调整后的价格自2008年12月19日起开始执行,且国家和省规定统一取消了清洁剂的加价。

　　自2009年3月25日成品油调整价格起,省物价局规定对民营批发企业的供应价格按照最高零售价每吨倒扣不低于400元确定。最高批发价格按照合同约定配送到零售企业的最高零售价每吨倒扣300元确定;合同未约定配送的,最高批发价格暂按最高零售价格倒扣350元确定。2009年4月14日,省物价局规定:成品油自提运杂费标准,30公里(含)每吨20元,30公里以上每吨/公里0.67元。批发价格按照最高零售价格倒扣,自提每吨不低于300元,送货每吨不低于350元。

　　2009年5月,为进一步规范石油价格管理行为,根据国务院《关于实施成品油价格和税费改革的通知》规定,国家发改委制定了《石油价格管理办法(试行)》。原油价格由企业参照国际市场价格自主制定。中石油和中石化之间互供原油价格由购销双方按国产陆上原油运达炼厂的成本与国际市场进口原油到厂成本相当的原则协商确定;国内成品油价格以国际市场原油价格为基础,加国内平均加工成本、税金、合理流通费用和适当利润确定。当国际市场原油连续22个工作日移动平均价格变化超过4%时,可相应调整国内汽、柴油价格。当国际市场原油价格低于每桶80美元时,按正常加工利润率计算成品油价格;高于每桶80美元时,开始扣减加工利润率,直至按加工零利润计算成品油价格;高于每桶130美元时,按照兼顾生产者、消费者利益,保持国民经济平稳运行的原则,采取适当财税政策,保证成品油生产和供应,汽、柴油价格原则上不提或少提。这个办法的实施标志着新的成品油价格形成机制进一步完善和可操作,汽、柴油销售价格也按照该办法的规定而不断变动。

　　自2009年6月30日调整成品油价格时起,省局通知:按照国家发改委的规定,江苏省执行全省统一价格,不再划分价区(原江苏省价格分别为苏南、苏中、苏北三个价区)。

　　石油是国民经济发展的基础和支柱原料之一,是事关国计民生和国民经济安全的战略资源。随着国际国内市场对原油需求的不断上升,油价也不断上升,苏州市场成品油价格也不断攀升，2009年一年中，成品油价格连续调整8次，价格再创历史新高。1999年11月，苏州市场90号汽油和0号柴油每升价格均为2.30元，至2009年11月，每升分别已上涨至5.92元和6.12元，短短十年间其价格共计变动52次，以90号汽油和0号汽、柴油为代表品，其价格分别提高2.57倍和2.66倍，调整之频繁，幅度之大，已成为社会各界和居民群众议论和关心的热点之一。2010年10月26日，汽油价格每升突破6元大关，至2011年1月底，苏州市私家车保有量突破100万辆大关，达100.53万辆，同比增长25.2%，苏州私家车的保有量不仅在全省遥遥领先，而且位居全国第三，仅次于北京、上海。如此庞大的私家车"有车一族"，令成品油价格的涨落牵动着苏州百姓的心。按照现行国内成品油价格形成机制，国内成品油价格实行与国际市场原油价格有控制地间接接轨。

表4-31 苏州市成品油调后最高零售价格表（一）

执行日期：2009年3月25日

品名	省定最高零售价格（元/吨）	省定最高零售价格（元/升）
90号高标准清洁汽油	6935	5.19
93号高标准清洁汽油	7351	5.50
97号高标准清洁汽油	7767	5.81
0号柴油	6180	5.28

注：1. 品质比例：90号无铅汽油为标准品（100%），93号无铅汽油（106%），97号无铅汽油（112%）；0号柴油为标准品（100%）。

2. 汽油指符合国家质量标准的高清洁汽油。

3. 统一取消清洁剂加价。

4. 执行依据：江苏省物价局苏价电传（2009）10号内部明电。

表4-32 苏州市成品油调后最高零售价格表（二）

执行日期：2010年10月26日

品名	省定最高零售价格（元/吨）	省定最高零售价格（元/升）
90号高标准清洁汽油	8230	6.16
93号高标准清洁汽油	8724	6.53
97号高标准清洁汽油	9218	6.89
0号柴油	7475	6.39

表4-33 2009~2010年苏州市市场成品油价格变动表

时间	90号无铅汽油（元/升）	0号柴油（元/升）
2009年1月15日	4.62	4.79
2009年3月25日	4.84	4.94
2009年6月1日	5.19	5.50
2009年6月30日	5.64	5.80
2009年7月29日	5.48	5.61
2009年9月2日	5.70	5.87
2009年9月30日	5.56	5.71
2009年11月10日	5.92	6.12

时间	90号无铅汽油（元/升）	0号柴油（元/升）
2010年4月14日	6.16	6.39
2010年6月1日	5.98	6.20
2010年10月26日	6.16	6.39
2010年12月22日	6.39	6.65

表4-34 苏州市汽、柴油最高零售批发价格表

执行日期：2010年12月22日

品名	最高零售价格（元/吨）	最高零售价格（元/升）	最高批发价格（元/吨）
90号汽油	8540	6.39	8240
93号汽油	9052	6.77	8752
97号汽油	9565	7.15	9265
0号柴油	7775	6.65	7475
-10号柴油	8242	7.05	7942

第三节 电力价格

一、民国时期苏州电价

苏州是中国较早发展电力工业的城市之一。清光绪二十三年（1897），苏纶纱厂即装置三台直流发电机供应场内电灯照明，这是苏州最早的电能。苏州解放前，手工业比较发达，近代工业为数不多，用电结构以市政生活照明（含商业、服务业）为主，工农业用电水平较低，供需矛盾不突出。同时，由于市区及各县、镇电厂独立分散发、供电，电力管理及价格也不统一，电价由发、供电成本及市场供需状况组成。

光绪三十二年（1906），苏州城内开始筹建公用电气公司，至辛亥革命苏州光复日，振兴电灯公司正式供电营业，供电区域限于城区局部地区，第一批用户共装灯6000余盏，另装有路灯2027盏，电力产品价格也随之诞生。苏州电业从初创至20世纪30年代左右，计算用户电费办法，最初以"定口电价制"为主，生活照明用户按"包灯制"计费，"南京、苏州、扬州等地每只16瓦电灯每月亦在1.2元至1.5元之间"。据1995年版《苏州市志》电力工业卷载："苏州电力工业创办阶段，用户申请用电手续比较简便，时属新鲜事，费用也较昂贵，只有少数官府、商店、士绅人家用，普通人家不敢问津。为招徕用户，振兴电灯公司在正式供电营业前，印许多广告和《装灯章程》广为散发，宣传使用电灯的好处'火险无虞，卫生有效，光既可亮，费亦从廉，而且不伤目光，又省料理，洁净非常，启开灵便，洵价廉而物美也'。并对先来申请登记用户的3000盏之内的用户，按九折电费优待使用三个月。"振兴电灯公司《装灯章程》中规定，用户申请登记用电，公司随即派员装配，"装一盏灯头付工费大洋2元。磁罩、灯头、软线、开关等由公司置办者每盏按月收取物料租费大洋2角，损坏由用户承担。装电表的用户，每月收电表租费大洋1元。用户如遇喜庆节日需临时加装电灯，灯费和装费另议"。在《装灯章程》中还规定，"凡公司派出工匠外出装灯、装线、接火等，不准向用户私索酒资，如有违章撤职查究"。

民国10~25年（1921~1936），省内部分电厂电力供过于求，为鼓励多用电，采取"逐级差减制"分级电价，用电越多，电价越低。苏州也推行此办法，从每千瓦时0.2元，逐级递减至每千瓦时0.09元。其间，从民国10~13年（1921~1924），振兴电灯公司和苏州电气公司争夺营业权，各自为争夺用户，不惜降低电价招徕用户。其时，苏州已有少数工厂开始使用电力，动力价格也采取逐级递减制。苏州电气公司还备有出租"马达"（电动机）业务，供工厂租用。民国14年（1925），苏州电气公司为发展浒关、望亭等乡区电灌业务，装置"洋龙船"（电力水泵船）分赴乡区，收取电费实行优惠办法，即春季先使用，秋季收获后再补交电费。

民国13年（1924），苏州电气公司出资收买振兴电灯公司，后发展迅速，至民国26年（1937）先后收并邻近乡镇12家小电厂，由三类电厂一跃成为全省最大的民营电厂。用电结构主要以照明用电为主，电力用户报装容量很小。至民国25年（1936），苏州电气公司用户发展至18966户，其中电力734户。20世纪30年代中期，社会用电结构渐趋复杂，苏州电气公司对用户申请用电分电灯、电力、电热3种不同类型区别，并须缴付各类费用，主要有电表和用电保证金、接电费、电表检验费、工程贴费等。

抗日战争期间,苏州电气公司被侵华日军强行"军管理",发、供电设备均遭严重破坏,农村用电萎缩,发电用煤价格不断上涨,除限制用电外,电价亦多次调整上涨。苏州电气公司电灯用电价格,从民国25年(1936)每千瓦时法币0.2元,至民国34年(1945)9月上涨到5000元储备券,当时按储备券200元折合法币1元计算,其电价为法币25元,前后上涨124倍。苏州当时是汪伪政府省政府所在地,商业一度畸形发展,至民国34年(1945)抗战胜利前夕照明用户为20358户,但电力用户锐减,只剩下117户。

抗战胜利后,民国35~37年(1946~1948),苏州"恢复部分乡区营业,照明用户继续发展,至37年有报装用户27737户,其中电力794户"。由于内战爆发,物价疯狂上涨,民营电厂资金缺乏,南北阻断,煤炭燃料紧张,因此电价不断上涨,而且幅度很大。民国35年(1946)1月,南京实行"逐级递增制"电价办法,以用电量越多电价越高来限制用电。当时每千瓦时照明电价为一级50元(法币,下同),二级90元,三级190元,两部制电力价格,每千瓦时流动电费65元。民国36年(1947)12月,南京电价上涨至每千瓦时照明为法币6297~6517元,电力为6312元。民国37年(1948)3月,取消"逐级递增制",并按建设委员会新规定以煤炭价格、生活费用指数及五金材料价格指数等核定调整电价,当时无锡每千瓦时电价照明为法币2.4万元,电力为2.08万元。民国38年(1949)4月,无锡每千瓦时电价照明为金圆券1.02万元。从民国34年(1945)10月至38年(1949)4月,在物价暴涨情况下,戚墅堰电厂先后调整35次,后期每半个月调整一次价格,变动频繁,上涨幅度之大,前所罕见。苏州电气公司同省内其他电厂生产规范大小不一,发电成本高低不一,申报核定调整电价的时间有先有后,同期电价难于相比,唯电价出现上涨调整幅度基本相近,更因燃煤价格飞涨,窃电成风,电费拖欠不缴现象极为普遍,币制乏值,苏州电气公司及各县、镇小电厂都已亏损严重,奄奄一息。

二、电力计划经济价格

电力是国民经济的基础产业,其价格变动直接影响到各行各业,关系到千家万户。中华人民共和国成立初期至改革开放前的30年间,为稳定市场物价总水平,国家对电力工业逐步实行垂直一体化管理,电价采用高度集中的中央计划经济体制,定价权集中统一,由中央、省级政府物价主管部门依据成本制定,电价构成比较单一,电价基本不动。苏州同江苏各地一样,电价基本稳定。

1950年2月,苏州民用照明用电每千瓦时为0.2940元(已折算成新人民币,下同),1950年12月为0.22元。

1952年2月,根据燃料工业部有关规定,实行新电价,并取消用电底度制,每千瓦时分类电价为:电灯用电0.19元,工业用电0.095元,非工业动力用电0.13元,零售电价另订合同办理。苏州同南京、无锡等地区一样按上列电价执行。

表4-35 1952年南京、无锡、苏州等地电价表

类别	不足2200伏		2200~6600伏		超过6600伏	
	按设备容量	按最大需量	按设备容量	按最大需量	按设备容量	按最大需量
基本电价（元[旧人民币]/千瓦/月）	31500	54600	30000	52000	28500	49400
电度电价（元[旧人民币]/千瓦时）	765	765	750	750	735	735

1954年4月起，苏州、南京、无锡等地实行两部制电价及力率调整电费办法：两部制电价，以工业生产用电设备装见容量在50千瓦以上者执行此项规定。基本电费，对装有最大需量表的用户，以最大需量表指示数计算；对未装最大需量表的用户，已装见用电设备容量计算。电度电费，以抄见用户实用电量计算。

力率调整电费。在实行两部制电价的同时，实行力率调整电费办法，以提高力率。以0.75力率为标准，每增加0.01，该月电费减少0.5%，每减少0.01，该月电费增加1%，0.95力率及以上电费不递减。

同时对照明用电实行单一制电费，不论用电多少，均按同一电价计收电费，非工业电价从原来的每千瓦时0.13元，改按普通工业电价0.095元计费。

1958年江苏省电业局成立，全省电力产品价格集中管理体制开始形成。同年9月，苏州电气公司与望亭电厂（苏南电网）并网，从此结束了从1897~1957年长达60年由本市地方电厂孤立运行、供应电力的历史。1962年7月，苏州电气公司撤销，分别建立苏州供电局和苏州发电厂，苏州供、发电一体的局面也告结束。苏州开始主要依靠华东电网供电。随之而来的电力供应和价格也结束了苏州相对单列的历史，进入主要为国家统配、执行国家规定价格的时代。

1965年，国家颁发了新的电价标准。苏州同全省一样，执行水电部颁发的《1965年电热价格》及华东、省电力局的有关规定。新标准进一步扩大优待电价的范围，按用电压等级分别定价：两部制电价的起点，改为100千伏安以上的大工业用电，即基本电价和电度电价，并依据用户用电动率调整电费；100千伏安以下改为普通工业用电，执行单一制电价。1965年规定的电价执行达10年之久。省分类标准详见下表：

表4-36 1965年江苏省分类电价标准表

类别		分类标准		编号	价格
照明电价（元/度）		不满1千伏		1	0.190
		1千伏及以上		2	0.185
普通工业及非工业电力电价（元/度）		不满1千伏		3	0.085
		1千伏至10千伏		4	0.083
		35千伏及以上		5	0.080
大宗工业	基本电价	用电设备装电容量（元/千瓦·月）		6	3.500
		变压器容量（元/千伏安·月）		7	4.000
		最大容量（元/千瓦·月）		8	6.000
	电度电价（元/度）	不满1千伏		9	0.063
		1千伏至10千伏		10	0.058
		35千伏及以上		11	0.055
电解	优待电度电价（元/度）	电解铝、电石	1千伏至10千伏	12	0.030

类别		分类标准		编号	价格
电解	优待电度电价（元/度）	电解铝、电石	35千伏及以上	13	0.035
		电炉铁合金、电解烧碱、合成氨、电炉钙镁磷肥	1千伏至10千伏	14	0.043
			35千伏及以上	15	0.045
农业排灌电犁电价	直供电价（元/度）	不满1千伏		16	0.060
		1千伏至10千伏		17	0.058
		35千伏及以上		18	0.055
	趸售电价（元/度）	1千伏至10千伏		19	0.035
		35千伏及以上		20	0.030

苏州解放后，工业发展较快，用电结构也逐步改变为以工业用电为主，20世纪50年代后期苏州用电开始紧张。60年代初，农村用电开始上升为第二位，市政生活用电列为第三位。1965年后，居民生活用电开始征收城市公共事业附加费每千瓦时0.03元，在每千瓦时0.19元的基础上，苏州市区居民生活用电调高为0.22元。这个用电价格水平稳定了20多年之久，一直为每千瓦时0.22元，直到20世纪80年代末才调整。

20世纪70年代后，虽然苏南电力工业发展较快，但还是满足不了苏州工农业生产的发展，电力供需矛盾更趋突出，逐渐出现多种电价，且日趋复杂。1973年苏州市成立"三电"办公室（计划用电、节约用电、群众办电），由市政府和电力部门共同做好以计划用电、节约用电、安全用电和开辟电源为重点内容的用电管理工作。为缓解电力供需矛盾突出的问题，70年代起，市区部分工厂开始陆续购置柴油发电机发电，并建热电厂（站）逐渐实行热电联供（热力价格在后单独叙述）。

1976年国家水利电力部根据1965年电价标准进行整理修订，颁发了1976年电价表及电价说明，与1965年相比较，照明电价、普通工业及非工业电力价格、农村排灌的直供电价按照原定价格不变，变动之处为工农业生产用电中，打井、打场、脱粒、积肥、育秧、社员的粮食加工、牲畜饲料加工、黑光灯捕虫等用电实行优待电价；文化教育用电中，对专门对外营业的影剧院、电影放映等为宣传毛泽东思想实行优待电价，按非工业、普通工业电价收费；工业用电中，对电炉炼碴用电按铁合金优待电价执行，对电炉黄磷用电实行优待电价；对执行两部制电价起点从原来100千伏安改为320千伏安及以上工业用户。按省规定，苏州从6月1日起执行。具体标准见下表：

表4-37　1976年水电部重新修订后的电价分类表

类别	分类标准		价格
照明电价（元/度）	不满1千伏		0.190
	1千伏及以上		0.185
非工业、普通工业电价（元/度）	不满1千伏		0.085
	1千伏至10千伏		0.083
	35千伏及以上		0.080
农业生产电价	直供电价（元/度）	不满1千伏	0.060
		1千伏至10千伏	0.058
		35千伏及以上	0.055

续表

类别	分类标准		价格
农业生产电价	趸售电价（元/度）	1千伏至10千伏	0.035
		35千伏及以上	0.030
	基本电价	变压器容量（元/千伏安·月）	4.000
		最大需量（元/千瓦·月）	6.000
大工业电度电价（元/度）	1千伏至35千伏		0.058
	35千伏及以上		0.056
	其中	电解铝、电石	1千伏至10千伏	0.038
			35千伏及以上	0.035
		电炉铁合金、电解碱、合成氨、电炉钙镁磷肥、电炉黄磷	1千伏至10千伏	0.048
			35千伏及以上	0.045

三、多种电价并存

改革开放初期，电价改革首先对原来的目录电价存在的问题进行局部调整。随着经济的迅速发展，电力短缺情况更加严重，成为制约苏州工农业生产发展的瓶颈。电价改革的主要目标是吸引社会投资，加快电力工业发展。1985年5月，国务院发布《关于鼓励集资办电和实行多种电价的暂行规定》，实行多家办电和多渠道集资办电的政策，与此相适应，实行了多种电价制度。1987年国家物价局、国家经委、水利电力部联合颁发《关于多种电价实施办法的通知》，确立了指令性、指导性两种电价形式和两种电价形成机制。

1. 指令性电价

在执行原目录电价的基础上，随燃料、运输价格调整相应实行用电加价办法。进入20世纪80年代中期，由于国家对煤价实行增超产加价规定，对铁路运输煤炭的价格实行加价政策，致使电力企业生产成本上升，为此根据国家物价局、水电部决定，江苏对电价也实行煤运加价。从1985年1月起，苏州市按国家、省的规定，对全部统配电量中扣除城乡居民生活照明用以外的各类用电，均实行煤运加价收费办法。加价标准每年核定一次，审批权限在国家和省。苏州市1985年加价电量按当年"省电力局核定的实际统配电量的6%计算，每度加价4分"（应缴金额分配见附表）。统配电量包括电网计划分配电量和各项戴帽电量（不含来煤、来油加工电量和各小发电上网电量）。这项加价政策一直执行到1993年。其间，国家于1988年对部属、省属企业煤运加价实行用电加价标准并轨，每千瓦时为0.016元，1989年为0.0424元，1990年为0.0474元，1991年为0.075元，1992年下半年为0.1163元。

表4-38 全市通过用电加价收取1985年煤炭加价和铁路运煤加价款分配表

地区	实际统配电量（万度）	占比（%）	应缴金额（万元）
全市	199618	100	461.528
市区	68850	34.49	159.182
常熟	22588	11.32	52.224
沙洲	21914	10.98	50.670
太仓	18955	9.50	43.824
昆山	16053	8.04	37.115

地区	实际统配电量（万度）	占比（%）	应缴金额（万元）
吴县	33839	16.95	78.240
吴江	17419	8.72	40.273

表4-39　苏州市区通过用电加价收取1985年煤炭加价和铁路运煤加价款分配表

系统、地区、单位	统配电量（万度）	加价款金额（元）	系统、地区、单位	统配电量（万度）	加价款金额（元）
机械	3771.960	90527.04	沧浪	244.852	5876.45
电子	1802.938	43270.51	供销	252.991	6071.78
化工	10872.867	260948.81	城建	2265.036	54360.86
棉纺	8202.476	196859.42	外办	225.644	5415.46
丝绸	5275.835	126620.04	建工	134.295	3223.08
工艺	763.550	18325.20	五二六	729.172	17500.13
建材	1621.986	38927.66	光华	1272.973	30551.35
郊区	2587.250	62094.00	长风	217.941	5230.58
医药	2381.670	57160.08	林机	194.349	4664.38
轻工	11827.514	283716.340	新华	432.323	10375.75
交通	247.681	5944.34	水产	142.320	3415.68
物资	603.335	14480.04	房产	25.984	623.62
粮食	587.575	14101.80	火车站	117.732	2825.57
商业	943.915	22653.96	建井	97.872	2348.93
校办	150.393	3609.43	二六七	101.176	2428.22
冶金	7554.040	181296.96	文化	71.990	1727.76
金阊	484.671	11632.10	轧钢厂	7.156	171.74
平江	428.682	10288.37	合计	66636.144	1599267.44

注：均包括非生产用电。

2. 燃运加价

1993年为加强电价管理，理顺电价关系，建立新的电价形成机制，经国务院批准，江苏省决定改革电价办法，将燃运加价计入目录电价，并执行新的电价标准，下发新的目录电价表，保留对话费、农排等用电优惠政策。9月，省物价局等部门联合下发《关于一九九三年电价调整的通知》。结合苏州的实际情况，9月21日，苏州市物价局会同市经委、供电、财政部门联合发出《关于调整电价的通知》，明确：

（1）国家将近年来燃运煤加价标准并入新的目录电价，新目录电价的执行范围是国家统配电量。

（2）调整居民生活用电价格，城镇居民生活用电价格每千瓦时从0.25元调整为0.30元，农村居民生活用电按省规定的办法相应调整。

（3）对小化肥电价实行优惠电价，省政府决定小化肥生产用电价格在国家优惠电价的基础上，再优惠每千瓦时0.02元。

（4）征收三峡工程建设基金：省规定居民生活用电及中、小化肥生产征收每千瓦时0.003元，其他统配量电征收每千瓦时0.005元。为便于操作，苏州市采用降低标准、全电量收取的办法。经测算，苏州市区每千瓦时收取0.003元，由供电部门随电费一并收取，单独立账，年终如有结余（亏损），结转下年度，并适当调整标准。

（5）省电力建设基金仍按每千瓦时0.02元收取，收取范围、办法不变。地方附加费除居民生活用电按省文规定执行外，其他用电附加在国家没有规定之前，苏州市仍按电价调整前的规定范围和附加绝对额执行。此项费用由市供电局统一收取，每月按国家电费的上缴比例同步解缴市财政局。

（6）加收省缺口电煤差价。除居民生活用电和化肥生产用电外的统配电量每千瓦时加收0.014元，由市三电办负责收取，交省三电办。原协作电煤差价和统配高价电差价同时取消。

（7）对非统配电量的综合差价按保本服务的原则，省要求从严从紧核定。苏州市区对非统配电部分（含加工电、小电厂上网、新价电等）则按新目录电价收取，然后再将多收款项退给用户。其退款原则是同步、同比例分流。退款标准由市物价局、经委、供电局共同研究确定，目前暂按非统配电量每千瓦时退款0.175元。今后上级对非统配电退款有新的规定，则按上级新规定执行。对此类的收退情况每月向市政府上报，并抄告物价、经委、财政等部门，年终对电费收缴情况实行审计。

各县（市）电价的调整严格按国家、省、市对这次电价调整的政策规定，结合当地的实际，制定切合实际的实施办法。对于农村居民生活用电价格，根据省要求，各地要按照国家规定的电度电价，加三峡工程建设基金及各项低压线损、变损确定，由县（市）物价部门会同计（经）委、供电部门等提出意见，报市物价局等有关部门平衡，并经当地政府批准后执行。

这次居民生活用电价格调整，于10月1日起的抄见电量按新价结算，7月1日至上次抄表时间内的用电量不再补收差价；其他新目录电价自1993年7月1日起执行；三峡工程建设基金和省缺口电煤差价从1993年1月1日起执行。苏州市区电价调整表见下表：

表4-40　1993年苏州市区电价调整表

灯力	电压（千伏）	用电分类	调整前单价（元/千瓦时）	调整后单价（元/千瓦时）	其中（元/千瓦时）						提价额（元/千瓦时）	说明
					电价	三峡基金	省集资	市集资	路灯附加	电网建设基金		
照明	0.4	居民生活	0.25	0.30	0.26	0.003	—	—	0.03	0.007	0.05	—
	0.4	村民生活	0.21	0.29	0.26	0.003	—	—	0.02	0.007	0.08	—
	0.4	非居民照明	0.3976	0.432	0.379	0.003	0.02	—	0.03	—	0.0344	—
	0.4	财政补贴单位照明	0.3776	0.412	0.379	0.003	—	—	0.03	—	0.0344	免收省集资
	10~35	非居民照明	0.3926	0.422	0.369	0.003	0.02	—	0.03	—	0.0294	—
	10~35	财政补贴单位照明	0.3726	0.402	0.369	0.003	—	—	0.03	—	0.0294	免收省集资
	0.4	路灯、警灯	0.19	0.263	0.26	0.003	—	—	—	—	0.073	—
动力	0.4	工业	0.3096	0.372	0.302	0.003	0.02	0.02	0.007	0.02	0.0624	—
	0.4	非工业	0.3026	0.365	0.302	0.003	0.02	0.02	—	0.02	0.0624	

灯力	电压(千伏)	用电分类	调整前单价(元/千瓦时)	调整后单价(元/千瓦时)	其中(元/千瓦时)						提价额(元/千瓦时)	说明
					电价	三峡基金	省集资	市集资	路灯附加	电网建设基金		
动力	0.4	财政补贴单位非工业	0.2826	0.345	0.302	0.003	—	0.02	—	0.02	0.0624	免收省集资
	10	工业	0.3076	0.365	0.295	0.003	0.02	0.02	0.007	0.02	0.0574	—
	10	非工业	0.3006	0.358	0.295	0.003	0.02	0.02		0.02	0.0574	—
	10	财政补贴单位非工业	0.2806	0.338	0.295	0.003	—	0.02	—	0.02	0.0574	免收省集资
	35	工业	0.3046	0.354	0.284	0.003	0.02	0.02	0.007	0.02	0.0494	—
	0.4	农业生产	0.2176	0.253	0.25	0.003					0.0354	—
	10	大工业	0.2846	0.285	0.213	0.003	0.02	0.02	0.009	0.02	平均0.03	另加收10元/千伏安 10元/千伏瓦
	35	大工业	0.2816	0.274	0.202	0.003	0.02	0.02	0.009	0.02		
	35	大工业优待	0.2466	0.239	0.192	0.003	0.02	—	0.004	0.02		

注：上述为供电局统一收取，不含省缺口电煤差价每千瓦时0.014元。

为了更好地执行新目录电价，及时清退老目录电加工煤运加价款，1993年8月和11月，市物价局会同市经委、供电局先后发出《关于加工电量退还煤运加价款的通知》和《关于对九三年上半年加工电量补退还煤运加价款的通知》，1993年1～6月加工电量煤运加价款的清退标准按省收取标准每千瓦时0.1546元退款，分二次退还给各区、局、公司及有关单位，第一次8月份退还2500万元，第二次11月份退还437.0355万元。

3. 提高目录电价

1994年，为进一步深化电价改革，提出电力企业还贷能力，经国务院批准，国家提高了目录电价，对化肥等行业继续实行优惠电价政策，平均目录电价每千瓦时提高0.0567元，即平均目录电价为0.2615元。城镇居民生活用电价格这次不作调整，仍按每千瓦时0.30元执行。为此，苏州市物价局、经委、供电局联合转发省《关于提高1994年电力价格的通知》，并明确根据省文件规定三峡工程建设基金居民生活用电及中、小化肥每千瓦时仍征收0.003元，其他统配电量每千瓦时暂按0.007元征收。但苏州市区仍采用降低标准、全电量收取的办法，即市区居民生活用电及中、小化肥生产用电每千瓦时仍征收0.003元外，其他电量按每千瓦时0.004元收取，由供电部门随电费一并收取，年终由物价、计（经）委、供电部门对收、缴、存（亏）情况结算。省缺口电煤差价仍按现行规定执行，每千瓦时0.014元。各县（市）应严格按省文有关规定，结合当地情况，做好调价工作。新的电价目录和省缺口电煤差价、三峡工程建设基金从1994年1月15日起的抄见电量执行。

表4-41 1994年江苏省电网销售电价表

电价类别	电度电价（元/千瓦时）			基本电价	
	不满1千伏	1~10千伏	35千伏及以上	最大需量（元/千瓦·月）	变压器容量（元/千伏安·月）
居民生活电价	0.260	0.250	—	—	—
非居民照明电价	0.403	0.392	—	—	—
非工业、普通工业电价	0.329	0.321	0.310	—	—
大工业电价	—	0.236	0.224	15.00	10.00
电解烧碱、电石、合成氨、电炉黄磷	—	0.226	0.214	15.00	10.00
农业生产电价	0.274	0.265	0.251	—	—
贫困县农业排灌电价	0.083	0.081	0.078	—	—

表4-42 1994年江苏省电网趸售电价表

电价类别	县级趸售（元/千瓦时）		县以下趸售（元/千瓦时）	
	1~10千伏	35千伏及以上	1~10千伏	35千伏及以上
居民生活电价	0.185	—	0.203	—
非居民照明电价	0.309	—	0.327	—
工业、非工业电价	0.243	0.235	0.251	0.243
农业生产电价	0.223	0.209	0.223	0.209
贫困县农业排灌电价	0.054	0.049	0.054	0.049

注：中、小化肥生产用电价格，执行非工业、普通工业电价的，按本电价表中非工业、普通工业电价的76%收取；执行大工业电价的，按本电价表中大工业电度电价的69%收取，基本电价按电价表执行。

1997年5月，为缓解燃运加价对电力企业的影响，经国务院批准，国家有关部门再次提高目录电价水平，每千瓦时提高0.03元左右，平均每千瓦时为0.344元。

表4-43 1997年苏州市综合差价标准及电量情况表

地区	标准及电量情况
苏州市区	1. 统一电差价：（1）0.043元（0.06元~0.017元），用电量为163204.7万千瓦时。 （2）省戴帽、自来水、农药、煤气0.013元（0.03元~0.017元），电量为25596万千瓦时。 2. 加工电差价：（1）支农工业0.15元，用电量为3584.41万千瓦时。 （2）大工业、非工业、普工业0.185元，用电量为89125.92万千瓦时。 （3）非居民照明0.29元，用电量为14929.67万千瓦时。
吴县	1. 工业、普通工业、超戴帽电量、镇（区）超承包基数部分为每千瓦时0.27元，售电量为55683万千瓦时。 2. 非工业、非居民照明综合差价为每千瓦时0.32元，用电量为4386万千瓦时。
太仓	综合差价0.265元/千瓦时，电量为39100万千瓦时。
常熟	综合差价0.25元/千瓦时，电量为86097万千瓦时。 农村自来水用电综合差价0.18元/千瓦时，用电量为602.37万千瓦时。 农村副业用电综合差价0.17元/千瓦时，用电量为380.70万千瓦时。 非工经营性公司用电综合差价0.40元/千瓦时，用电量为3375.18万千瓦时。
昆山	工业动力峰谷综合差价0.36元/千瓦时、0.10元/千瓦时，用电量为8050万千瓦时 工业动力综合差价0.25元/千瓦时，用电量为61571.75万千瓦时
张家港	综合差价0.247元/千瓦时，电量为58572万千瓦时
吴江	综合差价平均0.265元/千瓦时，电量为77266万千瓦时

4. 地方指导性电价

指导性电价种类很多，包括集资办电电价，带料加工电价，小水电、小火电综合利用电厂电价，企业自备电厂自发有余由电网代售电量电价等。改革开放以来，随着苏州市工农业生产迅速发展和乡镇企业的崛起，电力供应短缺情况十分严重，苏州市采取了"集资办电"、"多家办电"的办法，改变了单一靠国家投资办电和单一计划独家的局面，调动了社会各方面投资办电的积极性，缓解了电力资金短缺的矛盾，加快了电力建设步伐，促进了苏州经济社会的发展。苏州市以集资、贷款、中外合资等方式，兴建了一批电厂，并实行还本付息电价办法。这一举措促进了苏州市电力工业的发展，华能热电厂、高达热电厂、苏州热电厂、苏州硫酸厂等相继投产，苏州市电力供需矛盾明显缓解，由于电厂发电用煤用油，为价格较高的议价煤、油还须承担分摊的差价费用和还本付息，因此发电成本较高，销售电价实行高进高出的办法，电价构成复杂，电价水平比国家统配电价水平要高，电费差价附加费的标准也由于各自情况不同而高低不一。

鉴于煤炭、重油价格和铁路货运价格上升较大，苏州市组织加工电成本和小电厂生产成本相应有了较大幅度的上升，为保证市三电办对加工电的正常组织和小电厂生产的正常进行，确保苏州市生产、生活用电的需要，促进苏州市经济高速发展，经市政府领导同意，1993年6月3日，市物价局、市经委联合发出《关于调整加工点差价和小火电上网电价的通知》，按照"收支平衡、保本服务"的原则，加工电差价在现行价格的基础上每千瓦时上调0.06元，即普通加工电差价从每千瓦时0.22元上调到0.28元，三资企业地方计划电差价每千瓦时从0.18元上调到0.24元，支农加工电差价每千瓦时从0.13元上调到0.19元。苏州热电厂、胥江电厂上网电价，背压电价每千瓦时从0.22元调整为0.26元，高峰电价每千瓦时从0.38元调整为0.42元。上述价格从1993年6月1日起执行。

1994年2月，市物价局、市经委联合发文调整地方电厂上网电差价，鉴于近期煤炭价格上涨以及国家新税制出台的影响，为促进生产、满足苏州市用电的需要，同意市三电办、苏州热电厂、苏州华能热电厂、苏州硫酸厂调整上网电差价，每千瓦时背压电差价从0.26元调整为0.29元，高峰电差价从0.42元调整为0.47元，从1994年3月1日起执行。

根据1994年7月省物价局等部门《关于改变小火电电费结算办法的通知》规定，苏州市物价局批复同意苏州供电局1994年10~12月苏州市市区及各县（市）供电局应付各小火电厂上网电量的收购价为每千瓦时259.02元。

1997年4月，苏州市物价局会同市经委作出《关于苏州高达热电厂顶峰电价的批复》。为改善苏州市用电和投资环境，解决高峰缺电，减少拉闸停电，更好地满足苏州市各行各业用电的需求，市爱能吉发展有限公司和美国高达发电总公司共同投资3000万美元，引进美国GE公司两套3.8万千瓦（燃油）燃气单循环机组，对调节苏州市用电峰谷差，减少拉闸停电，提高用电可靠性等发挥了较大的作用。并根据电厂成本、还本付息等实际情况，核定该厂顶峰电价1996年度为每千瓦时0.97012元，1997年度为每千瓦时0.945元（含线损、上网服务费、供电成本和税金，油价按每吨2300元计）。如因电网调度原因，造成企业发电量低于核定电价所依据的年发电量（3000小时），其差额部分由市爱能吉发展有限公司给予必要补偿，补偿单价不得超过固定成本每千瓦时0.274元。

1997年4月28日,市物价局会同市经委发出《关于调整地方电厂上网电价的通知》,鉴于电煤价格提高和各种费用上升,导致企业发电成本增加,电厂出现亏损,为保证市三电办、苏州热电厂、苏州华能热电厂、精细化工集团等电厂的正常生产,满足苏州市用电需要,同意适当调整地方电厂上网电价:顶峰上网电价每千瓦时从0.57元调为0.61元,背压上网电价从0.39元调为0.43元。以上价格从1997年5月1日起调整。

根据省文件精神,从1998年1月至1999年6月,苏州市物价局审核批复了苏州地方小火电上网收购价格,其间先后6次发文苏州供电局批复苏州市市区及各市(县)供电局应付各小火电厂上网电量的收购价每千瓦时为1998年1季度268.32元,2季度269.5元,3季度267.93元,4季度272.04元。1999年1季度269.40元,2季度272.31元。从1999年7月15日起,苏州25家地方小火电(机组)上网价格开始按省核定的价格执行(详见"统一销售电价表")。

为缓解苏州市区高峰电力不足的矛盾,改善园区投资环境以及综合发电成本,发电机组并网诸多因素,1998年12月4日,市物价局作出《关于苏州工业园区发电有限责任公司电价的批复》,核定该公司顶峰电价为每千瓦时0.945元,容量电价为每千瓦时0.5486元。同日,又核定苏州苏达热电有限公司顶峰上网电价为每千瓦时0.61元,容量电价为每千瓦时0.451元。上述价格均为暂行价格,待省实行统一销售电价方案下达后,另外通知。

四、清理整顿规范电力建设费

"集资办电"、"多家办电"在缓解电力建设滞后和供求矛盾的同时,也存在着一些地方擅自通过电费渠道立项加价,增加企业和群众负担、影响正常经济秩序的问题,根据国家和省关于开展电力价格整顿的要求,首先是规范电力建设费征收行为,降低收费标准,缩小征收范围,然后是彻底取消地方征收的电力建设费。

1997年5月,省物价局、计经委、电力局、财政厅、监察厅、审计厅联合发出《关于整顿规范电力建设费的通知》,明确将电源建设费和电网建设费合并征收,名称统一为"电力建设费",规定了苏州市电力建设费标准(详见下表)。省明确:该收费标准在现行的基础上只能降低,不得提高,苏州市及所辖县(市)征收的电力建设费到用户每千瓦时最高为4分,即电源建设费2分,电网建设费2分。设电源点建设的,不得征收电源建设费。乡镇以下(含镇)一律不得收取电力建设费。电力建设费征收范围:除居民生活用电、农业生产用电以外的所有售电量,其中对化肥、农药、煤炭、烧碱、电石、电解铝、铁合金、黄磷8种产品减半征收。整顿之前,各地自行开征的各种电力建设资金和附加一律取消。整顿后的电力建设费标准自1997年6月1日起执行。对违反规定、擅自开征项目、扩大范围、提高标准的,按价格法规有关规定,从严查处。

表4-44　1997年苏州市电力建设费标准表

地区	电力建设费(元/千瓦时)	地方增容费(元/千伏安)
市区	0.04	300
吴江市	0.04	300
吴县市、太仓市	0.04	—
昆山市	0.02	100

苏州市价格志

地区	电力建设费（元/千瓦时）	地方增容费（元/千伏安）
张家港市	0.035	200
常熟市	0.035	—

注：地方增容费的征收范围为除居民生活、行政机关、学校、部队、工业企业技改项目外的增容单位。

根据省政府开展电力价格清理整顿的要求，以及《省政府办公厅转发省物价局等部门关于各省辖市市区及有关县（市）电力综合差价标准的意见的通知》精神，1997年10月，省明确了苏州市区、常熟、昆山、吴江电力综合差价标准，同时经省、市同意，市物价局、经委、供电局先后制定吴县市、太仓市、张家港市电力综合差价标准，详见下表4-45。电力综合差价征收范围：吴县市，除城镇居民生活、农村居民生活、戴帽、医院、中小学校、诊所、干休所（不含所属三产企业）外的所有售电量；太仓市，除城镇居民生活、农村居民生活、农业、公用事业计划电量及化肥、农药生产计划用电以外的所有售电量；张家港市，除杨舍镇城区居民、城市公用事业（学校、医院、路灯、自来水、煤球厂等）、行政事业单位和核定的农村居民生活、农业、城镇行政事业及沙钢集团、化肥、农药、涉外单位等各种戴帽电，各镇、各企业参加涑壁电厂集资电、购买的用电权，债券电电量外的所有售电量。吴县、太仓、张家港市电力综合差价标准从1997年11月1日抄见电量起执行。

表4-45　1997年苏州市电力综合差价标准及电量情况表

地区	标准及电量情况
苏州市区	1. 统一电差价：（1）0.043元（0.06元~0.017元），用电量为163204.7万千瓦时 （2）省戴帽、自来水、农药、煤气0.013元（0.03元~0.017元），电量为25596万千瓦时 2. 加工电差价：（1）支农工业0.15元，用电量为3584.41万千瓦时 （2）大工业、非工业、普工业0.185元，用电量为89125.92万千瓦时 （3）非居民照明0.29元，用电量为14929.67万千瓦时
吴县	1. 工业、普通工业、超戴帽电量、镇（区）超承包基数部分为每千瓦时0.27元，售电量为55683万千瓦时 2. 非工业、非居民照明综合差价为每千瓦时0.32元，用电量为4386万千瓦时
太仓	综合差价0.265元/千瓦时，电量为39100万千瓦时
常熟	综合差价0.25元/千瓦时，电量为86097万千瓦时 农村自来水用电综合差价0.18元/千瓦时，用电量为602.37万千瓦时 农村副业用电综合差价0.17元/千瓦时，用电量为380.70万千瓦时 非工经营性公司用电综合差价0.40元/千瓦时，用电量为3375.18万千瓦时
昆山	工业动力综合差价0.25元/千瓦时，用电量为61571.75万千瓦时
张家港	综合差价0.247元/千瓦时，电量为58572万千瓦时
吴江	综合差价平均0.265元/千瓦时，电量为77266万千瓦时

1998年7月21日，市物价局等部门联合转发省物价局、计经委、财政厅《关于明确省电力建设有关问题的通知》，苏州市执行"适当降低省阳城专项基金征收标准，并同时将阳城专项基金更名为省电力建设费，省电力建设费征收范围和征收办法不变，征收标准在现行标准上减半"。同时取消省开征的扶贫通电资金。上述规定从1998年7月抄见电量起执行。

1998年11月5日，国家计委、经贸委、财政部、监察部、审计署、国务院纠风办《关于整顿电价秩序坚决制止乱加价乱收费行为的通知》下发，至11月17日，江苏取消了省、市、县各级电力加价收费，苏州市上述随电价征收的"省阳城专项基金、市县电力建设费、市县电网建设费"等全部取消。

五、推行统一分类销售电价

集资办电、还本付息的政策使电价出现了多种形式，不同来源的电量价格不同，省内不同地区、苏州市内各县（市）电价相差也很大，这既不利于企业间公平竞争，也不利于规范电价管理。20世纪90年代中后期，随着电力供需矛盾的缓解，国家加强了对电价的规范管理，根据国家计委文件精神，经省政府同意，1999年6月30日，省物价局、省计经委、省电力局下发《关于在全省实行统一销售分类电价的通知》，江苏省统一销售电价平均水平为每千瓦时0.527元（含国家规定的附加），从此，比较规范的电价管理体系在苏逐步建立。苏州市各类用户具体到户价格水平详见下表4-46。居民生活用电价格从1999年8月1日抄见电量起执行，其他价格从1999年7月15日抄见电量起执行。

表4-46   1999年7月15日苏州市区统一分类销售电价简表

电价类别		电度电价（元/千瓦时）		
城镇居民生活		0.520	0.510（1~10千伏）	
农村居民生活		0.570	0.393（1~10千伏）	
商业照明	1千伏以下	0.899	—	
	1~110千伏	0.884~0.869	—	
其他照明	1千伏以下	0.791	—	
	1~110千伏	0.776~0.761	—	
非工业	—	—	省戴帽中小化肥	
	1千伏以下	0.664	0.342	
普通工业	1~10千伏	0.649	0.327	
	35~110千伏	0.634	0.312	
大工业	—	—	电石、烧碱、合成氨、黄磷	省戴帽中小化肥
	1千伏以下	—	—	—
	1~10千伏	0.473	0.463	0.214
	35~110千伏	0.458	0.448	0.199
	110千伏	0.443	0.433	0.184
	220千伏及以上	0.428	0.418	—
大工业基本电价	最大需量：27元/千瓦·月		变压器容量：18元/千伏安·月	
农业生产	—	—	贫困县农业排灌	
	1千伏以下	0.421	0.275	
	1~10千伏	0.411	0.273	
	35~110千伏	0.396	0.269	

注：1. 商业照明用电执行范围为凡从事商品交换、提供有偿服务等电力用户的照明用电，包括：商品销售业，如商场、商店、批发中心、超市、加油站等；物资供销、仓储业，如物资公司、仓库等；宾馆、饮食、服务业，如宾馆、饭店、招待所、旅社、酒店、咖啡厅、茶座、餐馆、美容美发厅、浴室、休闲中心等；文化娱乐场所，如收费的旅游点、公园、影剧院、录像放映点、游艺机室、健身房、保龄球馆、游泳池、歌舞厅、卡拉OK厅等；修理、修配服务业；其他服务业，如洗染店、彩扩、摄影等。

2. 其他照明用电执行范围为原非居民照明用电扣除上述商业照用电户以外的电力用户。

3. 纯居民住宅楼内电梯、水泵、中央空调、楼道照明等直接服务于居民生活的用电，执行城镇居民生活用电电价。

为提高电价政策的透明度，国家批准的电力建设基金及附加费均已纳入统一销售电价中，各地不得在价外另行加收。苏州市执行国家规定的电力建设基金、三峡工程建设基金、新安江移民基金，以及城市公用事业附加的征收范围、征收对象、征收标准详见下表4-47。全省统一销售电价出台后，地方综合差价相应停止执行。

表4-47　1999年7月15日统一销售电价价内基金及附加征收表

单位：元/千瓦时

用电分类	国家电力建设基金	三峡工程建设基金	新安江移民基金	城市公用事业附加	合计
一、大工业用电	—	—	—	—	—
电石、合成氨(非化肥生产生产企业)、电炉黄磷、电解烧碱	0.020	0.015	0.001	0.006	0.042
国有重点煤炭企业生产用电	0.003	0.015	0.001	0.006	0.025
省戴帽中小化肥	—	0.003	0.001	0.006	0.010
其他化肥	—	0.003	0.001	0.006	0.010
除优待外大工业	0.020	0.015	0.001	0.006	0.042
二、非工业、普通工业用电	—	—	—	—	—
省戴帽中小化肥	—	0.003	0.001	0.006	0.010
其他化肥	—	0.003	0.001	0.006	0.010
其他非工业、普通工业	0.020	0.015	0.001	0.006	0.042
三、农业生产用电	—	—	—	—	—
农业排灌、抗灾救灾	—	0.015	0.001		0.016
大型翻水站用电	0.020				0.020
其他农业生产用电	0.020	0.015	0.001		0.036
四、贫困县农业排灌用电	—	—	—	—	—
五、商业照明用电	0.020	0.015	0.010	0.006	0.042
六、其他照明用电	0.020	0.015	0.010	0.006	0.042
七、城镇居民生活用电	0.020	0.003		0.030	0.053
八、农村居民生活用电	0.020	0.003	—	—	0.023

1999年7月，省物价局、计经委、电力局联合发文对原由各地管理的小火电上网价格按照省物价局文件规定进行了核定，在保持小火电平均上网价格每千瓦时0.40元的前提下，根据小火电的建设时期情况，确定不同的上网价格水平。省核定了苏州市25家小火(水)电(机组)新的上网价格(详见下表4-48)，并明确全省实行统一销售电价后，电力部门不得再向发电企业收取上网服务费。

表4-48　1999年7月15日苏州市小火(水)电(机组)上网价格表

单位：元/千瓦时

电厂名称	上网电价	电厂名称	上网电价
苏州热电厂	0.3600	张家港保税区热电厂	0.4500

电厂名称	上网电价	电厂名称	上网电价
苏州华能热电厂	0.3600	张家港市发电厂	0.3600
吴县江远热电厂	0.4225	申洲协联热电厂（张家港）	0.4500
吴江盛泽热电厂	0.3950	金柳江南热电厂（张家港）	0.4500
昆山千灯发电厂	0.4500	太仓宏达热电厂（自备）	0.3300
吴县市发电厂	0.3600	金猫水泥集团公司（自备）	0.3300
吴县外跨塘热电厂	0.4500	吴江鹰翔热电厂（自备）	0.3300
太仓协鑫热电厂	0.4500	昆山化工厂（自备）	0.3300
昆山新昆热电厂	0.4320	昆山化肥厂（自备）	0.3300
吴江市热电厂	0.3600	常熟化肥厂（自备）	0.3300
常熟市第二热电厂	0.3600	张家港合兴热电厂（自备）	0.3300
常熟市第四热电厂	0.3775	6000千瓦以下供热机组	0.3600
苏虞热电厂（常熟）	0.3950	—	—

注：省物价局、计经委、电力局苏价工〔1999〕379号文件规定，苏州华能热电厂上网电价为每千瓦时0.395元。

自1999年下半年实行全省统一电价以来，部分原统配电较多的高耗电企业电费增支明显，特别是一些省重点企业和农药、化肥等企业电费增支较多。为实现电价的平稳过渡，决定对电费增支较多、电费占生产比重较大的企业及扭亏脱困的重点企业给予一次性电费销售折让。2000年9月22日，市物价局会同市经委、供电局转发省《关于对部分用电企业给予一次性电费销售折让的通知》，明确苏州市11家企业电费折让名单，以及折让金额合计2600万元。详见下表：

表4-49　苏州市电费销售折让企业名单及金额

单位：万元

企业名单	金额
苏钢集团	500
江苏化工农药集团	500
苏州水泥厂	100
常熟建筑陶瓷总厂	100
张家港沙钢集团	500
昆山水泥厂	150
吴县化肥厂	300
太仓化肥厂	100
吴江产业用布厂	100
江苏旋力制管集团	200
苏州燃料厂	50
合计	2600

六、整顿改革农村电价

农村用电价格是指本市乡（镇）及乡（镇）以下村的电力价格。由县（市）供电局直接收取电费的用户不属农村电价的范畴。在城乡同网同价前，由于复杂的历史原因和技术、人为的因素，农村电价是一个单独的政策和价格环境，与城镇电价有很大的不同，一般高于同类别的城镇电价水平。

农村电价主要分为农民生活照明、农业生产、排灌（提灌）、农村工业和非居民照明五个大类。实施农村综合分类电价前以农民生活照明用电价为例，分计划内、外两种电价组成，实际到户电价全市各县（市）也不尽相同，平均到户价格每千瓦时为0.75元左右，详见下表4-50；农业生产电价一般在每千瓦时0.60~0.65元左右；农业排灌电价，由于乡镇电管站大多把农业与排灌放在一起考核，并与农田挂钩分配，故其电价与农业生产电价差不多；农村工业电价水平一般在每千瓦时1.00元左右；非居民照明电价实际水平约为每千瓦时1.10元左右。

表4-50　全市农村综合分类电价实施前农民生活用电价格表

地区	乡（镇）个数	农村个数	农民户数	计划内电量（千瓦/人·月）	计划内电价（元/千瓦时）	计划外电价（元/千瓦时）	年用电总量（万千瓦时）
常熟市	32	645	262170	5	0.500	1.200	7521
张家港市	27	435	170400	3	0.470	0.780	7183
昆山市	20	445	168500	7.5	0.600	0.900	7127
太仓市	22	328	132100	5	0.440	0.745	5304
吴江市	23	557	173500	12.5	0.443~0.773	0.793~1.033	6960
吴县市	29	642	318500	3	0.650	0.910	6347
合计	153	3052	1225170	36	3.103~3.433	5.328~5.568	40442

从20世纪80年代起，苏州市乡镇工业也迅速崛起，用电量激增，为适应农村经济的发展和价格改革的需要，缓解农村电力供需缺口严重的矛盾，苏州市电力建设实行多元化投资体制和多种电价形式，大大推动了农村用电事业的发展。然而农电管理中也存在一些亟待解决的问题：农村电网设施落后老化，线损率高，与农村经济的迅速发展不相适应；农电管理事权不明，人员偏多；农电价格缺乏透明度；电费负担不公平，乱加价、乱集资、乱摊派现象屡禁不止，加重了农民和乡镇企业的负担。根据《中共中央、国务院关于治理向企业乱收费、乱罚款和各种摊派等问题的决定》和《国务院办公厅转发国家计委关于改造农村电网改革农电管理体制实现城乡同网同价请示的通知》精神，以及国家计委《关于整顿电价秩序坚决制止乱加价乱收费行为的通知》中要求，"抓好改造农村电网和改革农电管理体制的工作，力争用三年时间，完成农村电网的改造，改革农电管理体制，实现城乡同网同价（简称'二改一同价'），切实减轻农民的电费负担"。在省的统一部署下，苏州市从1998至2003年，根据国家有关文件精神，全市农村电价清理整顿改革工作紧张有序展开，共分四个阶段：

第一阶段，1998~1999年实行农村统一销售分类电价和农网改造。

1998年1月6日，在市会议中心召开《全市农村电价清理整顿工作会议》。市物价局领导回顾总结苏州市农村电价管理工作取得的成绩和存在的主要问题，要求统一思想，提高认识，明确目标，真抓实干，圆满完成全市农村电价清理整顿工作。市政府副市长汪国兴指出，要按照省统一部署加强组织领导，搞好部门配合，逐步推行农村分类综合电价，全面实行"五统一"制度，切实把全市农村电价清理整顿好。市供电局，太仓市物价局、供电局在会上作了发言。

同年2月份，苏州市物价局对吴县、吴江、昆山、太仓四市以及郊区、新区、工业园区的农村电价整顿工作的贯彻落实情况进行实地督查。

同年3月17日，市物价局会同市有关部门再次召开农村电价整顿工作会议，依照省政府有关政策规定，部署下达苏州市农村电价整顿原则及测算办法，以进一步落实农村电价整顿工作。4月份，完成苏州市农村电价实施"一县（市）一价"的调整方案，并呈报市政府。省政府检查组四月中旬来苏检查验收苏州市前一阶段的农村电力价格清理整顿工作，省检查组对苏州市电价清理整顿工作比较满意。

同年7月份，市物价局会同市供电局向市政府上呈《关于苏州市农村电价管理实施意见的请示》，对苏州市农村电价管理提出实行农村综合电价，实行"一县（市）一价"等具体实施意见。同月，市物价局会同市纪委、经委、财政局转发上级有关省电力费建设费文件的通知，适当降低省阳城电资金，征收标准减半，取消省开征的扶贫通电基金，以规范农村电价，减轻农民负担。

同年8月份，按照省物价局有关农村电价清理整顿的补充文件规定，经市政府领导同意，5日，市物价局会同苏州供电局下达《苏州市农村电价管理实施意见的通知》，并召开"全市农村电价管理工作会议"，落实苏州农村电价管理实施意见的通知精神，具体部署各县（市）及园区、新区和郊区的农村电价整顿工作。至月底，各县（市）、区的农村综合电价的实施方案、执行意见以及有关测算工作已基本就绪，进入上报审批阶段。

根据新的电价管理实施意见测算，苏州市农村居民照明用电将取消现行的计划内一个价（约每千瓦时0.40~0.42元），计划外一个价（约每千瓦时0.80~1.10元），合并为统一的综合电价水平，约在每千瓦时0.60~0.65元，比当时实际电价负担水平下降每千瓦时0.15元左右；工业、农业及其他用电价格也按省统一测算口径，该取消的收费取消，除省、市物价部门批准的电力建设资金、指导性电量差价外，农村综合电价中只有国家规定的低压电网维护管理费可据实测算加入价格，且国家已限定华东地区低压电网维护管理费最高不超过每千瓦时0.25元。这样农村电价所包含的计价内容，计价标准均已明确，从而杜绝县（市）、乡（镇），甚至村级在农村电价上的乱加价、乱收费、乱摊派行为，达到降低、规范了农村电和用电秩序的目的。

苏州市农村电价清理整顿经过紧张有序的工作，至9月份，六市（县）、三区的农村综合电价实施工作方案已上报当地政府审批。经过调研和综合协调，至11月下旬，苏州市物价局形成苏州市《关于农村综合电价方案的汇报》，上报市政府审核，经12月8日市政府第18次常务会议审议通过后，市物价局会同供电部门先后发出《关于农村综合电价方案标准的报告》、《关于苏州市农村综合电价的补充请示》，上报省物价局审批。

1999年，根据国家和省的统一部署，苏州市农村电网建设与改造工程全面展开。根据省文精神，为切实减轻农民负担，确保工程圆满完成，结合苏州的实际，6月10日，市物价局、供电局发出《关于加强农村电网建设与改造工程物资价格管理工作的补充通知》，明确"除省有限价的主要物资执行省定限价外，其他物资（如电度表、表箱、电缆、导线、避雷器、漏电保护器、计量电箱等）一般应采取招标的办法进行采购"。在作价上按实际出厂价（中标价）加规定运杂费计入结算价格，最高加价率不得超过省规定的2.5%，并报市物价局审核备案。为保证安全用电，控制费用造价开支，涉及农户接线以下的器材由电力部门统一配置，向农户结算费用的标准由苏州市物价局审核确定。经测算，农民应自行负担的最高费用标准为：采用机械式单相表进户装置每户320元，采用电子式单相表进户装置每户350元，采用三相供电进户装置每户590元。在实际工程中少用或改用器材、设备所造成的成本差价应在总费用中予以扣除。

1999年8月1日，苏州市在全省率先实施以切实减轻农民负担为落脚点的全市农村综合电价改革方案。苏州市物价局会同苏州供电局转发《省物价局〈关于苏州市实行农村统一销售分类电价的批复〉的通知》明确：农村统一销售分类电价由国家批准的县供电企业销售给乡电管站（营业所）的电价（含国家规定的附加）加省物价局批准的农村低压电网维护管理费构成。农村低压电网维护管理费由县（市）供电局单独到账，专款专用。关于农村电价水平的安排：根据农村电价总水平有所下降的原则，根据各地现行农村公用变电量结构，明确苏州市农村电价从1999年8月1日抄见电量起，六县（市）及郊区农村居民生活照明用电均为每千瓦时0.57元；"其他照明"、"非普工业"、"农业生产"的用电实行"一县一价"，具体各类电价水平详见下表。苏州工业园区、高新区的农村用电户执行郊区电价水平。各地不得在价外加收任何费用，也不得搞计划内外、基数内外两种价格，以及在抄见电量外加收损耗费。

表4-51　1999年8月1日苏州市农村统一销售分类电价表

单位：元/千瓦时

地区	居民生活照明	其他照明	非普工业	农业生产	其中	
					折旧	运行
常熟市	0.57	0.976	0.835	0.600	0.037	0.011
张家港市	0.57	0.957	0.801	0.581	0.034	0.010
吴江市	0.57	0.988	0.851	0.610	0.043	0.014
吴县市	0.57	0.965	0.818	0.589	0.033	0.010
昆山市	0.57	0.959	0.812	0.583	0.032	0.010
太仓市	0.57	0.945	0.791	0.564	0.017	0.005
郊区	0.57	0.926	0.786	0.535	0.021	0.006

注：1. 上述价格为1千伏以下的到户电价水平。

2. 上述价格中均含国家规定的附加，其中居民生活每千瓦时为0.033元，其他照明、非普工业每千瓦时为0.052元，农业生产每千瓦时为0.046元。

凡是农村专用变压器用电户的电价则按省物价局、省计经委、省电力局《关于在全省实行统一销售分类电价的通知》规定的价格水平执行。

苏州市实施农村统一销售分类统一电价后，给广大农民带来了实惠，每年可减轻农民负担近1亿元。据测算，苏州市在没有实施农村分类统一电价之前，全市农村的平均电价（指公用变压器用户的电价，下同）水平在每千瓦时0.78元左右。现实施全市农村统一销售分类电价后的总水平在每千瓦时0.70元左右，其中六县（市）及郊区农村居民生活照明用电均在每千瓦时0.57元，较原来苏州市农民生活用电平均价格每千瓦时0.70~0.75元，有较大幅度的下降，仅此一项就使农村居民生活用电的费用年减少支出负担约6000万元；农村的"非普工业"、"其他照明"、"农业生产"的用电实行"一县一价"，价格总水平均有所下降。同时，苏州市农村"一县一价"的实施为实现城乡用电同网同价创造了条件。为使农村电价改革这件利国利民的好事办好,在省局《关于苏州市实行农村统一销售分类电价的批复》文件下达后,苏州市各级物价部门积极做好贯彻落实工作:积极向各地政府汇报,争取领导的支持。苏州市各级政府都相当重视此项工作,召集专门会议,研究部署贯彻执行的具体措施,各地物价、供电部门通力协作,各司其职。普遍实行电费公告制度。为提高电价政策的透明度,各级物价部门已按照国家计委规定格式在各地的自然村或电费收缴点张贴电量公告,实行用电户的电量、电价、电费"三公开"制度;推行销售、抄表、收费、服务"四到户"办法;全面施行电价、发票、抄表、核算、考核"五统一"措施,接受社会各界和广大农民的监督。结合苏州市的实际情况,对贯彻实施农村电价改革的具体问题作了补充规定,市物价局会同供电局下发了《关于苏州市农村电价实施一县(市)一价后若干问题的意见》,明确了农村低压电网维护管理费、电价的分类、电价的标准、变压器的铜铁损等问题的政策界限。针对苏州市各地没有县农电管理总站这一机构的现状,明确农村低压电网维护费由县(市)供电局单独列账,专款专用。

2000年4月19日,苏州市物价局向省局呈报《关于苏州市人大代表、政协委员对农村统一销售分类电价方面的情况报告》,报告反映了苏州市农村统一销售分类电价后,农村中小学、幼儿园、托儿所、敬老院、医院(卫生院所)、乡村政府办公室等的用电价格,比实际农村统一销售分类电价之前的价格水平提高较多,因为上述用户过去都按居民生活用电价格计收,且一般不加收计划外电力差价收费,而现在则按省文规定的"其他照明"电价收取,相比较而言,价格上涨1倍左右。

4月底,苏州市物价局发出《关于转发〈省局有关农村电力价格问题的文件的通知〉》,明确苏州市农村中小学校、医院、敬老院的照明用电价格,暂按当地的农村居民到户照明类电价每千瓦时0.57元执行,不再按农村其他照明类电价执行。

同年10月23日,市物价局转发上级《关于明确农业生产用电价格执行范围的通知》。

2000年底,为进一步理顺农村电力价格体系,使农村电网建设与改造工程取得的成果及时在农村电价上体现,切实减轻农民负担,促进农村经济发展,苏州市在全省率先实行城乡居民生活用电同价,进入了农村电价改革的第二阶段。

2000年11月17日,苏州市物价局根据省局的批复精神,发出了《关于苏州市实施城乡居民生活用电同价的通知》,从2000年12月1日抄见电量起,苏州市所辖常熟、张家港、昆山、太仓、吴江、吴县及虎丘、新区、园区等六市三区的农村公用变压器的居民生活用电价格,从现行的每千瓦时0.57元降至0.52元,实行与城镇居民生活用电同价。农村居民生活用电价格水平每千瓦时下降了0.05元,按照当时全市农村居民生活用电量约为5亿千瓦时计算,则可减少农村居民生活用电开支为每年2500万元左右。苏州市城乡居民生活用电同价方案的实施,不仅减轻了农民负担,促进了农村经济发展,而且是扩大国内需求、拉动经济增长的一项重大举措,受到全市广大农民的热烈欢迎和好评。

2002年8月,苏州市农村电价改革进入了第三阶段,城乡非居民用电实行同网同价。

根据江苏省物价局《关于城乡非居民照明用电实现同网同价的通知》的规定,从2002年8月1日抄见电量起,苏州市农村综合变以下的其他照明用户类电价水平降至城市同类电价水平，即农村综合变用户的非居民照明用电价格，按省文件规定的"其他照明"类电价标准执行。当时苏州市各县（市）、区"其他照明"价格每千瓦时在0.926～0.988元之间，统一下降到每千瓦时0.791元，每千瓦时下降0.135～0.197元不等，降幅在14.58%～19.94%之间。

表4-52　2002年8月1日苏州市农村"其他照明"类电价对比表

单位：元/千瓦时

地区	调前价	调后价（1千伏以下）	降幅
常熟市	0.976	0.791	18.95%
张家港市	0.957	0.791	17.35%
吴江市	0.988	0.791	19.94%
吴县市	0.965	0.791	18.03%
昆山市	0.959	0.791	17.51%
太仓市	0.945	0.791	16.30%
郊区	0.926	0.791	14.58%

注：1. 省局苏价工〔1999〕256号文件规定，"其他照明"类1～110千伏为0.761～0.776元。

2. 省局苏价工〔1999〕290号文件规定，新区、工业园区的农村用电户执行郊区电价水平。

为支持农村社会事业的发展，农村综合变以下的中小学校、医院、敬老院、幼儿园的照明用电价格仍暂按居民照明用电价格每千瓦时0.52元执行。同时要求各地进一步完善农村电价管理办法，提高电价政策的透明度，实行用户电量、电价、电费"三公开"制度，接受用户的监督。

2003年初，苏州市农村电价改革进入第四阶段，将农村电价中用量最大的农村工业用电和农业生产用电全部实施与城市同类电价同价。

同年2月12日，苏州市物价局发出《关于苏州市城乡用电实行同网同价的通知》。根据省局文件规定，从2月20日抄见电量起，苏州市农村综合变以下的农业生产用电及非普工业用电将全部按照省物价局《关于在全省实行统一销售分类电价的通知》规定的城市同类电价标准执行，即实施与城市用电同一价格。

农村工业用电及农业生产用电是苏州市农村电价中用量最大的。当时苏州市农村工业用电的平均价格为每千瓦时0.819元，实施与城市同价后，平均水平将降为每千瓦时0.649元，每千瓦时下降0.17元；农业生产用电当时的平均价格为每千瓦时0.587元，实施与城市同价后，平均水平将降为每千瓦时0.411元，每千瓦时下降0.176元。这次改革，使苏州市农村非工业、普通工业用电及农业生产用电的年电费开支减少1.7亿元以上。

改革农村电价，减轻农民负担，从1999年8月开始至2003年2月，苏州市农村用电价格改革跨越了四大步，取得了明显成效，农村用电全面实行与城市同价后，苏州市农村电力价格总水平比改革前每千瓦时下降0.50元以上，按每年苏州市农村用电总量20多亿千瓦时测算，则可减少农村用电电费开支负担10亿元。苏州市农村电价的降低，不仅使广大农民提高了收入，降低了负担，而且对启动农村家电消费市场，扩大农村消费需求，促进农业和农村经济的发展也是一个有力的支撑。

七、峰谷分时电价

为进一步促进电力发展，扩大电力生产和消费，国家积极推进峰谷分时电价制度。苏州市根据省文件规定，从1999年10月起，对化工、机械、建材、纺织、医药等六大行业的大工业企业用户试行3∶1峰谷价比的分时电价政策，在一定程度上提高了电能利用效率，缓解了峰期用电紧张局面，也减轻了企业的电费负担。

表4–53　1999年江苏省电网峰谷分时电价表

单位：元/千瓦时

电价类别		电压等级	高峰	平段	低谷
大工业	非优待	1~10千伏	0.710	0.473	0.237
		35~110千伏	0.687	0.458	0.229
		110千伏	0.665	0.443	0.222
		220千伏及以上	0.642	0.428	0.214
	电石、电解烧碱、合成氨、电炉黄磷	1~10千伏	0.695	0.463	0.232
		35~110千伏	0.672	0.448	0.224
		110千伏	0.650	0.433	0.317
		220千伏及以上	0.627	0.418	0.209
非工业、普通工业		1千伏以下	0.996	0.664	0.332
		1~10千伏	0.974	0.649	0.325
		35千伏及以上	0.951	0.634	0.217
省戴帽中小化肥	大工业	1~10千伏	0.321	0.214	0.107
		35~110千伏	0.299	0.199	0.100
		110千伏及以上	0.276	0.184	0.092
	非工业、普通工业	1~10千伏	0.513	0.342	0.171
		35~110千伏	0.491	0.327	0.164
		110千伏及以上	0.468	0.312	0.156

注：时段划分：峰7:00~11:00，17:00~21:00；平11:00~17:00，21:00~23:00；谷23:00~7:00。自10月1日抄见电量起执行。

为充分发挥价格杠杆的调节作用，以经济手段优化电力资源配置，提高电能利用效率，让利于民，从2003年8月1日起，根据上级的规定，苏州市在居民生活用电中推行峰谷分时电价：峰时段，8:00至21:00共13小时，峰电价为每千瓦时0.55元，较当时电价每千瓦时上升0.03元；谷时段，21:00至次日8:00共11小时，谷电价为每千瓦时0.30元，较当时电价每千瓦时下降0.22元。苏州市区首批8万多户居民开始陆续尝到夜间用电的便宜，据测算，如居民有意识调整用电习惯，居民用电价格每千瓦时平均下降0.08元左右，且峰谷分时电表改装费不用居民负担。不要求实行峰谷分时电价的居民电费不变，仍为每千瓦时0.52元。实行峰谷分时电价的基础是安装一户一表。2003年8月，市物价局批复苏州供电公司，新建住宅商品房安装峰谷分时电表价格为单相表每只245元，三相表每只728元。

同时按规定，机械、冶金、化工、医疗、建材、纺织等六大行业峰谷分时电价，从同年8月1日起，峰谷比价从原来试行3∶1拉到5∶1，调整后的高峰、平段、低谷分时电价以35~110千伏工业电价为例，每千瓦时分别为0.763元、0.458元和0.153元。详见下表：

表4-54　苏州市峰谷分时电价表

执行日期：2003年8月1日　　　　　　　　　　　　　　　　　　　单位：元/千瓦时

类别			高峰	平段	低谷
大工业	非优待	1~10千伏	0.788	0.473	0.158
		35~110千伏	0.763	0.458	0.153
		110千伏	0.738	0.443	0.148
		220千伏及以上	0.713	0.428	0.143
	优待	1~10千伏	0.772	0.463	0.154
		35~110千伏	0.747	0.448	0.149
		110千伏	0.722	0.433	0.144
		220千伏及以上	0.697	0.418	0.139
省戴帽中小化肥、大工业		1~10千伏	0.357	0.214	0.071
		35~110千伏	0.332	0.199	0.066
		110千伏及以上	0.307	0.184	0.061

注：大工业优待指电石、电解烧碱、合成氨、电炉黄磷。

表4-55　苏州市电热锅炉（蓄冰制冷）用电电价表

单位：元/千瓦时

类别			平段	低谷
大工业	非优待	1~10千伏	0.473	0.158
		35~110千伏	0.458	0.153
		110千伏	0.443	0.148
		220千伏及以上	0.428	0.143
	优待	1~10千伏	0.463	0.154
		35~110千伏	0.448	0.149
		110千伏	0.433	0.144
		220千伏及以上	0.418	0.139
省戴帽中小化肥、大工业		1~10千伏	0.214	0.071
		35~110千伏	0.199	0.066
		110千伏及以上	0.184	0.061
服务于居民生活的电热锅炉（蓄冰制冷）用电		1~10千伏	0.520	0.173
		35~110千伏	0.510	0.170
非工业、普通工业		1~10千伏	0.664	0.221
		35~110千伏	0.649	0.216
		110千伏及以上	0.634	0.211

2004年，企业峰谷分时电价在六大行业大工业用户和电热锅炉（含蓄冰制冷）用电执行峰谷分时电价的基础上，扩大到100VA（千伏）及以上的所有大工业和普通工业企业用户。同时，居民峰谷分时电价执行范围随着峰谷分时电表改造工程的顺利推进在苏州市逐年扩大。

2005年5月1日起，根据省文件规定，居民生活用电调整峰谷分时电价：峰电价每千瓦时0.55元不变；谷电价每千瓦时上调0.05元，为0.35元。峰谷时段界定时间不变。

同时，根据省文件规定，企业谷时电价上调0.03元。发电侧的峰时电价由上浮14%上调至

16%，谷时上网电价由20%降低至19%。详见下表：。

表4-56　2005年4月27日江苏省企业峰谷分时销售电价表

单位：元/千瓦时

类别			高峰	平段	低谷
大工业	非优待	1~10千伏	0.907	0.544	0.241
		35~110千伏	0.882	0.529	0.236
		110千伏	0.857	0.514	0.231
		220千伏及以上	0.832	0.499	0.226
	电石	1~10千伏	0.890	0.534	0.238
	合成氨	35~110千伏	0.865	0.519	0.233
	电解烧碱	110千伏	0.840	0.504	0.228
	电炉黄磷	220千伏及以上	0.815	0.489	0.223
	离子膜法	1~10千伏	0.876	0.526	0.235
		35~110千伏	0.851	0.511	0.230
	工艺氯碱	110千伏	0.826	0.496	0.225
		220千伏及以上	0.801	0.481	0.220
	中小化肥	1~10千伏	0.357	0.214	0.131
		35~110千伏	0.332	0.199	0.126
		110千伏及以上	0.307	0.184	0.121
	限制类高耗能	1~10千伏	0.940	0.564	0.248
		35~110千伏	0.915	0.549	0.243
		110千伏	0.890	0.534	0.238
		220千伏及以上	0.865	0.519	0.233
	淘汰类高耗能	1~10千伏	0.990	0.594	0.258
		35~110千伏	0.965	0.579	0.253
		110千伏	0.940	0.564	0.248
		220千伏及以上	0.915	0.549	0.243
100千伏安（千瓦）及以上普通工业	非优待	1千伏以下	1.225	0.735	0.305
		1~10千伏	1.200	0.720	0.300
		35~110千伏	1.175	0.705	0.295
	中小化肥	1千伏以下	0.570	0.342	0.174
		1~10千伏	0.545	0.327	0.169
		35~110千伏	0.520	0.312	0.164

表4-57　2005年4月27日江苏省电热锅炉（蓄冰制冷）用电电价表

单位：元/千瓦时

类别		平段	低谷
服务于居民生活的电热锅炉（蓄冰制冷）用电	1千伏以下	0.520	0.233
	1~10千伏	0.510	0.230
非工业、普通工业	1千伏以下	0.735	0.305
	1~10千伏	0.720	0.300
	35~110千伏	0.705	0.295

表4-58 2005年5月1日江苏省电网统一销售电价表

电价类别	电度电价（元/千瓦时）					基本电价	
	1千伏以下	1~10千伏	35~110千伏	110千伏	220千伏以上	最大需量（元/千瓦·月）	变压器容量（元/千伏安·月）
城镇居民生活	0.520	0.510	—	—	—	—	—
农村居民生活	—	0.393	—	—	—	—	—
商业照明	0.899	0.884	0.869	—	—	—	—
其他照明	0.862	0.847	0.832	—	—	—	—
非工业、普通工业	0.735	0.720	0.705	—	—	—	—
其中：省戴帽中小化肥	0.342	0.327	0.312	—	—	—	—
大工业	—	0.544	0.529	0.514	0.499	30	20
其中：电石、电解烧碱、合成氨、电炉黄磷	—	0.534	0.519	0.504	0.489	30	20
省戴帽中小化肥	—	0.526	0.511	0.496	0.481	30	20
中小化肥	—	0.214	0.199	0.184	—	27	18
限制类高耗能行业	—	0.564	0.549	0.534	0.519	30	20
淘汰类高耗能行业	—	0.594	0.579	0.564	0.549	30	20
农业生产	0.421	0.411	0.396	—	—	—	—
贫困县农业排灌	0.275	0.273	0.269	—	—	—	—

　　2006年，根据国务院《关于完善大中型水库移民后期扶持政策的意见》，江苏对除农业生产（含贫困县农排）用电外的所有电量电价每千瓦时提高0.0083元，用作水库移民后期扶持资金（详见下表4-59）。为此从2006年7月1日起，苏州市居民生活用电价格也加收水库移民后期扶持资金每千瓦时0.0083元：不实行峰谷分时电价的城乡居民生活用电价格为每千瓦时0.5283元；实行峰谷分时电价的城乡居民生活用电，峰时电价（8:00~21:00）为每千瓦时0.5583元，谷时电价（21:00~次日8:00）为每千瓦时0.3583元。

表4-59 2006年6月29日江苏省企业峰谷分时销售电价表

单位：元/千瓦时

类别			高峰	平段	低谷
大工业	非优待	1~10千伏	0.937	0.562	0.247
		35~110千伏	0.912	0.547	0.242
		110千伏	0.887	0.532	0.237
		220千伏及以上	0.862	0.517	0.232
	电石	1~10千伏	0.920	0.552	0.244
	合成氨	35~110千伏	0.895	0.537	0.239
	电解烧碱	110千伏	0.870	0.522	0.234
	电炉黄磷	220千伏及以上	0.845	0.507	0.229
	离子膜法	1~10千伏	0.907	0.544	0.241
		35~110千伏	0.882	0.529	0.236
	工艺氯碱	110千伏	0.857	0.514	0.231
		220千伏及以上	0.832	0.499	0.226
	中小化肥	1~10千伏	0.387	0.232	0.137

类别			高峰	平段	低谷
大工业	中小化肥	35~110千伏	0.362	0.217	0.132
		110千伏及以上	0.337	0.202	0.127
	限制类高耗能	1~10千伏	0.970	0.582	0.254
		35~110千伏	0.945	0.567	0.249
		110千伏	0.920	0.552	0.244
		220千伏及以上	0.895	0.537	0.239
	淘汰类高耗能	1~10千伏	1.020	0.612	0.264
		35~110千伏	0.995	0.597	0.259
		110千伏	0.970	0.582	0.254
		220千伏及以上	0.945	0.567	0.249
100千伏安（千瓦）及以上普通工业	非优待	1千伏以下	1.272	0.763	0.314
		1~10千伏	1.247	0.748	0.309
		35~110千伏	1.222	0.733	0.304
	中小化肥	1千伏以下	0.617	0.370	0.183
		1~10千伏	0.592	0.355	0.178
		35~110千伏	0.567	0.340	0.173

表4-60 2006年6月29日江苏省电热锅炉（蓄冰制冷）用电电价表

单位：元/千瓦时

类别		平段	低谷
服务于居民生活的电热锅炉（蓄冰制冷）用电	1千伏以下	0.5283	0.2361
	1~10千伏	0.5183	0.2328
非工业、普通工业	1千伏以下	0.763	0.314
	1~10千伏	0.748	0.309
	35~110千伏	0.733	0.304

表4-61 2006年7月1日江苏省电网统一销售电价表

电价类别	电度电价（元/千瓦时）					基本电价	
	1千伏以下	1~10千伏	35~110千伏	110千伏	220千伏以上	最大需量（元/千瓦·月）	变压器容量（元/千伏安·月）
城镇居民生活	0.5283	0.5183	—	—	—	—	—
农村居民生活	—	0.4013	—	—	—	—	—
非居民照明	0.890	0.875	0.860	—	—	—	—
非工业、普通工业	0.763	0.748	0.733	—	—	—	—
其中：中小化肥	0.370	0.355	0.340	—	—	—	—
大工业	—	0.562	0.547	0.532	0.517	33	23
其中：电石、电解烧碱、合成氨、电炉黄磷	—	0.552	0.537	0.522	0.507	33	23
氯碱及电解铝	—	0.544	0.529	0.514	0.499	33	23
中小化肥	—	0.232	0.217	0.202	—	30	21
限制类高耗能行业	—	0.582	0.567	0.552	0.537	33	23
淘汰类高耗能行业	—	0.612	0.597	0.582	0.567	33	23
农业生产	0.440	0.430	0.415	—	—	—	—
贫困县农业排灌	0.294	0.292	0.288	—	—	—	—

实施峰谷分时电价,运用价格杠杆调节电力供求矛盾的方法和措施,不仅保证了电网安全运行,有效缓解了高峰用电紧张局面,而且提高了电能利用率和用电负荷率,减轻了用户电费负担,促进了电力消费,形成了政府满意、企业减负、居民舒心、电网运行合理的"四赢"局面。2008~2009年国家多次调整峰谷分时电价,以促进产业结构调整,节能降耗。

表4-62　2008年6月30日江苏省电热锅炉(蓄冰制冷)用电电价表

单位:元/千瓦时

类别		平段	低谷
服务于居民生活的电热锅炉(蓄冰制冷)用电	不满1千伏	0.5283	0.2361
	1~10千伏	0.5183	0.2328
非工业、普通工业	不满1千伏	0.813	0.351
	1~10千伏	0.798	0.346
	20~35千伏以下	0.792	0.344
	35~110千伏以下	0.783	0.341

表4-63　2008年7月1日江苏省企业峰谷分时销售电价表

单位:元/千瓦时

类别			高峰	平段	低谷
大工业	非优待	1~10千伏	1.003	0.602	0.281
		20~35千伏以下	0.993	0.596	0.279
		35~110千伏以下	0.978	0.587	0.276
		110千伏	0.953	0.572	0.271
		220千伏及以上	0.928	0.557	0.266
	离子膜法、工艺氯碱	1~10千伏	0.973	0.584	0.275
		20~35千伏以下	0.963	0.578	0.273
		35~110千伏以下	0.948	0.569	0.27
		110千伏	0.923	0.554	0.265
		220千伏及以上	0.898	0.539	0.26
	中小化肥	1~10千伏	0.387	0.232	0.157
		20~35千伏以下	0.377	0.226	0.155
		35~110千伏以下	0.362	0.217	0.152
		110千伏	0.337	0.202	0.147
	限制类高耗能	1~10千伏	1.053	0.652	0.331
		20~35千伏以下	1.043	0.646	0.329
		35~110千伏以下	1.028	0.637	0.326
		110千伏	1.003	0.622	0.321
		220千伏及以上	0.978	0.607	0.316
	淘汰类高耗能	1~10千伏	1.203	0.802	0.481
		20~35千伏以下	1.193	0.796	0.479
		35~110千伏以下	1.178	0.787	0.476
		110千伏	1.153	0.772	0.471
		220千伏及以上	1.128	0.757	0.466
100千伏安(千瓦)及以上普通工业	非优待	不满1千伏	1.355	0.813	0.351
		1~10千伏	1.33	0.798	0.346

类别			高峰	平段	低谷
100千伏安（千瓦）及以上普通工业	非优待	20～35千伏以下	1.32	0.792	0.344
		35～110千伏以下	1.305	0.783	0.341
	中小化肥	不满1千伏	0.617	0.37	0.203
		1～10千伏	0.592	0.355	0.198
		20～35千伏以下	0.582	0.349	0.196
		35～110千伏以下	0.567	0.34	0.193
	限制类高耗能	不满1千伏	1.405	0.863	0.401
		1～10千伏	1.38	0.848	0.396
		20～35千伏以下	1.37	0.842	0.394
		35～110千伏以下	1.355	0.833	0.391
	淘汰类高耗能	不满1千伏	1.555	1.013	0.551
		1～10千伏	1.53	0.998	0.546
		20～35千伏以下	1.52	0.992	0.544
		35～110千伏以下	1.505	0.983	0.541

表4-64 2009年11月19日江苏省电热锅炉（蓄冰制冷）用电电价表

单位：元/千瓦时

类别		平段	低谷
服务于居民生活的电热锅炉（蓄冰制冷）用电	不满1千伏	0.5283	0.2361
	1～10千伏	0.5183	0.2328
非工业、普通工业	不满1千伏	0.844	0.361
	1～10千伏	0.829	0.356
	20～35千伏以下	0.823	0.354
	35～110千伏以下	0.814	0.351

注：非、普工业两段制分时电价的执行范围是：宾馆、饭店、商场、办公楼（写字楼）、医院等用户中电热锅炉（蓄冰制冷）部分的用电。

表4-65 2009年11月20日江苏省企业峰谷分时销售电价表

单位：元/千瓦时

类别			高峰	平段	低谷
大工业	非优待	1～10千伏	1.055	0.633	0.291
		20～35千伏以下	1.045	0.627	0.289
		35～110千伏以下	1.030	0.618	0.286
		110千伏	1.005	0.603	0.281
		220千伏及以上	0.980	0.588	0.276
	离子膜法、工艺氯碱	1～10千伏	1.025	0.615	0.285
		20～35千伏以下	1.015	0.609	0.283
		35～110千伏以下	1.000	0.600	0.280
		110千伏	0.975	0.585	0.275
		220千伏及以上	0.950	0.570	0.270
	中小化肥	1～10千伏	0.438	0.263	0.168
		20～35千伏以下	0.428	0.257	0.166
		35～110千伏以下	0.413	0.248	0.163

苏州市价格志

类别			高峰	平段	低谷
大工业	中小化肥	110千伏	0.388	0.233	0.158
	限制类高耗能	1~10千伏	1.105	0.683	0.341
		20~35千伏以下	1.095	0.677	0.339
		35~110千伏以下	1.080	0.668	0.336
		110千伏	1.055	0.653	0.331
		220千伏及以上	1.030	0.638	0.326
	淘汰类高耗能	1~10千伏	1.255	0.833	0.491
		20~35千伏以下	1.245	0.827	0.489
		35~110千伏以下	1.230	0.818	0.486
		110千伏	1.205	0.803	0.481
		220千伏及以上	1.180	0.788	0.476
100千伏安（千瓦）及以上普通工业	非优待	不满1千伏	1.407	0.844	0.361
		1~10千伏	1.382	0.829	0.356
		20~35千伏以下	1.372	0.823	0.354
		35~110千伏以下	1.357	0.814	0.351
	中小化肥	不满1千伏	0.668	0.401	0.214
		1~10千伏	0.643	0.386	0.209
		20~35千伏以下	0.633	0.380	0.207
		35~110千伏以下	0.618	0.371	0.204
	限制类高耗能	不满1千伏	1.457	0.894	0.411
		1~10千伏	1.432	0.879	0.406
		20~35千伏以下	1.422	0.873	0.404
		35~110千伏以下	1.407	0.864	0.401
	淘汰类高耗能	不满1千伏	1.607	1.044	0.561
		1~10千伏	1.582	1.029	0.556
		20~35千伏以下	1.572	1.023	0.554
		35~110千伏以下	1.557	1.014	0.551

八、煤电价格联动

为缓解煤价运价持续上涨、电力供求紧张的状况，苏州市按省规定先后多次调整电价，实施煤电价格联动。2004年1月1日起，上网电价每千瓦时上调0.007元，销售电价平均上调0.006元；6月15日起，再次调整上网电价，每千瓦时平均上调0.0098元，销售电价平均上调0.025元。

苏州市从2004年6月15日的抄见电量开始执行新的电价，即除居民生活、农业生产、化肥生产用电外的其他种类用电每千瓦时提高0.026元，基本电价为最大需量每千瓦每月上调3元，容量每月每千伏安上调2元；除贫困县农业排灌用电外，均含三峡工程基金，具体标准：中小化肥企业生产用电、城镇居民生活用电、农村居民生活用电每千瓦时0.003元，其余各类用电每千瓦时0.015元；除农业生产（含贫困县农业排灌）、农村居民生活用电外，均含城市公用事业附加，具体标准为城市居民生活用电每千瓦时0.03元，其余类别用电0.006元。

表4-66　2004年6月15日江苏省电网统一销售电价表

电价类别	电度电价（元/千瓦时）					基本电价	
	1千伏以下	1~10千伏	35~110千伏	110千伏	220千伏以上	最大需量（元/千瓦·月）	变压器容量（元/千伏安·月）
城镇居民生活	0.520	0.510	—	—	—	—	—
农村居民生活	—	0.393	—	—	—	—	—
商业照明	0.899	0.884	0.869	—	—	—	—
其他照明	0.825	0.810	0.795	—	—	—	—
非工业、普通工业	0.698	0.683	0.668	—	—	—	—
其中：省戴帽中小化肥	0.342	0.327	0.312	—	—	—	—
大工业	—	0.507	0.492	0.477	0.462	30	20
其中：电石、电解烧碱、合成氨、电炉黄磷	—	0.497	0.482	0.467	0.452	30	20
省戴帽中小化肥		0.214	0.199	0.184		27	18
农业生产	0.421	0.411	0.396	—	—	—	—
贫困县农业排灌	0.275	0.273	0.269	—	—	—	—

　　2005年实施煤电价格联动，取消超发电价，使煤电价格更能反映市场的变化。从当年的5月1日抄见电量开始执行新的电价，即除居民生活、农业生产、商业照明、化肥用电及贫困县排灌用电外的其他各种类用电每千瓦时提高0.037元；除贫困县农业排灌用电外，均含三峡工程基金，具体标准：中小化肥企业生产用电、城镇居民生活用电、农村居民生活用电每千瓦时0.003元，其余各类用电每千瓦时0.015元；除农业生产（含贫困县农业排灌）、农村居民生活用电外，均含城市公用事业附加，具体标准为城市居民生活用电每千瓦时0.03元，其余类别用电0.006元。

　　2006年，为缓解煤价、运价的持续上涨，江苏上网电价每千瓦时提高0.004元，销售电价每千瓦时提高0.0234元。从2006年1月1日起，江苏省电网统一销售电价执行新的标准，详见下表：

表4-67　2006年1月1日江苏省电网统一销售电价表

电价类别	电度电价（元/千瓦时）					基本电价	
	1千伏以下	1~10千伏	35~110千伏	110千伏	220千伏以上	最大需量（元/千瓦·月）	变压器容量（元/千伏安·月）
城镇居民生活	0.520	0.510	—	—	—	—	—
农村居民生活	—	0.393	—	—	—	—	—
其他照明	0.862	0.847	0.832	—	—	—	—
非工业、普通工业	0.735	0.720	0.705	—	—	—	—
其中：省戴帽中小化肥	0.342	0.327	0.312	—	—	—	—
大工业	—	0.544	0.529	0.514	0.499	30	20
其中：电石、电解烧碱、合成氨、电炉黄磷	—	0.534	0.519	0.504	0.489	30	20
氯碱及电解铝	—	0.526	0.511	0.496	0.481	30	20
中小化肥		0.214	0.199	0.184	—	27	18
限制类高耗能行业		0.564	0.549	0.534	0.519	30	20
淘汰类高耗能行业		0.594	0.579	0.564	0.549	30	20
农业生产	0.421	0.411	0.396	—	—	—	—
贫困县农业排灌	0.275	0.273	0.269	—	—	—	—

经国务院批准，国家发改委决定从2008年7月1日起，调整电力价格。江苏省物价局于6月底下发《关于调整电价有关问题的通知》，为缓解煤价上涨的影响，适当提高发电企业上网电价，每千瓦时提价0.0208元；苏州地区的有华能苏州工业园区发电有限公司、江苏常熟发电有限公司望亭发电厂等10家电厂。同时，适当调整全省销售电价结构，即将原非居民照明与非普工业电价并轨统一为"一般工商业及其他"电价；将原电石、电解烧碱、合成氨、电炉黄磷、电解铝统一归并执行非优待大工业电价；大工业基本电价在现行标准基础上提高每月每千伏安（每月每千瓦），将工业用电谷期电价每千瓦时上调0.02元；自备电厂系统备用费由每月每千伏安23元提高到28元。为解决以上电价调整对销价的影响，江苏省销售电价全口径提价标准为每千瓦时0.0301元分。对居民生活用电、农民及化肥生产用电价格不作调整。分类用户销售电价详见下表：

表4-68 2008年7月1日江苏省电网统一销售电价表

电价类别	电度电价（元/千瓦时）						基本电价	
	不满1千伏	1~10千伏	20~35千伏以下	35~110千伏以下	110千伏	220千伏以上	最大需量（元/千瓦·月）	变压器容量（元/千伏安·月）
一、城乡居民生活用电	0.5283	0.5183	—	—	—	—	—	—
二、一般工商业及其他用电	0.813	0.798	0.792	0.783	—	—	—	—
其中：中小化肥	0.370	0.355	0.349	0.340	—	—	—	—
限制类高耗能	0.863	0.848	0.842	0.833	—	—	—	—
淘汰类高耗能	1.013	0.998	0.992	0.983	—	—	—	—
三、大工业用电	—	0.602	0.596	0.587	0.572	0.557	38	28
其中：离子膜氯碱	—	0.584	0.578	0.569	0.554	0.539	38	28
中小化肥	—	0.232	0.226	0.217	0.202	—	30	21
限制类高耗能	—	0.652	0.646	0.637	0.622	0.607	38	28
淘汰类高耗能	—	0.802	0.796	0.787	0.772	0.757	38	28
四、农业生产用电	0.440	0.430	0.424	0.415	—	—	—	—
其中：贫困县农业排灌用电	0.294	0.292	0.290	0.288	—	—	—	—

注：1. 以上附表所列价格，除贫困县农业排灌用电外，均含三峡工程建设基金，具体标准为中小化肥企业生产用电、城乡居民生活用电0.003元，其他用电0.01491元。除农业生产用电外，其他用电均含水库移民后期扶持基金0.0083元。

2. 以上附表所列价格，除农业生产、农村居民生活用电外，均含城市公用事业附加费，具体标准为城镇居民生活用电0.03元，其他用电0.006元。大工业用电、一般工商业及其他用电含可再生能源电价附加0.002元。

3. 原电石、电解烧碱、合成氨、电炉黄磷、电解铝用电统一执行非优待大工业电价；原非居民照明用电与非普工业用电并轨后统一改称一般工商业及其他用电。

2009年11月19日，江苏省物价局再次下发《关于调整电价有关问题的通知》，在调整发电企业上网电价的同时，适当提高全省销售电价水平，江苏省销售电价平均提价每千瓦时0.031元。本次居民电价水平及执行居民电价水平的其他非居民用户的电价暂不调整。分类用户销售电价详见下表4-69。自2009年11月20日至2010年底，苏州市仍执行表列销售电价。

表4-69 2009年11月20日江苏省电网统一销售电价表

电价类别	电度电价（元/千瓦时）						基本电价	
	不满1千伏	1~10千伏	20~35千伏以下	35~110千伏以下	110千伏	220千伏以上	最大需量（元/千瓦·月）	变压器容量（元/千伏安·月）
一、城乡居民生活用电	0.5283	0.5183	—	—	—	—	—	—
二、一般工商业及其他用电	0.844	0.829	0.823	0.814	—	—	—	—
其中：中小化肥	0.401	0.386	0.38	0.371	—	—	—	—
限制类高耗能	0.894	0.879	0.873	0.864	—	—	—	—
淘汰类高耗能	1.044	1.029	1.023	1.014	—	—	—	—
三、大工业用电	—	0.633	0.627	0.618	0.603	0.588	38	28
其中：离子膜氯碱	—	0.615	0.609	0.600	0.585	0.570	38	28
中小化肥	—	0.263	0.257	0.248	0.233		30	21
限制类高耗能	—	0.683	0.677	0.668	0.653	0.638	38	28
淘汰类高耗能	—	0.833	0.827	0.818	0.803	0.788	38	28
四、农业生产用电	0.471	0.461	0.455	0.446	—	—	—	—
其中：贫困县农业排灌用电	0.325	0.323	0.321	0.319	—	—	—	—

注：1. 以上附表所列价格，除贫困县农业排灌用电外，均含三峡工程建设基金，具体标准为中小化肥企业生产用电、城乡居民生活用电0.003元，其他用电0.01491元。除农业生产用电外，其他用电均含国家大中型水库移民后期扶持基金0.0083元以及地方小型水库移民后期扶持资金0.0005元。

2. 以上附表所列价格，除农业生产、农村居民生活用电外，均含城市公用事业附加费，具体标准为城镇居民生活用电0.03元，其他用电0.006元。大工业用电、一般工商业及其他用电含可再生能源电价附加0.004元。

九、推进各项电价改革

1. 加大差别电价实施力度。2004年10月，江苏对水泥、钢铁、电解铝、电石、铁合金、烧碱等六大行业高耗能行业试行差别电价，对限制类用户电价每千瓦时提高0.02元，淘汰类用户电价每千瓦时提高0.05元。苏州市物价局会同市经贸委、供电公司对全市高耗能企业进行调查摸底，甄别上报。苏州市的张家港广大钢铁有限公司、张家港市光大铸钢耐火有限公司等五家高耗能企业被省列入试行淘汰类差别电价企业名单，并对其实行用电差别加价政策。

2005年11月，市物价局、市经贸委、供电公司向省物价局发出"关于要求对张家港市广大钢铁有限公司享受正常电价政策待遇的请示"：张家港广大钢铁有限公司一年多来，经技术改造、调整产品结构，淘汰了落后的生产工艺设备，经检查认定，该企业现行生产的特种钢产品属国家产业政策鼓励发展的产品。根据省有关文件规定精神，要求取消对该厂的差别电价政策，恢复享受正常工业用电的价格政策待遇。同年12月，省物价局等部门函复同意张家港广大钢铁有限公司"不再执行淘汰类差别电价，改按正常的电价标准执行"。

2006年10月，国家为促进建立节约能源和降低能耗的长效机制，在继续对上述六大行业实施差别电价政策的同时，将黄磷、锌冶炼2个行业也纳入差别电价政策实施范围。根据国家规定，差别电价实施力度逐步加大，3年内将淘汰类企业电价提价标准由现行的每千瓦时0.05元提高至0.20元；对限制类企业电价标准由现行的0.02元调整为0.05元（各年度具体差别电价执行标准见下表4-70）。苏州张家港鼎力铸钢有限公司等3家企业仍被列入实行差别电价企业名单。

表4-70　部分高能耗产业差别电价标准

单位：元/千瓦时

行业		现行差别电价标准	2006年10月1日起标准	2007年1月1日起标准	2008年1月1日起标准
电解铝等8个行业	淘汰类	0.05	0.10	0.15	0.20
	限制类	0.02	0.03	0.04	0.05

　　2007年5月，根据国家要求，江苏决定对58家应予关停和淘汰钢铁企业生产装备用电实施差别电价政策，涉及苏州市的江苏苏钢集团有限公司21万吨高炉和江苏沙钢集团35万吨电炉，属于关停和淘汰设备，实行差别电价政策。

　　在差别电价价格杠杆的作用下，通过关停、淘汰落后生产工艺设备，进行技术改造，调整产品结构，苏州市苏钢集团有限公司于2008年8月，江苏沙钢集团于2010年7月先后停止执行差别电价，享受正常电价待遇政策。

表4-71　2010年11月10日苏州市执行差别电价企业汇总情况表

序号	企业名称	所在地区	执行时间	企业2009年用电总量（万千瓦时）	执行差别电价标准（元/千瓦时）	电费增加企业成本（万元/年）	说明
1	鼎力铸钢有限公司	张家港市	2004	367	加价0.30	—	已销户
2	张家港市华福氨纶纱线纺织有限公司	张家港市	2010年7月1日	579	加价0.10	57.90	超消耗定额一倍以内
3	昆山千兴水泥有限公司	昆山市	2010年9月1日	110	加价0.30	33.00	淘汰类设备（水泥球磨机2台）
4	昆山千发水泥有限公司	昆山市	2010年9月1日	109	加价0.30	32.70	淘汰类设备（2.2米粉磨设备1套）
5	昆山淀山湖水泥粉磨厂	昆山市	2010年9月1日	146	加价0.30	43.80	淘汰类设备（水泥球磨机2台）
6	江苏苏钢集团有限公司	市区	2010年9月1日	39347	加价0.10	965.57	超消耗定额一倍以内（加价电量占比24.54%）
7	苏州市吴盛钢铁有限责任公司	市区	2010年9月1日	232	加价0.10	4.62	超消耗定额一倍以内（加价电量占比19.91%）
8	江苏豪威富集团有限公司	常熟市	2010年9月1日	162	加价0.30	很少	淘汰类设备（2台变压器）
9	雄鹰纺织印染（常熟）有限公司	常熟市	2010年9月1日	2033	加价0.30	很少	淘汰类设备（3台变压器）
10	丹尼斯克（张家港）亲水胶体有限公司	张家港市	2010年9月1日	1111	加价0.30	很少	淘汰类设备（1台变压器）
11	江苏柯力纺织股份有限公司	张家港市	2010年9月1日	508	加价0.30	很少	淘汰类设备（1台变压器）
12	张家港市华申版纸厂	张家港市	2010年9月1日	1239	加价0.30	很少	淘汰类设备（2台变压器）
13	张家港永盛铸煅有限公司	张家港市	2010年9月1日	373	加价0.30	很少	淘汰类设备（2台变压器）
14	张家港贝顺橡胶制品有限公司	张家港市	2010年9月1日	888	加价0.30	很少	淘汰类设备（1台变压器）
	合计			47204	—	1137.59	—

2. 鼓励燃煤机组的脱硫改造。为促进节能减排工作，2006年，国家对已经安装烟气脱硫设施并投入运行的统调燃煤机组，上网电价每千瓦时优惠加价0.015元。苏州市张家港华兴电力有限公司经省物价局批准，从9月1日起，执行烟气脱硫电价：上网电价每千瓦时提高0.015元，即该公司上网电价（含税）为每千瓦时0.3897元。嗣后，苏州市各热电联产企业纷纷实行脱硫改造工程，并陆续享受省脱硫电价优惠政策。2007年7月1日起，江苏在全国率先对脱硫运行率和脱硫效率达不到规定要求的企业扣减脱硫电价。至2010年10月8日，经省确认公布的苏州市脱硫改造的有22家企业，未脱硫改造的有8家企业。苏州市辖区内公用燃煤热电联产企业上网电价及脱硫改造情况详见下表：

表4-72　苏州市公用燃煤热电联产企业上网电价表

执行日期：2010年10月8日

序号	厂名	装机容量（兆瓦）	上网电价（元/千瓦时）	说明
1	苏州热电有限公司	18	0.4507	未脱硫
2	中新苏州工业园区热能能源服务有限公司	6	0.4940	未脱硫
3	苏州东吴热电有限公司	48	0.5090	脱硫
4	常熟市第二热电有限公司	9	0.4390	未脱硫
5	常熟市宏大纺织印染实业有限公司	12	0.4565	未脱硫
6	常熟市苏虞热电厂	12	0.4890	脱硫
7	常熟苏源热电有限公司	21	0.5090	脱硫
8	常熟金陵梅李热电有限公司	30	0.5090	脱硫
9	常熟市昆承热电有限公司	15	0.5090	脱硫
10	常熟金陵海虞热电有限公司	27	0.5090	脱硫
11	张家港保税区长源热电有限公司	36	0.5027	脱硫
12	江苏金柳江南热电有限公司	15	0.5090	脱硫
13	张家港东航热电有限公司	6	0.4940	未脱硫
14	张家港恒东热电有限公司	48	0.5090	脱硫
15	张家港永兴热电有限公司	30	0.5090	脱硫
16	太仓保利协鑫热电有限公司	45	0.5090	脱硫
17	昆山新昆热电有限公司	7.5	0.5090	脱硫
18	昆山千灯热电有限公司	6	0.5090	脱硫
19	昆山瀛浦热电有限公司	30	0.5090	脱硫
20	昆山鑫源环保热电有限公司	48	0.5090	脱硫
21	苏州市蠡口热电有限公司	42	0.4676	未脱硫
22	苏州市江远热电有限责任公司	30	0.5030	脱硫
23	苏州惠龙热电有限公司	48	0.5090	脱硫
24	苏州市甪直热电厂	6	0.4390	未脱硫
25	华电吴江热电有限公司	24.5	0.4940	脱硫
26	苏州苏震热电有限公司	48	0.5090	脱硫
27	吴江临沪热电有限公司	24	0.4940	未脱硫
28	华能苏州热电有限责任公司	120	0.5090	脱硫
29	苏州苏盛热电有限公司（2*25兆瓦）	50	0.5090	脱硫
30	苏州苏盛热电有限公司（2*50兆瓦）	100	0.5090	脱硫

3. 可再生能源发电价格。2005年以来，国家和江苏省制定出台了一系列利用可再生能源发电的特殊价格政策和规定，运用价格杠杆鼓励促进风力发电、垃圾发电、生物质发电、天然气发电等绿色电力发展。苏州市积极发展可再生能源发电项目，为改善苏州地区生态环境，促进城市生活垃圾处理的产业化，实现"无害化、减量化、资源化"目标，苏州市先后筹建苏州市苏能垃圾发电有限公司、昆山鹿城垃圾发电有限公司等项目，2006年垃圾发电机组织投产正常运行，省物价局于同年1月、4月和5月先后批复昆山鹿城、苏州苏能垃圾发电公司，苏能垃圾焚烧发电厂二期扩建工程上网电价均为每千瓦时0.575元。

2007年2月，省物价局根据国家有关促进可再生能源发展的特殊电价政策，对光大环保能源（苏州）有限公司二期扩建工程——苏州市七子山垃圾填埋气体发电工程项目上网电价再次作出批复：核定其含税上网电价为每千瓦时0.386元，可再生能源电价补贴每千瓦时0.25元。基本上网电价部分由省电力公司支付，可再生能源电价补贴部分按国家有关规定从可再生能源附加中支付。以上上网电价和补贴自机组投入商业运行之日起执行。此前省物价局对该项目批复上网电价为每千瓦时0.527元的文件同时废止。

2009年5月，为促进可再生能源发展，根据国家发改委有关文件精神，省物价局作出《关于光大环保能源（苏州）有限公司垃圾焚烧发电项目2期上网电价的批复》：核定其含税上网电价为每千瓦时0.636元；可再生能源接网补贴每千瓦时0.01元。燃煤标杆电价部分由省电力公司支付，高于标杆电价部分的可再生能源电价补贴、接网补贴，待国家确定后从可再生能源电价附加中支付。以上上网电价和补贴自机组投入商业运行之日起执行。

2009年11月19日，省物价局《关于调整电价有关问题的通知》中明确：根据可再生能源发展需要，按照《可再生能源法》和《可再生能源发电价格和费用分摊管理试行办法》有关规定，国家将可再生能源电价附加标准提高到每千瓦时0.40元。同日，省物价局对苏州市太仓协鑫垃圾焚烧发电公司二期项目上网电价作出批复：核定其含税上网电价为每千瓦时0.636元，可再生能源接网费每千瓦时0.01元。以上上网电价和补贴自机组投入商业运行之日起执行。

2010年6月25日，省物价局批复张家港金洲再生能源有限公司生活垃圾焚烧发电项目上网电价：含税上网电价每千瓦时0.636元，可再生能源接网费每千瓦时0.01元。

4. 服务业电价并轨。积极运用电价优惠政策，促进现代服务业发展。2005年11月，苏州市物价局转发省局关于工商业水电气价格实行并轨有关问题的通知，明确从2006年1月1日起，取消商业照明类用电价格，改按其他照明用电价格执行。待条件成熟时，再逐步与工业用电价格并轨。商业、服务业的冷藏、冷冻、中央空调用电等动力用电价格仍按普通工业用电价格执行。

2008年7月1日，经国务院批准，国家发展改革委决定调整电力价格。根据上级文件的规定要求，经省政府同意，省物价局下发了《关于调整电价有关问题的通知》：将原非居民照明与非普工业电价并轨，统一归并为"一般工商业及其他"电价，即商业服务业用电与工业用电实行同电同价。由此，商业服务业电价从原来的每千瓦时0.89元降为0.813元，下降了0.077元。按照苏州市商业服务业年用电量（2007年约为55亿千瓦时）匡算，工商业电价并轨同价后，每年可减轻商业服务业用电费用开支约4.235亿元。

2009年6月，根据省物价局转发国家发改委办公厅《关于做好商业与工业用电、用水同价工作有关问题的通知》，苏州市商业用电执行与工业用电相同的目录电价标准。

十、居民生活用电价格

苏州解放初期至1965年，市区居民生活用电价格为每千瓦时0.19元。1965年后，征收城市附加费为每千瓦时0.22元。20世纪80年代及以前的居民生活用电价格一直为每千瓦时0.22元。至1992年8月1日，城镇居民生活用电每千瓦时增加附加费0.03元，为每千瓦时0.25元。1993年7月1日起，从每千瓦时0.25元调整为0.30元。1995年9月1日起，从每千瓦时0.30元调整为0.40元。1996年10月1日起，从0.40元调整为0.42元。1997年5月1日起，从0.42元调整为0.47元。1999年9月1日起，从0.47元调整为0.52元。同时，苏州农村居民生活用电价格从以前的不统一，开始统一实行每千瓦时0.57元。从2000年9月1日起开始，实行城乡居民生活用电统一价格，每千瓦时为0.52元。2003年8月1日起，苏州市居民生活用电试行峰谷分时电价：峰（8:00~21:00）每千瓦时0.55元，谷（21:00~次日8:00）每千瓦时0.30元。2005年5月1日起调整峰谷分时电价的谷时电价：峰（8:00~21:00）每千瓦时仍为0.55元，谷（21:00~次日8:00）每千瓦时提高0.05元，为0.35元。2008年7月1日起，调整峰谷分时电价（加收水库移居后期扶持基金每千瓦时0.0083元）：峰（8:00~21:00）每千瓦时0.5583元，谷（21:00~次日8:00）每千瓦时0.3583元。

表4-73　苏州市区居民生活用电价格变动表

单位：元/千瓦时

日期	统一价格	峰时电价 （8:00~21:00）	谷时电价 （21:00~次日8:00）	说明
苏州解放初期	1900（旧币）	—	—	农村不统一
1965年前	0.1900	—	—	农村不统一
1965年后	0.2200	—	—	加收城市附加费，农村不统一
20世纪70~80年代至90年代初	0.2200	—	—	农村不统一
1993年7月1日前	0.2500	—	—	农村不统一
1993年7月1日	0.3000	—	—	农村不统一
1995年9月1日	0.4000	—	—	农村不统一
1996年10月1日	0.4200	—	—	农村不统一
1997年5月1日	0.4700	—	—	农村不统一；全省开始清理整顿电价政策，逐步实施全省统一电价政策
1999年9月1日	0.5200	—	—	农村：0.57元
2000年12月1日	0.5200	—	—	实施城乡统一电价
2003年8月1日	0.5200	0.5500	0.3000	居民生活用电开始实施峰谷分时电价
2005年5月1日	0.5200	0.5500	0.3500	调整居民生活用电谷电价格
2006年7月1日	0.5283	0.5583	0.3583	加收水库移民后期扶持基金：0.0083元

第四节　热力（蒸汽）价格

热力（蒸汽）采用"集中供热、热电联产"，在节约能源、改善环境、减少占地等方面有很大优越性。1976年，国家水利电力部规定，热力价格为国家定价，"凡属地、县管理的中、小电厂的电热价格，均为地方定价，分别由各省（市）、自治区物价主管部门会同电力主管部门核定，抄报国家计划委员会和水利电力部备案"。

一、热力计划经济价格

苏州市热电联供筹建于1978年，初名苏州纺工供汽站筹建处。"纺工供汽站"于1983年6月9日正式并网发电并生产蒸汽，供应附近苏纶纱厂、苏州第一印染厂、第二印染厂、第一丝厂、绸缎炼染厂、针织总厂等10多家工厂使用。6月6日，苏州市物价委员会核定纺工供汽站蒸汽供应价格为每吨19元（包括水费在内），试行一年。1984年3月，蒸汽价格调整为每吨23元。

"纺工供汽站"经三期扩建，供汽量不断增加，1985年3月，该站改名为"苏州热电厂"，成为苏州市地方小热电厂的示范厂，并为全市各地热电厂的发展，培训了一批又一批人才。至1985年，全市共有九家工厂采用热电联供，总装机容量2.4万千瓦。其中，市区三家，其蒸汽价格均参照苏州热电厂蒸汽价格执行。

由于煤炭价格急剧上升，1988年7月，苏州热电厂蒸汽价格调整为每吨32元。

1988年12月，市物价委员会、市经济委员会联合下发《关于苏州热电厂供汽作价等问题的通知》，由于1988年下半年以来煤炭价格不断上涨，使以煤炭为主要消耗的苏州热电厂成本急剧上升，经济效益下降，而供汽价格未提高，生产难以为继，也给南门热网所供20多家工业用汽单位的正常生产带来影响。参照省定汽价公式并结合苏州市的实际情况，苏州热电厂供汽基本价格按以下公式计算执行：平均煤价（市物委批准的各类煤价的算术平均值）除以5加6元（其他成本）。其中平均煤价如物委有新的批复变动，则以批复日期调整执行，从而使蒸汽价格按煤炭价格同方向、不同比例上升或下降。同时，鼓励夜间用汽，以基本汽价为基数，白天每吨汽增价1元，夜间每吨汽则减价3元；生活用汽按高于基本汽价每吨5元执行。为减轻用户负担，鼓励用户组织煤炭到热电厂加工汽、电，其煤炭差价由热电厂返回加工单位。

1989年2月，市物委会同市经委下达《关于苏州热电厂蒸汽实行临时价的通知》：鉴于煤炭价格上涨和质量发生较大变化，蒸汽成本上升，企业发生亏损，执行苏州市原定作价办法难以维持企业正常供汽、发电，经有关部门共同协商，并经市政府领导同意，苏州热电厂的蒸汽实行临时价格，每吨为65元。从1989年2月1日起执行。

鉴于1989年3月以来，煤炭价格继续提高，蒸汽成本上升，企业发生亏损，市物委会同市经委联合发文给市各有关主管局（公司），从1989年5月1日起，苏州热电厂的蒸汽临时价格从每吨65元调整为73元。

1990年开始，市场煤炭价格有所回落，苏州热电厂生产成本有所下降，1990年6月，核定该厂蒸汽价格每吨从73元调减至60元。

1991年，市场煤炭价格继续回落，市物价局、市经委发文调整苏州热电厂集热供汽价格从每吨60元调整为57元，生活用汽每吨为62元。新价自1991年3月1日起执行。

1992年煤炭价格上涨较大，运输费用增加，集热供汽成本有所增加，为保证正常供汽，促进生产，市物价局、市经委调整集中供汽汽价，苏州热电厂、苏州华能热电厂集热供汽价从每吨57元调整为59元，生活用汽从每吨62元调整为64元。新价自1992年10月起执行。

20世纪80年代，苏州市热电联产发展进入良性发展轨道，继苏州热电厂投产后，吴县外跨塘热电厂，常熟第二、四、五热电厂，各地化肥厂等用汽大户的自备热电厂纷纷建成投产。这期间投产的苏州市区及常熟、吴县、张家港、太仓等地方发电厂主要是用来发电缓解当地用电紧张，后陆续改造成热电厂以向外供热为主。至90年代初，苏州市经济加速发展，各级开发区如雨后春笋般蓬勃发展，热电企业成为各开发区必不可少的重要基础设施之一，苏州地区各地贯彻以热定电的原则，统筹兼顾，因地制宜，纷纷上马热电厂，因为苏州地区纺织、印染、造纸、制药化工等行业比较发达，这些行业都是用汽大户，催生形成了各开发区积极办热电联产的新高潮，苏州华能热电厂等企业也在这期间建成投产。按照价格分级管理权限，由各地制定当地热力蒸汽价格，而作为苏州市级物价部门主要管理苏州热电厂和苏州华能热电厂等企业的热力（蒸汽）价格。

表4-74　1983~1992年苏州热电厂热力（蒸汽）价格变动情况

单位：元/吨

执行时间	生产性用汽	生活性用汽
1983年6月	19	19
1984年3月	23	23
1988年7月	32	32
1989年2月1日	65	65
1989年5月1日	73	73
1990年6月	60	60
1991年3月1日~1992年9月	57	62
1992年10月	59	64

二、热力经济转轨时期价格

1993年4月14日，市物价局再次发出《关于调整集热供汽价的通知》，鉴于当时煤炭价格上升幅度较大，造成集热供汽成本上升，同意苏州热电厂、苏州华能热电厂的生产用汽从每吨59元调高为65元，生活用汽从每吨64元调整为70元。以上价格自1993年4月15日起执行。

由于煤炭价格上升和国家新税制改革出台，对集热供汽的生产成本和税负有一定影响，市物价局会市经委发文同意苏州热电厂和苏州华能热电厂调价的申请，从1994年3月1日起，调整集热供汽汽价：生产用汽每吨从65元调高至79元，其中每吨汽价69.91元，增值税9.09元；生活用汽每吨从70元调整到85元，其中每吨汽价75.22元，增值税9.78元。1995年4月1日起，市物价局调整苏州热电厂和苏州华能热电厂集热供汽价格：生产性用汽每吨由79元调至84元，生活性用汽每吨由85元调至90元。

鉴于市场煤价大幅上涨，铁路运价调整，致使集中供热企业生产成本上升，造成亏损。1996年6月6日，市物价局、市经委又再次发文调整苏州热电厂、苏州华能热电厂和苏州绸缎炼染厂集中供热价格：生产性用汽每吨调高至94元，生活性用汽每吨调高至102元。以上价格均为含税价，执行日期为1996年6月1日。同时，规定从1996年6月1日起，对于因资金（经费）等问题不能承担热管网投资建设费用的新用热力户的蒸汽价格实行加价规定，执行的期限由产销双方协商解决。对远距离供汽的用户，价格相应提高，每吨生产性用汽为109元，生活性用汽为115元。

表4-75　1993~1996年苏州市区热力（蒸汽）价格变动情况表

单位：元/吨

执行日期	生产性用汽	生活性用汽	远距离生产性用汽	远距离生活性用汽
1993年4月15日	65	70	—	—
1994年3月1日	79	85	—	—
1995年4月1日	84	90	—	—
1996年6月1日	94	102	109	115

三、煤热联动价格

2001年8月，苏州市物价局作出《关于新扩建热网热力价格的批复》：苏州热电有限公司根据市有关部门规划批准新建（扩建）热网，其建设资金的筹措，可以本着互惠互利及其同承担的原则，与用热单位协商确定。对因经费等问题不能承担热管网建设费用的新用热力户，可以按照生产性每吨109元（含税价）、生活性用汽每吨117元（含税价）的热力价格标准执行，其价格执行期限由双方协商解决。对已承担过热管网建设费的用户仍旧按照原价执行。

2001年12月12日，市物价局作出《关于调整蒸汽价格的批复》：鉴于当年煤炭价格上涨较多，其蒸汽价格为1996年规定，已明显偏低，不能抵消成本上升，对其正常生产运行造成了困难。为保证正常供汽，兼顾产汽和用汽企业的利益，同意对苏州热电有限公司、苏州华能热电有限公司蒸汽的销售价格作适当调整，生产性用汽每吨从94元调高到100元，生活用汽每吨从102元调高到108元。对于因经费问题不能承担管网建设费用的新用热力户的蒸汽价格也可相应上调每吨6元，执行期限按照市物价局规定，由双方协商解决。

2004年2月18日，市物价局作出《关于调整蒸汽价格的批复》：由于近两年多来，热点生产企业的主要原材料煤炭的市场价格上涨较多，造成了蒸汽的生产严重亏损。为保证苏州热电有限公司、苏州华能热电有限责任公司的正常生产及供汽需要，同意将生产性用汽从每吨100元调整为115元，生活性用汽从每吨108元调整为123元。对不能承担管网投资建设费用的新用热力户的蒸汽价格相应上调，即生产性用汽每吨从115元调为130元，生活性用汽每吨从123元调为138元。执行期限仍按市物价局的规定由双方协商解决。由于热电企业供汽距离不断延伸，增加了途中的热量损耗，同意对于超长距离的苏州热电有限公司供汽在大运河以北地区的用户，以及苏州华能热电有限责任公司供汽在大运河以西地区的用户的蒸汽价格另加收每吨5元。同时，为了合理体现蒸汽价格与煤炭进货成本之间的联动关系，今后在煤炭价格发生较大幅度上涨、下落时，原则上按照6吨蒸汽消耗1吨煤炭的成本变动比例，由市物价局对蒸汽价格作相应适当的调整。上述规定自2004年2月20日开始执行。

按照上级有关煤电价格联动及煤热价格联动的政策规定,同年7月,根据蒸汽价格与煤炭价格联动的原则和煤炭上涨额的75%由用汽单位承担、25%由热电企业消化,以及近期煤价每吨上涨200元的实际情况,按照每6吨蒸汽消耗1吨煤炭计算,市物价局决定再次调整蒸汽销售价格,生产性用汽每吨从115元调整为140元,生活性用汽每吨从123元调整为148元。对不能承担热管网建设费的新用热力户的蒸汽价格,每吨生产性用汽调整为155元,生活性用汽调整为163元。对于超长距离供汽的用户仍可另加收每吨5元。苏州热电公司和苏州华能热电公司执行新价的日期为2004年7月10日。

从2005年8月至2009年2月,市物价局根据蒸汽价格与煤炭价格联动的原则,对苏州热电公司、苏州华能热电公司连续6次调高或调低蒸汽销售价格,并继续对超距离供汽和未承担管网建设费用的用户按规定实行另外加价的政策。2007年4月1日起,由于华能苏州热电有限责任公司搬迁至高新区长江路668号建立新厂,超长距离供汽定为供汽距离超过8公里的用户,并实行每吨加价5元。其间,从2008年7月15日开始,蒸汽价格不再划分生产性与生活性用汽,两者均执行同价(详见下表4-76)。

据苏州市发电供热行业协会提供的资料,截至2008年6月底,苏州全市已有热电联产企业(包括综合利用企业)86家,机组199台,总装机容量289.77万千瓦。苏州全市热电联产的家数和装机台数已占全江苏省总数的三分之一强,装机容量占全省的30%。2008年1~6月份,苏州市全部电厂总发电量为384.52亿千瓦时,同比增长8.8%,占全市发电总量的30%,全市供热量为6291万吉焦。

表4-76　2001~2009年苏州市区热力(蒸汽)价格变动情况表

单位:元/吨

执行日期	生产用汽	生活用汽	远距离供汽		未承担管网建设费用		未承担管网建设费用远距离供汽	
			生产用汽	生活用汽	生产用汽	生活用汽	生产用汽	生活用汽
2001年12月12日	100	108	115	123	—	—	—	—
2004年2月20日	115	123	120	128	130	138	135	143
2004年7月10日	140	148	145	153	155	163	160	168
2005年8月15日	152	160	157	165	167	175	172	180
2007年4月1日	160	168	165	173	175	183	180	188
2008年1月15日	178	186	183	191	193	201	198	206
2008年7月15日	228		233		243		248	
2008年12月28日	208		213		223		228	
2009年2月20日	188		193		203		208	

从2001年12月至2009年2月,苏州市市区煤热价格联动政策实施八年多来,市区的热力价格随煤炭价格的变动调整了8次。煤炭价格总水平上涨了4倍,热力价格总水平上涨了约0.88倍。

表4-77　2001~2009年苏州市区煤热价格联动情况表

单位：元/吨

执行日期	生产性用汽	生活性用汽	远距离供汽		煤炭平均价格水平
			生产性用汽	生活性用汽	
2001年12月12日	100	108	115	123	180
2004年2月20日	115	123	120	128	280
2004年7月10日	140	148	145	153	470
2005年8月15日	152	160	157	165	560
2007年4月1日	160	168	165	173	615
2008年1月15日	178	186	183	191	750
2008年7月15日	228		233		1150
2008年12月28日	208		213		880
2009年2月20日	188		193		720

　　2010年1月11日，苏州市物价局印发《苏州市区煤热价格联动管理暂行办法》，旨在适应市场煤炭价格波动，建立蒸汽销售价格与煤炭价格对应调整机制，维护供用汽双方的利益。其核心是热电企业生产供应的蒸汽销售价格与市场煤炭价格实行联动机制，简称"煤热联动"，即1吨煤炭生产5.5吨蒸汽，按照省明确的煤炭价格变动额的75%通过调整蒸汽价格解决，25%由热电企业自行消化。煤热价格联动的基准价格以煤炭价格（指实物煤到厂价格，下同）每吨680元时的价格为基准价格，与此对应的蒸汽基准价格为每吨188元。煤热联动原则上以一个季度为限，当每季度煤炭平均价格变动达到或超过50元后，相应调整蒸汽销售价格。当煤炭平均价格比上一次煤热联动核定的煤价每月上涨或下降超过每吨100元时，应于次月调整蒸汽售价，调价间隔不少于一个月。煤炭价格短时内变化过大时，应及时启动联动机制。

表4-78　煤炭价格与蒸汽价格对应表

单位：元/吨

煤炭价格	蒸汽价格	说明
1280	269.60	—
1230	262.80	—
1180	256.00	—
1130	249.20	—
1080	242.40	—
1030	235.60	—
980	228.80	—
930	222.00	—
880	215.20	—
830	208.40	—
780	201.60	—
730	194.80	—
680	188.00	联动基准点
630	181.20	—

煤炭价格	蒸汽价格	说明
580	174.40	—
530	167.60	—
480	160.80	—
430	154.00	—
380	147.20	—
330	140.40	—
280	133.60	—
230	126.80	—
180	120.00	—

注：1. 上表中的基准点为煤炭价格680元/吨，蒸汽价格188元/吨。

2. 煤炭价格指热电企业煤炭的实际成本（包括进货价格和运杂费等），蒸汽价格指销售价格。

3. 煤热价格联动的相应关系：每5.5吨蒸汽消耗1吨煤炭，联动时，煤炭价格变动额的75%通过调整蒸汽价格联动，25%由热电企业自行消化。即当煤炭价格每上涨或下降50~100元/吨时，相应上调或下降蒸汽价格6.80~13.60元/吨。

4. 本联动办法不包括上级政策性规定、远距离输汽等，在煤热联动基础上，按规定执行。

苏州市区《煤热价格联动管理暂行办法》还规定了应建立供热用煤价格监测机制、供热与用热企业间的会商机制、市物价部门审批制度，以及公平、公正、公开的原则，合理调整蒸汽销售价格。该办法适用于苏州热电有限公司和华能苏州热电有限责任公司及供汽对象。吴中区、相城区、苏州工业园区，可参照本办法执行。

根据《苏州市区煤热价格联动管理暂行办法》，2010年1月15日，苏州市区热力（蒸汽）价格每吨从188元调整至208元；同年12月1日，每吨蒸汽价格又从208元调整至220元。远距离供汽等项目的汽价也作相应调整。

表4-79　2010年苏州市区热力（蒸汽）价格变动情况表

单位：元/吨

执行日期	生产性用汽	生活性用汽	远距离供汽		未承担管网建设费用		未承担管网建设费用远距离供汽	
			生产性用汽	生活性用汽	生产性用汽	生活性用汽	生产性用汽	生活性用汽
2010年1月15日	208		213		223		228	
2010年4月1日	208		213		223		228	
2010年7月1日	208		213		223		228	
2010年10月1日	208		213		223		228	
2010年12月1日	220		225		235		240	

第五节　钢材价格

苏州金属冶炼、熔铸及其加工制作,历史悠久。春秋战国时期,就有"吴中铁工不绝"之谓。吴国戈、钩、剑等武器,制作精美锋利;干将、莫邪为吴王所铸青铜剑,名闻天下。宋代,苏锅铸造驰名大江南北。明代中时,苏州创造"苏钢冶炼法",改变金相结构并提高钢质量。清光绪二十七年(1901),全国共有制造铜币机器303台,其中苏州铜圆局占70台。民国期间,冶坊、匠工、资本几经回落,因营业萧条,至苏州解放前夕,仅剩冶坊2家。苏州解放后,先后开办几户私营轧铁工坊和以废铜再生的熔炼作坊,浇铸一些铜脚炉、汤婆子、铜面盆等日用小商品,其价格不详。

一、计划体制时期钢铁价格

钢铁等金属材料是重要的战略物资,从建国初期到1979年,钢铁产品价格由国家集中统一管理,权限高度集中,江苏省里也只有转发国家物价局、冶金部的调价通知。苏州市严格执行国家定价,流通则按计划分配形式,归口专业公司。

苏州现代钢铁金属冶炼工业起步于20世纪50年代中期,1957年5月,苏州农业机械厂首建第一座8立方米小高炉,揭开全省高炉炼铁新篇章。同年,由国家投资所建的地方国营苏州钢铁厂第一座84立方米高炉投产,年产生铁1.5万吨。至1971年,苏州钢铁厂实现"三炉"(高炉、转炉、焦炉)齐开局面,生铁首超10万吨,钢产万吨,焦炭9万吨。苏州钢铁厂自1958年投产后,全部产品由省冶金工业厅(局)按计划统一分配,钢铁产品价格由国家统一管理,统一制定出厂价格。由于国家定价是依据大型钢铁企业生产成本制定的,而江苏省大部分属中小企业,如苏州钢铁厂等,生产成本较高,执行国家价普遍出现亏损。为此,江苏省一度制定实施了临时价格,超过临时价格的部分亏损由财政补贴。其原因是,20世纪50年代后期至1979年,由于深受传统计划价格理论影响,钢铁等生产资料不属市场商品范畴,出厂价格的制定依据主要是生产成本,流通则按计划归口专业公司调拨分配,其中物资系统内部调拨,按调拨价结算,调拨给产业系统和生产单位按供应价结算。调拨供应只计运杂费用,不计利润。以苏州钢铁厂为例,其产品1961年前凭调拨单供应,企业无权自销;1961年后,改用定货方式,按统配计划,供销双方订立合同,产品价格严格执行国家定价;1971~1974年,苏钢厂所产生铁2.64万吨均归苏州支配。1950~1979年,苏州市区主要钢铁代表品种供应价格基本稳定,变化甚小。

表4-80　1950~1979年苏州市区钢铁计划供应价格表

单位:元/吨

年份	圆钢(直径19毫米)	盘元(直径6.5毫米)	铸造用生铁	年份	圆钢(直径19毫米)	盘元(直径6.5毫米)	铸造用生铁
1954	646	912	—	1962			181
1955	672	912	232	1966	560	600	171
1956	672	912	232	1979	—	651	—
1958	672	912	232		—	—	—

苏州市是个钢铁等生产资料缺乏的城市,为弥补计划分配的缺口和满足经济发展对钢铁等生产资料的需求,从20世纪70年代开始,苏州就以优势地产的市场紧俏的粮食、手表、自行车、缝纫机、电视机、电风扇等产品协作串进钢材等物资。据市物资局统计,1971~1979年,苏州市协进的计划外钢材、生铁已占总消费量的54%~82%。

表4-81　1971~1979年苏州市区钢铁计划内外的构成情况表

年份	1971	1972	1973	1974	1975	1976	1977	1978	1979
钢材总消费量(万吨)	4.21	4.97	6.06	5.76	7.25	6.75	7.35	8.55	8.99
其中:计划内	1.94	2.38	2.73	2.30	2.63	2.21	2.13	2.08	2.14
计划外组织	2.27	2.59	3.33	3.46	4.62	4.54	5.22	6.47	6.85
其中:物资部门	1.05	1.19	1.53	1.59	2.13	2.09	2.40	3.00	3.18
计划外占总消费量(%)	54.0	52.0	55.0	60.0	63.7	67.3	71.0	75.6	76.2
生铁总消费量(万吨)	2.50	4.45	6.38	2.80	5.71	6.31	7.42	8.49	9.34
其中:计划内	0.88	1.87	2.85	0.98	2.15	2.65	2.49	1.53	2.80
计划外组织	1.62	2.58	3.53	1.82	3.56	3.66	4.93	6.96	6.54
其中:物资部门	0.41	0.49	0.58	0.38	0.47	0.56	0.79	1.11	0.98
计划外占总消费量(%)	64.9	58.0	55.4	65.0	62.4	58.0	66.5	82.0	70.0

二、钢铁价格双轨制

中共十一届三中全会后,国家对钢铁生产采取一系列重大措施。1979年国家再度允许地方制定临时价格。同年4月,江苏省首先对生产难度大、成本高、大厂不愿生产的小钢丝绳、钢绞线制定了省管临时价格。

表4-82　1979年4月江苏省制定的省管钢材临时价格表

品名	绳径(毫米)	结构(股)	临时价格(元/吨)
钢丝绳	2.1~3	1×7	1810
	4.1~5	1×19	1670
	6.1~7	1×37	1920
镀锌钢绞线	3~4	1×7	1340

1980年元月,省冶金局适当提高了钢坯出厂价格。同年8月,国家物价局、冶金部、商业部联合下文调整了钢锭(坯)、盘条等钢材价格和轻工市场盘条制品的价格。钢锭由每吨267元调至305元,钢坯由每吨347元调至390元。为促进国内短线产品盘条的生产,盘条每吨提价80元,直径6.5毫米;乙类沸腾钢每吨由470元调至550元。同时将直径10~12毫米小型圆钢每吨降价20元,以保持其合理比价。缩小商业的进销差率,一般掌握13%,工业利润率一般掌握10%。钢锭(坯)、盘条等调价后,江苏省短线钢材小型扁钢、角钢价格未作调整,使生产企业发生不同程度的亏损,如苏州轧钢厂生产的4号角钢成本为445.7元,按当时价格供应,每吨亏损50元,不利于"短线拉长"。为使企业保本微利,同年9月,省物价委员会、冶金局联合调整了小型扁钢、角钢的省定临时价格,普碳小型扁钢(厚度9~18毫米,宽度50~200毫米,乙类镇静钢)临时价为每吨505元,等边角钢(4号,乙类镇静钢)临时价为550

元,分别比国家拨价每吨提高50元和55元。1980年后,钢铁产品生产强调以销定产、按合同发货;1981年下半年开始,从全部按计划分配,改为部分分配、部分自销。苏钢厂也有部分产品自销,价格可实行一定幅度的浮动。

1981年4月,苏州市物价委员会制发了《苏州市地产生产资料价格及协作物资价格中若干问题的暂行办法》,率先对钢铁等部分协作物资制定代理价,正式形成了计划外价格,适应了苏州市生产资料计划外生产和流通中,既"管"又"活"的需要,打通和搞活了钢铁、煤炭、木材等生产资料进入苏州的渠道,当时苏州工农业生产所需的原材料,有一半以上靠计划外协作渠道购得。1979年以前,省、市二级价格部门对协作物资价格管理甚严,以后协作费用增大,则采取经营部门不赔不赚、保本价的办法,在进价上一般是高于国家规定的调拨价。

1981年6月1日,江苏对省产钢材价格进行了调整,并在省内外执行。同年6月18日,国家允许地方制定临时价、地区价、协作价、浮动价。江苏按照这项政策规定,于1982年和1983年先后制定了临时价格。为鼓励南钢、苏钢外调钢锭(坯),供其他轧钢厂轧制线材、小型扁钢等,促使钢材品种、规格多样化,1983年元月,江苏省对钢锭(坯)制定了临时价格。钢锭为每吨325元,钢坯(镇静钢76~115毫米)为每吨420元,每吨分别比国拨价高20元和30元。同年3月,对张家港钢铁厂为满足江苏省矿山等企业生产急需而专门试轧的15千克/米轻轧,按保本微利原则,制定了临时价格,为每吨630元,到12月,因亏损又调高为每吨656元。

1983年4月30日,市物委对市物资局、市金属公司、市物资贸易公司发出《关于协作钢材代理价有关问题的通知》:由于钢材资源较紧,各地协作钢材价格波动较大,为了控制计划外协作钢材价格,更好地开展地区间的钢材协作,保证苏州市生产建设的需要,对计划外钢材代理价有关问题作如下规定。计划外协作进来的钢材,包括省内地区间计划外余缺调剂的钢材可以实行代理价。其进价必须按照对方有权部门规定的价格成交,不准抬价争购。计划外钢材代理价的作价办法遵照不亏不赚的原则,物资经营单位在国家规定供应价的基础上加收综合差率(包括3%管理费),其公式如下:计划外钢材代理价=规定供应价×(1+综合差率)。根据目前各地钢材协作价的实际情况,暂定计划外钢材加收综合差率25%。执行半年,执行期间所发生的差额待半年后调整下批计划外代理价格冲抵。国家分配计划内钢材,应按规定供应价销售,不得以代理价销售。实行代理价的钢材与国家分配计划内钢材分开记账,单独核算(以两级核算的形式与计划内钢材分开记账,分开核算)。物资系统内部调拨计划外协作钢材,可按代理价给予一定的回扣计价,调入单位的销价不得高出代理价。按本规定计算的计划外钢材代理价作为最高幅度价,执行期间可视供求情况向下浮动,但不得上浮。以上规定自1983年5月1日起执行。

同年9月7日,市物委作出《关于主要协作物资保本供应价的批复》明确:钢材仍采取在国家规定当地供应价的基础上,同品种、同材质、同规格加收综合差率的办法。具体幅度从25%降为20%。各经营单位在执行中只能低于这个幅度,不得超过。市、县统一按此原则执行。市公司对县调拨,按管理费各半分摊,即市、县各0.5%。

1984年,根据国务院文件规定,江苏除对超产产品、自销产品实行浮动价外,还放宽了对临时价格的限制,改临时价为浮动价;对完成国家计划后超产的、自销的工业生产资料实行浮动价格,浮动幅度为20%,由企业自定价格;1984年7月,市物委核定苏州钢铁厂计划外增产的生铁,出厂价为每吨390元。该厂计划外增产的钢材,按省订临时价每吨为705元,在基础上允许上浮20%,为每吨846元。

同年11月,贯彻党中央、国务院关于经济体制改革的决定和扩大国营工业企业自主权的规定,改革过于集中的价格管理体制,逐步缩小国家统一定价范围,扩大有一定幅度的浮动价和市场调节价的范围。

省物价局、冶金局联合颁发了《关于冶金工业产品价格管理体制改革试行办法》,鉴于苏州钢铁厂计划内生铁所需铁矿基本上是议价购进,成本较高,根据该《办法》,苏州市对苏州钢铁厂生产的生铁制定市临时价格,每吨比省定价高出100元,从而调动了苏钢厂炼钢的积极性,减轻了亏损负担。

1985年2月,国家放开工业生产资料超产、自销产品的价格,对工业生产资料属于企业自销和完成国家计划后的超产部分,取消原定的出厂价格不高于国家定价20%的规定,按稍低于当地市场价出售,参与市场调节。从这时起,全国范围内的工业生产资料价格双轨制开始形成,计划外钢材价格比计划内钢材价格高一倍多。

20世纪80年代,苏州市乡镇企业迅速发展,对生产、基建用的钢铁等物资需求急剧增加,依赖于市场调节的要求更为迫切,因而计划外市场调节价在苏州市场日益增强了它的地位和作用,国家牌价和市场调节价的差距也日益扩大。下列几张表格为1985~1986年苏州市物资贸易中心市场交易价格与国家牌价的对比表以及部分金属材料价格的变动行情:

表4-83　　1953~1985年苏州市钢材历史价格表

单位: 元/千克

年份	元钉(2号50毫米)	镀锌铁丝14号14毫米
1953	1.46	1.44
1954	1.44	1.44
1955	1.46	1.56
1956~1957	1.48	1.36
1958~1960	1.48	1.36
1961	1.47	1.51
1962~1963	1.47	1.51
1964	1.30	1.30
1965	1.30	1.30
1966~1979	1.30	1.30
1980	1.43	1.37
1981~1983	1.30	1.30
1984~1985	1.50	1.50

表4-84　　1980~1985年苏州市区钢铁计划内外的构成情况表

年份	1980	1981	1982	1983	1984	1985
钢材总消费量(万吨)	9.65	12.73	10.41	12.71	12.74	15.06
其中:计划内	2.40	3.27	2.86	3.50	3.75	2.99

计划外组织	7.25	9.46	7.55	9.21	8.99	12.07
其中：物资部门	3.36	4.39	2.86	4.55	3.88	6.27
计划外占总消费量（%）	75.1	74.3	72.5	72.5	70.5	80.2
生铁总消费量（万吨）	11.22	9.86	9.99	9.45	9.24	10.84
其中：计划内	2.81	2.11	3.31	2.77	1.50	1.27
计划外组织	8.41	7.75	6.68	6.68	7.74	9.57
其中：物资部门	1.29	1.19	0.56	0.57	1.52	2.12
计划外占总消费量（%）	75.0	78.6	67.5	70.7	83.7	88.3

表4-85　苏州市物资贸易中心交易价

执行时间：1985年第四季度　　　　　　　　　　　　　　　　　单位：元/吨

品名	规格	国家牌价	贸易中心交易价
钢材	6.5~8毫米线材	653.5	1750
钢材	16~25毫米螺纹钢	693.5	1800
钢材	0.5~0.65	1142.5	2180
生铁	Z20	337	700
电解铜	99.95%	5755	6900

表4-86　1985年苏州市物资贸易中心计划外钢材价格变动表

单位：元/吨

大类	品名	规格	九月上半月实际成交价	九月下半月实际成交价	涨跌幅度
钢材	线材	6~8毫米	1803	1753	-2.77%
	螺纹钢	16~25毫米	1907	1790	-6.14%
	圆钢	12~20毫米	1804	1557	-13.69%
	薄板	0.8~4毫米（冷）	2097	2095	-0.1%

表4-87　1980~1986年主要生产资料价格变动情况表

单位：元/吨

年份	类别	线材（直径6.5A3）	热轧薄板（1毫米）	铸造生铁（Z14—组锰）
1980	计内供应价	671	770	231
	计外代理价	—	—	—
1981	计内供应价	671	770	231
	计外代理价	—	—	—
1982	计内供应价	671	812.5	296
	计外代理价	805	975	355
1983	计内供应价	671	812.5	296
	计外代理价	805	975	355
1984	计内供应价	688.5	812.5	296
	计外代理价	826	975	355
1985	计内供应价	688.5	812.5	296
	计外代理价	1900	1890	670
1986	计内供应价	688.5	812.5	296
	计外代理价	1600	1700	550

年份	类别	线材（直径6.5A3）	热轧薄板（1毫米）	铸造生铁（Z14—组锰）
1986年比1980年上升(%)	计划内供应价	2.61	5.52	28.14
1986年比1982年上升(%)	计划外代理价	98.76	74.36	54.93

表4-88　1986年苏州市物资贸易中心主要物资挂牌价（最高价）

1986年第四次 　　　　　　　　　　　　　　　　　　　　　　　　　　　　　　　　单位：元/吨

品名	规格	挂牌价
线材	6.5毫米	1600
螺纹钢	16~25毫米	1650
圆钢	12~20毫米	1550
角钢	2.5~4.5#	1600
热轧薄板	0.8~4毫米	1700
冷轧薄板	2毫米以下	2000
中板	4.5~20毫米	1700
镀锌管	1毫米以上	2200
炭吉钢	45#	1800
生铁	Z14	620
电解铜	1#99.95%	6800
铝锭	AAOO	6400
锌锭	1#	3750

　　跨入20世纪80年代以后，计划外物资价格管理逐步放宽，由于钢材等生产资料普通实行计划价与市场价的"双轨制"，为吸引货源来苏，在对外协作中，除提供给对方一定数量本地物资外，在进价上，一般是高于国家调拨价。1980~1985年，苏州市协作所得的钢材共54.53万吨（占同期耗用量的74.4%），比计划分配价多支付10337万元，具体数量与差价详见下表。其差价主要靠市财政补贴，据记载：1979年5月至1985年底，对生产资料计划外协作差价，市财政局共补贴1476.8万元。

表4-89　1980~1985年苏州市物资局组织的计划外协作钢材数量及差价情况表

　　　　　　　　　　　　　　　　　　　　　　　　　　　　　　　　　　　　　单位：万元/万吨

年份	钢材总销量	其中		协作比计划钢材多付出的差价
		计划钢材	协作钢材	
1980	9.65	2.40	7.25	1308
1981	12.73	3.27	9.46	1730
1982	10.41	2.86	7.55	1497
1983	12.71	3.50	9.21	1829
1984	12.74	3.75	8.99	1520
1985	15.06	2.99	12.07	2453
合计	73.30	18.77	54.53	10337

　　1985年2月，市物委作出《关于制订线材、角钢实行地方临时出厂价的批复》：由于苏州钢铁厂用计划外原料生产的计划内的钢锭已经由市物委批准制定了地方出厂价格，苏州轧

钢厂用这部分钢锭生产的计划内的线材、角钢执行省订临时价有困难。根据省物价局、冶金工业厅文件第三条精神，决定对使用省订价钢锭生产的钢材仍执行省定价格；对于使用地方临时价的钢锭生产的钢材另定地方临时出厂价如下表，以下钢材地方临时价格自文到后执行到1985年12月31日止：

表4-90　低碳盘条

单位：元/吨

钢号	6~6.5		8		9	
	省订临时价	地方临时价	省订临时价	地方临时价	省订临时价	地方临时价
乙类沸腾钢B1-3F BY1-3F BJ1-3F	645	795	630	780	620	770

表4-91　等边角钢

单位：元/吨

型号	规格（边宽×边厚）	乙类沸腾钢B1-4F，BY1-4F	
		省订临时价	地方临时价
3.0，3.2	（30~32）×（3~5）毫米	625	775
3.6	36×（3~5）毫米	610	760
4.0，4.5	（40~45）×（3~6）毫米	590	740

1985年，鉴于苏州钢铁厂计划内热轧焊线（H08A）因钢锭提价每吨亏损48.8元，以及普碳线材省定价高于焊线价格，比价不合理，1985年5月，江苏省制定了焊线省定临时价格。直径6.5毫米每吨临时价为840元，比国拨价700元高140元。同年6月，因废钢、电极及电力等价格相继提高，使统配钢锭（坯）、部分钢材亏损加剧，为维持企业生产顺利进行，鼓励企业积极完成调拨计划，省物价局、冶金厅调整了钢锭（坯）及部分钢材省定临时价格。调整幅度为20%~27.5%。调整后的价格水平基本上能弥补亏损。

表4-92　1985年江苏省部分钢锭钢材省定临时价格表

单位：元/吨

品种	代表规格	成本	国拨价	临时价
钢锭	≥10″	453.61	345	440
钢坯	76~115毫米	—	425	531
低碳盘条	直径6.5毫米	666.08	610	763
热轧圆钢	直径10~12毫米	632.07	630	788
等边角钢	4~4.5#	642.71	565	706
螺纹钢（20MnSiⅡ级）	直径11~14毫米	703.57	670	800

1986年7月，冶金工业部、国家物价局《钢铁产品按质论价管理办法（试行）》下达，允许部分企业的产品在国家定价基础上，加优质加价10%~15%，地方临时加价20%。

1988年上半年开始，市物价委员会建立了生产资料价格中心，下设金属材料、木材、建材等价格管理小组，常年进驻当时生产资料流通的重要场所——"市物资贸易中心"。其间，对金属材料价格，依据市场行情，协调制定挂牌价，作为"双轨制"价格条件下，商品的最高限价，有效遏止了当时通货膨胀条件下的价格不合理上扬。

1988年，针对工业生产资料供求矛盾突出、价格既高又乱的状况，国务院发布了《重要生产资料和交通运输价格管理暂行规定》和《计划外生产资料全国统一最高限价暂行管理办法》。国家物价局发出了《关于发布第一批计划外生产资料全国统一最高限价的通知》，发布了计划外生产资料全国统一最高限价。

同年5月14日，市物价部门发文公布了苏州市区计划外部分钢材实行最高销售限价（依据市场情况分期分批公布）。计划外重要生产资料最高销售限价水平的确定，按略低于现行市场调节价格水平的原则，根据国家发布的最高出厂限价的基础上加运杂费，再加综合差率（市区不超过4%，县不超过5%，包括经营费用、利润）和实纳税金制定。同时，加大了对钢材价格违法行为的查处力度，对一些生产经营企业转手倒卖钢材、计划内转计划外高价销售钢材等价格违法大案严肃查处。苏州市区计划外部分钢材最高销售限价情况详见下表：

表4-93　1988年苏州市区计划外部分钢材最高限价

单位：元/吨

品名	最高销售限价5月15日	最高销售限价8月1日
普碳、低合金大型工、槽、角钢，圆、方、扁钢	1870 1450	2000 1600
普碳、低合金中型工、槽、角钢，圆、方、扁钢	1620 1450	1600 1480
普碳、低合金小型角钢，圆、方、扁钢	1420 1450	1600 1600
普碳、低合金盘条	1460	1750
Ⅱ级螺纹钢筋	1570	1680
普碳、低合金重轨	1720（50千克/米） 1750（60千克/米）	1800
普碳、低合金轻轨	1760	1850
热轧、热锻炭吉圆钢（45#）	1790（45#） 1750（10～40#）	1800
热轧炭吉盘条	1750	1900
中板（普碳）	1620	2400
中板（低合金）	1680	1900
造船板	1680	2450
锅炉板	1750	1950
热轧低合金薄板	1700	2800
镀锌板	—	—
镀锡板	4000	—
冷轧普碳薄板	—	—
热轧普碳薄板	1950	—
焊接钢管	1700	1950
镀锌焊管	2120	2350
热轧矽钢片	2950	3400
冷轧矽钢片	—	—
热轧炭吉（一般用于无缝管）	—	2200

1989年4月，国家物价局、物资部等四家单位又重新颁布了计划外黑色、有色金属全国统一最高限价。这次限价措施既限出厂价又限销售价，在国家统一出厂价格基础上加规定的最高销售限价额核定。

同年6月，为了更好地贯彻全国计划外有色、黑色金属的限价，支持生产，保证供给，市物委对苏州钢铁厂、吴县钢铁厂计划外生产的铸造生铁制定临时出厂价格每吨最高为780元，限供省内直接生产使用单位。对销往省外或省内、外经营单位的，一律执行国家统一规定的出厂限价。以铸造生铁为原料的产品价格一律不得提价。

1990年，江苏仍对钢材制定临时价，超产自销执行最高限价。对钢铁产品的限价措施有效抑制了钢材价格的上涨，对整顿价格秩序、抑制通货膨胀起到了重要作用。

1984年以后，钢铁产品全国统一出厂价格基本未作调整，国家主要通过制定临时出厂价格和额外计划内产品实行"保量不保价"的措施来缓解生产困难。这些临时措施虽然起了积极作用，但也造成计划内同一产品既多又乱，如临时价、一厂一价、保量不保价等，使计划内产品比价越来越不合理，加之1989年12月国家调整汇率，1990年又提高煤、电、油价格，使钢铁系列产品成本大幅度上升，计划内产品亏损面已达90%以上，计划外产品由于受供求影响，赢利已难以弥补计划内产品亏损。为此，国家在1991年整顿、调整了钢铁系列产品价格。主要是调整了铁矿石、生铁、钢坯的统一出厂价，下调了计划外钢铁产品全国最高限价，对镀锡板、冷轧电工钢带（片）实行计划内外价格并轨，重新核定部优产品优质加价幅度，以及取消钢铁产品临时出厂价等。

1992年5月，鉴于部分钢材价格呈上涨趋势，苏州市物资交易所执行部分国家最高限价已难以经营，为了搞活市场，鼓励经营单位组织资源进场交易，满足苏州市经济发展的需要，市物价局决定，对苏州市钢材市场采取如下放宽价格管理措施。

1. 放宽价格：凡是从外地钢厂购进超过国家最高出厂限价的钢材（含生铁，下同），可按进价加6%的综合费率，另加定额运杂费计价。从本地钢厂购进超过国家最高出厂限价的钢材，可按进价加4%的综合费率，另加定额运杂费计价。从外地经营单位组织的钢材，可在合理的进价基础上加4%的综合差率，另加实际发生的运杂费计价。

2. 放宽环节：各类钢材经营企业应进场交易，在市场内交易的钢材，凡供应苏州市生产建设需要的，允许增加一道销售环节。

3. 加强服务：为了积极搞活市场，服务于企业，上述各条放宽措施由苏州市物价局派驻进场员进行鉴证服务。凡未经鉴证，一律视为场外交易，不得享受其放宽政策。

三、钢铁价格放开

为适应社会主义市场经济的需要，促进国营工业企业转换经营体制，国务院决定从1993年1月1日起，放开钢铁产品价格。放开除指令性计划内的国防、军工、农业和农用水利（含救灾）以及铁道专用以外的执行国家统一定价的统配钢材价格（包括国家定价、国家指导价、并轨价），由生产企业根据产品成本、税金和市场供求情况，自行确定价格。

钢铁价格放开以后，苏州市场钢铁金属价格从1993年开始逐月攀升，至1994年1月份，直径6.5毫米线材每吨从上年的3300元上涨至3633.3元，涨幅为10.1%。铜、铝等金属材料价格也有一定幅度的上升,特别是L1铝板每吨从上年的11900元上涨至17766.7元,涨幅高达49.3%。

为加强钢铁产品价格的宏观调控,规范企业价格行为,抑制通货膨胀,控制钢铁等生产资料价格上涨,1994年5月,国家计委发出了《关于加强钢铁产品价格管理的通知》,明确对热轧螺纹钢、普碳圆钢、线材中厚板、冷轧薄板、热轧薄板、镀锌板、镀锡板、热轧优碳圆钢、热轧矽钢片等10种钢材实行国家指导价,即出厂价格由国家规定中准价格和上下浮动幅度,销售价格由国家规定进销差率。

表4-94 1994年国家计委公布实行国家指导价格的钢材中准出厂价格表

品种	中准出厂价格(元/吨)	浮动幅度(±%)
热轧螺纹钢	3250	5
热轧普碳圆钢	3150	5
普碳线材:普线	3150	5
高线	3250	5
普碳热轧中厚板(不包括特宽、特厚板)	3200	—
普碳热轧薄板(含卷、带)	3300	5
普碳冷轧薄板	4300	10
镀锌板(带)	4500	10
镀锡板(带)	4800	10
热轧优质圆钢(≤45号)	3800	5
热轧矽钢片	6200	5

注:表列价格均为含税价格,不分规格。

与此同时,国家计委明确了上述10种产品,以及上述产品关联的焦炭、生铁、钢坯、槽钢、工字钢、焊管、冷轧矽钢片、造船板、锅炉板等10种重要的钢铁产品实行企业调价备案制度;鞍钢等44个大中型生产企业在调整国家规定的低价原则内调整出厂价格时,须向国家计委、冶金部备案。

国家计委还明确:物资经营企业经营的钢材,国家规定指导价格的品种,可在出厂价格基础上加7%的综合费率并加进货运杂费作价销售。对最终用户的销售价格,不得超过7%的综合费率。经过多道环节批发经营的,只能在国家规定的综合费率内倒扣作价。进货运杂费标准由物价部门核定。

对除国家专项用钢材实行国家定价、国家指导价,并实行企业调价备案制度外,其他钢铁产品继续由企业根据市场供求自主定价。

同年9月,江苏省明确全省所有生产这10种钢材的企业都必须按国家规定的指导价格执行,不得突破;实行企业调价备案制度的焦炭、生铁、钢坯、槽钢等10种重要钢铁生产企业在调整出厂价时,须在执行前10日将调价情况报省物价局、冶金厅备案;报省备案的企业为南京钢铁厂等全省20家钢铁厂,苏州市辖区内的苏州、沙州、吴县、常熟4家钢铁厂也名列其中。

对农田水利等建设所需钢材,江苏省明确可按国家指导价下浮500元执行。这部分钢材约占全部钢材量的20%以内。

为贯彻上级《关于加强钢铁产品价格管理的通知》精神，同年10月，市物价局专门发出文件，要求凡国家规定实行国家指导价和实行企业调价备案制度的20种钢铁产品，生产企业在向省备案的同时，须报当地物价局、冶金主管部门备案。钢材经营企业经营国家规定指导价格品种，其市场销售价格按照差率管理与水平控制相结合，并以水平控制为主的原则进行管理。具体价格可由当地物价部门或委托行业价格管理组织，根据当地实际情况，在国家规定的价格政策和作价原则范围内协议确定，并向社会公布，按上述规定确定的价格，全社会各经营单位均不得突破。如需突破，必须报市、县物价部门审批，否则以违纪论处。

执行国家指导价格的钢材中准出厂价的为螺纹钢、圆钢、线材等10种。这10种产品的定额运杂费按照"省管市、市管县"的体制，本着"以收抵支，基本平衡"的原则核定，即各县（市）钢材经营企业定额运杂费由市物价部门会同市物资主管部门核定，各县（市）标准详见附表。省级、市级各有关部门所属经营单位执行所在地市场钢材定额进货运杂费标准，从1994年10月25日起执行。具体运杂费见下表：

表4-95　1994年苏州市各县（市）10种指导价钢材定额进货运杂费表

单位：元/吨

地区	螺纹钢	圆钢	线材	中厚板	薄板	冷薄板	镀锌板	镀锡板	优钢	矽钢片
苏州市	175	185	180	205	210	226	220	225	210	215
常熟市	205	215	210	235	240	256	250	255	240	245
张家港市	205	215	210	235	240	256	250	255	240	245
昆山市	200	210	205	230	235	251	245	250	235	240
太仓市	200	210	205	230	235	251	245	250	235	240
吴江市	200	210	205	230	235	251	245	250	235	240
吴县	190	200	195	220	225	241	235	240	225	230

受市场供需情况和国际市场价格变化的影响，1994年制定的钢材国家指导价水平与市场价格出现了较大差距，同时，流通领域层层加价、转手倒卖的现象仍比较突出。

1994年冶金行业价格协调委员会在北京召开了第一次冶金产品价格协调会议。会议期间，行业价格协会与14个钢铁企业的总会计师和财务处长，根据国家采取的有关经济政策和当前国内外钢铁产品成本、市场价格，以及进口成本情况，按略低于进口成本水平的原则，共同研究提出了15个主要钢铁产品的近期参考价格。

表4-96　1994年主要钢铁产品国内、国际市场及建议参考价格表

品种	国内市场价格（元）	进口到岸价格		进口成本		参考零售价格（元）	说明
		美元	折人民币（元）	美元	折人民币（元）		
螺纹钢	3200~3300	305	2680	406	3570	3200	1. 各企业可根据情况，以参考价格为基础上下浮动5%。 2. 美元汇价以1:8.8人民币计算。
热轧圆方钢	3200~3300	320	2820	426	3750	3200	
线材	3050~3150	315	2770	419	3690	3100	
工字钢	4800~5000	360	3170	479	4220	3800	
热轧中厚板	3300~3400	340	2990	452	3980	3300	
热轧卷板	3400~3500	300	2640	399	3510	3300	

品种	国内市场价格（元）	进口到岸价格		进口成本		参考零售价格（元）	说明
		美元	折人民币（元）	美元	折人民币（元）		
冷轧薄板1.0毫米	4500~4700	—	—	—	—	4300	
冷轧卷板	4600~4700	400	3520	532	4680	4200	
镀锌板	4700~4900	450	3960	599	5270	4700	
优碳圆钢φ40	4200~4300	—		—		4100	
热轧矽钢片	6400~7100	—	—	—	—	6500	
无缝管φ159/φ219	4400~4500	—		—		4200/4500	
炼钢生铁	1550~1650	150	1320	200	1760	1600	
铸造生铁	1620~1750	160	1410	213	1870	1700	
钢坯60方	2700~2800	250	2200	333	2930	2600	

1995年，苏州市钢材市场价格，当时仍根据市物价局规定，第一部分10种钢材实行国家指导价产品由行业价格管理组织议定的市场销售价格，全社会各经营单位不得突破。如需突破，必须经市物价部门审批，否则以违纪论处。另外，根据市政府及市物价局文件精神，本次由行业管理组织议定的第二、三、四、五部分价格视为界定暴利界限的市场平均价格，在此价格基础上上浮合理幅度最高不得超过8%，超出部分就是暴利。下表选取了市物价局会同市行业价格管理协会在不同日期公布的部分金属材料国家指导价和市场平均价，1995年全年共公布17期：

表4-97　1995年苏州市区金属材料国家指导价及市场平均价

单位：元/吨

物资名称	规格	指导价1月20日	指导价5月5日	指导价11月20日
一、十种产品国家指导价				
螺纹钢	直径10毫米	3150	3200	3050（直径10~12毫米）
螺纹钢	直径12~25毫米	3050	3100	2900（直径14~25毫米）
螺纹钢	直径28毫米以上	3300	3300	3100
圆钢	直径10毫米	3100	3150	3050
圆钢	直径12毫米	2950	3000	2950
圆钢	直径14~16毫米	2900	2950	2850
圆钢	直径18毫米以上	3000	3100	3050
线材	直径6.5毫米普线	2750	2850	2800
线材	直径6.5毫米拉丝级	2800	2850	2830
线材	直径6.5毫米（高线）	2820	2900	2850
线材	直径8毫米（高线）	3000	2950	2860
中板	6毫米	3150	3200	3250
中板	8~10毫米	3100	3100	3100
中板	11~20毫米	3100	3100	3000
中板	>20毫米	3300	3300	3100
热轧薄板	1.5毫米以下	3900	4000	3910（各种规格）
热轧薄板	>1.5毫米且<3毫米	3350	3600	3910（各种规格）

物资名称	规格	指导价 1月20日	指导价 5月5日	指导价 11月20日
热轧薄板	3~4毫米	3300	3400	3910(各种规格)
冷轧薄板	0.5毫米以下	5280	5280(1毫米以下)	5280(各种规格)
冷轧薄板	>0.5毫米且<1毫米	5000	5280(1毫米以下)	5280(各种规格)
冷轧薄板	1毫米及以上	4500	4500	5280(各种规格)
镀锌薄板	各种规格	5500	5500	5500
镀锡板(带)	各种规格	5870	5870	5870
热轧优质圆钢(≤45号)	各种规格	4200	4300	4000
热轧矽钢片	各种规格	5950	6100	6000

二、其他钢材市场平均价

物资名称	规格	指导价 1月20日	指导价 5月5日	指导价 11月20日
轻轨	24千克	4500	4300	3800
重轨	38千克/米以上	5600	5000	4800
工字钢	25#	5000	5000	4700
槽钢	22#	2850	2900	3100
槽钢	18#	2750	2700	2700
槽钢	16#	2750	2700	2700
槽钢	14#	2850	2800	2700
槽钢	10#	3150	3000	3000
槽钢	6.3#	3150	3000	3000
角钢	7.5#	2850	2850	2700
角钢	5#	2700	2800	2700
角钢	4#	2750	2800	2800
角钢	3#	2750	2800	2800
角钢	2.5#	3100	3100	3000
焊管	直径40毫米	3750	3500	3400
镀锌焊管	直径20毫米	5100	5100	4800

三、生铁

物资名称	规格	指导价 1月20日	指导价 5月5日	指导价 11月20日
	Z18	1500	1550	1600

四、钢坯

物资名称	规格	指导价 1月20日	指导价 5月5日	指导价 11月20日
	60方	2400	2400	2400

五、有色金属

物资名称	规格	指导价 1月20日	指导价 5月5日	指导价 11月20日
铜	1#	27500	30000	27300
铝	A00	18500	19800	17000
镍	1#(金川)	84000	94000	84000
锌	1#	11000	10800	9500
纯锡	1#	56000	56000	55000
铅	1#	6400	7000	6600

为使钢材指导价格准确反映供求,国家计委于1996年1月25日决定对钢材指导价格进行有升有降地调整和整顿,详见下表:

表4-98　10种钢材的国家指导价格调整表

品种	原中准出厂价格(元/吨)	调整后中准价格(元/吨)	浮动幅度(±%)
热轧螺纹钢	3250	3100	5
热轧普碳圆钢	3150	3000	5
普碳线材:普线	3150	3000	5

第四章　重工业品价格

品种		原中准出厂价格（元/吨）	调整后中准价格（元/吨）	浮动幅度（±%）
高线		3250	3100	5
普碳热轧中厚板（不包括特宽、特厚板）		3200	3100	5
普碳热轧薄板（含卷、带）	≥2.0毫米	3300	3500	5
	<2.0毫米	3300	3500	5
普碳冷轧薄板		4300	4300	10
镀锌板（带）		4500	5900	10
镀锡板（带）		4800	6200	10
热轧优质圆钢（≤45号）		3800	3800	5
热轧矽钢片		6200	6200	5

苏州市场价格也随之变动。下表为市区钢材等金属材料国家指导价及市场平均价的情况：

表4-99　1996年苏州市区金属材料国家指导价及市场平均价

单位：元/吨

物资名称	规格	指导价1月22日	指导价6月20日	指导价11月10日
一、十种产品国家指导价				
螺纹钢	直径10~12毫米	3050	3050	2950
螺纹钢	直径14~25毫米	2850	2850	2850
螺纹钢	直径28毫米以上	3100	3050	3000
圆钢	直径10毫米	3050	3000	2950
圆钢	直径12毫米	2950	2900	2850
圆钢	直径14~16毫米	2850	2800	2750
圆钢	直径18毫米以上	3000	2950	2850
线材	直径6.5毫米普线	2800	2850	2830
线材	直径6.5毫米拉丝级	2800	2850	2830
线材	直径6.5毫米（高线）	2850	2900	2880
线材	直径8毫米（高线）	2840	2900	2880
中板	6毫米	3250	3250	3200
中板	8~10毫米	3100	3000	2950
中板	11~20毫米	3000	2900	2850
中板	>20毫米	3100	3100	3100
热轧薄板	各种规格	3910	3700（≥2.0毫米）	3700（≥2.0毫米）
热轧薄板	各种规格	3910	4100（<2.0毫米）	4100（<2.0毫米）
冷轧薄板	各种规格	5280	5280	5280
镀锌薄板	各种规格	5500	7160	7160
镀锡板（带）	各种规格	5870	7500	7500
热轧优质圆钢（≤45号）	各种规格	3600	3600	3100
热轧矽钢片	各种规格	6000	6000	6000
二、其他钢材市场平均价				
轻轨	24千克	3800	3800	3500
重轨	38千克/米以上	4800	4500	4200
工字钢	25#	4700	4200	3400
槽钢	22#	3100	2900	2900

物资名称	规格	指导价1月22日	指导价6月20日	指导价11月10日
槽钢	18#	2700	2500	2500
槽钢	16#	2700	2500	2500
槽钢	14#	2700	2500	2500
槽钢	10#	3000	2900	2900
槽钢	6.3#	3000	2900	2900
角钢	7.5#	2700	2800	2800
角钢	5#	2700	2750	2750
角钢	4#	2800	2800	2800
角钢	3#	2800	2800	2800
角钢	2.5#	3000	3000	3000
焊管	直径40毫米	3400	3400	3300
镀锌焊管	直径20毫米	4500	3800	3800
镀锌焊管	直径15毫米	—	—	4400
三、生铁	Z18	1600	1600	1550
四、钢坯	60方	2400	2400	2300
五、有色金属				
铜	1#	26500	26200	25500
铝	A00	17000	17000	16400
镍	1#（金川）	84000	83000	83000
锌	1#	9500	9800	9800
纯锡	1#	52000	55000	55000
铅	1#	6400	7200	7200

第四章 重工业品价格

　　1997年以后，全国钢铁市场由供求基本平衡到严重的供过于求，生产企业纷纷降价竞销，为制止低价倾销钢材的不正当行为，维护正常的价格秩序，保护经营者、消费者的合法权益，国家计委、国家冶金局于1998年制定《关于制止低价倾销钢材的不正当竞争行为的暂行规定》，同时根据钢材市场状况，取消了螺纹钢等10种主要钢材品种的国家指导价，价格放开，由企业依据市场供求情况，在不低于生产成本的前提下自行确定价格。

　　钢铁市场低水平重复建设，导致市场供大于求，竞争激烈，价格回升乏力。苏州市场钢铁产品价格也随市场供求情况而变化，1998年至2002年，钢铁市场价格总水平基本稳定。具体价格情况见下表：

表4-100　1999年苏州市区金属材料市场平均价（含税价）

单位：元/吨

物资名称	规格	平均价（1999年1月20日）	平均价（1999年3月10日）
螺纹钢	直径10~12毫米	2430	2300
螺纹钢	直径14~25毫米	2350	2260
螺纹钢	直径28毫米以上	2300	2260
圆钢	直径10毫米	2400	2320
圆钢	直径12毫米	2450	2290
圆钢	直径14~16毫米	2400	2260

物资名称	规格	平均价（1999年1月20日）	平均价（1999年3月10日）
圆钢	直径18毫米以上	2350	2250
线材	直径6.5毫米普线	2260	2260
线材（苏钢）	直径6.5毫米拉丝级	2300	2300
线材	直径6.5毫米（高线）	2350	2300
线材	直径8毫米（高线）	2350	2350
中板	6毫米（武钢）	2500	2400
中板	8~10毫米	2200	2200
中板	11~20毫米	2200	2200
中板	>20毫米	2600	2600
热轧薄板≥2.0毫米	各种规格	2600	—
热轧薄板<2.0毫米	各种规格	3000	—
冷轧薄板	各种规格	3600	—
热轧薄板≥3.0毫米	各种规格	—	2550
热轧薄板<3.0毫米	各种规格	—	3000
冷轧薄板	0.5毫米	—	3600
镀锌薄板	0.5毫米	5500	5500
热轧优质圆钢（≤45号）	各种规格	3300	3300
热轧矽钢片	0.5毫米	5400	5400
冷拉带肋钢筋	—	3050	3050
轻轨	24千克	2900	2900
重轨	38千克/米以上	3900	3900
工字钢	25#	2800	2800
槽钢	6.3#（上三）	2350	2350
槽钢	10~16#（马钢）	2240	2240
槽钢	18~25#（武钢）	2550	2550
角钢	3~5#	2350	2350
角钢	7.5#	2400	2400
焊管	直径40毫米	3100	3100
镀锌焊管	直径20毫米	4000	4000
镀锌焊管	直径15毫米	4100	4100
生铁	Z18	1300	1300
钢坯	60方	2100	2000
铜	1#	15500	15100
铝	A00	14800	14100
镍	1#（金川）	46000	49500
锌	1#	9200	8900
纯锡	1#	51000	50000
铅	1#	5000	4850

表4-101　2000年苏州市区金属材料市场平均价（含税价）

发布日期：2000年9月10日

单位：元/吨

物资名称	规格	平均价	物资名称	规格	平均价
螺纹钢	直径10~12毫米	2570	冷拉带肋钢筋	—	2850
螺纹钢	直径14~25毫米	2500	轻轨	24千克	2800

物资名称	规格	平均价	物资名称	规格	平均价
螺纹钢	直径28毫米以上	2580	重轨	38千克/米以上	3800
圆钢	直径10毫米	2400	工字钢	25#	2700
圆钢	直径12毫米	2400	槽钢	6.3#	2680
圆钢	直径14~16毫米	2400	槽钢	10~16#	2580
圆钢	直径18毫米以上	2450	槽钢	18~25#	2480
线材	直径6.5毫米普线	2360	角钢	2.5#	2500
线材	直径6.5毫米拉丝级	2480	角钢	3~5#	2400
线材	直径6.5毫米（高线）	2400	角钢	7.5#	2500
线材	直径8毫米（高线）	2400	焊管	直径40毫米	3200
中板	6毫米	3050	镀锌焊管	直径20毫米	4000
中板	8~10毫米	2950	镀锌焊管	直径15毫米	4100
中板	11~20毫米	2850	生铁	Z18	1450
中板	>20毫米	3000	钢坯	60方	2100
热轧薄板≥3.0毫米	各种规格	3100	铜	1#	19300
热轧薄板<3.0毫米（南钢）	各种规格	3800	铝	A00	16750
冷轧薄板	0.5毫米	4800	镍	1#（金川）	99000
镀锌薄板	0.5毫米	5700	锌	1#	11000
热轧优质圆钢（≤45号）	各种规格	2800	纯锡	1#	50500
热轧矽钢片	0.5毫米	6600	铅	1#	5200

表4-102　2001年苏州市区金属材料市场平均价（含税价）

单位：元/吨

物资名称	规格	1月10日	2月10日	3月10日	4月10日	5月10日	6月10日
螺纹钢	直径10~12毫米	2420	2420	2600	2630	2650	2500
螺纹钢	直径14~25毫米	2400	2400	2580	2610	2630	2480
螺纹钢	直径28毫米以上	2420	2420	2650	2700	2720	2600
热轧螺纹钢Ⅲ级钢	直径6.5~10毫米	—	—	2700	2700	2700	2620
圆钢	直径10毫米	2310	2310	2480	2520	2520	2500
圆钢	直径12毫米	2300	2300	2470	2500	2500	2490
圆钢	直径14~16毫米	2290	2290	2460	2490	2490	2480
圆钢	直径18毫米以上	2320	2320	2440	2470	2470	2470
线材	直径6.5毫米普线	2300	2300	2320	2350	2350	2650
线材	直径6.5毫米拉丝级	2380	2380	2440	2470	2470	2470
线材	直径6.5毫米（高线）	2350	2350	2380	2380	2400	2400
线材	直径8毫米（高线）	2350	2350	2380	2380	2380	2380
中板	6毫米	2950	2950	2840	2790	2790	2800
中板	8~10毫米	2950	2950	2840	2750	2750	2760
中板	11~20毫米	2800	2800	2800	2800	2800	2700
中板	>20毫米	3000	3000	3000	3050	3050	3050
热轧薄板≥3.0毫米	各种规格	3100	3100	3100	3100	3100	2900
热轧薄板<3.0毫米（南钢）	各种规格	3800	3800	3800	3800	3800	3500
冷轧薄板	0.5毫米	4800	4800	4300	4300	4300	4300
镀锌薄板	0.5毫米	5400	5400	5150	5150	5150	5050
热轧优质圆钢（≤45号）	各种规格	2800	2800	2880	2880	2880	2800

物资名称	规格	1月10日	2月10日	3月10日	4月10日	5月10日	6月10日
热轧矽钢片	0.5毫米	6600	6600	6600	6600	6600	5500
冷拉带肋钢筋	—	2700	2700	2750	2750	2750	2750
轻轨	24千克	2750	2750	2950	2950	2950	2950
重轨	38千克/米以上	3750	3750	3750	3750	3750	2750
工字钢	25#	2700	2700	2770	2950	2950	2880
槽钢	6.3#	2600	2600	2500	2500	2500	2500
槽钢	10~16#	2500	2500	2450	2450	2450	2450
槽钢	18~25#	2600	2600	2500	2500	2500	2600
角钢	2.5#	2650	2650	2350	2350	2350	2450
角钢	3~5#	2480	2480	2350	2350	2350	2420
角钢	7.5#	2530	2530	2550	2550	2550	2480
焊管	直径40毫米	3200	3200	3300	3300	3300	2900
镀锌焊管	直径20毫米	4000	4000	3600	3600	3600	3850
镀锌焊管	直径15毫米	4100	4100	3700	3700	3700	3350
生铁	Z18	1450	1450	1250	1280	1280	1280
钢坯	60方	2100	2100	2100	2100	2100	2100
钢坯	45#195方	—	—	2180	2230	2220	2220
钢坯	20格锰	—	—	2550	2600	2600	2600
铜	1#	17600	17600	17650	17100	17200	17200
铝	A00	15000	15100	15200	15200	15000	15000
镍	1#（金川）	82000	78000	70000	68000	68000	68000
锌	1#	10200	10400	10100	9800	9800	9800
纯锡	1#	49000	50500	49500	49500	49500	49500
铅	1#	4900	5000	5000	4800	4800	4800

2002年，全国价格总水平由多年的负增长开始逐步攀升，随着经济和社会事业的迅速增长和发展，特别是房地产等基本建设热的兴起，钢铁产品开始热销，同年10月开始，钢材价格一路上升，至2005年第一季度，苏州市场直径20毫米螺纹钢每吨在4000元左右，直径6.5毫米线材突破4000元，热销的1毫米冷轧薄板每吨为7500元左右，同2001年相比，价格上涨将近1倍。

在宏观调控的作用下，国家严格控制固定资产投资规模，严禁乱占滥用耕地搞开发建设，采取有效措施遏止房地产价格过快上涨，刹住炒作之风，以及在钢材总体供应货源充沛、投机风险加大、游资减少等因素的作用下，从2005年4月份开始，钢材价格止涨回落。据市场价格监测表明，直径20毫米螺纹钢由3月25日的每吨3980元，至4月25日降为3450元，降幅达13.3%；直径6.5毫米线材每吨从3月25日的4080元，降为4月25日的3660元，降幅为10.3%；1毫米冷轧薄板也从4月5日的每吨7500元跌至6500元，降幅为13.3%。一些非建筑用钢材品种也有12%左右的跌幅。

2008年5月，汶川发生大地震，为支援四川灾区建设，保证救灾帐篷和过渡安置房生产所需原材料等灾后重建物资价格稳定，江苏省规定：省内生产、经营救灾帐篷生产用布、钢管以及过渡安置房生产用热轧卷板、彩涂钢板、钢带、聚苯乙烯等主要原材料的企业，产品出厂和销售价格要稳定在5月11日震前水平，不得突破；已经超过的，一律恢复到5月11日的价格水平。2008年下半年以来，随着国际金融危机对实体经济影响不断加深，钢材价格大幅下跌。

2009年4月份，苏州市场建筑钢材价格在小幅上涨的基础上，5月份仍然窄幅上涨，其中圆钢涨幅0.28%，螺纹钢涨幅6.5%，线材涨幅5.34%，建筑钢材5月份平均涨幅4.04%。4、5月份出现窄幅上涨的原因主要有两个方面：钢材期货上市的拉动，市场需求有所增长。但总体来说，建筑钢材目前仍停留在低位价格水平，过去5、6月份时期，由于需求拉动大幅上涨的现象没有再现。据业内人士分析，这一阶段钢材价格处于低价现状的主要原因仍然是需求没有显现增长，这是抑制建筑钢材价格的主要因素。6月份苏州市钢材价格上调两次，每吨累计上调250~300元，涨幅在10%左右。调价幅度高于市场预期，后市需求看好。而2009年5、6月份，苏州市钢材价格止跌回升，主要受基建项目开工加快的影响，市场需求上升，加之钢坯、废钢等原材料价格上涨，拉动已经处于盈亏平衡点附近的钢材价格回升；钢材库存仍是钢材价格继续向上运行的一个制约因素；国内钢铁业龙头——上海宝钢宣布提高钢材出厂价格，由此牵动整个国内钢材价格上升；6月份以来，以原油为主的国际大宗商品价格普遍走高，也对钢材价格上升起联动作用。

随着国家各项刺激经济增长措施的逐步落实，下游钢材需求以增为主，再加上中国政府出台了钢材限产措施，加大了淘汰落后产能力度，市场信心有所增强，促使2010年钢材价格逐步走稳回升。

第四章 重工业品价格

表4-103　2000~2010年苏州市历年金属材料价格表

单位：元/吨

年份	镀锌板	镀锌管	不锈钢板	电解铜	铝	锌	镍
2000	—	—	—	18665.28	16655.56	—	—
2001	—	—	—	16313.51	14675.68	—	—
2002	—	—	—	15633.33	14184.62		
2003	—	—	—	18314.29	14830.00		
2004	6334.12	4755.45	16370.00	27834.72	16297.17	10670.59	14.36
2005	7469.64			35392.29	16982.86	13688.89	14.98
2006	5800.00	5570.00	4900.00	62595.89	20568.22	27240.83	22.26
2007	5885.71	5444.29		62310.20	20372.45	26566.67	32.72
2008	—	—		55201.39	17934.72	16625.00	18.02
2009	—	—		40416.67	13956.39	13763.89	11.48
2010	—	—		59132.86	15894.43	18352.86	16.59

资料来源：苏州市物价局价格监测中心。

第六节　水泥价格

苏州从解放前夕至解放初期，仅有几家私人石灰窑厂、砖瓦厂、水泥陶瓷制品厂，共有职工百余人，苏州不生产水泥。水泥基本上是"舶来品"，或从外地调入，其价格都由企业自定。1950年12月，私营光华水泥厂从上海迁苏，成为全国第一家白水泥生产厂，也是苏州第一家水泥制品厂，1954年光华水泥厂被列入苏州市首批公私合营企业。1956年水泥等建材全行业完成公私合营后，水泥价格逐步纳入计划经济，实行由中央、省、地市三级价格管理体制；如苏州光华水泥厂曾一度归国家建工部管理，至20世纪60年代后，苏州各地地方水泥厂陆续筹办投产，政府相继组建物价部门，当时地产水泥价格由省统一制定管理。至80年代初期，省逐步放权，地产小水泥价格逐步由当地物价部门管理。

一、地产白水泥价格

苏州光华水泥厂是生产白色硅酸盐水泥（下称白水泥）的专业工厂，民国37年（1948）8月，进行小批量生产试销，价格基本上是比照进口白水泥的上海市场价格销售。由于外货充斥市场，企业力量薄弱，生产极不正常。建国后，在政府扶助下，增资改组，从上海迁厂到苏州，于1951年6月1日正式投产。当年产量只有607吨。经过5年的发展，至1956年产量达1116.8吨。在此期间，出厂价格悬殊很大。据该厂提供的资料，1951年至1956年，该厂白水泥销售量、出厂价格、成本、销售费用、税金、销售利润情况详见下表：

表4-104　1951~1956年苏州光华水泥厂成本与价格情况表

单位：元/吨

年份	出厂价格	成本	销售费用	税金	销售利润
1951	856.69	571.51	—	105.64	179.54
1952	688.13	616.78	15.75	91.06	106.14
1953	678.58	302	9.64	138.60	228.34
1954	110.27	61.31	3.21	22.60	23.15
1955	365.50	216.49	4.76	73.89	70.36
1956	260.54	101.75	25.40	52.63	—

1955年国家压缩基本建设规模，又因成本过高，每吨销售价高达720元，一度出现了滞销局面，为此光华水泥厂改革熟料煅烧工艺，以块煤代替燃油，每吨售价降至130元，从此白水泥畅销国内外，生产能力得以充分发挥。1956年起，白水泥产品被纳入国家计划统一分配，出厂价格也开始由国家制定。不分等级（白色度）400标号白色硅酸盐水泥（含纸袋包装，下同）出厂价格每吨130元。1958年，经国家建材部扩建后的苏州光华水泥厂生产能力得到进一步提升。第二年，中华人民共和国成立十周年大庆，北京首都"十大献礼工程"建筑均采用苏州光华水泥厂生产的白水泥，光华厂名声大噪。1973年白水泥被划分为两个质量等级，出厂价格分等级制定，一级每吨130元，二级每吨110元。

苏州光华水泥厂白水泥产品内销注册商标白熊牌，出口使用白鹦鹉牌，两商标白水泥均采用国际标准，产品进入国际市场，远销欧洲、非洲、东南亚各国和中国香港等地区。

1978年，光华厂经国家计委批准进一步扩建，产销量获得空前飞跃，至1988年光华厂白水泥内销全国22个省、自治区、直辖市，覆盖面达75.86%。1979年按四个等级制定出厂价格：一级品每吨150元，二级品每吨140元，三级品每吨130元，四级品每吨110元。

1981年，市物委发文批复光华水泥厂超产自销白水泥价格为：每吨325标号75度白水泥供应价141元，市场零售价162元；425标号80度白水泥供应价151元，市场零售价174元；425标号84度白水泥供应价161元，市场零售价185元。以上价格均含包装，并要求该厂对超产部分和按规定计划留成部分允许自销的白水泥严格按不同对象区别作价，即销售给个人消费者按本市规定的市场零售价，销售给生产、基建企事业单位及协作单位按规定的供应价，销售给物资供销经营单位按本市规定的供应价并给经营单位适当的回扣。

根据国家规定，光华水泥厂于1982年、1984年至1986年又先后调整了3次。质量差价的划分由单纯的划分等级，逐步改为按白色度高低制定质量差价，同时把代表规格品的标号由原硬练400标号改为软练425标号。1987年，江苏省白色硅酸盐水泥价格没有调整。

表4–105　1960~1986年苏州光华水泥厂白水泥主要年份出厂价格表

单位：元/吨

调整时间	1960	1973	1979.3.1	1982.1.1	1984.12.1	1986.1.1
325标号不分等级	130	—	—	—	—	—
325标号一级	—	130	—	—	—	—
325标号二级	—	110	—	—	—	—
325标号≥83.5度	—	—	150	—	—	—
<83.5度	—	—	—	—	—	—
≥82.5度	—	—	140	—	—	—
>82.5度	—	—	—	—	—	—
=78度	—	—	130	—	—	—
<78度	—	—	110	—	—	—
425标号84度（一级）	—	—	—	185	245	290
425标号80度（二级）	—	—	—	170	220	250
425标号75度（三级）	—	—	—	155	195	220
425标号70度（四级）	—	—	—	110	140	170

1980年末，在苏州光华水泥厂的帮助下，苏州市横塘水泥厂开始试产白水泥，其生产的白水泥价格基本上是参照光华水泥厂的价格，总体略低于光华水泥厂价格。下表为苏州市物价委员会1983年5月调整地产白水泥价格情况：

表4–106　1983年5月1日地产白水泥价格调整表

单位：元/吨

品种	标号	白度	包装	出厂价	供应价	零售价
白色硅酸盐水泥	325	84度	牛皮纸袋	225	235	270

品种	标号	白度	包装	出厂价	供应价	零售价
白色硅酸盐水泥	325	80度	牛皮纸袋	210	220	253
	325	75度	牛皮纸袋	195	205	236
	325	70度	牛皮纸袋	170	180	207

注：物资企业委托水泥厂代发货，由物资公司按出厂价贴3%手续费给水泥厂。

由于白水泥生产成本，特别是煤炭、电力运输价格的不断上涨，苏州地产白水泥也随着国家、省对光华水泥厂生产的白水泥价格调整水平而作出相应调整。下表4-107和4-108分别为1985年3月和1986年1月市物委调整横塘水泥厂生产的白水泥价格调整情况。同时，市物委重申要求该厂及物资经营企业必须严格按不同对象分别作价销售：对物资经营企业执行出厂价，对基建生产使用单位执行供应价，对个人购买执行零售价。由物资企业委托水泥厂代发货的，仍按原规定由物资经营企业给手续费每吨7元。

表4-107　1985年3月25日苏州市地产325标号白水泥价格调整表

单位：元/吨

品种	白度	包装	出厂价		供应价		零售价	
			现行	调后	现行	调后	现行	调后
白色硅酸盐水泥	84度	牛皮纸袋	225	245	235	256	270	294
	80度	牛皮纸袋	210	220	220	231	253	266
	75度	牛皮纸袋	195	195	205	206	236	237
	70度	牛皮纸袋	170	170	180	181	207	208

表4-108　1986年1月20日苏州市地产325标号白水泥价格调整表

单位：元/吨

品种	白度	包装	出厂价		供应价		零售价	
			现行	调后	现行	调后	现行	调后
白色硅酸盐水泥	84度	牛皮纸袋	245	290	256	301	294	346
	80度	牛皮纸袋	220	250	231	261	266	300
	75度	牛皮纸袋	195	220	206	231	237	266
	70度	牛皮纸袋	170	170	181	181	208	208

1987年国家物价局、国家建材局鉴于木材价格放开后，纸袋纸也随之调价，水泥包装费上升较大。为扭转水泥企业包装费严重亏损，国家物价局等部门将袋装和散装水泥差价从每吨7元调整为每吨12元，采用布塑等其他材料包装的袋装和散装水泥差价最高限价由每吨17元改为每吨19元。为此，苏州光华水泥厂从1987年11月15日起，调整袋装和散装水泥的差价，具体价格见下表：

表4-109　1987年11月15日苏州光华水泥厂白色硅酸盐水泥出厂价格表

单位：元/吨

标号	牛皮纸袋包装出厂现行价	牛皮纸袋包装出厂调后价
一级	290	295

标号	牛皮纸袋包装出厂现行价	牛皮纸袋包装出厂调后价
二级	250	255
三级	220	225
四级	170	175

为了促进外向型经济发展，支持散装水泥出口，为国家多创汇，省建委、建工局等部门于1991年规定，凡对外出口的散装水泥，包括散装、吨装大包装、熟料，节包费从每吨1989年规定的收取9元下降至每吨收取4元。其分成办法：水泥企业留成2元，上缴主管部门2元。

经国务院批准，国家建筑材料工业局、国家物价局发文决定，自1991年4月1日起，取消统配企业生产的水泥价格双轨制，实行计划内外统一出厂价格。执行统一出厂价后，各统配水泥生产企业必须执行国家规定的统一价格。任何部门和单位不得擅自变动价格，违者按价格违法查处。下表为统配水泥企业水泥计划内外统一出厂价格表，苏州光华水泥厂生产的白水泥也严格执行统一的出厂价格。

表4-110　统配水泥企业水泥计划内外统一出厂价格表

单位：元/吨

品名	标号	并轨价	品名	标号	并轨价
白色硅酸盐水泥（优质品）	特级	380	白色硅酸盐水泥（合格品）	二级	335
白色硅酸盐水泥（一等品）	一级	360	白色硅酸盐水泥（合格品）	三级	315
白色硅酸盐水泥（一等品）	二级	340	—	—	—

20世纪70年代光华厂生产的白鹦鹉牌白水泥，80年代白熊牌白水泥均被评为"江苏省优质产品"，其中白鹦鹉牌白水泥荣获"部优"及国家经济委员会颁发的"银质奖"，并享受国家规定的优质加价政策。光华厂也荣获了国家建材局"质量信得过企业"、"全国建材工业技术进步先进企业"等称号。下表为苏州光华水泥厂1992年白水泥出厂加价价格表：

表4-111　1992年1月苏州光华水泥厂白水泥出厂加价价格表

单位：元/吨

等次	级别	调整前价格	调整后价格	等次	级别	调整前价格	调整后价格
优等	特级	380	420	合格	一级	335	370
一等	一级	360	400	合格	二级	315	335
一等	二级	340	380	—	—	—	—

注：表列价格均为散装价格，企业可根据市场供求情况，在±10%的幅度内浮动。

20世纪90年代中后期，白水泥价格放开，由企业自主定价。苏州和全国一样，白水泥生产市场供求价格日趋稳定。受苏州城区建设发展规划的调整和环保需求的制约，苏州白水泥生产也日趋萎缩。2003年10月，苏州光华水泥厂转制，2006年以股份转让形式控股镇江今盛白水泥有限公司，是年底，苏州光华水泥有限公司因苏州火车站改造拆迁停产。

二、地产普通水泥价格

苏州地方生产普通硅酸盐水泥始于1958年"大跃进"期间,曾先后开办16家水泥厂,终因缺乏科学精神和技术设备条件,生产的水泥质量很差,大部分不能使用,旋即下马停产。1965年3月,国家投资80万元,筹建地方国营苏州水泥厂。年末市区水泥行业有2家企业,职工518人,产量1.7万吨,产值342.27万元。直至1965年后才陆续建立3家小水泥厂。

当时地方水泥系与国家统配水泥相对而言,又称小水泥,其定价权集中在省。据载,截至1964年底,省统一规定325标号普通水泥(不含包装)出厂价为每吨44元,纸装包装费每吨另计10元。1965年起,325标号普通水泥(不含包装)出厂价调为每吨40元(这时产品税减半缴纳),纸包装费每吨仍为10元。这种价格水平、价格形式和管理水平一直延续到20世纪70年代末期。水泥在流通领域则实行指令性计划调拨,供应价格是根据出厂价格加管理费和经物价部门核准的进货费定额计算。一段时间实行省内分地点的供应价格,一地一价,也不安排城乡差价,"文化大革命"时期,苏州市地产水泥价格,也像其他商品一样,价格冻结,生产发展缓慢,供应严重不足,被列为短线产品。1954~1979年苏州市水泥计划供应价格情况见下表:

表4-112   1954~1979年苏州市普通硅酸盐水泥计划供应年均价格表

单位:元/吨

年份	325标号普通	年份	325标号普通
1954	81.00	1967	59.00
1955	67.00	1978	59.00
1956	67.00	1979	61.00

表4-113   1971~1979年苏州市区水泥计划内外的构成情况表

年份	1971	1972	1973	1974	1975	1976	1977	1978	1979
水泥总消费量(万吨)	4.26	5.41	6.60	5.55	7.93	6.33	7.23	8.73	10.94
其中:计划内	1.80	1.69	3.32	2.06	3.01	2.97	3.07	3.47	4.06
计划外组织	2.46	3.72	3.28	3.49	4.92	3.36	4.16	5.26	6.88
计划外占总消费量(%)	57.8	68.7	49.7	62.9	62.0	53.1	57.5	60.3	62.9

为了基建工程和人防工程的需要,苏州水泥厂生产了部分500标号矿渣水泥,按照优质优价的原则,1979年9月,市计划委员会批复同意该厂500标号矿渣水泥价格临时按供应价每吨58元出厂(连包装)。供应办法由市计委下达分配计划,交市物资部门调度安排,使用单位直接与水泥厂开票结算。

根据省物委、省建材工业公司文件规定,提高水泥出厂价格,苏州市建筑材料公司于1980年2月相应提高计划内水泥调拨价、供应价及市场零售价。详见下表:

表4-114　1980年1月1日苏州市大中型水泥厂水泥价格表

单位：元/吨

品名	标号	出厂价	系统内调拨价	供应价	市场价
硅酸盐水泥	525	67	77	78	89.70
硅酸盐水泥	425	61	71	72	82.80
普通硅酸盐水泥	525	62	72	73	84
普通硅酸盐水泥	425	56	66	67	77.10
普通硅酸盐水泥	325	51	61	62	71.30
矿渣硅酸盐水泥	425	52	62	63	72.50
矿渣硅酸盐水泥	325	47	57	58	66.70
油井水泥	45℃~75℃	67	77	78	89.70
矾土水泥	500	150	160	161	185
矾土水泥	400	120	130	131	151

注：定额费每吨11元。

表4-115　1980年2月1日苏州市小水泥厂水泥价格表

单位：元/吨

品名	标号	出厂价	系统内调拨价	供应价	市场价
普通硅酸盐水泥	500	67	74	75	86.30
普通硅酸盐水泥	400	62	69	70	80.50
粉煤灰、火山灰、矿渣硅酸盐水泥	500	63	69	70	80.50
粉煤灰、火山灰、矿渣硅酸盐水泥	400	58	64	65	74.80
粉煤灰、火山灰、矿渣硅酸盐水泥	300	54	60	61	70.20

注：定额费普通水泥每吨8元，矿渣水泥每吨7元。

　　1981年7月，市物委批复同意超产自销水泥可按不同销售对象区别作价：苏州水泥厂325标号矿渣水泥每吨供应价65元，市场零售价74.80元；苏州第二水泥厂425标号矿渣水泥每吨供应价72元，市场零售价82.20元。以上价格均包括包装费。

　　20世纪80年代初期，水泥价格即根据资源及生产技术条件等情况划分三种类型，以省定425号普通硅酸盐水泥为例，一类出厂价每吨50元，二类出厂价每吨57元，三类出厂价每吨65元。江苏省把原来地方水泥的定价权全部集中在省里改为省只管重点企业的价格，其余由市（地）、县管理。苏州市及县（市）属水泥厂的出厂价，在一段时间内基本上是在相对应的省定价基础上加分类差价制定。例如：1983年6月，根据省调价通知，苏州市物价委员会发文明确，苏州水泥厂生产的水泥，其出厂价按省定二类标准执行。苏州市第二水泥厂、苏州市横塘水泥厂及各县（市）所属水泥厂生产的水泥，其出厂价按省定三类标准执行。详见下表：

表4-116　1983年省定小水泥出厂价格表

单位：元/吨

产品名称	标号	出厂价格			交货地点
		一类	二类	三类	
普通硅酸盐水泥	425	58	65	73	厂内仓库

产品名称	标号	出厂价格			交货地点
		一类	二类	三类	
普通硅酸盐水泥	325	53	60	68	厂内仓库
粉煤炭、火山灰、矿渣硅酸盐水泥	425	54	61	69	厂内仓库
粉煤炭、火山灰、矿渣硅酸盐水泥	325	49	56	64	厂内仓库
粉煤炭、火山灰、矿渣硅酸盐水泥	225	45	52	60	厂内仓库

注：1. 表列出厂价格均不含包装。纸袋包装每吨水泥另加收10元。

2. 其他标号水泥的计价按省建材局苏材财〔1982〕第202号通知的规定办理。

同时，明确物资部门的计划内供应价：市区三家水泥厂按下表4-117价格执行；各县（市）所属企业生产的水泥，其供应价格就厂提货不超过每吨2元，物资部门仓库提货不超过每吨7元的加价幅度，由各县（市）物价部门核定并抄告苏州市物委。

表4-117　1983年6月11日苏州市区小水泥价格调整表

单位：元/吨

生产单位	标号产品名称	现行价			调后价		
		出厂	供应	零售	出厂	供应	零售
苏州水泥厂	325矿渣水泥	58	65	74.80	66	73	84.00
苏州第二水泥厂	425矿渣水泥	71	72	82.80	79	81	93.20
苏州市横塘水泥厂	325矿渣水泥	69	70	80.50	74	76	87.40

注：表列价格均为连纸袋包装价格，散装水泥出厂价每吨扣除10元，供应价按原有规定计价。

从20世纪80年代开始，由于水泥的原材料、燃料（主要是煤炭）、电力及运输陆续提高价格，使水泥成本增加，价格呈阶梯式直线上升，苏州地产小水泥计划供应价格也逐年走高。以省定425标号普通水泥为例，其价格变动详见下表：

表4-118　1980~1986年江苏省425号普通硅酸水泥出厂价格表

单位：元/吨

时间	价格	与上次比较	与初次比较
1980.2.1	50	100%	100%
1983.6.11	58	116%	116%
1985.8.20	68	117.24%	136%
1986	83	122.06%	166%

注：表中价格为一类厂价格，不包含包装。

表4-119　1980~1986年苏州市普通硅酸盐水泥计划供应年均价格表

单位：元/吨

年份	水泥325普通	年份	水泥325普通
1980	67.00	1985	71.15
1983	68.35	1986	89.00

苏州市价格志

表4-120   1980~1985年苏州市区水泥计划内外的构成情况表

年份	1980	1981	1982	1983	1984	1985
水泥总消费量（万吨）	10.45	16.22	13.66	19.47	15.41	16.36
其中：计划内	4.85	4.91	2.60	1.53	1.79	1.00
计划外组织	5.60	11.31	11.06	17.94	13.62	15.36
计划外占总消费量（%）	53.6	69.7	81.0	92.1	88.4	93.9

改革开放后，苏州工农业生产发展迅速，农民房屋建设规模大幅度增加，对水泥需求旺盛，水泥行业的发展获得良机，至1985年末，苏州市区建立了苏州水泥厂、横塘水泥厂等4家水泥生产企业，苏州下属各县（市）的小水泥厂也星罗棋布，发展较快。为规范水泥等建材类市场零售价格，维护广大消费者的利益，苏州市物价委员会于1985年6月对计划外水泥等建材批零差率、供零差率作出明确规定，要求经商单位和个体工商户严格遵守，不准以零套零就地转手加价倒卖。

表4-121   1985年苏州市水泥等建材类批零差率表

品种	批零差率（%）	备注
水泥	15	计划外材料、供零差率统一为8%
卫生陶瓷	12	计划外材料、供零差率统一为8%
瓷砖、玻璃	12	计划外材料、供零差率统一为8%
基建材料	15	计划外材料、供零差率统一为8%
油毡	10	计划外材料、供零差率统一为8%
滑石粉	10	计划外材料、供零差率统一为8%
金属材料	12	计划外材料、供零差率统一为8%

1984年国务院发文规定，对完成国家计划后超产自销的水泥，以省定价格为基础价，允许企业在上下20%幅度内自定价格。翌年1月，国家物价局、物资局发出《关于放开工业生产资料超产自销产品价格的通知》，取消原定的不高于国家定价20%的规定，允许企业自销和完成国家超产部分参与市场调节。地方水泥的价格由供需双方商定，形成"双轨"价格。而苏州这一时期，由于工农业生产迅速发展，特别是乡镇企业的迅猛发展，对基建用的水泥等建筑材料需求急剧增加，而计划分配的水泥等物资却没有相应增加，于是依赖于市场调节的要求十分强烈，因而水泥等生产资料的市场调节价格，在苏州市场上日益增强了它的地位和作用，一半以上依靠计划外协作渠道购进的水泥"代理价格"，也从1979年以前经营部门"不赔不赚"的代理作价办法，随着协作费用增多，渐渐演变成"保本微利"的作价办法。水泥计划内、外价格的"价差"也越拉越大，涨幅也越走越高。1986年与1980年相比，计划内水泥价格上涨36.92%，计划外水泥价格则上涨达65.56%。1980年水泥计划内外价差为38.46%；至1986年计划内外价差高达67.42%。下表为1980~1986年苏州市水泥计划内、外价格变动对比情况：

第四章　重工业品价格

表4-122　1980~1986年苏州市水泥计划内、外价格变动对比情况表

单位：元/吨

年份	类别	矿渣水泥（325标号）	年份	类别	矿渣水泥（325标号）
1980	计内供应价	65	1984	计内供应价	78
	计外代理价	90		计外代理价	96
1981	计内供应价	65	1985	计内供应价	89
	计外代理价	90		计外代理价	149
1982	计内供应价	73	1986	计内供应价	89
	计外代理价	89		计外代理价	149
1983	计内供应价	73	1986年比1980年上升（%）	计划内代理价	36.92
	计外代理价	89		计划外代理价	65.56

表4-123　1987年11月苏州各县（市）水泥计划内外价格情况对比表

单位：元/吨

品名	计划内供应价					计划外供应价				
	吴县	吴江	太仓	昆山	张家港	吴县	吴江	太仓	昆山	张家港
325标号普通水泥	—	123.60	—	115.40	115.40	—	135	141	—	—
425标号普通水泥	117/123	131.84	123.60	123.60	123.60	145	145	151	—	146
325标号矿渣水泥	—	117.42	—	109.20	109.20	—	130	132	—	—
425标号矿渣水泥	—	125.66	—	117.40	117.40	—	140	142	—	—

注：吴县425标号普通水泥每吨117元是吴县特种水泥厂产的价格，每吨123元是西山水泥厂产的价格。

生产水泥的主要原材料价格和费用上升，致使水泥成本上升较大，生产企业承受困难。为了促进生产发展，满足供应，1986年1月，市物委决定对市区（包括吴县水泥厂）小水泥的出厂价格作适当调整，市区小水泥出厂价格调整后，物资部门的销售价格相应调整（详见下表4-124）。水泥价格调整后，生产、经营企业应严格按规定价格执行，不得自行变相涨价（如收各种名目的差价）。经发现，按违反物价纪律论处。

表4-124　1986年2月1日苏州市区小水泥出厂价格调整表

单位：元/吨

产品名称	标号	苏州水泥厂		苏州第二水泥厂、横塘水泥厂、吴县水泥厂		说明
		现行	调整	现行	调整	
普通硅酸盐水泥	425	95	106	103	114	厂内仓库提货价
	325	88	98	96	106	
粉煤灰、火山灰、矿渣硅酸盐水泥	425	89	100	97	108	厂内仓库提货价
	325	82	92	90	100	
	225	—	—	75	75	

表4-125　1986年2月1日苏州市区小水泥供应、零售价格表

单位：元/吨

产品名称	标号	苏州水泥厂		苏州第二水泥厂、横塘水泥厂、吴县水泥厂		说明
		供应价	零售价	供应价	零售价	
普通硅酸盐水泥	425	114	131	117	135	苏州水泥厂为物资部门仓库提货价，其余水泥厂为厂提货价。
	325	106	122	109	125	
粉煤灰、火山灰、矿渣硅酸盐水泥	425	108	124	111	128	
	325	99	114	103	118	
	225	—	—	78	89.7	

注：1. 苏州水泥厂425标号普通水泥厂提供应价109元/吨，厂提零售价125元/吨；325标号普通水泥厂提供应价101元/吨，厂提零售价116元/吨；425标号矿渣水泥厂提供应价103元/吨，厂提零售价118元/吨；325标号矿渣水泥厂提供应价94元/吨，厂提零售价108元/吨。

2. 以上价格均连纸袋包装价格，散装价按规定另计。

同年3月，市物委发出《关于调整各县（市）小水泥价格的通知》，对各县（市）小水泥出厂价格（不包括吴县水泥厂）作如下的调整：

表4-126　1986年调整各县（市）产水泥价格表

单位：元/吨

名称	标号	现行价	调后价	名称	标号	现行价	调后价
普通硅酸盐水泥	425标号	109	120	粉煤灰、火山灰、矿渣硅酸盐水泥	425标号	325标号	225标号
普通硅酸盐水泥	325标号	102	112	粉煤灰、火山灰、矿渣硅酸盐水泥	103	96	81
—	—	—	—	粉煤灰、火山灰、矿渣硅酸盐水泥	114	106	81

上述价格均为连纸袋包装价，散装水泥每吨减价10元，交货地点为厂内仓库。各县（市）小水泥出厂价格调整后，其供应价、零售价由各县（市）物价部门按原经营管理费率3%，定额运杂费5元，供零差率15%的原则确定，并抄市物委备案。

为抑制计划外水泥等生产资料价格的过快上涨，保持其价格的相对稳定，满足苏州经济社会发展的需要，从20世纪80年代中期开始，苏州市依托苏州市物资贸易中心，通过"挂牌价"的形式，根据市场行情变化情况，对计划外水泥等生产资料价格实行最高限价管理。至1988年上半年，市物价部门会同物资部门建立"生产资料价格中心"，常年进驻市物资贸易中心，下设建材等若干个价格行业管理小组，根据"随行就市低于市价，有赔有赚，合理赢利"的原则，对计划外水泥等生产资料制定挂牌价，作为"双轨制"价格条件下商品的最高限价，既搞活了流通，满足了生产建设对水泥的迫切需求，又遏止了当时通货膨胀条件下价格水平的不合理上涨。

表4-127　1986年苏州市物资贸易中心主要物资（水泥）挂牌价（最高价）

1986年第四次

单位：元/吨

品名	规格	挂牌价
矿渣水泥	325标号	149

品名	规格	挂牌价
普通水泥	325标号	155
普通水泥	425标号	161

注：1986年5月16日起执行。

表4-128 1988年5月20日苏州物资贸易中心主要物资（水泥）挂牌价

单位：元/吨

品名	规格	挂牌价	品名	规格	挂牌价
矿渣水泥	325#	150	矿渣水泥	425#	156
普通水泥	325#	156	普通水泥	425#	162

1988年2月，苏州市物价委员会鉴于苏州第二水泥厂"枫江牌"矿渣硅酸盐水泥质量获省优称号，同意该厂"枫江牌"425#矿渣硅酸盐水泥在保持省优称号期间，可在出厂价每吨106元的基础上实行优质加价，幅度不超过5%，即每吨117.3元以内。上述价格不连纸袋包装，带包装价格每吨另加15元。

1988年，企业自行组织计划外原、燃材料价格上涨较大，难以消化，且邻近地区及省定水泥价格相继调整，为了保证苏州市地产水泥正常生产，平衡衔接各地的价格水平，经研究决定适当调整地产水泥价格，即普通水泥在现行出厂价基础上每吨提高10元，矿渣水泥在现行出厂价基础上每吨提高11元。

表4-129 地产水泥出厂价格调整表

单位：元/吨

产品名称	标号	一类价（苏州水泥厂）		二类价（第二、第三水泥厂，吴县水泥厂）		三类价（各县［市］水泥厂）	
		现行	调后	现行	调后	现行	调后
普通水泥	425	119	129	127	137	133	143
	325	111	121	119	129	125	135
矿渣水泥	425	113	124	121	132	127	138
	325	105	116	113	124	119	130

注：1. 以上价格均连纸袋包装价格，散装水泥每吨减价15元。

2. 上述价格为厂内仓库提货价。

市区（包括吴县水泥厂）水泥出厂价格调整后，物资部门的销售价格相应调整。

表4-130 苏州市区水泥供应、零售价格表

单位：元/吨

产品名称	标号	一类价		二类价		说明
		供应价	零售价	供应价	零售价	
普通水泥	425	133	153	141	162	1.价类划分同上表。
	325	125	144	133	153	2.工厂仓库提货。

产品名称	标号	一类价		二类价		说明
		供应价	零售价	供应价	零售价	
矿渣水泥	425	128	147	136	156	
	325	119	137	128	147	

注：1. 以上价格连纸袋包装价格，散装每吨减价15元。

2. 物资部门仓库提货每吨另加运杂费5元。

各地生产的普通425标号R型水泥出厂价格与调后的普通425标号水泥出厂价格的差价仍按每吨加价10元安排。经批准实行优质加价的水泥，生产企业可在调后的出厂价格（散装）基础上加规定的优质加价幅度执行，并报市物委备案，自1988年7月5日起执行。

1988年下半年以来，煤炭等价格上涨较大，地产水泥价格执行混乱，严重影响市场供应。根据上级治理经济环境、整顿经济秩序要求，1989年2月23日，市物委发出《关于整顿地产水泥价格的通知》，对苏州市地产水泥价格出厂价、供应价、零售价作了明确规定，全市各水泥厂划分为三类价格，要求各地认真贯彻执行。

表4-131　1989年3月苏州市地产水泥出厂价格表

单位：元/吨

产品名称	标号	一类价（苏州水泥厂）	二类价（第二、第三水泥厂，吴县水泥厂）	三类价（各县[市]水泥厂）
普通水泥	425	169	177	183
	325	161	169	175
矿渣水泥	425	164	172	178
	325	156	164	170

注：1. 以上价格均连纸袋包装价格，散装水泥每吨减价15元。

2. 上述价格为厂内仓库提货价。

表4-132　1989年3月苏州市区水泥供应、零售价格表

单位：元/吨

产品名称	标号	一类价		二类价		说明
		供应价	零售价	供应价	零售价	
普通水泥	425	174	200	182	209	1.价类划分同上表。
	325	166	191	174	200	2.表列为工厂仓库提货，物资部门仓库提货
矿渣水泥	425	169	194	177	204	另加5元/吨运费。
	325	161	185	169	194	

注：以上为纸袋包装水泥价格，散装每吨减价15元。

同时要求，各县（市）生产的水泥供应价、零售价由当地物价部门按原计价规定明确，抄苏州市物委备案；各地生产的R型水泥出厂价同品名、同标号水泥出厂价的差价仍按每吨10元加价执行。经批准实行优质加价的水泥，生产企业可在规定出厂价的基础上，加规定的优质加价幅度执行，并报市物委备案。

第四章　重工业品价格

563

同日，市物委又作出《关于特种水泥出厂价格的批复》，同意吴县水泥厂生产的浇筑水泥出厂价格为每吨400元，自应力水泥为每吨380元（上述价格均为带纸带包装），从文到之日起执行。

表4-133 1990年3月13日苏州市区部分计划外物资（水泥）挂牌价

单位：元/吨

品名	标号	挂牌价	品名	标号	挂牌价
矿渣水泥	325（连包装）	206	矿渣水泥	425（连包装）	212
普通水泥	325（连包装）	212	普通水泥	425（连包装）	218

注：1990年2月12日公布的挂牌价同时废止。

表4-134 1990年5月18日苏州市区部分计划外物资（水泥）挂牌价

单位：元/吨

品名	标号	挂牌价	品名	标号	挂牌价
矿渣水泥	325（连包装）	208	矿渣水泥	425（连包装）	214
普通水泥	325（连包装）	214	普通水泥	425（连包装）	220

表4-135 1990年10月26日苏州市区部分计划外物资（水泥）挂牌价

单位：元/吨

品名	标号	挂牌价	品名	标号	挂牌价
矿渣水泥	325（连包装）	200	矿渣水泥	425（连包装）	206
普通水泥	325（连包装）	206	普通水泥	425（连包装）	212

发展散装水泥是对水泥生产、使用传统方式的一大改革，是一项节约能源、效益好、牵涉面广的系统工程。1989年2月，为了贯彻国务院、省政府关于加快发展散装水泥的指示精神，省建委、省物价局等八个单位联合颁发的《散装水泥专项资金管理办法》，苏州市从1989年4月开始，按销售每吨袋装水泥向使用单位收取散装水泥开发资金2元，国家、省和地方水泥厂按销售每吨散装水泥（不分计划内、外）向使用单位收取散装水泥节约纸袋包装费（简称节包费）9元，即在散装水泥价格（包括水泥价格减去纸袋包装费，当时规定为每袋15元）上加收"节包费"9元，作为发展散装水泥专项资金。其分成比例为水泥厂留成2元，"散办"分成5元，使用单位分成2元。使用单位的分成所得部分统一由散办返回，用于散装水泥接收，储存设施；凡已执行预收水泥纸袋押金的水泥企业，对六个月不退的水泥纸袋押金，即作为"逾期押金"，按规定50%上缴国家财政，其余50%作为发展散装水泥专项资金，由"散办"统一安排，集中使用。

1991年4月，市计委、建委、物价局等六部门联合转发省《关于散装水泥专项资金管理办法的补充规定》，明确凡从市外地方企业自行采购使用的包装水泥，建设单位和使用单位都必须缴纳散装水泥开发资金2元，由市"散办"核实用量，委托建设银行负责收款，建行在收款总额中提取1%手续费。今后苏州市区单位凡在古城区以外实施的建设项目、路桥广场建设项目以及施工环境可以使用散装水泥的其他建设项目，都应使用散装水泥，否则有关部门将不予办理开工审批手续。为加快散装水泥发展步伐,苏州市(含六县、市)生产的纸袋包装水泥的包装费从现行每袋15元调整为20元,水泥厂或经营单位每供应1吨散装水泥,返回用户节包费2元,补贴用户租赁散装水泥设施费用。

1991年,经国务院批准,国家物价局、建工局发文取消国家统配水泥厂生产的水泥价格"双轨制",计划内外统一出厂价格,实行价格并轨,以散装425标号矿渣硅酸盐水泥为代表规格品,在计划内外加权平均计算的基础上,确定每吨定价110元,基本不增加用户负担,但省管价格的地方水泥继续执行省定出厂价格。由于国家调整铁路、公路运价和燃料价格导致水泥成本大幅上升,部分企业出现亏损,为缓解水泥生产企业困难,1991年6月,省再次调整省统配水泥出厂价,每吨提高10元。1992年水泥出厂价每吨再次提高20元,维持了水泥生产企业的简单再生产。至1993年,根据国家关于改革国家统配水泥价格管理的有关精神,省决定从同年6月1日起,将省管水泥出厂价格、包装费标准下放给生产企业,由企业自主定价,并要求企业认真执行国家价格政策,加强企业价格管理和价格信息交流,以适应社会主义市场经济的需要。

省管统配水泥价格的逐步放开搞活后,苏州地产小水泥价格也从1993年开始实行市场调节价格,由生产企业依据生产成本及市场供求情况自主确定。

表4-136　1994~1995年苏州市区部分水泥市场平均价

单位:元/吨

品名	标号	市场平均价 (1994年12月23日)	市场平均价 (1995年12月20日)	备注
矿渣水泥	325(地产)	330	340	连包装
矿渣水泥	425(地产)	340	345	
普通水泥	425(地产)	345	400	

1998年前后,全国范围内水泥产能严重供大于求,价格暴跌。为制止低价倾销水泥的不正当价格竞争行为,1999年1月,省物价局、建材办发布《关于制止低价倾销水泥的不正当竞争行为的暂行规定》和加强行业价格自律的通知,水泥行业不正当竞争行为得到抑制。苏州地产水泥价格呈现出稳中趋降的走势,详见下表:

表4-137　1999年苏州市区部分水泥市场平均价

单位:元/吨

品名	标号	3月10日	8月10日	12月20日
普通水泥	425(地产)	300	270	270
矿渣水泥	325(地产)	290	260	260
矿渣水泥	425(地产)	300	270	270

表4-138　2000年9月10日苏州市区部分水泥市场平均价

单位:元/吨

品名	标号	平均价	品名	标号	平均价
普通水泥	425(地产)	285	矿渣水泥	425(地产)	285

品名	标号	平均价	品名	标号	平均价
矿渣水泥	325（地产）	285	普通水泥	525（地产）	315

表4-139　2001年苏州市区部分水泥市场平均价

单位：元/吨

品名	标号	1月10日	2月10日	3月10日	4月10日	5月10日
普通水泥	425（地产）	280	280	280	280	280
矿渣水泥	325（地产）	280	280	280	—	—
矿渣水泥	425（地产）	280	280	280	280	280
普通水泥	525（地产）	310	310	310	320	320

表4-140　2002年苏州市区部分水泥市场平均价

单位：元/吨

品名	标号	1月21日	3月20日	5月20日
普通水泥	425（地产）	280	285	275
矿渣水泥	425（地产）	280	285	275
普通水泥	525（地产）	320	325	315

　　进入21世纪后，在保护生态环境、资源节约，可持续发展理念的指导下，苏州城区对重污染的行业，包括水泥生产企业在内实行限制发展、逐步淘汰的产业政策，同时全国范围内水泥产品市场供求状况平稳，加上苏州城区建设发展规划的调整和环保要求的制约，2002年前后，苏州市横塘水泥厂，苏州第一、第二水泥厂等地方小水泥厂先后转制拆迁停产。苏州城区基本建设所需的水泥基本上从外地调入，其价格也完全由市场调节形成。下表为2003年至2010年市价格监测中心采集的苏州市水泥市场年平均价格：

表4-141　2003~2010年苏州市历年水泥年平均价格表

单位：元/吨

年份	普通硅酸盐水泥（425标号）	普通硅酸盐水泥（325标号）	矿渣硅酸盐水泥（425标号）	矿渣硅酸盐水泥（325标号）
2003	354.43	333.43	—	—
2004	365.94	337.36	344.12	310.59
2005	283.41	261.84	279.50	255.28
2006	295.41	270.14	276.94	255.00
2007	294.65	260.31	224.17	207.08
2008	355.56	308.19	—	—
2009	331.39	265.83	—	—
2010	360.43	308.43	—	—

第七节　木材价格

　　苏州本地基本不产木材,但因有大运河之便,水运发达,元明时期即成为东南地区的木材集散地,由江西、安徽等产地贩运木材来苏,然后由苏州再贩运到杭嘉湖地区、上海青浦、太仓浏河(供应造船业)。同行间为避免相互倾轧和维护行业共同利益,清康熙二十二年(1683),木商于齐门外西汇(路)建大兴会馆。同治十年(1871),木行业集资建立行业组织巽正公所。民国19年(1930)10月,成立吴县木业同业公会,时有会员37家。苏州解放之初有木行55家,职工400多人。这一时期,木材价格基本上是按市场供求情况自由定价,自由流通。

一、计划内木材价格

　　木材是重要的生产、生活资料。1953年,苏州市成立中国木材公司江苏省苏州支公司,经营和管理木材市场,木材价格也逐步被纳入国家计划经济轨道。1956年苏州市区木材全行业公私合营,随后调整为木材商店4家、旧木器商店11家、杂树行2家,专司零售供应市民生活用木材,引火柴;各业生产及农用木材,由木材公司负责分配和直接供应。当时,木材与钢材、生铁、水泥、煤炭等重要生产资料一样,作为国家计划经济中的一类物资,被纳入国家的计划物资统配供应。木材也成为紧俏物资,其价格完全被纳入计划经济体制,价格受到严格管制,定价权限在国家和省。

　　从20世纪50年代中期一直到1985年,苏州市场计划内木材价格保持基本稳定。下表为苏州城区1954年至1985年部分年份木材代表品种计划供应价(批发价)变动情况:

表4–142　1954~1985年部分年份苏州市区木材计划供应价格表

单位:元/立方米

年份	西杉条木8~10米（10~14厘米）	东北红松4~5.8米（20~28厘米）	年份	西杉条木8~10米（10~14厘米）	东北红松4~5.8米（20~28厘米）
1954	87	133	1975	—	173
1955	91	123.3	1979	113	173
1956	91	123.3	1980	113	—
1958	91	123.3	1981	113	—
1966	85	125	1984	137	215
1973	—	125	1985	放开	215

　　根据江苏省物委、物资局《关于调整木材供销价格通知》的规定,1981年7月,苏州市木材公司、苏州地区木材建材公司和吴县木材建材公司联合编印的《苏州木材批发牌价》册子记载:凡供应木制农具、木制农船、农用船橹、集体木制渔船的生产和维修用木材,均按批发价优待8%,即打九二折计价。除上述外,凡供应各单位(包括全民、集体)一切用材及木材零售经营单位经营的木材,一律实行批发价。凡供应个人用材,一律实行零售价格。木材的批零差率为12%。胶合板、纤维板:凡供应生产单位做生产产品的原材料和包装用的以

及木材零售经营单位经营的均实行批发价,除此一律实行零售价格。胶合板的批零差率为12%,纤维板的批零差率为10%。特种用材(包括坑木、电杆、枕木等工业用木)按特种用材供应价供应。杉木桅杆按杉原条同树种、同规格、同等级加价15%,胶合板材、车辆材、造船材、杉木电杆、南方桩木按同树种、同规格、同等级加价15%。县城以下木材销售价格,应安排合理的城乡差价,必须由供销社转销的木材,仍给2%的转优折扣率。上述作价规定一直沿用至20世纪80年代中后期。苏州市1981年木材主要代表品种计划牌价详见下表:

表4-143　1981年苏州市西建杉原条批发牌价表

单位:元/立方米

长度 (米)	8厘米以下			8~12厘米			14~18厘米			20~24厘米			26厘米以上		
	一	二	外	一	二	外	一	二	外	一	二	外	一	二	外
5米以下	128	102	87	141	113	96	163	130	111	184	147	125	205	164	139
5~7	143	114	97	158	126	107	181	145	123	205	164	139	229	183	156
8~10	150	120	102	166	133	113	191	153	130	216	173	147	241	193	164
11~13	173	138	117	191	153	130	220	176	150	249	199	169	278	222	189
14~16	195	156	133	216	173	147	249	199	169	281	225	191	314	251	213
17~20	218	174	148	241	193	164	278	222	189	314	251	213	350	280	238
21米以上	240	192	163	266	213	181	306	245	208	346	277	235	386	309	263

表4-144　1981年苏州市南方松、杂原条批发牌价表

单位:元/立方米

长度 (米)	8厘米以下			8~12厘米			14~18厘米			20~24厘米			26厘米以上		
	一	二	外	一	二	外	一	二	外	一	二	外	一	二	外
5米以下	115	92	78	128	102	87	146	117	99	166	133	113	185	148	126
5~7	129	103	88	143	114	97	164	131	111	185	148	126	206	165	140
8~10	135	108	92	150	120	102	173	138	117	195	156	133	218	174	148
11~13	155	124	105	173	138	117	199	159	135	224	179	152	250	200	170
14~16	175	140	119	195	156	133	224	179	152	254	203	173	283	226	192
17~20	196	157	133	218	174	148	250	200	170	283	226	192	315	252	214
21米以上	216	173	147	240	192	163	276	221	188	313	250	213	348	278	236

表4-145　1981年苏州市二类北方(红松)原木批发牌价表

单位:元/立方米

长度 (米)	14~18厘米				20~28厘米				30~38厘米				40厘米以上			
	一	二	三	外	一	二	三	外	一	二	三	外	一	二	三	外
2米以下	161	129	110	97	179	143	122	107	198	158	134	119	215	172	146	129
2~3.8	181	145	123	109	201	161	137	121	221	177	150	133	243	194	165	146
4~5.8	201	161	137	121	224	179	152	134	246	197	167	148	269	215	183	161
6~7.8	221	177	150	133	246	197	167	148	271	217	184	163	296	237	201	178
8米以上	241	193	164	145	269	215	183	161	295	236	201	177	323	258	219	194

表4-146　1981年苏州市二类北方（红松）成材批发价格表

单位：元/立方米

长度 （米）	薄板		中板			厚板		
	等内	等外	一	二	等外	一	二	等外
1～1.8	254	135	232		123	254		135
2～3.8	269	150	273	210	137	299	230	150
4～5.8	287	159	290	223	145	319	245	159
6～7.8	330	183	333	256	166	367	282	183
8米以上	358	199	363	279	181	398	306	199

表4-147　1981年苏州市（北方）特种用材牌价表

品名	规格	单位	调拨单价	供应单价
普通电杆	长6～7米、12～18厘米	元/立方米	170	177
普通电杆	长7.5～8.5米、12～18厘米	元/立方米	191	199
特殊电杆	长9～12米、18～24厘米	元/立方米	213	222
普通桩木	长6～7米、18～24厘米	元/立方米	170	177
普通桩木	长7.5～8.5米、18～24厘米	元/立方米	191	199
特殊桩木	长9～12米、20～30厘米	元/立方米	218	227
简易电杆	长5.5～7米、10～18厘米	元/立方米	134	140
简易电杆	长7.5～8.5米、10～18厘米	元/立方米	154	160
简易电杆	长9米以上、10～18厘米	元/立方米	170	177
普通枕木	一类型0.088立方米	元/根	23.9	24.9
普通枕木	二类型0.076立方米	元/根	21.1	22
普通枕木	三类型0.068立方米	元/根	18.6	19.3
普通枕木	宽轨	元/立方米	295	307
普通枕木	窄轨	元/立方米	202	211
桥梁枕木	—	元/立方米	385	401
道岔枕木	长2.6～4.1米（不包括3.8米）	元/立方米	347	362
道岔枕木	长3.8米、4.25～4.85厘米	元/立方米	363	379
轻枕	—	元/立方米	197	205

二、计划外木材价格

苏州生产生活所需的木材，都取之于外地。1957年，国家对木材、毛竹实行统一计划管理，当年省分配苏州竹木计划数量不够，弥补缺口的办法之一，就是市区组织人力，同毛竹一样也采取自行砍伐办法，在福建古田、广东乐昌和韶关等地建立协作渠道，伐运南方松杂木，通过有组织有计划从外地渠道采购木材，这种为满足苏州生产生活所需、赴外地采购木材建立的协作串换关系，起步于20世纪50年代，60～70年代有较大的发展，70～80年代协进的数量，已占消费的主要部分，80年代则以苏州地产的优势产品同外地协作串进苏州短缺的木材等物资，价格另行结算。详见下表：

表4-148　1971~1979年苏州市区木材计划内外的构成情况表

年份	1971	1972	1973	1974	1975	1976	1977	1978	1979
木材总消费量（万立方米）	3.70	5.04	5.29	5.32	6.59	5.55	6.80	6.52	7.77
其中：计划内	1.60	2.13	2.20	2.11	2.52	2.06	2.50	2.35	2.69
计划外组织	2.10	2.91	3.09	3.21	4.07	3.49	4.30	4.17	5.08
计划外占总消费量（%）	56.7	57.8	58.3	60.3	61.7	62.8	63.2	64.0	65.4

　　1983年9月7日，市物委作出《关于主要协作物资保本供应价的批复》明确：木材市区仍采取在国家规定本市批发牌价的基础上，同材种、同等级、同规格加收差价的办法。用于包装箱每立方米仍加收40元不变；等外材、小方料、小径木每立方米加收80元；其他材料收取的差价每立方米从110元降为100元。市公司对县调拨收取的差价，每立方米回扣4元。各县（市）木材协作价格有的采取在规定的当地批发牌价基础上加收差价，也有的是加差率，暂不打乱原有作价形式，但要根据省文规定协作物资保本供应价的作价原则详细审查。并要求新定的价格比现行价格有所降低，最多不超过现行价格，由各县（市）物委审批。

表4-149　1980~1985年苏州市区木材计划内外的构成情况表

年份	1980	1981	1982	1983	1984	1985
木材总消费量（万立方米）	9.43	8.19	6.71	27.96	23.75	29.60
其中：计划内	3.22	4.06	3.17	24.89	19.69	13.40
计划外组织	6.21	4.13	3.54	3.07	4.06	16.20
计划外占总消费量（%）	65.8	50.5	52.8	11.0	17.1	54.7

表4-150　1980~1983年木材协作参考比例

木材单位：立方米

年份	物资名称	协作比例	年份	物资名称	协作比例
1980	木材：钢材（吨）	3：1	1980	木材：橡胶（吨）	15：1
1980	木材：尿素（吨）	2：1	1981	木材：线材（吨）	1.7：1
1980	木材：碳酸氢氨（吨）	1：2	1981	木材：白水泥（吨）	3.3：1
1980	木材：轮胎（套）	1：3	1981	木材：缝纫机（台）	1：3
1980	木材：玻璃（标箱）	1：5~10	1981	木材：自行车（辆）	1：2
1980	木材：烧碱（吨）	1：1	1982	木材：白水泥（吨）	3：1
1980	木材：纯碱（吨）	1：2	1983	木材：煤炭（吨）	1：12

　　在对外协作中，所谓的木材价格另行结算，是除了给对方一定数量的本地物资外，在进价上，一般是高于国家调拨价。在销价上，20世纪50~70年代，严格执行"不赔不赚"的原则，省、市二级对木材等协作物资价格管理较严，实行报批制和分批量作价。跨入80年代后，按照"保本微利"的代理价原则作价，以鼓励经营者吸引外地木材来苏，以满足改革开放后的苏州市场上，特别是乡镇企业的迅猛发展和农村"建房热"对生产和建房用木材需求的急剧增加。计划内、外价格的"双轨制"格局，不仅使计划内供应价和计划外代理价之间的差距日益扩大，而且计划内木材价格1986年与1980年相比，北方落叶松原木上涨48.23%，南方马尾松原木上涨58.91%；计划外木材价格1986年与1981年相比，北方落叶松

原木上涨39%，南方马尾松上涨20.55%。以下为1980～1985年木材代表品种计划内、外价格变动对照表：

表4-151　1980～1986年木材计划内、外价格变动对照情况表

单位：元/立方米

年份	类别	北方落叶松原木4～5.8米（20～28厘米二等）	南方马尾松原木4～5.8米（20～28厘米二等）
1980	计内供应价	141	129
	计外代理价	—	—
1981	计内供应价	149	143
	计外代理价	259	253
1982	计内供应价	149	143
	计外代理价	259	253
1983	计内供应价	149	143
	计外代理价	249	243
1984	计内供应价	149	143
	计外代理价	249	243
1985	计内供应价	149	143
	计外代理价	249	243
1986	计内供应价	209	205
	计外代理价	360	305
1986年比1980年上升（%）	计划内供应价	48.23	58.91
1986年比1981年上升（%）	计划外代理价	39.00	20.55

1986年至1994年上半年，计划外协进的木材在苏州市场依旧紧俏，价格也一路上升，出现了两个高峰期。1988年前后，以苏州市物资贸易中心市场热销的花旗松原木（统货）挂牌价为例，1986年每立方米为395元（最高价），至1987年8月为629元，同比上涨59.24%；1988年5月为770元，与1986年、1987年相比，分别上涨94.94%和22.41%。至1990年，随着市场供求基本平衡，木材价格涨幅回落，1990年3月，花旗松原木（统货）每立方米挂牌价860元，比1988年5月770元上涨11.69%，至同年10月底，价格开始趋稳，每立方米仍稳定在860元。详见下表：

表4-152　1986年5月16日苏州市物资贸易中心主要物资挂牌价（最高价）

1986年第四次

单位：元/立方米

品名	规格	挂牌价
花旗松原木	统货	395
落叶松原木	电杆桩木	380
南杂原木	20厘米以上	270
本松原木	20厘米以上一、二等	275

表4-153　1988年5月20日苏州物资贸易中心主要物资挂牌价

品名	规格	单位	挂牌价
花旗松原木	统货	元/立方米	770
落叶松原木	统货	元/立方米	630

品名	规格	单位	挂牌价
本松原木	统货	元/立方米	590
南杂原木	统货	元/立方米	540
柳安胶合板	4×8×3毫米	元/张	26.20
柳安胶合板	售给个人消费的零售价格	元/张	28.30
纤维板	1×2.1毫米	元/张	7.00
纤维板	售给个人消费的零售价格	元/张	7.60

表4-154　　1988年8月16日苏州市区部分计划外物资（木、建材）挂牌价

品名	规格	单位	挂牌价
花旗松原木	统货	元/立方米	770
落叶松原木	统货	元/立方米	630
本松原木	统货	元/立方米	590
柳安胶合板	4×8×3毫米	元/张	26.50
柳安胶合板	售给个人消费的零售价格	元/张	28.60
纤维板	1×2.1毫米	元/张	7.50
纤维板	售给个人消费的零售价格	元/张	8.10

表4-155　　1990年3月13日苏州市区部分计划外物资（木、建材）挂牌价

品名	规格	单位	挂牌价
花旗松原木	统货	元/立方米	860
落叶松原木	统货	元/立方米	635
本松原木	统货	元/立方米	615
南杂原木	统货	元/立方米	530
柳安胶合板	4×8×3毫米	元/张	29.50
柳安胶合板	个人消费零售价	元/张	31.80
纤维板	1×2.1毫米	元/张	7.50
纤维板	个人消费零售价	元/张	8.10

注：1990年2月12日公布的挂牌价同时废止。

表4-156　　1990年5月18日苏州市区部分计划外物资（木、建材）挂牌价

品名	规格	单位	挂牌价
花旗松原木	统货	元/立方米	865
落叶松原木	统货	元/立方米	640
本松原木	统货	元/立方米	605
南杂原木	统货	元/立方米	540
柳安胶合板	4×8×3毫米	元/张	29.50
柳安胶合板	个人消费零售价	元/张	31.80
纤维板	1×2.1毫米	元/张	7.30
纤维板	个人消费零售价	元/张	8.00

表4-157 1990年10月26日苏州市区部分计划外物资（木、建材）挂牌价

品名	规格	单位	挂牌价
花旗松原木	统货	元/立方米	860
花旗松原木	40厘米以上	元/立方米	915
落叶松原木	统货	元/立方米	630
本松原木	统货	元/立方米	650
南杂原木	统货	元/立方米	510
柳安胶合板	4×8×3毫米	元/张	29.00
柳安胶合板	个人消费零售价	元/张	31.90
纤维板	1×2.1毫米	元/张	6.60
纤维板	个人消费零售价	元/张	7.30

三、放开后的木材价格

随着木材价格的放开，完全实行市场调节价。第二个高峰期出现在1994年前后，在这一轮通膨中，花旗松、红松、白松等木材价格1994年与1990年相比较，几乎翻了一倍。为抑制木材等生产资料价格的过快上涨，1994年12月12日，苏州市人民政府发布施行《苏州市禁止不正当价格行为和牟取暴利暂行办法》，市物价局配合该《办法》，出台了《关于明确主要商品和服务价格暴利界限的通知》，明确对26大类商品和服务项目，采用市场平均价格和平均差价率以及合理幅度控制暴利，以保护生产经营者和消费者的合法权益。其中对木材等重要生产资料价格，由市物价局会同市行业价格协会根据市场行情变化，不定期地发布木建材市场平均价格，并依据苏州市政府及市物价局文件精神，每次由行业管理组织议定公布的价格，视为界定暴利界限的市场平均价格，在公布市场平均价格基础上上浮合理幅度最高不得超过8%，超出部分就是暴利。苏州市区1994～1995年部分时段的市场平均价详见下表：

表4-158 1994年12月23日苏州市区部分木建材市场平均价

品名	规格	单位	市场平均价
花旗松原木	统货	元/立方米	1750
花旗松原木	40厘米以上	元/立方米	1800
红松原木	统货	元/立方米	1700
白松原木	统货	元/立方米	1150
铁杉原木	统货	元/立方米	1300
智利松原木	统货（26厘米以上）	元/立方米	850
柳安原木	48厘米以下	元/立方米	1850
落叶松原木	统货	元/立方米	1000
本松原木	统货	元/立方米	1150
花旗松成材	厚板（3.5厘米以上）	元/立方米	2500
柳安胶合板	4×8×3毫米（进口）	元/张	44（印尼）
柳安企口地板	厚度≥2厘米（1米以下）	元/立方米	110
水曲柳企口地板	厚度≥2厘米（1米以下）	元/立方米	115

表4-159　1995年苏州市区部分木建材市场平均价

金额：元

品名	规格	单位	2月21日	7月20日	12月20日
花旗松原木	统货	元/立方米	1700	1750	1500
花旗松原木	40厘米以上	元/立方米	1750	1800	—
红松原木	统货	元/立方米	1600	1750	1600
白松原木	统货	元/立方米	1100	1150	1200
铁杉原木	统货	元/立方米	1300	1300	1300
智利松原木	统货（26厘米以上）	元/立方米	850	850	850
柳安原木	48厘米以下	元/立方米	2350	2350	2400
落叶松原木	统货	元/立方米	950	1050	1100
本松原木	统货	元/立方米	1000	1000	1150
花旗松成材	厚板（3.5厘米以上）	元/立方米	2550	2650	2450
柳安胶合板	4×8×3毫米（进口）	元/张	41（印尼）	46（印尼）	42（印尼）
柳安企口地板	厚度≥2厘米（1米以下）	元/立方米	120	125	120
水曲柳企口地板	厚度≥2厘米（1米以下）	元/立方米	125	130	120

　　由于受宏观调控和市场供求的影响，苏州市区1996年木材价格开始企稳，从1997年开始，木材价格稳中趋降。据市统计局统计，1997年全年商品零售价格指数中，"建筑装潢材料类"与上年同期相比下降5.0%。同年12月，花旗松原木和花旗松锯材每立方米售价分别为1650元和2400元，环比分别下跌1.9%和2.7%。1998年受宏观经济环境的制约，包括木建材在内的整个生产资料市场价在低位徘徊，除当年8月份洪水灾害期间，木建材的价格曾在短时间内出现小幅上扬外，其余均一路下跌，全年"建筑装潢材料类"与上年同比下降6.7%，花旗松原木、花旗松锯材同年12月售价每立方米分别为1450元和2200元，同比分别下降12.12%和8.33%。1999年全年"建筑装潢类"价格继续下跌，同比下跌6.8%，市场价格监测的花旗松原木、花旗松锯材，同年12月售价每立方米分别为1400元和1800元，同比分别下跌3.45%和18.18%。其他品种的木材市场平均价随市场供求状况涨跌互现，其中装潢装饰用的胶合板价格稳中有降。

表4-160　1999年3月10日苏州市区部分木建材市场平均价

品名	规格	产地/品牌/等级	单位	平均价
本松成材	厚度5厘米，长度4米	东北	元/立方米	900
白松成材	厚度5厘米，长度5米	东北	元/立方米	820
落叶松成材	厚度5厘米，长度6米	东北	元/立方米	930
柳安胶合板	4×8×3毫米	三林牌BB级	元/张	30.5
柳安胶合板	4×8×3毫米	三林牌LC级	元/张	27.3
柳安胶合板	4×8×3毫米	进口BC级	元/张	32
红榉直纹胶合板	4×8×3毫米	凤凰牌AAA级	元/张	84
白榉直纹胶合板	4×8×3毫米	凤凰牌AAA级	元/张	94
樱桃木企口地板	—		元/平方米	118
柞木无节企口地板	长90~100厘米	—	元/平方米	70
水曲柳无节企口地板	长90~120厘米	—	元/平方米	88

表4-161　1999年12月20日苏州市区部分木建材市场平均价

品名	规格	产地/品牌/等级	单位	平均价
本松成材	厚度5厘米，长度4米	东北	元/立方米	1020
白松成材	厚度5厘米，长度5米	东北	元/立方米	1000
落叶松成材	厚度5厘米，长度6米	东北	元/立方米	900
柳安胶合板	4×8×3毫米	三林牌BB级	元/张	32
柳安胶合板	4×8×3毫米	三林牌LC级	元/张	26
柳安胶合板	4×8×3毫米	进口BC级	元/张	30
红榉直纹胶合板	4×8×3毫米	凤凰牌AAA级	元/张	94
白榉直纹胶合板	4×8×3毫米	凤凰牌AAA级	元/张	99
樱桃木企口地板	—		元/平方米	130
水曲柳无节企口地板	长90~120厘米	—	元/平方米	85

表4-162　1998~2000年苏州市、常熟市建筑材料价格

品名		1998年	1999年	2000年
胶合板（元/张）中档	苏州市	34.417	30.215	26.333
	常熟市	32.083	29.250	30.167
玻璃（元/平方米）3毫米	苏州市	14.865	15.333	16.083
	常熟市	10.300	10.833	11.000

资料来源：江苏省城市经济调查局编纂的江苏省物价统计资料。

　　进入新世纪后，苏州市场木材及其制成品品种繁多，供求平衡，价格基本稳定。从20世纪90年代中后期，由于房地产业逐渐发展，居民商品房装修所需的各种材质的企口木地板、胶合板等装潢材料的价格也随市场供求的变化而上下波动，价格总体呈稳中趋升的走势。随着木材市场的彻底放开，其价格也完全由市场形成。

表4-163　2000年9月10日苏州市区部分木建材市场平均价

品名	规格	产地/品牌/等级	单位	平均价
木松成材	厚度5厘米，长度4米	东北	元/立方米	960
白松成材	厚度5厘米，长度4米	东北	元/立方米	840
落叶松成材	厚度5厘米，长度4米	东北	元/立方米	820
柳安胶合板	4×8×3毫米	进口BB级	元/张	22
柳安胶合板	4×8×3毫米	LC级	元/张	27
柳安胶合板	4×8×3毫米	BC级	元/张	23
红榉直纹胶合板	4×8×3毫米	AAA级	元/张	62
白榉直纹胶合板	4×8×3毫米	AAA级	元/张	68
西南桦企口地板	长90厘米，宽9厘米，厚1.8厘米	优等	元/平方米	125
柞木无节企口地板	长90厘米，宽9厘米，厚1.6厘米	—	元/平方米	60
水曲柳无节企口地板	长90厘米，宽9厘米，厚1.6厘米	—	元/平方米	62

表4-164　2001年苏州市区部分木建材市场平均价

品名	规格	产地/品牌/等级	单位	1月10日	2月10日	3月10日	4月10日	5月10日
本松成材	厚度5厘米，长度4米	东北	元/立方米	990	990	950	950	950

品名	规格	产地/品牌/等级	单位	1月10日	2月10日	3月10日	4月10日	5月10日
白松成材	厚度5厘米,长度4米	东北	元/立方米	910	910	880	880	860
落叶松成材	厚度5厘米,长度4米	东北	元/立方米	890	890	840	840	820
柳安胶合板	4×8×3毫米	进口BB级	元/张	20	20	22	22	25
柳安胶合板	4×8×3毫米	LC级	元/张	25	25	27	27	20
柳安胶合板	4×8×3毫米	BC级	元/张	24	24	20	25	24
红桦直纹胶合板	4×8×3毫米	AAA级	元/张	58	58	58	65	68
白桦直纹胶合板	4×8×3毫米	AAA级	元/张	63	63	63	85	72
西南桦企口地板	长90厘米,宽9厘米,厚1.8厘米	优等	元/立方米	118	118	125	78	125
柞木无节企口地板	长90厘米,宽9厘米,厚1.6厘米	—	元/立方米	60	60	40	58	68
水曲柳无节企口地板	长90厘米,宽9厘米,厚1.6厘米	—	元/立方米	65	65	50	55	75

表4-165　2002年苏州市区部分木建材市场平均价

金额:元

品名	规格	产地/品牌/等级	单位	1月21日	3月20日	5月20日
本松成材	厚度5厘米,长度4米	东北	元/立方米	1080	1080	1050
白松成材	厚度5厘米,长度4米	东北	元/立方米	980	980	930
落叶松成材	厚度5厘米,长度4米	东北	元/立方米	1030	1020	1020
柳安胶合板	4×8×3毫米	进口BB级	元/张	25	23	23
柳安胶合板	4×8×3毫米	LC级	元/张	23	21	21
柳安胶合板	4×8×3毫米	BC级	元/张	21	20	20
红桦直纹胶合板	4×8×3毫米	AAA级	元/张	48	46	45
白桦直纹胶合板	4×8×3毫米	AAA级	元/张	58	54	54
黑胡桃胶合板	4×8×3毫米	AAA级	元/张	65	60	55
泰柚胶合板	4×8×3毫米	AAA级	元/张	60	58	54
西南桦企口地板	长90厘米,宽9厘米,厚1.8厘米	优等	元/平方米	110	106	95
柞木无节企口地板	长90厘米,宽7厘米,厚1.8厘米	—	元/平方米	68	68	65
水曲柳无节企口地板	长90厘米,宽7厘米,厚1.8厘米	—	元/平方米	70	70	68
芸香企口地板	长90厘米,宽9厘米,厚1.8厘米	优等	元/平方米	208	205	205
富贵木企口地板	长90厘米,宽9厘米,厚1.8厘米	优等	元/平方米	130	126	120

表4-166　2004~2010年苏州市木材市场年平均价格表

年份	红松原木(元/立方米)	杉原木(元/立方米)
2004	1545.18	1320.24
2005	1656.39	1559.00
2006	1667.61	1577.33
2007	1521.67	1096.67
2008	1475.00	884.44
2009	1403.06	852.22
2010	1692.57	1069.14

资料来源:市价格监测中心监测资料。

第八节　建筑材料价格

苏州建筑材料的生产历史悠久，素负盛名。明永乐年间，苏州陆墓砖窑专为北京皇宫烧制铺地的"金砖"，世称"御窑"，兴盛不衰直至清末。城西南群山所产花岗石举世闻名，称"金山石"，苏州古城内普遍使用，上海开埠后又大量运至上海建造高楼大厦。太湖洞庭西山所产的优质石灰石既是建筑用石，又是烧制石灰和制造水泥的优质原料，更是江南园林造园的最佳石种，驰名于世，称为"太湖石"。建国前，由于建筑材料产品生产周期长、运输困难等原因，其价格亦不同于其他商品，而且视买方购量、交货时间、方式、地点等具体情况而当面议价，因而市场价格差异很大。

中华人民共和国成立后不久，水泥、木材等主要建材价格纳入国家定价范围，其价格管理演变的情况在上一节及本节已有记叙。

1979年以后，随着改革开放的不断深入，为了适应经济形势发展的需求，省以上管理的品种逐步减少，特别是基本建设规模不断扩大，建筑房地产业发展的巨大需求，使得建材行业从20世纪80年代开始，水泥、木材、砖瓦、石灰等建筑材料供应十分紧俏，价格猛涨，渐渐形成了计划内外的"双轨制"格局，计划内外价差悬殊。至90年代中、后期，全国水泥等建筑材料生产厂家雨后春笋般地出现，市场供求日益趋稳，且价格逐步放开，由市场形成，建材价格亦日益趋稳。到21世纪初，随着苏州城区建设规划的调整，加上苏州城乡土地资源减少匮乏，以及环境保护要求的制约，以苏州光华水泥厂为代表的水泥厂、砖瓦厂等建材企业纷纷转制、拆迁、停产。城西南群山诸多采石宕口也限期关闭停产。苏州基建材料主要靠外地引进，在大市场、大流通的背景下，其价格随市场供需、基建规模、经济建设大环境的变化而上下变动。

由于建材历史资料匮乏，且产品门类众多，新型建材又层出不穷，因此只能选择有代表性的机制红砖、石子、砼预制品等有关品种的价格资料记载于下。

表4-167　1955~1985年苏州市部分年份机红砖（标准甲级）历史价格

单位：元/万块

年份	机红砖（标准甲级）	年份	机红砖（标准甲级）
1955	290	1980	461
1967	326	1983	461
1978	423	1984	510
1979	423	1985	556

1978年10月，苏州石灰厂横塘石灰厂生产的石灰价格每吨由24元调整为28元，供应价、零售价由建材公司按原规定计算作相应调整。1980年4月19日，苏州市计划委员会作出《关于调整石灰产、销价格的批复》，鉴于煤炭提价及部分石料改变供应地点增加运费等原因，同意石灰出厂价每吨由28元调整为32元，公司仓库提货供应价由32.8元调整为37元，零售

价由37.7元调整为42.5元。

同年，市计委发出《关于调整水泥瓦、水泥瓦筒产、销价格的批复》，由于水泥每吨由47.40元提高到59.40元，沙石材料陆续提价，每吨由4.95元提高到8元，致企业亏损。为了水泥瓦筒管产品正常生产，保证市场供应，水泥瓦一级品每万张由1300元调为1500元，公司提货供应价由1377元调为1581元，零售价由1584元调为1818元。水泥瓦筒价格调整详见下表：

表4-168　1980年4月1日水泥瓦、水泥瓦筒产、销价格批复表

单位：元

规格	出厂价		工厂提货供应价		零售价	
	现价	调后	现价	调后	现价	调后
15厘米×100厘米	1.5	1.83	1.53	1.87	1.76	2.15
23厘米×100厘米	2.25	2.68	2.3	2.73	2.65	3.14
30厘米×100厘米	3.2	3.78	3.26	3.86	3.75	4.44
38厘米×100厘米	4.5	5.26	4.59	5.37	5.28	6.18
45厘米×100厘米	6.5	7.48	6.63	7.63	7.62	8.77

表4-169　1953~1985年苏州市建筑用元钉、铁丝历史零售价格表

单位：元/千克

年份	元钉（2号50毫米）	镀锌铁丝（14号14毫米）
1953	1.46	1.44
1954	1.44	1.44
1955	1.46	1.56
1956~1957	1.48	1.36
1958~1960	1.48	1.36
1961	1.47	1.51
1962~1963	1.47	1.51
1964	1.30	1.30
1965	1.30	1.30
1966~1979	1.30	1.30
1980	1.43	1.37
1981~1983	1.30	1.30
1984~1985	1.50	1.50

表4-170　1985年苏州市水泥等建材类批零差率表

品种	批零差率（%）	备注
水泥	15	计划外材料、供零差率统一为8%
卫生陶瓷	12	计划外材料、供零差率统一为8%
瓷砖、玻璃	12	计划外材料、供零差率统一为8%
基建材料	15	计划外材料、供零差率统一为8%
油毡	10	计划外材料、供零差率统一为8%
滑石粉	10	计划外材料、供零差率统一为8%
金属材料	12	计划外材料、供零差率统一为8%
瓷砖（马赛克）	15	—

品种	批零差率（%）	备注
铁丝、元钉类	14	—
建筑五金类	14	打包铁皮、塑料打包带、打包扣、地龙、拉簧批零一价
毛竹	13	—
什竹	15	—
松什方木	10	—

表4-171　1987年11月苏州各县（市）建材计划内外价格情况对比表

品名	计划内供应价					计划外供应价				
	吴县	吴江	太仓	昆山	张家港	吴县	吴江	太仓	昆山	张家港
黄砂（元/吨）	—	—	—	—	—	20/22	22	23.50	18	—
机制八五红砖（元/万块）	400	473	—	404	409.50	530	660	435	—	550
机制九五红砖（元/万块）	—	710	—	—	614.30	—	1020	—	—	—

注：黄砂每吨20元为安徽产的价格，每吨22元为湖北产的价格。

表4-172　1994~1995年市统计局苏州城调队建材装潢价格对比表

类别及名称	产地、牌号、规格、等级	计量单位	平均价格		涨跌（±%）
			1994年1月	1995年1月	
砖	85砾普通建筑用砖吴县	元/块	0.160	0.160	—
水泥	立鹤牌425苏州	元/袋	19.500	19.000	-2.6
木材	花旗松板材进口	元/立方米	2750.000	2950.000	7.3
玻璃	平板3毫米	元/平方米	20.333	19.000	-6.6
胶合板	蝴蝶牌三合板4×8	元/张	62.500	43.400	-30.6
地板砖	30×30佛山	元/块	2.800	2.600	-7.1
地毯	2米腈纶无锡	元/米	43.250	45.000	4.0
壁纸	郁金香一卷5.3毫米泰兴	元/米	22.500	25.000	11.0
涂料	803内墙吴县	元/千克	1.000	1.300	30.0

表4-173　2002年苏州市建材市场行情监测成交价格表

产品名称	单位	规格等级	5月20日	9月20日	11月20日	产地
工字钢	元/吨	16毫米，Q235	2700.00	2620.00	2580.00	武钢、鞍钢
工字钢	元/吨	30毫米，Q235	2850.00	2750.00	2700.00	武钢
槽钢	元/吨	20毫米，Q235	2500.00	2480.00	2500.00	武钢、邯钢
槽钢	元/吨	30毫米，Q235	2650.00	2650.00	2700.00	武钢
角钢	元/吨	40×40毫米，Q235	2500.00	2180.00	2200.00	石钢
圆钢	元/吨	12毫米，Q235	2450.00	2280.00	2280.00	永钢
圆钢	元/吨	16毫米，Q235	2450.00	2250.00	2250.00	永钢
扁钢	元/吨	4×30毫米，Q235	2550.00	2450.00	2300.00	无锡
螺纹钢	元/吨	18毫米，Q235	2350.00	2210.00	2260.00	永钢、马钢
螺纹钢	元/吨	22毫米，Q235	2350.00	2210.00	2260.00	永钢、马钢
线材	元/吨	普通6.5毫米，Q215A	2400.00	2260.00	2300.00	苏钢、永钢
线材	元/吨	普通6.5毫米，Q235A	2400.00	2260.00	2300.00	苏钢、永钢
红松原木	元/立方米	长4~6米，径级30厘米以上	1350.00	1160.00	1100.00	—
红松原木	元/立方米	长6米，径级30厘米以上	1350.00	1160.00	1100.00	—

产品名称	单位	规格等级	5月20日	9月20日	11月20日	产地
落叶松原木	元/立方米	长4~6米，径级30厘米以上	1050.00	1100.00	1100.00	东北
落叶松原木	元/立方米	长6米，径级30厘米以上	1000.00	1100.00	1100.00	—
杉原木	元/立方米	当地主销径级14~18厘米	1100.00	—	—	—
水曲柳原木	元/立方米	长4米，径级30厘米以上	1600.00	1400.00	1400.00	东北
白松厚板	元/立方米	长4米，厚6厘米，一等	1100.00	940.00	920.00	东北
落叶松厚板	元/立方米	长4米，厚6厘米，一等	1200.00	1100.00	1100.00	东北
硬杂厚板	元/立方米	长4米，厚5厘米，一等	1000.00	1100.00	1100.00	—
国产胶合板	元/张	普通1.22×2.44×3毫米	28.00	20.00	20.00	苏州维德
进口胶合板	元/张	普通1.22×2.44×3毫米	34.00	23.00	23.00	马来西亚
纤维板	元/张	1×2毫米	7.00	8.00	8.00	湖南
普通硅酸盐水泥	元/吨	525#袋装	340.00	315.00	315.00	苏州水泥厂
普通硅酸盐水泥	元/吨	425#袋装	298.00	275.00	275.00	苏州水泥厂
矿渣硅酸盐水泥	元/吨	525#袋装	315.00	315.00	315.00	苏州水泥厂
矿渣硅酸盐水泥	元/吨	425#袋装	275.00	275.00	275.00	苏州水泥厂
普通平板玻璃	元/平方米	3毫米	15.00	15.00	15.00	张家港
普通平板玻璃	元/平方米	5毫米	17.00	20.00	20.00	张家港
浮法平板玻璃	元/平方米	5毫米	26.00	24.00	24.00	上海

表4-174 2003年苏州市建材市场行情监测成交价格表

产品名称	单位	规格等级	日期			产地
			3月5日	5月5日	10月5日	
槽钢	元/吨	20毫米，Q235	2500.00	2630.00	—	邯钢、马钢
不锈钢板	元/吨	1.2×1000×2000毫米	18000.00	21000.00	—	—
落叶松原木	元/立方米	长4~6米，径级30厘米以上，一等	1000.00	1000.00	—	东北
落叶松原木	元/立方米	长6米，径级30厘米以上，一等	1040.00	1040.00	—	—
水曲柳原木	元/立方米	长4米，径级30厘米以上，一等	1500.00	1500.00	—	东北
白松厚板	元/立方米	长4米，厚6厘米，一等	980.00	980.00	—	东北
落叶松厚板	元/立方米	长4米，厚6厘米，一等	1120.00	1120.00	—	东北
硬杂厚板	元/立方米	长4米，厚5厘米，一等	1100.00	1100.00	—	—
国产胶合板	元/张	普通1.22×2.44×3毫米	20.00	20.00	—	苏州维德
进口胶合板	元/张	普通1.22×2.44×3毫米	21.00	21.00	—	马来西亚
纤维板	元/张	1×2毫米	8.50	8.50	—	湖南
工业用水	元/吨	工业用自来水	2.30	2.30	2.30	—
普通硅酸盐水泥	元/吨	525#袋装	315.00	315.00	325.00	苏州水泥厂
普通硅酸盐水泥	元/吨	425#袋装	275.00	275.00	291.67	苏州水泥厂
矿渣硅酸盐水泥	元/吨	525#袋装	315.00	315.00	325.00	苏州水泥厂
矿渣硅酸盐水泥	元/吨	425#袋装	275.00	275.00	291.67	苏州水泥厂
普通平板玻璃	元/平方米	3毫米	14.00	15.00	—	张家港
普通平板玻璃	元/平方米	5毫米	25.00	26.00	21.33	张家港
浮法平板玻璃	元/平方米	5毫米	28.00	28.00	26.67	上海

表4-175　2004~2010年苏州市普通、浮法平板玻璃价格表

单位: 元/平方米

年份	普通平板玻璃	浮法平板玻璃	年份	普通平板玻璃	浮法平板玻璃
2004	21.41	27.71	2008	—	22.03
2005	21.47	28.77	2009	—	19.84
2006	20.50	29.73	2010	—	23.17
2007	17.08	30.80	—	—	—

表4-176　2007年1月苏州市新型墙体材料信息价格表

名称及规格	单位	产地	出厂价、批发价	运费	说明
砼多孔砖(盲孔砖) (240×115×115/90毫米)	元/立方米	腾丰、宝蓝、顺发、世浩、金宇、新世纪、天成	200	—	至苏州工地
砼普通砖	元/立方米	腾丰、宝蓝、顺发、金宇	250	—	至苏州工地
砼小型空心砌块(390×190×190、390×240×190毫米)	元/立方米	腾丰、华电、雅德、宝蓝、新世纪、金宇、格磊特、顺发、天成	200	—	至苏州工地
轻集料小型空心砌块(陶粒砌块)	元/立方米	新世纪、高岭土	—	—	至苏州工地
加气砼砌块(600×300×100 /150 /200 /240毫米)	元/立方米	吴江新达、常熟江海、太仓好力	200	—	至苏州工地
蒸压砂加气混凝土(ALC)砌块	元/立方米	苏州永固、信义、浙江远通	—	—	至苏州工地
蒸压砂加气混凝土(ALC)砌块	元/立方米	南京旭建，上海伊通、爱舍	—	—	包括主材、运费、配件(门窗加固钢材另计)
彩色模压水泥瓦	元/片	常熟澳华、吴中区藏书	2.5	0.3	至苏州工地

以下价格资料来源于苏州市价格认证中心:

表4-177　2004年工程材料部分月份预算价格表　表一

序号	材料名称及规格	单位	3月份	8月份	11月份
	一、地方材料				
1	石子(综合)5~20毫米	元/吨	57.2	53.2	55.2
2	石子(综合)5~31.5毫米	元/吨	55.2	51.2	53.2
3	石子(综合)5~40毫米	元/吨	53.2	49.2	51.2
4	石子(综合)5~16毫米	元/吨	51.8	48.2	49.2
5	石子(花岗岩)5~20毫米	元/吨	58	54	56
6	石子(花岗岩)5~31.5毫米	元/吨	56	52	54
7	石子(花岗岩)5~40毫米	元/吨	54	50	52
8	石子(花岗岩)5~16毫米	元/吨	53	49	50
9	石子(石英石)5~20毫米	元/吨	56	52	54
10	石子(石英石)5~31.5毫米	元/吨	54	50	52
11	石子(石英石)5~40毫米	元/吨	52	48	50
12	石子(石英石)5~16毫米	元/吨	50	47	48
13	清道渣	元/吨	39	39	40
14	混道渣	元/吨	26	26	27
15	花岗石块石	元/吨	65	65	65
16	黄砂	元/吨	69	64	60
17	八五砖216×105×43毫米	元/千块	252	205	230

序号	材料名称及规格	单位	3月份	8月份	11月份
18	九五砖240×115×53毫米	元/千块	348	280	280
19	九五多孔砖240×115×90毫米	元/千块	545	405	405
20	砼加气块	元/立方米	185	185	185
21	石灰膏	元/立方米	120	150	150
22	纸巾灰	元/立方米	125	160	160
23	粉煤灰	元/吨	39	40	40
24	石屑	元/吨	28	40	—
25	石灰	元/吨	190	190	180
26	二灰结石	元/吨	59.5	58	59
	二、三材				
1	普通钢筋（综合）	元/吨	4398	4000	3800
2	新三级钢筋（综合）	元/吨	4435	4100	3900
3	圆木	元/立方米	950	950	1150
4	模板材	元/立方米	1350	1350	1400
5	工程材	元/立方米	1600	1600	1600
6	水泥32.5级（相当于425#）	元/吨	405	330	320
7	水泥42.5级（相当于525#）	元/吨	425	360	350

2004年工程材料部分月份预算价格表 表二

序号	材料名称	单位	6月份	9月份	12月份
	三、砼预制品				
1	方形道板40×40×5厘米	元/100平方米	1500	—	—
2	方形道板50×50×6厘米	元/100平方米	1800	—	—
3	六角道板35×8厘米	元/100平方米	2500	—	—
4	六角道板25×6厘米	元/100平方米	1800	—	—
5	六角道板20×10厘米	元/100平方米	3100	—	—
6	六角道板15×6厘米	元/100平方米	1800	—	—
7	甲型侧石60×27.5×12.5厘米	元/100米	1500	—	—
8	乙型侧石60×25×10厘米	元/100米	1000	1100	1100
9	甲型平石60×30×12.5厘米	元/100米	1600	—	—
10	乙型平石60×20×10厘米	元/100米	900	1000	1000
11	道板（苏州产）厚6~8厘米	元/平方米	—	28	28
12	舒波洛克（上海产）	元/平方米	—	62	60
13	条石80×15×12.5厘米	元/米	—	8	8
14	花岗岩侧石100×20×12.5厘米	元/100米	7500	7400	7400
15	花岗岩侧石（圆弧）100×20×12.5厘米	元/100米	14000	14800	14800
16	花岗岩平石100×20×12.5厘米	元/100米	—	6300	6300
17	花岗岩平石（圆弧）100×20×12.5厘米	元/100米	—	12600	12600
18	花岗岩侧石100×30×12.5厘米	元/100米	—	8300	8300
19	花岗岩侧石（圆弧）100×30×12.5厘米	元/100米	—	16600	16600
20	花岗岩平石100×30×12.5厘米	元/100米	6500	7300	7300
21	花岗岩平石（圆弧）100×30×12.5厘米	元/100米	13000	14600	14600
22	花岗岩火烧板4厘米厚	元/平方米	75	80	88
23	丙型边井盖座37×25厘米	元/套	12	13	13

序号	材料名称	单位	6月份	9月份	12月份
24	窨井盖板22×120×16厘米	元/块	25	26	26
25	窨井盖板30×120×16厘米	元/块	29.5	30.5	30.5
26	窨井板梁（1）70×11×20厘米	元/块	13	14	14
27	窨井板梁（2）120×11×20厘米	元/块	23	24	24
28	雨60盖板盖座60×60厘米	元/套	90	91.5	91.5
29	污60盖板盖座D60	元/套	93	94.5	94.5
30	雨90盖座125×110×16厘米	元/块	117	118.5	118.5
31	污90盖座125×110×16厘米	元/块	125	126.5	126.5
32	雨90×75盖座125×110×14厘米	元/块	80	81.5	81.5
33	污90×75盖座125×110×14厘米	元/块	95	96.5	96.5
34	铸铁窨井盖座	元/千克	2.4	2.8	2.8
	四、砼管				
1	D230无筋砼管	元/米	17	17	17
2	D250无筋砼管	元/米	19	19	19
3	D300无筋砼管	元/米	25	25	25
4	D400无筋砼管	元/米	32	32	32
5	D450无筋砼管	元/米	40	40	40
6	D500无筋砼管	元/米	50	50	50
7	D600无筋砼管	元/米	74	74.5	74.5
8	D300有筋砼管	元/米	33	33.5	33.5
9	D400有筋砼管	元/米	42	42.5	42.5
10	D450有筋砼管	元/米	53	54	54
11	D500有筋砼管	元/米	65	66	66
12	D600有筋砼管	元/米	95	96	96
13	D700有筋砼管	元/米	127	128.5	128.5
14	D800有筋砼管	元/米	166	167.5	167.5
15	D900有筋砼管	元/米	215	216.5	216.5
16	D1000有筋砼管	元/米	273	274.5	274.5
17	D1100有筋砼管	元/米	305	306.5	306.5
18	D1200有筋砼管	元/米	412	413.5	413.5
	五、厂拌沥青制品				
1	热石油沥青60#~100#	元/吨	2200	2300	2300
2	沥青砂	元/吨	341	346	346
3	细粒式沥青砼	元/吨	280	285	285
4	中粒式沥青砼	元/吨	260	265	265
5	粗粒式沥青砼	元/吨	255	260	260
6	黑色碎石	元/吨	220	223	223

表4-178 2005年工程材料部分月份预算价格表 表一

序号	材料名称	单位	3月份	8月份	11月份
	一、地方材料				
1	石子（综合）5~20毫米	元/吨	55.2	51.2	49.2
2	石子（综合）5~31.5毫米	元/吨	53.2	49.2	47.2
3	石子（综合）5~40毫米	元/吨	51.2	47.2	45.2

序号	材料名称	单位	3月份	8月份	11月份
4	石子（综合）5~16毫米	元/吨	49.2	45.2	43.2
5	石子（花岗岩）5~20毫米	元/吨	56	52	50
6	石子（花岗岩）5~31.5毫米	元/吨	54	50	48
7	石子（花岗岩）5~40毫米	元/吨	52	48	46
8	石子（花岗岩）5~16毫米	元/吨	50	46	44
9	石子（石英石）5~20毫米	元/吨	54	50	48
10	石子（石英石）5~31.5毫米	元/吨	52	48	46
11	石子（石英石）5~40毫米	元/吨	50	46	44
12	石子（石英石）5~16毫米	元/吨	48	44	42
13	清道渣	元/吨	40	34	34
14	混道渣	元/吨	27	26	26
15	花岗石块石	元/吨	70	66	66
16	黄砂	元/吨	59.5	55	51
17	八五砖216×105×43	元/千块	230	220	215
18	九五砖240×115×53	元/千块	280	290	290
19	九五多孔砖240×115×90	元/千块	405	400	405
20	砼加气块	元/立方米	185	175	180
21	石灰膏	元/立方米	150	150	150
22	纸巾灰	元/立方米	160	160	160
23	粉煤灰	元/吨	38	40	41
24	石屑	元/吨	—	—	—
25	石灰	元/吨	180	180	185
26	二灰结石	元/吨	58.5	53	50
二、三材					
1	普通钢筋（综合）	元/吨	4398	4000	3350
2	新三级钢筋（综合）	元/吨	4435	4100	3550
3	圆木	元/立方米	950	950	1100
4	模板材	元/立方米	1350	1350	1350
5	工程材	元/立方米	1600	1600	1550
6	水泥32.5级（相当于425#）	元/吨	405	330	260
7	水泥42.5级（相当于525#）	元/吨	425	360	280

2005年工程材料部分月份预算价格表　表二

序号	材料名称	单位	6月份	9月份	12月份
三、砼预制品					
1	方形道板40×40×5厘米	元/100平方米	—	—	—
2	方形道板50×50×6厘米	元/100平方米	—	—	—
3	六角道板35×8厘米	元/100平方米	—	—	—
4	六角道板25×6厘米	元/100平方米	—	—	—
5	六角道板20×10厘米	元/100平方米	—	—	—
6	六角道板15×6厘米	元/100平方米	—	—	—
7	甲型侧石60×27.5×12.5厘米	元/100米	1100	1100	1200
8	乙型侧石60×25×10厘米	元/100米	1200	1200	1300
9	甲型平石60×30×12.5厘米	元/100米	1000	1000	1100

序号	材料名称	单位	6月份	9月份	12月份
10	乙型平石60×20×10厘米	元/100米	900	900	1000
11	道板（苏州产）厚6~8厘米	元/平方米	27.15	27.15	27.5
12	舒波洛克（上海产）	元/平方米	60	60	60
13	条石80×15×12.5厘米	元/米	7.8	7.8	8.5
14	花岗岩侧石100×20×12.5厘米	元/100米	7400	7400	7000
15	花岗岩侧石（圆弧）100×20×12.5厘米	元/100米	14800	14800	14000
16	花岗岩平石100×20×12.5厘米	元/100米	6300	6300	5950
17	花岗岩平石（圆弧）100×20×12.5厘米	元/100米	12600	12600	11900
18	花岗岩侧石100×30×12.5厘米	元/100米	8300	8300	8300
19	花岗岩侧石（圆弧）100×30×12.5厘米	元/100米	16600	16600	16600
20	花岗岩平石100×30×12.5厘米	元/100米	7300	7300	7300
21	花岗岩平石（圆弧）100×30×12.5厘米	元/100米	14600	14600	14600
22	花岗岩火烧板4厘米厚	元/平方米	88	88	88
23	丙型边井盖座37×25厘米	元/套	12.3	12.1	13
24	窨井盖板22×120×16厘米	元/块	25.2	25	26
25	窨井盖板30×120×16厘米	元/块	29.5	29.3	30.5
26	窨井板梁（1）70×11×20厘米	元/块	13.2	13	14
27	窨井板梁（2）120×11×20厘米	元/块	23	22.8	24
28	雨60盖板盖座60×60厘米	元/套	90	89.7	92
29	污60盖板盖座60×60厘米	元/套	93	92.7	95
30	雨90盖座125×110×16厘米	元/块	116.8	116.3	117
31	污90盖座125×110×16厘米	元/块	124.5	124	124
32	雨90×75盖座125×110×14厘米	元/块	80	79.7	80
33	污90×75盖座125×110×14厘米	元/块	95	94.7	95
34	铸铁窨井盖座	元/千克	2.55	2.39	2.9
四、砼管					
1	D230无筋砼管	元/米	16.3	16.1	16.1
2	D250无筋砼管	元/米	18.2	18	18
3	D300无筋砼管	元/米	24.1	23.9	23.9
4	D400无筋砼管	元/米	31	30.8	30.8
5	D450无筋砼管	元/米	38.9	38.65	38.65
6	D500无筋砼管	元/米	48.8	48.55	48.55
7	D600无筋砼管	元/米	73.2	72.9	72.9
8	D300有筋砼管	元/米	32	31.4	31
9	D400有筋砼管	元/米	41	40.3	39.85
10	D450有筋砼管	元/米	52.3	51.5	51.2
11	D500有筋砼管	元/米	64	63	62.35
12	D600有筋砼管	元/米	93.6	92.3	91.45
13	D700有筋砼管	元/米	125.8	124	122.85
14	D800有筋砼管	元/米	164.3	162	160.6
15	D900有筋砼管	元/米	212.7	209.3	207.05
16	D1000有筋砼管	元/米	270.3	266.3	263.5

续表

序号	材料名称	单位	6月份	9月份	12月份
17	D1100有筋砼管	元/米	301.2	296.7	294
18	D1200有筋砼管	元/米	407	400	395.5
五、厂拌沥青制品					
1	热石油沥青60#~100#	元/吨	2300	3200	3350
2	沥青砂	元/吨	346	396	404
3	细粒式沥青砼	元/吨	285	335	343
4	中粒式沥青砼	元/吨	265	315	323
5	粗粒式沥青砼	元/吨	260	310	318
6	黑色碎石	元/吨	223	223	261.2

表4-179 2006年3月工程材料部分月份预算价格表

序号	材料名称	单位	3月份
一、地方材料			
1	石子（综合）5~20毫米	元/吨	48.7
2	石子（综合）5~31.5毫米	元/吨	46.7
3	石子（综合）5~40毫米	元/吨	44.7
4	石子（综合）5~16毫米	元/吨	42.7
5	石子（花岗岩）5~20毫米	元/吨	49.5
6	石子（花岗岩）5~31.5毫米	元/吨	47.5
7	石子（花岗岩）5~40毫米	元/吨	45.5
8	石子（花岗岩）5~16毫米	元/吨	43.5
9	石子（石英石）5~20毫米	元/吨	47.5
10	石子（石英石）5~31.5毫米	元/吨	45.5
11	石子（石英石）5~40毫米	元/吨	43.5
12	石子（石英石）5~16毫米	元/吨	41.5
13	清道渣	元/吨	34
14	混道渣	元/吨	26
15	花岗石块石	元/吨	66
16	黄砂	元/吨	50
17	八五砖216×105×43毫米	元/千块	260
18	九五砖240×115×53毫米	元/千块	390
19	九五多孔砖240×115×90毫米	元/千块	500
20	砼加气块	元/立方米	180
21	石灰膏	元/立方米	150
22	纸巾灰	元/立方米	160
23	粉煤灰	元/吨	40
24	石屑	元/吨	—
25	石灰	元/吨	185
26	二灰结石	元/吨	50
二、三材			
1	普通钢筋（综合）	元/吨	3165
2	新三级钢筋（综合）	元/吨	3375
3	圆木	元/立方米	1100
4	模板材	元/立方米	1350

序号	材料名称	单位	3月份
5	工程材	元/立方米	1550
6	水泥32.5级（相当于425#）	元/吨	270
7	水泥42.5级（相当于525#）	元/吨	290
三、砼预制品			
1	方形道板40×40×5厘米	元/100平方米	—
2	方形道板50×50×6厘米	元/100平方米	—
3	六角道板35×8厘米	元/100平方米	—
4	六角道板25×6厘米	元/100平方米	—
5	六角道板20×10厘米	元/100平方米	—
6	六角道板15×6厘米	元/100平方米	—
7	甲型侧石60×27.5×12.5厘米	元/100米	1200
8	乙型侧石60×25×10厘米	元/100米	1300
9	甲型平石60×30×12.5厘米	元/100米	1100
10	乙型平石60×20×10厘米	元/100米	1000
11	道板（苏州产）厚6~8厘米	元/平方米	27
12	舒波洛克（上海产）	元/平方米	59
13	条石80×15×12.5厘米	元/米	8.5
14	花岗岩侧石100×20×12.5厘米	元/100米	7500
15	花岗岩侧石（圆弧）100×20×12.5厘米	元/100米	15000
16	花岗岩平石100×20×12.5厘米	元/100米	6450
17	花岗岩平石（圆弧）100×20×12.5厘米	元/100米	12900
18	花岗岩侧石100×30×12.5厘米	元/100米	8800
19	花岗岩侧石（圆弧）100×30×12.5厘米	元/100米	17600
20	花岗岩平石100×30×12.5厘米	元/100米	7800
21	花岗岩平石（圆弧）100×30×12.5厘米	元/100米	15600
22	花岗岩火烧板4厘米厚	元/平方米	88
23	丙型边井盖座37×25厘米	元/套	13
24	窨井盖板22×120×16厘米	元/块	26
25	窨井盖板30×120×16厘米	元/块	30.5
26	窨井板梁（1）70×11×20厘米	元/块	14
27	窨井板梁（2）120×11×20厘米	元/块	24
28	雨60盖板盖座60×60厘米	元/套	95
29	污60盖板盖座60×60厘米	元/套	98
30	雨90盖座125×110×16厘米	元/块	125
31	污90盖座125×110×16厘米	元/块	130
32	雨90×75盖座125×110×14厘米	元/块	85
33	污90×75盖座125×110×14厘米	元/块	100
34	铸铁窨井盖座	元/千克	3
四、砼管			
1	D230无筋砼管	元/米	16.3
2	D250无筋砼管	元/米	18.2
3	D300无筋砼管	元/米	24.1
4	D400无筋砼管	元/米	31
5	D450无筋砼管	元/米	38.85

第四章 重工业品价格

序号	材料名称	单位	3月份
6	D500无筋砼管	元/米	48.85
7	D600无筋砼管	元/米	73.2
8	D300有筋砼管	元/米	31.3
9	D400有筋砼管	元/米	40.15
10	D450有筋砼管	元/米	51.5
11	D500有筋砼管	元/米	62.65
12	D600有筋砼管	元/米	91.75
13	D700有筋砼管	元/米	123.15
14	D800有筋砼管	元/米	160.9
15	D900有筋砼管	元/米	207.35
16	D1000有筋砼管	元/米	263.8
17	D1100有筋砼管	元/米	294.3
18	D1200有筋砼管	元/米	395.8
五、厂拌沥青制品			
1	热石油沥青60#~100#	元/吨	3800
2	沥青砂	元/吨	426.5
3	细粒式沥青砼	元/吨	365.5
4	中粒式沥青砼	元/吨	345.5
5	粗粒式沥青砼	元/吨	340.5
6	黑色碎石	元/吨	277.4

表4-180 2008年工程材料部分月份预算价格表

序号	材料名称	单位	4月份	8月份	11月份
一、地方材料					
1	石子(综合)5~20毫米	元/吨	50	59.5	59.5
2	石子(综合)5~31.5毫米	元/吨	48	58	58
3	石子(综合)5~40毫米	元/吨	46	56.5	56.5
4	石子(综合)5~16毫米	元/吨	44	55.5	55.5
5	石子(花岗岩)5~20毫米	元/吨	50.8	60.3	60.3
6	石子(花岗岩)5~31.5毫米	元/吨	48.8	58.3	58.3
7	石子(花岗岩)5~40毫米	元/吨	46.8	57	57
8	石子(花岗岩)5~16毫米	元/吨	44.8	55.8	55.8
9	石子(石英石)5~20毫米	元/吨	47.8	58.5	58.5
10	石子(石英石)5~31.5毫米	元/吨	46.8	57.5	57.5
11	石子(石英石)5~40毫米	元/吨	44.8	56	56
12	石子(石英石)5~16毫米	元/吨	42.8	55	55
13	清道渣	元/吨	37	37	40
14	混道渣	元/吨	27	27	27
15	花岗石块石	元/吨	70	70	70
16	花岗岩侧石100×20×12.5厘米	元/100米	6500	6500	6500
17	花岗岩侧石(圆弧)100×20×12.5厘米	元/100米	13000	13000	13000
18	花岗岩平石100×20×12.5厘米	元/100米	6000	6000	6000
19	花岗岩平石(圆弧)100×20×12.5厘米	元/100米	12000	12000	12000
20	花岗岩侧石100×30×12.5厘米	元/100米	8000	8000	8000
21	花岗岩侧石(圆弧)100×30×12.5厘米	元/100米	15000	15000	15000

序号	材料名称	单位	4月份	8月份	11月份
22	花岗岩平石100×30×12.5厘米	元/100米	7500	7500	7500
23	花岗岩平石(圆弧)100×30×12.5厘米	元/100米	14000	14000	14000
24	花岗岩火烧板4厘米厚	元/平方米	85	85	85
25	黄砂	元/吨	80	85	75
26	八五砖216×105×43毫米	元/千块	260	260	250
27	九五砖240×115×53毫米	元/千块	390	380	360
28	九五多孔砖240×115×90毫米	元/千块	480	510	480
29	砼加气块	元/立方米	200	255	255
30	石灰膏	元/立方米	160	160	165
31	纸巾灰	元/立方米	165	165	165
32	粉煤灰	元/吨	42	42	45
33	石灰	元/吨	232	232	260
34	二灰结石	元/吨	59.5	59.5	60
二、三材					
1	普通钢筋(综合)	元/吨	5310	5980	3980
2	新三级钢筋(综合)	元/吨	5410	6000	4100
3	Φ6Φ8(新三级钢综合)	元/吨	5480	6600	4250
4	圆木	元/立方米	1250	1250	1250
5	模板材	元/立方米	1360	1360	1360
6	工程材	元/立方米	1490	1490	1490
7	水泥32.5级(综合)	元/吨	312	330	300
8	水泥42.5级(综合)	元/吨	332	405	370
三、砼预制品					
1	甲型侧石100×27.5×12.5厘米	元/100米	1300	1450	1450
2	甲型平石100×30×12.5厘米	元/100米	1400	1500	1500
3	乙型侧石60×25×10厘米	元/100米	1030	1080	1080
4	乙型平石60×20×10厘米	元/100米	900	925	925
5	道板厚6厘米(普通型)	元/平方米	25	25	25
6	道板厚8厘米(普通型)	元/平方米	30	31	31
7	高强度透水型砼路面砖(进口设备生产)	元/平方米	50	52	52
8	条石60×25×12.5厘米	元/米	9	9.5	9.5
9	丙型边井盖座37×25厘米	元/套	20	20	20
10	窨井盖板22×120×16厘米	元/块	40	42	42
11	窨井盖板30×120×16厘米	元/块	60	63	63
12	窨井板梁(1)70×11×20厘米	元/块	21	25	25
13	窨井板梁(2)120×11×20厘米	元/块	34.5	37	37
14	雨60盖板盖座60×60厘米	元/套	160	200	180
15	污60盖板盖座60×60厘米	元/套	170	200	180
16	雨90盖座125×110×16厘米	元/块	160	160	145
17	污90盖座125×110×16厘米	元/块	160	160	145
18	雨90×75盖座125×110×14厘米	元/块	140	140	130
19	污90×75盖座125×110×14厘米	元/块	140	140	130
20	铸铁窨井盖座	元/千克	9	8	6.5
四、砼管					
1	D230无筋砼管	元/米	17.4	17.5	16.8
2	D250无筋砼管	元/米	19.55	19.63	18.76

第四章 重工业品价格

序号	材料名称	单位	4月份	8月份	11月份
3	D300无筋砼管	元/米	26.05	26.1	24.88
4	D400无筋砼管	元/米	34.3	34.5	32.75
5	D450无筋砼管	元/米	43	43.4	41.34
6	D500无筋砼管	元/米	54.1	54.5	52.1
7	D600无筋砼管	元/米	80.45	80.95	78.26
8	D300有筋砼管	元/米	54.8	55.95	51.6
9	D400有筋砼管	元/米	67.5	69.65	64.16
10	D450有筋砼管	元/米	77.85	80.72	71.65
11	D500有筋砼管	元/米	103.6	107.28	96.03
12	D600有筋砼管	元/米	139.8	146.15	125.87
13	D700有筋砼管	元/米	186.5	195.3	171.05
14	D800有筋砼管	元/米	241.5	252.6	223.5
15	D900有筋砼管	元/米	313.5	327.4	293.68
16	D1000有筋砼管	元/米	385.3	405.8	363.55
17	D1100有筋砼管	元/米	451.3	469.9	423.6
18	D1200有筋砼管	元/米	596.3	625.3	571.35
19	D1350有筋砼管	元/米	789.5	830.8	768.12
20	D1500有筋砼管	元/米	957.5	1010.5	932.15
五、厂拌沥青制品					
1	热石油沥青60#~100#	元/吨	4585	4750	4350
2	沥青砂	元/吨	457.15	468.8	446.3
3	细粒式沥青砼	元/吨	408.15	419.8	397.3
4	中粒式沥青砼	元/吨	383.6	395.25	372.75
5	粗粒式沥青砼	元/吨	364	375.65	353.15
6	黑色碎石	元/吨	295.2	304.78	288.78

第九节　化工产品价格

苏州日用化学品生产与应用的历史较早。东汉时，天然染料已有制作生产，宋代以后，已大量应用于丝绸印染。创于明代的姜思序堂国画颜料号，利用天然矿物、动植物制作国画颜料，极负盛名。清代，苏州南北货业、油漆业、花爆业等行业前店后坊商号，开始利用土法加工制作石碱、火药、油漆、颜料、明矾、化妆品等日用化学产品。直至光绪三十二年（1906）建立瑞兴肥皂厂（生产香粉肥皂），20世纪20年代初，刘鸿生等创建鸿生火柴厂，才开创苏州近代化学工业的历史。30～40年代，苏州先后建立了生产染料、烧碱、化学试剂、日用香料、酒精、油漆等产品的26家小型化工厂（作坊），但未形成独立的行业，分别参加10个商业同业公会。化工企业多由私人业主集资兴办，化工产品价格由厂家与用户商定。民国31年（1942）苏州烧碱一度紧缺，皂厂纷纷倒闭。当时固体烧碱一桶（250千克）价格高达黄金15.3两。苏州解放前夕，外货倾销，民族工商业遭受严重摧残，苏州私营化工企业只剩3家，总资产7.83万元，从业人员81人。

建国后，政府积极扶植工商业恢复生产，20世纪50年代初，苏州市区先后建立了16家私营化工企业及11家生产自救的化工工场和个体工业社，连同建国前创建的3家工厂，共30家，计有人员180余人，资产总额54.3万元，由于小化工产品品种较多，变动较大，其价格主要受市场供求影响。

1956年化学工业实行全行业公私合营，成立苏州化学工业公司。化工产品全部纳入计划经济轨道，化工产品价格分部、省、市、县四级管理，其中部、省管理的品种居多，苏州只管理极少的地方小化工产品价格。

1958年"大跃进"时期，全市独立核算的化工企业猛增至82家。但由于急于求成，使苏州刚起步的化学工业遭到冲击，造成很大损失。特别是大炼钢铁时，将刚投资662.9万元改扩建30个的化工原料、化肥农药等基础项目全部停顿。接着又是"全民办化工"，各区、街道一涌而上，仅土法上马生产烧碱的单位就有16家，还有大批生产土化肥、土农药的单位，产品众多，但大部分质量低劣，消耗大，成本高，"三废"污染严重。1960年清仓核资，亏损总额达1398.3万元，相当于1956年全部化工企业固定资产总额的15倍。

经过数年的调整，转产、砍掉亏损和污染严重的化工企业，加强技术改新和经营管理，至1965年，全市23种化工产品纳入国家计划价格，硫酸、烧碱、农药、樟脑、有机玻璃、增塑剂、二苯醚、铬酸等产量成倍增长，企业全部扭亏为盈，工业总产值10542.3万元。1966年"文化大革命"，使苏州化工生产发展受到严重破坏，市化工研究所被撤销，大批科技人员下放苏北，化工产品价格全部冻结。20世纪70年代中期，重新建立专门化学工业管理机构，恢复专业管理，重新实施已停顿多年的技术改造项目，使苏州化工厂的烧碱、农药，溶剂厂的增塑剂、联苯、乙酸，合成化工厂的苯酐，硫酸厂的硫酸，前进化工厂的小苏打，安利化工厂的有机玻璃，助剂厂的糖精等主要产品，均初步实现电气化、仪表化作业，产量也随之激增。1972年全市15家市直属厂，6家区属厂总产值上升至21412万元，比1965年翻了一番，利税总额6512万元，创历史最好水平,由此确定了苏州化工行业在全市经济中举足轻重的地位。当时,苏州化工系统主要产品价格均实行国家定价,主要为部、省两级管理,少量为市管。

改革开放后,国家于1980年下放了部分化工产品的定价权。为适应经济体制改革和价格改革的要求,1986年省又把部分省管的化工产品定价权下放给市、县管理,对部管以外的品种价格定价权下放给各市管理,省可根据实际情况进行价格的衔接平衡。在化工产品的价格形式方面,1981年4月,苏州市物价委员会制发了《苏州市地产生产资料价格及协作物资价格中若干问题的暂行办法》,即对部分协作物资制定代理价,以适应苏州市生产资料,包括化工原材料及产品计划外生产和流通的需要,较早形成了化工产品价格双轨制的雏形。1985年国家物价局、物资局下达了对工业生产资料实行超产自销的规定,自销产品价格可随行就市,化工产品价格的双轨制由此确立形成。为落实国务院有关粮棉定购政策,保护农民利益,同年,省政府明确,由省统一分配的与粮棉挂钩的计划内化肥、农药、农膜执行国家和省规定的零售价格,并与交售定购粮棉挂钩,分配供应到农户。计划外的化肥等农业生产资料由企业按合法进价加合理流通费用和规定利润定价。1992年12月开始,苏州市对计划外化工产品采用行业价格管理办法,即公布市场平均价格和合理浮动幅度;1994年12月,明确规定化工原料价格在市场平均价格的基础上浮动合理幅度为20%;1995年4月,又调整合理幅度为8%,以此办法来禁止不正当价格行为和牟取暴利,保持市场化工原材料产品价格的基本稳定。1993年为抑止农资价格的上涨,苏州对尿素等化肥价格实行最高限价,以保护农民利益。1997年,国家放开化工产品价格,同时将纯碱、烧碱计划内外价格并轨,硫酸实行国家指导价。农业生产资料中除部分农药实行政府指导价外,地产化肥、农膜等其他农资价格也实行放开。至此,化工产品价格基本完全放开,其价格充分体现市场供求状况,并在市场竞争中形成。

从20世纪70年代末至90年代,苏州化工行业主要产品能源消耗大,环境污染问题不易治理,特别是苏州各界对化工企业生产污染环境的批评剧增,对整个化工系统形成巨大的压力和影响,迫使化工行业调整产品结构,停产重污染项目,开发新产品,向精细化工发展。同时加大治理"三废"对环境的污染。

进入21世纪,苏州城区对污染严重的化工行业实行限制发展,逐步淘汰出城的产业政策。同时全国范围内化工产品市场供求平衡,价格由市场调节形成,苏州市场所需的化工产品基本上从外面调入。苏州化工厂(化工农药集团公司)、硫酸厂等诸多企业先后转制、拆迁,搬出苏城。化工产业的调整转移,不仅符合生态环保要求和可持续发展的理念,也使苏州这座举世闻名的旅游城市,水更清,天更蓝。

一、三酸二碱价格

硝酸、硫酸、盐酸、烧碱、纯碱统称为"三酸二碱",是基本化学原料和重要的工业生产资料。

1. 计划统配"三酸二碱"价格

计划经济时代,三酸二碱的价格管理,主要分部、省两级管理,硫酸、烧碱、纯碱,化工部只管几个主要企业,多数小型企业均为省管。因而硫酸、烧碱、纯碱有部定价和省定价之分。

苏州硫酸厂于1959年10月竣工投产，为全省第一家市属硫酸厂。时职工227人，年产能力为1万吨标准硫酸，为省内第一家初具规模、机械化和连续化成就较高的企业。又经过1964年两次扩建和改革，年生产能力达4万吨。当时该厂硫酸出厂价为省定价，每吨150元。后又调至每吨120元，参照执行大硫酸价格。

从1965年至1983年，三酸二碱价格基本稳定变化不大，据《江苏省物价志》载：硫酸每吨120元，硝酸400元，盐酸100元，烧碱380元，纯碱200元。

地产小硫酸价格，原参照部定大硫酸价格执行。1981年5月，由于原材料提价及计划分配数量不足，小硫酸企业亏损问题突出，继续执行大硫酸价格有困难，为此省制定了小硫酸价格，含量98%的普通硫酸，每吨150元，以此来扶持农业生产。硫酸调高价格后，磷肥的价格不提高，由此造成磷肥的亏损，由财政实行定额补贴。

以下为1955~1985年苏州市区纯碱和烧碱计划供应价格表、1966~1984年江苏省三酸二碱出厂价格表：

表4-181　1955~1985年苏州市区纯碱和烧碱计划供应价格表

单位：元/吨

品名规格	1955年	1956年	1963年	1964年	1965年	1966年	1967年	1979年	1984年	1985年
纯碱一级	338.75	338.75	241	—	230	228	228	228	342	476
固体烧碱95%	975	975	533	495	—	498		498	628	869

表4-182　1966~1984年江苏省三酸二碱出厂价格表

单位：元/吨

品种规格	1966年	1972年	1976年	1979年	1980年	1981年	1982年	1983年	1984年
硫酸98%	150	120	120	120	120	120	120	180	180
小硫酸98%	—	120	120	120	120	150	150	210	210
硝酸98%	400	400	400	400	400	400	—	400	400
盐酸31%	100	100	100	100	—	100		100	100
液体烧碱100%	380	380	380	—	—	380	—	380	400
纯碱一级品	200	200	200	200	200	200	260	310	310
小纯碱	—	—	—	—	—			365	405
小烧碱30%	—	—	—	—	—		114	120	192

1984~1987年，国家有计划地提高矿石、生铁、煤炭、盐、电力等主要生产资料和交通运输价格，1985年起，生产资料价格双轨制形成，致使化工加工行业的成本逐年上升，特别是国家定价的烧碱、纯碱的价格，连续几年进行调整。

省物价局、石化厅于1988年7月30日调整省订硫酸出厂价格。苏州硫酸厂生产的工业硫酸达到国外先进标准，经市物委同意，在省调整后的出厂价基础上加优质加价20%。

表4-183　　1988年省订硫酸出厂价格调整表

单位：元/吨

规格	出厂价格	
	调前价	调后价
特种硫酸含量≥92.5%	—	275
特种硫酸含量≥98%	—	290
浓硫酸一级品92.5%	200	255
浓硫酸一级品98%	210	270
浓硫酸二级品92.5%	190	245
浓硫酸二级品98%	200	260
发烟硫酸一级品	230	295
发烟硫酸二级品	220	285
稀硫酸含量≥75%	150	190

根据省物价局、物资局、化工厅通知，苏州市于1990年8月1日调整各县（市）计划内化工物资地区差价。

表4-184　　1990年苏州各县（市）计划内化工物资地区差价表

地区	一般化工物资（元/吨）	危险品（元/吨）	轮胎（元/套）			三管一带（%）
			750毫米以下	760~1000毫米	1050毫米以上	
张家港	60	71	2	3	4	1
常熟	40	46	2	3	4	1
太仓	45	52	2	3	4	1
昆山	35	40	2	3	4	1
吴江	25	29	2	3	4	1
吴县	15	17	2	3	4	与苏同价

表4-185　　1990年苏州前进化工厂产小苏打价格调整表

品名规格	出厂价（元/吨）		批发价（元/吨）		零售价（元/千克）	
	调前	调后	调前	调后	调前	调后
食用小苏打	1400	1500	1520	1630	1.75	1.87
药用小苏打	1500	1600	1760	1880	—	—

1991年、1992年南化生产的硝酸市场销售较好，因国家调整了煤、电及运输等价格，影响企业的效益，硝酸价格随之作了相应的调整。

表4-186　　1985~1992年江苏省三酸二碱出厂价格表

单位：元/吨

品种规格	1985年	1986年	1987年	1988年	1989年	1990年	1991年	1992年
硫酸98%	180	180	180	180	180	300	300	—
小硫酸98%	210	210	275	270	—	—	—	—
硝酸98%	400	400	400	400	400	500	650	750
盐酸31%	100	100	100	—	—	—	—	340

品种规格	1985年	1986年	1987年	1988年	1989年	1990年	1991年	1992年
液体烧碱100%	400	566	716	—	—	—	—	—
纯碱一级品	405	505	570	600	680	1250	1250	1250
小纯碱	505	570	600	—	—	—	—	—
小烧碱30%	—	185	235	—	—	460	460	460

资料来源：《江苏省志·价格志》和《江苏价格改革二十年（1978~1998）》。

经过三年多的抑制通货膨胀，市场物价涨幅总体趋缓，1996年经济"软着陆"。1997年国家放开化工产品价格，纯碱、烧碱等产品实行计划内外价格并轨，除硫酸等少数产品实行国家指导价管理外，其余化工产品价格完全放开，实行市场调节价。

2. 计划外"三酸二碱"价格

1979年以后，苏州市生产资料价格改革逐步展开，较早形成了计划内、外价格双轨制，化工原料国家牌价（统一分配价）和市场调节价格的差价也日渐扩大，以1985年第四季度苏州市物资贸易中心市场交易价为例：一级纯碱每吨国家牌价为426元，而市物贸中心交易价每吨则为670元，计划内外每吨价差为180元，计划外纯碱比计划内高出42.25%。1986年苏州市物贸中心一级纯碱挂牌价每吨升至700元。随着乡镇企业的迅猛发展，对主要生产资料需求剧增，以及受1988~1991年这一轮通货膨胀的影响，苏州市场计划外主要化工原料价格呈不断上升的走势。下列表格为20世纪80年代末至90年代初部分化工原料市场挂牌价格，允许下浮，不允许突破：

表4-187　1988年5月20日苏州物资贸易中心主要物资（化工）挂牌价

单位：元/吨

品名	规格	挂牌价
纯碱	工业用一级	830
烧碱	液30%	330
烧碱	固98%（进口）	3000
硫酸	98%	340
橡胶	国产1#烟	9000
橡胶	进口1#烟	9100
苯二丁酯	一级（连包装）	6300
苯二辛酯	一级（连包装）	7700

表4-188　1990年4月2日苏州市区部分计划外物资（化工）挂牌价

单位：元/吨

品名	规格	挂牌价	品名	规格	挂牌价
纯碱	工业用一级	1400	橡胶	进口1#烟	9200
烧碱	液30%	500	苯二丁酯	一级（连包装）	6600
烧碱	固98%以上	2900	苯二辛酯	一级（连包装）	6600
硫酸	98%	330	盐酸	≥31%	360
橡胶	国产1#烟	8900	苯酐	一级（连包装）	4750

表4-189　1990年5月28日苏州市区部分计划外物资（化工）挂牌价

单位：元/吨

品名	规格	挂牌价	品名	规格	挂牌价
纯碱	工业用一级	1350	橡胶	进口1#烟	9000
烧碱	液30%	500	苯二丁酯	一级（连包装）	7000
烧碱	固98%以上	2850	苯二辛酯	一级（连包装）	7000
硫酸	98%	330	盐酸	≥31%	360
橡胶	国产1#烟	8700	苯酐	一级（连包装）	5000

表4-190　1990年8月27日苏州市区部分计划外物资（化工）挂牌价

单位：元/吨

品名	规格	挂牌价	品名	规格	挂牌价
纯碱	工业用一级	1200	苯二丁酯	一级（连包装）	7300
烧碱	液30%	450	苯二辛酯	一级（连包装）	7500
烧碱	固98%以上	2550	盐酸	≥31%	360
硫酸	98%	350	苯酐	一级（连包装）	4600
橡胶	国产1#烟	8100	液氯	—	1000
橡胶	进口1#烟	8300	—	—	—

　　1992年，随着宏观调控的奏效，市场价格总水平出现回落，受国内外市场行情的影响，苏州市区计划外"三酸二碱"价格也随之回落，工业用一级纯碱从上年8月份每吨1200元回落到1050元，固体烧碱从每吨2550元回落到2050元，其他化工产品价格也有程度不同的下降，详见下表：

表4-191　1992年1月16日苏州市区部分计划外物资（化工）挂牌价

单位：元/吨

品名	规格	挂牌价	品名	规格	挂牌价
纯碱	工业用一级	1050	丙酮	工业一级	5300
烧碱	液30%	420	甲苯	工业一级	3200
烧碱	固98%以上	2050	二甲苯	工业一级	3200
硫酸	98%	390	纯苯	工业一级	2600
橡胶	国产1#烟	8100	冰醋酸	工业一级（石油合成）	4400
橡胶	进口1#烟	8150	冰醋酸	98%（乙醇法）	4600
苯二丁酯	一级	7200	顺丁胶	工业一级	7500
苯二辛酯	一级	7300	氯丁胶	A90	22000
盐酸	≥31%	380	硝酸钠	一级	1400
苯酐	一级	5300	亚硝酸钠	一级	2300
液氯	—	1400	—	—	—

　　注：该期挂牌品种均不带包装。1991年12月10日公布的挂牌价同时废止。

　　1993年下半年开始，市场价格上升过快过猛，为抑制通货膨胀，加强价格监管，反对暴利，保护生产经营者和消费者的合法权益，1994年12月，市政府和市物价局相继发布施行《苏州市禁止不正当价格行为和牟取暴利暂行办法》和《关于明确主要商品和服务价格暴利界限的通知》，对计划外主要生产资料价格采用行业价格管理办法，即公布市场平均价格和规定浮动幅度。其中对化工原料允许在市场平均价格的基础上，允许上浮的幅度为20%，超出市场平均价格及合理幅度的即为暴利。1995年一季度又将在市场平均价格基础上上浮合理幅度调低至最高不超过8%，超出部分就是暴利，违者必予严肃查处。下列表格为1995~1996年部分月份市行业价格协会公布的市场平均价格：

表4-192　1995年2月20日苏州市部分化工原料市场平均价格表

单位：元/吨

品名	规格	市场平均价	品名	规格	市场平均价
纯碱	工业用一级	1700	丙酮	工业一级	10500
烧碱	液30%	550	甲苯	工业一级	3800
烧碱	固98%以上	2800	二甲苯	工业一级	4500
硫酸	98%	700	纯苯	工业一级	4300
橡胶	国产1#标	17000	冰醋酸	工业一级（石油合成）	8500
橡胶	进口1#烟	18000	顺丁胶	工业一级	11000
苯二丁酯	一级	16500	氯丁胶	A90	33000
苯二辛酯	一级	17000	丁苯胶	1520	13000
盐酸	≥31%（合成级）	530	硝酸钠	一级	2100
盐酸	≥31%（工业用级）	520	亚硝酸钠	一级	3300
苯酐	一级（工业萘法）	13500	苯酚	一级（含包装）	9500
液氯	≥99%	1800	环氧氯丙烷	一级（含包装）	15600

表4-193　1996年3~10月苏州市部分化工原料市场平均价格表

单位：元/吨

品名	规格	3月12日	4月11日	6月20日	10月21日
纯碱	工业用一级	1700	1650	1650	1650
烧碱	液30%	600	600	580	600
烧碱	固98%以上	3450	3450	3450	3450
硫酸	98%	880	850	800	720
橡胶	国产1#标	16000	16000	15500	15000
橡胶	进口1#烟	17350	17350	17350	16000
苯二丁酯	一级	11500	12000	11000	9500
苯二辛酯	一级	12000	12000	11000	9600
盐酸	≥31%（合成级）	780	780	760	740
盐酸	≥31%（工业用级）	680	680	660	640
苯酐	一级（工业萘法）	9000	9000	8500	7100
液氯	≥99%	3500	3500	3400	2800
丙酮	工业一级	11000	10600	10600	6000
甲苯	工业一级	3700	3700	3600	3600
二甲苯	工业一级	4200	4200	4400	4400
纯苯	工业一级	3800	3800	3800	3800
冰醋酸	工业一级（石油合成）	9000	9000	9000	9000
冰醋酸	98%	8500	8500	8500	7800
顺丁胶	工业一级	12300	12000	11500	9800

品名	规格	3月12日	4月11日	6月20日	10月21日
氯丁胶	A90	30000	30000	30000	30000
丁苯胶	1520	13300	13000	12000	9800
硝酸钠	一级	2600	2600	2550	2550
亚硝酸钠	一级	3200	3200	3000	2900
苯酚	一级（含包装）	9000	9000	9000	9000
环氧氯丙烷	一级（含包装）	18000	16500	15000	13000
甲醛	—	1400	1400	1450	1400
内销糖精	10MESH（目）以上大粒	38500	38000	38000	30000

注：根据市政府［1994］98号文件及市物价局苏价综字［1995］第67号文件精神，本次由行业管理组织议定的价格视为界定暴利界限的市场平均价格，在此价格基础上上浮合理幅度最高不得超过8%，超出部分就是暴利。

1997年国家放开化工产品的价格，实行计划内外价格并轨，化工产品以市场形成为主的价格机制基本建立。1998年开始，"三酸二碱"主要化工原料市场供求基本平衡，供略大于求，价格较20世纪90年代初、中期明显回落。详见下表：

表4–194　1999年苏州市区部分化工原料市场平均价

单位：元/吨

品名	规格	1999年1月20日市场平均价	1999年3月22日市场平均价
纯碱	工业用一级	1500	1400
烧碱	液30%	450	600
烧碱	固98%以上	2300	2350
硫酸	98%	550	550
橡胶	国产1#标	9500	9500
橡胶	进口1#烟	10500	12000
苯二丁酯	一级	5500	5450
苯二辛酯	一级	5500	5450
盐酸	≥31%（合成级）	500	530
盐酸	≥31%（工业用级）	350	350
苯酐	一级（工业萘法）	4000	4000
液氯	≥99%	1400	1400
丙酮	工业一级	4800	4850
甲苯	工业一级	3000	2500
二甲苯	工业一级	3000	2500
纯苯	工业一级	3100	3150
冰醋酸	工业一级（石油合成）	3900	4000
顺丁胶	工业一级	6400	6000
氯丁胶	A90	30000	30000
丁苯胶	1520	6500	6300
硝酸钠	一级	2200	2250
亚硝酸钠	一级	2600	2700
苯酚	一级（含包装）	6000	6000

苏州市价格志

品名	规格	1999年1月20日市场平均价	1999年3月22日市场平均价
环氧氯丙烷	一级（含包装）	12500	12500
甲醛	—	1500	1500
内销糖精	10MESH（目）以上大粒	24000	24000

进入21世纪，"三酸二碱"等主要化工原料以市场形成为主的价格机制进一步确立，政府定价范围进一步缩小，化工产品价格在市场竞争中形成，价格随行就市。由于市场供求基本平衡，化工产品价格也基本稳定。三酸二碱产品市场供需基本平衡，价格也基本稳定，随市场供求情况而在合理区间内起伏。

表4-195　2001年2月20日苏州市区部分化工原料市场平均价

单位：元/吨

品名	规格	市场平均价	品名	规格	市场平均价
纯碱	工业用一级	1450	甲苯	工业一级	4000
烧碱	液30%	450	二甲苯	工业一级	4000
烧碱	固98%以上	2300	纯苯	工业一级	3800
硫酸	98%	360	冰醋酸	工业一级（石油合成）	5000
橡胶	国产1#标	9000	顺丁胶	工业一级	7900
橡胶	进口1#烟	10500	氯丁胶	A90	28000
苯二丁酯	一级	7200	丁苯胶	1520	8450
苯二辛酯	一级	7200	硝酸钠	一级	2200
盐酸	≥31%（合成级）	680	亚硝酸钠	一级	2500
盐酸	≥31%（工业用级）	580	苯酚	一级（含包装）	9000
苯酐	一级	5400	环氧氯丙烷	一级（含包装）	12500
液氯	≥99%	2400	甲醛	—	1500
丙酮	工业一级	7500	内销糖精	10MESH（目）以上大粒	19500

表4-196　2001年4月20日苏州市区部分化工原料市场平均价

单位：元/吨

品名	规格	市场平均价	品名	规格	市场平均价
纯碱	工业用一级	1400	甲苯	工业一级	3800
烧碱	液30%	470	二甲苯	工业一级	3800
烧碱	固98%以上	2500	纯苯	工业一级	3600
硫酸	98%	360	冰醋酸	工业一级（石油合成）	5300
橡胶	国产1#标	8600	顺丁胶	工业一级	7700
橡胶	进口1#烟	10000	氯丁胶	A90	34000
苯二丁酯	一级	7100	丁苯胶	1520	7950
苯二辛酯	一级	7100	硝酸钠	一级	2200
盐酸	≥31%（合成级）	710	亚硝酸钠	一级	2600
盐酸	≥31%（工业用级）	600	苯酚	一级（含包装）	8500
苯酐	一级	5600	环氧氯丙烷	一级（含包装）	12500
液氯	≥99%	2450	甲醛	—	1500
丙酮	工业一级	7200	内销糖精	10MESH（目）以上大粒	19500

表4-197　　2001年5月20日苏州市区部分化工原料市场平均价

单位：元/吨

品名	规格	市场平均价	品名	规格	市场平均价
纯碱	工业用一级	1380	甲苯	工业一级	3700
烧碱	液30%	470	二甲苯	工业一级	3700
烧碱	固98%以上	2400	纯苯	工业一级	3500
硫酸	98%	360	冰醋酸	工业一级（石油合成）	5500
橡胶	国产1#标	8300	顺丁胶	工业一级	7800
橡胶	进口1#烟	10000	氯丁胶	A90	34000
苯二丁酯	一级	7150	丁苯胶	1520	7900
苯二辛酯	一级	7100	硝酸钠	一级	2200
盐酸	≥31%（合成级）	680	亚硝酸钠	一级	2500
盐酸	≥31%（工业用级）	580	苯酚	一级（含包装）	8500
苯酐	一级	5500	环氧氯丙烷	一级（含包装）	12500
液氯	≥99%	2250	甲醛	—	1500
丙酮	工业一级	7200	内销糖精	10MESH（目）以上大粒	19500

表4-198　　2001年6月20日苏州市区部分化工原料市场平均价

单位：元/吨

品名	规格	市场平均价	品名	规格	市场平均价
纯碱	工业用一级	1350	甲苯	工业一级	3600
烧碱	液30%	480	二甲苯	工业一级	3600
烧碱	固98%以上	2400	纯苯	工业一级	3450
硫酸	98%	360	冰醋酸	工业一级（石油合成）	5500
橡胶	国产1#标	8000	顺丁胶	工业一级	8200
橡胶	进口1#烟	9500	氯丁胶	A90	34000
苯二丁酯	一级	7150	丁苯胶	1520	7600
苯二辛酯	一级	7100	硝酸钠	一级	2200
盐酸	≥31%（合成级）	6600	亚硝酸钠	一级	2500
盐酸	≥31%（工业用级）	560	苯酚	一级（含包装）	8300
苯酐	一级	5500	环氧氯丙烷	一级（含包装）	12500
液氯	≥99%	2200	甲醛	—	1500
丙酮	工业一级	7200	内销糖精	10MESH（目）以上大粒	19500

表4-199　　2000~2005年苏州市化工原料年平均价格表

单位：元/吨

品名	规格	2000年	2001年	2002年	2003年	2004年	2005年
硫酸	98%	398.61	353.78	333.85	296.86	491.12	521.54
纯碱	工业用一级	1403.06	1387.30	1393.59	1284.29	1365.77	1653.14
烧碱	液30%	507.78	491.62	530.51	511.71	695.36	596.29
高压聚乙烯	—	8308.33	7552.70	6682.05	7503.43	12208.40	11372.86
聚丙烯	—	6626.39	6412.16	6170.51	6922.86	8873.64	10543.14
聚氯乙烯	—	—	—	—	—	8541.18	7651.39
聚酯切片	—	—	—	—	—	9955.94	10000.83
乙醇	—	—	—	—	—	3701.76	4108.33

品名	规格	2000年	2001年	2002年	2003年	2004年	2005年
橡胶	国产1#标	—	—	—	—	13278.88	14388.89
橡胶	进口1#烟	—	—	—	—	11425.88	14784.72
固碱	固98%以上	2415.28	2497.30	2641.03	2657.14	2600.00	—
合成胶	—	8444.17	7813.51	8178.21	10842.86	11639.72	14869.12

表4-200 2006~2010年苏州市化工原料年平均价格表

单位：元/吨

品名	规格	2006年	2007年	2008年	2009年	2010年
硫酸	98%	402.27	512.90	1601.35	393.89	690.29
纯碱	工业用一级	1535.85	1662.04	2167.57	1440.28	1845.71
烧碱	液30%	544.14	636.73	775.95	697.78	741.14
高压聚乙烯	—	12087.19	12922.45	13054.05	10552.78	12482.86
聚丙烯	—	11933.41	12475.51	12327.03	9702.78	11275.71
聚氯乙烯	—	7369.72	8909.33	7916.22		
聚酯切片	—	10313.89	11643.06	12453.85		
乙醇	—	4014.83	4609.72	6267.03	5697.22	6600.00
橡胶	国产1#标	21305.42	19933.33	21435.14	15741.67	25920.00
橡胶	进口1#烟	15924.14	17595.83	20132.43	12888.89	21234.29
固碱	固98%以上	—	—			
合成胶	—	16062.13	17015.38			
甲醇	—	—	—	3378.26	2305.56	2825.71
苯	—	—	—	7826.09	6022.22	7028.57

二、化肥价格

20世纪30年代，苏州已有进口化肥经营商，但解放前使用化肥极少，主要是施用粪肥（黄粪）和杂肥（家禽家畜粪、草木灰、皮毛骨等）。

化肥等农资价格的高低直接影响农产品成本，影响农民的收益，事关农业经济发展和农村稳定。计划经济时期，化肥等农资作为计划物资由国家统一分配。化肥厂生产所需的原材料实行平价供应，享受国家优惠政策和财政补贴。农资经营企业也基本没有利润，价格实行保本或保本微利。20世纪50年代中期至90年代末，苏州市计划内化肥均由省农资公司计划分配，价格实行国家定价。

1979年后，随着苏州农村家庭联产承包责任制落实和农业生产的发展，化肥等农资需求量和供应量大幅上升，一度化肥供需失衡，矛盾突出。苏州市各级政府对化肥等农资的生产、供应和价格管理非常重视。鉴于国家调整化肥原材料价格及运输费用，从1987年开始，化肥等农资价格涨幅随之增大，为保持农业生产资料价格的相对稳定，有利于农业生产的发展，苏州市对农资价格管理调控比较严格，同时连续多年在春耕前夕在全市范围内展开对化肥等农业生产价格的专项检查，以切实维护广大农民的利益。

1988年3月，为认真贯彻国务院以及省、市政府指示，切实管好并相对稳定农业生产资料价格，维护农民利益，市物委对农用化肥价格政策规定如下：化肥厂生产的计划内尿素、碳铵、硝铵等按国家规定出厂价进行销售。计划外超产自销部分，按地方政府规定的价格销售。经营企业的调拨、销售价格实行计划内外两种价格的,按规定的价格或调拨差率执行;按地方政策规定实行综合平均价格的,按综合平均价格执行。但与粮食定购合同"三挂钩"的化肥,按国家规定的平价或省定综合平均价执行。凡用中央外汇在计划内从外国进口的化肥,除国家另有专项规定外,一律由外贸部门按国内同类产品价格拨交经营部门。实行外贸代理的,按进口成本加代理手续费及其他规定费用作价。经营部门分别按外贸拨交价或外贸代理价加规定的经营费用作价销售,不得层层转手加价。地方外汇进口或自筹外汇进口的化肥,按地方政府物价部门有关作价规定定价销售。计划外采购的化肥,按当地物价部门规定的作价原则和进销差率进行定价销售。除生产化肥的生产企业外,化肥只能由农资公司、供销社、外贸部门或经过批准的部门经营,其他单位和个人均不得经营。农用化肥不实行优质加价。农用化肥不得层层转手倒卖,不许以零售价购进再加价牟利。违反上述规定者,一律按价格法规严肃查处。

根据江苏省物价局文件规定,1988年苏州市明确对计划外组织的化肥,以代理价形式销售,计价公式为:进货价+运杂费+利息+损耗+管理费+利润(管理费不超过2.5%,利润掌握在1%左右)。省农资公司于1988年1月5日作了补充规定,即省物价局的作价公式指一级经营单位的作价公式。属于市、县公司为基层统一组织的计划外化肥,其对基层调拨价的安排,应尽量减少环节,打紧费用,可按省物价局明确的代理价公式从紧掌握,由县农资公司会同物价局核定;同时明确审批安排基层供销社的代理零售价。

进入1989年,化肥供应日益紧俏。由于生产化肥的主要原材料价格不断提高,全市化肥生产行业普遍发生严重亏损,为不影响化肥生产和市场供应,确保苏州农业生产,1989年2月,市物委与市有关部门共同研究并报市政府同意,联合发文对地产碳铵、磷肥价格进行调整:计划收购的碳铵在现行价格基础上每吨提高40元,磷肥每吨提高50元。计划收购之外的化肥,生产企业销售时按不超过当地规定零售价执行。各化肥生产厂必须严格执行国家计划,计划外部分应首先满足本地农业生产需要,不准将计划内产品转为计划外销售。化肥统一由农资部门实行专营。各县(市)农资公司对所经营的碳铵、磷肥应视资源情况,按指令性收购部分、超计划收购部分和自行外采部分及现有库存部分的不同进价,采用加权平均制定县(市)范围内的综合零售价格(其中本市产化肥的厂零差价均按每吨20元计算),并报市物委平衡后执行。工厂与农资部门在本文下达前已按暂作价收购部分可按本文调整后的出厂价格正式结算,农资部门已销售给农民的不得补收差价。

1992年,根据上级文件精神,在实行"四放开"政策、推进流通领域价格改革、扩大企业自主定价权的大背景下,苏州市要求对化肥、农药、农膜等农业生产资料价格保持相对稳定,计划内统一分配的化肥、农药、农膜执行规定价格;对计划外农资由企业按合法进价加合理流通费用和规定利润定价,主要品种报物价部门和业务主管部门审批,一般品种报主管部门审批;对实行综合平均价的品种范围可有计划加以扩大,并完善管理办法;为解决农业生产急需,经物价部门批准后,允许计划内外同类商品不同品种之间相互串换,差价部分单独列账,年终结余顺差滚动使用三年,用于平抑下半年度农资价格。

从1993年6月开始,为抑制计划外农资价格的上涨,促进和保护农业生产和农民利益,根据省政府关于加强农业生产资料价格管理的有关文件精神,苏州市对化肥、农药、农膜等主要计划外农资实行最高限价。

1996年，受国际行情的影响，国内化肥价格继续大幅上扬，为贯彻省物价局《改进和完善化肥价格管理的暂行规定》，市物价局作出补充规定：地产小化肥、过磷酸钙、复合肥、氯化铵等小化肥出厂价、零售价仍由市局管理，其价格按保本微利的原则确定，以保持小化肥价格的基本稳定。大小化肥流通环节的经营差率为12%，其中县基差率9%的分配为县级市农资公司4.5%，基层供销社4.5%；市农资公司组织大化肥调拨给基层供销社综合差率为9%，其中市农资公司4.5%，基层供销社4.5%。大化肥零售价格原则上每半年由市物价局核定公布一次。各县级市在不高于全市统一零售价格的范围内，根据实际情况制定当地的统一零售价格。以上意见与省物价局文件一并执行，以确保苏州化肥市场价格的相对稳定，保障农业用肥的供应。

1997年下半年起，国际市场化肥市场价格暴跌，国内市场计划外尿素等化肥价格也大幅度下跌，计划内平价化肥失去价格优势，随着1998年省取消粮棉肥挂钩政策，计划内、外化肥价格也随之并轨，地产小化肥出厂价格、市场零售价格基本放开，大化肥仍实行政府指导价。

从1997年以来，化肥市场变化较大，化肥货源充足，价格跌幅较大，这对稳定农业生产、降低农本起到了积极促进作用。但由于种种原因，一度化肥市场价格比较混乱，一些生产企业过度降价竞销，零售企业随意定价，超过差率销售等现象时有发生，农民从降价中得益不多。为适应形势发展，维护化肥市场价格秩序，保护农民利益，省物价局于1998年5月发出了《关于加强化肥价格管理的通知》，主要是合理调整化肥出厂价格，利用价格杠杆，促进化肥品种结构调整；根据市场行情变化，实行按用肥季节规定季节差价、批量销价等促销措施；尿素、碳铵主要品种仍实行综合作价；其他品种化肥按差率管理，允许企业在规定差率规定的幅度范围内自主定价等。

2002年出台的《江苏省定价目录》仅规定：省定价范围为合成氨年生产能力30万吨以下氮肥企业生产的尿素、南化公司复合肥和普钙出厂基准价及浮动幅度，有经营资格的企业按照省进口配额进口的化肥港口结算价格。

在化肥价格连续6年多低位运行后，2003年第四季度以来，化肥、农膜等农资价出现大幅度上涨，至2004年3月，每吨尿素和农膜市场零售价格均比上年上涨300元以上，增加了农民负担。分析原因除了出口增加，产量减少，供求矛盾突出，生产成本增加等因素外，放松价格管理，也是重要因素。为贯彻落实中央和省农村工作会议精神，国家发改委、省物价局先后下发紧急通知，要求做好化肥生产供应工作，稳定化肥价格，抑制化肥等农资价格过快上涨，进一步减轻农民负担。根据国家和省的要求，结合苏州实际，2004年4月，市物价局发出《关于加大价格监管力度降低农资零售价格的紧急通知》，苏州市对化肥批发、零售价格实行差率和价格的双重控制：对地产的小碳铵、小磷肥、复合肥等出厂价格一律以2004年4月20日实际水平为准，只许下降，不得提高；苏州市的国产尿素从4月25日起实行最高零售价为每吨1700元，不得突破；进口尿素按国家规定执行；同时对化肥批发、零售价格实行差率控制，企业经营化肥从出厂到零售的综合差率每批次最高不得超7%（包括银行贷款利息、管理费、包储费等流通环节发生的间接费用），其中，批发环节的综合差率最高不得超过3%，零售环节的综合差率最高不得超过4%，在此基础上，另加直接运杂费。同时加强价格监测，实行化肥价格监测日报制度，开展农资价格专项检查等。

从2006年开始，化肥价格上涨过快的势头得到抑制，苏州市化肥价格基本保持了稳定。当年部分化肥品种价格出现下降或持平，如尿素单价下降5.04%，复合肥单价基本持平，只有过磷酸钙上涨6%。这得益于政府采取的各项宏观调控措施和苏州市化肥"保供稳价"措施的较好落实。从2007至2010年，化肥等农资价格总水平相对比较稳定。

化肥等农业生产资料是农业生产发展的物质基础，保持农资价格的基本稳定事关农产品成本、农民利益、农业经济发展和农村稳定。由于生产农资商品所需原材料绝大部分从市场采购，价格随行就市，原材料进价高低起伏较大，农资商品销售流通已取消计划分配，市场化程度不断提高，因此在积极发挥市场配置化肥等农资资源基础作用的同时，首先要确保农资产销总量平衡，建立化肥储备制度，同时完善农资价格市场形成机制，适当控制农资价格，要采取中准指导价，必要时的限价、差价率、利润率等措施，规范企业价格行为，加强行业自律，制止不正当价格竞争，保持农资价格相对稳定。

1. 硫酸铵价格

俗称"肥田粉"，其销售历史悠久。据载，苏州"1954年，连日暴雨，田间肥源流失，水稻发黄，家积肥一时无法筹集，供销社与乡、镇政府动员农民采用硫酸铵追肥，一周后水稻由黄变绿"。当年总销售硫酸铵615吨，国家统一零售价格为每吨364元（已折合为新人民币，下同）。1953～1956年，硫酸铵仍保持每吨364元的价格不变。嗣后，经过两三年的推广应用，化肥逐渐得到农民的信任，需求量不断上升，至20世纪60年代，氮肥已供不应求。从1957到1974年，硫酸铵（含氮20.8%）销售价一直稳定在每吨330元，即每千克零售价为0.33元。至1975年，随着生产成本下降，苏州市硫酸铵每吨零售价降为270元，这个水平一直保持至1990年，整整15年间计划内硫酸铵价格一直稳定，没有变动。

进入20世纪90年代后，随着苏州使用化肥品种的更新换代，硫酸铵使用逐渐减少，取而代之的化肥品种主要是碳酸氢铵和尿素。

2. 碳酸氢铵价格

碳酸氢铵，简称碳铵，是苏州农业用量较多的化肥之一。苏州1958～1964年零售价每吨277元，随着生产的发展，成本相对稳定，价格稳中有降，1965～1969年为每吨225元，1970～1973年又降至每吨185元，1974年为每吨162元，1975～1979年每吨零售价再次下降至158元，1980～1983年零售价为每吨151元。

其间，1973年苏州化肥厂碳铵投产，年产碳铵2万吨左右，郊区年用为7000吨，农业用肥得到解决。1978年化肥厂碳铵产量增加后，省停止分配，改由专业经营单位以地产碳铵化肥在省内串换。地产碳铵化肥由市农资经营单位组织，农业局根据资源提出分配计划，由基层供销社按确定的计划供应，价格也按上述各年份国家规定的零售价出售。省规定的收购生猪、菜牛、油菜籽、黄麻等品种应予奖售的挂钩化肥，由农资公司预拨计划，按年结算。

1983年12月19日，市物委发出《关于碳酸氢铵恢复省订价的通知》。苏州地产碳酸氢铵由于受主要原、燃材料价格提高的影响，使企业生产成本逐年上升，再维持现行出厂价确有困难，经市政府研究同意，决定从1984年1月1日起，地产碳酸氢铵的出厂价恢复省订价格，市场零售价也作出适当调整。详见下表：

表4-201　1984年1月1日地产碳酸氢铵恢复省订价格表

品名	规格	现行出厂价（元/吨）	省订出厂价（元/吨）	现行零售价		调后零售价	
				（元/吨）	（元/市斤）	（元/吨）	（元/市斤）
碳酸氢铵	含氮≥16.8%，含水≤5%	142	146	151	0.0755	158	0.079

　　同时明确：凡采用新料塑料薄膜单层包装的包装费已包括在价格内的，不得再行加价；凡采用双包装的可以采用价外收取押金、用完回收、原额退回的办法，每吨40袋（即25千克/袋）包装的押金，最高不超过20元（即每只袋0.50元）；每吨25袋（即40千克/袋）包装的押金，最高不超过15元（即每只袋0.60元）。凡完整无破损的聚丙烯编织袋由基层供销社或化肥经营部门负责回收，并按原收取押金标准金额退回给农民押金额。基层供销社送回化肥厂编织袋时，工厂应付给经营单位回收手续费，其手续费标准由各县（市）物（计）委审定。各单位要严格执行上述规定，不准"押多退少"坑害农民。同时要求向农民做好宣传解释工作。

　　同年12月23日，苏州市农业生产资料公司发出《关于调整地产碳酸氢铵内部调拨价格的通知》，根据市物委的授权，市农资公司下达内部调拨价，原则上应以一级经营，厂、基直拨为主，以减少环节，节约费用。市公司对市郊基层社的调拨价由原来每吨152.47元，调整为每吨152元，系公司仓库交货价格，其他形式的结算价格一律撤销。本市社与社、县与县、社与县之间碳铵调剂价格，应本着不影响零售价格和有利支援农业生产为前提，由各部门协商，报经理室批准执行，并报市公司备案。县公司遇特殊情况需对基层调拨价时，可参照市公司对市郊基层社的调拨价执行，也可原价进原价出。省公司调入的碳酸氢铵实行送货制。调拨价和销售价仍按原省订价格执行，实行送货制。

　　1985年，苏州市碳铵零售价每吨调整至170元。同年5月21日，苏州市物价委员会作出《关于昆山化肥厂生产的碳铵执行一级品价格的批复》：昆山化肥厂现行碳铵是按1984年批准的出厂价每吨156元执行。目前，企业产品质量均已达到国家部颁一级品标准（含氮量≥17.1%，含水分≤3.5%），可按省定一级品价格执行，即每吨出厂价160元，零售价172元；二级品每吨出厂价156元，零售价168元。

　　1986年3月，国家决定对小化肥实行临时降价、免税和补贴措施。碳铵（含氮量≥16.8%），零售价每吨最高限价175元，出厂价为145元。三年内免征产品税，对工业和商业现有库存降价减值部分，由财政补贴。由于这一措施的实行，影响了小化肥的生产和销售。小化肥降价不到2个月，各地反映生产成本增加，亏损扩大，财政补贴不足，影响了小化肥生产的积极性。产量比上年同期下降80%以上，化肥供应趋于紧张，影响了全省农业生产。为有利于小化肥生产和销售，1986年10月，省物价局发出《关于小化肥恢复原价的通知》。同年10月13日，市物委向市化工局、供销社、农资公司、各县（市）物委发出《关于调整碳酸氢铵价格的通知》：从即日起，碳铵一级品每吨出厂价由160元调为169元，零售价格由每吨174元调为185元；二级品每吨按一级品减4元。同年11月，小化肥实行季节差价，即在化肥销售淡季出厂价格可以适当下浮，旺季可以适当上浮，淡旺季平均价格维持总水平。

　　1986年国家统配碳铵每吨调至180元。同年，江苏省将小化肥价格管理权限下放，碳铵等地产小化肥出厂价、销售价由产地物价局、化工局管理，并明确合同之外生产的小化肥，工厂可自销，出厂价格可高于合同内化肥价格，但不得高于商业部门零售价格，管理权限下放后，各地方价格部门可根据成本、市场行情变化等情况及时调整小化肥价格。此举造成全省及苏州各地碳铵等化肥价格的不平衡，高低差价不一。

　　1987年小化肥供应更为紧张，价格也随之上涨，国家统配碳铵每吨调至200元，农民反映强烈。为稳定化肥价格，省物价局下达了《关于整顿化肥价格的意见》，对化肥的出厂价格根据鼓励先进、鞭策落后的原则，进行整顿，允许各市按市统一出厂价格，也可以在市范围内，采取成本差别利润率定价。企业产品成本高于全市平均水平的，按成本利润率不高于5%制定出厂价格；低于全市平均水平的，按成本利润率不高于8%制定出厂价格。

　　1987年2月，苏州市计划内碳铵（含氮量16%以上）零售价每吨为185元。下半年以来，由于煤、电、包装袋及生产费用上升，地产小化肥生产发生困难，为了积极支持化肥生产，满足农业生产需要，市物委决定于1988年元月1日起，调整地产小化肥价，碳铵一级品每吨出厂价从169元调高至182元，零售价每吨从185元调高至200元；二级品出厂价每吨从165元调高至178元，零售价每吨从181元调高至196元。以上包装均为编织袋及塑料袋双包装。

　　同年12月，部分市、县计划外碳铵市场价格行情吴江每吨为237～270元，吴县每吨接近300元。

　　1993年6月9日，市物价局发出《关于贯彻省政府加强农业生产资料价格管理及对主要品种实行最高限价的几点意见》，明确地产碳铵全市最高限价：一级品出厂价每吨310元，零售价每吨340元；二级品出厂价每吨306元，零售价每吨336元，均不得突破。上述化肥包装为内塑料袋外编织袋。

　　1993年开始，由于化肥生产成本大幅上升，出厂价格与生产成本严重倒挂，苏州市6家化肥生产企业均出现亏损，1993年1～11月，亏损总额达1217万元，为促进化肥生产，提高生产者、经营者积极性，保证农业用肥的需要，同时又不过大增加农民负担，为此，市物价局于同年12月11日向市政府上呈《关于调整地产碳铵价格和安排九四年计划外尿素价格的请示报告》。经市政府同意后，市物价局于同年12月25日发出《关于调整地产碳铵价格的通知》：鉴于国家对化肥所用煤炭、钢材等原辅材料价格已经放开，特别是今年国家统一调整电价，使原来生产已经很困难的化肥成本进一步上升，为确保化肥正常生产和市场供应，决定从1994年1月1日起，调整地产碳铵价格：一级品出厂价每吨从310元调整为350元，零售价每吨从340元调整为390元；二级品价格与一级品价格仍按低每吨4元执行。这次化肥价格调整后，各级政府应继续大力支持化肥生产，原有对化肥生产、经营的各项优惠措施应保持不变。

　　1994年以来，国家相继调整电价和重油价格，加之煤炭价格及各项费用上升，使全市各化肥厂生产困难，亏损增加，经市政府同意，市物价局发出《关于调整地产碳铵价格的通知》，即从1994年8月15日开始，调整地产碳铵价格：一级品出厂价由现行每吨350元调为420元，零售价由现行每吨390元调为480元；二级品价格仍按调整后的一级品价格每吨低4元执行。

　　1995年3月，市物价局再次发文调整地产碳铵价格：一级品出厂价每吨由420元调至490

元，零售价由每吨480元调至550元；二级品价格仍按调后一级品价格每吨低4元执行。

从1996年3月1日起，地产碳铵一级品出厂价每吨由490元调高至570元，零售价每吨由550元调高至630元；二级品仍按比调整后的一级品价格每吨低4元执行。以此应对生产成本大幅上升、产销倒挂的矛盾。

1997年下半年起，化肥市场发生变化，价格大幅度下跌，碳铵合同内价格失去价格优势，计划内外价格并轨，实行综合作价。1998年，碳铵价格继续下跌，据市粮油成本调查点汇总，按纯碳铵用量计算，平均价每千克为3.34元，比上年下降11.64%，复合肥每千克为2.88元，比上年下降8.9%，其他化肥也有不同程度的下降。为制止一些生产企业过度降价竞销，零售企业随意定价，维护化肥市场价格秩序，省物价局于1998年5月发文，要求加强化肥价格管理，合理调整化肥出厂价，促进化肥品种结构调整，实行按用肥季节规定季节差价、批量促销等措施，碳铵、尿素等主要品种仍实行综合作价，其他品种化肥按差率作价管理，允许企业在差率规定范围内自主确定价格等。至此，碳铵等化肥价格也基本由市场供求情况而形成，价格水平相对稳定，随市场供求情况小幅升降。

2006年3月，省物价局、财政厅、发改委联合转发国家发展改革委《关于做好2006年化肥生产供应和价格调控工作的通知》时重申：列入地方定价目录的化肥出厂价格，依照定价权限，由各地价格部门根据供求情况和生产成本，按照保本微利原则制定。对未列入定价目录的化肥出厂价格，在未列入指导价管理之前，可采取提价申报、调价备案制度等形式进行监控。同时重申，对化肥流通领域继续实行差率管理。对单位价值较低的碳铵，综合经营差率不超过15%。经营环节储备化肥，储存期超过3个月的，企业负担的储存费用和利息（财政负担部分除外）可据实另加。并要求按照"企业储备、银行贷款、政府贴息、市场运作"的原则，切实做好化肥淡季储备工作。下表为碳铵2009~2010年市场价格监测情况：

表4-202 2009~2010年苏州市碳铵年平均价格表

单位：元/千克

品名规格	2009年平均价	2010年平均价
碳酸氢铵（含氮17%以上，水分≤3.5%，国产）	0.67	0.73

3. 尿素（含氮45%）价格

尿素是高浓度的优质化肥，受到广大农户的欢迎，是苏州农村施肥量较大的化肥品种。改革开放之前，尿素价格由省统一管理，货源由省统一调拨。由于苏州农业发展水平较高，从20世纪80年代开始，尿素缺口较大，不足部分则依靠进口及从外省购进，苏州市场计划外尿素占的份额越来越大。其价格的高低变化往往直接影响整个化肥市场价格的走势。因而苏州市各级政府对尿素价格的管理相当重视。

（1）计划内尿素价格

1955年苏州市场尿素每吨统一零售价为660元，即每千克0.66元，从1955年至1969年，苏州这个价格一直未作变动。此后随着成本降低，同时为了支援农业生产，1970年尿素降为每吨500元，1975年又降为每吨450元，即零售价每千克为0.45元（塑料袋包装），而聚丙烯编织袋包装（内衬塑料袋）的尿素出厂价每吨为360元，零售价每吨为458元。

自20世纪80年代起，计划内尿素按两级调拨、一级零售经营，即省、市、县农资公司调拨，基层社零售。基层供销社按省定价格销售，并与交售定购粮棉挂钩，分配供应至农户。

1984年，为维护农民利益，决定取消尿素的平价（计划统配价）、高价和代理价等多种价格形式，江苏省开始实行综合销售价格，即根据计划内外货源数量及进价、费用变化情况实行全省统一综合平均销售价格。为鼓励农民交售国家定购的粮食、棉花，自1985年开始，苏州根据国家和省规定，实行计划尿素与交售定购粮棉挂钩，即根据全年计划尿素数量以及定购粮棉数，统一规定每交售50千克粮或棉奖售计划尿素的标准，农民凭票按计划内平价购买尿素。1985年综合销售（零售）价格为原塑料包装每吨550元，麻袋、尼龙袋、编织袋包装每吨560元。苏州市场折零包装不论其包装如何，一律执行每千克0.56元。此后，省统配的粮棉挂钩肥、救灾肥、蔬菜肥和中央下达的专项肥均执行每吨560元的全省统一综合销售价格。此价格标准直至1991年未变。

1992年省计划尿素综合零售价每吨调为682元，1994年调为1400元。综合零售价均低于同期计划外市场价格。

1995年1月，苏州市分配给各县（市）的8500吨粮油挂钩肥，按挂钩的粮油数量计算落实到户，凭票供应。零售价按规定的每吨1400元及1410元不同价区执行。省分配给苏州的面积肥，按种植面积计算，凭票供应的国产尿素的零售价按规定的每吨1400元及1410元不同价区执行；进口尿素的零售价按每吨1540元执行。

1996年9月6日，市物价局核定市农资公司配供尿素（数量为1750吨）批发价为每吨1950元，零售价为每吨2040元。该批尿素销售完毕，价格自行撤销。

1997年度，苏州市粮油挂钩肥尿素价格：市公司对所辖六市公司调拨价为每吨1700元，所辖六市公司对基层供销社调拨价为每吨1750元，基层社对农民零售价格每吨为1850元。

上述国家规定的粮棉肥挂钩政策一直执行至1997年度。自1997年下半年开始，由于国际化肥市场价格大幅下跌，计划外尿素价格大幅跳水，计划内尿素综合价失去价格优势，经江苏省政府同意，全省于1998年取消粮棉肥挂钩政策，计划内尿素综合价也随之消失。

从20世纪80年代中期至1997年的十多年间，苏州实行的计划内尿素综合价格并与定购粮棉挂钩奖售，对扩大计划肥源、支援农业生产、平抑市场价格、维护农民利益、做好定购粮棉收购工作起到积极作用。

2004年6月下旬以来，江苏省及周边省份均进入用肥高峰期，尤其尿素货源紧张，且运输困难，不少地方已出现缺口。针对化肥市场供需矛盾所带来的价格压力，7月19日，省物价局发出《关于进一步做好化肥保供稳价工作的紧急通知》，对化肥出厂价格，取消4月20日实际出厂价格为上限的规定。尿素生产企业出厂价格，仍实行省级政府指导价，中准价为每吨1400元，上下浮动幅度10%，企业可在不超过10%的幅度内根据市场情况具体确定。这样通过疏导价格矛盾，合理制定尿素出厂价格促进企业积极生产，满足农业生产需要。为此，市物价局于7月25日发出紧急通知，贯彻省文件精神，进一步做好化肥保供稳价工作。

同年12月，尿素出厂中准价水平每吨由1400元提高至1500元，上浮幅度为10%，下浮不限，上限价每吨为1650元。

2005年6月,国家发展改革委发出《关于进一步加强化肥价格监管工作的通知》,明确自2005年7月1日起,对全国范围内所有合成氨年生产能力15万吨(含15万吨)以上氮肥生产企业尿素的出厂价,执行与大型氮肥企业相同的价格政策,即实行政府指导价管理方式,尿素出厂中准价为每吨1500元,上浮幅度为10%(上限为每吨1650元),下浮不限。对合成氨年生产能力15万吨以下的氮肥生产企业尿素的出厂价,仍由各地结合本地实际比照上述规定出台限价政策,凡规定尿素出厂价格上限水平高于每吨1650元的,须向国家发改委报告情况,说明理由。同年6月20日,省物价局转发国家发展改革委《关于进一步加强化肥价格监管工作的通知》,并重申省管尿素最高出厂价格仍按现行规定执行,尿素生产企业不得突破省定最高出厂指导价格。

2006年3月,根据国家发展改革委文件要求,尿素中准出厂价每吨1500元,上浮幅度由10%提高至15%,上限价为每吨1725元,下浮不限。2006年,列入省管目录的尿素出厂价,继续实行政府指导价,同年3月,省物价财政厅、发展改革委等联合发文,明确列入省管目录的尿素出厂中准指导价每吨1500元,上浮幅度由10%提高到15%。

2007年省物价局在转发国家发改委《关于做好2007年化肥生产供应和价格稳定工作的通知》,再次重申:2007年省管尿素出厂价格中准指导价为每吨1500元,上浮幅度为15%,上限价每吨1725元;下浮不限。由于价格政策的扶持,尿素企业进一步得到改造,扩大产量,提高质量,至2007年,全省尿素生产能力已达210万吨,供求基本平衡了,价格也相对稳定。

(2)省及苏州市计划外尿素价格

计划外尿素出厂价格。从1983年起,江苏省对南京栖霞山化工厂完成全年计划后增产的尿素,允许按高于计划内尿素价格执行,并规定超产尿素每吨出厂价为500元。后经过5次调整,至1998年中准出厂价为每吨1550元,上下浮动10%。对地方小尿素厂出厂价,省按略高于大化肥厂计划外超产尿素价格的原则掌握,以扶持地方小尿素厂发展。1995年核定小尿素中准出厂价每吨1600元,允许上下浮动10%。1996年,国际市场尿素价格暴涨,为鼓励地方尿素厂增产,将小尿素出厂价调为每吨1900元,上下浮动10%。1998年,尿素市场转疲,小尿素出厂中准价格下调为每吨1900元,上下浮动10%。同年12月,国家计委发文要求,核定小尿素出厂中准价为1400元,上下浮动10%。

苏州市计划外尿素销售价格,按照"减少环节、节省费用、相对稳定"的原则安排。1987年苏州市尿素计划外代理零售价每吨为725元。同年12月,尿素供应货紧价扬,苏州市和常熟市、太仓县计划外尿素每吨分别为750元、730元和730元,但市场供应短缺有价无货;吴县、吴江、昆山计划外尿素市场供应价每吨分别为1100元、760元和850元。

1987年2月,苏州市尿素(含氮量45%以上)计划内零售价每吨560元,计划外每吨零售价为725~740元。

同年6月,根据国务院以及省、市政府关于开展农业生产资料价格大检查的通知精神,市物价部门从6月初至8月在全市开展了农资价格大检查,重点查处计划内农业生产资料平价转议价、计划外农资就地转手加价等问题。其中尿素平价转议价具有一定的普遍性,苏州市物价检查所曾严肃查处了郊区基层供销社平转议136.1吨尿素,违纪金额16322元的乱涨价违纪案件。

1989年，苏州计划外尿素价格按省规定，"可以将省公配的尿素（1989年每吨850元）和各县（市）自行进口以及计划外组织的尿素进行综合，报当地物价部门和供销社审核，制定全县（市）统一综合零售价"。苏州各地计划外尿素每吨价位在950～1000元左右不等。1990年后尿素涨幅有所减缓。1993年开始，计划外尿素价格上涨幅度较大。为此，1993年6月，市物价局发出《关于贯彻省政府加强农业生产资料价格管理及对主要品种实行最高限价的几点意见》，明确苏州市计划外尿素全市最高限价为每吨1160元，不得突破。各县（市）采取优惠措施，已控制在每吨1100元以内的不得提高。

1994年1月，鉴于碳铵价格调整后与尿素的合理比价，为保证农资部门正常经营，苏州市物价局规定：1994年计划外尿素全市最高限价为每吨1330元以内，具体价格可由各县（市）自行制定。

1994年3月，由于尿素货紧价高，为保证苏州市农业生产用肥需要，经市政府领导同意，1994年度苏州市尿素最高限价调为每吨1300元。为搞好与邻近地区价格衔接，市物价局明确，如执行上述规定价格有困难的，价格可适当上浮，上浮幅度最高不得突破4%，具体由各县（市）政府确定。并要求各部门大力支持农资部门组织货源，提供优惠措施，把价格控制在限价以内。

同年7月，因全市尿素缺口较大，且进价较高，为保证农业生产用肥，鼓励农资部门生产积极性，经市政府同意从7月1日起，再次调整全市尿素最高限价，即进口尿素每吨1475元，国产尿素每吨1375元。苏州市农资公司进口尿素调拨给基层供销社按每吨1430元执行，调拨给县（市）公司按1400元执行。国产尿素调拨费率参照省局规定执行。

1994年8月，鉴于当前尿素供需矛盾突出，货源紧缺，进货价格变动较大，经市政府领导同意，市物价局决定对全市尿素销售价格实行差率管理。

调拨价=（合理进货价格+运杂费用）×（1+利息率）÷（1-损耗率-管理费率-利润率）。其中，利息按不超过三个月计，特殊情况由当地物价局审定；损耗率按0.5%，管理费率按2.5%，利润率不超过1.5%。

零售价=调拨价×（1+基层经营费率）。基层经营费率4.5%，为保持尿素市场价格的相对稳定，尿素差率管理试行年终综合考核，农资部门应单独立账，便于检查。具体实施由各县（市）根据有关规定执行。市农资公司按本规定制定的销售价格，需报苏州市物价局备案。执行日期为同年8月15日。

1994年10月，苏州贯彻全国、全省农资流通体制改革工作会议精神，全市各级政府十分重视，立即组织召开了专门工作会议，进行层层传达贯彻落实，并根据省物价局《关于加强化肥等农业生产资料价格管理的通知》精神，对全市六县（市）17个化肥销售点价格的执行情况进行实地调查，各地都严格按国家规定限价执行。常熟市、张家港市、吴县国产尿素零售价每吨1400元，进口尿素零售价每吨1540元；太仓市、昆山市、吴江市国产尿素零售价每吨1410元，进口尿素零售价每吨1540元。当年11月，市农资公司化肥库存1000多吨，进口尿素进价为每吨1520元，加上各项费用成本每吨达1600元，国产尿素进价每吨1470元，加上各项费用的成本每吨达1550元；9月20日后，市农资公司的销售价格国产尿素为每吨1400元，进口尿素为每吨1540元。

苏州市各县（市）的化肥供应价格之所以能严格按国家规定的价格执行，原因有二：在农资流通体制上，由于坚持了"多渠道组织，一个漏斗下去"的原则，全市农资市场秩序比较好，没有出现"价格暴涨，供应脱节"的现象。在价格上，由于各级都采取了"几个一点"的办法，即政府补贴一点，生产、经营单位消化一点，农户承担一点，有效地控制了农资价格。据不完全统计，当年全市各级政府用于农资的补贴达2600余万元，其中，昆山市政府用于化肥补贴达500万元，吴县达400万元，太仓市达300万元，常熟市230万元，吴江市223万元，张家港市230万元。在调查中也发现存在一些问题需要尽快解决。进销价格倒挂，亏损较大。当时省分配给苏州化肥调运不足，计划兑现仅达68.2%。各地自行组织货源时由于存在国家规定限价与实际进价较高造成的严重亏损因素，组织进货的积极性不高。据了解，当时上海港进口尿素的交货价达每吨1530元，且有价无货。

1995年1月，市计委、物价局、供销社联合发文称：鉴于目前尿素资源十分紧缺，进货价格大幅度上涨，为确保当前尿素供应，充分考虑农民的承受能力和生产积极性，兼顾农资生产、经营部门的实际困难，决定除计划内粮油挂钩肥、面积肥以外的尿素，全市实行最高限价管理，一季度国产尿素最高零售限价每吨为1800元，进口尿素最高零售限价每吨为2200元。为防止资源流失，避免抢购现象发生，各县（市）对这部分尿素也要实行凭票供应。同年3月28日，市有关部门再次下达当年第二季度尿素销售价格，除计划内尿素仍执行原定价格外，计划外尿素全市实行"差率作价管理"，由市统一制定综合零售价，第二季度国产尿素综合零售价每吨2050元，进口尿素综合零售价每吨为2350元。各地要继续采取微观调节措施，落实补贴措施，力争以低于上述价格水平供应给农民。

1995年5月，鉴于国产尿素成本已突破每吨2000元，苏州郊区、新区、工业园区农资部门执行原规定调拨价每吨1978元有一定困难，经报市政府领导同意，市物价局发文调整第二季度三区尿素供应价格，同意对供应上述三区的第二季度国产尿素供应价格按规定差率3.5%计算，其差价由三区对所属基层社进行直接补贴，零售价格仍按规定每吨2050元执行。

同年7月，市物价局下达1995年第三季度尿素销售价格：粮棉挂钩肥、面积肥仍按省定的零售价执行。其他尿素由市统一制定综合零售价，国产尿素每吨2050元，进口尿素每吨2350元。市农资总公司自行组织的货源应保证苏州范围内农业生产用肥需要。其供应价根据供应对象在上述综合零售价基础上，按省规定作价差率计算。

同年10月，市物价局发文下达1995年第四季度全市尿素综合零售价：国产尿素综合零售价每吨为2150元，进口尿素每吨为2350元。以上价格视同最高限价，不得突破。

1996年2月，考虑到尿素进货成本和市场供求及价格行情上涨，经市政府同意，市物价局下达1996年上半年全市尿素统一综合零售价，每吨国产尿素为2300元，进口尿素为2450元，分别比上年第三、四季度每吨上升150元和100元。以上价格视同最高限价。进入下半年，尿素价格有所回落，同年7月，市物价局下达第三季度尿素综合零售价，每吨国产尿素为2250元，进口尿素为2350元，每吨分别较上半年下降50元和100元。

承续1996年下半年尿素价格下降的趋势，1997年1月，市物价局下达了当年第一季度尿素销售价格的通知，国产进口尿素综合零售价每吨分别为2150元和2200元，出现了进口尿素降幅大于国产尿素降幅的新情况。

进口尿素价格的下降带动了国产尿素的下跌，1997年第一季度尿素综合零售价进口每吨2200元，国产每吨2150元，至1997年12月，苏州市场进口尿素综合零售价每吨为2050元，国产尿素综合零售价每吨为1950元。

进入1998年，尿素价格继续下跌。市物价局再次降低尿素综合零售价，每吨进口尿素跌破2000元为1900元，国产尿素降为每吨1700元。而市场尿素实际零售价低于市物价局下达的综合零售价。

1998年，省政府决定取消粮棉挂钩肥政策。省物价局明确各地对国产尿素，可不分计划内外制定统一的综合零售价格。救灾肥除外，省定不列入综合作价范围救灾化肥1998年调拨价每吨1125元，苏州最高零售价每吨1310元。

从1999年至2003年3季度，苏州市场尿素价格仍呈稳中下降的走势，每吨在1500~1600元之间徘徊。

进入2003年第四季度以后，尿素等农业生产资料上涨较快，已影响到春耕生产和农民利益。根据省物价局《关于加大价格监管力度，努力降低农资零售价格的通知》的有关规定及苏州的实际，苏州市物价局于2004年4月发出紧急通知：对地产小化肥出厂价格实行上限控制，以4月20日实际出厂价为最高价，只许下降，不得提高；对化肥批发、零售价格实行差率和价格控制；同时，为有效控制国产尿素价格，经省物价局授权并报市政府批准，苏州市对国产尿素价格实行价格干预措施，即自2004年4月26日起，苏州市国产尿素最高零售价格为每吨1700元。如国产尿素每批次零售价按出厂到零售的综合差率7%计算，另加直接运杂费后低于最高零售价格的，则按差率控制的办法执行。

2004年下半年，国内化肥市场国产尿素资源偏紧，又受铁路运输制约等因素影响，尿素进价上升较大，为保证市场供应，鼓励经营单位积极组织外采外购，经请示市政府同意，市物价局发出《关于调整国产尿素最高零售限价的紧急通知》，决定从2004年7月5日起，将苏州市国产尿素的最高零售价由原来的每吨1700元调整为1800元。企业经营化肥从出厂到零售的综合经营差率仍按原规定执行。

同年10月10日，市物价局转发国家发改委和省物价局关于继续加强化肥监管、保持化肥价格稳定的相关通知，重申加强化肥价格监管，落实好扶持化肥生产的各项政策规定，激励化肥企业扩大产量，增加市场供应。化肥批发、零售环节实行差率控制的政策不变，鼓励化肥经营企业增加外采数量，保证本地市场供应，稳定苏州化肥市场价格。

2005年夏收夏种期间，化肥等农资价格出现较大幅度回升，苏州市物价局转发省物价局《关于加强夏收夏种期间化肥等农资价格监管的通知》，要求切实加强化肥出厂价格管理，从严控制化肥进销差率，维护正常流通秩序，认真落实扶持化肥生产经营的政策措施，规范化肥生产和经营企业的价格行为，强化化肥价格市场检查。

苏州市物价局在2005年6月发出通知，要求严格执行尿素最高限价规定，严格执行国家规定的差率控制政策，并建立尿素、碳铵等化肥价格的动态定期报告制度，密切关注市场价情况，发现异常立即上报，化肥过度上涨时，要采取适当干预措施。特别要关注外采尿素的市场供求情况，督促落实优惠政策，鼓励经营者企业加大外采力度，充分发挥保障供应，稳定市场的作用。

同年7月，根据国家发改委等部门《关于印发〈采取切实措施促进化肥生产稳定化肥市场的意见〉的紧急通知》要求，省物价局等部门发文，江苏建立完善省级化肥储备制度，安排专项资金，淡储旺供，稳定市场，平抑价格。重点对江苏缺口较大的尿素实施储备制度，化解当地产销矛盾，确保当地化肥供应。

同年8月8日，省物价局核定省农资公司进口尿素销售价格为每吨2055元。进口复合肥分批每吨分别为12600元和12300元。上述价格为带包装，交货地点为港口码头，可以上述价格为基础，在上浮为零、下浮不限的范围内与需求方协商确定具体交货价格。

2006年省物价局要求继续从严控制化肥进销差率，全省各类化肥经销企业要根据省内和省外调入化肥的实际情况，分品种按综合差率7%制定市场销售价格。经销企业系统内销售（实行连锁经营）化肥，从出厂到零售，除合理运杂费用另据实计算外，综合经营差率不超过7%；向系统外（连锁经营以外）批发、进销差率不得超过2%。

2008~2010年，尿素等主要化肥苏州市场供销基本平衡，价格也相对稳定，小幅上升。详见下表：

表4-203　2009~2010年苏州市化肥年平均价格表

单位：元/千克

品名规格	2009年平均价格	2010年平均价格
尿素（含氮46%国产）	1.87	1.94

4. 磷肥价格

1987年2月，苏州计划内磷肥（过磷酸钙含有效磷12%以上）每吨零售价为170元。

1987年4月，市物委明确规定，地产磷肥实行全市统一价格，含有效磷12%~14%的磷肥出厂价每吨150元，零售价每吨170元。含有效磷16%以上的磷肥出厂价每吨170元，零售价每吨190元。上述价格均为散装，带塑料编织袋每吨另加18元。

1988年1月1日起，苏州地产磷肥由于煤、电及生产费用上升，经市物委批准，每吨磷肥（含有效磷12%以上）出厂价从150元调整至165元，零售价从170元调整至185元，带编织袋包装每吨另加28元。

苏州硫酸厂生产的磷肥从1988年开始，已具备分等分级的检测条件。为此，市物委批准从4月1日起，实行分等分级定价，具体价格见下表：

表4-204　1988年苏州硫酸厂产磷肥出厂与零售价格表

规格	出厂价（元/吨）	全市统一零售价（元/吨）
一级品（含$P_2O_5$18%以上）	212	232
二级品（含$P_2O_5$16%以上）	200	220
三级品（含$P_2O_5$14%以上）	180	200
四级品（含$P_2O_5$12%以上）	165	185

1989年2月，苏州市调整磷肥价格，计划内收购的磷肥每吨提高50元，苏州硫酸厂及吴

县磷肥厂生产的磷肥调整情况详见下表：

表4-205　地产磷肥价格调整表

单位：元/吨

规格质量	调前出厂价		调前零售价		规格质量	调后出厂价		调后零售价	
	硫酸厂	吴县厂	硫酸厂	吴县厂		硫酸厂	吴县厂	硫酸厂	吴县厂
四级品（含$P_2O_5$12%）	165	174	185	194	四级B（含12%）	210	220	230	240
					四级A（含13%）	220	231	240	251
三级品（含$P_2O_5$14%）	180	190	200	210	三级B（含14%）	230	241	250	261
					三级A（含15%）	240	252	260	272
二级品（含$P_2O_5$16%）	200	211	220	231	二级B（含17%）	250	263	270	283
					二级A（含16%）	260	273	280	293
一级品（含$P_2O_5$18%）	212	224	232	224	一级品（含18%）	270	283	290	303
					特级品（含20%）	290	305	310	325

鉴于国家调整运输费用，磷肥生产成本上升，农资经营部门亏损严重，考虑到磷肥与碳铵的比价，按不超过南化产磷肥价格的原则，经市政府同意，苏州市地产磷肥价格从1990年8月20日起调整，调整后价格取消原A、B级，统一按一、二、三、四级品划分。详见下表：

表4-206　1990年8月苏州市地产磷肥价格调整表

单位：元/吨

规格质量	出厂价		零售价	
	苏硫厂	吴县厂	苏硫厂	吴县厂
四级品（含$P_2O_5$12%以上）	216	226	250	260
四级品（含$P_2O_5$13%以上）	220	—	254	—
三级品（含$P_2O_5$14%以上）	236	246	270	280
二级品（含$P_2O_5$16%以上）	256	266	290	300
一级品（含$P_2O_5$18%以上）	276	286	310	320

注：表列均为散装肥价格，带编织袋包装仍可另加每吨28元。

1994年8月20日起，市物价局调整地产普通过磷酸钙价格：苏州硫酸厂散装磷肥出厂价在现行价格基础上每吨提高50元；吴县磷肥厂出厂价比苏州硫酸厂调整后的出厂价每吨高12元安排，并限在本县内销售。农资部门的零售价格由原厂零差价每吨50元调高为每吨60元。带编织袋包装的每吨另加包装费32元。详见下表：

表4-207　1994年地产普通过磷酸钙价格调整表

单位：元/吨

规格质量	苏州硫酸厂				吴县硫酸厂			
	出厂价		零售价		出厂价		零售价	
	现行	调整	现行	调整	现行	调整	现行	调整
P_2O_5≥18%	313	363	363	423	325	375	375	435
P_2O_5≥17%	305	355	355	415	317	367	367	427

苏州市价格志

规格质量	苏州硫酸厂				吴县硫酸厂			
	出厂价		零售价		出厂价		零售价	
	现行	调整	现行	调整	现行	调整	现行	调整
P₂O₅≥16%	297	347	347	407	309	359	359	419
P₂O₅≥15%	289	339	339	399	301	351	351	411
P₂O₅≥14%	281	331	331	391	293	343	343	403
P₂O₅≥13%	273	323	323	383	285	335	335	395
P₂O₅≥12%	265	315	315	375	277	327	327	387

注：上述价格为散装，带包装另加每吨32元。

1995年1月17日，市物价局作出《关于普通过磷酸钙销售价格的批复》：鉴于苏州硫酸厂生产成本上升，亏损增加，同意该厂对大市以外地区销售的普通过磷酸钙按略低于销地零售价执行，以衔接邻近地区价格水平。

同年3月28日，市物价局发文调整地产过磷酸钙价格，苏州硫酸厂散装磷肥出厂价在现行价格基础上每吨提高40元，即磷肥（P₂O₅≥18%）每吨出厂价为403元，零售价为463元；吴县磷肥厂散装磷出厂价格按比苏州硫酸厂调整后的出厂价每吨高18元安排，并限在本县内销售。农资部门的零售价继续按出厂价加厂零差价每吨60元制定。

1995年9月，市物价局对苏州精细化工集团公司作出《关于普通过磷酸钙有关价格问题的批复》：鉴于目前生产磷肥产品的各类物资和原材料价格上涨较快，生产成本上升，数量下降，为保证市内磷肥市场的有效供给和工厂的正常生产，经研究同意该公司在满足市内供应的同时，对销往苏州市以外的磷肥价格实行随行就市，由双方协商定价。此规定从1995年9月1日起执行。

1997年以后，随着国内外化肥市场的变化，化肥价格大幅下跌，苏州地产磷肥出厂价格根据市场供求情况和生产成本，由生产企业自主定价，政府物价部门一般情况下不予干预。2004年以后化肥价格上涨，2005年7月，根据国家、省有关文件加强对磷肥、钾肥、复合肥等主要肥种的管理要求，对列入地方定价目录的，由价格部门根据供求情况和保本微利的原则制定；未列入地方定价目录的，各地应相应调整，实行政府指导价管理，可采取最高限价、提价申报、调价备案等形式进行管理。在流通领域，继续加强对化肥进销差率的管理，分品种实行按综合差率7%制定市场销售价格。

表4-208 2009~2010年苏州市磷肥年平均价格表

单位：元/千克

品名规格	2009年平均价格	2010年平均价格
过磷酸钙（含磷12%国产）	0.56	0.51
磷酸二铵（国产）	3.55	2.40

附苏州市部分年份复合肥价格：

表4-209　1996年市物价局核定新品复合肥价格表

品名	规格	出厂价（元/吨）	零售价（元/吨）
16-20复合肥	氮含量16%、钾含量20%	1700	1770
12-6-8复合肥	氮含量12%、磷含量6%、钾含量8%	1040	1100
12-2-17-2复合肥	氮含量12%、磷含量2%、钾含量17%、氧化镁2%	1650	1720
15-15-6-4复合肥	氮含量15%、磷含量15%、钾含量6%、氧化镁4%	1670	1740

注：自产品出厂销售之日起执行。

表4-210　2009~2010年苏州市复合肥年平均价格表

单位：元/千克

品名规格	2009年平均价格	2010年平均价格
氯化钾（含氧化钾50%~60%进口）	4.20	3.35
三元复合肥（含量45%国产）	2.14	2.11

三、农膜价格

农用塑料薄膜，简称"农膜"，在农业生产上用于防冻、保温。苏州郊区农业生产最早使用农膜，始于1964年春横塘公社友联大队。20世纪80年代开始，苏州市郊得到逐步推广使用，市区1982年供应农膜158吨，1983年供应农膜350吨。

计划经济时期，农膜的生产、供应全省实行统一计划、统一收购、统一调拨的政策，农膜的价格也由省统管，1973年全省农膜价格作过适当降低。本着保本精神，苏州基层经销单位以微利为原则。为节约农本和增加农膜复用次数，供销社农资经营部门自20世纪80年代起，推广回收复用。

从1987年1月15日起，省有关部门规定高压聚乙烯吹塑农用薄膜临时出厂价每吨为3300元，临时供应价格每吨3670元；高压聚乙烯农用地膜每吨临时出厂价3780元，临时供应价每吨4200元。同时规定，从1987年安排农用薄膜计划开始，凡省塑料公司的进口树脂改为直接供货；各市化轻公司按省计划供应的国产树脂原则上也要改为直接供货。如确有困难，须由市化轻公司供应树脂，必须严格执行省规定的收费标准，即在市内提货的每吨收包干费125元，如带编织袋加固包装的每吨可加收包装费40元。

1988年初，国家轻工部制定塑料薄膜统一出厂价，具体标准为聚氯乙烯压延薄膜、工业薄膜厚0.10、0.14、0.23毫米，每吨出厂价为3600元；农用薄膜厚0.10±0.009毫米，每吨3325元；民用薄膜厚0.10、0.14、0.20毫米，每吨3700元。除农用薄膜允许上下浮动5%，其余均上下浮动10%。

1988年1月15日，苏州市计划外农膜综合代理价：聚乙烯农用塑料薄膜（双幅1~2米）每吨调拨价为6615.56元，零售价每吨6913元，零售价每千克为6.91元。

20世纪80年代计划内农膜，由省计经委根据国家分配的平价原料，平衡下达给省内21个定点厂生产。随着产量增加，国产原料不够，1986年起，省自行组织部分进口原料，作为计划分配给定点厂生产农膜。由于国产原料与进口原料间价格相差较大，分配到各厂的比例不相等，造成生产企业苦乐不均。为缓解矛盾、保持农膜价格的相对稳定，1988年起，江苏省对农膜价格管理进行改革。

苏州市价格志

取消统一出厂价。农膜出厂价由企业按作价公式自定,作价公式:出厂价格=原料价×(1+损耗3%)+原料到厂运杂费+加工费。加工费标准由省物价局制定,1988年主要农膜品种加工费为每吨普膜850元,地膜1350元。

销售价实行综合价。定点厂生产的计划农膜由省农资公司收购、调拨价格,零售价由省物价局根据各生产厂农膜出厂价以及市场供求情况统一制定,并在省农资公司设立农膜风险基金,发生的虚盈虚亏列入农膜风险基金。农膜零售价全省统一,相对稳定。

1988年4月,江苏省调整聚乙烯农膜价,其中聚乙烯农用薄膜全省统一零售价每吨为5790元,农用地膜每吨为6250元。具体价格见下表:

表4-211　1988年江苏省聚乙烯农膜价格调整表

单位:元/吨

品名	规格	市对基层调拨价(2~4月)	全省统一零售价
聚乙烯农用薄膜	高压	5680	5790
聚乙烯农用地膜	高压	6132	6250
聚乙烯农用大棚膜	高压3.15米以下	5936	6050
聚乙烯农用大棚膜	高压3.15米以上	6377	6500
聚乙烯农用超薄地膜	线性	6377	6500

1988年春季,市物委发出通知,在全市范围内开展农资价格大检查,并重申农膜价格政策界限规定:使用平价原料生产的农膜,必须按国家规定的出厂价、销售价进行销售。使用高价原料生产的农膜,其出厂价、销售价,当地政府物价部门有规定的按当地物价部门规定的价格执行;无规定的按各环节的利润水平均不得超过使用平价原料生产、销售的农膜利润水平。计划分配用于生产农膜的原料,包括国家进口原料必须专料专用,不得挪作他用。农膜产品不实行优质加价。农膜除企业自销部分外,统一归商业农资公司(含基层供销社)经营,其他单位不得插手经营。农膜不论计划内外,必须按正常流转方向,以产地出厂价或批发价加规定的综合差率作价销售,不得层层转手倒卖,也不许以零售价套购再加价牟利。允许企业自销部分的农膜按不同对象作价,其中销售给农资公司的执行出厂价,销售给基层供销社的执行调拨价,直接销售给农民的执行零售价。凡违反上述规定所得违纪金额,必须限期退还给农民,逾期未退或无法退给农民的收缴国库。

1989年1月,省物价局、省供销社明确1989年度省统配的农用薄膜综合销售价格。高压聚乙烯农用薄膜每吨综合调拨价为6486元,综合零售价为6900元;高压聚乙烯农用地膜每吨综合调拨价为6956元,综合零售价为7400元;高压聚乙烯3.5米以下大棚膜每吨综合调拨价为6749元,综合零售价为7180元;高压聚乙烯3.5米以上大棚膜每吨综合调拨价为7219元,综合零售价为7680元;线性聚乙烯超薄地膜每吨综合调拨价为7219元,综合零售价为7680元。

从1993年1月15日起,江苏省物价局提高计划分配的农膜价格,高压聚乙烯农用薄膜综合零售价每吨由6900元调为7400元;高压聚乙烯农用地膜综合零售价每吨由7400元调为7900元;3.5米以下大棚膜综合零售价由每吨7180元调为7640元,3.5米以上大棚膜综合零售价由每吨7680元调为8130元;线性聚乙烯地膜综合零售价由每吨7680元调为8180元。农膜综合调拨价由省农资公司制定下达。这次农膜提价，省农资公司库存升值应全部列入农膜风险基金。

1993年6月，市物价局发文明确：苏州市计划外农膜价格按省有关规定实行最高零售限价，每吨为7770元。现行的价格高于最高限价，要降至限价内，低于限价水平的，原则上不再作变动。

1994年省再次调高农膜综合零售价格，其中高压聚乙烯农用薄膜每吨从7400元调至8550元，上升15.54%；高压聚乙烯农用地膜每吨从7900元调至9125元，上升15.5%。

1997年，由于市场行情发生变化，国外低价原料冲击，计划内外原材料价格发生倒挂，为适应市场变化，江苏省改变农膜由省农资公司统购统配做法，改由生产厂家直接面向市、县农资公司、基层供销社，省定农膜综合零售价也自行消失，农膜价格放开，实行市场调节价格。至2003年第四季度，农膜市场价格上升。2004年3月，农膜市场零售价较上年每吨上涨300元左右。此后，农膜价格受市场供求和生产成本的变动而上下起伏。

表4-212　2009~2010年苏州市农膜年平均价格表

单位：元/千克

品名规格	2009年平均价格	2010年平均价格
高压聚乙烯棚膜（折径1米，厚0.10毫米±0.02毫米）	12.26	14.08
高压聚乙烯地膜（厚0.014毫米±0.02毫米）	12.26	14.08

四、农药价格

江苏农药生产厂点多，生产能力居全国领先地位。苏州农药厂、苏州化工厂等于20世纪60年代生产过666粉、乐果乳剂、敌百虫、甲基1605等多种农药。1970年以后，苏州化工厂逐渐成为农药专业生产厂。江苏及苏州生产的农药除自用外，大部分销往省外，苏州化工厂生产的甲基1605，80年代还进入国际市场，主销东南亚地区。

建国后至改革开放初期，农药实行严格的计划价格，大部分品种都由省制定出厂价和销售价。20世纪80年代中后期，计划外农药价格按省规定的作价公式作价销售，具体是进货价+运杂费+利息+损耗÷（1-综合差率）为代理零售价。综合差率县、基层二级为9%。计划外农药实行提货制。

进入20世纪90年代后，计划内外农药价格逐步并轨，1992年后，贯彻国家放权搞活政策，江苏省管农药品种减少为8种，即甲胺磷、敌敌畏、敌百虫、乐果、氧化乐果、久效磷、乙基1606、多菌灵。部分农药定价管理权下放给产地市、县物价部门，一些品种价格则由企业自行定价，价格完全放开，实行市场调节。

1997年，化工产品价格基本放开。为规范农药市场价格行为，江苏省物价局发布《江苏省农药价格管理暂行规定》，省物价局管理省内生产量较大、使用范围较广的甲胺磷、敌敌畏、敌百虫、氧化乐果等4个品种农药价格，其余由市、县物价局管理，小品种生产量小的农药、复配农药、分装农药实行企业提价申报制度。农药中准出厂价制定时，成本利润率控制在8%以内，复配农药成本控制在5%以内。鉴于农药经营部门亏损情况，1997年江苏省适当调高农药经营差率，由14%调为17%，其中省级5%。

从20世纪80年代至90年代，因高残留、毒性大，苏州逐步淘汰了六六六、二二三乳剂、有机磷混合粉、苏化203、治螟灵等一批农药。苏州化工厂生产的乐果也由于农田害虫产生抗药性，效果下降，也转产氧化乐果等新产品，随着科学技术的进步和环境保护的迫切要求，农药品种更新换代加快步伐，一大批高效、低残留、低毒性农药取代了老旧品种。进入新世纪，由于苏州城区产业结构调整和环保要求，苏州化工农药集团等诸多化工厂企业转制、迁离市区。1997年国家放开化工产品价格后，苏州地产农药市场化程度越来越高，其价格也基本实行企业自主定价，部分农药流通领域则实行差率管理。

2009年11月，江苏省物价局印发新修订的《江苏省农药管理办法》，明确列入省级政府指导价目录的农药为吡虫啉、毒死蜱、噻嗪酮、多菌灵、三环唑、乙草胺、草甘膦等7个品种。实行政府指导价管理的农药品种实行属地管理，由农药生产流通企业所在地的市、县（区）价格部门制定政府指导价。2010年5月，苏州市物价局依据国家和省有关价格法规，结合苏州实际，制定了《苏州市农药价格管理实施细则》（以下简称《实施细则》），明确在上述列入省级管理目录7个农药品种外，结合苏州农药产销和购买使用的实际情况，报经省局核准，将杀虫单、三唑酮、禾草克3个品种列为全市政府指导价管理的农药品种，连同上述省管的7个品种，苏州共计10个品种农药列入管理目录，并依据农药品种更新及生产量与使用量变化情况，对列入管理目录的农药品种，实行动态管理，报省局核准后适时调整。

《实施细则》规定农药价格管理的原则：有利于农药安全生产和使用，有利于农民节支增收，有利于生态环境保护；生产经营者能弥补合理的成本支出并获得适当利润；反应市场供求；体现农药质量与效果的差异；保持农药品种间的合理比价与地区间的价格衔接；鼓励和支持高效、低毒农药以及新品种农药的研制开发、生产、推广和使用。

《实施细则》规定农药出厂基准价格作价公式为无税出厂基准价=（生产成本+其间费用）÷（1-销售利润率）。含税出厂基准价=无税出厂基准价×（1+增值税率）。农药生产成本和其间费用，按照国家财务会计制度有关规定执行。销售利润率一般不超过5%，浮动幅度不超过15%。

《实施细则》还规定农药批发价格作价公式为批发价格=（含税出厂价格或进货价格加运杂费）×（1+综合差率）；农药零售价格作价公式为零售价格=（批发价+运杂费）×（1+批零差率）；批发环节综合差率不超过15%，零售环节批零差率不超过10%。外省、市农药进入江苏省市场销售的，其经营差率与省内执行同一标准。

《实施细则》还规定：实行政府指导价农药品种为进口的，销售指导价格按照与国内农药同质同价的原则报进口注册地价格主管部门制定。进口农药的作价公式为进口农药批发价格=［进货价格（包括到岸价、关税、外贸代理手续费、银行手续费、保险费、商检费）+港口杂费］×（1+综合差率），综合差率不超过15%，进口农药零售价格作价公式与国产农药相同。

苏州市对农药销售企业实行年度销售价格综合考核制度，即对列入政府指导价管理目录的10个农药品种按全年的进货量、综合成本、销售量、销售额统计，以规定的销售利润率、综合差率和批零差率进行考核。同时要求全市各农药生产和流通企业对列入政府指导价目录的农药品种按规定的作价公式计算出具体价格，报当地物价部门备案。当农药价格显著上涨时，按照国家和省统一规定，报经省物价局批准，苏州市依法采取限定差价率或者利润率、规定最高限价、实行提价申报制度和调价备案制度等价格临时干预措施,以维护农药价格基本稳定。

据2010年苏州市农药价格检查考核情况反馈:从列入全市政府指导价管理的10种农药零售经营渠道看,苏州市及下属各市、区农业生产资料有限公司是当地农药供应主渠道,承担着农药集中采购和统一配送,在各个乡镇均设有配送中心、连锁店、农资农家店,销售网点遍布全市城乡。农药销量占到各市区的80%~90%不等。在水稻、油菜、小麦等农作物上,所用农药均由农业植保站提供推荐品种、目录,农资公司统一组织货源配送。从执行政府指导价的十个农药销售品种看,吡虫啉、毒死蜱、噻嗪酮、多菌灵、草甘膦等五市均有销售,杀虫单、三唑酮这2种农药,常熟、太仓主销售,三环唑农药吴江市主销售,乙草胺农药常熟、张家港、太仓市主销售,禾草克农药张家港、吴江市主销售。之所以有些农药品种未销售,是因为没有出疫情,植保站未布置农民购买。有的农药已有升级替代,如吡虫啉已由吡呀啁替代,三环唑用复配三环唑替代等。

从执行政府指导价格的10个农药销售价执行情况看,由于全市各地农药批发、销售企业(站点)均独立开展经营活动,经营的品种规格各不相同,进货环节各不相同,价格高低不一,质量参差不齐,但全市各地农资公司农药价格执行情况较好,在批发、零售环节均按《苏州市农药价格管理实施细则》文件规定差率执行,即未超过规定的15%综合差率和10%批零差率。所考核的农药品种供应量充足、稳定,农民购买方便,销售价格总体平稳。

苏州农药市场部分品种历史价格资料:

1. 666粉剂(含6%可湿性)价格

1953年,苏州执行省定的市场销售价666粉每市斤为0.736元。1955年,面对市场销价高低不齐的状况,江苏省对全省666粉的市场零售价统一规定为每吨1400元,即每市斤为0.70元。1956年后,省对666粉零售价格进行多次下调,1957年苏州零售价每市斤由0.70元调至0.47元,1958年每市斤又从0.47元调至0.35元,直至1963年。为支援农业生产,1964年666粉零售价每市斤又调低至0.275元,直至1969年。1970年至1974年,666粉零售价每市斤为0.225元。1975年苏州666粉零售价每市斤调低至0.20元,直至1984年。苏州市场666粉零售价1985年又调低至每市斤0.16元,一直延续至1987年。嗣后苏州农药市场666粉被禁用,逐步被其他高效低毒的农药所淘汰替代。

2. 滴滴涕(含25%乳剂)价格

滴滴涕,又名二二三(乳剂0.5千克瓶装,下同),1953年,苏州市场零售价为2.81元。1954年4月,调低至2.04元。1955年5月,江苏省统一规定滴滴涕的市场销售价每吨为3880元。1956年后,江苏省对滴滴涕价格实行大幅下调,6月,全省统一零售价下调为3160元,下降19%,苏州市场零售价每瓶为1.58元。1958年又降至每吨为1600元,苏州市场每瓶零售价为0.80元,降幅为49%,并一直延续到1974年。1975年苏州市场滴滴涕零售价每瓶又降为0.775元,并延续至1984年。1985年,苏州市场滴滴涕零售价每瓶再次降为0.75元。1983年国务院决定停止生产滴滴涕乳剂和666粉剂。江苏省于1985年停止销售,其销售价格同时被撤销。

3. 1605乳剂价格

1605乳剂(含45%~50%),1955年,江苏省每吨零售价格为42400元,1956年下调为

35800元，下降16%。1957年全省统一规定零售价格，每吨为35000元，下降2.3%。1957年苏州市场销售价每瓶（0.5千克装，下同）为21.20元。1958年4月，根据省商业厅通知，再次降价为每吨30000元，降幅14.3%，一直延续至1963年。1964年又从30000元降低至16000元，降幅为47%。1965年根据省物价委员会通知，甲、乙醛1605乳剂第五次降价，每吨由16000元降为11000元，降幅32%。苏州市场1605乳剂每瓶零售价为5.50元，一直延续至1969年。1970~1974年，零售价又降至每瓶3.95元。1975年苏州1605乳剂价格再次降至每瓶3.30元，并一直延续至1984年。1985年又降至每瓶3.10元，即每吨6200元，这一价格水平一直保持至1987年。

4. 敌百虫（含90%）价格

1962年，敌百虫的市场销售价格为每吨5790元。1964年下调为4640元，下降20%。1965年至1981年，经过省四次调低敌百虫价格，苏州市场每千克敌百虫零售价为3.37元。1984年再次下调至每千克2.43元。1987年随着价格改革的推进，苏州市场敌百虫计划内零售价每千克恢复到3.37元，计划外每吨敌百虫为3961元。

5. 敌敌畏（含80%乳剂）价格

1966年1月，省供销社通知规定，全省敌敌畏统一零售价为每吨8400元。同年8月，省物委通知，调整敌敌畏零售价每吨为7400元，下降12%。1967年江苏省将敌敌畏零售价降至6100元，下降18%。1971年，再次将敌敌畏降为每吨5200元，降幅为15%，并一直延续到1980年。1981年又一次降价，每吨降为4900元，降低6%。从1985年开始，敌敌畏价格开始回升，1986年苏州市场敌敌畏零售价上升到每吨5160元，即每千克零售价5.26元。1987年再次上调，每吨调为6700元。

6. 乐果（含40%乳剂）价格

1965年，乐果（含40%乳剂）销售价每吨为9340元，这一价格水平一直延续到1969年，市场销售为0.5千克瓶装的，每瓶零售价为4.67元。1970年，乐果乳剂调低价格，每吨从9340元调至6500元，降幅为30.4%，并延续到1974年。1975年，乐果乳剂再次降低销售价，每吨价格从6500元调低至5600元，降幅为13.85%，直到1984年。1985年，乐果乳剂价格每吨向下调整至5200元，每瓶零售价为5.20元，直至1987年初。

1991年7~8月间，江苏及苏州发生特大水灾，为支援农业生产，省物价局、石油化工厅发文对苏州化工厂（化工农药集团）生产的乐果、氧化乐果、甲胺磷等五个农药品种省内供应部分实行临时优惠价，省管的三个品种每吨均降价500元。这个价格水平一直维持至1994年初。

1994年开始，农药用原料基本放开，煤、电、运输等价格逐年上升，乐果、甲胺磷等农药成本相应增加，企业经济效益受到较大影响而发生亏损。1994年4月，省物价局、省石化厅发文决定供应省内的甲胺磷、乐果、氧化乐果恢复原省定出厂价格，即甲胺磷每吨12000元，乐果每吨12000元，氧化乐果每吨16000元。并对甲胺磷农药实行淡旺季差价管理，淡旺季差价以省定12000元为中准价，浮动幅度为6%。上述出厂价恢复原价或浮动后，经营部门有困难的可合理调整。执行日期为同年5月10日。苏州市物价局将上述文件转发给市化工农药集团、市农资公司及其县（市）、郊区物价局，予以贯彻执行。

1995年5月，市物价局发文，同意江苏化工农药集团公司调整乐胺磷（5%乳剂内包装1

千克，外钙塑箱包装）中准出厂价为每吨13900元，允许上下浮动15%，执行日期为同年6月1日。同年9月，市物价局经请示省局同意，在该公司销售省管农药满足省内供应的前提下，对省外的供应价格允许适当提高，原则上衔接当地市场价格水平。在满足省、市、县农资经营部门正常进货需要的前提下，对部分基层社等通过各种途径直接进货的，同意按照市、县农资经营部门的调拨价格执行。

7. 政府指导管理农药价格

表4-213　2010年度昆山市政府指导价管理农药零售价格表

品名	规格	进货数量（千克）	进货单价（元/千克）	运杂费（元/吨）	销售数量（千克）	销售单价（元/千克）	销售总额（元）
吡虫啉	10%	400	32	—	395	40	15800
毒死蜱	40.70%	2532	46.25	200	2500	56.25	140625
噻嗪酮	25%	1902	24.169	300	1830	30	54900
多菌灵	50%	2424	30	—	3127	35	109445
三环唑	—	—	—	—	—	—	—
乙草胺	—	—	—	—	—	—	． —
草甘磷	41%，200毫升/瓶	400	17	100	110	20	2200
草甘磷	10%，30千克/桶	7500	3	100	7500	3.6	27000
杀虫单	—	—	—	—	—	—	—
三唑酮	—	—	—	—	—	—	—
禾草克	—	—	—	—	—	—	—

资料来源：昆山市农业生产资料有限公司。

8. 苏州市场部分农药年平均价格

表4-214　2009~2010年苏州市部分农药年平均价格表

单位：元/千克

品名规格	2009年平均价格	2010年平均价格
井冈霉素（5万单位0.5千克）	2.00	2.00
多菌灵（50%可湿性粉剂）	31.11	30.00
百草枯（克芜踪、对草快式）（20%水剂500毫升）	20.00	20.00
乙草胺（禾耐斯）（乳油500毫升）	15.00	15.00
草甘磷（41%水剂）	55.00	55.00

资料来源：苏州市价格监测中心。

苏州市价格志

苏州市价格志（下册）

《苏州市价格志》编纂委员会　编

中国·苏州

古吴轩出版社

目　录

第五章 房地产价格

居民住房是价值最大的生活资料。从建国以来到20世纪80年代前期,居民住房主要是纳入计划实行福利分配。一部分由房管部门调剂后出租给居民,另一部分由职工单位自筹资金购买或建造、房地产管理部门同职工单位联建或代建后,根据分配条件,给职工解决住房拥挤、婚姻用房等问题。在计划经济年代,人均住房面积的低标准,住房设备设施的低档次、租金缴纳的低水平成为一种常态,当时较低的人均收入,想让住房成为商品那样进入流通领域,以解决日益增长的需求,成为奢望。住房拥挤,甚至三代老小同居一室成为困扰居民的老大难问题。

改革开放后,中国的住房制度改革逐渐开始推行。1982年2月,国务院《关于在全国城镇分期分批推行住房制度改革的实施方案》公布,阐明中国城镇住房制度改革的目标是按照社会主义有计划的商品经济要求,实行住房商品化,并要求从改革公房低租金制度着手,将现在的实物分配逐步改变为货币分配,由住户通过商品交换,取得住房的所有权及使用权。而合理调整公房租金,确定其标准,是住房制度改革的重要一环。将公房低租金过渡到成本租金以及市场化租金,并充分考虑"租售比"的关系,而让群众积极转而购置住房,是住房制度改革推行成功的标志。通过房改,有利于逐步实行住房资金的良性循环不断改善城镇居民的居住条件,有利于调整消费结构及产业结构,有利于发展房地产业和建材等相关产业。

20世纪80年代初期,苏州城市改造逐步展开。为顺应市政拆迁、居民解危、解困、低洼地改造需求,出现了最初的拆迁补偿安置、住房重置价评估等的价格。而为这些需求而建造的住宅,成为建国后最初的商品房。为解决上述安置房的价格结算以及安置后的剩余房源进入市场流通,根据《中华人民共和国价格管理条例》,苏州物价和建设部门开始联合审定房价,使之成为准商品房价格。

至1987年年底,苏州市人民政府办公室批转了市物委、市建委关于《苏州市商品住宅价格管理暂行规定》(以下称规定)。《规定》明确了商品房的价格组成内容,并指出:凡属于国家规定和市人民政府批准的各项税费,由各开发公司按规定项目代收代缴。项目中包括征地费、动迁补偿费、城市建设综合开发配套设施费、建筑税、耕地占用税、人防费等。这是苏州市商品住宅价格管理的第一个地方性法规。由此,商品房价格纳入价格部门的管理范围。次年,经统计,全市的商品房年均价每平方米为506元,这是基于每平方米地价为150元左右。土地的来源是划拨,只需要支出拆迁补偿成本即可。

1992年3月,市物价局、市建委颁布的《苏州市城镇商品房价格管理办法》中,将商品房价格的构成做了细化,对部分条款作了修订,成为继《苏州市商品住宅价格管理暂行规定》后的又一个规范性文件。同年7月,国家物价局、建设部、财政部、中国人民建设银行也印发了《商品住宅价格管理暂行办法》。次年,苏州市政府转发了《苏州市城镇商品房价格管理实施细则》。

1996年9月，市物价局、市建委印发《苏州市城镇非住宅商品房基准价格管理规定》，对苏州市的城镇非住宅商品房基准价格的管理、基准价格的构成、代收代缴费等作了规定。

1998年12月，根据省政府办公厅《关于印发江苏省商品房价格管理规定的通知》及上级相关文件精神，市物价局、市建委联合拟定《苏州市商品房价格管理实施细则》。次年，市政府办公室转发了此实施细则。

1998年国务院出台文件，开启了国内城市住房市场化时代，国家为商品房的普遍社会需求提供了政策支持。同年，中国人民银行正式推出《个人住房贷款管理办法》，实行购房按揭贷款及利率优惠，既为住房市场交易提供了杠杆，增加扩大了住房需求，又通过透支性消费，为货币超发准备了接受对象。同年，苏州市停止单位福利分房。

2002年国土资源部停止商品住房等用地协议出让，开始土地"招、拍、挂"供应制度的实施，使经营性土地价格上升。苏州市的第一次商品住宅土地拍卖成交的楼面价每平方米接近2500元，而当时的商品房价格还未达到这样的价位，于是坊间出现了"面粉比面包贵"一说。土地成本的上升致使2003年商品住宅房每平方米均价涨至2935元（未计入可上浮的5%），环比上涨36.34%。2004年环比上涨44.43%，2005年环比上涨36.30%，土地成本增加对房价上涨的推动逐步显现。

2003年国务院将房地产定位为"国民经济的支柱产业"，明确"逐步实现多数家庭购买或承租商品房"，并规定禁止单位实物分房。

2003年7月，苏州市人民政府办公室印发了市物价局、市建委的《苏州市商品房价格管理实施细则》（以下称《细则》）。《细则》明确普通住宅商品房实行政府定价，并可在物价和建设部门核定的基准价上上浮不超过5%幅度内销售，下浮不限；规定了普通商品房平均利润按8%计，并做好明码标价及"销售一价清"制度。明确高档住宅商品房和非住宅商品房实行市场调节价。苏州逐步完善商品房价格管理规章，兼顾了国家、企业、消费者利益，使商品住宅房价格的管理更为科学合理，从而运用价格杠杆推动了商品住宅行业的蓬勃发展，使之逐步成为苏州经济的重要支柱产业。

进入2004年，苏城商品房价格逐月攀升，进入快速上升的通道。"房价高，买不起房"成为群众反映强烈的问题。2005年5月，为贯彻落实《国务院办公厅关于切实稳定住房价格的通知》等相关文件精神，苏州市政府印发了《苏州市加强房地产市场调控切实稳定住房价格的实施意见》（以下称《意见》）。《意见》就思想认识到措施落实都作了具体的安排。按照"积极稳妥、把握力度、突出重点、区别对待、因地制宜、分类指导、强化法制、加强监管"的原则，从完善供应、控制不合理需求入手，综合运用财税、金融、法律、行政等多种手段，实行政策引导、规范市场秩序、遏制投机炒房、控制投资购房、合理引导住房消费，努力实现供略大于求、结构基本合理、价格基本稳定的调控目标。随着调控措施的落实到位，至2006年苏州房价年均涨幅为7.49%，调控初见成效。随后的年份里，房价涨幅基本在个位数徘徊，只有2007年为两位数，涨12.61%。2008年受国际金融危机影响，苏城房价一度回稳。2008年底，根据省政府《关于促进房地产市场健康发展的意见》精神，苏州市从2009年1月1日起暂停执行普通商品住房核价的有关规定。由此普通商品房价格放开，进入市场定价的阶段。同时切实加强政策性保障住房价格管理,政策保障性住房仍实行政府指导价。

2010年6月,苏州贯彻落实了《国务院关于坚决遏制部分城市房价过快上涨的通知》等上级文件精神,对商品住宅房价格实行申报制。

从1988年至2010年,苏州商品住宅年均上涨幅度为16.59%,每平方米均价从1988年的506元,上涨到2010年的10341元,上涨了19.43倍。最高的涨幅出现在1993年,同比上涨62.99%,最低的为1997年,同比下跌5.63%。房价的上涨有诸多的因素:土地价格、建筑安装成本、原材料、人工费用的上涨,更符合人居环境设计理念和新材料、新技术的运用,都是刚性的上涨因素。但决定房价上涨的主要原因还是供求关系。多年来房价的持续上涨说明:承载着居住、投资、增值、保值等众多功能的商品住宅,还被赋予了拉动经济发展的重要功能。在苏州成为全国第二大移民城市,经济社会又好又快发展的大环境中,在"成本增加"、"刚性需求"城市化进程快速推进而造就的"人口经济聚集结构"效应下,2009年度苏州市区商品住房每平方米均价为7447元,比上年增幅为10.62%,至2010年苏州市房价普遍已接近万元大关,均价每平方米为9980元,与上年相比涨幅高达34.01%。促进商品房市场健康发展、保持房价基本稳定,使"居者有其屋",是各级政府调控的目标和人民群众所祈盼的夙愿。

第一节　商品住宅价格

1987年,苏州市人民政府批转了市物价委员会、市建设委员会关于《苏州市商品住宅价格管理暂行规定》(以下称《规定》)。《规定》指出了商品住宅的作价原则,应贯彻有利于城市商品住宅的发展,有利于城市建设的综合开发,有利于商品住宅的配套和公共设施的建设,并且兼顾建房和购房双方单位的利益的原则。《规定》明确商品住宅售价由四部分组成:

建筑安装工程费(包括土地前后三通一平和基础、上下水、电、气、卫生设备、小区围墙以及道路等室外工程)。

勘察设计、招标、质检等费用。

营业税及城市维护建设税(一般在5%~5.5%)。

毛利,毛利率一般控制在成本的5%~10%,不得超过10%。

以上的作价办法适用四层以上(含四层)七层以下(含七层)的商品住宅。三层以下(含三层)和八层以上(含八层)的低、高层商品住宅及古城商品住宅,由各开发公司上报市物价委员会、市建设委员会批准后执行;凡单位自建自用住宅、出售给职工的自建公助住宅,市政拆迁周转用房和成片改造的旧民房或危房翻建的房屋,如特殊原因需要作为商品住宅出售的,需要报市物委、市建委审核定价。

1992年3月,为积极推进住宅商品化进程和住房制度改革,加强商品房管理,市物价局、市建委根据市政府苏府办〔1987〕84文件精神,结合苏州市实际情况,颁布《苏州市城镇商品房价格管理办法》(以下称《办法》)。《办法》明确:商品房价格由成本、利润、税金三部分组成。规定商品住宅利润率不超过8%，其他商品房利润不超过10%。《办法》还规定可以将下列的费用计入房价：商品房开发期间，用于土地拆迁补偿安置、前期工程费、建筑安装工程费、附属设施费、公共设施费中的流动资金、银行贷款实际发生利息30%；每平方米不超过10元的经营管理费；建筑安装材料预算价与市场价的差价；不超过1%的建筑质量优质加价；地段差价（具体差价由各地自行确定）。

《办法》第十条规定，开发经营单位必须在建成交付使用前三个月内，按本办法编制成本，附有关资料，提出核价报告，报当地物价局、建委（城建局）审批后执行。

1998年9月，省政府办公厅印发《江苏省商品房价格管理规定》，规定商品房价格制定的原则是以合理成本为基础，市场供求为导向，同时确立了江苏商品房价格管理的模式为普通住宅商品房、经济适用房实行政府指导价；高档住宅商品房和非住宅商品房实行市场调节价。经济适用房和普通住宅商品房预（销）售价格，由房地产开发经营单位分别按价格主管部门核定的基准价格±3%浮动幅度内执行。规定商品房销售必须实行明码标价制度。同时还明确商品房价格的计算公式为：商品房价格=成本+利润+税金±层次差价±朝向差价±质量差价；成本=土地征用（出让）及拆迁费+前期工程费+建筑安装工程费+附属公共设施费+公共基础设施费+管理费用+财务费用+销售费用。利润率：经济适用房最高不得超过3%，普通标准商品住宅最高不得超过8%。

根据《江苏省商品房价格管理规定》，1999年苏州市出台《苏州市商品房价格管理实施细则》，规定普通商品房的价格为政府指导价，其利润率按8%计取，可在3%的价格浮动幅度内执行。对组成成本中的部分取费项目做了修订：原每平方米不超过10元的经营管理费，现更名为管理费，按开发资质类别收取，一级的每平方米为35元，二级的30元，三级的25元；增加了每平方米建筑面积20元的销售费用；延长了财务费用中计提利息的时长；提高了优良工程加价幅度，从1%提高为1.5%。

由此，商品房的价格=成本+利润+税金±层次差价±朝向差价±质量差价。

2003年《苏州市商品房价格管理实施细则》规定：普通商品住宅价格的利润率为8%，在经过核定的基准价上可上浮5%，下浮幅度不限，再次明确了普通商品房价格为政府指导价。明确高档住宅商品房及非住宅商品房的价格，即别墅及商业经营性用房实行市场调节价。

2004年6月，省物价局《关于改进住宅商品房价格管理的通知》中规定，在普通住宅商品房的成本审核中，对取得使用权时间在一年以上的土地，可由有资质的土地估价或认证机构依据市场行情评估认定其价格水平，不再以起初获得土地的实际成本计，认可其升值部分。而后在2005年又对此规定作了修订，确定对取得土地使用权后因滚动开发、分期实施等因素满三年以上的土地，可由有资质的土地估价或认证机构依据市场行情评估，认定其价格水平，但需要主管机构认真审核，保持宗地价格与周边地价的基本衔接，防止因土地评估而推动房价上涨。

2008年底，贯彻了省物价局落实省政府《关于促进房地产市场健康发展的意见》的通知，暂停普通商品住宅核实行政府指导价的有关规定，普通商品房执行市场调节价。

第二节　优惠住房价格

1. 经济适用房价格

1997年3月21日,市物价局、市建委、市房管局、市政府住房制度改革办公室,根据《江苏省经济适用房价格管理暂行办法》的精神,结合苏州市的实际情况,印发了《苏州市经济适用房价格管理实施细则》(以下称《细则》)。

《细则》把经济适用房定义为由市政府授权部门进行管理,市政府提供优惠政策,以中低收入的住房困难户为供应对象,并按照国家住宅建设标准设计建设的住房。它的价格实行政府定价,分级管理。省级主管部门负责制定相关政策、规定,核定销售价格幅度;市级主管部门据此制定实施细则以及具体销售价格。经济适用房的计价办法为:销售价格=住房成本+税费±楼层±朝向差价。同普通商品住宅作价方法一样,可计入借用建设基金、政策性贷款、其他资金等发生的利息净支出;以指定的条、项费用之和为基数,提取3%的管理费。其他通过经济适用房代征代收费用,必须经过省级以上有关部门核定,并作为价外附加。

1999年,苏州市政府办公室转发的市物价局、市建委的《苏州市商品房价格管理实施细则》中规定,经济适用房的价格为政府定价,其利润率按3%计取;修改组成成本的部分项目的取费标准,原每平方米不超过10元的经营管理费,现更名为管理费,按开发资质收取,一级的每平方米为35元,二级的30元,三级的25元。增加每平方米建筑面积20元的销售费用延长财务费用中计提利息的时长。提高优良工程加价幅度,从1%提高为1.5%。

由此,经济适用房的价格组成=成本+利润+税金±层次差价±朝向差价±质量差价。

2003年2月,市物价局转发省物价局、建设厅《江苏省经济适用房价格管理办法实施细则》通知;2008年7月,转发省物价局《关于加强低收入家庭政策性保障住房价格与租金管理的意见》一文;2010年10月,转发省住房和城乡建设厅、省国土资源局、省监察厅、省物价局的《关于〈进一步促进房地产市场平稳健康发展加快推进保障性住房建设〉的通知》;同年12月,转发省物价局、省住房和城乡建设厅印发的《江苏省经济适用住房价格管理实施办法》先后重申经济适用房免缴城市基础设施配套费等行政事业性收费和政府基金,这类费用由市、县政府承担;成本中管理费一项作了修改,由原来的按企业资质类别,分别按每平方米取费,改为按照规定的条、项合计后的2%标准计取;并规定经济适用房基准价格由开发成本、税金和利润三部分组成。利润控制在按规定项目费用之和的3%综合计算。经过核准的基准价上可上浮3%,下浮不限。

2. 定销商品房价格

2002年,苏州市人民政府关于批转市建设局、市土地储备中心制定的《苏州市区定销商品房销售办法》中明确,定销房的销售对象,目前主要是政府城市建设中的动迁户。定销房的销售价格,按照略低于同类地区普通商品房的平均销售价格测算,报市政府批准后执行。第一批定销房每平方米的销售价格为:齐门外大街1700元,新康西侧2000元。层次差价按有关规定计算。自行车库的售价为定销房均价的50%,按使用面积计算。

2003年苏州市人民政府《关于印发加快苏州市区定销商品房建设实施意见的通知》（以下简称《实施意见》），为进一步加快苏州市区定销商品房建设，按照"适度超前、保障供给"的原则，加快定销商品房建设步伐，确保定销商品房建设任务如期竣工交付，及时解决市重点工程、实事工程和市区土地储备涉及拆迁安置的动迁户住房问题，有效调控和引导房地产市场，形成合理的商品房供应体系，保障城市建设和发展顺利进行。力争经过一年左右的努力，实现定销商品房建设投放量适度超前，满足城市建设的需要。为加快推进市区定销商品房建设，加强政府对定销商品房建设的调控管理，及时协调解决定销商品房建设中拆迁难、交地难、前期手续复杂等问题，《实施意见》决定成立市区定销商品房建设协调小组（简称协调小组）。协调小组组长由市政府分管副秘书长担任，成员由市监察、财政、国土、建设、规划、市政、房管、水务、环保、物价、园林绿化、人防、广电总台、城投公司、燃气集团、土地储备中心和苏州供电公司、苏州电信局、市消防支队等部门分管领导担任。

为进一步加强苏州市区定销商品的销售管理，同年，市政府发布《苏州市市区定销商品房销售管理暂行办法》（以下简称《办法》），《办法》进一步明确定销商品房，是指在市人民政府实施城市建设和招标拍卖地块的拆迁过程中，以确定的销售价格、套型面积向被拆迁居民定向销售的商品房。市规划、房管、物价、工商等有关部门协同做好定销商品房销售的相关管理工作。定销商品房的销售价格，由市物价、国土、建设、土地储备等部门根据实际情况提出方案，报市人民政府审定后执行。

2011年，经市政府第80次常务会议审议通过，印发《苏州市城区定销商品房建设销售管理办法》，办法所称定销商品房，是指在市政府实施的房屋征收过程中，以核定的价格、套型面积向选择货币补偿的住宅房屋被征收人定向提供的商品房，属保障性住房。市发改、监察、财政、国土、住建、规划、物价、工商等部门根据各自职责，做好定销商品房的相关管理工作。定销商品房销售的价格按照略低于市场价格的原则确定，并根据房地产市场行情的变化作适时调整。具体定价方案由市物价、财政、住建、土地储备等部门提出，报市政府审定后执行。

3. 保障性住房价格

自2009年开始，根据《苏州市市区解决城市低收入及中等偏低收入家庭住房困难发展规划（2008~2012）》和年度市实事工程项目安排，市房管局市物价局市财政局、市土地储备中心，联合向市政府发出《关于保障性住房销售价格的请示》，提出2009年度经济适用住房主要安排房源（保障性住房）的销售价格：长江花园销售价格为每平方米2000元，春馨园、金阊中低收入房小区（宝邻苑）的销售价格为每平方米2100元，超出优惠面积的部分实行市场价，市场价与定销房超面积自购的市场价相一致。这一价格方案得到市政府领导同意并付诸实施。

2010年，根据市政府专题会议纪要精神，市住房和城乡建设局、市财政局、市物价局、市土地储备中心就苏州市中低收入家庭的经济适用住房问题联合向市政府发出《关于城区2010中低收入家庭住房建设有关问题的请示》：（1）向中低收入住房困难家庭供应住房，在供应标准以内的面积（简称优惠面积），实行低于市场价的政府优惠价，超出供应标准面积的部分实行市场价。（2）政府优惠价。政府优惠销售价格，按政府优惠基准价以楼层、朝向差价的代数和为零的原则制定。确定政府优惠基准价为每平方米2980元。（3）市场价。建议市场价与市政府批准的邻近定销商品房市场销售价相一致，销售均价为每平方米6000元。同时要求向中低收入家庭供应经济适用住房，在销售中必须严格执行"一价清"制度，不得在房价外收取未经价格主管部门批准的其他费用，并严格做到明码标价，自觉接受社会监督。此请示得到市政府领导同意后并付诸实施。

第三节　商品房价格调控

由于商品住房具有居住、保值、投资等功能,它的价格动向一直受到大众密切关注。本着既要繁荣经济,扩大内需,发掘、拉动房地产这个新的经济增长点,满足人民群众改善居住条件的需求,又要规范其价格行为,保障消费者的合法权益。由此,各级政府价格部门采取优化房地产行业环境、加强房地产价格监督检查成为商品住宅价格调控的主要手段,并贯彻于始终。

1987年,《苏州市商品住宅价格管理暂行规定》中强调:"违反本规定,擅自提价、弄虚作假或不按规定标准缴纳各种税费,由市物价检查所及有关部门按规定严肃查处。"这是最早的对苏州市商品住宅价格中涉及违规行为作出的处罚规定。

步入20世纪90年代,房地产行业的价格管理主要是实施了一系列制度和规章建设以及配合治理经济环境而进行的"清费治乱"措施,优化了行业环境,而其中在1998年开始实施的商品房预售制度,对该行业的发展起到深远影响。

1992年7月,国家物价局、建设部、财政部、中国人民建设银行印发的《商品住宅价格管理暂行办法》中第四章罚则中也明述:(1)不执行规定的计价原则、计价范围和计价方法的;(2)越权定价和擅自提价的;(3)不按规定如实申报商品住宅定价成本的;(4)擅自向商品住宅摊派、收费的;(5)违反规定的成本项目和开支范围、随意摊提成本费用的;(6)其他违反本暂行办法的行为等由物价部门依照《中华人民共和国价格管理条例》和财政、审计部门依照有关规章,分别予以处罚。这个有关违规行为的条项和处罚规定,为以后的房地产业价格及其他违法行为的处置定下了基调。

1997年5月,市物价局制定了《苏州市商品房价格明码标价的暂行规定》(以下简称《规定》)。这是为了规范商品房销售价格行为,制止价格欺诈,维护正当竞争,保护购房人的合法权益,并依据《中华人民共和国价格管理条例》、国家计委《关于商品和服务实行明码标价的规定》等法规而作出的。《规定》要求本市行政辖区范围内开发经营的各种商品房(安居工程、经济适用房等)必须实行明码标价,认真填写包括房屋坐落、结构与层次、套型面积、层次差价(率)、销售价格等有关项目,实行政府定价的,严格标明物价部门审批的销售价格和批准文号,以接受社会监督。同年,配合治理经济环境而进行的"清费治乱减负",贯彻落实国家计委、财政部《关于取消部分建设项目收费进一步加强建设项目收费管理的通知》,省物价局、财政厅《关于贯彻取消48项建设项目收费有关问题的通知》精神,市物价局取消了涉及苏州市有关建筑工程管理费、土地权属变更费等6个收费项目,控制商品房价格不合理上涨,减轻房地产企业和广大购房者的负担,优化了行业环境,促进住宅建设持续稳定发展。

1998年6月,市物价局、市建委在《苏州市商品住宅预售价格管理暂行规定》中说明:商品住宅预售价格实行申报认可制度。房地产开发单位可按不高于价格部门认可的预售价格的70%比例,向购房者收预付款,购房人所支付的预付款,由开发经营单位按同等银行利息进行抵算。此举对开发经营单位不啻是一个利好,既解决了因销售问题带来的后顾之忧,又解决了建造过程中流动资金问题,更为重要的是销售资金先期到位,让房产商的滚动开发提供资金保障。

2001年10月,苏州贯彻落实省物价局、财政厅《关于贯彻国家计委、财政部全面整顿涉房建设收费取销部分收费项目的通知》。立即取消和降低了部分收费项目,以期达到清费减负、加快住房建设和销售步伐,促进经济发展的目的。这次取消的收费项目有房地产抵押管理费、房屋租赁管理费、房屋开发管理费等47项。同期,市物价、财政、监察、国土资源、建设、房管等8个局在联合层转上级《关于在全国开展土地和住房建设收费检查的通知》中把开展土地和住房建设收费专项检查,作为贯彻落实"三个代表"重要思想,整顿和规范市场经济秩序,治理"三乱",减轻企业和群众负担的具体措施,指导相关检查的顺利进行。

2003年出台的《苏州市商品房价格实施细则》,首次对房地产开发企业的商品住宅,在申报销售价格前,由具有资质的中介机构实行成本认证,该制度的实施,能有效控制成本与费用,提高价格决策的科学性和透明度,确定成本的真实性和合理性。同年7月,苏州市政府办公室转发了《苏州市商品房价格管理实施细则》,其中规定,在经过价格部门和建设部门核定的基准价格上,由原先的3%上浮幅度,提高为5%的幅度内执行,下浮不限。10月,贯彻省物价局的住宅商品房销售全面实施"一价清"制度。这是指住宅商品房销售中,对购房者最终结算时实行一个价格,开发企业不得收取未经价格主管部门批准的、在价格之外的任何费用,由此提高商品房销售价格的透明度,是倡导开发企业自律以及价格诚信的重要内容。

2004年1月,针对房地产市场需求矛盾突出、价格上涨过快、部分开发经营单位的不规范销售行为,市物价局发出《关于加强与改善商品房价格管理整顿与规范商品房销售行为的通知》,强调各房地产开发企业必须严格遵守市政府《苏州市商品房价格管理实施细则》的有关规定;重申楼层差价和朝向差价的不同作价后,最终同幢住房出现的增减差价总额代数和仍应为零的规定;商品房价格实行"明码标价"制度和"一价清"制度;未取得"商品房预售许可证"前,不得采取认购证、意向书等形式变相预售房屋,不得收取定(订)金、保证金等任何费用。同年6月,在贯彻省物价局《关于改进住宅商品房价格管理的通知》中,首先提出住宅商品房价格管理,坚持政府调控与市场调节相结合的原则,重点是对实行政府优惠政策的经济适用住房、动迁安置房、定销商品房等中低价位住房加强管理,其余的要按照"适度放宽、促进放活、逐步放开"的原则执行,积极推进市场化进程;其次规定,对普通商品住宅成本核算中,取得土地使用权一年以上的土地,可由有资质的土地评估或认证机构,依据市场行情评估、认定当期价格水平。由于当时开发商获得土地使用权是"招、拍、挂"的方式,且房价是一个上升趋势,互为作用下,土地的升值成为必然。由此,重新评估土地价值成为开发商获得利润的另一来源。

随着各种因素的叠加,商品住宅的供求关系的失衡,其价格以两位数的幅度上涨,成为当时的社会热点。2005年3月底,国务院出台《关于切实稳定住房价格的通知》,即"国八条"。同年5月,苏州市开展商品住宅成本监审以规范价格行为、稳定住房价格外,还全面推行商品房网上管理制度,可售房源一律在网上及时公开,坚持实名制购房,提高商品房交易透明度。5月31日,贯彻落实国务院及省《关于切实稳定住房价格的通知》精神,发出《关于印发苏州市加强房地产市场调控切实稳定住房价格实施意见的通知》，在"调控与疏导、遏制与规范"的原则上着手，以达到稳定房价的调控目标，并且对2004年6月贯彻省物价局《关于改进住宅商品房价格管理的通知》中的"获得土地使用权满一年的，可以重新评估其价值认定其价格水平"这一条文作了修订：对取得土地使用权后因滚动开发，分期实施等因素满三年以上的土地，方可按市场评估价计入房价，但需要保持宗地同周边地价的基本衔接。

2007年5月，为贯彻省物价局《关于进一步加强和完善商品住宅价格管理的意见》，市物价局要求严格审核经济适用房建设成本和管理费用，严控3%利润率；合理确定定销商品房、动迁安置房以及农民集中居住区住房价格，加强普通商品房成本的监审和认证，提高房地产价格信息透明度，加大商品住宅价格监督检查力度。对因滚动开发、分期实施等因素满三年以上的土地评估严格把关，其价格不得高于周边地区同期普通商品房的土地价格水平。对商品住宅价格"一价清"和"明码标价"制度作了深化：要求在销售场所醒目位置实行"一套一标"，价格以及上浮幅度应在价格主管部门核定标准内；遵循楼层、朝向、环境等差价代数和为零的原则，并在销售前将方案报送价格主管部门。并将"一套一标"的做法贯穿于整个销售过程之中。

2008年，全球金融危机持续恶化，国家密切注视国际国内形势，审慎而灵活地实施了一系列果断有力的宏观调控措施。从年初的"双防"到年中的"一保一控"，到9月的"保增长"，以及11月的"保增长、扩内需"，再到中央经济工作会议上，基调被完善为"保增长、扩内需、调结构"。11月9日，国务院常务会议宣布对宏观经济政策进行重大调整，财政政策从"稳健"转为"积极"，货币政策从"从紧"转为"适度宽松"，同时公布了今后两年总额达4万亿元的庞大投资计划，明确要求"出手要快、出拳要重、措施要准、工作要实"。在此背景下，商品住房以其旺盛的需求而再次被激发出活力。同年12月30日，市物价局发出《关于贯彻省物价局贯彻落实省政府〈关于促进房地产市场健康发展的意见〉的通知》，苏州市坚决执行暂停普通商品住房核价的规定，由此商品房价格由市场定价，开发商仅需进行价格申报备案。商品房价格的管理走出政府定价—政府指导价—市场调节价这样的历史轨迹。

2010年始，经过一系列的调控，房地产市场整体上出现了一些积极变化。但部分城市的房价、地价又出现过快上涨势头，投机性购房再度活跃，引起国家高度重视。为进一步落实各地区、各有关部门的责任，坚决遏制房价过快上涨，切实解决城镇居民住房问题，同年4月17日，《国务院关于坚决遏制部分城市房价过快上涨的通知》（即"国十条"）发布：首次将对稳定房价、推进保障性住房建设工作不力，影响社会发展和稳定不力行为的地方政府实施问责；通过金融与税收政策，坚决抑制不合理住房需求；增加居住用地有效供应，调整住房供应结构，要求对保障性住房、棚户区改造和中小套型普通商品住房用地不低于住房建设用地供应总量70%份额，并优先保证供应；房价过高、上涨过快的地区，要大幅度增加公共租赁住房、经济适用住房和限价商品住房供应；加强市场监管，严禁非房地产主业的国有及国有控股企业参与商业性土地开发和房地产经营业务；加大交易秩序监管力度，完善房地产市场信息披露制度，对取得预售许可或者办理现房销售备案的房地产开发项目，要在规定时间内一次性公开全部销售房源，并严格按照申报价格明码标价对外销售；对存在捂盘惜售、囤积房源、哄抬房价等行为的房地产开发企业，要加大曝光和处罚力度。同年5月，市政府在批转《关于进一步加强市区商品房预售管理的意见》中规定：严格执行商品房项目预售许可条件，未取得预售许可证的商品房项目不得进行预售和变相预售；加强商品房项目的价格监管以及预售资金监管，并加大对房地产市场违法违规行为的查处力度。6月，市物价局《关于进一步规范市区商品房销售价格行为的通知》发布，再次就商品住房销售的行为规范做了强调：要求在苏州市区商品房销售网上管理系统上公示的价格不得高于申报价格，且三个月内不得提高，过后需提高的，企业需重新申报，实际销售价格不得高于公示价格。严格执行"一价清"制度，对于哄抬房价、价外收费、搭车收费等行为，严肃查处。12月，转发了《省物价局省住房和城乡建设厅关于印发〈江苏省经济适用房价格管理实施办法〉的通知》。

　　2000年到2010年，是苏州房地产行业变数最多的时段。前期在规范市场经济、继续实施"清费治乱减负"的基础上，市物价局对该行业价格管理不断完善与规范，先后出台提高商品住宅价格上浮幅度、"土地滚动开发、重行估值"等规定，让开发商有一定房产价格定价自由权，使其有了新的利润增长点。同期，土地"招、拍、挂"制度的推行以及"刚性需求"、"保值增值"形成的需求旺盛等叠加因素，使房地产价格快速地上涨，房价成了社会各方关注和议论的焦点，抑制房价过快上涨舆情汹涌。由此，从2005年3月开始，房地产业及其价格进入一个较长的调控期。2005年3月底，国务院出台《关于切实稳定住房价格的通知》为标志，尽管2008年底国家因"保增长"而实施了部分宽松政策，使房地产价格上涨，但2010年4月国务院出台《关于坚决遏制部分城市房价上涨过快的通知》等一系列严厉调控措施落实下，房价呈现滞涨以及部分地段不佳楼盘价格的小幅回落，但调控商品房价格仍任重而道远。

表5-1　1988~2010年苏州市普通商品住宅年均价格

年份	加权平均价（元/平方米）		与上年同期相比涨幅
	普通商品房	定销、安居、经济适用、解危、解困等优惠房	
1988	506	—	—
1989	586	—	15.81%
1990	668	—	13.99%
1991	811	—	21.40%
1992	978	1109	20.59%
1993	1594	964	62.99%
1994	1695	1172	6.34%
1995	1747	1300	3.07%
1996	1829	1403	4.69%
1997	1726	—	-5.63%
1998	1846	1747	6.95%
1999	1869	1849	1.25%
2000	1991	1812	6.53%
2001	2001	1942	0.50%
2002	2148	1812	7.35%
2003	2935	2522	36.64%
2004	4239	—	44.43%
2005	5778	—	36.30%

年份	加权平均价（元/平方米）		与上年同期相比涨幅
	普通商品房	定销、安居、经济适用、解危、解困等优惠房	
2006	6211	—	7.49%
2007	6994	—	12.61%
2008	7516	—	7.46%
2009	—	—	—
2010	10341	—	37.59%

注：1. 本统计为物价局根据上报材料，审核后批准的价格，价格中的组成是土地及建安成本乘以8%的利润，（优质工程的加价1%，后调整为1.5%）乘以税金（5%~5.55%），加上代收代缴费后的所得。

2. 本统计的有关价格可上浮的时间从1999年5月开始，浮动的幅度为上浮5%。

3. 本统计价格尾数保留到元，元以下小数点后四舍五入。

第五章 房地产价格

第四节　房屋重置价格（拆迁区位价）

房屋重置价格是指各类结构等级的房屋通过对其典型实例，按房屋建筑安装工程费测算而得的价格。

房屋重置价格，由房屋勘察设计费、房屋建筑安装工程费、附设公共配套设施费、公共基础设施费、管理费构成。苏州市区不同时段的价格详见下表：

表5-2　1991~1997年苏州市城镇房屋重置基本价格

单位：元/平方米

结构等级	1991年	1992年	1993年	1994年	1995年	1997年
钢混一等	—	—	664.57	810.11	880.59	923.74
钢混二等	283.8	323.80	430.00	524.17	569.77	597.69
砖混一等	274.69	313.41	416.21	507.36	551.50	578.52
砖混二等	223.40	254.90	338.51	412.64	448.54	470.52
砖混三等	173.25	197.68	262.52	320.01	347.85	364.89
砖木一等	259.60	296.2	393.35	479.49	521.21	546.75
砖木二等	223.30	254.79	338.36	412.46	448.34	470.31
砖木三等	173.80	198.30	263.34	321.01	348.94	366.04
简易一等	105.60	120.49	160.01	195.05	212.02	222.41
简易二等	63.80	72.80	96.68	117.85	128.10	134.38
简易三等	33.00	37.65	50.00	60.95	66.25	69.50

注：1998年12月23日，苏价房地字［1998］406号《关于1998年苏州市房屋重置基本价格的通知》。据建行测定，1997年住宅工程单方总造价与1996年比较，基本相同。据此，1998年苏州市房屋重置价基本不作调整，仍按苏州市苏价房地字［1997］306号文件执行。

表5-3　2000~2010年主要年份苏州市城镇房屋重置基本价格

单位：元/平方米

结构等级	2000年	2002年	2004年	2006年	2008年	2010年
钢结构二等	683.53	740.26	833.68	833.68	880.87	880.87
钢结构一等　高层写字楼	1246.97	1350.47	1520.90	1520.90	1703.41	1719.32
钢结构一等　高层住宅	1092.34	1183.0	1332.30	1332.30	1492.18	1525.02
钢结构一等　大型公共建筑	1065.36	1153.78	1299.39	1299.39	1438.24	1465.94
钢混结构二等	872.67	945.10	1064.37	1087.09	1205.07	1205.07
钢混结构三等	638.26	691.24	778.47	778.47	863.57	895.48
混合结构一等　别墅等	754.91	817.57	920.74	920.74	817.67	866.55
混合结构一等　普通多层住宅	590.09	639.07	719.72	730.06	817.67	866.55
混合结构二等	479.93	519.76	585.36	593.77	665.02	704.79
混合结构三等	372.19	403.08	453.95	460.47	515.73	546.56
砖木结构一等	611.60	662.36	745.95	745.95	788.23	822.66
砖木结构二等	488.82	529.39	596.20	596.20	629.99	657.51

结构等级	2000年	2002年	2004年	2006年	2008年	2010年
砖木结构三等	367.41	397.91	448.12	448.12	473.52	494.20
简易结构一等	227.49	246.37	277.46	277.46	293.19	306.00
简易结构二等	136.49	147.82	166.47	166.47	175.91	183.59
车库（多层房屋底层）	306.63	332.08	373.99	379.36	424.88	450.29
阁楼（多层房屋顶层）	342.14	370.54	417.30	423.30	474.10	502.43

表5-4　2001年苏州市市区商业房屋拆迁区位价

单位：元/平方米

地区类别	沿主干道	沿次干道	沿一般道路
一类	5000	4000	3000
二类	3000	2500	2000
三类	2500	2300	2000
四类	2300	1800	1400
五类	1600	1400	1300
六类	1300	1100	1050

注：2001年12月1日苏价房地字[2001]249号，苏建[2001]189号文件。

表5-5　2001年苏州市市区部分类别房屋拆迁区位价

类别	拆迁区位价（元/平方米）	
	住宅房屋	非商业房屋
一类	2000	1000
二类	1800	840
三类	1650	720
四类	1350	650
五类	1200	600
六类	1000	550

注：2001年12月1日苏价房地字[2001]249号，苏建[2001]189号文件。

第五章　房地产价格

637

第五节　土地价格

1. 土地管理体制的沿革

1949年9月29日，由中国人民政治协商会议第一届全体会议通过《中国人民政治协商会议共同纲领》中第3条明确规定："保护工人、农民、小资产阶级和民族资产阶级的经济利益及其私有财产。"当时，除"没收了帝国主义、国民党政府、官僚资本、战犯、反革命分子、封建地主在城市中的土地，接收了外国侨民解放前在城市中购置的房地产"外，大部分城市私有土地仍受保护，且各地政府还根据民国时代的地契对其换发了新政权的"土地所有权证"。因此，1950年前后的土地改革仅限农村，城市土地则基本维持原状。

1954年新中国第一部《宪法》中仍有限地保护资本家的生产资料（包括土地）所有权，而城市居民的房地产作为生活资料则受明确保护。直至1955年，城市中私有房地产比例仍很高，苏州达86%。

"文化大革命"开始后，1967年11月4日，国家房产管理局、财政部、税务总局在解释"答复关于城镇土地国有化请示提纲的记录"中，提及"街基等地产应包括在城镇上建有房屋的私有宅基地"，并强调"无论什么人的土地（包括剥削者、劳动人民）都要收归国有"。在极"左"思潮的影响下，当时不少人主动将土地证上交。有关部门将收缴的地契上缴或者甚至直接付之一炬。

1975年修改的《宪法》中仍尚未明确规定城市土地一律国有。其中第13条"城乡土地可以依照法律规定的条件，征购、征用或收归国有"的规定，为国家因公共利益的需要，可以依照法律规定，对城乡土地以及其他生产资料征收、征用或者收归国有提供依据。也从侧面反映当时城市中仍保留着部分土地非国有的性质。

1982年12月，中国第四部《宪法》颁布，其中第10条规定：城市土地一律国有。并明确国家所有和农民集体所有的土地不能买卖。建设用地一律由政府无偿划拨，构成与上述制度较为契合的法律框架。

1986年6月，《中华人民共和国土地管理法》颁布，其第二条规定：中华人民共和国实行土地的社会主义公有制，即全民所有制和劳动群众集体所有制。任何单位和个人不得侵占、买卖、出租或者以其他形式非法转让土地。国家为了公共利益的需要，可以依法对集体所有制的土地实行征用。江苏省于1987年6月制定了《土地管理法实施办法》予以贯彻。

随着改革开放的深化，非公有制经济不断发展并进而产生了日益增长的用地需求，对于此类既是发展多种经济模式的旺盛需求，又显然不宜沿用土地划拨方法解决的问题，同现有的土地法律法规间，成为一个不易化解的矛盾。1988年4月的第七届全国人民代表大会通过的《宪法修正案》中，修订了1986年颁布的《土地法》中的第二条为"国有土地集体使用权可以依法转让，转让的具体办法有国务院另行规定"，确定土地所有权和土地使用权相分离的原则。"土地使用权可以依法转让"后，国家对土地单纯的资源管理转变成资源和资产的双重管理，其后建设用地形成了划拨与出让的双轨制。同时形成了土地使用权出让及转让的价格，也可以说是土地使用权出让的底价或是基准价格。

1989年6月，根据国家1988年的《土地法》修正案的有关规定，江苏省修订了《江苏省土地管理法实施办法》（即使用权转让部分）。同年7月，根据国务院文件精神，财政部制定了《国有土地使用权有偿出让收入管理暂行实施办法》（以下简称《办法》），《办法》规定土地使用权出让收入包括土地出让金、续约土地出让金和合同改约补偿金三部分，并在《办法》第十二条中规定：国有土地使用权出让价格，由财政部门、土地出让主管部门、物价部门依照有关规定共同制定。

1990年5月，国务院颁布《中华人民共和国城镇国有土地使用权出让和转让暂行条例》，按照所有权和使用权分离的原则，实行城镇国有土地使用权出让、转让制度，并规定按照用途，规定土地使用权出让的最高年限为：居住用地70年，工业用地50年，教育、科学、文化、体育、卫生用地50年，商业、旅游、娱乐用地40年，综合及其他的用地为50年；土地使用权出让可采取协议、招标和拍卖的方法获得。同年7月，国家土地管理局、国家测绘局、国家物价局、财政部发布《土地登记费及其管理办法》，制定了土地权属调查、地籍测绘等收费项目和标准。

1992年5月省物价、省土地局发出《关于加强土地系统收费管理的通知》，要求已经批准收取的费用，必须严格按照规定的收费范围和收费标准收取。并对涉及的征（拨、使）用土地管理费、土地登记费、土地出让业务费、城镇房地产交易管理费、土地荒芜费、土地复垦保证金、国有土地有偿划拨费、临时用地管理费、土地权属和用途变更费、城乡居民建房用地管理费等收费范围及标准一一作了明确。同年8月，省政府发出《关于深化土地使用制度若干问题的通知》，指出土地使用制度的改革是整个经济体制改革的重要组成部分，变土地无偿、无限期使用为有偿、有限期、有流通使用，是贯彻落实土地基本国策的有效手段。加快推广城镇国有土地有偿出让使用制度，对外商投资企业用地、商品房开发建设用地以及旅游、商业、工业等经营性用地，实行有偿出让供地，要求由市、县人民政府组织一两家直属政府控制的地产公司，统一土地的开发事宜，其后用协议、招标和拍卖的方法有偿出让或转让给用地单位，有计划培育由政府控制的土地市场，在政府垄断土地一级市场（出让）的前提下，放开搞活土地的二、三级市场，清理1989年以来城镇国有土地使用权申报登记以来发生的土地交易行为，凡各类房地产公司通过行政划拨的现有土地，都要进行登记、补交土地出让金等。

1994年3月，《苏州市国有土地使用权出让和转让暂行办法》公布，由市土地管理局主管土地使用权的出让工作，并根据《土地法》、《中华人民共和国土地使用权出让和转让暂行条例》等法律法规，明确土地使用权出让的最高年限按各类用途分为40～70年。并规定土地的使用权出让可以采取协议、招标、拍卖的方式进行。其基准价，由市、县（市）物价、土地管理、财政部门按城镇土地分等定级统一商定，由同级人民政府定期公布。

1995年6月，《苏州市区国有土地使用权出让实施办法》公布，明确对党政机关、群众团体和由财政拨款的事业单位的办公用地、自建自用的职工住宅、安居房和城市公用基础设施、公益事业及其动迁房用地，仍实行行政划拨。市土地管理局负责对土地价格统一管理。实施土地分等定级和基准地价的测算，土地使用权出让价格的确定，由市土地管理局以基准地价、评估标定地价和省制定的最低保护价为依据，根据出让地块的用途、基础设施完善程度和市场供求状况，核定出让地价，经估价委员会审定后，报苏州市人民政府批准后执行。根据经济发展和土地市场状况适时调整土地基准地价，原则上每两年调整一次，当土地市场及产业政策发生较大变化时，经估价委员会批准，基准地价亦可适时调整；《苏州市区国有土地使用权出让实施办法》就用地单位取得土地使用权后，每年须向市土地管理局缴纳的土地权属管理费标准同时作了明示。同年11月，省物价局转发的《国家计委关于印发〈城市国有土地使用权价格管理暂行办法〉》的通知中指出，国务院价格主管部门负责全国土地使用权价格管理工作，县级以上人民政府价格主管部门负责本行政区域内土地使用权价格管理工作，明确土地使用权价格的调控与形成，应当有利于合理配置土地资源，有利于国有土地的保值增值。并要求基准地价和标定地价由县级人民政府价格主管部门会同有关部门制定，经批准后定期公布。基准地价制定，应掌握"城市规划区内，一定时期的不同土地区域或级别、不同用途的土地使用权的平均价格"的原则，标定地价应以基准地价为基础，确定标准地块的一定使用年期的价格。制定的基准地价、标定地价的公布，按当地人民政府规定的具体办法执行，国务院有规定时，从其规定。

1997年12月，江苏省人民政府公布《江苏省城镇国有土地使用权出让和转让实施办法》修订本，对土地使用权出让按用地性质的年份再次明确，并规定出让地块的标定地价，由市县人民政府土地部门会同物价部门以基准地价为基础，依据地块大小、位置、容积率、形状以及土地使用年限和土地市场等评估确定，并定期公布。土地使用权的出让，可以采取协议、招标、拍卖的方式进行。

2001年10月，省政府办公厅发布《关于建立和完善全省土地有形市场的通知》，要求全省建成省、市、县三级土地有形市场，并设立专门的场所和服务机构，从事土地使用权的招标、拍卖、挂牌等活动，实行规定的"招、拍、挂"程序，政府出让土地不得低于最低保护价，当交易价格低于该宗地标定地价20%以上时，政府可以行使优先购买权。

2003年7月，《江苏省国有土地使用权招标拍卖挂牌出让办法》（以下简称《办法》）公布，国有土地使用权招标、拍卖、挂牌在土地有形市场进行，市县以上人民政府土地行政主管部门（出让人）负责本行政区域内的这项工作，商业、旅游、娱乐和商品住宅等经营性用地项目及其他竞投（买）条件的项目用地，拟以出让方式供地的，都该采用"招、拍、挂"的方式进行。土地"招、拍、挂"的出让底价，当由具备土地评估资格的机构按照国家和省规定的技术规程评估后，由土地所在地市、县人民政府土地行政主管部门确定。《办法》就有关土地出让的相关程序等做了规定。

2. 土地价格及其收费

1984年1月，苏州市政府颁布《苏州市国家建设征用土地补偿、安置实施细则》，公布了建设单位取得划拨土地后，向征地管理部门支付的各项费用标准。

表5-6　苏州市国家建设征用土地补偿安置费标准土地补偿、青苗补偿费

土地补偿费（元/亩）				青苗补偿费			
序号	名类	金额	备注	序号	名类	金额	
1	粮田	1200	—	1	粮田旱田	150元	
2	旱田	1000	含坟墩高墩土方	2	棉花田	160元	

土地补偿费（元/亩）				青苗补偿费		
序号	名类	金额	备注	序号	名类	金额
3	棉花田	1400	—	3	蔬菜水生作物	200元
4	水旱田	1300	—	4	茶叶	200~400元
5	蔬菜水生作物地	2000	—	5	湖桑（按年份）	每株1~3元
6	柴山滩地苇塘	360	—	6	楠竹、杂竹	300~350元/亩
7	水上养殖外塘	150	—	7	用材树木	1~5元/株
8	水上养殖内塘	250	—	8	征用城郊常年蔬菜地，向国建缴纳新菜地开发建设基金，3年及以下的为7000元/亩；3年以上的为13000元/亩	
9	人工精养鱼池	500	—			
10	果园和多年生经济作物，按临近耕地的补偿费标准					

表5-7 苏州市国家建设征用土地补偿安置费标准（安置补偿费）

单位：元

分类	1.0亩及以上	0.95亩	0.90亩	0.80亩	0.70亩	0.60亩	0.50亩	0.40亩	0.30亩及以下
粮田	480	720	790	910	1030	1200	1440	1800	2400
旱田	400	600	660	760	860	1000	1200	1500	2000
菜田	800	1200	1320	1520	1720	2000	2400	3000	4000
棉田	560	840	925	1065	1205	1400	1680	2100	2800

1987年11月，省土地管理局发布《关于征地管理费收取和使用问题的通知》，要求用地单位根据文件精神，在办理征用土地审批手续时，须按照实际征用费用总额，依规定的费率计缴征地管理费。

1994年12月，根据相关法律法规，苏州市财政局、物价局、土地管理局发出《关于国有土地使用权出租、改变用途和临时经营性用地有偿使用办法的通知》，要求单位和个人将自用的行政划拨土地使用权随同地面建筑出租的租赁双方，必须到土地管理部门办理土地使用权出租许可手续，并由出租人每年按出租土地面积向政府缴纳土地使用权出租有偿使用费。另外，改变用途和临时经营性用地有偿使用收费标准亦予以公布。

表5-8 1994年苏州市出租土地使用权收费标准

单位：元/平方米

用地性质	土地等级					
	一	二	三	四	五	六
商业、金融、旅游、娱乐	40	27.8	19	13	9	6
工业、运输、仓储	10	7	4.9	3.4	2.3	1.5
其他	7.5	5	3.5	2.4	1.5	1

表5-9 1994年苏州市改变土地用途收费标准

单位：元/平方米

土地等级	一	二	三	四	五	六
收费标准	20	14	9.9	6.7	4.6	3

注：临时性经营用地参照上述标准。

第五章 房地产价格

1995年6月,江苏省物价局、省土地管理局发布《关于全省土地管理系统行政事业行收费有关问题的通知》,再次就土地管理系统的行政事业行收费有关问题作了明确规定,并要求严格按照规定的收费范围和收费标准执行。同期,《苏州市区国有土地使用权出让实施办法》公布,要求通过出让方式(包括补办)取得土地使用权的,必须每年向苏州土地管理局缴纳土地权属管理费,收费标准分别为:商业、旅游、娱乐、金融用地每年平方米1.00元,别墅、高级住宅、写字楼用地每年平方米0.50元,上述两类的综合用地每年平方米0.80元;工业、交通、仓储、文化、教育、卫生、体育等非经营性用地及普通商品房住宅用地每年平方米0.30元。

1999年10月,根据《省政府办公厅〈转发省物价局、财政厅关于清理规范江苏省商品房建设和交易中行政事业性收费项目的意见〉的通知》精神,对土地登记费收取的有关事项作出规定:原土地注册登记及证书费、土地权属调查费、地籍测绘费3个项目合并为"土地登记费"。其收费标准为:党政机关、人民团体、全额预算管理事业单位每宗地收10元;企业、自收自支单位土地使用面积在1000平方米(含1000平方米)以下每宗地收110元,每超过500平方米以内加收40元,最高不超过4万元;差额预算管理事业单位土地使用面积在2500平方米(含2500平方米)以下每宗地收160元,每超过500平方米以内加收20元,最高不超过1万元;城镇私房用于生产经营的、土地使用面积在500平方米(含500平方米)以下每宗地收90元,每超过100平方米以内加收20元,最高不超过100元;城镇居民住房(私房)土地使用面积在100平方米(含100平方米)以下每宗地收18元,每超过50平方米以内加收5元,最高不超过35元。

2003年5月,江苏省物价局、省财政厅公布涉及商品房建设的行政事业性收费及政府性基金项目和标准的通知中,涉及国土方面的收费予以公示。详见下表:

表5-10　2003年5月省颁涉及土地收费标准表

序号	收费项目	收费标准	文件依据
1	土地复垦费	2000元/亩	《土地管理法》苏政发[1999]8号苏财综[93]199号苏价涉[1993]219号
2	土地闲置费	600~2000元/亩	《土地管理法》苏政发[1999]8号苏财综[93]199号苏价涉字[1993]219号苏价服[2001]377号财预[2002]584号苏财预[2002]95号
3	土地登记费	企业、自收自支单位1000平方米以下110元,每宗每超过500平方米加收40元,最高不超过4万元	国土(籍)字[90]93号计价费[97]2257号财预[2000]127号计价格[2000]25号,苏财综[99]81号苏价房[99]134号,苏财综[97]189号苏价费[2000]164号苏财综[2000]87号计价格[02]1734号
4	征拨使土地管理费	按征用土地发生的经省以上批准及法律法定的各种费用总额的1.4%~2.1%收取(在基数难以计算时按土地最低保护价的70%计收),其中省辖市城区内按1.4%收取,其他按2%收	价费字[92]257号,计价费[97]2257号,计价格[2001]585号苏政发[1984]160号苏财综[93]199号苏价涉字[1993]219号苏财综[1997]189号苏财综[2001]145号苏价服[2001]281号苏政发[2002]105号
5	耕地开垦费	苏北5~9元/平方米,苏中7元/平方米,苏南9元/平方米,占用基本农田的提高40%	《土地管理法》苏政办发[1999]87号苏财综[2001]33号苏价服[2001]377号财预[2002]584号苏财预[2002]95号
6	临时用地管理费	国家集体建设临时用地1~1.5元/每年平方米,城乡各类经营性临时用地2~3元/每年平方米	苏财综[1993]199号,苏价涉字[1993]219号

续表

序号	收费项目	收费标准	文件依据
7	土地用途变更费	在县城及以上城区范围内1~2元/平方米，县城以下新征用地时0.5~1元/平方米	苏财综[1993]199号，苏价涉字[1993]219号，苏财综[1998]19号，苏政发[2002]105号
8	建设用地准书工本	8元/本	价费字[1993]139号，苏价涉字[1993]219号，苏财综[1993]199号

2004年7月，苏州市物价局、国土资源局转发省《土地交易市场服务收费管理暂行办法》，明确收费标准为：使用权出让，向受让方收取每平方米1~1.5元；土地使用权转让，每平方米收费2~3元，受让双方各半；出租与抵押每平方米0.8~1.2元，受让双方各半。2005年6月省物价局在关于土地收费政策有关问题的复函中说明：凡在房产交易市场进行产权交易并交纳市场交易服务费的建设项目，包括商品房、商业用途房、写字楼和工业厂房，不允许再收取土地市场交易服务费。土地抵押交易服务费亦同时公布。

表5-11　2005年3月江苏省土地抵押交易服务费标准

单位：元

地区	抵押金额在200万元及以下	抵押金额在200万~500万元间	抵押金额在500万~1000万元间	抵押金额在1000万~3000万元间	3000万元及以上
苏南	2000	4000	6000	8000	不超过20000
苏中	1500	3000	4000	6000	不超过12000
苏北	1000	2000	3000	4000	不超过7000

注：抵押双方不变前提下，同一宗地再次或多次抵押，按规定标准25%~50%计收。

2006年11月，财政部、国土资源部、中国人民银行公布的《关于调整新增建设用地有偿使用费政策等问题的通知》中，核定苏州沧浪、金阊、平江、虎丘四个区的有偿使用费征收等别为四等，收费标准为80元/平方米；吴中区、相城区为六等，收费标准为每平方米56元。

2007年3月，在省政府办公厅《关于印发江苏省工业用地出让最低价标准的通知》中，由省国土资源厅、省物价局制定的苏州市金阊、平江、沧浪及虎丘四个区的宗地单价为每平方米480元。

2008年9月，在江苏省财政厅、省物价局的《关于取消和停止征收部分行政事业行收费和政府性基金的通知》中，取消了国土部门的临时用地管理费和土地用途变更费两项。同年10月，省物价、财政厅、国土资源厅调整了土地闲置费征收标准，对闲置一年未满两年的闲置土地征收土地闲置费标准为，统一按划拨或出让土地价款的20%征收，其中以划拨方式取得土地使用权的，以取得土地发生的成本（扣除税收）为划拨土地价款；以出让方式取得土地使用权的，以土地出让金总额为出让土地价款。

表5-12　2004年苏州市土地级别基准价

土地级别	设定年限（年）	基准地价（元/平方米）	容积率（%）	开发水平	用途
一级地	50	800	—	六通一平	工业
二级地	50	700	—	六通一平	工业
三级地	50	550	—	五通一平	工业
四级地	50	400	—	五通一平	工业

土地级别	设定年限（年）	基准地价（元/平方米）	容积率（%）	开发水平	用途
五级地	50	300	—	五通一平	工业
六级地	50	250	—	四通一平	工业
一级地	40	24000	2	六通一平	商业
二级地	40	15000	1.8	六通一平	商业
三级地	40	8000	1.8	六通一平	商业
四级地	40	5000	1.8	六通一平	商业
五级地	40	3600	1.8	五通一平	商业
六级地	40	2000	1.2	五通一平	商业
七级地	40	1200	1	四通一平	商业
八级地	40	900	1	四通一平	商业
一级地	70	4200	1.1	六通一平	住宅
二级地	70	3600	1.1	六通一平	住宅
三级地	70	3000	1.1	六通一平	住宅
四级地	70	2500	1.1	六通一平	住宅
五级地	70	2200	1.1	五通一平	住宅
六级地	70	1000	1	五通一平	住宅
七级地	70	600	1	四通一平	住宅
八级地	70	400	1	六通一平	住宅

注：评估基准日为2003年1月1日。

表5-13　苏州市住宅用途级别基准地价表

单位：元/平方米

土地级别	一	二	三	四	五	六
基准地价	1170	1005	815	605	480	340
变幅上限	1405	1205	980	725	575	408
变幅下限	935	805	650	485	380	336

表5-14　苏州市商业用途级别基准地价表

单位：元/平方米

土地级别	一	二	三	四	五	六	七	八
基准地价	44980	25885	14405	—	6460	3995	2270	1705
变幅上限	58475	33650	18725	11890	8400	5195	2950	2215
变幅下限	31485	18120	10085	6400	4520	2795	1590	1195

表5-15　苏州市工业用途级别基准地价表

单位：元/平方米

土地级别		一	二	三	四	五	六	七	八
古城区内	基准地价	5755	5170	4060	3625	3010	—	—	—
	上限	7135	6410	5035	4495	3915	—	—	—
	下限	4375	3930	3085	2755	2740	—	—	—
古城区外	基准地价	—	6220	5300	3890	3220	1450	1090	765
	上限	—	7720	6570	4825	4185	1885	1415	995
	下限	—	4730	4030	2955	2255	1050	765	535

苏州市价格志

第六节　直管公房租金

苏州市的住房租金,也跟随着国家政策发生着变化。建国初期,私有房屋为主要租赁来源,一般由房主、房客协议订立租约,双方协商议定租金。公房租赁,1952年前由人民银行信托部办理。同年10月,苏州成立房地产交易所后,由其负责经办介绍、估价、立约、调处租赁纠纷等公私租赁业务。计租方式一般为目测评估、按质定租,租金额折算成现金,每间2元多。1956年公私合营私房改造后,公管房屋增加,房管员定时上门收取居住用房租金。1959年开始,公房租金开始施行根据房屋结构和设备的使用价值统一计租方法。租金分结构、地面、门窗、内墙、顶盖、设备6个部分,用积分累加计算。当时,机关宿舍平均每平方米0.081元,厂矿职工宿舍0.115元,民用公房0.156元。私改房和民用公房租金相当。

自20世纪70年代始,居住用房租金不断调低。1971年,苏州对全市房屋全面丈量及租金定审,基本解决了"对私改造"接管后遗留下的租金标准高低不一、差异较大等状况,使公管房屋租金基本趋于合理。同年7月,苏州市革命委员会决定自1972年1月起,执行《苏州市居住用房租金标准》,按新标准全面测定,平均月租金由每平方米0.121元降为0.112元。其中一等的每平方米为0.30元,最低房租仅为0.11元。同时指出应充分考虑居民的承受能力,逐步提租,以租养房。

表5-16　1972年苏州市公有住房租金标准表

单位:元/平方米

房型	租金	结构	地面	门窗	顶盖	内墙	设备
新建民房	0.185	0.045	0.04	0.03	0.02	0.02	0.03
砖木上等	0.215	0.04	0.05	0.05	0.035	0.02	0.02
中式中等	0.135	0.03	0.03	0.03	0.01	0.02	0.015

1978年6月,经过比照临近城市的公房租金水平,经市革命委员会批准,苏州调整了部分房屋公房租金,上等砖木结构房屋从原来的每平方米0.21元降到0.195元;新建4层以上住宅,每平方米从0.185~0.195元降为0.16~0.165元。私房租金参照公房租金的标准可上浮30%,由租赁双方商定。

建国后至20世纪80年代初期,苏州居民住房主要是租赁为主,房屋陈旧拥挤、卫生设施差以及租金低廉是其主要特点。由于租赁房以旧房居多,修缮成为直管公租房的常态,维修费用的居高不下与低廉租金间不能相持平衡,给财政带来沉重的负担。

为缓解租金过低的矛盾,1983年2月,苏州市物价委员会调整公有住房租金标准,根据房屋结构、地面、门窗、内墙、顶盖、设备、附房等不同类型、条件和内容,细化组合,累计形成苏州市居住用房租金具体标准。详见下表:

表5-17　1983年2月苏州市居住用房租金标准表

项目	条件和内容	元/平方米
结构	砖木混合上等结构,新建混合上等结构(钢筋混凝土结构加0.020元)	0.065
	砖木、老式立帖上等结构,砖木混合、新建混合普遍结构	0.040
	砖木、老式立帖中等结构	0.030
	砖木、老式立帖下等结构(竹架屋、乱砖墙、竹笆木板墙减0.010元)	0.020
地面	企口楼地板(硬木楼地板加0.010元)	0.065
	一般杉木、松木楼地板及磨凡石(杂木板、箱子板、水泥楼板减0.010元)	0.050
	木泥地、较好的方砖地	0.030
	平铺砖、普通方砖地(泥地、乱砖地、煤屑地减0.010元)	0.020
门窗	钢窗、钢门、硬木门窗	0.055
	普通木质门窗、水泥门窗樘子(较好的洋松门窗加0.010元)	0.030
	陈旧杂木门窗(有门无窗算0.010元)	0.020
内墙	油漆墙、色粉墙、胶白墙	0.035
	一般粉刷、企口板壁(较好石灰粉刷加0.010元)	0.020
	普通板壁、木屑板壁(旧门窗杂木板壁减0.005元)	0.010
顶盖	石灰平顶、板平顶、水泥平顶(较好的加0.010元)	0.035
	反轩顶、望板、企口楼板、小梁水泥楼板顶	0.020
	望砖、芦帘反刷、普通木楼板顶(冷摊瓦屋面减0.005元)	0.010
设备	水电俱全并有抽水马桶(有浴缸卫生设备加0.015元)	0.045
	电灯、自来水(自来水独用加0.005元)	0.020
	电灯、水井(仅有电灯减0.005元)	0.015
附房租金计算法	客堂、灶间、卫生设备间独用者按60%计算;两户和两户以上合用者按40%计算;走破客堂按30%计算,按户平均摊派。阁楼、独用备弄和走廊只算地面分数,阁楼有窗者加0.010元。楼梯部位不计租金。	—

注:　1. 工矿企事业单位用房,按单位用房租金标准计算。

2. 小街里弄、临街临弄设摊(里弄生活服务组)加20%。

3. 房间两沿高度不足2.2公尺者减10%,若一沿低于2.2公尺者减5%,沿高不足1.7公尺者减40%;门窗全部向西者减10%(附房不减)。

4. 房间光线黑暗(白天要开电灯)者减10%,地面终年潮湿者减10%,墙面渗水者减10%。

5. 没有附房,炉灶放在房间里者减20%。

6. 阳台、晒台只算地面分数,合用者平分。

7. 相当于大橱的壁橱,每只收费0.10元至0.20元。

8. 室内私人装修按房屋原有设备计算。

9. 内墙、门窗四周不同等级者,按平均计算。

10. 原正式房间隔为前后套房,前房不作附房计算,如无客堂或灶间,可按第五条处理。新建住宅,有灶间者,独用套房按主房计算。

11. 面积计算以内部使用面积为准。

12. 经过修建改善条件者,按新条件调整租金。

13. 凡本标准未包括的内容,根据实际情况适当评分。

表5-18　1983年2月苏州市单位用房租金标准

单位: 元/平方米

结构	第一类	第二类	第三类	第四类	第五类
钢筋水泥砖木混合结构	0.81	0.62	0.51	0.43	0.39
部分水泥大料砖木混合结构或上等砖木结构	0.77	0.60	0.46	0.40	0.37
较好砖木结构	0.70	0.54	0.43	0.38	0.35
一般砖木结构	0.66	0.52	0.42	0.37	0.34
简易结构	0.59	0.46	0.36	0.32	0.29

注: 五种类型是按照使用过程中, 对房屋的震动、腐蚀、高温、高湿等损坏程度和安全系数负荷量、装饰以及维修要求不同等情况具体划分的。

第一类: 气锤、冲床、翻砂、锻工车间、锅炉房、易燃物品的生产车间及仓库、生产酸性、碱性产品或以酸性、碱性产品为原料的车间和仓库。

第二类: 轧压、碾压、电镀、漂染、制革、饴糖、淀粉、热处理车间、曲糟、豆制品、制酒、酱制品工厂、浴室、腌腊仓库及门市部。

第三类: 轻工车间、机械零件加工车间、各类纤维的纺织车间、影剧院、书场、医院、废品仓库、饮食业的炊事房及楼上开放的商业用房和仓库用房。

第四类: 手工操作的车间、一般仓库、一般商业及服务行业门市部。

第五类: 办公室、会议室、大礼堂、阅览室、贮藏室、教室以及食堂、托儿所等非生产用房。

1985年1月, 苏州的非居住用房按结构、等级、折旧费、管理费、固定资金占用费、房地产税等成本计租, 月租金水平每平方米1.022~1.194元。

1988年2月、1991年6月, 国务院先后发出多个相关文件来稳妥地推行城镇住房制度改革, 并指出租金的标准应该按照住房的折旧费、维修费、管理费、投资利息和房产税五项因素来确定。经测算全国的使用面积月租金平均每平方米约1.56元, 目前要求定位1元以上。文件中提出要合理调整现有公有住房的租金, 有计划、有步骤地提高成本租金, 并可考虑居民的承受能力, 采取分步提租的方法推行租金制度改革。

1992年7月和1995年7月, 直管公房调租两次。前次每平方米为0.34元, 调租比例为200%; 后一次为1.02元, 调租比例为300%。

1996年9月, 根据省物价局、省房改办通知精神, 市物价局、市房改办调整了当年度苏州市区公有住房租金, 市区公有住房砖混结构一等房屋的租金标准调整为使用面积1.10元/平方米, 此标准因同现行租金标准相比增幅较小而暂缓执行。次年, 在市物价局、市房改办的《关于调整1997年度苏州市区公有住房租金、售房成本价的通知》中, 将苏州市区共有住房砖混一等房屋租金标准调整为每平方米使用面积1.45元, 其他结构等级住房的租金作适当调整。

1998年12月、2000年7月、2002年7月, 市区公有住房租金多次调整, 每平方米砖混一等租金标准详见下表:

表5-19　直管公有住房历年调租情况表

单位: 元/平方米(使用面积)

调租时间	文件	调租比例	砖混一等租金标准	廉租房租金
1992年7月1日前	—	—	0.175	—
1992年7月1日	市房改办: 苏房改[1992]4号	200%	0.34	—
1995年7月1日	市房管局: 苏房房改[1995]2号	300%	1.02	—
1996年9月1日	市物价局: 苏价房地字[1996]257号	市区未执行	1.10	—
1997年7月1日	市房改办: 苏房改[1997]4号	130%	1.45	—
1998年12月1日	市政府: 苏府[1999]1号	120%	1.75	—
2000年7月1日	市政府: 苏府办[2000]5号	125%	2.20	—
2002年7月1日	市政府: 市府办[2002]112号	113%	2.50	0.75

　　2000年7月, 国家计委、建设部、财政部《印发关于积极稳妥推行公有住房租金改革的意见的通知》, 除了强调成本租金逐步向市场化租金过渡外, 还要求租金改革坚持提租与当地职工承受能力相适应、与职工收入提高相结合; 要制定出有利于促进公有住房及经济适用房出售的"租售比", 建立廉租住房制度、制定廉租房租金标准。

　　2002年2月,《苏州市市区廉租住房管理办法》由苏州市人民政府发布。其中规定: 现住房人均使用面积在8平方米(含8平方米)的最低收入家庭可以申请廉租住房, 根据保障居民最低居住标准原则, 一般控制人均使用面积不低于10平方米。已经承租公有住房的最低收入家庭, 可申请按廉租租金标准起租, 但家庭住房面积超过50平方米部分不享受廉租租金标准。同年7月, 规定苏州市的廉租房每平方米租金为0.75元。12月, 建设部、财政部、民政部、国土资源部国家税务总局联合发布《城镇最低收入家庭廉租住房管理办法》(以下称《办法》)。该《办法》提出以发放租赁住房补贴为主、实物配租、租金核减为辅来扩充廉租住房保障方式, 并要求廉租住房租金标准由维修费、管理费两项组成。单位面积租赁住房补贴标准, 按照市场平均租金与廉租住房租金标准的差额计算。

　　次年8月,《苏州市市区居民低保家庭住房保障办法》发布, 其中明确住房保障指发给租房补贴、购房补贴以及原租公房执行廉租租金和配置廉租住房, 并由平江、沧浪、金阊区的房管局, 受市房管局的委托, 负责辖区内低保家庭住房保障的资格调查与初审及发放租房补贴金、廉租住房的经租管理等工作, 同时, 原《苏州市市区廉租住房管理办法》废止。

　　2002年到2004年间, 苏州市60万平方米旧危直管公房得以改造, 动用资金超亿元, 2005年仍有计划改造20万平方米, 而原有的低标准租金年收取不到2700万元, 给直管公房的维修养护和正常管理带来了一定的困难, 租金上调的呼声很大。

　　2005年3月, 苏州市区直管公房调高租金标准: 非成套直管公有住房租金标准上调15%(详见下表5-20), 直管公有非居住用房中用于营业的, 按原核定的标准租金上调一倍, 其他非营业用房, 按原标准租金上调50%(详见下表5-21)。同时公布租金上调后廉租房政府定价租金标准和城区直管非居住用房地段租金附加率和政策性协议租金上浮幅度明细表(详见下表5-22)。廉租房的租金标准为同等标准住房租金的30%~50%。

　　2005年苏州市公房租金上调, 市区旧危房修缮改造完成, 非成套住房的居住质量和使用价值大大提高;苏州的市属工业、贸易、文广等系统改制基本完成,非居住直管公房的产权大多结合改制得到了妥善处理。同时,也使2000年6月省物价局、建设厅《关于明确城市非住宅公房租金有关问题的通知》要求,承租的非住宅直管公房租金可在原平均基价上上调一倍,以及2002年6月省政府办公室《关于调整2002年度房改有关政策的意见》要求全省公有房屋租金平均上调15%左右的规定得以落实。2005年的房租上调,涉及苏州直管非成套住房面积约100万平方米,3500户,近6万人。

表5-20 2005年市区非成套公有住房租金标准调整

单位:元/平方米

住房结构等级		调整前	调整比例	调整后价格	调整后廉租房租金
钢混一等		大于2.04	—	大于2.04	—
钢混二等轻板框架		2.04	—	2.04	0.61
砖混一等	1990年后建造	2.50	—	2.50	0.75
砖混一等	1980~1990年间建造	2.22	—	2.22	0.67
砖混一等	1979年前建造	1.82	—	1.82	0.55
砖混二等		1.40	—	1.40	0.56
砖混三等		0.80	15%	0.92	0.46
砖木一等		1.80	15%	2.07	0.62
砖木二等		0.75	15%	0.86	0.43
砖木三等		0.65	15%	0.75	0.37
简易结构		0.50	15%	0.58	0.29

表5-21 2005年市区非居住用房租金标准调整表

单位:元/平方米

房屋结构等级	营业用房		非营业用房	
	调整前	调整后	调整前	调整后
钢混结构	4.64	9.28	4.15	6.23
砖混一等	4.00	8.00	3.58	5.37
砖混二等	3.47	6.94	3.11	4.67
砖木一等	4.62	9.24	4.13	6.20
砖木二等	4.16	8.32	3.72	5.58
砖木三等	3.46	6.92	3.09	4.64
简易结构	3.17	6.34	2.84	4.26

表5-22 苏州城区直管非居住用房地段租金附加率政策性协议租金上浮幅度明细表

项目	级别	范围	租金附加	上浮幅度
营业用房	一级	观前街、小公园、玄妙观、火车站、船码头、长途汽车站、留园、拙政园、虎丘、西园、狮子林等附近街道	60%~80%	5倍至10倍
	二级	人民路、临顿路、景德路、东西中市、道前街、十全街、凤凰街、白塔路、东西北街、十梓街、三香路、干将路、金门路、广济路、南门路、南园路、学士街等主要风景名胜附近街道	40%~60%	4倍至8倍
	三级	其他主要干道及次要干道	20%~30%	3倍至6倍
	四级	其他一般道路街巷住宅小区商业网点	—	2倍至4倍

项目	级别	范围	租金附加	上浮幅度
非营业用房	甲级	古城区及石路区（渡僧桥以南、普安桥、鸭蛋桥、永福桥以东、爱河桥路、东芦家巷及供电局以北南浩街）	10%~20%	2倍至4倍
	乙级	甲级与丙级之间地区	—	1.5倍至3倍
	丙级	席长路、路南村、苏锡运河以西、东环路—官渎里—苏安新村以东、城北公路以北、仙人大街、团结桥西长河南	—	1.5倍至2倍

2006年9月，为解决以租不能养房的状况，增强直管公房的养护维修能力，逐步改善直管公房的整体质量，进一步改善群众的居住条件，经市政府同意，苏州市物价局调整市区部分直管公房租金标准（详见下表5-23）。同时，对1937年前、后参加革命工作的离退休干部、城镇租住直管公房的低保及低保边缘家庭、特困职工家庭、家庭人均收入低于600元且属于纯60周岁以上的老人家庭、家庭人员中患有重病的，单亲带在校读书子女的家庭等，新租金实施后的优惠及减免政策作了明确规定。

表5-23　2006年苏州市区部分直管公房租金调整表

单位：元/平方米

住房结构等级	调整前	调整后	调整比例
轻板框架	2.04	2.04	—
砖混一等	2.50	2.50	—
砖混二等	1.40	1.40	—
砖混三等	0.92	1.10	19.5%
砖木二等	0.86	1.03	19.8%
砖木三等	0.75	0.90	20%
简易结构	0.58	0.70	20%

注：其他结构公有住房租金不作调整。租金调整后原来实行的各项租金减免优惠政策不变。

2008年7月，市物价局转发了省局的《关于加强低收入家庭政策性、保障性住房与租金管理的意见》（以下称《意见》），《意见》中要求建立和实施与保障对象承受能力相适应的住房租金管理制度，向其提供的廉租房租金实行政府定价，严格按照维修费和直接管理费用两项因素核定；其次要求有条件地区对城市最低生活保障家庭、工业园区及其他务工集中区的农民工住房，各级主管部门要积极探索价格管理办法，按成本加合理利润原则，制定指导性租金标准。同年12月，在由市房管、监察、民政、财政联合印发的《苏州市住房保障实施办法（暂行）》中规定，对单套面积在50平方米以内、所有权为政府所有的保障性住房，实行廉租租金，标准为同等级公有住房租金的30%左右。

2010年10月，江苏省《关于进一步促进市区房地产市场平稳健康发展加快推进保障性住房建设的意见》中，要求加大对廉租住房、经济适用房保障力度，确保低保、特困租房困难家庭申请廉租住房实物配租、申请廉租住房租金补贴家庭符合条件的"应保尽保"。

2006年实施的市区直管公房租金标准以及廉租房的租金标准沿用至2010年未调整。

第七节　房产中介服务收费

20世纪90年代始，随着住房制度改革进程的推进，个人拥有产权住房日渐增多，且成为城市居民的首选，房地产业迎来了一个蓬勃发展的时期，刚需和改善的推动，使房屋买卖、租赁成为百姓投资、消费的常态。由此，房地产中介服务行业应运而生。

20世纪90年代起至2000年前，房地产中介行业是初起及逐步发展的阶段，其间政府的有关部门出台了诸多的规章与规定，主要涉及加强行业管理与规范，制定出行业的收费项目和收费标准，以及从业资格的审定制度。

1991年4月，苏州市物价局批复了市房地产经营公司《关于核定房屋代购代销中介服务费率的报告》，核定房屋代购代销收费标准为：单位按不超过总产价的5%计收，个人按不超过总产价的3%计收。委托和代理双方，自愿订立协议后收费。这个标准的订立，苏州有了房产中介服务的首个收费规定，这为搞活房地产开发经营、加强对房屋中介活动管理提供了依据。

随后几年，由于房屋中介的入行门槛较低，房产中介企业逐渐增多，鱼龙混杂，该类中介企业为民众带来便利的同时，也带来了诸如服务行为不规范、服务收费随意性大，行业无章可循的问题。

1995年7月，为贯彻国家计委、建设部《关于加强房地产中介服务收费的通知》，省物价局、省建设委员会发出《关于加强房地产中介服务收费管理的通知》。次年2月，为贯彻落实上级文件精神，规范中介服务收费行为，维护中介服务当事人的合法权益，市物价局、市建委联合发出《关于房地产中介服务收费管理的通知》（以下称《通知》）。《通知》指出：凡依法设立并具备房地产中介资格的房地产咨询、评估、经纪等中介机构，为委托人提供有关开发投资、经营管理、消费等方面的中介服务，可收取合理的费用。市级物价、房地产管理部门根据省级有权部门制定的管理原则、办法、重要项目的具体标准，制定房地产中介各类服务的内容及收费标准如下：经委托，向委托方提供有关房地产政策、法规、技术等咨询服务，口头咨询的，双方协商收费；书面咨询的，按报告的技术含量、工作简繁以及结合标的额大小计收，每份收费为300~1000元，难度高、耗时长并带来较高经济效益的咨询报告，可适当提高收费，但不可超过咨询标的额的0.5%。房地产经纪收费、房屋租赁代理费，不论租赁时间长短，均按半个月至一个月的成交租金额，由双方协商议定一次性计收。房屋买卖代理收费，按成交价格总额的0.4%~2.0%范围内协商议定。实行独家代理的，由委托双方协商适当提高，但不得超过成交价格的3%。凡委托后，居间代理不成功，可按实际发生的费用支出及工作量，向委托方收取不超过收费标准或合同金额的60%费用。以房产为主的房地产价格评估费，区别不同情况，按照房地产价格总额采取差额定率、分档累进计收（详见下表5-24）。《通知》还就房地产中介服务收费手续的办理做了说明。

表5-24　1996年房地产价格评估收费标准计算

档次	房地产价格总额（万元）	累进计费率	备注
1	100以下（含100）	5‰	
2	101以上至1000	2.5‰	
3	1001以上至2000	1.5‰	
4	2001以上至5000	0.8‰	评估总额在6万元以下的按300元计收
5	5001以上至8000	0.4‰	
6	8001以上至10000	0.2‰	
7	10001以上	0.1‰	

　　1999年6月，根据苏州市物价局《关于房地产中介服务收费实行〈等级证书〉管理的通知》要求，凡在市区从事房地产中介服务的机构，均应向市物价局申报收费手续，领取房地产中介服务收费"等级证书"后，方能按等级规定对外服务收费。等级的审定是由其资质、规模、资金等决定，本市房地产中介公司大都审定为乙级。

　　2003年8月，市物价局、市房产管理局转发省物价局、建设厅《江苏省房地产中介服务收费管理办法》（下称《办法》）。《办法》首先规定凡在本省境内依法设立、具备房地产中介资格的房地产咨询、评估、经纪等中介服务企业，接受委托，为委托人有偿提供有关房地产开发投资、经营管理、消费等方面的中介服务，均应遵守该《办法》；其次明确房地产中介服务收费属经营服务性收费，按照统一政策、分级管理的原则，分别实行政府指导价和市场调节价。各市（县）价格主管部门和同级房产主管部门，负责对本地区房地产中介服务收费行为，实施监督和管理，并在省定指导收费标准内，确定当地收费项目和收费标准；再者制定了商品房销售代理收费、存量房（二手房）买卖代理费、权证代理费、抵押贷款代办服务费、房地产价格评估费等服务项目的政府指导价标准，且应在不超过省文件规定的上限标准执行。《办法》中未列入政府指导价范围的房地产中介服务收费项目，实行市场调节价，由委托方与中介服务企业在委托合同中协商确定。具体收费标准为：商品房销售代理费为成交价格总额的0.4%～1.2%向开发（建设）单位收取，实行独家代理的，按成交价格总额的2.5%向委托方收取；存量房（二手房）买卖代理费，实施提供信息、勘查评估、置换配对、陪同看房、代缴税费、代收代付房款、代办房屋所有权证和土地使用证等全程服务的，按成交价格总额的1.5%~2%收取，只提供部分服务的，实行差别化收费，双方在低于上述标准内协商确定，代理费用由交易双方各承担50%。合同另有约定，从其约定。权证代理费，接受服务企业委托，单独代办房屋交易过户手续和房屋所有权证，单独代办土地使用权变更和土地使用权证的，按每户不超过50元收费，同时代办"两证"的，按每户不超过80元收费；具备房地产中介资格的商品房销售单位，接受购房者自愿委托，集中成批代办"两证"的，按每户不超过60元收费。代办抵押贷款的，按每户100~300元收费；房屋租赁代理费，仍执行1996年的收费标准，明示由租赁双方各承担50%，合同有约定，从其约定。

　　2004年6月到2008年8月间，"存量房买卖代理收费标准"共修订两次。根据省物局、省建设厅《关于调整存量房买卖代理收费的通知》精神，第一次由原来的"按成交价格总额的1.5%~2%收取"，改为"不超过成交价格总额的1.5%"收取。第二次将"存量房（二手房）买卖代理费"，连同商品房销售代理费一起，实行市场调节价由买卖双方协商定价。中介服务企业在实行相对应的有偿服务时，应坚持委托人自愿原则，不得以任何形式强制或变相强制服务。在收费时必须明码标价，公示服务内容，信守服务承诺与合同约定，做到质价相符。房地产中介服务的其他收费项目和标准仍按省物价局、省建设厅《江苏省房地产中介服务收费管理办法》执行。

2009年7月，市物价局印发《关于进一步规范房产中介服务收费行为的通知》，重申房地产中介收费，应严格执行江苏省物价局、省住房与城乡建设厅2003年制定的《江苏省房地产中介服务收费管理办法》。同时指出，除了下表5-25中列出的收费项目属于政府指导价外，其余都实行市场调节价。《通知》在明确房地产中介企业的权利、责任及义务的同时，指出进行中介服务应当遵循公开、公正、诚实信用和公平竞争、自愿委托、服务有偿、委托人付费的原则，提供质价相符的服务。

至2010年，无新的房地产中介服务相关文件出台。

表5-25　2009年江苏省房产中介服务收费价目表（政府指导价）

服务项目	服务内容	政府规定收费标准	本企业制定的收费标准	备注
房屋租赁代理服务	提供租赁信息，协助签订合同等房屋租赁全过程服务	0.5~1个月租金 租赁双方各承担50%，合同另有约定的，从其约定	—	依据省物价局、建设厅苏价服〔2003〕233号文件
存量房（二手房）买卖代理服务	提供买卖（置换）服务，包括提供信息登记、信息咨询、买卖（置换）配对、陪同看房、参与洽谈、签订合同、物业交割和代理贷款、交易、过户等相关手续	根据实际服务内容，由当事双方协商确定		依据省物价局、建设厅苏价服〔2008〕267号文件
权证代理服务	单独代办房屋交易过户手续和房屋所有权证；单独代办土地使用权变更和土地使用证	单独代办一项权证的，50元/户 同时代办"两证"的，80元/户	—	依据省物价局、建设厅苏价服〔2003〕233号文件
抵押贷款代办服务	代办购房抵押贷款相关手续	100~300元/户	—	依据省物价局、建设厅苏价服〔2003〕233号文件

表5-26　2009年苏州市房产评估服务收费价目表

档次	房地产评估价格（价值）总额（万元）	政府规定的收费标准	本企业制定的收费标准
		累进计费率（‰）	
1	25以下	5.5~6	—
2	25以上至50（含25）	4.5~5	—
3	50以上至100（含50）	3.5~4	—
4	101以上至1000（含101）	2~2.5	—
5	1001以上至2000（含1001）	1.2~1.5	—
6	2001以上至5000（含2001）	0.6~0.8	—
7	5001以上至8000（含5001）	0.3~0.4	—
8	8001以上至10000（含8001）	0.15~0.2	—
9	10000以上	0.08~0.1	

注：1. 每宗最低收费标准为250~450元。

　　2. 依据省物局，建设厅苏服〔2003〕233号文件。

表5-27　2009年以房产为主的房地产评估收费标准表

档次	房地产价格（价值）总额（万元）	累进计费率（‰）
1	25以下	5.5~6
2	25以上至50（含25，下同）	4.5~5
3	50以上至100	3.5~4
4	101以上至1000	2~2.5
5	1001以上至2000	1.2~1.5
6	2001以上至5000	0.6~0.8
7	5001以上至8000	0.3~0.4
8	8001以上至10000	0.15~0.2
9	10000以上	0.08~0.1

注：每宗最低收费标准为250~450元。

第八节　物业管理服务收费

建国初期至21世纪70年代末，物业管理服务收费尚未开始，其原因为绝大部分住房由房管部门出租或是单位自建、购置后，分配（租）给居民、职工解决居住，产权属于公有或职工单位所有，后续的有关保洁、保安、修缮等服务工作均由房管部门、环卫部门、产权单位负责解决，虽然物业收费同住户关系并不密切，但事实上物业管理服务业已存在。

1982年，苏州市政府为加强居民新村管理，规定凡建筑面积在5万平方米以上的新村，需建立新村管理委员会，统一管理新村的道路、绿化、交通、环境卫生等公共设施。新村管委会隶属街道办事处，房管部门也委派专职副主任负责日常工作。新村内各产权单位按月向管委会缴纳管理费，经费自给自足，以此打造整洁、文明、舒适的居住环境。物业管理服务收费已具雏形。

20世纪90年代后，苏州改革开放深入，城市化进程加快，住房制度改革步伐加大，刚性需求带来房地产业的快速发展，成片的新建住宅区不断出现，个人拥有产权房屋已极为寻常，物业管理服务收费逐渐为大众所接受。同时，业主也迫切要将物业管理服务收费纳入价格管理的范畴，以维护消费者和经营者的利益。

1995年11月，苏州市政府下发《苏州市市区住宅小区物业管理暂行办法》。同年12月，依据《中华人民共和国价格管理条例》和《江苏省人民政府收费管理规定》及《苏州市市区住宅小区物业管理暂行办法》，市财政局、市物价局、市房管局制定了《苏州市市区住宅小区物业管理收费暂行办法》（以下称《办法》）。《办法》适用于经市房地产管理局批准的、市工商行政管理局注册的物业管理企业，对城市住宅小区提供社会化、专业化管理服务的收费管理。物业管理企业接受小区管理委员会（业主委员会）委托，对城市住宅小区内的房屋建筑及设备、公用设施、绿化、修缮、整治提供服务以及其他与居民生活相关的服务，即获得相应的报酬。《办法》规定物业管理实行"等级证书"制度，从事物业管理的企业必须经有关部门达标考评确认，由物价部门审核颁发统一印制的"等级证书"，以获得相对应的收费标准（详见下表5-28），方可收费。普通住宅小区物业管理收费实行政府定价，收费标准为：获得全国优秀物业管理住宅小区证书的每户每月物业管理费为10元，获得省级优秀物业管理住宅小区证书的每户每月为8元，获得市级优秀物业管理住宅小区证书的每户每月为6元。高档公寓、别墅区、商住楼宇、商业大厦等物业管理收费，实行政府指导下的市场调节价，由物业管理企业，向物价部门申报。凡根据业主的需要，开展专项有偿服务项目的收费，应向物价部门备案。该《办法》对物业管理企业的服务内容、收费标准以及收费行为的管理等都作了具体规定，此《办法》于1996年1月起执行。

《苏州市市区住宅小区物业管理暂行办法》的出台，曾历经时长两年的试点，征询了各方意见经修订而成，它顺应了日益庞大的住宅小区业主和物业管理企业的市场需求，标志着苏州市物业服务管理服务与收费从此有章可循。

表5-28　1995年苏州市住宅小区物业管理等级收费标准

等级	评分	收费标准
一等	90~100分	10元/月·户
二等	80~90分	8元/月·户
三等	70~80分	6元/月·户
四等	60~70分	5元/月·户

1996年8月，为逐步向城市住宅小区物业管理过渡，市物价局、市公共环境委员会、房地产管理局、地方税务局联合发文，决定在市区部分评定为安全卫生小区实行物业管理收费，以加强安全卫生小区建设，实施长效管理。经考核达标的，收费标准为每月每户5元，同时要求将收费服务内容——公示。后在1999年1月，在原收费标准中扣除环境卫生（垃圾清扫、代运）费2元，由居民依据文件，另行交纳。

1998年9月，《江苏省城市住宅区物业管理办法》经江苏省人民政府第12次常务会议审议通过。同年，省物价局、省建设委员会印发《江苏省普通住宅区物业管理公共服务费等级收费暂行办法》。据此，为适应市场需求，建立业主自治与物业管理企业专业化管理相结合的新的物业管理体制，市物价局、市房管局拟定了《苏州市物业管理服务收费实施办法》，报请市政府审示。2000年，经市政府第62次常务会议讨论，通过转发市物价局、市房管局《苏州市物业管理服务收费实施办法》。同年12月18日，市物价局、市房产管理局制定并印发《苏州市普通住宅区物业管理公共服务等级收费实施细则》。其主要内容：普通住宅小区提供公共卫生、公用设施的维修、保养和绿化等管理公共性服务收费（公共服务费），实行政府定价，公共服务费每月每平方米从0.1到0.5元，分为五个级别九个等级的收费标准执行（详见下表5-29）；对非普通住宅及满足部分物业产权人、使用人需要，接受委托和服务的收费，实行市场调节价；物业管理服务质量标准按照省建设厅《江苏省住宅区物业管理服务等级评定标准（试行）》进行考核。

表5-29　2000年苏州市住宅小区物业管理等级收费标准

等级	评分	收费标准
五级	95分以上	0.50元/月·平方米
四级	95分以上	0.40元/月·平方米
三级：一等	95分以上	0.35元/月·平方米
三级：二等	85分以上	0.30元/月·平方米
二级：一等	95分以上	0.25元/月·平方米
二级：二等	85分以上	0.20元/月·平方米
一级：一等	95分以上	0.15元/月·平方米
一级：二等	85分以上	0.12元/月·平方米
一级：三等	75分以上	0.10元/月·平方米

注：少数配套设施先进，管理要求高，服务内容超出五级服务标准的住宅小区，经考核批准，可适当提高收费标准。

2002年2月，在市物价局、市房产管理局的《关于明确物业管理服务收费的管理权限》

通知中,规定了平江、沧浪、金阊、虎丘城区范围内普通住宅物业管理公共服务费的管理权限,按物业小区所在地,实行属地管理,各区物价部门负责辖区内物业收费的管理指导和监督。平江、沧浪、金阊、虎丘四城区物价部门分别审定三级及以下等级的物业管理收费;园区、新区物价部门各自审定区域内普通住宅五级及以下等级的物业管理服务收费。经考核合格,由区物价部门核发物业管理公共服务"收费等级证书",并报市物价局、房管局备案。

进入21世纪,国家相继出台、调整一系列物业管理服务政策,同时随着人民群众生活水平不断提高,新建住宅小区设施更加完备,档次逐步提升,高品质的物业管理服务需求旺盛,更多具有专业技能的人员参与物业管理服务,使其档次、质量相应提高,物业管理品质发生了较大的变化,由此收费也随之变动。

2003年,国务院发布了《物业管理条例》,这一《条例》的发布,使得物业管理事项有法可依,更具权威性。同期,国家发改委、建设部根据《物业管理条例》精神,印发《物业服务收费管理办法》。次年,省物价局、省建设厅结合江苏情况,印发《江苏省物业服务收费管理办法》。省建设厅在撤销了原《江苏省住宅区物业管理服务等级评定标准(试行)办法》的同时,江苏省质量技术监督局发布《江苏省住宅物业管理服务标准》;同期,国家建设部印发了《前期物业管理招标投标管理暂行办法》等,这些法规规章的出台,都为完善地方物业管理提供了政策依据。

鉴于2000年公布的《苏州市普通住宅区物业管理公共服务等级收费实施细则》,已经滞后于物业管理发展需求,同时,上级有关文件亦有将物业管理服务收费中的部分政府定价,转变为政府指导价的要求。据此,2006年3月,市物价局、市房管局重新修订《苏州市物业服务收费管理实施办法》,上呈市政府。经市政府第60次常务会议讨论并通过,2006年7月,市政府印发《关于苏州市物业服务收费管理实施办法》,收费等级基准价格也同时公布。详见下表:

表5–30　2006年苏州市普通住宅物业公共服务收费等级基准价格

等级	收费	等级	收费
一级	0.10元/月·平方米	五级	0.90元/月·平方米
二级	0.30元/月·平方米	六级	1.10元/月·平方米
三级	0.50元/月·平方米	七级	1.30元/月·平方米
四级	0.70元/月·平方米	—	—

同年12月,为进一步规范前期物业管理收费行为,加强普通住宅前期物业公共服务收费管理,切实维护开发建设单位、物业管理企业和广大业主的合法权益,促进苏州市物业服务行业健康有序发展,根据《苏州市物业服务收费管理实施办法》和《苏州市〈前期物业管理招投标管理暂行办法〉的实施意见》中有关规定,市物价局、房管局印发了《关于加强普通住宅前期物业服务收费管理有关事项的通知》,于2007年2月1日生效。该文件规定:各开发建设单位通过招投标或协议方式选聘的物业管理企业,其普通住宅前期物业管理公共服务收费水平,应在政府指导价范围内确定。价格和物业管理行政主管部门应加强对前期物业服务收费行为监督和管理。以招投标方式确定的普通住宅前期物业服务收费标准,中标企

业应在签订《前期物业管理委托合同》后十天内，将中标价格报价格主管部门备案。以协议方式选聘物业管理企业，其收费标准应在核准的指导标准范围内确定，受委托物业管理单位的最终收费标准，应当在《前期物业管理委托合同》中约定。

2007年8月，苏州市第13届人民代表大会常务委员会第36次会议制定，并于同年9月27日经江苏省第10届人民代表大会常务委员会第32次会议批准的《苏州市住宅区物业管理条例》于2008年1月1日起执行，标志着《苏州市住宅区物业管理条例》上升为地方性法规。其第39条指出：物业服务收费应当遵循公开、合理和质价相符的原则。前期物业服务收费，按照招投标确定的标准收取。业主委员会成立后，物业服务收费标准根据业主（代表）大会决定，由业主委员会和物业服务企业协商确定。物业服务收费实行明码标价，服务内容、收费项目、标准以及收费办法，应当在物业管理区域内醒目位置公布。每半年或者一年，向业主、非业主使用人公布物业小区经营性设施的经营收支情况，接受业主、业委会、非业主使用人和价格行政管理部门的监督。

2008年1月后，物业管理服务收费由两部分组成：前期（业主未入住），具有认可资质的物业管理企业，通过招投标中标的企业执行政府指导价；后期（业主入住后）执行由业主委员会代表和物业管理企业双方协商而定的市场调节价。

2010年8月，市物价局、市住房和城乡建设局转发了《江苏省物业服务收费管理办法》，同时提出了贯彻实施意见：进一步落实各项政策措施，促进物业管理行业健康发展，加强对前期招投标价格行为以及履行合同的监督管理，会同社区、指导小区业主委员会开展工作，增强业主自治能力。物业服务应当遵循公开、透明、合理、质价相符的原则。成立业主委员会的住宅区，需要调整公共服务收费标准的，需经业主大会同意，未成立业主委员会的，需要用公开方式征得半数以上业主同意，报物价部门备案后施行。同时，实施意见中还就因业主原因，尚未入住的业主物业费收费标准以及住宅电梯运行费用、两次供水费用、装修保证金等问题作了明确。

住宅小区停车服务收费，属物业管理收费范围内。为科学分类，将其列入第七章《公用事业价格》第八节《公共交通收费》叙述，特作说明。

第六章 交通运输价格

交通运输业是国民经济中的重要产业之一,它与生产、经营、消费间有着密不可分的关系。交通运价的制定,不仅直接影响该行业的生产与发展,还关系到市场供求关系、生产力布局调整以及资源的合理配置。

新中国成立之前,苏州市的交通运输价格当局没有制定统一的定价规则,国营、合营(股份制)、私营的运价标准高低不一,计价办法差异较大。一般来说,各类交通运价均由企业根据市场营运成本与供求状况制定,并视市场物价变动情况随时调整。

建国以来,苏州的交通运价严格遵循法律、法规以及上级文件规定,历经了建国初的政府定价、20世纪70~80年代的政府定价与政府指导价相结合、90年代开始的政府定价、政府指导价、市场调节价三种价格形态并存的格局,并使该行业取得了长足的发展。

运价的制定和调整,应该体现运输价值,反映供求关系,符合国家政策、并实行按质论价、分等定价的原则。合理安排不同运输方式之间的比价,合理确定运输工具内部各种比价关系,均需要用科学发展观的统筹意识来运作。运价的管理,必须兼顾国家、托运双方和消费者的利益,正确处理中央与地方之间、部门与部门之间以及地区、企业之间的关系。历史经验证明,改革交通运输价格的管理体制和形成机制,充分发挥市场机制在价格形成中的作用,对经济和社会的发展,能起到积极的作用。

第一节　铁路运输价格

1. 铁路客运价格

建国以来,中国的铁路运价一直由中央统一制定。铁路客、货运价、杂费、延伸服务费等都是国家计划价格的组成部分,凡属重大的调价方案,由国家价格主管部门提出,报国务院批准执行。长期以来价格稳定、运价水平偏低是其主要的特点。

1952年,江苏境内的沪宁、津浦、陇海铁路均实行全国统一基价,每人每公里为135元(旧人民币)。

1955年6月,按照国务院的有关规定,江苏省执行全国统一客运票价,取消"分等基价"的办法,改为按硬软席位、硬软卧铺和包房分别计价。普通客车硬座票价为每人每公里0.01755元(新人民币),并以硬座位票价为100%,其他各类票价的百分比例为软座175%、硬卧上铺175%、中铺180%、下铺185%,软卧铺包房210%、高级包房245%。票价按距离划分:200公里以下实行基本票价,201~500公里减10%,501~1000公里减30%,1001~1500公里减40%,1501~2000公里减50%,2000公里以上减40%。普通快车和特别快车的票价分别为普通客票价的120%和140%。夏季有空调设备的客车票价按乘坐席别外加15%，旅客的保险费按席座基价的2%计算。此次调价后直至1985年4月，才再作了部分微调，事由为铁路短途客运繁忙，为了向公路运输分流客源，将100公里以内的客运基本票价，每人每公里由0.01775元提高到0.024元。

1989年5月，国家较大幅度地调整了铁路客票价格，由每人每公里0.01755元调整为0.03861元，上调幅度为112.8%，结束了30年票价持久不变的局面，契合了铁路客运价格向其价值回归的诉求，顺应了市场环境的变化。

1995年10月，客票基准率从每人每公里0.03861元提高到0.05861元，上调幅度为54%。票价调整的同时，将硬座与软座1∶1.75（硬卧为1，下同），硬卧1∶1.8，软卧1∶3.85的席位比价调整为软座1∶2.0，硬卧1∶2.2，软卧1∶3.85。调整后的铁路客运价格水平相当于公路、水路的60%（软硬卧铺的订票费计入票价内），当时的客票价格体现了优质优价、新线新价等特点。

表6-1　　1989年、1995年铁路客票基本票价价格表

时间	单位	基本票率			综合票价调整幅度
		调前	调后	调幅	
1989年5月	分/人公里	1.755	3.861	120%	112.8%
1995年10月	分/人公里	3.861	5.861	51.8%	54%

1998年至2000年间，国务院价格主管部门向铁道部下放了部分定价权，对回空方向运输以及和高速公路形成平行竞争路段的运输，允许在特定时间和线路上，根据市场情况变化实行票价浮动。

2002年，根据公开举行的价格听证会意见并经国务院同意，国家计委实施了《部分旅客列车票价实行政府指导价执行方案》，该《方案》允许铁路票价在特定时间和线路上根据市场行情的变化适当浮动，在"春运、暑运、五一、十一"期间的城际线路、运能紧张线路以及竞争性客运领域，分别实行票价浮动，并对浮动的调价程序、幅度、执行时间作出具体规定。2005年，对春运票价上浮范围作了调整，其中规定对农民工为主体的临客硬座票价不上浮。

自2005年始，铁路客运逐步进入了动车与高铁的时代，高品质的车辆与服务，给了旅客舒适快捷享受的同时，客票价格有了较大幅度的上涨，充分体现了优质优价的定价原则。

2. 铁路货运价格

1955年6月，江苏省境内实行统一铁路货运价格，平均每吨每公里0.016元。1961年3月，对货物运价号加以简化，运价水平也有降低，平均每吨每公里为0.0151元。1967年11月，实行运价改革，进一步简化计算方法，改为按货车标记载重量计费，运价水平再次降低3.3%，每吨每公里为0.0146元。用以解决自1967年以后铁路货运价格长期维持原状不变。

1983年12月，国务院决定调整铁路货物运价，短距离提价多，长距离提价少，平均提高幅度21%。提价后平均每吨每公里为0.0176元，煤炭、矿石、建材等大宗物资运输亏损，且铁路短途运价相比公路汽车运价相对低廉，比价的不合理，造成铁路运输的紧张等问题。1984年4月，国务院再次提高短途货物运价，运输距离在200公里以内的货物，整车每吨加收附加资4元，零担每10公里加收0.04元。铁路货运价格平均每公里为0.0209元。随后经过多次货运

价格上调, 到1990年, 运价已经到达每吨每公里0.0265元。

1991年开始, 实施在运价上加收铁路建设基金0.02元/吨公里的方案, 用以筹集资金, 加快铁路业的发展。1996年起至2007年间, 除了2002年货运价格下调了一次金额为0.0009元/吨公里的运价外, 其余10次均为上调, 由此, 2007年的统一铁路货运价水平为9.25分/吨公里。

表6-2 1990~2007年间铁路货运价格调整表

单位: 分/吨公里

调价时间	调价内容	运行价格	基价征收标准	统一运价水平
1990年	—	2.65	—	2.65
1991年3月	基金0.02	2.65	0.20	2.85
1992年7月	基金1.0	2.65	1.20	3.85
1993年7月	基金1.5	2.65	2.70	5.35
1996年4月	运行0.5	3.25	2.80	6.05
1997年6月	运行0.5	3.75	2.80	6.55
1998年4月	基金/运行各0.5	4.25	3.30	7.55
1999年2月	运行0.11	4.36	3.30	7.66
2000年7月	运行0.26	4.62	3.30	7.92
2001年4月	运行0.07	4.69	3.30	7.99
2002年1月	运行0.09	4.6	3.30	7.90
2003年12月	运行0.25	4.85	3.30	8.15
2005年3月	运行0.5	5.35	3.30	8.65
2006年4月	运行0.4	5.75	3.30	9.05
2007年11月	运行0.2	5.95	3.30	9.25

3. 铁路延伸服务收费

1984年和1987年, 铁路货物装卸收费和铁路延伸服务收费定价权限分别下放到地方, 前者由省级价格主管部门和当地铁路部门制定, 后者由当地业务主管部门提出办法, 经同级物价部门审定后执行。

1991年5月, 在颁布的《中华人民共和国铁路法》中, 明确划分了铁路运价的管理权限, 国务院管理国家铁路的客货运价, 铁路主管部门管理铁路客货运输杂费, 省级价格主管部门管理地方铁路的运价和杂费。次年8月, 国务院价格主管部门公布的价格管理目录中, 规定铁路货运、客运价格由国务院价格主管部门报国务院批准, 铁路杂费由铁路主管部门制定, 铁路延伸服务收费由省级价格主管部门制定。目前苏州市物价局对铁路延伸服务中的代售客票、货运、客运服务等项目按权限实行审批管理。

(1) 代售客票收费

1988年2月, 苏州市物价委员会批复了苏州火车站《关于代售票收费》的报告, 同意其代售上海站发车的14次特快的车票, 除票款外, 可收取送票费, 座票1.50元/张, 卧铺2.50元/张。同年4月, 代售去南方的对号座位各次特快、直快车票可收取座位票每张2.00元/张, 硬卧票3.00元/张, 软卧票4.00元/张。去北方的苏州站不停靠的包括14次、22次、46次、52次按照同年2月的文件规定收费。

1989年7月，同意上海铁路局苏州站开设旅行社售票点及常熟、吴江邻近县、市售票服务点核收服务费每张硬座2元，软座3元，硬卧4元，软卧5元。

1995年11月，市物价局在转发省局《关于清理铁路客运价外收费的紧急通知》中明确：苏州、吴县、昆山联运企业售票点每张不超过1元，常熟、张家港、太仓、吴江联运企业等售票点每张不超过12元。

1996年6月，批复上海铁路分局代售上海、南京、杭州返程火车票送票费每张不超过5元。

1999年3月，市区和吴县市昆山市行政区划以内的联合售票处及联运代办点铁路客票代办服务费标准为：票面金额在20元及以下的每张（沪宁线段）2元，20~50元的每张5元，50元以上的每张10元，卧铺票每张20元。

2004年、2007年市物价局两次调整了铁路客票服务收费标准，使操作更为简便。详见下表：

表6-3　2000年4月的客票服务费收费标准表

项目	单位	单价	备注
南京—上海各段车票	张	2元	起讫点均为南京—上海路段内车站
南京—上海各段返程票	张	3元	起讫点均为南京—上海路段内车站
其他路段车票或返程票	张	3元	起讫点一处或二处为南京—上海路段外站

注：2002年10月起，其他路段车票或返程票调整为5元/张。

表6-4　2007年8月苏州地区铁路客票销售服务价目表

项目	单位	单价	备注
铁路客票面额10元级以上	张	5元	客票按规定价格出售
铁路客票面额10元级以下	张	免收	

表6-5　1998年5月江苏省铁路货物运输延伸服务收费项目及收费标准表

序号	服务项目			计费单位	收费标准	备注
1	发送综合服务	整车	成件货物	吨	4.00元	1. 电话受理，上门服务 2. 为货主提供最佳运输方案咨询服务 3. 按货主要求组织运货，安排货位 4. 检查货物包装，清点货物数量，提供改善货物包装的技术咨询服务；指导装车 5. 整车货物代填运单，零担和集装箱货物代填和拴挂货签 6. 代预算、预收和结算运杂费用 7. 安排短途运输（运费、装卸费另计）
			散堆货物	吨	2.00元	
			特种货物	吨	6.00元	
		零担	普通货物	10千克	0.04元	
			特种货物	10千克	0.06元	
		集装箱	1吨箱	箱次	4.00元	
			5、6吨箱	箱次	24.00元	
			10吨箱	箱次	40.00元	
			20英尺箱	箱次	80.00元	
			40英尺箱	箱次	160.00元	

序号	服务项目		计费单位	收费标准	备注
2	到达综合服务	整车 成件货物	吨	2.00元	1. 特约地到货通知方式 2. 为货主办理货物领取手续，检查货物，清查数量，复核运杂费，指导卸车 3. 为货主提供货损货差索赔咨询服务 4. 安排短途运输（运费、装卸费另计）
		整车 散堆货物	吨	1.00元	
		整车 特种货物	吨	3.00元	
		零担 普通货物	10千克	0.02元	
		零担 特种货物	10千克	0.03元	
		集装箱 1吨箱	箱次	2.00元	
		集装箱 5、6吨箱	箱次	12.00元	
		集装箱 10吨箱	箱次	20.00元	
		集装箱 20英尺箱	箱次	40.00元	
		集装箱 40英尺箱	箱次	80.00元	
3	仓储保管	整车 仓库	吨日	2.00元	1. 为货主提供承运前交付后的货物仓储和保管服务，提供货物看管 2. 露天场地保管可增加垫底及苫盖条件
		整车 雨棚	吨日	1.50元	
		整车 露天场地	吨日	1.00元	
		零担 仓库	10千克日	0.40元	
		零担 雨棚	10千克日	0.30元	
		零担 露天场地	10千克日	0.20元	
		集装箱	吨日	3.00元	
4	篷布服务	自备篷布租用	张日	20.00元	1. 自备篷布租用 2. 代办篷布取送 3. 代办企业自备篷布的晾晒、捆绑、整理，回送手续 4. 属于装卸附属作业的除外
		篷布取送	张日	10.00元	
		企业自备篷布晾晒，捆绑、整理，回送手续	张次	25.00元	
5	代货主清运、消纳车辆、集装箱及货位垃圾		车、箱	危险品100元/车、普通60元/车	限于货主自装自卸
6	代购、代加工装载加固材料		材料费按实核收，另按材料费的30%收取		代货主购买、加工装载加固材料
7	代货主对货物进行包装		材料费按实核收，另按材料费的50%收取。		代货主对货物进行包装、装载加固
8	代办货物一关三检手续		份	50.00元	代货主办理货物报关及卫检、商检、动植物检疫证明手续

注：成件、散堆、特种货物的界定，按《铁路货物运价规则》执行。

表6-6　1998年5月江苏省铁路客运延伸服务

	收费项目	计费单位	收费标准	备注
行包服务费	代办行李、包裹发送服务费	件	2.50元	指受托运人委托办理行包发运手续，联系短途运输，安排装卸搬运劳力，组织进站，核实重量，清点件数，包装加固整理，购买填写拴挂标签，代结算有关费用，并将单据及时完整地交给托运人（特种、贵重、易碎、轻泡货物加收50%）
	代办行李、包裹到达服务费	件	2.00元	指受托运人委托办理查询到货日期，提货手续，验收货物重量，清点件数，联系安排短途运输及装卸搬运劳力，将货物送到货主指定地点，代结算有关费用，协助处理商务事故等（特种、贵重、易碎、轻泡货物加收50%）
	行李、包裹装卸费	件次	1.00元	每装或卸为一次

	收费项目		计费单位	收费标准	备注
行包服务费	行李、包裹搬运费		件次	1.00元	指受托运人委托从车站广场停车地点搬运至行包办理处收货地点或由行包办理处规定的交付地点搬运至广场停车地点为一次作业,从火车汽车上搬上搬下,另计一次搬运作业
	行李、包裹接取送达费	5公里以内	件	5.00元	指受托运人委托从收(交)货地点到发(收)货人指定地点
		超过5公里至10公里以内		8.00元	
	携带小件暂存费		件日	2.00元	每件超过20千克或超过0.2立方米的为大件,大件每日收4.00元
	携带品搬运费		件	2.00元	指受托运人委托由车站广场地点搬至站台,或由站台搬至广场停车地点各为一次搬运作业,从火车、汽车搬上搬下时,每搬运一次,另计一次搬运作业
	行李、包裹二次中转运输包干费		件	4.50元	超过国家规定保管期限以外逾期领取的,为保证行李包裹畅通,统一中转转库并设专人专职保管的(车站行包库以外的多经、集经投资和租赁的仓库)
	转库仓储保管费		件	2.00元	
	打包费		件	—	材料费按实收取,10千克及10千克以下0.60元,10千克以上至20千克1.00元

第二节　公路客、货运价格

1. 公路客运价格

1949年4月27日，苏州解放。同年5月，经营长途客运的私营苏嘉湖公司恢复通车。1953年，经过重组及公私合营等一系列改造，苏州站成为第一个全民汽车运输企业，拥有包括6辆汽车在内的11.2万元资产和30余名职工的规模。同期，经营长途客运业务的原私营苏嘉湖公司历经兼并、重组，至1956年，成立了公私合营苏州汽车运输公司。经营线路为苏嘉、苏湖、苏福、常圩等线计210公里。其时，公路客运价格均施行同行业议价。1949年每人每公里为140元至400元（旧人民币，下同）；1950年分宁沪、锡澄两价区计价，每人每公里为200元至420元；1951年起又按照汽车座位多少，将票价分为五等，每人每公里分别为280元、300元、320元、350元、400元不等。

1953年，江苏省交通厅对全省各类公司经营的不同燃料、不同车辆的运输成本进行调查和综合测算，制定出全省统一运价，每人每公里大客车300元，小客车350元。经江苏省人民政府财经委员会批准，于1954年1月1日起执行。

1956~1958年间，路况、车况的逐渐改善，企业经营管理水平的提高，运输成本得到降低。经过对全省客运成本、利润情况调查，并参照邻省运价水平后，省交通厅共作出两次调整方案，报经省人民委员会批准实施。1956年2月中旬起的客运价格，大客车0.027元/人·公里（新人民币，下同），小客车0.030元/人·公里；1958年10月起收费标准略有下调，大客车每人每公里0.024元（含2%保险费），小客车为0.027元/人·公里。

1966年7月，江苏省人民委员会批准的省交通厅、物价委员会《关于调整汽车客货运价的报告》和江苏省交通厅制定的《江苏省汽车运价规则》于同年9月1日执行，客运票价每人每公里降为0.023元（含保险费）。

20世纪80年代开始，随着客运车辆车况的改善等因素，公路客运票价作了多次调整，尤其是80年代中期国家及省对公路客运一系列价格改革管理政策出台，客运价格呈现国家定价、国家指导价、市场调节价三者并存的局面。而80年代末的春运票价上浮政策的施行，让价格调控手段体现得淋漓尽致。

1980年，营运速度快、乘坐舒适的宽座客车投入营运，省物价委员会、交通厅决定，从1980年1月24日起，对宽座客车直达快班的票价，每50公里可加收0.40元；1982年12月1日起，又降为加收0.25元。

1984年1月，苏州市物价委员会、市交通局在给省汽车公司的《关于宽座空调客车、小型客车运价》的批复中，同意该公司五座以上十五座以下座位的宽座空调客车和小型客车的暂定运价，分别为每人每公里0.037元、0.042元，小型客车计程包车每车每公里0.60元，试行三个月。

1985年8月，颁布的《江苏省公路汽车客运运价实施细则》中说明：其规定的客运运价为最高限价，为鼓励竞争，允许在20%幅度内下浮。除了表示运价标准外（详见下表6-7、6-8），还规定：以公里为计算里程，不足一公里的进为一公里，普通大型客运车正常营运线路运输中，每人每公里的旅客基本运价为0.023元（含保险费），具有乘坐舒适、营运速度提高的宽座车每人每公里单价为0.032元。其他还就计程、计时包车运价以及行李包裹的运价作了说明。

表6-7　1985年江苏省汽车旅客运价表

项目	计算单位	费率	备注
客票基本运价	每人每公里	0.023元	
农村公共汽车	每人每公里	0.023元	
通道客车	每人每公里	0.02元	1.装有空调设备的客车，试用期间另按基本运价加收20%的空调费
六座至十五座	每人每公里	0.046元	
十六座至三十座	每人每公里	0.038元	2.计时包车费率按上述汽车运价，每座位小时按15公里计收
三十座以上宽座	每人每公里	0.032元	
行李	每百千克/公里	0.024元	
行包装卸车费	每件	0.05元	

表6-8　1985年旅客携带家禽、限带数量和计费表

品名	每一旅客限带数量	收费标准	备注
苗猪十五千克	一只	三角	1.携带家禽必须包装妥当
羊羔五千克以下	一只	二角	2.家禽当天区内中转不再收费
鸡、鸭、鹅、兔	免费二只	其余三角/只	3.笼装初生雏，按轻浮物品处理
初生雏	免费十只	其余一角/十只	4.未列物品参照类似规定收费
初生兔	免费四只	其余一角/四只	

1987年9月，交通部、国家物价局发布的《公路运价管理暂行规定》中指出，公路运价的管理实行统一领导、分级管理的原则，应该根据运价对国计民生影响的大小和运输形式的不同特点，实行国家定价、国家指导价和市场调节价三种形式，并要以国家定价为主，逐步扩大国家指导价的范围。此次《暂行规定》的颁布，阐明了公路运价的重要性，并就价格管理形式以及管理权限等作了明确规定，是一次公路运价方面全面、权威性的指导意见。

1988年3月，市物价委员会、市交通局转发了省《关于明确公路客运运价中价格问题的通知》，强调执行宽座车收费的，必须为普通大型客车为基础，经过设施改善，座位减少20%左右的车辆，超过30座以上的车，仍按照基本运价每人每公里0.023元执行，国产高背座椅客车按每人每公里0.28元计费，在使用空调期间，可在原票价基础上加收20%等。

1989年1月，根据苏州市政府召开的春运工作会议精神，经研究并请示上级有关部门同意，市物价委员会、市交通局发文，决定在同年1月17日至2月25日期间，公路客运加班车运价上浮30%。通过运用价格杠杆，来调控春运的返乡人流及调动运输企业的积极性。同时要求加班车、船必须使用运管部门统一发放的临时营运标志牌，明示运营线路及有效日期。此举拉开了春运公路运价上浮的序幕。同年11月，为保持铁路、水路、航空运价之间的合理比价，发挥各类运输方式的优势，根据国务院关于提高公路客票价格的决定，结合本地公路客运票价长期偏低，成本增长过快，车辆缺乏更新改造资金的实际情况，经省政府同意，省物价局、交通厅对本省的公路客票价格做了调整（详见表6-9、表6-10），农村的公共汽车票价

每人每公里掌握在0.055元范围内，由各市自行调整；夜班车在客票的基础上加价10%，取消临时季节性浮动；对直达和普快班车不再实行加价，票价中均含2%旅客保险费。

表6-9　1989年江苏省公路客运运价表

单位：元/人公里

运营方式	普通客车			中级客车			高级客车		
	大 31座及以上	中 16至30座	小 15座及以下	大 31座及以上	中 16至30座	小 15座及以下	大 31座及以上	中 16至30座	小 15座及以下
普通班车	0.038	0.052	0.062	0.046 （2×3座） 0.052 （2×2座）	0.062	0.082	0.062 （国产） 0.072 （进口）	0.082 0.10	0.10 0.12
夜班车	加成10%			加成10%			加成10%		

表6-10　1989年旅客携带家禽、限带数量和计费表

品名	每一旅客限带数量	收费标准	备注
苗猪十五千克	一只	五角	1.携带家禽必须包装妥当
羊羔五千克以下	一只	五角	2.家禽当天区内中转不再收费
鸡、鸭、鹅、兔	免费二只	超过部分五角/只	3.笼装初生雏，按轻浮物品处理
初生雏	免费十只	超过部分二角/十只	4.未列物品参照类似规定收费
初生兔	免费四只	超过部分二角/四只	

1992年，成品油市场价格出现计划内平价、计划内高价（国家计划原油）和计划外高价（企业增产自销）并存现象。提供给运输业的计划内平价燃油已经不能满足行业需求，大量的议价燃油的使用，使运输业的营运成本激增。同年6月，市物价局、交通局根据上级文件精神，发文《关于客货运输实行燃油差价补贴的通知》。公布了补贴范围和补贴标准，公路客运每人每公里补贴额为0.004元（不含客运过渡里程），8月，又规定客票中的半票，按规定计收燃油补贴的50%。12月，针对燃油上涨过猛，运输企业难以承受，又将汽车客运中的补贴从0.004元提高为0.01元，从1993年1月1日起执行。同年10月，根据交通部发布的《汽车运价规则》，省物价局、省交通厅制定了《江苏省汽车客运运价实施细则》。汽车客运运价，按不同客运种类、不同客车类型、不同运营方式和不同道路条件，实行差别运价，确定旅客运输的基本运价为0.038元/人·公里。卧铺客车每人每公里0.12元。农公车运价每人每公里控制在0.055元范围。

1997年5月，市物价局、市交通局贯彻了上级有关《关于调整公路汽车客运价格的通知》，该通知中除了规定农村公共汽车客运价格在省定同类型基本运价率的基础上可上浮35%，卧铺客车运价每人每公里0.16元；豪华车票价仍执行省物价局文件外，还将公路客运票价结构作了修改，将现行票价由车型运价（含保险费）、油差补贴、客票附加费、过桥、过路费的构成，修改为将"油差补贴"并入车型运价，同时收取站务费，并公布了新的江苏省公路汽车客运运价费率表（详见下表6-11）。并要求为适应市场的需求，贯彻上级文件精神，今后公路票价主要采用国家指导价的形式，调整后的运价为中准价，各地可根据实际情况，在10%的幅度内上下浮动。同年6月，据转发的省物价局、交通厅文件，又就公路客票问题作

苏州市价格志

了进一步明确:取消300公里以上直达客运班车10%的加价;取消车辆空调费加收20%的规定;卧铺票通行费,30铺及以下的每铺按2座位收取,30铺以上的,每铺按1座位收取。卧具仍按运价的5%收取。

表6-11　1997年江苏省公路客运运价表

单位:元/人·公里

车型	级别		运价	备注
普通客车	大(31座以上)		0.062	—
	中(16~30座)		0.10	—
	小(15座及以下)		0.11	—
中级客车	大	2+2+1座	0.072	—
		2+2座	0.085	—
	中(16~30座)		0.12	—
	小(15座及以下)		0.14	—
高级客车	大(31座以上)		0.12	—
	中(16~30座)		0.13	—
	小(15座及以下)		0.15	—
卧铺客车	—		0.16	—

2002年7月,《江苏省汽车运价行为规则》(以下称《行为规则》)颁布。其中界定了公路客运的车辆类别、等级以及票价的构成等相关内容,并公布了江苏省公路汽车客运运价表(详见下表6-12)和计件行包重量折算表(详见下表6-13)。《行为规则》中包含了江苏省物价局,于2002年1月14日"公路春运价格听证会"中作出的春运期间允许运价在票面额上20%幅度内上浮以及平时经营者可根据市场需求,按票面额最高10%幅度的上浮,下浮不限但不得低于运输成本的规定。同年10月,市物价局、市交通局对贯彻执行《江苏省汽车运价行为规则》的有关事宜作了说明:三大节日期间,票价按省规定可以上浮,但必须报请当地物价、交通主管部门核批。

表6-12　2002年江苏省公路汽车客运运价表

单位:元/人·公里

客车类别	客车等级	运价	备注
座席客车大型	高三级	0.28	—
	高二级	0.24	—
	高一级	0.20	—
	中级	0.12	—
	普通级	2+2(座)0.085	—
		2+2+1(座)0.08	—
座席客车中型	高二级	0.20	—
	高一级	0.18	—
	中级	0.13	—
	普通级	0.10	—
座席客车小型	高二级	0.18	—

客车类别	客车等级	运价	备注
座席客车小型	高一级	0.16	—
	中级	0.14	—
	普通级	0.12	—
小轿车		0.55~0.60	

表6-13　2002年计件行包重量折算表

品名		计量单位	费用（元）
未拆散自行车（20英寸以上）		辆	50
残疾人车		辆	100
儿童自行车（20英寸以下）及童车		辆	20
摩托车		辆	250~400
洗衣机		台	50~100
风扇		台	40
电视机	54厘米（21英寸）以下	台	50
	67~76厘米（25~29英寸）	台	80
	79厘米（29英寸）以上	台	100

2006年8月，市物价局、市交通局转发了上级《关于对公路客运开征燃油附加费有关实施扶持措施的通知》，自同年9月1日起，本市加收燃油附加费，每人每公里0.01元，统一调整旅客票价基准价格，并根据省文件的有关精神，以2006年5月24日成品油价格为基数，落实今后成品油每上涨100元/吨，就加收燃油附加费每人每公里0.001元的运价与油价的联动机制，以此类推，反之同降。实行国家补贴的农公班车不在开征燃油附加费之列。由于燃油附加费的实施，票价结构为旅客票价基准价格＝运价＋通行费＋客票附加费＋站务费＋燃油附加费，如需执行票价浮动，燃油附加费不计入。

2007年1月，国家发改委、交通部下达《关于2007年春运期间旅客运输票价不再上浮的通知》，让持续了19年的春运票价上浮戛然而止，而铁道部在之前已经先行实施了铁路春运票价不上浮的规定。自1989年至2007年，利用价格杠杆来调控"春运"，成为一段令人记忆深刻的阶段。

2007年12月、2008年12月，市物价局、市交通局先后转发、贯彻了上级《关于明确公路客运实施燃油附加费有关问题的通知》和《关于完善公路客运运价与油价联动方案的通知》，并决定从2009年1月1日起，严格执行省文件规定，从维护社会稳定出发，将燃油附加费统一下调到0.015元/人·公里。允许公路客运票价销售最高价格＝（运价＋通行费＋客票附加费＋站务费）×（1+10%）＋燃油附加费，100公里及以上的票价保留到元，100公里以下的票价保留到0.5元，尾数一律舍弃，不得进入。

2010年2月，市物价局、市交通局转发了《江苏省汽车运价规则》，要求在不突破政府限价的前提下，保持执行客运票价的基本稳定，除苏州市区发车（含配载）的班车外，县级以上的班车客运票价，委托发车站所在地县级价格、交通运输主管部门审批，对符合上级价格调控政策和《运价规则》的客运票价，及时申报，准予备案。对县（市）内或毗邻县起至少一端

苏州市价格志

是乡镇的农村客运班车,享受税费优惠、政府补贴(含燃油补贴)的,实行低票价,并要求做好明码标价等。

2. 公路货运价格

建国初期,苏南货运价格实行的是同行业议定价格,报请政府批准后执行。1949年货运价格每吨每公里1300元到2900元(旧人民币,下同),1950年分宁沪、锡澄两价区计价为1600元到3400元/吨公里,1951年后不分线路每吨每公里2800元到3000元。随着经济发展,货运量增加,汽车机件材料价格下降,运输成本有所降低。1953年,江苏省交通厅为降低商品流通费用,促进城乡交流,推动汽车运输事业发展,对汽车运输成本进行调研,提出汽车运价方案,经省人民政府财经委员会批准后,于1954年1月1日起执行。汽车整车货物长途运输:运价按货物品质分为五个等级,每吨每公里分别为2900元、2800元、2700元、2600元、2500元。苏南地区货物不分等级,均按最低运价计算,单程运输回空补贴费规定每吨每公里700元。凡整车运输,托运人如能提供双程货物交运,或是运输机构事先组织的双程货运,对其中的单程运输,按七五折计价。零担货物长途运输,运价每千克每公里3.30元,整车货物短途运价,运距在9公里以下分五档,货物等级分五等,每吨运价为18500元至34452元;苏南地区货物不分等,统一按五等货物运价计算。

1956年,省交通厅又提出调整货运运价和修改计费办法的方案,经江苏省人民委员会批准,从同年2月15日起执行。整车货物长途运输按全国统一货物分五等标准,每吨每公里运价为0.23元、0.24元、0.25元、0.26元和0.27元(新人民币,下同)。苏南地区一律按最低价格0.23元/吨·公里计算。取消单程运输回空补贴费和双程货运优待的规定,零担货物长途运输,每千克公里运价降为0.00027元,整车短途货运运距分五档,货物仍分五等,将按吨计价的办法,改为每吨每公里0.24元至0.34元。

1958年,经江苏省交通厅测算后,报请省人民委员会同意后,从同年10月1日起,将汽车货运价格降低13.04%。整车货物长途运输,按交通部公布的货物分五等的规定,每吨每公里运价分别为0.20~0.24元。价格梯级为0.01元。苏南地区一等货物按二等物品运价计费。零担货物运输,每千克运价降为0.00024元。整车货物短途运输,8公里和9公里运距以内的运价,由每吨每公里0.24~0.29元降为0.22~0.28元。

1965年8月31日起,江苏省对农用化肥、农药、农业机械、农业排灌设备、农业生产用具和种子等农业生产资料的运输,实行优惠计价:运距在10公里以上的,每吨每公里为0.16元;运距在9公里以下的,按规定运价减收20%。

1966年9月,全省开始实行《江苏省汽车运价规则》。新运价规则取消19种附加费用,整车长途货物运输,不分货物等级,运价按每吨每公里0.18元计算;农业生产资料运价,运距在10公里以上的,维持原每吨每公里0.16元的标准,运距在10公里以内的,按短途运价率计算;整车货物短途运输,运距改为10公里以下,分为六档,货物不分等,运价分别降为每吨每公里0.30元、0.28元、0.26元、0.24元、0.217元和0.197元。这次调价后的运价,为全国最低。

1980年7月,江苏省物价委员会、交通厅调整短途运输的运距、运价和小吨位汽车的运价,此举为扭转由于短途运价偏低,大小吨位汽车运价不分,因而在运输过程中出现"弃短就长、舍小求大"的现象,将短途运价计费里程,由原来的10公里延伸为20公里,分为四段计费。整车货物运输，每吨每公里运价为：1~5公里2.00元，6~10公里2.60元，11~15公里3.20元，16~20公里3.70元。零担货物短途运价，按整车价加10%计费，载重2.5吨的单车，整车货物长途运价，每吨每公里由0.18元提高到0.20元。

1983年5月，市物价局批复了市交通局关于苏沪线门对门零担货物运输收费标准的报告，同意实施《关于苏州市区零担集散运输费率》的相关规定。详见下表：

表6-14　1983年苏州市区零担集散运输价格表

单位：元/吨·公里

项目	1~5公里	6~10公里	11~15公里	16~20公里	备注
市内汽车运费	3.00	3.90	4.80	5.55	包括装卸
理货费	0.50	0.50	0.50	0.50	—
仓储保管费	2.00	2.00	2.00	2.00	按二天计收超时不收
服务费	1.00	1.00	1.00	1.00	办理苏沪代提代送交接验收
合计	6.50	7.40	8.30	9.05	—

1985年8月，根据交通部1984年颁布的《汽车运价规则》，省物价委员会、交通厅制定《江苏省汽车货物运价实施细则》，并于9月20日起执行。新的实施细则调整了运价结构，实行差别运价，使汽车运价趋向合理。对1吨以下的小型机动车运价，放权给各市自行制定，对省规定的短途运输价格执行有困难的，给予适当加成的机动权。实施细则中除了制定了长途汽车货运运价表（详见下表6-15）、汽车短途货运运价表（详见下表6-16）外，还对货运的计费重量、计费里程、运价计算作了明确，并说明省定的长途汽车货物运价为最高限价，允许在20%的幅度内下浮。

表6-15　1985年长途汽车货运运价表

车型		计算单位	普通货物			特种货物						零担货物
			一等	二等	三等	长大笨重			危险品		贵重鲜活	
						一级	二级	三级	一级	二级		
中型车3~40吨		元/吨·公里	0.17	0.18	0.19	0.20	0.22	0.24	0.22	0.20	0.24	0.24
小型车	2吨	元/吨·公里	0.20	0.22	0.24	—	—	—	0.26	0.24	0.28	0.24
	2.5吨											
小型车	1吨	元/吨·公里	0.25	0.27	0.29	—	—	—	0.32	0.30	0.35	0.24
	1.5吨											
特种车		元/吨·公里	0.27	—	—	—	—	—	—	—	—	—

表6-16　1985年汽车短途货运运价表

项目	运距公里（公里）	普通货物（元/吨·公里）			特种货物（元/吨·公里）					贵重鲜活
		一等	二等	三等	长大笨重			危险品		
					一级	二级	三级	一级	二级	
中型车	1~5	2.00	2.20	2.40	2.60	2.80	3.00	2.80	2.60	3.00
	6~10	2.55	2.80	3.06	3.32	3.57	3.82	3.57	3.32	3.80
	11~15	3.15	3.46	3.78	4.09	4.41	4.72	4.41	4.09	4.72
	16~20	3.55	3.90	4.26	4.61	4.97	5.32	4.97	4.61	5.32
	21~25	4.30	4.68	4.92	5.33	5.74	6.15	5.74	5.33	6.15

项目	运距公里（公里）	普通货物（元/吨·公里）			特种货物（元/吨·公里）					
		一等	二等	三等	长大笨重			危险品		贵重鲜活
					一级	二级	三级	一级	二级	
小型车2~2.5吨	1~5	2.40	2.60	2.80				3.12	2.88	3.60
	6~10	3.06	3.32	3.57				3.99	3.67	4.28
	11~15	3.78	4.09	4.50	—	—	—	4.91	4.53	5.29
	16~20	4.26	4.61	5.20				5.54	5.11	5.96
	21~25	5.10	5.60	6.10				6.60	6.10	7.10
小型车1~1.5吨	1~5	2.60	2.80	3.00				3.38	3.12	3.64
	6~10	3.32	3.57	3.82				4.50	4.20	5.00
	11~15	4.35	4.50	5.25	—	—	—	5.70	4.95	6.20
	16~20	5.40	5.60	6.40				7.00	6.40	7.60
	21~25	6.30	6.80	7.30				8.20	7.70	8.95
计时包车费率	中型车 2.16元/吨·时	小型车					大型车 2.00元/吨时			
		2~2.5吨 2.80元/吨·时		1~1.5吨 3.24元/吨·时						

同年10月，市物价委员会、市交通局对市区（含郊区）的货物汽车短途运输价格作了规定，凡为保证疏通火车站进出货物（包括白洋湾货场）的市区短途运输及短途零担货物，运价允许在省定标准基础上加成40%，其余在市区（含郊区）范围内的货物短途运输，运价允许在省定基础上加成30%，拖拉机（包括小四轮机动货车）按自身及拖斗的标记载重量，比照同吨位运价费率的90%计费。同年12月，市物委、市交通局又根据车辆载重吨位，实行差别运价，制定了一吨以下小型机动车运价（详见下表6-17），并就中途等候收费等作了规定。

表6-17　1985年苏州市一吨及以下小型机动车运价标准表

载重吨位	车次基价含装卸费	里程运价		基本里程
		10公里以内	10公里以上	
0.5吨及以下	2.00元	0.40元/公里	0.24元/公里	2公里
0.5~1吨之间	2.00元	0.45元/公里	0.27元/公里	5公里

注：拖拉机按自身及拖斗的标准及载重量比照同等级车型费率90%计费。

1987年9月，交通部、国家物价局发布《公路运价管理暂行规定》指出：公路运价实行国家定价、国家指导价格、市场调节价格三种形式，以国家定价为主，逐步扩大国家指导价的范围。并规定公路运价实行统一领导、分级管理的原则。

1988年5月，市物价委员会、市交通局调整了市区汽车货物短途运价，以解决运输单位成本上升的实际情况。保证疏通火车站进出货物的汽车短途运输及零担短途运输的价格，允许在省定的标准上加成，从原先的40%调整为45%；其余的在市区（含郊区）范围的短途运输加成从30%调整为35%。拖拉机的运输加成参照同吨位汽车运价费率的90%执行。

1990年6月，省物价局、交通厅发通知整顿公路货物运价。将汽车货运基本运价明确为每吨每公里0.26元，各种货物分类运价按交通部颁发的《汽车运价规则》规定的比差作相应的调整（详见下表6-19）。同年7月，市物价局、交通局在贯彻上述文件的通知中补充：废止原1988年《关于调整市区汽车货物短途运价的通知》，执行省定25公里内的市区（不含县级市）的疏港保站物资运价规定，在省定吨次费的基础上加成35%，进港、出站的发运货物不得加价；取消短途分段计费的办法，改用按货物类别的里程单价乘计费里程，加吨次费的办法计算。吨次费计每吨3.00元，25公里以上每15公里递减0.20元，直到250公里减完；超过250公里的只按里程单价计费，不计吨次费。既超长又超重的货物，只能按其中最高的一项计费。

1990年7月，根据省物价局、交通厅的相关文件《关于整顿公路汽车货物运价的通知》精神，市物价局、交通局制定了1吨以下小型机动车运价及市区短途零担货物运价（详见下表6-20）：

表6-18　1988年江苏省汽车货物整车运价表

单位：吨/公里

车型	普通货物			特种货物					贵重鲜活
	一等	二等	三等	长大笨重			危险品		
				一级	二级	三级	一级	二级	
中型车5.1~39T	0.26	0.29	—	—					0.39
小型车3.1T-5T	0.30	0.33	0.31	0.34			0.36	0.34	0.41
小型车1T-3T	0.32	0.35	0.36	0.34	0.36	0.39	0.39	0.36	0.43
特种车	0.44	—	0.38	—			0.41	0.39	—

表6-19　1988年江苏省汽车货物零担运价表

单位：吨/公里

跨县长途、农村零担	普通	特种	快件	备注
调整前	0.38	0.50	0.55	1.吨次费3.00元 2.计时包车中型车每吨每小时3.12元，大型车3.00元，1~3吨小型车3.80元，3~5吨3.60元
调整后	0.50	0.65	0.75	3.300公里运程当天16时付运明18时到达为快件。超300公里，以200公里增加24小时，不足200公里以200公里计算

表6-20　1990年苏州1吨以下小型机动车运价及市区短途零担货物运价表

载重量	车次基价含装卸费	里程单价		基本里程
		10公里以内	10公里以外	
0.5吨及以下	3.00元	0.65元/公里	0.40元/公里	2公里
0.5~1吨之间	4.00元	0.70元/公里	0.45元/公里	5公里

注：营运中有15分钟免费等候。夜间营运（当日23时~次日5时）允许加成10%。拖拉机比照同等载重量的车型费率90%计费。

1992年6月，由于燃油平价转为议价，致使运输成本大幅上升，自同年7月1日起，苏州汽车货运价格实行每吨每公里0.03元的"油差"补贴。在同年8月转发省运管局《关于实行燃油补贴中有关问题的通知》中，明确公路零担运输的"油差"补贴额，不足1角的按1角计收，超过1角的仍为每吨每公里0.03元计算，一吨标准集装箱油差补贴为0.03元/吨·公里，其余吨位以此类推，拖拉机和港站内的汽车短驳运输也实行油差补贴。10月，江苏省在整顿公路货物运价的基础上，制定《江苏省汽车货物运价实施细则》，其中将货物运价水平从每吨每公里0.17元调整为0.26元。11月，提高了公路零担货物运输价格，基本上调幅度为20%。12月，第三次调整了油差补贴，从1993年起，公路货运油差补贴从每吨每公里0.03元调整为0.07元，一吨集装箱的补贴从0.03元调整为0.07元，其他规格的集装箱油差补贴也相应调整。

1997年4月，市物价局批准了市汽车货运公司的一吨以下的微型汽车运价：营运3公里（含3公里）实行起运价12元（含单程空驶费、货物附加费和10米内的就地装卸费）；运程超过3公里的每车公里按2.50元计收，不足500米按500米计算，超过的按1000米计算（含单程空驶费）；车辆的过路过桥等费用由托运人承付；10分钟免费等候后，每等候5分钟计费1元。

2002年7月，省物价局、省交通厅颁发的《江苏省汽车运价行为规则》中确定：除军事、防汛抢险、救灾物资等指令性运输价格，最高不超过每吨每公里0.50元外，其他货运价格实行市场调节价。经营者在制定货运价格时，遵循公平、合法、诚实守信的原则，并根据成本、市场供求及社会承受能力等因素合理确定价格，且与托运人在平等自愿、等价有偿的基础上签订货物运输合同。

2003年12月，为落实市政府实事工程，创建文明城市，并为社会提供快速、便捷、安全的市域零星货物运输，市物价局制定了0.99吨以下的货运出租汽车运价：经过本市招标的"统一厢式车型、电子计价器、出租车顶灯、明码标价、GPS卫星定位"的货运出租车起租价，3公里及以内，0.75吨及以下车型的为18元，0.76~0.99吨车型的为20元。超过起点公里的里程单价：0.75吨及以下车型的1.50元/车公里，0.76~0.99吨车型的1.80元吨公里。运程超过5公里加收50%空驶费。全程提供免费等候10分钟；超过10分钟，每超过5分钟以1公里运距的车公里运费加收等候费。通行中发生的过路过桥费用由承运人支付。以上运价中包含货物附加费。

表6-21　建国以来到2002年江苏省公路货运价格变动情况表

单位：元/吨·公里

时间	1966年前	1966年	1980年5月	1985年9月	1992年8月	1992年10月	2002年7月
货物基本运价	同行议价	0.18	0.18 仅短途及小吨运位输价格调整	0.18 运价结构调整	0.21 含油差价0.03元	0.29 油差价0.03元	市场调节价

第三节　水路运输价格

建国之初,苏南水运运价,是根据轮船业主要求,政府按成本核定运价基数,并根据物价变动予以调整。1949年12月,经苏南行政公署核定,内河轮船运价,以大米价格作为一个调整标的:当大米售价为每石10万元(旧人民币,下同)时,每吨每公里的货运价为250元;客运价格为每人每公里100元。1950年下半年,经苏南行政公署组织调查后,制定出水运货物运价,将货物分为5个等级,里程计价为每吨每公里365元。1952年又经调查后核定新的价格,轮船货运平均计价248元/吨·公里,较前略有下降。上水加成15%,下水减成10%。

1953年始,内河客运票价由省交通厅负责核定,鉴于当时各航线的客源差别较大,难以形成统一价格,因而采取不同航线分别定价的办法,全省的票价基数有14种,每人每公里在119~260元之间。

1954年1月,经过有关部门对各类动力船舶的经营状况、营运效率、成本开支等作了测算后,调整了内河货运价格:里程计价每吨每公里统一定为272元,吨位计价统一为10980元,零担的加成20%。

1955年1月,省交通厅又一次将轮船货运里程基价调整到213元,吨位基价调整为13125元,且不分上水、下水、内河、长江,均以一个运价标准计费。货物分10个等级计算吨位。木帆船的基价也统一为每吨每公里197元,吨位基价10250元,货物分类计吨增为5个等级。

1956年2月,省交通厅对全省内河轮船客运票价进行整顿,将票种减为9种,平均运价降低10%,每人每公里为0.0119~0.02元(新人民币,下同)。同期,货运价格也再作调整:轮船货运基价每吨每公里0.0118元,吨位基价1.17元;木帆船货运基价为0.0145元,吨位基价为1.00元。零担货物运价加成10%。调整后的货物水运价格,机动船运价降幅大于木帆船,有利于木帆船承运短线、支线运输,促进城乡物资交流。此次调整中,将货物统一改为按重计算,并分号计价,即将货物根据积载因素、运送条件、经济价值分为25个运价号,最低为25号,执行规定的吨位基价。调价后,轮船运价平均降低22.64%,木帆船运价下降9.58%。

1958年江苏省交通厅又对全省水路客运价格作了有升有降的调整。同年10月,货运价格又作了调整。轮船里程基价每吨每公里降为0.0109元,吨位基价降为1.076元,木帆船吨位基价0.0133元,吨位基价0.92元,对12种主要物资的运号加以修订,并适当减少超重货物的计费加成。并自当年起,全省不再制定木帆船的长途运价,20公里以内的短途木帆船运价由各市负责管理。同年开始,苏州已对木帆船进行技术改造和设备更新,至1979年,传统的摇橹式木帆船不复存在,船只全部实现机械化、拖带化,生产力有了大幅度的提高。

1975年,江苏省革命委员会交通局颁发《江苏省水运货物运价规则(试行)》,并于当年10月1日起试行。由于运输成本的增加,新运价规则将里程基价提高为每吨每公里0.013元,吨位基价提高为1.20元,并将原先的25个货号分类修订为8个等级,最高等级为一级,以一级为基准,每增加一级按吨位基价加成5%~80%,数级越大,加价幅度越大。对化肥、农药、土肥的运价再降低5%。新运价规则还规定货运船过船闸需要另收过闸费每吨(立方)0.05元。

1980年7月，省物价委员会、交通厅联合发通知调整水运价格，用以解决航运成本的增加致亏损面的扩大问题。此次调价将单一运程分为二段计费相加：150公里以内的，每吨每公里0.016元，151公里以上的，每吨每公里0.014元；过闸费调整为每吨（立方）0.10元（1985年5月起，过闸费提高为每吨0.30元）。对于机动货轮，机动驳船等30吨以下驳船组成的不超过300吨的小机动船队的运价，在规定的基价上，经过当地交通主管部门的核准，允许在不超过15%的幅度内加价。同年《江苏省水运货物运价规则》正式实施。

1983年12月，全省内河客运票价再次调整，每人每公里统一为0.015元，集体企业每人每公里不得超过0.022元。实行同线同价，国营与集体的企业同时经营的航线从低计价。每张客票基价0.05元，另加保险费3%。此标准至1987年未变动。

1985年1月，省物价局、交通厅批复，决定苏杭线跨省客运价格分两段计价，本省内执行每人每公里0.015元的单价，浙江省境内执行浙江的规定，即每人每公里运距在80公里以内0.02元，80公里以上部分为0.01元，每票只收一次基价0.05元。同时，还实行等级票价比价，硬卧票价加成80%，软座票价加成20%，软卧即在软座的票价上加成80%，软卧双人房票价按软座的加成150%。同年5月，部分货运中的货物等级作了调整，待闸费每闸调为0.30元和延搁费每吨每天调为0.60元。苏锡常、张家港等发往苏北的货物基本运价可加成20%。省定的运价可在20%幅度内下浮。

1986年6月，水路货运价格调整。里程基价150公里内为0.0195元，150公里以上为0.017元，吨位基价调整为1.50元，过闸费每吨为0.35元。上述标准延续至1987年。

1988年6月，经过苏锡常三市物价、交通部门的协商并经省交通厅同意，市物价局、交通局发文规定：在上述城市水域内，从事货运的400吨以内小船队及60吨单机船，其运价可在省定价基础上上浮50%（包括原上浮的15%的浮动，省规定小船队运价实行允许在规定基础上上浮不超过35%），用以解决航运业政策性开支增加等成本上涨问题。

1989年9月，为解决水路客运票价长期偏低、客运企业亏损严重的状况，市物价委员会和交通局贯彻上级文件精神，从9月5日起，执行省关于客运票价实行省、市、县三级管理，市级管理跨县、不出市的航线客运票价规定，客票基价调整为0.20元。市内及跨县里程单价不分企业性质统一调为每人每公里0.045元（下浮不限），另加保险费3%。同时高档豪华航班（舱）及旅游船票价按分管权限，在不高于普通票价3倍的幅度内由交通主管部门会同物价部门核定。同期《江苏省水运运输收费规则》颁布，并且开始实行客运在"春运"加班船可以上浮30%的规定。

1990年4月，水路货运价格调整，吨位基价从1.50元调为3.00元，150公里里程每吨每公里由0.019元调整为0.03元，151公里每吨每公里由0.017调整为0.026元。放空费在50公里以上的单程运输加价30%。

1991年1月，因基础运价调整，60吨及以下驳船组成600吨以下小船队的运价，可在省定标准上加价35%，原执行的市物价局、交通局运价规定废止。

1992年6月开始，因计划外燃料油大幅上涨，江苏省实行燃油差价补贴，客运补贴每人每公里0.006元，货运油差补贴0.005元。1993年1月起客货运均调整为0.01元。

1996年9月，江苏省规定水运货物价格实行国家定价、国家指导价和市场调节价三种形式。并对水路运输进行整顿,将燃油差价补贴并入基价,整顿后的货物基本运价为船舶吨位基价由3.00元调整为5.00元,里程单价200公里及以内的由0.03元上调为0.06元,200公里以上的由0.026元上调为0.05元。

2001年5月,为促进水运业的发展,充分发挥价格杠杆对水运市场的资源配置作用,根据国家计委、交通部的文件要求,江苏省放开了水路运输的价格。自此,客货水运价格实行市场调节价。

表6-22　1956~1990年江苏省水运货运价格调整表

年份	轮船运价		木帆船运价	
	里程计价(元/公里)	吨位基价(元/吨)	里程基价(元/公里)	吨位基价(元/吨)
1956	0.0118	1.17	0.0145	1.00
1958	0.0109	1.076	1958年起,省不再制定木帆船长途运价,20公里内短途运价由各市负责制定	
1975	0.013	1.20		
1980	0.016	1.20		
1986	0.0195	1.50		
1990	0.03	3.00		

第四节　人力货车、小型机动车搬运装卸资费

货物搬运装卸的资费，长期以来都是由承托双方协商作价，或由同业公会议定意见，由承接方参照执行。苏州历史上记载这方面收费情况的资料很少。1966年1月，江苏省交通厅颁发《江苏省货物搬运装卸管理和收费暂行规则》，对平板车运输的货物按操作难易和对国民经济、人民生活的作用，分为四类，即烈性危险货物、超长易碎货物、普通货物和特价货物。化肥、土肥、农药、农业机械、农具、种子等划为特价货物，运价最低。运价以0.5公里为一段，随运距递增。详见下表6-23：

表6-23　1966年江苏省平板车运价调整情况表

单位：元/吨

货别	运距						20公里以上公里递增
	0.5公里	0.51~9.5公里	10公里	11公里	12~19公里	20公里	
烈性危险	1.02	1.33~6.34	6.64	7.18	7.72~11.50	12.04	0.60
超长易碎	0.98	1.28~6.07	6.36	6.88	7.39~11.02	11.53	0.58
普通货物	0.89	1.17~5.34	5.81	6.28	6.75~10.06	10.53	0.53
特价货物	0.85	1.11~5.28	5.53	5.98	6.43~9.58	10.03	0.50

表6-24　1975~1984年江苏省人力货车运价情况表

货物分类	吨位计价（元/吨）	里程单价（元/吨·公里）	起算运程（公里）
普通货物	0.65	0.45	1
超长易碎烈性危险品	0.70	0.50	1

表6-25　1984年小型机动货车、畜力货车收费标准表

货物分类	10公里内（元/吨·公里）	10公里上（元/吨·公里）	起算运程（公里）
普通货物	0.40	0.24	3
超长易碎危险	0.44	0.27	3

注：衔接港口2公里以内的装卸、转堆、翻仓作业每吨1.00元。

表6-26　1984年超重货物运输收费标准表

项目	10公里内（元/吨·公里）	10公里上（元/吨·公里）	起算运程（公里）
机动货车、机械牵引	0.40	0.30	5
人力货车、人力牵引	0.70	0.70	1

表6-27　1966年江苏省装卸收费标准表

单位：元/吨

项目	货物等级							
	一类	二类	三类	四类	五类	六类	七类	八类
装船	0.48~0.95	0.48~0.50	0.50~0.96	0.58	0.79	0.84	0.71	0.45

续表

项目	货物等级							
	一类	二类	三类	四类	五类	六类	七类	八类
卸船	0.54~1.07	0.54~0.58	0.58~1.07	0.68	0.90	0.97	0.82	0.52
装车	0.44~0.93	0.44~0.48	0.48~0.88	0.55	0.72	0.79	0.67	0.43
卸车	0.40~0.80	0.40~0.41	0.41~0.80	0.50	0.68	0.72	0.61	0.37

表6-28　1975~1984年江苏省装卸收费标准表

单位：元/吨

等级	装卸船50米内		装卸车50米内		50米以上每50米递增	
	1975年10月	1984年8月	1975年10月	1984年8月	1975年10月	1984年8月
一等	0.50	0.55	0.40	0.44	0.10	0.11
二等	0.60	0.66	0.50	0.55	0.12	0.13
三等	0.70	0.77	0.60	0.66	0.14	0.15
四等	0.80	0.88	0.70	0.77	0.16	0.18
五等	0.90	0.99	0.80	0.88	0.18	0.20

表6-29　1975~1984年江苏省笨重货物装卸收费标准表

单位：元/吨

货物重量	装卸船		装卸车		陆地移动			
					50米		每50米递增	
	1975年10月	1984年8月	1975年10月	1984年8月	1975年10月	1984年8月	1975年10月	1984年8月
1吨以下	机械1.5	1.65	1.20	1.32	1.50	1.65	0.30	0.33
	人力2.0	2.20	1.50	1.65				
1~5吨	机械4.0	4.40	3.00	3.30	3.00	3.30	0.60	0.66
	人力5.5	6.05	4.00	4.40				
5~20吨	8.00	8.80	6.00	6.60	6.00	6.60	1.00	1.10
20~50吨	12.00	13.20	9.00	9.90	9.00	9.90	1.50	1.65
50~80吨	16.00	17.60	12.00	13.20	12.00	13.20	2.00	2.20

表6-30　1984年江苏省运输业点工（8小时）工资标准表

工种	每工工资（元）	备注
起重工	4.40	随带其中工具增收10%
排筏工	3.41	—
人力车运输工	2.75	随带车辆每吨每天另收1.50元
装卸工	2.75	—
化工危险品点工	4.40	—

表6-31　1984年江苏省普通货物装卸收费表

单位：元/吨

货物分级	装卸车转堆翻仓		装卸船、船过船		车船衔接
	50米内	每50米递增	50米内	每50米递增	
一	0.44	0.11	0.55	0.11	0.88
二	0.55	0.13	0.66	0.13	1.07

苏州市价格志

货物分级	装卸车转堆翻仓		装卸船、船过船		车船衔接
	50米内	每50米递增	50米内	每50米递增	
三	0.66	0.15	0.77	0.15	1.27
四	0.77	0.18	0.88	0.18	1.46
五	0.88	0.20	0.99	0.20	1.65

表6-32　1987年苏州市100千克以下零星小件搬运装卸费率表

单位：元/千克

计重	1~20米	21~50米	50米以上每超1~50米递增
30千克以内	0.05	0.10	0.05
31~50千克	0.10	0.15	0.05
51~100千克	0.15	0.20	0.05

注：批量1吨或单件100千克以上（不含100千克）按省标准。

表6-33　1990年江苏省装卸收费规则

单位：元/吨

类别	货级	装（卸）车	装（卸）船	递增费率
散货	一级	0.80	1010	0.14
	二级	0.90	1.20	0.16
	三级	1.00	1.30	0.20
包装	一级	1.10	1.40	0.23
	二级	1.30	1.50	0.25
特种	一级	1.40	1.65	0.28
	二级	1.50	1.80	0.32

注：烈性危险品中的油类按一级危险品装卸费率加200%，酸类加300%，苯类加400%。

表6-34　1990年江苏省笨重货物装卸费率表

单位：元/吨

货物重量（吨）	装（卸）车		装（卸）船		陆地移动		吊装	
	机械	人力	机械	人力	30米内	每30米增	5米内	每5米递增
0.5~0.99	2.00	2.50	2.50	3.50	3.00	0.40	4.50	0.40
1~5	3.75	5.00	5.00	6.80	4.10	0.80	6.90	0.80
5.1~10	5.69	6.25	7.50	8.50	6.20	1.10	9.00	1.00
10.1~20	6.60	6.90	8.75	9.20	7.20	1.30	10.20	1.20
20.1~30	8.15	8.35	10.80	11.20	9.00	1.50	12.30	1.40
30.1~40	8.90	9.10	11.90	12.20	9.80	1.70	13.00	—
40.1~50	9.40	9.60	12.50	12.80	10.40	1.90	14.00	1.80
50以上	1.90	1.90	2.25	2.40	1.90	0.30	14.00	0.33
20递增	—	—	—	—	—	—	—	—

表6-35　1993年江苏省装卸收费标准表

单位：元/吨

类别	等级	货物名称	装（卸）车转堆翻仓	装（卸）船船过船	每30米递增费率
散装货物	一	统煤，煤球，焦屑，石屑，石沙，黄沙，垃圾，普通泥土	1.60	2.20	0.30
	二	块煤，蜂窝，煤散粮，散盐，水渣，石英砂，瓜子片，石粉，卵石，红白泥土，其他散货	1.80	2.50	0.35
	三	焦炭，块石，道渣，砖瓦，矿石，技术块锭，竹类	2.00	3.00	0.40
包装货物	一	棉花，砂布，针织品，肥皂，橡胶及制品，塑料及制品，纸浆，钢材，轻泡物资，其他袋包装物资	2.50	3.50	0.50
	二	水泥及制品，机械及配件，纸张及印刷品，板纸，农药，化工原料，铁锅，各种木材，成材，树棍，杂骨，各种箱，筐，桶装货物，鲜，干，咸蔬菜，瓜果，鱼蛋类，统糠	2.80	3.80	0.60
特种货物	一	石棉瓦，家用电器，冻鱼，超长货物，各种缸，瓶装货物，油脚，工业废品，一般危险品	3.20	4.20	0.70
	二	陶瓷器，玻璃及制品，件重251~499千克的货物	4.00	4.50	0.80

表6-36　1993年江苏省集装箱装卸费率表

单位：元/箱

箱型	普通箱		危冷货箱		烈危货箱		空箱	
	装（卸）车	装（卸）船	装（卸）车	装（卸）船	装（卸）车	装（卸）船	装（卸）车	装（卸）船
1吨箱	3.60	7.00	6.00	8.00	9.00	13.00	1.80	3.40
5吨箱	18.00	34.00	30.00	42.00	35.00	49.00	9.00	17.00
10吨箱	36.00	60.00	54.00	70.00	54.00	76.00	18.00	30.00
20英尺箱	72.00	100.00	90.00	126.00	108.00	151.00	60.00	84.00
40英尺箱	108	150.00	135.00	189.00	162.00	227.00	90.00	126.00

表6-37　1993年江苏省笨重货物装卸费率表

单位：元/吨

每件重量（吨）	装（卸）车	装（卸）船	陆地移动	每30米递增
0.5~0.999	5.00	7.00	6.00	1.00
1~5	10.00	15.00	8.00	2.00
5.1~10	15.00	20.00	13.00	3.00

表6-38　2007年江苏省高速公路清排障服务收费标准（试行）

清障车辆	故障车型	基价	作业费
拖车	一类车：7座及以下，小于等于2吨	200元/车次	5元/车·公里
	二类车：8~19座，2吨至小于等于5吨	250元/车次	12元/车·公里
	三类车：20~39座，5吨至小于等于10吨	280元/车次	14元/车·公里
	四类车：大于等于40座，10吨至小于等于15吨、20英尺集装箱车	300元/车次	16元/车·公里
	五类车：大于15吨、40英尺集装箱车	350元/车次	20元/车·公里
吊车	一类车：7座及以下，小于等于2吨	600元/车次	—
	二类车：8~19座，2吨至小于等于5吨	—	—
	三类车：20~39座，5吨至小于等于10吨	800元/车次	—
	四类车：大于等于40座，10吨至小于等于15吨、20英尺集装箱车	—	—

清障车辆	故障车型	基价	作业费
吊车	五类车：大于15吨、40英尺集装箱车	1000元/车次	—
平板车	一类车：7座及以下，小于等于2吨	100元/车次	5元/车公里
	二类车：8~19座，2吨至小于等于5吨	150元/车次	10元/车公里
	三类车：20~39座，5吨至小于等于10吨	200元/车次	14元/车公里

表6-39 江苏省收费公路收费标准调整情况表

单位：元

车类	车辆种类	收费标准			单位
		1991年	1992年	1996年	
一	10吨以上（不含10吨）的车辆（含大型平板车、特种车辆）计征，超过40吨以上部分50%计征	1	2	3	车/吨次
二	载重量5吨以上（不含5吨）和载客在50座以上（不包括50座）的客货车	7	15	25	车次
三	载重量2.5吨以上（不含2.5吨）和载客在20座以上（不包括20座）的各种客货车	4	—	—	车次
	载重量2吨以上（不含2吨）和载客在20座以上（不包括20座）的各种客货车	—	10	15	车次
四	载重量2.5吨及以下和载客在10座及以上的客货车	3			车次
	载重量2吨及以下和载客在20座及以下的各种客货车（面包车、大轿车，大、中吉普车）		5		车次
	载重量2吨及以下和载客在20座及以下的客货车（含6座以下面包车、大轿车，大、中吉普车）			10	车次
五	小客车、小型拖拉机（含手扶拖拉机）、正三轮机动车、一切简易机动车	2			车次
	微型面包车（6座以下）、小轿车、吉普车、小型拖拉机（含手扶拖拉机）、一切简易机动车		5		车/吨次
	小型拖拉机（含手扶拖拉机）、正三轮简易机动车			5	车次
六	二轮摩托车、（含轻骑）侧三轮		2	3	车次

表6-40 2004年高速公路车型划分及收费标准表

收费车型		划分标准		收费系数	收费标准（元/公里）	最低收费（元）
1型	小客车	—	6座及以下	—	1	0.45	15
2型	中型客车	小型货车	6座以上至20座（含20座）	2吨及以下	1.5	0.675	15
3型	大型客车	中型货车	20座以上至50座（含50座）	2吨以上至5吨（含5吨）	2.0	0.90	20
4型	重型客车	大型货车	50座以上	5吨以上至10吨（含10吨）	2.5	1.125	20
5型	—	重型货车	—	10吨以上至20吨（含20吨）	3.0	1.35	30

表6-41 2003~2004年江苏省正常车辆计重收费标准变动情况

类别	年份	单位	基本费率	小于10吨	10~40吨	大于40吨
封闭高速	2003	元/吨·公里	0.9	0.09	0.09线性递减到0.07	0.07
	2004	元/吨·公里	0.9	0.09	0.09线性递减到0.04	0.04
开放普通	2003	元/吨·车次	1.50	1.50	1.5线性递减到1.30	1.30
	2004	元/吨·车次	1.50	1.50	1.5线性递减到1.10	1.10
江阴大桥	2003	元/吨·车次	6.00	6.00	6线性递减到5.00	6.00
	2004	元/吨·车次	6.00	6.00	6线性递减到3.00	3.00

表6-42　2003~2004年超限公路货运车辆加重收费标准变动情况

标准类别	其余部分	
	2003年	2004年
超限30%及以内	正常车辆计重费率收	正常车辆计重费率收
超限30%~50%及以内	基本费率的1.5倍	基本费率的2倍
超限50%~100%及以内	基本费率的2倍	基本费率的3倍
超限100%以上	基本费率的3倍	基本费率的4倍

第七章 公用事业价格

中华人民共和国成立之前，苏州城市公用事业发展落后，只有一些最基本的公用事业设施，居民生活不便。建国后，苏州市大力兴办公用事业，兴建水厂，扩大公交运营线路，发展文化娱乐事业，特别是改革开放，进入20世纪80、90年代后，城市公用事业发展迅速。城市以供水为例，21世纪初，市区范围有四个自来水公司，其中苏州市自来水公司日供水能力达65万~75万立方米，年供水能力超16000万立方米，为方便和改善广大市民生活和促进和谐社会发展提供了条件。

建国初期，苏州公用事业价格高低不一，其价格由市场形成，基本沿袭了建国前的市场价格水平。20世纪50年代中期以后，苏州供水、公共交通等各项公共事业开始发展，政府着手制定出比较符合当时实际的公用事业收费标准，价格日趋稳定，且对公用事业实行低价政策近40年，一直沿用至20世纪80年代而基本没有变动。"文化大革命"期间，各项公用事业价格"冻结"，部分收费曾一度出现下降的现象，至1974年后又恢复至20世纪50年代至60年代初期的水平。20世纪80年代中后期至90年代初，随着各项价格改革措施的逐步实施，受原材料、燃料、人工等成本不断上升的影响，苏州的公用事业价格逐步上升，但受历史上国家对公用事业实行低价政策的影响，收费水平一直较低，许多行业发生亏损，一直依靠财政补贴维持经营。为减少亏损，与市场成本价格接轨，这阶段公用事业价格水平提价幅度较大，从20世纪90年代末开始，在绝大多数商品和服务价格放开，而关系群众切身利益的公用事业价格仍实行政府定价或政府指导价的大背景下，为合理制定公用事业价格，使定价行为进一步民主化、规范化和法制化，苏州市先后对供水价格、煤气价格、客运出租车价格、有线电视收费、游览参观点门票价格等的定调价方案举行公开听证会，以提高价格决策的科学性和透明度。

第一节　水资源价格

2500多年来，苏州因水而兴，因水而美，因水而名，成为独具魅力的"鱼米之乡"、"东方水天堂"。

周敬王六年（前514），吴王阖闾命伍子胥相土尝水，象天法地，铸造姑苏大城。自此，"君到苏州见，人家尽枕河"，自古苏州百姓日常生活、饮用及生产用水，都取之天然河水或井水，这样无偿使用水资源的状况一直可追溯至20世纪50年代。

一、苏州地方管理供水价格

苏州自来水建设倡议较早，建成则在苏州解放以后。1949年9月，苏州市自来水公司筹备处成立。1951年，建成第一座水厂，至翌年8月1日免费向市区试供粗滤水。苏州市自来水公司从1952年3月1日起正式收取水费，据记载：1952年，苏州民用自来水价格为每立方米旧人民币2500元，折合新人民币为0.25元；1964年6月，自来水降价，为每立方米0.18元；1965年再次降低，为0.12元，其价格一直至1990年7月不变。其间，苏州市于1980年7月1日，工业用水调整水价，除居民生活用水外的用水征收城市附加费每立方米0.04元，即工业用水每立方米0.16元。苏州市工业用水价格低于本省邻市水平。1988年6月1日，调整工业用水价格，每立方米为0.24元；1990年，工业用水免收城市附加费而降低价格。当时民用自来水的价格十分低廉，在售水站1分钱可买四大铅桶自来水。自来水价在居民生活开支中所占比甚微，影响甚小，小家庭做饭烧菜一般一个月只用一二立方米的自来水，仅相当于一二碗阳春面价（每碗0.12元），几乎是民用电费（每度0.22元）的半价，至于洗衣洗澡，可以像过去一样使用井水和河水。直到20世纪90年代初，随着自来水管道铺设到古城区的大街小巷以及新建居民楼商品房的兴起，自来水价才与电费价格同步。

表7-1　1952~1985年苏州市区部分年份供水情况表

年份	最高日供水量（万立方米）	年供水量（万立方米）	自来水用户（户）	年售水量（万立方米）	用户结构（户）			
					工业用水	居民生活用水	售水站	其他
1952	—	15.2	115	12.9	7	108	—	—
1957	—	132.81	624	126.21	—	—	—	—
1962	—	354.92	1206	299.37	119	1067	18	2
1965	2.37	604.81	2236	536.87	—	—	—	—
1976	9.62	2872.53	6500	2382.84	—	—	—	—
1980	16.5	4763.03	18305	4308.3	786	16401	1001	117
1985	25.16	7551.89	36422	6801.86	885	34457	864	216

表7-2　苏州市1952~1990年自来水价格表

时间	自来水（民用）	时间	自来水（民用）
1952年3月	0.25元/立方米	1985年	0.12元/立方米
1964年6月	0.18元/立方米	1990年7月	0.15元/立方米
1965年6月	0.12元/立方米	—	—

二、江苏省定水价及相关收费

从1990年9月起，江苏省对自来水价格管理权限作了调整，由以前各地政府及价格部门管理定价改为由省平衡管理，也就是苏州市自来水价格是在省统一指导下制定的。从1990年7月抄表之后的用水量，苏州市调整居民自来水价格，居民生活用水价格从每立方米0.12元提为每立方米0.15元。同年10月，苏州市区生产性用水每立方米从0.20元调整为0.30元，同时恢复城市附加费0.04元，每立方米总水价为0.34元。

1992年，苏州市区自来水价格按照"积极稳妥，分步实施"的原则开始改革。水资源价格呈快步上升的走势。同年2月1日起，居民用水和工业用水分别调至每立方米0.22元和0.36元。

表7-3　1992年2月1日苏州市区自来水价格表

单位：元/立方米

分类	基本水价	水厂建设费	城市附加费	总价
居民用水	0.22	—	—	0.22
工业用水	0.32	—	0.04	0.36

注：1992年1月1日起地下水从每立方米0.08元上调为0.15元。

苏州市区采取地下水有两种情况：数以万计的民用井，开采浅层潜水；深层地下水开采，主要是厂矿企业用于生产和防暑降温。随着工业生产的发展，深井数逐年增加，并逐步趋深，一般达250米以上。20世纪70年代后猛增，至1985年为400眼，日开采能力14万立方米左右。由于缺乏规划，布点不合理，造成过量开采、地下水位明显下降、地面沉降、水质污染等问题。为此，市政府颁发《苏州市区深井管理暂行办法》，并采取回灌控制地面沉降，地下水开采须有偿使用、交纳地下水资源费等措施，才使情势有所缓和。为科学利用、保护和管理地下水资源，苏州市逐步提高地下水价格，从1992年1月1日起，市区地下水价格由原来的每立方米0.08元调整为每立方米0.15元。

因电力价格及各项费用上涨较大，自来水生产成本上升，致市自来水厂亏损严重，1992年达723万元。为改善全市生产和居民生活用水条件，增加供水设施投资，改变低压缺水状况，逐步解决"用水、吃水难"问题，市物价局于1992～1993年先后二次调整自来水价格。详见下表：

表7-4　1992年8月1日苏州市区自来水价格表

单位：元/立方米

分类	基本水价	水厂建设费	城市附加费	总价
居民用水	0.28	—	—	0.28
工业用水	0.36	—	0.04	0.40

表7-5　1993年5月1日苏州市区自来水价格表

单位：元/立方米

分类	基本水价	水厂建设费	城市附加费	总价
居民用水	0.35	—	—	0.35
工业用水	0.43	—	0.04	0.47

1993年度，苏州市每立方米售水成本为0.361元，平均水价0.3157元，全年亏损582.43万元。1994年，由于自来水生产用净水原材料价格和电力价格调整，对自来水生产成本影响更大，预计亏损1066万元。特别是随着经济及城市建设较快发展，全市用水量增长幅度较大，1993年度递增9.38%，1994年第一季度又递增12.16%，出现了供水越多、亏损越大

的局面。根据省文件精神，结合苏州市的实际情况，经报市政府同意，从1994年7月1日起，根据自来水的不同用途确定不同的水价，将民用及工业两类水价分为四类水价，并重新安排。居民用水调为每立方米0.45元（含机关、部队、院校、医疗卫生、民政福利院用水等）。工业用水调为每立方米0.75元（含理发、普通浴室、早点、菜场、粮店、园林等用水）。商业、服务业及建筑用水调为每立方米0.85元。宾馆、饭店、娱乐业等用水调为每立方米0.95元。为保护地下水资源，限制过量开采，这次水价调整明确规定"达到质量标准的深井水，按同类自来水价执行"。

苏州市自来水饮用水源最早为胥江水。胥江源于太湖，水质较好，又可就近取水。20世纪50年代初建市第一家胥江水厂，最初的取水口就设在胥江下游的胥门接官厅。20世纪60年代，胥江水源受工业废水污染日趋严重，至1980年3月，因水源严重污染而被迫停产。1959年，兴建北园水厂，先取用阳澄湖来的外城河水，后取水口改至离厂25公里的阳澄湖支流阳澄河上。1980年底，水源受工业废水严重污染，又向北延伸至阳澄湖湾取水，工程投资588万元，占地122亩，于1982年6月竣工使用。1975～1977年，兴建第三座水厂，即横山水厂，取水口临近太湖的胥江，后向太湖延伸。1985年，市自来水公司兴建白洋湾水厂，新的取水口至太湖中。20世纪90年代前后，随着苏州市城市化进程加快，经济和社会的快速发展，用水量增幅也随之大增，苏州市区除市自来水公司外，苏州工业园区、高新区以及吴中区均建成各自的自来水厂和独立自成的供水体系，形成了苏州市区"四龙取水供水"的格局。为此，从1994年7月开始，苏州市除民用水不征水厂建设费外，其他各类用水均征收水厂建设费，居民用水开始征收城市附加费每立方米0.04元。详见下表：

表7-6　1994年7月1日苏州市区自来水价格表

单位：元/立方米

分类	基本水价	水厂建设费	城市附加费	总价
居民用水	0.41	—	0.04	0.45
工业用水	0.61	0.10	0.04	0.75
商服用水	0.71	0.10	0.04	0.85
宾馆用水	0.81	0.10	0.04	0.95

为合理使用苏州市规划区地下水资源，减少浪费，保持生态平衡，根据省调整地下水资源收费标准的相关文件规定，1994年11月，市物价、建委、财政部门联合发出《关于调整苏州市规划区地下水资源收费标准的通知》，明确凡在设区市的城市规划区内的一切取用地下水资源的用户（不含公共设施供水）都必须按规定标准交纳地下水资源费，收费标准从现行的每立方米0.15元调整为0.30元，从1994年12月1日起执行。

1994年自来水调整价格后，不但扭转了企业严重亏损局面，还为缓解苏州供水紧张矛盾，为白洋湾水厂二期供水工程建设增添了后劲。

1996年9月，根据省《关于调整城市自来水价格的通知》精神，经苏州市公用事业审价工作委员会审议，并报经市政府同意，市区自来水价作适当调整，居民用水到户价格每立方米为0.60元，其他用水价格按省规定的比价作相应调整，调整后的水价及其组成详见下

表7-7。按《水法》及江苏省规定,苏州市从9月1日开始征收水资源费和水利工程水费,除居民用水外的用水征收水资源费每立方米0.01元,居民生活用水征收水利工程水费每立方米0.015元。

表7-7　1996年9月1日苏州市区自来水价格表

单位:元/立方米

分类	基本水价	水厂建设费	城市附加费	水资源费	水利工程水费	总价
居民用水	0.545	—	0.04	—	0.015	0.60
工业用水	0.75	0.10	0.04	0.01	—	0.90
商服用水	0.95	0.10	0.04	0.01	—	1.10
宾馆用水	1.10	0.10	0.04	0.01	—	1.25

三、征收污水处理费

为解决污水处理建设资金的不足,根据国家及省的规定,苏州市从1998年3月1日起开始征收污水处理费,为每立方米0.10元,同时水价每立方米提价0.10元,民用自来水到户价为0.80元。同年12月25日,开始征收省水处理专项费用,为每立方米0.02元,民用自来水价格每立方米再次提高0.15元,最终到户价为0.95元(含各种附加和税费),其他用水价格每立方米也相应提高0.15元。详见下表:

表7-8　1998年3月1日苏州市区自来水价格表

单位:元/立方米

分类	基本水价	水厂建设费	城市附加费	水资源费	水利工程水费	污水处理费	总价
居民用水	0.645	—	0.04	—	0.015	0.10	0.80
工业用水	0.81	0.10	0.04	0.01	0.04	0.10	1.10
商服用水	1.11	0.10	0.04	0.01	0.04	0.10	1.40
宾馆用水	1.36	0.10	0.04	0.01	0.04	0.10	1.65

同年12月25日起,市区再次提高污水处理费及基本水价,每立方米分别为0.10元和0.03元,江苏省城市水处理专项费每立方米0.02元,合计调高0.15元。详见下表:

表7-9　1998年12月25日苏州市区自来水价格表

单位:元/立方米

分类	基本水价	水厂建设费	城市附加费	水资源费	水利工程水费	污水处理费	省水处理专项费用	总价
居民用水	0.675	—	0.04	—	0.015	0.20	0.02	0.95
工业用水	0.84	0.10	0.04	0.01	0.04	0.20	0.02	1.25
商服用水	1.14	0.10	0.04	0.01	0.04	0.20	0.02	1.55
宾馆用水	1.39	0.10	0.04	0.01	0.04	0.20	0.02	1.80

根据省文件精神,苏州市从1999年12月25日抄见水量起调整污水处理费和城市供水价格,居民用水、工业用水和商服用水每立方米上调0.20元,其中污水处理费提高0.15元,自来水基

本水价提高0.05元。水利工程水费统一为每立方米0.03元，并并入基本水价，宾馆用水中污水处理费不上调。当时的自来水总价为居民用水每立方米1.15元，工业用水每立方米1.45元，商服用水每立方米1.75元；宾馆用水仍为每立方米1.80元，这次不作调整。详见下表：

表7-10　1999年12月25日苏州市区自来水价格表

单位：元/立方米

分类	基本水价	水厂建设费	城市附加费	水资源费	污水处理费	省水处理专项费用	总价
居民用水	0.74	—	0.04	—	0.35	0.02	1.15
工业用水	0.93	0.10	0.04	0.01	0.35	0.02	1.45
商服用水	1.23	0.10	0.04	0.01	0.35	0.02	1.75
宾馆用水	1.43	0.10	0.04	0.01	0.20	0.02	1.80

根据江苏省人民政府《关于加强苏锡常地区地下水资源管理的通知》和省物价、财政部门《关于调整地下水资源收费标准的通知》精神，苏州市从2000年1月1日起调整地下水资源费。在苏州市城市规划区内以自来水管网达到与否为界，供水管网达到的区域地下水资源费由每立方米0.30元调整到0.84元（不含污水处理费）；供水管网达不到的区域，由每立方米0.30元调整到0.675元（不含污水处理费）。对公共设施供水暂维持现状，按每立方米0.15元收取。这次调高地下水资源收费标准，主要是运用价格杠杆保护地下水资源，遏止过量开采，保持地下水资源与自来水之间的合理比价关系，分别不同地区实行区别价格政策，同时适当兼顾用水企业的承受能力。

2000年8月1日，市物价局会同市财政局发出《关于贯彻〈江苏省水增容费管理办法〉的通知》，明确居民用于生活和新建住宅商品房的房地产开发企业免交水增容费，其他水增容户都按规定交纳水增容费，苏州市区标准仍按每立方米600元收取。

从2001年1月1日抄见水量起，苏州市区自来水价格再次调整（详见下表7-11）。其中，水利工程水费仍在基本水价内，但标准从每立方米0.03元调整为0.04元，工业用水中的污水处理费每立方米上调0.10元，其他用水上调0.20元。

表7-11　2001年1月1日苏州市区自来水价格表

单位：元/立方米

分类	基本水价	水厂建设费	城市附加费	水资源费	污水处理费	省水处理专项费用	总价
居民用水	0.79	—	0.04	—	0.55	0.02	1.40
工业用水	0.98	0.10	0.04	0.01	0.45	0.02	1.60
商服用水	1.28	0.10	0.04	0.01	0.55	0.02	2.00
宾馆用水	1.48	0.10	0.04	0.01	0.40	0.02	2.05

2001年8月16日，市物价局会同市水利局发出《关于调整水利工程供水价格的通知》，明确水利工程供水价取消自来水按生活和生产用水分类做法，调整为统一价格每立方米4.0分；取消冲污水费；农业按亩收费，稻麦田、经济作物均为每亩7元，旱田每亩0.9元；取用地表水的工业消耗水、循环水按立方米收费，水产按亩收费。详见下表：

表7-12 苏州市区水利工程供水价格表

执行日期：2001年8月1日

分类			收费标准
农业	按亩收费	稻麦田	7元/亩
		旱田	0.9元/亩
		经济作物	7元/亩
取用地表水的工业	按立方米收费	消耗水	9分/立方米
		循环水	2.25分/立方米
水产	按亩收费	池塘养殖	25元/亩
		湖荡、河沟养殖	7.5元/亩
自来水厂（地表水）	按立方米收费	—	4分/立方米
船闸	按立方米收费	—	标准另定
其他	按立方米收费	—	按成本核定水价

注：农业经济作物含棉花、油料、蚕桑、经济林、菱、藕、蔬菜、茶叶等。

为加强太湖水污染防治和苏州市城市污水处理设施的工程建设，根据国家规定，经省政府批准，省物价局下发了调整苏、锡、常、镇四市污水处理费及自来水价格的文件。经苏州市委、市政府研究同意，市物价局于2002年5月1日起调整污水处理费和自来水价格：基本水价内水利工程水费仍为每立方米0.04元；各类用水中污水处理费统一上调至1.15元；原水厂建设费并入基本水价内；由于污水处理费是随自来水价格征收的，故居民用水总价从现行的每立方米1.40元调为2.00元；工业用水从现行的每立方米1.60元调为2.30元；商服用水从现行的每立方米2.00元调为2.60元，宾馆用水从现行的每立方米2.05元调为2.80元。这次水价调整具体执行方法为：5月1日起的第一次抄表的抄见水量仍执行原价，第二次抄见水量执行新价。苏州工业园区、苏州新区的污水处理费和自来水价格调整，由两区根据本次调价文件规定精神和实际情况确定。各县（市）的调整由各地物价部门根据省、市文件规定，制定方案报当地政府批准后组织实施，并报市物价局备案。

由于这次调价的幅度较大，市政府决定对特困家庭给予一定的经济补贴。为解决市民反映较多的老式居民住宅合用一个大水表，造成用水纠纷矛盾，市政府决定筹措部分专项资金投入"一户一表"工程建设，计划在三年内基本完成改造工程。为确保调价方案顺利平稳出台，4月30日，市物价局召开新闻发布会，向全国各新闻媒体提供关于调整污水处理费及自来水价格的宣传资料，向社会公开宣传此次调价的目的、意义，认真做好宣传解释工作。

表7-13 2002年5月1日后苏州市区自来水价格表

单位：元/立方米

分类	基本水价	城市附加费	水资源费	污水处理费	省水处理专项费用	总价
居民用水	0.79	0.04	—	1.15	0.02	2.00
工业用水	1.08	0.04	0.01	1.15	0.02	2.30
商服用水	1.38	0.04	0.01	1.15	0.02	2.60
宾馆用水	1.58	0.04	0.01	1.15	0.02	2.80

2004年4月1日再次调整水价后，苏州市区居民用水总水价为每立方米2.40元，工业用水总水价为每立方米2.70元，商服用水总水价为每立方米3.00元，宾馆用水总水价为每立方米3.20元。详见下表：

表7-14　2004年4月1日后苏州市区自来水价格表

单位：元/立方米

分类	基本水价	城市附加费	水资源费	污水处理费	省水处理专项费用	总价
居民用水	1.16	0.04	0.03	1.15	0.02	2.40
工业用水	1.46	0.04	0.03	1.15	0.02	2.70
商服用水	1.76	0.04	0.03	1.15	0.02	3.00
宾馆用水	1.96	0.04	0.03	1.15	0.02	3.20

四、调整分类水价

2006年1月1日开始，苏州市区自来水价格的分类适当调整为：1.居民生活用水，包括居民、机关、部队、院校、医疗卫生、民政福利院等；2.工业生产、商业、服务业用水，包括工业生产，商业、服务业（含理发、普通浴室、早点、菜场、园林、宾馆、饭店、娱乐业）等；3.建筑用水；4.特种行业用水，包括桑拿，洗车，高档洗浴，足浴，啤酒、饮料、纯净水生产等。当时的自来水总水价与2004年4月相比没有变化，增设了建筑用水、特种行业用水，商服用水、宾馆用水归入工业用水，使其价格有所降低，以支持市区第三产业，特别是服务业的发展。

表7-15　2006年1月1日后苏州市区自来水价格表

单位：元/立方米

分类	基本水价	城市附加费	水资源费	污水处理费	省水处理专项费用	总价
居民生活	1.16	0.04	0.03	1.15	0.02	2.40
工业生产、商业服务用水	1.46	0.04	0.03	1.15	0.02	2.70
建筑用水	1.76	0.04	0.03	1.15	0.02	3.00
特种行业用水	1.96	0.04	0.03	1.15	0.02	3.20

根据国家、省统一部署，苏州市从2006年12月1日起，新征收南水北调工程基金，为每立方米0.07元，水资源费也从每立方米0.03元调高至0.06元，并相应提高了不同类型的基本水价（详见下表7-16）。按照居民生活用水的基本水价为基数，每个分类递增0.20元、0.40元、0.30元和0.70元，拉开不同类型用水的价格差距，对高消耗用水的洗车、洗浴、纯净水生产、饮料生产、啤酒生产等特种行业在价格政策上进行适当限制，以达到促进其合理用水、节约用水的目的。

表7-16　2006年12月1日后苏州市区自来水价格表

单位：元/立方米

分类	基本水价	城市附加费	水资源费	南水北调基金	污水处理费	省水处理专项费用	总价
居民生活	1.36	0.04	0.06	0.07	1.15	0.02	2.70
工业生产、商业服务用水	1.66	0.04	0.06	0.07	1.15	0.02	3.00

分类	基本水价	城市附加费	水资源费	南水北调基金	污水处理费	省水处理专项费用	总价
建筑用水	1.96	0.04	0.06	0.07	1.15	0.02	3.30
特种行业用水	2.66	0.04	0.06	0.07	1.15	0.02	4.00

从1992年开始,苏州市自来水的价格水平逐年大幅上涨。以民用水为例,由最初的每立方米0.22元上调到2006年的2.70元,翻了12倍多。水价的改革使其组成也发生了很大的变化,从最早的单纯调整基本水价,至逐步开征城市附加费、水利工程水费、水厂建设费、污水处理费、水处理专项费、水资源费以及南水北调基金等七种不同名目的收费,其中污水处理从最初的每立方米0.10元调至1.15元,水资源费也从最初每立方米0.01元调至0.06元,分别上涨了10倍和5倍,以体现对水资源保护和水污染的防治。具体变动情况详见下表:

表7-17　苏州市历年居民用自来水价格一览表

时间	到户水价 (元/立方米)	其中基本水价 (元/立方米)	除基本水价调整外的其他因素
1992年2月	0.22	0.22	—
1992年8月	0.28	0.28	—
1993年5月	0.35	0.35	—
1994年7月	0.45	0.41	开始征收城市附加费:0.04元/立方米
1996年9月	0.60	0.545	开始征收水利工程水费:0.015元/立方米
1998年3月	0.80	0.645	开始征收污水处理费:0.10元/立方米
1998年12月	0.95	0.675	污水处理费调整为:0.20元/立方米 开始征收省水处理专项费用:0.02元/立方米
1999年12月	1.15	0.74	水利工程水费、污水处理费分别调整为:0.03元/立方米和0.35元/立方米
2001年1月	1.40	0.79	水利工程水费、污水处理费分别调整为:0.04元/立方米和0.55元/立方米
2002年5月	2.00	0.79	污水处理费调整为:1.15元/立方米
2004年4月	2.40	1.16	水资源费调整为:0.03元/立方米
2006年12月	2.70	1.36	水资源费调整为:0.06元/立方米;征收南水北调工程基金:0.07元/立方米

与此同时,根据国家和省有关文件精神,苏、锡、常地区要限期禁止开采地下水,为此,从2002年起,苏州市在每次调整自来水价格的同时,都明确规定:"地下水资源费的征收标准同民用自来水价格的标准。"经过这样的调整,至2007年,地下水资源费从过去的每立方米不到0.50元调整为2.70元,同时,洗浴等特种行业取用地下水资源的收费标准为每立方米3.00元。经过几年的努力,运用价格杠杆,限制开采地下水资源取得了明显成绩,苏州市经省政府审定保留的允许开采地下水资源的企业仅有30家,允许开采的地下深井共48眼,允许年开采地下水量约696万立方米。其中市区有11家企业,深井16眼,年开采量252万立方米;五县市有19家企业,深井32眼,年开采量444万立方米。为科学利用和保护地下水资源,调整用水结构,减少浪费,控制地面沉降和减少地质灾害做出了积极贡献。

五、再生水价格

2007年4月下旬，太湖流域部分水域发生严重的"蓝藻"，这次水污染危机事件唤醒了全社会节水防污意识，在国家和省"铁腕治污，科学治太"的进程中，苏州市更加注重充分利用价格机制对水资源的污染防治、合理配置和可持续利用。同年11月，为推动循环经济，保障水资源的可持续发展，苏州市历史上首次引入再生水价格，界定了其范畴、价格标准及管理权限。再生水，是指对污水处理厂出厂、工业排水、生活污水等非传统水资源进行回收、处理，达到一定的水质标准，并可在一定的范围内重复使用的水资源，可用于市政设施、绿化养护、景观美化、城市道路及公共卫生设施的冲洗，以及洗车和部分行业的循环（冷却）用水等。市物价局明确规定，苏州市区再生水销售价格暂为每立方米0.90元，允许上浮不超过10%，下浮不限，其销售收入应用于补偿污水处理厂及管网设施的成本开支。

六、居民生活用水阶梯式水价

根据省、市政府的要求，在保证居民生活用水正常需要的前提下，对少数用水量特别大的居民用户实施适当的加价政策，用价格杠杆促进节约用水和水资源保护，提高水资源利用率，加快推进节约型社会建设，创建节水型城市。苏州市物价局在广泛调研的基础上，形成了市区居民生活用水阶梯式计量水价实施方案，并于2007年开始逐步实施。

对市区范围内，市自来水公司直接抄表到户的用户，即已实行一户一表的，先实施阶梯式计量水价。一般居民正常用水量作为第一级用水，超过正常用水量的用水分别作为第二级和第三级用水。第一级的用水量按现行规定的价格计收水费；超过第一级用水量、不满第三级用水量的用水，按现行水价加50%计收水费；满第三级用水量及以上的用水，按现行水价加100%计收水费。

按照居民用户实际人口数，分别实行"户均用水量计价"和"人均用水量计价"两种办法，实施阶梯式计量水价。

户均用水量计价办法：每户人口在4人（含4人）及以下的用水户，按户均用水量实行阶梯式计量水价。即每户每月用水量在25立方米（含25立方米）以内的为第一级用水，水价按现行规定2.70元/立方米计收；每户每月用水量在26立方米至35立方米的为第二级用水，水价按现行规定加收50%，即2.70×（1+50%）=4.05元/立方米计收；每户每月用水量超过36立方米（含36立方米）及以上的为第三级用水，水价按现行规定加收100%，即2.70×（1+100%）=5.40元/立方米计收。

人均用水量计价办法：每户人口在5人（含5人）及以上的用水户，可按人均用水量实行阶梯式计量水价。每人每月用水量在6立方米以内（含6立方米）的为第一级用水，水价按现行规定（2.70元/立方米）计收；每人每月用水量在7立方米至9立方米的为第二级用水，水价按现行规定加收50%，即2.70×（1+50%）=4.05元/立方米计收；每人每月用水量超过10立方米（含10立方米）及以上的为第三级用水，水价按现行规定加收100%，即2.70×（1+100%）=5.40元/立方米计收。按人均用水量办法实行阶梯式计量水价的用户，可凭户口簿（本）或当地街道（社区、公安派出所）证明，经市自来水公司认可后方可执行。

阶梯式计量水价的考核以一年为一个周期。实际水费的计收按照第一级用水+第二级用水+第三级用水分级计价。具体为：从正式实施时起的第二次抄见量开始，由自来水公司按照正常抄表周期抄表，由用户按现行规定水价（即第一级水价：2.70元/立方米）标准缴纳水费，实施期满一年后的第二次抄见量，再按照一年内户均或人均用水总量除以12个月，得出户均或人均月用水量，并对照上述计价办法，实行阶梯式计量水价。即不超过第一级水价规定用量的不补收水价，超过第一级用水标准用量但不满第三级用水标准用量的按第二级水价补收水费，超过第三级用水标准用量的按第三级水价补收水费。以后每年固定日期作为阶梯式计量水价统一考核并加收第二级、第三级水费的日期。

2007年，苏州市开始逐步实行阶梯式水价。实施之初，按照2008年9月份第一次抄表数据考核分析，市区有2500多户的居民超过定额用水，需要补交第二或第三级用水水费，占全部居民户的比例约为0.74%（全部用户约为34万户）。2009年度进行的第二次考核的情况是：超过规定定额的用户为6200多户，占全部用户的比例的1.65%。

七、简化水价分类

2009年12月1日，按照国家发改委、住建部关于将现行城市供水价格分类简化的要求，市物价局调整了苏州市区自来水用水分类，简化为居民生活用水、非居民生活用水和特种行业用水三类，并对后二类价格进行了调价（详见下表7-18）。而居民生活（含学校、民政福利院、养老院）用水暂不调整，总价仍为每立方米2.70元。同时明确在市区范围内实行统一的用水用户分类，其中污水处理费、水资源费实行统一标准，非居民用水和特种用水中的基本水价调整不得高于市政府审定的标准，即每立方米限定最高上调0.25元。

表7-18　2009年12月1日后苏州市区自来水价格表

单位：元/立方米

分类	基本水价	城市附加费	水资源费	污水处理费	省水处理专项费用	总价
居民生活用水	1.36	0.04	0.13	1.15	0.02	2.70
非居民生活用水	1.91	0.04	0.20	1.35	并入污水处理费	3.50
特种行业用水	2.91	0.04	0.20	1.62	并入污水处理费	4.77

2009年12月25日，苏州市物价局依法组织公开"苏州市区居民生活用自来水价格调整听证会"，听证会参加人各持己见，畅所欲言。大部分听证会参加人对市区居民生活用自来水价格调整表示理解，同时也提出了对低收入困难群体补贴力度应加大；调价幅度不宜过大，要少调价或不调价，将提价幅度控制在较小范围内，并分步组织实施；超量用水者要多付钱，节约用水者应奖励；供排水企业要大力节约成本开支，降低成本和提高资金利用率，减轻居民负担，进一步提高服务质量，加大节水宣传力度，确保安全用水等一系列意见和建议。对听证会参加人提出的意见，市物价局高度重视，进行了专题研究和集体审议，并对市区居民用自来水价格调整方案进行了调整修改和完善，经征询财政、水务等部门意见后，于2010年1月5日向市政府上呈了《关于苏州市区居民生活用自来水价格调整听证会情况的报告》。

经苏州市政府批准，以及根据省物价局《关于苏州市区自来水价格调整方案的批复》，市物价局于2010年3月22日发出《关于调整苏州市区居民生活用自来水价格的通知》，确定市区居民生活用自来水价格由每立方米2.70元调整为3.20元，每立方米提价0.50元。这次居民生活用水价格调整，分两步实施。第一步：苏州市区居民生活用自来水价格由每立方米2.70元调整为3.10元，每立方米调整0.40元。其中污水处理费由现行每立方米1.15元调整为1.33元，每立方米调整0.18元，取消水价中每立方米0.02元的省水处理专项费用，并入污水处理费。水资源费由现行每立方米0.13元调整为0.20元，每立方米调整0.07元。基本水价作部分调整，即由现行每立方米1.36元调整为1.51元，每立方米调整0.15元。每立方米3.10元的民用水价自2010年4月1日起执行，即对用水户的第一次抄表执行原价格，第二次抄表执行调整后的价格。同时继续加大对低收入家庭实行水价补贴优惠政策力度，补贴标准由每户每月5立方米提高至每户每月7立方米。第二步：基本水价调整到位，由每立方米1.51元调整到1.61元，基本水价调高0.10元。民用水价调整的第二步执行时间为2012年3月1日。详见下表：

表7-19　苏州市区自来水价格表

单位：元/立方米

用户分类	基本水价		有关收费							总水价	
			城市附加费	水资源费		污水处理费		省水处理专项费用			
	现行	调后		现行	调后	现行	调后	现行	调后	现行	调后
居民生活用水	1.36	1.51	0.04	0.13	0.20	1.15	1.33	0.02	并入污水处理费	2.70	3.10
非居民生活用水	1.66	1.91	0.04	0.13	0.20	1.15	1.33	0.02		3.00	3.50
特种行业用水	2.66	2.91	0.04	0.13	0.20	1.15	1.60	0.02		4.00	4.77

注：非居民生活用水和特种行业用水的调整从2009年12月1日起执行。居民生活用水自2010年4月1日起执行，即对用水户的第一次抄表执行现行价格，第二次抄表执行调整后的价格。

表7-20　苏州市区自来水价格表

单位：元/立方米

用户分类	基本水价		有关收费			总水价（调整后）
	调整前	调整后	城市附加费	水资源费	污水处理费	
居民生活用水	1.51	1.61	0.04	0.20	1.35	3.20
非居民生活用水	1.91	1.91	0.04	0.20	1.35	3.50
特种行业用水	2.91	2.91	0.04	0.20	1.62	4.77

注：1. 基本水价内含水利工程水费0.04元/立方米；污水处理费含省水处理专项费用0.02元/立方米。

2. 居民生活用水包括：纯居民生活用水，各类学校的教学用水，民政福利院、养老院用水，社区服务设施及部队战备、训练、执勤、生活保障用水。

3. 非居民生活用水包括：工业、商业、经营服务、建筑行业、医疗卫生、行政事业单位等用水。

4. 特种行业用水包括：洗浴，洗车，足浴，啤酒、饮料、纯净水等高消耗及省暂确定的化工、医药、钢铁、印染、造纸、电镀等重污染行业用水。

5. 执行依据：苏州市物价局苏价工字[2012]41号。除居民生活用水调整0.10元/立方米外，其他用水价格不变。

6. 执行日期：2012年3月1日起第一次抄见量按照原来价格，第二次抄见量执行调整后价格。

经过30年的水价改革，苏州市初步建立了以市场为取向，以防污为根本，体现本地水资源水质性缺水状况，以节水和合理配置水资源，提高用水效率，促进水资源可持续利用为核心的水价机制，为苏州经济社会发展提供安全可靠的供水保障和良好的用水环境。主要是：按照社会主义市场经济的要求，发挥价格杠杆的作用，努力和充分体现水资源的商品属性；提高全社会节约用水的意识，推行阶梯式水价，合理利用和积极保护水资源；在兼顾各方面承受能力的前提下，统筹规划，分类实施，逐步建立了供水、污水处理、回用水和地下水资源四者比较合理的关系，对特种行业、建筑业等高消耗用水行业实行高水价政策，建立反映市场供求关系和资源稀缺程度的价格形成机制，使水价达到比较合理的水平。

表7-21　2010年9月苏州市市区及五县市自来水价格情况表

单位：元/立方米

用户分类		基本水价		城市附加费	有关收费						总水价		备注
					水资源费		污水处理费		省水处理专项费用				
		现行	调后		现行	调后	现行	调后	现行	调后	现行	调后	
苏州市区	居民生活	1.36	1.61	0.04	0.13	0.20	1.15	1.33	0.02	并入污水处理费	2.70	3.20	2010年4月1日先调0.4元/立方米，即基本水价由1.36元/立方米调为1.51元/立方米
	非居民生活	1.66	1.91	0.04	0.13	0.20	1.15	1.33	0.02		3.00	3.50	2009年12月1日执行
	特种行业	2.66	2.91	0.04	0.13	0.20	1.15	1.60	0.02		4.00	4.77	
昆山	居民生活	1.07	1.36	0.04	0.02	—	1.15	1.30	0.02	取消	2.30	2.70	2010年4月1日执行
	非居民生活	1.29	1.56	0.04	0.10	0.20	1.15	1.30	0.02		2.60	3.20	
	特种行业	3.19	3.46	0.04	0.10	0.20	1.15	1.30	0.02		4.50	5.00	
常熟	居民生活	1.19	1.41	0.04	—	—	1.15	1.15	—	取消	2.38	2.60	2010年1月1日执行
	工商用水	1.26	1.71	0.04	0.10	0.20	1.15	1.15	—		2.55	3.10	
	特种行业	3.36	3.41	0.04	0.10	0.20	1.15	1.15	—		4.65	4.80	
吴江	居民生活	1.14	1.41	0.04	—	—	1.15	1.15	0.02	取消	2.35	2.60	2006年开始调整，分步调整，2010年6月调整到位
	工商用水	1.34	1.71	0.04	0.10	0.20	1.15	1.15	0.02		2.65	3.10	
	特种行业	2.79	3.41	0.04	0.20	0.20	1.15	1.15	0.02		4.20	4.80	
张家港	居民生活	1.14	1.41	0.04	—	—	1.15	1.15	0.02	取消	2.35	2.60	2010年4月1日执行
	非居民生活	1.26	1.56	0.04	0.08	0.20	1.15	1.30	0.02		2.55	3.10	
	特种行业	2.78	2.96	0.04	0.08	0.20	1.15	1.30	0.02		4.07	4.50	
太仓	居民生活	1.19	1.41	0.04	—	—	1.15	1.15	0.02	取消	2.40	2.60	2010年6月1日执行
	非居民生活	1.26	1.56	0.04	0.08	0.20	1.15	1.30	0.02		2.55	3.10	
	特种行业	3.41	3.66	0.04	0.08	0.20	1.15	1.30	0.02		4.70	5.20	

注：基本水价含水利工程水费0.04元/立方米。

第二节　民用燃料价格

一、煤球、蜂窝煤价格

建国前，苏州城镇居民普遍使用稻草（树柴）作为主要生活燃料，价格随行就市，并于民国20年（1931）建立树柴业公会，有柴行10多户。

苏州第一家煤球厂创办于民国17年（1928），由于居民尚不习惯使用煤球，销路不佳。抗日战争期间，煤球开始推广，并由机械制作代替手工制作。建国后，苏州城镇居民逐步转向烧煤球。1949年5月，苏州刚解放即建立公营苏州建中贸易公司，经营粮食、煤炭、棉布等重要物资。1950年4月，建中贸易公司撤销，分建众多公司，其中的中国煤业建筑器材公司（简称煤建公司），专营煤炭等批发业务，并先后在陆墓、芦墟、常熟、吴江、昆山建立经营机构。据1950年11月登记，苏州市区私营煤店号有177家，其中18家资财较厚的煤号，于1951年6月组成苏州市煤炭业第一联营处，为煤建公司加工煤球，供应市场，1952年生产7.9万担煤球，每担（百市斤）煤球零售价定为2.20元（已折合成新人民币）。该价格6年维持不变，直至1958年开始每百市斤煤球降至2.00元。其间，1955年9月，联营处实行公私合营，与市供销合作社所属煤球厂合并，改名为苏州煤球厂，负责全市的煤球供应。从20世纪50年代中后期开始，苏州市居民生活燃料煤球实行计划凭证（票）定量供应，严格执行国家统一规定的价格，且价格长期保持稳定。1962年至1963年，煤球价格每百市斤恢复至2.20元，1965年曾一度上调至2.45元。从1965年开始，小煤球逐步被省煤、发火、方便的蜂窝煤球所替代。1966年，每百市斤煤球、蜂窝球又恢复降至2.20元，直至1990年6月，这个价格持续整整25年一直稳定不变。

表7-22　苏州市区计划内煤球、蜂窝球历史零售价格表

单位：元/百市斤

时间	煤球 （1965年前小煤球，1965年起蜂窝球）	时间	煤球 （1965年前小煤球，1965年起蜂窝球）
1952年	2.20	1962~1963年	2.20
1953年	2.20	1964年	2.20
1954年	2.20	1965年	2.45
1955年	2.20	1966~1979年	2.20
1956~1957年	2.20	1980年	2.20
1958~1960年	2.00	1981~1985年	2.20
1961年	2.00	1986~1990年6月	2.20

其间，从1979年开始，国家曾多次幅度较大地提高了煤炭出厂价格。民用燃料价格也适应改革开放的大局，开始实行计划内外双轨制。为安定人民生活、稳定市场物价，苏州市规定居民生活计划内用煤销售价格仍按每百市斤2.20元执行。生产、经营生活用煤的苏州市燃料公司因煤炭价格提高而发生的亏损，则由市政府财政补贴等办法予以解决。

1985年，苏州市全年用于煤球生产的民用煤约15万吨，由于煤价调高，费用增加，市燃料公司1984年亏损458.7万元，虽然财政补贴了240万元，还亏损218.7万元。

1986年，由于计划外原煤、黄泥等价格的上升，费用增长，计划外蜂球的成本提高。为满足市场需要，弥补市场计划蜂球供应不足，计划外蜂球供应价格由每吨96元（每百斤4.80元）调整为每吨110元（每百斤5.50元）。调整后的价格自1986年5月1日起执行。

1987年，市燃料公司供应市场用计划煤22万吨，亏损888.47万元，其中原煤进销倒挂608.47万元，计划供应成型煤生产、销售亏损280万元。这部分亏损的解决办法为：财政定额补贴475万元，税务免税21万元，物资局计划变通226万元，其余由企业内部挖潜自行消化。

1988年，由于农转非及居民户数自然增长，居民生活用煤将增加1万吨；国家计划烟煤每吨提价1.80元，烟煤提价3.50元；不仅供应市场部分的销售价格未动，而且厂、店成本费用进一步上升，市场用煤亏损进一步扩大。为缓解价格矛盾，保证正常经营，经市政府常务会议同意，1988年4月1日起，逐步压缩市场计划生活用煤范围，改按计划外价格供应。这次计划压缩的范围有：饭菜业，包括松鹤楼、得月楼、上海老正兴、东吴酒家等44家；食品加工（含卤菜）业，包括稻香村食品厂、采芝斋、陆稿荐、粮食供应公司经营部等45家；园林，包括拙政园、北塔、东园、动物园、虎丘、天平山、西园、灵岩山、古建公司等9家；宾馆、招待所，包括阊门饭店、葑门招待所、南园宾馆、体育馆等17家。当年计划压缩3万吨，将饭菜业、食品加工业、宾馆、招待所、园林用煤改为议价供应，供应价由每吨40元左右改为每吨120元左右，上升200%。不属这次压缩范围的企、事业单位的用煤仍按计划价格供应。计划数量不增加，超计划部分按计划外价格执行。对新建居民区（村）增设的饮食小吃、饼馒业等商业网点，经核准后由燃料公司按计划价供应。为避免对市场有过大的影响，从7月1日开始，计划外煤炭销售价格需报苏州市物价委员会审定后执行，进一步压缩市场计划生活用煤的范围也由苏州市物价委员会审定。

鉴于计划外煤屑、蜂窝煤生产成本上升，为了衔接邻近县价格水平，保证市场供应，经研究，苏州市物价局同意从1988年5月1日开始调整：计划外煤屑价格，每吨定为105元；计划外蜂窝煤价格由每吨110元（即每50千克5.50元）调整为130元（即每50千克6.50元）；计划外碎蜂窝煤价格由每吨108元（即每50千克5.40元）调为114元（即每50千克5.70元）。计划外大蜂窝煤（行业型煤）与蜂窝煤同价。

为了缓和蜂窝煤生产、经营长期亏损的局面，保证市场和群众生活用煤的需要，经市政府同意，1990年6月28日开始适当调整蜂窝煤价格。苏州市区及郊区横塘、虎丘、娄葑、长青乡城镇居民和集伙单位，饮服等行业计划内定量供应的蜂窝煤出厂价格由每吨37元调整为52元，零售价格由每吨44元（即每50千克2.20元）调整为66元（即每50千克3.30元）。郊区浒关镇通过供销社转供的零售价格由每吨56元（即每50千克2.80元）调整为76元（即每50千克3.80元）。计划内定量供应集伙单位和饮服等行业使用的行业型煤（即大蜂窝煤）出厂价格由每吨44元调整为64元，零售价格由每吨56元调整为76元。碎蜂窝煤零售价格由每吨42元调整为64元。计划内定量供应的蜂窝煤和行业型煤价格调整后，财政、税务等部门对蜂窝煤生产、经营的各项政策性优惠措施仍予以保留。计划内定量供应集伙单位、饮服等行业用的原煤价格暂不调整。各县（市）县城及直属镇计划内定量供应的民用蜂窝煤最高每吨不超过70元，其他各乡镇最高每吨不超过76元，个别边远乡镇（由各县划定）最高每吨不超过80元；计划供应的民用煤屑价格应低于煤球价格。苏州市区计划外蜂窝煤和行业用煤的供应价格由每吨130元调整为200元，碎蜂窝煤供应价定为每吨190元。县（市）计划外蜂窝煤价格由各县（市）按保本微利的原则安排。

由于1990年8月20日国家调整了计划内煤炭出厂价格，根据省文件通知精神，从1990年11月开始，苏州市计划内蜂窝煤开始执行新的价格。市区及郊区横塘、虎丘、娄葑、长青乡城镇居民和集伙单位，饮服等行业计划内定量供应的蜂窝煤出厂价格由每吨52元调整为72元，零售价格由每吨66元（即每50千克3.30元）调整为86元（即每50千克4.30元）。郊区浒关镇通过供销社转供的零售价格由每吨76元（即每50千克3.80元）调整为96元（即每50千克4.80元）。供应集伙单位和饮服等行业使用的行业型煤（即大蜂窝煤）出厂价格由每吨64元调整为84元，零售价格由每吨76元调整为96元。碎蜂窝煤零售价由每吨64元调整为84元。市属六县（市）计划内定量供应的蜂窝煤经过县（市）物价局长会议研定，调后零售价格水平为：县城所在地最高不超过每吨90元，其他乡（镇）不超过每吨96元，个别边远地方因运输费用高，可由县（市）物价局从严控制，适当照顾，但最高不得超过每吨100元。

由于国家加快了煤炭价格改革的步伐，苏州市生活用煤中用议价煤炭加工煤球比重增加，加之议价煤炭价格水平上升，使煤炭加工成本每吨上升约30元；而民用煤球所需的无烟煤，绝大部分从山西等地调进，运距长，费用大，运价提高，影响煤运费用每吨也上升15元左右。上述新增涨价因素，企业无力全部消化，国家难以增加补贴，必须通过提高煤球销售价格予以解决。根据省相关部门和市政府文件精神，1992年7月，市物价局会同市建委、市物资局联合发出《关于提高民用燃料销售价格的通知》，大幅度地提高了民用煤球价格，并相应调整了管道煤气、液化气价格。

这次燃料价格调整贯彻"新老帐一起还，保本经营，财政补贴由暗补改为明补"的原则，同时，结合其他提价因素，给居民适当补贴。首先是压缩市场生活用煤供应范围，除保城市和城镇居民的生活用煤（含离退休后回农村定居，仍吃商品粮人员的补助煤）以及部队、大专院校的炊事用煤外，其他市场用煤一律改按市场调节价供应。在市场生活用煤价格调整的同时，按合理支出系数，相应提高石油液化气、管道煤气价格。市场生活用煤提价和压销后，对一些行业有所影响，应努力消化；部分商品近期内已调过价的应力求保持稳定；确有困难的，按价格管理权限，错开时间，适当调整价格。

市场生活用煤价格水平安排：民用煤球销售价格，苏州市区由每吨86元调整为170元，即每50千克由4.30元调整为8.50元。各县（市）县城所在地由现行每吨90元调整为176元，其他乡、镇由现行每吨96元调整为184元，个别边远乡镇经批准最高不得突破每吨186元。市场用煤供应价格，供应大专院校、部队集体炊事用煤价格执行计划内工业用煤供应价。供应煤球厂生产的原煤价格按确保加工环节费用得到合理补偿和有利于零售环节正常销售的原则，主煤阳泉煤等煤种原煤供应价每吨为142元，辅煤新密煤等煤种供应价每吨为135元。市场生活用煤价格提高后，各地对民用煤球生产、经营的各种优惠政策继续保留。

市场生活用煤从供应1992年9月份计划数开始执行。在民用煤价格调整的同时，按合理支出系数，相应提高石油液化气、管道煤气的销售价格。民用燃料价格提高后，结合水价、电价等其他提价因素,按照国家、企业、个人三者负担的原则,国家给每个职工每月补贴10元。

根据江苏省物价局、物资局、财政厅《关于印发〈江苏省城镇居民生活用煤价格管理办法〉〈1993年民用煤价格调整平衡意见〉以及〈关于调整民用燃料价格的宣传提纲〉的通知》的精神,并经市政府领导同意,苏州市自1993年5月1日起再次调整民用燃料价格。民用煤价格调整贯彻保本微利原则,既考虑当年民用煤球生产、经营成本新增因素,又弥补燃料经营企业的现行合理亏损,同时考虑煤炭计划到货率继续降低等因素。苏州市区民用煤球销售价格由原来的每吨170元(即每50千克8.50元)调整为245元(即每50千克12.25元)。各县(市)县城所在地由原来的每吨176元调整为254元,其他乡镇煤球价格,原则上以原来的价格为基础,按县(市)县城所在地的调整幅度进行安排,具体价区划分及水平由各县(市)自行确定,并与毗邻地区价格水平衔接。凡供应煤球生产厂煤球用的原料煤供应价格按照省制定的作价办法合理核定。民用价格提高后,各地对民用煤生产和经营的原有优惠政策继续保留。

1994年以后,随着民用煤炭价格的基本放开,苏州市区不再使用煤球票证。至1995年,苏州市区每吨蜂窝煤球市场销售价格为250元;1996年1月,市场销售价为每吨310元。此后,蜂窝煤球逐步退出苏州市区居民家庭,便捷、环保、高热值的瓶装液化气、管道煤气、管道液化气以及天然气在苏州城镇居民中逐步得到普遍使用。

表7-23　苏州市区蜂窝煤球历史价格变化情况表

单位:元/吨

执行日期	蜂窝煤球	执行日期	蜂窝煤球
1990年6月	66	1993年5月	245
1990年11月	86	1996年1月	310
1992年7月	170	—	—

二、液化石油气价格

苏州市区使用石油液化气始于1978年。是年2月,苏州成立液化石油气站;11月,改为市煤气公司筹备处。8月,第一批150户试烧液化气。至1985年,市煤气公司供应液化气总量2961吨,其中家庭用量2916吨,用气人口4.9万人,家庭用户1910户;社会各单位自行组织供气9739吨,其中家庭用量6475吨,家庭用户4.8万户,用气人口15.9万人。

当时液化石油气进销倒挂严重,20世纪70年代核定价格时,液化气进价为每吨50元,至1985年,新增气源进价已达每吨200元,最高为每吨560元,销价未作调整,经营亏损严重,市煤气公司和机关液化石油气公司多次报告要求调价,煤气公司于同年2月份开始定量供应,超额部分高价供应。

苏州市区所用液化石油气气源,主要是靠外地提供,用槽车从上海、南京以及新疆等地运回供应用户。由于是从外地购进,运杂费用较大,其价格要比南京的水平高。1984年,苏州市区的计划内居民用气每千克0.20元,公用事业用气每千克0.70元,工业用气每千克1.00元。由于成本不断上升,为理顺民用燃料比价关系,1986年5月,省对民用液化气价格进行调整,苏州市由每千克0.20元调整为0.333元,工业用气由1.00元调高至1.50元,公用事业用气由

0.70元调整至1.00元。

1990年11月,市场民用煤球调价,为保持民用燃料合理比价,市物价局会同市建委发文,从10月25日开始,苏州市计划内液化气每瓶（15千克）由现行5元（每千克0.333元）调整为7.20元（即每千克0.48元）,其他容量的价格按每千克0.48元计算同步调整。

由于民用煤气、液化气价格与成本倒挂,1991年,市煤气公司经营"两气"亏损387万元,如不进行适当调整,不仅财政难以承受,也制约了民用煤气、液化气的发展。根据省相关部门和市政府文件精神,1992年7月,市物价局会同市建委、市物资局联合发出《关于提高民用燃料销售价格的通知》,大幅度地提高了民用煤球价格,并相应调整了管道煤气、液化气价格。液化气、管道煤气的价格水平安排:这次"两气"价格根据民用煤球的合理比价和比照南京市水平进行调整;公用事业和工业、营业用气价格按照略低于民用气提价幅度和兼顾供气与用气单位两者利益的原则适当调整。液化气价格由每千克0.48元调整为0.90元（即每15千克［瓶］7.20元调整为13.50元）,从1992年8月1日起执行。

1993年5月,苏州市区液化气销售价格由原来的每千克0.90元（即每15千克［瓶］为13.5元）调整为每千克1.20元（即每15千克［瓶］18元）。

1993年6月1日起,苏州市区液化气销售价格再次调整,由每千克0.90元调至1.20元,即15千克瓶由13.5元调整为18元。

1995年,管道液化气开始使用,12月,每立方米管道液化气价定为7.00元。经市政府同意,1995年11月30日,市物价局发文调整市区民用液化气价格。鉴于成本大幅上升,亏损扩大,价格倒挂,民用计划内液化气每瓶（15千克）调为27元。调价从12月1日起执行。

为缓解燃气生产、经营的困难,根据省物价局《关于调整民用燃气销售价格的通知》精神,经苏州市公用事业审价工作委员会公开审议论证,并报经市政府批准,1997年6月1日开始调整苏州市液化气、管道液化气、管道煤气销售价格。民用计划内液化气销售价格由当时的每瓶（15千克）27元调为36元,调幅33%。管道液化气中民用气由当时的每立方米7元调为每立方米8元,调幅14%;单位用气由原来的每立方米12元调为13.5元。

表7-24　苏州市区民用液化气历史价格变化情况表

执行时间	瓶装液化气（元/千克）	管道液化气（元/立方米）
1990年11月	0.48	—
1992年8月1日	0.90	—
1993年6月1日	1.20	—
1995年12月1日	1.80	7.00
1996年1月1日	1.80	7.00
1997年6月1日	2.40	8.00

经省局批准并经市政府常务会议同意,为缓解企业生产经营困难和进价上涨等较多的困难,2000年8月1日,苏州市物价局发出《关于调整瓶装液化气价格的通知》,将燃气集团公司、液化气公司的计划内瓶装液化气的销价从每瓶（15千克）36元调整为45元,即每千克液化气从2.4元调整为3.0元。为保持合理差价,上述代办户瓶装液化气的销价统一调整为每瓶

（15千克）48元（即每千克3.2元），价格调整从9月1日起正式执行。当时，苏州市区计划内及代办户的居民生活用瓶装液化气价格管理实行政府定价和政府指导价，社会各单位瓶装液化气的价格管理仍实行市场调节价。

同年10月30日，市物价局函复燃气集团公司和液化气公司同意代办户瓶装液化气价格上浮，以每瓶（15千克）48元为基准价，经营企业可视成本在10%的幅度内上下浮动。

表7-25　1998～2000年苏州市区液化气价格表

单位：元/千克

分类	1998年	1999年	2000年9月
液化石油气（民用）	2.40	2.40	3.00～3.20

2003年，苏州市区28万多户居民生活用燃料主要为管道煤气（水煤气）、管道液化气和瓶装液化气三种。其中，管道液化气价为每立方米8.00元，用户有近3万户；计划内瓶装液化气用户有9万多户，价格为每瓶（15千克，下同）45元。其他计划外瓶装液化气价格水平随市场价格上下波动，最低的在每瓶50元，一般在55～65元之间；最高的达到每瓶68元。当时，江苏省居民生活用液化气多数城市实行与市场价格并轨，个别城市（如南京、无锡）仍保留由政府公布一个接近于市场价格水平的指导价格，由经营企业在一定的浮动幅度（一般为5%）内上下自主浮动。由于市场因素，市场液化气的价格总水平比较平稳，市场上的计划外瓶装液化气价格水平在每瓶（15千克）50～55元，已经与计划内价格相差不多。计划内瓶装液化气价格却与成本倒挂，亏损严重。根据市政府领导批示精神和苏州市液化气价格的现状，参照邻近城市取消计划内价格的做法，考虑到市场计划外液化气价格下浮有利于计划内外实行并轨的实际情况，2003年7月20日，苏州市取消原来的计划内瓶装液化气价格，实行与市场价格并轨的政策，即取消计划内价格。

此后，苏州市区不论什么用户，瓶装液化气的价格一律实行市场调节价管理，其价格随市场行情涨落。至2009年，苏州市区瓶装液化气每瓶（15千克）市场行情价格水平为：普通用户70元左右，低保用户65元，会员用户60元左右。苏州市区瓶装液化气、管道液化气价格变化详见下表：

表7-26　2003年6月苏州市区居民生活用液化气分类表

分类		苏州燃气集团公司	苏州液化气公司	社会上其他单位	合计
管道液化气	用户数	21652	6063	—	27715
	价格：元/立方米	8.00	8.00	—	—
瓶装液化气	用户总数	65329	22975	4000	92304
	其中定量计划用户	20015	7615	—	27630
	定量价格：元/瓶（15千克）	45.00	45.00	—	—

表7-27　民用液化气价格表

分类	民用调价前	民用调价后	单位用调价前	单位用调价后
瓶装液化气	27元/15千克（瓶）	36元/15千克（瓶）	—	—

分类	民用调价前	民用调价后	单位用调价前	单位用调价后
管道液化气	7元/立方米	8元/立方米	12元/立方米	13.50元/立方米

注：瓶装液化气2000年9月起45元/15千克（瓶），2003年7月20日起与市场价格并轨。管道液化气2004年12月1日起10元/立方米。

表7-28　民用液化气历史价格变化情况表

执行日期	瓶装液化气（元/千克）	管道液化气（元/立方米）
2000年3月1日	2.40	8.00
2000年9月1日	3.00	8.00
2003年7月20日	实行市场调节价	8.00
2004年4月23日	实行市场调节价	8.00
2004年12月1日	实行市场调节价	10.00
2005年6月1日	实行市场调节价	10.00
2006年5月1日	实行市场调节价	13.00

注：管道液化气吨与立方米的折算率：管道液化气每吨可气化成约400立方米。

三、管道煤气价格

1982年，苏州被国务院列为全国40个重点发展管道煤气城市之一。同年8月，成立市城市管道煤气工程筹建处。1983年，实施城区第一期管道煤气建设工程，至1985年2月18日竣工投产，供气规模为日产煤气7.2万立方米，其中60%供居民使用，40%供工业及公用性用户使用。管道煤气气源工程，主要利用苏州钢铁厂焦炉煤气，参混苏州煤气厂制取的水煤气，通过管道输送给用户。1985年，市区管道煤气储气能力5.4万立方米，供气总量24.3万立方米；发展家庭用户8037户，用气人口2.5万人。1985年，苏州市民用管道煤气价格每立方米0.12元，分别比南京、无锡、常州高0.05元、0.01元和0.04元，居全省第三位。1986年，苏州每立方米管道煤气工业用户为0.24元，公共福利用户为0.18元，居民用户仍为0.12元。1988年6月，民用管道煤气价格从每立方米0.12元调整为0.17元，公用事业用气由每立方米0.18元调为0.255元，工业用气由0.24元调为0.34元。

鉴于市场民用煤从1990年11月起调价，为保持民用燃料合理比价，根据省物价局、物资局、建设委员会《关于提高民用燃料销售价格的通知》文件精神，从10月15日开始，苏州市物价局就管道煤气价格调整有关事项发出通知：供应居民用户的管道煤气由每立方米0.17元调整为0.20元，供应工业生产、营业性用气的价格仍按每立方米0.34元执行，供应公用事业、机关、团体的生活性用气的价格仍按每立方米0.255元执行。管道煤气调整后价格从10月31日抄表后的用气量开始执行。

根据省相关部门和市政府文件精神，1992年7月，市物价局会同市建委、市物资局联合发出《关于提高民用燃料销售价格的通知》，调整了管道煤气价格。居民生活用管道煤气由现行每立方米0.20元调整为0.37元，公用事业用气由现行每立方米0.255元调整为0.45元，工业、营业用气由现行每立方米0.34元调整为0.55元。7月底前的管道煤气实际使用数执行原价格，8月1日起执行新价。

在民用煤价格调整的同时，按合理支出系数，相应提高管道煤气的销售价格。1993年6月1日，苏州市区民用管道煤气销售价格由原来的每立方米0.37元调整为0.50元，公用事业用气由原来的每立方米0.45元调整为0.60元，工、商业用气由原来的每立方米0.55元调整为0.74元。各县（市）燃气价格按民用煤球提价水平及合理的支出系数，由各地自行安排，并与毗邻地区的价格衔接。

管道煤气销售价格调整之后，为弥补苏钢焦炉煤气生产成本的上升因素，正确处理好苏钢和市煤气公司两者之间的利益关系，确保城市煤气的正常生产和供应，经市政府领导同意，1993年6月1日起，苏钢焦炉煤气出厂价格由原来的每立方米0.16元调整为0.23元，价格调整后，苏钢厂应努力供足气，尽快提高城市气化率。

1994年1月，市物价局会同市建委发出《关于调整管道煤气气源建设费收费标准的批复》，同意市二期煤气工程筹建处的请示，根据省文件精神，结合苏州市的实际情况，对管道煤气建设费收费标准作如下调整：居民用户的气源建设费从现行每户1100元调整为2200元。居民小区管网配套费仍为每户700元。工业、营业、团体用户的气源建设费按计划日供气量每立方米650元收取。收费统一使用财政部门监制的专用收据，专户储存、专款专用。以上收费标准自1994年3月1日起执行。根据国务院、省政府关于加强对居民基本生活必需品和服务价格监审的有关文件要求，1994年5月，市政府批转市物价局《苏州市居民基本生活必需品和服务价格实行监审的实施细则》，对"民用煤、液化石油气、管道煤气"等12种属于国家定价的商品和服务项目按照价格权限办理，凡涉及价格变动，必须按规定的权限报批，任何部门、单位和个人不得越权擅自提价，以安定人民生活，促进经济发展。

经市政府同意，1995年11月30日，市物价局发文调整市区民用管道煤气价格。鉴于成本大幅上升，亏损扩大，价格倒挂，民用管道煤气调为每立方米0.75元。公用事业、工业、商业、宾馆及餐饮业等管道煤气也相应调整，公用事业用气由每立方米0.60元调为0.90元，工业用气由每立方米0.74元调为1.00元，商业、宾馆、餐饮业用气由每立方米0.74元调为1.40元。调价从12月1日起执行。

由于煤炭、气源价格上升较大，加上固定资产所提折旧、设备大修理费用以及职工工资费用增加等，致使管道煤气成本大幅度上升，价格与成本倒挂情况日趋严重，企业亏损进一步扩大，为缓解燃气生产、经营的困难，根据省物价局《关于调整民用燃气销售价格的通知》精神，经苏州市公用事业审价工作委员会公开审议论证，并报经市政府批准，1997年6月1日开始调整苏州市管道煤气销售价格。管道煤气中民用气由原来的每立方米0.75元调为0.90元，调幅为20%；公用事业用气由原来的每立方米0.90元调为1.05元；工业用气由原来的每立方米1.00元调为1.20元；商业、宾馆业、餐饮业用气由原来的1.40元调为1.70元；商住楼集中供热用气由1.00元调为1.20元；浒墅关地区用气由0.90元调为1.05元（仍按气源热值比率安排）。管道煤气销售价格调整后，苏钢集团有限公司生产的焦炉煤气出厂价格同比例进行调整，即由原来的每立方米0.36元调为0.435元。

表7–29　苏州市区民用管道煤气历史价格变化情况表

执行时间	管道煤气（元/立方米）	执行时间	管道煤气（元/立方米）
1990年11月	0.20	1995年12月1日	0.75
1992年8月1日	0.37	1996年1月1日	0.75
1993年6月1日	0.50	1997年6月1日	0.90

　　1999年3月23日，苏州市物价局发出《关于管道煤气用户改装IC卡煤气表收费标准》的批复，要求新建房或新装管道煤气用户可直接安装IC卡煤气表，表押金按每只150元收取；原使用非IC卡煤气表的管道煤气用户在改装IC煤气表时，可以向自愿要求改装表具的用户收取每只100元的改装费用，以平衡建设资金，其余的改装费用由苏州市燃气集团有限责任公司承担。

　　由于苏钢集团的焦炉煤气成本上升较多，出现亏损，为鼓励燃气集团向市民供好气，满足社会的需要，经报市政府同意，市物价局决定从2000年3月1日抄见量起，苏州市民用管道煤气价格从现行的每立方米0.90元调为0.95元，调整的水平不超出省定的限额。浒墅关地区的用气按照热值的比率从现行的每立方米1.05元调为1.10元。除民用气外，其他各类用气价格不作上调，仍维持原价。

表7–30　1998~2000年苏州市区民用管道煤气价格表

单位：元/立方米

分类	1998年	1999年	2000年9月
管道煤气	0.90	0.90	0.95

　　2003年，苏州市区有28万多户居民生活用燃料主要有管道煤气（水煤气）、管道液化气和瓶装液化气三种，其中，管道煤气用户有近16万户，价格仍为每立方米0.95元。

　　由于煤炭价格上涨较多及其他各方面的因素，苏州市管道煤气的生产成本上涨较多，企业亏损严重。原来的价格已经不能适应企业生产的正常运转。为维持正常生产，保证市民生活和社会生产经营的供应需要，按照价格法律、法规的规定要求，经2004年4月26日苏州市物价局主持的调整管道煤气价格决策听证会通过了修正方案，并报经市政府常务会议审议同意，决定调整苏州市区管道煤气的销售价格。其中，居民生活用气由原来的每立方米0.95元调整为1.10元，公用事业用气由原来的每立方米1.05元调整为1.20元，工业生产用气由1.20元调整为1.30元，商业用气由1.70元调整为1.95元。从2005年6月1日起的第一次抄表仍执行原价格，第二次抄表执行调整后的价格。这次管道煤气调整价格方案实施后，为了不增加特困居民用户的生活费用支出，经市政府同意，由市有关部门对特困居民用户实施价格补贴，补贴的标准为每户每月4.00元。

　　同年，由于苏钢集团的焦炉煤气结算价格的提高，苏州市燃气集团有限责任公司管道煤气的生产、经营产生新的困难。为了保证市场供应，2005年11月15日，苏州市物价局明确居民生活用管道煤气价格仍维持每立方米1.10元不变；工业用管道煤气价格管理方法参照西气东输天然气价格的管理方法，即以原来的销售价格每立方米1.30元作为中准价格，允许市燃气集团公司根据生产成本及市场经营的需要进行适当的浮动, 幅度为上下不超过20%。

表7-31　苏州市区民用管道煤气历史价格变化情况表

执行日期	管道煤气（元/立方米）	执行日期	管道煤气（元/立方米）
2000年3月1日	0.95	2004年12月1日	0.95
2000年9月1日	0.95	2005年6月1日	0.95
2003年7月20日	0.95	2006年5月1日	1.10
2004年4月23日	0.95	—	—

表7-32　各类管道煤气历史价格变化情况表

调价前	调价后	调价前	调价后	调价前	调价后
民用		公、事业用		工业用	
2000年3月起	0.95元/立方米	—	—	—	—
2005年6月起	1.10元/立方米	—	1.20元/立方米	—	1.30元/立方米
商业、宾馆用		商住集中供热		浒墅关地区	
1.40元/立方米	1.70元/立方米	1.00元/立方米	1.20元/立方米	0.90元/立方米	1.05元/立方米
2000年3月起	—	—	—	—	1.10元/立方米
2005年6月起	1.95元/立方米	—	—	—	—
2006年1月起	执行工业用气价格1.30元/立方米	工业商业用气价格并轨	—	—	—

注: 2005年11月15日起, 工业用管道煤气价格在原1.30元/立方米价格基础上浮动20%。

表7-33　2010年苏州市各类煤气价格表

单位: 元/立方米

燃气类型	居民生活	工业生产、商业服务	其他（公用事业）
管道煤气	1.10	1.30	1.20

注: 除居民生活用气外, 工、商、服务用气为中准价, 允许浮动20%。

四、天然气价格

2004年, 国家重点工程西气东输的天然气顺利到达江苏省。为保证天然气的正常运营, 根据《国家发展改革委关于西气东输天然气价格有关问题的通知》, 结合江苏省实际, 报经省政府批准, 2004年4月5日, 省物价局就西气东输天然气销售价格发出《关于天然气价格有关问题的通知》, 明确: 省辖市居民用气销售价格实行政府定价, 由省价格主管部门制定; 工业、商业等非居民用气销售价格实行政府指导价, 由省辖市价格主管部门制定中准价和浮动幅度, 具体销售价格由供需双方在规定的浮动幅度内协商确定。各县（市）的天然气价格由各省辖市价格主管部门制定。由于城市配气管网处于建设之中, 投资、气量等主要参数变化较大, 因此, 先制定试行价, 待运行正常后, 再制定正式价格。为促进天然气市场的开拓, 充分考虑用户的承受能力, 并与液化气、煤气等燃料保持合理比价关系, 苏南五市居民天然气到户试行价格为每立方米2.2元。为有利于天然气的推广使用, 减轻用户负担, 灶具、燃气热水器等所有改造费用由天然气经营单位承担, 居民不承担任何改造费用。

2004年4月, 苏州市区部分居民小区开始使用天然气作燃料, 城镇居民家庭用天然气价

苏州市价格志

格为每立方米2.20元。

表7-34　民用天然气历史价格变化情况表

单位：元/立方米

执行日期	天然气	执行日期	天然气
2004年4月23日	2.20	2005年6月1日	2.20
2004年12月1日	2.20	2006年5月1日	2.20

依据国家发展和改革委员会的通知精神，2005年4月1日起，苏州市调整西气东输天然气出厂基准价，由每立方米0.48元调整为0.52元，具体出厂价格由供需双方以此为基础在上下10%的浮动范围协商确定。西气东输天然气出厂基准价提高后，市各地居民生活用天然气的销售价格不变，仍按标准每立方米2.20元执行。其他非居民生活用气的中准价格仍为：工业用气每立方米2.10元，商业、服务用气3.00元，其他用气2.40元，但允许企业自主浮动的幅度由15%调整为20%。

表7-35　苏州市区天然气价格

单位：元/立方米

分类	价格	备注	
居民生活用气	2.20	—	执行日期：2004年4月
工业生产用气	2.10	中准价格，允许浮动20%	（苏价工（2004）125号，
商业用气	3.00	中准价格，允许浮动20%	苏价工字（2004）97号，
其他用气	2.40	中准价格，允许浮动20%	苏价工字（2005）88号）

注：1. 2005年4月起，除民用气外，工业、商业及其他用气浮动幅度改为20%（苏价工〔2005〕86号，苏价工字〔2005〕88号）。

　　2. 2006年1月起，工业、商业用气并轨，统一执行工业用气价格（苏发〔2005〕17号，苏价工〔2005〕347号，苏价工字〔2005〕249号），中准价格：2.10元/立方米，浮动幅度：20%。

　　3. 2007年11月10日起，工业用气按照省局苏价电传〔2007〕26号明传电报调整，苏州市物价局苏价工字〔2007〕205号规定中准价格2.55元/立方米，浮动幅度20%，其他不变。

表7-36　2008年苏州市天然气价格表

单位：元/立方米

燃气类型	居民生活	工业生产	商业服务	其他（公用事业）
西气东输天然气	2.20	2.55	2.10	2.40

注：除居民生活用气外，工、商、服务用气为中准价，允许浮动20%。

2010年5月31日，国家发改委发出通知，自6月1日起，将国产陆上天然气出厂价基准价格每立方米上调0.23元。根据价格管理权限，苏州市于7月20日起将工业、商业、服务业等非居民用气销售价格的中准价格进行了同幅度调整，每立方米统一上调0.23元。即每立方米工业生产用气为2.78元，商业、服务业用气为2.33元，其他公用事业用气为2.63元。浮动幅度仍为20%，下浮不限。此次非居民用气价格的调整疏导了价格矛盾，缓解了企业压力。由于居民天然气价格管理权限在省物价局，实行全省统一定价，因此苏州市居民天然气气价此次未作调整，仍维持每立方米2.20元的水平，而此时苏州市燃气集团公司的供气总量中，居民用气已占七成以上。

第三节　职业介绍和人才市场收费

一、职业介绍收费

20世纪80年代初期开始，传统计划用工制度逐渐被打破。为了适应改革开放后劳动力市场逐步放开的新情况，统筹劳动就业，输送和管理临时用工，开展就业培训的劳动服务公司应运而生，这是一个综合性事业单位，可谓是最初的职业介绍机构。它隶属当地政府和同级劳动部门，其工资及公用经费，除了从行政事业费中列支外，属于非编制内的新增工作人员的开支，可向其所管理和服务的用工单位收取一定的管理费、手续费及培训费来补充。1986年12月，江苏省财政厅、省物价局、省劳动局制定了相关的收费标准。其中，经劳动服务公司调配、输送的城镇户口临时工、季节工、轮换工，在使用期间，每月向用工单位收取不超过上述工人工资总额5%的管理费；向用工单位输送农村户口的上述性质工人，收取的管理费为工人工资总额的8%；县区以上劳动部门所属的劳动服务公司负责指导、配合企业招收、录用合同制工人，并做好合同鉴证、监督、检查劳动合同履行情况等，可向用人单位一次性收取招工手续费8元/人次，并可根据实际情况与有关部门协商、研究、确定收取代培费。

1992年8月，苏州市物价局、市财政局给市就业管理处的《关于定额收取就业使用管理费的批复》中，制定了具体收费标准：城镇户口临时工、季节工、轮换工，按7元/人·月计收，收费单位为街道、镇（乡）就业管理所；农村户口的临时工、季节工、轮换工（一年以内），按9元/人·月计收，分别由市就业管理所收取其中5元/人·月，乡镇就业管理所收取4元/人·月；农民合同制工人（农村户口的临时工、季节工、轮换工〔一年以上〕），按4元/人·月收取，市、县就业管理处各半计收；由就业管理处调配来的外来劳动力，一年内的按9元/人·月、一年以上的按4元/人·月计收。市及县（市）就业管理处收取后按规定比例返回劳动力输出地。

1995年7月，江苏省劳动厅、物价局、财政厅印发了《江苏省职业介绍收费暂行管理办法》（以下简称《办法》），《办法》认定职业介绍机构的收费在坚持社会效益的前提下，本着保障市场有效运行、补偿合理费用支出的原则，以提供的中介服务内容、受益程度、管理要求、费用水平和付费对象承受能力等因素，分类、合理确定收费项目及收费标准。《办法》规定职业介绍收费的立项、调整审批权限在省级人民政府相关部门，职介机构在执行过程中要规范行为，委托性的收费须符合"自愿、受益"的原则，不得强制收费。《办法》还制定了江苏省职业介绍收费项目及标准，苏州市劳动局、市物价局、市财政局也于9月发文予以贯彻。

表7-37　1995年江苏省职业介绍收费项目及标准（试行）

收费项目	收费标准	备注
一、职业介绍机构向个人收取部分		
1. 劳动力交流场所门票	3元/人	限一定规模、租用场所集中大量招工
2. 就业求职报名费	5元/人	报名填表集中建档输入微机负责推荐
3. 中介成功服务费	10元/人	通过职介求职成功时收取
4. 自愿委托保管档案	15元/人·月	如单位代缴，按20元/人·月收取

收费项目	收费标准	备注
5. 境外来华就业服务费	200元/人	通过资格审核合格，其就业时收取
二、职业介绍机构向用工单位收取部分		
1. 劳动力交流摊位费	100元/半天	对进入劳动力交流市场用摊位的收取
2. 洽谈室租用费	150元/半天	备沙发、茶几、茶具等物品，提供一定服务
3. 用工信息传递发布	—	
（1）用工窗口电子屏发布需求通知等信息，根据各市实际情况核定		
（2）委托职介通过新闻媒体发布信息（广告），根据代收代付原则，按实结算		
4. 招工（聘）中介成功	—	招用农村劳动力的，在标准上加10元
（1）待业人员和初级工	30元/人	—
（2）中级工	50元/人	—
（3）高级工及以上	80元/人	—
三、家教、保姆、钟点工	5元/人次	由户主负担
四、微机查询信息资料费	5元/人次	用工单位或个人查询资料时收取
五、劳动就业管理机构在职业介绍机构业务管理中收取的费用		
1. 年审时，向非劳动部门的职介机构按年收入的1%收取管理费		
2. 就业管理机构向自行发布招工（聘）信息的用人单位收取30元/次审核费		

1999年12月，根据《中华人民共和国劳动法》、《中华人民共和国价格法》，省劳动厅、物价局、财政厅制定了《江苏省职业介绍服务收费管理办法》，适用于经劳动部门批准的职业介绍机构，其中民办职业介绍机构参照执行。职业介绍服务的收费范围主要为职业中介、劳务派出、境外人员来华的就业服务对象。同时规定，为下岗、失业职工提供职业介绍服务的，凭相关证明，从其下岗、失业登记之日三年内免收场所门票、个人求职登记费、介绍成功服务费、微机信息查询服务费；民办职介机构使用税务发票的，收费可根据核准的业务范围和所开展的服务项目，按不高于本同类收费标准的20%幅度确定。1999年，江苏省职业介绍收费项目和标准也同时制定公布。

表7–38   1999年江苏省职业介绍收费项目和标准

收费项目	收费标准	备注
一、职业介绍机构向个人收取部分		
1. 门票费	3元/人次	限一定规模、租用场所开展招聘业务
2. 求职登记费	5元/人次	报名填表集中建档输入微机负责推荐
3. 介绍成功费	—	
（1）本地劳力本地就业	10元/人次	—
（2）劳动力跨市、县就业	30元/人次	—
（3）境外人员来华就业	50元/人·月	进行资格审查，登记年检手续，联网查询
4. 跨省、地区流动人员	4元/人·月	驻输入地劳务服务管理机构对本地输出人员提供劳动权益保护，咨询争议调解，工伤事故协调处理、索赔等服务
5. 自愿委托保存档案费	10元/人·月	单位代缴为15元/人·月
6. 微机信息资料查询	5元/人·次	个人向职介机构查询时收取
二、职业介绍机构向用人单位收取部分		
1. 劳动力交流摊位费	100元/半天	半天≤4小时计算

收费项目	收费标准	备注
2. 洽谈室租用费	150元/半天	—
3. 用工信息传递发布服务费	—	三项费用为用人单位自愿委托职介机构通过电子屏信息窗口发布，如须向媒体发布，媒体费用按实结算，另收100元/次传递费，因特网再加50元
（1）向省内发布招聘信息	30元/次	
（2）向省外发布招聘信息	50元/次	
（3）向国外发布招聘信息	100元/次	
4. 介绍成功服务费	—	招用系农村劳力的按标准加10元/人
（1）初级工	30元/人次	—
（2）中级工	40元/人次	—
（3）高级工	50元/人次	—
（4）家庭用工	10元/人次	家教、保姆、钟点工，洽谈成功时收取
三、发布招聘信息审核费	30/次	对用人单位发布招工信息进行审核时收取

2000年2月，苏州市劳动局、市物价局、市财政局印发了《关于贯彻〈江苏省职业介绍服务收费管理办法〉的通知》一文，根据本地的实际情况，对其中有关职业介绍机构向个人部分的收费项目与标准做了补充：

表7-39　苏州市职业介绍服务收费项目和标准（对个人收取部分）

收费项目	收费标准	备注
1. 门票费	3元/人次	限一定规模、租用场所开展招聘业务
2. 求职登记费	5元/人次	求职者求职登记时收取
3. 介绍成功费	—	—
（1）本地劳力本地就业	10元/人次	—
（2）劳动力跨市、县就业	30元/人次	—
（3）境外人员来华就业	50元/人·月	代省收取
4. 跨省、地区流动人员	4元/人·月	—
5. 自愿委托保存档案费	10元/人·月	单位代缴为15元/人·月
（1）户籍粮油关系代理费	200/人次	第（1）~（5）项指代理
（2）养老保险代理费	2元/人·月	"劳动人事关系"期内需挂靠
（3）人事关系转出代理费	30元/人次	集体户口代缴养老金办理
（4）调资晋级代理费	10元/人次	调资晋级、出国政审以及终止转出"劳动人事关系"代理时收取
（5）出国政审费	120元/人	调资晋级、出国政审以及终止转出"劳动人事关系"代理时收取
6. 微机信息资料查询	5元/人次	个人向职介机构查询时收取

2002年6月，市物价局批复了市对外服务中心的有关人力资源中介等服务的收费标准。交流会门票每人2~5元；求职登记费每人5元；交流会摊位费（个）每次400~600元（含设摊、就餐、饮料以及洽谈室租用费）；委托招聘每次800~1000元（含设摊、专人洽谈、面试、收集整理材料）；人才中介成功服务费，初级每人30元，中级每人50元，高级每人100元；人才信息查询费每人25元。

2005年4月，根据省物价局《关于重申放开民办职业介绍中介服务收费的通知》精神，民办的相关职介所收费实行市场调节价，由其根据成本、供求情况和竞争需要，自主确定收费标准。服务机构可依据已经确定的收取标准范围，与委托方协商收费。

二、人才市场收费

1998年6月，市物价局为适应人才市场日益发展及规范其收费行为的需要，批复了苏州市人才市场《开展市场收费的报告》，批复中除了公布了人才市场的收费项目和标准外，还规定了实行用户自愿、有偿服务的收费原则，并要求必须做好明码标价并在醒目位置张贴公示。

表7-40　1998年苏州市人才市场收费项目和标准

收费项目	付费人	服务内容	收费标准
一、市场门票	个人	—	2~5元/人
二、进场招聘	单位	设摊、餐饮	400~600元/次
三、委托招聘	单位	设摊、专人洽谈、收集整理材料	800~100元/次
四、人才评介	委托方	素质测评、电脑测评	10元/人
五、应聘登记	求职者	验证领表	5元/人
六、人事代理	—	—	—
1. 个人委托代理	委托人	挂靠人事档案、代管个人档案	180元/人·年
2. 个人全权委托	委托人	挂靠人事档案、代管个人档案、保留干部身份、代理社会保障	50元/人·月
3. 单位委托代理	单位	保留人事关系、人事档案代理	240元/人·年
七、办理特聘	单位	挂靠认识关系、代办社会保障	200元/人·年
八、人事关系中介	—	人事关系转介、人事档案传递	100元/人
九、职称评审代理	—	—	—
1. 初级	委托人	资料整理、审核、送审	20元/人
2. 中级	委托人	资料整理、审核、送审	50/人
3. 高级	委托人	资料整理、审核、送审	100/人
十、户口粮油关系挂靠	委托人	户口粮油关系转递管理	200元/人次
十一、社会保障代理费	委托人	代收代支建立账户协调管理	60元/人·年
十二、人才信息查询费	查询人	计算机查询打印	25元/人
十三、人事政策咨询费	咨询人	计算机咨询	25元/小时
十四、毕业生就业协议鉴证费	就业者	鉴证	20元/人
十五、毕业生就业毁约协调调解	委托方	协调调解	500~1000元/人
十六、留学回国人员推荐	委托者	推荐	200元/人
十七、人才人事争议受理	委托者	—	10元/人
十八、人才协调成功服务	委托者	协调	150元/人

2002年3月，市物价局又批复该市场有关新增服务项目及收费，同意其职称政策咨询和职称材料审核服务收费标准为每人不超过100元；专家鉴定论文服务的收费标准中，高级、中级、初级专业技术资格每人每次分别不超过100元、80元和60元。

2004年2月，苏州市物价局贯彻省物价局2003年12月《关于明确江苏省人才中介服务机构的经营服务性收费问题的通知》，这是为了理顺收费管理关系，促进建立全省人才中介服务公开、公平、公正的竞争环境，加快人才中介服务市场化进程，而作出价格政策上的调整，将原先为行政事业性收费的人才中介服务收费，依照其各项服务内容做了细分，分别实行行政事业性管理下的政府指导价、市场调节价的价格形式。各项服务项目及其对应的收费项目作了明示。在这次贯彻中要求，就市内人才中介服务机构营业资质，人事代理程序，收费原则，收费项目与范围,明码标价以及收据使用均做了规定,并指出民营的人才中介服务,实行市场调节价,政府不再制定其有关服务价格。同年4月,市物价局、市财政局在《关于转发省物价局、省财政厅的〈关于重新明确全省人才流动服务中心有关行政事业性收费问题的通知〉的通知》中,将前述文件中的部分有关行政事业性收费标准废止,并要求接文后即到所在地物价部门办理收费许可证项目变更手续。同年7月,市物价局批复了市人才市场服务中心的"关于确定人才中介服务收费价格的申请",对该中心的有关经营服务性收费项目、标准予以明确。同年12月,市物价局又批复了苏州市生产力促进中心科技人才开发所的《关于申请核准人才中介服务收费标准的报告》,同意其部分人才中介服务收费标准并予以公布。

表7-41 2004年苏州市人才中介服务机构收费项目、标准表

序号	收费项目	收费标准	收费对象	服务内容
1	交流活动门票	2~5/人	进场人员	—
2	人才集市摊位费	400~600元/个	进场、上网交易的单位和个人	设摊、就餐、饮料
3	网上会员费	2400元/年		发布招聘信息、查询求职信息、发布面试通知及发布优惠招聘广告
4	网页招聘费	200元/周		代为制作急聘、特聘等各类网页招聘广告,文字不超过200字,图片不超过三幅
5	网络人才信息服务费	高级80元/份		查询求职信息,打印查询结果,提供个人资料
		中级50元/份		
		初级35元/份		
6	招聘(考)代理服务费	协议收费	委托方	专场、联合、委托形式
7	电教服务费	协议收费	委托方	策划,拍摄,编辑,制作资料片,制作、复印光盘设备租赁
8	人才派遣服务费	协议收费	委托方	—
9	人事咨询策划收费	协议收费	委托方	—
10	学历学位证书认证代理	协议收费	委托方	—

表7-42 2004年苏州市生产力促进中心科技人才开发所人才中介服务收费

序号	收费项目	收费标准	收费对象	备注
1	人才集市摊位	300元/个·天	进场单位	不足4小时(含4小时)收费减半,超过4小时按全天收
2	人才交流门票	2元/人	进场个人	高校毕业生待业期间和赴西部地区工作的凭有关证件证明,下岗再就业人员凭下岗证,低保对象凭城市最低生活保障金领取证免收
3	求职登记收费	5元/人	个人及毕业生等	包括有关表格、信息录入等费用
4	人才派遣收费	协商收费	委托方	委托双方通过鉴定和履行协议方式收费

第四节　邮政资费

中国的邮电资费标准，主要是由国家价格主管部门会同邮电主管部门统一管理和制定，邮电部门的延伸服务收费由地方制定。1998年3月，国务院进行机构改革时，"邮、电"分家，邮政、电信分别作为两个独立行业经营，改变了以往"邮电混营，政企合一"的经营和管理体制，在分营的同时，将邮政资费的管理职能从国家计委中划出，交给新组建的信息产业部。苏州的邮政、电信业也经过20世纪70年代的分营、1973年的合并、1998年的分营这样的过程，随后一直延续这样分营的管理模式，执行国家、江苏省制定的有关邮电资费标准，并根据权限，苏州的价格主管部门和邮政、电信主管部门也作一些延伸服务的收费项目、收费标准的制定。

一、信函资费

建国初期，由于物价的波动频繁，20克信函邮资也随之做过多次相应变动，至1950年7月，平信资费核定为本埠每件400元（旧人民币，下同），外埠为每件800元。1955年实施新人民币后，平信资费本埠每件0.04元，外埠为每件0.08元，该标准沿用至1990年7月前。其后，平信资费进行了较大幅度的调整，涨幅净增1.5倍，20克信函本埠资费0.10元，外埠资费0.20元。1996年开始，不分本埠、外埠，资费一律为每件0.50元。1999年，为缓解邮政亏损的矛盾，规定国内平信资费100克以内的，每重20克本埠0.60元，外埠0.80元，续重101~2000克的，每重100克，本埠1.20元，外埠2.00元。2006年10月，国家发改委、国家邮政局《关于适当调整邮政基本资费的通知》中规定：信函资费首重100克以内的，每重20克本埠由0.60元调整为0.80元，外埠由0.80元调整为1.20元；100克以上的续重资费维持原每100克本埠1.20元、外埠2.00元不变。同期，明信片资费由每件0.60元调整为0.80元。此外，印刷品的资费也同步作了调整。此标准沿用至2010年。

表7-43　1949年3月至1950年7月20克平信邮资变动表

时间	1949年11月	1950年1月	1952年2月	1950年3月	1950年5月	1950年7月	
收费标准（旧币制，元）	400	500	800	1000	800	本埠400	外埠800

注：1. 1950年7月至1987年底，20克平信邮资一直未作调整。

　　2. 1950年7月前，挂号费均按寄往外埠的三个平信资费收费，1950年7月后，按寄往本埠的三个平信资费收费（含国内平信外埠邮资）。

　　3. 1955年币制改革，国内平信本埠邮资为新人民币0.04元，外埠为0.08元。

表7-44　1950~2006年邮政信件资费标准一览表

单位：元

项目	规格	1950年7月		1990年7月		1996年		1999年		2006年	
		本埠	外埠	本埠	外埠	本埠	外埠	本埠	外埠	本埠	外埠
平信	20克以下	0.04	0.08	0.10	0.20	0.50		0.60	0.80	0.80	1.20

项目	规格	1950年7月		1990年7月		1996年		1999年		2006年	
		本埠	外埠	本埠	外埠	本埠	外埠	本埠	外埠	本埠	外埠
挂号费	件	0.12		0.30		1.00		2.00		4.20	
印刷品	100克以下	—	—	0.04	0.08	0.30		0.30	0.60	0.40	0.70

注：1950年的邮件资费已经折换成新币值人民币，1950年7月前挂号费为0.24元/件，7月调整为0.12元，其中含国内平信外埠邮资。

二、国内包裹收费

1949年至1957年间，包裹资费采用一局一资的办法，根据两地之间的距离和邮运线路、轮船通达与否，分别核定。江苏省邮寄普通包裹，1951年2月，规定每千克最低收费800元（旧人民币，下同），次年3月调整为15千克以下的小包，每件每5千克最低收费2000元，15千克以上包裹，每件每千克最低收费2500元。1958年1月1日起，经国务院批准，改为一区一费的办法，将全国各地的邮局划分为250个计费区，以直辖市、省辖市、专区所在地和交通要地为中心，两地区互寄，不论采用何种邮运路线，均按统一资费标准收费。江苏省按国家资费执行，普通包裹资费由区内运费、区间运费、包裹处理费和税金组成，区内运费连同税金，不分远近每千克0.10元（新人民币，下同），区间运费按两个计费区中心之间的距离乘以运价率。除新疆以西、西宁以西、雅安以西地区和西藏全区外，各区为0.00035元，包裹处理费重量在5千克以下的，每件收费0.20元，超过5千克的，收费0.40元。1965年2月1日起，除西藏地区外，包裹资费均按每千克公里0.00035元计算。1973年8月，全国包裹资费运价率统一规定每千克公里0.00035元。1986年开始，商品包裹资费按普通包裹资费为基础加收50%。

1990年7月，为改变邮政资费长期偏低、邮政企业缺乏自我发展能力的状况，省邮局、省物价局发通知提高国内邮政资费，民用和商品包裹的投寄里程分区核定，起算单位由100克恢复到500克，包裹处理费由原0.20元/件提价为0.50元/件。民用包裹资费在原定的标准上加收150%，商品包裹在民用包裹资费上加50%计收。

1999年3月1日，国家调整邮政资费，包裹收费仍维持原标准，即每500克为一个计费单位，仍以里程分区的计费标准收费。此标准延续至2010年无变化。

2000年之后快递业逐渐兴起，邮政的包裹运递业务垄断被打破，快递成了民众除邮政之外另一个邮递物品的选项，其对邮政业包裹业务的冲击显而易见。

表7-45 国内特快专递邮件资费表

单位：元

项目			计费规格	资费
邮件	常规特快专递	单件重量不超过1千克的邮件或单件重量超过1千克且空间运距超1000公里的省际邮件	起重200克	20.00
			每续重200克或其零数	6.00
		单件重量超过1千克的省内邮件或空间运距不超过1000公里的省际邮件	起重200克	20.00
			201~1000克间每200克	6.00
			1000克以上每续重200克或其零数	4.00

续表

项目			计费规格	资费
邮件	超常规特快专递	省内或运距不超过1000公里的省际邮件	基本资费（30千克）	624.0
			每续重500克或其零数	5.00
		运距超过1000公里的省际邮件	基本资费（30千克）	914.0
			每续重500克或其零数	10.0
保价费			按保价金额1%收取，保价金额不超过100元的按1元收取	
撤回邮件申请单			每件	3.00
逾期保管费			每件每天	1.00
补副收据费			每份	1.00
揽收服务费			每次	5.00
超远投递费			每件	7.00
投递收件人付费特快专递邮件			每件	10.00

三、邮政汇兑

新中国成立初期，邮政汇兑有两种汇率：银行通汇的地方，按银行汇率计算；不通汇的，汇率为3‰。1951年3月1日起，邮政汇兑改为受银行委托的代理业务，汇率分四种：1.两地设有银行的，按银行规定，最低为2‰，最高为3‰；2.仅一地有银行或都没有银行的汇率为5‰；3.两地均为邮政代办所或一方为邮政代办所，为10‰；4.定额汇票与稿费兑换券，按10‰计收。1953年2月1日起，银行将300万元（旧人民币）以下的汇款变为邮局自办，不论汇票金额大小，都收费2000元。1959年4月1日起，经国务院批准，实行新的汇兑办法，汇票为信汇方式，汇费按汇款额1%收取，每笔最低汇费为0.10元（新人民币）。此标准至1987年底未变。

1990年7月，邮政汇兑的计费标准为每汇1元或其零数收费仍为0.01元，每笔汇款最低收费0.30元。

1999年，在省有关调整部分邮政收费标准中规定，每笔汇款最低汇费为2.00元，最高汇费为50.00元，其他维持原标准。但每笔汇款的最高限额为5万元。此标准沿用至2010年。

四、电报收费

1950年3月，邮电部成立后，经政务院财经委批准，省内华文明语普通电报每字0.8个计价单位，外省1.2个计价单位，分别降为0.6个计价单位和0.9个计价单位。同年11月，华文明语普通电报每字省内合900元（旧人民币，下同），外省1350元。1952年5月起，废止按计价单位收费的办法，用人民币计算收费。1958年，经国务院批准，邮电部对电报资费调整，规定：除新闻电报外，不分省内、省外明码、密码，普通电报每字均为0.03元（新人民币，下同），加急电报加倍。1983年12月1日，电报资费每字提为0.07元，加急加倍。1992年12月，为改变公众电报资费偏低、电报业务长期亏损的状况，国家提高了国内公众电报的资费：公众电报基础资费由每字0.07元调整为0.13元，公众电报的其他业务也作了相应调整。

随着电信事业日益发展壮大，通讯网络的铺建完善，电话以及传真机、网络的普及，公众间联系的选择更多样，交流更便捷，由此，电报这一较为古老的业务逐渐退出市场。

第五节　电信资费

一、电话月租费

1949年至1957年间，江苏省执行的市内电话资费是六级制。月租费标准分甲、乙、丙三种，甲种用户月租费标准详见下表7-46，乙种电话用户月租费为甲种用户的2倍，丙种的为甲种的3倍，公用电话每次收费为1/3个计价单位。并以100户为一级局，10000户以上为六级局这样的梯级定局。

表7-46　1949~1957年江苏省市内甲种电话用户月租费标准表

单位：元/月

机种	一级局 （100户）	二级局 （100~500户）	三级局 （501~2000户）	四级局 （2001~5000户）	五级局 （5001~10000户）	六级局 （10000以上户）
人工电话	17.00	25.00	33.00	40.00	45.00	50.00
自动话机	27.00	35.00	43.00	50.00	50.00	60.00

注：1955年以前的收费已经折合成新币制人民币。

1958年1月1日，经国务院批准，邮电部对全国电话月租费进行调整。普通电话统一按照一个价目收费。取消原来的六级制，改成按电话机械容量分为三级。电话机械容量在2001门以上的为一级局，容量在501~2000门的为二级局，500门以下的为三级局。住宅、宿舍的电话为甲种用户，其他使用数较多的为乙种电话。月租费详见下表：

表7-47　1958年江苏省市内电话月租费表

单位：元/月

项目	一级局		二级局		三级局	
	甲种用户	乙种用户	甲种用户	乙种用户	甲种用户	乙种用户
月租费	9.00	13.00	6.30	9.00	3.80	5.50

1980年8月1日起，江苏省执行邮电部、国家物价总局通知，调整市内电话资费标准。规定市内电话分为包月制和计次制两种。包月制电话月租费的计费等级分为四级：容量在10000门以上的为一级，2000~9999门的为二级，500~1999门的为三级，500门以下的为四级。计次制电话月租费的计费等级分电话机械容量在10000门以上和10000门以下两种局，用户仍分为甲乙两种。普通电话包月制月租费和计次制月租费标准详见下表：

表7-48　1980年市内普通电话包月制月租费标准表

项目	一级局		二级局		三级局		四级局	
	甲种用户	乙种用户	甲种用户	乙种用户	甲种用户	乙种用户	甲种用户	乙种用户
收费标准	12.00元/月	20.00元/月	11.00元/月	18.00元/月	8.00元/月	13.00元/月	5.00元/月	8.00元/月

表7-49　1980年市内普通电话计次制月租费标准表

项目	10000门以上局（元/月）		10000门以下局（元/月）		基本发话次数		超次费（元/次）
	甲种用户	乙种用户	甲种用户	乙种用户	甲种用户	乙种用户	—
收费标准	10.00	16.00	8.00	13.00	60.00	100.00	0.04

　　1984年9月，经省邮电管理局批准，苏州邮电局市话收费由包月制改为计次制收费，计次制收费方法有二种：单式计次的，即只计发话次数不计通话时间长短；复式计次，须按用户的发话次数及通话时长收取通话费，取消了基本发话次数，并相应降低基本月租费。计次制收费有着合理负担电话资费，节约线路资源，从而保持市话畅通优势。

　　1990年10月起，为适应电信市场发展需要，按照"统筹规划、条块结合、分层负责、联合建设"的方针，国家对市内电话资费管理办法进行改革：计次制标准由月租费和通话费两部分组成。基本月租费的基本等级在原先10000门的基础上再增加5万门、10万门、20万门、40万门4个等级，基本月租费在原10000门的基础上，甲种用户增加2元，乙种用户增加3元。

　　1992年，随着电信事业的发展，机械容量不断扩大，原先的标准又作了调整：复式计次月租费由过去的5级、1万门为起点，调整为以5万门为起点，增加了60万门、80万门、100万门，共计8个等级，容量越大，月租费越高。

　　2001年1月，基本月租费不再按交换机容量划分等级，统一并为省会城市、地市县、农村及办公电话4个等级计费，各级次中分别划分2~3个不同档次，由各省份根据当地经济发展情况和市场供求状况自行选择确定。

表7-50　2001年苏州市中国电信用户月租费标准

地区	用户类别	计费单位	计费金额
市区	住宅	元/月·部	18.00
	办公	元/月·部	30.00
	中继线	元/月·对	100.00
县、市、农村	住宅	元/月·部	15.00
	办公	元/月·部	30.00
	中继线	元/月·对	100.00

　　注：苏州中国电信用户月租费标准根据江苏省物价局、邮电局、财政厅苏价费〔2001〕83号文件规定。2001年后标准未予变动。

　　2002年5月1日起，江苏电信公司在给省物价局的"关于取消部分电信业务收费项目"的备案中，取消了本地网包月制月租费和单式计次制月租费项目。苏州市在2001年公布实施的中国电信用户月租费标准，延续执行至2010年未予变化。

二、市内电话资费

　　自1980年至1991年间，江苏市内电话通话费在1980年、1988年、1990年、1991年，共调整过4次，标准从1980年的每3分钟0.04元调整到1991年的每3分钟0.10元。1990年10月，苏州市内电话（含公用电话）计次费各级局已均按每次0.10元计收，其中含通信建设附加费0.02元。

表7-51 1980~1991年苏州市内电话通话费调整表

单位：元/3分钟

年份	1980	1988	1990	1991
市话	0.04	0.05	0.08	0.10

1996年4月，苏州市物价局、邮电局贯彻江苏制定的本地网电话资费标准。标准为3个级别：第一级为营业区内通话，每3分钟0.10元；第二级为同一市（县）市区与郊区、郊区与郊区、郊区与市区之间通话，每分钟0.10元（因省规定第二级标准本地网资费在苏州暂无此范围，由此此级标准暂不执行）；第三级为不同县（市）之间、市与县（市）之间、同一市（县）内，农话区间通话、农话与市话之间通话，通话费为每分钟0.60元。同年12月，根据国家调整邮电资费政策规定，市话通话费由原每3分钟0.10元调整为每3分钟0.12元，并以此为中准价，允许上下浮动20%。据此，江苏省将本地网资费级别由3级改为2级，营业区内通话为第一级，资费每3分钟0.14元，营业区间通话为第二级，资费每分钟0.60元。

1997年5月，区内通话费每3分钟0.14元改为每3分钟0.15元。

1999年3月，为配合邮政、电信体制改革，促进信息产业发展和电信市场的扩大，营业区内的甲种用户每3分钟0.15元调整为0.20元，乙种用户由每3分钟0.15元调整为0.22元；区间电话不分甲、乙种，维持原每分钟0.60元不变。同年6月，区间电话由每分钟0.60元下调为0.50元。

2001年3月，国家对电信资费进行结构性调整，江苏的营业区内通话费计费单元由按每3分钟一次改为按首次3分钟，以后每1分钟计费一次。甲种用户首次每3分钟0.20元，以后每1分钟0.10元；乙种用户首次每3分钟0.22元，以后每1分钟0.11元。

2005年11月，为鼓励市场竞争，保护电信用户的合法权益，国家明确将固定电话本地网营业区间通话费实行上限资费标准管理，本地网区间电话资费标准为每分钟0.40元，同时明确该标准为江苏资费标准的上限。

2006年6月，江苏实行固定电话（含小灵通）预付费电话业务资费标准，该业务是一种利用计费账务系统或智能网平台实现的电话新型业务，具体操作为该类用户开户并预存一定的通信费用后，即可拨打电话，通话产生的费用在预存的费用中实时或定时扣减。

2008年3月，根据省文件安排，苏州固定电话本地网营业区间电话资费上限0.40元/分钟下调为0.30元/分钟；2010年2月起，再次下调为0.20元/分钟。此后，苏州固话本地网营业区内电话资费标准未予变动。

表7-52 1996~2010年苏州市本地网市话通话费一览表

分类	1996		1997		1999		2001		2005	2008	2010
	甲种	乙种	甲种	乙种	甲种	乙种	甲种	乙种	—	—	—
营业区内（元/3分钟）	0.14		0.15		0.20	0.22	0.20	0.22	—	—	—
营业区间（元/分钟）	0.60				0.50				0.4	0.30	0.20

注：1. 区内电话的基本计费时间为3分钟，2001年3月起区内电话基本计费后超时部分计费，甲种电话0.10元/分钟，乙种0.11元/分钟。

2. 区间电话的基本计费时间为每分钟。

三、长途电话资费

1949年8月，长途电话资费实行按计价单位收费，将长途通话的空间距离，从20公里以内至3400公里分为49级，通话每3分钟为1次。规定的收费标准：最近的2公里以内，每次为2个计价单位，1951年5月调整为2.5个计价单位；最远的3400公里，每次为48个计价单位，1951年5月调整为60.5个计价单位。1952年1月，通话空间距离增加了10公里以内这一级，并调整收费标准：最近的10公里以内，每次为1个计价单位，合1500元（旧人民币，下同）；最远的为73个计价单位，合109500元。1958年1月，经国务院批准，邮电部对长途资费进行调整，将通话的空间距离简化为18级，通话仍以3分钟为1次，规定的收费标准是：最近的25公里以内，每次为0.15元（新人民币，下同）；最远的2000公里以上，每次为8.40元。同年8月，再次调低长途电话资费。通话空间距离又简化为13级，仍实行3分钟基本收费办法。通话不满3分钟，按3分钟计算，超过3分钟按实际通话时间收费。规定每分钟的标准是：最近的25公里以内为0.05元，最远的2000公里以上的为1.20元。

1984年，长途自动电话按实际通话时间计费，不满1分钟按1分钟计算。

1987年7月1日起，长话每分钟加收0.10元附加费，加急电话不加倍，节假日和夜间电话附加不减半。同年10月，长话资费标准由原13级调为12级，长话的分级基本价目1级为1~25公里，每分钟0.10元，每级随着距离增加分别递增0.10元，第12级为2001公里以上，每分钟1.20元。

1988年4月，省物价、财政、邮电联合发文，调整长途电话半价服务时间，由当日19：00到次日7：00调整为当日21：00到次日7：00，节假日半价服务时间不变。

1996年12月，为解决长话远距离收费标准偏高，中、近距离与此比价不合理且差距过大，分级过细的问题，国家将长话计费等级简化为4级，并对资费结构调整：降低远距离话费，提高中、近距离话费。江苏根据本省实际情况和国家资费的规定，将长途电话资费等级再简化为3级。通话费标准为每分钟省内长途0.60元；省外800公里及以内0.80元，800公里以上1.00元。

2001年3月，苏州层转了上级有关《电信资费结构性调整的通知》，相应降低国内长途电话资费，改革计费单元。规定国内长途资费标准由原每分钟0.50元、0.60元、0.80元和1.00元四级计费，统一调整为一级计费，将计费单位由1分钟缩短为6秒钟，资费标准每6秒钟0.07元。此外还明确对法定节假日、夜间国内长途话费优惠等问题，由电信经营企业根据市场情况自主确定后备案批准。通知中还规定，自同年2月起，国内长途电话通信建设费、电信扶贫发展费、移动通信建设费和漫游通信建设费停止收取。

2005年10月1日起，国家调整部分电信资费管理办法，对国内长途电话的通话费、国际长途电话和港澳台地区的通话费实行资费上限管理，上限标准不变，各电信企业可在不高于上限的水平下，自主制定具体资费标准。

四、公用电话收费

1958年1月1日，苏州的公用电话拨打市内电话计次收费，不计时长，每次收费0.05元，此标准延续至1966年9月前。1966年9月，公用电话收费调整为每次0.04元。

1990年10月，为进一步加快市内电话建设和发展，根据国务院批准，国家物价局、邮电部文件《关于改变市内电话资费管理办法的通知》和省物价、邮电联合发文中有关规定，苏州市公用电话计次费各级局均按每次0.10元计收（含通信建设附加费0.02元）。

1996年，江苏省公用电话资费标准从计费单元到收费均作了调整：本地网营业区内、农话营业区内通话为每3分钟0.30元；本市（县）内市区与郊区、郊区与郊区之间市话通话每分钟0.30元；本地网（本地区）内不同县（市）之间、市与县（市）之间的通话，本市（县）内农话区间通话，市话与农话之间通话每分钟1.00元。同年，一种桌式投币公用电话被广泛安置在宾馆、酒店和娱乐场所，因其无人值守，使用时需自己准备对应的0.50元、1.00元硬币。

表7-53　1996年苏州市桌式投币公话收费标准

序号	通话类别		首次通话收费	续投通话收费
1	市话（含收费特服电话）		0.50元/3分钟	0.50元/5分钟
2	吴县农话及本地网电话		1.00元/分钟	1.00元/分钟
3	国内长话	每分钟话价不满1.00元（含1.00元）	1.00元/分钟	1.00元/分钟
		每分钟话价超过1.00元（含1.50元）	1.50元/分钟	1.50元/分钟
		每分钟话价超1.50元	2.00元/分钟	2.00元/分钟

注：拨打110、120、122、119均不得收费。国内长途电话每分钟话价中已经包括每分钟0.40元通信建设规费，代办户不得再收取任何费用。

1997年2月，市物价局批复了市邮电局关于移动公用电话资费标准：营业区内通话（市话）1分钟1.00元，其他通话（包括本地网及长途，不含国际和港澳台地区）1分钟3.00元。同年7月，省物价局、省邮电管理局调整并公布了部分公用电话资费。

表7-54　1997年江苏省公用电话收费价目表

通话类别	收费标准
一、本地电话网内通话	
1. 营业区内通话：市话营业区内通话，农话营业区内通话及本市（县）内市区与郊区、郊区与郊区之间市话通话	0.30元/分钟
2. 营业区间通话：本地网内不同县（市）之间，市与县（市）之间及本市（县）内市话与农话、农话之间通话	0.90元/分钟
二、长途电话	
1. 基本收费时长为1分钟，不满1分钟以1分钟计	（1）省内长途1.00元/分钟 （2）省际长途800公里及以内1.20元/分钟，800公里以上1.40元/分钟 （3）港澳台长途8.10元/分钟 （4）国际长途通话费根据不同国家及地区按邮电部规定的资费标准执行 （5）农话拨打长途电话另收取0.25元/分钟过线费（国际及港澳台通话不收过线费）
2. 代办手续费	（1）国内长途通话0.50元/次 （2）国际长途通话1.00元/次

注：法定节假日、休息日全天及非假日21时至次日7时国内长途通话费减半收取（本地网内通话不实行减半收费），法定节假日、休息日提前或移后，以省政府规定为准。法定节假日使用国际及港澳台电话，以现行资费标准80%计收。

1999年3月，江苏省全面调整邮政、电信资费标准，苏州市执行省新的公用电话资费标准，其中拨打区内公用电话由每3分钟0.30元调整为0.50元。同月10日，公用电话可以收取代办长途业务手续费，国内长途每次1.00元，国际长途每次2.00元。

表7-55   1999年江苏省公用电话收费价目表

服务项目	收费标准
一、本市电话	
1. 区内电话	0.50元/3分钟
2. 区间电话	1.00元/分钟
二、境内长途电话	
1. 省内长途	0.80元/分钟
2. 省际800公里及以内长途	1.00元/分钟
3. 省际800公里以上长途	1.20元/分钟
4. 境内长途电话代办费	1.00元/次
三、国际及港澳台长途电话	
1. 国际及港澳台长途电话通话费	—
（1）国际电话	按不同地区信息产业部规定执行
（2）港澳台电话	5.00元/分钟
2. 国际及港澳台电话代办费	2.00元/次
四、其他	
1. 代办公话及其他手续费	1.00元/次
2. 寻呼机回呼电话	0.30元/次
3. 来话传呼代办费	0.50元/次
4. 200.300.800全面手续费	0.50元/次

注：1. 拨打国内、国际及港澳台长途电话优惠办法按规定执行。

2. 拨打110、120、119、120、122、170、180、185、189、199特服电话不收费。

2001年5月21日零时起，省内IC卡及有人值守公用电话营业区内电话通话费首次每3分钟为0.40元，以后每分钟0.20元。

2008年7月，中国电信江苏公司IC卡公话资费标准经批复后公布。长途和本地通话费每分钟为0.15元，按7折进行优惠，实际收费每分钟为0.10元，长话、市话同价每分钟0.10元；国际和港澳台方向资费分为两档：拨至台湾、香港、澳门地区及美国、加拿大、新加坡每分钟为1.00元，拨至其他国家和地区每分钟为8.00元。

随着无人值守的公用电话的普及和联通、移动公司加入公话业务，各种类型的预付费电话卡资费标准不一，除了给予一定的优惠外，插卡打电话给大众带来了更多的便利。

表7-56   公用电话传呼费及延伸服务收费表

时间	传呼收费	备注
1985年1月	0.03元/次	250米外，加收0.02元，三层及以上楼层每层加0.01元
1988年9月	0.10元/次	—
1991年8月	0.20元/次	—

时间	传呼收费	备注
1999	0.50元/次	—

注：20世纪90年代后，电话的普及以及寻呼机、移动电话的广泛使用，传呼电话业务逐渐淡出。

五、电话初装费

用户初次安装电话，电信公司为新用户放号时，向其收回每一门电话所需的建设成本，即电话初装费。初装费中含机房及线路建设，管道铺设，机械设备的投资等费用。根据省有关文件规定，苏州的电话初装费收取，开始于1980年，停止于2001年，其间共计调整了6次。

1980年7月，江苏省邮电管理局、财政厅、物价委员会根据邮电部、财政部、国家物价总局通知精神，做出对市内电话新装用户收取初装费的规定，每部电话初装费为：省辖市及地区行署所在地城市工矿、企业单位收费1500元，属于行政事业经费开支的单位收费750元，中小学校、幼儿园、托儿所及住宅用户收费300元。1984年2月，省邮电总管理局降低初装费标准，厂矿企业单位1000元，行政事业单位400元，小商店、小作坊、个体户、专业户300元，中小学校、幼儿园、居委会和私人付费住宅电话免收。

1985年8月，省邮局、物价局、财政厅调整市内初装费，新标准是：省会及对外开放的工商企业单位3000~3500元；省辖市和工业产值在2亿元以上的县工商企业单位2000~2500元，工业产值在2亿元以下的县工商企业1500元；行政事业单位按所在地区工商企业标准减半收取；中小学校、幼儿园、托儿所按所在地区的工商企业标准的五分之一收取；私人自费装用的住宅电话免收初装费，只按规定收取手续费和工料费。在市话基本营业区外的新装用户，按界外线路长途收取线路建设费，每公里收取500元，不足1公里按1公里计算。县及农村电话初装费比照（或略低于）所在地区市话初装费的标准执行。长途电话自动拨号用户的初装费为6000元。

1988年4月，在省物价、财政厅、邮电管理局的《关于适当征收邮电通信建设附加费的通知》中，将原先的市内电话初装费和基本月租费标准在原有基础上上浮20%，作为通信建设附加费部分，并说明住宅电话初装费按事业单位初装费标准减半收取。

1990年9月，省物价局和省邮电局通知规定：省会及对外开放城市和地区（包括纳入上述城市市话网的县），一级市话装机容量在1万门及以上的市（县）的工商企业用户，每部电话的初装费为4200元，并可根据省定标准作上下浮动，最高不超过5000元，下浮不超过标准的30%；由财政拨款的机关团体、事业单位、中小学校和住宅电话的初装费按工商企业标准减半收取。根据上级文件精神，市物价局、邮电局制定苏州市电话初装费为4800元，即由省定标准上浮14.28%，由财政拨款的机关团体、事业单位、中小学校和住宅电话的初装费，执行按工商企业标准减半收取的规定。市话建设附加费按原1988年文件规定。

1998年11月，为促进通信事业的发展及减轻用户负担，根据省有关规定，苏州的固定电话初装费不分用户种类统一规定为2200元/部，固话装机工料费不分市话、农话一律为400元/部，移机工料费不分户类从350降为330元，同楼移机仍为150元。

1999年，根据江苏省全面调整邮政、电信资费的文件要求，苏州固定电话初装费不分用户种类由每部2200元统一降为每部1000元，在机线条件具备的情况下，住宅用户同址安装两部以上的，从第二部起不收初装费。同年11月，装机工料费标准也予以降低，为300元/户，移机工料费降为200元/户，同楼移机费用减半。

2001年7月起，执行省财政局、物价局、通信管理局的文件规定，市话初装费予以取消。

六、寻呼服务资费

无线寻呼业务是20世纪80年代末兴起的一项电信新业务，其通过无线寻呼台和网络以及个人佩戴的寻呼接收机间的联系，及时传递信息，给民众生活带来了极大的方便。20世纪90年代初、中期是寻呼机服务消费的鼎盛时期，引发了各寻呼台间的服务与价格竞争，其间，价格主管部门对此作了相关的服务标准与收费标准的制定，以规范其行为。随着移动电话的普及，单纯的传呼服务已经不能满足用户的个性需求，于是类似天气预报、金融汇率、文体咨询、股市行情等专业内容的寻呼服务开始盛行。2001年1月起，省及上级有关文件规定：放开寻呼机服务费价格，实行市场调节价，由各寻呼经营企业根据市场行情自行定价。其后，移动电话的普及以及其个性化的套餐，对寻呼业务形成强烈的冲击，致使该行业逐渐萎缩淡出市场。

表7-57　1994年江苏省无线寻呼资费表

收费项目	收费标准	备注
一、开户费		
1. 数字机	100元/号	—
2. 中文机	150元/号	—
二、月租费		
1. 数字机	—	—
（1）本地	25元/月	—
（2）本地区联网	30元/月	市与所辖县之间联网
（3）全省联网	40元/月	联网范围覆盖全省
2. 中文机	—	—
（1）本地	40元/月	—
（2）本地区联网	50元/月	市与所辖县之间联网
（3）全省联网	60元/月	联网范围覆盖全省
三、租机使用费		
1. 数字机	30元/户·月	—
2. 中文机	50元/户·月	—
四、异地寻呼登记费	10元/户·次	—
五、代维手续费	10元/户·次	—
六、停机后复机费	10元/户·次	—
七、换机过户手续费	30元/户·次	—
八、特殊服务项目	40元/项·月	—

表7-58　1995年江苏省统一无线寻呼业务资费标准

收费项目	收费标准	备注
一、开户费		
1. 数字机	50元/户	—

收费项目	收费标准	备注
2. 中文机	100元/户	—
二、服务费		
1. 数字机	—	—
（1）全省联网（含本地服务费）	20元/户·月	—
（2）本地服务费	15元/户·月	—
2. 中文机	—	—
（1）全省联网（含本地服务费）	45元/户·月	—
（2）本地服务费	30元/户·月	—
三、寻呼语音信箱	10元/户·月	—
四、租机手续费	30元/户·次	—
五、停机后复机费	10元/户·次	用户主动停机并办手续
六、换机、过户手续费	30元/户·次	—
七、特殊项目服务费	40元/户·月	金融信息、股市行情
八、维修手续费	10元/户·次	工料费按实计算

表7-59　1999年苏州本地网范围内的寻呼服务收费标准

收费项目	收费标准	备注
一、开户费		
1. 数字机	不超过15元/户	—
2. 中文机	不超过30元/户	—
二、服务费		
1. 本地网数字机	15~20元/月	—
本地网中文机	30~35元/月	—
2. 省联网数字机	20~25元/月	—
省联网中文机	40~45元/月	—
3. 跨省联网数字机	25~30元/月	—
跨省联网中文机	40~55元/月	—
三、语音信箱普通型	不超过5元/月	—
四、金融、股市行情等	不超过20元/月	—

七、小灵通业务资费

小灵通电话业务是中国电信推出的本地网无线接入通话业务,同样具有无线移动电话的功能,但通话范围仅限于本地网间,因其资费相对便宜,占有了移动通信业务的部分份额。

1999年初,国内开始了本地网无线接入电话试验。同年12月,信息产业部下发《关于制定本地网无线接入电话业务试行资费标准的通知》,规定小灵通电话通话资费参照各地固定电话通话费标准执行,基本月租费按照固定电话甲种、乙种电话基本月租费的算术平均数制定,并可上下浮动20%。江苏小灵通业务始于2000年,历经4次资费调整。2000年12月,根据信息产业部《关于本地网无线接入电话有关资费情况的通知》中将小灵通资费分为两档:基本月租费每月25元,本地网营业区通话费每分钟为0.20元;基本月租费35元,本地网营业区通话费每分钟0.10元。江苏结合实际情况,下文制定江苏本地网无线接入电话业务基本月租费不分甲、乙种,不分同号、异号,每户25元,本地网营业区内通话费主叫不分甲、乙种每分钟0.16元，本地网营业区间通话费主叫不分甲、乙种每分钟0.50元。2001年10月，小灵通预付费业务开展，规定不收基本月租费，本地网营业区内通话费每分钟0.25元，区间的通话费每分钟仍为0.50元。2003年5月，调整了月租费的计收方法，改为按天收取，每日按三十分之一的月租费标准计收，具体每天为0.80元。2006年6月，江苏实行固定电话（含小灵通）预付费电话业务资费标准，该业务是一种利用计费账务系统或智能网平台实现的电话新型业务，具体操作为该类用户开户并预存一定的通信费用后，即可拨打电话。通话产生的费用在预存的费用中实时或定时扣减。其后，小灵通收费有两种收费标准：按日付租费的后付费标准和预付费收费标准。

小灵通业务虽资费较低廉，但因其模拟技术使用、通话网络缺陷，致使通话质量常为用户所诟病。随后，因电信、移动电话业务的升级，此项业务取消。

八、移动电话资费

20世纪90年代初，江苏移动通信开始发展起来。类同于中国电信的电话初装费，移动通信也收取入网费（初装费）。入网费收取始于1992年11月，止于2001年7月，其间经过多次调整。

1992年11月，省物价局、省邮电管理总局下达的移动通信资费标准中，首次对900兆无线移动电话入网费作出规定：按照建设成本回收的要求，每部电话入网费（初装费）2万元。同年，国家统一制定移动通信资费，月租费150元，本业务区通话费为每分钟0.50元。

随后移动通信规模逐年扩大，入网费（初装费）也逐步降低。1994年，入网费（初装费）每部降为5000元。同年6月，月租费下调为50元，本业务区通话费每分钟下调为0.40元，并新制定了漫游通话费标准每分钟0.60元。当时，移动通信实行双向收费，即主叫和被叫都须支付等额通话资费，以达到成本补偿、降低主叫收费标准目的。

1995年，在省文件《关于征收900兆赫公众移动电话无线管理费的批复》中，同意收取"大哥大"注册登记费每部10元，频率占用费90元/年·部。

1996年8月，入网费再次调整，由每部5000元调整为3000元。

1998年1月起，频率占用费调整，每年每部为50元。同年3月，省物价局、省邮电局联合发布的《江苏省移动电话价格管理暂行规定》中明确：4月1日起，通话费、漫游费、月租费、验机配号费、系统服务功能使用登记费、移动电话裸机销售利润率等标准，由国家计委会同邮电部门制定和管理；入网初装费由国家计委会同邮电部门制定指导价，省级主管部门在国家指导价的范围内制定具体中准价格；通信建设费，扶贫电信发展费，移动电话过户手续费，移动公用电话通话费及代办服务费，SIM卡销售价格由省物价局会同邮电部门管理，选号费暂由各地邮点部门会同当地物价部门管理；移动电话保证金由电信企业自主确定。SIM卡销售价实行全省一价，每张200元。经同年4月、11月两次调整后，入网费（初装费）每部为2200元，通信企业可在中准基础上进行10%幅度的浮动。7月，在苏州转发的省有关江苏联通、移动公司的入网费批复中，同意移动入网费（初装费）每部中准价由2200元调整为1800元，并可在20%幅度内浮动。

1999年对入网费（初装费）进行了两次调整。3月的入网费（初装费）由1800元/部降为1000元，可上下浮动20%；模拟机入网费每部500元，不再下浮。同年9月10日起，再次降低移动电话入网费（初装费）：全国漫游（全球通）数字网江苏移动通信有限责任公司、联通江苏分公司入网费均为每号550元。9月15日起，数字网本地漫游移动（本地通）入网费由现行的500元调整300元。

2000年2月1日起，SIM卡销售价格调整为每张100元。3月，移动SIM卡销售价预付费业务开设，免收入网费和基本月租费，通话实行主、被叫双向收费，以1分钟为一个计费单位。本地通话费每分钟0.60元，漫游话费每分钟0.80元。同年7月21日起，全省取消用户更名费、过户手续费、呼叫等待登记费等6项收费项目；点对点短消息实行发送户单向收费，每条0.10元，接收免费；手机银行、信息点播业务实行向接受用户单向计收，每条0.10元；全球通秘书服务月基本费10元。

2001年1月，为规范电信资费，减轻用户负担，国家对所有附加在电信业务基本资费上的附加费一律取消。同年2月，为适应电信市场需要，满足不同层次用户需求，以刺激消费，信息产业部下发《关于移动电话资费套餐的批复》，批准中国移动有限公司江苏分公司、中国联通有限公司江苏分公司等单位推行资费套餐，实行备案管理。同时改革长途电话计费单元，境内长途统一调整为每6秒0.07元，港澳台电话统一调整为每6秒0.20元，即移动电话用户拨打境内长途电话和国际长途及港澳台电话，按照移动电话基本通话费（以1分钟为计费单元）加相应长途通话费（以6秒为计费单元）收取。移动电话拨打长途优惠时段为零点到次日7点（不分工作日和节假日），优惠幅度为规定标准的60%，国内长途每6秒为0.04元，国际及港澳台长途因国家区别而收费不一。

表7-60 2001年中国移动全球通资费标准

收费项目	收费标准	收费项目	收费标准
入网费	200元（优惠标准）	境内长途	0.07元/6秒
SIM卡费	100元/张	国际长途	0.80元/6秒
STK卡费	120元/张	港澳台长途	0.20元/6秒
频率占用费	12.50元/季度	国际或港澳台漫游出访通话费	做主叫：被访地话费*115%
月基本费	50元/月		做主叫：发生境内通话或做被叫2.50元/分钟*115%
移动话费	0.40元/分钟		做被叫：（被访地话费+中国至被访地的IID）*115%
漫游话费	0.60元/分钟		做主叫发生国际或港澳台通话：（2.50元/分钟+国际或港澳台每分钟长途通话费）*115%

注：移动和漫游费按每分钟收取，不足1分钟按1分钟计算；长途话费按每6秒收取，不足6秒按6秒计算。

表7-61 2001年中国移动预付费业务资费标准

项目	收费标准	
	用户未漫游	用户漫游
拨打本地电话	0.60元/分钟	0.80元/分钟
拨打境内长途	0.60元/分钟+0.07元/6秒	0.80元/分钟+0.07元/6秒
拨打国际长途	0.60元/分钟+0.80元/6秒	0.80元/分钟+0.80元/6秒
拨打港澳台长途	0.60元/分钟+0.20元/6秒	0.80元/分钟+0.20元/6秒
接听电话	0.60元/分钟	0.80元/分钟+0.07元/6秒

同年,联通公司调整其电话资费,基本用户本地通话费由每分钟0.40元调整为0.36元,普通用户漫游通话费由每分钟0.56元调整为0.54元。长途按国家标准执行。取消所有附加费。7月,根据国家和省有关文件规定,移动电话入网费取消。同年12月,江苏关闭模拟移动电话网,停止其所有业务。

2002年4月8日,联通江苏公司CDMA移动电话经过3个月的试运行后,正式报备资费标准,经省物价局、省通信管理局批复,其资费执行国家数字移动电话资费标准,并实行双向收费。通话费以分钟为计费单位,不足1分钟按1分钟计。基本月租费每月50元,本业务区通话费每分钟0.40元,境内漫游通话费每分钟0.60元,用户在归属地拨打、接听电话,均收取本业务区通话费;拨打境内长途电话和国际及港澳台电话,在本业务区通话费的基础上按上述境内长途电话和国际及港澳台电话标准另收通信费。用户漫游状态拨打、接听电话相应收取漫游通话费(详见下表7-62)。同年4月,移动电话主叫/被叫付费业务在江苏开展,资费为对主叫客户的基本通话费按国家规定的移动电话基本通话费上每分钟加收0.40元,被叫不付费;被叫付费业务,对被叫用户的基本通话费按国家规定的移动电话基本通话费上每分钟加收0.40元,主叫不付费。长途电话仍按照原资费标准执行,若客户处于漫游状态,需自行交付漫游通话费和非漫游基本通话费之间的差价,每分钟0.20元。10月,江苏移动正式开展动感地带和GPRS业务。

表7-62　CDMA移动电话资费标准

业务种类		资费标准	备注
UIM卡费		150元	—
月租费		50元	—
本地通话费		0.40元/分钟	—
漫游通话费		0.60元/分钟	—
长途话费	非漫游状态	本地通话费+长途通话费	—
	漫游状态	漫游通话费+长途通话费	—
	拨打IP电话	本地或漫游通话费+IP电话通话费	—
来电显示		5元/月	默认关闭,申请免费开通
呼叫转移(前转)		基本费0.10元/分钟,长途按实收	默认关闭,申请免费开通
呼叫保持/等待		5元/月,呼叫保持使用按正常通话费收取,呼叫等待暂时免费	默认关闭,申请免费开通
三方通话		使用按正常通话费收取	默认关闭,以呼叫保持/等待为前提方能开通
移动秘书		15元/月(暂未开通)	默认关闭,申请免费开通
联通在信(短消息)		按现行联通在信短消息资费标准执行	默认关闭,与呼叫限制同时开关
国际漫游来访漫游话费		2.88元/分钟	—

表7-63　GSM移动电话资费标准

项目	普通协议用户	如意行用户	如意通用户
CIM卡费	80元	80元	80元
基本月租费	40元/月	无	无
本地通话费	0.36元/分钟	0.54元/分钟	0.54元/分钟
漫游话费	0.54元/分钟	0.74元/分钟	0.74元/分钟

项目		普通协议用户	如意行用户	如意通用户
长途话费	非漫游状态	本地通话费+长途通话费		
	漫游状态	漫游通话费+长途通话费		
	拨打IP电话	本地或漫游通话费+IP电话通话费		
呼叫电话		0.10元/分钟（本网） 0.30元/分钟（非联通网络）	0.10元/分钟（本网） 0.30元/分钟（非联通网络）	暂未开通
呼叫等待		免费		
呼叫保持		视同通话，按通话费标准收取		
来电显示		暂免		
国际漫游来访漫游话费		2.88元/分钟		

2004年4月1日起，江苏联通、江苏移动公司对2003年5月1日以前入网的用户，收取来电显示业务功能费，每月5元，用户可自主选择取舍。6月，江苏联通开通CDMA移动电话预付费业务。主叫：本地通话费每分钟0.60元，漫游通话费每分钟0.80元；拨打国内、国际长途或IP电话加收相应的国内、国际长途或IP电话费。被叫：本地通话费每分钟0.60元，漫游通话费每分钟0.80元，并按国内长途电话资费标准加收国内长途通话费。

2005年9月，为完善电信资费市场价格形成机制，国家对移动电话国内漫游通话费实行上限管理，标准仍为每分钟0.60元，各电信企业在不高于上限标准之下自主制定、执行资费标准。

2007年4月以来，江苏省移动电话本地接听免费全面实施。

2008年3月1日零时起，江苏移动、江苏联通执行新调整的漫游费资费标准：主叫每分钟0.60元，被叫每分钟0.40元，合并了国内漫游通话费和漫游状态下的国内长途通话费，规定占用国内长途电路不再另行加收国内长途通话费。

第七章　公用事业价格

731

第六节　有线电视收费

有线电视是广电事业的重要组成部分。随着社会经济、文化事业的发展,苏州市的电视播放也经历了从无线到有线,从居民小区的共用天线到全市范围内的网络传输,其播放的电视节目从5~6套节目发展到60~70套节目,播放质量从模拟信号到数字化技术运用,其播放方式由用户单向接收发展到互动点播。在此过程中,有线电视也从原来的主要是宣传工具,逐步演变成群众文化生活、娱乐消费的重要方式。与此相适应的,有线电视的收费政策,也由事业性收费演变成经营性收费。

苏州市的有线电视发展分为四个阶段。第一阶段(1974~1983年)为共用天线的初级阶段,采用全频道隔频传输,一个共用天线系统可以传输五六套电视节目。第二阶段(1984~1989年)为电缆和微波电视阶段,有线电视跨出了共用天线阶段,步入有线电视网络发展阶段。第三阶段(1990~1997年)为有线电视高速发展阶段。1990年11月,国家颁发了《有线电视管理暂行办法》,标志着有线电视进入高速、规范的发展轨道。随后国家广播电影电视部发布的《实施细则》,明确了可收取适当的有线电视建设费、维护费。第四阶段(1998年起)为数字电视阶段。从模拟信号到数字化平台服务的发展,对有线数字电视收费又提出了新的要求。2007年4月,江苏省发布了《江苏省有线数字电视收视费管理暂行办法》,为规范有线数字电视基本收费标准,进一步促进有线数字电视网络整合提供了政策保证。

1990年11月国务院批准发布的《有线电视管理暂行办法》及1991年4月国家广播电影电视部发布的《有线电视管理暂行办法实施细则》,明确可以向有线电视台、有线电视站、有线电视系统的终端户收取适当的有线电视建设费、维护费。收费标准由县级以上(含县级)广播电视主管部门与同级价格主管部门协商制定。

1991年5月,根据国务院批准发布的《有线电视管理暂行办法》和苏州市政府办公室《关于贯彻有线电视管理暂行办法的意见》精神,苏州市物价局、市广播电视局联合发出《苏州市行政区域有线电视收费暂行规定》(以下称《规定》)。《规定》制定了市区及郊区的有线电视收视维护管理费和工程建设费(开办费)标准:收视维护管理费,每户每月每终端3.50元。工程建设费明线安装,1000户以上的收费每户140元,1000户以下的每户160元,老城区可在上述的基础上分别增加60元,农村可在老城区标准上增加60元;暗线(预埋)的,可在上述基础上每户每终端再提高40~50元。《规定》同时指出,为筹集苏州市有线电视联网建台经费,市行政区域性有线电视的工程建设费和收视维护管理费由苏州有线电视广播电视站统一收取。

1992年3月,苏州市物价局、市广播电视局函复市郊区物价局、郊区广播电视局,同意乡镇办的有线电视站收视维护费提高为每户4.50元,以解决市郊农村传输距离长、用户分散而致维护成本增加的问题。

1994年12月,有线电视事业在市政府直接领导下,已经发展到拥有10万用户、省内第二规模的有线电视网络。原先街道自办的共用天线已经基本得到改造,并入有线网络,街道不再承担此后的维护及节目播收事宜，苏州市有线电视台的网络已经布局完成。鉴于发展速度同先进城市仍有差距，各种电讯器材价格上涨较快的原因，市广电总局多次申请要求调整收费标准，市物价局随即将调价方案报呈市政府，请市政府批示。次年3月，上述收费调整方案，在市物价局给苏州电视台的《关于调整有线电视收费标准的报告》的批复中被予以施行。方案为：收视维护管理费由每月每终端3.50元调整为8元，每增加一个终端，减半收费，单位用户每月每终端由10元调整为20元；有线电视城市综合开发配套设施费由原先的每平方米建筑面积6.50元调为8元。有线电视安装费，居民户由原来的300元/终端分别调为住宅楼（新村）每终端400元，城镇平房每终端460元，农村每终端520元，居民户每增加一个终端，安装费减半收取，单位用户由500元调整为1500元，十个以上终端的单位，每终端最高为600元。光缆联网改造费由150元调为200元。其中收视维护管理费执行日期为1995年4月1日，其他收费标准均于同年元月1日执行。

1996年5月，苏州有线电视台加密频道正式开通之时，收视维护费也相应调整：居民用户每月每终端从8元调整为12元，单位用户每月每终端从20元调整为24元。

2004年4月，针对城市建设规模的扩大以及道路改造面广量大、成本增加的因素，新建住宅有线电视初装费（即城市综合开发配套设施费）的收费标准调整，由原先的每平方米每终端8元，调整为14元，同户住宅每增加一个终端减半收费。

有线数字电视的"整体转换"，是一种先进技术的运用，除了提升了节目的收视品质外，还为开发有线电视更多互动功能奠定基础。2007年9月，根据《市政府关于加快有线电视数字化建设的实施意见》和《苏州市制定有线数字电视整体转换成本监审报告》规定，市物价局举行了"制定有线数字电视基本收视维护费听证会"。根据听证会意见，市物价局调整了苏州市区有线数字电视基本维护费的收费标准，由苏州有线电视网络股份有限公司免费向每户提供机顶盒（含智能卡）一台，同时将每月的收视维护费提高到24元，同址第二终端减半收费，第三及以上终端全额收费。同时还对诸如机顶盒以旧换新、非居民用户收费、困难家庭以及不参加整体转换用户的收费等作了安排。

2009年11月，苏州市物价局、市文广新局贯彻了《江苏省有线数字电视收费管理办法》，对市区的有线数字电视收费问题进一步明确：市区用户收视维护费每月每个终端为24元，同址同户可免费终端为两个，超过部分的费用按主终端标准执行。主终端的基本型机顶盒（含智能卡）由广电网络经营者免费配置，其他的自行购买。低保、特困、农村五保户、重残户主终端收视维护费每月8元；非居民户集团用户按不高于居民收费标准协商确定，敬老院、福利院等社会福利机构每个终端每月12元。同时还明确了已经缴付入户工程费（初装费）的用户，有线电视网络经营者不得再向其收取开户费，即取消了所谓的开通费400元。按时缴纳收视维护费的，可收看不少于60套公共数字电视节目。同年12月，对优惠对象做进一步扩大：1945年8月15日参加革命的老红军、老八路及其遗孀的有线电视收视维护费，同原有的模拟电视基本收视维护费的增值部分全免；领取国家定期抚恤补助金的优抚对象用户，享受收费20%的优惠。

2010年5月，苏州市物价局转发了江苏省物价局的文件，从6月1日起取消了有线数字电视收费中的开通费、复机费、停机费、用户证工本费，涉及有线电视的停机、复机、过户等手续费一律取消，规定移机费全省统一下调为每次30元，还对用户报停期间的机顶盒成本分摊费、退机费、智能卡申请补领的费用做了说明。有线电视用户在报停期间，停止基本维护费的收取，但需按每月不高于4.5元收取机顶盒成本分摊费用，网络公司为首次入网用户配置的、三年保修期内，外观及质量完好，用户要求退还的，以及机顶盒已经使用满8年，报停期间不收成本分摊费用。因损坏、丢失等原因，需要申领智能卡，每张不超过65元，首次入网用户的主终端智能卡不收费。

第七节 家庭互联网资费

互联网是新兴的高科技产业,它的诞生和发展,极大地改变了世界和人们的生活。20世纪90年代中后期,互联网的最初使用者是苏州政府机关及企事业单位,其收费标准最早由中国电信江苏公司依据上级规定制定,实行政府定价。由于近年来互联网接入服务领域已引入竞争机制,2001年1月,国家就放开互联网资费,由各信息服务商根据市场情况自行确定,实行市场调节价。同时,明确了各级对资费标准备案的管理权限:跨省经营互联网业务提供商,资费标准报信息产业部和国家计委备案;经营地方性互联网业务的运营商,资费标准报各省、自治区、直辖市通信管理局和价格主管部门备案。2001年国家对电信资费进行结构性调整时,为促进竞争,规定各互联网业务商可针对不同用户需求和市场情况自行制定网络使用费标准,因此互联网收费种类丰富多样,标准纷繁复杂。同时,为减轻上网用户负担,推动互联网的普及应用,促进国民经济信息化,国家还大幅降低上网用户通信资费标准。随着科技发展,互联网逐渐覆盖了从政企到公众的各客户群体,经营者也不再是最初的中国电信公司一家,中国移动、中国联通等公司也纷纷经营拓展互联网市场,呈现出市场竞争激烈,资费不断下调的走势。

一、拨号上网资费

2001年前,拨号上网用户需支付3笔费用:向信息服务商(ISP)支付的开户费,向信息服务商支付的网络使用费,向电信企业支付的通信费。这3笔费用实行政府定价。2001年1月,国家放开了开户费和网络使用费。

同年,中国电信江苏公司推出苏州城乡居民住宅用户登陆互联网业务,其收费依据根据国家信息产业部规定,中国电信江苏公司资费管理实行市场调节价。具体收费标准详见下表:

表7-64 中国电信江苏公司拨号上网资费标准表

收费依据	全国	信部清(2001)56号		
	江苏	1. 苏通苏价服(2008)20号 2. 苏通(2001)262号 3. 苏价服(2002)17号		
收费管理方式	市场调节价			
收费标准	16300	—	网络使用费(元/月)	通信费(元/分钟)
		农村住宅用户	—	0.01
		城市住宅用户	1	0.02
	163注册用户	开户费(元)	网络使用费(元/月)	通信费(元/分钟)
		—	3	0.02

注:1. 拨号上网每次使用时间尾数不足1小时部分,以分钟为计费单位。

2. 163注册用户的网络使用费,在节假日0:00~24:00(全天)、非节假日23:00~次日8:00减半计收。

3. 163主叫用户无优惠时段。

2003年5月,为促进宽带接入业务的发展,江苏省电信公司向省物价局上呈《关于宽带接入业务资费标准的报告》,省物价局、省通信局联合发出《关于对江苏电信公司宽带接入业务资费标准备案的通知》,对省电信公司上报的《关于宽带接入业务资费标准的报告》给予备案,原给予备案的文件(江苏电信市场〔2001〕18号)同时停止执行。省电信公司分别以"专线方式进入宽带网"、"终端方式进入宽带网"、"局域网同城高速互联"等三种接入方式制定业务资费标准。

在上述三种接入方式中,专线方式、局域网方式适用于党政机关、企事业单位。而终端方式是电信企业对接入因特网的最终用户有经营、管理、计费及控制功能的宽带接入方式。终端接入方式用户连接因特网时使用电信企业动态分配的IP地址,因使用收费比较低廉,比较适用于家庭等用户。其收费标准为:

连接费:政企用户和网吧用户每端口1000元,住宅用户每端口500元。

网络使用费:

1. 住宅用户

表7-65   中国电信江苏公司住宅用户网络使用费标准

包月类型	基本网络使用费	原则限定的使用时长	超时收费标准
一	50元/月	15小时	4.2元/小时
二	80元/月	30小时	4.2元/小时
三	120元/月	80小时	3.0元/小时
四	150元/月	180小时	3.0元/小时

住宅用户ADSL宽带接入的速率一般为512K,以太网接入速率一般在10M以下。如用户要求提供更高速率且电信企业具备能力,ADSL方式每增加512K、以太网方式每增加2M,基本网络使用费可以上浮20%,但最高不超过300元,超时收费标准维持不变。

对不能计时的10M以下速率以太网接入用户,暂按每月150元收取网络使用费。

用户月累计使用时间不足限定使用时长的,按照基本网络使用费标准收费。累计使用时间超过限定的使用时长,按相应标准加收超时费:尾数不足1小时部分以分钟为计费单位,不足1分钟的按1分钟计算,每分钟价格按每小时收费标准除以60计算,下同。

2. 政企用户限时包月标准

表7-66   中国电信江苏公司政企用户限时包月资费标准表

包月类型	基本网络使用费	原则限定的使用时长	超时收费标准
一	200元/月	50小时	4.2元/小时
二	300元/月	80小时	4.2元/小时

限时包月方式ADSL宽带接入的速率一般为512K,以太网接入速率一般在10M以下。对不能计时的以太网接入用户,按不限时包月标准收取网络使用费。

3. 不限时包月标准

表7-67   中国电信江苏公司不限时包月资费标准表

单位：元/月

速率	政企用户	网吧用户
小于等于512K	400	1500
512K<V≤1M	600	1800
1M至小于等于2M	900	2200
2M至小于等于4M	1000	2500
4M至小于等于8M	1100	2800
8M至小于等于10M	1200	3000
10M至小于等于20M	1800	5000
20M至小于等于34M	3000	8000
34M至小于等于100M	5000	12000

此外，宽带接入预付费卡业务每小时5元。

二、"天翼e家"资费

2006年，中国电信发出《关于全面启动"天翼e家"市场推广工作的通知》，中国电信江苏公司向市场推出"天翼e家品牌套餐"业务，其中涉及普通家庭互联网业务的有"e9共享版"、"e家自主版"、"全家福"、"流量包"等5种，其资费标准详见下表：

表7-68   天翼e8资费标准表

收费依据	全国	1. 中国电信（2006）735号《关于全面启动"天翼e家"市场推广工作的通知》 2. 中国电信家客（2008）37号《关于进一步优化调整e6和e8-1套餐的通知》 3. 中国电信（2010）854号			
	江苏	1. 苏通苏价服（2006）37号 2. 苏通联（2008）11号 3. 苏通联（2008）18号			
收费管理方式	市场调节价				
收费标准	收费项目	模式	月基本费	速率及时长	包含时长或话费	包含增值及其他服务
	月使用费	时长模式	168/178/188/198元	3M/4M，不限时	400~800分钟	1. 免月租、来显、彩铃、固话铃音盒、超级无绳功能费 2. 赠送200条点对点短信 3. 赠送e家娱乐/信息/理财服务 4. 送900/1800分钟WLAN 5. 互打亲情600分钟
			208/218/228/238元	4M，不限时	600~1000分钟	

续表

收费标准	月使用费	话费模式	68/78元	1M, 30~60小时	10元	1. 免月租、来显、彩铃、超级无绳功能费
			88/98/108元	1M, 30~60小时	10~20元	2. 免固话月租
			88/98/108元	1M, 120~240小时	10元	3. 在线杀毒
			118/128/138元	2M, 120~240小时	10~30元	4. 互打亲情600分钟
			158/168/188元	2M, 360~480小时, 超时费超过100元部分免收	10~30元	

注：时长模式超出后资费，长市话按0.15元/分钟计费。话费模式超出后按相关业务标准资费收取。

表7-69　天翼e9共享版资费标准表

收费依据	全国	1. 中国电信市场（2008）74号 2. 中国电信（2009）700号 3. 中国电信（2010）854号《关于2010年全业务套餐优化推广有关问题的通知》 4. 中国电信（2011）823号 5. 中国电信（2012）249号《关于发布e9A8共享版融合套餐方案的通知》
	江苏	1. 苏通联（2010）17号 2. 苏通联（2009）1号 3. 苏通联（2009）17号 4. 苏通联（2009）11号

收费管理方式	市场调节价

收费项目		月基本费（元）	宽带部分（速率及时长）	语音部分	免费接听范围	超值赠送
收费标准	月使用费	59	1M, 30/45小时	本地长市话200分钟	国内	固话免月租、来显、彩铃；免手机来显；互打亲情600分钟；全国漫游接听免费
		79	1M, 90/120/150小时	本地长市话100分钟		
		99	1M/2M, 120/150/180小时	长市话300分钟		
		129	2M, 180/240/300/360小时	长市话400分钟		
		139	2M, 不限时	长市话400分钟		
		169	2M, 不限时	长市话600分钟		固话免月租、来显、彩铃；免手机来显；互打亲情600分钟；全国漫游接听免费；WLAN900/1800分钟，299及以上档赠送网络视讯；赠送e家娱乐/信息/理财服务
		199	3M/4M, 不限时	长市话600分钟		
		229	4M, 不限时	长市话600分钟		
		269	4M, 不限时	长市话1000分钟/长市漫800分钟		
		399	4M, 不限时	长市话2200分钟/长市漫1600分钟		
		599	4M, 不限时	长市话4000分钟/长市漫3000分钟		
		899	4M, 不限时	长市漫5000分钟		
		99（光速版）	2M, 120~210小时	长市漫通话200分钟		手机赠送10元畅享包，免手机来显；免固话月租、来显、彩铃；互打亲情600分钟
收费标准	月使用费	99/109/119（光速版）	4M, 120~210小时	长市漫通话100/200分钟	国内	手机赠送10元畅享包，免手机来显；免固话月租、来显、彩铃；互打亲情600分钟
		129/139（光速版）	4M/512K, 不限时	长市漫通话200分钟		
		159/169（光速版）	4M, 不限时	长市漫通话200分钟		

注：超出后资费，本地0.15元/分钟，国内（不包含港澳台）长途及漫游0.29元/分钟，WLAN超出后0.05元/分钟。

表7-70　天翼e9自主版资费标准表

收费依据	全国		无		
	江苏		苏通联（2009）17号		
收费管理方式	市场调节价				
收费标准	收费项目	月基本费（元）	宽带部分	语音部分	免费接听范围	超值赠送

收费标准	收费项目	月基本费（元）	宽带部分	语音部分	免费接听范围	超值赠送
	月使用费	60/70/80/90	4M/6M，全包	天翼套餐≥49元	国内	iTV时尚包；固话免月租；家庭成员互打免费600分钟；最多支持4台电脑上网
		100/110/120	8M/10M，全包	天翼套餐≥89元		
		190/200/210/240	12M，全包	天翼套餐≥129元		

注：1. 超出后资费，按相关业务标准资费收取。

　　2. 4M宽带限时套餐为120~210小时，相应套餐费可在上述不限时套餐基础上减10~20元；2M宽带限时套餐可在上述4M不限时套餐基础上降20~40元；不含iTV可在上述套餐基础上降20~30元；可在上述基础上填充固话畅打及增值业务3~10元。

表7-71　天翼全家福资费标准表

收费依据	全国	无
	江苏	苏通（2005）553号
收费管理方式	市场调节价	

收费标准	收费项目	收费标准
	后付费全家福套餐	1. 执行本地网标准资费，同时对于每月电信业务使用费（包括月租费、通话费在内）给予20%~40%不等的优惠，具体如下：<table><tr><td>捆绑产品</td><td>优惠比例</td></tr><tr><td>固定电话+宽带+小灵通</td><td>40%</td></tr><tr><td>固定电话+宽带</td><td>20%</td></tr><tr><td>固定电话+小灵通</td><td>20%</td></tr></table>2. 套餐内同一家庭的固话和小灵通之间通话可免费800分钟 3. 采用后付费的方式付费
	预付费全家福套餐	执行本地网标准资费，同时对于每月电信业务使用费（包括月租费、通话费在内），按照一定比例在下个计费月给予返还<table><tr><td>捆绑产品</td><td>优惠比例</td></tr><tr><td>固定电话+宽带+小灵通</td><td rowspan="3">根据每月费用总额给予0~15%不等的返还</td></tr><tr><td>固定电话+宽带</td></tr><tr><td>固定电话+小灵通</td></tr></table><table><tr><td colspan="5">返还比例表</td></tr><tr><td>费用总额</td><td>(0，50)元</td><td>(50，100)元</td><td>(100，200)元</td><td>(200以上)元</td></tr><tr><td>返还比例</td><td>—</td><td>8%</td><td>10%</td><td>15%</td></tr></table>

注：1.（ ）表示界值不包括，[ ]表示界值包括；套餐内同一家庭的固话和小灵通之间通话可免费800分钟；采用预付费的方式付费。

2. 其他

（1）返还的金额=费用总额×返还比例。

（2）返还的金额在下个计费月初直接返还到用户预存的账户中。

表7-72 天翼流量包资费标准表

收费依据	全国	1. 中国电信（2008）1461号 2. 中国电信市场（2009）14号 3. 中国电信（2009）707号 4. 中国电信（2010）854号 5. 中国电信（2010）914号 6. 中国电信（2011）823号	
	江苏	1. 苏通苏价服（2010）1号 2. 苏通苏价服（2011）1号	
收费管理方式	市场调节价		
	收费项目		收费标准（元）
	上网流量包（境内）	30M	5
		60M	10
		150M	20
		300M	30
		800M	50
		2G	100
		5G	200
		10G	300
	流量使用费（境内）	流量计费	0.0003元/KB，每次不足1KB按1KB计
		时长计费	0.10元/分钟，每次不足1分钟按1分钟计

注：月流量15G内1000元封顶，超过15G当月暂停服务。如用户登记继续使用则按上述套餐超出资费计费。

三、"天翼宽带无线"资费

2008年开始，中国电信推出"天翼宽带无线"业务，其收费标准分流量套餐、时长套餐及WLAN资费三种方式供消费者选择。具体资费详见下表：

表7-73 中国电信公司"天翼宽带无线"资费标准表

收费依据	全国	1. 中国电信市场（2008）74号 2. 中国电信市场（2009）14号 3. 中国电信（2010）854号 4. 中国电信（2010）914号		
	江苏	1. 苏通苏价服（2010）1号 2. 苏通联（2009）11号 3. 苏通苏价服（2009）8号 4. 苏通苏价服（2011）3号		
收费管理方式	市场调节价			
收费标准	收费项目	月基本费(元)	上网流量（B/时长）	超值赠送	超出后资费
	月使用费 （流量套餐）	50	800M国内	赠送2G容量的 189邮箱	按相关业务标准 资费收取
		50	500M省内+50M省际		
		100	2G省内+200M省际		
		100	1.2G国内	赠送2G容量的 189邮箱	按相关业务标准 资费收取
		100	2G国内		
		150	4G省内+400M省际		
		200	3G国内		
		300	5G国内		
		500	10G国内		

		50	30小时省内	赠送2G容量的189邮箱	按相关业务标准资费收取
收费标准	月使用费（时长套餐）	80	省内80小时+国内5小时（国内上网流量15G）		
		100	80小时省内+20小时省际		
		100	60小时全国		
		150	省内160小时+省际40小时		
		150	省内150小时+国内10小时（国内上网流量15G）		
		200	国内120小时（国内上网流量15G）		
		300	国内200小时（国内上网流量15G）		
	WLAN资费	—	0.03元/分钟	—	—

注：天翼宽带WLAN（含热点覆盖区域）上网资费说明：以上资费适用于中国境内，不含港澳台地区。

四、3G上网版套餐资费

2009~2010年，随着3G技术的推广普及，中国电信、移动、联通等公司均推出了3G上网版套餐，种类丰富，内容全面，覆盖了从政府企业到公众的客户群体，充分体现了综合信息服务提供商的特点。下列表格为中国电信公司推出的"乐享3G上网版套餐"（主副卡）、"乐享3G套餐"（全能版）、"无线e卡"、"宽带上网卡"等业务的资费标准：

表7-74　乐享3G上网版套餐（主副卡）资费标准表

收费依据	全国	中国电信市场（2012）4号					
	江苏	1. 苏通联（2010）18号 2. 苏通联（2009）23号 3. 苏通联（2012）2号 4. 苏通联（2012）8号					
收费管理方式		市场调节价					
收费标准	月费（元）	流量	包国内				超出部分国内语音拨打资费（元/分钟）
			语音拨打分钟数（分钟）	Wi-Fi时长（小时）	点对点短信（条）	点对点彩信（条）	
	49	200M	100	30	30	6	0.20
	69	300M	150	30	30	6	
	89	400M	240	30	30	6	0.15
	129	600M	330	60	60	12	
	159	750M	450	60	60	12	
	189	1G	600	60	60	12	
	289	1.5G	990	120	180	18	
	389	2G	1290	120	180	18	
	489	3G	1590	120	180	18	
收费标准	589	4G	2000	120	180	18	0.15
	889	5G	3000	120	180	18	

注：1. 9项增值业务指：天翼通信助理——秘书版、5元189邮箱、爱游戏——畅游包、天翼视讯——全能看、天翼空间——全能玩、天翼阅读——精选畅阅、爱音乐——全能听、七彩铃音、健康随行。

　　2. 套餐赠送手机上网流量，不区分CTWAP、CTNET，不含Wi-Fi网络上网。

3. 国内通话和接听免费范围不包括港澳台。

4. 手机上网超出套餐流量资费为标准资费（统一为0.0003元/KB，不足1分按1分计）。月流量20G内1000元封顶，超过20G当月暂停服务，如用户登记继续使用则按标准资费计费。

5. Wi-Fi超出时长资费为标准资费（统一为0.03元/分钟）。

6. 针对129元及以上档套餐，不再提供上网包，超出套餐的流量，提供自动靠档优惠。超出套餐后，开始按照标准资费0.0003元/KB计收，当手机上网超出费用达到30元后，话单开始免费计收，直至用户使用到300M；用户使用超过300M后，继续开始按照标准资费0.0003元/KB计收，当手机上网超出费用达到50元后，话单开始免费计收，直至用户使用到800M；用户使用超过800M后，继续开始按照标准资费0.0003元/KB计收，当手机上网超出费用达100元后，话单开始免费计收，直至用户使用到2G；用户使用超过2G后，开始按照标准资费0.0003元/KB计收，并执行手机上网费用1000元封顶和20G断网。

7. 新入网用户同时办理该套餐立即生效，当月套餐费按月收取。老用户改套餐次月1日起生效。

8. 副卡功能：（1）针对有个人商务娱乐和家庭亲情需求的客户提供主副卡功能，即为客户同时提供主副卡功能，主副卡实现合账缴费，并以主卡为缴费账户。主卡用户限选乐享3G129元及以上档套餐，开通主副卡功能后，每月计收5元功能费（在主卡上）计收，副卡可直接共享主卡基础套餐中的语音、短信、彩信、数据流量及Wi-Fi时长；主副卡执行统一的套餐超出资费标准；同时主副卡之间每月互打电话各免本地主叫300分钟。（2）主卡为新版新乐享3G且为129元及以上档套餐，其他套餐用户可改为该套餐后办理；副卡统一是新号码用户，无独立套餐，如退出副卡需选择一天翼套餐。（3）入网乐享3G129元及以上档套餐同时办理副卡，则立即生效，办理当月套餐费按天计收。老用户改办上述129元及以上档乐享3G套餐并同时办理副卡，则次月生效，主卡当月按原套餐计费，副卡当月资费同相应乐享3G超出套餐的资费标准。

9. 月费49元、69元、89元的超出流量资费，0.0003元/KB。赠送3G精彩业务：15元，包含来显、2G容量189邮箱和10元增值业务（9个任选2个）。月费129元、159元、189元、289元、389元、489元、589元、889元的超出流量资费按现有30元包300M、50元包800M、100元包2G手机上网流量自动靠档计费，超过按0.0003元/KB。赠送3G精彩业务：20元，含来显、2G容量189邮箱、15元增值业务（9个任选3个）。

10. 免费接听范围：全国。

表7-75 乐享3G套餐（全能版）资费标准表

收费依据	全国	中国电信（2010）914号					
	江苏	苏通苏价服（2011）1号					
收费管理方式		市场指导价					
收费标准	收费项目	套餐费（元）	国内通话时长（分钟）	流量	3G精彩业务	赠送Wi-Fi时长（小时）	超出国内通话资费（元/分钟）
	月使用费	49	100	200M	1. 赠送10元3G畅享包（默认如下精彩业务，可改选包中其他业务）：（1）10G容量的189邮箱；（2）天翼视讯（5元全能看）；（3）通信助理（5元秘书版）2. 赠送其他精彩业务：（1）来电显示；（2）天翼LIVE功能	30	0.2
		89	200	500M		60	
		129	300	1G			0.15
		189	400	2G		100	
		289	400	5G			
		389	1200	5G			
		489	2000	5G			

注：免费接听范围：全国。

表7-76　无线e卡资费标准表

收费依据	全国		无	
	江苏		1. 苏通联（2006）28号 2. 苏通苏价服（2007）17号	
收费管理方式	市场调节价			
收费标准	收费项目	月基本费（元）	限定的月上网时长（小时）	超时资费（元/分钟）
	月基本费	—	—	0.1
		20	10	0.02
		50	50	
		80	150	
		100	300	
		120	不限时	

表7-77　宽带上网卡资费标准表

收费依据	全国	中国电信（2010）854号	
	江苏	苏通苏价服（2011）37号	
收费管理方式	市场调节价		
收费标准	价格（元）	时长（分钟）	有效期
	5	180	1个月
	10	360	1个月
	20	720	1个月
	30	1200	1个月
	50	2400	3个月
	100	6000	3个月

　　从2009年开始，苏州市区家庭互联网宽带市场竞争激烈，因其资费实行的是市场调节价，由各家公司根据市场供求及运行技术成本等情况自主确定，各公司竞相推出优惠措施。2009~2010年，中国联通公司光纤宽带2M、4M每月资费分别为50元、60元，中国移动则推出光纤2M宽带1年资费600元，充600元送200元实物。整个宽带市场网速提升，资费呈逐渐下行的走势，受到家庭用户的欢迎。

第七章　公用事业价格

743

第八节　公共交通收费

苏城地处东南要冲,城垣屋墙,古来即凭河而筑,外则京杭大运河绕城而过,内则河亦为"道",沟通内外。苏州古城区水道纵横,河街并行的基本格局,至今未变。唐人描述苏州水城谓:"君到姑苏见,人家尽枕河。古宫闲地少,水港小桥多。夜市卖菱藕,春船载绮罗。"水乡泽国的苏州,水上交通自古称便。在交叉纵横的河道内,以舟楫运载客人及货物,成为自古以来苏州城乡主要交通运输方式之一,直至20世纪60~70年代,水运载客才逐渐被公路客运所替代(本书第六章第三节《水路运输价格》中已作了叙述)。

从东晋开始,苏州城内居民以坐轿、骑驴为代步工具。民国初,私人经营的藤轿在苏州流行,20世纪20年代中期开始衰落,至30年代被人力车(人拉二轮车,俗称黄包车)所代替。民国29年(1940),仅用于婚嫁喜事的花轿亦淘汰。至此,流传久远的轿子行业遂告消失。光绪二十六年(1900),人力车由上海传入苏州后逐渐发展,至苏州解放前夕,苏州人力车发展至4400多辆,车工有5600多人。人力车收费由市场形成,均由车夫与乘客口头协商议定。苏州解放后,人力车逐渐减少,至1958年7月全部淘汰。

一、客运三轮车收费(人力、机动)

1. 人力客运三轮车收费

客运人力三轮车,始于民国14年(1925),由上海商人在苏州创办公司,经营三轮车出租业务。公司出租三轮车给人力车夫,按月收取租金。而人力三轮客车收费则由车夫与乘客双方口头协商,随当时市场价格水平的变化而自由制定。至民国30年(1941),因太平洋战争爆发,侵华日军控制汽油,公共汽车行业萧条,人力三轮车应运而起。抗战胜利后,三轮车开始盛行,民国35年(1946),苏州有三轮车10多辆,至苏州解放前夕增至156辆。

建国后至20世纪60年代初,人力三轮车仍是苏州城内主要交通工具之一。"文化大革命"期间,受极"左"思潮影响,人力三轮车一度停业。

1980年,人力三轮车恢复营业,时有三轮车30辆,至1985年,发展至200多辆,行驶在苏城大街小巷为市民和国内外游客服务。

为维护正常的客运秩序,保障客运经营者和乘客的合法权益,1993年7月,市物价局会同市公安局、市交通局、市市政公用局联合发出《关于整顿出租汽车、小公共汽车、三轮客车收费秩序的通知》,明确:人力三轮客车收费标准为每车每公里2元,基本运程2.5公里,计价运程单位0.5公里,即5元起价,1元进级。

随着社会主义市场经济的发展,苏州大部分商品和服务价格放开,实行市场调节价,人力客运三轮车营运收费实行议价政策,原则上也以车工与乘客协商价为准,由市场调节。

2010年,苏州市区共有430辆人力客运三轮车,分属于风光和吴航两家不同的公司。同年5月,为进一步强化行业自律管理,规范人力三轮车营运收费,苏州市风光三轮车服务有限公司和苏州市吴航客运有限公司根据市区三轮车整治工作方案和长效管理的要求,企业联合制定市区客运三轮车营运收费标准："起步价：1人，2.5公里8元；2人，2.5公里12元；每公里：4元。市区最高限价：1人，35元；2人，45元。包车：议价。原则上仍以车工与乘客协商议定价格为准，并报市相关部门备案。"乘客可以上述企业指导价格作为参考，与车工商议一个合适的价格。

2. 机动客运三轮车收费

1978年，苏州有68辆机动客运三轮车营业。据苏州市物价委员会1983年2月编印的《苏州市主要非商品收费标准汇编》载，对机动三轮车收费作出如下规定：（1）区内客运机动车每公里收费3角，客货二用机动车每公里收费4角。（2）区外单趟用车加区外里程空驶费50%，往返用车收费同区内标准。（3）区内指东至硫酸厂，南至面粉厂（洋关）及棉布印染厂，西至新火化场及安利路浒关路口以及枫桥、虎丘，北至石灰厂（洋泾塘），以外地区为区外。（4）用车基数外2公里起算，实用里程按半公里起算。（5）全日用车客运机动车收费24元，客货二用机动车收费32元，如有行李货物按规定另加。包车里程不超过80公里，时间不超过8小时，超过里程按实加收里程费，超过时间按实加收等候费。包用车辆半天起算（40公里4小时收费减半）。（6）等候时间每小时收费2元，等候时间在10分钟内（包括上车下车）免收等候费，超过10分钟按等候15分钟起算，超过25分钟不满40分钟按半小时收费，以此类推，长途30公里以上等候时间在1小时内免收等候费，超过1小时按实加收等候费。（7）电话叫车，空放里程按空驶费计算收费，车辆放空旅客因故不用车，除收空驶费外，加收回车费5角。（8）运载行李货物20千克至75千克按里程车费另加50%，75千克以上按里程车费另加100%。客运机动车总载重量不得超过280千克。

1985年，苏州市机动三轮车运价调整：临时用车基价为0.45元，基本公里为2公里，等候15分钟为0.40元。全日包车租价为30元，使用里程为60公里，使用时间为8小时，超过1公里加收0.45元，超半小时加收0.70。到20世纪80年代末，苏州市区机动三轮车逐渐被更环保美观的出租轿车等取代。

二、公交车票价

1952年，苏州市内公共交通汽车业务，由苏嘉湖长途汽车股份有限公司兼营，有公交汽车7辆，并于同年9月22日通车。运行两条线路：一路车自火车站起，经北寺塔、临顿路、旧学前、正山门、察院场、饮马桥、三元坊，到人民桥终点；二路车自火车站起，经钱万里桥、新民桥、石路、养育巷、察院场、饮马桥、三元坊，到人民桥终点站。同年末，公交汽车增至9辆，营运线路增设3条，线路总长17.6公里。1952年，苏州公共汽车人公里收费为0.0366元（已折算为新人民币）。1959年3月，苏州市公共汽车公司成立，市内有5条线路，共27辆车，运行间隔10~15分钟，一路汽车一班间隔4~5分钟。票价实行二级制，即5分、1角，五站以内基本为5分。1964年6月，苏州公共汽车人公里收费调整为0.017元。1965年6月，又调高至人公里0.032元。同年，公交票价实行多级制，分别为4分、5分、8分、1角、1角2分，五路、六路仍保持二级制。1966年6月，4分票调整为3分，五路、六路开始实行多级制票价。

1984年5月，市物价委员会根据《江苏省汽车运价计算规则》，同意市公共汽车公司有关恢复"五分制"的票价申请，并经过测算，公交人公里运价由现行的1.96分调整为2.06分，调幅为5.1%.。

1985年3月,火车站到人民桥的优质坐席公交,始创了"一票制",即上车无论乘坐几站都是2角,保证有座位。同年6月,"一票制"在石路到虎丘,火车站到拙政园、石路等线路推广。1987年4月起,1路、101路,1988年2路、4路、9路、901路都实施1角"一票制"。"一票制"票制改革的实施,解决了公交车运行成本的不断上升,企业濒临亏损的状况,同时简化票务管理,提高了社会效益和经济效益。同年9月,市郊公交车,市区内及1~10路同线运行路段均实现"起价一角制",其余路段按"3.8分/人公里计价,5分起价,二五制进整"。

表7-78　1985年苏州市公共汽车同线路段票价（起价一角制）

线路	起讫点	全程公里	站点（个）	全程票价（元）	线路开辟时间
1	火车站—纺机厂	5.65	11	0.10	1952年9月
2	火车站—火车站	11.40	16	0.15	1952年9月
3	石路—娄门	5.30	10	0.10	1952年10月
4	阊门—葑门	5.5	10	0.10	1958年7月1日
5	石路—虎丘（至枫桥再折回）	7.79	12	0.10	1958年9月1日
6	石路—西津桥	6.1	7	0.10	1959年7月
7	石路—人民桥	6.5	12	0.10	1963年11月1日
8	南环新村—觅渡桥	3.4	7	0.10	1984年4月10日
9	接驾桥—苏州大学	3.58	7	0.10	1981年9月10日
10	劳动新村—苏州大学	5.8	10	0.10	1983年2月1日
11	观前街—苏钢厂（浒墅关）	17.8	18	0.36	1966年10月1日
12	观前街—吴县化肥厂	6.6	9	0.25	1965年9月
13	观前街—尹山	11.7	16	0.25	1965年9月
14	观前街—蠡墅	10.2	9	0.25	1971年
15	观前街—自行车厂（上方山）	12.5	13	0.20	1979年10月1日
16	观前街—横山	10.4	11	0.20	1980年4月20日
18	苏州公园—金鸡湖	8.41	15	0.20	1981年9月10日
19	苏州公园—外跨塘	11.6	13	0.20	1982年4月
20	火车站—东山	45	17	0.90	1984年9月25日
101	平门—纺机厂	4.79	10	0.10	1982年11月1日

1988年,历经七年未予变动的公交月票价格作了调整,由1981年核定的职工月票每张4.50元,调整为6.50元,个人负担仍维持原状,为1.50元,单位报销5元;学生月票维持2.84元/张不变。

进入20世纪90年代,由于成本、线路、车况等变化因素,公交票价共进行了6次调整,调整的内容为人公里单价,计费起价与进级,票价结构等。同时,月票价格也调整了3次。

1990年10月,苏州城区公交车票价从原来的2.30分/人公里调整为3.80分/人公里,实行1角起价、5分进级的计价方式。当时市区有11条公交线路,总长度74.75公里,108个正式站级,站间平均距离为0.692公里,按平均站距核价,即1~4站为起价,收费为1角,以上每加5分可多乘2站。城乡公交路线仍实施1988年的方案。同年11月,市区月票价格从每张6.50元调整为10.00元,职工上下班个人负担1.50元不变,学生月票仍为2.84元。

1991年12月，市物价局实施了公交票价的结构调整，城区公交车人公里仍为3.8分，实行1角起价，1角进级，1~3站为1角，4站到6站为2角，6站以上的票价一律为3角。

1992年7月，由于油品价格上升快，各种政策性原因使工资总额和补贴增加，给公交企业带来困难，根据省物价局、省建委的《关于调整城市公交票价的通知》精神，市物价局将城区普通公交汽车人公里由现行的3.8分调整为5分，另加城市公用事业附加0.5分，合计5.5分。起售票价由1角调为2角，仍实行1角进级。全市12条公交线路正式站级126个，站间距0.684公里，据此核价，1~5站为2角，以上每增加1角可多乘3站。夜间运行（23:00至次日4:30）在规定的票价上，加收1角。城乡混合线路，城区发车的起价调为2角，乡镇发车的仍为1角。同期调整了公共汽车普通月票价格，由每张10元调整为15元，其中职工负担的1.5元调整为3元，单位报销12元。凭学生证购置的月票维持原价。

1993年，城区普通公交车运价由现行的5.5分调为7分（含城市公用事业附加0.7分），票价结构城区为2角起售，1角进级；城郊运价人公里为6.5分，农村票价统一调整为3角起售，1角进级，解决了同一线路、不同票制架构的矛盾。市区票价为1~6站票价为3角，每加乘1~2站增加1角。月票价格也相应调整，职工普通月票由15元调整为18元，个人自负4元，14元单位报销；学生月票由2.84元调整为5元。

1995年4月，票价结构再次作调整：市区13条公交线路均实行5角和1元两档票价。凡乘坐12站以内的为5角；13站级以上为1元。郊区线路5角起售，5角进级，乘坐8公里以内的为5角，超过8公里增加5角。同年10月，考虑到公交公司新颖车辆和配套的设备设施投入使用，研究决定并报市政府领导同意，公交9路全线试行无人售票，全线的票价定为1元一票制，月票通用。

1997年9月，市公共交通公司的关于为扶持公交事业发展、缓解公交亏损矛盾而要求调整普通月票的申请被批准，市内公共汽车普通月票每张由18元调整为28元，学生月票由5元调整为10元。

1999年3月，公交旅游专线"游1"启用，全长15.8公里，全程2元一票制，持月票乘车者全程1元。旅游专线车按要求提供导游随车服务。同年4月，公交郊区线路全程运价按人公里8.4分执行，票价为1元起价（可乘12公里）、5角进价（6公里一个档次），由此解决了郊区线路在运行中同市区起价不同步而产生的矛盾。

2000年元月，苏州巴士公共交通有限公司乐桥到观山运行的21路车，线长20.5公里，试行翻牌制。全程合计3元，可分段计价。上行从观山驾培中心到新庄路段为2元；新庄到乐桥为1元；下行为乐桥到新庄2元，新庄到驾培中心1元。月票不通用。

2003年4月，《苏州市公共汽车客运价格管理办法》（以下称《办法》）印发。《办法》规定，公共汽车客运价格属于政府定价，基本运价为0.50元/6公里。实行1元起价，0.50元进级制。无人售票的公共汽车长途一般不低于10公里。实行1元一票制，全程18公里及以上的无人售票公交线路可实行翻牌制，空调车可在基本票价上加1元。养路费、客票附加费的线路运价按照《江苏省汽车运价行为规则》执行。同年11月，除了保留学生、老人的优惠月票外，苏州市取消纸质普通月票的销售，施行"苏州通公交电子月票"公交IC卡，刷卡消费，每次9折优惠。但在部分公交线路上不通用。

2004年9月,在《苏州市公共汽车客运价格管理办法》实施一年之际,市物价局对此作了补充。对超过18公里的无人售票、试行翻牌制的公交车作了详细的规定与说明,并根据交通运价管理权限,对凡涉及工业园区、苏州高新区的公交票价实行属地管理的原则,由当地政府价格部门根据《苏州市公共汽车客运价格管理办法》负责核定价格。

2005年4月,市物价局批复市公共交通公司报告,同意中小学生和老年人优惠乘车季票票价为每张60元。2008年6月,优惠乘车季票全部改成电子感应式IC卡,优惠的措施不变。自2003年4月,根据《苏州市公共汽车客运价格管理办法》制定了公交票价标准后,至2010年,票价未予变化。

从建国初期的7辆公交车、2条公交线路、多级制的票价,经过"一票制"、"无人售票"、"票价结构调整"、远程公交的"翻牌制",直至《苏州市公共汽车客运价格管理办法》实施,见证了苏州市公交事业随着城市化进程的推进而不断地发展的过程,也反映了价格主管部门不断修订的价格管理办法,兼顾及平衡了公交事业发展和消费者间的利益关系。

三、出租汽车收费

1952年,苏州最初从事汽车出租业务的,是一家以13辆小客车组成的民营汽车联营处的私人汽车行。20世纪50年代的公私合营后,由于收入因素、消费习惯以及城区范围有限,客车出租业务始终不能形成规模,"文化大革命"期间的冲击,更使该行业萎靡。至1978年,苏州市成立了客车服务公司筹备处,经营客运汽车出租业务。共有汽车39辆,其中大客车16辆,中型客车5辆,小客车18辆,在察院场、人民桥、石路、火车站和虎丘设立了营业点,出租汽车业务才初具规模。1983年4月,由市汽车出租公司划出人员、车辆,成立了苏州市风光旅游服务公司,公司拥有大客车、小型客车各6辆,开展了姑苏园林一日游、团体包车、会议用车等业务。因一些涉外饭店旅游出租车基本为本饭店提供配套服务,故苏州的出租汽车业务主要由市汽车出租公司和风光旅游服务公司这两家承担。

表7-79　1982年苏州市出租汽车包车收费标准表

车型	可乘人数	包车租价				
		每日租价(元)	限用路程(公里)	限用时间(小时)	超一公里(元)	超半小时(元)
大型客车	35~40	80	70	8	1	2
旅行轿车	11~15	40	40	8	0.80	1.60

注: 1. 大型客车,半天起包,半天减半收费,超过半天不满8小时按全天收费。

　　2. 对于限用时间和限用路程二项均超过规定的,只按其中一项收费。

　　3. 市公共汽车公司开设的包车业务仍按省有关部门规定的标准计收。

1982年4月2日,苏州市物价委员会明确苏州市游览车收费标准:(1)苏州六园林一日游(寒山寺、留园、西园、虎丘、狮子林、拙政园)大型客车每位收费2.50元(包括导游费),旅行轿车每位收费3.50元(包括导游费)。(2)苏州至上海游览班车(苏州停靠地点为察院场,上海停靠地点为人民广场)往返每位价票为4.50元,单程每位价票为2.50元。

1985年,苏州市区共有出租汽车77辆,其中大客车37辆,中小客车40辆,经营市内的汽车出租和旅游业务。

在经济社会快速发展，以及民众对快捷舒适出行的庞大需求推动下，轿车逐渐成为客运出租车中临时用车主流，招手打车成民众的习惯。客运出租车的收费，随着出租车行业的发展，市物价部门充分考虑了行业发展和消费者间的利益关系，多次加以修订。20世纪80年代修订2次，20世纪90年代修订3次。

表7-80　1985年苏州市出租汽车收费标准表

车型及收费用车方式及时间		机动三轮车	轿车	旅行车 （6~15座）	中型客车 （16~34座）	大型客车 （35座以上）
临时 用车	基价（元）	0.45	0.60	0.80	1.00	1.20
	基本公里（公里）	2	5	5	15	15
	等候15分钟（元）	0.40	0.50	0.70	1.00	1.00
全日 包车	全日租价（元）	30	40	50	70	80
	使用里程（公里）	60	80	80	80	80
	使用时间（小时）	8	8	8	8	8
	超一公里（元）	0.45	0.50	0.70	0.90	1.00
	超半小时（元）	0.70	1.00	1.50	2.00	2.50

注：临时用车等候超15分钟按规定收费。使用里程计算，超过基本公里或使用里程，按基价或者公里标准收费，不足一公里按一公里收费。使用里程及使用时间二项均超者，取一项标准收费。半天包车（4小时内）按全日减半收费，租价按全日的60%收费，超过4小时按全日包车收费。基本公里内不收空驶费，单程用车可加成50%单程空驶费，往返全程用车按全程90%收费。使用空调另加收20%，包车退租，发车4小时前退车，收取10%退租费，4小时以上的，不予退费，发车后要求退租者，退租费50%。随身行李超过20千克，可按租金10%计费。

表7-81　1985年苏州市旅游汽车收费标准表

车型	客车类别		基价标准 （元/人公里）	备注
客车	16~34座	普通	0.028	普通标准为低靠椅座； 中档为航空椅，带收音设备，凡沿途停靠， 仍按原标准收
		中档	0.03	
	5座以上	普通	0.025	
		中档	0.028	
旅行车	6~15座		0.05	

注：1. 高级空调车每人加收0.30元空调费。

2. 服务费、导游费标准：三日游以上（含三日）的线路，为旅客安排住宿、就餐等项目，可按收费总额（车票、饮食、住宿费等）收取不超过12%导游服务费，其他不满三日者，可按不超过8%标准收费。

3. 苏州园林一日游，仍按苏物委第36号文件执行。客车（高靠椅）每位2.50元。

1989年1月，出租车经营成本不断上升，前期制定的收费标准及有关规定已经不相适应，根据省物价局的相关规定，本市出租车收费标准及有关规定相应调整（详见下表7-82）。此次调整中要求：首先必须装置合乎标准的计价器；其次明确出租汽车的计费方式是计程和计时两种，且只能取其一；再者对出租汽车运行中的等候、空驶、夜间行驶、空调使用以及过桥过路等费用的收取都作了详细规定。

表7-82　1989年轿车等计程出租收费标准表

项目	超豪华、豪华型进口车辆	标准行		菲亚特吉普	机动三轮车
		用空调	不用空调		
每公里单价	1.20元/公里	1.0元/公里	0.9元/公里	0.7元/公里	0.6元/公里
起租费公里	4公里	4公里	4公里	4公里	2公里
基本公里	5公里	5公里	5公里	5公里	5公里
单程回空费	0.6元/公里	0.5元/公里	0.45元/公里	0.35元/公里	0.3元/公里
夜间行驶(21点到次日5点)	1.4元/公里	1.2元/公里	1.1元/公里	0.9元/公里	0.7元/公里
婚丧事用车(限20公里/小时)	30元	27元	22元	18元	15元

1989年,市物委发出文件,调整苏州市游览车收费标准:苏州六园林"一日游"(寒山寺、留园、西园、虎丘、狮子林、拙政园)大型客车每位收费调整为3.75元(包括导游费),旅行轿车每位收费调为4.75元(包括导游费),从4月10日起执行。园林门票、客票附加费另收,由承办"一日游"单位代购(不收代购费)。

1991年9月,江苏省物价局印发了《江苏省出租汽车收费标准》,根据省文件精神,结合实际情况,苏州市出租汽车部分收费标准也相应作了更加明细的调整详见下表:

表7-83　1991年市区小轿车租价表

单位:元/公里

车型	设备设施	发动机排量	收费标准
高档车:奥迪、红旗、奔驰	—	—	2.50,上浮不限
超豪华车(含国产桑塔纳、标致)	原装空调、高级音响、座椅	2800CC及以上	1.80
豪华车型	原装空调、音响	1800~2800CC	1.60
标准型	空调、音响	1800CC以下	1.40
普通车型	—	—	1.20
菲亚特	—	—	0.80
机动三轮车	—	—	0.70

表7-84　1991年市区中型客车租价表

单位:元/公里

座位	中央空调、门窗密闭、高级音响、可调座椅	空调、音响	无空调
20~31	3.50	2.80	2.00
13~19	2.80	2.20	1.80
10~12	2.50	1.80	1.50
9座以下	2.20	1.60	1.20

1993年7月,在市物价局联合公安、交通、市政发出的《关于整顿出租汽车、小公共汽车、三轮客车收费秩序的通知》中第五条要求:将原先的收费标准整合,为利于操作,将临时租车收费由起租费、车公里租价、空驶费、等候费、夜间用车费、电话轿车服务费及客票附

加费等七项组成（详见下表7-85）。这一次的调整，成为苏州市出租车收费一个较长时期的相对固定模式。另外，对出租汽车运行中的违规行为处罚作了明确。

表7-85　1993年苏州市出租汽车收费标准表

车型	运程不超过5公里起租费（元/车）	运程超过5公里部分		代征客票附加费（元/车公里）	包车超时（元/0.5时）
		车公里租价（元/公里）	空驶（元/公里）		
一类（奥迪）	20	2.50	1.25	0.08	3.00
二类（桑塔纳）	15	2.00	1.00	0.08	3.00
三类（伏尔加）	13	1.80	0.90	0.08	3.00
四类（夏利）	11	1.60	0.80	0.08	3.00
五类（波罗乃兹）	9	1.40	0.70	0.08	3.00
六类（菲亚特）	7	0.90	0.45	0.06	1.50
附：机动三轮车	5	0.80	0.40	0.04	1.50

1995年7月，各类出租汽车的车公里租价又一次调整（详见下表7-86），此次调整将基价公里数由原先的5公里调整为3公里，超过基价3公里外5公里内运程改以百米计价，收费为车公里收费标准的10%；超过5公里的为15%，即含加收50%空驶费；运行中途乘客要求免费停车等候时间改为5分钟，每超1分钟按200米租价标准收费；23时至次日5时的夜间行车超过基价公里数外，收费为车公里租价120%（夜间补贴20%）。对于包车收费也作了规定：以8小时为全日，租价为车公里租价×100公里×130%计费，半日包车减半收费，超时间加收费按规定执行。1996年9月，对上述的收费标准和计费办法作了补充通知，凡是要求一类车每车公里2.30元上计划上浮的，须经行政主管部门申报审核批准确认后，将其收费标准输入计价器，务须按计价器的显示金额收费，超出市区（含吴县市）范围且单程载客而产生的过桥、过路、摆渡等费用，乘客应按此费用的1.5倍支付（单向收费的除外）。

表7-86　1995年苏州市出租轿车收费标准表

车型	运程三公里以内起租费（元/车）	运程超三公里部分租价（元/车公里）	运程超五公里部分空驶补贴（元/车公里）	包车超时费（元/0.5小时）
一类：奥迪、奔驰、红旗	12	2.30	1.15	3.00
二类：桑塔纳、捷达、富康、皇冠	10	1.80	0.90	3.00
三类：夏利、原装空调东欧车	8	1.40	0.70	3.00
四类：波罗乃兹、菲亚特、奥拓	7	1.20	0.60	3.00
附：机动三轮车	4	0.80	0.40	1.50

2000年开始，出租汽车行业整合及管理方法的调整力度加大。首先，市物价局、市交通局、市政公用局联合开展对苏州市区（含吴县）客运出租轿车企业等级复核工作；其次，明确了2001年市区客运出租轿车企业收费标准，核定企业按对应的等级向出租轿车司机收费，规定2001年度出租汽车营运证有偿使用费，按每万元每月不超过120元收取。允许各出租轿车企业的收费，可根据核定的管理服务费为基准向下浮动，不得超标准收费。

2004年，为做好市区客运出租汽车扩容工作，根据市政府出租汽车扩容领导小组的要求，综合了业内人士的意见且履行了听证决策程序，对市区客运出租车运输价格作结构性调整。起步价、计程运价、空驶补贴、夜间补贴、等候补贴、客票附加费组成了出租汽车的运价主体。起步价10元/3公里成为计价的基础；发动机排量在2.0升以上的一类车2.00元/公里（随着购置车辆的统一，此类车逐步淘汰），排量2.0升以下的1.80元/车公里，超过起步价公里的运程，每百米按车公里单价的10%计价，载客超过5公里的部分，每百米按车公里单价的5%计算空驶补贴，往返及环形用车不收空驶费。5分钟免费后的等候补贴为车公里单价×20%，夜间行驶的补贴标准按原办法不变。严格执行按出租汽车计价器显示的金额收费规定，对于包车收费实行市场调节价，双方协商，协商不成按计价器显示金额结算。

至此，随着《苏州市区客运出租车运价结构性调整的通知》正式施行，市区出租汽车运价构成基本定型，收费标准合理，可操作性强。至2010年一直未予变动。

四、客运出租轿车企业收费

1999年4月，苏州市政府办公室转发了由市物价局、市政公用局、市交通局联合发布的《苏州市客运出租轿车企业收费管理暂行办法》（以下称《暂行办法》）。此举为了加强城市客运出租轿车企业的管理，保障客运出租轿车企业和出租车司机的合法权益，维护客运市场的正常秩序。

《暂行办法》规定：（1）购车款、车辆营运前的一次性发生的费用、营运证有偿使用金等由经营企业支付，期后该类企业必须按照国家的有关法律法规，与出租车驾驶员签订车辆承租合同，并按规定缴纳各种保障、保险费用，驾驶员每月上交企业的承租费用由双方协商，并以合同形式确定。（2）购车款及车辆营运前的一次性发生的费用、营运证有偿使用金和营运中的各种税费等由挂靠人（经营者）承担的，属于挂靠管理性质的，该类企业可收取管理服务费和风险保证金。标准为管理服务费正驾驶员每月不超过800元，聘用的副驾驶员每月不超过300元，按月收取。风险保证金一次性收取，正驾驶员每辆不超过15000元，聘用的副驾驶员每人不超过5000元。（3）购车款、车辆营运前的一次性发生的费用由承租人承担，营运证有偿使用金由经营单位支付的，管理服务费和风险保证金收取标准及办法同挂靠性质的相同，营运证有偿使用费按照 $A \times \{B \times (1+B)^{120}\} \div \{(1+B)^{120}-1\} \times 1.08$（其中A为企业一次性向地方政府支付的营运证有偿使用金，B为银行同期贷款月利息，系数0.08为企业8%的投资收益）的标准按月收取。

同年6月，《苏州市客运出租轿车企业等级考核的暂行办法》出台，根据"服务管理为主、硬件设施为辅"的考评原则，对各类相关企业进行考评，并制定各类等级企业的管理服务费收费标准，以体现优质优价的原则。

2000年3月、2001年2月，根据同期的企业等级评定及当时贷款利息的调整，市物价局、交通局、市政公用局联合发文，核定了市区各出租轿车企业收费标准，并要求企业可根据核定的管理服务费为基准向下浮动，不允许超标准收费。

表7-87　苏州市客运企业出租轿车收费价目表

收费项目	收费标准	收费方式
正驾驶员管理服务费	按同等级企业标准收取	按月收取
副驾驶员管理服务费	同上	按月收取
正驾驶员风险保证金	15000元	一次性收取
副驾驶员风险保证金	5000元	一次性收取
营运证有偿使用费	—	按月收取

	收费项目	收费标准	征收部门
代收代缴项目	养路费	200元/辆·月	市交通局公路管理处
	客票附加费	108元/座·月，不含驾驶座	市交通局公路管理处
	保险费		
	第三者责任险	按保险公司文件规定收取	保险公司
	旅客意外伤害险	50元/辆·月	保险公司
	税收		
	营业税附加	按税务局文件规定收取	地方税务局
	个人所得税	按税务局文件规定收取	地方税务局
	车船税	按税务局文件规定收取	地方税务局
	发票工本费	按实收取	地方税务局

五、停车服务收费

1. 自行车等非机动车辆寄存收费

自行车、三轮车、轻骑、电动车、助动车、摩托车是普通市民出行的首选交通工具。为叙述方便，概称为非机动车。

苏州市区自行车等（非机动车）寄存收费始于20世纪80年代初。除居民住宅小区外，市区最早在观前、石路、南门等闹市区由当地公安派出所、街道设点寄存车辆，雇人看管，有偿收费，后渐普及到市区车站、码头、医院、学校、商场等人行道、广场等处，实行车辆寄存收费，既为城市管理，市容市貌整洁，更为保证治安，防止车辆盗窃案件发生，当时马路、人行道、广场、商业网点、车站、码头等的自行车寄存点收费比较低廉，每辆自行车每人次寄存收费为0.03~0.10元不等。详见下表：

表7-88　1988年苏州市区住宅小区非机动车停车服务收费标准表

单位：元/辆

车型	居民新村	
	地面	地下
自行车	1.20	1.00
三轮、轻骑、电瓶车	2.00	
三轮车、摩托车	4.00	

注：普通寄存点超过24点寄存或取车按原标准加倍收费，收费下浮不限。

随着居民住宅小区的兴建，为住宅小区配套的居民公用车库寄存每辆每月收费市物价局规定标准为：自行车（含高档车）3.00元，家用小三轮、轻骑、助动车4.00元，摩托车、三轮车

6.00元。上述自行车等车辆的收费标准为政府定价,一直维持到20世纪90年代初期未发生变化。

　　根据中央加强物价管理,开展物价大检查的要求,1994年10月,针对当时乱设收费寄存点,乱收费现象严重,市民反映强烈的问题,市物价局会同市公安局整顿自行车等车辆有偿寄存行为,加强寄存收费管理,下发《关于整顿非机动车寄存收费的通知》。同年12月,市物价、公安、地税又联合下发《关于整顿非机动车寄存收费的补充通知》。明确车辆寄存点的五项开设条件和三项规范要求:寄存点的设立一律由各街道办事处扎口集中,报市交警支队统一审批,非街道所属单位也请其主管部门办理申报工作;收费寄存点应向同级物价部门申领“收费许可证”;再凭公安交警和物价部门批件到地税部门申领寄存费定额发票;收费寄存点必须在指定的收费寄存区域内提供服务,在显著位置设立“非机动车寄存处”标示牌,使用统一发票,服务管理人员佩戴统一标志,规范寄存点服务行为;寄存点必须执行统一的收费标准,在寄存处醒目位置放置统一的“收费价目牌”,规范寄存点的收费行为,并明确自行车等车辆寄存收费标准,包括赔偿等看管责任。住宅小区临时停车收费改按普通寄存点标准执行。

表7-89　1994年10月自行车等车辆寄存收费标准表

单位:元/辆·次

车种	普通寄存点		昼夜寄存点	
	最高限价	备注	7:00~22:00	22:00~次日7:00
自行车、电动自行车	0.10	凡超过当日22时后寄存车辆者,可以加收50%,自行车加收100%	0.20	0.50
轻骑助动车、家用小三轮	0.20		0.30	0.70
摩托车、三轮车	0.40		0.50	1.00

　　2001年10月23日,市物价局发出《关于整顿自行车等车辆寄存收费行为的通知》,从11月份开展整顿工作,采取重新登记,核准收费资格,清理非法寄存的方式,按地域管理的原则,由各区物价局(办)负责整顿及日常管理。同时根据苏州市区实际情况,衔接邻近城市收费水平,经广泛征求意见,从12月1日起适度调整自行车等车辆收费标准,该标准一直执行至2010年底未作调整。

表7-90　2001年自行车等车辆寄存收费标准表

车种	调前收费标准		调后收费标准	
	7:00~22:00	22:00~次日7:00	7:00~22:00	22:00~次日7:00
普通寄存点(单位:元/辆·次)				
自行车(含高档车)	0.10		0.20	
家用小三轮车、轻骑、助动车(含电瓶车)	0.20		0.30	
摩托车、三轮车	0.40		0.50	
昼夜寄存点(单位:元/辆·次)				
自行车(含高档车)	0.20	0.50	0.30	0.70
家用小三轮车、轻骑、助动车(含电瓶车)	0.30	0.70	0.40	1.00
摩托车、三轮车	0.50	1.00	1.00	1.50

车种	调前收费标准		调后收费标准	
	7:00~22:00	22:00~次日7:00	7:00~22:00	22:00~次日7:00
住宅小区车库（单位：元/辆·月）				
自行车（含高档车）	3.00		5.00	
家用小三轮车、轻骑、助动车（含电瓶车）	5.00		8.00	
摩托车、三轮车	10.00		15.00	

注：上述收费标准包括赔偿等看管责任。2001年12月1日起逐步调整收费标准。

2. 机动车停放服务收费

苏州市区机动车停车服务收费始于20世纪80年代。1980年5月，市物委会同园林、旅游、交通等部门制发了《关于统一游览车收费标准的通知》和《机动车辆停车场存放收费标准的通知》。随着旅游经济的发展，苏州市区重点旅游区和通向交通要道上的停车场逐渐发展增多，其收费标准也不尽一致。为加强市区停车场收费管理，维护交通秩序，经市政府同意，1993年3月13日，苏州市物价局会同市财政、税务、公安等部门联合发出《关于市区机动车停车场实行统一收费标准的通知》，决定对苏州市区停车场收费实行统一标准，按照不同车型及停放时间，实行差别化收费标准，具体收费标准见下表7-91。同时规定：各停车场（含郊区、新区）的全部营业收入扣除应交营业税后的净收入上交市财政局40%，由市财政局专户核算，统一安排使用，用于改善停车场设施和重点停车场的修建，使用由市税务局统一印制的机动车停车场发票；停车场业务工作由市交警支队扎口管理。

表7-91 1993年苏州市区停车收费标准表

单位：元

车型	1小时以内（含1小时）	1至4小时内（含4小时）	4至8小时内（含8小时）	8小时以上
小型客车（不超过10座）	2	4	8	12
中型客车（不超过25座）	3	5	10	16
大客车（不超过45座）	4	8	14	20
大型客车（45座以上）	5	10	18	24
2.5吨以下（含2.5吨）	2	4	6	12
4吨以下（含4吨）	3	6	10	16
10吨以下（含10吨）	4	8	14	20
10吨以上	5	10	18	24
25吨以上（含25吨）	8	16	24	32

为适应苏州旅游事业发展，规范机动车停车服务收费，制止乱设点、乱收费行为，1999年6月29日，市物价局发出《关于规范市区机动车停车收费行为的通知》，要求各类机动车停车服务收费须凭《机动车停车场（库）审批表》复印件和工商营业执照（副本）复印件，向市物价局申办收费手续，申领"机动车停车收费员证"。向市财政局办理相关手续。凭公安、物价、财政部门的相关批件，向地税局发票管理处办理发票购买手续。市区各类机动车停车服务收费，分室内、室外（含马路临时停车）、内部停车（指为本区域内用户服务的）和特殊停

车四类核定收费标准。各类实行有偿服务的机动车停车场所，必须具有合适场地，划定停车区域和停车线，有序停放车辆，配备专人管理，负责行驶和车辆安全；必须配置规范的停车标志牌和规定的价目表；收费员必须佩戴市物价局核发的"机动车停车收费员证"；必须实行持证收费，收费给专用税务票据，取车凭票，一车一票，凭票赔偿的制度。违反上述规定，由相关部门严肃查处。

1999年，为加强住宅小区汽车停放管理，规范停车服务收费行为，市物价局出台了住宅小区汽车停放收费服务标准，首次明确苏州市区住宅小区汽车停放服务收费标准为政府指导价，允许下浮，不准突破。具体标准见下表：

表7-92　1999年苏州市区机动车停车服务收费标准表（基准价）

停车类型	停放方式	车型	停放时间		收费标准	备注
室内停车	临时停车	小车（蓝牌照）	7:00~20:00	1小时以内	5元/辆·次	
				1小时以上的，每增加1小时（不足1小时的按1小时计算）	加收1元/辆	
			20:00~次日7:00	1小时以内	6元/辆·次	
				1小时以上的，每增加1小时（不足1小时的按1小时计算）	加收2元/辆	
	长期租用停车车位		—		450元/辆·月	
室外停车	临时停车	小车（蓝牌照）	12小时以内		5元/辆·次	本标准为最高收费标准，允许下浮
			12小时以上的，每增加2小时（不足2小时的按2小时计算）		加收1元/辆	
		大车（黄牌照）	12小时以内		8元/辆·次	
			12小时以上的，每增加2小时（不足2小时的按2小时计算）		加收1元/辆	
	长期租用停车车位	小车（蓝牌照）	—		250元/辆·月	
		大车（黄牌照）	—		400元/辆·月	
内部停车	临时停车	小车（蓝牌照）	12小时以内		2元/辆·次	
			24小时以内		4元/辆·次	
		大车（黄牌照）	12小时以内		3元/辆·次	
			24小时以内		6元/辆·次	
	长期租用停车车位	小车（蓝牌照）	—		120元/辆·月	
		大车（黄牌照）	—		200元/辆·月	

注：上述标准自1999年8月1日起执行。

随着居民私家车的激增，住宅小区停车矛盾及收费矛盾凸显，为加强管理，制止乱设点、乱收费行为，2002年1月，市物价局、公安局、房管局联合发出《关于规范市区住宅小区汽车停车收费行为的通知》，强调住宅小区室内和非室内（内部）停车收费标准仍按市物价局规定执行；其收费标准为最高收费标准，允许下浮。封闭式小区内部停车不设"临时停车"项目，按"长期租用停车车位"标准执行。汽车进出不得收取通行费。实行物业管理的住宅小区，对外部车辆能否进入或停放本小区，由小区业主委员根据实际情况酌情决定，并将决

苏州市价格志

定在小区进出口张榜公告。各住宅小区必须按停车泊位有序停放车辆，配备专人管理，必须配置规范的停车标志牌和市物价部门监制的价目表，收费员必须佩戴物价部门核发的"机动车停车收费员证"，使用专门的税务收费票据，实行持证收费、收费给票、取车凭票、一车一票制度。收取的费用要单独列账、专款专用。收费主要用于停车场、道路修复及人工开支等。停放车辆的安全、赔偿责任，按受理单位与居民签订的协议办理。未经有关部门批准擅自设点收费，虽经批准不按规定收费，不使用专门发票，汽车乱停乱放等，由相关部门严肃查处。

面对日益增多的机动车停车及收费问题，根据2005年市政府第41次常务会议要求，4月15日，市物价局会同平江区人民政府、市公安局、市市政公用局联合发出《关于苏州市区机动车停车服务收费改革观前地区试点的通知》，旨在发挥价格杠杆调节作用。观前地区可根据停车场地、服务条件、停车时间等的不同，实行差别计费办法，鼓励区外停车、路边停车、夜间停车和短停快转，改善观前地区交通状况，缓解"停车难"矛盾。即对具有自然垄断和公益性质的机动车停放服务，分别实行政府定价和政府指导价；对于其他机动车停车服务收费放开，实行市场调节；对政府定价、政府指导价的停车服务，按照不同的场地类型、地理位置、服务条件、停车时间，实行类别差价、地区差价、等级差价，并根据供求关系实行累进等差别计费和以计时收费为主。

这次观前地区停车收费服务改革先行试点从当年4月25日开始至7月底结束，收到了"车辆流量明显减少、车辆停放明显减少、停车时间明显减少、停车收入明显增多"的成效，起到了鼓励"区外停车、路外停车、短停快转和鼓励单位自用停车场对外开放"等多方面的价格调节作用，基本达到了市政府"运用价格杠杆，调节停车资源配置，提高现有停车资源的利用率，促进停车资源的增量扩大，以缓解停车难的矛盾"的要求。

在观前地区停车收费服务改革基本成功的基础上，经多方征求反馈意见后，2005年7月，市物价局向市政府上呈《关于在苏州市区实施机动车停放服务收费改革的请示》，经市政府第59次常务会议讨论通过，2006年6月21日，市政府印发《苏州市区机动车停放服务收费改革意见的通知》。《通知》明确机动车停车收费实行市场调节价、政府指导价、政府定价三种定价形式。

商业场所配套的停车场（库），有条件向社会开放的企业内部自备停车场，以及按月、按年等长期合同停放的机动车（不含住宅小区），均实行市场调节价，由停车场业主依据经营成本、市场供求等因素，依法缴纳税费、获取合法利润的原则自主确定，并保持停车收费标准相对稳定。

下列机动车停放服务实行政府指导价：住宅小区、商住楼的配套停车场；车站、码头、旅游景点的配套停车场；医院、学校、事业单位设置的停车场；货运物流中心、各种专业市场的停车场；政府投资的公共停车场，利用政府投资建造的城市公共场地设置的停车泊位。实行政府指导价的机动车停放服务收费标准，由政府价格部门按定价权限规定基准价格及其浮动幅度。停车场业主可根据市场供求，在规定浮动幅度内自行制定具体收费标准。

经业主或业主委员会委托实施专人管理的住宅小区（含商住楼）机动车停放服务收费（不含经营者具有完全产权，或受产权单位委托经营的停车场地，下同），区别不同情况由业主或业主委员会与物业管理企业在规定浮动幅度内协商制定具体的收费标准，并对停车服务收入的使用作出明确界定。占有共有设施、场地的，按低于社会停车收费标准，补偿物业企业管理费用并考虑占用共有设施应予合理补偿的原则商定；业主（使用人）拥有车位使用权的，停车服务收费标准按补偿物业企业管理费用原则商定，未经业主委托的住宅小区前期物业管理，或尚未建立业主委员会的住宅小区，机动车停放服务并收费的，应征得绝大多数业主同意，按照上述规定，办理委托手续，协商收费标准，明确收益分配。

利用政府投资建造的城市道路设置的停车泊位实行政府定价。苏州市区汽车路边临时停车收费标准分别为：一类地区（观前地区）每辆每次10元；二类地区（古城区、石路地区、火车站及汽车南站地区）每辆每次8元，三类地区（一、二类以外的地区）每辆每次7元。

同时明确免费范围为：在法定工作日规定工作时间内，在政府行政机关（包括参照行政机关管理的其他机关）及相应场所临时停放的车辆，进入各类机动停车场或道路停车处临时停车不超过10分钟的车辆，军车，执行公务的司法和行政执法车，消防车，救护车，邮递车，工程抢险车等免费停放。

表7-93　2006年6月苏州市市区机动车停放服务收费标准表

类别	停车类型		停放时间	单价	备注
住宅小区	室外				属于小区配套设施，成本已计入房价的，由业主或业主委员会与物业企业在每月100元，上浮不超过20%，下浮不限的范围内商定
	室内	1			属于小区配套设施，成本已计入房价的，由业主或业主委员会与物业企业在每月125元，上浮不超过20%，下浮不限的范围内商定
		2			业主具有车位使用权（业主独用车库除外），由业主与物业企业在每月不超过50元，上浮不超过20%下浮不限的范围内商定
		3	1个月	400元/辆·月	成本未计入房价，经营者具有完全产权或使用权

注：1. 本收费标准执行范围为平江、沧浪、金阊三区，其他区由当地价格主管部门参照本标准制定。

2. 上述道路停车收费标准为政府定价，各经营管理者必须严格执行；其他类型停车场的收费标准为政府指导价，经营者可根据具体情况向下浮动；住宅小区由业主或业主委员会与物业企业在规定幅度内商议，现有约定的可按原约定继续执行，约定期满后按本标准重新商定。

3. 实行以次计费的停车场不实行以小时计费，超过15天的，超过部分减半收费。

4. 大型车（黄牌照）按小型车收费标准加倍计收，摩托车按非机动车寄存收费规定执行。

5. 军车，执行公务的司法和行政执法车，消防车，救护车，邮递车，工程抢险车实行免费停放。

6. 在各类机动车停车场或道路停车处临时停车不超过10分钟的，免收停车服务费。

7. 供沿街商家自备车辆白天停放（7：00～22：00），实行车位不固定、不预留的资源利用优先原则，商家应向道路停车管理单位办理审核手续，通过合同形式明确双方的权利和义务。

8. 按月、按年等长期合同停放的机动车（不含住宅小区和占道停放），收费标准由经营者与车主商定。

9. 以上收费规定根据苏州市政府苏府［2006］83号文件。

第九节　社会养老服务收费

建国前及建国后的20世纪50年代至70年代,苏州市区社会养老服务以传统的居家养老为主。随着苏州经济社会的迅猛发展,人民生活水平大幅提高,百姓的医疗保障水平及自我健康保健意识的逐步增强,人均寿命逐年延长,独生子女家庭的普及,苏州市早在1982年已步入老龄化社会,比全省早4年,比全国提前了18年。据苏州市民政部门统计,截至2011年底,全市60周岁以上老龄人口达到137.3万人,占全市户籍人口总数的21.37%,每年还以5万人的速度递增。面对人口老龄化、老龄人口高龄化、高龄人口空巢化的严峻形势,为进一步完善社会养老服务体系,健全社会养老服务机制,促进老年社会福利事业发展,不断满足老年人日益增长的养老服务需求,努力提升老年人的幸福感和满意度,苏州市政府及物价等相关部门高度重视,并加快发展社会养老服务事业,先后出台了一系列政策规定,以造福广大苏州市民。

一、社会福利院(敬老院)接收寄养人员及其收费标准

1992年4月,苏州市民政局、财政局、物价局出台了《关于城镇福利事业单位接收寄养人员及其收费问题的通知》,对全市社会福利院(敬老院)接收寄养人员及其收费标准、办法等有关问题作出规定,明确了寄养对象、床位等级、护理等级、收费标准、费用负担和寄养方法。

表7-94　1992年苏州社会福利院(敬老院)收费标准表

单位:元/月·人

分类		护理费	床位费			备注
			一等床位	二等床位	三等床位	
三级护理	公费对象	30	90~110	75~95	60~80	原有工作单位的人员和离休、退休人员称公费对象,其余人员称自费对象
	自费对象		45~55	40~50	35~45	
二级护理	公费对象	40	90~110	75~95	60~80	
	自费对象		45~55	40~50	35~45	
一级护理	公费对象	50	90~110	75~95	60~80	
	自费对象		45~55	40~50	35~45	
特级护理	公费对象	60	90~110	75~95	60~80	
	自费对象		45~55	40~50	35~45	

1992年9月,市物价局、财政局、民政局联合发出《关于城镇福利事业单位接收寄养人员收费的补充规定》,同意城镇福利事业单位增设特一、特二等级床位。收费标准:特一等床位每张每月收取床位费195元,特二等床位每张每月收取床位费165元。

2000年6月,市民政局、物价局、财政局出台了《关于苏州市社会福利机构接收寄养人员收费管理办法的通知》,文件规定了寄养对象、床位等级、生活护理费、收费标准、费用负担和寄养办法。详见下表:

表7-95　2000年苏州社会福利机构收费标准表

单价: 元/床·日

项目	特级	一级	二级	三级
床位费	15~30	10~25	8~10	5~8
护理费	20~40	10~15	5~8	3~5

根据社会福利机构整体综合情况,凡被评为国家级福利单位者,床位费允许上浮30%;凡被评为省级福利单位者,床位费允许上浮10%~20%。空调费按实际使用天数计费,每天4元;热水汀每天3元。

2005年8月,苏州市物价局、财政局发出《关于调整苏州市社会福利院寄(治)养人员护理费标准的批复》,对社会寄(治)养人员护理费标准调整。详见下表:

表7-96　2005年苏州市社会福利机构护理费收费标准表

特级护理费	一级护理费	二级护理费	三级护理费
30~50元/床·日	15~25元/床·日	7~10元/床·日	5~7元/床·日

2. 民办护理康复机构的扶助标准

2005年,苏州市政府在全省率先出台了《加快发展养老服务事业的意见》(简称《意见》),明确了运作机制市场化原则:建立养老服务事业社会化、市场化的运行机制,逐步形成自主经营、自负盈亏、自我发展的公平竞争市场;要求服务方式多样化原则;居家养老为主,机构养老为辅;大力发展家政照料、医疗保健、护理康复、精神慰藉等多种服务项目,实行有偿、低偿、志愿服务,满足不同层次老年人的服务需求。

对民办护理康复机构的扶助标准为:经县级市(区)民政部门审批认定的养老机构和居家养老服务组织等社会福利机构,可减免有关费用。所涉及的税收按国家现行优惠税收规定执行,免征营业税和暂免征企业所得税,暂不征收自用房产、土地的房产税,城镇土地使用税,车船使用税;免收按职工人数收取的城市人防建设资金,残疾人就业保障金,规划技术服务费,城市基础设施配套费,新型墙体基金,教育地方附加费,治安联防费,人防工程易地建设费,绿化补偿或占用绿地费;暂不征收污水排污费;减半收取人防建设费、义务植树费;救护车及生活用车养路费经报请交通主管部门审核后减免征收;减半收取房屋产权登记费;用水、用电、用气按居民生活类价格执行收费;安装电话免收一次性接入费,使用电话及办理其他有关电信业务执行住宅电话资费标准收费;安装有线电视减半收取初装费,月收视维护费按居民收费标准执行。

政府财政部门对养老机构和居家养老服务组织实行资金扶持。平江、沧浪、金闾三个区资助标准如下:对社会力量兴办(新建)的养老机构,根据自理、半护理、全护理的不同类型和相关设置要求,经有关部门验收合格后,分别按每只床位不低于2500元、3000元、3500元元的标准分3年给予资助;对以社会独立法人名义经营的养老机构(包括原来由政府办现实行转制,或由社会组织和个人实行租赁、承包经营的养老机构),以入住6个月以上的本地户籍老人数,按自理、半护理、全护理三种类型,分别给予每月不低于50元、80元、100元的床位补贴；对每年固定服务（连续时间6个月以上）老年人达到一定数量的居家养老服务组织给予经费补贴，其中对社区卫生服务中心（站）以外的居家养老服务组织按固定服务每50户老年人家庭不低于5000元/年的标准给予补贴，对经卫生部门批准的社区卫生服务中心（站）按固定开设每50户老年家庭病床不低于1万元/年的标准给予补贴；对取得ISO质量体系认证的各类养老机构和居家养老服务组织（包括社区卫生服务中心［站］）给予一次性5万元的奖励补贴。其他市（区）可根据当地实际，参照以上标准自行制定。

2010年1月，苏州市人民政府出台《关于进一步加快发展苏州市养老服务事业的补充意见》，进一步提高民办养老机构补贴标准：提高新建民办养老机构资助标准。将原来对每张介助（半护理）床位一次性资助3000元的标准提高到4000元，介护（全护理）床位由3500元提高到5000元。资助金拨付仍分3年，调整年度拨付比例，第一年50%，第二年30%，第三年20%。第一次拨付期在养老机构开办运营当年。鼓励农村敬老院收住社会老人。在保障"三无"、"五保"老人入住的前提下，对农村敬老院收住寄养本市户籍的社会老人，参照民办养老机构给予运营补贴。

2010年9月7日，中共苏州市委苏州人民政府发出《关于加快苏州市老龄事业发展的实施意见》。《意见》对社会力量兴办养老机构新增介护床位、介助床位和生活能自理的床位，按每张5000元、4000元和2500元分3年给予一次性建设资金补贴，并分别给予每月不低于100元、80元、50元的床位运营补贴。

2010年9月25日，苏州市人民政府办公室转发《关于市区民办养老护理院政策扶持的操作办法的通知》，明确七城区范围内的民办养老护理院，其建设补贴由福彩公益金资助，运营补贴由入住老人户籍地政府承担，扶持政策的有关条件、项目、标准不变。建设补贴的兑付：2006年1月~2009年12月期间设立的民办养老护理院，按原标准执行（3500元/床）；2010年1月以后建设的民办养老护理院床位，按新标准执行（5000元/床）。从4月开始执行。该通知对市区民办养老护理院的发展起到极大的促进作用。

第十节　殡葬服务收费

苏州历史上殡葬以传统的入棺土葬掩埋为主,其收费主要由市场形成。建国以后,殡葬服务收费逐步纳入政府价格部门管理范围。

一、殡葬火化收费

1952年,苏州市政府接收旧火葬办理处,改名火葬殡埋所。1956年“公私合营”后,将其更名为市殡葬管理所。殡葬管理所曾一度作为服务行业由民政部门划给商业部门管理,至1958年3月复归民政部门管理。建国后的20世纪60年代,国家开始大力倡导火葬。1965年,市民政部门在原火葬场西面,苏州横塘公社友联大队杨家桥附近,征地10亩,投资10万元建立苏州火化场。因此“杨家桥”成了市民调侃人生最后归宿的代名词。由于火化场规模不大,仅能处理火化事宜,尸体接送、停尸工作由位于谈家巷的四明殡仪馆办理,城内景德路王天井巷口有个殡葬管理所负责处理登记事务。1974年、1978年,政府两次共拨款60万元,在火化场旁征地20亩,扩建房屋3500平方米,设置治丧礼厅6个,并有1100平方米的骨灰寄存大楼,运尸车、防腐冷冻室以及专为治丧家属服务的各类设施俱全,完善了火化场的全部功能。

1984年12月,江苏省民政厅会同了省物价局,根据民政部颁布试行的《殡葬事业单位管理暂行办法》第七条“殡葬事业单位接尸、火化、骨灰寄存等基本服务项目的收费标准由省、自治区、直辖市民政厅(局)会同当地物价部门制定”的规定,发出《关于殡葬事业和单位基本服务项目收费标准的通知》(以下简称《通知》)。《通知》制定了殡葬事业单位基本服务项目收费标准(详见下表7-97)。《通知》要求,如需高于省定标准收费,需报市批准送省备案;低于《通知》标准的,各县决定,其他的服务标准,由各市会同市物价部门自行制定。

表7-97　1984年殡葬服务收费标准表

服务项目	收费标准	备注
火化费	10元/具	十周岁以下儿童尸体减半收费,不要骨灰的减收1元
运尸费	6元/具,5公里内	超过5公里,加收0.50元/公里,运费一律按运尸点到殡仪馆单程计算
接尸劳务费	3元/具	—
化妆整容费	3元/具	特殊整容协商价,穿衣的尸体每具另收费5元
冷冻防腐费	各地酌情自行制定	保本自给,不过多增加丧户负担
骨灰寄存	一般3元/盒·年	寄存一般为5年,超期后可续存,续存3元/年;第二个5年期满后一般不再续存
	特殊5元/盒·年	
骨灰盒(袋)	国家指导价	按进价加15%左右管理费

1987年4月,苏州市民政局会同市物价部门,调整了成人尸体火化收费,并增加了几个服务项目,详见下表7-98。其余的标准继续执行省民政厅文件的规定。

表7-98　1987年殡葬服务收费标准表

服务项目	收费标准
尸体火化费	15元/具,十周岁以下儿童尸体减半收费
尸体消毒费	2元/具
车船运输（载客）	24元/具,12元/双具
尸体冷藏	10元/具·夜
尸体更衣	5元/具
尸体理发	2元/具

20世纪90年代开始,由于经济快速发展,人们收入逐渐提高,对高质量殡葬服务的需求不断增长,由此,殡葬服务的内容也渐趋丰富,且更为人性化。因设备设施的不断更新、燃料、维修费用、人员工资等刚性成本的增加,以及同临近城市的殡葬服务收费衔接、平衡等因素,1991年到1999年间,涉及殡葬类收费共计调整了五次,成为殡葬收费标准调整较为频繁、调整幅度较大的一个时段。

1991年开始第一次调整,市物价部门下发《关于调整市区殡葬服务项目收费的批复》,在调整及公布收费标准的同时,也要求殡葬服务项目一律实行明码标价,并要求严格执行文件规定,结算时须出具结算清单,自觉接受群众监督。随后在1992年、1994年,市物价部门对火化费等为主要项目的收费连续作了调整。详见下表:

表7-99　1991年市区殡葬服务收费标准表

服务项目	收费标准	备注
火化费	35元/具	十周岁及以上尸体,专炉火化加倍收费
	20元/具	十周岁以下尸体
	35元/件	医院引产物
汽车运尸费 抬尸劳务费	40元/具	市郊以外每公里加1元,三楼及以上楼层每层加4元,解放桥运尸体15元/具
尸体更衣	10元/具	—
尸体消毒	5元/具	—
尸体理发	5元/具	—
尸体冷藏	20元/日	24小时
骨灰盒寄存	5元/年·盒	—
租用大厅	200元/次	冷冻、安息等全套服务
丧葬商品	—	自产或外购商品按成本价（进价）顺加50%,由企业自定,抄报物价民政部门备案

表7-100　1992年市区殡葬服务收费标准表

服务项目	收费标准	备注
火化费	55元/具	十周岁及以上尸体,专炉火化加倍收费
	45元/具	十周岁以下尸体（不含一周岁及以下尸体）
	35元/具	一周岁及以下尸体
	55元/具	医院引产物
汽车运输 （含抬尸）	46元/具	市郊以外地区每公里加收1元,三楼及以上楼层,每层加收4元,解放桥运尸15元/具
社会车辆 运输及消毒	30元/辆·次	—

服务项目	收费标准	备注
骨灰寄存悼念	20元/次	每次不少于半小时
特殊寄存室	10元/年	家属自愿寄存

注：苏价费字（1992）第168号《关于调整市区火化费等项目收费标准的批复》。

表7-101　1994年苏州市区殡葬服务收费标准表

服务项目	收费标准	备注
火化费	80元/具	十周岁以上尸体，专炉加倍收费
	70元/具	十周岁以下尸体（不含一周岁及以下）
	60元/具	一周岁及以下
	80元/具	医院引产等
汽车运尸（含拾尸）	市区66元/具	市郊以外加收1元/公里；三楼及以上楼层，每层加收4元
	解放桥30元/具	—

1996年3月，市物价局、财政局批复了市殡葬管理所的《关于调整部分殡葬收费的报告》，由于殡葬服务范围逐年扩大及成本上涨因素，对火化费作适当调整，火化尸体从每具80元调整为100元（儿童尸体酌情略减），医院引产物（手术）物件每件（具）100元。对殡葬管理所的运尸车以及接送家属客车的费用也作了规定：运送尸体的小型面包车和桑塔纳轿车的运费分别为80元/次和150元/次，接送家属的中型面包车和大客车分别为200元/次和400元/次。尸体搬运费为平房（含二层楼）36元/具，二楼以上每增加一层加收4元。

1999年11月，苏州部分殡葬服务项目收费标准又作了调整：火化费从原来的100元/具调整为200元/具，儿童尸体及医院引产物（手术）物件减半收取；骨灰盒的寄存由10元/年·盒调整为普通寄存50元/年·盒，高档寄存100元/年·盒；丧葬用品的进销差率由50%调整为60%。

2004年12月，苏州市殡仪馆搬离了杨家桥，迁移至新落成的郊外横泾镇尧峰山西麓新馆。大量资金投入，使新馆各项配套设施、设备先进，达到了国家一级殡仪馆标准。为保证新馆的正常运行且考虑群众基本办丧需求，以及根据市场需求，适度拉大殡仪消费档次等因素，市物价局、市财政局联合发文明确了该馆开展殡仪服务有关事项：取消自带骨灰盒特殊劳务费；降低丧葬用品进销差率，其中骨灰盒由60%下降至20%~30%，其他小丧葬用品由60%下降至35%~50%；核定和调整新馆部分殡葬服务收费标准（详见下表7-102）。并要求对城乡低保户减半收费，城市"三无"对象和农村五保户免收费用。核定后的殡葬服务项目、收费标准要实行明码标价，并在营业场所进行公示。由丧事家属根据自身需求自愿选择，不得强制服务。

表7-102　2005年苏州殡仪馆部分服务项目及收费标准表

服务项目	项目类别	计费单位	收费标准	收费说明
火化	普通炉	元/具	600	十周岁以下减半
	高档拣灰炉	元/具	1200	—
	医院引产物	元/件	600	—

服务项目	项目类别	计费单位	收费标准	收费说明
汽车运尸	别克高档接尸车	元/次·具	400	单程20公里以内,超过则每公里加收2元
	普通接尸车	元/次·具	200	单程20公里以内,超过则每公里加收2元
	大客接尸车	元/次	600	往返接送,单程20公里以内,超过则每公里加收2元
	灵车挂黑球	元/次	20	—
殡仪服务	带卫生棺火化	元/只	100	—
	拣装骨灰	元/具	80	含骨灰粉碎
	遗体一般化妆	元/次	30	—
骨灰寄存	普通寄存室寄存骨灰盒	元/盒·年	80~300	一格80元,二、七格120元,三、六格160元,四、五格300元
	高档寄存室寄存骨灰盒	元/盒·年	100~300	一格100元,二、七格150元,三、六格200元,四、五格300元
	骨灰盒悼念室	元/次	80	—
丧葬用品	骨灰盒	按进价顺加	20%~30%	—
	其他小丧葬用品	按进价顺加	35%~50%	—

注:普通炉火化费、普通接尸车运费、告别厅费、遗体搬运费、遗体消毒费,城乡低保户(凭低保证)减半收费,城市"三无"对象和农村五保户(凭证)免收。

2007年1月,市物价局、市民政局转发了省物价局、民政厅《关于印发江苏省殡葬服务收费管理办法》和《江苏省殡葬服务机构基本服务收费项目的通知》。《办法》与《通知》重申:各级人民政府价格主管部门是殡葬服务收费的主管部门,各级民政部门配合价格部门做好殡葬服务收费的管理工作,殡葬服务收费管理实行"统一政策、分级管理"的办法。收费类别根据单位性质、服务内容、国家相关政策及市场供求情况等,分别实行政府定价、政府指导价和市场调节价。基本服务项目收费实行政府定价、政府指导价,政府指导价可上下20%幅度浮动。非基本服务项目收费,实行市场调节价,由提供服务的部门自主定价。收费必须实行明码标价制度,并自觉接受用户和社会监督,并向用户提供收费结算清单和规范的服务委托书。同时,公布了江苏省各类殡葬服务机构基本服务收费项目的定价方式(详见下表7-103)和新增服务项目及收费标准。

表7-103 2007年江苏省殡葬服务机构基本服务收费项目表

收费项目	定价形式	计价单位	备注
一、遗体接送费	政府定价或政府指导价	—	包括本地区正常遗体的收殓、装卸、运输(对非正常死亡的,实行政府指导价)。跨地区、跨国境运送遗体另按相关规定办理
1. 遗体接送	—	元/具·公里	包括空驶费用
2. 楼层费	—	元/具·层	电梯运送的免收
二、遗体冷藏费	政府定价	元/具·天	—
三、穿(脱)衣费	政府定价	元/具	—
四、一般化妆	政府定价	元/具	包括净面
五、遗体火化费	政府定价	元/具	包括遗体火化、骨灰清理、装袋
六、骨灰寄存费	政府定价	元/格位(份)	适用于骨灰堂、墙壁、草坪葬、树葬等非墓葬。包括骨灰(骨灰盒)的安葬、安全、整洁、配套植物保养等服务
1. 长期寄存	—		按年计收。不足1年,可以按月计收。经用户同意,也可以跨年度收取
2. 短期寄存	—		以七天为一个计价单位。超过七天,按天计收
七、公墓墓葬费	—	—	—

收费项目	定价形式	计价单位	备注
1. 经营性公墓	政府指导价	元/穴	包括使用墓穴安葬骨灰和购置与之配套的设施、植物等
2. 公益性公墓	政府定价	元/穴	同上
八、公墓墓穴管理费	政府定价	—	包括骨灰、墓穴和与之配套的墓碑等设施的安全、整洁、植物保养等服务。墓穴使用年限一般不超过20年，按年计算收费，一次性收取的，一般不得超过20年
九、塔陵塔位使用费	政府定价	元/塔位	塔位使用年限一般不超过20年，按年计算收费。一次性收取的，一般不得超过20年
十、塔陵塔位管理费	同上	元/塔位	包括骨灰盒、塔位和与之配套的设施的安全、整洁等服务。按年计算收费，一次性收取的，一般不得超过20年
十一、告别厅租用费	政府指导价	元/场	按小时计算收费

二、公墓服务价格

公墓管理是殡葬改革的重要内容之一，也是社会主义精神文明建设的重要部分，通过价格管理与调控来达到扶持该行业发展。同时，满足群众的基本需求，契合了民情风俗及伦理纲常。

1956年，苏州22个私营公墓全部改为公私合营，由市殡葬管理所负责管理。此后，历经1958年部分公墓因国家建设项目需要而被征用、1966年"文化大革命"中全部遭到冲击而致业务停顿，20世纪70年代部分农村无章自建骨灰公墓，20世纪80年代的清理整顿，至1985年，本市经批准的骨灰公墓有凤凰公墓、华侨公墓、香山公墓、横泾公墓等6处。公墓的收费由两部分组成：购买墓穴费（一次性支付），护墓管理费（逐年支付）。

1992年8月，民政部印发的《公墓管理办法》（以下称《办法》），定性公墓是为城乡居民提供安葬骨灰盒、遗体的公共设施。其中公益性公墓是为农村村民提供遗体或骨灰安葬的；经营性公墓是为城镇居民提供骨灰或遗体安葬的，实行有偿服务的公共墓地，属于第三产业。《办法》规定：经营性公墓的墓穴管理费一次性收取不得超过20年，接受公墓机构服务的，需要按规定交纳墓穴租用费、建墓工料费、安葬费及护墓管理费。具体价格见下表：

表7-104 1988~1992年公墓价格表

年份	国内墓穴		华侨墓穴		护墓费	备注
1988	1~3平方米	60元/平方米	1~5平方米	120元/平方米	—	特穴地面设施及附件价格面议
	4~6平方米	80元/平方米	6~10平方米	200元/平方米	—	
	7~10平方米	120元/平方米	11~20平方米	400元/平方米	—	—
	11平方米以上	须经县殡葬管理所批准，价格不得低于每平方米250元	21平方米以上	须经县殡葬管理所批准，价格不得低于每平方米600元	—	—
1990	1~3平方米	200元/平方米	1~3平方米	300元/平方米	每年单穴5元，双穴8元，特级墓按墓价3‰计收	1. 单穴净占地不超过0.7平方米，双穴净占地不超过1.2平方米。2. 落葬者属本县人，墓地费优惠30%。3. 特级墓收费面议

年份	国内墓穴		华侨墓穴		护墓费	备注
1990	3.1~6平方米	250元/平方米	3.1~6平方米	400元/平方米	—	—
	6.1~9平方米	300元/平方米	6.1~9平方米	500元/平方米	—	—
1992	—	—	—	—	每年单穴7元,双穴10元,特级墓按墓价3‰计收	—

20世纪90年代开始,为提倡移风易俗,节约土地,加快殡葬改革,推动殡葬事业的发展,一种以塔陵安置骨灰的形式渐趋风行。市物价局根据上报成本资料,结合地方实际,相继批复了塔陵安放格的价格和管理费收费标准。详见下表:

表7-105　1994~2001年苏州大市范围塔陵安放格价格表

年份	塔陵名称	格位使用费	管理服务费	备注	销售数量
1994	新民塔陵	4800元	免费	预售价	—
1997	皇冠山安乐园	4800元	—	预售价	—
1999	吴县真山安乐园	2300元	30元/年	浮动30%	32832只
	张家港凤凰山塔园	1600元	25元/年	浮动30%	6000只
2000	万国永泰安乐园	2300元	30元/年	浮动30%	60732只
	西华塔陵园	2500元	30元/年	浮动40%	80000只
2001	新民塔陵	2400元	30元/年	浮动40%	68000只

1998年9月,根据国务院办公厅转发民政部《关于进一步加强公墓管理意见的通知》和省政府《江苏省公墓管理办法》等有关法规,市物价局、民政局就加强公墓价格管理联合发出通知,指出经营性公墓是一种公共设施,是特殊的服务行业,其提供的服务属于公益性,价格实行政府定价,价格的制定应当依据社会平均成本和市场供求状况,国民经济与社会发展要求,以及社会承受能力,按定价权限和程序实施并适时调整。墓穴的租用及骨灰安放格租用费原则上以20年为计费单位和一个租用周期。为农村村民提供服务的公墓及骨灰安放格不得收费。

2007年4月市物价局、市民政局印发的《苏州市公墓价格管理试行办法》,2009年苏州市民政局、发改委、物价局等9个部门层转民政部等八部委《关于进一步规范和加强公墓建设管理的通知》,都强调了从多方面加强公墓管理的重要性,重申了其公益性的本质,要求公墓经营者需要按规定申报价格,严格执行政府定价和政府指导价的相关规定,建立健全内部价格管理制度和销售登记账目,按规定实行明码标价,使用规定的专用发票并接受同级物价、民政部门的年度审验。

第七章　公用事业价格

第八章　服务业收费

"上有天堂,下有苏杭",建国前,苏州的服务业比较繁荣发达,其收费水平亦相对较高,尽管并未由官府实行统一的管理,却由同业公会根据各自的服务条件、设备状况,通过磋商,分等定级而定。其时,服务行业,尤其是旅店、理发、浴室等行业的社会地位和收费水平虽然并不很高,但其职工的经济收入与当时一般职工相比却不低,因其除了能得到正常服务项目的收入之外,顾客往往会付相当可观的小费,故在当时有"末等行业,头等得钱"之说。沿袭了数百年服务行业收小费的习惯在苏州解放后才逐渐消失。

20世纪50年代初期,苏州服务业的收费基本保持了建国以前的收费办法和收费水平,即一般通过同业公会统一议定分等、分级标准,制定出相应的价格,以体现按质论价的要求。1956年,苏州各类服务业实行全行业公私合营。政府在对原有服务业收费水平进行合理调整的基础上,开始制定出统一的收费标准,并实行统一管理,其收费标准基本稳定在原有的水平上。到20世纪50年代末至60年代初,苏州各类服务业的收费水平开始逐步提高。"文化大革命"期间,尽管苏州各类服务业收费标准冻结在20世纪60年代初的水平,但在极"左"思潮下,服务网点普遍减少,服务质量普遍下降,服务行业质次价高。

1979年以后,随着"对外开放,对内搞活"政策的推行,苏州服务业迎来了蓬勃发展的好时期,各类服务行业的投资规模、技术设备、服务质量得到迅速提升,这一时期的收费水平亦相应出现了较大幅度的上升,从政府统一定价逐渐变成相对灵活的政府指导价,允许有一定的浮动幅度,基本反映了当时社会经济发展的变化。至20世纪80年代末90年代初,随着价格改革的逐步深入,各类原材料、燃料价格、人工费用的不断上涨,苏州各类服务业的收费水平随之得到进一步的提高。这时,部分服务业的收费标准开始放开,加上私营个体经营者的不断涌现并迅速发展,服务行业的价格竞争日趋激烈,更使服务行业的收费标准重又上升到一个新的水平。20世纪90年代中期,苏州相当一部分服务业价格放开,实行经营者自主定价。市场定价的价格杠杆进一步推动了苏州服务业的繁荣发展。

2005年9月,江苏省物价局发出《关于运用价格杠杆促进加快发展服务业的通知》,除了部分有关重要民生等服务价格还实行政府定价以及政府指导价外,要求其余的一律放开价格,苏州市结合本地的实际,增强政府定价的灵活性,调整政府指导价和政府定价的比例,对服务业进行价格扶持,实行收费减免等政策,从而为服务业的快速发展提供有力的支撑。价格杠杆发挥了市场在资源配置中的基础性作用,推动服务业兴旺发达,使苏州服务业规模不断扩大,结构和质量得以调整和改善,在促进苏州社会经济平稳较快发展、扩大就业等方面发挥了重要作用。

第一节　餐饮价格

苏州市的餐饮行业之兴盛,向有悠久历史。"苏帮菜"亦盛名于中国四大菜系。苏州的"松鹤楼"、"新聚丰"、"六宜楼"、"义昌福"等老字号是名闻遐迩的菜馆。20世纪60年代,以松鹤楼菜馆的先进事迹拍摄而成的电影《满意不满意》风靡全国,随后以此片中店名开设的,制作正宗苏帮菜的"得月楼菜馆",更是声名鹊起。

餐饮业的价格由商品和服务价格两部分组成。从新中国成立初到20世纪90年代初期,由于实行计划经济,餐饮业原材料价格和产品价格都严格执行政府有关部门的规定。其中,事关大众饮食早点的大饼、油条和阳春面等大众点心饮食的价格,从20世纪50年代至80年代,近30年时间为国家定价,价格稳定不变,其余的均实行成本加规定毛利率的国家指导价。

表8-1　1951~1993年部分饮食历史价格

年份	大饼（元/只）	油条（元/条）	阳春面（元/碗）	焖肉面（元/碗）	鲜肉大包（元/只）	汤包（元/客）	松鼠鳜鱼（苏州名菜）元/盆
1950	—	—	—	—	—	—	2.00
1951	0.025	0.025	0.15	0.30	0.06		2.20
1952	0.025	0.025	0.12	0.24	0.06	—	—
1955	0.025	0.025	0.11	0.27	0.06		
1965	0.025	0.025	0.11	0.22	0.06		
1966	—	—	—				3.50
1967	0.025	0.025	0.11	0.22	0.07	0.20	
1972	0.025	0.025	0.11	0.22	0.07	0.20	
1979	0.025	0.03	0.12	0.24	0.08	0.26	6.60
1983	0.06（油酥）	0.03	0.12	0.29	0.09	0.28	—
1985	0.07（油酥）	0.035	0.15	0.34	0.11	0.36	25.00
1988	0.10（油酥）	0.05	0.19	—	—	—	—
1990	0.12（油酥）	0.06	0.25	—	0.26	0.74	
1991	—	0.09	0.40				
1992	0.18（油酥）	0.10	0.48	—	—	—	
1993	0.19	0.11	0.52				

注：以上面点均需粮票。大饼为50克,油条25克,阳春面150克。

1958年至1976年间,连续受到"大跃进"、三年困难时期和"文化大革命"的影响,苏州市区餐饮业网点急剧减少,尤其在"文化大革命"期间,菜饭业中的著名老字号牌统统被砸,"革命化"的店招比比皆是,传统名菜被批判为"封、资、修"。菜肴在"大众化"的口号下,绝无特色。网点撤并,人员下放。到1976年,网点为31户,从业人员969人,全市行业营业额为72.6万元。

改革开放以来,餐饮业得以恢复和发展,松鹤楼、新聚丰、得月楼等老字号恢复,传统名菜、名点逐步推出，菜肴不断创新。

1979年11月，在苏州市革命委员会《关于提高猪肉、牛肉、羊肉、家禽、鲜蛋、水产品销售价格的通知》发布后，市商业局贯彻该《通知》时明确：部分以此为主要原料的饮食品，对成本有影响而无法克服的，可适当提高销售价格，同时明确了餐饮业的综合毛利率分别为：菜饭业30%~36%，面、馄、糕团、饼馒业为30%~33%，小食品业为31%~34%。三两阳春面由每碗0.11元调整为0.12元，二两的由每碗0.08元调整为0.09元。特副粉全肉大包每只由0.07元调整为0.09元。菜饭业除了统一规格的筵席由市管外，其他的菜肴都实行"死毛利、活规格、活价格"的办法，由各企业自己核定价格。

表8-2　1979年苏州市饮食业分等级分类毛利率

行业	等级	综合毛利率（%）	分类毛利率（%）				备注
			工轻料重简单加工	工料并重	料轻工重	名菜筵席	
菜饭业	甲	34~36	33~34	35~36	36~37	40~44	因顾客特殊需要可适当高于毛利率，协商定价
	乙	32~34	31~32	33~34	34~35	37~41	
	丙	30~32	29~30	31~32	32~33	34~38	
	卤菜	25~27	—	—	—	—	
面馄	甲	31~33	30~31	32~33	33~34	—	
	乙	30~32	29~30	31~32	32~33	—	
糕团	甲	31~33	30~31	32~33	33~34	—	
	乙	30~32	29~30	31~32	32~33	—	
小食	甲	32~34	31~32	33~34	34~35	—	
	乙	31~33	30~31	32~33	33~34	—	
饼馒	甲	31~33	30~31	32~33	33~34	—	
	乙	30~32	29~30	31~32	32~33	—	
全市		31~33	—	—	—	—	

20世纪80年代初，"旅游热"兴起，促进了餐饮等服务行业的快速发展，苏城大大小小菜馆纷纷翻建，设备更新，餐厅装修向豪华而不失典雅且各具特色方向发展。坐落着得月楼、松鹤楼、王四酒家等著名菜馆的太监弄，成为苏城极负盛名的餐饮街。苏州人戏称"吃煞太监弄"。各店菜肴在保持传统的"色、香、味、形"特点外，又向清淡、营养、味美发展。随着园外楼等极具姑苏园林气息的饭店以及一些涉外饭店逐渐开业，苏州的餐饮业迎来健康、快速发展的历史时期。改革开放的深入以及经济社会的快速发展，使餐饮业成为当地极具特色的地方重要产业。

1988年7月，市物价委员会和市商业局联合下发《苏州市区饮食业价格管理办法》。次年2月，市物价委员会印发《关于执行〈苏州市区饮食业价格管理办法〉的通知》，明确了餐饮行业的管理权限和价格形式：饮食业中除了"油条、阳春面"两个品种实行国家定价，由市物价部门统一管理外，其余的饮食品实行国家指导价格。市物委、市商业局、各区物价局和若干骨干企业组成的行业价格协会，下达主要原辅材料的出成率；明确技术含量较高的传统风味小吃的范围；明确审定甲级企业和市级主管部门所属饮食企业的等级，中餐中的著名菜肴审定等的权限，以及餐饮业甲、乙级等级企业的评定标准；根据"分类指导、品种考核"的办法制定了中、西餐及点心毛利率标准（详见下表8-3、8-4）；对筵席价格订调实行事前备案制，企业按作价办法制定的筵席价格每桌超过200元（含200元），均需在执行前，将配料成本和价格制表，经主管业务部门审核后，按等级审批权限报市和区物价部门备案。

表8-3 1989年市区饭菜业毛利率

等级		毛利率（%）			备注
		一般菜肴	筵席名菜	单间外宾	
饭菜业	甲级	38	41~45	一般不超55 名菜点70~80，最高不超90	卤菜毛利率27%~29% 米饭毛利率25%
	乙级	36	38~42		
	丙级	34	35~39		

表8-4 1989年市区糕点饼馒、西餐业中心毛利率

行业	等级	毛利率（%）	备注
饼馒 糕点	甲级	38	传统风味小吃费工费时可上浮3% 专供外宾以不超过75%制定
	乙级	36	
西餐	甲级	46	个别料轻工重可上浮4%，以成品原料加工制作的（含蛋炒饭）毛利甲级40%、乙级30%
	乙级	36	

1990年7月，为解决点心业受燃料价格上涨的影响，市物价委员会调整了该行业的毛利率。甲、乙等级店的毛利分别从38%、36%，调整为39%、37%，并对乙级企业生产的部分面点的价格，根据物价委员会下达的规定规格、投料配方等实施最高限价（表8-5）。

表8-5 1990年苏州市乙级企业部分点心最高限价

品名	单位	粮票	售价（元）	毛利率（%）	重量（热）	重量（冷）
绞连棒	根	25克	0.065	36.62	29克	28克
油氽傲子	把	50克	0.15	35.6	33.5克	32.5克
大麻团	只	50克	0.13	35	80克	75克
油氽面衣	只	50克	0.14	37.86	72.5克	70克
鲜肉生煎	4只/客	50克	0.46	35.45	135克	130克
鲜肉锅贴	4只/客	50克	0.46	36.24	125克	120克
鲜肉小馄饨	碗	50克	0.23	35.92	70克	12.5克
鲜肉大馄饨	碗	50克	0.50	37.6	70克	45克
鲜肉大包	只	50克	0.24	37.96	75克	27.5克
鲜肉小笼包	5只/客	50克	0.70	36.74	75克	85克
鲜肉汤包	10只/客	50克	0.72	38.50	75克	85克
鲜肉大烧卖	5只/客	50克	0.70	36.94	70克	85克

1993年国家有关饮食服务业价格放开的新政施行后，苏州市餐饮业实行企业等级管理制度及市场平均毛利率公示制度，并试行行业价格管理。

同年5月，市物价局、市商业局联合发出《关于进一步放开服务价格的意见》（以下称《意见》），以全面贯彻落实中共中央、国务院《关于加快发展第三产业的决定》以及省物价局、商业厅转发的国家物价局、商业部《关于进一步放开饮食服务业价格的通知》精神。《意

见》明确：放开饮食业毛利率管理后，苏州餐饮业根据分等定价、优质优价的原则，经营企业可按照本企业的经营等级、服务、产品质量自主确定毛利率，报同级物价部门备案；对油条、大饼、馒头、阳春面等大众食品的价格，原则上由企业自主定价；为保持市场价格的相对稳定，必要时由行业价格管理协会组织同行业议价。《意见》指出对甲级及以上等级的饮食企业，可逐步开展收取服务费的试点，最高标准不超过结账金额的10%。

1994年12月，快餐业逐渐盛行。为加强对该行业的管理，维护经营者、消费者的双方权益，市物价局制定《苏州市快餐业价格管理办法》并予公布。快餐业的价格实行等级和毛利率管理，由市物价局、市商业局制定等级标准和最高毛利率。等级由同行业审定后，报市物价局批准。经营者根据相应等级的毛利率，自行制定具体价格。快餐业的等级划分为特级、甲级一等、甲级二等、乙级一等、乙级二等、丙级以及其他级7个级别。分等级的最高作价毛利率：特级为60%，甲级一等为55%、二等为50%，乙级一等为45%、二等为40%，丙级为35%，其他为30%。同期，苏州市饮食业内供食品、饮料的毛利率、加价率也予以公布。

表8-6　1994年苏州市饮食业内供食品、饮料毛利率、加价率分类表

类别	等级	内供自制拆零食品、饮料、酒内扣毛利率（%）	原包装食品饮料酒加价率（倍）	茶水内扣毛利率（%）	备注
餐馆业	特	70	1.5	90	不满元尾数四舍五入
	甲	60	1.0	75	
	乙	50	0.7	60	
	其他	40	0.3	40	
快餐业	特	60	1.0	70	不满元尾数四舍五入
	甲	50	0.7	55	
	乙	40	0.5	40	
	其他	30	0.2	30	
面馄糕点	特	55	0.8	70	不满元尾数四舍五入
	甲	45	0.6	60	
	乙	35	0.4	45	
	其他	25	0.2	30	

1995年11月，《苏州市餐饮业价格管理办法》作了修订：市区餐饮业的价格管理办法由市物价局、市商业局负责制定，由餐饮行业价格管理组织依据实施。该文件规定，将餐饮业的作价等级分为特级一等、二等，甲级一等、二等，乙级，丙级和其他级共计7个等级，等级的评定仍由行业价格管理组织按程序审定，涉外的星级饭店，三星以上的为特级一等，三星为特级二等，三星以下的为甲级一等。菜肴食品的销售价格=原材料成本÷（1-作价毛利率）。为体现优质优价，甲级一等的企业在通过评审半年后可申报加收6%~10%的服务费。

表8-7　1995年苏州市餐饮业各等级单项品种作价毛利率最高标准

等级	上档最高作价毛利率（%）	下档最高作价毛利率（%）	等级	上档最高作价毛利率（%）	下档最高作价毛利率（%）
特级一等	70	65	乙级	50	45
特级二等	65	60	丙级	45	40

等级	上档最高作价毛利率（%）	下档最高作价毛利率（%）	等级	上档最高作价毛利率（%）	下档最高作价毛利率（%）
甲级一等	60	55	其他级	40	
甲级二等	55	50	—	—	—

表8-8　1995年苏州市餐饮业内供饮料毛利率、加价率分类表

等级	内供自制拆零食品、饮料、酒内扣毛利率（%）	原包装食品饮料、酒加价率（倍）		茶水内扣毛利率（%）
		20元以下	20元以上	
特级一等	70	1.50	1.00	90
特级二等	65	1.30	0.80	80
甲级一等	60	1.00	0.60	75
甲级二等	55	0.80	0.50	65
乙级	50	0.60	0.40	60
丙级	45	0.40	0.30	55
其他级	40	0.20	0.10	40

　　2000年开始，餐饮行业价格逐步走向市场化，由经营企业自主定价，餐饮市场兴旺，竞争激烈。2001年9月，根据江苏省人民政府《江苏省制止不正当价格行为和制止牟取暴利规定》以及《苏州市区餐饮行业价格行为的实施细则》中的有关规定，市物价局公布市区餐饮业内供饮料、酒水市场平均价格和菜肴市场平均毛利率（详见下表8-9），内供饮料、酒水的合理幅度为20%，未予公布的品种加价率的合理幅度为20%，菜肴平均毛利率的合理上浮幅度为80%。

　　2003年7月和11月，市物价局分别公布了市区餐饮行业和星级酒店的菜肴毛利率和内供饮料、酒水的市场平均价。同年，重新组建成立了苏州市价格协会餐饮行业分会，实行行业组织价格自律，指导各经营企业根据品牌、服务及商品质量自主定价，诚信经营，并做好明码标价工作。价格管理以规范其价格行为为主。

表8-9　2001~2003年苏州市区餐饮行业菜肴市场平均毛利率

等级名称	市场平均毛利率	备注
特级	45%	未评定等级的按其他类标准；菜肴平均毛利率是指综合毛利率，企业制定单项品种价格不得突破合理幅度80%的上限，突破部分将视为牟取暴利行为
乙级	42%	
二级	38%	
三级	33%	
其他级	25%	

　　注：2003年苏州市区星级饭店的菜肴毛利率合理幅度为50%；已予公布品种的内供饮料、酒水的合理幅度为30%，未予公布的合理幅度同为30%。

　　2005年市物价局会同市价格协会餐饮行业分会创办了"苏州餐饮一条街"网站，同时，依照餐饮行业实行等级价格管理办法，根据餐饮业市场的实际状况，由市物价局会同餐饮行业分会测定社会饭店作价等级、平均毛利率和各星级饭店的平均毛利率，并通过该网站定期向社会公布。至2009年，因人员变动，该网站关闭。

第八章　服务业收费

第二节　旅社宾馆收费

一、旅社收费

历史上苏州旅店收费一般由店主自定。民国时期,比较高级的旅社收费一般通过同业公会协商,分等分级而定。民国15年(1926),苏州新江大旅社(备有餐厅)的客房价目表为:起码房间(单铺大床)每夜0.4元(银元,下同),高档房间(红木家具、铜床、冬电炉、夏电扇)每夜2元。旅社行业分等分级定价的收费办法和收费水平一直沿用至建国初期。由于建国前战乱及通货膨胀等历史原因,苏州旅社业呈萎缩状态。

20世纪50年代初期,设备设施旧、经营规模小、从业人员少,仍是苏州市区旅社业的真实写照,直至1959年,北塔旅社的兴建,苏州才有了较为上规模的旅社。当时,由于普遍工资水平偏低及旅社档次不高,1962年苏州的旅社收费,一般高档的为3.80元/双铺间,低档只有0.90元/双铺间。1963年,苏州合作旅社有8户,从业人员有94人;1964年发展到33户,从业人员521人,营业额65万元。1965年,位于观前街察院场口的人民旅社建成,设客房87间,床位424只,并附设食堂,苏州市区接待能力有所加强。1966年旅社收费每双铺间价格在1.00~4.10元不等。

1967年,受"文化大革命"的影响,全市旅社撤并为23户,旅社的许多服务项目被取消,住宿旅客被要求"自我服务"。同时,旅馆的名称全部改为更具有"政治色彩"的名字。至1978年改革开放前夕,旅社业网点的减少,使得来苏出差、旅游的住宿问题凸显。每逢假日或旅游季节,只能采用双层铺、加铺,或是利用浴室、影剧院甚至借用学校教室来应对"住宿难"。

20世纪80年代开始,改革开放促进了"旅游热",公务商务往来频繁,为此,市饮服公司一方面改造旧旅社、增加床位和改善住宿条件,另一方面兴建了苏城饭店、新华饭店、园外楼等中高档宾馆、饭店来应对新局面。1983年,申江酒家、华侨饭店、花卉饭店、大华饭店等纷纷竣工,大大地缓解了"住宿难"的问题。社会的需求,资金的高投入,使旅社客房日趋高档化、现代化,服务人员也渐趋专业化,随着苏州市区旅社软硬件的升级,从20世纪80年代起,住宿收费也以几近每年一次的速率调整,旅社业营业收入也快速增长。

1984年12月,市物价委员会、市商业局发布《苏州市旅社、招待所价格管理办法》(以下称《办法》),《办法》规定:房费由房间面积收费和设备设施收费两大部分的各项单价组成,房间面积收费为房屋的结构、地面、墙壁、窗户和顶盖以及朝向等组成单位平方米的价格,方法类似于当时的房屋租金构成;设备设施费是根据旅客共用情况,分别采取按人或按件、按房间铺位或数量来计算收费。根据上述的方法计算出的房价为中准收费标准,旅社、招待所可根据客流情况,施行淡旺季差价,每年3月15日到6月15日、9月1日到10月31日为旺季,房价可不超过30%幅度内上浮,其余时段为淡季,允许下浮,幅度不限。《办法》还规定,旅社、招待所的价格管理办法,由市物价委员会和商业局制定,日常的价格管理工作由从业单位负责,所定价格,必须上报主管部门备案。

1987年9月,市物价委员会颁发《苏州市旅社、招待所价格管理办法(1987年修订本)》,

用以进一步提高旅社业的服务质量。《1987年修订本》指明：旅社客房价格由物质条件和服务标准两大部分组成，价格中要充分体现房屋结构、面积、客房设备、采光通风、公用设施、自然环境以及相对应的服务标准等因素。《1987年修订本》同时制定了服务标准、评分标准、优质服务标准以及加价办法。

表8-10　1962~1987年苏州市部分年份旅店价目表

单位：元/铺

年份	1962	1966	1972	1981	1984	1985	1986	1987
高档双铺间	3.8	4.1	6.00	6.80	12.0	40.0	50.0	54.0
低档双铺间	0.9	1.0	2.00	2.40	4.00	4.00	5.00	6.00

表8-11　1982年苏州市郊旅社收费标准（钢筋混凝土结构）

单位：元/人

房间铺位数	平均每铺占用面积	每天铺位收费
一室三铺	4平方米以上	1.50~1.70
一室四铺	3平方米以上	1.30~1.50
一室五铺	3平方米以上	1.20~1.40
一室五铺以上	3平方米以上	1.00~1.30

表8-12　1984年旅社业房间面积收费计算表

单位：元/平方米

项目	单价	备注
钢筋水泥砖混砖木混合（上等）	0.04	—
一般砖木结构	0.025	—
简易结构	0.015	—
冷摊瓦顶	0.01	—
贴塑平顶	0.035	—
粉顶、天花板顶、油漆夹板顶	0.02	—
未油漆纸夹板顶	0.018	—
望砖芦帘反刷楼板顶	0.015	—
企口硬木地板、磨光水泥贴塑地板	0.04	1. 油漆加0.01、上蜡加0.01，两项只能取一
一般地板、普通水泥	0.03	2. 满地毯加0.20，半地毯加0.10
平铺砖、普通方砖	0.02	
砖粉墙	0.02	1. 全贴布加0.03，半贴0.015
瓦隔条空心粉墙、双夹板企口板壁	0.015	2. 全油漆加0.015，半油漆0.01 3. 全涂料加0.01，半涂料0.005
单面隔板、普通板壁	0.01	4. 隔墙板不到顶按50%计
钢窗	0.03	纱门窗加0.01，布窗帘0.005，提花灯芯绒0.01，丝绒、半绒0.015，窗帘盒0.005
木窗	0.025	
不规则窗	0.015	

注：方向东南为100%，西、北向及内窗8折计。房间面积以单铺为100%，双铺加10%，三到四铺加20%，五铺加30%，六铺及以上不加。

表8-13　1984年旅社部分设备设施收费表

名称		单位	收费标准	备注
普通木架、铁架棕垫弹簧床	3尺以下	元/只	0.40	无架棕垫床、铁皮床、硬板床减30%，双层床减50%，折叠床减80%，大料床、片子床、古铜床加30%，席梦思床垫加100%
	3~3.2尺		0.50	
	3.6~4尺		0.60	
	4尺以上		0.70	
布面棉被		元/条	0.10	线绨面加20%，软缎加40%
床单	3.2尺以下	元/条	0.07	印花床单加30%
	4尺及以下		0.10	
	4尺以上		0.14	
毛毯		元/条	0.30	冬天毛毯，夏天毛巾被
枕头		元/只	0.03	枕套加20%，绣花加50%；单人房枕头基价0.05元
枕巾		元/条	0.02	单人间配两条，单人房枕巾基价0.04元
拖鞋		元/双	0.10	冬天绣花拖鞋加50%
床头柜		元/只	0.10	双人床头柜加50%
床罩		元/顶	0.20	单人房床罩基价0.30元

表8-14　1987年苏州市旅社、招待所收费（房间面积价格表）

单位：元/平方米

项目	单价	备注
钢筋水泥砖混砖木混合（上等）	0.04	—
一般砖木结构	0.025	—
简易结构	0.015	—
冷摊瓦顶	0.01	—
平顶贴塑、布、壁纸，涂防火材料	0.035	—
粉顶、天花板顶、油漆夹板顶	0.02	—
未油漆纸夹板顶	0.018	—
望砖芦帘反刷楼板顶	0.015	—
企口硬木地板、磨光水泥贴塑地板	0.04	油漆加0.01，上蜡加0.01，棉腈地毯加0.10，混纺地毯加0.15，全毛加0.20，半地毯减半收费，走道地毯加20%，全楼地毯加40%
一般地板、普通水泥	0.03	
平铺砖、普通方砖	0.02	
砖粉墙	0.02	1.全贴布加0.03，半贴0.015
隔条空心粉墙、双夹板企口板壁	0.015	2.全油漆加0.015，半油漆0.01
单面隔板、普通板壁	0.01	3.全涂料加0.01，半涂料0.005 4.隔墙板不到顶按50%计
铝合金窗	0.04	纱门窗加0.01，布窗帘0.005，提花灯芯绒0.01，丝绒、半绒0.015，窗帘盒0.005，茶色玻璃加0.01
钢窗	0.03	
木窗	0.025	
不规则窗	0.010	

注：方向东南为100%，西、北向及内窗8折计。房间面积以单铺为100%，双铺加10%，三到四铺加20%，五铺加30%，六铺及以上不加价。

表8-15　1987年苏州市旅社、招待所收费（设备设施价格表）

名称		单位	收费标准	备注
片子棕垫	1.1米及以下	元/只	0.75	木架、铁架减20%，无架减40%，红木古铜加10%，双层装减60%，折叠床减85%，铁皮硬板减20%，席梦思垫加100%。床价含普通床单、棉胎，印花床单加10%，床罩20%
	1.1米以上		0.90	
线绨面被		元/条	0.12	软缎漂白面加20%，绣花加30%，布面减20%，全毛毯加150%，化纤毯加75%
枕头		元/只	0.05	含枕巾，无枕巾减50%；枕套加10%，漂白枕套加20%，绣花的加25%；单人房2只，单人房枕头基价为0.09元
拖鞋		元/双	0.10	冬天绣花拖鞋加50%，一次性的加100%
床头柜		元/只	0.10	带电气控制的每项加0.10，合用对折
房内卫生间	浴巾	元/条	0.06	浴衣按浴巾加50%，卫生间按床配备毛巾、洗澡巾各一，每房配防滑垫一块，小香皂每床天一块，洗澡巾同价毛巾，漱口杯按床配备
	毛巾	元/条	0.02	
	漱口杯	元/个	0.02	
	小香皂	元/块	0.05	
	一次性浴帽	元/个	0.10	按床配备

1989年6月，针对《1987年修订本》实施过程中反映出的不能适应成本费用上升等情况，市物委、市商业局经研究决定：在新的作价办法制定前，除了各事业性的饭店、招待所或培训中心，市区（含郊区）范围内各经营性旅社、招待所可于同年6月28日起实行淡旺季同价收费，即常年都可在基准价格上上浮30%，以缓解各项成本上涨因素。

1992年4月，为进一步完善旅社业收费管理办法，促进其健康发展，市物价局、商业局制定了新的《苏州市旅社业收费管理规定》（以下称《规定》）。《规定》明确苏州市的旅社业收费管理实行"统一办法、分级管理、按质论价、优质优价"的原则，市属及市以上所属的旅社及区属特等旅社由市物价局负责管理，区属及以下所属的旅社由各区物价局负责管理。管理的主要内容为核定旅社等级，审批收费标准，组织行业价格管理，监督检查收费办法、执行情况。旅社等级管理，由企业对照市旅社等级管理标准，自行测定并申报，经核定后，对应等级加成率，用以在收费中加成。旅社的收费标准由旅社等级、客房级别、冷暖气费、报刊代办费、优质服务加价以及旅游附加费等六个部分组成，并规定所有客房统一实行"明码标价"制度，均需配置由物价检查所统一监制的"苏州市旅社业客房价目表"。

表8-16　1992年苏州市旅社收费标准表

客房床位	床位基价（元/床·日）					旅社等级加成率	
	甲级	乙级	丙级	丁级	普通	等级	加（减）成率
1	45	37	25	15	12	特等	+40%
2	25	21	15	12	10	一等	+30%
3	20	16	12	10	8	二等	+20%
4	—	—	10	8	7	三等	+10%
5	—	—	—	7	6	四等	—
6及以上				5	4	浴室铺位	每铺位3元/晚，提供洗浴

注：客房价格=床位收费×床位数，套房价≤客房价格×（1+80%），有卫生间丙级房价=房价×（1+20%），加铺价=床位收费×（1-40%）。床位收费标准位数保留到角。

1994年9月，市物价局、市商业局印发《苏州市旅社收费管理办法》，要求当年年底前，各从业单位到物价部门办理等级审定、收费标准核定和"江苏省收费许可证"领取等手续。物价部门按照"许可证"核定的项目、标准和收费范围,每年度对各旅社的物价政策执行情况进行年审,以此纠正和处理各种价格违法行为。同时说明,床位收费标准由物价部门评定客房等级、核定基准价格、规定浮动幅度,经营企业在规定范围内,按市场供需确定床位(客房)的挂牌价格。标准收费表于1995年1月1日起实施。

表8-17　1994年旅社收费标准表

客房床位数	客房级别床价(元/床·日)					旅社等级加成率	
	甲级	乙级	丙级	丁级	普级	等级	最高加成率
1	55	45	30	20	17	特等	+60%
2	45	35	25	18	15	一等	+40%
3	35	27	18	15	12	二等	+20%
4	—	—	15	12	9	三等	+10%
5及以上	—	—	—	9	8	四等	—

注:客房价格=床位收费×床位数,套房价≤客房价格×(1+80%),有卫生间丙级房价=房价×(1+30%),加铺价=床位收费×(1-40%)。床位收费标准位数保留到角。

1995年10月,鉴于各经营单位对上浮原则的理解、掌握差异甚大,市物价局、市商业局对此作了补充:季节因素上浮幅度控制在10%以内,由经营者根据淡旺季的变化自行掌握;服务、地段、客房质量差异因素,上浮幅度控制在40%以内,由行业价格组织统一明确评审办法、评分标准,由其组织集体评分确定。

2001年8月,为贯彻执行《国务院关于整顿和规范市场经济秩序的规定》,规范经营者的价格行为,改善旅游价格环境,提升城市文明形象,市物价局发文《关于进一步规范宾馆、旅社价格行为的通知》(以下称《通知》)。《通知》规定,为有效发挥市场在资源配置中的基础作用,将旅社、宾馆等服务类的价格,实行市场调节价,价格管理的工作重点,由原来的价格水平管理为主,转移至规范价格行为为主。通过制定市场规则,达到规范价格行为的宗旨。实施市场调节价的旅社客房收费,由经营者根据经营成本和市场供求关系等因素自主制定。宾馆、旅社仍施行设备设施、价格等级、服务质量等7级标准,委托旅社行业价格管理协会制定各等级旅社主要房型的市场平均价格并定期公布;价格主管部门可以在节假日期间,公布市场平均价格和合理上浮幅度;住宿客人的房费结算以当事人双方协商确定的房价为准,不得超过公示的市场平均价格及合理上浮幅度。

自2001年开始,旅社业价格实行市场调节价的办法。每逢春节、国庆等重要节假日,市物价局通过市价格协会旅社行业分会测定并公布市区旅社行业市场平均价格及合理上浮幅度,并要求企业做好明码标价工作,防止牟取暴利,以保持苏州旅社行业及旅游市场价格的基本稳定。

表8-18　2010年4月27日苏州市部分旅馆酒店客房价格行情表

单位：元/间·天

旅馆酒店名称	客房标准	挂牌价	协议价	备注
雅都大酒店	标准间	850	—	—
拥军楼大酒店	标准间	480	—	—
冠云大酒店	标准间	560	—	—
旅游饭店	标准间	380	—	—
新世纪大酒店	标准间	880	—	—
锦江之星留园路店	标准间	199	—	—
汉庭快捷酒店石路店	标准间	259	—	—
新华饭店	标准间	380	—	—
茉莉花假日酒店	标准间	438	—	—
莫泰连锁旅店三香店	标准间	198	—	—
福美假日宾馆	标准间	280	100	—
捷诚恒瑞商务宾馆	标准间	218	170	—
金茂宾馆	标准间	360	130	—
东庭宾馆	标准间	388	160	—
景德大酒店	标准间	238	100	—
格林豪泰观前店	标准间	189	158	凭会员卡
汉庭快捷酒店观前店	标准间	229	202	凭会员卡
如家快捷酒店观前店	标准间	219	201	凭会员卡
天伦之乐宾馆	标准间	480	200	—
新城花园酒店	标准间	650	—	—
香格里拉酒店	标准间	1100	—	—
亚致酒店	标准间	688	—	—
苏州高新区书香世家会所	标准间	518	—	—
盛捷绿宝广场公寓	标准间	428	—	—
桃园度假村	标准间	500	450	—
乐园度假酒店	标准间	388	310	—
金龙饭店	标准间	398	338	—
名城万丽商务酒店	标准间	238	—	—
中豪商务酒店	标准间	568	400	—
滨河路皇冠商务酒店	标准间	328	198	—
格林豪泰新区店	标准间	229	—	—
如家快捷酒店（新区商业街）	标准间	209	—	—
如家快捷酒店（马运路）	标准间	179	—	—

注：本表公布的旅馆酒店客房价格由各单位提供，具体结算价格按各旅馆酒店当日实际开票价为准。

二、涉外宾馆收费

1. 旅游综合服务费

苏州为国际著名旅游城市，外国旅客及旅游团队纷至沓来。建国初期至20世纪70年代末，苏州涉外宾馆主要有乐乡饭店、南林饭店等数家，定点经营接待外宾。涉外饭店收费标准自建国初期纳入计划经济轨道，定价管理权限在中央和省，苏州按照国家付费邀请外宾的标准计算，收取"旅游综合服务费"，价格较低，如20世纪70年代末期，每人每天40元，包括吃、住、游等。改革开放前的30年间,苏州市涉外宾馆外事、旅游长期混为一体,以外事为主,专门旅游者甚少。据载,1964~1976年间,累计亏损达366.6万元,年均27.4万元,均由地方财政补贴。接待饭店属于事业单位,不搞"自负盈亏",靠地方财政拨款维持。改革开放之初,综合服务费按接待的不同对象分为两类:一类是外国人,服务水准和收费标准较高;另一类是华侨、港澳台同胞等,收费标准较低。每一类又按不同的消费水平和人数分为若干等级,如按消费水平不同分为标准、豪华、经济等级。此外还规定了地区差价与季节差价。苏州与南京、无锡为二类地区,综合服务费的标准由国家物价局、国家旅游局每年制定下达。苏州经营对外旅游服务的旅行社的服务收费,由省根据国家确定的服务收费标准结合江苏情况制定下达。

1981年10月,国务院下发《关于加强旅游工作的决定》,省旅游服务收费参照国际市场价格进行调整。嗣后,随着汇率调整和国内物价水平的提高,江苏省对综合服务费标准又逐年进行调整,苏州执行省定标准。至1987年,国家对涉外旅游销售以美元报价,以避免汇率变动而影响旅游价格。

1990年9月,苏州执行江苏省规定,对旅游综合服务费实行最低限价,以防止低价竞销。1992年将吃、住、行、游各项基础服务价格单列,初步确立各项基础服务价格外加组团手续费的对外售价体系,实现与国际惯例接轨,旅游综合服务费遂解体撤销。

表8-19　涉外旅游综合服务费变动情况表

单位:元/人·天

年份	豪华等级收费	标准等级收费
1980年以前	—	低于40
1980年	—	52.6
1988年	118	101
1989年	—	124
1990年	220	140
1991年	126	102
1992年	—	176

注:二类地区,10人以上级。

2. 涉外饭店、宾馆房租收费

1981年以前,苏州涉外饭店、宾馆的房费基本上由省、市外事办公室与有关部门制定。

1981年,为平衡全国接待外国人和华侨等人的涉外饭店房费,国家物价局规定了标准间客房应具备的条件和收费标准,江苏根据按质论价的原则,并考虑到地区之间、旅游冷热线及淡旺季之间应保持一定的差价,规定苏州和南京、无锡等二类地区标准房费为每天36元,其他地区(三类区)为每天34元。对旅行团体、不同季节和不同客人,规定了不同的优惠折扣率,一般在6~9折之间。苏州饭店、南林饭店、乐乡饭店根据省规定、按质论价的原则调整了房费。详见下表:

表8-20　1981年苏州饭店房费调整表

房间规格	房间面积含卫生间（平方米）	核定调整价			
		自费零散外宾（元/间）	团队旅游外宾及零散华侨、外籍华人、港澳同胞（元/间）	组团华侨、外籍华人、港澳同胞、公费邀请外宾（元/间）	内宾（元/床）
双人房	22.4	34	30	24	8
双人套间	44.8	60	54	42	12
四人套间	90.6	120	108	84	—

表8-21　1981年南林饭店房费调整表

楼房规格	房间规格	房间面积含卫生间（平方米）	核定调整价			
			自费零散外宾（元/间）	团队旅游外宾及零散华侨、外籍华人、港澳同胞（元/间）	组团华侨、外籍华人、港澳同胞、公费邀请外宾（元/间）	内宾（元/床）
新楼	南向双人房及222、224、226、228	大于22	34	30	24	8
	东部北向双人房	小于22	32	28	24	8
	套间	—	60	54	42	12
小楼	套间（有空调）	—	54	50	40	7
	套间（无空调）	—	40	36	30	7

表8-22　1981年乐乡饭店房费调整表

楼房规格	房间规格	房间面积含卫生间（平方米）	核定调整价			备注
			零散华侨、外籍华人、港澳同胞	组团华侨、外籍华人、港澳同胞	内宾（元/床）	
西楼	南双人套间	41.9	40元/间	全团平均按每床10元计，套间不超过三个床位	5	按无空调拟定
	北双人套间	30.88	35元/间		5	
	南双人房	23.3	25元/间		5	
	北双人房	17.89	22元/间		5	
东楼	一、四楼	2~3床间	8元/床	—	3	按现价
	—		按内宾加倍	—	2~2.5	

　　1984年4月，根据国际市场变化，国家对涉外宾馆、饭店房费作了调整。苏州属省二类地区，标准间房费调高至每天45元。涉外饭店可视情况在规定房费的基础上浮动，但下浮不得超过30%。1985年省对涉外饭店房费再作调整，二类地区每天55元，三类地区45元。同年4月，国家物价局通知，放开中外合资合作饭店的房费，由企业自行定价。苏州各涉外饭店、宾馆的房费调整上升的幅度较大。

表8-23　1985年涉外饭店、宾馆房费　表一

楼号	房号	乐乡饭店核定调整价		
		自费零散外宾	组团旅游外宾及零散华侨、外籍华人、港澳同胞	组团华侨、外籍华人、港澳同胞、国家付费邀请外宾、文教专家
西楼	套间204、304	68元/间	61元/间	48元/间
西楼	400、402、404、406、408	35元/间	32元/间	25元/间
东楼	一楼	10元/床	—	—

续表

楼号	房号	乐乡饭店核定调整价		
		自费零散外宾	组团旅游外宾及零散华侨、外籍华人、港澳同胞	组团华侨、外籍华人、港澳同胞、国家付费邀请外宾、文教专家
东楼	二楼	12元/床	—	32元/间
西楼	35间	45元/间	40元/间	32元/间

1985年涉外饭店、宾馆房费　表二

楼号	房号	南园宾馆核定调整价（元/间）		
		自费零散外宾	组团旅游外宾及零散华侨、外籍华人、港澳同胞	组团华侨、外籍华人、港澳同胞、国家付费邀请外宾、文教专家
新平房	01国宾房	600	540	420
	02	400	360	280
	05、06、07	220	198	154
	03、04	70	63	49
7号楼	703	400	360	280
	704	300	270	210
	701、702	250	225	175
8号楼	801、802	100	90	70
	803、804	55	50	39
灌木楼	58	65	59	46
	57（楼上）	55	50	39
	55（楼下）	50	45	35
9号楼	9间	55	50	39

1985年涉外饭店、宾馆房费　表三

楼号	房号	南林饭店核定调整价		
		自费零散外宾	组团旅游外宾及零散华侨、外籍华人、港澳同胞	组团华侨、外籍华人、港澳同胞、国家付费邀请外宾、文教专家
1号楼	11（套间）	100元/间	90元/间	70元/间
	16（套间）	110元/间	99元/间	77元/间
	15（套间）	85元/间	77元/间	60元/间
	12、14	55元/间	50元/间	39元/间
	17	50元/间	45元/间	35元/间
3号楼	36（套间）	75元/间	68元/间	53元/间
	31、32、34	55元/间	50元/间	39元/间
	33（单人房）	15元/间	14元/间	11元/间
7号楼	南向4人房	10元/床	—	—
	北方双人房	14元/床	—	—
新大楼	54间	55元/间	50元/间	39元/间

1985年涉外饭店、宾馆房费　表四

楼号	房号	苏州饭店核定调整价(元/间)		
		自费零散外宾	组团旅游外宾及零散华侨、外籍华人、港澳同胞	组团华侨、外籍华人、港澳同胞、国家付费邀请外宾、文教专家
东楼	909（四套间）	320	288	224

楼号	房号	苏州饭店核定调整价(元/间)		
		自费零散外宾	组团旅游外宾及零散华侨、外籍华人、港澳同胞	组团华侨、外籍华人、港澳同胞、国家付费邀请外宾、文教专家
东楼	917(套间)	100	90	70
西楼	大套间201、208、203、204、205、206	95	86	67
西楼	中套间301、308	80	72	56
西楼	小套间209、221	70	63	49
东楼	145间	55	50	39
西楼	42间	50	45	35

随着人民币对各国货币汇价的调整,1986年国家两次调整了涉外饭店的房费,以减少旅游外汇的损失,二类区标准房费调整至每天75元。

1987年,国家物价局将涉外房费管理权下放给江苏、广东、福建三省试点。江苏省明确涉外饭店、宾馆客房收费实行省、市二级管理。涉外饭店、宾馆标准间价格,省属饭店客房租价,各市涉外饭店超标准间规格客房(包括标准间)租价,涉外饭店内宾房价等由省物价局、旅游局制定。各市涉外饭店低于标准间规格的客房租价由市物价局、旅游局制定。10月,省明确中外合资、合作的饭店,除房费由省实行指导价格外,其他价格由饭店自定。

1988年开始,全国建立旅游饭店星级评定制度,饭店、宾馆房费按不同星级或档次实行不同的价格,以体现优质优价,按质论价,并开始进行加收服务费的试点,加价幅度为10%。至1990年1月,加收服务费的范围扩大到所有涉外饭店和旅游定点饭店,加收项目为客房、餐饮、电话、洗衣等,加收标准星级饭店10%,非星级饭店7%。

1996年4月,苏州市在全省率先出台《旅游涉外饭店价格管理试行办法》。该《办法》出台的背景是随着旅游业的不断发展,苏州涉外饭店在设施条件、服务质量进一步提高的同时,价格管理也逐步进入规范、有序的轨道。为了适应社会主义市场经济的发展,进一步完善涉外饭店价格管理,根据省有关文件规定,并结合苏州市实际情况,研究制定了《苏州市旅游涉外饭店价格管理试行办法》,从4月16日起在全市范围内贯彻执行。

该《办法》体现了"制止价格欺诈和牟取暴利,维护市场正常竞争,区别等级、按质论价及政府指导、行业自治、饭店定价"四项管理原则,并分别对客房、餐饮价格以及其他各类服务收费的管理办法与具体标准,作了明确规定。

客房价格继续实行政府指导。星级与非星级饭店标准间中准价分别由省、市物价和旅游部门制定,具体标准为:五星级980元、四星级680元、三星级430元、二星级340元、一星级260元、其他200元,并按照"地区衔接"的原则制定相应的40%、30%及20%的浮动幅度,各饭店可根据物价、旅游部门规定的中准价格和上下浮动幅度,自行制定门市挂牌价和团体优惠价。

餐饮价格实行毛利率(或加价率)调控管理。对各星级饭店菜肴按省规定月度综合毛利率(其中一星级50%,二星级55%,三、四、五星级60%),由市行业价格管理组织议定菜肴具体品种定价毛利率掌握幅度,饭店在上述规定范围内可自行制定零菜和筵席挂牌价。对内供酒类、饮料等食品价格,则由市场平均价格加行业议定的加价幅度形成。

对各类服务收费,区别不同情况,实施分类指导:对服务费,邮电、医疗收费,车、船票代购手续费和自备出租车收费实行政府定价;对歌厅、舞厅、卡拉OK厅、游泳池等收费实行浮动定价;对理发价格分别实行政府监审、行业议价或饭店自定价;对桑拿、美容、健身、出租物品等服务项目,实行行业议价或饭店自定价。

表8-24　1994年全省涉外饭店客房中准价水平及苏州浮动幅度

单位:美元

星级	价格	浮动幅度		备注
		上浮	下浮	
五星	100	50	50	客房价格在具体挂牌时按当日国家公布的人民币对美元的汇率折成人民币挂牌
四星	80	40	40	
三星	50	30	30	
二星	40	30	30	
一星(其他)	30	20	20	

为加强价格调控管理,根据省有关文件规定,1996年4月,苏州市物价局会同市旅游局联合印发《苏州市旅游涉外饭店管理试行办法》,明确旅游涉外饭店客房价格实行政府指导制定中准价和上下浮动幅度;餐饮价格实行毛利率(或加价率)调控管理;服务费,邮电收费,医疗收费,车、船票代购手续费和自备出租车收费实行政府定价;旅游涉外饭店轮船票代购手续费标准为每张5元,飞机票、火车票代购不得另收手续费;桑拿、美容、健身等服务项目实行饭店自定价或行业议价。

表8-25　苏州市旅游涉外饭店标准间客房中准价格

单位:元/天

星级	五星	四星	三星	二星	一星	其他
中准价格	980	680	430	340	260	200
浮动幅度	40%	40%	30%	30%	20%	20%

表8-26　苏州市旅游涉外饭店餐饮月度综合毛利率

星级	五星	四星	三星	二星	一星	其他
毛利率(%)	60	60	60	55	50	50

2000年8月开始,苏州涉外饭店、宾馆所有价格全部放开,与国际市场接轨,由经营者自主确定,要求做好明码标价工作,让国内外宾客明白、放心消费。

第三节 理发、浴室收费

清朝末年，光绪二十五年（1899），据记载，苏州剃头价（苏州俗语，即理发）一般30文（制钱），洗浴一般24文（制钱）。当时1元银洋可换制钱1000文、铜元100枚。从民国初期至建国初期，苏州理发、浴室收费一直实行同行议价。1956年，苏州理发、浴室行业也实行公私合营，收费标准基本不变。"文化大革命"时期，理发、浴室收费标准有所下降。1979年后，收费标准开始上升。1984年后，随着价格改革的逐步推进，理发、浴室的收费有了较大幅度的提高，市场竞争激烈。至2002年，理发、浴室收费实行市场调节价，由经营者自主确定。

一、理发收费

1951年，苏州理发业有415家门店。至1957年，公私合营的店铺为42户，从业人员270人；合作店铺489户，从业人员833人。观前汉民、石路南京等几家大店被列为甲级理发店。1959年后，主管部门根据门店设备以及技术人员等条件，将各理发店划分成甲、乙、丙、丁、戊5个等级。汉民、南京、红光、新艺等店为甲级店，每个店铺对应等级收费。20世纪60年代开始，男子理发全套（理发、修面、搽油、吹风）收费在0.35~0.50元之间，女子烫发收费在1.10~1.60元之间，这个收费标准一直持续到20世纪70年代末期。

表8-27　1952~1979年苏州市市区男子（甲级）理发收费表

单位：元/人

年份	收费	年份	收费
1952	0.35	1967	0.40
1955	0.45	1972	0.45
1965	0.45	1979	0.50

1979年10月，市商业局调整了男子理发收费标准，男子及儿童的理发收费每位各提高0.05元，女子理发、整容（修眉等）收费维持原状。理发店的服务标准仍按市计委1979年3月的《关于理发业价格和等级问题的批复》执行。

表8-28　1979年理发服务收费调整表

单位：元/人

项目	甲级		乙级		丙级		丁级	
	调前	调后	调前	调后	调前	调后	调前	调后
男子理发全套	0.45	0.50	0.40	0.45	0.35	0.40	0.30	0.35
理发、吹风、搽油	0.40	0.45	0.35	0.40	0.30	0.35	0.25	0.30
理发、修面、吹风	0.43	0.48	0.38	0.43	0.33	0.38	0.28	0.33
理发、修面	0.35	0.40	0.30	0.35	0.25	0.30	0.20	0.25

项目	甲级		乙级		丙级		丁级	
	调前	调后	调前	调后	调前	调后	调前	调后
理发、吹风	0.38	0.43	0.33	0.38	0.28	0.33	0.23	0.28
理发（洗头）	0.30	0.35	0.25	0.30	0.20	0.25	0.15	0.20
和尚头（修面）	0.30	0.35	0.25	0.30	0.20	0.25	0.20	0.25
平顶（洗头、修面）	0.35	0.40	0.30	0.35	0.25	0.30	0.20	0.25
抛顶游泳式（不修面）	0.35	0.40	0.30	0.35	0.25	0.30	0.20	0.25
抛顶游泳式（修面）	0.40	0.45	0.35	0.40	0.30	0.35	0.25	0.30
女子、儿童洗头、理发	0.20	0.25	0.20	0.25	0.15	0.20	0.10	0.15

20世纪80年代，随着人民生活水平的提高，对高品质服务的需求日益旺盛，美容美发由此盛行。广州、温州等地理发师纷纷在苏州开设发型设计屋，个体理发店迅速增加，除了带来精良的理发、烫发等先进的设备和工具外，还带来了美发美容的先进理念。当时，苏州市国营、集体理发店开始实行承包责任制和小型集体理发店租赁合同制。观前、石路等较有规模的著名理发店也开始翻建整修，更新设备，采用高档美容美发工具和化妆用品，遴选优秀理发师，成为高级理发厅。

1983年，随着理发业各项成本费用的上升，造成企业亏损、经营困难，阻碍了行业的发展，而当时的收费标准，还处于20世纪50年代的水平。为改变此类局面，根据商业厅、省物委《关于调整理发、浴室等服务收费标准的通知》精神，苏州市的理发标准也作了调整。调整中，上调收费标准的项目按照"基本生活服务的项目不予变动"的原则，偏重于舒适、美容性质的服务项目，同时对原来收费偏高的部分项目作了下调。

表8-29　1983年苏州市理发业（男子）收费调整表

单位：元/人

项目	甲级		乙级		丙级		丁级	
	调前	调后	调前	调后	调前	调后	调前	调后
男宾理发全套	0.50	0.55	0.45	0.50	0.40	0.45	0.35	0.40
理发、洗头、修面	0.40	0.40	0.35	0.35	0.30	0.30	0.25	0.25
理发、洗头	0.35	0.35	0.30	0.30	0.25	0.25	0.20	0.20
理发、吹风、洗头	0.43	0.48	0.38	0.43	0.33	0.38	0.28	0.33
洗头、搽油、吹风、修面	0.35	0.45	0.30	0.40	0.25	0.35	0.23	0.30
洗头、搽油、吹风	0.27	0.40	0.25	0.35	0.22	0.30	0.20	0.25
洗头、修面、吹风	—	0.40	—	0.35	—	0.30	—	0.25
洗头、吹风	0.25	0.35	0.20	0.30	0.18	0.25	0.15	0.20
洗头、修面	0.25	0.30	0.20	0.27	0.18	0.24	0.15	0.21
搽油、吹风	0.22	0.35	0.17	0.30	0.15	0.25	0.12	0.20
单修面	0.20	0.25	0.18	0.22	0.15	0.20	0.10	0.11
单吹风	0.20	0.27	0.15	0.23	0.18	0.20	0.10	0.17
儿童理发、洗头	0.25	0.25	0.25	0.25	0.20	0.20	0.15	0.15
染发全套（药水自备）	0.90	1.00	0.80	0.90	0.70	0.80	—	—

注：男子长发（仿女式）理发吹风另收0.30元。1.30米以下为儿童。

表8-30 1983年苏州市理发业(女子)收费调整表

单位：元/人

项目	甲级		乙级		丙级		丁级	
	调前	调后	调前	调后	调前	调后	调前	调后
洗头、剪发、搽油、吹风全套	0.47	0.52	0.40	0.45	0.35	0.40	0.32	0.40
洗头、剪发	0.32	0.32	0.25	0.25	0.20	0.20	0.20	0.20
洗头、搽油、吹风	0.40	0.45	0.35	0.40	0.30	0.35	0.27	0.32
搽油、吹风	—	0.30	—	0.27	—	0.25	—	0.23
洗头、削剪、搽油、吹花色	0.55	0.60	0.50	0.55	0.42	0.50	0.37	0.45
洗头、削剪	0.37	0.40	0.30	0.35	0.25	0.30	0.22	0.25
洗头、搽油、吹花色	—	0.53	—	0.48	—	0.43	—	0.40
搽油、吹花色	—	0.35	—	0.32	—	0.30	—	0.25
单洗头	—	0.25	—	0.23	—	0.20	—	0.20
削剪烫发式	—	0.70	—	0.60	—	0.55	—	0.45
洗做(水烫)	1.00	1.00	0.90	0.90	0.80	0.80	0.70	0.70
洗剪做(光做波浪式)	1.20	1.20	1.00	1.00	0.90	0.90	0.80	0.80
儿童理发(洗头)	0.25	0.25	0.25	0.25	0.20	0.20	0.15	0.15
单染发(药水自备)	1.30	1.00	1.20	0.90	1.10	0.80	—	—

注：如需修面，不另收费；长辫头发加0.10元；1.30米以下为儿童；单染发含洗头，其他项目服务相应参照收费。

1985年2月，第二次调整理发收费，人次平均调高了0.10元，吹风和搽油平均调高0.05元，女子烫发基本不变，街道理发店和个体理发户收费执行四级标准。

表8-31 1985年苏州市理发业收费标准调整表

苏物委(1985)15号

单位：元/人

	项目	特三级		一级		二级		三级	
		调前	调后	调前	调后	调前	调后	调前	调后
男子理发	理发全套	0.65	0.80	0.55	0.70	0.50	0.65	0.45	0.60
	理发(洗头、修面)	0.50	0.60	0.40	0.50	0.35	0.45	0.30	0.40
	抛顶游泳式(修面)	0.55	0.65	0.45	0.55	0.40	0.50	0.35	0.45
	修面(洗头)	0.40	0.50	0.30	0.40	0.27	0.37	0.24	0.34
	吹风(洗头)	0.50	0.55	0.40	0.45	0.35	0.40	0.30	0.35
	吹风、修面(洗头)	0.55	0.70	0.45	0.60	0.40	0.55	0.35	0.50
	儿童理发	0.35	0.40	0.25	0.35	0.25	0.30	0.20	0.30
	染发(药水自备)	1.00	1.00	0.90	0.90	0.80	0.80	0.70	0.70
女子理发	洗削剪、搽油、吹花式	0.70	0.85	0.60	0.75	0.55	0.70	0.50	0.65
	吹花式(洗头、搽油)	0.63	0.75	0.53	0.65	0.48	0.60	0.43	0.55
	削剪(洗头)	0.50	0.60	0.40	0.50	0.35	0.45	0.30	0.40
	洗头	0.35	0.40	0.25	0.30	0.23	0.28	0.20	0.25
	洗做(水烫)	1.10	1.60	1.00	1.50	0.90	1.40	0.80	1.30
	洗剪做长波浪	1.30	1.80	1.20	1.70	1.00	1.50	0.90	1.40
	儿童理发	0.35	0.40	0.25	0.35	0.25	0.30	0.20	0.30
	染发(药水自备)	1.20	1.20	1.10	1.10	1.00	1.00	0.90	0.90

表8–32　1985年苏州市女子烫发收费标准表

苏物委（1985）15号　　　　　　　　　　　　　　　　　　　　　　　　　　　　　　　　　　单位：元/人

项目	电烫等级价格					化学烫等级价格				
	特三	一	二	三	四	特三	一	二	三	四
烫发连做（全烫）	2.50	2.30	2.10	1.90	1.60	3.60	3.40	3.10	2.80	2.50
烫发不做（单烫）	2.00	1.80	1.60	1.40	1.20	3.20	3.00	2.70	2.40	2.10
电卷半烫连做（刘海）	2.00	1.80	1.60	1.40	1.20	2.70	2.50	2.30	2.10	1.90
烫把根连前刘海	2.00	1.80	1.60	1.40	1.20	—	—	—	—	—
烫长辫子、前刘海	1.65	1.45	1.25	1.10	1.00	2.30	2.10	1.90	1.70	1.50
烫前刘海（两夹化烫）	0.50	0.40	0.35	0.35	0.30	0.70	0.60	0.55	0.50	0.45
儿童烫发（不做）	1.60	1.40	1.20	1.00	0.90	2.30	2.10	1.90	1.70	1.50

　　1987年苏州的理发收费标准再次作了幅度较大的上调，以体现理发手艺的价值和有利于行业的发展。从1963年到1987年，苏州的理发收费标准共调整了7次（详见下表8–33）。以男子理发为例，涨幅为300%。

表8–33　1963~1987年苏州市部分年份理发价目表

单位：元/人

年份	特二级			甲级			乙级			丙级		
	男理发	女理发	烫发	男理发	女理发	烫发	男理发	女理发	烫发	男理发	女理发	烫发
1963	0.50	0.50	1.6	0.45	0.45	1.45	0.40	0.40	1.30	0.35	0.35	1.10
1965	0.50	0.45	1.6	0.45	0.40	1.45	0.40	0.35	1.30	0.35	0.30	1.10
1966	0.50	0.45	1.6	0.40	0.40	1.45	0.35	0.35	1.30	0.30	0.30	1.20
1979	—	—	—	0.45	0.47	2.30	0.40	0.40	2.10	0.35	0.35	1.90
1984	0.65	0.62	3.6	0.55	0.52	3.40	0.50	0.45	3.10	0.45	0.40	2.80
1985	0.80	0.85	3.6	0.70	0.75	3.40	0.65	0.70	3.10	0.60	0.65	2.80
1987	1.50	3.10	6.5	1.20	2.50	5.00	1.10	2.30	4.80	1.00	2.10	4.60

　　1989年8月，苏州市物价委员会对理发业实施严格的等级管理制度，根据企业的服务场所、服务内容、服务质量的不同，制定等级，并按级收费（详见下表8–34），体现了"按质论价"的原则。新制定的收费标准，实施政府指导价格，允许企业据实降低收费标准，但不得突破。同期，对实行同行议价的高端服务项目收费作出了最高限价的规定。

表8–34　1989年苏州市理发收费标准

单位：元/人

项目		特一级	特二级	甲级	乙级	丙级
男子理发	理发全套	2.00	1.50	1.20	1.10	1.00
	理发、洗头面	1.40	1.20	1.00	0.90	0.80
	游泳式（抛顶）	1.50	1.30	1.10	1.00	0.90
	洗头、修面	1.10	1.10	0.90	0.80	0.70
	洗头、修面、吹风	1.50	1.30	1.10	1.00	0.90
	洗头、吹风	1.20	1.10	0.90	0.80	0.70

项目		特一级	特二级	甲级	乙级	丙级
男子理发	儿童理发	1.00	0.90	0.70	0.60	0.50
	单染发（药水自备）	2.50	2.50	2.00	2.00	2.00
女子理发	洗剪、吹花色（烫发类型）	3.00	2.50	2.10	1.80	1.60
	洗头、剪发、吹风	1.60	1.40	1.20	1.10	1.00
	洗头、剪发	1.40	1.20	1.00	0.90	0.80
	儿童剪发	1.80	1.10	0.90	0.80	0.70
	单染发（药水自备）	3.50	3.50	3.00	3.00	3.00
烫发	化烫全套	7.00	6.50	5.00	4.80	4.60
	洗头、烫刘海（8只夹子）	3.60	3.40	2.80	2.60	2.40
	洗头、烫辫稍	4.30	4.00	3.20	3.00	2.80
	儿童辫发	3.80	3.60	3.00	2.80	2.60
	洗头做发（水烫）	3.30	3.10	2.50	2.30	2.10

注：男子烫发与女子同价。男子长发（过发际线）吹风另加5分。烫长发、做长发（以领圈线为准）分别另加1.00元、0.50元。

1990年1月，市物委、市商业局、市工商局联合发文《关于整顿理发行业收费管理的意见》（以下称意见）。《意见》要求理发业自觉纠正"乱定价、乱收费"的行为，根据前述的"整顿方案"在实际执行中遇到的部分收费不尽合理问题，作了调整（详见表8-35）。《意见》同时还对苏州市区理发行业收费管理组织的建立、宗旨、职责等作了明确。

表8-35　1990年市区理发业收费标准调整表

单位：元/人

项目	特一（调后）	特二（调后）	甲（调后）	乙（调后）	丙（调后）
洗头、削剪、吹花式	3.30	3.10	2.50	2.30	2.10
儿童剪发（女）	1.20	1.00	0.80	0.70	0.60
洗头、吹干、烫刘海	3.60	3.40	2.80	2.60	2.40
洗头、做发（水烫）	3.00	2.50	2.10	1.80	1.60
定型剂	0.50	0.50	0.50	0.50	0.50

1995年7月，市物价局发布的《关于整顿理发行业价格、规范理发行业价格行为的通知》中明确：大众理发价格，属于政府监审项目，所有经营者均应在规定限价水平内自行制定价格，不得擅自突破。同时要求加强行业组织建设，充分发挥行业价格管理组织"自我服务、自我管理、自我约束"的作用，并要求理发业实行"分等定级、分级管理、分档收费"，以规范企业价格行为，建立健全内部管理制度。1995年的理发收费标准也同时公布，详见下表：

表8-36　1995年市区（男子）理发业收费标准

单位：元/次

项目	等级	服务内容	收费标准	洗头等用品
理发全套	特级	理发、洗头、修面、吹风	9.00	普通洗发液
	普通	同上	6.00	香皂
理发、洗头、修面	特级	剪发成型、洗发、修面	5.50	普通洗发液
	普通	同上	3.50	香皂
洗头、修面	特级	洗发、修面	4.50	普通洗发液
	普通	同上	3.00	香皂
洗头、修面、吹风	特级	洗发、修面、吹风定型	8.00	普通洗发液
	普通	同上	5.50	香皂
洗头、吹风	特级	洗发、吹风定型	7.00	普通洗发液
	普通	同上	5.00	香皂
游泳式	特级	抛顶连洗头	8.00	普通洗发液
	普通	同上	5.50	香皂
儿童理发	特级	剪发成型、洗发	4.00	普通洗发液
	普通	同上	3.00	香皂

表8-37　1995年市区（女子）理发业收费标准

单位：元/人

项目	等级	服务内容	收费标准	洗头等用品
理发全套	特级	洗头、削剪、吹花式	9.50	普通洗发液
	普通	同上	7.00	香皂
洗头、吹花式	特级	洗头、吹风定型	8.00	普通洗发液
	普通	同上	6.00	香皂
洗头、削剪	特级	洗发、削剪成型	5.50	普通洗发液
	普通	同上	4.00	香皂
洗头	特级	洗发连吹干	4.00	普通洗发液
	普通	同上	3.00	香皂
儿童理发	特级	洗发、剪发成型	4.00	普通洗发液
	普通	同上	3.00	香皂
化学烫发	化烫全套特级	洗削、卷发、吹风定型	17.00	普通洗发液
	化烫全套普通	同上	12.00	香皂
	烫前刘海特级	削剪、卷发、吹风定型	8.00	普通洗发液
	烫前刘海普通	同上	5.50	香皂
	洗头做发特级	洗发、卷发、吹风定型	12.00	普通洗发液
	洗头做发普通	同上	8.50	香皂
	儿童烫发特级	洗削、卷发、吹风定型	12.00	普通洗发液
	儿童烫发普通	同上	8.50	香皂

　　1996年1月，市物价局在征求了市理发行业价格管理小组意见后，将属于大众理发的各等级收费标准予以公布（详见下表8-38、8-39）。该收费标准是最高限价，各理发店在相应的等级下均不得突破，并强调逾期未办理等级审批手续的，按三级理发标准的对折收费。

表8–38　1996市区理发业（男子）收费标准

单位：元/人

项目	等级	服务内容	收费标准	洗头等用品
理发全套	特级	理发、洗头、修面、吹风、一次性剃须刀	11.00	普通洗发液
	一级		9.00	
	二级	理发、洗头、修面、吹风	7.50	香皂
	三级		6.00	
理发洗头修面	特级	剪发成型、洗净头发、修净脸部胡须汗毛	7.00	普通洗发液
	一级		5.50	
	二级		4.50	香皂
	三级		3.50	
游泳式	特级	抛顶连洗头	10.00	普通洗发液
	一级		8.00	
	二级		7.00	香皂
	三级		5.50	
儿童理发（1.30米以下）	特级	剪发成型、洗净头发	5.00	普通洗发液
	一级		4.00	
	二级		3.50	香皂
	三级		3.00	

表8–39　1996市区理发业（女子）收费标准

单位：元/人

收费项目	等级	服务内容	收费标准	洗头等用品
理发全套	特级	洗头、削剪、吹花式	12.00	普通洗发液
	一级		9.50	
	二级		8.00	香皂
	三级		7.00	
洗头吹花式	特级	洗净头发、吹风定型	10.00	普通洗发液
	一级		8.00	
	二级		7.00	香皂
	三级		6.00	
化烫全套	特级	洗头、削剪、卷发、吹风定型	20.00	普通洗发液 中档合资染发剂
	一级		17.00	
	二级		14.50	香皂
	三级		12.00	一般国产染发剂
儿童理发（1.30米以下）	特级	剪发成型、洗净头发	5.00	普通洗发液
	一级		4.00	
	二级		3.50	香皂
	三级		3.00	

2002年6月，随着《江苏省价格管理目录》公布，一般服务类收费包括理发业价格放开，均实行市场调节价，价格主管部门的职能发生了从定价、调价到规范其价格行为、监测其价格水平的转变。市行业价格管理协会下属的理发行业组，则发挥其协助政府部门搞好对大众理发的价格监审工作、协调企业间各类新发式等理发项目的价格矛盾、展开行业价格互查、促进价

格行为规范的作用。

二、浴室收费

旧时，苏州人有"早晨皮包水（吃早茶），下午水包皮（洗浴）"的生活习惯，称浴室为"混塘"。传统的浴室以一人一盆的盆汤为主，后逐渐改为浴池。浴室除了提供沐浴、休憩外，还兼有茶水、擦背、敲腿、捶背、捏脚、修脚等服务。1950年2月，全市共有浴室50户，到1956年缩减为45户，从业人员680人。1958年，全市浴室大搞卫生，安装自来水、锅炉、热水汀，部分浴室开始使用喷淋系统，使浴室的面貌大为改观，为群众在冬季洗澡带来了方便。20世纪60年代初期，男女洗澡收费标准一般为每位男子0.21～0.26元，女子0.30～0.35元。受"文化大革命"以及长期偏低的收费等因素影响，至1975年，苏州浴室业仅剩14家，群众洗澡矛盾日益突出。从1979年开始，部分学校、工矿企业、招待所的浴室纷纷对外开放，随后居民新村建造，带来了卫生条件的改善，洗澡问题得以缓解。

1979年10月，市商业局根据市革委会文件精神，调整了浴室业的部分收费标准（详见下表8-40），并公布了部分浴室的等级。甲级浴室：胥江、天一池、大众、温泉、海滨、清泉。乙级：群力、立新、建新、南门、前进、北塔。丙级：新民、乐泉、群众、工农、胜利。女子浴室不分等级，一律以浴盆设备为标准。并规定不满1.2米的儿童的浴资半价收取，扦脚和擦背统一为每位0.24元。

20世纪80年代开始，苏州市的浴室收费共计调整了3次，调价充分考虑了行业发展与消费者利益兼顾的原则。1983年3月，根据中共中央、国务院的《关于发展城乡零售商业、服务业的指示》，江苏省商业厅、省物委的《关于调整理发浴室等服务收费标准的通知》精神，苏州市调整了浴室和理发服务的收费标准（详见下表8-41、8-42），以扭转企业经营困难，促进该行业的发展。此次调整中，浴室基本服务价格不变，提高了花时长、成本高等舒适、美容性项目的收费标准。1985年2月，为应对企业工料成本的增加，市物价委员会将浴资中的"短座位""长座位"以及淋浴和盆浴的收费标准相应作了提高（详见下表8-43、8-44）。

表8-40　1979年苏州市男女浴室部分价格调整表

单位：元/人

收费等级		浴价		儿童价	
		现行价	调后价	现行价	调后价
男子部	甲级	0.15	0.15	0.07	0.07
		0.18	0.18	0.09	0.09
		0.21	0.24	0.10	0.12
		0.24	0.27	0.12	0.13
	乙级	0.12	0.12	0.06	0.06
		0.15	0.15	0.07	0.07
		0.18	0.21	0.09	0.10
	丙级	0.12	0.12	0.06	0.06
		0.15	0.15	0.07	0.07
	淋浴	0.21	0.24	0.10	0.12
女子部	大瓷盆	0.30	0.30	0.15	0.15
	小瓷盆、水泥瓷盆	0.27	0.30	0.14	0.15

收费等级		浴价		儿童价	
		现行价	调后价	现行价	调后价
女子部	水泥盆	0.24	0.24	0.12	0.12
	中水泥盆	0.21	0.21	0.11	0.11
	小水泥盆、木盆	0.15	0.15	0.08	0.08
	淋浴	0.21	0.24	0.13	0.15
	洗头	0.05	0.05	0.05	0.05

注：依据苏州市商业局苏商计（1979）45号文件规定。

表8-41　1983年苏州市浴室收费标准调整表

单位：元/人

收费等级	男子									
	大池短位		大池长位				小池长位		雅座浴盆	
	现行	调后	现行	调后	现行	调后	现行	调后	现行	调后
特级	0.18	0.24	0.21	0.27	0.24	0.30	0.30	0.35	0.80	0.80
甲级	0.15	0.15	0.18	0.24	0.21	0.28	0.24	0.32	0.80	0.80
乙级	0.12	0.12	0.15	0.22	0.18	0.26	0.24	0.32	—	—
丙级	0.12	0.12	0.15	0.20	0.18	0.24	—	—	—	—

收费等级	女子									
	大瓷盆		小瓷盆		水泥盆		木盆		淋浴、洗头	
	现行	调后	现行	调后	现行	调后	现行	调后	现行	调后
特级	0.33	0.43	0.30	0.38	—	—	—	—	0.24	0.33
甲级	0.30	0.40	0.27	0.35	0.24	0.27	0.15	0.15	0.21	0.30
乙级	0.30	0.40	0.27	0.35	0.24	0.27	0.15	0.15	0.21	0.30
丙级	—	—	—	—	0.24	0.27	—	—	0.21	0.30

注：女子纯洗头由原0.05元调整为0.06元。

表8-42　1983年浴室其他业务收费标准

单位：元/人

价位	扦脚	擦背		泡茶	附：水灶盆汤
		大池	小池		
现行	0.24	0.24	0.30	0.05	0.05
调后	0.30	0.26	0.30	0.05	0.10

表8-43　1985年苏州市浴室收费标准表

单位：元/人

级别	男子浴价					
	大池短位	大池长位			小池长位	雅座浴盆
特级	—	0.35	0.40	0.45	0.60	1.50
甲级	0.25	—	0.35	0.40	0.55	1.50
乙级	0.20	—	0.30	0.35	—	—
丙级	0.20		0.30	—	—	—

级别	女子浴价				
	大瓷盆	小瓷盆	水泥盆	洗头	淋浴、洗头
特级	0.60	0.50	—	0.10	0.45
甲	0.50	0.45	0.35	0.10	0.40
乙	0.50	0.45	0.35	0.10	0.40
丙	0.50	0.45	0.35	0.10	0.40

注：苏物委〔1985〕第15号。

表8-44 1985年苏州市浴室其他服务项目收费标准

项目	扦脚	大池擦背	盆浴擦背	泡茶	可可咖啡	敲膀	捏脚
收费	0.60	0.40		0.20	0.30	0.30	0.30

表8-45 1962~1987年苏州市部分浴室收费水平表

单位：元/人

年份	男		女		擦背	扦脚
	大池子长位	雅室	盆浴	淋浴		
1962	0.26	—	0.35	0.30	—	—
1964	0.24	—	0.30	0.21	—	—
1972	0.21	—	0.30	0.21	0.18	0.22
1979	0.21	—	0.30	0.24	0.24	0.24
1983	0.28	0.80	0.35	0.30	0.26	0.30
1985	0.40	1.50	0.55	0.40	0.40	0.60
1987	0.55	2.00	0.60	0.45	0.40	0.60

1989年8月，根据"治理经济环境、整顿经济秩序、全面深化改革"的方针，切实解决理发、浴室行业乱收费的问题，经请示市政府同意，全市开展理发、浴室行业服务收费整顿工作，明确浴室收费实行国家定价。为体现"按质论价、优质优价"原则，实施企业等级审定制度，严格执行统一收费标准；明确收费标准可降低但不可突破；落实明码标价制度。为确保该收费标准的严格执行，价格主管部门加强了监督与检查。

表8-46 1989年苏州市浴室行业服务收费标准表

单位：元/人

男子浴价	大池短位	大池一号塘	长位二号塘	长位专池	雅室大池	雅室现行
收费	0.50	0.70	0.60	1.00	2.00	3.00

女子浴价	瓷盆	水泥盆	淋浴	雅室
收费	1.00	0.80	0.70	待定

注：苏物委（1989）131号文件。身高1.20米以下儿童按50%收费（不占座位）。

1990年10月，因煤炭、自来水价格调整，致使洗浴业刚性成本上涨，市物价局、商业局对浴资标准作了调整，并规定，提高标准后的收入，除上缴税金及管理费后，应有50%用于企业积累，促进服务设备、设施的改善和服务质量的提高。

表8-47　1990年苏州市区浴室收费标准

单位：元/人

男子浴价	大池短位	大池长位一号塘	大池长位二号塘	长位专池	雅室大池	雅室
收费标准	0.60	0.80	0.70	1.10	2.10	3.10

女子浴价	瓷盆	水泥盆	淋浴
收费标准	1.20	1.00	0.90

注：身高1.20米以下儿童按50%收费（不占座位）。

2000年始，随着人民生活水平的提高，苏城新建的居民商品房内家庭卫生间沐浴设备普及，导致普通浴室客源锐减，传统的"混塘"逐渐萎缩直至消亡。与此同时，市区一些浴室设备设施渐趋完善，高档化、配套的、差异化的服务逐一开展，集沐浴、娱乐、餐饮、休闲为一体的综合性、规模化的大浴场开始在苏城兴起，逐渐成为洗浴业新的发展方向，其价格也由经营者自主确定，政府不予干预。

2002年6月，《江苏省定价目录》公布，洗浴类等服务性收费项目退出定价目录，实施市场调节价格，其价格由经营者依据经营成本和市场供求状况等因素自主制定。2003年，组建成立市价格协会沐浴行业分会，发挥行业价格自律自治作用，沐浴及一些配套服务收费基本由行业协会协商制定。

2004年1月，市物价局在《关于进一步规范苏州市沐浴行业价格行为的通知》中重申：沐浴业实行价格等级管理，经行业和价格主管部门核定特级、甲级、乙级、丙级四级，分别按级收费，以体现优质优价；行业主管部门测定并公布市场平均价格，供企业参照执行；规范明码标价行为，以遵循公平、合法、诚实信用原则。

第四节　照相、洗染收费

一、照相业收费

1950年初，苏州有照相馆42户，照片的作用首先是办理证照的需要，其次作为一种比较奢侈的消费。使用的是老式的黑白胶片相机，如果需要彩色照片，则需要人工着色。照相业收费标准由市场形成，经营者自主确定。1956年，照相业归口福利公司管理。同年，全国实现公私合营，照相行业也实行公私合营，整个行业纳入计划经济轨道，市区照相业收费标准由政府制定（详见下表8-48），照相馆调整为29户，1964年合并为17户，员工184人。当时，各照相馆对器材实施合理调配，新设备的添置、运用，专业技术人员的培养及成熟，促使照相行业景气度上升。"文化大革命"期间，照相馆逐步撤并，到1976年仅为7户，传统的馆名被更换，艺术照相基本取消，服务项目减少，营业收入大幅缩减。

表8-48　1962~1987年苏州市部分年份照相业收费水平表

年份	普通1寸3张（元）		普通2寸3张（元）		4寸厚纸2张（元）		彩色照相（元）	
	照相	加印每张	照相	加印每张	照相	加印每张	冲	印每张
1962	0.54	0.11	0.90	0.15	2.79	0.55	—	—
1964	0.36	0.04	0.63	0.08	2.70	0.50	—	—
1965	0.35	0.04	0.64	0.08	2.81	0.54	—	—
1977	0.35	0.04	0.64	0.08	2.75	0.62	1.60	0.90
1983	0.35	0.04	0.64	0.08	2.75	0.62	3.50	0.80
1986	0.47	0.07	0.83	0.12	3.39	0.68	2.00	0.60
1987	1.00	0.17	1.80	0.30	5.50	1.25	2.00	0.60

1983年2月，苏州市物价委员会明确：照相业的各种价格，除相机出租、代拍工价、国产相机修理、冲晒中的全色和彩色代冲等全市执行同一价格外，其余各种价格一律以乙级店为100%，甲级加8%，丙级减10%。如1寸登记照（3张薄纸，下同）甲、乙、丙店收费分别为0.35元、0.32元和0.29元，2寸登记照分别为0.64元、0.59元和0.53元。

表8-49　1983年苏州市照相业相片放大价目表

规格	薄纸（元）			厚纸（元）			风景（元）		
	甲	乙	丙	甲	乙	丙	甲	乙	丙
2寸	0.17	0.15	0.14	0.25	0.25	0.21	0.15	0.14	0.13
4寸	0.54	0.50	0.45	0.73	0.68	0.61	0.46	0.45	0.39
6寸	1.00	0.92	0.83	1.30	1.20	1.08	0.84	0.78	0.70
8寸	1.84	1.70	1.53	2.16	2.00	1.80	1.57	1.45	1.31
10寸	2.48	2.30	2.07	3.24	3.00	2.70	2.12	1.96	1.76
12寸	3.13	1.90	2.61	4.32	4.00	3.60	2.67	2.47	2.22
15寸	4.75	4.40	3.96	6.26	5.80	5.22	4.04	3.74	3.37
16寸	6.16	5.70	5.13	8.21	7.60	6.84	5.24	4.85	4.37

改革开放以来,随着时代进步以及社会需求逐步旺盛,加之全新的经营理念、高新摄影器材及技术的运用,以彩照为代表的新潮流,以及个体摄影店兴盛发展和婚纱摄影等资金的高投入、艺术照相摄影服务项目的兴起,该行业进入一个快速发展的阶段。根据价格管理目录,从1993年5月起,照相业的价格实行市场调节价,由企业根据供求关系,自行定价。市场调节价的实施,使该行业的服务质量和价格进入了市场竞争的态势。

随着婚纱摄影行业的兴起发展,不规范收费时有发生,为制止牟取暴利,整顿规范婚纱摄影行业收费行为,1995年11月,市物价局发出《关于整顿婚纱摄影价格、规范照相业价格行为的通知》,要求根据行业的特点,对摄影、包装制作、物品租用、美容美发等项目价格实行分类指导;经营者可根据分类指导意见及自身经营特点,组合价格,配套服务;在行业内根据经营企业的设备设施、使用物品、技术条件和服务质量评定等级,实行特级、一级、二级、三级、级外五个等级的管理,分别实施对应等级毛利率收费。同时,市、区物价部门组织指导照相行业价格分会依照价格政策法规,积极开展自我服务、管理、约束等活动,协助政府部门搞好行业内的价格管理,切实维护消费者权益。

表8-50　1995年苏州市区部分照相项目现行行业平均毛利率

项目		平均毛利率	合理幅度	备注
摄影	特级	60%	30%	经营者自行制定的价格,其毛利率不得超过上述相应的平均毛利率加合理幅度,即实际毛利率≤平均毛利率×(1+合理幅度)。否则,超出部分计为暴利
	一级	55%	30%	
	二级	50%	30%	
	三级	45%	30%	
	级外	35%	30%	
包装制作	一般包装	30%	30%	
	艺术包装	40%	30%	
一次性消耗品		10%	30%	

表8-51　1995年苏州市区部分婚纱摄影市场平均价格

名称	规格	加工费(元)	进价(元)	租价(元)
冷压装裱	7寸~12寸	1.00元/寸	—	—
	14寸~24寸	1.25元/寸	—	—
	24寸以上	0.03元/平方厘米	—	—
热压装裱	各种规格	0.08/平方厘米	—	—
婚纱 (含饰物、手套等装饰物)	—	—	800元/套以下	50元/次
	—	—	800~1500元/套	70元/次
	—	—	1500元/套以上	100元/次
男装 (含衬衫,上、下外套,领带,领结,腰束,皮鞋)	—	—	1000元/套及以下	50元/套
	—	—	1000元/套以上	80元/套

二、洗染业收费

1950年,苏州有67户洗染店,洗染业的收费标准基本沿袭建国前的水平。1956年,本市比较有规模的公私合营洗染店有太湖、维也纳、二友、美琪、美华等8户。1957年起,公私合营的洗染店逐步添置了卧式洗衣机、脱水机、卷染机、整理机等设备,改善了工作条件,提高了生产效率。1959年前后,江苏省对洗染业收费做了统一,价格略有上调。1976年,经过合并,苏州洗染店为9户,105人,其中国营店为2户,集体店为7户,营业额合计21万元。1983年,苏州的洗染店总户数为8户,宫巷的太湖洗染工场、太监弄的洁美店、观前街的太湖洗染店仍列国营体制,其余为集体性质。从20世纪80年代起,干洗技术开始应用,以太湖洗染店为首的店家分别更新设备,引进了德国产的博伟干洗机等,工作条件普遍得以改善,效益明显提高。从1962年至1987年间,苏州的洗染业收费标准共计调整了7次。

表8-52　1962~1987年苏州市部分年份洗染业收费水平

日期	毛呢西式上装（元）				毛呢西式长裤（元）			
	干洗	水洗	染	烫	干洗	水洗	染	烫
1962年	—	0.60	0.60	—	—	0.50	1.40	—
1965年	—	0.55	1.60	—	—	0.45	1.40	—
1966年	0.90	0.44	1.35	—	0.70	0.36	1.15	—
1972年3月	1.05	0.48	1.40	—	0.70	0.43	—	—
1972年7月	—	0.55	1.55	—	—	0.45	1.55	—
1985年	3.30	—	—	0.90	2.20	—	—	0.60
1987年	4.00	—	—	1.20	2.70	—	—	0.80

日期	毛呢薄大衣（元）				毛呢厚大衣（元）				毛线（元）		
	干洗	水洗	染	烫	干洗	水洗	染	烫	干洗	水洗	染斤
1962年	—	—	—	—	—	1.0	3.6	—	—	—	—
1965年	—	0.80	2.8	—	—	0.9	3.6	—	—	0.35	—
1966年	—	—	—	—	1.40	0.8	3.6	—	—	0.30	—
1972年3月	—	—	—	—	1.60	0.9	2.5	—	0.50	0.40	1.8
1972年7月	—	0.80	2.2	—	—	0.8	3.0	—	—	0.40	1.5
1985年	6.50	—	—	—	7.60	—	—	—	2.6	—	—
1987年	7.00	—	—	—	8.40	—	—	—	2.6	—	—

　　1993年5月,苏州市在贯彻落实中共中央、国务院的《关于加快发展第三产业的决定》中,部分服务业价格退出政府定价管理范畴,洗染业收费属价格放开之列,其收费标准由企业根据实际情况自行确定。其后,洗染业收费水平基本由其行业价格协会协调。1995年2月,为进一步规范洗染企业的价格行为,维护洗染行业的价格秩序,根据苏州市政府《关于印发〈苏州市禁止不正当价格行为牟取暴利暂行办法〉的通知》,经行业协会协调,公布了市区部分洗染市场平均价格。

表8-53　1995年苏州市区洗染市场部分平均价格

洗染品种	面料	市场平均价格	备注
上衣	毛料	8	1. 毛料衣服洗染价格指干洗、熨烫。单熨烫按同类7折收费
	彩色皮料	35	2. 皮衣洗染包括去污、上色、上光三个项目
	元色皮料	20	3. 短大衣指不超过袖口14公分的衣服
裤子	毛料	6	4. 长大衣指衣长过膝盖的大衣、风衣
	彩色皮料	30	
	元色皮料	20	

洗染品种	面料	市场平均价格	备注
短大衣	毛料	12	5. 中长的衣服指介于长短大衣中间的衣服
	彩色皮料	50	6. 顾客特殊要求、特殊规格可由企业自行定价或协商
	元色皮料	30	7. 经营者可在上述公布的价格基础上上下浮动,但上浮不可超过30%,
中长大衣	毛料	16	如有超过为暴利处理
长大衣	毛料	20	

  2000年起,洗染业新技术的大规模运用,以溶剂油为洗涤媒介的新型干洗机的普遍使用,适应了新型及贵重衣着材料的洗涤需要,实际施行中洗染业企业自主定价水平,同20世纪80年代同类洗涤物相比,基本上涨了10倍左右。因生活水平普遍提高,染色的业务亦告绝迹。

第八章 服务业收费

第五节　家用物品维修业价格

维修服务业是事关民生的一个重要行业。在一个有着节俭为荣的传统文化背景中，尤其在建国初期生产力低下、物质匮乏的年代里，其悠久的历史伴随着民众生活的方方面面。民间流传"新三年，旧三年，缝缝补补又三年"的谚语，是当时民生艰难节俭而对维修业倚重的写照。修整锅碗瓢盆，修锁，配钥匙，修理鞋子、自行车等，都离不开维修服务业。改革开放后，技术革命以及新材料的运用，使日用消费品美观、坚固、实用、方便，诸项性能均提高了一个层次，其对传统材料制作的传统民用产品形成强大冲击。民众消费观念的转变，更造成该行业的萎靡不振，致使该类产品的维修乃至整个行业的逐渐萎顿，部分维修项目消亡。尽管如此，维修服务行业在民众生活中的印记还非常深刻。

改革开放后，从20世纪80～90年代开始，随着经济发展，人民生活的逐渐富裕，生活节奏的加快，汽车、空调、彩电、冰箱等大件耐用消费品走入了苏州寻常百姓生活之中，由此，该类产品的维修成了该阶段的维修主要内容。大件耐用消费品的维修以其全新的服务内容而兴盛。

家用物品维修服务业涉及的物品众而广，但其总体呈现资金投入量小，入行门槛较低，从业人员多，摊点遍布，行业竞争比较充分的特点，同行业议价或行情价成为维修服务业主要的价格形态。当时，价格主管部门根据一些相关物价政策适时出台的维修业市场价格成为地方上的行业参考价。

1983年10月，隶属苏州市的昆山县计委、工商局为贯彻执行市场物价基本稳定方针，加强个体经营户的物价管理，保障合法经营，维护消费者利益，收集公布了部分服务修理价格，可了解当时部分维修品价格行情。

表8-54　1983年昆山玉山镇部分修理服务价目表

序号	项目	收费	备注	序号	项目	收费	备注
1	弹棉花	0.20/斤	人工费	15	换新坐垫	0.30元	—
2	弹棉胎	2.40/5斤	含辅料费	16	单撑脚	0.15元	—
3	换锅底	0.70/只	16公分铝	17	换钢丝	0.05元	—
4	换锅底	0.80元/只	20公分铝	18	换前外胎	0.80元	—
5	配钥匙	0.25元/把	连坯	19	换前内胎	0.40元	—
6	自行车钥匙	0.15元/把	连坯	20	自行车校前钢圈	0.40元	—
7	布底棉鞋来料加工	1.40元/双	打样、做帮、绱鞋	21	自行车校后钢圈	0.50元	—
8	布底单鞋来料加工	1.10元/双	打样、做帮、绱鞋	22	拆装前后刹车	0.60元	—
9	鞋打前掌	0.40元	—	23	刹车皮	0.10元	—
10	鞋打后掌	0.30元	—	24	打气	0.02/辆	—
11	皮鞋缝线	0.10元/寸	—	25	套鞋前掌热胶	0.95元/双	—
12	皮鞋反后掌	0.40元/双	垫平	26	套鞋后掌热胶	0.55元/双	—
13	跑鞋补洞	0.05元/寸	一寸以上议价	27	自行车胎热胶	0.30元/寸	—
14	套鞋补洞	0.10元/寸	一寸以上议价	28	板车外胎热胶	0.40元/寸	—

1986年5月，苏州市物价委员会在《关于加强个体工商业、服务业价格管理》的通知中指出：修理业和服务业的收费，凡有规定标准的，应按规定执行；没有规定的，由区劳动协会组织同行业议价。这是较早的对涉及修理业价格方面的规定。同年10月，为了适应城市经济体制改革的要求，发展第三产业，市物价委员会决定对市区电视机、收录机修理行业实行同行业议价。市区各店铺按区编成小组，小组负责人了解本组范围内各修理店成本变化及调整意见后，议定收费标准予以贯彻，并及时组织执行情况的自查自纠。

表8-55　1986年10月电视机受理及修理费（标准为最高水平）

项目		规格	收费	备注
检查费	国产黑白电视机	9寸~14寸	4元	1. 未列入议价的收费标准，按事前与客户面议价格后服务收费 2. 修配零件的作价，按规定执行。没有规定的零配件可在实际进价的基础上加收10%以内的管理费
		16寸~19寸	7元	
	国产彩色电视机	13寸~14寸	12元	
		15寸~19寸	16元	
	收录机单卡录放机	—	2.5元	
	收录机单卡双声道	—	4.5元	
修理费	黑白电视机高频头	—	3元	
	彩色电视机高频头	—	6元	
	收录机消磁	—	0.50元	
	换门机壳	—	2.50元	

1990年10月，江苏省交通厅、省物价局颁发了《江苏省汽车维修行业工时定额和收费标准（修订本）》，这是较早有关汽车修理的收费标准。在这个标准中规定的结算价格，为最高限价，执行中允许经营者视情况下浮，且幅度不限，并规定了计价公式为：工费+外加工费+资质配件费+材料费×（1+15%）。1996年7月，此标准予以修订，根据各企业的资质条件、成本等因素，在不超过最高限价的范围内自主定价，报当地行业管理部门、物价部门备案。同时必须做好明码标价以接受社会监督。

1991年10月到1995年12月间，市物价局分别批复了市邮电局寻呼机修理费，移动电话修理费和市燃气公司的燃气管道及器具维修收费标准。

1993年5月，为全面贯彻落实中共中央、国务院《关于加快发展第三产业的决定》精神，市物价局、市商业局发布的《关于进一步放开饮食服务业价格的意见》中第三条提出：修理业中的彩电、冰箱、洗衣机、录像机等大件耐用消费品的修理收费，必要时可由行业价格管理协会组织同行议定。这是对1986年实施的电视机、收录机修理实行同行业议价规定的重申，由此达到既放开搞活，又使其收费合理规范，保障了经营者与消费者权益的目的。同年，市物价局、市商业局《关于进一步放开饮食服务业价格的意见》出台，明确维修业价格经同行业议定后，统一实施市场调节价。

1996年1月开始执行的国家计委《餐饮、修理业行为规范》中再次明确：修理业为各种不同经济性质的企业，经营家电、照相器材、钟表、自行车等生活耐用消费品修理业务项目的行业，其价格的制定须根据定价权限严格遵循；修理费应该根据不同的修理项目的工时消耗和技术繁简程度分别制定，零配件价格应为进价加合理差价；修理行业的检查费除了政府价格主管部门规定可另收取外,不得随意另立名目,价外收费。非生活耐用消费品修理项目的价格行为规范,可参照执行。

　　1997年是对维修行业出台相关政策与规定最多的一年,这是为了配合省有关反暴利政策的实施。是年,江苏省物价局颁发了《江苏省修理业价格行为规则》(以下称《规则》),并决定于同年5月1日起执行。《规则》界定了修理业范畴为家电、照相器材、钟表、自行车等生活耐用消费品修理业务的行业。修理业的价格有政府指导价和经营者自主定价两种形式。各地价格主管部门可根据当地实际情况,选择与人民生活密切相关的修理业,按不同技术装备、服务水平等,实施等级管理,并制定相应的收费标准。《规则》强调修理业应尊重消费者对服务项目及服务价格的选择权,认真做好收费价格表的明示,并接受价格及行业主管部门和消费者的监督。同期,根据省文件精神,《苏州市家用电器修理收费标准》、《苏州市钟表修配行业收费管理暂行办法》、《苏州市邮电局电话机、移动电话机、寻呼机及传真机修理收费标准》分别公布,江苏省贸易厅、物价局、技术监督局、工商局也印发《江苏省家用电器维修质量收费等级管理规定》,苏州市也适时公布《苏州市家用电器修理收费标准》。具体收费标准见下列各表:

表8–56　1997年苏州市空调器修理收费价目表

修理种类	修理项目	修理收费（元）					
		窗式空调器			分体式空调器		
		1匹以下	1~2匹	2匹以上	1匹以下	1~2匹	2匹以上
故障检查	机械控制	60	70	90	80	100	150
	电子控制	70	80	100	100	120	250
修理人工费用 (不含故障检查费)	换压缩机	120	230	500	250	300	700
	换风机电扇	130	250	300	200	280	550
	换换向阀	200	260	300	250	300	600
	排堵加液	150	200	250	220	250	550
	补外漏	100	250	300	250	280	550
	换保护器	30	50	60	50	60	100
	换电容器	30	50	60	50	60	100
	换接触电器	30	100	120	100	120	150
	换温控器	50	80	100	60	80	100
	修电脑板	120	150	300	150	250	400

表8–57　1997年苏州市黑白电视机、彩电、录放像机、影碟机修理收费包干费最高限价表

单位:元

品名规格	修理收费包干费最高限价	备注
黑白电视机	30	1. 上述修理费中不含零件材料费。零件材料费按零售价计算 2. 修理的机器凭发票保修三个月。不属于保修的为认为损坏及雷击、高电压、费元修理故障和元器件、录放机磁鼓因劣质磁带印发故障 3. 非正规机器,酌加50%~100%
彩色电视机	—	
14吋~18吋	70	
19吋~22吋	100	
25吋~28吋	190	
29吋及以上	260	
放像机	90	

品名规格	修理收费包干费最高限价	备注
录放像机	150	
影碟机	250	

表8-58　1997年苏州市家用洗衣机修理收费价目表

序号	修理项目	人工费（元）	序号	修理项目	人工费（元）
1	换双桶箱体	30	15	换塑料底盘	25
2	换套缸离合器轴承	35	16	换分水槽	15
3	换套缸密封皮碗	35	17	换洗涤轴承	20
4	换离合器组件	35	18	换上排水泵	20
5	换分体洗涤内胆	20	19	换左右底板	15
6	换脱水胆	20	20	换全自动套缸箱体	20
7	换脱水外桶皮碗	20	21	换全自动套缸平衡环	20
8	换脱水桶轴器	25	22	换连体内胆	25
9	换洗涤电机	15	23	换套缸挂件	10
10	换脱水电机	20	24	消除波盘内杂物	10
11	换离合器组件轴承等	40	25	修补内胆	10
12	换控制板（电脑）	20	26	换刹车钢丝及支架	10
13	换控制座（电脑）	20	27	换脱水桶	10
14	换塑料围框	20	28	换定时器	10

表8-59　1997年邮电通信发展公司移动电话修理收费标准

序号	修理项目	收费标准（元）	序号	修理项目	收费标准（元）
1	故障检测	60	10	解锁费	50
2	换天线帽、接口盖、铭牌	10	11	换键盘显示窗	30
3	换天线、电池卡扣、天线芯	15	12	换前罩壳	55
4	换翻盖及组件后罩壳	40	13	换滤波器分立元件	55
5	换CVC组件、电池连接器	40	14	换接插件类显示屏	50
6	换蜂鸣器、麦克风、扬声器	40	15	换焊接类显示屏	65
7	换电容、电阻、电感、三极管	50	16	换晶体振荡器	70
8	换集成电路（16管脚以下）	70	17	换功效	60
9	换集成电路（16管脚及以上）	90	18	换主板	50

表8-60　1997年苏州市进口高档手表特约维修收费标准

单位：元

项目	欧米茄	雷达	浪琴	天梭	备注
手动上调手表	300	估价	300	150	1. 清洗上油以及按瑞士标准对机芯进行调试检测 2. 更换零件 3. 清洗表带及表壳 4. 检测防水
自动表	350	350	350	200	
带计时功能手表	450	估价	450	估价	
石英表	350	350	350	200	
其他	估价	估价	估价	估价	

表8-61　1997年苏州市钟表擦洗加油收费标准

单位：元

品名规格		等级价格	甲级价	乙级价	丙级价	备注
单机手挂表	男表	（10001~15000）	240	210	180	
	女表		270	240	210	
	男表	（5001~10000）	120	90	68	
	女表		150	120	98	
	男表	（2001~5000）	50	45	41	
	女表		57	52	48	
	男表	（1001~2000）	36	33	30	
	女表		44	41	35	
	男表	（501~1000）	18	17	15	
	女表		22	21	18	
	男表	（500以下）	12	11	9	1. 跑马另加擦修工费50%
	女表		14	12	12	2. 包括一、二类的老式或改装表，部分长短秒、新老式
自动另加		10001~15000	18	18	18	
		5001~10000	9	9	9	
		501~5000	8	8	8	
		500以下	5	5	5	
单用日历另加		10001~15000	12	12	12	
		5001~10000	6	6	6	
		501~5000	4	4	4	
		500以下	4	4	4	
双用日历另加		10001~15000	23	23	23	
		5001~10000	12	12	12	
		501~5000	8	8	8	
		500以下	8	8	8	

　　进入21世纪，家用维修行业竞争充分，收费标准放开，实行市场调节价，由经营者与消费者协商确定维修价格。

第六节 文化娱乐业收费

一、电影票价

建国初期,电影票价实行政府定价。根据1952年10月中央人民政府政务院文化教育委员会组织编制的《全国电影概况调查表》反映,江苏省电影正座票价为1200~1800元(旧人民币)。1955年,文化部发布全国电影票价与租价幅度的相关文件。次年,江苏省文化局结合本省实际情况,制定出江苏统一的电影票价及租价标准。1966年"文化大革命"时期,受极"左"思潮的影响,曾出现减价和免费的现象,此类情况持续到1977年。1977年后,电影票价陆续恢复到20世纪50年代中期水平,即省文化局在1956年制定的统一的电影票价和租价标准。

表8-62　1956~1987年江苏省电影票价

单位:元/张

地区	座别	故事影片				记录、美术、科教影片			短片专场
		普通银幕	宽银幕	立体片	立体声片	普通银幕	宽银幕	立体片	
省辖市	甲座	0.25	0.30	0.40	0.90	0.10	0.15	0.25	0.05
	乙座	0.20	0.25	0.35	0.80	0.10	0.15	0.25	
一般城市	甲座	0.20	0.25	0.35	0.80	0.10	0.15	0.25	0.05
	乙座	0.15	0.20	0.30	0.70	0.10	0.15	0.25	
县城、县属城镇	甲座	0.15	0.20	0.30	—	0.08	0.12	0.20	0.05
	乙座	0.10	0.15	0.25	—	0.08	0.12	0.20	
农村	35毫米	0.15	0.18	0.25	—	0.08	0.10	0.15	0.05
	16毫米	0.12	0.15	—	—	—	—	—	

表8-63　1983年苏州市各影院电影票价

单位:元/张

座别		35毫米普通影片				35毫米宽银幕(遮幅式)影片			
		故事片	长纪录片	科教长片	短片	故事片	长纪录片	科教长片	短片
新片	甲座	0.20	0.10	0.10	0.05	0.25	0.15	0.15	0.05
	乙座	0.15	0.10	0.10	0.05	0.20	0.15	0.15	0.05
复映片	无座别	0.15	0.05	0.05	0.05	0.20	0.10	0.10	0.05

改革开放后,电影票价管理一统天下的情况逐渐改变。1984年11月,省文化厅、省物价局的文件《关于改革电影票价几点意见》中,提出试行"浮动票价"的意见:限于文化部电影局制定的影片节目,可在现行新片票价的基础上,每张增加0.10~0.20元,每片增加的幅度,当时由省电影发行放映公司确定;对新建、翻建、改建的电影院、影剧院等,能达到"座席软椅化、放映自动化、光源氙灯化、空调冷气化、声响立体化"五项要求的,每票可在现行票价上增加5分。

1986年9月,针对省电影发行公司往往只指定实行浮动的影片而不规定统一的上浮幅度,使下属各电影公司对同样的影片难以掌握的现状,市物价委员会、市文化局联合发出《关于电影票价浮动权限的通知》,规定省公司如有上浮影片的通知,电影放映公司应将省公司通知报备市文化局、市物价委员会,省公司已经明确上浮幅度的,按省公司意见执行,没有明确规定的,由市电影公司提出意见,报经市物委、市文化局同意后执行。

1987年底,省物价局、省文化厅联合发出通知,对全省电影票价作价办法适当改革,变区域性价格(按经济发展划分)为结构性价格,实行分等定价、按质论价、优质优价的作价方式。同时,调整电影票价基价,调高幅度平均为9.58%。作价方式的改变,使影院主办方为设备设施的改善提高增加了动力。

1988年2月,位于金门附近的苏州大众电影院已经达到了"五化"的要求,并有冷暖气,被批准两项各加价5分;36只具有宽敞、舒适优点的软席双人座,同意在单人座的票价基础上浮不超过4倍作价。

1991年12月,市物价局、市文化局贯彻省物价局、文化厅的《关于调整电影票价的通知》精神,为严格实行等级影院票价制度,要求苏州市各电影放映单位,以影院各自的软、硬件为基础,对应相关的等级条件,申报影院等级,并经电影公司提名,由市文化局、市物价局审批,核定等级。等级影院票价组成为:基础票价+结构票价+浮动票价+时间差价。浮动票价上浮每张不超过0.40元;冷暖气加价每张一律为0.15元;时间差价由影院根据市场情况自行制定,浮动及浮动办法以省规定为准。

1993年5月,苏州影城、大光明影城被准予试行票价,每张票价豪华厅15元,中厅10元,试行票价为最高限价,试行期限一年。允许根据片源、季节等适当下浮。

2002年6月,随着《江苏省价格管理目录》的贯彻,电影票价实行市场调节价。设备设施的高投入,小规模影院陆续兴起,使得"看电影"成为一种高档的享受,票价随之提高至几十元乃至上百元。

二、录像放映、歌舞厅、卡拉OK厅等收费

20世纪80年代初至90年代初,近十年间,苏州市区电视录像放映曾风靡一时。对其收费,市物价部门按照放映厅的软硬件设施实行分等定级、按质论价、优质优价的原则,审批其票价。20世纪90年代中、后期,随着家庭彩色电视机的普及,电视录像放映逐步萎缩消失。与此同时,从20世纪80年代初苏城开始出现的舞厅、卡拉OK厅等娱乐活动场所逐步兴盛起来,起初舞厅、歌厅、卡拉OK厅门票,以及酒吧、咖啡厅收费由物价部门亦按照分等定级、按质论价的原则审批,至20世纪90年代中期,价格逐步放开,由经营者自主定价,市物价局则通过指导组建酒吧、咖啡、茶楼行业价格分会,开展行业价格管理活动,不定期测定公布自制食品、酒水的市场平均价格和最高毛利率,做好明码标价,以制止牟取暴利行为,维护消费者价格权益。

表8-64　1987年4月苏州电视录像放映收费

播放片种	播放时间	票价（元/张）
录像单片	90分钟	0.20
	60~90分钟	0.15
	不足60分钟	0.10
加映短片	不少于20分钟	0.05
	一小时以上	按单片作价

表8-65　1987年4月苏州电视录像放映收费

单位：元/张

片长等级	纪录片 10~45分钟单片	纪录片 45~90分钟单片	90~120分钟单片	大于120分钟单片 （每10分钟加价）	连续集每集
甲级	0.10	0.25	0.40	0.10	0.25
乙级	0.10	0.20	0.35	0.10	0.20
丙级	0.10	0.15	0.30	0.10	0.15

表8-66　电视录像放映室结构加价表

项目		收费标准（元）
软椅		0.05
地毯		0.05
冷暖气	单片场	0.15
	双片场	0.25
	每集连续集	0.10
雅座		0.40

注：录像票价基价=每场票价+等级基本票价+结构票价+浮动票价+综合服务费。

表8-67　1992年舞厅、歌厅、卡拉OK厅、咖啡厅（酒吧）收费（价格）表

类别	等级	门票（元）		各等级饮料食品计价最高毛利率（%）			
		日场	夜场	内供自制饮料、冷饮、小吃等	拆零商品	原包装商品	茶水
舞厅	特	8	10~15	65	40	35	70
	甲	5	8~12	55	35	30	60
	乙	3	6	45	30	25	55
	丙	1	2	35	25	25	55
歌厅	特	待定	待定	—	—	—	—
	甲	15	25~30	65	40	35	70
	乙	10	20~25	55	35	30	60
卡拉OK厅	特	15	20~25	65	40	35	70
	甲	12	15~20	55	35	30	60
	乙	8	10	45	30	25	55
	丙	6	8	35	25	25	55
咖啡厅 （酒吧）	特	—	—	65	40	35	70
	甲	—	—	55	35	30	60
	乙	—	—	45	30	25	55
	丙	—	—	35	25	25	55

三、影片租价

1956年，省文化厅、省物价局制定并公布影片租价标准，这一价格标准一直沿用到1987年末作变动（详见下表8-68、8-69、8-70）。20世纪90年代以后，影片租价逐渐放开，实行市场调节价。

表8-68　1956~1987年35毫米电影俱乐部片租（内部放映）

单位：元/本

市别	普通影片			宽银幕遮幅式影片		
	故事片新片	故事片复映片	长纪录片	故事片新片	故事片复映片	长纪录片
省辖市	120	85	50	140	100	60
市辖市（县）	100	70	40	120	80	50
县城及县属城镇	70	50	25	80	55	30

表8-69　1956~1987年35毫米电影放映队片租

单位：元/本

市别	普通影片			宽银幕遮幅式影片		
	故事片新片	故事片复映片	长纪录片	故事片新片	故事片复映片	长纪录片
省辖市	100	70	40	120	85	50
市辖市（县）	80	55	30	100	70	40
县城及县属城镇	55	40	20	65	45	25

表8-70　1956~1987年16毫米电影俱乐部、电影放映队片租

单位：元/本

市别	普通影片			宽银幕遮幅式影片		
	故事片新片	故事片复映片	长纪录片	故事片新片	故事片复映片	长纪录片
省辖市	50	35	25	60	40	30
市辖市（县）	845	30	20	55	35	25
县城及县属城镇	35	25	15	40	30	20

四、游泳票价

苏州为水乡泽国，历史上苏城居民素来喜欢游泳，湖港、河浜、池塘成为人们免费的天然泳场。由于当时水域没有污染，苏城内的青少年喜欢到胥门、相门等环城河、大运河处免费游泳嬉水。

20世纪60年代始，苏州对外经营的游泳池是枫桥路附近的北兵营游泳池和南门地区市工人文化宫游泳池，这两处游泳池成为盛夏人们消暑及运动的好去处。每场（1小时）每人次的游泳门票为0.05~0.10元。这样的收费标准基本持续到20世纪70年代末。

1982年到1991年间，随着设备设施的改善以及水电、人工费用等刚性成本的上升，促使市工人文化宫游泳池票价也相继作了6次调整。随后，位于苏州锦帆路的室内游泳池以及金阊区游泳池等陆续投入使用，增加了民众游泳场所的选择，在满足了民众对业余文体活动需求的同时，也加剧了行业间的价格竞争。

苏州市价格志

表8-71 苏州市工人文化宫游泳池票价 表一

单位：元/小时

日期	日场收费	夜场收费	团体	备注
1982年6月	0.07	0.10	0.05	夜场不分团体个人，工会会员7折价
1983年5月	0.10	0.15		工会会员及团体均八折优惠
1986年6月	0.20	0.25		工会会员及团体均八折，1.3米儿童日场收费0.15元，夜场收费0.20元

苏州市工人文化宫游泳池票价 表二

日期	日场收费		夜场收费		备注
	成人	1.30米以下	成人	1.30米以下	
1988年4月	0.25	0.15	0.35	0.25	室内场加价0.10元
1990年5月	0.50	0.35	0.60	0.40	团体及工会会员八折优惠
1991年6月	0.60	0.40	0.70	0.45	

1993年6月，为了加快体育娱乐场所的发展，增强行业自我发展能力，建立以市场形成价格的管理体制，市物价局决定对市区的游泳票价实行浮动定价，即由市物价局会同行业价格管理协会，原则上一年一次，组织同业商议每年的票价，各企业可在规定的价格范围内，根据各自的情况确定具体价格，并对团队及儿童给予适当优惠。当时，每场（1小时）游泳票价日场最高票价为2.00元，夜场为2.50元。

1994年6月，游泳票价采用基准价和浮动幅度相结合的办法：在1993年制定的日场每小时2.00元，夜场2.50元标准上，允许向上浮动20%，下浮不限。

其后，随着文体服务市场充分竞争和价格管理的放开，游泳票价为市场定价。1993年至2007年，市价格主管部门则择时公布游泳票价的市场平均水平，协调指导经营者自主定价，以禁止不正当价格行为和牟取暴利。

表8-72   1993~2001年行业议定游泳平均票价

单位：元/场·小时

年份	日场	夜场	浮动	备注
1993	2	2.50	—	
1994	2	2.50	可上浮20%，下浮不限	
1995	3	3.50	此为最高价，下浮不限	1. 对身高1.30米以下儿童减半收费，团体适当优惠
1996	3	3.50	上浮不超0.50元/小时，下浮不限	2. 设备设施好且服务水平高的经申报同意后可突破浮动上限
1997	3	3.50	上浮不超1.00元/小时，下浮不限	
2000	4	5	上浮合理幅度30%，下浮不限	
2001	4	5	上浮合理幅度30%，下浮不限	

表8-73   2007年市区室内游泳馆门票水平

单位	场地性质	零售单票（元/次）		年卡（元/年）	
		普通	儿童	普通卡标价	60岁以上老人
新世界游泳馆	国有	30	18	2180	1680
新海游泳馆	国有	20	10	1480	1332

单位	场地性质	零售单票（元/次）		年卡（元/年）	
		普通	儿童	普通卡标价	60岁以上老人
新区豪杰游泳馆	私有	25	10	1400	840
市体育训练中心	国有	20	10	1460	950
养育巷青茂游泳馆	私有	20	10	360元/30次	
市会议中心游泳馆	国有	40	无	标价3200，实际优惠1920	

注：2007年后，未再进行游泳门票水平的公示。

苏州市价格志

第九章 园林名胜景点门票价格

在苏州2500余年的历史长河中,历朝历代士大夫隐栖吴中,退归林泉,与画家匠师营构栖息,引清流、叠奇石、筑堂构、植花木、务陈设,撷山水精华、融诗情画意,营造文人写意山水园。"中国古典园林,精华萃于江南,重点则在苏州,大小园墅数量之多,艺术造诣之精,乃今天世界上任何地区所少见。"(杨廷宝、童寯《苏州古典园林·序》)著称于世界的中国四大名园颐和园、避暑山庄、拙政园、留园,其中两个就在苏州。得天独厚的自然景观加上异常丰富的人文景观,使苏州在唐宋时,已经形成以古典园林为主体,与名胜古迹、塔寺宫观、自然风景相结合的游览格局。唐朝张继因作《枫桥夜泊》诗,使"姑苏城外寒山寺"闻名天下;宋朝苏东坡感叹"到苏州而不游虎丘,乃憾事也",使虎丘山塘声誉更著。宋时,苏城内外的云岩寺塔(俗称虎丘塔)、双塔、北寺塔、瑞光塔等塔寺宫观林立;南园、沧浪亭等私家花园、别墅不下百家;灵岩,石湖,洞庭东、西山,风景秀美。文人雅士游览盛况的记载和诗词游记的传世,丰富了苏州的人文旅游资源。宋代范成大《吴郡志》有载:"南园……每春,纵士女游观。"《清嘉录》载:新年,"城中圆(玄)妙观,尤为游人所争集";"二月始和,虎丘、天平、观音、上方诸山,游人最盛";春暖花开时节,狮子林、拙政园、网师园、寒碧庄、白公祠、息园、乐园等园林,"阍人索扫花钱少许,纵人游览";虎丘山塘"四时游客,无寥落之日","游赏者春秋为盛";还有游石湖、玄墓(邓尉)探梅、天平观枫等游览活动。明中叶至清中期,苏州号称半城园亭。据旧志载,在原吴县、长洲、元和境内,先后累计300余处,其中宅园占总数90%以上,当时私家园林平时不向公众开放,实不止此数。晚清,经太平军与清军之战,园亭几尽为废墟,战后李鸿章及淮军将领等达宦富商以巨款构建安徽会馆、祠堂、公所、园墅,重葺蕙(惠)荫花园,兴建补园、残粒园等,是为衰落之后的一次造园高潮。苏州仍为名流富商乐于憩息之地,显宦新贵,如李根源、蒋介石、顾祝同,学者骚人如章太炎、金松岑、叶恭绰,以及富商大户如贝氏、席氏等先后在苏兴建宅园,但规模逊昔,风格亦中西合璧或西式居多。

苏州历史上的诸多园林为私家园林,园主平时一般不向公众开放;吴中山水胜迹,则任平民百姓游玩,不收门票。清朝末民国初,部分私家园林逐渐对外售票开放。据记载,狮子林"光绪初,黄氏(园主)出租园中部分居屋,招人演唱收游资"。

中日甲午战争后,苏州辟为通商口岸,为发展国际国内旅游业提供了条件。民国初至抗战爆发前,苏州民族工商业发展,铁路、公路、水运扩充,旅游业生机渐增。

20世纪20年代,留园、西园、拙政园等相继对外开放,入园收费分别为一角、半角和四铜元。环秀山庄、怡园等,只要有人介绍或经园主同意,即可免费入园。据《苏州市志》载,"民国10年(1921),怡园入园须得主人许可,园资不纳,茶资酌给","留园订价园资一角,茶资每盅一角"。仓米巷半园、韩家巷鹤园、南显子巷惠荫花园、长春巷之园等私家花园有常年开放的,有临时开放的。寒山寺、虎丘山、五人墓、沧浪亭、狮子林、玄妙观、北寺塔、双塔、瑞光塔、宝带桥和天平、灵岩、石湖、穹窿山、邓尉山、东山、西山、荷花荡等山水胜迹可自行游玩,不收门票。20世纪20年代,苏州已有专营国内外旅游业的中国旅行社苏州分社。民国26年(1937),苏州有100多家旅馆,每逢春秋旅游旺季,游客纷至沓来,旅馆基本客满。

1937年,"八一三"事变后,苏州旅游业骤衰。抗日战争胜利后,寻幽揽胜者又渐增多,因受内战影响,经济萧条,至苏州解放前夕,除拙政园、狮子林等少数园林外,大多数园林残破失修,凄凉满目,旅游业处于不景气状态。但自明代中叶后,经济文化发展、旅游资源丰富而形成的吴人好游的社会风尚仍在,诸如早春邓尉探梅、深秋天平赏枫,四月十四"轧神仙"花会,六月二十四荷花荡观荷,八月十八石湖引春桥串月等仍是轰动苏城的民间旅游活动。

20世纪50年代初,经修复后的拙政园等10余处园林名胜先后开放,门票价格演变大体经历了四个阶段:第一阶段从20世纪50年代至80年代初,苏州园林风景名胜票价一般只有0.03~0.05元,对应当时的生活成本及收入水平,园林门票价还是比较低廉的;第二阶段从1982年至1996年,由于苏州市把旅游业作为"朝阳产业"和新的经济增长点,随着经济社会的发展进步和居民收入水平提高,以及承受力的增强,门票价格逐步从几角上升至几元,其特点是票价调动频繁且不断上升;第三阶段从1996年6月至同年年底,苏州园林名胜景点甲乙门票价格实行并轨,票价升幅较大,如拙政园票价突破10元,达18元;第四阶段运用价格杠杆保护苏州古典园林,1997年至2010年,以列入世界文化遗产的9座苏州古典园林为标志,其普世价值得到确认和彰显,门票价格大幅提高,分别制定淡旺季门票价格和举办特色游园活动,如拙政园杜鹃花节、荷花节,网师园夜花园,留园"吴歈兰薰"表演等,以达到利用价格杠杆,控制入园人次,提高游览品位,保护世界文化遗产的目的。

第一节 政府制定园林门票价格

建国后,原由私人和会所公馆等所有的园林胜迹或献交国家,或由政府接管。许多中小园亭在机关、工厂、学校、寺观内的则由各单位管理,大量庭院仍散在民居之中。苏州市人民政府开始整修饱受战争创伤的园林名胜,成立文物保管委员会、园林管理处等专门机构。1952年拙政园率先开始对民众开放,年初门票价格为每位0.03元,11月调为0.05元。建国后,苏州园林门票价格从开放售票伊始,就实行政府定价。

1953年,人民政府着手抢修留园等10余处濒于湮没的名园胜迹,按原有风格陆续精心修复,向人民群众开放。苏州古典园林"由逢时节、凭名片出入,变为向群众开放,全年可游"。1953年至1954年,留园、虎丘、沧浪亭、西园、寒山寺等10多所园林名胜先后对外开放,按庭园规模,入园游览门票分为0.05元和0.03元两种价格。从1952年到1982年,整整30年间,苏州园林门票价格一直维持在这个水平上,未作变动。至1965年,苏州共修复开放园林12处(包括新建动物园)、名胜古迹8处。是年苏州园林门票收入为12.4万元,园林管理部门的日常经费主要依靠门票收入;修建或新建园林,若经费不足,则由市财政给予补贴。相对低廉的票价在当时历史条件下,与国内经济和社会生活以及居民消费水平基本相适应。

1966年"文化大革命"开始,苏州古典园林被指责为"集封资修大成",成为"破四旧"的主要目标之一,园林内陈设布置、匾额对联、书条石碑刻以至档案资料无不受到严重损毁破坏,园被改名甚至封闭和占用。太湖风景区及濒湖诸山,围湖造田、开山采石、砍伐山林等破坏风景资源之举层见叠出。20世纪70年代初,部分园林渐获修缮和开放。但经数次摧残,创巨痛深,"古典园林和庭院总数在80年代初比50年代前期减少三分之二"。

表9-1　建国初期苏州园林名胜门票价格一览表

单位:元/人·次

园林名称	时间	金额	园林名称	时间	金额	园林名称	时间	金额
拙政园	1952年11月~1982年5月	0.05	网师园	1958~1982年5月	0.05	耦园	1965年	0.03
							1980年	0.05
留园	1954年12月~1982年5月	0.05	怡园	1953年12月	0.03	西园	1953年12月~1981年	0.05
				1970年	0.05			
狮子林	1953年11月	0.03	虎丘	1954~1982年5月	0.05	寒山寺	1953年12月~1981年	0.03
	1978年~1982年5月	0.05						
沧浪亭	1954年1月~1982年5月	0.03	动物园	1954年	0.05	灵岩山	1958年6月	0.03
							1980年4月	0.05

第二节　调整园林景点门票价格

一、门票价从"分"至"角"

1976年，苏州被国务院首批命名为"历史文化名城"，由此来苏的中外游客逐年增加，1977年为666.93万人次，1978年为748.29万人次，1979年突破1000万人次，为1111.08万人次，1980年为1427.43万人次，1981年为1583.96万人次，1982年为1677.40万人次，如以1977年为100%，则1979年为166.55%，1980年为214.03%，1981年为237.5%，1982年为251.5%，平均每年递增23.33%，尤其是党的十一届三中全会以后更为明显，这充分显示了改革开放以来人民生活水平的提高。当时大批游客的蜂拥而来，苏城交通拥挤，旅馆人满为患，为解决游客住宿问题，不得不在夜晚将市区及近郊的浴室、电影院、学校等改为临时旅馆供游客住宿过夜。不仅如此，由于苏州园林多属于私家庭院，小巧玲珑，容纳人数有限，每逢春秋旅游旺季，更是拥挤不堪。

为了控制过多的入园人数，养护古典园林，经省政府批准，苏州市于1982年6月20日提高了10个园林的门票价格及西园罗汉堂的票价；国家和省重点保护的文物单位——拙政园、留园、网师园、狮子林四个园林的门票价分别由0.05元提为0.20元，怡园、虎丘、沧浪亭、寒山寺、灵岩山、北寺塔等6个园林分别由0.03~0.05元提为0.10元，西园罗汉堂由0.10元提为0.20元，其余门票价格不变。几个单位门票总额由0.56元提高到1.60元，提幅1.86倍。这是自建国以来提高园林票价面最广、幅度最大的一次。详见下表：

表9-2　1982年6月20日苏州市园林门票价格一览表

单位：元/人·次

园林名称	门票价格	园林名称	门票价格
拙政园	0.20	西园罗汉堂	0.20
留园	0.20	寒山寺	0.10
网师园	0.20	灵岩山	0.10
狮子林	0.20	耦园	0.05
沧浪亭	0.10	东园	0.05
虎丘	0.10	动物园	0.05
怡园	0.10	北塔公园	0.03
西园	0.10	北塔公园登北寺塔	0.20

为减少社会震动，使调价方案顺利出台，市政府及相关职能部门领导重视，宣传工作有力，并对市内居民采取系列优惠措施：1982年苏州首次给城区居民每人每年发3张园林优惠券，凭券可免费进入苏州所有的园林景点游览；古典园林周围的农村社员每年每户发给6张，凭券按原票价入园；退休人员可购单园月票，每月仅收费0.5元；老红军、革命残废军人、离休老干部可凭证免费入园等。

门票价格的提高，控制了入园人数。1982年提价后，1983年入园人次比上年下降4.44%，其中几个重点园林更为显著,1983年拙政园、留园、网师园的入园人次分别为202.45万、151.38万和313.34万,同上年相比分别下降33.73%、12.26%和19.2%。与此同时,由于入园票价大幅提高,园林收入显著增加,1983年门票总收入为224.6万元,比1982年163.3万元增长37.52%(其中1982年6月20日后已是新价)。园林收入的增加有利于贯彻"以园养园",保护和改善苏州古典园林。

1986年,为有利于保护整修园林,开拓建设新园林,经市政府研究决定,市物委发出通知:从同年3月10日起苏州市部分园林名胜再次调高门票价格。古典园林拙政园、留园、狮子林每人次从0.20元调为0.50元,网师园从0.20元调为0.30元,沧浪亭、怡园从0.10元调为0.20元,耦园从0.05元调为0.10元,艺圃仍为0.10元不变动。重点风景名胜古迹虎丘从0.10元调为0.40元;具有重要价值和文物保护性质的网师园、西园从0.20元调为0.30元,寒山寺、灵岩山从0.10元调为0.20元,天平山门票每人次0.20元,双塔从0.05元调为0.10元,动物园从0.05元调为0.10元,登北寺塔从0.20元调为0.30元,其他公园、博物馆门票保持原价不变。继续对苏州市居民实行优惠办法:市区居民每年每人发放3张免费入园券;园林、寺庙古刹周边的农业生产队农民(按原发放范围)每年每户发给6张优惠券,免费入园。在新的免费入园券未发放前,自3月10日起,持1985年优惠券者免费入园。苏州市退休人员购买单园月票仍为0.5元;老红军、革命残废军人、离休老干部仍凭证免费入园;中小学生团体游园给予对折优待;大专院校的学生也以对折优待;市人大代表、市政协委员中无固定岗位的人员,仍凭市人大、政协办公室出具的证明,给予单园月票优待。

1987年,经苏州市物价委员会批准,调整了多个园林的门票价格:自2月3日起,虎丘山门票价格每位从0.40元调整为0.50元。5月25日,东园的门票价格由每人次0.05元调整为0.15元。为保护北寺古塔,适当限制登塔人次,从7月6日起,登塔参观票价从原每位0.3元调整为1元,并赠送价值0.25元左右的纪念品一份;持"园林参观优惠券"者仍按原票价0.3元购票登塔,但不送纪念品。

表9-3　1988年5月苏州市区旅游参观点门票价格一览表

单位:元/人·次

一、古典园林	票价	二、名胜古迹	票价	三、风景区	票价	四、现代公园	票价
拙政园	0.50	虎丘	0.50	灵岩山	0.20	东园	0.15
留园	0.50	西园	0.30	天平山	0.20	万景山庄	0.20
狮子林	0.50	西园罗汉堂	0.20	高义园	0.10	动物园	0.10
网师园	0.30	寒山寺	0.20	石湖渔庄	0.10	苏州公园	免费
沧浪亭	0.20	钟楼	3.00	上方山塔园	0.50	儿童乐园	0.03
怡园	0.20	北塔公园	0.30	—	—	—	—
耦园	0.10	北塔公园登塔	1.00	—	—	—	—
艺圃	0.10	双塔	0.10	—	—	—	—
—	—	五人墓	0.05	—	—	—	—
—	—	盘门城楼	0.20	—	—	—	—
—	—	曲园	0.10	—	—	—	—
—	—	唐寅墓	0.15	—	—	—	—
—	—	范成大祠堂及石佛寺	0.10	—	—	—	—

一、古典园林	票价	二、名胜古迹	票价	三、风景区	票价	四、现代公园	票价
—	—	碑刻博物馆	0.20	—	—	—	—
—	—	戏曲博物馆	0.40	—	—	—	—
—	—	民俗博物馆	0.40	—	—	—	—
—	—	刺绣博物馆	0.30	—	—	—	—

表9-4　1989年苏州市文化、宗教系统门票收费标准表

单位：元/人·次

单位名称	1989年入园人次（万次）	票价	单位名称	1989年入园人次（万次）	票价
市博物馆	29	0.40	唐寅墓	6.57	0.15
市民俗博物馆	34.2	0.40	曲园	1.59	0.10
市戏曲博物馆	1.94	0.40	五人墓	1.33	0.10
市碑刻博物馆	12	0.20	寒山寺	92.9	0.20
双塔	13.05	0.10	—	—	—

二、门票价进入"元时代"

为进一步保护和开发苏州市园林，适应旅游事业发展的需要，经研究并报市政府同意，市物价局发文，从1990年开始多次调整园林风景点门票价格，票价从"角"进入"元"。各种优惠措施及月票价格仍按原规定执行。

表9-5　1990年苏州市旅游参观点门票收费标准一览表

单位：元/人·次

单位名称	主管部门	1989年收费标准		备注
		全价	优惠价	
拙政园	市园林管理局	1.00	0.50	古典园林
狮子林	市园林管理局	1.00	0.50	古典园林
北塔公园	市园林管理局	门票1.00	0.30	风景名胜
		登塔2.00	1.00	
怡园	市园林管理局	1.00	0.20	古典园林
东园	市园林管理局	0.15	0.15	现代公园
耦园	市园林管理局	1.00	0.10	古典公园
动物园	市园林管理局	0.10	0.10	专类园
苏州公园	市园林管理局	免票	免票	现代公园
网师园	市园林管理局	1.00	0.30	古典公园
沧浪亭	市园林管理局	1.00	0.20	古典公园
虎丘	市园林管理局	1.00	0.50	风景名胜，其中0.10元给文管会
万景山庄	市园林管理局	1.00	0.50	专类园
留园	市园林管理局	1.00	0.50	古典园林
艺圃	市园林管理局	1.00	0.10	古典园林
盘门三景	市园林管理局	1.00	0.20	—
天平山	市园林管理局	1.00	0.20	园中园乐天楼0.10元
石湖风景区塔院	市园林管理局	1.00	0.50	春节与8月18游石湖季节浮动价全部1.00元
石湖石佛寺及范成大祠堂	市园林管理局	1.00	0.10	8月18游石湖季节浮动优惠价0.20元

单位名称	主管部门	1989年收费标准		备注
		全价	优惠价	
铁铃关	市旧城办	—	0.10	—
刺绣博物馆	市工艺公司	—	0.30	—
枫桥史迹展览馆	市旧城办	—	0.30	1990.1.1
丝绸博物馆	市丝绸公司	3.00	0.40	1990.4.20
钱币博物馆	市文化局、物资局	—	0.30	1989

表9-6　1991年12月28日苏州园林名胜风景点调整门票价格表

单位：元/人·次

园林名称	调后价格	园林名称	调后价格
拙政园	3.00	虎丘（含万景山庄）	3.00
留园	2.00	北塔名胜（不含登塔）	1.50
网师园	2.00	沧浪亭	1.00
狮子林	2.00	怡园	1.00
盘门名胜	1.00	天平山（含高义园）	1.00

三、淡旺季浮动价

1993年3月，市物价局发出《关于部分园林、宗教寺庙实行季节浮动价的通知》，明确实行浮动票价的为：虎丘、拙政园、留园、狮子林、网师园以及西园寺、寒山寺。票价以现核定价格为基价，旺季上浮最高幅度为50%。旺季为每年3月20日至6月20日及9月1日至11月30日。而石湖风景区楞伽塔院、石佛寺两个景点和天平山风景区的旺季分别为每年10月15日至11月15日（"石湖串月"风俗）和10月25日至11月25日（天平观枫期），票价季节浮动幅度则为110%。

1994年，苏州市规定，除景点门票（包括并入门票的临时性展览）和专项规定的收费项目外，放开景点内其他非实物交易的服务收费标准，实行同行议价或自行定价，但其收费项目的主项须经市物价局审核，实行收费许可证和年审制度。

四、园林优惠券

从1982年开始，对苏州市市区居民发放园林优惠券，每人每年发放三张优惠券。起初市民凭券可免费游览参观各景点。全国劳模、离休老干部、伤残军人、环卫工人、苏州市七旬以上老人凭相关证件免费游览各景点。退休人员单园月票价格详见下表：

表9-7　1994年9月1日退休工人（干部）月票表

单位：元/人·次

景点名称	退休人员月票价格	景点名称	退休人员月票价格
拙政园	8.00	狮子林	8.00
虎丘	8.00	网师园	8.00
留园	8.00	其他园林风景区	5.00

苏州园林优惠券按年发放,开始是委托粮站随同粮票发放,粮票取消后,由居委会代发放,后期是在全市设若干个固定地点发放。从20世纪90年代,开始为调节入园人次,市民每人每年发给3张优惠券中,居民凭一号券可以免费进入热点园林,如拙政园等;凭二号券免费进入冷点园林,如沧浪亭等;凭三号券免费进入宗教局管辖下的寺庙园林等。在20多年的时间内,居民优惠券给广大苏州市民生活带来了很多方便和优惠。中国加入世贸组织(WTO)时,中国政府对全世界承诺给予国民待遇。同时《中华人民共和国价格法》也出台相关规定,严禁"价格歧视",居民优惠券作为计划经济的产物,已经不适应时代的发展,2003年,苏州园林名胜优惠券正式退出了历史舞台。

第三节　园林景点涉外门票价格

一、偏低的涉外门票

"江南园林甲天下,苏州园林甲江南。"从20世纪50年代至改革开放前的30年间,苏州市外事、旅游长期混为一体,以外事为主,专门旅游者很少,旅游不成为经济事业。据《苏州市志》(1995年版)载:"1964~1976年的13年间累计亏损达366.6万元,年均28.2万元,均由地方财政补贴。"1978年始将旅游作为经济事业来开发,并开始注重发展旅游工艺品、纪念品。是年接待境外旅游者2.72万人次,创利30万元。

党的十三届三中全会后,伴随着改革开放的进程,中国涉外旅游事业迅速发展,外宾来苏旅游人数日渐增多,游览园林名胜是外宾及港澳台同胞、华侨来苏的主要旅游项目。1983年全市共接待境外旅游者13.04万人次,旅游收汇1848.37万元,比上年增长26.79%,但旅游者平均在苏逗留时间短,仅为1.37天,床位利用率不高,全年总利用率为51.07%,各涉外饭店卖品部、友谊商店及各开放单位的门市部,供应的商品基本类同,但价格有差异。至1985年市区共接待国际旅游者18.24万人次,而对外宾入园收费与内宾一样,标准偏低。

二、调整外宾门票价格

1987年4月18日,根据省文件精神和市园林管理局的申请调价报告,苏州市物价委员会作出《关于苏州园林名胜涉外票价的批复》,规定旅游社(包括类似性质的部门、单位)组织的外宾和港澳台胞旅游团队入园门票每位1元,向组织接待单位收取,即苏州所有对外开放凭票入园的团体外宾票价每位1元。有关园林要提供休息地点,园内盆景园不另收费。外宾和港澳台胞散客入园游览,仍执行现行票价。园林内涉外接待室供应的各种饮料可在零售价基础上加收30%服务收费。外宾与港澳台胞散客和国内游客要求进入拙政园、留园等园内盆景园和涉外接待室可另收门票1元(其中包括免费提供优质清茶一杯)。1987年4月,苏州自兹开始实行了长达10年之久的内宾、外宾两种票制。

改革开放后,中国旅游参观点价格管理体制实行"统一领导、分级管理",国家将其分为二级:国家级特殊游览参观点和一般游览参观点,1991年拙政园被列为国家级参观点。江苏又将旅游参观点分为国家级、省级和市县管理的一般性3个级别。从1987年4月至1996年8月这一时期苏州园林名胜参观点门票价格实行差别待遇。先是从1987年开始普遍实行内宾、外宾两种票制。至1991年4月,苏州市根据接待条件、服务内容和质量的不同,对拙政园、留园、虎丘、网师园、狮子林、西园寺、寒山寺、北寺塔等8座园林名胜门票价格实行甲、乙两种票价。甲种门票对国外游客实行高价政策,乙种门票对国内游客实行低价政策。以拙政园、留园为例,1991年甲票价格分别为8元和2元,乙票则分别为1元和1元。但两种门票都采取人民币标价,对旅行社组织的海外旅行团和团队游客实行批量优惠价格,淡季实行淡季优惠价格。

1991年9月14日,市物价局发文调整苏州市部分园林、宗教寺庙涉外门票价格:虎丘、留园、网师园、北塔名胜、狮子林、沧浪亭、怡园、盘门名胜等8处园林涉外门票价格从原每人1

元调为每人2元，园林局所辖其他园林的涉外门票仍为每人1元，北塔登塔票价继续按每人2元执行。宗教局所辖西园寺、寒山寺的涉外票价，从原来的每人1元调为每人2元，外宾及港澳台同胞登寒山寺钟楼票价仍为每人5元。同日，又批复苏州丝绸博物馆全票价每人（次）5元，优惠价（内宾）每人次1元。

20世纪90年代，随着国门的不断打开，苏州市在不断完善原有旅游项目的同时，结合苏州东方水城的特色，进一步拓展开发了"古典夜园游"、"观鱼采珠游"、"古城水巷游"、"龙舟水上游"、"苏嘉杭逍遥游"以及"寒山寺除夕听钟声"等一批新的涉外旅游项目，丰富了苏州市国际旅游内容和夜文化生活，经过一段时间的实践，深受海外旅游商和国内外游客的喜爱和好评，不仅吸引了众多海外旅游者来苏，增加了经济效益和创汇收入，更进一步推动苏州市国际旅游业的发展，吸引了海外客商来苏投资创业。而"寒山寺除夕听钟声"、"古城水巷游"、"古典夜园游"等活动从改革开放初至今30多年内，经久不衰，愈来愈盛，成为苏州国际旅游中的经典项目。下列表格为1992年6月苏州市物价局和旅游局联合制定的涉外旅游新项目和收费标准，以及统计部门的苏州市部分年份接待海外旅游者人数和收入：

表9-8 1992年苏州旅游新项目内容和收费标准表

序号	项目	内容	日期	所需时间	费用
1	古典夜园游	在古典园林网师园的8个亭台楼阁里先后观赏由身着古装的演员表演的苏州评弹、昆曲、民歌及民乐等节目	3月15日至11月20日夜19：30～22：00	—	每人20元（FEC）
2	观鱼采珍珠游	乘小船游览金鸡湖，并在湖内观捕鱼和采珠。采集到的珍珠作为纪念品归己。从竹辉、南林、苏州等饭店乘车赴金鸡湖约需15分钟	全年	2小时	每人20元（FEC）
3	龙舟水上游	线路：火车站—虎丘，寒山寺 交通工具：小龙舟	全年	约40分钟	每人20元（FEC）
4	古城水巷游	线路：火车站—竹辉饭店、南园宾馆、苏州饭店、姑苏饭店、南林饭店 从火车站乘小船经拙政园、戏曲博物馆、双塔、网师园抵达竹辉、苏州或南林饭店，旅游者可领略"小桥、流水、人家"的独特风貌	全年	约70分钟	每人20元（FEC）
5	古运河游	线路：盘门—寒山寺，盘门—宝带桥 交通工具：豪华游船	全年	约50分钟	每人20元（FEC）
6	苏州、嘉兴、杭州逍遥游	从苏州乘船至嘉兴，观赏大运河两岸风光，船上品尝苏州风味。在嘉兴参观游览南湖及古街，后乘汽车赴杭州	全年	—	每人130元（FEC）
7	寒山寺听钟声	—	12月31日	—	每人120元（FEC）
8	水乡古镇游	同里、周庄为千年古镇，可参观具有水乡特色的明、清古建筑，游览周庄古镇一条街，乘渔舟观赏古镇两岸水巷风光。然后乘车去上海	全年	一天	每人90元（FEC），已包括周庄至上海的车费

注：FEC为外汇券缩写，当时海外旅游者来国内旅游较普遍兑换使用的货币。

表9-9 苏州市部分年份涉外旅游情况表

项目	1990年	2000年	2005年	2006年	2007年	2008年	2009年
旅游外汇收入（万美元）	1581	20135	63905	74795	88916	99547	99725
接待境外旅游者（万人次）	27.84	71.41	156.02	181.49	206.18	218.57	219.13

项目	1990年	2000年	2005年	2006年	2007年	2008年	2009年
接待过夜境外旅游者（万人次）	26.16	55.73	118.59	137.97	161.24	168.23	169.51
外国人	8.07	37.58	87.26	104.89	121.83	121.72	116.03
港澳台同胞	17.34	18.15	31.33	33.08	39.41	46.51	53.48
境外旅游者过夜人天数（万人天）	31.93	88.32	356.23	432.71	493.79	529.07	541.21
外国人	11.38	62.67	266.82	324.61	357.66	371.86	370.19
港澳台同胞	19.75	25.65	89.41	108.1	136.13	157.21	171.02

1992年，苏州市调整部分园林景点涉外门票价格：每人次虎丘山5元（万景山庄盆景园不另外售门票），留园5元，网师园4元，北塔名胜3元，狮子林3元。以上门票价格，接待境外散客从1992年1月20日起执行，接待国际旅游团队从同年4月1日起执行。

1993年3月，经省物价局、旅游局批复同意苏州市调整旅游涉外收费标准，每人次古典夜游由20元调为30元（FEC，下同），观鱼采珠由20元调为25元，除夕寒山寺听钟声由120元调为140元。

根据省物价局《关于同意苏州市部分园林门票价格调整的批复》，苏州市部分园林甲种门票价自1993年4月1日起作适当调整（详见下表9–10），调整后的甲种门票价格为最高价格，对旅行社组织的旅游团队实行批量优惠价，淡季实行淡季优惠价。

表9–10　1993年4月苏州调整部分园林甲种门票价格

单位：元/人·次

园林名称	现行价	调整价
虎丘山（含万景山庄）	5.00	9.00
留园	5.00	8.00
网师园	4.00	6.00
狮子林	3.00	5.00
北塔	3.00	5.00
北塔登塔	2.00	4.00

经省批准，从1994年4月1日起，苏州市调整水上旅游船涉外价格，"苏嘉杭逍遥游"每人次从130元上调到165元（FEC，下同），苏锡古运河游从60元上调到80元，市内古运河游从20元上调至25元，平江水巷游也从20元上调至25元。

1994年8月25日，经市政府同意，市物价局印发《苏州市区游览参观点收费管理政策意见》，其主要内容是：改革现行景点门票由政府统一定价的收费管理形式，实行浮动票价、分类指导的管理形式。

根据国家计委、江苏省物价局有关文件规定，甲种票价的管理权限在省及省以上，例如：拙政园为国家特殊游览参观点，1993年4月1日国家物价局将该园甲种门票从8元调至10元，1994年4月1日国家计委又将门票调至20元。虎丘等7个景点的甲、乙种门票价格分别按照省、市价格主管部门的规定也作了调整。详见下表：

表9–11　特殊游览点票价表

执行日期：1994年9月1日　　　　　　　　　　　　　　　　　　　　　　　单位：元/人·次

景点名称	甲票价格（最高限价）	乙票价格		备注
		中准价	上浮幅度	
拙政园	20	8	25%	
虎丘	10	8	25%	
留园	8	5	50%	
网师园	6	4	50%	实行上浮价格的时限：
狮子林	5	4	50%	每年3月20日~6月20日，9月1日~11月30日
西园寺	2	3	50%	
寒山寺	2	2	50%	
北寺塔	6	2	50%	

注：寒山寺上钟楼另收5元/人·次；北寺塔甲票价格已含登塔费，乙票登塔另收3元/人·次。此两项费用不实
　　行上浮价格。

当时苏州市规定，凡未经省及省以上批准实行甲、乙两种票价制度的景点，合并原来的
涉外、国内游客二种票价，新票价不论游客国籍，一律实行浮动票价的单一票价制。对参观
游览人次较多的景点，实行中准票价和旺季浮动时限、浮动幅度的管理方式；对参观游览人
次较少的景点，实行核定最高限价的管理方式。各景点可在规定范围内，根据季节、地理位
置、交通条件、游览内容变化等因素确定挂牌票价，并提前一周报市物价局及主管局备案。
对各种团体可实行批量优惠。非特殊游览点门票价格管理权限在市物价局。具体景点的中
准票价及最高限价情况，详见下表：

表9–12　非特殊中准票价表

执行日期：1994年9月1日　　　　　　　　　　　　　　　　　　　　　　　单位：元/人·次

景点名称	中准价	上浮幅度	备注
石湖楞伽塔院	2.00	100%	实行风俗旺季上浮的时限：每年清明节前后各半个月，农历八月
石湖石佛寺	1.00	100%	十八日前后各半个月
石湖余庄	1.00	100%	
天平山	2.00	100%	每年清明节前后各半个月，红枫期一个月

表9–13　非特殊最高限价表

执行日期：1994年9月1日　　　　　　　　　　　　　　　　　　　　　　　单位：元/人·次

景点名称	最高限价	备注	景点名称	最高限价	备注
东园（含动物园）	2.00	—	曲园	1.00	—
艺圃	1.00	—	市博物馆	2.50	—
运河公园	1.00	—	民俗博物馆	2.00	含二期工程
耦园	1.00	—	戏曲博物馆	1.50	—
沧浪亭	2.00	—	碑刻博物馆	1.50	—
怡园	2.00	—	枫桥史迹博物馆	1.50	—
盘门名胜	2.00	—	钱币博物馆	0.80	—
灵岩山	1.00	—	丝绸博物馆	3.00	—

景点名称	最高限价	备注	景点名称	最高限价	备注
玄妙观	1.00	—	丝博（明清一条街）	1.00	为新增参观点
唐寅墓	1.00	—	铁铃关	1.00	
双塔	1.00	—	半园	0.50	—
五人墓	0.50	—	—	—	—

三、甲乙门票并轨

1996年，按照国务院确定的关于对外商投资企业、外国人逐步实行国民待遇的原则，国家计委要求各地在1997年以前将游览参观点甲、乙两种门票价格并轨。根据国家规定，经省物价局同意，于1996年6月在全省率先对拙政园、虎丘、留园等国家、省级参观点门票价格进行并轨。同年9月并轨工作全部完成。

根据国家计委《关于拙政园甲乙门票并轨的批复》，省物价局《关于苏州市省级特殊游览参观点甲乙票价并轨的批复》等文件规定，明确国家级参观点、省级参观点每人次门票价格虎丘为10元，留园为8元，寒山寺钟楼为5元，北寺塔为6元，拙政园甲乙票并轨后门票价每人次为18元（含园林博物馆）。

为确保旅游景点门票并轨工作顺利进行，经市政府同意，市物价局于1996年8月专门发出了《关于市区游览参观点门票并轨票价调整的通知》，当时门票并轨及票价调整遵循境外游客国民待遇、同一服务同质同价、弥补亏损、以园养园、区别对待、着眼发展、理顺价格、逐步到位的原则，从而有利于游览参观点实现价值补偿，保持并轨前后的价格水平基本衔接，适应不同消费层次的需求，同时兼顾社会各方面的承受能力，即对具有观赏娱乐、文化教育功能及一般性的参观点门票价格水平从低安排，对少数重要文物和文化遗产参观点的门票价格水平从高安排，以保持合理的质量差价。甲乙门票并轨后苏州市区45个游览参观点门票价格详见下表：

表9–14　甲乙门票并轨后苏州市区游览参观点门票价格一览表　表一

执行日期：1996年9月1日 单位：元/人·次

景点名称	普通门票		备注
	中准价	上浮幅度	
革博半景画厅	10.00	100%	
虎丘	10.00	20%	
留园	8.00	25%	
网师园	6.00	35%	
狮子林	6.00	35%	实行上浮时限：3月21日~6月20日，9月1日~11月30日
西园寺	5.00	40%	
北塔公园	4.00	50%	
寒山寺	4.00	50%	
石湖楞伽塔园	3.00	70%	
石湖石佛寺	2.00	100%	实行上浮时限：每年清明前后各半个月，农历8月18前后各半个月
石湖余庄	2.00	100%	

甲乙门票并轨后苏州市区游览参观点门票价格一览表　表二

单位：元/人·次

景点名称	普通门票（最高价）	备注
网师园夜花园	60.00	—
苏州乐园水上世界	35.00	周末40
吴越春秋	30.00	—
拙政园	18.00	含园林博物馆
天平山	6.00	—
森林公园	6.00	—
丝绸博物馆	6.00	含明清一条街
东园	5.00	含动物园、耦园、宠物乐园
北寺塔	5.00	—
寒山寺钟楼	5.00	—
普明宝塔	5.00	—
沧浪亭	4.00	—
怡园	4.00	—
盘门名胜	4.00	—
玄妙观	4.00	—
市博物馆	4.00	—
民俗博物馆	4.00	含三期工程
艺圃	3.00	—
运河公园	3.00	—
灵岩山	3.00	—
唐寅墓	3.00	—
双塔	3.00	—
戏曲博物馆	3.00	—
碑刻博物馆	3.00	—
革命博物馆	3.00	—
枫桥史迹博物馆	3.00	—
拙政园盆景园	2.00	—
留园盆景园	2.00	—
曲园	1.5	—
五人墓	1.5	—
枫桥铁铃关	1.5	—
钱币博物馆	1.00	—
半园	1.00	—
寒山寺枫江楼	1.00	—

注：旺季上浮票价保留到元，尾数四舍五入。

为确保门票并轨、调价工作平稳出台，苏州市1996年内暂停相关景点旺季上浮价，也不得举办临时性门票加价展览；确保市民原有的各种优惠措施的落实，维持退休人员园林月票价格水平，并提前下发下年度居民园林优惠券；为确保旅游外汇收入，市旅游部门以"联票"形式向境外报价；各游览景点收费项目及标准按照物价部门监制的统一价目表标明价格，认真做好明码标价和宣传解释工作。

据测算,这次并轨平均调价幅度为31.45%,按1995年入园人次计算,全年门票增加收入约2500万元,这对于弥补园林亏损,加大园林投资力度,保护发展园林及文物景点建设具有良好的保障作用。当时苏州园林门票价格水平与邻近地区相比,还是较低的。例如无锡鼋头渚门票为每人次25元,锡惠公园每人次4元;杭州主要景点灵隐寺六和塔、三潭印月等门票为每人次8~10元。

1996年9月,苏州市游览参观点甲乙门票并轨工作全部完成,打破了长期形成的内外宾有别、差别对待不平等的樊篱,这不仅为苏州对外开放和国际旅游快速发展创造了良好的价格环境,更为促进苏州外向型经济发展,加快与国际惯例接轨,主动融入全球经济一体化进程,加入世贸组织,形成全方位、宽领域、多层次的对外开放格局做出了积极贡献。

为适应甲乙门票并轨的形势,1996年8月,市物价局出台《苏州市游览参观点价格管理办法》,该《办法》从1996年9月1日起实施。其主要内容:政府价格管理部门主管游览点的商品价格和服务收费,实行"统一政策,分级管理、隶属管辖"的原则。各游览点门票价格的制定和调整,应反映其价值和供求关系,符合价格法规和政策规定,兼顾经营者和消费者利益,保持合理的比价、质量差价和季节差价,按照价格管理权限审核上报或审批。依据游览点的不同情况,实行中准票价及最高限价等的分类指导管理形式,以及普通门票、景点门票、联票、月票等多种形式的票制。各游览点应按同一价格,提供同一的质量和服务,不得因消费者的国籍、种族或地域的不同实行不同的价格。对放开的商品价格和服务收费标准,可实行同行议价和自行定价,按照相关价格规定执行。统一优惠政策,确保苏州市居民和优惠对象享受政府的优惠待遇。规范价格行为,健全物价管理制度,严肃物价纪律,强化价格监督检查。

第四节　世界文化遗产苏州古典园林门票价格

素以中国古典园林著称于世的苏州园林溯源于春秋，发展于晋唐，繁荣于吴越两宋，全盛于明清。现存的苏州古典园林是中国古代园林最具代表性的一批典范，是苏州乃至中国的文化瑰宝，是全人类共同的文化财富。1997年12月4日，在意大利那不勒斯召开的联合国教科文组织世界遗产委员会第21次会议上，以拙政园、留园、网师园、环秀山庄为列证的苏州古典园林被列入《世界文化遗产名录》。2000年11月30日，在澳大利亚召开的联合国教科文组织世界遗产委员会第24次会议批准沧浪亭、狮子林、艺圃、耦园、退思园为苏州古典园林增补名单，列入《世界文化遗产名录》。

为了切实保护和合理利用好世界文化遗产苏州古典园林，补偿申遗投入的大量资金，在第28届世界文化遗产大会在苏州召开前夕，2003年苏州市先后较大幅度地调整了列入世界文化遗产名录的拙政园、留园等9处园林以及文物保护规格较高的虎丘、寒山寺等景点票价，并实行淡季旺季差价和一票制门票，同步推出的还有市区园林年票等多项配套措施。

一、适当调整九座古典园林票价

拙政园：江南私家花园典范，中国园林的杰出代表，1961年被国务院列为首批全国重点文物保护单位，当时门票价格每人次仅为0.05元，1982年6月20日后为0.2元；1991年被国家计委、旅游局、建设部列为国家特殊游览参观点，国家计委定门票价为8元；1997年被联合国教科文组织列为世界文化遗产，甲乙门票并轨后的价格水平为18元，比1982年6月20日调整后的价格上涨了89倍，比1991年上涨了1.25倍。从1996年开始，拙政园每年春夏之季分别举办杜鹃花旅游节和荷花旅游节，1999年就此活动实行临时票价，规定每人次为30元，非活动期间票价不变。2000年，为改善游览参观点门票价格形成机制，国家计委对国家级特殊游览参观点门票价格管理体制作出了适当调整，将拙政园的定价权下放到江苏省物价局，同年拙政园被国家旅游局、建设部授予全国首批ＡＡＡ级旅游景点称号。2002年6月，江苏省在调整定价目录时，又将拙政园的定价权下放到苏州，门票价每人次为30元。现行的收费标准是2004年6月制定的，区分淡旺季，淡季50元，旺季70元。

表9-15　世界文化遗产、国家级参观点苏州拙政园门票价格变动情况一览表

单位：元/人·次

类别	价格调整	执行日期	备注
一、门票			
门票	0.03	1952年1月	新定价，资料来源于《苏州市志》
	0.05	1952年11月	资料来源于《苏州市物价志》
门票	0.20	1982年6月15日	调整门票，苏州市居民凭园林优惠券执行原价
盆景园	0.20	—	调整门票，资料来源于市政府苏府发（1981）94号文件
门票	0.50	1986年3月10日	调整门票，苏州市居民凭园林优惠券免费入园

类别		价格调整	执行日期	备注
盆景园		—	1986年3月10日	未明确门票
外宾票		1.00	1987年4月18日	含盆景园
内宾	大门票	0.50	—	—
	盆景园	1.00	1987年4月18日	新增门票
外宾票		1.00	—	—
内宾	大门票	1.00	1990年9月22日	调整门票
	盆景园	1.00	—	—
甲票		8.00	1991年4月1日	实行甲乙两票制，甲票含盆景园
乙票	大门票	1.00	—	—
	盆景园	1.00	—	—
甲票		8.00	—	—
乙票	大门票	3.00	1991年12月28日	调整乙票大门票
	盆景园	1.00	—	—
甲票	大门票	8.00	—	—
	园博	2.00	1992年9月25日	新定价
乙票	大门票	3.00	—	—
	盆景园	1.00	—	—
	园博	1.00	1992年9月25日	新定价
甲票	大门票	10.00	1993年4月1日	调整甲票
	园博	2.00	—	—
乙票	大门票	3.00	—	—
	盆景园	1.00	—	—
	园博	1.00	—	—
甲票	大门票	10.00	—	—
	园博	2.00	—	—
乙票	淡季	3.00	—	乙票实行淡旺季票价
	旺季	4.50	1993年4月4日	旺季日期：3月20日~6月20日，9月1日~11月30日
	园博	1.00	—	—
	盆景园	1.00	—	—
甲票	大门票	20.00	1994年4月1日	调整甲票
	园博	2.00	—	—
乙票	淡季	3.00	—	—
	旺季	4.50	—	—
	园博	1.00	—	—
	盆景园	1.00	—	—
甲票	大门票	20.00	—	—
	园博	—	1994年9月1日	未明确门票
乙票	淡季	8.00	1994年9月1日	调整乙票，含园博
	旺季	10.00	1994年9月1日	旺季日期：3月20日~6月20日，9月1日~11月30日
	园博	—	1994年9月1日	未明确门票
	盆景园	—	1994年9月1日	未明确门票
大门票		18.00	1996年9月1日	经省物价局同意，甲乙票并轨，含园博
盆景园		2.00	1996年9月1日	新增门票
门票		18.00	1998年1月1日	调整门票，含园博、盆景园

苏州市价格志

类别		价格调整	执行日期	备注
门票		20.00	2000年2月1日	调整门票,含盆景园。新增"雅石馆"项目
门票		25.00	2002年3月1日	调整门票,含盆景园。新增"雅石馆"项目
门票		30.00	2003年3月1日	撤销苏价服字（2002）367号文
门票淡季		50.00	2004年6月20日	旺季3月1日~5月31日,9月1日~11月30日;淡季6月1日~8月31日,12月1日~2月29日
门票旺季		70.00	2004年6月20日	两个旺季分别举办免费杜鹃花节、荷花节
门票淡季		50.00	2006年4月16日	市园林局苏园综（2006）3号明确新淡旺季时间为:旺季4月16日~10月30日,淡季10月31日~次年4月15日
门票旺季		70.00	—	
二、月票、年票				
退休职工月票		0.50	1981年6月24日	新定价,资料来源于市政府苏府发（1981）94号文件
月票	退休职工	0.50	—	
	其他	2.00	1989年1月7日	新增其他,其他为学生和长病假职工
月票	退休职工	0.50	—	
	七旬老人	0.25	1990年12月1日	新增七旬老人
	其他	2.00	—	—
月票		3.00	1993年1月1日	调整月票
月票		8.00	1994年9月1日	调整月票
月票		15.00	1998年1月1日	调整月票
年票		120.00	2004年6月20日	可在园林系统所辖18个开放景点实行通游,七旬老人免费

留园:是中国四大名园之一,历经兴废,占地23300平方米,为中国大型古典私家园林,代表清代风格。园以建筑艺术精湛著称,厅堂宏敞华丽,庭院富有变化,太湖石以冠云峰为最,有"不出城郭而获山林之趣",宜居宜游的山水布局,疏密有致的建筑空间对比,独具风采的石峰景观,使其成为江南园林艺术的杰出典范。1953年,渐见荒芜的留园被苏州市人民政府修葺整治重新焕发光彩,1954年开放时门票价格每人次为0.05元;1961年被国务院首批列入全国重点文物保护单位,门票价格仍为0.05元;1982年6月15日省定为0.20元;1992年1月留园作为省级参观点,省定为外宾5元,内宾2元;1996年6月21日甲乙门票并轨,省定价格水平为8元,比1982年6月调整后的价格上涨了40倍;1997年留园被联合国科教文列为世界文化遗产,1998年6月省定留园淡季票价8元,旺季10元;2000年取消淡旺季票价,省定16元。2002年,省将留园定价权下放至苏州,门票为20元;现行门票价格是2004年6月制定的,区分淡旺季,淡季30元,旺季40元,旺季免费提供"吴歈兰薰"表演。

表9-16 世界文化遗产苏州留园门票价格变动情况一览表

单位:元/人·次

类别	价格调整	执行日期	备注
一、门票			
门票	0.05	1954年1月	新定价,资料来源于《苏州市物价志》
盆景园	—	—	新定价
门票	0.20	1982年6月15日	调整门票,苏州市居民凭园林优惠券执行原价
盆景园	0.20	—	调整门票,资料来源于市政府苏府发（1981）94号文件
门票	0.50	1986年3月10日	调整门票,苏州市居民凭园林优惠券免费入园

类别		价格调整	执行日期	备注
盆景园		—	1986年3月10日	未明确门票
外宾票		1.00	1987年4月18日	含盆景园
内宾	大门票	0.50	—	—
	盆景园	1.00	1987年4月18日	新增门票
外宾票		1.00	—	—
内宾	大门票	1.00	1990年9月22日	调整内宾大门票
	盆景园	1.00		
外宾票		2.00	1991年9月14日	含盆景园
内宾	大门票	1.00	—	—
	盆景园	1.00	—	
外宾票		2.00	—	含盆景园
内宾	大门票	2.00	1991年12月28日	调整内宾大门票
	盆景园	1.00		—
外宾票		5.00	1992年1月20日	调整外宾门票，含盆景园
内宾	大门票	2.00	—	—
	盆景园	1.00	—	
甲票		8.00	1993年4月1日	调整甲票，含盆景园
乙票	大门票	2.00	—	—
	盆景园	1.00	—	
甲票		8.00	—	—
乙票	淡季	2.00	—	乙票实行淡旺季票价
	旺季	3.00	1993年4月4日	旺季日期：3月20日~6月20日，9月1日~11月30日
	盆景园	1.00	—	
甲票		8.00	—	—
乙票	淡季	5.00	1994年9月1日	调整乙票
	旺季	7.50	1994年9月1日	旺季日期：3月20日~6月20日，9月1日~11月30日
	盆景园	—	1994年9月1日	未明确门票
淡季		8.00	1996年9月1日	甲乙票并轨
旺季		10.00	1996年9月1日	旺季日期：3月21日~6月20日，9月1日~11月30日
盆景园		2.00	1996年9月1日	新定价
淡季		10.00	1998年6月4日	调整门票
旺季		12.00	1998年6月4日	调整门票
盆景园		2.00	—	
门票		16.00	2000年2月1日	取消淡旺季和盆景园门票，含讲解
门票		20.00	2002年1月1日	—
五园联票		70.00	2002年1月1日	虎丘、拙政园、留园、狮子林、网师园五园联票
门票淡季		30.00	2004年6月20日	旺季3月1日~5月31日，9月1日~11月30日；淡季6月1日~8月31日，12月1日~2月29日
门票旺季		40.00	2004年6月20日	旺季免费提供"吴歈兰薰"表演，包括出口处拟恢复的项目
门票淡季		30.00	2006年4月16日	市园林局苏园综（2006）3号明确新淡旺季时间为：旺季4月16日~10月30日，淡季10月31日~次年4月15日
门票旺季		40.00	—	
二、月票、年票				
退休职工月票		0.50	1981年6月24日	新定价，资料来源于市政府苏府发（1981）94号文件
月票	退休职工	0.50	—	—

类别		价格调整	执行日期	备注
月票	其他	2.00	1989年1月7日	新增其他，其他为学生和长病假职工
月票	退休职工	0.50	—	—
	七旬老人	0.25	1990年12月1日	新增七旬老人
	其他	2.00	—	—
月票		3.00	1993年1月1日	调整月票
月票		8.00	1994年9月1日	调整月票
月票		10.00	1998年4月1日	调整月票
年票		120.00	2004年6月20日	可在园林系统所辖18个开放景点实行通游，七旬老人免费

网师园：典型的府宅园林，始建于南宋，因府中藏书万卷，故名"万卷堂"。清乾隆年取名"网师小筑"。园东部为住宅，高敞的大厅"万卷堂"，雅洁的女厅"撷秀楼"，有精美的砖雕门楼，享有"江南第一门楼"的盛誉。西部为花园，以水池为中心，池西有临风赏月的"月到风来亭"，东北岸有简朴素雅的"竹外一枝轩"，花园内主建筑"看松读画轩"位于池面北，园内西北角有一座典型明代风格的庭院"殿春簃"小院。"殿春簃"作为中国古典园林走向世界的首例范本，1980年在美国纽约大都会艺术博物馆落户，取名"明轩"，供世界各国人民鉴赏。网师园于1958年10月全面整修开放，门票价每人次0.05元；1963年列为苏州市文物保护单位，1982年列为全国文物保护单位，同年6月门票价调为0.20元；1986年3月门票价调为0.30元；1987年实行内外宾两种票制，外宾票价1元，内宾仍为0.30元，至1993年4月外宾票调至6元，内宾票调至2元（淡季）和3元（旺季）；1996年9月甲乙门票并轨，票价不分内外宾统一为淡季6元，旺季8元，同时，新增夜花园门票价为每人次60元。2002年1月网师园门票价格调至15元，并与虎丘、留园、拙政园、狮子林实行五园门票优惠，五园联票价格每套票为每人70元，比五园合计票价100元优惠幅度为30%。网师园面积虽仅八亩多，却以精致的造园布局，深蕴的文化内涵，典雅的园林气息，当之无愧地成为江南中小古典园林的代表作品。1997年网师园列入联合国世界文化遗产名录，现行门票价格为2004年制定，每人次淡季20元，旺季30元，夜花园80元，并免费提供昆曲、评弹等苏州地方特色的文艺表演。2010年4月网师园夜花园门票每人次调整为100元。

表9-17 世界文化遗产苏州网师园门票价格变动情况一览表

单位：元/人·次

类别	价格调整	执行日期	备注
一、门票			
门票	0.05	1958	新定价，资料来源于《苏州市物价志》
门票	0.20	1982年6月15日	调整门票，苏州市居民凭园林优惠券执行原价
门票	0.30	1986年3月10日	调整门票，苏州市居民凭园林优惠券免费入园
外宾票	1.00	1987年4月18日	实行内外两种票制
内宾票	0.30	—	—
外宾票	1.00	—	—
内宾票	0.60	1990年9月22日	苏费字（1990）第31号
外宾票	2.00	1991年9月14日	调整外宾票

类别		价格调整	执行日期	备注
内宾票		0.60	—	—
外宾票		2.00	—	—
内宾票		2.00	1991年12月28日	调整内宾票
外宾票		4.00	1992年1月20日	调整外宾票
内宾票		2.00	—	—
甲票		6.00	1993年4月1日	调整甲票
乙票		2.00	—	—
甲票		6.00	—	—
乙票	淡季	2.00	—	乙票实行淡旺季票价
	旺季	3.00	1993年4月4日	旺季日期：3月20日~6月20日，9月1日~11月30日
甲票		6.00	1994年9月1日	—
乙票	淡季	4.00	1994年9月1日	调整乙票
	旺季	6.00	1994年9月1日	旺季日期：3月20日~6月20日，9月1日~11月30日
淡季		6.00	1996年9月1日	甲乙票并轨
旺季		8.00	1996年9月1日	旺季日期：3月21日~6月20日，9月1日~11月30日
夜花园		60.00	1996年9月1日	新确认
门票		15.00	2002年1月1日	—
五园联票		70	2002年1月1日	虎丘、拙政园、留园、狮子林、网师园五园联票
门票淡季		20.00	2004年6月20日	旺季3月1日~5月31日，9月1日~11月30日；淡季6月1日~8月31日，12月1日~2月29日
门票旺季		30.00	2004年6月20日	旺季增加免费游园内容
夜花园		80.00	2004年6月20日	夜间免费提供文艺表演
门票淡季		20.00	2006年4月16日	市园林局苏园综（2006）3号明确新淡旺季时间为：旺季4月16日~10月30日，淡季10月31日~次年4月15日
门票旺季		30.00	—	

二、月票、年票

类别		价格调整	执行日期	备注
退休职工月票		0.50	1981年6月24日以前不详	新定价，资料来源于市政府苏府发（1981）94号文件
月票	退休职工	0.50	—	—
	其他	2.00	1989年1月7日	新增其他，其他为学生和长病假职工
月票	退休职工	0.50	—	—
	七旬老人	0.25	1990年12月1日	新增七旬老人
	其他	2.00	—	—
月票		3.00	1993年1月1日	调整月票
月票		8.00	1994年9月1日	调整月票
年票		120.00	2004年6月20日	可在园林系统所辖18个开放景点实行通游

环秀山庄：在苏州刺绣博物馆内，1982年被列为江苏省文物保护单位，1988年被列为全国重点文物保护单位，1997年底被联合国教科文组织列为世界文化遗产。环秀山庄面积仅为3.26亩，但其内湖石假山为中国之最。据载，此山为清代叠山大师戈裕良杰作，湖石假山占地仅半亩，而峭壁、峰峦、洞壑、涧谷、平台、磴道等山中之物，应有尽有，极富变化，贴近自然，堪称假山之珍。2004年6月20日，环秀山庄开始售票对游客开放，门票价格每人次为15元，在苏州诸多古典园林中环秀山庄是对外开放最晚的一座园林，其东部至今仍为苏州市刺绣研究所，内设国宾部、苏绣演艺室及售品部等。

表9-18　世界文化遗产苏州环秀山庄门票价格变动情况一览表

单位：元/人·次

类别	价格调整	执行日期	备注
门票	15.00	2004年6月20日	初次对外开放，新定价

沧浪亭：为苏州现存历史最悠久的古典园林。始建于唐末五代，北宋诗人苏舜钦购得，傍水建亭，以"沧浪之水清兮可以濯我缨，沧浪之水浊兮可以濯我足"之意取名。虽屡经兴废，仍保持了建园时"草树郁然，崇阜广水"之特色。景色自然开畅，巧于因借，将园外萦回之葑溪纳入园景，临水处建复廊，以漏窗通透内外景物，使内外山水融为一体，有未入园先得景，引人入胜之妙，其手法在苏州众多园林中独树一帜，该园古亭翼然，清流萦回，近水远山，皆成园景，被园林专家誉为典型之"城市山林"。1954年1月沧浪亭移旧葺新后，向公众开放，门票价格每人次为0.03元。1964年，朱德委员长视察苏州时所赠10盆川兰及《兰花谱》置于该园，园内增辟兰圃，每人次门票价格仍为0.03元。"文化大革命"时一度改名为"工农兵公园"，破坏严重，1967年起闭园，后归一〇〇医院开设诊所4年。1979年再次整修开放，门票价格仍为0.03元；1982年园被列为省文物保护单位，同年6月门票价格调为0.10元；1986年3月门票调高至0.20元；1987年4月内外宾票价分别为0.20元和1元；1994年9月取消外宾票，内外宾一律为2元；1996年苏州美术馆门票临时并入，门票价格调至5元；2000年11月，沧浪亭作为联合国世界文化遗产苏州古典园林的扩展地而列入《世界文化遗产名录》。现行每人次门票价格为淡季15元，旺季20元。

表9-19　世界文化遗产苏州沧浪亭门票价格变动情况一览表

单位：元/人·次

类别	价格	执行日期	备注
一、门票			
门票	0.03	1954年1月	新定价，资料来源于苏州市物价志
门票	0.10	1982年6月15日	调整门票，苏州市居民凭园林优惠券执行原价
门票	0.20	1986年3月10日	调整门票，苏州市居民凭园林优惠券免费入园
外宾票	1.00	1987年4月18日	实行内外两种票制
内宾票	0.20	—	—
外宾票	1.00	—	—
内宾票	0.60	1991年4月10日	苏价费字（1991）第51号
外宾票	2.00	1991年9月14日	调整外宾票
内宾票	0.60	—	—
外宾票	2.00	—	—
内宾票	1.00	1991年12月28日	调整内宾票
门票	2.00	1994年9月1日	调整门票，取消外宾票
门票	4.00	1996年9月1日	调整门票
门票	5.00	1996年12月16日	苏州美术馆门票临时并入，其中美术馆为1元
门票	6.00	1998年7月15日	调整门票，含美术馆2元
门票	8.00	—	—
门票淡季	15.00	2004年6月20日	旺季3月1日~5月31日，9月1日~11月30日 淡季6月1日~8月31日，12月1日~2月29日

类别		价格	执行日期	备注
门票旺季		20.00	2004年6月20日	旺季增加免费游园内容
门票淡季		15.00	2006年4月16日	市园林局苏园综（2006）3号明确新淡旺季时间为：旺季4月16日~10月
门票旺季		20.00	—	30日，淡季10月31日~次年4月15日
二、月票、年票				
退休职工月票		0.50	1981年6月24日	新定价，资料来源于市政府苏府发（1981）94号文件
月票	退休职工	0.50	—	
	其他	2.00	1989年1月7日	新增其他，其他为学生和长病假职工
月票	退休职工	0.50	—	
	七旬老人	0.25	1990年12月1日	新增七旬老人
	其他	2.00	—	
月票		2.00	1993年1月1日	调整月票
月票		5.00	1994年9月1日	调整月票
年票		120.00	2004年6月20日	可在园林系统所辖18个开放景点实行通游

狮子林：始建于元代，为佛家禅宗寺庙园林。以"假山王国"著称于世。元末明初建园时，搜集了大量北宋"花石纲"的遗物，经过叠石名家的精妙构思，以"漏、透、瘦、皱"的太湖石堆叠的假山群气势磅礴，洞壑盘旋，玲珑俊秀，成为中国古典园林中堆山最曲折、最复杂的实例之一。在狮子林的沧桑变迁中，清乾隆皇帝对狮子林倍加赞赏，曾五次游览该园，留下了大量题字和"御制诗"，并在北方皇家园林颐和园、承德避暑山庄等处仿建狮子林，广泛引入廊桥、漏窗、堆叠假山、苏式彩画等诸多江南园林的苏州元素，大大丰富了北方园林的内容。在苏州私家园林中，狮子林是较早收门票游资的园林，据《苏州市志》记载："光绪初，黄氏（园主）出租园中部分居屋，招人演唱，收游资……"民国6年（1917），上海颜料巨商贝润生（世界著名建筑大师贝聿铭的叔祖父）以9900银元购得狮子林后，花80万银元大举整修，至民国15年（1926）竣工，"楼台金碧，气象豪华"，"游客凭名片而入"。贝氏原拟筹备开放，因抗战爆发未能如愿。汪伪省政府曾占狮子林及寺为"贵宾馆"。1952年，贝氏后人将园献给政府。园林管理处稍加整修后，于1954年2月正式开放，供人游览，门票价每人次0.03元。"文化大革命"遭破坏，曾改称"朝阳公园"，1967年一度关闭，1978年后逐年整修，门票价调至0.05元；1982年6月门票价为0.20元，1986年3月调至0.50元；1987年4月实行内外宾两种票制，外宾为1元，内宾仍为0.5元；1990年9月内宾票价调至1元；1992年贝氏祠堂抢修，从4月至7月计3个月中狮子林与市民俗博物馆二园并票，每人次价格为2.60元；1993年4月实行甲乙票制，甲票（外宾）价格为5元，乙票淡季价为2元，旺季价为3元；至1996年甲乙票并轨，统一为淡季每人次6元，旺季8元。2000年11月狮子林申报联合国世界遗产成功。2002年1月门票价格调高至15元，并实行与虎丘、拙政园、留园、网师园联票，五园联票价每人次为70元。现行门票价格为2004年制定，淡季价格20元，旺季价格30元。

表9-20　世界文化遗产苏州狮子林门票价格变动情况一览表

单位: 元/人·次

类别		价格调整	执行日期	备注
一、门票				
门票		0.03	1953年11月	新定价, 资料来源于《苏州市物价志》
门票		0.05	1978	调整门票, 资料来源于《苏州市物价志》
门票		0.20	1982年6月15日	调整门票, 苏州市居民凭园林优惠券执行原价
门票		0.50	1986年3月10日	调整门票, 苏州市居民凭园林优惠券免费入园
外宾票		1.00	1987年4月18日	实行内外两种票制
内宾票		0.50	—	
外宾票		1.00	—	
内宾票		1.00	1990年9月22日	调整内宾票
外宾票		2.00	1991年9月14日	调整外宾票
内宾票		1.00	—	
外宾票		2.00	—	
内宾票		2.00	1991年12月28日	调整内宾票
外宾票		3.00	1992年1月20日	调整外宾票
内宾票		2.00	—	
外宾票		3.00	—	
内宾票		2.60	1992年4月16日	祠堂抢修, 二园并票三个月
外宾票		3.00	—	
内宾票		2.00	1992年7月17日	祠堂抢修结束, 二园并票撤销
甲票		5.00	1993年4月1日	调整甲票
乙票		2.00	—	
甲票		5.00	—	
乙票	淡季	2.00	—	乙票实行淡旺季票价
	旺季	3.00	1993年4月4日	旺季日期: 3月20日~6月20日, 9月1日~11月30日
甲票		5.00	—	
乙票	淡季	4.00	1994年9月1日	调整乙票
	旺季	6.00	1994年9月1日	旺季日期: 3月20日~6月20日, 9月1日~11月30日
淡季		6.00	1996年9月1日	甲乙票并轨
旺季		8.00	1996年9月1日	旺季日期: 3月21日~6月20日, 9月1日~11月30日
淡季		8.00	1997年12月22日	调整门票
旺季		10.00	1997年12月22日	旺季日期: 3月21日~6月20日, 9.1~11.31
门票		10.00	1999年9月1日	调整门票, 其中1元/人·次的门票收入单列, 作为确保艺术品陈列质量费用补偿
门票		15.00	2002年1月1日	—
五园联票		70.00	2002年1月1日	虎丘、拙政园、留园、狮子林、网师园五园联票
门票淡季		20.00	2004年6月20日	旺季3月1日~5月31日, 9月1日~11月30日; 淡季6月1日~8月31日, 12月1日~2月29日
门票旺季		30.00	2004年6月20日	旺季免费增加游园内容
门票淡季		20.00	2006年4月16日	市园林局苏园综 (2006) 3号明确新淡旺季时间为: 旺季4月16日~10月30日, 淡季10月31日~次年4月15日
门票旺季		30.00	—	
二、月票、年票				
月票	退休职工	0.50	—	新定价, 资料来源于市政府苏府发 (1981) 94号文件
月票	退休职工	0.50	—	—
月票	其他	2.00	1989年1月7日	新增其他, 其他为学生和长病假职工

类别		价格调整	执行日期	备注
月票	退休职工	0.50	—	—
月票	七旬老人	0.25	1990年12月1日	新增七旬老人
月票	其他	2.00	—	—
月票		3.00	1993年1月1日	调整月票
月票		8.00	1994年9月1日	调整月票
年票		120.00	2004年6月20日	可在园林系统所辖18个开放景点实行通游

艺圃：位于苏州古城西北阊门内小巷深处，建于明嘉靖年间，环境幽静，园景开朗，风格质朴，全园有地仅为五亩，以约占五分之一的水池为中心，池岸低平，绝无壅塞局促之感，厅堂、池水、石径、绝壁相结合的手法，为明清苏州一代造园家所常用，取法自然又力求超越自然，有相当的历史与艺术价值。1982年艺圃被列为苏州市文物保护单位，1984年10月1日艺圃经整修后对外开放游览，每人次门票价为0.10元；1986年3月部分园林门票调价，艺圃票价未动，苏州市居民凭园林优惠券免费入园；1987年实行内外宾两种票制，外宾为1元，内宾仍为0.10元；1994年实行内外宾一价，为每人次1元；1996年提高至3元。2000年11月艺圃申报联合国世界文化遗产成功，现行门票价格是2004年制定的，每人次10元。2006年5月30日艺圃被列为全国重点文物保护单位。

表9-21　世界文化遗产苏州艺圃门票价格变动情况一览表

单位：元/人·次

类别		价格调整	执行日期	备注
一、门票				
门票		0.10	1984年10月	新定价，资料来源于《苏州市物价志》
门票		0.10	1986年3月10日	苏州市居民凭园林优惠券免费入园
外宾票		1.00	1987年4月18日	实行内外两种票制
内宾票		0.10	—	—
外宾票		1.00	—	—
内宾票		0.30	1991年4月10日	调整内宾门票
门票		1.00	1994年9月1日	苏价费字（1994）132号
门票		3.00	1996年9月1日	调整门票
门票		10.00	2004年6月20日	—
二、月票、年票				
退休职工月票		0.50	1981年6月24日	新定价，资料来源于市政府苏府发（1981）94号文件
月票	退休职工	0.50	—	—
月票	其他	2.00	1989年1月7日	新增其他，其他为学生和长病假职工
月票	退休职工	0.50	—	—
月票	七旬老人	0.25	1990年12月1日	新增七旬老人
月票	其他	2.00	—	—
月票		2.00	1993年1月1日	调整月票
月票		5.00	1994年9月1日	调整月票
年票		120.00	2004年6月20日	可在园林系统所辖18个开放景点实行通游

耦园：三面临水，一面通街，其东与城垣隔河相望，粉墙黛瓦，映衬着小桥流水，颇有姑苏江南水乡的风韵。耦园前身为涉园，建于清初，同治年间易名耦园，因住宅居中，东西花园分列两边，耦通偶，寓夫妇偕隐意，北端背河而起一排楼房，借"走马楼"贯穿，一宅两园的布局，在苏州众多古典园林中独具特色。20世纪60年代初，归园林管理处，经整修后，于1965年5月1日东花园先开放游览，门票价格每人次0.03元。"文化大革命"中园被关闭，成职工宿舍并供园林修建队使用。经重修后，1980年7月东花园开放游览，门票价格为0.05元，1982年该园列入苏州市文物保护单位，西花园原被园林技工学校使用，1985年技校迁出整修，至1986年3月全园开放，市物委批复门票价为0.10元。1987年4月实行内外两种票制，外宾票价为1元，内宾仍为0.10元。1991年4月内宾票价调高为0.30元。1994年9月取消外宾票，统一调整为1元。因耦园归并入东园，1996年9月市物价局撤销耦园门票价格，当时东园含动物园、耦园、宠物乐园，门票价从2元调高至5元。2000年对正式列入世界文化遗产增补名单的耦园重新实行单独售票，市物价局批准其门票价为每人次7元。东园（含动物园、宠物乐园）仍维持每人次票价5元。同年3月，为促进苏州水乡特色旅游的发展，市物价局发出《关于耦园水巷游等特色旅游活动价格的批复》，同意新增水巷游（绕耦园水路一圈）和评弹表演（每场不少于20分钟）两个项目，其收费标准分别为每人次10元和5元。2004年6月门票价格实行淡旺季，每人次淡季15元，旺季20元，一直沿行至今。

表9-22　世界文化遗产苏州耦园门票价格变动情况一览表

单位：元/人次

类别		价格调整	执行日期	备注
一、门票				
门票		0.03	1965	新定价，资料来源于《苏州市物价志》
门票		0.05	—	调整门票，资料来源于苏物委（1986）16号
门票		0.10	1986年3月10日	调整门票，苏州市居民凭园林优惠券免费入园
外宾票		1.00	1987年4月18日	实行内外两种票制
内宾票		0.10	—	—
外宾票		1.00	—	—
内宾票		0.30	1991年4月10日	苏价费字（1991）51号
门票		1.00	1994年9月1日	调整门票，取消外宾票
门票		撤销	1996年9月1日	门票并入东园
门票		7.00	2000年2月16日	重新单独售票
门票		7.00	—	—
水巷游		10.00	2000年3月8日	新增项目，绕耦园水路一圈
评弹表演		5.00	2000年3月8日	新增项目，每场不少于20分钟
门票		7.00	—	提供导游讲解、画展，门票提高至10元
门票淡季		15.00	2004年6月20日	旺季3月1日~5月31日，9月1日~11月30日；淡季6月1日~8月31日，12月1日~2月29日
门票旺季		20.00	2004年6月20日	全年免费提供评弹表演、民乐演奏，旺季增加免费游园内容
门票淡季		15.00	2006年4月16日	市园林局苏园综（2006）3号明确新淡旺季时间为：旺季4月16日~10月30日，淡季10月31日~次年4月15日
门票旺季		20.00		
二、月票、年票				
月票	退休职工	0.50	1981年6月24日	新定价，资料来源于市政府苏府发（1981）94号文件

类别		价格调整	执行日期	备注
月票	退休职工	0.50	—	—
	其他	2.00	1989年1月7日	新增其他,其他为学生和长病假职工
月票	退休职工	0.50	—	—
	七旬老人	0.25	1990年12月1日	新增七旬老人
	其他	2.00	—	—
月票		2.00	1993年1月1日	调整月票
月票		5.00	1994年9月1日	调整月票
月票		撤销	1996年9月1日	门票并入东园
月票		5.00	1994年9月1日	重新单独售票
年票		120.00	2004年6月20日	可在园林系统所辖18个开放景点实行通游

退思园:位于苏州市吴江同里古镇。建于清光绪年间,是诸园中年代最近的一座宅第园林。园内建筑朴实无华、清新淡雅,其所有山、亭、馆、廊均紧贴水面,为独辟蹊径的贴水园。2000年11月退思园申报世界文化遗产成功,使这座私家古典园林横空出世,成为江南水乡古镇的唯一。该园对群众开放较晚,1989年初始门票价格仅为每人次0.40元,至1999年为15元,2001年为25元,比1989年的价格分别上涨了37.5倍和62.5倍。1995年2月实行联票制,联票价包含退思园、嘉荫堂、崇本堂和三桥景点,票价每人次内宾8元,外宾12元;1995年7月甲乙门票并轨,联票价为每人次10元,其中退思园为每人次8元。2000年11月退思园申遗成功后,2001年退思园门票每人次从15元调至25元,联票从35元调至50元,调价水平较1999年分别上涨了66.7%和42.9%,参观点扩大到7处。2004年退思园门票价每人次淡季30元,旺季40元,联票80元,同里古镇游览景点增达9处。现行门票价格是2011年3月1日起开始调整的,同里景区各景点每人次门票价格为:退思园门票由30~40元(淡、旺季差价)提升为40~50元,古镇区门票由25元提升为30元,罗星洲门票由10元提升至12元,珍珠塔景区由20元提升为25元,松石悟园门票由8元提升至10元,古风园门票由10元提升至12元,陈去病故园及王绍鏊纪念馆保持原价每人次5元。上述单票总额每人次为139~149元,为便于市场推广和满足游客需求,对同里景区继续实行"一票制",联票价格每人次从80元调整为100元。各种单园门票价格一经公示后,可由游客自行选择。

表9-23 苏州市吴江同里镇退思园门票价格变动情况一览表

单位:元/人·次

类别		价格调整	执行日期	备注
一、门票				
退思园门票		0.40	1989	—
退思园门票		0.50	1990	—
退思园门票		1.00	1992	—
退思园门票		3.00 旺季上浮1元	1994	—
退思园门票		3.00		
联票	外宾票	12.00	1995年2月	联票包括:退思园、嘉荫堂、崇本堂和三桥景点
	内宾票	8.00		

类别		价格调整	执行日期	备注
退思园门票		8.00	1995年7月	
联票		10.00		
退思园门票		10.00	1996年4月	联票包括：退思园、嘉荫堂、崇本堂和三桥景点
联票		12.00		
退思园门票		12.00	1996年10月	
联票		16.00		
退思园门票		10.00 旺季上浮 20%	1997	联票包括：退思园、嘉荫堂、崇本堂、文物陈列馆
联票		20.00		
退思园门票		12.00	1998	联票包括：退思园、嘉荫堂、崇本堂、文物陈列馆、世德堂
联票		30.00		
退思园门票		15.00	1999	联票包括：退思园、嘉荫堂、崇本堂、文物陈列馆、世德堂、罗星洲
联票		35.00		
退思园门票		25.00	2001	联票包括：退思园、嘉荫堂、崇本堂、文物陈列馆、世德堂、罗星洲、耕乐堂
联票		50.00		
退思园门票		25.00	2002	联票包括：退思园、嘉荫堂、崇本堂、文物陈列馆、世德堂、罗星洲、耕乐堂、陈去病故居
联票		50.00		
退思园门票		25.00	2003	联票包括：退思园、嘉荫堂、崇本堂、文物陈列馆、世德堂、罗星洲、耕乐堂、陈去病故居、珍珠塔景园、松石悟园
联票		50.00		
退思园门票	淡季	30.00	2004	联票包括：古镇区、退思园、陈列馆、罗星洲、松石悟园、珍珠塔景园、陈去病故居、古风园
	旺季	40.00		
联票		80.00		
同里古镇区、退思园联票	淡季	40		淡、旺季时间应与退思园的保持一致
	旺季	50		
同里古镇区、珍珠塔景园联票		35		—

二、调价达到预期目标

2003年调整列入世界文化遗产名录及文物保护规定较高的园林门票价格，作为苏州为切实保护和合理利用世界文化遗产而采取的一项重要的综合调控措施，达到了利用价格杠杆来控制入园人次，进而提高游览品位，达到保护文化遗产的目的。

1. 入园人次总体下降，门票收入总体上升

苏州市较大幅度地调整门票价格，整体提价幅度至少在30%以上，并实行淡旺季差价，从园林、景点调价后一个月的入园人次情况来看，此次调价对入园人次影响平稳，总体有所下降，与上年同期相比（扣除用园林年卡入园人数的不可比因素），调查的五个园林中，除狮子林同比入园人数上升外，其余四个园林入园人数均有所下降，达到了预期的目的，且社会反映良好，由于此次调价正处于景点旅游淡季，且大部分景点原票价较低，这次上涨幅度在5~10元以内，游客容易接受。虽然像拙政园此次门票由30元调至50元，调幅较大，但正值拙政园荷花节开幕，往年荷花节时门票亦需临时调为45元，因而差异不大。同时园林年卡的推出受到欢迎，缓解了涨价对市民的冲击，市民持卡入园者明显增加。以拙政园为例，原先市民入园不到2%，现剧增到10%左右，而网师园持年卡入园人次占入园总人次的29.25%

之多。部分传统景点入园人次近年来呈下降态势，尤其是留园幅度最大。调价前曾担心入园人次减少后会不会影响园林的门票收入。实践证明，由于门票整体提价幅度在30%以上，大于入园人次的下降百分比，总的门票收入是上升的，达到既保护文化遗产又合理利用的"双赢"的目的。

表9-24　2003年调价后部分景点入园人次与2002年同期比较表

项目		虎丘	拙政园	狮子林	留园	网师园
6月20日至7月20日入园人次		140000	132000	69900	57645	13335
其中年卡使用量（人）		7500	12000	7940	3789	3900
与2002年同期相比	变化值（人）	−18000	+11000	+24750	−9325	+695
	百分比	−12.86%	+8.33%	+35.41%	−16.18%	+5.21%
	扣除年卡百分比	−18.21%	−0.76%	+24.05%	−22.75%	−24.03%

为认真落实"控制入园人次，保护文化遗产，提高游览品位"的要求，建立了遗产园林游客限量入园的工作预案。市园林和绿化局近期根据该局在20世纪80年代主持"苏州园林名胜风景区游人容量的研究"的课题研究成果，即景点的可容面积、最适游览效果四项标准、人均最适游览面积、人均停留在园内的时间、园林开放时间以及近年来景点的实际情况测定有关景点游客饱和接待量。详见下表：

表9-25　苏州园林游客容量调查表

单位	开放面积（平方米）	可容面积（平方米）	人均停留时间（小时）	日饱和接待量（人次）
拙政园	45012	22578	1.25	16450
留园	19175	13939.40	1	13152
狮子林	11002.21	5557.09	0.67	6635
网师园	6500	2125.50	0.5	2976
沧浪亭	11800	2631.40	0.5	3684
耦园	5954	4458	0.83	4298
艺圃	3356.53	2580.22	0.75	2752

市园林和绿化局将以此作为游客限量入园的参数，如果超出日饱和接待量，则采取限量措施。近年来，传统景点入园人次成下降态势，除"五一"、"十一"两个黄金周外，在大多数时间内游客量未达到饱和接待状态，旅游淡季时更是游客稀少，部分景点由于地处偏僻小巷或无停车场等原因已成为温冷景点。根据2001~2003年入园人次统计数显示，9处世界文化遗产景点3年中超出日饱和接待量的仅有4处景点：拙政园12天、留园8天、狮子林18天、耦园10天。

2. 规范游览景点门票明码标价

所有景点均按照"一票制"的要求重新设计并制作了明码标价牌；市园林和绿化局还加强了对民营企业承包者的管理，严禁捆绑销售、高额回扣等不正当竞争行为，提升景点诚信度，提供明明白白的游览价格环境。

3. 继续保持景点特色旅游活动

此次调价要求原有的特色的旅游活动将继续保留并保证质量，常办常新，但不再加价。调价时正值拙政园荷花节如期而至，该园领导一再表示，虽然今年不再加价，但一定如往年一样保质保量办好荷花节，不能自毁信誉。一个月的入园人次有增无减说明此活动得到了游客的认同。

4. 推行市区园林年票

2004年经市政府第26次常务会议决定发售苏州园林年卡，该卡以苏州通卡为平台，开设园林卡功能。苏州园林年卡发售价格，经市物价局通过广泛征求意见，综合评估论证确定为每卡每年120元，采用实名制，一人一卡，只限本人使用。凭园林年卡可游览市园林和绿化管理局所辖的18个开放景（区）点。此项措施一经公布，立即受到广大苏州市民和暂住居民的欢迎，社会反响较好。6月20日至7月20日，首期年卡销售量近3万张，收入近360万元，持卡入园的市民约6万人次，拙政园、留园、网师园、狮子林和虎丘5个主要景点持卡入园人次达35129次，满足本地人游园的愿望，有助于提高全社会的遗产保护意识。

5. 市区游览景点门票实行一票制

此次调价摒弃原景点设置的联票、临时活动门票等多种票价形式而实行一票制，有利于杜绝捆绑销售，规范游览价格环境。

6. 强化游览景点的长效管理

为保护遗产、落实综合配套措施、加强长效管理，市政府决定建立物价、旅游、园林、文管、监察等相关部门组成的联席会议制度。7月2日，苏州市政府领导率物价、旅游等部门对部分园林调价后的管理工作及配套措施落实情况进行了专门检查，为强化游览景点的长效管理奠定了坚实的基础。

第五节 风景名胜门票价格

一、风景名胜门票价格演变

"上有天堂,下有苏杭。"吴中山明水秀,钟灵毓秀,绿畴绣野,河流纵横,湖泊棋布。太湖襟带西南,烟波浩渺;洞庭秀嶂翠峰,隐现银涛,濒湖诸山,逶迤起伏,由西南而达近郊,耸峙为邓尉、穹窿、上方、灵岩、天平、虎丘诸山,蔚为胜迹。历史上吴中山水胜迹,虎丘,灵岩,天平,上方,邓尉,穹窿,洞庭东、西山等风景区任游人自行游览,不收门票。

虎丘山风景名胜区:位于苏州市古城西北3.5公里,是苏州著名的旅游胜地。景区面积100公顷,保护区面积475.9公顷,是"以苏州标志性的历史人文胜迹为景观特色,具有游览观光功能的省级风景名胜区"。

虎丘经整修后于1954年对市民开放,始收门票价格为每人次0.05元,该票价维持了近20年未变动,至1982年大门票价格调整为每人次0.10元,并新开辟万景山庄盆景园,票价每人次0.20元。1987年4月,实行内外宾两种票制,外宾为1元,内宾为0.5元。1993年4月开始实行淡旺季票价,内宾(乙票)淡季3元,旺季4.5元;外宾(甲票)不分淡旺季每人次调整为10元。1996年9月,虎丘甲乙门票价格并轨,统一为淡季10元,旺季12元。从2002年开始,虎丘门票价格多次调整,并开展虎丘春季花会等特色游览活动。2006年至今,虎丘淡旺季门票每人次分别为40元和60元。

表9-26 虎丘风景区门票价格变动情况一览表

单位:元/人·次

类别		价格调整	执行日期	备注
一、门票				
门票		0.05	1954	新定价,资料来源于《苏州市物价志》
门票		0.10	1982年6月15日	调整门票,苏州市居民凭园林优惠券执行原价
大门票		0.10	—	
万景山庄		0.20	1982.8以后	新增门票,资料来源于苏物委(1986)16号
大门票		0.40	1986年3月10日	调整门票,苏州市居民凭园林优惠券免费入园
万景山庄		0.20	—	
大门票		0.50	1987年2月3日	调整门票
万景山庄		0.20	—	
外宾	大门票	1.00	1987年4月18日	实行内外两种票制
	万景山庄	1.00	1987年4月18日	实行内外两种票制
内宾	大门票	0.50	—	—
	万景山庄	0.20	—	—
外宾	大门票	1.00	—	—
	万景山庄	1.00	—	—
内宾	大门票	1.00	1990年9月22日	调整大门票
	万景山庄	0.20	—	—

类别		价格调整	执行日期	备注
外宾	大门票	1.00	—	—
	万景山庄	1.00	—	—
内宾	大门票	1.00	—	—
	万景山庄	0.40	1991年4月10日	调整内宾门票
外宾	大门票	2.00	1991年9月14日	调整外宾门票
	万景山庄	1.00	—	—
内宾	大门票	1.00	—	—
	万景山庄	0.40	—	—
外宾	大门票	2.00	—	—
	万景山庄	1.00	—	—
内宾		3.00	1991年12月28日	含万景山庄
外宾		5.00	1992年1月20日	调整甲票，含万景山庄
内宾		3.00	—	—
甲票		9.00	1993年4月1日	调整甲票
乙票		3.00	—	—
甲票		9.00	—	—
乙票	淡季	3.00	—	乙票实行淡旺季票价
	旺季	4.50	1993年4月4日	旺季日期：3月20日~6月20日，9月1日~11月30日
甲票		10.00	1994年4月1日	调整甲票
乙票	淡季	3.00	—	—
	旺季	4.50	—	—
甲票		10.00	—	—
乙票	淡季	8.00	1994年9月1日	调整乙票
	旺季	10.00	1994年9月1日	旺季日期：3月20日~6月20日，9月1日~11月30日
淡季		10.00	1996年9月1日	甲乙票并轨
旺季		12.00	1996年9月1日	旺季日期：3月21日~6月20日，9月1日~11月30日
门票		18.00	1998年8月20日	调整门票
门票		25.00	2002年3月1日	调整门票
门票		30.00	2003年3月1日	撤销苏价服字（2002）367号文件
门票淡季		40.00	2004年6月20日	特色旅游活动保留
门票旺季		60.00	2004年6月20日	特色旅游活动保留
门票淡季		40.00	2006年4月16日	市园林局苏园综（2006）3号明确新淡旺季时间为：旺季4月16日~10月30日，淡季10月31日~次年4月15日
门票旺季		60.00	—	
二、月票、年票				
退休职工月票		0.50	1981年6月24日	新定价，资料来源于市政府苏府发（1981）94号文件
月票	退休职工	0.50	—	—
	其他	2.00	1989年1月7日	新增其他，其他为学生和长病假职工
月票	退休职工	0.50	—	—
	七旬老人	0.25	1990年12月1日	新增七旬老人
	其他	2.00	—	—
月票		3.00	1993年1月1日	调整月票
月票		10.00	1998年4月1日	调整月票
月票		15.00	1998年11月1日	调整月票
年票		120.00	2004年6月20日	可在园林系统所辖18个开放景点实行通游

石湖景区：位于苏州市南郊太湖之滨，距苏州古城仅4.6公里，是国家级重点风景名胜区——太湖风景区13景区之一，以江南水乡田园风光和吴越遗迹著称。上方山、石湖景区历史上是不收门票，任人游览的，每逢农历八月十八石湖引春桥串月，上方山烧香是轰动吴地的民间旅游活动。进入21世纪，在把旅游业培养成苏州市重要支柱产业和新的经济增长点的大背景下，经过重新整修，石湖景区环湖景点仍免费开放，其中上方山景群门票价格为每人次25元。2009年5月实行淡旺季票价，每人次分别为30元和35元。

表9-27　石湖景区门票价格变动情况一览表

单位：元/人次

类别		价格调整	执行日期	备注
一、门票				
上方山景群	门票	25.00	2004年7月11日	重新定价
	森林公园	撤销	—	并入景群门票价格
	石佛寺	撤销	—	并入景群门票价格
	楞伽塔院	撤销	—	并入景群门票价格
上方山景群		旺季35,淡季30	2009年5月	重新定价
渔庄		5.00	2006年6月30日	重新定价，与华南虎基地分开
二、年票				
年票		120.00	2004年6月20日	可在园林系统所辖18个开放景点实行通游

天平山风景名胜区：位于古城西南的天平山海拔201米，景区占地面积近百公顷。因山顶高接云天，常有白云缭绕，古称"白云山"。宋庆历四年（1044）因范仲淹先祖葬于此，宋仁宗以山赐之，又称"赐山"，俗称"范坟山"。天平山景区集古典园林与自然风光于一身，融人文古迹与山林野趣于一体。白居易、范仲淹、唐寅、文徵明、乾隆等古代先贤在此留下诸多故事和传说。这里一年四季自然生息，抑扬吐纳景色宜人，春可品茗叙旧，夏可避暑探幽，秋可登高观枫，冬可踏雪消愁，故而四时皆宜游览。天平山风景区历史上供人自行游玩，不收门票。1954年8月，天平山麓高义园整修后开放，门票价每人次0.03元，登临天平山则不收门票，唯钵盂泉茶室酌收茶资，每杯0.05~0.1元。"文化大革命"期间关闭，邻近山头山林遭砍伐，一度沦为采石场。1983年10月天平山景区整修后对外开放，高义园票价为每人次0.10元。1986年3月天平山风景区开始售门票，每人次为0.20元，高义园0.10元。1987年4月实行内外宾两种票制，外宾为1元，内宾不调价。1991年内宾票价调至0.60元（含高义园）。1993年内宾（乙票）实行淡旺季价格，淡季1元，旺季2元。1994年9月取消甲票，淡旺季票价分别调整为2元和4元。1995~2005年门票经过4次调价至每人次18元，每年秋季免费举办"天平红枫节"特色活动。

表9-28　天平山风景区门票价格表

单位：元/人·次

类别	价格调整	执行日期	备注
一、门票			
高义园	0.10	—	资料来源于苏物委（1986）16号

类别		价格调整	执行日期	备注
大门票		0.20	1986年3月10日	新定价，苏州市居民凭园林优惠券免费入园
高义园		0.10	—	—
外宾票		1.00	1987年4月18日	实行内外两种票制
内宾	大门票	0.20	—	—
	高义园	0.10	—	—
外宾票		1.00	—	—
内宾票		0.60	1991年4月10日	调整内宾门票（含高义园）
外宾票		1.00	—	—
内宾票		1.00	1991年12月28日	调整内宾门票
甲票		1.00	—	—
乙票	淡季	1.00	—	乙票实行淡旺季票价
	旺季	2.00	1993年4月4日	旺季日期：10月25日~11月25日
淡季		2.00	1994年9月1日	调整门票，取消甲票
旺季		4.00	1994年9月1日	旺季日期：清明节前后各半个月，红枫期一个月
门票		5.00	1995年11月22日	调整门票
门票		6.00	1996年9月1日	调整门票
门票		10.00	2002年1月1日	调整门票
门票		18.00	2005年3月1日	调整门票，每年免费举办"红枫节"特色活动
门票		25.00	2011年3月1日	调整门票，每年免费举办"红枫节"特色活动
天云寺景点门票		10.00	2012年12月11日	天云寺景点与天平山风景区设置联票，门票价30元/人·次
二、年票				
年票		120.00	2004年6月20日	可在园林系统所辖18个开放景点实行通游

怡园：始建于清同治、光绪年间（1874~1882），是浙江宁绍道台顾文彬在明尚书吴宽旧宅上所筑的宅第花园，在建造时充分糅合了中国山水画的意境，具有深厚的文化底蕴，由于建园年代较晚，园主得以遍览宋、元、明、清各代园林，博采众长，又自成一格，形成了怡园集锦式的艺术特点。园景幽深曲折，给人以迂回不尽之感，其格调清雅自然，充分体现了园主寄情山水、怡性养寿的造园目的和思想情趣。怡园为江苏省文物保护单位，1953年向公众开放，门票价格为每人次0.03元；1986年3月10日，调整怡园门票为每人次0.20元，苏州市居民凭园林优惠券免费入园；1987年4月18日开始，实行内外两种票制，外宾票为每人次1元，内宾票实行原价0.20元；1991年4月调整内宾门票为每人次0.60元，同年9月调整外宾票为每人次2元，12月又调整内宾票为每人次1元，外宾票价格不变；1994年9月，怡园取消外宾票，调整票价为每人次2元；2002年10月增设古筝、二胡、笛、古琴、评弹、昆曲、休闲茶座、茶艺表演等服务项目，门票价格为每人次15元，并推出夜花园，门票价格为每人次20元。

表9-29　怡园门票价格变动情况一览表

单位：元/张

类别	价格调整	执行日期	备注
一、门票			
门票	0.03	1953年12月	新定价，资料来源于《苏州市物价志》
门票	0.05	—	调整门票，资料来源于市政府苏府发（1981）94号文件

续表

类别		价格调整	执行日期	备注
门票		0.10	1982年6月15日	调整门票,苏州市居民凭园林优惠券执行原价
门票		0.20	1986年3月10日	调整门票,苏州市居民凭园林优惠券免费入园
外宾票		1.00	1987年4月18日	实行内外两种票制
内宾票		0.20	—	—
外宾票		1.00	—	—
内宾票		0.60	1991年4月10日	调整内宾门票
外宾票		2.00	1991年9月14日	调整外宾票
内宾票		0.60	—	—
外宾票		2.00	—	—
内宾票		1.00	1991年12月28日	调整内宾票
门票		2.00	1994年9月1日	调整门票,取消外宾票
门票		4.00	1996年9月1日	调整门票
门票		15.00	2002年10月1日	增设古筝、二胡、笛、古琴、评弹、昆曲、休闲茶座、茶艺表演等服务项目
夜花园		20.00	—	—
二、月票、年票				
退休职工月票		0.50	1981年6月24日	新定价,资料来源于市政府苏府发(1981)94号文件
月票	退休职工	0.50	—	—
	其他	2.00	1989年1月7日	新增其他,其他为学生和长病假职工
月票	退休职工	0.50	—	—
	七旬老人	0.25	1990年12月1日	新增七旬老人
	其他	2.00	—	—
月票	退休职工	2.00	1993年1月1日	调整月票
	其他	5.00	1993年1月1日	调整月票
月票		5.00	1994年9月1日	调整月票
年票		120.00	2004年6月20日	可在园林系统所辖18个开放景点实行通游

　　五峰园：五峰园位于桃花坞地区五峰园弄内,明嘉靖年间尚书长洲(今苏州)杨成始筑,俗称"杨家园",园又传说为文徵明曾孙文伯仁所筑,因文号为"五峰老人"。五峰园一度沦为民居,经历年修缮现有面积为1600平方米,园南部的五座太湖石峰是园中精华所在。假山精巧,建筑简洁,花木扶苏,留有明代园林清朗的风格。在苏州古典园林中,该园开放时间较晚,于1998年10月1日始售票供游人参观,每人次票价2元;至2014年7月免费开放。

表9-30　五峰园门票价格变动情况一览表

单位:元/人·次

类别	价格调整	执行日期	备注
门票	2.00	1998年10月1日	新定价
月票	5.00	1998年10月1日	新定价
年票	120.00	2004年6月20日	可在园林系统所辖18个开放景点实行通游

　　东山景区：位于苏州市西南40公里,全称洞庭东山。其中渡水桥至铜鼓山河道以东为景区,面积83.78平方公里,以西为保护区,面积31平方公里。是"以历史文化名镇风貌、花果茶

园和湖光山色为景观特色，适意开展游览观光、传统艺术鉴赏、尝果品茗和休闲度假等游赏活动的景区"。历史上东山景区任游客自行游玩，不收门票。

1986年东山景区中的紫金庵门票价格为每人次0.2元，1988年调为0.3元，2000年10月实行浮动价格，每人次为12～15元，2001年门票价格为每人次12元，另有书画展为每人次2元，至2009年调整为每人次30元，紫金庵现为国家级文保单位。1989年新增参观点东山启园，又名席家花园，当时门票价格为每人次0.5元，至2009年已调整为每人次45元，另有讲解费30元。1991年新增参观点雕花大楼，实行门票价格为每人次0.8元，2009年调整为每人次60元。2007年实行8个景点联票150元，分别是启园、紫金庵、明善堂、轩辕宫、雕花大楼、雨花景区、陆巷古村（寒谷仙境）、三山岛。

表9-31 东山游览参观点历年门票价格

单位：元/人·次

年份	紫金庵	启园	雕花大楼	三山岛	雨花景区	陆巷古村	东山联票
1986	0.2	—	—	—	—	—	—
1988	0.3	—	—	—	—	—	—
1989	—	0.5	—	—	—	—	—
1990	0.5	—	—	—	—	—	—
1991	—	—	0.8	—	—	—	—
1992	1	0.8	3	—	—	—	—
1993	—	—	6	—	—	—	—
1994	4	2	10	—	—	—	—
1995	—	5	—	—	—	—	—
1996	5	—	—	—	—	—	—
1997	—	—	15	—	—	—	—
1998	—	—	18	—	—	—	—
1999	8	—	—	—	—	—	—
2000	10～13	12～15	20	—	—	—	—
2001	12（另书画展：2）	15	—	15	10	—	—
2002	—	—	—	—	20	6月：10 12月：25	—
2003	18（另书画展：2）	—	—	25	—	—	—
2004	—	20	30	35	—	—	—
2005	—	30	—	45	30	—	—
2006	—	—	45	—	—	50	—
2007	—	—	—	—	—	—	150元，联票包括：启园、紫金庵、明善堂、轩辕宫、雕花大楼、雨花景区、陆巷古村（寒谷仙境）、三山岛
2008	—	—	—	—	—	—	
2009	30	45（讲解：30）	60	60（讲解：60；观光车：20）	—	—	

金庭（西山）景区：位距东山4公里，是洞庭西山的简称，又称禹迹山、包山，是太湖第一大岛。2007年6月西山更名为金庭。景区包括24座小岛，面积235.48平方公里，其中陆地面积

82.36平方公里，水面153.12平方公里，是"以自然群山风光，古村落风貌和吴越文化为景观特色，适宜开展游览观光、尝果品茗、自然保护科普与水上活动休闲度假的景区"，历史上西山岛任人游玩，不收门票。岛上太湖第一高峰缥缈峰于2007年开始售票，门票价为每人次淡季80元，旺季150元。道教第九洞天林屋洞1988年前门票价核定为每人次1元，至1994年调整为4元，2000年3月份执行票价18元，2002年1月份门票价为每人次20元，12月调整为28元，至2005年12月，门票价格调整为每人次50元。太湖石产地石公山1988年前门票价核定为每人次0.5元，至1998年已调至15元，2004年9月份执行票价淡季为每人次30元，旺季40元，2005年12月调整至每人次50元。

表9-32　金庭（西山）游览参观点历年门票价格

单位：元/人·次

年份	林屋洞	石公山	罗汉寺	西山古樟园	西山包山寺	西山缥缈峰	明月湾古村	西山雕花楼	太湖绿光休闲农场	西山消夏湾钓鱼休闲中心	西山禹王庙	东村古村敬修堂	东村古村徐家祠堂
1988	1	0.5	0.2	—	—	—	—	—	—	—	—	—	—
1989	—	—	—	—	—	—	—	—	—	—	—	—	—
1990	—	—	—	—	—	—	—	—	—	—	—	—	—
1991	2	1	0.3	—	—	—	—	—	—	—	—	—	—
1992	—	—	—	—	—	—	—	—	—	—	—	—	—
1993	—	—	—	—	—	—	—	—	—	—	—	—	—
1994	10	6	1	—	—	—	—	—	—	—	—	—	—
1995	—	8	—	—	—	—	—	—	—	—	—	—	—
1996	—	—	—	—	—	—	—	—	—	—	—	—	—
1997	—	—	—	—	5	—	—	—	—	—	—	—	—
1998	—	15	—	—	—	—	—	—	—	—	—	—	—
1999	—	—	—	—	8	—	—	—	—	—	—	—	—
2000	18	3月：18 11月：20	—	12	—	—	—	—	25	—	—	—	—
2001	—	—	—	—	—	—	—	—	—	—	—	—	—
2002	1月：20 12月：28	28	—	—	—	—	5	—	—	—	—	—	—
2003	—	—	—	—	10	—	—	—	—	—	—	—	—
2004	淡季：30 旺季：40	淡季：30 旺季：40	—	18（2月25日~5月28日）	—	—	—	—	—	—	—	—	—
2005	50	50	—	—	—	—	—	—	—	30	8	—	—
2006	—	—	—	—	—	—	25	—	—	—	—	—	—
2007	—	—	—	—	—	淡季：80 旺季：150	40	50	—	7月：40 9月：60	—	25	—
2008	—	—	—	—	—	—	—	—	—	—	—	—	—
2009	—	—	10	—	20	—	—	—	—	—	—	—	—

木渎景区：位于苏州古城西南12公里，东南与石湖相邻，西与光福相望，南距太湖6公里。景区面积18.31公里，保护区面积7.74平方公里，是"以丰富的吴越文化遗存和奇特的花

岗岩山石景观为特色的景区"。2003年灵岩山风景区实行门票价格每人次20元，至2005年调整为每人次30元，2006年又为20元（不含牡丹园）。灵岩山牡丹园另加门票价为每人次10元，牡丹花会期间涨至20元，时间为3月15日至5月25日。木渎古镇内名气最大、造园艺术最高的园林严家花园2000年实行门票价格为每人次15元，2001年又调整为20元；2007年为每人次25元，同年11月调整为30元。

表9-33　木渎游览参观点历年门票价格

单位：元/人·次

年份	榜眼府第古松园明月寺	古松园	明月古寺	严家花园	虹饮山房	灵岩山风景区	灵岩牡丹园	天池山	木渎古镇联票
1986	—	—	—	—	—	—	—	寂鉴寺：0.2	—
1988	—	—	—	—	—	—	—	0.3	—
1989	—	—	—	—	—	—	—	—	—
1990	—	—	—	—	—	—	—	0.5	—
1992	—	—	—	—	—	—	—	1	—
1993	—	—	—	—	—	—	—	—	—
1994	—	—	—	—	—	—	—	3	—
1995	—	—	—	—	—	—	—	—	—
1996	—	—	—	—	—	—	—	5	—
1999	一票制：20（明月寺烧香点单独门票：3）							8	
2000	—	—	5	15	—	—	—	12~15（10月1日~10月30日）	—
2001	—	15		20	—	—	—	—	—
2002	—	—	—	25	—	—	—	—	—
2003	—	—	—	—	—	20		16	
2004	—-	—	—	—	—	—	—	20	联票：60（7个景点）
2005						30		淡季：25旺季：30	
2006					—	20（不含牡丹园）	10（牡丹花会期间20元，时间3.15~5.25）	—	—
2007	—	20	10	25（11月：30）	30				
2008	—	—	—	—	—	—	—	—	—
2009	—	—	—	—	—	—	—	45（讲解：50）	—

注：木渎古镇联票，2001年联票35元：严家花园、古松园、榜眼府第、佳德馆。2002年联票48元：榜眼府第、郭凡夫、古松园、佳德馆、虹饮山房、严家花园、盘隐草堂。2003年联票48元：榜眼府第、郭凡夫、古松园、佳德馆、虹饮山房、严家花园、盘隐草堂、明月寺、水上游船。

甪直景区：位于太湖之东30公里，距苏州市23公里，距上海淀山湖风景区16公里，由甪直镇和周围保护地带所组成，是以唐代罗汉塑像和以古桥、古街为主的典型江南水乡古镇，景区面积1.11平方公里，保护地带4.5平方公里。1988年，距今已有1500多年历史的全国首批重点文物保护单位保圣寺执行门票价格为每人次0.3元。至1992年，调整为1元，其中包括叶圣陶纪念馆，实行联票价为每人次30元，包括原保圣寺，1998年包括叶圣陶纪念馆和新增的水乡服饰馆、萧芳芳艺术馆、王韬纪念馆、万盛米行。2002年，甪直古镇联票价格为每人次45元，包括保圣寺、沈宅、萧芳芳演艺馆、王韬纪念馆、万盛米行。至2004年，联票价又调整为每人次60元。具有特色的甪直古镇水上游，2000年实行每船每小时40元，2004年调至每船每半小时40元。

表9–34　甪直游览参观点历年门票价格

单位：元/人·次

年份	保圣寺	叶圣陶纪念馆	甪直古镇水上游	甪直张林园	甪直古镇景点联票
1986	0.2	—	—	—	—
1988	0.3	0.2	—	—	—
1989	—	—	—	—	—
1990	0.4	—	—	—	—
1991	—	—	—	—	—
1992	1（含叶圣陶纪念馆）	—	—	—	—
1993	—	—	—	—	—
1994	4（含叶圣陶纪念馆）	—	—	—	—
1995	—	—	—	—	—
1996	5（含叶圣陶纪念馆）	—	—	—	—
1997	—	—	—	—	—
1998	—	—	—	—	30（包括原保圣寺、叶圣陶纪念馆和新增的水乡服饰馆、萧芳芳艺术馆、王韬纪念馆、万盛米行）
1999	—	—	—	—	—
2000	—	—	40（船/小时）	—	—
2001	—	—	45（船/小时）	—	45
2002	—	—	—	—	45（包括保圣寺、沈宅、萧芳芳演艺馆、王韬纪念馆、万盛米行）
2003	—	—	—	—	46（含甪直古镇明信片）
2004	—	—	40（船/半小时）	—	60
2008	—	—	—	20	—

太湖国家旅游度假区：国务院首批批准建立的12个国家级旅游度假区之一，是全国首批加入WTO旅游业对外开放突破先行区，总面积1014平方公里。度假区位于古城苏州西侧15公里处，东起古镇胥口镇，南临浩渺太湖，西靠渔洋山，北依吴中名山穹窿山，连接湖中长沙岛、叶山岛、西山诸岛，启动开发面积为11.2平方公里。1996年，度假区新增旅游景点凤凰台，实行票价每人次3元，至2003年调整为10元。2009年，度假区景点铃兰太湖水底世界实

行票价每人次180元。2010年，景点渔洋山风景区实行票价80元，观光车20元；太湖水上观光游为观光船50元、20元、10元3种票价。

表9-35　太湖国家旅游度假区历年门票价格

单位：元/人·次

年份	凤凰台	铃兰太湖水底世界	渔洋山风景区	太湖水上观光游
1996	3	—	—	—
2003	10	—	—	—
2009	—	180	—	—
2010	—	—	80；观光车20	观光船50、20、10

山塘街景区：七里山塘街东接阊门，西通虎丘。公元825年，唐代诗人白居易任苏州刺史时所建，为纪念白居易，苏州百姓又称之为"白公堤"。景区由老街风貌，"五人墓"、"南社"等13个景点和山塘河风貌等三部分组成。山塘老街，游客可自行游玩，2004年经整修后山塘街上的13个景点收联票每人次45元。

表9-36　山塘街景区门票价格变动情况一览表

单位：元/人·次

类别	价格调整	执行日期	备注
门票	45.00	2004年8月27日	新定价，试行期一年。13个景点、老街风貌、山塘河水风貌三部分组成
门票	45.00	2007年7月12日	正式定价

盘门景区：景区由盘门水陆城楼、瑞光古塔和高耸于古运河上的吴门桥组成"盘门三景"。1986年9月盘门城楼最先开放售票每人次0.20元。1999年整修后的瑞光塔开放，登塔门票6元，景区大门票15元。后经多次调价，至2009年，盘门景区门票每人次为40元。

表9-37　盘门景区门票价格变动情况一览表

单位：元/人·次

类别	价格调整	执行日期	备注
一、门票			
城楼门票	0.20	1986年9月23日	盘门城楼新定价，苏州市居民凭园林优惠券免费入园
外宾票	1.00	1987年4月18日	实行内外宾两种票制
内宾票	0.20	—	—
外宾票	1.00	—	—
内宾票	0.40	1991年4月10日	调整内宾票
外宾票	2.00	1991年9月14日	调整外宾票
内宾票	0.40	—	—
外宾票	2.00	—	—
内宾票	1.00	1991年12月28日	调整内宾票
城楼门票	2.00	1994年9月1日	调整门票，取消外宾票
城楼门票	4.00	1996年9月1日	调整门票

类别		价格调整	执行日期	备注
城楼门票		4.00	—	新定价
伍相祠		2.00	1998年6月15日	新定价，撤销城楼和伍相祠门票
盘门景区		15.00	1999年9月3日	新定价，瑞光塔开放1~5层
瑞光塔		6.00	1999年9月6日	新定价，瑞光塔开放1~5层
盘门景区		15.00	1999年9月3日	居民凭园林优惠券补差价
门票补差		8.00	2000年1月10日	登塔1~5层
瑞光塔		6.00	1999年9月6日	—
盘门景区		20.00	2002年1月1日	—
盘门景区		25.00	2004年6月20日	—
盘门景区		40.00	2009年12月14日	—
二、月票				
退休职工月票		0.50	1986年9月23日	新定价，资料来源于市政府苏府发（1981）94号文件
月票	退休职工	0.50	—	
	其他	2.00	—	新增其他，其他为学生和长病假职工
月票	退休职工	0.50	—	
	七旬老人	0.25	—	新增七旬老人
	其他	2.00	—	
月票		2.00	1993年1月1日	调整月票
月票		5.00	1994年9月1日	调整月票

二、价格杠杆促进旅游业发展

2000年以来，苏州市各级物价部门充分发挥价格杠杆作用，从4个方面促进苏州"大旅游"。

1. 出台价格政策

进入21世纪，为认真贯彻落实国务院办公厅《转发国家旅游局等部门关于进一步发展假日旅游若干意见的通知》文件精神，苏州市物价局积极运用价格杠杆，围绕"吃、住、行、游、购、娱"六大旅游要素，着力营造旅游消费的良好价格环境。市物价局党组召开会议专题研究贯彻落实，明确由一名副局长负责，局综合处牵头，有关处室各司其职，结合苏州的实际，认真研究商讨做好假日旅游价格工作的具体贯彻意见，在深入调研和总结以往促进假日旅游经验的基础上，2000年8月苏州市物价局向各市、区有关单位下发了《关于积极运用价格杠杆促进苏州市假日旅游发展的若干意见》，推出了"确立物价工作为假日旅游服务的思想观念、为繁荣苏州市假日旅游提供价格支持、进一步规范苏州市旅游市场价格行为、加大对旅游市场的价格执法力度、密切注意市场价格动态、加强假日旅游期间的价格预警预报和价格监督举报电话值班工作"等多项举措。为维护广大来苏游客的利益，维护市场餐饮业的正常价格秩序，同年9月市物价局抓紧修订出台了《苏州市区餐饮业价格行为实施细则》，全面推行饮料、酒水市场平均价格和菜肴市场平均毛利率等管理措施。

2. 运用价格杠杆服务假日经济

为给"2000年中国苏州国际旅游节"和"五一"、国庆黄金周假日经济助推，2000年上半年市物价局先后调整了留园、拙政园、北塔公园和耦园的门票价格，每人次门票价格留园由淡季10元、旺季12元调为全年一价16元，拙政园由18元调至20元，北塔公园由7元调至10

元，耦园恢复单独售票价格为7元。为促进苏州水乡特色旅游的发展，又先后批复了耦园水巷游每人次10元，评弹表演每人次5元，虎丘春季花会、拙政园杜鹃花节等特色游览景点的门票。昆山、吴县、吴江、常熟等市的物价部门也积极投入创建中国优秀旅游城市活动，运用价格杠杆支持发展大旅游，适时调整昆山周庄、吴县角直、吴江同里三个水乡古镇和吴县环太湖生态旅游度假区等15个旅游景点的票价。苏州市物价局积极支持吴县市举办"环太湖世界特技飞行大赛"和在苏举办的"六艺节"文艺演出，常熟市成功举办了中国江苏服装博览会和沙家浜旅游节，太仓市及时批复了沙溪镇"明清一条街"等旅游景点的联票价格。实践证明，对旅游市场实施有效的价格调控和门票价格补偿机制，会提高各游览点举办假日特色旅游的积极性，使特色旅游活动常办常新，质量年年提高。2000年仅"五一"黄金周7天，全市接待中外游客103万人，旅游收入超10亿元，取得了良好的社会效益和经济效益。2000年国庆节，苏州市旅游准备充分，秩序良好，活动精彩，环境优美，游览舒适，全国21个重点旅游城市对旅客调查显示，全国游客为"十一"在苏州出游满意率打了满分。新闻媒体在分析评述国庆黄金周天堂旅游热取得圆满成功的原因时特意指出："节日旅游价格的有效控制也是进一步维护苏州市旅游形象的重要措施。"苏州黄金周旅游热的成功背后确实倾注着物价部门不懈的努力和贡献。

3. 规范"苏州一日游"价格

为改变"苏州一日游"线路无选择，质量无保证，市场无秩序，游客投诉多的状况，适应苏州"大旅游"发展格局和新兴的假日消费需求，苏州市物价局会同市旅游局等部门联合推出了《关于规范苏州市区市内定点线旅游服务行为的若干规定》，明确规定从2000年6月1日起，"苏州一日游"从原来6个景点组成的一条线扩充为A、B双线，双线各有不同的景点，选择双线"一日游"，既充分展示了苏州园林世界文化遗产的丰富内涵和吴文化深厚底蕴，又为游客提供了多种组合形式的较大选择空间。《规定》不仅明确了旅游车辆的资质要求、经营单位的收费标准和统一价目表，而且规定了游客一日游游览时间不少于7小时和购物总时间不得超过40分钟，同时还明确景点门票和旅游活动票价可在20%的幅度内给予旅行团队批量优惠，禁止以超越规定幅度优惠或其他变相手段招揽旅游团队。

4. 大力整顿旅游价格秩序

从2000年开始，市物价局每逢"五一"节、国庆节前后均对全市所有旅游从业单位和旅游景点进行节日市场价格暨旅游服务价格专项检查。对旅游景点各类门票价格以及周边地区宾馆、餐饮业的收费，电话费，票务中心的价格及服务费情况进行明查；对"一日游"项目的收费及服务进行暗访跟踪检查。从检查的总情况来看，国庆"黄金周"旅游商业市场货丰价稳，业绩再创新高。各旅游景点的门票价格基本按规定的价格执行。园林内设商店茶室的明码标价执行情况也比较好，但景点周边商业网点及餐饮业的明码标价状况需要加强。为净化旅游市场环境，吴中区物价局统一制作、发放了中英文双语景点价目牌和停车场收费大型价目牌，在各景点及周边的停车场醒目位置公布，得到了国家创建中国优秀旅游城市考核验收组的好评。

第六节　寺庙道观门票价格

一、历史沿革

"天下名山僧居多。"两晋、南北朝时期,佛教逐渐兴盛。在风水优越的名山胜境营造佛教丛林,苏州出现了"寺庙园林",在传播宗教的同时,一般是免费向信徒、游客开放,使寺庙道观兼有公共游憩境域的性质,有的逐步发展成为风景名胜区。东晋时,司徒王珣与弟司空王珉在虎丘山下剑池东西分别建造别墅后,舍宅为东西二寺,名"虎丘山寺"。这就是所谓"舍宅为寺",这不仅对佛教建筑中国化产生促进作用,而且将风景园林带入寺院。特别是南朝梁武帝笃信佛教,曾三次到同泰寺"舍身",出家做和尚,引起一部分达官贵人将私宅和园林捐献出来改作寺院。"南朝四百八十寺,多少楼台烟雨中。"仅梁武帝在位的四十五年中,苏州兴建寺院就达32处,寒山寺、灵岩寺、保圣寺、光福寺、重元寺等都是当时所建。唐张继所作"姑苏城外寒山寺,夜半钟声到客船"诗句闻名天下,使苏州的"寺庙园林"不仅成为宗教悠远文化的载体,也成为中外人士向往的游览胜地。宋时,苏城内外的虎丘云岩寺塔、报恩寺塔、罗汉院双塔、瑞光寺塔等塔寺宫观林立。元代建狮林画禅寺,前寺后园,狮子林原即为寺后花园。明洪武《苏州府志》云:"东南寺观之胜莫盛于吴郡,栋宇森严,绘画藻丽,足以壮观城邑。"清初苏州府境内有历代修造的寺庙、道观514座,是全国寺观坛祠最多的州府之一。清末寺观经太平天国之战,几于尽毁,恢复迟缓。清末至民国时期,西园、寒山寺、虎丘云岩寺、灵岩山寺、北塔报恩寺等部分寺庙得到恢复重建。建国前,寺院道观以寺产、香金布施、做佛事经忏等作为主要收入,而对信众游客免费开放,不收门票。

建国后,从20世纪50年代中期,西园寺、寒山寺、灵岩山寺、北塔报恩寺、云岩寺(虎丘)等陆续向国内外游客开放,20世纪50～60年代中期,寺院门票每人次价位0.03～0.05元,旅游收入渐增。西园寺1961年收入1.52万元,门票占51.5%。"文化大革命"期间,寺庙遍遭查抄砸毁,大量佛像、经籍、法器荡然无存,僧众被逐。西园、寒山、灵岩山、北塔、云岩等5寺由园林部门接管,其余寺院均被占用,至1970年5月,已不存一寺一僧。1979年开始"拨乱反正",1980年元旦,西园、寒山和灵岩山寺归还佛教协会,自筹资金,重新修葺开放,至1985年,寺观香客游人达600万人次,时西园、寒山、灵岩山寺门票价每人次均为0.10元,西园罗汉堂票价0.20元,寒山寺钟楼票价0.20元。20世纪80年代后期开始票价逐渐提高,至20世纪90年代开始进入"元时代"。

根据苏州市旅游事业的发展和保护寺庙文物的需要,经市政府同意,1992年5月1日起,市物价局调整寺庙门票价格,西园寺门票由原每位1元调整为2元,寒山寺由每位0.6元调整为1元,灵岩山寺由每位0.2元调整为0.5元。玄妙观三清殿新订门票每位1元,涉外门票每位2元。为照顾苏州市居民,三清殿凭3号园林参观券免费入园。对常年在殿外活动的老人,市宗教局根据有关规定,做好"优待证"发放工作。寺庙门票价格调整后,其增加部分40%上交市财政局专户储存,60%用于寺庙修缮费的补偿。

2006年1月,为保障公民宗教信仰自由,维护社会和谐,国家规范与宗教活动场所有关的游览参观点门票价格管理，要求各地在制定或调整相关门票价格时，应充分听取宗教事务部门、有关宗教团体、游览参观点内宗教活动场所代表及有关方面的意见。苏州认真执行上述规定，寺庙道观门票价格制定或调整充分听取尊重相关方面的意见，如尊重灵岩山寺的意见，门票价格仍维持每人次1元的低价。

二、"烧头香"门票价格

1998年1月，市物价局参加市政府有关春节寺庙道观门票协调会议，并下达有关寺庙道观春节门票价格的规定。至2000年，为配合开展特色旅游活动，满足群众春节"烧头香"祈福习俗，保证游客和文物的安全，根据市政府"烧头香"协调会议精神，市物价局就春节期间部分寺庙道观临时门票价格作出批复：西园寺、寒山寺从除夕夜21时30分起至年初一早晨6时止，门票价为每人次均50元；年初一晨6时以后至年初三，门票价为每人次20元。文山寺、居士林、定慧寺从年初一至年初三，实行购票入寺，门票价每人次为5元。玄妙观三清殿及各开放配殿从除夕夜21时30分至年初五止，以及年初九共计6天1夜，门票实行一票制，每人次为20元。各寺庙道观"烧头香"期间暂停使用年票。自2000年开始，市物价部门均对每年春节群众"烧头香"习俗活动门票价格作出规定，同时随着特色旅游宗教文化的发展，票价也相应有所调整。

三、寺庙道观门票价格演变

寒山寺及枫桥景区门票价格：20世纪50年代以来寒山寺经过多次整修，于1953年12月，对外开放售票，门票价格为每人次0.03元。"文化大革命"中寒山寺遭到严重毁损，一度沦为盲人福利工厂。20世纪70年代后期逐步恢复，1982年被列为省级文保单位，门票价格调整为0.10元。1985年3月为0.20元。1979年以来，又举办寒山寺新年听钟声祈福专项旅游活动，至今已举办三十多届，吸引大批日本友人来苏，寒山寺也成为中日两国人民友好交往的历史见证。寒山寺新年听钟声门票价格1993年从100元调至120元，1994年调至每人次140元，之后门票价格一路上升。至1997年5月24日，市物价局批复苏州中国国际旅行社1997年寒山寺听钟声活动票价调为全套最高价格每人次280元，半套最高价格每人次80元。1996年落成的普明宝塔为五级四面楼阁式仿唐建筑，成为寒山寺新的标记，登塔门票每张为5元。1997年5月，鉴于寒山寺听钟声活动面广量大时间短、综合费用高的实际情况，经市物价局会同市旅游局研究，同意寒山寺听钟声活动全套最高价格为每人280元，半套最高价格为每人180元。

表9-38 苏州寒山寺门票价格变动情况一览表

单位：元/人·次

类别	价格调整	执行日期	备注
一、门票			
门票	0.03	1953年12月	新定价，资料来源于《苏州市物价志》
门票	0.05	—	新定价，资料来源于市政府苏府发（1981）94号文件
钟楼票	0.20	—	新定价，资料来源于市政府苏府发（1981）94号文件
门票	0.10	1982年6月15日	调整门票，苏州市居民凭园林优惠券执行原价

类别		价格调整	执行日期	备注
钟楼票		0.20	—	—
门票		0.20	1986年3月10日	调整门票,苏州市居民凭园林优惠券免费入园
钟楼票		0.20	—	—
大门票		0.20	—	—
内宾钟楼票		3.00	1987年4月1日	新增钟楼内宾票
外宾钟楼票		5.00	1987年4月1日	新增钟楼外宾票
内宾门票		0.20		
外宾门票		1.00	1987年6月24日	新增外宾门票
内宾钟楼票		3.00		—
外宾钟楼票		5.00		—
内宾门票		0.60	1991年4月10日	调整门票
外宾门票		1.00		
内宾钟楼票		3.00		—
外宾钟楼票		5.00		—
内宾门票		0.60		
外宾门票		2.00	1991年9月14日	调整外宾票
内宾钟楼票		3.00	—	—
外宾钟楼票		5.00	—	—
内宾门票		1.00	1992年5月1日	调整内宾票
外宾门票		2.00	—	—
内宾钟楼票		3.00	—	—
外宾钟楼票		5.00		
甲票		2.00	—	—
乙票	淡季	1.00	—	乙票实行淡旺季票价
	旺季	1.50	1993年4月4日	旺季日期:3月20日~6月20日,9月1日~11月30日
甲票钟楼票		3.00	—	—
乙票钟楼票		5.00	—	—
甲票		2.00	—	—
乙票	淡季	2.00	1994年9月1日	调整乙票
	旺季	3.00	1994年9月1日	旺季日期:3月20日~6月20日,9月1日~11月30日
钟楼		5.00	1994年9月1日	—
甲票		2.00	—	—
乙票	淡季	2.00	—	—
	旺季	3.00	—	—
钟楼		5.00	—	—
普明宝塔		5.00	1996年1月1日	新定价
淡季		4.00	1996年9月1日	甲乙票并轨
旺季		6.00	1996年9月1日	旺季日期:3月21日~6月20日,9月1日~11月30日
钟楼		5.00	—	—
普明宝塔		5.00	—	—
枫江楼		1.00	1996年9月1日	新定价
门票		10.00	2001年5月10日	含登普明宝塔,开放至3层;取消淡旺季差价
钟楼		5.00	—	—
普明宝塔		撤销	2001年5月10日	—

类别		价格调整	执行日期	备注
枫江楼		1.00	1996年9月1日	—
寒山寺	门票	15.00	2004年6月20日	—
	陈列馆	5.00	2004年6月20日	—
	联票	20.00	2004年6月20日	—
二、月票				
月票		10.00	2002年3月1日	可游览寺园和普明宝塔。每逢新春香期等大型宗教活动期间,月票、年票暂停使用

表9-39　2009年5月苏州市枫桥景区门票价格表

单位: 元/人·次

景点名称	门票价格
寒山寺联票(寒山寺、陈列馆)	20.00
寒山寺钟楼	5.00

枫桥景区里的枫桥因张继《枫桥夜泊》而闻名遐迩,东堍与铁铃关相连,南面与江村桥相对。铁铃关为明嘉靖年间为抵御倭寇而建。枫桥名胜区众多的历史遗迹和丰富的人文景观,展现了当时佛教名胜、行旅休憩、商贾聚集、市井繁殷、小桥流水、绿荫掩映的江南水乡文化脉络。1989年铁铃关开始售票,每人次0.10元;1990年景区陈列馆票价每人次0.30元;1996年开通古镇运河游每人次7元。1998年铁铃关与陈列馆实行联票制每人次5元,至2003年,景区游览面积扩至10万平方米,恢复江枫洲等18处景点,门票价调为25元,铁铃关、陈列馆门票撤销。

表9-40　苏州枫桥景区门票价格变动情况一览表

单位: 元/人·次

类别	价格调整	执行日期	备注
一、门票			
铁铃关门票	0.10	1989年8月16日	新定价
铁铃关门票	0.10	—	—
陈列馆门票	0.30	1990年1月1日	新定价
内宾陈列馆门票	0.80	1992年8月3日	调整门票
外宾陈列馆门票	1.50	1992年8月3日	新增外宾票
内宾铁铃关门票	0.30	1992年8月3日	调整门票
外宾铁铃关门票	0.50	1992年8月3日	新增外宾票
内宾陈列馆门票	0.80	—	—
外宾陈列馆门票	1.50	—	—
内宾铁铃关门票	0.50	1993年2月16日	调整门票
外宾铁铃关门票	0.50	—	—
内宾陈列馆淡季	0.80	—	—
内宾陈列馆旺季	1.20	1993年4月10日	旺季日期: 3月20日~6月20日, 9月1日~11月30日
外宾陈列馆门票	1.50	—	—
内宾铁铃关门票	0.50	—	—

类别	价格调整	执行日期	备注
外宾铁铃关门票	0.50	—	—
铁铃关门票	1.50	1994年9月1日	调整门票，取消外宾票
陈列馆门票	1.00	1994年9月1日	调整门票，取消外宾票
铁铃关门票	3.00	1996年9月1日	调整门票
陈列馆门票	1.50	1996年9月1日	调整门票
古镇运河游	7.00	1996年8月29日	新定价
铁铃关门票	3.00	—	—
陈列馆门票	2.00	1997年12月1日	调整门票
古镇运河游	7.00	—	—
铁铃关门票	2.00	1998年6月11日	—
陈列馆门票	3.00	1998年6月11日	—
关、馆联票	5.00	1998年6月11日	—
铁铃关门票	3.00	—	—
陈列馆门票	2.00	—	—
古镇运河游	10.00	2000年4月1日	调整价格
铁铃关门票	3.00	2002年1月1日	—
枫桥景区门票	25.00	2003年9月12日	游览面积10万平方米，恢复江枫洲18处景点，为景区票价
铁铃关门票	撤销	—	并入景区，为一景点
陈列馆门票	撤销	2004年6月20日	划入寒山寺管理
二、年票			
年票	120.00	2004年6月20日	可在园林系统所辖18个开放景点实行通游

灵岩山寺门票价格：坐落于灵岩山顶的灵岩山寺历史悠久，为海内外著名佛教净度宗道场之一，也是驰名中外的游览胜地，中国佛学院灵岩山分院也设立于寺内。1958年6月开始售票每人次为0.03元。"文化大革命"期间遭到严重毁损，一度成为阶级斗争展览会"收租院"。经重新整修后于1981年恢复开放门票价每张为0.05元，后逐步调整，至1994年9月调至每张1元，至今仍维持此价格，为苏州诸多名胜景点门票的"价格洼地"。

表9-41 苏州市灵岩山寺门票价格一览表

单位：元/人·次

类别	价格调整	执行日期	备注
门票	0.03	1958年6月	新定价，资料来源于《苏州市物价志》
门票	0.05	—	新定价，资料来源于市政府苏府发（1981）94号文件
门票	0.10	1982年6月15日	调整门票，苏州市居民凭园林优惠券执行原价
门票	0.20	1986年3月10日	调整门票，苏州市居民凭园林优惠券免费入园
外宾票	1.00	1987年6月24日	新增外宾门票
内宾票	0.20	—	—
门票	0.50	1992年5月1日	调整门票，取消外宾票
门票	1.00	1994年9月1日	调整门票
门票	1.00	1996年9月1日	调整门票（优惠价）

西园寺门票价格：西园寺是苏州寺庙中最早对外开放售票的寺庙，收费始于20世纪20年

代。建国后于1953年12月开始收门票每人次0.05元，含罗汉堂。"文化大革命"时一度关闭谢客，后曾被园林部门接管，门票价仍为每张0.05元；1981年调至0.10元，罗汉堂门票0.20元；1987年增设外宾门票，每人次1元；20世纪90年代也实行甲、乙门票价，外宾2元，内宾1元；至1994年甲、乙票价并轨，淡季5元，旺季7元；2001年取消淡旺季差价，均为10元；2004年，使用邮政明信片门票，票价调至每人次15元，2005年门票每张为25元。

表9-42　苏州市西园寺门票价格一览表

单位：元/人·次

类别		价格调整	执行日期	备注
一、门票				
门票		0.05	1953年12月	新定价，资料来源于《苏州市物价志》
罗汉堂		0.20	—	新定价，资料来源于市政府苏府发（1981）94号文件
门票		0.10	1982年6月15日	调整门票，苏州市居民凭园林优惠券执行原价
罗汉堂		0.20	—	—
大门票		0.30	1986年3月10日	调整门票，苏州市居民凭园林优惠券免费入园
罗汉堂		0.20	1986年3月10日	—
外宾门票		1.00	1987年6月24日	增设外宾门票，含罗汉堂
内宾大门票		0.30	—	—
内宾罗汉堂		0.20	—	调整门票
外宾票		1.00	—	—
内宾票		1.00	1991年4月10日	调整门票，含罗汉堂
外宾票		2.00	1991年9月14日	调整外宾票
内宾票		1.00	—	—
外宾票		2.00	—	—
内宾票		2.00	1992年5月1日	调整内宾票
甲票		2.00	—	—
乙票	淡季	2.00	—	乙票实行淡旺季票价
	旺季	3.00	1993年4月4日	旺季日期：3月20日~6月20日，9月1日~11月30日
甲票		2.00	—	—
乙票	淡季	3.00	1994年9月1日	调整乙票
	旺季	4.50	1994年9月1日	旺季日期：3月20日~6月20日，9月1日~11月30日
淡季		5.00	1996年9月1日	甲、乙票并轨
旺季		7.00	1996年9月1日	旺季日期：3月21日~6月20日，9月1日~11月30日
淡季		6.00	1998年5月1日	调整门票，含镶嵌、石雕佛像展（单列1元）
旺季		8.00	1998年5月1日	旺季日期：3.21~6.20，9.1~11.30
门票		10.00	2001年5月10日	取消淡旺季差价
门票		15.00	2004年4月1日	使用邮政明信片门票
门票		25.00	2005年2月9日	改造了寺院前花园，恢复修建了钟鼓楼，山门殿，福德、智慧二桥
二、年票				
年票	半年票	30.00	2002年3月1日	每逢新春香期等大型宗教活动期间，月票、年票暂停使用
	全年票	50.00	2002年3月1日	每逢新春香期等大型宗教活动期间，月票、年票暂停使用

　　北寺塔等塔院门票价格：位于平门内，又称报恩寺塔。1979年6月，经修复后开始售票并对游人开放，大门票每张0.10元，登塔0.20元。1987年4月实行内外宾两种票价：外宾大门

票、登塔分别为1元，内宾大门票、登塔分别为0.30元。从20世纪90年代门票收费逐渐提高，至1994年实行淡旺季票价，1996年甲、乙门票并轨，登塔票价每人5元，淡、旺季门票分别为5元和7元。2003年4月实行一票制，门票价位15元，含登塔。2004年6月联票价每人次25元。

表9-43　苏州市北寺塔门票价格一览表

单位：元/人·次

类别		价格调整	执行日期	备注
一、门票				
门票		0.03	1979年6月	新定价，资料来源于苏州市物价志
大门票		0.10	1985年8月15日	调整门票，居民凭园林优惠券执行原价
登塔		0.20	不详	新增门票，资料来源于苏物委（1986）16号
大门票		0.10	1986年3月10日	苏州市居民凭园林优惠券免费入园
登塔		0.30	1986年3月10日	调整登塔票
大门票		0.30	1986年9月23日	调整大门票
登塔		0.30	—	—
外宾	大门票	1.00	1987年4月18日	实行内外宾两种票制
	登塔	1.00	1987年4月18日	实行内外宾两种票制
内宾	大门票	0.30	—	—
	登塔	0.30	—	—
外宾	大门票	1.00	—	—
	登塔	2.00	1987年7月6日	调整登塔票
内宾	大门票	0.30	—	—
	登塔	1.00	1987年7月6日	调整登塔票，居民凭园林优惠券执行原价
外宾	大门票	1.00	—	—
	登塔	2.00	—	—
内宾	大门票	1.00	1990年11月10日	丝博借用场地，1991年11月9日结束
	登塔	1.00	—	—
外宾	大门票	1.00	—	—
	登塔	2.00	—	—
内宾	大门票	1.00	1991年4月10日	调整内宾门票
	登塔	2.00	1991年4月10日	调整内宾塔票，未明确居民优惠措施
外宾	大门票	2.00	1991年9月14日	调整外宾票
	登塔	2.00	—	—
内宾	大门票	1.00	—	—
	登塔	2.00	—	—
外宾	大门票	2.00	—	—
	登塔	2.00	—	—
内宾	大门票	1.50	1991年12月28日	调整内宾票
	登塔	2.00	—	—
外宾	大门票	3.00	1992年1月20日	调整外宾票
	登塔	2.00	—	—
内宾	大门票	1.50	—	—
	登塔	2.00	—	—
甲票	大门票	5.00	1993年4月1日	调整甲票
	登塔	4.00	1993年4月1日	调整甲票

类别		价格调整	执行日期	备注
乙票	大门票	1.50	—	—
	登塔	2.00	—	—
甲票		6.00	1994年4月1日	调整甲票,含登塔
乙票	大门票	1.50	—	—
	登塔	2.00	—	—
甲票		6.00	—	—
乙票	淡季门票	2.00	1994年9月1日	调整乙票
	旺季门票	3.00	1994年9月1日	旺季日期:3月20日~6月20日,9月1日~11月30日
	登塔	3.00	1994年9月1日	调整塔票
甲票		6.00	—	—
乙票	淡季门票	2.00	—	—
	旺季门票	3.00	—	—
	登塔	5.00	1996年5月1日	调整塔票
淡季		4.00	1996年9月1日	甲、乙票并轨
旺季		6.00	1996年9月1日	旺季日期:3月21日~6月20日,9月1日~11月30日
登塔		5.00	1996年9月1日	甲、乙票并轨
淡季		5.00	1997年10月15日	调整门票
旺季		7.00	1997年10月15日	旺季日期:3月21日~6月20日,9月1日~11月30日
登塔		5.00	—	—
门票		10.00	2000年2月1日	取消淡旺季差价
登塔		5.00	—	—
门票		15.00	2003年4月1日	实行一票制(含登塔)
北塔寺	门票	15.00	2004年6月20日	—
	登塔	10.00	2004年6月20日	—
	联票	25.00	2004年6月20日	—
二、月票				
退休职工月票		0.50	1981年6月24日(以前不详)	新定价,资料来源于市政府苏府发(1981)94号文件
月票	退休职工	0.50	—	—
	其他	2.00	1989年1月7日	新增其他,其他为学生和长病假职工
月票	退休职工	0.50	—	—
	七旬老人	0.25	1990年12月1日	新增七旬老人
	其他	2.00	—	—
月票		2.00	1993年1月1日	调整月票
月票		5.00	1994年9月1日	调整月票

表9-44 苏州市双塔门票价格一览表

单位:元/人·次

类别	价格调整	执行日期	备注
门票	0.05	不详	资料来源于苏物委(1986)第16号文件
门票	0.10	1986年3月10日	调整门票
门票	0.30	1990年8月15日	调整门票
门票	0.80	1992年8月3日	调整门票
门票	1.00	1994年9月1日	调整门票

类别	价格调整	执行日期	备注
门票	3.00	1996年9月1日	调整门票
门票	5.00	2002年1月1日	—
门票	8.00	2003年3月1日	寿宁堂、无言斋、啸轩三厅堂展出明清时代家私119件

表9-45　苏州市石佛寺门票价格一览表

单位：元/人·次

类别		价格调整	执行日期	备注
一、门票				
门票		0.10	1986年9月23日	新定价，苏州市居民凭园林优惠券免费入园
外宾票		1.00	1987年4月18日	实行内外宾两种票制
内宾票		0.10	—	—
外宾票		1.00	—	—
内宾票淡季		0.10	—	—
内宾票旺季		0.20	1990.5月底前	资料来源于苏园经（1990）1号
外宾票		1.00	—	—
内宾票淡季		0.20	1991年4月10日	调整内宾门票
内宾票旺季		0.40	1991年4月10日	调整内宾门票
外宾票		1.00	—	—
内宾票淡季		0.20	—	—
内宾票旺季		0.40	1993年4月4日	明确浮动幅度及旺季日期（10.15~11.15）
淡季	—	1.00	1994年9月1日	调整门票，取消外宾票
旺季	—	2.00	1994年9月1日	旺季日期：清明节前后各半个月，农历八月十八前后各半个月
淡季	—	2.00	1996年9月1日	甲乙票并轨
旺季	—	4.00	1996年9月1日	旺季日期：清明节前后各半个月，农历八月十八前后各半个月
淡季	—	2.00	1997年7月9日	调整旺季浮动
旺季	—	4.00	1997年7月9日	旺季日期：清明节前后各一个月，石湖串月前后各一个月
门票		撤销	2004年7月11日	并入上方山景群门票价格
二、年票				
年票		120.00	2004年6月20日	可在园林系统所辖18个开放景点实行通游

表9-46　苏州市楞伽塔园门票价格一览表

单位：元/人·次

类别	价格调整	执行日期	备注
门票	0.10	1986年9月23日	新定价，苏州市居民凭园林优惠券免费入园
内宾票淡季	0.50	1987年1月26日	资料来源于苏园艺（1987）2号
内宾票旺季	1.00	1987年1月26日	农历七、八二月，资料来源同上
外宾票	1.00	1987年4月18日	实行内外宾两种票制
内宾票淡季	0.50	—	—
内宾票旺季	1.00	—	—
外宾票	1.00	—	—
内宾票淡季	1.00	1991年4月10日	调整内宾门票
内宾票旺季	2.00	1991年4月10日	调整内宾门票
外宾票	1.00	—	—

苏州市价格志

类别	价格调整	执行日期	备注
内宾票淡季	1.00	—	—
内宾票旺季	2.00	1993年4月4日	明确浮动幅度及旺季日期(10月15日~11月15日)
淡季	2.00	1994年9月1日	调整门票,取消外宾票
旺季	4.00	1994年9月1日	旺季日期:清明节前后各半个月,农历八月十八前后各半个月
淡季	3.00	1996年9月1日	甲乙票并轨
旺季	5.00	1996年9月1日	旺季日期:清明节前后各半个月,农历八月十八前后各半个月
淡季	3.00	1997年7月9日	调整旺季浮动
旺季	5.00	1997年7月9日	旺季日期:清明节前后各一个月,石湖串月前后各一个月
门票	撤销	2004年7月11日	并入上方山景群门票价格
二、年票			
年票	120.00	2004年6月20日	可在园林系统所辖18个开放景点实行通游

道观神庙门票价格:历史上观前街玄妙观三清殿、城隍庙、神仙庙等道教庙观是免费向信众开放参观的。自1992年5月1日,玄妙观始售门票每张1元,后逐步调高,至1999年联票调至每张10元,而姑苏仙乐(道教音乐)每场演出门票价为每张15元。以农历四月十四"轧神仙"而著名的神仙庙移建新址南浩街后,于1999年5月开始售票,每张门票2元,2005年调至5元。城隍庙于2004年1月开始售票,票价每人次10元。

表9-47　苏州市玄妙观门票价格一览表

单位:元/人·次

类别	价格调整	执行日期	备注
内宾票	1.00	1992年5月1日	三清殿新定价
外宾票	2.00	1992年5月1日	三清殿新定价
门票	1.00	1994年9月1日	调整门票,取消外宾票
门票	4.00	1996年9月1日	三清殿调整门票
三清殿	5.00	1999年9月14日	三清殿重新定价
配殿	7.00	1999年9月14日	新定价,含财神殿、文昌殿、寿星殿和斗姆阁
联票	10.00	1999年9月14日	新定价
姑苏仙乐演出	15.00	1999年9月14日	新定价,每场不少于1小时
门票	10.00	2003年3月1日	含三清殿、文昌殿、财神殿、寿星殿、观音殿

表9-48　苏州市城隍庙门票价格一览表

单位:元/人·次

类别	价格调整	执行日期	备注
门票	10.00	2004年1月9日	新定价

表9-49　苏州市神仙庙门票价格一览表

单位:元/人·次

类别	价格调整	执行日期	备注
门票	2.00	1999年5月1日	新定价
门票	5.00	2005年2月1日	—

第七节　博物馆门票价格

苏州博物馆：成立于1960年元旦，馆址太平天国忠王府，为首批全国重点文物保护单位，是国内保存至今最完整的一组太平天国历史建筑物，也是一座苏州地方综合性历史艺术博物馆。馆藏文物3万余件，其中一级文物240件，二级文物1147件，三级文物13655件，珍贵文物数量占到文物收藏总数的一半以上。此外还收藏有古籍善本720种3121册，普本28501种91754册，为全国古籍重点保护单位。馆藏文物以历年考古出土文物、明清书画、工艺品见长，是苏州地区文物收藏、研究、展示、教育的中心。1999年苏州市委、市政府邀请享誉世界的华人建筑师贝聿铭设计苏州博物馆新馆。2006年10月6日，苏州博物馆新馆建成并正式对外开放。苏州博物馆自2008年5月18日起向社会免费开放，观众在博物馆大门左侧领票处领取免费入场券后即可入馆参观。为确保文物安全和参观秩序，实施观众限量，有序控制，每天限定观众数量3000人次以下。

表9-50　苏州市博物馆价格一览表

单位：元/人·次

类别	价格调整	执行日期	备注
门票	0.40	1989	调整门票，资料来源于苏物委（1990）第46号文件
门票	0.80	1990年8月15日	调整门票
门票	2.00	1992年8月3日	调整门票
门票	2.50	1994年9月1日	调整门票
门票	4.00	1996年9月1日	调整门票
门票	5.00	1998年3月1日	调整门票
门票	10.00	2002年1月1日	调整门票
门票	20.00	2006年10月6日	新馆建成开放，调整门票

苏州碑刻博物馆：苏州历史悠久，人文荟萃，文化发达，其碑刻之盛，名冠江南。宋元以来传世名碑甚多，具有数量多、内容广、种类全、书画美、镌刻精等特点，因此在苏州建立碑刻博物馆具有得天独厚的条件。苏州碑刻博物馆是一座收藏、陈列、研究和展览碑刻、拓片资料的地方专业博物馆，坐落在苏州人民路三元坊府学文庙内，与苏州现存最古老的园林沧浪亭东西相望，于1985年7月正式建成对外开放，门票价格为每人次0.10元，以后逐步提高到8元。2004年4月1日，根据省文化部门的要求，对社会免费开放。

表9-51　苏州市碑刻博物馆价格一览表

单位：元/人·次

类别	价格调整	执行日期	备注
门票	0.10	—	资料来源于苏物委（1986）第16号文件
门票	0.20	1986年10月11日	调整门票

类别	价格调整	执行日期	备注
门票	0.60	1990年8月15日	调整门票
门票	1.20	1992年8月3日	调整门票
门票	1.50	1994年9月1日	调整门票
门票	3.00	1996年9月1日	调整门票
门票	8.00	2003年4月1日	通过专家评审，由省文保单位提升为全国重点文保单位
门票	免费	2004年4月1日	爱国主义教育基地，根据省文化部门的要求，免费开放

苏州革命博物馆：位于苏州市三香路1216号，由中共苏州市委、市政府批准，于1993年建成开馆。馆占地面积10000平方米，主体建筑7000平方米，展出区面积3000平方米。馆体外观古朴庄重，具有浓郁的地方特色和鲜明的"革命"特征。淡旺季门票每人次分别为1元和2元。

革命博物馆的基本陈列有两项。"苏州革命史陈列"，它通过300多幅照片，200余件实物，100余件图表、艺术作品、场景模型和幻影成像等多种展示形式，系统、真实、生动地反映了中国共产党领导下的苏州人民在新民主主义革命的各个历史时期所开展的革命斗争情况以及先辈们可歌可泣的革命斗争事迹，重点陈列了30多位党的早期著名革命活动家与党和国家领导人在苏州开展革命活动的史料。大型多媒体半景画演示项目"阳澄烽火"，以抗战时期发生在阳澄湖畔的军民团结抗日故事为素材，演示过程采用声、光、电等多种手段与1000平方米的巨型油画、500平方米的场景模型完美结合，产生特殊的艺术效果，给人以身临其境之感。2004年4月起，"苏州革命史陈列"常年对公众免费开放。

在基本陈列外，革命博物馆还有东、西两个机动展厅，根据主题宣传任务与观众的需要，不断举办反映时代风尚、观众喜闻乐见的临时性展览，内容包括革命传统教育、时事政治宣传、科普教育、文化艺术等多种题材，开馆10余年来已累计举办了近80个临时性展览，接待进馆参观人次200多万，对公众基本上免费开放。

表9-52　苏州市革命博物馆价格一览表

单位：元/人·次

类别		价格调整	执行日期	备注
门票	淡季	1.00	1993年4月7日	新定价
	旺季	2.00	1993年4月7日	新定价，未明确淡旺季
半景画厅	淡季	10.00	1993年4月7日	新定价
	旺季	20.00	1993年4月7日	新定价，未明确淡旺季
门票		3.00	1996年9月1日	调整门票
半景画厅	淡季	10.00	—	—
	旺季	20.00	1996年9月1日	明确旺季日期为：3月20日~6月20日，9月1日~11月30日

苏州民俗博物馆：是一座展览苏州民间传统风俗的专门性民俗博物馆。坐落于苏州古典园林狮子林东侧古宅内，建筑面积500多平方米，房屋结构具有清代建筑特色，为省级文物保护单位。1986年11月，苏州建城2500年时正式开放，门票价格为每人次0.40元，至1990年8月15日，调整门票价格为每人次0.60元。2004年4月1日，作为爱国主义教育基地，根据省文化

部门的要求，免费对社会开放。

表9-53　苏州民俗博物馆价格一览表

单位：元/人·次

类别	价格调整	执行日期	备注
门票	0.40	—	调整门票，资料来源于苏物委（1990）第46号文件
门票	0.60	1990年8月15日	调整门票
门票	临时撤销	1992年4月16日	祠堂抢修，二园并票三个月
门票	0.60	1992年7月17日	祠堂抢修结束，二园并票撤销
门票	2.00	1992年8月3日	含二期工程
门票	3.00	1996年4月1日	含三期工程
门票	4.00	1996年9月1日	调整门票
门票	6.00	2002年1月1日	调整门票
门票	免费	2004年4月1日	爱国主义教育基地，根据省文化部门的要求，免费开放

苏州工艺美术博物馆：建立于2002年，并于2003年1月正式对社会开放，门票价格为每人次15元，至2004年7月，对未成年人实行门票减免政策。馆址在苏州西北街88号，于原清代乾隆年间建造的古建筑"尚志堂"吴宅内，东临拙政园、狮子林，西靠北寺塔，位于苏州历史博物馆和戏曲、民俗、园林博物馆区域中，馆区占地面积约4500平方米。馆内收藏有苏州近代的刺绣、檀香扇、缂丝、琢玉、木雕、石雕、剧装、桃花坞木刻年画、明式家具、民族乐器、仿古铜器、雕漆、金属工艺品及文房四宝等十余类近千件工艺美术精品、珍品。无论是展馆环境、展馆面积、馆藏品种和数量均居全国工艺美术类专业博物馆之首。

表9-54　苏州市工艺美术博物馆价格一览表

单位：元/人·次

类别	价格调整	执行日期	备注
门票	15.00	2003年1月8日	新定价，试行期一年
门票	—	2004年7月20日	对未成年人实行门票减免政策

苏州钱币博物馆：因藏品大多为收藏家孙国宝先生所捐，苏州市人民政府决定以他的名字命名，即为苏州国宝钱币博物馆。钱币博物馆建立于1989年11月，当时门票价格为每人次0.30元，至1992年9月调整为每人次0.80元，1996年9月再调整为每人次1.00元。该馆房屋建筑面积近400平方米，主要展厅面积为180平方米，陈列共分12部分，主要陈列自中国远古祖先充当货币使用的海贝，至清代的各个朝代的铸币、纸币。其中有秦汉时期的金错刀币，"一刀"两字是用黄金镶嵌，反映出中国古代高超的工艺技术水平。有历代王朝采纳沿用了近两千年的，形制为外圆内方的"秦半两"，具有很高的史料价值。有篆法精绝的三国两晋南北朝时期的钱币，具有很高的艺术价值。还有清代寓意吉祥，民间青年男女传为定情之物的罗汉钱等。陈列中除各式各样的中国古代钱币外，还藏有近代中国、外国的铸币、纸币、纪念币等。国宝钱币博物馆是一座名符其实的钱币荟萃宝库。

表9-55　苏州市钱币博物馆价格一览表

单位: 元/人·次

类别	价格调整	执行日期	备注
门票	0.30	1989年11月4日	新定价
门票	0.80	1992年9月20日	调整门票
门票	1.00	1996年9月1日	调整门票

　　苏州市丝绸博物馆: 为了弘扬中国的丝绸文化, 向国内外游人宣传苏州丝绸工业发展的历史、现状, 苏州丝绸博物馆开馆于1990年, 暂定价每人次内宾0.40元、外宾3元。1994年调整门票价格, 撤销外宾票价统一为每人次3元。1996年调至每人次6元, 含明清一条街。2006年门票价调为每人次15元。丝绸博物馆坐落在苏州北寿塔风景区内。建筑端庄典雅, 新颖别致, 占地9460平方米, 将古老文明与现代风格有机地融合在一起。其建筑的主题就是"丝绸之路", 墙前分别装饰着采桑女、浣纱女和织绸女三尊汉白玉雕像, 赋予博物馆以动态美。主楼顶部塔式盖顶建筑, 让人联想起丝绸之路沿途的异国异域风情, 又与博物馆遥对的北寺塔相协调。博物馆的内部装饰, 也极为清新典雅。分布于各展室的各类雕塑, 均出自中国著名的雕塑家之手。

表9-56　苏州市丝绸博物馆门票价格一览表

单位: 元/人·次

类别	价格调整	执行日期	备注
内宾门票	0.40	1990年4月20日	临时地址暂定价
外宾门票	3.00	1990年4月20日	临时地址暂定价
门票	撤销	1990年11月10日	借用北塔公园办展, 并入北塔门票
内宾门票	1.00	1991年9月20日	新馆址新定价
外宾门票	5.00	1991年9月20日	新馆址新定价
内宾门票	2.00	1992年9月20日	调整内宾门票
外宾门票	5.00	—	—
门票	3.00	1994年4月16日	调整门票, 撤销外宾票
明清一条街	1.00	1994年4月16日	新定价
门票	6.00	1996年3月11日	调整门票, 含明清一条街
门票	7.00	1997年10月15日	调整门票
门票	15.00	2006年4月1日	—

　　中国苏绣艺术博物馆: 文化古城苏州, 素有"人间天堂"之称, 在这优美环境里孕育出的苏州刺绣艺术, 亦早已闻名于世。镌刻中国苏绣艺术成就的苏绣博物馆于1986年建成, 现在苏州景德路王鏊祠内(环秀山庄)。博物馆占地一亩半, 分大门、仪门、飨堂三进。在宽阔的大门里, 悬挂9只红底明黄字宫灯, 每灯一字, 写明馆名。全馆陈列分为"古代刺绣品室"、"明清刺绣品室"、"近代刺绣品室"三大部分, 共展出几百件珍贵展品, 系统地展示苏绣发展的历史。现行票价为2002年11月25日调整的每人次5.00元。

表9-57 苏州市刺绣博物馆门票价格一览表

单位：元/人·次

类别	价格调整	执行日期	备注
门票	5.00	2002年11月25日	新定价

苏州戏曲博物馆：苏州戏曲博物馆开馆于1986年，当时执行门票价格为每人次0.40元。该馆地处城东张家巷全晋会馆内，占地约5亩，由清光绪年间山西寓苏商人集资兴建，是苏州历史上100多所会馆、公所中保存迄今最为完整的一座，其规模之大、雕饰之美亦是少见。会馆沿街置门厅，门厅宏伟轩敞、富丽堂皇，两侧各有亭阁式吹鼓楼，歇山顶，山面沿街，为全国罕见的古典礼乐式建筑。至1990年8月，门票价格调整为每人次0.60元；1992年8月调整为每人次1.20元；1996年9月调整为每人次3.00元；直至2004年4月1日，作为爱国主义教育基地，根据省文化部门的要求，免费对公众开放。

表9-58 苏州市戏曲博物馆价格一览表

单位：元/人·次

类别	价格调整	执行日期	备注
门票	0.40	1986年10月11日	新定价
门票	0.60	1990年8月15日	调整门票
门票	1.20	1992年8月3日	调整门票
门票	1.50	1994年9月1日	调整门票
门票	3.00	1996年9月1日	调整门票
门票	免费	2004年4月1日	爱国主义教育基地，根据省文化部门的要求，免费开放

附录：苏州辖区内各市、区部分景点门票价格一览表
（有关资料截止日期为2010年底）

表9-59 吴中区游览参观点门票价格

单位：元/人·次

景点名称	票价	执行日期	备注
林屋洞	50	2005年12月1日	含梅园
石公山	50	2005年12月1日	—
罗汉寺	10	2009年2月	—
西山包山寺	20	2009年7月	—
西山缥缈峰	旺季150 淡季80	2007年2月	旺季：3月1日~5月31日，9月1日~11月30日 淡季：6月1日~8月31日，12月1日~2月29日
明月湾古村	40	2007年4月	—
明月古寺	10	2007年4月	—
西山禹王庙	25	2007年4月	—
山湖岛	20	2010年7月21日	—
东村古村敬修堂	10	2011年1月	—
东村古村徐家祠堂	20	2011年1月	—

景点名称	票价	执行日期	备注
紫金庵	30	2009年4月	—
东山启园	45	2009年12月	—
雕花大楼	60	2009年2月	—
三山岛景区	60	2009年12月	—
雨花景区	30	2005年6月	—
陆巷古村	50	2006年4月	—
司徒庙	0.2	1986年5月	—
司徒庙	25	2005年11月	—
香雪海	20	2005年12月	—
铜观音寺、塔园	15	2003年9月	—
木渎古镇联票	60	2004年11月	—
虹饮山房	30	2007年11月	—
严家花园	30	2007年11月	—
古松园	20	2007年11月	—
榜眼府第	10	2002年10月	—
灵岩山风景区	20	2006年12月	—
灵岩牡丹园	旺季20 淡季10	2006年12月	旺季：3月1日~5月31日，9月1日~11月30日 淡季：6月1日~8月31日，12月1日~2月29日
白象湾快乐生态园	60	2009年10月	—
甪直古镇联票	60	2004	—
甪直张林园	20	2008年4月	—
天池山	45	2009年12月	—
东吴国家森林公园（穹窿山景区）	80	2007年12月	—
小王山	50	2010年2月	—
灵湖嘴公园	20	2005年1月	—
胥王庙	30	2006年9月	—
城隍山道院	15	2005年1月	—
阿达岭景区	15	2006年12月	—
宝华寺	10	2006年12月	—
九龙潭	20	2008年12月	—
凤凰台	10	2003年10月	—
渔洋山风景区	80	2010年4月	—

表9-60　相城区游览参观点门票价格

单位：元/人·次

景点名称	票价	执行日期	备注
"荷塘月色"湿地公园（一期）	旺季30 淡季20	2007年9月	旺季：5月1日~10月31日 淡季：11月1日~次年4月30日
苏州中国花卉植物园	旺季60 淡季30	2010年9月	旺季：3月~6月，9月~10月 淡季：7月~8月，11月~次年2月
盛泽湖月季公园	20	2009年4月	—

表9-61　高新区游览参观点门票价格

单位：元/人·次

景点名称	票价	执行日期	备注
苏州乐园	50	1997年2月2日~3月22日	试营业
苏州乐园	60	1997年3月23日~2009年底	大门票
苏州乐园	130	2010年1月1日至今	联票
白马涧龙池风景区	50	2007年5月1日	—
何山风景区	5	2007年7月1日	—
石湖景区上方山景群（含上方山国家森林公园、石佛寺、楞伽塔院）	淡季30 旺季35	2009年5月	联票 旺季：8月~11月 淡季：12月~次年7月

表9-62　工业园区游览参观点门票价格

单位：元/人·次

景点名称	票价	执行日期	备注
重元寺	20 年卡50	2009年4月1日	—
摩天轮乐园	乐园门票：80，卡丁车票价：4	2009年5月20日	七八九月及十一期间乐园开展夜游项目，大门票价格为40元/人次（包括：摩天轮、旋转木马、星空秋千等）
高垫庙	15	2010年1月1日	

表9-63　吴江区游览参观点门票价格

单位：元/人·次

景点名称	票价	执行日期	备注
同里景区	80	2004年	联票
震泽镇慈云禅寺景区	12	2009年	—
静思园	50	2007年	—

表9-64　太仓市游览参观点门票价格

单位：元/人·次

景点名称	票价	执行日期	备注
张溥故居	20	2010年4月15日	—
浏河天妃宫	5	2009年11月10日	—
南园	25	2010年4月6日	—
沙溪古镇	50	2010年4月15日	—
弇山园	20	2006年9月1日	—

表9-65　张家港市游览参观点门票价格

单位：元/人·次

景点名称	票价	执行日期	备注
东渡寺	5	2004年11月25日	—
香山寺	10	2010年5月15日	—
永庆寺	10	2010年5月15日	—
科技馆	16	2010年5月31日	学生免费
河阳山歌馆	30	2010年9月13日	—

表9-66 常熟市游览参观点门票价格

单位：元/人·次

景点名称	票价	执行日期	备注
沙家浜	旺季110 淡季80	2010年3月31日	旺季：6月~11月 淡季：12月~次年5月
尚湖	旺季60 淡季45	2011年11月21日	旺季：3月~5月，9月~11月 淡季：1月~2月，6月~8月，12月
虞山风景区	剑门15 宝岩淡季40，旺季60 城墙30	2010	—
方塔园	25	2005	—
曾赵园	15	2004	—
燕园	8	2003	—
蒋巷农家乐	旺季50 淡季40	2010年2月15日	旺季：6月~11月 淡季：12月~次年5月
兴福寺	10	2006年7月24日	—

表9-67 昆山市游览参观点门票价格

单位：元/人·次

景点名称	票价	执行日期	备注
周庄古镇	100	2004年6月22日	—
锦溪古镇	50	—	—
千灯古镇	40	2009年9月1日	联票价格为60
大唐生态农业园	30	2009年9月1日	联票价格为60
亭林园	20	2000年10月1日	—
阳澄湖水上公园	20	2008年10月30日	—
巴城生态农业观光园	20	2010年9月1日	—

第十章 行政事业性收费

建国后，由于中国实行的是单一的计划经济体制，财政实行统收统支，行政事业单位的经费由财政统一拨付，产品和物资由国家按计划调拨，职工医疗和教育费用基本上由国家承担。行政事业性收费的项目和数量不多，被称为"规费"纳入财政预算管理，当时统一征收的主要有民政、房地产、公安、交通、公交、司法、教育、医疗等十多种"规费"。

"文化大革命"期间，在政治动乱、经济停滞、价格冻结的情况下，苏州市非商品收费除了学杂费、医疗卫生收费、度量衡器鉴定收费等少数事业收费外，行政收费或废止或取消，大多停止征收。

20世纪80年代中期以后，随着经济体制改革的深入，大包大揽、统收统支的财政体制逐步打破，各级政府的财政收支矛盾日益增大，单靠预算内收入无法满足改革和建设的需要，迫使政府增设预算外收入项目，允许行政事业单位创收，从此拉开了中国大规模行政事业性收费序幕。由于缺乏统一的管理制度和办法，大部分行政事业性收费资金是由各地方、各部门、各单位"自收自支、自行管理"的，其弊端逐渐显现出来。1986年国务院发布《关于加强预算外资金管理的通知》，对包括行政收费资金在内的预算外资金性质、征收程序、使用原则、管理方式等作了明确界定，弥补了对行政收费资金管理的制度空白。

1987年9月11日，国务院发布《中华人民共和国价格管理条例》，该《条例》第三十六条明确："对行政性收费、事业性收费，物价部门应当根据国家的价格方针、政策进行管理和监督，并会同有关部门核定收费标准。"首次以法规形式赋予物价部门管理监督行政事业性收费的职责。

1988年6月，国家物价局、财政部发出《关于加强行政事业性收费管理的通知》，明确行政事业性收费由物价部门会同财政部门管理。物价部门主要侧重于审核制定、检查监督收费项目及其标准方面的管理，财政部门主要侧重收费票据、资金运用、财务账目方面的管理监督。凡经批准的行政、事业性收费，收费单位应向价格部门申领"收费许可证"，并使用财政部门统一印制的收费票据方可收费。

1988年6月，省政府颁布了《江苏省收费管理规定》，分六章，《总则》、《收费原则》、《管理形式》、《权限分工》、《管理监督》和《附则》等共三十条。明确：行政性收费系指国家机关为加强社会管理和经济管理而收取的费用。事业性收费系指不以盈利为目的的服务或为弥补国家拨款不足所收取的补偿性费用。国家统一管理的收费项目和收费标准，由各级物价部门会同有关部门制定本地区管理目录，报同级人民政府批准，并报上级物价部门备案。本省范围内的收费，实行省、市、县三级管理。事业性收费，原则上由省、市管理，某些影响不大的收费项目和收费标准，委托县管理。 对行政性、事业性和国家管理的经营性收费，要实行收费许可证制度。凡是向社会收费的，必须经所在地物价部门审核批准，领取

"江苏省收费许可证"和"江苏省收费员证"后方可收费。

1989年8月，市物委、市财政局印发了《关于行政事业性收费管理规定的通知》，明确了收费性质、管理办法和监督检查。

1994年1月，市政府《关于印发〈苏州市价格管理办法〉的通知》明确了价格管理范围、原则、权限、价格监督检查和处罚，共二十三条。

1994年9月，江苏省八届人大常委会第十次会议通过并颁布实施《江苏省价格管理监督条例》。该《条例》第十二条明确：行政事业性收费实行申报审批、收费许可证和收费年检制度。行政性、事业性收费单位必须执行国家和省的收费管理规定，不得擅自立项收费和提高收费标准。

1996年11月，在市政府召开的第95次常务会议上，《苏州市行政事业性收费管理暂行办法》通过，并正式颁布，共五章二十七条。明确规定：按照现行的管理权限，行政事业性收费项目和标准由中央和省两级审批，财政、物价部门是行政事业性收费的主管机关，财政部门会同物价部门负责收费项目设置的管理，物价部门会同财政部门负责收费标准制定的管理。

1997年12月29日通过的《中华人民共和国价格法》，于1998年5月1日施行。《价格法》第四十七条明确：国家行政机关的收费，应当依法进行，严格控制收费项目，限定收费范围、标准。自此行政事业性收费纳入依法治费轨道。

2004年9月，国家发展和改革委员会关于印发《收费标准管理规定（试行）》的通知，共五章二十五条，明确了总则，收费标准的申请和受理，收费的调查和论证，收费标准的公布和追踪调查以及附则。

2006年10月，江苏省财政厅、江苏省物价局关于印发《江苏省行政事业性收费管理暂行办法》的通知，共六章四十九条。对适用范围，行政事业性收费管理的主要内容，收费审批的权限，收费立项依据和程序，定调收费标准依据和审核原则，收费管理制度、收费资金管理，违反规定的处罚等作了具体规定。

第一节　主要管理制度

经过近30年的改革实践，苏州市行政事业性收费已基本形成一套比较完整的收费管理制度并得到严格执行。1988年6月，市物价局成立了收费管理科（1995年7月，市明确内设"科"改为"处"），主要承担国家和省规定的收费项目的具体贯彻实施工作；承担全市国家行政机关、事业单位收费管理工作，研究提出收费改革计划、方案及管理办法；具体实施行政事业性收费许可证管理制度和年检制度；配合有关部门清理整顿行政事业性单位乱收费问题；负责分管权限范围内的收费项目、标准的审批、调整和管理工作；协调、处理收费争议问题，指导全市国家行政机关、事业单位收费管理工作等。主要的收费管理制度有：收费目录管理、收费许可证、收费票据、收费年审、收费公示、收费统计报告、企业负担交费登记卡等制度。

一、收费目录管理制度

根据国务院、省政府有关文件精神,苏州市从1988年开始进行收费目录公布工作。

1988年3月,市物价委员会《关于转发〈江苏省公安、城建、交通系统省管收费目录〉的通知》明确:凡属省以上(含省)管理的,必须按照《目录》规定执行,凡是《目录》所列项目里派出延伸的新项目和需要提高收费标准、扩大收费范围的,必须向省物价局申报。凡是《目录》中未列出的收费项目,由各县(市)物价局(委)会同财政等部门清理整顿。

1988年6月至1989年12月,市物价委员会根据国务院和省政府《印发江苏省收费管理规定的通知》精神,共分八批次发布市以上行政事业性收费目录。

1993年4月,市物价局、财政局《关于公布苏州市教育卫生等四十九个系统行政事业性收费目录》,明确收费项目名称、收费标准、收费文件依据、收费范围和收费部门(单位)等内容,涉及49个系统,共882个收费项目。

1994年7月,市物价局、财政局、人民银行《关于公布人民银行系统行政事业性收费项目和标准的通知》,共8个收费项目。

1994年7月,市物价局、财政局、工商局《关于公布工商系统行政事业性收费项目和标准的通知》,共35个收费项目。

1994年7月,市物价局、财政局、人事局《关于公布苏州市人事系统行政事业性收费项目和标准的通知》,共6个收费项目。

1994年7月,市物价局、财政局、劳动局《关于公布劳动系统行政事业性收费项目和标准的通知》,共20个收费项目。

1994年7月,市物价局、财政局、司法局《关于公布苏州市司法系统行政事业性收费项目和标准的通知》,共6个收费项目。

1995年4月,市物价局、财政局、民政局《关于公布苏州市民政系统行政事业性收费项目和标准的通知》,共14个收费项目。

1995年4月,市物价局、财政局、交通局《关于公布苏州市交通系统行政事业性收费项目和标准的通知》,共23个收费项目。

1995年5月,市物价局、财政局、建委《关于公布苏州市建设系统行政事业性收费项目和标准的通知》,涉及4个部门,共40个收费项目。

1995年5月,市物价局、财政局、公安局《关于公布苏州市公安政法系统行政事业性收费项目和标准的通知》,共49个收费项目。

从2001年起,全市各部门和单位的收费项目,统一以市物价局、财政局公布的《行政事业性收费项目目录》为准,其具体征收范围、征收标准及资金管理方式等,应分别按照《行政事业性收费项目目录》中注明的法律、法规、规章和国家、省、市有权部门相关文件规定执行。凡未列入《行政事业性收费项目目录》以及《行政事业性收费项目目录》所列的文件依据未规定的行政事业性收费项目,机关、企事业单位和个人可以拒付。

2003年4月,市财政、物价局《关于公布苏州市2001年行政事业性收费项目目录的通知》,涉及54个部门,353项收费(其中涉企收费254项)。

2003年8月,市财政局、物价局《关于公布苏州市2002年行政事业性收费项目目录的通知》，涉及55个部门，369项收费（其中涉企收费266项）。

2004年9月，市财政局、物价局《关于公布苏州市2003年行政事业性收费项目目录的通知》，涉及57个部门，370项收费（其中涉企收费259项）。

2005年6月，市财政局、物价局《关于公布苏州市2004年行政事业性收费项目目录的通知》，涉及56个部门，336项收费（其中涉企收费227项）。

2007年12月，市财政局、物价局《关于公布苏州市2006年行政事业性收费项目目录的通知》，涉及50个部门，322项收费（其中涉企收费212项）。

2009年2月，市财政局、物价局《关于公布苏州市行政事业性收费项目目录（截至2009年1月1日）的通知》，涉及41个部门，166项收费（其中涉企收费130项）。

2010年1月，市财政局、物价局《关于公布苏州市行政事业性收费项目目录（截至2009年12月31日）的通知》，涉及38个部门，148项收费（其中涉企收费105项）。

二、收费许可证制度管理

1987年1月，国务院发出《关于加强物价管理保持市场物价基本稳定的通知》规定：各级人民政府要组织有关部门对乱涨价、乱收费的问题进行一次全面的检查、清理。重要的收费项目，要由价格部门颁发收费凭证，加强管理。

1988年1月，江苏省物价局《关于印发江苏省收费许可证、江苏省收费员证暂行规定》的通知明确：凡是江苏省各级机关、群众团体、事业单位、企业单位（包括外商投资企业），以及国务院各部委、外省、市和中国人民解放军、武装警察部队设本省境内，面向社会的服务单位的行政性、事业性收费必须经过有权机关审查批准，领取江苏省收费许可证和江苏省收费员证后，方可收费。

1988年3月，市物委印发了《关于在苏州市实行江苏省收费许可证和江苏省收费员证的通知》明确：为了认真贯彻通知精神，苏州市在前一阶段开展对城建、公安、交通三系统收费整顿的基础上，结合对上述三个系统审核收费项目和收费标准工作，先一步实行江苏省收费许可证江苏省收费员证制度试点，然后再逐步扩大到全市。

1988年6月，江苏省人民政府印发了《江苏省收费管理规定》的通知，其第十九条规定：对行政性、事业性和国家管理的经营性收费要实行收费许可证制度。凡向社会收费的，必须经所在地价格部门审核批准，领取江苏省收费许可证和江苏省收费员证后，方可收费。

1994年4月，江苏省人民政府办公厅发布《江苏省收费许可证管理规定》：凡在江苏省境内的各级行政、事业单位（含中央及外省、市驻江苏省各地的行政、事业单位、社会团体）及政府定价的经营性收费单位，面向社会收费，均必须经过收费管理的有权部门审查批准，领取江苏省收费许可证后，方可收费。收费许可证每4年更换一次。收费单位申领许可证，必须在对外收费前20天内，持收费管理有权部门的批准文件，填写许可证申请表，业务主管部门审核同意，向同级价格主管部门提出申请，经审查合格后发给许可证。没有收费许可证，没有亮证收费，没有使用规定票据的，任何单位或个人可以拒绝付费，都有权向价格、财政部门举报。

1998年10月，国家计委等六部门印发《收费许可证管理办法》，进一步完善收费许可证制度,并明确:收费许可证由国务院价格主管部门负责统一制定样式,中央和省两级价格主管部门印制,各级价格主管部门分别核发。收费许可证实行一点一证,有效期3年。收费许可证是收费单位合法收费凭证,也是政府管理收费的有效形式和社会监督的有力手段。

2005年6月,省物价局转发《国家发展改革委办公厅关于变更收费许可证样式等有关问题的通知》,要求对行政事业单位收费实行收费许可证管理是价格部门加强收费监管、确保收费政策贯彻落实的重要手段,各地要按照原国家计委等部门发布的《收费许可证管理办法》和《国家发展改革委办公厅关于变更收费许可证样式等有关问题的通知》的规定精神,做好宣传解释工作,加强收费许可证的核发、变更和年审工作。

2006年3月,江苏省物价局《关于印发收费许可证管理有关制度的通知》,明确收费许可证核(换)发及变更制度、收费许可证年审制度和收费许可证互审制度。

三、收费票据制度

1988年6月,国家物价局、财政部发出《关于加强行政事业性收费管理的通知》规定:"凡经批准的行政、事业性收费,收费单位应向价格部门申领收费许可证,并使用财政部门统一印制的收费票据方可收费。"

1988年6月,江苏省人民政府印发了《江苏省收费管理规定》,该规定第二十条:经营性收费凭证由税务部门制发,事业性、行政性收费统一使用财政(税务)部门审查制发或认可的票据。

1994年4月,江苏省人民政府办公厅在《江苏省收费许可证管理规定》和《江苏省行政事业性收费(非商事收费)票据管理暂行办法》中,对行政事业性收费(非商事收费)票据的种类及适用范围,收费票据的管理、罚则进行了详细界定。

1994年6月,市政府办公室印发《苏州市行政事业性收费票据管理实施细则》和《苏州市行政事业单位预算外资金财政专户储存收支两条线管理实施细则》,对贯彻执行《江苏省收费许可证管理规定》和《江苏省行政事业性收费(非商事收费)票据管理暂行办法》,提出具体的管理办法和要求。

1999年10月,市政府办公室印发《苏州市行政事业性收费和政府性基金票据管理实施办法》,对行政事业性收费和政府性基金票据的印制、发放、购领、使用、保管核销,以及监督和处罚作了规定。

2006年8月,省财政厅印发《江苏省财政票据管理暂行办法》,共七章三十七条,对财政票据的管理原则、种类,以及适用范围、印制、购领、使用、核销、管理、监督和罚则作了规定。

四、收费年审制度

1992年6月,市物价局转发省物价局、财政厅《关于建立收费年检制度的通知》,从当年起苏州市开始实施收费年检制度。收费年检每年组织一次,主要是对各收费单位查验收费项目、收费标准和收费范围的执行是否符合规定;查验使用收费许可证、收费员证及财政统一票据、专户存储落实情况;查验收费财务管理及开支使用情况,为收费项目及收费标准的变更提供依据;发现收费中存在的问题,及时予以解决。

1992年6月，市物价局、财政局《关于开展行政、事业性收费年检验证工作的通知》，明确对1991年度的收费项目、标准、范围以及票据执行情况和收支情况进行全面审查。

1994年4月，江苏省人民政府办公厅发布《江苏省收费许可证管理规定》，其第十条规定：各级物价部门会同财政部门按"谁发证，谁年检"的原则，对领证单位每年进行一次年检，检审其收费明目、标准、范围是否符合规定，使用收费许可证、财税票据（发票）是否符合规定，收费财务管理、开支使用是否符合规定。收费单位应按规定接受年检，缴纳年检费。凡未按规定接受年检的，其许可证自动失效。财政、税务部门相应停止供应和封存已领未用收费票据。

五、收费公示制度

苏州市收费公示制度首先是从涉农价格和收费公示开始实行的。根据省政府1994年3月颁布的《江苏省农民承担费用和劳务管理办法》第十七条规定：面向农民的行政事业性收费，必须依据法律、法规、国务院授权部门的决定或省政府规章的规定。其项目设置、收费对象和收费标准，应由省级业务主管部门提出申请，经省农民负担监督管理部门会同省计划、财政、价格部门审核同意，报省人民政府以规章形式发布。有关部门要严格按照批准的项目和标准收取，并出示收费许可证，否则农民有权拒交。

2001年8月20日，苏州市物价局会同市财政局、监察局、农民负担监督管理办公室发出《关于进一步推进和规范涉农收费公示制的通知》，进一步明确了涉农收费的内容、收费项目和标准。

2002年4月，苏州市物价局、财政局、监察局《关于苏州市进一步推行和规范涉及私营个体经济行政事业性收费公示制度实施意见的通知》，明确了涉及私营个体经济收费公示制度的主要内容。

2002年10月，江苏省物价局印发主要涉农价格和收费公示目录，公布全省涉农的22个部门73项价格和收费，要求每年组织一次涉农收费公示工作的专项督查。

2002年7月，江苏省物价局、财政厅、教育厅《转发国家计委、财政部、教育部关于教育收费公示制度的通知》，明确江苏省各级各类学校的所有收费均应实行教育收费公示制度。

2003年7月，江苏省物价局颁发了《江苏省行政事业性收费实行公示的暂行规定》，明确凡在江苏省行政区域内进行行政事业收费活动的单位，必须实行收费公示。

2003年8月，江苏省物价局、财政厅、教育厅《关于进一步落实教育收费公示制度的通知》，规定了各类学校教育收费公示的内容与格式要求。

2004年3月，省物价局转发《国家发展改革委关于全面实行收费公示制度的通知》，明确江苏省乡（镇）及以上各级行政事业收费单位，都必须按照《国家发展改革委关于全面实行收费公示制度的通知》的要求，在2004年9月底前完成公示栏的设立。各地价格主管部门要对本地区范围各收费部门的收费公示栏的设置和收费公示情况进行督查，各省辖市10月底前将公示情况汇总上报省物价局。收费公示工作按属地管理原则执行。除省级价格主管部门负责实施、管理、监督在宁的省、部属行政事业性单位收费公示外，其余省、部属收费单位分别由所在市、县价格主管部门组织实施。各级价格主管部门批准的经营服务性收费公示，参照执行。

2004年8月，市物价局印发《苏州市行政事业性收费公示制度实施办法》，明确了收费公示的范围、内容和方式。凡是实行行政事业性收费管理及收费许可证管理的收费均应实行公示制度。收费公示的主要内容包括：收费项目、收费标准、收费依据（批准机关及文号）、收费范围、计费单位、投诉电话等。公示制度采取设立公示栏、公示牌、收费明细表（册）或电子显示屏、电子触摸屏等方式，各单位的收费公示栏（含公示牌、电子显示屏、电子触摸屏等）要长期固定设置在收费场所等方便群众阅读的地方。

2006年9月，市物价局、教育局、财政局转发省物价局、教育厅、财政厅《关于进一步完善教育收费公示工作的通知》，要求制定统一格式，全面实行公示制度。公示栏、公示牌、公示墙等应长期、固定设置在学校醒目位置，方便学生和家长阅览。教育收费公示要实行动态管理，公示的内容应随着收费项目和标准的变动情况及时做出调整，及时更换或更新有关内容。

六、收费统计制度

1996年1月，市物价局根据《江苏省物价局〈关于实行江苏省行政事业性收费统计报告暂行办法的通知〉的通知》精神，开始对1995年度的行政事业性收费进行统计工作。

1996年4月，市物价局转发省物价局《关于实行〈江苏省行政事业性收费统计报告暂行办法的补充通知〉的通知》，进一步明确收费统计内容要求。

2003年3月，省物价局印发《江苏省收费统计制度》，明确收费统计主要由收费统计报表和收费统计分析报告两部分组成，每年5月底前汇总上报。

2006年2月，省物价局关于印发《江苏省收费统计报告制度（试行）的通知》，明确收费统计报告制度是指各级价格主管部门对本地区的年度收费情况按要求进行汇总、整理、编制、分析，并报告上级价格主管部门的制度。按谁发证、谁统计、谁分析的原则填报、汇总、分析统计数据。

2008年2月，省物价局印发《江苏省收费统计报告制度》和《江苏省收费统计工作考核办法》，明确市级价格主管部门具体负责本地区的统计报告制度的组织和实施，指导县（区）开展收费统计工作，汇总、分析、报告本行政区域内的收费统计情况。

2008年2月，市物价局印发《关于做好全市收费统计工作的通知》，要求要高度重视收费统计报告工作，要指定专人负责，落实工作制度，明确专人审核，确保收费统计资料真实、及时、准确地上报；要结合当地经济和社会发展情况，对收费管理工作进行认真、深入的分析，并形成一定质量的收费情况年度分析报告；按照《江苏省收费统计工作考核办法》，对各市、区的收费统计工作完成情况进行考核。

表10-1 2001~2010年全市收费年审数据统计情况表

年度	收费单位数（个）	年收费总额（万元）	其中			收费项目数
			行政性收费（万元）	事业性收费（万元）	经营性收费（万元）	
2001	5280	560308.3	79042.14	410467.2	—	—
2002	4997	721535.08	221201.48	487710.64	—	339
2003	4980	742737.03	220412.79	522324.24	—	404

年度	收费单位数（个）	年收费总额（万元）	其中			收费项目数
			行政性收费（万元）	事业性收费（万元）	经营性收费（万元）	
2004	4061	923070.71	258225.06	664845.65	—	372
2005	4453	1088790.30	327702.70	724943.02	36144.58	342
2006	3772	1177507.83	348034.2	766674.64	62798.99	346
2007	3853	1311603.36	406170.97	827513.95	77918.44	246
2008	3491	1507800.00	458700.00	948200.00	100000.00	208
2009	2981	1409600.00	231900.00	1047000.00	130700.00	136
2010	3127	1660100.00	290700.00	1220500.00	148900.00	136

注：表中的经营性收费，是指根据江苏省物价局要求，列入统计的经营性收费项目。

七、企业负担交费登记卡制度

试行企业交费登记卡制度是一项系统工程，是防止和杜绝乱收费、减轻企业负担的有效措施，根据江苏省政府《关于减轻国有企业负担的通知》要求，1996年苏州市开始试行企业交费登记工作。

1998年3月，市物价局、监察局《转发省物价局、监察厅〈关于做好企业交费登记制度试行工作的通知〉的通知》，明确要严格按照省物价局、监察厅制定的《企业交费登记有关事项》执行，在交费时，督促收费单位认真、及时、准确、逐项做好登记工作；凡收费不登记的，付费企业可拒付；凡交费时对政策规定不明了，理解不一，收、交费双方产生矛盾时，交费企业可暂缓交费，及时与当地物价、监察部门联系，经认定后，按规定交费，并做好交费登记工作，不得超出规定收、交"人情费"和"无奈费"。

1998年4月22日，市物价局会同市监察局、市减负办联合召开"苏州市试行企业交费登记卡动员大会"。苏州市270家单位进入省首批企业交费登记卡制度试点单位。

1999年7月，市物价局、经济协作办公室《关于外地来苏企业试行"企业交费登记制度"的通知》，明确外地来苏企业，除要求执收单位认真填写企业交费登记卡外，还应核实执行单位履行公务时，是否严格执行"二证、一票、一卡"制度。

2004年3月，市物价局、财政局在《关于进一步推进企业交费登记卡制度的通知》中进一步要求：各市、区物价、财政部门要增强服务意识，注意掌握本地企业开办信息，及时将企业付费登记卡免费发放到企业手中，并建立相应的发放、查验、存档等制度；各收费单位向企业实施收费时，必须出示物价部门颁发的收费许可证，要认真逐项填写企业付费登记卡中的有关内容，企业交费后要开具合法的收费票据；企业要加强内部财务管理，健全规章制度，要加强法制观念，自觉抵制乱收费。企业交费时有权要求收费单位填写企业付费登记卡，对不填写此卡的，企业有权拒交有关费用，并向当地物价、财政部门举报；各市、区要在全面推行企业交费登记卡制度上，建立企业交费监测点，作为对企业交费登记卡制度执行情况的跟踪落实。

2004年12月，市物价局、经贸委、监察局转发省物价局、经贸委、监察厅《关于全面实行企业付费登记卡制度的通知》，明确"企业付费登记卡"的发放工作由市经贸委负责。各市、区物价局（办）要按照文件的要求，继续做好企业交费监测网络建设，及时收集、分析、上报有关企业交费监测信息。

第二节　清费治乱减负

中共中央、国务院于1990年9月16日下发了《关于坚决制止乱收费、乱罚款和各种摊派的决定》，中央各部门和地方政府积极贯彻党中央、国务院的要求，对各种收费进行全面清理。

1990年，按照上级统一部署，苏州市全面开展了整治"乱收费"工作。据统计，全市共清理78个部门，3531个单位，清理收费项目580项，清理收费标准8535个。共取消收费项目154项，收费标准193个，总金额1119.19万元。

1991年，按照规范收费行为，减轻企业负担，完成了第一、第二批行政事业性收费审查核定工作，认定继续执行收费项目321项，取消项目96项。

1993年7月，苏州市政府批转市物价局《关于加强物价管理制止乱涨价、乱收费的若干意见》的通知，要求各级领导应充分认识到当前稳定物价的重要性，各部门必须密切配合，自觉做好这一工作。

1993~1994年，分批公布取消了289个不合理收费项目，降低了19个收费标准。一年可减轻社会负担1.41亿元。

1996年11月，苏州市公布第三批取消的54项行政事业性收费项目，涉及外经委、建委、邮电、公安、民政、交通等二十个系统。

1997年，认真贯彻国务院、省和市政府关于治理向企业乱收费、乱罚款和各种摊派问题的决定，取消48项建设项目收费。

1998年，对苏州市涉及企业的行政事业性收费进行全面排队调查摸底，排出了市自立收费项目33项，并作了全面认真的审核，形成清理整顿意见，提请市政府审核。经市长常务会议批准，分三批对自立项目清理取消。据统计，苏州市区可减轻企业和社会各方面负担3196.944万元。同时，贯彻上级文件取消、降低、合并行政事业性收费97项，取消、降低了6项邮电通信费，两项合计可减轻企业和社会各方面负担4.1926亿元。

1999年，苏州市共取消各种向企业收费项目239项，可减轻企业和群众负担47420.2万元。

2002年，贯彻省政府第五批取消向企业收费的有关规定，可减轻企业负担513万元/年；贯彻中央、省将部分行政事业性收费转为经营服务性收费，即由强制性改为协议性，可减轻企业负担3152万元；同时又认真贯彻省对公安系统行政事业性收费目录（正公布），取消11项收费，调整10项收费，可减轻社会各方面负担2630万元；贯彻省对国际集装箱运输车辆通行费实行的优惠措施，以及降低加工贸易出口货物品质检验收费标准，两项合计可减负4273万元。

2004年，苏州市认真贯彻落实《行政许可法》，依法清理收费项目、降低收费标准的金额达3452.13万元，优惠政策减免金额达8369.79万元。

2005年，苏州市认真贯彻了上级有关取消收费项目的落实工作，涉及收费项目14个，金额为1342.03万元。

2006年，苏州市取消项目涉及的收费总额为6969.43万元，涉及的收费项目2项，主要是建筑管理费和非刑事案件检验鉴定收费；降低收费标准涉及的收费总额为97.33万元，涉及的收费项目3项，主要是税务登记证工本费（国税、地税）和计价器（表）检定费。

2008年，认真贯彻江苏省政府规定，根据省物价局、财政厅公布的全省行政事业性收费项目目录，结合苏州市清理收费项目的工作实际，编制公布了新的收费项目目录，涉及42个部门的166项收费。与省公布项目目录相比，苏州市收费项目总量减少60项，其中涉及企业收费项目减少35项。全市每年可为企业和社会减轻负担6.2亿元。

2009年，认真贯彻省政府文件规定，市物价局会同财政等部门认真清理收费项目，在省公布的71项收费中，苏州市涉及51项，可减轻企业和社会负担2.87亿元。

2010年，以贯彻落实《省政府关于进一步取消和停止征收部门行政事业性中介经营服务性收费项目的通知》及《省物价局、省财政厅关于降低收费标准和实施收费减免政策的通知》，市物价局会同市财政局组织开展清理收费项目工作，公布了苏州市38个部门的148项行政事业性收费，与原目录相比减少了18项，减幅10.84%，与省公布目录相比，减少41项，减幅21.69%。

第三节　教育收费

苏州是中国著名的历史文化名城和人文荟萃之地。文化积淀的厚重，崇文、尊师、重教之风盛行，以及雄厚的经济基础，对苏州教育事业的兴旺发达起到了强有力的支撑与推动作用。

建国前的教育经费来源，官办、公办中等以上学校由政府、社会团体出资，城区各初等小学则以紫阳、正宜等书院，田亩，房屋租息拨充，乡区以田赋、附加费与教育捐款拨充。私立学校的经费主要来自学费收入，其次还有校董会补助，教会学校有教会津贴。学费标准出现了办学主体多元化、收费标准多样化的局面。以民国24年（1935）例，私立东吴大学每生每学期收学费100元（法币，下同）其他费用100元（试验费不包括在内），苏州中学每生每学期收学杂费45元，县立初级中学收学杂费18元，私立桃坞中学收费97元。

建国初至2010年的60年间，教育收费属于重要的事业性收费，执行国家和省级主管部门的规定与指导，并随着教育事业的发展，不断调整管理方法和收费标准，以适应日益增长的文化教育需求与变化。教育收费政策的变化大致可分为两个阶段。建国初至20世纪70年代末期，以普及教育为宗旨，实行公办教育，低标准收费；1980～2010年间，为与经济体制改革相适应，加快发展教育事业、以全面培养经济建设和社会发展紧缺的各类人材为宗旨，各级各类教育发展快，办学主体多元化，且收费呈多样化。

一、公办学校收费

1. 建国初期到20世纪70年代末期以普及教育为宗旨，低标准收费

建国后，教育经费由教育局管理。20世纪50～60年代中期教育经费靠国家财政拨款，主要用于高等教育与中等教育；靠地方经费拨付，主要用于初等教育；向学生收取学杂费。20世纪50年代初，江苏省政府以及省教育行政部门，遵循普及基础教育和向工农子女开门的指导思想，又根据各地经济发展实际情况，明确义务教育阶段只收取杂费，并由省统一规定杂费收取标准。

1953年，江苏省教育厅颁布的《江苏省公立中等学校及初等学校收费办法》明确规定：除代办费外的杂费，一律并入学费这一项目征收。征收的款项全额上缴国库，作为专款，由教育主管部门统筹安排。当期，苏州市的学费征收标准为每生每学期高中9元，初中7元，小学高级6元、初级5元，低级及幼儿园3.5元，减免率为30%。

1956年，省教育厅、财政厅联合颁布的《江苏省公立中小学杂宿费收支管理办法》规定，全省原来收取的学费一律更名为杂费，并规定按苏南、苏北、苏中地区，农村与城市，小学阶段初级与高级，小学与中学这样的层级来分别制定收费标准。苏州专区的中小学杂费标准为：每生每学期小学初级3～4元，小学高级5元，初中7元，高中10元。

1966年"文化大革命"之前，苏州市区的学杂费征收标准为小学一到二年级3元，三到四年级4元，五到六年级5元；初中8元；高中11元。

"文化大革命"期间，由于"停课、复课"诸类情况发生，教育秩序极不正常。江苏省规

定的学杂费收费标准无形取消，各地的学杂费收取自定标准。由于缺乏了全省的通盘考虑，全省各地收费呈现不尽合理之处。当时，苏州市每生每学期的学杂费收费标准为小学不分低、中、高级一律3元，中学不分初、高中一律5元，其实际收费标准远低于"文化大革命"前。此局面延续到20世纪70年代末。

2. 20世纪80年代开始至2010年，以加快发展教育事业、实行多元化办学、提倡素质教育为宗旨，与此相适应出现了各级各类多样化的收费标准

1980年，中共中央作出的《关于普及小学教育若干问题的决定》，提出了"以国家办学为主体，充分调动社队集体、厂矿企业等各方面办学的积极性，鼓励群众自筹经费办学"的"两条腿走路"的办学方针，以促进教育事业的发展。这个《决定》的出台，为随后的教育大发展及多种形式办学，提供了政策依据。

1981年10月，为解决"文化大革命"期间造成的教育收费不合理现象，省教育厅、物价委员会联合下发《关于整顿中小学杂费标准的通知》，重新规定了中小学学杂费收费标准。尽管此标准在下发前曾广泛征求各级相关单位的意见，但由于制定的收费标准仍然较低，难以维系学校的正常开支，故于当年年底《通知》暂缓执行。

1984年5月，为了支持教育事业的发展，解决在"文化大革命"期间由于学杂费较大幅度降低造成许多学校教育条件难以改善的困境，适应"四个现代化"的需要，省教育厅、物价局联合发出《关于调整中、小学学杂费标准的通知》，调整收费标准，规定苏州地区的收费标准为：每生每学期小学低年级（一、二年级）3元，小学中年级（三、四年级）4元，小学高年级（五、六年级）5元；初中和高中分别为8元和9元。

1985年，省政府批转了省教育厅《江苏省实行九年制义务教育的意见》，开征了教育事业附加费，并要求在自愿的基础上，鼓励单位、集体、个人捐资办学。

1987年3月，市教育局、财政局、物价委员会转发了省教委、财政厅、物价局文件《关于中小学杂费标准的通知》。有关苏州市的收费标准未变化，只是将原先的学杂费名称改为杂费。这个更名是根据《江苏省实施〈中华人民共和国义务教育法〉办法》第十条规定而作出的。

1989年1月，随着"九年制义务教育"的逐步实施，市级财政对教育的拨款逐年增加，教育附加费也有所提高，为教学条件的改善提供了保证，但需要进一步改善教学条件还存在诸多的经费困难问题。依据江苏省教委、财政厅、物价局发出的《关于整顿中小学收费问题的通知》，结合苏州实际，市物价委员会、教育局、财政局联合发文，对全市中小学（含农职业学校）的收费标准进行整顿调整（详见下表10-2）。其中，经过批准的全市九所重点中学高中部收费标准调整为杂费19元，农职业中学按普通高中标准执行。学校可向寄宿生收取每人每学期住宿费12元，水电费8元。同时该《通知》还对困难生杂费减免、收取的杂费管理以及代办费收取、使用以及结算等事项做出规定。并重申坚决制止和纠正中小学乱收费行为，各教育主管部门和学校都要以高度负责和严肃的态度，坚决执行省政府办公厅1988年9月发出的《关于坚决制止一些中小学乱收费的紧急通知》，不得收取"跨区费、议价生费、复读费、延长班费"等。

表10-2　1988~1989年第二学期全市普通中小学杂费标准

单位: 元/生·学期

项目	小学			初中	高中
	低年级	中年级	高年级		
收费	5	7	9	13	16

同年8月,市物价、教育部门联合发出《关于中小学有关收费问题的通知》,根据《中华人民共和国义务教育法》,小学及初中为实施义务教育阶段,免收学费;高中(含农、职业中学)应收学费,收费标准为每生每学期20元,由家长负担;经省批准的全市九所重点中学中的高中部分,收费标准为每生每学期24元。高中(含农、职业中学)的学费收取从1989年秋季入学开始执行。该《通知》还规定了因特殊情况,必须在苏州市借读学生的借读培训费收费标准(详见表10-3)。同时,重申了本市中小学代办费统一收费标准:高中25~30元,初中20~25元,小学15~20元。

表10-3　1989年苏州市借读培训费收费标准

单位: 元/生·学期

项目	小学	初中	高中
户口在本省内来苏州市借读(含市、县间)	30	40	60
户口在外省、自治区和直辖市来苏州市借读	40	70	80

20世纪90年代开始,江苏的教育事业快速发展,同时带来较大的教育经费缺口,经省政府同意,决定从1992年起,每两年适当调整一次中小学学杂费标准,以解决部分教育经费缺口问题,促进江苏教育事业的发展。

1992年8月,市教育局、财政局、物价局发文,对本市中小学杂费和借读费适当调整:小学每生每学期杂费为14元,初中(含职业初中)为22元,高中70元。确有特殊需要借读的学生,需支付借读培养费,标准为每生每学期小学100元、初中200元、高中300元。经省批准的9所重点中学可在上述标准上浮20%。学杂费减免比例掌握在学生数的5%以内,重大自然灾害下可放宽到10%。

1993年2月,中共中央、国务院发布了《中国教育改革和发展纲要》,明确教育收费由中央和省两级管理,苏州市的中小学收费均严格执行《中华人民共和国义务教育法实施细则》及省级政府相关部门的规定。

1996年1月,市物价局函复市教委,同意调整中小学代办性、服务性收费标准。代办费:小学由每生每学期60元调整为80元,初中由70元调整为100元,高中由100元调整为120元,计算机上机实习费每生每学期30元;服务性收费中蒸饭费每生每学期由10元调整为15元,小学"放心班"收费标准每月10元,报考初中报名费每生每次从3元调整为6元。执行日期为1996年春季入学开始。

同年5月,市教委、财政局、物价局联合发文,对中小学学杂费收费标准作了调整,这是贯彻省相关文件精神、为促进苏州市教育事业健康发展,并考虑到中小学办学实际状况和物价上涨等因素，经研究制定后报请市人民政府同意后实施的。调整后的义务教育段杂费收费标准：每生每学期小学40元，初中65元。非义务教育阶段的学杂费标准：一般高中每生每学期150元，省重点中学高中每生每学期学杂费为260元。凡住宿的初中、高中部学生每生每学期（含水电费）45元。为发展普通高中教育，不断提高高中阶段的普及程度，实现"九五"期间的发展目标，属于非义务教育阶段的高中（含职业高中）要逐步实现缴费上学，同时规定自费生培养费标准，一般高中每生每学期650元，省重点高中每生每学期900元。已缴纳培养费的学生不再交学杂费，自费生的录取分数线坚持从高分到低分、公平择优录取。提高自费生录取比例后，不再收取借读生费。同期，中小学收取代办费标准为每生每学期小学90元，初、高中120元。同时，还规范了借读生的收费标准，城镇流动人口子女需要在本市借读的，每生每学期收费为：本省居民子女在市内异地借读的，小学180元，初中350元；外省（市）学生来苏州市借读的，小学240元，初中400元。收取借读费后不再收取杂费。港澳台及外籍专家子女需要入学借读的收费问题也有了规定。此外，还对代办费的结算以及每班学生名额组成、困难学生减免等作了说明。

同年7月，市教委、物价局联合发布《关于做好1996年秋季中小学招生工作的若干意见》，依据省教委、物价局《关于中小学办学体制改革中有关问题的通知》有关规定，有计划地选择有条件的学校进行办学体制的改革试点。由此，苏州中学试办"立达"，市三中试办"平江"，市一中试办"草桥"，市十中试办"振华"——开始。其后，苏州大市范围内还有众多的类似这样"两权分离"的学校出现。这些有着办学体制、教育特色优势以及高标准收费特点的学校，以优质教育资源，为满足人民群众日益增长的教育需求提供了多种选择。

1998年6月，考虑到发展苏州市中小学教育事业的需求和近年来中小学生教育成本上升实情，同时照顾到群众实际承受能力，经研究并报请市政府同意，市教委、物价局、财政局联合发布文件《关于调整中小学学杂费收费标准的通知》，适当调整收费标准。对普通高中的自费生比例不再确定，而只确定每班22名公费生名额，其余即为自费生；依托重点中学、实验小学举办的公办民助、民办公助学校的条件，也作了必须具备"独立法人、独立校园、独立校舍、独立核算"的规定；对经济困难学生的资助、学费减免、优等生的奖励等也作了明确，减免学杂费的比例要达到15%，特殊情况可扩大到20%~25%。同期，随着教育事业的快速发展，教育手段和管理水平的逐步提高，学校的代办费内容也发生了很大的变化。为适应教育发展的实际情况，在政策上给予必要支持，规范代办费的收取行为，市教委、物价局贯彻省教委、物价局相关文件精神联合发出的关于《转发〈江苏省中小学代办费管理办法〉的通知》强调：代办费的收取必须坚持必要性的原则，在学期结束，必须对其进行结算，多退少补，并向家长公示。市区小学的代办费收费标准为每生每学期120元，中学（含职中）每生每学期150元，开设计算机教学课的学校可向学生收取上机费30元。

表10-4　1998年苏州市中小学收费项目标准表

单位：元/生·学期

收费项目	收费标准	备注
小学杂费	50	—

收费项目		收费标准	备注
初中杂费		80	—
普通高中学费	一般高中	170	—
	省重点高中	300	—
中学住宿费	一般	60	公寓式收费由市教委、物价局、财政局核定标准
	公寓式	100	
普通高中自费生	一般高中	650	自费生缴纳培养费后不再交杂费
	省重点高中	900	
小学借读费	省内异地借读	220	借读生缴纳培养费后不再交杂费
	外省来江苏省借读	280	
初中借读费	省内异地借读	400	借读生缴纳培养费后不再交杂费
	外省来江苏省借读	450	

1999年6月，市教委、物价局、财政局再次调整了中学（含职中）的代办费收取标准，从当年秋季起，每生每学期调整为220元，凡计算机上网的学校，可收取上网费每学期5元。同月，上述三部门上呈《关于苏州市1999年进行市区省级重点高中招生收费制度改革实验的请示报告》，经市政府同意后，报请省级主管部门。6月，省教委、物价局、财政厅批复同意苏州市区省级重点高中、市级重点高中、一般高中先行试点实行公费生、自费生收费标准并轨。每生每学期省级重点高中收费标准为850元，市级重点高中650元，一般高中500元。苏州地区先行高中收费并轨，解决了各类招生之间的矛盾，增加了学校经费，有利于办学条件的改善。

2000年6月，市教委、财政局、物价局联合转发了省级三个对口部门的《关于调整中小学杂费标准和普通高中招生收费实行并轨的通知》（详见下表10-5）。经过苏州市人民政府批准，苏州大市秋季高中招生实行收费并轨，省级重点高中每生每学期850元，市级重点高中（经苏州市教委审定）每生每学期650元，一般高中每生每学期500元。暂不并轨的市（县），收费仍按照1998年的标准执行。高中并轨后，原在校的学生仍按原规定收费标准执行。普通高中收费并轨后，学校要从学费收入中提取15%左右，建立奖、助学金，用于对优秀学生奖励和经济困难学生的资助。初中、高中的住宿生，住宿费标准为每生每学期100元，公寓式宿舍按不超过200元执行，由市（县）教委、物价局、财政局审定、批复。省有关"并轨"的文件中同时规定，对福利机构收养的孤儿，家庭经济困难的、优抚对象、单亲家庭、城镇下岗职工和烈士子女，视困难情况给予减免学费、杂费的照顾。中小学减免学费、杂费的比例为收费额的5%左右。

表10-5　2000年江苏省中小学收费项目标准表

单位：元/生·学期

收费项目	收费标准			备注
	徐淮盐连宿	苏锡常宁	通扬镇泰	
小学杂费	60	70	60~70	—
初中杂费	90	100	90~100	—

收费项目		收费标准			备注
		徐淮盐连宿	苏锡常宁	通扬镇泰	
中小学住宿费		100			—
小学借读费	省内异地借读	190			借读生缴纳借读费后,还应缴纳杂费
	省外来江苏省借读	250			
初中借读费	省内异地借读	340			借读生缴纳借读费后,还应缴纳杂费
	省外来江苏省借读	390			

2002年4月,根据苏州市教育局文件《关于确认常熟市海虞中学等学校为苏州市级重点高中的通知》,苏州市第二高级中学、苏州市第四中学、苏州市第五中学、苏州市第十四中学等12所学校为苏州市首批市级重点高中。从2002年秋季开学,上述12所高中学生收费标准每生每学期调为650元,原在校生仍按原规定收费标准执行。同月,市物价、教育部门联合发文,重申市区每生每学期代办费标准为:小学120元,中学220元,特殊需超收的,应报请市物价局、教育局批准,并对相关代办费的管理作了说明。

2004年10月,苏州市实施义务教育阶段的学校中,开始推行"一费制"收费。规定2005年春季起,"一费制"中的杂费执行新标准:小学90元,初中130元,原"两权分离"学校的收费也执行上述标准。

2007年1月,市物价局、教育局转发了省物价局、教育厅《关于明确清理整顿改制学校有关问题的通知》。《通知》明确:严格执行《国家发改委、教育部关于做好清理整顿改制学校收费准备工作的通知》规定,全面停止审批新的改制学校以及新的收费标准;从2007年春季学期开始,已经改为公办学校的,执行同类公办学校的收费政策;对于明确为民办学校的,按照《民办教育收费管理暂行办法》规定,经成本核算后,重新制定收费标准。原公有民营、公办民助或民办公助等形式收费标准一律废止。这是一次明晰办学主体的整顿,将公办学校和民办学校严格划分,突出了公办学校其公益性的本质,同时解决了公民享受教育资源的公平性。

同年1月24日,市物价局、教育局发出《关于2007年春季义务教育阶段课本费有关事项的通知》,其中规定课本费收费标准为:小学一、二年级30元,三、四年级60元,五、六年级70元,初中一、二年级110元,三年级80元。上述课本费除小学一、二年级不配磁带外,其余均含英语磁带费,具体为:三、六年级英语课本各配套1盒磁带,磁带费共4.5元;初中各年级英语课本各配2盒磁带,磁带费共9元;英语补充习题不配磁带。因使用的教材版本存在差异,课本费可在上述基础上,上浮10%,下浮不限,并实行多退少不补相关规定。

2008年8月,市物价局、财政局、教育局联合转发的省级主管部门《关于明确义务教育阶段公办学校有关收费问题的通知》,规定城市义务教育阶段的学校收费项目为作业本费和服务(代办)收费。服务(代办)收费包括:住宿费、社会实践活动费、校服费、困难班费。各学校可向自愿在学校就餐的学生收取伙食费。按照国家规定,城市义务教育阶段学校可向异地借读的学生收取借读费;户籍在同一辖区范围内不得收取,符合当地政府规定接受条件的进城务工子女免收;农村中小学不得收取借读费。

2010年11月,省物价局、教育厅转发国家发改委、教育部《关于规范小学服务性收费和代收费管理的有关问题的通知》,再次明确了公办中小学服务性收费和代收费项目的内容。服务性收费:城市义务教育阶段服务项目为住宿费、伙食费,农村的为伙食费,普通高中的为住宿费、伙食费。代收费项目:作业本费(2011年春季学期免收)、校服费(农村中小学不要求)、社会实践活动费(仅限城市中小学,为门票、交通费、食宿),普通高中代收费项目为教材(含磁带)费、作业本费、校服费(农村中小学不要求)、军训服装费、社会实践活动费(仅限为门票、交通费、食宿)。《通知》还就服务性收费、代收费标准等制定及管理作了规定。

二、民办及多种形式办学收费

1. 多种形式办学(班)背景与收费沿革

1980年,党中央在《关于普及小学教育若干问题的决定》中,提出了"以国家办学为主体,充分调动社队集体、厂矿企业等各方面办学的积极性,鼓励群众自筹经费办学的两条腿走路"办学方针,进一步促进教育事业的发展。这个政策的出台,为随后的多种形式办学,提供了政策依据。

1986年6月、1988年4月,苏州市教育局、财政局、物价委员会两次调整了社会力量办学收费标准,为社会力量办学的持续发展奠定了基础,也满足了全市学历、非学历教育的需求。

1988年,苏州市被列为全国教育综合改革实验城市,国家教委批准了《苏州市教育综合改革方案》。该方案中的重要内容之一:"政府资金投入得到充分保证下,还积极引导鼓励厂矿企业、社会力量捐资助学和群众集资办学。"

1991年5月,市教育、物价、财政三部门联合转发了省教委、物价局、财政厅《江苏省社会力量经费收支暂行管理办法》一文,文中规定举办非学历教育的,原则上经费自行筹集,可按量入为出、略有结余的原则,向学员个人收取合理费用。

1993年,《中国教育改革与发展纲要》提出:国家对社会团体和公民个人依法办学,采取积极鼓励、大力支持、正确引导、加强管理的方针。省教委、计委相继印发了《江苏省民办中小学幼儿园设置暂行办法(试行)》、《江苏省民办中等专业学校设置暂行办法》等文件,规定除高等民办教育收费标准由省价格主管部门制定外,其余阶段的教育收费标准由各市价格主管部门和教育部门制定。

1995年国家教委颁布《中外合作办学暂行办法》。

1996年6月,为满足社会对教育的多种需求,江苏省教委、物价局联合下发了《关于中小学办学体制改革有关问题的通知》,试行中小学办学体制改革。本着"积极鼓励、大力支持、加强管理、正确引导"的原则,制定了具有"独立事业法人、独立财务核算、独立师资和独立校舍"等条件的公办民助类、民办公助类学校的标准及其收费标准。随后中小学中有关"民办公助"、"两权分离"、"特色、专长小班"应运而生,这一类有着鲜明特点的学校和班级,在相应的较高投入、较高收费的同时,也满足了家长对优质教育资源的需求。

1997年10月,为了鼓励社会力量办学,维护举办者、举办学校及其他教育机构、教师和其他教育工作者及受教育者的合法权益,促进社会力量办学事业健康发展,经国务院签署颁布的《社会力量办学条例》出台。《条例》规定:社会力量应当以举办实施职业教育、成人

苏州市价格志

教育、高级中等教育和学前教育的教育机构为重点,国家鼓励社会力量举办实施义务教育的教育机构作为国家实施义务教育的补充,此类教育机构按照国家有关规定收取费用,不以营利为目的。

2004年4月1日实施的《中华人民共和国民办教育促进法》,替代了先前的《社会力量办学条例》,成为民办教育的一个法律文件。《中华人民共和国民办教育促进法》界定了民办教育的法律地位。民办教育成为公办教育事业的一个有力的补充,并以其更适合各类人群的、富有特点的课程设置,满足了人民群众日益增长的文化教育需求,促进了教育事业的发展。

2010年4月,市编办批复市教育局《关于新设立达等五所中学校及有关编制调整的请示》,同意立达、平江、草桥、振华等学校为正科级建制的事业单位,从而使苏州市区这些知名的"公办民助类、民办公助类"初中学校回归公办校体制,收费亦按公办初中标准执行。

2. 多种形式的办学(班)学历教育收费标准

表10-6　1995~2010年苏州市民办学校收费一览表

单位:元/生·学期

日期	单位	收费类别	收费标准	备注
1995年12月	外国语学校	民办学校	5000	学杂费
1998年7月	通才实验学校	民办初中	2500	同上
1998年7月	通才实验学校	民办高中	3500	同上
1999年6月	四中园区学校	民办小学、初中、高中	5000	—
2001年4月	外国语学校	民办幼儿园	4600	管理费、保育费、杂费
2001年4月	外国语学校	民办初、高中	5000	—
2001年6月	新区蓝缨学校	民办学校	5000	—
2001年8月	外国语学校	民办综合高中班	6000	学费
2002年5月	瑞华双语学校	民办幼儿园	5000	管理费、保育费、杂费
2002年5月	瑞华双语学校	民办小学、中学	5000	—
2003年1月	园区育才中学	民办初、高中	6000	学杂费
2003年6月	枫华高级中学	中国与加拿大合作办学	13000	学费
2003年7月	新草桥中学	民办初中	4500	杂费
2003年7月	新草桥中学	民办高中	5000	学费
2003年8月	枫华高级中学	中国与加拿大合作高中	19000	25人/班
2005年5月	通才实验学校	民办初中	7000	—
2005年5月	通才实验学校	民办高中	8000	—
2005年7月	金阊外国语实小	民办小学	2500	—
2006年5月	金阊外国语实小	民办小学	3500	收费调整
2007年5月	振华双语学校	民办初中	4500	38人/班
2007年5月	草桥实验中学	同上	4500	—
2007年5月	平江实验中学	同上	4500	—
2010年7月	国际外国语学校	民办高中国际班	29000	—

表10-7　1996～2003年苏州市民办公助、公办民助、两权分离学校收费一览表

日期	单位	收费类别	收费标准	备注
1996年7月	市实验小学	两权分离	60元/生·学期	杂费
	新苏师范附小	同上	60元/生·学期	同上
	市一中	同上	100元/生·学期	同上
	市十中	同上	100元/生·学期	同上
	景范中学	同上	100元/生·学期	同上
1997年6月	平江实验小学	两权分离	60元/生·学期	跨区300
1999年6月	立达中学	民办高中	1500元/生·学期	—
	五中、苏中联办	公办民助高中	1250元/生·学期	—
2000年6月	园区育才中学	民办公助初中	2500元/生·学期	学费
		民办公助高中	3500元/生·学期	同上
2000年7月	市十中	两权分离	135元/生·学期	杂费
	市一中	—	135元/生·学期	同上
	景范中学	—	135元/生·学期	同上
	市实验小学	—	90元/生·学期	
	新苏师范附小	—	90元/生·学期	
	平江实验小学	—	90元/生·学期	
	敬文实验小学	—	90元/生·学期	
	沧浪实验小学	—	90元/生·学期	
	平直中心小学	—	90元/生·学期	
	金阊实验小学	—	90元/生·学期	
	东中市实验小学	—	90元/生·学期	
	彩香实验小学	—	90元/生·学期	
	郊区实验小学	—	90元/生·学期	
	立达中学	民办公助初中	1800元/生·学期	—
		民办公助高中	2200元/生·学期	—
	平江中学	民办公助初中	1800元/生·学期	—
		民办公助高中	2200元/生·学期	—
	草桥中学	民办公助初中	1800元/生·学期	—
		民办公助高中	2200元/生·学期	—
2001年12月	园区育才中学	民办公助初高中	5000元/生·学期	学杂费
2003年4月	振华双语实验学校	公办民助初中	3500元/生·学期	38人/班
		公办民助高中	4500元/生·学期	—
2003年7月	木渎中学天华	民办公助初中	1800元/生·学期	—
		民办公助高中	3500元/生·学期	—
2003年8月	姑香幼儿园	公办民营	600元/月	—

表10-8　1993～2007年苏州市特色学校、特色班收费一览表

单位：元/生·学期

日期	单位	收费类别	收费标准	备注
1993年10月	苏州中学	初中外语特色班	250元/生·学期	—
1996年7月	市六中	初中艺术特色班	150元/生·学期	杂费
		高中艺术特色班	400元/生·学期	自费生800
1996年7月	市三中	高中外语特色班	400元/生·学期	—
	市十四中	高中旅游特色班	400元/生·学期	—

日期	单位	收费类别	收费标准	备注
1999年6月	苏州中学	高中国际班	900元/生·学期	—
	四中园区学院	综合高中班	1250元/生·学期	培养费
1999年9月	金阊培智学校	养护寄宿班	700元/月	
2000年7月	市平直中心小学	双语实验专项费	600元/生·学期	含杂费
	东中市实验小学	—	600元/生·学期	同上
	新区实验小学	—	600元/生·学期	同上
	浒墅关中心小学	—	600元/生·学期	同上
	市二十四中	不满15岁职业班	200元/生·学期	—
		满15岁职业班	100元/生·学期	—
		高中职业班	800元/生·学期	—
	市六中	艺术特色班	230元/生·学期	杂费
	市二十六中	艺术特色班	230元/生·学期	杂费
	市十四中	创新教育初中	1250元/生·学期	—
		外事旅游高中	800元/生·学期	—
2001年6月	市六中	艺术特色初中	1000元/生·学期	含杂费100
		艺术特色高中	1500元/生·学期	含杂费850
	二十中	艺术特色初中	1000元/生·学期	含杂费100
		艺术特色高中	1500元/生·学期	含杂费850
	二十六中	艺术特色初中	1000元/生·学期	含杂费100
		艺术特色高中	1500元/生·学期	含杂费850
2002年7月	横塘中心小学	实验专项费	600元/生·学期	含杂费
	新区新升小学	同上	同上	同上
	平江区敬文小学	同上	同上	同上
	黄桥小学	同上	同上	同上
2003年5月	市十中	双语小班高中	4500元/生·学期	—
	虎丘高级中学	整合实验班	2000元/生·学期	45人/班
	苏州中学	高中双语实验	4500元/生·学期	35人/班
	市一中	同上	同上	同上
	市三中	同上	同上	同上
	市实验小学	双语实验小班	1000元/生·学期	同上
	苏州立达中学	双语教育实验	3500元/生·学期	同上
	苏州平江学校	同上	同上	同上
	苏州草桥实验中学	同上	同上	同上
	苏州景范中学	双语实验小班	1500元/生·学期	同上
2004年4月	市四中	空乘生源基地	1500元/生·学期	—
	田家炳中学	旅游特色高中	1100元/生·学期	—
	十中、园区一中	振华双语班	3500元/生·学期	—
2007年5月	苏州中学	剑桥国际高中	25000元/生·学期	第一年
		同上	325000元/生·学期	第二、三年

三、幼儿园（托儿所）收费

建国后计划经济时期，苏州市区幼儿园（托儿所）作为一种员工福利，大都被机关、企事业单位自行包揽，实行免费或象征性收点成本。街道居委会办的幼托机构不多，规模较小且收费低廉。

1980年后，随着改革开放的逐步深入，社会分工的细化，机关、企事业的一些职工生活福利如就餐、幼托、医疗门诊等逐步走向市场和社会化管理，旺盛的社会需求使幼托教育事业得以长足发展的同时，收费标准也逐步提高。

1986年6月，市财政局、物价委员会、妇联、教育局联合发文，贯彻落实江苏省财政厅、物价局、妇联《关于托儿所、幼儿园收费标准问题的通知》。《通知》强调：办好幼托事业，必须继续发扬自力更生、艰苦奋斗、勤俭办事业的精神，依靠国家、集体、个人三方面，多种渠道解决幼托事业的所需经费……其收费标准的制定根据幼儿园的经常费开支，按照收支平衡、略有盈余的原则进行调整，并公布调整后的行政机关、事业单位（不含小学幼儿班）、城镇集体幼儿园的收费标准（详见下表10-9）。另外，隶属于小学的幼儿班收费标准：每人每月保育费3元、管理费6元、杂费0.50元，搭伙费每日供应"一餐二点"的，每月收取搭伙费1元，供应全天伙食的收1.5元。保育费、管理费一般情况按季收取，杂费、搭伙费、代办费、伙食费等按月收取。收据管理、报销办法等一些入托（园）的细节，也在《通知》中做了详细的说明。

表10-9   1986年机关事业单位暨城镇集体幼儿园收费标准

单位：元/月

年龄	日托（每个幼儿每月）			全托（每个幼儿每月）		
	保育费	管理费	杂费	保育费	管理费	杂费
三周岁以上	3	8	0.50	7	12	1
三周岁以下	5	9	0.50	9	14	1

1989年1月，为了改善幼儿园的办园条件，提高幼儿教育质量，根据1987年全国幼教工作会议精神和江苏省教委、财政厅、物价局、妇联《关于改革江苏省幼儿园收费问题的通知》（以下称《通知》）精神，苏州市教育局、财政局、物价委员会、妇联联合发文调整了苏州市幼儿园的收费标准。这一次的收费标准是以教育局制定的《苏州市区幼儿园分类考核标准》为依据，按照办园条件和办园质量评出不同的等级，各幼儿园对应等级标准，实施收费（详见下表10-10）。《通知》同时规定，杂费每学期收一次，管理费、保育费每月收一次。对于中途入园者，满15天的按全月收取，不满的按半月收取，寒暑假在园儿童可比照收费，费用全部由家长个人负担。凡举办"日托"收费标准的托儿所暂按二类园标准收费，符合条件的家庭托儿所按三类民办幼儿园标准收费。此标准于1989年新学期起实行。

表10-10   1989年苏州市区幼儿园收费标准表

单位：元/月

幼儿园		管理费	保育费	杂费（每学期）
公办幼儿园	三类幼儿园	15	6	5
公办幼儿园	二类幼儿园	15	8	5
公办幼儿园	一类幼儿园	15	11	5
民办幼儿园	三类幼儿园	20	6	5
民办幼儿园	二类幼儿园	20	8	5
民办幼儿园	一类幼儿园	20	10	5

从1992年至1999年间，幼托收费共计调整了5次，尤其是20世纪90年代中期始，每年都调整，用以改善幼托办园条件，部分抵销物价刚性成本上涨因素，促进了幼教事业的发展，解决婴幼儿"入园难"。同期，对民办的、有着艺术特色以及特殊教育背景的幼儿园收费标准进行制定与调整，有利于特色幼儿园的健康发展，满足不同类别的个性需求。

1992年7月，为适应幼托事业的发展，改善托儿所的工作条件，解决婴幼儿"入托难"的矛盾，经过充分调查摸底和协商，市财政局、物价局、卫生局、妇联联合发文，对托儿所收费标准进行调整（详见下表10-11）。全托婴幼儿每月增加20元，费用家长自理。经市卫生局验收为一类托儿所的入托费每月增加5元，增加部分的费用家长自理。工矿企业托儿所，凡接受自己单位职工子女，免收增加部分；接受外单位的，按一类幼儿园以上的标准每月增收托费5元，家长自理。

表10-11　1992年市区托儿所收费项目及标准表

收费项目	收费标准		备注
	18个月以内	42个月以内	
管理费	35元/月	30元/月	单位报销
托费	5元/月	5元/月	家长自理
杂费	5元/学期	5元/学期	家长自理

1996年8月，根据省有关文件以及苏州市的幼儿教育、特殊教育办学的实际情况和物价上涨等因素，为促进幼教、特教更健康地发展，经市政府同意，苏州市幼儿园、托儿所、特殊教育收费标准作了调整（详见下表10-12、10-13）。盲聋哑和培智学校因担负着特殊残疾儿童的教育、保育及康复训练等多项任务，收费标准可按公办合格幼儿园收取。幼儿班举办寄宿的，增收寄宿费60元/月，由家长承担费用。同时规定：凡登记注册暂不合格的幼儿园，对管理费、保育费比照合格园各降低10元收取；未经复查验收（换取铜牌）的市区一类幼儿园，按合格园收费，待复查验收后再按定类标准收费。需提高收费标准的艺术类幼儿园、特色幼儿园（私立、中外合资园、外资独办园）等，必须由市教委和物价局、财政局一起审核批准。

表10-12　1996年苏州市区幼儿园收费标准表

单位：元/月

幼儿园		管理费	保育费	杂费（每学期）
公办幼儿园	一类幼儿园	45	64	40
公办幼儿园	二类幼儿园	45	50	40
公办幼儿园	合格幼儿园	45	40	40
民办幼儿园	一类幼儿园	55	64	40
民办幼儿园	二类幼儿园	55	50	40
民办幼儿园	合格幼儿园	55	40	40

表10-13　1996年苏州市区托儿所收费标准

收费项目	18个月以内	19~36个月以内
管理费	55元/月	55元/月
托费	64元/月	54元/月
杂费	40元/学期	40元/学期

　　1997年5月，市物价局、财政局批复了民办苏州市同源艺术幼儿园有关收费标准为：全日制班保育费、管理费、学杂费、搭伙费、培训费等合计每生每月700元，寄宿制班为每生每月900元。

　　1998年6月，根据江苏省教委、财政厅、物价局的《关于调整中小学学费、杂费收费标准的通知》，为了缓解幼儿园收费与成本支出相差过大的矛盾，进一步改善办园条件，经市教委、财政、物价、妇联研究，并报请市政府同意，适当调整苏州市幼儿园、托儿所的收费标准（详见下表10-14、10-15）。同时明确，杂费在期初注册时一次交清，管理费、保育费、托费按月（或每季度）收取，中途转入或转出，超过15天按照全月计，不超过15天按照半月计费，暑寒假入园的可比照收费；幼儿园举办寄宿的，可收寄宿费每月80元，由家长负担。同年9月，批复了由市郊区物价局转报的《关于民办绿野幼稚园收费项目及收费标准的申请报告》，同意该园全日制班保育费、管理费、学杂费、搭伙费等每生每月260元，寄宿班每生每月600元。

表10-14　1998年苏州市区幼儿园收费标准

单位：元/月

幼儿园		合计	管理费	保育费
公办幼儿园	省示范园	160	70	90
	市现代化园	140	60	80
	一类幼儿园	120	50	70
	二类幼儿园	105	50	55
	合格幼儿园	95	50	45
民办幼儿园	省示范园	180	80	100
	市现代化园	155	70	85
	一类幼儿园	130	60	70
	二类幼儿园	115	60	55
	合格幼儿园	105	60	45

注：公办、民办幼儿园统一收取杂费50元/学期。

表10-15　1998年苏州市区托儿所收费标准

收费项目	18个月以内	19~36个月以内
管理费	60元/月	60元/月
托费	70元/月	60元/月
合计	130元/月	120元/月
杂费	50元/学期	50元/学期

1999年4月，市财政局、物价局批复了属于特殊教育的苏州市博爱幼儿园有关收费标准的申请，核准的收费标准为：保育费、管理费、学杂费、搭伙费、寄宿费等每生每月900元，残疾儿童体能训练每生每月500元，功能治疗费每生每月400元。

进入2000年后的幼儿园、托儿所收费，基本围绕着标准统一、操作简便、有利于办学条件改善的目的进行，并对寒暑假、转退学、兴趣班以及民办幼儿园收费等问题——作了规定。

2000年8月，市教委、物价局、财政局等部门调整了幼儿园（托儿所）杂费收取标准，无论公、民办统一为每生每月70元。

2006年6月，苏州市人民政府办公室转发了市教育局、物价局《关于苏州市区幼儿园（托儿所）收费管理办法的通知》，《通知》就收费项目和标准，减免政策，收费公示等作了说明，同时公布了新的收费标准（详见下表10-16）。此次调整，将以前幼儿园、托儿所分列的收费项目与标准合为一体，并允许可在每年招收新生时，在新标准上以不超过20%的幅度，上下浮动。由此，幼托收费由政府定价转为政府指导价。《通知》还就转学、放假、寒暑假期中部分继续入园的幼儿有关收费问题做了详细的说明。《通知》还规定民办幼儿园的收费项目按公办的设立，收费标准以不营利为原则，按成本收费，但必须在执行前一个月到所在地价格认证部门办理价格认证手续，并报所在地教育、物价、财政部门备案。为了减轻幼儿园收费标准提高给家长带来的负担，明确规定家长可在所在单位每月报销200元。

同年12月，市政府办公室又转发了《〈关于苏州市区幼儿园（托儿所）收费管理办法的通知〉的补充规定》，对涉及报销问题、转退学收费、婴幼儿家庭托儿所寄养、兴趣班的收费管理等作了进一步的明确。

2006年制定的苏州市幼儿园（托儿所）收费标准至2010年未变化。

表10-16　2006年苏州市区幼儿园（托儿所）收费标准

单位：元/月

幼儿园	保育、教育费标准（基价，可上浮20%）	
	公办	集体办
省示范园	400	400
市现代化园	320	370
一类幼儿园	280	330
二类幼儿园	250	300
三类幼儿园	200	250

四、职业中学、中等专业学校、技工学校收费

1978年，全国教育工作会议上提出扩大职业技术学校的比例后，江苏省进行了中等教育结构改革的试点，苏州市也逐步推行此项改革。

1980年根据国务院文件精神，职业高中收费标准按普通中学学杂费标准收取。

1983年，省政府批转了省计经委、教育厅、财政厅、人事局、劳动局《关于发展江苏省中等职业技术教育的报告》，提出了经费解决主要靠国家拨款和勤工俭学来解决。

1991年,国家教委、物价局、财政部、劳动部颁发了《中等职业技术学校收取学费的暂行规定》的通知,对中等专业学校(不含中师,下同)、技工学校和职业高中新生适当收取学费。

1993年,根据省政府、省政府办公厅和国家教委文件精神,批准职业高中和中专从1993年起招收一定比例的自费生(具体比例由省计委和省教委确定)。技工学校的自费生收费标准按高于职业高中、低于中等专业学校的原则制定。

表10-17　1993年江苏省普通中专学校(含中师及小中专)收费项目标准

单位:元/生·学期

收费项目	收费范围	收费对象	收费标准	备注
学杂费	—	个人	不超过200	—
住宿费	—	个人	不超过50	—
委托培养经常费	—	委托单位	—	—
自费培养费	理工农医	委托单位	不超过1600	含实习试验费
	文法政财经		不超过1400	同上
干部职工中专班经常费	单位		—	收费标准等同委培
夜中专	理工农医	—	不超过400	含实习试验费
	文法政财经	—	不超过300	同上
中专函授	理工农医	—	不超过250	同上
	文法政财经	—	不超过200	同上

注:表中普通中专校的学杂费,家庭经济困难者可申请减免,比例5%左右。委培生及自费生除委培费自费外须另收学杂费。委培经常费分不同学校专业在不超出生均年实际支出事业费内协商确定收费(含学校按规定发给学生的助学粮油副补等补贴),如本人自负医疗费,由主管部门在学费略高于自费生的基础上研究制定。苏教计[1993]134号、苏财行[1993]145号,1993年7月16日。

1994年,省制定了技工学校自费生收费标准。据此,同年7月,市教委、财政局、物价局、劳动局联合下发《关于调整职业中学、中等专业学校、技工学校收费标准的通知》,具体收费标准见下表:

表10-18　1994年苏州市职业中学、中等专业学校、技工学校收费标准

单位:元/生·学年

收费项目		收费范围	收费对象	收费标准	备注
职业高中	学杂费	一般职业高中	学生个人	120	学杂费中不含实习材料费,其实习材料费由当地物价部门核定。对家庭确有困难的学生可以申请减免学杂费,减免比例掌握在10%左右
		重点职业高中	学生个人	240	
		职业中学的热门专业	学生个人	350	1994年为涉外经济管理、文秘档案办公自动化、外事商场服务、旅游公关礼仪、涉外营销、金融经贸财会、计算机、市场(商业)营销、工艺美术装潢、烹饪、服装设计等
	住宿费	—	学生个人	30	含水电费
	自费生培养费	艺术类	学生个人	不超过800	不含学杂费
		理工类	学生个人	不超过700	
		文科	学生个人	不超过600	

收费项目	收费范围	收费对象	收费标准	备注
学杂费	—	学生个人	400	家庭经济确有困难的学生,可以申请减免学杂费,减免比例掌握在10%左右。委托培养学生和自费生按规定交纳培养费外,还应交纳学杂费
住宿费	—	学生个人	100	含水电费
委托培养费	—	单位	—	收费标准分不同学校、专业,在不超过年平均实际支出事业费内,由委培单位与学校协商确定(应含学校按国家规定发给学生的助学金、粮油副食品价格补贴等)。医疗费用由委培单位或个人负担,委培单位不得向学生个人收取委托培养费
自费生培养费	艺术类	学生个人	不超过2000	—
自费生培养费	理工农医类	学生个人	不超过1600	—
自费生培养费	文政法财经类	学生个人	不超过1400	—
干部职工中专班	—	单位	—	收费标准同委托培养
夜中专	理工农医类	单位、个人	不超过450	含实验实习费
夜中专	文政法财经类	单位、个人	不超过350	含实验实习费
中专函授	理工农医类	单位、个人	不超过300	
中专函授	文政法财经类	单位、个人	不超过250	
学杂费	—	学生个人	200	家庭经济确有困难的学生可以申请减免学杂费,减免比例掌握在10%左右,自费生除按规定交纳培养费外,还应交纳学杂费。特殊工种材料费,由学校报当地物价部门核定后可另行收取
住宿费	—	学生个人	40	
自费生培养费	—	学生个人	不超过700	

（中等专业学校；技工学校）

1995年,国家对国家级和省(部)级42所重点中专校学杂费调为每生每学年550元。同年6月,市教委、市财政局、市物价局、市劳动局根据上级有关文件,调整了国家和省(部)级重点中专学校,苏州涉及学校为:苏州市工艺美术学校、苏州农业学校、苏州铁路机械学校、苏州卫生学校等4所,从1995年秋季招生起,学杂费标准为每生每学年550元。其余国家级和省(部)重点技工学校仍执行江苏省文件规定的收费标准,其他中专学杂费仍按苏教计文件规定。

1996年,国家颁布中等职业学校收费管理暂行办法,收费标准详见下表:

表10-19　1996年江苏省职业中学、中等专业学校收费标准

单位:元/每生每学期

收费项目	收费范围	收费对象	收费标准	备注
学杂费	一般职业高中	学生个人	不超过140	学杂费中不含实习材料费,其收费由当地物价部门核定,确有困难的学生可申请减免,减免比例掌握在10%左右
学杂费	省重点职业高中	学生个人	不超过260	学杂费中不含实习材料费,其收费由当地物价部门核定,确有困难的学生可申请减免,减免比例掌握在10%左右
学杂费	职业中学热门专业	学生个人	不超过400	1994年为金融、经贸、财会、计算机、市场营销、工艺美术装潢、烹饪、服装设计专业,由当地物价部门确定,含实习材料费。
自费生培养	艺术类	学生个人	不超过800	不含学杂费
自费生培养	理工类	学生个人	不超过700	不含学杂费
自费生培养	文科	学生个人	不超过600	不含学杂费
住宿费	—	学生个人	不超过50	含水电费

（职业高中）

收费项目	收费范围	收费对象	收费标准	备注
中等专业校	学杂费	一般中专 学生个人	不超过520	确有困难的学生可申请减免,减免比例掌握在10%左右;委托培养生和自费生除按规定缴纳委托培养费和自费外,还须缴纳学杂费
		重点中专 学生个人	不超过550	
	住宿费	— 学生个人	不超过150	含水电费

注:苏教计[1996]78号、苏财行字[1996]48号、苏价费字[1996]209号《关于转发省〈关于调整职业中学、中等专业学校收费标准的通知〉的通知》。

1998年,根据原国家教委、国家计委《关于普通中等专业学校招生并轨改革的意见》,江苏省从1998年起实行中专教育收费并轨。

表10-20　1998年江苏省职业中学、中等专业学校收费标准表

单位:元/生·学年

收费项目	收费标准	备注
一、职业中学	—	
1. 学费	—	家庭经济困难学生可申请减免学费,减免比例掌握在10%左右
一般职业高中	150	
重点职业高中	280	—
职业中学热门专业	400	具体专业由各市教育部门确定,但热门专业数不得超过专业总数的15%
2. 自费生培养费	—	
艺术类	800	
理工科	700	
文科	600	
3. 住宿费	65	
二、中等专业学校	—	
1. 一般中专校学费	—	家庭经济困难学生可申请减免学费,减免比例掌握在10%左右
艺术类	2700	—
理工农医类	2100	—
文法政财经类	1950	—
2. 部省重点中专校	—	
艺术类	2900	—
理工农医类	2200	—
文法政财经类	2000	—
3. 住宿费	200	
4. 干部职业中专班	—	收费不超过生均实际支出事业费,由委托单位与学校协商确定

注:1998年7月,苏价费字[1998]202号,市教委、财政局、物价局苏教财[1998]14号,苏财综字[1998]45号,苏价费字[1998]228号。

表10-21　1998年苏州市技工学校收费标准

收费项目	收费范围	收费标准	备注
学杂费	一般技校	不超过520	自费生除按规定缴纳培养费外，还应缴纳学杂费和特殊工种材料费。标准由学校报当地物价、财政部门核定后另行收取
学杂费	省以上重点	不超过580	
住宿费	技工学校	不超过200	
自费生培养费	技工学校	不超过1500	

注：1998年2月，苏劳技〔1998〕25号、苏价费字〔1998〕206号、苏财综字〔1998〕44号《关于转发省劳动厅、物价局、财政厅〈关于调整技工学校收费标准的通知〉的通知》。

表10-22　1980~1998年江苏省中等教育收费标准表

单位：元/生·学年

收费对象		1980年	1991年	1993年	1994年	1995年	1996年	1998年
非自费生	一般	—	200	480	—	520	收费并轨	
	重点校	—	—	—	550	550	一般	重点
普通中专校（自费生）	文科	—	1400	1400		1450	1950	2000
	理科	—	1600	1600		1650	2100	2200
	艺术	—		2000		2050	2700	2900
技工学校	一般	70	—	400		500	520	
	重点校	—	—	—		540	580	
	自费生	—		1400		1500	1500	
职业高中	一般	65		240		280	300	
	重点	—		480		520	560	
	热门	—		700		800	800	
	自费生 文科	—	600	1200		1200	1200	
	理科	—	700	1400		1400	1400	
	艺术	—	800	1600		1600	1600	

表10-23　2000年江苏省职业高中、中专校收费标准表

单位：元/生·学年

收费项目	收费标准	收费项目	收费标准
一、职业高中	—	二、中等专业学校	—
1. 学费	—	1. 学费	—
一般职业高中	—	一般中专	—
文科类	800	文科类	2100
理科类	900	理科类	2300
艺术类	1000	艺术类	2900
省重点职高	—	部省重点中专	—
文科类	1000	文科类	2200
理科类	1100	理科类	2400
艺术类	1200	艺术类	3100
2. 住宿费	120	2. 住宿费	400
—	—	3. 干部中专班收费标准在不超过年生均实际支出事业费内委托方和学校协商	

注：2000年7月3日，苏教财〔2000〕29号、苏价费字〔2000〕158号、苏财综字〔2000〕74号《关于转发〈关于调整中等专业学校收费标准和职业高中收费并轨的通知〉的通知》。

表10-24　2000年江苏省技工学校收费标准（公费、自费并轨）

单位：元/生·学年

收费项目	收费范围	收费对象	收费标准	备注
学杂费	一般技工学校	学生	2100	实习材料费报当地物价部门核定后另行收取
	省以上重点技校	学生	2200	
住宿费	技工学校	学生	400	

注：2000年8月，市劳动局、物价局、财政局苏劳技〔2000〕1号、苏财综字〔2000〕83号、苏价费字〔2000〕181号《关于转发省劳动和社会保障厅、物价局、财政厅〈关于调整技工学校收费标准的通知〉的通知》。

五、教育收费的监督管理与规范

教育收费是行政事业性收费中的一个重要项目，因其公益性的本质，又事关兴国强民、社会稳定大业，一直是物价部门管理与监督工作的重点。从近30年来的监督管理与规范行为的历史看，政策公开与加强监管就是有效手段。具体的实施步骤为：明确收费权限的归属；明晰政策界限，落实各项收费规章制度，包括收费公示制度、代办费的结算制度、"收费卡"制度、"一费制"等；价格监督检查。

1986年3月，苏州城乡教育事业发展较快，为适应新形势，新增收费项目逐渐增多。但同时出于种种考虑，一些学校的收费标准被自行提高，一些未经履行报批手续订立的收费项目以各式名目出台，乱支代办费的行为时有发生，给相关单位和学生家长增加不合理的负担。有鉴于此，依据上级文件精神，市物价委员会、市教育局发出《关于清理整顿学校各种收费标准的通知》，要求凡本市城乡具有教育（咨询）项目的学校和单位，无论其经济性质，所收的学杂费及代办费均在清理整顿范围之列，并规定在期限内将清理结果及时上报。此次清理整顿工作于1987年上半年结束。

1988年9月，省内个别市、县不执行《中华人民共和国价格管理条例》，越权制订及提高学校杂费标准的行为时有发生。根据国务院第二十次常委会议决定，并经省委、省政府同意，省物价局发出《关于坚决制止一些中小学乱收费的紧急通知》，重申教育收费审批归属权为省级人民政府有关部门，不得越权定价，并要求必须将多收取的费用退还学生。凡不能及时自行纠正的，由物价部门严肃处理，绝不姑息迁就。

1989年1月，市物价局、市教育局、市财政局在《关于整顿和调整中小学收费标准的通知》中重申：坚决制止和纠正中小学乱收费的行为，各级教育主管部门要以高度负责和严肃的态度执行相关文件精神，不得收取"跨区费、议价生费、复读费、延长班费"等。8月，又重申中小学代办费统一收费标准，并要求期末公布账目，多退少补，清单交给家长。组织学生看电影等课外集体活动，需要收费的可随时收取，代订报刊，代购运动服、运动鞋及课间点心等，需征得家长同意。

1990年8月，针对当时一些学校和培训班在收费上巧立名目、提高收费标准、增加收费项目，群众反响较大的实情，市物价局、市教育局开展全市规模的教育收费检查。检查的重点是高等学校的成人教育部门、社会力量办学和省、市区重点中小学等单位。通过检查，以期进一步贯彻治理整顿、深化改革，巩固和发展清理整顿教育收费的成果，并达到稳定经济、稳定政治、稳定社会大局的目的。

1993年2月，市物价局转发了省局《关于加强新学期中小学收费管理的通知》，并由各级物价部门组织开展有关中小学收费标准的专项检查。按照价格法规，从严查处群众反应较大的，违反规定乱收费、多收费的价格违法行为。同年10月，市物价局、教委、监察局根据省物价局《关于教育收费检查处理的有关政策界限》文件精神，部署对教育收费的检查，检查重点为：在招生上有否计划内转为计划外的，计划生、自费生、借读生的收费执行情况，捐资、集资与入学是否挂钩，以及自立项目收费问题。

1995年1月，市物价局、市教委在苏州市中小学及市区职业中学建立统一收费卡制度，将各学校的各项收费誊录在学生缴纳卡上，以杜绝乱收费现象。同年6月，市教委、市财政局、市物价局转发了省《关于进一步规范中小学、中等专业学校收费管理的若干规定》，明确中小学校收费项目及标准、代办费的使用范围，并强调学校提供课间餐、校服的，需要遵循学生自愿的原则。其中还详细说明了关于集资、借资办学和捐资助学的规定：集资办学是政府行为，由县以上人民政府批准、组织实施，学校不得擅自集资；中小学的捐资助学活动，应遵循自愿的原则，严禁捐资助学同录取入学挂钩；坚决杜绝以钱买分、买学籍，以钱选择学校的做法。还就学校的资金、票据管理、收费检查监督制度、违纪处理等作了说明。同年6月，全市技工学校建立统一收费卡制度，收费卡中所列内容均是市物价局、市劳动局审定的收费项目及标准，此举在制度上保证技工学校的收费行为规范。

1996年3月，根据上级文件规定，市物价局发文重申各类学校均不得跨学年收取学费，以维护正常的收费秩序。同月，市教委、物价局、财政局联合转发江苏省教委、物价局、财政厅《关于整顿社会力量办学收费的通知》，再次明确了收费管理范围和各类继续教育、专项培训等收费标准，并规定相关单位须办理收费许可证后方可收费，收费标准须由有权部门核准，不得自行制订。

1997年7月，市教委、市廉政办、市物价局召开苏州市1997年规范中小学收费行为的工作会议，落实中纪委第六次全会和国务院反腐败工作会议的布置，贯彻省教委召开的规范中小学收费行为的会议精神。会议总结了1996年苏州市治理中小学乱收费工作情况，部署了1997年规范中小学收费行为的工作。同年10月，省物价局部署开展民办学校收费情况调查工作，为更加科学合理地制定全省社会力量办学收费管理办法作准备。

1998年6月，市教委、市物价局发文《关于转发〈江苏省中小学代办费管理办法〉的通知》，其规定：各中小学为学生的代办项目及收费坚持必要性原则，必须在学期结束时，对代办费进行结算，多退少补，及时向学生和家长公布收支情况，明确了市区中（含职中）、小学的代办费收取标准，新生的运动服可按成本价另行收取。

2000年6月，市教委、物价、财政、劳动部门转发了省物价局、财政厅、省教委、劳动厅的联合发文《关于加强社会力量办学收费管理的通知》，明确社会力量办学收费标准制定的原则为：需要与社会经济、社会发展水平相适应，有利于促进教育事业的发展和照顾到广大学员的经济承受能力；收支相抵，略有盈余，不以营利为目的，服务社会。该《通知》还规定了各类以文化基础、继续教育、大型讲座、社会生活等为内容的课程收费标准。同月，在转发省《关于调整中小学杂费标准和普通高中收费实行并轨的通知》时，市物价、教育部门要求对那些依托重点中学、实验小学举办的"公办民助"、"民办公助"一类学校进行一次检查，凡不具备相关条件的不得按民办学校招生和收费。9月，转发了国家、省的《关于进一步加强农村中小学收费管理制止乱收费的通知》，以治理及纠正农村中小学对义务教育阶段的学生巧立名目收费，擅自提高收费标准收费，变相强制集资、捐资等违法违规行为。

2001年8月，市物价局层转上级《关于进一步做好中小学乱收费检查工作的通知》。要求加大检查力度，重点检查学校擅自设立收费项目、提高收费标准、扩大收费范围，拒不停止执行国家已经明令取消的收费项目，违反规定举办收费补习班、超常班和将捐资助学与学生入学挂钩，违反规定向学生乱收代办费等行为。督促、检查中小学教育收费公示制度、收费登记制度，以增加收费透明度，接受学生家长和社会的监督。

2004年10月，苏州在实施义务教育阶段的学校中，开始推行"一费制"收费。规定2005年春季起，"一费制"中的杂费执行新标准，原"两权分离"学校的收费标准也执行上述标准，服务性收费遵循自愿原则，不得强制。"一费制"还对课本费、作业本费、借读费、社会实践费等制定了标准，并对实施"一费制"后的收入管理、收费公示制作了明确。该文件还就进一步加大对家庭贫困生的资助、进城务工就业的农民工子女接受义务教育的收费应同当地学生一视同仁等作了明确规定。

2006年1月，市物价局会同教育局、财政局转发了省《关于进一步完善义务制阶段学校"一费制"收费的通知》，对部分学校的补充习题册、教辅材料的代购问题作了规范。9月，在转发省《关于进一步完善教育收费公示工作的通知》一文中，指出"公示制"中出现的一些问题，并要求各级价格、教育和财政部门要认真履行各自职责，互相沟通、协商，共同做好各级各类学校的收费公示工作；进一步制定具体实施方案，明确责任单位和责任人，狠抓落实；对不按规定进行公示，且屡教不改的，要进行处罚。

2007年1月，市物价局等转发省《关于明确清理整顿改制学校收费有关问题的通知》，要求全面停止审批新的改制学校及其收费项目，对同一学校同一年级的学生，不得实行不同的收费标准，不得以实验班等名义向学生高收费，更不得通过"校中校"、"班中班"、"一校两制"或其他形式向学生乱收费。并强调规范中小学收费是贯彻实施《义务教育法》、促进教育均衡发展、维护教育公平、构建和谐社会的要求。该《通知》还强调了确定为民办学校的必要条件，并指出必须严格遵守。

同年3月，市物价局层转了上级《关于价格主管部门进一步加强教育收费管理有关问题的通知》，要求加强对高中收费管理，分层次进行不同学校高中的教育成本监审工作，严禁自行将星级评定与高中收费挂钩，严禁以重点校、实验班、兴趣班、重点班名义向学生收费。明确收取择校费后，不得再向择校生收取学费。一些学校违反《江苏省中小学代办费管理办法》规定，收取高中讲义费、毕业班补课费等，应立即纠正。清理改制学校的收费，没有做到"四独立"但已经取得民办学校资格的学校，按同类公办学校标准收费，明确民办体制的，经成本核审，重新制定收费标准，严禁学校一次性向学生收取学费。批准实行学分制收费的学校，不得收取重修费。5月，苏州立达、草桥、平江中学三所民办公助初中确定为民办学校，其收费也执行该类性质的学校收费标准。8月，根据上级有关文件精神，市教育局、物价局、财政局发出《关于进一步规范普通高中收费管理的通知》。明确了高中收费项目及收费标准，规定2007年起，高中择校费最高不超过3万元，择校招生比例不超过招生总数的30%，制定了代办性、服务性收费标准，并就收费的管理、助学金的问题等作了明确。

2008年6~8月，市物价等部门转发《关于开展高校收费公示督查活动的通知》、《关于明确义务教育阶段公办学校有关收费问题的通知》，明确2008年秋季学期，农村义务教育阶段学校的收费项目为作业本费、寄宿生住宿费，此外不得收取任何其他费用。城市义务教育阶段学校的收费项目为作业本费和服务（代办）收费，内容包括：住宿费、社会实践活动费、校服费、困难班费。由此，在各项收费权限归属、收费标准制定、收费管理措施一一落实下，义务教育阶段公办学校的收费操作准确、简易、明白。

2009年6月，市物价局转发了《省物价局关于规范民办中小学教育收费管理的通知》，针对民办中小学教育收费管理，要求"全面清理涉及民办中小学收费、加强监督管理、制止乱收费、依法规范其收费行为"，以有利于促进民办教育事业的发展。

2010年，省物价局、教育厅转发国家发改委、教育部关于《规范中小学服务性收费和代办费管理问题》的通知。再次就代办性、服务性项目做了界定，并规定收费标准由省统一制定，省尚未制定的，由省级价格主管部门、教育行政主管部门授权省辖市、县价格主管部门会同教育行政主管部门根据当地实际制定，报同级人民政府同意后执行，同时报省备案。

六、社会力量办学收费项目标准一览表汇总

表10-25　1986年（社会力量办学）各类文化技术教育收费标准

苏教工农〔1986〕122号　　　　　　　　　　　　　　　　　　　　　　　　单位：元/课时

类型		文化教育	技术培训	科技进修
初级（初中以下）	系统学习	0.08~0.09	0.11~0.15	—
	补习	0.08~0.10		
中级（高中）	系统学习	0.10~0.11	0.13~0.18	0.15~0.25
	补习	0.10~0.12		
高级（大专以上辅导）		0.15~0.20	0.15~0.25	0.30~0.45

注：1. 中专和大专以上课程辅导的收费，分别参照中级和高级技术培训标准收取。

2. 凡班级人数在45人以上，学习时间半年以上的，各类收费标准执行下限；文化教育和技术培训在100学时以下（或班级人数限制在40人以下），可适当上浮，但不得超过高限。

3. 杂费统一按每学期1元收取。

4. 实验实习材料费按其时数、设备精度和材料消耗数量按实收费。

5. 报名费0.50元。

表10-26　1988年（社会力量办学）各类文化、技术、艺术教育收费标准

苏教工农字〔1988〕119号　　　　　　　　　　　　　　　　　　　　　　　单位：元/课时

类型		文化教育	技术培训	科技进修	艺术教育
初级（初中以下）	系统学习	0.08~0.12	0.20	—	0.30
	补习	0.10~0.14			
中级（高中）	系统学习	0.14~0.18	0.25	0.35	0.40
	补习	0.15~0.20			

类型	文化教育	技术培训	科技进修	艺术教育
高级（大专以上辅导）	0.30	0.30	0.30	0.60

注：1. 杂费统一按2元/学期收取。

2. 实验实习材料费按时数、设备精密度和材料消耗量按实计收。

3. 文化教育类自费的按低限执行。

4. 报名费1元。

表10-27　1991年（社会力量办学）各类文化、技术、艺术教育收费标准

苏教成〔1991〕13号　　　　　　　　　　　　　　　　　　　　　　　　　单位：元/课时

收费对象	收费标准
一、文化基础教育	
初中文化教育	0.20
高中文化教育	0.25
高等教育自考辅读	0.35
二、职业技术教育实用技术培训	
初级	0.25
中级	0.30
高级	0.40
三、继续教育	
科技进修中级	0.50
科技进修高级（高新技术）	0.60~1.00
外语中级	0.40
外语高级（相当于大专水平以上）	0.60
托福（含口语训练）	0.60~1.00
四、社会文化生活教育（文体艺）	
普及	0.30
提高	0.50~0.70

注：1. 报名费1元/门课。

2. 学费以课时计算（45分钟）。

3. 各类培训班以20~40人为准，如10~20人（不含20人）收费上浮10%，40人以下下浮10%（不含文化基础课），10人以下的办学单位自定，报批办学的由教育行政部门备案。

4. 实习实验材料费、教材资料只准收取工本费。

表10-28　1996年（社会力量办学）各类文化、技术、艺术教育收费标准

单位：元/课时/45分钟

收费对象	收费标准
一、文化基础教育	
初中文化教育	0.40~0.60
高中文化教育	0.80~1.00
高等教育	1.00~1.20
二、职业技术教育实用技术培训	
普及型	0.8~1.0

收费对象	收费标准
提高型	1.0~1.2
计算机上机	初级2.00~2.50，中高级2.50~3.00
三、继续教育	
科技进修中级	1.00~1.50
科技进修高级	1.50~2.50
大型讲座（每次每员）	1.00~2.00
外语托福（含语音）	1.50~2.50
外语初级（含语音）	0.80~1.00
外语高级（含语音）	1.00~1.50
四、社会文化生活教育（文体艺）	
普及	0.60~0.80
提高	1.00~1.50

说明：学员人数不满10人，可根据教学内容、办学条件及课时数面议；学员人数30人以下（含30人）的，收费标准在同类基础上上浮20%。函授每门课（包括咨询、答疑、邮费）20~30元（此为最高标准）。

表10-29 1993年江苏省成人高校、成人中专校收费项目标准

单位：元/生·学年

收费项目	收费范围		收费对象	收费标准	备注
		一、成人高校			
经常费	全脱产	理工科	—	不超过1800	含学杂费、实验实习费、毕业设计费、论文答辩费
		文科	—	不超过1500	
	半脱产业余	理工科	—	不超过900	
		文科	—	不超过750	
		二、成人中专校			
经常费	全脱产	理工科	—	不超过1300	含学杂费、实验实习费
		文科	—	不超过1000	
	半脱产业余	理工科	—	不超过400	同上
		文科	—	不超过300	同上

表10-30 1998年江苏省成人教育收费标准表

单位：元/生·学年

收费项目	专业类别		收费标准	备注
成人高校学费	全脱产	艺术类	理论2900 其他3300	含实习材料费。成人教育的本科生另加收学费每生每学年200元
		理工科	2200	
		文科	2100	
	业余半脱产	艺术类	1800	
		理工科	1200	
		文科	1000	
成人中专学费	全脱产	艺术类	2500	含实习材料费
		理工科	1600	含实习材料费。应届初中毕业生每生每学年1900元
		文科	1300	含实习材料费。应届初中毕业生每生每学年1900元
成人中专学费	业余半脱产	艺术类	1300	含实习材料费

续表

收费项目	专业类别		收费标准	备注
成人中专学费	业余半脱产	理工科	750	含实习材料费
		文科	600	含实习材料费
高校夜大函授	夜大	艺术类	1800	含实验实习材料费。专科起点本科班学生,另加收学费每生每年200元
		理工科	1200	
		文科	1000	
	函授	艺术类	1200	
		理工科	800	
		文科	700	
中专夜校函授	夜中专	艺术类	1300	含实验实习费
		理工科	750	
		文科	600	
	夜中专函授	艺术类	1200	
		理工科	500	
		文科	400	

注:1998年7月省物价局苏价费字〔1998〕229号文件。

表10-31 2002年成人高校和成人中专校收费标准

单位:元/生·学年

办学形式	专业类别	中专收费标准	专科收费标准	本科收费标准
全脱产	艺术类	3300	理论专业3600 其他专业4100	理论专业3900 其他专业4400
	医科	—	3500	3800
	理工科	2100	3300	3600
	文科	1800	3100	3400
半脱产业余	艺术类	1700	2700	3000
	医科	—	2200	2500
	理工科	1100	1900	2200
	文科	900	1700	2000
函授类	艺术类	1400	2000	2200
	理工科	800	1500	1700
	文科	700	1300	1500

表10-32 2007年江苏省成人教育收费表

单位:元/生·学年

办学形式	专业类别	中专收费标准	专科收费标准	本科收费标准
全脱产	艺术类	3500	4500	4800
	医科类	—	3700	4000
	理工类	2300	3300	3600
	文科类	2000	3100	3400
半脱产 (含业余班、夜大、函授)	艺术类	1800	2800	3200
	医科类	—	2200	2500
	理工类	1200	1900	2200
	文科类	1000	1700	2000

苏州市价格志

注： 1. 国家211工程建设的高校和国家示范性高等职业院校收费在上述标准上浮10%。

2. 所有学费包含实习材料费。

3. 南京艺术学院、南师大美术学院全脱产学费照原规定。

4. 对2007秋季入学新生执行，原在校生收费标准照旧。

表10-33 2006年苏州市老年大学部分学科收费标准

学科	班级	课时	收费标准（元）
文史	中、初级班	30	60
	研究（高级）班	30	60
医保	中西医保健	30	60
	烹饪营养	30	60
书画摄影	基础专修	30	60
	研究（高级）班	30	60
声乐舞蹈	基础班	30	60
	提高班	30	60
体育健身	剑拳扇	30	60
	艺术体操	30	60
外语	初、中级班	60	120
	口语强化	60	120
工（园）艺	工艺花卉	30	60
文物鉴赏	文物研究	30	60
计算机	初级班	60	180
	中级班	60	200
	图像（高级）班	60	240

注：教材、资料费按实计算。

第四节　医疗收费

江苏省内最早有资料可查的医院医疗收费为苏州的博习医院，即现苏州大学附属一院。清光绪六年（1880）该院医疗收费：门诊头等56文，二等28文，出诊3元（银元，下同），种痘56文；住院每日银元头等0.50元，二等0.25元，三等0.15元。

民国时期，苏州的医疗收费标准由各私人开设的医院及诊所根据市场需求自主制订，并根据市场物价涨落而变化，而著名的医院、诊所诊疗收费明显高于市场一般水平及普通百姓的承受能力。建国初期，苏州医疗收费水平基本延续了建国前的水平，与人民群众的生活水平相比仍较高。1951年人民政府接管医院，各私人诊所也逐步合作成立联合诊所，收费标准开始陆续降低，但直至1955年，江苏省对医疗收费标准仍未作出统一规定，各地收费上的差距矛盾较多。1956年7~10月，国家、省先后降低统一医疗收费标准。自兹时起，医疗收费成为行政事业性收费中的重要项目，其管理权限在省和省级以上人民政府有关部门。改革开放前，医疗卫生事业强调社会福利性，政府对医疗机构经费实行"全额管理，差额补助"，对所有医疗服务价格实行政府定价，标准很低。1958年、1960年和1966年，国家曾先后三次降低医疗服务价格。1980年后，伴随改革开放的不断推进，苏州市的医疗服务以公办医院为主体，辅以少量的私人诊所，并出现了一批民办医疗机构，医疗服务价格也出现了政府定价、政府指导价、市场调节价三者并列的格局。

一、公办医院医疗服务价格

苏州公办医院的医疗服务项目及收费标准的演变大体可分为6个阶段。各个阶段的发展与变化同时也反映出医改是一个复杂的系统工程。

1. 计划体制下的医疗收费

1956年7月，国家卫生部决定降低医疗收费标准。同年10月，江苏省人民委员会作出"关于降低公立医院收费"的指示，同时制发《江苏省公立医疗机构1956年度降低收费标准》。至此，江苏省的医疗收费标准第一次在全省范围内得到统一的、大幅度的降低。住院费平均降低2.6%，城市综合医院及专科医院的住院费标准为0.50~0.80元，县人民医院为0.25~0.50元，住院部分的注射费、一般治疗费、常规化验费、输血手续费等免收。手术费平均降低25%，其中急诊手术可降低40%，一般手术降低10%左右。具体的手术项目的控制：特大手术（胸腔类）最高50元，甲种大手术（前列腺类）35元，乙种大手术（剖腹产类）25元，丙种大手术（阑尾炎类）20元，中手术15元，小手术10元。

1958年，国家卫生部指出：为了减轻人民群众的经济负担，医院、卫生院等医疗机构的部分费用可由国家在财政上给以一定的补助。同时提出，今后随着生产的发展将有可能逐步实现全民免费医疗。根据这一精神，江苏省卫生厅、财政厅于1960年制定出《江苏省公立医院医疗机构统一收费标准》，并规定从1960年9月15日起，省、地、市（县）各级各类公立医疗机构统一试行。各地的人民公社医院、联合医疗机构、私人开设的诊所收费，可参照统一收费标准，结合本地区、本部门的具体情况自行制定，但必须报省卫生厅备案。这次全省收费标准的统一，是继1956年大幅度降低收费标准后的再次下降，其主要收费项目的具体下降水平为：住院费市医院下降至0.50元，县医院为0.40元；特大手术下降到25元，甲种大手术下降至15元，乙种大手术、丙种大手术均下降至10元，中手术下降至5元，小手术下降至1~3.5元。

以1956年出台的《江苏省公立医疗机构1956年度降低收费标准》及1960年制定的《江苏省公立医院医疗机构统一收费标准》为标志，这是计划经济背景下医疗收费纳入有序管理，并不断降低医疗收费标准，在群众低收入水平下，政府对医疗机构经费实行"全额管理、差额补助"，充分体现社会主义制度优越性是其主要特点。

与之相配套的是，苏州从20世纪50年代起，就出现公费医疗制度，统筹医疗制度，全劳保和半劳保医疗制度并存的局面。

(1)公费医疗制度

1952年11月10日开始，在国家工作人员中，实行公费医疗制度。根据规定，国家工作人员个人不付钱，公费医疗医药费用由各级人民政府按照各单位编制人数比例分配，统筹统支，使用时可按照实际情况重点支付，不准平均发给个人。1952年每人每月支出标准为1.50元。除规定假牙、假肢自费外，对药品支付没有限制。1957年开始规定滋补性药物由病员自费购买。20世纪60年代改为每人每月支出约1.71元，1978年又改为2.50元，实际上历年均有超支。1955年开始，夫妻双方有一方享受公费医疗者，其子女即可参加统筹医疗，每个儿童每月缴费1元。如一家有五六个儿童参加统筹者，除按规定缴费外，每人每月可从机关福利费中补助5~6角（不属个人所得），超支部分由儿童父母所在机关福利费中冲补。

(2)医疗全劳保和半劳保制度

1951年政务院颁布《中华人民共和国劳动保护条例》，同年3月，苏州市区在10家企业率先实施之后，700人以上的工厂全部实施。全劳保即一切医疗费用均由厂方负担；半劳保即只报销药费，其余费用由职工自理。国营等一些单位企业经济效益好，不但工人自身可享受劳保医疗，其直系亲属中未就业者亦可享受半劳保医疗待遇。政府为医疗事业的全覆盖给予主要的财政支持，减轻了病员的实际负担。

20世纪60年代起，特别是"文化大革命"期间，由于强调社会主义制度优越性、人道主义和社会效益而忽视了国情与经济规律，对医疗收费标准执行的随意性致使各地医疗收费标准不断降价。《江苏省志·价格志》（1995版）载：20世纪60年代初期，江苏省农村绝大多数地区实行"社员看病不要钱"的制度，所需费用由医疗单位向银行贷款，医疗工作受到严重影响。"文化大革命"期间，推行农村合作医疗制度，部分医务工作者下放农村，努力改变农村缺医少药情况，至1976年，药品价格降为20世纪50年代初期的20%左右水平，同期计划生育和防治地方病等用药均实行免费。缺乏通盘考虑的医疗服务收费政策的施行，其后果是公立医疗单位入不敷出的矛盾日益突出，财政支出连年增加。

2. 逐步提高医疗服务收费，实行成本补偿性价格

1979年，随着改革开放的推进，工资上涨及原材料价格逐步放开，各类商品价格不断上涨，而恒久不变的医疗收费标准更多是强调社会效益而制定，医疗单位普遍存在严重的收不抵支现象，其结果对医院的发展、医疗条件的改善以致正常运行都产生影响。同年10月，苏州市革命委员会、财政局、卫生局针对新的医疗设备的应用，各种治疗、检查项目渐趋增多，而省卫生厅、财政厅1960年颁发的部分医疗收费标准已经不能适应的实际情况，根据卫生部1979年3月"全国卫生计划财务工作座谈会"精神，对市级医院新增项目的收费标准予以统一规定（详见下表10-34、10-35、10-36）。在该收费标准中，强调医疗收费管理必须坚持不违背社会主义性质，医疗卫生事业是福利事业，且要有利于卫生事业的发展，提高医、药质量又不能加重群众负担的原则。

表10-34　1979年市级医院新增项目统一收费标准（门诊）

项目	金额（元）	备注
急诊	0.15	综合医院妇产科、五官科急诊挂号仍按0.15元收取，材料费按实计收。精神病人挂号不论急、初、复诊均为0.15元。服毒抢救收观察费0.30元/天
观察	0.30	
出诊	3~5	市属综合或专科医院原则不出诊，特殊出诊收3元，指名者5元（区及公社医院按原规定出诊收费标准）

表10-35　1979年市级医院新增项目统一收费标准（住院）

项目	金额（元）	备注
家庭病床	0.10	挂号费、针灸费、拔火罐、换药、材料等另按规定收
陪客水电费	0.10	须经医生指定（每床每天）
病室冷气	0.30	指有空调设备（每床每天）
病室暖气	0.10~0.20	根据设备及使用时间，白天0.10元/床·天，晚上0.20元/床·天

表10-36　1979年市级医院新增项目统一收费标准（治疗费）

序号	项目	金额（元）	序号	项目	金额（元）
1	物理降温器治疗	1.00	13	骨髓穿刺及分类	1.50
2	兰火灯治疗	0.10	14	钳伪膜	1.00
3	超声雾化治疗	0.30	15	气胸切开	1.00
4	磁力治疗	0.30	16	抽气	0.40
5	针灸激光	0.40	17	息肉摘除术	0.50
6	中麻治疗	0.40	18	环甲腹穿刺绘骨	0.30
7	中麻仪	0.15	19	洗胃	0.10~0.50
8	电兴奋	0.20	20	喷雾吸入	0.30
9	体疗费	0.10	21	皮下肌肉注射	0.05
10	皮肤牵引	2.00	22	静脉注射	0.10
11	先天性巨结肠灌肠	1.50	23	小儿头皮静脉滴注	0.30
12	新生儿恒温孵箱	1.70	24	静脉滴注	0.30

　　注：换药0.20~0.40元，特大用药及材料按实计收。用氧气按省标准0.20元/小时。针灸费仍按省标准收取，拔火罐等项目按实收取。心电图、超声波、电休克、切开引流、手足截肢手术、蒸气吸入、静脉切开滴注均按省标准。

　　1981年2月，国务院批转卫生部《关于解决医院赔本问题的报告》，提出公费医疗和劳保医疗实行按成本收费的办法，即采取两种价格制度：享受公费和劳保医疗的病人实行较高的价格，门诊挂号费中，职工个人除按现行的标准执行外，超过部分由公费或劳保医疗报销；非公费及劳保的病人仍执行原标准。由于其实质是增加单位金额报销部分而非直接增加了个人负担，所以推行中对个人影响不大。根据这一办法，经江苏省人民政府同意，同年8月，苏州市和常熟市率先开始公费医疗、劳保医疗病员在"门诊挂号、住院、手术、接生"四个方面试点按成本收费（不含工资）的"两种收费"办法。在试点期间的一个月内，医疗机构合计增收128756.48元，其中公费医疗增收占11.5%，全劳保医疗增收占75.3%，并根据规定，将增收部分全部用于医疗条件的改善，各医院普遍添置3～5万元的医疗设备。次年2月起，全省在门诊挂号费、住院费、手术费中也开始推行了"两种收费"的办法。"两种收费"的推行，不仅部分地缓解了医院的亏损困境，为医疗条件的改善以及医院的发展提供了财力支持，更是一种对旧有医疗收费制度进行改革的尝试，具有深远的意义。

1982年6月，随着社会医生行医开业的逐渐兴起，在便民服务方面，除对公有及合作医疗机构得以补充外，也存在一些多收费等不合理状况。为此，市物委、卫生局参照有关规定，制定了《苏州市开业医生诊疗业务收费标准》（详见下表10-37），由区卫生科在各社会开业医生中贯彻执行。标准中说明：个别医生在一些诊疗项目中采取比较复杂诊疗方法的、需要高于规定收费标准收费的，可由区卫生科向上级主管部门提出，经鉴定、批准后方可执行。同年11月，市卫生局、物委转发并贯彻了上级部门《关于调整接生收费标准的通知》（详见下表10-38）。

1983年1月，江苏全省各地、市、县卫生局贯彻实施了《江苏省各级医疗机构公费、劳保病人医疗收费标准（暂行）》。其中，对1960年来开展的手术费新项目的收费标准的制定，要求各地暂按现行手术费标准并结合医疗成本（不含人员工资）部分为基础，与当地物价、财政部门具体商定。

表10-37　1982年苏州市社会开业医生诊疗业务收费标准

项目		金额（元）	备注
西医	门诊费	0.20	眼外科门诊附加材料费0.10元
	出诊费	0.80	
中医	门诊费	—	痔瘘科、蛇伤科门诊附加敷料费0.20元。外科门诊附加材料费0.10元。中西医门诊一律不分初复诊，出诊时的车费另收
	内、儿、妇科	0.50	—
	针灸、推拿科	0.20	—
	外、正骨伤科	0.20	—
	痔瘘科	0.20	—
	蛇伤科	0.20	—
	出诊费	1.00	—
	治疗费	—	高位肛瘘手术5.00元，以每枚痔核计算；大脓肿1.50元
	外痔手术	2.00	—
	肛瘘手术	3.00	—
	内痔手术	3.00	—
	肛门脓肿	1.00	—
	肛裂扩肛	3.00	—
正骨伤科	肩脱复位	2.00	—
	肘脱复位	1.00	—
	肘半脱复位	0.50	—

续表

项目		金额（元）	备注
正骨伤科	下颌脱复位	0.50	—
	曲筋	0.20	—
	骨折整复	1.0~2.0	—
推拿针灸科	针灸	0.30	采用民间传统疗法增加的各种材料，另收实用材料费
	推拿	0.30	
	拔火罐	0.30	

注：1. 以上费用为最高标准，少收不限。

2. 各种中药、西药一律按医药公司零售价收费，国家没有牌价、经批准的自制药品按成本加收30%计收。

3. 皮下、肌肉注射0.05元/次，静脉注射0.10元/次，上门注射加收0.15元。

表10-38　1982年江苏省公立医院接生收费标准表

单位：元/例

项目	收费标准		备注
	省、地、市医院	县及县以下医院	
平产	4.5	3.5	双胞胎加收3元
难产	10	8	
剖腹产	18	14	

1985年4月，苏州贯彻了江苏省关于调整公立医疗机构的住院费、手术费等6类约168项服务收费标准，同时明确：享受公费、劳保医疗的除挂号费、住院费、手术费仍执行原对公服务收费标准外，其他的项目与自费病人执行同一标准，即仍实施"两种收费"办法。同月，为进一步解决医疗机构成本补偿问题，在医疗收费标准不能全面调整的情况下，卫生部提出，对一些应用新仪器、新设备和新开展的医疗诊治服务项目，可按成本制定价格水平；对新建、扩建、改建后医疗条件得以改善的单位，价格水平可适当提高，病房可分等级，实行不同的收费标准，可实行特约和挂牌门诊，其收费标准的调整可以由省、市、自治区、直辖市自行确定。同年，苏医附一院联办普外科病区的平江区医院、第三人民医院虎丘分院，经市物价、卫生部门验收已经基本达到市级医院水平，其床位费按市级医院的标准执行，苏州广济医院（精神病院）的护理费、心理治疗费、工娱治疗费等标准经申请批准后实施。

经过整理合并修订后，1986年《江苏省医疗收费标准（暂行）》实施，彻底改变了自20世纪60年代以来一成不变的医疗收费状况，这一"破冰"之举迎合了近20余年以来，医疗技术发展、医疗项目新增、客观情况发生了很大变化的现状，在强调提高社会效益的同时，也将医疗机构的生存、发展作为一件大事来考虑，对患者和医院都极为有利。

《江苏省医疗收费标准（暂行）》共计21类1600余项，其中包含了20世纪60年代沿用的640余项和新开展的960余项医疗收费项目和收费标准，同时明确，非基本医疗卫生的服务项目以及收费，病人的陪住费、血费、救护车费、空调费、取暖费及特护费等项目，由各省辖市按成本定价。部分医疗收费定价权的第一次明确下放，使市及市以下价格主管部门实行按成本定价成为可能，并且可在定价中考虑将房屋和固定资产折旧、维修费用等计入成本中。

1987年2月，市物价委员会、市卫生局制定了开设家庭式康复病房的规定以及收费标准，以解决某些病种的"住院难"和满足社会对这些病种住院时生活服务的要求。

表10-39　1987年苏州市家庭式康复病房收费标准

房型及设施	收费标准		备注
	公费及劳保	自费	
一单元房	4元/床·日	2元/床·日	—
双单元房	3元/床·日	1.50元/床·日	—
陪客床	1.50元/床·日		折叠床0.50元/床·日
黑白电视机	一单元房0.40元/床·日 双单元房0.25元/床·日		彩电加倍
沙发	一单元房0.30元/床·日 双单元房0.20元/床·日		一对单人沙发配茶几或三人沙发

同年5月，市物价、卫生部门批复了市红十字救护站关于调整救护车公里收费标准的报告：急救用车由原来的每次3元/4公里调整为4元/4公里（不分城郊），五公里以上单程计算每公里加收四角，非急救用车加倍收费，在市（县）范围内救护费每次1元，市辖地区以外救护费每次收费3元。8月，根据省卫生厅、财政厅、物价局《关于制发江苏省医疗机构收费标准的通知》精神，并结合实际情况，市物价委员会、卫生局制定了部分新增医疗项目的收费标准。9月，转发了上级二厅一局的关于修订CT检查收费标准的通知详见下表10-41。

表10-40　1987年苏州市部分新增医疗项目的收费标准

项目	单位	收费标准	备注
晚间、节假日、业余诊察费	元/人次	0.20	原挂号费照收，业余诊察费自理，急诊按原标准收取
电扇	元/床·天	0.20	自6月15日至9月30日
病人服装（自费）	元/天	0.50	按医疗服装要求
病人服装（公费）	元/天	1.00	按医疗服装要求
陪客费（含水电、搭伙费）	元	0.20	按陪客证
陪客床（提供被褥）	元/床·天	0.50	按陪客证
躺椅补液	元/次	0.60	连续补液按一次收取
煎药费	元/贴	0.20	—
取暖费（病房）	元/床·天	0.50	婴儿减半
一次性消耗医用材料	元	零售价 按实收费	由定点生产企业直接进货另加10%~15%
会诊费［正主任（六县市外）］	元/天	40.0	市区间会诊不收会诊费
会诊费［副主任（六县市外）］	元/天	20.0	市区间会诊不收会诊费

表10-41　1987年CT检查收费标准

单位：元

检查部位	平扫收费		增强收费		备注
	公费	自费	公费	自费	
头颅	150/12层以下	110/12层以下	130	90	录软盘15元，录磁带30元

检查部位	平扫收费		增强收费		备注
	公费	自费	公费	自费	
全身机扫描	220/12层以下	180/12层以下	190	150	
全身平扫	320/14层以下	260/14层以下	270	210	

注：全身CT主机，进价在100万美元以下的按上述标准8折以下收费，具体各市自定，报省备案；每增加一层扫描检查加收10元；急诊另加10元；胶片按实际进价和用片量另外收费；造型剂等其他材料另外收费。

1988年5月，经批准，苏州市医院实行等级护理，用以减轻病员困难、切实提高医疗单位服务质量，同时公布的标准为：特级护理15元/24小时，一级护理2元/日，二级护理1.50元/日，三级护理1元/日（自费病人减半收取）。广济医院的护理费为1.50元/日，儿童医院为1元/日（新生儿按1.50元/日收取）。

3. 清理整顿医疗收费

1989年11月，苏州市贯彻上级《关于清理整顿医疗收费的通知》（下称《通知》），医疗机构中存在的"自立项目收费、分解收费和乱收费"事项属清理之列，以达到整顿医疗收费秩序、规范医疗收费行为、严格执行国家物价政策的目的。《通知》规定：坚决取消所有自定的同公布目录类似项目和各种形式的"优先优价"项目，取消了包括肛门给药、婴儿室消毒隔离费等49个收费项目；降低部分新增医疗项目中收费偏高、群众难以承受的如CT检查费、震波碎石机等收费标准；对一些收费标准过低的项目予以调整，其中调高门诊挂号、检查治疗、化验类等110项服务价格，采用加收125%材料费的办法，提高了手术费服务价格；并将部分医院条件较好的病区住院病床收费予以调整，按公费5.0元/床·日，条件较差的按4元/床·日（自费分别减半）收取，儿童医院儿科病床按3元/床·日（婴儿床减半）收取。《通知》重申：今后凡属新增项目，严格按照物价管理权限并按规定的程序审批、核准后方可执行。《通知》要求，全市范围的医疗机构，不论经济性质，都必须接受物价、卫生部门的监督管理，个体开业、社会办医的均属此列。

1990年8月，根据省卫生厅、物价局、财政厅的《关于清理整顿医疗收费的通知》精神，在对各医疗卫生单位申报要求认可、前期制定的医疗收费标准进行全面整理、调查的基础上，按照"取消一批、降低一批、认可一批、调整一批"的原则，市物价、卫生部门出台新的《苏州市市管医疗收费标准（暂行）》（详见下表10-43、10-44、10-45），强调在管辖范围内的各类医疗单位，不论医院的资金来源、办医形式，均应该按照规定的标准收费；并要求各类医疗单位健全医疗收费管理制度，凭证收费，对各类收费原始凭证，加强管理。要求医院提高服务质量，严守物价法规，不得滥用检查、乱开药物，更不得自立项目，分解收费，擅自提高或自定收费标准。同年12月，贯彻了上级《关于清理整顿医疗收费有关问题的补充意见》文件。

表10-42　1990年苏州市部分市管医疗项目收费标准

序号	项目	单位	收费标准	备注
门、急诊	专家门诊主任医师	元/人次	3	病员自理

序号	项目	单位	收费标准	备注
门、急诊	专家门诊副主任医师	元/人次	2	病员自理
	晚间、节假日、业余诊察费	元/人次	0.20	挂号费仍按标准收,业余诊察费自理
	观察床	元/天	3.00	自费病人2元/天
	躺椅补液	元/次	0.60	连续补液按一次计收
家庭病床	上门诊疗费	元/次	2.0	病员自理0.50元,其余报销,每日最多报销16元
	上门服务费	元/次	1.0	费用自理,内容仅限针灸、换药、注射等治疗护理
护理费	特护费	元/24小时	15.0	—
	一级护理	元/24小时	2.0	—
	二级护理	元/24小时	1.50	—
	三级护理	元/24小时	1.0	—
	儿科病房护理	元/24小时	1.50	含婴儿室新生儿病房特护按15元/24小时计费
	精神科病房护理	元/24小时	2.0	特护按15元/24小时计费
体检	入学儿童体检	元/次	1.0	体检包括内科、外科、五官科的听诊和目测以及各种表格、证明、纸张等,透视、化验等按标准另收
	单项(个专科)体检	元/次	0.50	
	中小学毕业体检	元/次	1.50	
	成人健康体检(含招工)	元/次	2.0	
	公共场所、食堂、食品从业	元/次	2.0	
	机动车驾驶员体检	元/次	2.50	—
	出国人员体检	元/次	10	—
	妇女病普查	元/次	1.0	—
	高校招生体检	元/次	5.0	—
	游泳体检	元/次	0.30	—

表10-43　1990年苏州市部分市管医疗项目收费标准(病床)

单位:元/天

项目	收费标准		备注
	公	自	
一等病房	6	3.5	指省(市)级医院经核定,含着装。
二等病房	5.5	3	不含着装,分别减0.5元
三等病房	4.5	2.5	不含着装,分别减0.5元
特殊(干部)病房(带会客室)	12	12	在一等病房基础上,有沙发、台灯、电话、卫生设备,加价60%
特殊病房(不带会客室)	9	9	不再另收空调、取暖、床位费及消毒费用
儿科(新生儿)病房	3	3	
婴儿室	1.5	1.5	
净化病床	100	60	
灼伤病房(1~2人)	30	20	
普通灼伤病床(2人以上)	15	10	
灼伤整形病床	12	8	

表10-44　1990年苏州市部分市管医疗项目收费标准(仪器检查治疗)

项目	单位	收费标准	备注
彩超心动图	元/次	120	—
黑白超心动图	元/次	40	—

项目	单位	收费标准	备注
扇超声学造影	元/次	10	扇超检查费另收
外周血管多普勒	元/根	10	—
胆石震波	元/次	700	自费500元，第二次起均减半收费
ICU监护费	元/天	180	自费150元，含空调费、监护仪器
电子胃镜	元/次	100	自费50元
麻醉机	元/小时	5	进口机加开机费15元/次
呼吸机（进口）	元/小时	15	国产机2元，氧气费另收

1992年1月，《江苏省妇幼保健收费标准（试行）》颁布，根据规定，涉及原苏州市管的16余个相同项目停止执行。同年5月，鉴于救护车用油平价改议价后，油料成本大幅上升，苏州对救护车收费标准适当调整：城区以环路为界每次10元，超过环路按每公里1.00元收取，非急救用车收费加倍；用于社会公益活动的社会救护保障费20元/小时·辆。批准了市妇幼保健院母婴同床床位费的收费标准，按每产妇每床每日10元收取。8月，批复了市红十字中心血站关于调整全血及各种成分血收费标准详见下表10-45。11月，鉴于医院所处的内外部条件变化，市物价局、卫生局调整了部分医疗卫生收费标准详见下表10-46。

1992年是实施"两种收费"的第十一个年头，其在一定程度缓解医院的困难、有利于卫生事业发展，但随着改革开放的深入，医院所处的内外环境的变化，"两种收费"的弊端日益显露：医院提供同种服务不能得到同样的补偿；对于现金报销的单位，医院无法确认公费、自费，存在收费上的漏洞；因房改、水电煤等调价使医院刚性成本剧增而不堪重负。为此，市物价局、财政局、卫生局于同年9月联合报告市政府，请示实行"两种收费"标准并轨，以解决医疗收费严重不足、收费标准扭曲、影响医院的生存、不利于医疗卫生事业发展等问题。

表10-45　苏州市全血收费标准

单位：元

收费单位	规格（毫升）	市区		县区		稀有血型	
		原价	调整价	原价	调整价	原价	调整价
献血营养补助	100	30.0	36.0	29.0	33.0	45.0	55.0
血站收费	100	35.0	52.0	34.0	49.5	85.0	100.0
医院收费	100	37.0	54.0	36.0	51.5	87.5	102

注：1. 上述收费中含丙肝抗体检测费。列为艾滋病监测点的血站每100毫升全血另加检测费5元。

2. 献血员点心费由原1元/人次调整到2元/人次，包括在上述差价中。

表10-46　苏州市部分医疗卫生项目收费标准

序号	项目名称	收费标准	备注
1	吸氧费	1.50元/小时	袋灌的2.00元/袋，整瓶按进价加15%运杂费
2	高压舱吸氧	5元/小时	不分单人、多人舱，急症开舱同价
3	普通病房空调	3元/床·日	冷气自6月1日~9月30日，暖气自11月1日~次年3月30日收取。上述期限内不用
4	特等病房（单）	8元/床·日	空调、暖气不收费，但婴儿室、手术室、产房不受时间限制，凡使用即收

苏州市价格志

序号	项目名称	收费标准	备注
5	特等病房（2~3）	6元/床·日	
6	婴儿室	2元/床·日	
7	手术室产房	4元/床·日	
8	婴儿暖箱治疗费	10元/天	不另收空调、暖气费
9	远红外保暖床	2元/小时	—
10	蓝光照射	2元/小时	—
11	男子性功能治疗	10元/次	
12	小儿肛门失禁治疗	5元/次	
13	骨质增生治疗	4元/次	—
14	其他理疗	2元/次	神灯、红外线、超短波、离子喷雾、药物按摩
15	电扇	0.50元/床·日	使用时间：6月1日~9月30日
16	自带电扇	1元/床·日	微型吊扇0.50元/天
17	陪客费	1元/床·日	按陪客证收取
18	陪客床（躺椅）	2元/床·日	按陪客证收取，供应被褥，无被褥减半
19	中药煎药	0.50元/贴	病员自理
20	尿布费	2元/天	—

4. 改革"两种收费"

1993年1月，江苏省《关于调整部分基本医疗收费的通知》在苏州贯彻，部分基本医疗收费标准提高：省、市级医疗机构的挂号费每人次为1元，急诊挂号费1.5元；住院费中的每床日床位费一等病房10元，二等8元，三等5元。原市管项目中的手术收费标准一律按省规定执行，将手术费按科划为五类（即特大、大、中、小、小小手术），每类按难易程度划为三档，在试行分类归档（五类十五档）的计价基础上，调高了手术费标准。化验费中凡与市管项目类同的，一律执行省规定。适当降低了核磁共振检查收费、CT检查费、震波碎石治疗费，ECT检查费用也下降13%。原省规定的外科、耳鼻喉科、妇产科等附加材料费一律取消，保留中医诊金、精神科诊疗费。取消了市管的三级护理费、电扇费及业余诊察费等。最为重要的是：今后医疗收费，不分公费、劳保及自费，均执行一种收费标准，标志着"两种收费"的医疗收费制度结束。

1995年2月，市政府批转市财政局、卫生局《关于进一步改进市直属单位公费医疗管理的办法》，调整了公费医疗包干定额，由原来的每人每年12元调整为180元，其中党政机关每人每年200元；全额预算事业单位每人每年160元；差额预算事业单位每人每年120元。调整了职工个人门诊包干定额和自负比例，标准为100元/人·年，结余部分转结下年使用，超支部分按年龄分别以5%~10%个人承付。同年11月，公布新增、调整部分医疗项目收费标准，涉及手术类8项，检查类12项，检验类21项，核医学9项，血液科4项，治疗7项，病理4项，妇幼保健类1项。此举解决了部分医疗单位相继开设新的医疗项目、原收费标准不相适应的矛盾，达到了保障医患双方利益、发展卫生事业、为人民群众提供更好的医疗保障条件的初衷。

1997年3月，苏州试点江苏省"关于执行医疗单位医药费用试行总额控制、结构调整"方案，并结合具体情况，提出意见一并实施，除了比照镇江的做法，调整护理费等六大类服务价格外，还增设了体现医务人员技术劳务价值的门诊、住院诊疗费（详见下表10-47、10-48），明确除了诊疗费外，均不分医院等级，实行一种收费标准。同年3月，根据《江苏省卫生防疫防治收费管理办法（暂行）》而制定的同类收费标准也予以公布。

表10-47　1997年苏州市部分医疗项目收费标准

项目	收费	备注	项目	收费	备注
诊疗费	3元/人次	—	电子胃镜	120元/次	—
一级护理	4元/床·日	—	核磁共振	700元/次	—
二级护理	3元/床·日	—	静脉麻醉	10~20元/次	药费另收
三级护理	2元/床·日	—	气管插管麻醉	30~40元/次	麻醉机等另收
针灸	2元/次	—	小儿基础麻醉	6元/次	药费另收
推拿	8元/人次	儿童减半	针麻	6元/次	—
注射	0.60元/次	—	腰麻或骶麻	15元/次	—
静脉注射	1.6元/次	—	开放乙醚	9元/次	超过一瓶按实另计
输血手术	4元/次	—	CT检查		
大型抢救	50元/次	药品照相手术费等另收	全身机平扫	190/次	16层，复印片另收
中型抢救	30元/次		增强	150/次	—
普通抢救	15元/次		头颅平扫	130/次	12层
急救处理	10元/次		增强	110/次	—
血液透析	400元/次	—	头颅机平扫	80/次	12层
震波碎石	600元/次	初震	增强	70/次	—
震波碎石	100元/次	复诊	—	—	—

表10-48　1997年苏州市部分医疗项目收费标准

单位：元

标准分类科别	特大手术		大手术			中手术			小手术			小小手术		
	E3	E2	E1	D3	D2	D1	C3	C2	C1	B3	B2	B1	A3	A2	A1
胸外、脑外	按实际发生费用计收		640	560	520	480	400	360	300	240	160	120	80	60	—
普外、骨外、泌外、妇产、整形、灼伤	按实际发生费用计收		560	480	400	36	280	240	200	160	120	80	60	40	—
耳鼻、喉眼	按实际发生费用计收		520	400	360	320	240	200	160	120	100	80	50	30	2~10
口腔	按实际发生费用计收		520	400	360	320	240	200	160	80	60	40	30	14	8

注：手术项目分类仍按苏价费联〔1993〕1号、苏卫财〔1993〕1号文件有关规定执行。口腔科手术收费调整标准不含口腔内科、口腔修复、口腔正畸及口腔外科中拔牙项目，其收费仍按原收费标准执行。

1998年1月，苏州执行了《江苏省医疗机构监督管理、评审收费暂行办法》。同年2月，救护车收费标准调整：市区范围救护车费每次30元，市区以建成区为界，西至苏州新区，东至工业园区，南至吴县新区，北至苏景新村沿线。超出范围，按每公里2元计收，随车救护费市（县）范围每次8.0元。非急救用车收费加倍，不收随车救护费（含空调费）。同期，苏州市部分新增医疗项目收费标准公布，高速螺旋CT12项，检查检验类、手术类8项，超声类12项，治疗类1项收费标准予以明示。3月，转发了省《关于调整部分医疗收费标准的通知》，要求除了诊疗费仍执行省二局一厅1996年已批复的标准外，新生儿护理费在1996年的同类收费标准上加收1元，其余收费项目均执行省定标准；取消了中医诊金、热敷、擦浴等9个收费项目，理疗、针灸、注射等执行一个疗程一次挂号及诊疗费，不得重复收取。同时要求认真落实省对医药费用增长总量控制的要求，以上年的实绩为基础，以市为单位，当年的医药总用费（药品收入+医疗收入）的增长幅度控制在20%；对于低保的病人认真落实减免政策，凭民政部门制发的"救济证"，免收门诊诊疗费，减半收取住院诊疗费、护理费，其他费用（不含药品费）免收30%。

表10-49　1998年苏州市全血成分血等收费标准

品名		规格	收费标准（元）		备注
			血站	医院	
全血	市区	100毫升	100	105	—
	县市		95	100	—
稀有血型全血		100毫升	180	185	—
新鲜冰冻血浆		100毫升	70	80	—
普通冰冻血浆		100毫升	60	70	—
少浆血		1单位/200MI全血制备	160	168	
MA红细胞悬液		1单位/200MI全血制备	170	180	
浓缩白细胞		1单位/200MI全血制备	60	66	
浓缩血小板		1单位/200MI全血制备	100	108	机采血小板每1单位血站加收材料费70元
浓缩红细胞		1单位/200MI全血制备	160	170	
洗涤红细胞		1单位/200MI全血制备	170	180	
年轻红细胞		1单位/200MI全血制备	160	170	
冷沉淀		1袋/200MI血浆制备	60	66	

1999年3月，省物价局、卫生厅、财政厅发布《江苏省医院病房床位收费管理暂行办法》，分不同价区，提高了全省医院床位费标准，明确了病房床位基本医疗、特需医疗服务的内容，同时规定特需医疗服务的床位比例不得高于医院总床位的5%~8%，且不列入公费医疗的报销范围，原先为境外患者服务的病房，可改为特需医疗服务，向境内外患者开放，并执行特需医疗服务价格。由此，根据省规定而制定的苏州市医院床位费收费标准也适时公布（详见下表10-50）。同年7月，省关于规范管理婚前保健服务收费的通知也在苏州贯彻（详见下表10-51）。11月，苏州市转发实施省《关于调整医疗事故及时鉴定收费标准的复函》。

表10-50　1999年苏州市医院床位费收费标准

单位：元/床·日

病房类别		收费标准	备注
普通病房	一等	35	1. 床单元等的配备标准、服务要求、收费范围等均执行《江苏省医院普通病房等级标准》规定 2. 各医院应根据当地主管部门的核准，执行相应的收费标准 3. ICU、CCU病房的基本装备详见江苏省等级医院评审标准；ICU病房另收监护费200元/日（监护项目为血压、呼吸、心电、脉氧），CCU病房收监护费100元/天；抢救、治疗护理等监护项目按规定标准另收；不收空调费
	二等	20	
	三等	15	
	四等	8	
转业特种病房	精神科普通病房	20	
	ICU	28	

病房类别		收费标准	备注
转业特种病房	CCU	28	1. 床单元等的配备标准、服务要求、收费范围等均执行《江苏省医院普通病房等级标准》规定
	净化（层流病房）	120	2. 各医院应根据当地主管部门的核准，执行相应的收费标准
干部病房	双人间	45	3. ICU、CCU病房的基本装备详见江苏省等级医院评审标准；ICU病房另收监护费200元/日（监护项目为血压、呼吸、心电、脉氧），CCU病房收监护费100元/天；抢救、治疗护理等监护项目按规定标准另收；不收空调费
	观察床	10	

表10-51　1999年苏州市婚前保健服务收费标准

单位：元/人次

项目	价格	备注
一、婚前医学检查	—	—
1. 婚前体格检查	5元	含提供《婚前医学证明》、《婚前医学检查表》等
2. 常规辅助检查	女：37~47.5元 男：32~42.5元	涉外婚前医学检查需增艾滋病抗体检测40元/人次
①血常规（4项）	每项1元计4元，自动分析10元	—
②尿常规（3项）	每项1元计3元，自动分析4.5元	—
③阴道分泌物滴虫霉菌	5元	限女性
④梅毒筛选USR	5元	—
⑤淋病筛选	3元	—
⑥谷丙转氨酶、谷草转氨酶	两项合计10元	—
⑦乙肝表面抗原	5元	—
⑧胸透（电视透视）	2元（5元）	—
二、婚前卫生指导	8元	统一发放录像，新婚、孕妇、育儿宣教材料三本等
三、婚前卫生咨询	5元	已接受第一、二项服务的，自愿参加第三项服务，另行收费

5. 实行差异化医疗服务收费

2000年始，国务院决定全面推进中国医疗保险制度、药品生产流通和医疗机构的三项体制改革，建立既适应社会主义市场经济，又同基本医疗保险制度和医疗服务相适配的城镇医药卫生体制。价格管理的主要目的是规范医疗服务价格行为，满足群众基本医疗服务需求，鼓励医疗新技术、新服务内容的推广运用，促进医疗机构的有序竞争。同年2月，江苏省发文规范医疗单位部分新增医疗服务项目，建立和完善全省新增医疗项目服务价格平衡管理制度和各市审批前报省备案制度。同时明确168项医疗服务收费标准。

在国务院有关中国医疗保险制度、药品生产流通和医疗机构"三项体制改革"的推进下，苏州价格管理的主要是规范医疗服务价格行为，鼓励医疗新技术、新服务内容的推广运用，促进医疗机构的有序竞争。以《苏州市医疗收费标准》公布为标志，根据权限归属，批准实施包括专家门诊、会诊、高配置病房等特需服务施行，形成差异化的医疗服务态势。

同年3月，苏州批复了市中医院、第一人民医院、儿童医院著名高级专家门诊特诊费和会诊中心特诊费的申请，市中医院的汪达成等10位专家、市儿童医院朱玲俐等7位专家的特诊费每人次为30元，第一人民医院的蒋文平、唐天驷等17位专家的特诊费每人次为50元。4

月，按照国家、省有关规定，结合苏州的实际情况，进一步加强本市医疗收费管理而汇编的《苏州市医疗收费标准》公布。汇编中的医疗项目收费由省核定和根据权限市核定两部分组成，除此一律废止。如确需开展新的医疗项目，必须符合相关条件以及掌握有利于提高诊断、治疗水平，充分考虑技术的先进性和适宜性，效果的可靠性和经济的合理性，并努力减轻患者、单位和国家的经济负担的原则，经过合规的程序申报核准方可实施。汇编中规定继续执行有关低保户"减免费用"的政策，重申医疗服务中的特需项目服务，坚持患者或家属自愿的原则，且该费用不列入公费、劳保、统筹及社会医疗保险的支付范围。9月，苏州转发《江苏省改革医疗服务价格管理实施办法》（下称《办法》）。《办法》改革了医疗服务价格的管理形式，按照国家宏观调控与市场调节相结合的原则，发挥市场竞争机制的作用，非营利性医疗机构实行政府指导价。《办法》明确，省级物价和卫生主管部门实施本省的医疗服务价格管理，制定和调整本辖区所属非营利性医疗机构服务项目的指导价格，并对市场调节价、指导价的管理提出具体的管理措施和管理形式，其他的医疗服务价格实行市管省平衡的管理体制，由市级物价和卫生部门依据其范围及内容，结合本地实际制定。《办法》规定营利性医疗服务机构的收费实行市场调节价，并按统一的医疗服务项目、内容和范围进行标示，并在提供质价相符的服务下自行定价，同时接受政府部门随时的监测和采样。继续实行"总量控制、结构调整"的办法，调整不合理的医疗服务价格，以期体现医务人员的技术劳务价值。可根据不同特点、不同地区、不同级别的医疗机构、医生提供的服务，分别制定指导价，适当拉开差价档次，放宽特需医疗服务的指导价格，实行差异化的服务，以满足各层次群众的需求。10月，市卫生、财政、计委、物价四部门印发并实施《城镇医疗机构分类管理的意见》，凡为政府举办的、提供基本医疗服务并完成政府交办的其他任务、不以营利为目的，其收入用于弥补医疗服务成本开支，收支结余用于自身发展的，属于非营利性的医疗机构。根据市场需求，自助选择医疗服务项目并报卫生行政部门审定，其收益用于投资者经济回报，属营利性医疗机构。《意见》中就各种类型营利与非营利性医疗机构的界限做了明细划分。11月，苏州市贯彻了省《关于统一平衡专家门诊挂号费的通知》：享受政府特殊津贴的临床医学专家每人次15元，主任医师每人次10元，副主任医师每人次7元（均含门诊诊疗费）。12月，省《核定病理等部分医疗项目收费标准的通知》在苏州贯彻执行，包括检查、治疗、病理检查、放射治疗等项目收费标准予以实施。

　　2001年2月，苏州实施了省《关于调整门诊诊疗费、手术费标准的通知》，该《通知》明确在医药卫生体制改革的过程中，对医、药结构进行调整，在药品收入下降的同时，逐步提高医疗收费标准，以进一步体现医务人员的技术劳务价值，努力改变"以药养医"的局面。该《通知》将二级（县级）、三级（省市级）门诊诊疗费在原基础上每人次提高1元，并可在5角的幅度内浮动，手术费在原文件所规定的标准上上调30%（详见下表10-52）。同年，批复了苏大附二院的专家门诊特诊费每人次50元；市第二医院、市第四医院的专家门诊特诊费，全程陪同的收费每人次100元，非全程陪同的每人次50元。11月，核定了市第二医院的"镇痛分娩"为特需医疗服务，每例收费标准400元。

表10-52　2001年苏州市特大、大、中手术收费标准

单位：元/例

科别	特大手术		大手术				中手术		
	E3	E2	E1	D3	D2	D1	C3	C2	C1
胸外、脑外	按实际发生费用计收		830	730	680	620	520	470	390
普外、骨外、泌外、妇产、整形、灼伤			730	620	520	470	360	310	260
耳鼻咽喉			680	520	470	420	310	260	210
口腔			680	520	470	420	310	260	210

2002年2月，市物价、财政、卫生三部门根据省有关文件而印发了《关于明确机构改革中卫生监督、疾病预防控制收费问题的通知》；按照省《关于放宽非营利性医疗机构特需医疗服务价格管理的通知》精神，苏大附一院外科、苏大附属儿童医院、市广济医院的特需病房部分收费标准予以批准执行，这些每床每日从60～500元不等的特需病房，为患者的需要提供多种选择。4月，同属于特需服务的市第二人民医院"婴儿抚触"项目每人次25元的收费标准，中医院的专家特诊中全程陪同100元/人次的收费标准也批复执行。10月，市物价局、卫生局发文再次明确营利性医疗机构服务的准则以及要求，并强调实行明码标价制度、住院病人结算清单制度，要接受社会监督以及物价部门依法进行的价格管理、监测与监督。10月，转发了省《关于医疗事故技术鉴定等收费试行标准的批复》。

2003年到2004年间，市物价局、卫生局分别批复了多起医疗服务机构的特需服务项目及普通病房收费标准。分别为：2003年5月，市中医院的"家庭保健和护理"。10月的市第二医院、母子保健中心"孕妇、胎儿特需服务"收费标准；金阊区医院的"专家门诊特诊费、床位费"。苏大附一院的"特需医疗服务中心"收费。12月"市母子医疗保健中心幼儿视听训练"收费。2004年4月，第五人民医院的病房收费标准，双人病房床位50张，每床每日35元；特需病房单人间3间，每床每日120元。5月，苏大附二院特需病房12间（双人间），每床每日100元，普通病房27张床位，每床每日20元，三等病房床位每床每日15元，干部病房床位每床每日45元。同月，苏州市母子医疗保健中心特需LDR家庭化产房进行收费（详见下表10-53）。8月，苏大附属二院的原52张特需床位因添置冰箱、微波炉等设备，将原每床每日80元调整为100元，采用可调节、加宽沙发型的补液躺椅的收费标准调整为每人次8元。苏大附属儿童医院的全程陪同专家特诊费为每人次100元，非全程的为每人次50元，并同意开展家庭保健和护理特需医疗项目，由特聘医生上门服务，每人次收费200元。

表10-53　2004年苏州市母子医疗保健中心LDR家庭化产房收费标准

单位：元/人次

服务内容	收费标准		
	标准间C	超标准间B	豪华间A
LDR家庭化产房正常分娩（4天）	8000	10000	12000
LDR家庭化产房剖宫分娩（6天）	13000	15000	17000

注：1. 早产、剖宫产分娩除正常住院天数外，每增加一天加收10%费用；多胎分娩，每增加一胎加收20%。

2. 收费中含床位，检查，治疗，手术，药费，检验，接生，无痛分娩，产妇和婴儿就餐，生活护理和术中正常使用的一次性消耗物品等，不包括输血、新生儿特护及其他抢救费用。

6. 贯彻实施省医疗服务项目价格

2005年8月，省物价局、卫生厅公布《江苏省医疗服务项目价格》，这是历时5年之久，经过300多人次专家，对各地7000多个医疗项目按国家项目进行统一归并，选择52家医院进行医疗成本测算，着重对14家三级医院医疗服务成本重点审核与汇总，并经中介评审机构施行财务成本审计，草拟的方案经过座谈会的意见征求，并在实施了听证程序后经省政府批准方案后公布的。其主要内容概括为：(1)规范调整了医疗服务价格，充分体现医务人员技术劳务的价值，提高了手术麻醉类和护理类项目价格，大幅度降低大型设备检查项目价格，由此提高了该类设备的利用率，更好发挥其先进技术的功能。(2)改进了医疗服务价格管理，改革了定价模式，由原来的单一政府定价形式改为政府定价、政府指导价、市场调节价并举的定价形式。基本医疗范围内的挂号、病房床位等实行政府定价，手术麻醉、护理和大型检查设备实行政府指导价，允许各类医疗机构根据自身医疗技术水平、市场供求、资源利用等因素在省定标准的15%内浮动。对于医疗美容和特需医疗服务实行市场调节价，满足群众不同层次的服务需求。(3)规范了医疗服务价格行为，将医疗服务项目归并为统一的3917项，统一名称、统一服务内容和统一价格。推行医疗服务价格公示制，住院账单一日清，价格管理与监督会商，政策提醒违章通报，责任追究等五项制度。这些制度和措施的出台，体现了这次非营利性医院医疗服务价格规范调整的基本原则：改革机制、完善办法、归并项目、规范行为、总量控制、结构调整，达到医疗卫生事业健康发展的目的；落实了城镇居民最低生活保障对象收费减免等优惠规定；初步缓解了群众"看病难、看病贵"的问题。

是年，《江苏省非营利医疗机构分级标准》、《江苏省医疗机构护理收费规范(试行)》、《江苏省非营利性医疗机构病房床位收费管理办法》、《江苏省新增医疗服务项目价格管理办法(试行)》也配套制定并公布。12月，市物价局批复了苏大附一院高级专家诊治中心会诊费每位专家200元，最高限额每人次不超过600元的报告；转发了《省物价局、省卫生厅关于完善医疗服务项目价格的通知》。

2006年2月，为适应医疗服务价格改革的需要，切实加强医院的物价管理，并根据市政府《关于实施苏州市价格调控目标责任制意见的通知》，市物价局、卫生局联合发布《关于建立医疗服务价格管理办公室的通知》，要求各医院成立医疗服务价格管理办公室，建立、健全市物价管理网络，进一步规范医疗服务价格。同月转发了省《关于新增部分医疗服务项目价格等问题的通知》，4月转发省《医疗服务项目价格和政策的批复》，8月转发省《关于开展单病种限价管理工作的指导意见》，11月转发省一局二厅《关于疫苗接种价格问题的通知》，12月转发省《关于新增、完善部分医疗服务项目及价格的通知》。

2007年1月，市物价局批复苏大附二院的特需医疗服务收费标准，专人全程陪同的诊查费每人次为100元；高级专家会诊费每人次200元，最高限额每人次不超过600元。6月，批复市立医院开展的"孕期保健、儿童早期智力开发"特需服务项目收费标准(详见下表10–54)。4~12月又分别转发省《部分特殊医用材料价格目录》、《新增微创手术、非血管介入医疗服务》《新增疼痛诊疗项目价格》《完善调整新增部分医疗服务项目》，并对在本年度内在实施《江苏省医疗服务项目价格》中出现的一些操作、理解以及根据相关文件规定对新增项目的收费作了说明和明确。

表10-54 2007年市立医院"孕期保健、儿童早期智力开发"收费

服务项目	服务时间	收费标准	备注
孕期保健教育服务	2小时	50元/次	每次人数不超10人
婴幼儿早期综合能力开发与培养	1小时	50元/次	0~3岁
儿童早期智力发展活动	3小时	30元/次	3~6岁

2008年1月,《江苏省新增医疗服务价格管理办法》(以下简称《办法》)在苏州贯彻。《办法》明确: 未纳入《全国医疗服务价格项目规范》、《江苏省医疗服务项目价格》的范围内,国内首创或国外引进的新技术、新方法,经临床实验及科学认证(鉴定)对提高诊治和治疗水平确有显著效果的医疗服务项目,使用上述办法,并就新增项目的论证,成本构成,项目价格制定的原则和范围等一一作了明确。同年6月,转发了省《关于新增完善2008年上半年部分医疗服务项目及价格的通知》,《通知》中对新增的部分医疗项目价格设定两年试行期。

2009年3月,市立医院(本部)、市中医院开展6项新增医疗收费项目的试行价格实施。同年3月和12月,转发省两批《新增、完善医疗服务项目及价格》。7月,转发省《关于调整部分医疗服务项目价格的通知》,暂停二手磁共振、二手CT机检查价格,将乙肝两对半定量检测价格(化学发光法、免疫荧光法)由180元下降为150元,完善了部分大型设备检查项目价格,并要求加强大型设备及服务项目价格公示制度。

2010年,《江苏省医疗服务项目价格手册》(2010年修订版)发布,这是基于原2005版《江苏省医疗服务项目价格》,并根据国家发改委、卫生部、中医药管理局《关于印发〈全国医疗服务价格项目规范〉新增和修订项目(2007)的通知》规定,对2005年9月后新增、完善、调整、补充等医疗服务项目价格、特殊医用材料目录及计划生育服务机构技术服务项目、血液等价格管理文件进行修订而成。2010年修订版《江苏省医疗服务项目价格手册》至今仍延续应用。

二、社区医疗卫生服务及收费

建国后,在计划经济体制下,长期实行三级医疗预防保健制度来解决国民基本卫生问题,客观上社区医疗发展比较缓慢。《苏州市志》记载,1965年,苏州城区开始实行划区分级医疗制度,基层卫生机构即为联合诊所。自1970年起,联合诊所相继并入三个区医院后,基层卫生任务由合作医疗卫生站接替,街道居委会建立地段合作医疗卫生站,由人们称为的"里弄医生"承担治病、预防接种、计划生育、公共卫生医务工作,参加合作医疗对象为不能享受公费医疗和劳保医疗的居民群众。凡申请参加者,每人每月缴费2角。在本地段卫生站治疗疾病者,药费可全部报销,全年不限额;在别处就诊者,药费可报销50%,全年累计超过30元者,超出部分自理。卫生站经费主要靠街办厂资助,也发动群众采集中草药,自种中草药,办土药厂、小药房,自制针剂和中成药等,一段时间资金自给有余。自1978年起,街道工业升级为区办工业,街道卫生站资金不落实,被迫相继解体。合作医疗制度的实施,是特定时段医疗受惠面"广覆盖"的一种尝试,具有"互助、自助"的性质,起到了一定的积极效果。1981年市区又重建基层卫生机构,称为街道卫生所,每个街道1所。

表10-55　1983年苏州市街道卫生所有关收费标准

项目	金额（元）	备注
门诊挂号费	0.10	含少量简易包扎敷料
针灸、推拿、拔火罐	0.20	—
肌肉注射	0.05	—
静脉注射	0.10	—
静脉滴注	0.30	—

注：计划免疫门诊0.10元/次，全年一次性收取免疫门诊费1元；参加统筹及劳保的儿童，凭据向公费办及单位报销；各类上门服务，每次增收上门服务费0.15元（肌肉注射增收0.10元）。

改革开放后，苏州的社区医疗服务，是以社区为范围，以辖区家庭和居民为主，提供连续的和人性化的医疗服务。其主要内容：开展常见病、多发病、诊断明确的慢性病的治疗，地方病、职业病的防治，提供急诊、现场抢救、家庭出诊等服务，使居民得到了就近、便捷的医疗、保健、预防、健康教育、康复、计划生育技术服务等方面的医疗保健服务。同时开展各项内涵丰富的公益性便民服务，如健康知识巡讲、70岁以上老人免费体检、免费上门服务、建立社区居民健康档案、进行慢性病跟踪管理等措施，逐步形成"小病在社区，大病进医院"的医疗保障格局。

2005年，苏州市政府出台《关于进一步加快发展全市社区卫生服务的实施意见》（简称《实施意见》），明确发展社区卫生服务，是完善公共卫生体系，满足人民群众健康需求，解决群众"看病难"、"看病贵"问题的重要举措，是加强社区建设，丰富社区服务内容，构建和谐社会的重要内容。《实施意见》要求社区卫生服务机构严格执行物价政策，严格执行国家药品价格政策，做好医疗收费及药品价格的公示工作，执行结算清单制度。同时明确，物价部门要加强对社区卫生服务机构的物价管理，严厉查处违法行为。拟开展的特需服务项目，必须经物价部门审批后方可实施。

2007年，苏州市物价局、卫生局《转发省物价局、省卫生厅关于印发〈江苏省城市社区卫生服务机构医疗服务和药品价格管理暂行办法的通知〉的通知》（以下简称《暂行办法》），明确了社区卫生服务机构开展的医疗服务以社区、家庭和居民为服务对象，以妇女、儿童、老年人、慢性病人、残疾人、贫困居民等为服务重点，开展健康教育、预防、保健、康复、计划生育技术服务并提供一般常见病、慢性病、多发病的诊疗服务。医疗服务项目按《全国医疗服务价格项目规范（试行）》规定执行，社区卫生服务机构开展的基本医疗服务实行政府指导价格管理。指导价格水平在不高于《江苏省医疗服务项目价格》一类医院价格及现行规定的医疗服务项目价格的前提下，由市、县价格主管部门会同卫生主管部门结合当地居民收入水平、医疗技术水平、服务质量，并在广泛听取消费者、服务提供者以及劳动保障、医药管理机构等有关部门意见的基础上制定。社区卫生服务机构开展的社区特色医疗服务项目和延伸服务项目，由市级价格、卫生主管部门初审，报省物价局、省卫生厅，实行统一的医疗服务项目编码；社区卫生服务机构开展的社区特色医疗服务项目价格按《江苏省新增医疗服务项目价格管理办法（试行）》规定，由市级价格、卫生主管部门组织申报核准，报省物价局、省卫生厅备案；社区卫生服务机构开展的一些个性化服务和延伸医疗服务项目，按照合理补偿成本的原则由社区卫生服务机构自主定价，或通过社区卫生服务机构与服务对象签订合同，按照服务时间、服务次数或服务人数等协商收取费用，报当地价格、卫生主管部门备案；社区卫生服务机构对医保参保人员提供的基本医疗服务，可由医疗保险经办机构与社区卫生服务机构签订协议，协商确定付费方式及标准。

《暂行办法》规定：有条件的地区可以在当地卫生、价格主管部门指导下，参照《江苏省卫生厅、江苏省物价局关于下发单病种限价指导意见的通知》的规定，对多发病、常见病实行"单病种"限价收费；社区卫生服务机构的药品价格严格执行现行的药品价格管理规定。社区卫生服务机构销售国家定价的药品，其零售价格在不高于政府规定的最高零售价格的前提下，以药品生产企业实际出厂（口岸）价加规定的流通差价率作价；社区卫生服务机构的特殊医用材料价格仍按非营利性医疗机构的价格管理政策执行。有条件的地区可以实行城市社区卫生服务机构政府集中采购、统一配送、药品价格零差价试点工作，为辖区内常住居民治疗常见病和慢性病，以配供价格销售药品，取消药品加成率，直接减免群众医药费用负担。

《暂行办法》还规定实施惠民医疗收费减免政策，对符合条件的居民应按照《省物价局、省财政厅印发〈关于进一步贯彻落实涉及社会困难群体收费优惠政策的实施意见〉的通知》规定，实行费用减免。

表10-56　社区主要医疗卫生服务项目收费标准表　表一

项目	内容	计价单位	价格（元）	备注
门诊病历手册	—	册	1.00	—
普通门诊诊查费	指医护人员提供（技术劳务）的诊疗服务	次	1.5	—
氧气吸入	包括低流量给氧、中心给氧、氧气创面治疗	小时	2.00	除一次性鼻导管、鼻塞、面罩等外
肌肉注射	包括皮下、注射	次	1	—
静脉注射	包括静脉采血	次	1	
静脉输液	包括输血、注药、留置静脉针	次	6	每加1瓶回收1元
小清创缝合	—	次	50	创面在10cm²以下
中清创缝合	—	次	60	创面在30~10cm²以下
大换药	—	次	20	创面在40~30cm²以下
中换药	—	次	10	创面在30~15cm²以下
小换药	—	次	5	创面在15cm²以下
一般物理降温	包括酒精擦浴及冰袋等方法	次	2	—
灌肠	包括一般灌肠、保留灌肠、三通氧气灌肠	次	10	除氧气外
导尿	包括一次性导尿和留置导尿	次	4	一次性导尿按次计价，除特殊一次性消耗物品（导尿包、导尿管及尿袋）外
	留置导尿回收	日	1	
CR摄片	含一次曝光、诊断、打印胶片等	次	57	—
B超常规检查	包括胸部（含肺、胸腔、纵膈）、腹部（含肝、胆、胰、双肾）、泌尿系（含双肾、输尿管、膀胱、前列腺）、妇科（含子宫、附件、膀胱及周围组织）	次	30	除B超图文报告
单脏器B超检查	—	次	10	—
常规心电图检查	—	次	15	三通道
血细胞分析	—	次	10	血常规自动分析
尿液分析	指仪器法，8~11项	次	6.5	含镜检

项目	内容	计价单位	价格（元）	备注
粪便常规	—	次	5	—
粪便隐血试验	—	次	10	—
家庭病床建床费	含建立病历和病人全面检查	次	6	—
家庭病床巡诊费	含定期查房和病情记录	次	10	—
出诊	包括急救出诊	次	10	—

社区主要医疗卫生服务项目收费标准表　表二

项目	内容	除外内容	计价单位	价格	备注
一般诊疗费	含挂号费、急诊挂号费、门诊病历手册、普通门诊诊查费、急诊诊查费、门急诊留观诊查费、肌肉注射、皮下注射、皮内注射、静脉注射、静脉采血、心内注射、动脉加压注射、动脉采血、静脉输液、输血、留置静脉针、小儿静脉输液、小儿头皮输液、小儿输血、小儿留置静脉针（含一次性输液器）	过滤器、采血器、注射器，药物、血液和血制品；一次性使用静脉营养输液袋、一次性止血带（包括点连式、连抽式，限传染性病人使用）、全自动注药泵、胰岛素笔用针头、胰岛素专用注射器、三通管、延长管、留置针、肝素帽、泵条（管）；留置针固定专用透明敷贴、避光输液器（仅限精密过滤标识为：1.0μm、3.0μm和5.0μm）、输液瓶盖贴膜、超低密度聚乙烯输液器（用于以聚氧乙烯蓖麻油和乙醇作增溶剂的药物输注）、一次性使用自动止液输液器、输液托手固定贴	次	市定价	限已实施基本药物零差率销售的基层卫生医疗机构收取；换药、针灸、理疗、推拿、血透等按疗程收取一次一般诊疗费和慢性病病人定期检查、检验减半收费，不得加收躺椅费、留观诊查费、降温取暖费等其他任何费用；一次性注射器省定最高标准为每副0.7元（1毫升、2毫升、5毫升、10毫升）、1元（20毫升）、2.2元（50毫升），其中1毫升胰岛素注射专用空针每副2元；各地价格主管部门在省定标准范围内制定具体价格

三、社会养老服务收费

苏州市早在1982年已步入老龄化社会，比全省早4年，比全国提前了18年。苏州市民政部门统计，截至2011年底，全市60周岁以上老龄人口达到137.3万人，占全市户籍人口总数的21.37%，每年还将以5万人左右的速度递增。苏州市区养老服务以传统的居家养老为主，随着苏州经济、社会的发展，人民生活水平大幅提高，百姓的医疗保障水平及自我健康保健意识逐步增强，人均寿命逐年延长，独生子女家庭普及，面对人口老龄化、老龄人口高龄化、高龄人口空巢化的严峻形势，苏州市物价局等相关部门高度重视加快发展社会养老服务事业，积极运用价格杠杆，先后出台了一系列政策措施，促进社会养老福利事业发展，以造福广大苏州市民。

1. 社会福利院（敬老院）接收寄养人员及其收费标准

1992年4月，苏州市民政局、财政局、物价局出台了《关于城镇福利事业单位接收寄养人员及其收费问题的通知》，对全市社会福利院（敬老院）接收寄养人员有关问题作出规定，明确了寄养对象、床位等级、护理等级、收费标准、费用负担和寄养方法。

表10-57　福利院接收寄养人员收费标准表

单位: 元/人·月

分类		护理费	床位费			备注
			一等床位	二等床位	三等床位	
三级护理	公费对象	30	90~110	75~95	60~80	
	自费对象		45~55	40~50	35~45	
二级护理	公费对象	40	90~110	75~95	60~80	原有工作单位的人员和离、退休人员称公费对象,其余人员称自费对象
	自费对象		45~55	40~50	35~45	
一级护理	公费对象	50	90~110	75~95	60~80	
	自费对象		45~55	40~50	35~45	
特级护理	公费对象	60	90~110	75~95	60~80	
	自费对象		45~55	40~50	35~45	

　　1992年9月,市物价局、财政局、民政局联合发出《关于城镇福利事业单位接收寄养人员收费的补充规定》,同意城镇福利事业单位增设特一、特二等级床位。收费标准为:特一等床位每张每月收取床位费195元,特二等床位每张每月收取床位费165元。

　　2000年6月,苏州市民政局、物价局、财政局出台了《关于苏州市社会福利机构接收寄养人员收费管理办法的通知》,规定了寄养对象、床位等级、生活护理费、收费标准、费用负担和寄养办法(详见下表10-58)。根据社会福利机构整体综合情况,凡被评为国家级福利单位者,床位费允许上浮30%;凡被评为省级福利单位者,床位费允许上浮10%~20%。空调费按实际使用天数计费,每天4元;热水汀每天3元。

表10-58　福利机构接收寄养人员收费标准表

项目	特级	一级	二级	三级
床位费	15~30元/床·日	10~25元/床·日	8~10元/床·日	5~8元/床·日
护理费	20~40元/床·日	10~15元/床·日	5~8元/床·日	3~5元/床·日

　　2005年8月,市物价局、财政局作出《关于调整苏州市社会福利院寄(治)养人员护理费标准的批复》,对社会寄(治)养人员护理费标准进行调整,详见下表:

表10-59　寄住(治)人员护理费收费标准表

特级护理费	一级护理费	二级护理费	三级护理费
30~50元/床·日	15~25元/床·日	7~10元/床·日	5~7元/床·日

2. 民办护理康复机构的扶助标准

　　2005年,苏州市政府在全省率先出台了《加快发展养老服务事业的意见》,明确要建立养老服务事业社会化、市场化的运行机制,逐步形成自主经营、自负盈亏、自我发展的公平竞争市场。要求服务方式多样化,以居家养老为主、机构养老为辅,大力发展家政照料、医疗保健、护理康复、精神慰藉等多种服务项目,实行有偿、低偿、志愿服务,满足不同层次老年人的服务需求。

政府对民办护理康复机构的扶助标准：经县级市（区）民政部门审批认定的养老机构和居家养老服务组织等社会福利机构，可减免有关费用。所涉及的税收按国家现行优惠税收规定执行，免征营业税和暂免征企业所得税，暂不征收自用房产、土地、车船的房产税、城镇土地使用税、车船使用税；免收按职工人数收取的城市人防建设资金、残疾人就业保障金、规划技术服务费、城市基础设施配套费、新型墙体基金、教育地方附加费、治安联防费、人防工程易地建设费、绿化补偿或占用绿地费；暂不征收污水排污费；减半收取人防建设费、义务植树费；救护车及生活用车养路费经报请交通主管部门审核后减免征收；减半收取房屋产权登记费；用水、用电、用气按居民生活类价格执行收费；安装电话免收一次性接入费，使用电话及办理其他有关电信业务执行住宅电话资费标准收费；安装有线电视减半收取初装费，月收视维护费按居民收费标准执行。

政府财政部门对养老机构和居家养老服务组织实行资金扶持，平江、沧浪、金阊三个区资助标准如下：对社会力量兴办（新建）的养老机构，根据自理、半护理、全护理的不同类型和相关设置要求，经有关部门验收合格后，分别按每只床位不低于2500元、3000元、3500元的标准分三年给予资助；对以社会独立法人名义经营的养老机构（包括原来由政府办现实行转制，或由社会组织和个人实行租赁、承包经营的养老机构），以入住6个月以上的本地户籍老人数，按自理、半护理、全护理三种类型，分别给予每月不低于50元、80元、100元的床位补贴；对每年固定服务（连续时间6个月以上）老年人达到一定数量的居家养老服务组织给予经费补贴，其中对社区卫生服务中心（站）以外的居家养老服务组织按固定服务每50户老年人家庭不低于每年5000元的标准给予补贴，对经卫生部门批准的社区卫生服务中心（站）按固定开设每50户老年家庭病床不低于每年1万元的标准给予补贴；对取得ISO质量体系认证的各类养老机构和居家养老服务组织（包括社区卫生服务中心/站）给予一次性5万元的奖励补贴。其他市（区）可根据当地实际，参照以上标准自行制定。

2010年1月，苏州市人民政府出台《关于进一步加快发展苏州市养老服务事业的补充意见》，明确提高民办养老机构补贴标准：提高新建民办养老机构资助标准，将原来对每张介助（半护理）床位一次性资助3000元的标准提高到4000元；介护（全护理）床位由3500元提高到5000元。资助金拨付仍分三年，调整年度拨付比例，第一年50%，第二年30%，第三年20%。第一次拨付期在养老机构开办运营当年。鼓励农村敬老院收住社会老人，在保障三无、五保老人入住的前提下，对收住寄养本市户籍社会老人的农村敬老院，参照民办养老机构给予运营补贴。

2010年9月7日，中共苏州市委、苏州市人民政府出台《关于加快苏州市老龄事业发展的实施意见》，明确对社会力量兴办养老机构新增介护床位、介助床位和生活能自理的床位，分别按每张5000元、4000元和2500元标准，分三年给予一次性建设资金补贴，并分别给予每月不低于100元、80元、50元的床位运营补贴。

2010年9月25日，苏州市人民政府办公室转发《关于市区民办养老护理院政策扶持的操作办法的通知》，明确七城区范围内的民办养老护理院，其建设补贴由福彩公益金资助，运营补贴由入住老人户籍地政府承担，扶持政策的有关条件、项目、标准不变。建设补贴的兑付：2006年1月~2009年12月期间设立的民办养老护理院，按原标准执行，每床每日3500元；2010年1月以后建设的民办养老护理院床位，按新标准执行，每床每日5000元。从4月开始执行。

第十一章 价格调控管理

清末民初,军阀统治时期,市场尚通用硬币,市民收入甚低,物价相对平稳。此一时期,苏州官府对市场物价一般不加干预,遇有异常情况时,则与当地商会或士绅商讨处置,故亦无专司机构。

北伐战争后,苏州国民政府成立,虽无专职物价管理机构,但市场物价渐为当时政府关注,市场流通货币亦由硬币演变为纸币。民国19至26年(1930~1937),国民党吴县党部布置工商业行业公会修订业规时,由吴县民众服务指导处(吴县国民党党政联合组成的临时领导机关,处长为县长邓翔海兼,具体掌握工作的副处长为国民党吴县党部特派员孙丹枕)直接领导和核定各行业商品价格变动的评定,当时曾核定过主要日用商品价格数百个品种。民国26年(1937)十月,吴县国民政府根据行政院《非常时期工作纲要》制订地方纲要,其中规定:物价之平准由非常机构中的财政组(县政府科长任组长)掌理,此时苏州已临近沦陷,财政组未发生过明显作用。

日伪时期,纸币开始贬值,物价不断上涨,苏州市场物价管理由无专职机构演进为设立各种专职、兼职管理组织。民国30年(1941)前,市场物价发生明显波动时由伪县政府直接干涉,民政和建设两科具体掌管,警察局负责监督检查执行。民国30年(1941)底,吴县伪县政府按伪省建设厅令组成"吴县物价评议委员会"。组成人员有:伪县长、伪省会警察局长、商会会长、地方士绅、伪地方法院、伪县政府建设科长。委员长由伪县长兼任,副委员长由省会警察局长兼任。此一以官方为主、官民(商)结合的物价管理机构,既管核定价格,又管物价监督检查。民国31年(1942)六月,撤销"吴县物价评议委员会",成立"省会物价评定委员会",由伪国民党党务办事处民运会,伪省政府经济局、财政厅、粮食管理局,伪县政府、地方法院、商会各派一员为委员。"委员会"下设总务、督导、调查、审核、奖惩五个组,由伪省政府经济局担任具体领导工作。此时,苏州市场物价管理由县升格至省。民国32年(1943)六月,"省会物价评定委员会"改组更名为"省会物价评议委员会",组成人员由伪省建设厅、经济局、粮食管理局、社会福利局、省会警察局、清乡封锁管理处、伪吴县县政府等有关政府机关代表组成,机构性质由原以官为主、官民(商)结合体改变成纯官方性质,吴县县商会由正式代表改为列席代表,具体管理工作仍由伪江苏省经济局掌握。民国33年(1944)八月,"省会物价评议委员会"的具体领导工作改由伪江苏省建设厅充任。民国34年(1945)一月,日伪政府已接近垮台,伪省政府为强化"省会物价评议委员会"的管理作用,该组织委员长改由伪省长任援道兼任,伪江苏省建设厅长、政务厅长均兼任副委员长,伪江苏省党部、财政厅、警务处、省会警察局、米统会驻苏办事处、油统会驻苏办事处、伪吴县政府等领导人,吴县商会理事长亦被吸收为委员,成为以伪省政府官员为主的省县结合、官商结合的物价管理机构。

民国34年（1945）九月，抗战胜利后，国民党政府频年发动内战，货币失控更严重，市场物价不断猛涨，苏州国民政府管理物价机构亦不断反复更迭。民国34年（1945）九、十月间，吴县县政府、苏州警备司令均直接插手市场物价管理。九月，国民党接管吴县政府首任县长逯剑华布告市场物价有关规定。十月，苏州警备司令部令商会限价，并组织成立"苏州物价管制委员会"。"委员会"正副主任由苏州警备司令及吴县县长兼任，委员尚有县党部、政务厅、省会警察局及商会负责人。"委员会"核定各行业公会议定的商品价格并监督检查市场物价。"委员会"实际由县政府领导，具体工作由社会科负责，涉及粮价，县政府田粮科亦参与管理，查禁市场物价违纪行为则由警察局办理。民国35年（1946）十二月，吴县国民政府按照实业部颁发的《取缔违反限价议价条例》成立"吴县物价评议会"，除县政府为首外，吸收县党部、地方法院、警察局、临参会、三民主义青年团、总工会、商会组成，具体领导工作仍为县政府社会科，查禁违反限价及囤积居奇行为则仍属警察局。民国36年（1947）二月，苏州市场各物陡涨，以苏州城防指挥部为首，成立"苏州各界安定经济临时委员会"。常务委员会除城防指挥部外，还有江苏省高等法院、吴县地方法院、吴县政府、县党部、临参会、商会、总工会、二〇二师政治部、银行公会等共十个机关、部队、团体组成。"委员会"主要任务为管理物价，下设"吴县物价评议审核委员会"、"物价调查组"、"惩戒委员会"三个分委员会。"委员会"既审定各行业公会报核的各类商品价格，又监督检查并惩处物价违纪行为。民国37年（1948）九月，国民党政府发布"财政经济紧急处分令"，在实施法币改为金圆券时，硬性冻结物价。吴县政府于九月中旬奉令组成经济监督团，监督检查市场物价冻结的执行情况。十月中旬，根据经济督察专员蒋经国在无锡召开有吴县参加的十一县县长、参议长及中央银行行长会议，苏州组成经济检查大队（青年服务大队），强制管理物价和物资，同年十一月初，国民政府行政院撤销硬性冻结物价令。此时，南京国民党政府已濒临崩溃，以后至苏州解放。

第一节 物价管理机构沿革

一、机构演变及人事更迭

1949年4月下旬苏州解放后到1959年5月的十年间，苏州市无专职物价机构，涉及价格管理问题，初由当时的工商局管理。1954年一季度起苏州市分设商业、工业主管局。市场物价管理工作，改由商业局管理。1957年7月起，则由市计划委员会管理。1959年1月起，市设工商行政管理处，物价管理工作又划归该处管理。

1959年5月建立苏州市市场物价管理委员会，统管全市工、农、商、交通运输等价格，为建国后苏州市第一个市级物价管理专门机关。主任：吴新民（兼，1959.5~1959.9），副主任：时立德（兼，1959.5~1959.8）

1959年8月建立苏州市物价局。下设秘书科、一科（生产资料价格）、二科（生活资料价格）。副局长：陈昌明（1959.8~1960.4）、陈美顺（1960.5~1962.4）。

1960年6月，苏州市物价局、商业局、粮食局合署办公。

1961年3月，苏州市物价局、商业局、粮食局分开办公。

1961年8月，调整苏州市场物价管理委员会组成人员，委员有：吴迪人、时立德、陈健光、李克夫、高正林、陈昌明、翁文俊等七人，委员会主任为吴迪人，副主任为时立德、李克夫。

1962年5月，重建苏州市工商行政管理局，物价局和工商行政管理局合署办公，下设物价科管理物价，局长刘湘，副局长吴锡祥。

1963年9月，撤销苏州市物价局，建立苏州市物价委员会，统一管理全市物价，沈文渔、沙里、何仁、季续、沈鹤寿、陈健光、王日华、王茂修、杜宝莹、刘融、吴志翔等十一人为委员。沈文渔任委员会主任，沙里任副主任。从1959年5月设立市场物价管理委员会起至1963年9月成立市物价委员会止，在此期间虽然有市物价局专职机构，但重大物价政策仍须向市市场物价管理委员会请示汇报。

"文化大革命"期间，全国物价冻结，苏州市物价管理机构一度中断。至1973年下半年，始由苏州市革命委员会生产指挥组在下属的财贸组内配置2名干部管理物价。1975年，物价工作由财贸组划归计划组管理。1977年4月，撤销生产指挥组成立计划委员会。11月，苏州市计划委员会设立物价科管理全市物价工作。

1980年4月23日，经中共苏州市委批准，重建苏州市物价委员会，同苏州市计划委员会合署办公。由施建农、谢惠珍、随志忠、陈健光、武文斌、周肇良、陈昌明、吴仲道等八人组成，副市长施建农兼任物价委员会主任（1980.4~1980.12），计划委员会副主任谢惠珍兼任副主任（1980.4~1983.2）。同年9月25日，市编委批准，市物委设立工业品价格科、市场物价科，核定行政编制15名。1980年12月至1983年，陈晖兼任市物价委员会主任。吴仲道（1980.10~1983.2）任物价委员会副主任。

1983年3月苏州地市合并，原苏州地区计委物价科并入苏州市物价委员会，合并后的苏州市物价委员会主任由计划委员会主任戴坤生兼任，吴仲道任副主任。5月21日，根据机构改革的精神，苏州市编制委员会文件规定，苏州市物价委员会设立办公室，撤销工业品价格科和市场物价科。办公室内设三个组：工交组、农贸组、检查组。同年6月4日，中共苏州市委通知，吴仲道为苏州市计划委员会党组成员。

1984年2月27日，根据江苏省人事局、劳动局、计委、财政厅、物价局通知，成立苏州市物价检查所，编制50名。

1984年4月2日，经市编委批复，市物委办公室改为秘书科，增设工交物资价格科、农贸市场价格科。设立苏州市物价检查所，专司全市物价检查监督工作，市物价检查所归市物价委员会领导。

同年5月4日，苏州市物价委员会、苏州市人事局发布《关于招考录用干部简章》，公开招考录用物价检查干部。8月24日，经苏州市人事局批复，吸收录用24名物价检查干部。

1985年6月，苏州市政府任命周卫国为苏州市物价委员会副主任（省物价局挂职干部），列吴仲道任副主任之后。8月5日，根据文件规定，工交物资价格科、农贸市场价格科合并为价格科，并设立综合信息科。

下属：苏州市物价检查所、苏州市农产品成本调查队。

1985年12月5日，经市人事局批准，吸收录用的24名物价检查干部正式转为国家干部。

1986年6月，副主任周卫国回省局工作。

1987年8月，左贞彦、励启中任苏州市物价委员会副主任，新增宣传教育科。

1988年3月，免去戴坤生苏州市物价委员会主任职务。内部机构设置：撤销价格科、宣传教育科，建立工业品价格科、综合信息科、秘书科、农产品价格科、收费管理科。

下属：苏州市物价检查所、苏州市农产品成本调查队。

1989年1月，免去吴仲道苏州市物价委员会副主任职务。2月，励启中副主任兼任苏州市物价检查所所长。

1990年6月，苏州市物价委员会从苏州市计划委员会分出，单独设立苏州市物价局（一级局，系政府组成部门），朱品珊任党组书记、局长，左贞彦、励启中任副局长。内设：秘书科、工业品价格科、综合信息科、农产品价格科、收费管理科。7月，经市编委办批复，同意建立法制科，8月综合信息科更名为综合科。

下属：成立苏州市价格信息中心。

1991年4月，根据苏州市编制办公室文件规定，秘书科统一更名为办公室。

7月，经苏州市编委批复，苏州市农产品成本调查队更名为苏州市工农业产品成本调查队。

1992年1月，经苏州市编委批复，苏州市价格信息中心更名为苏州市价格咨询服务中心。4月，经市编委批准，撤销农产品价格科和工业品价格科，设立工农业产品价格科和市场价格管理科。6月成立新区物价工作办公室，8月，工农业产品价格科更名商品价格科，9月，建立苏州市行政事业性收费管理办公室、苏州市价格事务所，11月，史双顶任苏州市物价局党组成员、副局长。

1993年1月，副局长史双顶兼任苏州市物价检查所所长，励启中副局长不再兼任苏州市物价检查所所长职务。4月，免去朱品珊苏州市物价局党组书记、局长职务，朱全林任苏州市物价局党组书记、局长。

1994年7月，韦四二任苏州市物价局党组成员、副局长、纪检组长。经苏州市编办批复，同意苏州市价格信息咨询服务中心更名为苏州市价格信息中心，撤销商品价格科、市场价格管理科、新区物价工作办公室。内部机构设置为：办公室、综合科、法制科、工业产品价格科、农产品价格科、服务价格科、收费管理科、房地产价格科。

下属：苏州市物价检查所、苏州市工农业产品成本调查队、苏州市价格信息中心、苏州市行政事业性收费管理办公室、苏州市价格事务所。

1995年5月，左贞彦副局长批准退休。1995年8月，恽向军任苏州市物价局党组成员、副局长。根据苏州市机构编制委员会文件要求，物价局内设机构"科"更名为"处"。内设机构为：办公室、综合处、法制处、工业产品价格处、农产品价格处、服务价格处、收费管理处、房地产价格处。

1996年12月，苏州市政府办公室下发《关于印发〈苏州市物价局职能配置内设机构和人员编制方案〉的通知》。

下属：苏州市价格信息中心增挂苏州市价格培训中心牌子。

1997年5月，免去朱全林苏州市物价局党组书记、局长职务，任苏州市物价局正处级督导员。范敬中任苏州市物价局党组书记（未到任）。恽向军任苏州市物价局党组副书记。9月，免去范敬中苏州市物价局党组书记职务，11月，时裕福任苏州市物价局党组书记。

1998年1月,时裕福任苏州市物价局局长,恽向军、励启中、史双顶、韦四二任苏州市物价局副局长。内设:办公室、综合处、法制处、工业产品价格处、农产品价格处、服务价格处、收费管理处、房地产价格处。

下属:苏州市物价检查所、苏州市工农业产品成本调查队、苏州市价格信息中心(市价格培训中心)、苏州市行政事业性收费管理办公室、苏州市价格事务所。11月,市委批准朱全林退休。

1999年10月,张惠楠任苏州市物价局党组成员、副局长,免去韦四二苏州市物价局党组成员、副局长、纪检组长职务,任苏州市物价局助理调研员。恽向军兼任苏州市物价局纪检组长。赵长华任苏州市物价局助理调研员。

下属:苏州市物价检查所增挂苏州市价格举报中心牌子。

2000年8月,下属:苏州市价格事务所更名为苏州市价格认证中心。

2001年8月,苏州市委批准韦四二退休。10月,苏州市政府办公室对苏州市物价局的职能调整、主要职责、内设机构、人员编制和领导职数进行了明确规定。内设:办公室(人事处)、综合调控处(法制处)、工农产品价格处、收费管理处、服务价格处、房地产价格处,另按规定设置纪检组、监察室(由市纪委派驻,合署办公)。

2002年8月,陈启元任苏州市物价局副局长,同年11月,免去陈启元苏州市物价局副局长职务(调任)。免去史双顶苏州市物价局副局长职务,任苏州市物价局调研员。11月,王元仁任苏州市物价局党组书记,马俊任苏州市物价局副局长。

下属:苏州市价格信息中心增挂苏州市价格监测中心牌子,同时撤销原增挂苏州市价格培训中心牌子。撤销苏州市行政事业性收费管理办公室。

2003年1月,王元仁任苏州市物价局局长。9月,陈炳善任苏州市物价局副局长。

下属:苏州市物价检查所更名为苏州市物价局检查分局。

2004年2月,恽向军任苏州市物价局副调研员,免去苏州市物价局党组副书记、副局长职务,励启中任苏州市物价局党组副书记。11月,施相平任苏州市物价局助理调研员。增设信息处。下属苏州市物价局检查分局为副处级单位,赵长华任苏州市物价局检查分局局长,毛金华、周之勇、靳肇雄任苏州市物价局检查分局副局长。

2006年2月,苏州市委批准史双顶退休。

2007年12月,曹霞富任苏州市物价局党组书记,免去王元仁苏州市物价局党组书记职务,免去张惠楠苏州市物价局副局长职务(另有任用)。

2008年1月,曹霞富任苏州市物价局局长,免去王元仁苏州市物价局局长职务,任苏州市物价局调研员。苏州市委批准恽向军退休。6月,苏州市委根据省委通知,明确曹霞富为副市级。11月,增设宣传教育处(组织人事处)、市场价格行为监督管理处。沈志栋任苏州市物价局副局长,朱敏任苏州市物价局副调研员。

2009年1月,胡伟任苏州市物价局副调研员。2月,免去励启中苏州市物价局党组副书记、副局长职务,任苏州市物价局调研员。

2010年2月,苏州市委批准王元仁退休。5月,根据苏州市政府办公室文件规定,对苏州市物价局的职能调整、主要职责、内设机构、人员编制和领导职数进行了明确。内设:办公室(组织人事处)、综合法制处(价格宣传处、信息处、行政许可服务处)、工农产品价格处

（环境资源价格处）、收费管理处（医药价格处）、服务价格处（房地产价格处）、市场价格行为监督管理处，另按规定设置派驻纪检组、监察室（合署办公）。

下属：苏州市工农产品成本调查队更名为苏州市物价局成本调查监审分局。

表11-1　1959~2012年苏州市物价局（委员会）行政领导一览表

职务	姓名	任职时间
局长（主任）	吴新民（兼）	1959年5月~1959年9月
	刘湘	1962年2月~1963年9月
	沈文渔	1963年9月~1963年10月
	姚崇德（兼）	1965年4月~1966年1月
	施建农（兼）	1980年4月~1980年12月
	陈晖（兼）	1980年12月~1983年2月
	戴坤生（兼）	1983年3月~1988年3月
	朱品珊	1990年5月~1993年4月
	朱全林	1993年4月~1997年5月
	时裕福	1998年1月~2003年1月
	王元仁	2003年1月~2008年1月
	曹霞富	2008年1月~
副局长（副主任）	时立德（兼）	1959年5月~1959年8月
	陈昌明	1959年8月~1963年9月
	陈美顺	1960年3月~1961年5月
	吴锡祥	1961年9月~1963年4月
	刘湘	1961年10月~1962年2月
	沙里（兼）	1963年6月~
	李克夫（兼）	1965年4月~
	谢惠珍（女，兼）	1980年4月~1983年2月
	吴仲道	1980年10月~1989年1月
	周卫国（挂职）	1985年6月~1986年6月
	左贞彦	1987年8月~1995年5月
	励启中	1987年8月~2009年2月
	史双顶	1992年11月~2002年11月
	韦四二	1994年7月~1999年10月
	恽向军	1995年8月~2004年2月
	张惠楠	1999年10月~2007年12月
	陈启元	2002年8月~2002年11月
	马俊	2002年11月~
	陈炳善	2003年9月~2011年3月
	沈志栋	2008年11月~2011年6月
	陈建红	2010年4月~
副调研员（助理调研员）	赵长华	1999年10月~2004年2月
	施相平	2004年11月~2012年5月
	朱敏	2008年11月~2012年2月
	胡伟	2009年1月~
苏州市物价局检查分局局长	赵长华	2004年2月~2012年2月

表11-2　1990~2010年苏州市物价局党组书记、副书记、成员一览表

职务	姓名	任职时间
党组书记	朱品珊	1990年7月~1993年3月
	朱全林	1993年3月~1997年5月
	范敬中	1997年5月~1997年11月
	时裕福	1997年11月~2002年12月
	王元仁	2002年11月~2007年12月
	曹霞富	2007年12月~
党组副书记	恽向军	1997年5月~2004年2月
	励启中	2004年2月~2009年2月
党组成员	左贞彦	1990年7月~1995年5月
	励启中	1990年7月~2004年2月
	史双顶	1992年11月~2002年11月
	韦四二	1994年7月~1999年10月
	恽向军	1995年6月~1997年5月
	张惠楠	1999年10月~2007年12月
	陈启元	2002年9月~2002年11月
	马俊	2002年11月~
	陈炳善	2003年9月~2011年2月
	赵长华	2008年6月~2012年
	沈志栋	2010年4月~2011年6月
	陈建红	2010年4月~
	谢勤俭	2010年12月~

表11-3　苏州市物价局（委员会）内设机构一览表

时间	内设机构及变动情况
1959	设秘书科、一科（生产资料价格）、二科（生活资料价格）
1962	物价局和工商行政管理局合署办公，设物价科
1963	建立苏州市物价委员会，设物价科
"文化大革命"期间	物价工作中断
1973~1980	物价工作先后由苏州革命委员会生产指挥组和计划委员会兼管
1980	4月建立苏州市物价委员会，设工业品价格科、市场物价科
1983	撤销工业品价格科和市场物价科，设立办公室（工交组、农贸组、检查组）
1984	办公室改为秘书科，增设工交物资价格科、农贸市场价格科
1985	工交物资价格科、农贸市场价格科合并为价格科，并设立综合信息科
1987	新增宣传教育科
1988	内设：工业品价格科、综合信息科、秘书科、农产品价格科、收费管理科
1990	委改局。内设：秘书科、工业品价格科、综合科、农产品价格科、收费管理科
1991	经市编委批复，秘书科更名为办公室
1992	撤销农产品价格科和工业品价格科，设立工农业产品价格科和市场价格管理科。8月，工农业产品价格科更名为商品价格管理科。成立新区物价工作办公室
1994	内设：办公室、综合科、法制科、工业产品价格科、农产品价格科、服务价格科、收费管理科、房地产价格科。撤销新区物价工作办公室
1995	科更名为处。内设：办公室、综合处、法制处、工业产品价格处、农产品价格处、服务价格处、收费管理处、房地产价格处
1996	市政府办公室苏府办〔1996〕120号《关于印发〈苏州市物价局职能配置内设机构和人员编制方案〉的通知》。内设：办公室、综合处、法制处、工业产品价格处、农产品价格处、服务价格处、收费管理处、房地产价格处

时间	内设机构及变动情况
2001	市政府办公室苏府办〔2001〕107号文,明确市物价局的职能调整、主要职责、内设机构、人员编制和领导职数。内设:办公室(人事处)、综合调控处(法制处)、工农产品价格处、收费管理处、服务价格处、房地产价格处,另按规定设置纪检组、监察室(由市纪委派驻,合署办公)
2004	增设信息处
2008	增设宣传教育处(组织人事处)、市场价格监管处
2010	内设:办公室(组织人事处)、综合法制处(价格宣传处、信息处、行政许可服务处)、工农产品价格处(环境资源价格处)、收费管理处(医药价格处)、服务价格处(房地产价格处)、市场价格行为监督管理处,另按规定设置派驻纪检组、监察室(合署办公)

二、人员编制

表11-4　苏州市物价局(物价委员会)人员编制一览表

年份	编制(人)			领导职数(人)				备注
	行政	事业	附属	局长	副局长(纪检组长)	内设处长(主任)	内设副处长(副主任)	
1980	15	—	—	1	1	—	2	—
1990	20	8	—	1	2	—	—	—
1996	30	—	4	1	3~4	9	8	—
2001	23	—	6	1	4	7	6	—
2005	24	—	6	1	4	7	6	接受转业干部,市编委苏编办〔2005〕75号,分配1名行政编制
2008	25	—	6	1	4	7	6	接受转业干部,市编委苏编办〔2008〕144号,分配1名行政编制
2010	25	—	另核	1	5	7	6	

三、所属行政事业单位

1983~2010年,苏州市物价局所属行政事业单位有:苏州市物价局检查分局、苏州市物价局成本监审分局、苏州市监测中心和苏州市价格认证中心。1992年建立的苏州市行政事业性收费管理办公室和新区物价工作办公室,因机构改革需要,分别于1994年8月和2002年10月撤销。详见下表:

表11-5　1983~2010年苏州市物价局所属行政事业单位

单位名称	成立时间	变更及其他
苏州市物价局检查分局	1984年2月	1983年10月国家下达物价检查所(成本队)编制50名 1984年2月苏州市物价检查所成立 1999年10月增挂"苏州市价格举报中心"牌子 2003年1月,经苏州市机构编制办公室批准,苏州市物价检查所为参照公务员管理单位 2003年4月更名为苏州市物价局检查分局,挂"苏州市价格举报中心"牌子 2004年2月苏州市物价局检查分局升格为副处级单位,内设机构为副科级建制 2008年1月苏州市物价局检查分局由事业编制改为行政编制,为物价主管部门的直属行政机构 2008年10月苏州市物价局检查分局内设机构由原副科级建制调整为正科级建制

单位名称	成立时间	变更及其他
苏州市物价局成本监审分局	1985年1月	1985年1月成立苏州市农产品成本调查队 1991年7月更名苏州市工农业产品成本调查队，从物价检查所拨出4名编制 2003年1月经苏州市机构编制办公室批准，苏州市工农业产品成本调查队为参照公务员管理单位 2008年1月苏州市工农业产品成本调查队由事业编制改为行政编制，为物价主管部门的直属行政机构 2010年4月更名为苏州市物价局成本监审分局，核定行政编制10名。领导职数分局长1名，副分局长2名
苏州市监测中心	1990年8月	1990年8月成立苏州市价格信息中心，为全额拨款事业单位，核定编制4名 1992年1月更名苏州市价格信息咨询服务中心 1994年7月苏州市价格信息咨询服务中心更名为苏州市价格信息中心 1996年12月增挂市价格培训中心牌子 2002年12月增挂"苏州市价格监测中心"牌子，同时撤销原增挂"苏州市价格培训中心"牌子 2008年5月苏州市价格信息中心更名为"苏州市价格监测中心"，同时挂"苏州市价格信息中心"牌子
新区物价工作办公室	1992年6月	1994年8月撤销新区物价工作办公室
苏州市行政事业性收费管理办公室	1992年9月	2002年10月撤销市行政事业性收费管理办公室
苏州市价格认证中心	1992年9月	1992年9月成立苏州市价格事务所，为自收自支事业单位，核定编制8名 1994年4月，市编委重新调整编制为16名 2000年8月苏州市价格事务所更名为"苏州市价格认证中心"，核定编制18名 2004年6月苏州市价格认证中心核定编制为21名

四、党群组织

1. 市物价局机关党组织

1984年9月3日，经中共苏州直属机关委员会批复，建立苏州市物价委员会党总支，书记为温福南，委员为励启中、吴本梁。

1987年2月24日，苏州市计划委员会同意改选物价委员会机关党支部，励启中任书记，朱正锡任副书记，戴整为组织委员，王炳坤为宣传委员，施相平为纪检委员。

根据1990年11月30日苏州市直机关党委《关于同意建立苏州市物价局机关党总支的批复》，市物价局成立机关党总支。1991年1月18日，经市直机关党委批准，同意市物价局机关党总支选举左贞彦兼任书记，副书记王根弟，委员施相平、毛金华、高兴华。

1995年5月，经市级机关党工委批复，同意市物价党总支换届选举，副局长韦四二兼任党总支书记，副书记施相平，委员毛金华、周珠琴、高兴华。

1996年4月，经市级机关党工委批准，顾关兴为党总支委员会副书记。

1999年3月15日，经苏州市级机关党工委批复，同意苏州市物价局机关党总支换届选举，副局长恽向军兼任党总支书记，副书记周珠琴、高兴华，委员张惠楠、孔繁康。

2006年7月，换届选举市物价局第四届机关党总支，经市级机关党工委批准，副局长陈炳善兼任书记，副书记赵长华、潘步高、蔡守山，委员邱隆平、马根元、马琛玲。

2007年4月，经市级机关党工委同意，增补龚霄飞为党总支委员。

2009年1月，经市级机关党工委批准，胡伟为党总支委员会副书记。

2010年2月，选举产生市物价局第五届机关党总支，并经市级机关党工委批准，陈炳善任书记，副书记胡伟、颜艳平，委员龚霄飞、毛金华、邵祖良、邱隆平、马琛玲、李佳。

2. 机关工会

表11-6　1984~2013年市物价局机关工会组织情况表

届次	任职时间	工会主席	工会副主席	工会委员
第一届	1984年10月~1987年3月	耿凤玉	—	史敏菊
				冯大男
				陆招元
				邵祖良
第二届	1987年3月~1993年12月	1987年3月~1988年5月　杨新荣 1988年5月~1993年12月　施相平	邵祖良	施相平
				史敏菊
				张志方
				詹馨鸿
				陆招元
第三届	1993年12月~1997年7月	高兴华	邵祖良	王鑫昌
				周珠琴
				冯慧文
第四届	1997年7月~1999年10月	1997年7月~1998年12月　顾关兴	张志方	周小琴
				胡金生
				周皓
第五届	1999年10月~2003年7月	张志方	周小琴	胡金生
				周皓
				周小玉
第六届	2003年7月~2009年7月	高兴华	张志方	高培林
			周小琴	周小玉
第七届	2009年7月~2013年1月	邱隆平	—	周小琴
				周小玉
				徐峰
				高培林

3. 团支部

表11-7　1986~2009年市物价局机关团支部组织情况一览表

届次	任职时间	团支部书记	团支部委员
第一届	1986年12月~1999年4月	李荣泉	团支部副书记：蔡荣华
第二届	1999年4月~2002年10月	席时杰	马琛玲
			周骏
第三届	2002年10月~2004年11月	马琛玲	周骏
			徐滨

届次	任职时间	团支部书记	团支部委员
第四届	2004年11月~2007年7月	龚霄飞	袁梁卓
			贺吉
第五届	2007年7月~2009年7月	袁梁卓	冯春林
			杨晶晶
第六届	2009年7月~	叶艳	潘幸彦
			孙悦娜

4. 妇女工作

1989年市级机关建立妇女工作委员会，苏州市物价局先后建立妇女工作小组和妇女工作委员会，由汪国英担任组长和妇女工作委员会主任。2003年4月后，由周小琴担任妇女工作委员会主任。

第二节　行政管理职能

苏州市价格部门是管理全市价格的政府职能部门,在历届苏州市委、市政府和上级价格部门领导下,行使价格调控、价格管理、价格监督检查和价格服务工作职能。随着苏州经济和社会发展变革的不同时期,物价部门的行政职能发生了变化。

一、物价管理职能(1949年5月~1957年)

建国初期,物价管理职能主要围绕制止通货膨胀,控制市场物价的中心任务进行。1949年4月下旬到1959年5月的十年间,苏州市无专职物价机构,涉及物价管理问题,初由当时的工商局管理。1954年一季度起,苏州市分设商业、工业主管局。市场物价管理工作改由商业局负责,市财政经济管理委员会于同年4月对商业局和各业务主管局之间的物价管理分工作了规定。1957年7月,苏州市人委颁发《关于加强物价管理的意见》,全市物价管理工作改由计划委员会设立物价办公室统一领导。规定市商业局、服务局、手工业管理局、供销社四个部门设置管理物价机构,丝绸工业公司和三个工业主管局在原料供销科内设置物价员1~2人,各区人委在商业科内配备物价管理员1人,各专业公司一般亦设置物价机构。全市初步形成一个物价管理网络。对地方管理的商(产)品价格的审批权限,在“统一领导、分级管理”的原则下进一步作了分工。第一次编订的苏州市商品价格管理目录同时下达,其中市物价主管部门管理的商品47种,并明确各项商(产)品价格,必须由市主管局以上各级有权部门核准制订或调整,各生产企业和经营企业都无订价权和调价权。第一个五年计划完成时,苏州市场各物价,除完成国家统购任务后允许进入粮食市场交易的粮油和允许进入自由市场交易的副食品等少量农产品外,其他商品价格包括修补、服务收费,绝大部分已纳入国家管理轨道,初步形成市场物价单一由国家管理的基本形式。其间,1957年8月,江苏省人民委员会批转省物价委员会《关于物价工作权限分工制度的规定》,明确职责:掌握全省物价总水平,综合管理全省市场物价;根据国家的方针、政策,确定本省主要工农业产品的进销差价,地区差价,批零差价,季节差价,质量差价,商品比价以及工业、手工业产品缴货价的掌握原则;核定省内主要农副产品的购销价格,地方工业产品的出厂价格与产地销售价格;处理关系到几个部门而难于自行协商解决的有关物价问题;组织贯彻国家的各项物价措施,并进行物价政策的检查和调研工作;草拟全省的物价工作制度和市场物价管理办法。

苏州的物价管理主要根据省规定的职能进行分级管理。

二、第二个五年计划至国民经济调整时期物价管理职能(1958~1965年)

自1958年起至“文化大革命”运动前,苏州市的物价管理沿用了国家管价的单一形式,其间经历了经济困难时期,保障了低水平计划供应商品价格的基本稳定,物价管理工作有所加强。

1958年"大跃进"后，苏州市场商品供应趋向紧张，市场物价不稳定因素增强。为加强物价管理需要，1959年4月底，市委颁发《关于市场物价管理的几项暂行规定》。同年五月，物价管理由新设立的专职机构——苏州市市场物价管理委员会负责。苏州市人委于7月下旬发布《苏州市市场物价管理暂行办法》和《苏州市物价管理暂行规定》，要求在市场商品供应量减少的情况下，加强市场和物价管理，防止物价波动，安定人民生活和社会秩序。其时全市已有专兼职物价管理人员850人，其中专职53人。鉴于亟须加强物价管理的要求，1959年8月中旬，苏州市物价局成立。物价局成立后，即着手加强市场物价管理，除审批或转报各类商（产）品价格外，并整顿当时市场商品价格的混乱现象。全市共动员审价人员4378名，突击20天，纠正了一批价格差错，此为市场物价演变为单一国家管价形式后首次大规模价格检查活动，但未发生物价惩处事件。

1961年4月，苏州市贯彻"调整、巩固、充实、提高"八字方针，扭转"左"的错误。同年，物价工作既实行由国家管理的高价商品政策，又实施坚决稳住与城市人民生活密切相关的十八类生活必需品价格的措施。18类生活必需品为：（1）定量供应的粮食；（2）棉布；（3）针棉织品；（4）絮棉；（5）食盐；（6）鞋子；（7）酱、酱油、醋；（8）肉、鱼定量供应部分；（9）食油定量供应部分；（10）食糖、糕点、糖果定量供应部分；（11）大宗蔬菜；（12）火柴；（13）煤炭；（14）煤油；（15）文具、纸张、课本；（16）主要西药；（17）搪瓷制品、铝制品、橡胶制品等由国家供应原材料的日用工业品；（18）房租、水电、交通、邮电、医疗、学费等费用。11月，市人委发出《关于苏州市物价管理暂行办法的有关补充规定》，在价格管理上贯彻"管而不死，活而不乱"的原则，具体化为开办农副产品集市贸易，以补充市场副食品供应的不足。

1963年9月，撤销苏州市物价局，设立苏州市物价委员会，加强苏州市对物价管理工作的领导。1964年5月，市人委批转市物委《关于修订物价管理权限职责的报告》，修订后的物价管理权限，实行由主管局所属公司二级分工管理制度，生产企业和基层经营企业均无订价、调价权。修订后的商（产）品管理目录中属市物价部门直接管理的有农机仪表、牛奶等92个品种。

1964年和1965年，根据国务院和省人委部署精神，苏州市物价管理的工作是整顿和纠正经济困难时期价格政策执行中的差错现象。通过整顿和纠正，国家管价的形式继续得到加强。

三、"文化大革命"至十一届三中全会前物价管理职能（1966~1978年）

"文化大革命"时期，苏州市物价管理工作中断六年余，市场物价亦基本冻结六年余。1973年起，物价管理工作逐步恢复。这一时期国家管价的形式依旧，但因市场物价长期的冻结，价格体系中的不合理状况进一步加剧。

1967年"文化大革命"进入第二年时，苏州市政府机构基本瘫痪，市场物价按中央"8·20"通令精神基本冻结。"左"的思潮在物价管理领域内表现为仅留在部分手工业和修补服务行业中的同行业议订价形式全部取消。市郊农村中的自留地在"割资本主义尾巴"风中一度也被取消，在"革命造反派"掌权下，苏州市场亦一度严禁农民进城出售自留地蔬菜或副食品，因此市场物价背离价值规律的矛盾更趋严重。

1972年国家计委发出《关于加强物价工作的通知》，至1973年7月，苏州市革命委员会生产指挥组在财贸组内配置专职物价干部2名负责管理物价。1975年4月，物价管理工作和专职干部改由计划组负责，恢复上下对口关系。12月，市生产指挥组发出《关于苏州市当前物价工作意见》，恢复"文化大革命"前物价管理工作程序。1976年粉碎"四人帮"后，计划经济管理工作进一步恢复原貌。12月，市生产指挥组根据上级对商（产）品价格分级管理的精神，修订了苏州市有关部门分工管理价格的商（产）品目录，修订后的目录中由生产指挥组计划组直接管理的商品价格有粮食复制品、糖果糕点、副食品、百货文化、五金交电、家用杂品等9类81个品种。1977年4月，苏州市恢复设立计划委员会，全市物价工作由市计委兼管，11月，市计委设立物价科负责管理全市物价工作。至中央十一届三中全会前，全市物价管理工作基本恢复"文化大革命"前状态，仍沿用单一的国家管价的基本形式。

四、改革开放初期物价管理职能（1979~1995年）

1980年4月，根据中共中央文件"要充实和加强各级物价部门和劳动部门的机构和人员。没有成立的，要尽快成立，人员不足的要抓紧充实"的精神，全省其他兄弟城市相继建立了物价委员会，为适应苏州市物价工作，市委批准建立苏州市物价委员会，同市计划委员会合署办公。1990年6月，市物价委员会从市计划委员会分出，单独设立苏州市物价局。其间主要任务是在市委和市政府的领导下，认真贯彻党和政府的物价政策，切实搞好物价管理和综合平衡工作，具体职责：调整和制定市管范围的产品价格，工缴费标准；编制计划价格方案；审核上报属中央、省管产品的订价或调价方案；检查、监督各部门、各单位执行价格政策的情况；协调处理国民经济各部门在价格上出现的矛盾；掌握市场物价动态，调查研究物价方面的突出问题；加强对物价人员的业务指导，组织物价工作经验的交流；建立苏州市价格信息网络，开展价格信息服务工作。

五、机构改革后物价管理职能（1996~2000年）

在社会主义市场经济条件下，特别是《中华人民共和国价格法》自1998年5月1日起施行为标志，苏州市价格管理工作纳入了依法治价的轨道，为市场机制正常运转创造良好价格环境。为推进经济体制改革和经济增长方式的转变，物价管理工作努力实现五个转变：在价格管理对象上，从价格水平管理为主向规范价格行为管理为主转变；在价格形成机制上，从计划形成为主向可调控的市场形成为主转变；在价格管理手段上，从单一行政手段为主向综合运用经济、法律、行政手段相结合的调控体系转变；在价格改革取向上，从单一的价格改革为主向价格改革与企业经营机制转换和调控约束机制配套改革相结合的模式转变；在价格管理职能上，从价格管理检查为主向管理、调控、监督、服务为主转变。主要职责：贯彻执行国家价格方针、政策和法规，负责草拟地方价格管理的法规和规章；根据国家宏观调控的要求和结合地方实际情况，编制价格改革中长期规划和年度计划，提出全年物价总水平年度控制目标建议以及实现目标的调控措施，并组织实施；协管省以上管理的商品价格和行政、事业性收费标准，提出价格和收费调整的建议，并组织具体实施；组织行政事业性收费年审年检工作；按照价格管理权限，负责制订并调整市管商品价格和收费标准，制订定价原则、作价办法，合理安排各种差价和比价关系，协调处理价格矛盾和争议；指导、监督市级业务主管部门和县级市、区价格管理工作,对企业定价实行间接管理和政策指导,组织开展全市行业价格管理工作;指导企业价格管理,负责全市价格动态的监测,价格水平变动的统计、分析和价格趋势的预测,负责重要价格放开商品的价格监审和干预;参与各项价格调节基金的管理,以及重要商品储备吞吐的监督;组织、指导全市价格监督检查工作,依法检查处理全市范围内的各种违反价格法规的行为,负责全市价格违法案件的审理和复议,组织、指导职工、街道、乡镇价格监督活动,开展物价计量信得过活动,推行明码标价制度;组织工农业产品价格以及收费成本调查工作;建立价格信息网络,开展价格信息服务;指导价格咨询、价格鉴证和价值评估等价格事务工作;组织开展价格理论和实践问题的调查研究,指导价格学会工作,负责指导和组织全市价格管理人员的业务培训。

六、新世纪伊始物价管理职能调整(2001~2009年)

根据市政府办公室《关于印发苏州市物价局职能配置内设机构和人员编制规定的通知》,以及2002年下发的《江苏省定价目录规定》,苏州市物价局职能调整三个方面。下放的职能:将部分商品价格及收费的管理权限下放给县级市价格主管部门。强化的职能:建立价格监测制度,在重要商品和服务价格显著上涨或者有可能显著上涨时,负责向上级提出采取限定差价率或者利润率、规定限价、实行提价申报制度和调价备案制度等干预措施的建议;对关系群众切身利益的公用事业价格和公益性服务价格,建立听证会制度,并负责主持价格听证会。加强对行业组织价格自律工作的指导,依法规范经营者价格行为。转变的职能:进一步减少政府制定价格(收费)的品种和范围,建立并逐步完善宏观经济调控下主要由市场形成价格的机制,弱化对竞争性商品和服务价格直接管理的职能。

苏州市物价局主要职责:贯彻执行《中华人民共和国价格法》、《江苏省价格管理监督条例》等法律、法规,负责草拟地方价格管理的法规和规章,制订并组织实施全市价格改革方案;根据国家宏观调控措施的要求,结合地方实际情况,编制价格改革规划和年度计划,提出全市物价总水平年度控制目标建设及相应的调控措施,并组织实施;协管省以上管理的商品价格、服务价格以及国家行政机关收费标准,提出价格和收费调整的建议,并组织具体实施;组织行政事业性收费年审年检工作;按照价格管理权限,制订并调整市管商品价格和收费标准,制定市管价格和收费的作价原则、办法,合理安排各种差价和比价关系;发布价格公告,组织价格听证;指导、监督市级有关业务主管部门和县级市、区价格管理工作,组织开展全市行业价格管理工作,处理价格争议;规范经营者价格行为,制止价格垄断、低价倾销、价格欺诈、价格歧视等不正当价格行为,维护公平竞争的价格秩序;承担建立价格总水平调控目标责任制度、价格调节基金制度、重要商品储备制度和实施特殊情况的价格干预措施方面的有关工作,建立价格监测制度,负责全市价格动态的监测,价格水平变动的统计、分析和预测市场价格走势,提出价格调控及相关经济政策建议;组织、指挥全市价格和收费的监督检查工作,健全对价格违法行为的举报制度,依法查处价格违法和乱收费案件及不正当价格行为,推行明码标价,指导价格社会监督工作(职工、街道、乡镇价格监督活动),负责全市价格违法案件的审理和复议;组织工农业产品价格以及收费成本调查工作,开展价格信息网络服务,开展价格咨询、价格鉴证、价格评估等价格认证工作;组织开展价格理论和实践问题的调查研究,指导价格学会工作,组织全市价格管理人员的业务培训。

七、新一轮机构改革后物价管理职能调整（2010年起）

根据苏州市政府2010年出台的市物价局"三定方案",市物价局取消了已由省、市政府公布取消的行政审批事项,同时加强了环境、资源性价格监管,市场价格行为监管,医药价格监管,价格监测预警,成本调查与监审,涉案财产价格鉴证,民生价格采集公布等价格社会公共服务职责。

根据以上职能调整,市物价局的主要职责:根据国家经济社会发展的要求,结合地方实际情况,编制价格改革规划和年度计划;提出全市价格总水平年度控制目标建议及相关的调控措施,并组织实施;贯彻执行《中华人民共和国价格法》、《江苏省价格管理监督条例》、《江苏省涉案财产价格鉴证条例》等法律、法规;负责拟订地方价格管理法规和规章;组织制定并实施全市价格改革方案;贯彻省以上管理的商品和服务价格以及国家行政机关收费标准,提出价格和收费调整的建议,并组织具体实施;组织实施行政事业性收费许可证管理、年审工作;按照价格管理权限,制定并调整市管商品和服务价格及收费标准,制定市管价格和收费的作价原则、办法,合理安排各种差价和比价关系,发布价格公告,组织价格听证,加强价格行政指导工作;指导、监督市级有关业务主管部门和县级市、区价格管理工作,指导、协调全市社会价格监督服务网络工作,组织开展价格争议的调解处理工作和全市行业价格管理工作;依法履行市场价格行为监管职能,对市场主体的价格行为实行管理、监督和必要的调控,参与市场的规划、培育工作,规范各类市场价格行为;承担建立价格总水平调控目标责任制度以及价格调节基金制度、重要商品储备制度和实施特殊情况下的价格干预措施等责任;建立健全市场价格监测和预警制度,适时启动价格动态补贴机制,完善民生价格采集公布系统,提出价格调控及相关经济政策措施的建议;依法开展价格监督检查工作,查处价格垄断、低价倾销、价格欺诈、价格歧视以及其他不正当价格行为,查处不执行政府定价、政府指导价等价格违法行为,健全对价格违法行为的举报制度,推行明码标价,开展价格诚信活动,负责全市价格违法案件的行政复议工作;依法对政府定价、政府指导价的商品和服务价格以及行政事业性收费实行成本监审,对实行财政补贴的重要农产品和公益公用事业项目等实行价格成本调查和监审;依法开展涉案财产价格鉴证工作,指导全市价格认证工作。办理价格评估机构、价格评估鉴证人员资质认定的初审工作;指导价格协会工作,开展价格理论及实践问题的调查研究,组织全市价格管理人员的业务培训。

第三节 价格总水平调控

价格总水平调控是指政府运用经济的、法律的和必要的行政手段，对价格总水平的变动进行直接或间接的干预和约束，以保证价格总水平调控目标的实现。价格总水平调控的主要任务是克服通货膨胀、通货紧缩等价格异常波动，保持价格总水平基本稳定。建国以来，苏州市的价格调控工作大致经历了五个阶段：

一、苏州解放初期（1949年4月末～1952年末）的价格调控

苏州解放初期，市场物价经历了一段继续波动并走向稳定的过程。人民政府顺应人民迫切希望稳定物价的要求，及时采取平衡财政收支，掌握重要物资，控制现金流通，打击投机奸商，迫使市场物价迅速由波动趋于稳定。

1949年4月27日，苏州解放，同时下午解放军代表在吴县商会宣布人民币对几项主要商品的作价规定：……所有解放军向商店购物，其交易价格暂参照无锡比例约价：（1）人民币四百元或华中券四万元暂作袁头银元一枚。（2）日用品价格暂定人民币如下：鲜肉每斤66元，菜每斤3.5元，盐每斤4元，食油每斤100元，猪油同。5月1日，苏州市军管会宣布人民币为统一流通的合法货币，市场开始使用人民币，14日起，市场各物价格一律以人民币计算。华中币为苏南地区法定辅币，与人民币按规定比价等值流通。

苏州解放后，从1949年5月下旬至11月，其间共出现过三次幅度较大的市场物价涨风。苏州市军管会和人民政府及时采取措施，从抛售物资，控制货币投放及加强市场管理，严厉打击金银投机黑市等方面着手，促使涨风在短时期内基本得以遏制。从1949年6月23日起，中国人民银行苏州支行按日公布折实单位的人民币值，举办折实储蓄。广大职工工资按折实单位计算，每一折实单位含中白粳1升，太和面粉2市斤，神鹰细布1市尺，菜油4市两，硬柴5市斤。这一措施，对吸收游资、稳定金融、稳定物价、保障人民生活安定起过重要作用。到1950年12月，苏州市场物价已基本稳定，折实储蓄亦告停办。

苏州市以粮食、棉花、棉布、食糖、食盐等十四项主要日用商品价格计算，1949年5月初到12月底止，涨幅达27倍。

1950年2月，苏州市场物价又出现一次新的涨风。2月6日，国民党飞机轰炸上海发电厂，上海工业生产一度局部停顿，上海市场物价随之发生波动，冲击波及苏州市场，苏州市场白米每石价格最高时上涨到27.3万元，日用工业品价格亦纷纷上涨。人民政府为遏制市场物价涨风，从东北、江西等地调进大量粮食，在各大城市市场抛售。1950年初，国营企业渐具实力，是年春节前后六天，苏州市中粮公司抛售白米八千余石。春节过后苏州市场米价一反常态，从节前每石二十七万余元跌至二十三万元左右。是年1～6月，苏州市中粮公司陆续抛售白米675万斤，稻谷3710万斤，糙米73万斤，粮价稳中有降，不少投机米商因之亏本倒闭。嗣后，粮食购销渠道由国家掌握，苏州市米市投机行为基本绝迹，粮价长期保持稳定。同时发行折实公债，加强税收以及压缩信贷等各项措施，使市场物价迅速得到平抑。是年3月3日，中央

人民政府政务院颁布统一全国财政经济工作的决定。苏州市各项经济措施同时进行，调剂市场供求的担子逐步由国营公司承担，税收工作积极配合回笼货币，人民银行加强现金管理和信贷工作领导，工商行政部门健全市场管理。以此为契机，扭转了十余年的物价涨风，奠定了苏州市场物价长期稳定的局面，为国民经济恢复创造了条件。

二、计划经济时期（1953~1978年）的价格调控

1953年起，国家逐步实行计划经济，对关系国计民生的生产、生活资料，由国家统一定价，计划生产、计划收购、计划供应。在几乎所有产品价格均由政府指令性计划来决定的条件下，苏州地方政府开展价格工作的重点是管制具体价格，通过具体价格的有效管控实现价格总水平的稳定。

1. 第一个五年计划时期（1953~1957年）的价格调控

第一个国民经济五年计划期间，苏州市的社会主义经济不断发展，计划管理随之深化，以计划价格为主要形式的新的价格体系逐步形成，市场物价保持基本稳定。苏州市社会商品零售物价指数以1952年为100，1957年为112.38，年平均递增2.62%。

1953年初，苏南地区土改结束，农民在自己的土地上耕种，不再交纳田租，使粮食和副食品自留量增加，同时上年四季度起降低了粮食的收购价，因此，农民出售农产品的数量减少，城市职工则因收入改善，购买力增强，苏州市场的粮油及主要副食品供应渐趋紧张。同年11月，为了保持粮价稳定，保证城市人民生活安定，苏州市政府根据中央政策，公布对粮油实行计划收购和计划供应（简称"统购统销"）。粮油的收购价格和销售价格自此开始了长达30余年实行国家统一定价。

1954年，苏州市加快了对私营工商业的改造步伐，由加工、订货、收购、包销等改造形式开始向公私合营发展。是年苏州全市商业批发业务的82.91%为国营商业所掌握，主要工业部门如棉纺、染织、丝织、碾米、面粉、榨油、花茶等行业已全部为国营加工，火柴、造纸、水泥等行业亦全部为国营包销订货。社会主义经济日益壮大，增强了市场物价的稳定因素。下半年，因社会购买力继续提高，苏州市区对供应日益紧张的食糖于8月18日起实行凭证供应。9月起，对棉布实行计划供应，以保持价格稳定。

1955年2月21日，国务院颁布关于发行新人民币和收回现行人民币的命令，以1比1万元收兑旧人民币，商品价格按同比改标。苏州市场曾发生过短时期的抢购棉布、绒线商品现象，后通过宣传，渐趋缓和。3月1日新币正式流通，市场恢复正常，物价未发生波动。

1956年，苏州市的社会主义三大改造进入高潮，私营工商业基本完成公私合营，手工业也基本实现了合作化，农村由初级合作社向高级合作社过渡。是年社会就业人数的增加与大范围调整职工工资，社会购买力迅速提高，加上经济结构的变化，市场商品（特别是农产品）供需矛盾日趋突出。市统计局于次年2月26日市场专题分析称："农业合作化高潮以来，由于对市场限制得过严过死，加上国营公司、供销社经营管理工作不善，造成有的农产品减少，直接影响对居民的供应……"为缓解市场部分商品供需矛盾，四季度，根据中央"八大"精神，苏州市区开放国家领导下的自由市场。首批允许在自由市场交易的有蔬菜、鲜鱼、家禽蛋品、南北货小土产、酱工复制、幼畜等6类共138种商品，自由市场与上年9月成立的国家粮

食市场，一同作为计划市场的补充。开放后的自由市场商品价格，约比牌价高出10%。

到1957年第一个五年计划期末，全市职工平均工资增加13.38%，加上就业面的增加，社会商品零售额显著上升。为适当协调一部分商品的供求关系，从年初起，陆续对猪肉、食盐、呢绒、香烟等商品提高了零售价格，猪肉提价5.88%，食盐提价11%，呢绒提价25%。1957年的社会商品零售物价指数较上年升高5.24%，为第一个五年计划期内升幅最大的一年。

2. 第二个五年计划和经济调整时期（1958～1965年）的价格调控

1958年开始至1965年止，苏州市经过"整风""反右"运动，"左"的政治倾向导致了经济上的所谓"高速度"，造成1959～1962年的严重经济困难，人民生活水平一度明显降低，口粮不够，瓜菜相代。这一时期，商品价格出现了国家规定的平价、高价和自由市场价三种价格形式，平价与高价、自由市场价均要相差数倍。经过"调整、巩固、充实、提高"八字方针的贯彻，逐步使国民经济恢复正常，自由市场物价逐步回落，高价商品逐步降价或取消，平价保持稳定，市场物价重趋正常。

1958年一季度，苏州市通过第二个五年计划发展地方工业纲要时，在"左"的思想指导下，形成"大跃进"态势，随后，以"高指标"、"瞎指挥"和"浮夸风"以及"共产风"为主要标志的"左"的错误在全市泛滥起来，是年全市发放工资总额比上年上升46.36%，基建投资比上年增加五倍，货币大量投放市场，市场商品供应紧张。1959年10月起，在本来已很"左"的态势下，又进一步在全市机关党员干部中开展了"反右倾"斗争，"高指标"、"瞎指挥"、"浮夸风"继续发展。这一运动一直延至1960年上半年才告一段落，结果造成了数年经济困难的严重局面。1959年起，农业严重减产，苏州市区农产品供应渐趋短缺，四季度国营企业供应的副食品明显减少，黑市交易鸡蛋每只0.2元，鲫鱼每斤1.5元，萝卜干每斤0.4元，较之国家牌价超过二倍左右，市民对市场物价议论增多。1960年开始，苏州市对一部分主要生活用品和副食品实施计划供应，凭票凭证供应的副食品有肉类、蔬菜等26个品种。凭票凭证供应的日用工业品有棉花、针锦织品、肥皂、煤球等34个品种。另外，凭证明或特需供应的有鱼、肉、蛋、糖、牛奶等营养食品数种。是年9月，还适当降低了市民的口粮、口油定量标准，粮食——干部、企事业管理人员每人每月减2斤；食油——不分老少每人每月从4两减少为2两。用这些措施来保持价格稳定并保障市民低水平的生活必需。

1961年2月起，苏州市开始供应高价糖果、高价糕点和高价菜肴（简称"三高"商品）。高价糖果始售平均每市斤6元左右，5月调整为5.5元左右；高价糕点始售每市斤平均4元左右，5月调整为3.5元左右；高价菜肴始办时毛利80%，5月调整为67%左右。在实行"三高"商品的同时，在市郊开放了农村集市贸易，价格在国家指导下由买卖双方议定。开放初期，农民出售的蔬菜、单品、猪肉等价格一般超过国家牌价二倍以上。7月份，市郊又增设7个贸易货栈（山地货、食品水产、腌腊、竹木柴炭行业），允许市民和小商小贩在货栈内交易。交易价格在国家指导下议定。同年8月，按照中央规定，对18类与人们生活关系密切的商品价格采取确保稳定的措施，以保障人民基本生活水平的稳定。

1962年6月起，苏州市又扩大了高价商品范围，增加了绸缎、被面、毛巾、自行车、手表等工业用品。7月下旬起，市人委通知，以改进计划供应、稳定物价为目的，试行对城市居民按工资水平发放购货券，凭券按牌价供应呢绒、羊毛制品、铝制品等13类72种商品；在郊区对农民以收购农产品发放购货券,凭券按牌价供应橡胶、铝制品、搪瓷制品等13类58种日用工业品。

1960年到1962年期间,国家调高了部分农产品收购价格。苏州市的粳稻收购价提高14.61%,小麦提高14.71%,油菜籽提高22.4%。1960年新粮上市起对统购粮食超购加价10%,该规定于1962年取消;生猪收购提价31.44%。其他农产品收购价也有不同程度提高。在日用消费品中,1962年7月起,经市人委批准,调高了煤球价格,每百市斤从2元调高为2.2元。

三年经济困难时期,国家尽可能稳住牌价,安定人民生活,对有些基本生活必需品采取商业赔钱、财政补贴的办法。1961年,食品水产公司稳价赔本128万余元,蔬菜公司33万余元;工业品中的肥皂、洗涤剂、草纸、铁锅等也有采取计划亏损和财政补贴措施,以求价格稳定。经济困难时期由于国家供应的商品减少,自由市场商品价格随之上涨。1962年三季度在市区调查统计的牌市价格大体如下:

表11-8 1962年三季度苏州市区牌市价格对比表

品名	单位	1957年牌价	当时牌价	当时集市价	当时集市价比1957年牌价(±%)	当时集市价比当时牌价(±%)
大米	元/斤	0.139	0.139	0.80	+475.5	+475.5
小麦	元/斤	0.1051	0.1051	0.50	+375.7	+375.7
鲜鱼	元/斤	0.38	0.60	1.80	+373.7	+200
猪肉	元/斤	0.72	0.85	2.60	+261.1	+206
鸡蛋	元/只	0.06	0.10	0.18	+200	+80
家禽(鸭)	元/斤	0.50	0.87	1.40	+180	+60.9
鲜蔬菜(混合)	元/斤	0.0753	0.094	0.17	+125.8	+80.9
蚕豆	元/斤	0.108	0.108	0.65	+501.9	+501.9
食油	元/斤	0.575	0.74	4.5	+682.6	+508.1
鸡球饼干	元/斤	0.68	0.68	2.00	+194.1	+194.1
香烟(名花)	元/包	0.11	0.11	0.40	+263.6	+263.6
全胶鞋	元/双	4.05	4.05	8.00	+97.5	+97.5
洗衣皂	元/块	0.15	0.15	0.80	+433.3	+433.3
香皂(上海牌)	元/块	0.41	0.41	1.20	+192.7	+192.7
牙膏(白玉牌)	元/支	0.42	0.42	0.70	+66.7	+66.7
火柴(小盒)	元/盒	0.02	0.02	0.08	+300	+300
草席	元/条	1.27	1.78	4	+215	+124.7

以上集市价格系由国家指导下的交易价格,而当时称为"黑市"的交易价,尚高于此。1962年6月上旬,剧装戏具厂职工杨连福投书苏州工农报,后由宣传部、商业局和各公司参阅并讨论,其内容谓:五六月间苏州自由市场食品价格,各种肉类4~5元一斤,鱼类3~4元一斤,蛋类每元2~3只。"黑市"交易,有手表、糖精、鸡球饼干等,还有出售熟蚕豆、熟螺蛳、熟黄萝卜等食品。可见当时市场商品特别是食品供应的紧张情况,其时一般职工、干部工资不高,1956年大面积增加工资后连续数年未变动。由于牌市差价过大,生活必需品主要依靠国家牌价商品计划定量供应,即使如此,市民基本生活负担几年内有所加重,生活水准有所下降。1963年10月31日市物委《情况反映》记载:1957年上半年每人每月基本生活负担额为12.78元,1962年上半

年增加为15.43元,增支20.7%。1963年上半年经济情况好转,负担额降为14.29元,三季度又降为13.74元。几年经济困难对市民生活的影响,由此亦可见一斑。

1963年至1965年,苏州市的经济情况逐步好转,市场商品供应量亦逐步恢复正常。1964年1月,城市居民恢复1960年9月前的粮油供应标准。1964年7月起,猪肉等一部分主要副食品取消凭票供应办法,实行敞开供应,7月份还因猪肉收购量增加,对猪肉作了临时降价处理。三年内,整个苏州市场物价稳中有降。1964年市场零售物价指数比上年下降4.08%,1965年又比1964年下降2.56%。至1965年末,高价商品除一小部分针棉织品和"飞马""红金"二种牌号香烟外,其余商品均恢复平价供应。

从1964年4月1日起,苏州市按省统一部署,调整了菜油统销价格,每市斤从0.74元提高为0.79元。1965年新粮上市起,粮食超购加价12%。4月1日起,调整白米统销价格,标二粳每百市斤由13.9元调高为14元,同时给职工每年增发粮价补贴2元。

1965年,为支援农业生产,苏州市还调低了部分市管农业生产资料价格。小农具调低30%左右,排灌费降低43.8%。12月起调低猪肉销价,统白肉每市斤由0.85元调低为0.80元。

从1958年到1965年末,苏州市零售物价指数(国家牌价)以1957年为100,到1965年为98.88,中间经过一个上升回落过程。上涨幅度最高为1961年,较1957年升高6.93%。这是从"大跃进"到贯彻执行"调整、巩固、充实、提高"八字方针的一个物价波动的过程。

3. "文化大革命"到十一届三中全会前(1966~1978年)的价格调控

1966年"文化大革命"运动第一年,苏州市工农业生产仍较良好,是年社会商品零售物价指数比上年尚下降2%。9月起,根据省部署,提高粮食收购价格,粳稻提高11.76%,小麦提高15.93%,同时取消超购加价12%的规定,统销价格未作变动。

跨入1967年以后,"文化大革命"运动深入,苏州市成为"文化大革命"动乱重点地区之一,工农业生产随之下降,经济发展受到严重影响,全市工农业总产值较上年下降12.12%。为防止市场物价波动,1967年8月,中央发出《关于进一步实行节约闹革命,控制社会集团购买力,加强资金、物资和物价管理的若干规定》:除鲜活商品的季节差价和残次冷背商品的处理价格可按原规定调整处理外,其他价格均放到"文化大革命"后期解决。1970年11月,国务院又发出《关于不得自行调整商品价格的通知》。因此从1967年起,苏州市的市场物价处于基本冻结的状态。

1971年新粮油上市起,为了提高农业生产积极性,苏州市按上级规定对粮油超购价加价30%。

"文化大革命"开始后的五六年间,苏州市市场物价虽然处在物价管理机构基本瘫痪状态之中,但广大市民已接受十余年计划经济和物价管理的教育,生产、经营、消费三者一般均能自觉遵守国家物价政策和规定,所以市场物价得以维持基本稳定。在此期间,苏州市工业生产所需原材料、燃料计划分配不足,相当一部分已仰给于协作渠道,当时对协作物资价格同样控制甚严,1975年12月市生产指挥组《关于苏州当前物价工作意见》规定:协作物资价格,坚决按党的政策办事,执行国家价格,不得高进高出,转嫁亏损……当时协作物资的基本形式为以物易物,即苏州市以部分市场紧俏轻工业品和部分农产品,向原料产地交换生产资料,双方以国家规定价格结算。由于控制了原材料价格,从而使终端产品价格得以保持稳定。

在1967年到1978年的这段时间内，不仅没有解决历史上遗留下来的一部分商（产）品价格不合理状况；相反，由于长时期冻结物价，积累了更多的价格矛盾，使整个价格体系不合理状况更为突出。

三、由计划经济向有计划商品经济过渡时期（1979~1992年）的价格调控

1. 1979年到1984年的价格调控

1978年底召开的中共十一届三中全会，作出了实行改革开放的新决策。国家开始全面的经济体制改革，突破完全排斥市场调节大一统的计划经济观念，确立"计划经济为主、市场调节为辅"的改革方向，价格管理体系也随之发生变化，逐步把长期单一的国家定价改为国家定价、国家指导价和市场调节价等三种价格形式，逐步缩小国家定价商品的范围，扩大国家指导价和市场调节商品的范围。

1979年开始，国家对长期积累下来的不合理价格体系按照市场价值规律的要求进行改革，以调整明显过低的农产品价格，开始拉开了全国性的价格改革序幕。是年4月，按照全省统一部署，苏州市提高了粮食、油料、生猪、羊、鱼、禽、蛋、麻、茶花、茶叶、蓖麻籽、蔬菜、席草、麦草等14种农产品的收购价格，全市平均提价幅度为17.9%。同时在降低生产成本的基础上调低了农业机械、化肥、农药、农用塑料等农用工业品的出厂价格和销售价格。同年11月，国务院通知提高了8类副食品的销售价格，8类副食品平均提价幅度为31.4%，以其为原料的复制品价格也相应作了调整，平均提价幅度为27.26%。为不降低职工、干部的生活水平，苏州同时对职工发放副食品补贴每月5元。苏州市这次副食品较大幅度的调价，在群众中影响颇大，但因工作做得比较细致，并有价格补贴作为补偿，故市场比较平静。由于市场销售价格是从11月份开始，影响当年物价指数不大。是年，苏州市社会商品零售物价总指数仅比上年上升2.1%。

经过1979年对一部分主要农产品调价以后，虽然缓和了一些长期遗留下来的价格矛盾，但农产品价格不合理状况依然存在。1983年进一步改革农产品收购价格，苏州市按照上级精神，从新货上市起，将油菜籽统购与超购加价合并改为倒四六比例计算（60%实行超购加价，40%统购价）。每百市斤比例价为46.8元，比原统购价36元提高了27%。

1980年，根据国务院统一部署，苏州市提高了煤炭、焦炭、生铁、钢材、木材等销售价格，以后对木材销价又作了几次调整，并相应调整了木制家具及木制品的价格。

工业品价格改革，以1981年11月国务院通知提高烟、酒价格，降低化纤品的价格为起点，拉开了工业品价格"以调为主"的改革帷幕。同时，加强了物价管理，进行了价格管理体制的初步改革，苏州在全省乃至全国率先分期分批放开了小商品的价格管理，到1982年底，共放开了279种，占小商品市场零售额的35%、全市社会商品零售总额的3.8%。1983年10月，市物委进一步放开了304种小商品价格。

1983年1月，国家较大幅度调低化纤织品价格，同时提高了纯棉纺织品价格，又提高了硫、磷矿石系列产品和纯碱、玻璃、水泥等价格，提高了部分药品和运输价格以及电报、理发、洗澡的收费标准，降低了半胶鞋、手表、彩色电视机等价格，猪肉恢复1979年的销售价格。同年7

月，为贯彻国务院中纪委文件精神，苏州市政府组织纪委、计委、物委、财政、工商、建行、协作办公室等部门，联合检查钢材、生铁、水泥、木材、煤炭五类物资在生产、流通环节的价格执行情况，狠刹生产资料乱涨价歪风。

1984年，进一步放宽物价管理权，对轻纺、三类农副产品和鲜活商品等，允许经营单位在规定的幅度范围内开展议购议销，价格随行就市，灵活作价。小商品的价格管理权限，于8月间下达《苏州市商品价格管理目录》后，全部放给工商企业订价。

这一时期，苏州乡镇社办企业迅猛发展。对乡镇企业产品苏州首创实施"四定一活"的作价办法，即：定原材料消耗定额；定企业、车间经营管理费率；定工资福利费率；定税利率；放活原材料价格，允许高进高出，低进低出。这使生产者和经营者扩大了产品订价自主权，帮助了乡镇企业迅速发展，使其成为苏州经济的"半壁江山"。

2. 1985年到1987年治理通货膨胀

1984年10月，中共十二届三中全会提出了"有计划的商品经济"论断，价格改革进入"调放结合、以放为主"的阶段。1985年9月，党的全国代表大会通过了《中共中央关于制定国民经济和社会发展第七个五年计划的建议》，首次明确提出：通过价格改革"逐步形成少数商品和劳务实行计划价格，多数实行浮动价格和自由价格的统一性和灵活性相结合的价格体系"的目标模式。随即采取了三大措施：放开绝大多数农产品购销价格；放开计划外生产资料价格，即实行生产资料计划内外价格双轨制；进一步放开消费品价格。

1985年，苏州按照国务院、省政府的统一部署，调整农村粮油购销价格收购价格，晚粳稻按"倒二八"比例作价，每50千克由统购价13.6元提为比例收购价19元；红小麦按"倒四六"比例作价，每50千克由统购价16.3元提为比例收购价21.2元；油菜籽改为按"正四六"比例价收购，每50千克为46.8元。销售价格：国家返销给农村的粮油价格，由原来的统销价改变为按比例收购价销售，实行购销同价。从4月1日起，工业用粮改为议价供应，生猪实行合同收购。5月15日起，提高了铁路短途客货运价，客运100公里内硬座票价由人公里1分7厘5，提高到2分4厘；200公里以内的短途货运，每吨公里加收附加费4元，吨公里运价由2分上升到6分。7月1日起，放开小杂粮、小油料价格，实行议购议销。同日，放开猪肉销价，市区鲜猪肉出台价每斤1.33元，提幅29%。同时对相关制品的价格作了调整，并给城镇居民发了肉食品补贴。对蔬菜的购销体制和价格管理，进行了初步改革，按照先细小品种、后大宗品种逐步放开的精神，管理品种由18种减少为12种，放活了蔬菜细小品种价格。调整书报杂志、医疗收费、消毒牛奶、汤罐、细瓷碗、理发、浴室、水灶及生产营业性房租等价格和收费标准，修改了木制家具的作价办法，放开了计划外工业生产资料价格，各县也先后对地产碳铵实行了优质优价。

由于价格改革步伐过大，直接引发了价格水平的大幅上涨，由此发生了改革开放以来的第一次通货膨胀。1985年，苏州市区居民消费价格总指数、商品零售价格总指数涨幅分别高达11.9%和12.1%。1985年9月24～27日，中共苏州市委、市政府召开县（市）、区委书记，县（市）、区长会议，讨论搞好市场供应、稳定市场物价问题。9月28日，市委、市政府发出《关于搞好市场供应稳定市场物价的通知》，要求充分认识搞好市场供应、稳定市场物价的重要性，切实加强对价格改革的领导；争取多种形式发展生产，为丰富市场供应、稳定市场物价奠定物质基础；认真完善合同定购制度，积极改进食品经营体制；加强市场管理，维护市场正常秩序。市政府决定从12月1日开始至1986年春节，对市区农贸市场的主要蔬菜品种和鸡蛋的集市贸易价格实行限价销售，市物委牵头组织400名干部职工全天去农贸市场，检查督促经营者严格执行限价规定，以稳定民心，稳定市场物价。同时全市各级物价部门严格控制调价，明确规定对涉及市场物价的重要商品，凡属市管理权限内的提价从严掌握，一般不予调高，对放开价格管理的商品，凡是需要调整的，应上报市物委备案。同时，加强物价监督检查，市物价部门组织了全市性的物价大检查。12月27日，苏州市总工会、市物价委员会组建的苏州市职工义务物价监督总站正式成立。随着乡镇企业迅速发展，大批农民从种菜吃变为买菜吃，为妥善解决日益尖锐的农副产品市场供需矛盾，常熟市有173家乡镇企业办起了农副产品基地，总面积达4600亩。

1985年9月，针对价格大幅上涨的严峻形势，省政府发出《关于加强物价控制的通知》，要求各地采取有力措施，把全年零售物价总指数的上升幅度控制在9%左右，这是价格调控目标责任制的最初由来。

1986年2月13日，省政府发出《关于1986年物价继续实行目标控制的通知》，目标控制采取层层分解、政府负责、责任到部门的办法，落实到各级政府和部门，并把价格控制目标编入各市、县国民经济发展计划，作为考核检查各市、县工作的一项重要内容。当年，省政府下达给苏州市的物价控制目标是零售商品价格水平上升幅度控制在6%以内，后调整为控制在7%以内。为了保证控制目标的实现，苏州市物委采取了5条措施：控制调价商品的面和幅度，保证有计划、有步骤地实现调价计划；加强监督检查，促使物价政策的正确实施；改善指导价格管理，强化指导价格的指导性；健全完善放开价格的备案管理制度；注意发展生产，使物价的稳定有可靠的物质基础。1986年，苏州市管商品及各县（市）的调价计划全部顺利实现，全年零售物价指数上升6.4%，职工生活费用价格指数上升6.5%，达到了省对价格目标控制的要求。

1987年，市场物价再度出现较大幅度上涨，市区商品零售价格总指数比1986年上升11.8%。根据市政府指示，市物委会同工商等相关部门，从6月22日开始，市区对农贸市场价格实行临时限价管理，确定15个品种的成交中准价格和上浮幅度，当年市农贸市场议价小组共发布49期"中准价格通知单"，维护了特定时期"菜篮子"价格的基本稳定。7月，苏州市政府发出《关于稳定下半年市场物价的通知》，提出努力抓好生产，发挥国营、供销社商业的主导作用，严格控制市管商品价格，完善外采商品价格管理，对放开商品价格的管理和指导，防止假冒、伪劣和变质商品进入市场，适当收权，加强对物价的监督、检查，建立稳定市场物价的部门首长责任制，加强物价工作领导等十条措施。9月，市政府发布《关于整顿市场秩序，加强物价管理的通告》，同月组织开展集贸市场大检查，重点管住规定的"中准价"商品，坚决制止哄抬物价行为。市物价部门按照1987年苏州市市管商品调价总额不得超过社会零售总额的0.5%、对市场零售物价指数上升的影响不超过0.5%的目标管理要求，全年调整市管商品价11项，涉及市场零售总额提价金额646.95万元，影响物价指数上升0.475%。

3. 1988年到1991年治理通货膨胀

1988年，实施计划内外价格"并轨"，放开价格管制，取消价格双轨制，实行"价格闯关"，这直接导致当年全国出现了大范围物价上涨，更由于总需求大于总供给的矛盾突出，加上货币超量发行、投资膨胀、消费拉动等因素，进而产生了波及大江南北的抢购商品和挤兑储蓄存款的风潮，演变成改革开放以来第二轮通货膨胀。

1988年8月，国务院发出《关于做好当前物价工作和稳定市场的若干决定》。9月，中共十三届三中全会提出了"治理经济环境，整顿经济秩序，全面深化改革"的方针。9月2日，在苏州市召开的市级机关领导干部会议上，市委、市政府对做好全市物价工作和稳定市场作出了具体部署。9月3日，市委、市政府发出《关于做好物价工作、稳定市场的紧急通知》。按照中央和省的部署，苏州市以"严格管理、控制涨价、暂不放权"为指导思想，强化物价管理。明确不再出台新的调价措施，取消了民用煤球、铁壳热水瓶、幼儿园和出租汽车收费标准等原定计划调价项目，纠正部分已涨不当价格，并明确凡属各县（市）、区管理的商品价格和收费标准，调整前应征得市物委同意，否则一律无效。严格控制上涨产品价格，对放开商品中的重要商品、敏感商品实行"提价申报制度"。同年9月，经市政府批准，苏州市区建立副食品价格调节基金（稳副基金），该基金主要来源于物价违纪案件的罚没收入，以弥补财政之不足。当年，苏州市区上交财政的查处价格违纪案件罚没收入为532万元。第四季度，市区物价上涨趋势有所减缓。同时，还采取措施，控制消费膨胀，紧缩信贷规模，社会集团购买力膨胀的势头受到遏制，贷款总额在7月底基数上压缩了6.9亿元，新增贷款已控制在省下达的规模内。城乡储蓄开始回升，年末储蓄余额比上年增长12.9%。为稳定"菜篮子"供应和价格稳定，要求全市各地城镇按照一、二、三厘的标准，增补了5000多亩菜地，还发展了一大批副食品生产基地。为了平抑物价，除有关部门自我消化外，市、县、区、乡各级都挤出财力，增加了对猪肉、蔬菜等副食品的补贴。国营商业、供销社和粮食、盐业等系统，在市场波动较大的情况下，紧张工作，组织货源，保障供给，较好地发挥了主渠道作用。为稳定群众生活必需品以及传统产品价格，苏州市运用稳副基金进行补贴。豆制品从1988年9月开始实行价格补贴，至年底共补贴55.76万元；猪牛饲料从11月15日开始实行价格补贴，共补贴22.23万元，糖年糕、猪油年糕价格补贴18.03万元。12月，市物价部门对康华苏州发展公司高价倒卖彩电等商品的违法案件进行了查处，没收非法所得17.74万元，并加罚2.2万元。1988年，苏州市区零售物价指数比1987年上升23.9%，其中（以上年价格为100%）食品类127.2%，衣着类128.2%，日用品类113.4%，文化娱乐用品类112.4%，书报杂志类120.1%，药及医疗用品类132.1%，建筑材料类129.6%，燃料类102.6%。

1989年1月，中共苏州市委六届八次全会要求采取有效措施，压缩基建规模，抑制消费需求，增加有效供给，使物价上涨幅度明显低于去年。按照"确保上涨幅度明显低于1988年"的要求，市相关部门认真落实支持生产、保障供应、整顿流通、强化管理、注重调控等措施，物价上涨过猛的势头得到有效控制，市区全年零售物价指数比1988年上升16.1%，居全省第5位，比1988年的23.9%下降了7.8个百分点，实现了年初确定的控制目标。全市积极实施物价控制目标部门责任制，按全省统一下达的指标进行二级分解，具体落实到14个主管部门，并随时监督检查执行情况，加强考核。市物价部门坚决扎紧涨价口子，强调遵守物价纪律，严格按分工权限办事，各级不得越权擅自调价；生活必需品价格力求稳定，定量供应的粮、油、糖、肉、民用燃料以及自来水等十种商品做到一个不涨，确需调整的商品价格，严格按调价手续报批，重要的价格放开商品实行提价申报制度；对计划外生产资料和集贸市场价格在一定时期实行最高限价。1989年下半年，根据市场供求情况，以市区27家"物价计量信得过"单位为龙头，有计划地开展了以"为稳定市场、稳定物价作贡献，为满意在苏州活动增光彩"为宗旨的降价让利、优质服务活动，并指定部分地产电冰箱、吸尘器、电扇等商品调低价格，通过组织物价回降工作，把一部分调价过头的商品价格适当降下来，减轻群众对涨价的心理压力。同时，多方筹集稳定价格基金，对生猪、蔬菜、豆制品、牛奶、鸡蛋等生产、经营环节给予补贴，大市范围内全年补贴5000多万元，保证了正常供给。

1990年，苏州市全面贯彻"既要稳定物价，又要振兴经济"的指导思想，认真落实"严格控制物价水平，适当调整价格结构，大力整顿价格秩序，加强价格管理检查，继续深化价格改革"的物价工作方针。4月，市政府发出《关于严格控制物价上涨确保控价目标实现的通知》，确定全年物价控制部门责任目标，分解成45项具体责任目标，采取价格水平和幅度控制相结合的办法，落实到22个责任部门，并实行追踪监控。认真实施"菜篮子"工程，安排好生猪、蔬菜购销价格，落实"菜篮子"工程的各项扶持措施。当年主要农副产品中，粮棉油项项增产，除水果、禽蛋产量有所下降外，其他农副产品都有增长，为保供稳价打下了物质基础。严格控制农业生产资料价格，除国家安排的地产小化肥、磷肥价格适当提高外，其他农资价格都保持基本稳定。1990年，苏州市物价涨幅明显回落，人们的恐涨心理大大缓解。全年市区商品零售物价指数同比上涨3.2%，低于年初确定的7%左右的控制目标，比1989年的16.1%回落12.9个百分点。从各大类商品价格指数看，食品类上升3.4%，衣着类上升6.9%，日用品类上升4.3%，文化娱乐用品类下降6.8%。

1990年6月以后，按照国家、省的部署，适当调整了价格控制的力度，在价格管理权限方面，适当减少了商品提价实行全市平衡的品种范围，减少了在提价前须实行申报制度的商品品种，取消了部分市场调节价商品控制最高差率的管理办法，积极疏导了一批矛盾突出的商品价格，认真做好了花纱布系列，盐化工系列，钢铁系列，铁路、公路、水路货运价格，邮政资费以及洗衣粉、洗衣皂、食糖、食用铁锅等商品价格和收费标准的调整工作，相继提高了部分药品、生面、皮子、阳春面、牛奶、奶粉、奶糕、大饼、油条、饮食业点心、小包装猪肉、豆制品、碳铵、小苏打、普（细）瓷碗、热水瓶（胆）、油毡、民用煤球、液化气、管道煤气、民用自来水、市内公交票价、浴室收费等地方管理的商品价格和收费标准。

根据省政府《关于搞好市场物价工作的若干意见》，苏州市于1990年开始设立了市场物价调节基金，当时采取向社会征收的办法筹集资金，征收的范围与对象为苏州市内有销售收入或营业收入的全民集体企事业单位，个体工商户，私营企业（2004年4月起民营企业免征），银行、保险部门。征收标准为：有销售收入或营业收入的企事业单位、个体工商户、私营企业按销售额或营业额的1‰征收，其中从事调拨批发业务的按进销差价的3‰征收；银行、保险部门按营业税额的2%计征。具体征收工作主要由地税、国税和工商部门承担。从1990年至2007年间，苏州每年征收金额为500多万~1000多万元。基金主要使用在以下几个方面：无公害食品基地建设、市场监测体系建设、农贸市场管理，以及各种用于扶持生产、搞活流通、保障供应的一次性补贴项目。市场物价调节基金开征后，市及时成立了市场物价调节基金管理领导小组，由市政府分管农业的领导任组长，领导小组由财政、物价、税务、人民银行等部门负责人组成,下设办公室,办公室设在财政局。苏州市市场物价调节基金管理主要以财政部门管理为主,物价等其他部门参与管理为辅。从2008年1月1日开始,省政府决定全省暂停征收价格调节基金。市场物价调节基金共征收了18年。

1991年,苏州市继续贯彻"既要稳定物价,又要振兴经济"的指导思想,继续实行政府领导下的物价控制目标责任制,围绕不突破10%的物价控制目标(年初确定为不超过6.5%,由于受特大洪涝灾害的影响,经省人民政府同意,调整为不突破10%),编制了蔬菜等20个市管商品的调价计划,确定了市区全年物价控制的49项部门责任目标,分解落实到22个责任部门,采取全面安排、突出重点、系统调控、综合治理的办法,建立市场监测体系和考核检查制度。按照分类管理原则,对市管的大青菜等8只大宗蔬菜分月度下达中准收购价格和零售价格,对其他蔬菜实行差率管理和必要的水平控制,推出"鲜冻同价、以票顶差、实销实补"的计划内冻猪肉价格改革方案。在抗洪救灾期间,实施对猪肉、水果市场限价措施,适时追加豆制品、蔬菜、猪肉、水产品、干鲜果等9项控价目标。为支持农业生产的发展,减轻农民负担,稳定农产品价格,年内在安排计划外尿素销售价格时,按低于国家规定的经营利润率作价,每吨销售价降低60多元,全年共让利于农民近300万元。为支持抗灾自救、恢复生产,落实6个农药品种的优惠价措施,降低地产复合肥价格,减轻农民负担400万元。1991年,苏州市区商品零售物价指数比1990年上升8.7%,实现了物价控制目标。

四、向建立社会主义市场经济体制过渡时期(1992~2003年)的价格调控
1. 1992年到1996年治理通货膨胀

1992年初,以邓小平南方谈话为标志,中国改革开放进入一个新阶段。同年10月召开的党的十四大确定了"中国经济体制改革的目标是建立社会主义市场经济体制",强调"价格改革是市场发育和经济体制改革的关键,应当根据各方面的承受能力,加快改革步伐,积极理顺价格关系,建立起以市场形成价格为主的价格机制"。但是,由于中国经济体制中的深层次矛盾尚未解决,从1992年下半年开始,中国经济出现了"四高、四热"现象,即高投资规模、高货币信贷投放、高工业增长、高价格上涨,以及由此引发的股票热、房地产热、开发区热和集资热。到1993年上半年,经济运行中暴露的问题进一步突出表现在:金融形势严峻,货币投放量过大,大大超过了经济增长的幅度;固定资产投资膨胀加剧,基建规模过大,新建项目过多;基础设施和基础工业全面紧张,电力、油品、建筑材料供求缺口扩大;价格总水平再次大幅上扬。针对经济过热的情况,国家从1993年开始,实行紧缩型的宏观调控,一直持续到1997年。

1992年,苏州市各级物价部门从适应发展社会主义市场经济的需要出发,推出了一系列加快价格改革的新举措,加大放开价格和结构调整力度。市管商品价格由上年的220种减少为10种,县(市)、区也相应放开一大批商品价格,放开价格占社会商品零售额的比重由上年的75.33%上升到90%左右,生产资料价格放开面达到95%以上,包括价格放开在内的企业"四放开"工作全面展开,从根本上改变价格放开滞后于市场经济发展的局面。同时价格结构调整迈出新步伐,1992年,按照中央、省的统一部署和苏州实际情况,相继调整了能源、交通运输、农用生产资料等基础产品价格,粮食及其复制品购销价格,黄金饰品、理发、浴

室、牛奶等基本消费品价格和收费，民用电、自来水，燃料系列、城市公交票价、大中小学学杂费、幼儿园托费、部分园林门票、邮电资费等基础设施、公用事业价格和收费，1992年苏州市区调价总金额为1.9亿元。

1992年，根据"逐步建立以市场供求为导向的价格形成机制和宏观调控为主的价格管理新体制"的工作新要求，在加快价格改革的同时，加强价格总水平调控，努力保持市场物价基本稳定。苏州市实行物价总水平控制目标责任制，将全年物价控制的46项部门责任目标分解落实到具体责任部门。加强对市场价格的监测，全市物价系统市县联动，初步建立了主要农副食品、日用工业品、工业生产资料3大类108种商品定品种、定时、定点、定人的区域性价格跟踪监测网络，着重进行国营与集市，本市与邻近城市，计划内与计划外，纵向与横向的价格对比分析，结合检查物价控制目标执行情况、主要工农业产品收费成本收益（利润）变化情况和产销供求情况，较为全面地掌握主要商品价格的现状以及变化趋势，对价格变化过程中出现的异常情况进行重点跟踪监测，发挥物价部门在市场经济条件下，作为政府实施宏观调控的参谋作用。1992年市区商品零售价格总指数较上年上涨8.2%，实现了省政府下达的价格总水平控制目标。

1993年4月1日起，国家全面放开粮油购销价格，取消粮食定购和居民定量供应，不再使用粮票、油票等，为农业走向市场奠定了基础。贯彻国家对煤、电、油、运等基础产品系列价格的放调措施，苏州先后调整了医疗收费，民用燃料、公交票价、自来水等省、市管理的商品价格和收费标准，对园林票价实行季节浮动。加强了对房地产价格的管理，全年市区核定商品房价格的总面积为37.24万平方米，全市调价总金额超过5.5亿元。放开价格占社会商品零售总额的95%，初步形成了新的价格机制。

1993年，针对粮油、蔬菜、副食品、黄金饰品以及部分日用、工业品出现较大幅度和较大面积涨价的情况，苏州市采取了抓宏观调控、舆论宣传、监督检查、市场监测等综合措施，对23种已经放开但与人民生活密切相关的商品实行了提价申报备案制度，规定了饮食业等级最高毛利率，对6种商品实行了差率管理，两度实行了主要副食品限价措施，贯彻党中央、国务院关于平抑粮油价格紧急通知精神，开展跟踪检查，有效地抑制了粮油价格急剧上涨的势头和物价总水平过快上涨。7月，市政府召开加强物价管理，制止乱涨价、乱收费大会，部署开展市场物价大检查工作。市物价、财政、计委组成治理乱收费办公室，分二批取消（降低）166项不合理收费项目。1993年苏州市区商品零售价格总指数同比上涨21.4%，生活费用价格总指数同比上涨23%。

1994年伊始，物价总水平起点高，涨幅大，特别是粮价大幅上升，带动主副食品和市场物价上涨，面食类价格占年上涨总幅度的64%。随着全国性粮食供求再次紧张，苏州市区重新恢复粮食计划供应，改用"备用券"定量平价供应大米及食油。针对这些情况，苏州市加强了对居民基本生活必需品和服务价格的监审，明确将35种与居民基本生活关系密切的主副食品、日用工业品和服务价格列为监审品种，分别实行提价申报、备案和差率管理。成立市"菜篮子"工程领导小组，开发建成市属蔬菜基地8000亩。各地采取财政拨款、低息贷款、专业大户出资入股、募捐集资、引进外资等方法千方百计筹集资金增加投入，累计投入基地建设的资金达1亿多元。全市新建、扩建蔬菜基地870个，面积达3.9万亩，地产蔬菜占上市量的30%以上；新建、扩建生猪基地653个，出栏肉猪72万头，占总上市量的42%。积极引导和扶持菜农直接进入市区菜场交易，在市区29个农贸市场辟设3000多平方米自产自销区，对直接进场的菜农优先安排摊位、优先搞好服务、优惠收取摊位费。整顿粮油市场，加强粮油价格管理。实行猪肉综合批发价和差率管理办法，把个体小刀手纳入价格管理范围。对蔬菜、鸡蛋实行差率控制。大力治理乱收费，分批公布取消289个不合理收费项目，降低19个收费标准，减轻社会各方面负担1.41亿元。金融部门加快货币回笼，全年现金累计收入1027.3亿元，支出累计1005亿元，轧差净回笼22.3亿元，比1993年多回笼12.6亿元。由于各项价格调控措施的逐步落实，对抑制物价总水平过快上涨起到了一定的作用，苏州市区1994年12月份零售和消费价格指数分别为116.8和119.8，与年内最高的2月份相比，分别回落了17.9和14.3个百分点。1994年4月，以国家技术监督局副局长王以铭为组长的国务院物价大检查华东工作组在省政府有关部门领导陪同下来苏检查贯彻国务院关于开展物价大检查通知落实情况。通过检查考察活动，工作组对苏州市贯彻国务院关于开展物价大检查的通知，积极采取抑制物价过快上涨的一系列措施给予了充分肯定，对苏州市的下一步物价工作提出了意见。1994年9月，省人大常委会审议通过了《江苏省价格管理监督条例》，对价格调控工作作出具体规定，明确"县级以上人民政府按照保持经济总量相对平衡和结构合理的原则，加强和改善价格调控"，这为政府依法开展价格调控提供了法律武器。

1994年9月12日，苏州市人民政府下发《关于加强物价管理，努力抑制物价上涨的通知》，出台了加强物价管理、抑制通货膨胀、稳定市场、稳定社会、稳定人心的十项措施：统一认识，加强领导，把稳定物价作为经济工作的一件大事来抓；严格把关，年内不再出台新的调价项目；切实抓好农业生产，增加有效供给；迅速稳定市场粮食价格；努力搞好猪肉等副食品供应；切实加强对重要商品和服务价格的管理；进一步加强农业生产资料价格管理；继续严格控制固定资产投资规模，控制消费基金过快增长；强化市场价格监督检查；加强舆论宣传导向工作。同时，市政府决定建立"苏州市市场物价管理协调领导小组"，由副市长陈浩任组长，市政府副秘书长徐洪斌、市物价局局长朱全林任副组长，领导小组成员由市工商、商业、供销、粮食、财政、税务、蔬菜副食品办公室、监察、标准计量等9个部门的领导组成，定期研究分析市场物价动态，协调处理市场物价管理重大问题。12月初，市物价局拟定了《苏州市禁止不正当价格行为和牟取暴利暂行办法》，上呈苏州市政府；同月12日，市政府颁布施行。嗣后，市物价局陆续出台了《关于明确主要商品和服务价格暴利界限的通知》《关于调整主要商品和服务价格暴利界限的通知》、《苏州市饮食业、娱乐业、服务业内供食品、饮料价格管理办法》、《关于明确家具商品暴利界限的通知》等一系列反暴利的配套性、规范性文件。这些反暴利政策措施的贯彻实施，强化了已放开价格的商品和服务收费的管理，对规范企业价格行为、维护消费者合法权益、加强价格调控管理、抑制通胀发挥了积极作用。

1995年初，苏州市人民代表大会首次审议通过确定的年度物价控制目标为"全年零售价格指数涨幅控制在15%以内"。为此，苏州市坚决贯彻落实党中央、国务院关于抑制通货膨胀、控制物价上涨的一系列宏观调控措施，进一步加强价格调控管理。市政府批转市物价局《关于实施苏州市1995年物价控制目标责任制的意见》，围绕影响物价上涨的重点，明确下达了各县级市零售价格指数升幅和市区十种主要商品的价格水平控制、市场供应总量以及相配套的储备任务、市场建设、监控措施等责任目标，市政府分别与市物价、工商、粮食、商业、物资、市政公用等部门以及郊区政府签订了物价控制目标责任书，这在苏州市是第一次。各地、各部门也相应对物价控制目标进行了分解落实。实际执行情况表明，各县级市零售价格指数涨幅和市区十种主要商品价格升幅都控制在目标之内，其中市区凭票定量供应的特等粳米年零售价格一直稳定在每千克2.72元，二级菜油年平均零售价格为每千克8.2元，猪腿肉年平均零售价格每千克16.74元，鸡蛋年平均零售价格每千克7元，食糖年平均零售价格每千克5.39元，蔬菜价格年平均涨幅为15.8%，低于20%的目标。各县级市平均零售价格涨幅为常熟市11.2%、张家港市11.6%、太仓市12.0%、吴江市12.2%、吴县市12.6%、昆山市13.8%。进一步加强市场价格监测和预警预报工作，价格监测品种从1994年的108种增加到170种，适当调整价格监测点，随时掌握了解市场动态，及时做好预警预报工作。加强对农贸市场价格管理，建立覆盖市区52个农贸市场、16个菜场的农贸市场价格管理网络，全面实行对猪肉、蔬菜等主要农副产品的指导价管理。全市各地动用价格调节基金，建立主副食品储备制度和生产基地，并积极贯彻国家关于"米袋子"省长、"菜篮子"市长负责制，粮食大幅提价，实行价外补贴，深化粮食购销体制改革，促进了粮食丰收，使供求矛盾逐步缓解，粮价开始回落。继续巩固、发展和提高蔬菜基地，投资1200多万元在郊区、苏州工业园区、苏州新区和吴县市新建了5000亩旱生菜地。严控信贷总量，全年货币净回笼再创历史最高水平。经过努力，苏州市的物价上涨过快的势头得到有效遏制，市场商品供应丰富，群众恐涨心理有所缓解，零售价格涨幅明显回落。1995年市区商品零售价格总指数同比上涨13.3%，居民消费价格总指数同比上涨18%。

　　1996年，苏州市继续实行价格控制目标责任制，市政府批转市物价局《关于实施1996年物价控制目标责任制的意见》，就全年控制目标与各有关地区、部门签订了年度物价控制目标责任书。责任制签约单位从1995年的7个主管部门扩大到20个地区和部门，地域范围从苏州市区扩大到全市，纵向考核到6个县级市、3个城区、1个郊区，横向考核到10个主管部门，重点控制商品扩大到14种。各地、各部门领导高度重视，普遍落实控价责任，加大管理力度，坚持全程调控，定期严格考核，明确奖惩措施。实际执行结果表明，年初列入水平控制范围的粮油、肉蛋、蔬菜及民用自来水、电等十四种主要商品，其中计划内粳米、民用电因国家统一调价水平提高，其他12种商品的实际执行价格（升幅）均在控制目标范围以内。各市零售价格涨幅也分别控制在目标之内。坚持把治理流通领域乱涨价、行政事业性乱收费作为"控涨治乱"、实现全年物价控制目标的重要环节来抓，市政府颁布《苏州市行政事业性收费管理暂行办法》，批准全市第三批取消54项收费的方案。交通道路、河道设卡乱收费问题基本得到遏制。全年市区商品零售价格总指数同比涨幅为6.2%，居民消费价格总指数同比涨幅为11%，分别比1995年同期水平回落7.1和7个百分点，商品零售价格总指数涨幅比年初确定的9%左右的全年物价控制目标低2.8个百分点，消费价格涨幅比国家要求控制在12%左右的目标低1个百分点。同年底，随着市场粮油供应的充裕，价格的回落，市区居民凭"备用券"平价定量供应粮油的临时措施也随之消失。

2. 1997年到2003年治理通货紧缩

1997年，中国有效抑制了通货膨胀，实现了国民经济软着陆，并初步形成了"高增长、低通胀"的国民经济发展格局。一方面，市场供求关系发生了根本性转变，不少消费品供过于求，"短缺经济"现象基本消除，结构性"买方市场"开始形成。根据国内1997年下半年对613种商品的统计，市场上供不应求的仅有10种，供求基本平衡的商品占66.6%，供过于求的商品占31.8%。进入1998年，供不应求的商品基本消失。另一方面，1997年10月爆发的亚洲金融危机逐步波及中国，外贸出口受到影响。在内需不振、外需疲软的双重因素影响下，市场呈现通货紧缩迹象。从1997年起到2003年，苏州市区商品零售价格总指数连续7年出现负增长；同期的居民消费价格总指数连续4年负增长，即使是在正增长的年份，也只呈现不超过1%的微弱增长。

这一时期，宏观调控的环境、任务和方向都发生了重大变化。宏观调控的首要任务从"抑制通货膨胀"转变为"防止通货紧缩"，财政政策从"适度从紧"转变为"积极"，货币政策从"适度从紧"转变为"稳健"，消费政策从"限制消费"转变为"鼓励消费"。为适应形势变化，从1997年开始，苏州市的价格调控重点转移到配合国家实施积极的财政政策和稳价的货币政策，积极运用价格杠杆促进扩大内需、结构调整和优化经济发展环境上来。

1997年，苏州市根据国家和省的统一部署，组织实施价格结构性调整计划，适度缓解地方突出的价格矛盾。先后调整了铁路货运、公路客运价格，部分医疗收费标准。出台房租、民用燃料、民用电、有线电视收视费、公有住房售房成本价调价方案，实施高等教育收费和旅游景点门票价格并轨以及城市公交无人售票票价结构性调整。根据有升有降的原则，适当调低成品油、化肥价格以及黄金饰品销售价格。1997年12月，全国人大常委会审议通过了《中华人民共和国价格法》，其第四章专门就价格总水平调控的目标、措施及手段作了规定，为各级政府实施价格总水平调控提供了重要的法律依据。

1998年，苏州市积极探索在低通胀条件下通过深化改革、促进发展以实现物价稳定的新路子。实行粮食顺价销售，完善粮食市场形成价格机制，进一步推进粮食购销体制改革。根据国家和省的统一部署，全市各级物价、粮食部门坚决贯彻粮食顺价销售政策，粮食实行保护价敞开收购，促进了市场粮价的合理回升。加快价格结构调整步伐，调整自来水价格，贯彻国家原油、成品油价格改革方案，适度疏导突出价格矛盾。规范房地产价格管理，培育新的经济增长点，推进苏州市住房制度改革。以规范市场价格行为为重点，根据市场物价持续走低的情况，适时调整价格监审品种和措施，继续加强行业价格管理。认真贯彻国家、省"清费治乱减负"文件精神，全市对行政事业性收费进行"改税一批、剥离一批、取消一批、规范一批"，市立33项行政事业性收费全部清理取消完毕。同年5月，市物价局会同市监察局确定270家单位进入《企业交费登记卡》制度首批试点，并逐步在全市推广，以制止乱收费行为，切实减轻企业负担。

1999年，认真贯彻上级粮食流通体制改革精神和顺价销售的原则，实施夏季粮油收购价格并轨和秋季粮棉收购价格政策，会同有关部门做好库存粮顺价销售和陈粮促销工作。提高城市供水、成品油和金饰品价格，贯彻落实全省统一销售电价方案，增收污水处理费，三次下调部分电信资费，降低出租车企业的收费标准。认真贯彻中央关于教育体制改革的决定，对中小学义务教育阶段收费从紧控制，对市重点高中收费实行并轨，对社会力量办学收费从宽核定。同年11月，经市政府同意，市物价局出台关于运用价格杠杆扩大消费需求，促进苏州市经济发展的十条措施，将培育房地产市场，深化旅游及服务业改革，落实减轻企业及农民负担，扩大农村消费市场等作为价格调控工作的重点。

2000年，以扩大消费需求促进经济增长为重点，充分发挥价格杠杆作用，努力促进价格总水平的合理回升。先后提高了城市供水和民用管道煤气价格，连续9次调整了成品油价格，为应对油价上升，适时放开货运、水运价格，加快公路运价改革。调整了部分电信资费，调整了留园、拙政园、北塔公园、耦园的门票价格以及耦园水巷游、虎丘春季花会、拙政园杜鹃花节特色游览景点票价。同时围绕"吃、住、行、游、购、娱"六大旅游要素，采取积极的价格政策，支持培育全市旅游产业的发展。全面推行菜肴市场平均毛利率和饮料、酒类市场平均价格。规范房地产交易环节和物业管理的各项收费管理，努力推动住房消费。在全省率先贯彻实施了城乡居民生活用电同价方案，从12月1日抄见电量起，农村居民生活用电价格由每千瓦时0.57元降低为0.52元，与城镇居民现行生活用电价格实行同价。

2001年，市物价部门根据WTO规则，中国政府的入世承诺和省、市有关文件要求，完善价格管理，发挥市场机制积极作用。各级物价部门参与行政审批制度改革工作，通过自清自查，下放一部分管理权限，放开一部分商品和服务价格，进一步扩大了市场调节价格范围。市物价局审批总项目减少36项，减幅为46.2%，其中审批核准事项减少16项，减幅为41%，分别达到市委、市政府提出的减幅为三分之一和40%的目标要求。随着行政审批制度改革及市场调节价比重的增大，各级物价部门把工作重点转移到规范市场价格行为上来，改变主要依靠行政手段进行管理的做法，用市场价格竞争规则来规范市场价格秩序，创造公开公平的竞争环境。做好国家每月一次的成品油价格调整工作，努力与国际市场的价格水平接轨；贯彻国家电信资费结构性调整方案，取消了通信建设附加费，结构调整了月租费、市话费，完善电信价格管理，促进了有序竞争。加强住房建设收费清理整顿，刺激市民购房消费热情。

2002年，市物价部门为适应"入世"要求，推进价格行政审批制度改革，大幅度减少价格行政审批事项，将27个审批事项全部进入市行政服务中心窗口集中办理，将餐饮、客房、商品房价格审核和物业管理收费等级审核的部分审批权限下放到各区物价局。认真落实粮、油、棉、茧价格改革政策，继续做好粮、油、棉、茧等主要农产品成本预测和产销成本调查工作，开拓以服务农业产品结构调整为主要内容的成本专项调查，深入农业生产第一线督查农产品收购价格政策和落实情况。配合农村税费改革，按照国家和省的统一部署，在全市农村全面开展了涉农收费公示工作，全市各镇、村涉农收费公示率达到100%。先后开展了对农民建房收费、农村中小学收费、粮食价格、农网建设和改造收费等涉农收费和价格专项检查，规范生猪定点屠宰收费行为。全面实行私营个体经济收费公示制，将涉及个体私营经济的23个部门127项收费标准向全社会公示，免费发放了收费目录汇编和交费登记卡1.6万本。全面清理国有企业改制收费，进一步明确有关实行减免优惠的价格政策规定，为切实保障国家、企业、职工的合法权益，降低改制成本，加快改制进程提供价格政策支持。

2003年的价格调控工作经受了抗击"非典"的考验。在抗击"非典"期间，迅速启动市场价格预警系统，依托市场价格监测网络对与防治"非典"有关商品和群众基本生活必需品价格实行重点监测，密切掌握市场价格动态。对涉及抗击"非典"的药品等商品价格采取了市场最高限价、差率管理等一系列临时干预措施。对受"非典"影响较大的行业实行了减免部分行政事业性收费和政府性基金的优惠政策。同时，继续加大对发展农业的价格支持力度，抓住"农业增效、农民增收、农村稳定"这个主线，完善农产品价格形成机制；继续加大对发展房地产的价格支持力度，改革普通商品房定价环节，扩大价格浮动幅度；继续加大对发展旅游业和城市化建设的价格支持力度，放开旅行社收费、星级宾馆服务费、水上客运价格，降低出租汽车企业管理费标准，深化游览参观点票价改革，出台农村工业、农业生产用电与城市同价和民用电峰谷分时电价政策，实现民用瓶装液化气价格并轨方案。各级物价部门加强了对行业价格组织自律的指导，协助行业建立价格管理组织，发挥了行业价格组织自我管理，以及与政府部门纽带桥梁的作用。

五、市场经济条件下的价格调控（2004~2010年）

随着2003年下半年粮价上涨带动肉禽蛋等主副食品价格上涨，对城市居民生活带来一定影响，进入2004年，物价总水平上涨压力明显增大，全年同比涨幅为5%，其中7月份高达8.8%。为此，坚持实行政府领导下的价格调控目标责任制，市政府批转《市物价局关于实施2004年价格调控目标责任制的意见》，并且分别与5市（县）、6区政府和17个有关部门签订2004年物价调控目标责任书，对5市（县）消费价格涨幅，13种主要商品和服务价格，11个涉及行政事业性收费的部门明确价格调控预期目标。坚决执行国家发改委下达的"两条控制线"的规定，针对全市消费价格总水平出现同比涨幅连续3个月超过4%和单月环比涨幅超过1%的新情况，物价部门从维护稳定的大局出发，明确暂不出台政府定价的公用事业、公益服务和群众生活必需品调价项目的规定，已经准备出台的管道煤气价格等调整方案也予以推迟。全力应对粮食波动带来的市场考验，引导市场主体加大采购力度，组织货源，增加粮食库存，满足市场需求，全年共从基地调购粮食6万多吨，4月由53个粮食购销企业组成的粮食采购团分别与宿迁、盐城、镇江等粮食主产区的粮食购销企业签订了42万吨的粮食购销意向协议。针对2004年以来突发"禽流感"和粮油价格以及化肥等农资价格大幅上涨的新情况，迅速启动价格预警和应急机制，对与防治"禽流感"相关的商品以及粮油、农资价格实行追踪监测，坚持价格动态报告制度。加大价格监管力度，围绕国庆、春节、五一等重大节日，联合国第28届世界文化遗产大会在苏召开等重要活动，对粮油、化肥等重点商品，组织开展节日市场物价大检查。由于各级各部门的共同努力以及各项调控措施的逐步到位，全市物价总水平涨幅自7月份达到8.8%后，开始逐月回落，11月、12月回落到3%，全年价格总水平上涨5%，实现了调整后的价格调控目标。

2005年，在面临年初价格总水平高、年中蔬菜等部分商品价格上涨快、年终防治"禽流感"任务重的严峻形势下，苏州市各级各部门认真落实各项价格调控措施。坚持实行政府领导下的价格调控目标责任制，明确价格调控的分解目标和具体责任。加强住房价格调控，及时出台强化成本约束机制、提高房价透明度、调整土地评估期限等8条措施，抑制房价的过快上涨。2005年2月，苏州市消费价格指数环比涨幅突破警戒线，物价部门坚决执行"两条控制线"的规定，从维护稳定的大局出发，以保持价格总水平基本稳定为前提，在规定期限内，除国家价格调整项目外，一律暂缓出台地方政府定价调整项目。市区再次推迟原先已准备年初出台的管道煤气价格调整项目，各市（县）、区物价局严格执行"禁涨令"。通过各地各部门的共同努力，随着各项价格调控措施的逐步到位，价格调控的积极效应逐步显现，全市价格总水平涨幅自2月份达到4.8%以后，开始逐月回落，市区全年居民消费价格总水平比上年同期上升2.4%，涨幅比预期目标低2.6个百分点，完成当年全市价格调控目标任务。

2006年，根据年初确定的全年居民消费价格指数涨幅控制在3%左右的价格调控预期目标，市物价部门切实加强管理价格调控工作，建立健全应对价格异动的应急预案和工作机制，针对上半年成品油价格上涨的情况，在调查研究的基础上，及时研究提出并相应制定出租汽车行业应对油价上涨的价格预案。针对下半年粮油副食品价格一度出现波动的情况，及时启动以加强价格监测为重点的价格应急预案，密切注意市场动态，做好预警预报工作。在确保实现价格调控目标的前提下，积极推进价格改革，先后出台机动车停车服务收费改革、物业管理服务收费改革、幼儿园收费改革、电力价格改革和市区供水价格调整等5项价格改革措施。由于准备充分，社会各方面反映比较稳定。全市价格调控工作取得明显的成效，全年市区居民消费价格指数同比为101.6，实现了价格调控目标。

2007年，苏州市区居民消费价格指数呈现结构性上涨的特点，猪肉、禽蛋、粮油、蔬菜等食品价格大幅上涨，年初即在高位运行，5月份肉禽蛋、食用油等价格再次攀高，至年底猪肉、食用油价格已多次创下历史新价，从7月起食品类价格涨幅即在两位数，最高达18.3%，全年拉动居民消费价格总指数上升3.55个百分点。对此，市物价部门积极采取措施，妥善处置市场价格波动，保障市场供应，努力保持市场价格的基本稳定。积极完善地方粮食安全保障体系，在收购环节，通过内外并举抓粮源，全年共入库粮食4.3亿公斤；在储备环节，全市地方粮食储备规模继续保持上年2.4亿公斤；在交易环节，2007年全市粮食批发市场成交量在98万吨以上，同比增加20万吨，有力保证了苏州市粮食的供应和价格平稳。组织好猪肉的产销衔接，保障猪肉市场供应，同时积极组织替代品，努力缓解市场猪肉供应压力。制定《苏州市价格异动应急预案》，成立了应对价格异动工作领导小组和办公室。加强对市场价格变化情况的监测和预警预报工作，针对猪肉、食用油等食品类价格的大幅上涨，5月初在全省率先启动价格监测的一日一报制度，严格要求各市、区每日上报肉类价格，密切关注市场动态；5月下旬，落实每日或每周对市场粮油、水产品、禽蛋、肉类、蔬菜、水果等商品的价格监测、统计和分析预测工作。2007年，苏州市区居民消费价格总指数同比涨幅为4.2%，低于全省和全国的平均涨幅。

2008年初，苏州遭遇南方罕见的特大冰冻雨雪灾害，交通运输受阻，粮油、肉蛋、蔬菜供应告急，价格陡涨。苏州市区价格总水平继续延续上年走势，高开高走，1~3月同比涨幅依次为6.3%、8.2%、7.5%，价格调控形势严峻。市政府切实加强价格调控工作的组织领导，成立以市长阎立为组长的苏州市价格调控工作领导小组，下设办公室，市物价局局长曹霞富任办公室主任，统一领导全市保供稳价工作。市物价部门严格控制调价项目，启动临时价格干预措施，建立价格形势分析例会制度，多次召开领导小组会议和价格形势分析会，及时把握价格走势，调动全市上下的调控力量，研究部署保供给稳物价措施：市政府与11个市（县）、区政府和20个职能部门签订价格调控目标责任书，层层分解调控目标和调控责任。市粮食部门按照10天以上的成品粮油应急储备要求,建立一定规模的大米和油脂储备,并签订粮食购销协议6亿千克。市贸易部门采取分阶段实施步骤,在生猪和猪肉处于低价位运行时逐步建立起活体与冻肉相结合,适合苏州市场消费情况的猪肉储备制度。市农林部门重新调整基地生产布局,新建11个市属蔬菜基地6300亩,强化外地货源调运,保障城区每日蔬菜2000吨、生猪1800头、水产品300吨的供应量,并与外地签订协议,新增万头生猪基地1个、蔬菜基地10个,面积达2万亩。市物价部门加强价格监测预警,对6类40个品种的主副食品价格实行"一日一报"制度;年初迅速采取临时价格干预措施,将全市28家企业列入调价备案名单,其中市区7家,有6种商品调价需要备案。当年1月中旬起至12月中旬,对全市28家大型企业销售的成品粮、食用油、猪肉、鸡蛋、牛奶、石油液化气等6大类商品价格实行价格干预,市区共受理各类调价备案申请21起,通过认真审核把关,有效制止不合理涨价。市物价局会同相关部门落实鲜活农产品收费减免政策,对来苏交易的鲜活农产品,采取减半收取工商管理费、生猪检验费、交易服务费、停车费措施,对进入农贸市场自产自销的农副产品,免收摊位费,市区共计减免上述5项收费520.1万元。市物价部门严格控制政府提价项目,全年除蒸汽价格外,未出台新的政府定调价项目,做到"不领涨,不助推,不失控"。物价、监察部门制定《加强价格监管纪律规定》,明确对价格违法行为不仅要查事,更要查人,确保中央、省、市各项价格调控措施的贯彻落实。相关部门加强价格舆论引导,稳定群众对价格的心理预期目标。苏州市在全省率先建立了低收入群体物价上涨动态补贴机制,全年累计对12.8万低收入群体发放临时物价补贴4000万元,减轻了物价上涨对低收入居民生活的影响。由于调控有力,苏州市区居民消费价格指数从5月份开始逐步回落,全年累计涨幅为5.3%,低于全省平均水平0.1个百分点,实现年初确定的价格调控预期目标。

2009年,市场物价相对平稳,全年市区居民消费价格总水平同比下降0.2%。在物价相对平稳的情况下,市价格部门及时出台运用价格杠杆服务经济社会发展、服务城乡一体化建设的政策意见,全面落实国家和省价费优惠政策,取消、停征、降低、减免211项行政事业性和经营服务性收费,减轻企业和群众负担4.04亿元。加强收费公示和年审,及时出台进一步规范社团涉企收费和国家机关事业单位培训收费管理的办法。落实各类扶农、惠农价费优惠政策,及时公布粮食、"下乡车"、原料奶等收购价和销售价。同时,围绕"调结构、促转型"战略目标,积极深化价格改革,落实国家和省电力、成品油价格改革政策,及时调整苏州市区非居民生活用水和特种用水价格,调整居民用水阶梯式计量水价的定额标准,调整蒸汽价格,调整部分景点门票价格。

2010年,受货币发行过量、热钱炒作、劳动力成本上升、灾害天气等临时性因素导致蔬菜价格上涨等的影响,市场价格总水平再度面临上涨压力。2010年下半年,市场物价出现较大幅度上涨,为稳定价格总水平,国务院下发了《关于稳定消费价格总水平保障群众基本生活的通知》,明确规定"依法完善价格调节基金管理,增强价格调控监管能力"。根据国家和省有关文件精神,苏州市政府出台了"稳定消费价格总水平保障群众基本生活"的十条举措。相关部门切实加强粮油、肉禽蛋菜等重要农产品的生产、调运和储备,确保市场供应。将大米、面粉、食用油纳入绿色通道品种目录,对公办农贸市场摊位租金实行减半收取,构建农副产品批零"轻便通道",努力降低流通环节成本。市政府出台《苏州市区农贸市场价格管理办法》，建立农贸市场价格三级管理体系和摊位租金备案公示、农产品明码标价等制度。实行房价申报备案公示、市区公立医院机动车停车收费优惠、基层医疗卫生机构基本药物零差率销售、义务教育阶段学费减免等政策措施，减轻群众生活负担。市物价部门组织开展蔬菜价格惠民活动，市区45家超市、公办农贸市场以较低价格销售蔬菜等农副产品。针对物价上涨情况，提前启动物价上涨动态补贴机制，全市发放临时物价补贴1600多万元。当年全市居民消费价格总指数同比上涨了3.4%，比全省平均水平低0.4个百分点。

附：

1. 苏州市主要工农业的历史比价资料

几项主要农产品收购价格同主要工业品零售价格的比价情况：

以苏州附近农村中主要农产品粳稻、油菜籽、鸡蛋同食盐、食糖、卷烟等11种工业品的交换量相比较（计算口径均按国定价格）。在建国初期，同粳稻比有8种，同油菜籽比有5种，同鸡蛋比有8种，低于民国时期。经过30年左右的价格调整，至1985年，对11种工业品的交换，低于民国时期的，粳稻剩3种，鸡蛋剩1种，油菜籽则已全部高于民国时期。由此可见，苏州解放后，工农业品价格上的剪刀差，呈逐步缩小趋势。详见下表：

表11-9　苏州市主要工农业品历史比价（粳稻百市斤可换）表

货物名称	单位	1930~1936年七年平均	1950~1955年六年平均	1965年	1975年	1985年	与1930~1936年七年平均相比（±%）			
							1950~1955年六年平均	1965年	1975年	1985年
食盐	市斤	37.41	63.07	70.34	78.62	131.03	+68.59	+88.02	+110.16	+250.25
食糖	市斤	31.80	7.37	15.00	14.62	24.36	-45.38	-53.13	-54.03	-23.40
普通香烟	包	37.18	39.68	36.43	39.31	48.72	+6.72	-2.02	+5.73	+31.04
白布	市尺	30.07	29.67	39.23	43.85	55.88	-1.33	+30.46	+45.83	+85.83
肥皂	条	30.76	21.49	21.25	24.78	41.30	-30.14	-30.92	-19.44	+34.27
毛巾	条	18.34	10.40	11.59	12.95	17.92	-43.29	-36.80	-29.39	-2.29
火柴	十小盒	49.80	47.21	51.00	57.00	95.00	-5.2	+2.41	+14.46	+90.76
一号电池	节	35.33	34.71	45.33	50.67	79.17	-1.75	+28.30	+43.42	+124.09
牙膏	支	18.44	26.70	23.18	23.75	39.58	+44.79	+25.70	+28.80	+114.64
元钉	市斤	29.33	10.59	15.69	17.54	25.33	-63.89	-46.51	-40.20	-13.64
煤油	市斤	28.07	16.00	24.29	34.55	57.58	-43.00	-13.47	+23.09	+105.13

表11-10　苏州市主要工农业品历史比价（菜籽百市斤可换）

货物名称	单位	1930~1936年七年平均	1950~1955年六年平均	1965年	1975年	1985年	与1930~1936年七年平均相比（±%）			
							1950~1955年六年平均	1965年	1975年	1985年
食盐	市斤	40.33	90.26	162.07	193.01	322.76	+123.80	+79.56	+113.84	+257.59
食糖	市斤	34.50	24.75	30.13	35.90	60.00	-28.26	-12.67	+4.06	+73.91
普通香烟	包	39.81	56.56	83.93	96.55	120.00	+42.06	+48.39	+70.70	+112.16
白布	市尺	31.77	42.44	90.38	107.69	137.65	+33.27	+184.48	+238.97	+333.27
肥皂	条	32.85	30.71	48.96	60.87	101.74	-6.54	+49.04	+85.30	+209.71
毛巾	条	19.55	14.85	26.70	31.82	44.15	-24.04	+36.57	+62.76	+125.83

货物名称	单位	1930~1936年七年平均	1950~1955年六年平均	1965年	1975年	1985年	与1930~1936年七年平均相比（±%）			
							1950~1955年六年平均	1965年	1975年	1985年
火柴	十小盒	52.69	67.50	117.50	140.00	234.00	+28.11	+123.00	+165.71	+344.11
一号电池	节	37.49	49.74	104.44	124.44	195.00	+32.68	+178.58	+231.93	+420.14
牙膏	支	19.75	38.11	47.00	58.33	101.74	+92.96	+137.97	+195.34	+415.14
元钉	市斤	31.01	15.45	36.15	43.08	62.40	−50.18	+16.58	+38.92	+101.23
煤油	市斤	29.75	22.85	54.02	84.85	141.82	−23.19	+81.58	+185.21	+376.71

表11-11　苏州市主要工农业品历史比价（鸡蛋百市斤可换）

货物名称	单位	1930~1936年七年平均	1950~1955年六年平均	1965年	1975年	1985年	与1930~1936年七年平均相比（±%）			
							1950~1955年六年平均	1965年	1975年	1985年
食盐	市斤	163.49	253.23	482.83	475.86	689.66	+54.89	+195.33	+191.06	+321.84
食糖	市斤	141.30	69.86	89.76	88.46	128.21	−50.56	−36.48	−37.40	−9.26
普通香烟	包	161.96	155.04	250.04	237.93	256.41	−4.27	+64.54	+46.91	+58.32
白布	市尺	128.89	116.74	269.27	265.38	294.12	−9.43	+108.91	+105.90	+128.19
肥皂	条	133.36	85.24	145.84	150.00	217.39	−36.08	+9.36	+12.03	+63.01
毛巾	条	79.36	40.82	79.56	78.41	94.34	−48.56	+0.25	−1.20	+18.58
火柴	十小盒	216.43	186.59	350.05	345.00	500.00	−13.79	+61.95	+59.40	+131.02
一号电池	节	152.47	138.47	311.16	306.67	416.67	−9.18	+104.08	+101.13	+173.28
牙膏	支	80.13	105.95	140.02	143.75	208.33	+32.22	+74.74	+79.40	+159.99
元钉	市斤	125.81	42.50	107.71	106.15	133.33	−66.22	−14.39	−15.63	+5.98
煤油	市斤	122.13	64.35	160.94	209.09	303.03	−47.31	+31.78	+71.20	+148.12

2. 1951~1985年零售物价指数历史资料

建国后，苏州市市场物价经过整治，1950年二季度起步入长期基本稳定状态。由于1950年一季度市场物价尚有波动，影响物价年平均水平，因而选用1951年平均物价指数作为基数，以求可比性。

1959年至1962年经济困难时期，苏州市场商品国家牌价和自由市场价格差距甚大，"文化大革命"前物价部门保存的统计资料以及苏州市木渎镇物价指数统计点所有指数统计资料均在"文化大革命"期间失去，统计资料中包括有自由市场价格部分的指数已无从查考，仅能用国家牌价部分的指数。1959年以前及1963年以后，苏州市市场物价基本稳定，国家牌价商品占社会供应量的绝大部分，"文化大革命"期间，自由市场商品交易量更少，所以在这二段时期内，虽无完整的物价统计指数，但国家牌价指数尚比较接近实际。

表11-12　苏州市社会商品（国家牌价）零售物价指数历年资料

年份	以上年价格为100的指数	以1951年基期为100的指数	分阶段环比指数
1951	100.00	100.00	100.00
1952	108.74	108.74	108.74
1953	104.77	113.93	—
1954	102.43	116.70	—

年份	以上年价格为100的指数	以1951年基期为100的指数	分阶段环比指数
1955	100.95	117.81	—
1956	98.30	115.81	—
1957	105.52	122.20	112.38
1958	101.86	124.47	—
1959	99.22	123.50	—
1960	99.55	122.94	—
1961	106.28	130.66	—
1962	98.60	128.83	—
1963	97.58	125.71	—
1964	98.94	124.38	—
1965	97.14	120.82	—
1966	98.63	119.16	—
1967~1978	105.10	125.24	103.66
1979	102.10	127.87	—
1980	104.00	132.98	—
1981	101.25	134.64	—
1982	101.00	135.99	—
1983	101.80	138.44	—
1984	103.56	143.37	—
1985	112.10	160.72	128.33

表11-13　1985~2010年苏州市区居民消费价格指数及商品零售价格指数

（以上年价格为100）

年份	居民消费价格总指数	食品类	衣着类	居住类	服务项目	商品零售价格总指数
1985	111.9	117.4	101.9	—	109.8	112.1
1986	106.5	108.7	103.4	—	107.5	106.4
1987	111.2	116.2	109.3	—	103.3	111.8
1988	122.7	127.2	128.2	—	107.9	123.9
1989	116.8	112.4	121.3	—	125.4	116.1
1990	103.9	103.4	106.9	—	112.1	103.2
1991	108.4	113.0	107.8	—	105.5	108.7
1992	110.2	111.5	105.7	—	129.9	108.2
1993	123.0	123.8	114.9	—	139.8	121.4
1994	123.4	131.6	125.7	109.6	119.2	122.6
1995	118.0	122.3	120.2	125.7	118.6	113.3
1996	111.0	109.4	107.2	139.1	113.8	106.2
1997	100.6	98.0	101.6	111.4	116.9	98.4
1998	99.0	96.7	93.6	110.8	106.4	97.0
1999	99.2	95.4	97.8	106.9	112.6	96.4
2000	99.9	98.4	99.8	105.8	105.4	98.5
2001	99.5	97.1	97.5	103.3	108.7	98.1
2002	100.4	101.5	97.5	99.7	103.8	99.5
2003	100.8	103.2	101.6	100.9	102.6	99.5

年份	居民消费 价格总指数	食品类	衣着类	居住类	服务项目	商品零售 价格总指数
2004	105.0	111.6	102.5	106.1	105.4	101.7
2005	102.4	104.5	101.2	106.0	103.6	101.1
2006	101.6	103.4	101.3	105.1	101.1	100.9
2007	104.2	110.7	102.4	105.8	101.0	102.6
2008	105.3	114.9	102.0	102.5	100.7	104.8
2009	99.8	102.3	104.6	97.4	99.4	98.3
2010	103.4	106.0	98.1	103.7	103.1	103.1

苏州市区居民消费价格指数及商品零售价格指数表(1979～2010年)

（以上年价格为100）

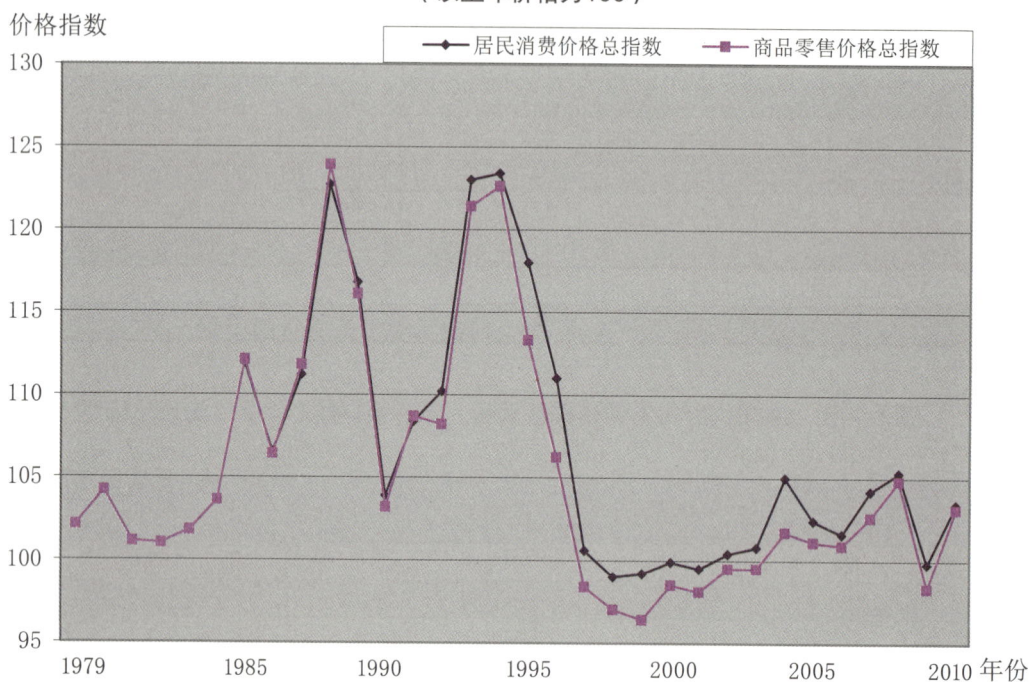

苏州市区居民消费价格总指数表（1985～2010年）

（以上年为100）

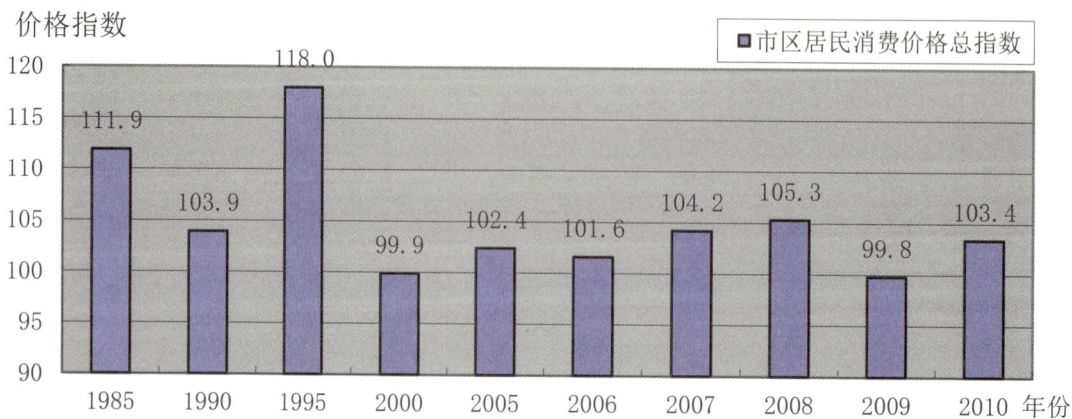

苏州市区商品零售价格指数表（1979～2010年）
（以上年为100）

价格指数

市区商品零售价格指数

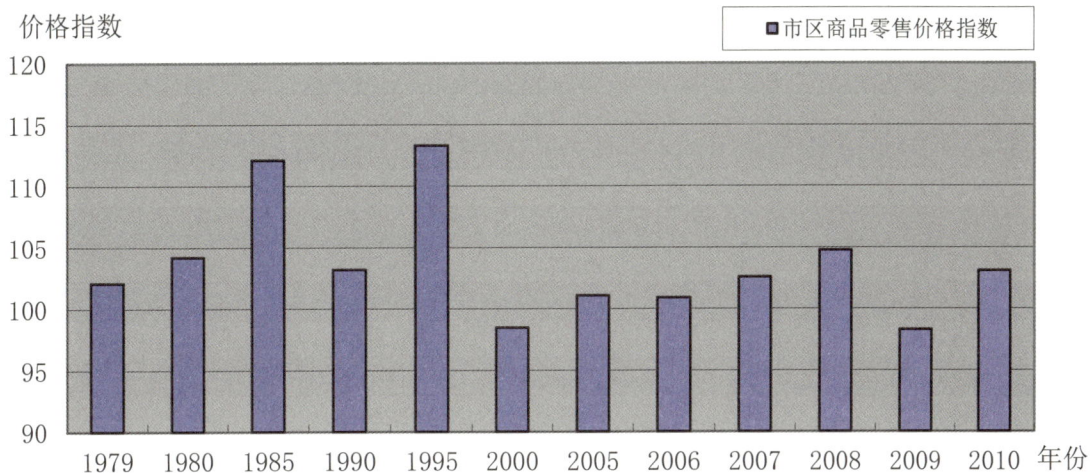

1979 1980 1985 1990 1995 2000 2005 2006 2007 2008 2009 2010 年份

表11-14 "六五"至"十五"时期工资收入与物价情况对比表

项目	"六五"时期 年均增长（%）	"七五"时期 年均增长（%）	"八五"时期 年均增长（%）	"九五"时期 年均增长（%）	"十五"时期 年均增长（%）	1979—2007年 年均增长（%）
物价指数						
市区居民消费价格 总指数（%）	—	12.0	16.4	1.8	1.6	7.8 （1985～2007年 年均增长）
市区商品零售价格 总指数（%）	3.8	12.0	14.7	−0.8	—	5.3
人民生活						
职工工资总额 （万元）	14.6	20.1	23.8	5.9	21.9	18.0
职工平均工资 （元）	10.0	17.2	23.2	11.1	16.3	15.2

表11-15 1985～2010年苏州城乡居民家庭人均收入和消费支出情况表

年份	农村居民家庭 人均纯收入 （元）	农村居民家庭 人均生活消费支出 （元）	市区居民家庭 人均可支配收入 （元）	市区居民家庭 人均消费性支出 （元）	农村居民家庭 恩格尔系数 （%）	市区居民家庭 恩格尔系数 （%）
1985	739	661	918	787	—	52.8
1989	1470	1281	1865	1619	—	53.6
1990	1664	1415	2150	1805	48.3	53.5
1991	1731	1527	2427	2187	46.4	51.2
1992	2001	1722	2788	2199	44.2	54.8
1993	2558	1893	3695	3416	42.5	48.6
1994	3457	2676	4885	4027	46.6	50.1
1995	4444	3414	5790	4877	48.1	49.6
1996	5088	3804	6591	5264	46.0	50.8
1997	5219	4014	7479	5955	43.2	47.7
1998	5347	3958	7812	6289	41.2	44.8
1999	5308	3785	8406	6545	40.7	43.6

年份	农村居民家庭人均纯收入（元）	农村居民家庭人均生活消费支出（元）	市区居民家庭人均可支配收入（元）	市区居民家庭人均消费性支出（元）	农村居民家庭恩格尔系数（%）	市区居民家庭恩格尔系数（%）
2000	5462	4073	9274	7027	40.1	42.7
2001	5796	4127	10515	7270	43.5	42.0
2002	6140	4229	10617	7682	40.6	42.1
2003	6681	4641	12361	9272	37.6	37.8
2004	7503	5436	14451	9783	36.8	40.1
2005	8393	6143	16276	11163	37.7	37.4
2006	9278	6811	18532	12472	36.3	36.1
2007	10475	7623	21260	13959	35.7	37.9
2008	11785	8443	23867	15183	35.4	39.3
2009	12969	9354	26320	16402	34.5	37.6
2010	14657	10397	29219	17879	33.9	38.8

苏州城乡居民收入

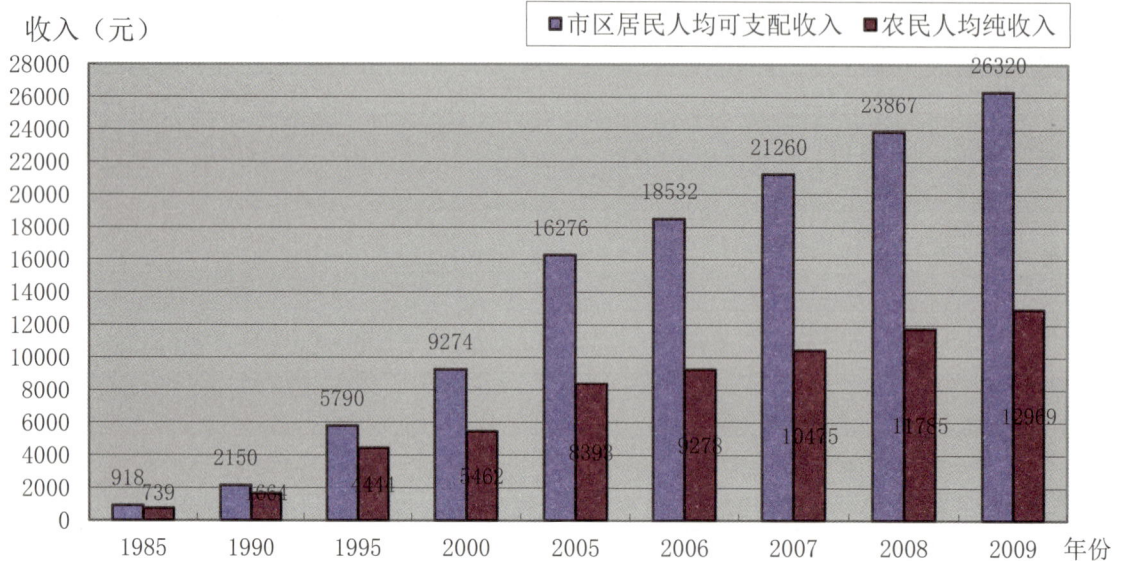

苏州市价格志

苏州城乡居民收入

收入（元）

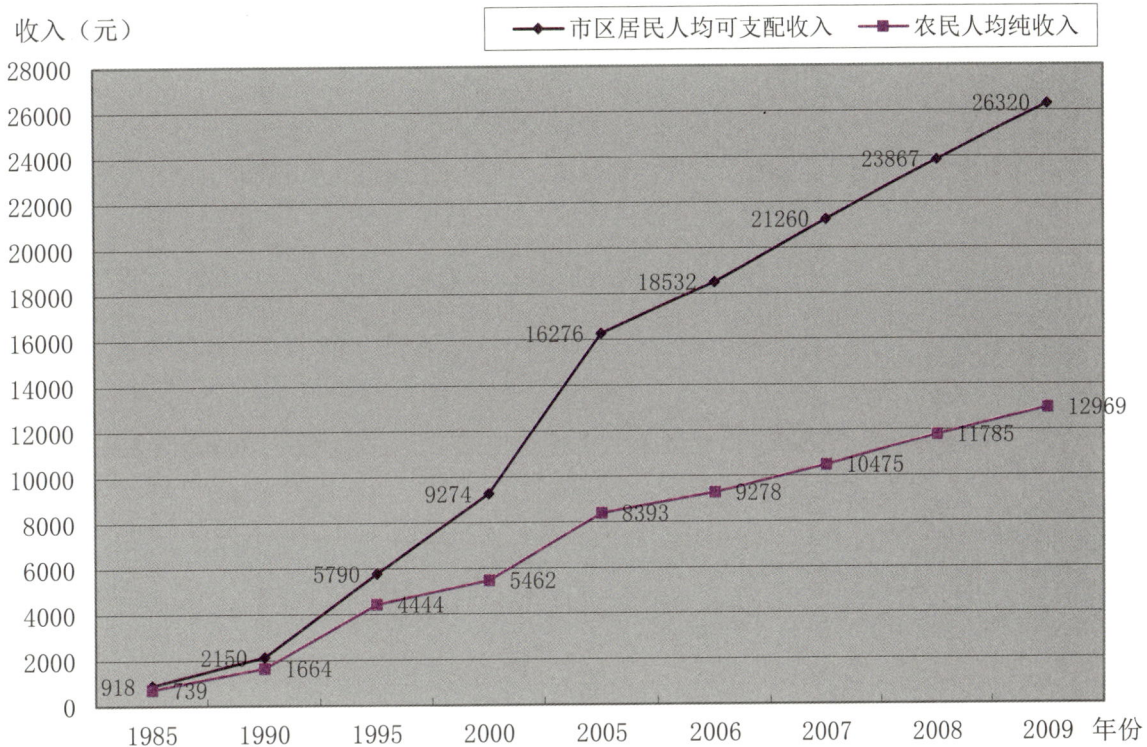

图例：◆ 市区居民人均可支配收入　■ 农民人均纯收入

图中数据点（市区居民人均可支配收入）：918, 2150, 5790, 9274, 16276, 18532, 21260, 23867, 26320

图中数据点（农民人均纯收入）：739, 1664, 4444, 5462, 8393, 9278, 10475, 11785, 12969

年份：1985　1990　1995　2000　2005　2006　2007　2008　2009

表11-16　1978~2009年全市职工工资总额情况表

单位：万元

年份	职工工资总额	年份	职工工资总额
1978	31197	1994	568591
1979	36217	1995	670992
1980	46852	1996	735361
1981	49906	1997	792260
1982	53550	1998	775708
1983	56348	1999	823530
1984	72431	2000	893130
1985	92421	2001	1019144
1986	112960	2002	1181670
1987	135585	2003	1554557
1988	180259	2004	1884564
1989	208398	2005	2400710
1990	231139	2006	3019484
1991	255829	2007	3770329
1992	334485	2008	4485105
1993	415192	2009	4610823

人民生活：历年职工平均工资图

职工平均工资（元）

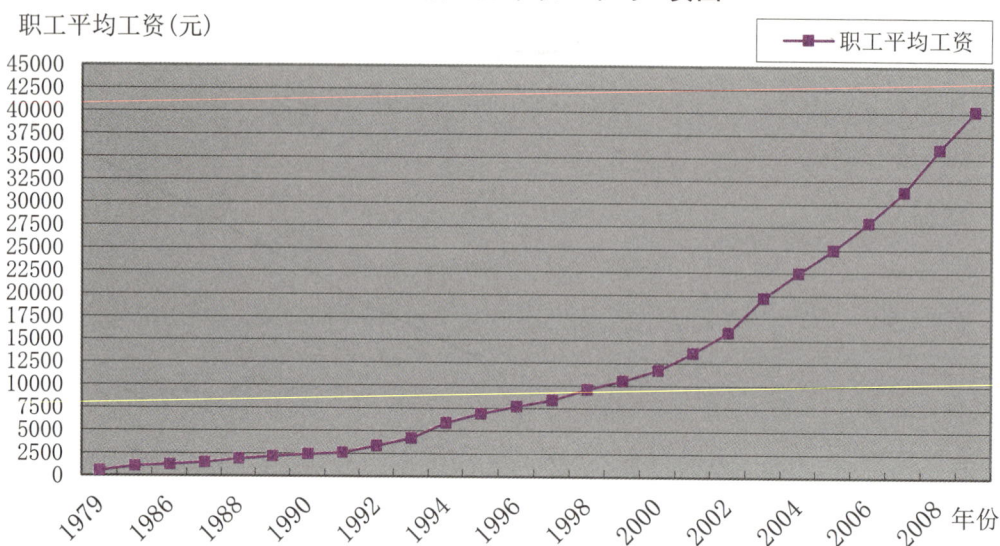

表11-17　1978~2009年全市职工平均工资情况表

单位：元

年份	职工平均工资	年份	职工平均工资
1978	514	1994	5918
1979	574	1995	6944
1980	687	1996	7742
1981	690	1997	8443
1982	714	1998	9616
1983	733	1999	10583
1984	918	2000	11778
1985	1106	2001	13670
1986	1283	2002	15924
1987	1497	2003	19790
1988	1941	2004	22510
1989	2223	2005	25016
1990	2450	2006	28010
1991	2643	2007	31404
1992	3395	2008	36090
1993	4256	2009	40261

苏州市价格志

人民生活：历年职工工资总额图

职工工资总额(万元)

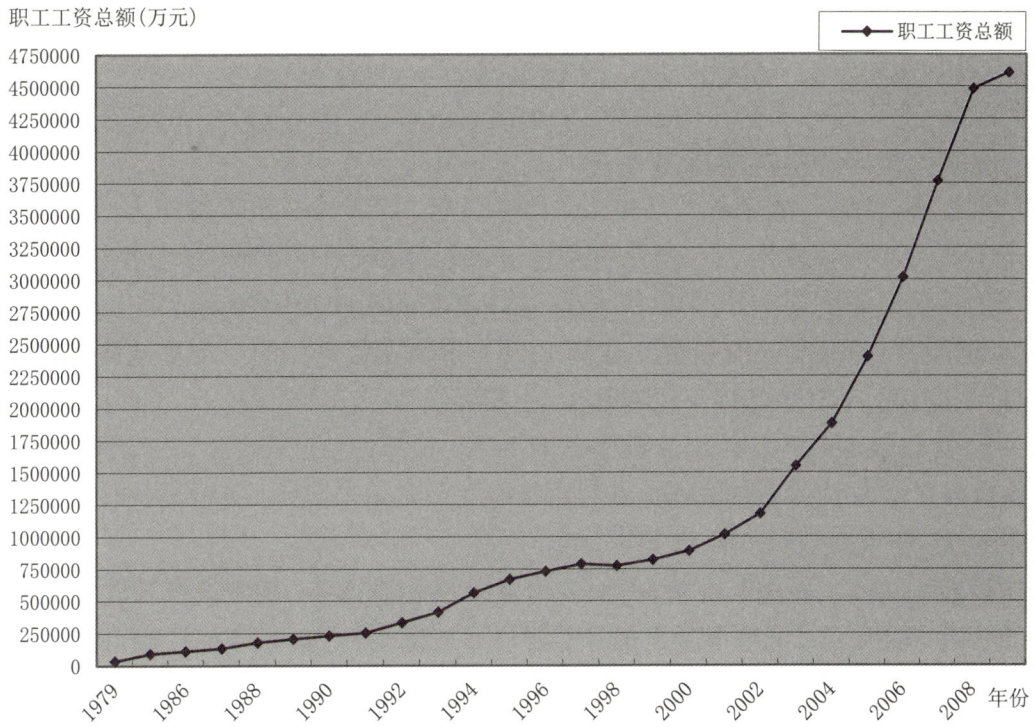

第四节　价格信息与价格监测

一、价格信息与价格监测基本情况

在计划经济体制下,大多数商品价格由国家规定。随着价格改革的深入,绝大多数商品和服务价格的定价权由政府转入企业和市场,价格变动越来越频繁,社会各方面对了解、收集、利用价格信息的要求十分迫切,价格信息对政府的宏观决策和企业的生产经营活动的影响越来越重要。价格信息与监测工作随之成为价格主管部门的一项基本职能。苏州价格信息与监测工作是从20世纪80年代初起步,主要经历以下三个阶段。

第一阶段(1985~1990年),以政务信息为主,宣传物价工作。1985年8月,经市编委批准,市物价委员会内设综合信息科,其主要职能是负责价格宣传,通过政务信息渠道,反馈市场价格信息和价格运行动态。

第二阶段(1990~2002年),面向社会,开展价格信息服务。随着改革开放的不断深入和大部分商品价格的放开,价格信息工作的重要性愈来愈突出。1990年8月,经市编委批准建立苏州市价格信息中心,为全额拨款事业单位,核定编制4名。主要从事综合性信息服务。苏州价格信息工作开始进入快车道,把价格信息作为一项全局性工作,开拓一条走市场化的道路。1995~1997年《苏州价格信息》发行量超5000份(详见下表11-18)。其间,经苏州市编制办批准,1992年1月更名苏州市价格信息咨询服务中心,1994年7月又更名为苏州市价格信息中心。

第三阶段(2002~2010年),价格信息逐步向价格监测工作过渡,价格监测职能进一步明确。2002年12月,经市编制办批准,增挂"苏州市价格监测中心"牌子,增加了价格监测职能。2008年5月,经市编制办批准,苏州市价格信息中心更名为"苏州市价格监测中心",同时挂"苏州市价格信息中心"牌子,为一套班子,两块牌子,对市场价格监测职能越来越突出。其主要职责:宣传国家的价格法律法规和政策、规定,传递商品(服务)价格信息和市场行情,发布各类行政事业性收费项目和标准的有关信息,负责价格信息刊物的编辑、发行和征订工作,负责局计算机管理及局域网络的管理,负责做好价格动态的监测,完成领导和上级有关部门交办的其他工作任务。

二、价格信息

1. 价格信息刊物

1983年地市合并后,苏州市物价委员会开始不定期试办《苏州物价》,作为内部刊物,发送有关单位。1985年,苏州市物价委员会和苏州市价格学会合编《苏州物价》,市物委综合信息科创办《每周信息》,主要面向领导、行政管理部门。刊登的主要内容:反映苏州市区及各县(市)市场物价情况和动态,突出专题调查报告;对物价形势进行监测预报;反馈重大价格改革措施出台后情况;通报重大价格违法案件查处情况;交流各地经验和做法等。

1986年3月,《每周信息》改为《价格信息》。同年12月,《苏州物价》进行了改版,油印改为铅印,在内容上设政策导向、价格信息、市场动态、价格问答、工作研究、经验交流、物价检查、贸易机会、群众中来等栏目。

1987年10月，《苏州物价》与《价格信息》合并，出版《苏州价格信息》（分红刊头和绿刊头），由苏州市物价委员会和苏州市价格学会主办。《苏州价格信息》红刊头从1988年起每旬出刊一期，全年36期。主要任务：宣传党和国家的物价方针、政策，传递本市和外地重要商品的订调价，刊登国内外各类商品市场动态和价格行情，介绍有关商品的管理规定和作价办法。主要栏目有《政策要闻》、《价格政策专栏》、《价格问答》、《调价与定价》、《监督检查》、《管理规定》、《市场动态》、《市场价格行情》等。《苏州价格信息》绿刊头内容主要刊登外地各类价格信息、市场行情，为不定期出版。

1990年7月，《苏州价格信息》由苏州市物价局和苏州市价格学会主办。同年9月取得准印证号为（JS）字第3272号。

1991年1月，《苏州价格信息》由苏州市价格信息中心编办，每周出刊一期，全年52期。获得江苏省内部报刊准印证苏新编（JSXK）字第270号。

1992年1月，经市编委批准，苏州价格信息中心更名苏州市价格信息咨询服务中心，《苏州价格信息》由苏州市价格信息咨询服务中心编办。

1994年《苏州价格信息》改版，由原来16开8页改为报纸式8开8版发行，每周1期。7月，经市编委批准，苏州市价格信息咨询服务中心更名为苏州市价格信息中心。《苏州价格信息》由苏州市价格信息中心编办。

1995年，苏州市价格信息中心与苏州医药办公室联合出版《苏州医药价格》刊物，为不定期出版，主要内容是公布中西药品价格。与新闻单位合作，每月三次定期刊登农贸集市价格行情，常年品种45只。

1996年，苏州市价格信息中心与苏州市汽车维修行业管理处联合试刊出版《苏州汽配价格信息》，为不定期出版。主要内容是国家、省有关的政策文件，市行业价格小组公布的指导价，毗邻地区的汽配价格水平以及全国的汽配行情。

1998年《苏州价格信息》改版，由原来报纸式8开8版改为16开16版，每周1期，全年52期。

1999年《苏州价格信息》进行改版，每旬出刊1期，全年36期。

2003年《苏州价格信息》发行（食品专版）主要内容：餐饮行业饮料、酒水市场平均价格和菜肴市场平均毛利率，特种水产批发市场部分水产品价格行情，茶庄价格行情，超市价格行情，糖烟酒总公司酒类供应价行情，农副产品批发市场部分商品价格行情等。

2004年，根据中央关于清理整顿报刊杂志的有关规定，停止《苏州价格信息》有偿征订工作。

2008年《苏州价格信息》（食品专版）停止发行。

表11-18 1994~2001年《苏州价格信息》发行量统计

年份	发行量（份）	年份	发行量（份）
1994	3500	1998	4500
1995	5000	1999	4000
1996	6000	2000	2800
1997	5700	2001	2800

2. 价格信息网络

1995年,苏州市价格信息中心建立数据库,计价格监测144只品种(10600个数据),每月采价、报价。

1996年,苏州市物价局利用日元贷款,购进20多台微机,市价格信息中心配备专人进行价格政策、价格数据的输入,并培训有关人员,加强全局办公自动化管理。全年提供网络信息70多篇。

1997年,苏州市价格信息中心坚持每周两次与省价格信息中心联网,充实苏州价格信息、苏州汽配价格和苏州医药价格信息,全年网络信息110万字,为领导和有关部门提供网络信息百余篇,约10万字。

1999年4月27日,苏州市价格信息网开通,向社会公众宣传有关价格政策法规,公布各种商品的价格标准和价格行情。主要栏目为物价公告、苏州市场价格行情(如主要商品市场零售价格、农副产品市场价格、部分服务价格及收费标准)、苏州市公用事业收费、专业批发交易市场价格行情、房地产价格行情、价格咨询服务等。

2000年4月,在苏州市价格信息网上增设药品价格子网,有100多个网页,及时发布中央、省管药品价格及本市生产企业的药品价格行情。

2002年12月20日,苏州市医药价格信息网正式开通,该网是由市物价局、监察局、卫生局和人保局联合主办。网址:www.szyyjg.com。主要内容有查询游览,文件法规,医药快讯,健康园地,就医指南,企业介绍,投诉与反馈医保药品,招标信息,会员通道等栏目。

2005年市局会同市价格协会餐饮行业分会创办了"苏州餐饮一条街"网站,公布社会餐饮经营店实行等级管理办法,定期向社会公布按照市场的实际状况,经测定社会饭店分等级平均毛利率和各星级饭店的平均毛利率。至2009年因人员变动,"苏州餐饮一条街"网站关闭。

2010年的价格监测网络进一步加强。日常监测网点有所增加,已建立监测点160余个,涉及了国家、省、市三个层级。重要民生商品价格监测网点也从最初的20几个增加到了123个。监测覆盖面有所扩大,监测网点在地域上已遍及苏州市平江、沧浪、金阊等7个城区,覆盖了零售、批发两个主要流通环节,尤其将南环桥蔬菜批发市场和苏州粮食市场纳入了监测体系中,从而加强了主副食品的监测力度和系统性。监测的商业形态更加多样,涉及了生产企业、综合性商场、大型超市、家电连锁企业、农贸市场等多种商业形态。

三、价格监测

苏州价格监测工作起步于1989年,根据省物价局布置,陆续开展工业生产资料、居民食品、工业消费品、农业生产资料、居民服务、经济作物、原粮、生猪、鸡蛋、棉花等价格监测任务,及时做好监测点的数据统计,按要求认真上报各种报表。1997年5月,苏州市物价局被国家计委列为全国价格信息系统监测报告单位。此项价格监测工作,在2002年以前由苏州市物价局综合处承担,以后改由苏州市价格信息中心(苏州市价格监测中心)组织开展。

随着价格信息与监测工作的不断发展以及价格信息监测工作在经济社会发展中的作用增强,法律地位也在不断增强。1998年5月1日实施的《中华人民共和国价格法》第四章第二十八条规定：为适应价格调控和管理的需要，政府价格主管部门应当建立价格监测制度，对重要商品、服务价格的变动进行监测。2003年4月，国家发改委公布了《价格监测规定》，明确了价格监测的地位和基本任务，把价格信息与监测工作推向了一个新的起点。2008年1月，江苏省政府颁布了《江苏省价格监测预警管理办法》，标志着价格监测预警工作走上法制化、制度化的道路。

1. 价格应急监测预警

价格监测预警流程主要包括：采集重要商品的价格、成本和市场供求信息；对采集信息进行汇总、分析；预测未来价格走向；对近期可能出现价格明显变化的商品发布出价格预警信息。

在2003年4月，全国突发"非典"疫情，与"非典"有关药品及相关商品价格市场波动较大，苏州市价格监测中心及时对与"非典"有关的中药、部分西药以及相关消毒用品价格进行应急监测预警。

2004年国内相继发生"禽流感"疫情，针对"禽流感"疫情可能引发的市场波动，紧急启动了"禽流感"预防期间的市场监测系统，增加监测点和监测品种，实行一日一报。

2008年初，由于受猪肉等主副食品货源偏紧及南方遭受冰冻雨雪等自然灾害的影响，苏州市部分主副食品出现暂时短缺，导致价格上涨过快。1月31日，苏州市启动临时价格干预措施，市场上的成品粮、食用植物油、猪肉、鸡蛋、纯牛奶、液化石油气等六大类被要求实施"调价备案"的主要生活必需品，销售价格保持基本稳定；与此同时，被列入苏州市"调价备案"的28家具有一定规模、从事省规定需实行调价备案品种经营的批发、零售企业，积极配合干预措施的实施，报送了近600个品种规格商品的批发、零售价格，为政府调控决策提供了可靠的依据，为此编写《苏州市实施临时价格干预措施情况简报》45期。

2009年甲型H1N1流感时期，有关的药品及居民消费价格出现较大幅度异动，苏州市价格监测中心认真落实《预警制度》和《江苏省预警管理办法》，即时进行应急监测预警，增加价格监测点，每天对相关品种的价格进行跟踪监测，动态分析价格监测数据。对主副食品、日用工业消费品、工农业生产资料、服务收费等进行全面价格监测，全年撰写监测分析文章材料320多篇，上报价格数据2万多条。

2. 价格监测分析

2005年苏州市价格监测中心承担了涉及五大类190个品种8000多条数据的价格监测工作，先后有针对性地对钢材、成品油、粮油、蔬菜等商品的供应、价格及其趋势影响编发了多篇专题调研材料，较好地发挥了价格监测的作用。

2007年对零售食品、工业消费品、工业生产资料、农业生产资料和城乡居民服务等五大类近千个品种规格的商品和服务价格进行了监测，共采集、汇总、分析、上报了各类价格数据23300多条。

2010年7月创办了《苏州价格监测分析》，内容涉及了小麦、稻谷等夏粮和秋粮收购情况，苏州市蔬菜价格形成情况和园区农贸市场管理的先进经验，苏州市食糖和食盐价格上涨情况及成因，吴江桑蚕茧养殖现状及成因和价格上涨情况分析等内容。其中《小麦价格上涨的成因、影响分析及对策建议》、《桑蚕生产大幅下降　优势产业亟待恢复》等引起了省相关部门的高度重视。《苏州市整体价格水平上涨情况、成因及对策建议》等得到了苏州市委副书记、市长阎立的批示。

3. 民生价格信息公布

2008年首先在《城市商报》刊登《民生价格货比三家》，随后苏州各家报纸也陆续刊登。

2009年8月，苏州市物价局以提升价格服务水平、服务民生为出发点，在全省率先探索建立了重大民生商品价格采集比对公布制度。采集点由最初的20多个扩展到全市61家网点，包括大型零售超市23家、农贸市场14家、批发市场2家、综合性商场6家、家电销售连锁店6家以及药店10家。列入采集目录的商品种类已经由最初五大类900多种商品，扩大到十八类1300多种商品。

2010年5月，苏州市政府批转了《苏州市重要民生商品价格（收费）采集公布工作实施意见》，明确了具体的工作要求。价格采集公布的内容和范围：实行政府定价、政府指导价的水、电、气、有线电视、公共交通等十八类商品价格和收费标准；各大型超市销售的粮食及复制品，食用油，烟酒，奶制品，家化用品，小家电等主副食品和日用消费品等价格；主要农贸市场销售的蔬菜、猪肉、水产品、禽蛋、豆制品等农副产品价格和当日同类农副产品批发参考价格；各大商场、电器大卖场销售的冰箱、彩电、空调、洗衣机等主要日用工业品价格；具有代表性药店销售的常用药品价格；涉及民生的重要经营服务性收费标准。

2010年11月，因物价水平上升较快，苏州市物价局倡议全市25家大型超市门店和7家园区邻里中心生鲜店开展以"保障供应、价格惠民、稳定物价"为主题的蔬菜价格优惠活动，开创了以非行政手段的市场方式稳定物价、调控物价的全新模式，被中央电视台《新闻联播》等媒体广泛报道。国家发改委于当年11月30日在其官方网站上对苏州的倡议活动进行了充分肯定，称之为"创造性开展工作，采取切实有效措施贯彻落实国务院关于稳定蔬菜价格的要求，取得实效"。

第五节　价格成本调查与价格监审

价格成本调查是物价部门的一项基础工作，为制定价格政策、加强价格管理、推进价格改革提供了大量有价值的决策依据，发挥了重要的作用。改革开放以来，价格成本工作已由单一的农产品成本收益调查，扩展到有关农产品生产的多种调查，重要商品和服务的成本调查，政府制定价格和收费的成本监审。

苏州市成本调查工作始于1963年，"文化大革命"期间停办八年，1975年恢复调查。经历了农产品成本收益定点调查（初始阶段）；修改和制定农产品成本调查指标及计算方法（恢复阶段）；有了专业队伍，并逐步形成了比较完善的调查网络，不断扩展调查内容（发展阶段）；农产品成本调查范围拓宽到与成本相关的其他内容（拓宽领域阶段）；实施新的农产品成本调查核算体系（提高完善阶段）等五个阶段。

一、机构和职责

1983年12月，省人事局、劳动局、计委、财政厅、物价局等五部门联合发文《关于下达新增物价检查和农产品成本调查人员的编制和劳动指标的通知》，下达苏州市人员编制50名。

1985年1月，苏州市编制委员会同意建立苏州市农产品成本调查队，农产品成本调查有了专门的机构。

1991年江苏省物价局下发《关于加强工农业产品成本调查工作意见的通知》，要求原农产品成本调查队的编制归队。7月，苏州市农产品成本调查队经苏州市编制办同意更名为苏州市工农业产品成本调查队，从苏州市物价检查所拨出4名编制。其主要职责：负责全市范围内工农业产品成本的收集、整理、汇总和分析工作；负责全市工农业产品成本调查的网络建设；组织专题调查，向政府、上级物价部门及有关部门报告成本方面的新情况、新问题，密切注意成本的走势，为政府宏观决策提供第一手资料；指导、检查、考核下级价格主管部门成本调查工作和农调户的成本登记工作；完成局领导和上级有关部门交办的其他工作任务。

1998年5月1日实施的《中华人民共和国价格法》第二十二条规定：政府价格主管部门和其他有关部门制定政府指导价、政府定价，应当开展价格、成本调查，听取消费者、经营者和有关方面的意见。

1999年7月，省物价局转发国家计委关于发布《农产品成本调查管理办法》的通知，明确农产品成本调查实行统一领导、分级负责。列入政府指导价、政府定价目录的农产品，必须开展成本调查；实行市场调节价的农产品中与人民生活密切相关的大宗产品，可以根据国家宏观调控的需要进行成本调查。

2001年9月，省物价局关于印发《江苏省实施〈农产品成本调查管理办法〉细则》的通知中明确农产品成本调查的范围包括：国家计委规定调查的农产品；列入江苏省价格管理目录，属政府指导价、政府定价目录的农产品；实行市场调节价的农产品中与人民生活密切相关的大宗产品，可以根据宏观调控的需要进行农本调查；各地具有代表性的"三高"农业名、特、优品种；列入省农产品成本调查范围的主要有水稻、小麦、玉米、花生、油菜籽、棉花、桑蚕茧、茶叶等品种。

2003年6月，省物价局转发国家发展改革委办公厅关于贯彻落实《重要商品和服务价格成本监审暂行办法》有关事项的通知中明确，成本监审目录主要内容包括：实施成本监审的具体商品或服务的名称；成本监审的对象；商品和服务定期监审的时间，定期监审前后两次的间隔时间原则上不得少于一年；明确实施成本监审的价格主管部门，可以是省级价格主管部门，也可以由省级价格主管部门授权或委托市县级价格主管部门。价格成本核算办法应包括以下内容：详细列明各商品和服务的成本、费用项目；明确制造成本中的固定资产折旧等主要成本项目和期间费用中的业务招待费等主要费用项目的核算标准和分摊方法；制定价格成本核算公式。

2004年2月，省物价局转发国家发展改革委关于印发《价格成本监审工作规定》的通知中明确：各级价格主管部门所属的成本调查处（队）负责成本监审工作的具体事务。实行定调价监审的，价格主管部门应在收到经营者报送的成本监审申请报告之日起，五日内对申请报告进行初审。实行定期监审的，由价格主管部门向所有经营者直接下达成本监审通知书，其中经营者数量众多的，价格主管部门可根据具体情况选定一定数量的有代表性的经营者实施成本监审，并向选定的经营者下达成本监审通知书。

2004年7月，省物价局关于印发《江苏省重要商品和服务价格成本监审办法》的通知中明确：市县价格主管部门依据成本监审目录，对其管辖的商品和服务价格实施成本监审，并接受上级价格主管部门的业务指导；也可以接受上级价格主管部门的委托开展成本监审工作。

2005年11月，江苏省物价局关于印发《江苏省重要商品和服务定调价成本监审规则》的通知中明确：市县价格主管部门负责定价目录规定权限范围内所列商品及服务的成本监审，接受上级价格主管部门委托的监审任务。

2006年1月，国家发展改革委下发的《政府制定价格成本监审办法》第四条：成本监审具体工作由各级人民政府价格主管部门的成本调查机构（以下简称成本调查机构）组织实施。各级成本调查机构负责本级价格主管部门定价权限范围内的成本监审具体事务，也可接受上级价格主管部门委托或下级价格主管部门请求对相关经营者成本实施成本监审。

同年6月，《江苏省政府制定价格成本监审办法》明确：市、县（市、区）价格主管部门依据省成本监审目录实施成本监审，也可以接受上级价格主管部门的委托开展成本监审工作。

2007年4月，省物价局关于印发《江苏省政府制定价格成本监审办法实施细则》的通知第四条：成本监审具体工作由各级人民政府价格主管部门的成本调查机构组织实施。成本监审实行分级监审。市级成本机构负责监督、指导全市成本监审工作，依据成本监审目录分工实施成本监审，负责实施上级价格主管部门委托或下级价格主管部门请求的成本监审工作，按照上级价格主管部门统一部署实施定期监审。

2010年4月，苏州市政府办公室《关于印发苏州市物价局主要职责内设机构和人员编制规定的通知》中明确：苏州市工农业产品成本调查队更名为苏州市物价局成本监审分局。其主要职责：承担国家、省价格主管部门和市政府下达的农产品、工业品和服务价格成本调查任务；依法对政府定价、政府指导价商品和服务价格开展定调价成本监审和定期成本监审；负责全市范围内的工农产品及服务收费、价格的成本调查工作，对实行财政补贴的重要农产品和政府补贴的公用公益事业项目等开展成本调查与监审；负责全市工农产品成本调查的网络建设，组织、指导全市农本资料登记、汇总工作；依照有关规定，向社会发布价格成本信息；指导县级市、区成本调查和监审工作。行政编制为10名。

二、成本调查品种与调查点

1963年苏州市开始进行农产品成本调查工作，调查品种的选择做到连续性、可比性，并根据农作物生产情况的变化和农业结构的调整及时变更。1963～1965年调查的品种有粳稻、油菜籽、棉花及苏州市区地方特产花茶原料——茉莉花、白兰花和玳玳花三个品种。1966～1975年农本调查工作中断，1976年农本调查工作恢复。

1991年苏州农本调查对粮食、油料、经济作物、鲜果、鲜菜、食品、水产、牛奶等8大类29个品种的生产成本收益作了常年调查，共72个点。

表11-19　1991年苏州市农本调查情况一览表

调查点所在地	户数	调查品种
张家港市	8	小麦、单季粳稻、棉花、油菜籽
常熟市	11	小麦、单季粳稻、糯稻、棉花、油菜籽、生猪
太仓市	7	小麦、元麦、单季粳稻、棉花、油菜籽、蘑菇
昆山市	9	小麦、大麦、单季粳稻、油菜籽、生猪
吴江县	25	小麦、大麦、单季粳稻、糯稻、油菜籽、桑蚕茧、生猪
吴县	10	小麦、单季粳稻、油菜籽、淡水鱼内塘养殖、菜鹅、橘子、碧螺春
郊区	2	小青菜、豇豆、土豆、冬瓜、莴苣笋、包菜、大青菜、大白菜

1998年苏州农本调查对粮食、油菜、棉花、蚕茧、生猪、水产、鲜菜7大类15个品种的生产收益作了常年调查，共48个点。

表11-20　1998年苏州市农本调查情况一览表

调查点所在地	户数	调查品种
张家港市	7	小麦、单季粳稻、棉花
常熟市	8	小麦、单季粳稻、棉花、油菜籽、规模养猪
太仓市	6	小麦、单季粳稻、棉花、油菜籽
昆山市	5	小麦、单季粳稻、油菜籽、生猪
吴江市	14	小麦、单季粳稻、油菜籽、桑蚕茧
吴县市	6	小麦、单季粳稻、油菜籽、淡水鱼内塘养殖
郊区	2	小青菜、豇豆、土豆、冬瓜、莴苣笋、包菜、大青菜

2001年苏州农本调查对粮食、油料、棉花、蚕茧、生猪、水产、鲜菜等主要农副产品生产成本、收益作了常年调查，共86个调查点，16个品种。

表11-21　2001年苏州市农本调查情况一览表

调查点所在地	户数	调查品种
张家港市	11	小麦、晚粳稻、棉花
常熟市	15	小麦、晚粳稻、棉花、油菜籽、规模养猪
太仓市	12	小麦、晚粳稻、棉花、油菜籽
昆山市	10	小麦、晚粳稻、油菜籽、生猪
吴江市	17	小麦、晚粳稻、油菜籽、桑蚕茧、生猪
吴中区	12	小麦、晚粳稻、油菜籽、淡水鱼内塘养殖
相城区	7	小麦、晚粳稻、油菜籽、淡水鱼内塘养殖
虎丘区	2	小青菜、豇豆、土豆、冬瓜、莴苣笋、包菜、大青菜、白菜

注：2001年2月，吴县市撤市建吴中区和相城区，郊区2000年改名为虎丘区。

　　2010年以来苏州农本调查对粮食、油料、棉花、蚕茧、生猪等主要农副产品生产成本、收益在五个市作常年调查，共116个调查点，5个品种。

表11-22　2010年苏州市农本调查情况一览表

调查点所在地	户数	调查品种
张家港市	21	小麦、粳稻、棉花
常熟市	34	小麦、粳稻、棉花、油菜籽、大规模养猪
太仓市	27	小麦、粳稻、油菜籽
昆山市	7	小麦、粳稻、中规模养猪
吴江市	27	粳稻、油菜籽、桑蚕茧

三、主要农产品生产成本历史调查数据

表11-23　1963~1980年苏州市农产品粳稻生产成本与收益

项目			单位	1963年	1965年	1976年	1978年	1980年
每亩产量、成本、收益	产量	主产品	市斤	680.10	774.20	700.00	754.00	827.00
		副产品	市斤	—	—	638.00	773.00	775.00
	总产值		元	76.55	91.70	90.69	97.74	127.53
	其中：主产品产值		元	64.01	79.85	80.50	83.59	109.35
	物质费用		元	20.45	26.10	38.12	38.35	43.99
	用工标准	标准劳动日	个	36.40	39.80	35.04	37.82	32.00
		用工作价	元	29.12	31.84	28.03	30.26	25.60
	总生产成本		元	49.57	57.94	66.15	68.61	89.59
	负担税金		元	6.33	5.95	5.02	5.20	6.21
	净产值		元	56.10	65.60	52.57	59.39	83.54
	减税纯收益		元	20.65	27.81	19.52	23.93	51.73
每百斤主产品	生产成本		元	6.09	6.51	8.39	7.78	7.22
	含税生产成本		元	7.02	7.28	9.11	8.47	7.97
每一标准劳动日	主产品产量		市斤	18.70	19.50	20.00	19.90	25.80
	净产值		元/百斤	1.54	1.65	1.50	1.57	2.61
主产品实际平均价格			元	—	—	—	—	13.90
每亩实际产值			元	—	—	—	—	133.13

表11-24　1981~1985年苏州市农产品粳稻生产成本与收益

项目		单位	1981年	1982年	1983年	1984年	1985年
每亩产量、成本、收益	产量　主产品	市斤	618.00	814.00	810.00	931.00	826.00
	产量　副产品	市斤	719.00	858.00	938.00	1012	891.00
	总产值	元	93.54	127.05	130.27	166.03	176.59
	其中：主产品产值	元	80.05	110.81	106.31	144.66	156.70
	物质费用	元	45.77	44.47	45.36	38.96	43.95
	用工标准　标准劳动日	个	31.90	31.60	24.30	20.81	18.38
	用工标准　用工作价	元	31.90	31.60	24.30	31.22	27.57
	总生产成本	元	77.67	76.07	69.66	70.18	71.52
	负担税金	元	5.89	5.63	6.79	5.98	8.18
	净产值	元	47.77	82.58	84.91	127.07	132.14
	减税纯收益	元	9.98	45.35	53.82	89.87	46.89
每百斤主产品	生产成本	元	10.76	8.15	7.02	6.57	7.68
	含税生产成本	市斤	11.71	8.84	7.86	7.21	8.67
每一标准劳动日	主产品产量	元	19.40	25.80	33.30	44.70	45.00
	净产值	元/百斤	1.50	2.61	3.49	6.11	7.22
主产品实际平均价格		元	14.19	15.84	15.05	15.54	18.97
每亩实际产值		元	101.18	145.18	145.87	166.03	176.59

表11-25　1963~1980年苏州市农产品油菜籽生产成本与收益

项目		单位	1963年	1965年	1976年	1978年	1980年
每亩产量、成本、收益	产量　主产品	市斤	97.40	183.00	150.00	257.00	187.00
	产量　副产品	市斤	—	—	287.00	507.00	255.00
	总产值	元	25.37	48.33	45.64	80.01	69.81
	其中：主产品产值	元	22.30	44.85	42.00	73.95	67.04
	物质费用	元	16.29	22.73	22.75	33.23	35.13
	用工标准　标准劳动日	个	27.00	37.80	31.80	43.81	41.20
	用工标准　用工作价	元	21.60	30.24	25.44	35.05	32.96
	总生产成本	元	37.89	52.97	48.19	68.78	68.09
	负担税金	元	1.70	2.97	3.65	4.21	4.47
	净产值	元	9.08	25.60	22.89	46.78	34.68
	减税纯收益	元	-14.22	-7.61	-6.20	7.50	-2.75
每百斤主产品	生产成本	元	34.20	26.87	29.60	24.55	34.97
	含税生产成本	元	35.95	28.49	32.03	26.19	37.36
每一标准劳动日	主产品产量	市斤	3.60	4.80	4.70	5.90	4.50
	净产值	元/百斤	0.34	0.68	0.72	1.07	0.84
主产品实际平均价格		元	—	—	—	—	37.63
每亩实际产值		元	—	—	—	—	73.14

表11-26　1981~1985年苏州市农产品油菜籽生产成本与收益

项目		单位	1981年	1982年	1983年	1984年	1985年
每亩产量、成本、收益	产量　主产品	市斤	210.00	275.00	184.00	256.00	209.00
	产量　副产品	市斤	346.00	519.00	372.00	442.00	375.00
	总产值	元	79.01	104.44	66.39	122.50	105.41
	其中：主产品产值	元	74.78	98.06	62.42	116.22	99.62

项目		单位	1981年	1982年	1983年	1984年	1985年
每亩产量、成本、收益	物质费用	元	33.73	36.70	33.37	32.94	30.38
	用工标准 标准劳动日	个	45.50	36.00	27.30	30.19	23.09
	用工作价	元	45.50	36.00	27.30	45.29	34.64
	总生产成本	元	79.23	72.70	60.67	78.23	65.02
	负担税金	元	5.95	6.19	4.94	5.50	4.93
	净产值	元	45.28	67.74	33.02	89.56	75.03
	减税纯收益	元	−6.17	25.55	0.78	38.77	35.46
每百斤主产品	生产成本	元	35.71	24.02	31.00	28.99	26.83
	含税生产成本	元	38.54	27.27	33.68	31.14	28.98
每一标准劳动日	主产品产量	市斤	4.60	7.60	6.70	8.50	10.00
	净产值	元/百斤	1.00	1.80	1.21	2.97	3.25
主产品实际平均价格		元	47.75	49.46	44.10	45.40	43.50
每亩实际产值		元	104.51	142.40	85.11	122.50	105.41

表11-27　1963~1980年苏州市农产品棉花生产成本与收益

项目		单位	1963年	1965年	1976年	1978年	1980年
每亩产量、成本、收益	产量 主产品	市斤	97.63	150.00	120.00	112.00	97.00
	副产品	市斤	—	—	367.00	626.00	638.00
	总产值	元	96.72	144.92	132.91	145.04	162.45
	其中：主产品产值	元	89.82	138.06	125.58	124.27	141.52
	物质费用	元	18.25	26.05	40.58	40.43	49.95
	用工标准 标准劳动日	个	32.37	48.52	75.80	69.63	57.70
	用工作价	元	25.90	38.82	60.64	55.70	46.16
	总生产成本	元	44.15	64.87	101.22	96.13	96.11
	负担税金	元	6.68	8.64	7.11	6.95	7.75
	净产值	元	78.47	118.87	93.33	104.61	112.50
	减税纯收益	元	45.89	71.41	24.58	41.88	58.59
每百斤主产品	生产成本	元	—	—	79.70	73.54	86.32
	含税生产成本	元	48.84	46.95	85.63	79.74	94.33
每一标准劳动日	主产品产量	市斤	3.00	3.09	1.60	1.70	1.70
	净产值	元/百斤	2.42	1.99	1.22	1.55	1.95
主产品实际平均价格		元	—	—	—	—	—
每亩实际产值		元	—	—	—	—	—

表11-28　1981~1985年苏州市农产品棉花生产成本与收益

项目		单位	1981年	1982年	1983年	1984年	1985年
每亩产量、成本、收益	产量 主产品	市斤	106.00	115.00	154.00	155.00	152.00
	副产品	市斤	576.00	576.00	646.00	634.00	616.00
	用工标准 标准劳动日	个	65.55	57.00	61.50	57.68	58.77
	用工作价	元	65.55	57.00	61.50	86.52	88.16
	总生产成本	元	112.29	105.62	115.17	156.45	160.54
	负担税金	元	7.72	7.44	7.70	8.44	11.41
	净产值	元	126.74	128.22	185.85	205.45	187.35
	减税纯收益	元	53.47	63.78	116.65	110.49	87.78

项目		单位	1981年	1982年	1983年	1984年	1985年
每百斤主产品	生产成本	元	93.39	80.92	66.21	89.65	91.61
	含税生产成本	元	100.67	87.39	71.22	95.10	99.12
每一标准劳动日	主产品产量	市斤	1.60	2.10	2.50	2.70	2.60
	净产值	元/百斤	1.93	2.25	3.02	3.56	3.19
主产品实际平均价格		元	152.89	46.45	169.33	157.81	148.22
每亩实际产值		元	183.58	189.47	287.95	275.39	259.73

表11-29 1963~1980年苏州市农产品茉莉花生产成本与收益

项目			单位	1963年	1975年	1978年	1979年	1980年
每亩产量、成本、收益	产量	主产品	市斤	751.50	547.30	407.50	406.00	338.50
		副产品	市斤	—	—	118.00	205.00	—
	总产值		元	51.46	777.69	583.13	647.79	528.15
	其中：主产品产值		元		777.69	576.02	626.13	528.15
	物质费用		元	255.12	475.86	151.20	159.71	100.99
	用工标准	标准劳动日	个	297.54	361.12	226.70	212.40	217.50
		用工作价	元		288.90	81.36	169.92	174.00
	总生产成本		元	—	764.58	332.56	329.63	274.00
	负担税金		元	—	66.53	52.30	50.38	46.03
	净产值		元		301.83	430.93	488.08	427.16
	减税纯收益		元		-53.60	198.27	267.78	207.13
每百斤主产品	生产成本		元	—	139.70	80.61	78.47	80.95
	含税生产成本		元		151.90	93.44	90.46	94.55
每一标准劳动日	主产品产量		市斤	—	1.50	1.80	1.90	1.60
	净产值		元/百斤	—	0.84	1.90	2.30	1.96
主产品实际平均价格			元	—	—	—	—	—
每亩实际产值			元	—	—	—	—	—

表11-30 1982~1985年苏州市农产品茉莉花生产成本与收益

项目			单位	1982年	1983年	1984年	1985年
每亩产量、成本、收益	产量	主产品	市斤	391.00	393.90	466.80	423.00
		副产品	市斤	—	—	—	—
	总产值		元	606.19	586.83	718.40	656.43
	其中：主产品产值		元	606.19	586.83	718.40	656.43
	物质费用		元	181.63	214.76	212.62	220.84
	用工标准	标准劳动日	个	252.00	206.00	256.75	198.50
		用工作价	元	252.00	206.00	385.13	297.75
	总生产成本		元	433.63	420.76	597.75	518.59
	负担税金		元	55.04	59.11	72.73	60.73
	净产值		元	424.56	372.07	505.78	435.51
	减税纯收益		元	117.52	106.96	47.92	77.11
每百斤主产品	生产成本		元	116.85	106.81	128.06	122.59
	含税生产成本		元	124.93	121.82	143.64	136.95
每一标准劳动日	主产品产量		市斤	1.50	1.90	1.80	2.10
	净产值		元/百斤	1.68	1.81	1.97	2.19

项目	单位	1982年	1983年	1984年	1985年
主产品实际平均价格	元	—	—	—	—
每亩实际产值	元	—	—	—	—

表11-31　1963~1980年苏州市农产品白兰花生产成本与收益

项目		单位	1963年	1975年	1978年	1980年
每亩产量、成本、收益	产量　主产品	市斤	465.40	566.60	379.50	198.60
	副产品	市斤	—	248.00	216.00	228.00
	总产值	元	851.54	1287.87	813.81	450.21
	其中：主产品产值	元	—	1271.97	803.80	430.35
	物质费用	元	359.84	447.51	282.52	74.89
	用工　标准劳动日	个	273.28	409.45	235.00	133.80
	标准　用工作价	元	—	327.56	188.00	107.04
	总生产成本	元	—	775.07	470.52	281.93
	负担税金	元	—	108.78	69.35	35.34
	净产值	元	—	840.36	531.29	275.32
	减税纯收益	元	—	404.02	273.94	132.94
每百斤主产品	生产成本	元	—	135.10	122.46	135.70
	含税生产成本	元	—	154.30	140.73	153.49
每一标准劳动日	主产品产量	市斤	—	1.40	1.60	1.50
	净产值	元/百斤	—	2.05	2.26	2.06
主产品实际平均价格		元	—	—	—	—
每亩实际产值		元	—	—	—	—

表11-32　1982~1985年苏州市农产品白兰花生产成本与收益

项目		单位	1982年	1983年	1984年	1985年
每亩产量、成本、收益	产量　主产品	市斤	401.20	382.20	446.00	466.00
	副产品	市斤	318.00	296.00	430.40	420.00
	总产值	元	930.74	832.43	950.31	1133.88
	其中：主产品产值	元	908.46	819.24	920.87	1104.54
	物质费用	元	303.04	233.23	276.12	254.82
	用工　标准劳动日	个	275.00	197.90	227.70	220.10
	标准　用工作价	元	275.00	197.90	341.55	330.15
	总生产成本	元	578.04	431.13	617.67	584.97
	负担税金	元	78.94	87.10	91.87	108.88
	净产值	元	627.70	599.19	674.25	879.06
	减税纯收益	元	273.76	314.19	241.13	440.03
每百斤主产品	生产成本	元	140.64	111.01	134.18	122.28
	含税生产成本	元	160.32	133.79	154.71	145.64
每一标准劳动日	主产品产量	市斤	1.50	1.90	2.00	2.10
	净产值	元/百斤	2.28	3.02	2.96	3.99
主产品实际平均价格		元	—	—	—	—
每亩实际产值		元	—	—	—	—

表11-33 1963~1980年苏州市农产品玳玳花生产成本与收益

项目			单位	1963年	1975年	1978年	1980年
每亩产量、成本、收益	产量	主产品	市斤	121.70	69.40	103.60	188.70
		副产品	市斤	—	112.00	30.00	61.00
	总产值		元	108.10	104.52	160.91	319.75
	其中：主产品产值		元	—	104.01	160.66	301.16
	物质费用		元	53.10	48.20	156.76	94.84
	用工标准	标准劳动日	个	94.07	74.97	187.00	126.50
		用工作价	元	—	59.98	149.60	101.20
	总生产成本		元	—	108.18	306.36	196.04
	负担税金		元	—	8.87	8.85	24.55
	净产值		元	—	56.32	415.00	224.91
	减税纯收益		元	—	−12.53	−154.3	99.16
每百斤主产品	生产成本		元	—	155.12	205.26	97.85
	含税生产成本		元	—	167.89	303.78	110.86
每一标准劳动日	主产品产量		市斤	—	0.90	0.60	1.50
	净产值		元/百斤	—	0.75	0.02	1.78
主产品实际平均价格			元	—	—	—	—
每亩实际产值			元	—	—	—	—

表11-34 1981~1985年苏州市农产品玳玳花生产成本与收益

项目			单位	1981年	1982年	1983年	1984年	1985年
每亩产量、成本、收益	产量	主产品	市斤	231.80	323.20	216.50	230.90	271.00
		副产品	市斤	125.00	225.00	142.00	96.00	212.00
	总产值		元	363.00	592.26	398.39	366.99	547.51
	其中：主产品产值		元	346.16	525.72	349.56	340.11	488.21
	物质费用		元	112.17	150.78	66.44	63.88	72.92
	用工标准	标准劳动日	个	168.20	263.50	92.40	114.10	118.00
		用工作价	元	168.20	263.50	92.40	171.15	117.00
	总生产成本		元	280.37	414.28	158.84	235.03	249.92
	负担税金		元	31.21	36.44	31.35	34.54	43.25
	净产值		元	250.83	442.18	322.94	303.11	474.59
	减税纯收益		元	51.42	142.24	199.19	97.42	254.34
每百斤主产品	生产成本		元	115.35	113.65	65.86	94.33	82.24
	含税生产成本		元	128.81	124.92	80.34	109.29	98.20
每一标准劳动日	主产品产量		市斤	1.40	1.20	2.30	2.00	2.30
	净产值		元/百斤	1.49	1.69	3.49	2.66	4.02

表11-35 1986~2010年苏州主要农产品产量表

单位：千克/亩（头）

年份	小麦	油菜籽	粳稻	棉花	桑蚕茧	生猪
1986	235.40	110.50	479.50	71.50	98.00	—
1987	199.50	105.00	441.00	60.50	101.50	—
1988	211.50	103.00	465.50	66.00	87.80	—
1989	170.00	93.50	464.00	56.65	118.10	—

年份	小麦	油菜籽	粳稻	棉花	桑蚕茧	生猪
1990	236.50	124.00	470.00	67.95	142.78	—
1991	220.50	122.50	523.50	82.45	142.00	—
1992	292.00	134.50	465.00	63.00	127.10	—
1993	269.00	226.00	512.30	61.10	112.20	—
1994	248.50	104.50	536.50	86.00	118.00	—
1995	271.00	148.00	519.00	86.50	101.00	—
1996	294.00	156.50	545.50	89.03	91.35	—
1997	274.00	136.00	544.00	80.60	101.00	90.00
1998	150.80	118.50	576.50	63.70	105.20	88.00
1999	257.32	152.00	514.10	49.20	115.00	82.80
2000	259.50	163.20	541.60	67.20	118.80	91.20
2001	224.10	138.80	565.40	79.30	117.50	92.30
2002	192.00	116.00	542.50	78.30	83.50	95.40
2003	209.00	97.10	523.10	—	—	90.70
2004	258.50	148.80	557.10	—	—	95.50
2005	288.20	146.90	481.90	—	—	100.00
2006	324.60	149.30	557.70	81.70	68.70	95.20
2007	321.50	159.80	479.60	74.90	51.70	100.90
2008	354.13	162.21	531.67	79.87	52.03	98.60（大规模） 117.80（中规模）
2009	324.90	152.12	549.91	72.07	48.96	96.50（大规模） 139.20（中规模）
2010	312.55	168.40	536.12	65.82	39.14	97.20（大规模） 152.30（中规模） 102.53（中规模）

注：种植户15亩以上为规模种植户；饲养户生猪1000头以上为大规模，大于100头小于等于1000头为中规模（下同）。

表11-36　1986~2010年苏州主要农产品产值表

单位：元/亩（头）

年份	小麦	油菜籽	粳稻	棉花	桑蚕茧	生猪
1986	127.17	116.21	224.79	279.76	488.53	—
1987	103.90	113.90	220.60	274.78	685.52	—
1988	119.68	125.77	239.94	363.38	992.36	—
1989	107.94	136.88	300.40	391.69	1245.22	—
1990	160.80	192.32	301.93	561.02	1660.12	—
1991	141.46	180.06	344.67	719.82	1680.87	—
1992	222.20	189.90	331.60	460.59	1291.20	—
1993	243.59	199.91	536.41	545.41	1155.14	—
1994	282.48	268.59	882.55	1243.46	2071.24	—
1995	426.75	412.80	949.64	1592.10	1318.92	—
1996	479.49	437.24	915.26	1434.29	1117.81	—
1997	387.15	329.53	843.78	1275.23	1700.20	875.84
1998	211.30	251.20	885.80	858.42	1648.90	564.60
1999	299.26	319.03	653.16	369.77	1631.79	496.21

年份	小麦	油菜籽	粳稻	棉花	桑蚕茧	生猪
2000	229.62	289.62	656.72	720.22	2393.04	561.40
2001	232.38	254.14	719.13	680.75	2144.72	557.83
2002	172.08	192.31	604.40	952.43	908.57	546.31
2003	225.29	222.11	825.76	—	—	614.20
2004	390.42	385.08	1012.91	—	—	897.23
2005	380.79	326.14	914.37	—	—	831.30
2006	456.80	327.12	957.86	1101.38	1894.95	724.23
2007	454.92	496.85	879.62	1175.00	951.93	1119.50
2008	537.56	755.98	1063.25	1119.02	980.08	1545.71（大规模） 1383.10（中规模）
2009	560.24	547.67	1124.78	1241.10	1011.16	1182.15（大规模） 1537.43（中规模）
2010	614.16	682.88	1481.13	1809.90	1175.35	1162.93（大规模） 1777.45（中规模）

表11-37 1986~2010年苏州主要农产品出售价格表

单位：元/50千克

年份	小麦	油菜籽	粳稻	棉花	桑蚕茧	生猪
1986	22.42	49.95	19.94	170.03	229.00	86.96
1987	21.38	51.38	21.61	190.90	318.41	118.27
1988	23.76	57.30	21.87	216.92	565.50	183.40
1989	26.43	69.29	28.48	283.90	507.47	182.32
1990	27.67	73.38	28.82	347.14	552.41	165.49
1991	26.70	69.13	29.55	377.07	570.91	174.00
1992	32.05	67.00	31.92	304.84	483.06	197.00
1993	39.17	74.01	47.97	375.59	494.46	259.00
1994	51.38	122.99	77.17	633.22	846.52	428.00
1995	72.89	133.38	86.57	810.86	613.78	415.00
1996	75.69	133.09	79.38	718.32	580.36	410.00
1997	65.75	115.25	72.53	703.72	813.60	486.58
1998	64.57	122.17	72.40	587.83	759.13	320.80
1999	52.86	99.63	59.06	320.38	682.78	—
2000	38.96	83.57	56.40	463.29	983.35	303.61
2001	47.43	86.59	60.16	381.56	898.32	298.93
2002	40.72	78.74	52.48	539.23	539.59	286.85
2003	49.87	110.45	76.03	—	—	338.20
2004	72.60	125.86	87.55	—	—	468.06
2005	63.18	107.36	91.43	—	—	414.15
2006	66.79	106.08	82.60	588.49	1362.93	378.80
2007	67.17	152.21	88.39	699.59	920.63	553.12
2008	72.03	229.16	96.66	567.30	916.61	781（大规模） 582.98（中规模）
2009	82.72	176.26	98.96	688.89	1009.13	605（大规模） 546.85（中规模）

年份	小麦	油菜籽	粳稻	棉花	桑蚕茧	生猪
2010	94.35	198.58	134.68	1186.50	1501.47	590.50（大规模）
						574.41（中规模）

表11-38　1986~2010年苏州主要农产品含税成本表

单位：元/50千克

年份	小麦	油菜籽	粳稻	棉花	桑蚕茧	生猪
1986	10.89	30.50	7.51	87.66	156.07	—
1987	16.34	44.52	11.99	165.42	232.36	—
1988	18.59	52.48	13.11	175.18	381.20	—
1989	30.52	78.35	18.70	239.54	329.31	—
1990	24.44	67.12	20.02	251.23	339.95	—
1991	30.02	72.50	19.04	225.01	431.73	—
1992	25.10	68.04	22.85	317.56	407.67	—
1993	29.36	75.65	23.86	333.36	469.63	—
1994	46.96	122.78	33.16	380.34	569.20	—
1995	51.37	128.20	47.97	552.57	1000.74	—
1996	65.09	132.64	51.99	569.86	1116.14	—
1997	55.14	139.84	48.13	19.58	1175.10	461.30
1998	90.70	161.60	46.80	796.33	1010.67	297.17
1999	51.48	117.75	47.01	861.49	932.31	—
2000	46.34	95.96	43.70	739.83	1040.93	276.22
2001	46.34	110.32	39.10	638.78	782.17	271.01
2002	56.59	133.65	40.91	629.08	1012.81	276.55
2003	50.60	138.44	38.76	—	—	300.04
2004	61.16	129.60	50.74	—	—	365.82
2005	53.77	141.79	65.03	—	—	399.46
2006	51.41	142.23	60.12	661.00	901.55	350.78
2007	54.55	144.92	70.36	750.86	1156.79	383.12
2008	58.84	168.83	72.79	731.60	1195.20	535.06（大规模）
						658.87（中规模）
2009	75.40	200.80	70.58	899.76	1075.66	502.02（大规模）
						507.65（中规模）
2010	80.95	171.32	77.29	1000.95	1365.99	507.06（大规模）
						494.76（中规模）

表11-39　1986~2010年苏州主要农产品物质与服务费用表

单位：元/50千克

年份	小麦	油菜籽	粳稻	棉花	桑蚕茧	生猪
1986	35.86	32.12	50.52	60.41	142.05	—
1987	37.32	29.60	58.82	62.80	144.53	—
1988	43.04	36.99	73.25	89.41	193.98	—
1989	49.92	47.59	88.05	106.36	231.63	—
1990	65.00	64.13	107.48	112.67	320.42	—

年份	小麦	油菜籽	粳稻	棉花	桑蚕茧	生猪
1991	77.56	67.57	115.81	136.52	440.08	—
1992	82.08	70.53	118.82	146.76	302.36	—
1993	82.98	71.18	129.21	126.27	304.00	—
1994	100.58	86.83	165.07	173.65	357.59	—
1995	148.00	118.09	241.72	220.21	428.85	—
1996	188.64	138.90	273.69	284.20	413.18	—
1997	163.08	117.55	253.36	311.90	394.40	790.84
1998	153.18	133.70	261.22	269.72	397.80	504.47
1999	155.10	133.56	253.44	261.52	410.80	—
2000	136.79	107.70	227.49	232.13	405.33	470.81
2001	120.78	102.88	225.26	241.62	343.58	481.74
2002	130.37	104.69	254.48	222.77	368.76	500.94
2003	132.22	90.88	265.49	—	—	521.09
2004	168.82	112.00	305.34	—	—	646.74
2005	182.30	129.46	386.66	—	—	749.64
2006	198.63	132.45	424.86	278.46	320.48	611.41
2007	209.22	131.75	446.10	316.12	283.33	708.68
2008	232.45	166.14	523.74	359.16	284.76	974.16（大规模） 1432.06（中规模）
2009	275.83	186.24	499.54	343.60	208.76	900.68（大规模） 1336.21（中规模）
2010	294.12	182.45	525.75	326.36	179.30	920.31（大规模） 1410.43（中规模）

表11-40　1986~2010年苏州主要农产品用工数量表

单位：元/亩（头）

年份	小麦	油菜籽	粳稻	棉花	桑蚕茧	生猪
1986	13.26	22.72	16.33	46.69	118.26	—
1987	10.62	18.33	15.26	46.17	98.08	—
1988	10.78	17.47	14.41	45.32	119.42	—
1989	12.30	18.00	16.80	36.80	97.65	—
1990	12.30	18.50	15.90	49.20	120.40	—
1991	12.50	19.10	15.30	46.20	135.90	—
1992	11.40	16.20	14.50	43.60	107.03	—
1993	10.67	14.88	14.42	40.30	91.35	—
1994	11.35	13.28	14.58	40.10	87.93	—
1995	7.50	15.10	14.65	46.90	90.20	—
1996	10.50	14.35	14.87	41.30	84.00	—
1997	6.60	12.30	11.60	41.70	88.30	1.00
1998	5.80	12.10	11.70	39.30	85.00	0.68
1999	5.30	10.90	10.40	33.30	83.90	—
2000	5.50	9.20	10.50	39.30	89.60	1.40
2001	4.00	9.10	8.80	38.00	65.50	1.20
2002	4.30	9.30	7.60	37.50	57.40	1.10

年份	小麦	油菜籽	粳稻	棉花	桑蚕茧	生猪
2003	4.10	8.10	6.70	—	—	0.90
2004	3.30	9.10	7.50	—	—	—
2005	2.19	8.55	6.89	—	—	—
2006	2.48	8.37	6.61	32.34	29.37	—
2007	2.34	8.57	5.52	30.19	25.01	—
2008	2.51	9.24	5.09	32.12	26.45	2.85（大规模）
						3.50（中规模）
2009	2.21	8.68	4.46	32.74	19.97	2.56（大规模）
						2.60（中规模）
2010	1.74	7.63	4.23	27.29	18.79	2.38（大规模）
						3.10（中规模）

表11-41　1986~2010年苏州主要农产品减税纯收益表

单位：元/亩（头）

年份	小麦	油菜籽	粳稻	棉花	桑蚕茧	生猪
1986	66.36	45.51	141.55	137.32	156.67	—
1987	25.37	15.48	99.59	38.87	185.97	—
1988	26.88	10.87	97.60	72.84	283.65	—
1989	−15.72	−17.62	105.02	64.44	438.37	—
1990	20.30	16.82	93.53	157.83	641.35	—
1991	−16.4	−8.34	124.08	292.64	410.64	—
1992	49.93	−4.18	95.88	−15.34	202.79	—
1993	63.21	−3.84	270.97	64.40	59.04	—
1994	25.49	0.94	504.97	531.19	527.08	—
1995	127.06	16.53	424.71	511.22	−795.13	—
1996	72.83	2.29	317.66	301.59	−1026.88	—
1997	57.43	−70.3	283.86	28.88	−755.5	45.50
1998	−85.5	−154.8	313.25	−303.34	−636.7	41.58
1999	7.82	−58.02	133.25	−624.53	−556.35	—
2000	−49.51	−42.92	147.86	−429.9	−140.13	50.65
2001	5.36	−69.66	251.69	−458.91	277.31	46.50
2002	−67.06	−134.11	133.29	−158.7	−796.82	17.77
2003	−3.29	−56.29	404.80	—	—	69.31
2004	61.53	−11.44	425.92	—	—	195.99
2005	56.71	−104.60	264.07	—	—	29.48
2006	105.22	−111.49	260.72	−135.71	641.48	53.58
2007	85.50	23.80	179.42	−86.11	−244.19	344.08
2008	98.43	199.02	262.58	−324.08	−297.88	486.75（大规模）
						−180.05（中规模）
2009	49.57	−76.21	322.61	−379.91	−66.66	201.21（大规模）
						110.22（中规模）
2010	87.22	93.73	631.18	283.04	106.05	164.32（大规模）
						246.46（中规模）

四、价格成本监审

价格成本监审作为对政府制定价格和实行价格干预措施等调价措施的前置性调查、测算、审核职能工作,是社会主义市场经济体制对价格工作提出的新的监管要求。根据2002年11月国家计委颁发的《重要商品和服务价格成本监审暂行办法》和2003年12月国家发展改革委关于印发《价格成本监审工作规定》的通知,苏州开始对中小学教育收费等成本进行监审试点工作。2006年1月国家发展改革委《政府制定价格成本监审办法》的下发和2006年6月《江苏省政府制定价格成本监审办法》的实施,加快了价格成本制度的建设。江苏省物价局先后制定和修订了《江苏省政府制定价格成本监审目录》、《江苏省政府制定价格成本监审实施细则》、《江苏省监审工作规程》等,为全面推进价格成本监审工作提供必要的操作依据。

2008年,苏州开展价格成本监审工作的重点有:围绕民生价格问题开展价格成本监审,如药品价格成本监审、中小学教育收费等;围绕公用事业价格改革开展成本监审,如城市供水价格、污水处理收费、管道天然气价格等;围绕促进环境保护开展价格成本监审,如固废处理、餐厨垃圾收运成本监审等。

2009年4月,苏州市物价局关于印发《苏州市成本调查与监审工作规程》的通知,为进一步规范成本调查与监审工作作了明确规定。

2008～2010年苏州市成本监审(调查)项目统计情况:2008年共监审4个项目,监审金额12251.83万元,核减491.99万元,核减率为4.02%;2009年共监审13个项目,监审金额119304.35万元,核增15721.34万元,核增率为13.18%;2010年共监审21个项目,监审金额150040.62万元,核减16296.92万元,核减率为10.94%。

附2008~2010年成本监审(调查)项目统计表:

表11-42 2008年成本监审(调查)项目统计表

成本监审项目	企业申报成本(万元)	核增/核减数额(万元)	核增/减百分比(%)	定价单位成本(元)	制定或调整后价格(元)
1. 金阊区培智学校学前教育班教育成本	30.59	−1.25	−4.09%	2348.22	—
2. 张家港沙洲中学学生住宿费成本	1746.84	−130.43	−7.47%	836.07	—
3. 苏州技师学院学生住宿费成本	9860.82	−317.74	−3.22%	938.98	—
4. 张家港塘桥高级中学学生住宿费成本	613.58	−42.57	−6.94%	935.60	—

注:正数表示核增,负数表示核减。

表11-43 2009年成本监审(调查)项目统计表

成本监审项目	企业申报成本(万元)	核增/核减数额(万元)	核增/减百分比(%)	定价单位成本(元)	制定或调整后价格(元)
1. 华能热电	30864.70	−1625.88	−5.27%	—	—
2. 苏州热电	835.92	−27.9	−3.34%	—	—
3. 工业园区	—	—	—	—	—
供水维护费(A类)元/平方米(10年)	23.60	−2.3	−9.75%	—	—
供水维护费(B类)元/平方米(10年)	28.70	−2.9	−10.10%	—	—
供水维护费(C类)元/平方米(10年)	36.10	−3.8	−10.53%	—	—
4. 光大固废处理	1025.19	4.43	0.43%	—	—

成本监审项目	企业申报成本（万元）	核增/核减数额（万元）	核增/减百分比（%）	定价单位成本（元）	制定或调整后价格（元）
5. 市培训指导中心再就业培训	1143.76	-88.31	-7.72%	—	—
6. 高新区	6165.74	2588.69	41.99%	—	—
7. 市污水公司污水处理费	9529.73	4136.08	43.40%	—	—
8. 园区污水处理费	13240.59	786.46	5.94%	—	—
9. 吴中区污水处理费	677.45	707.06	104.37%	—	—
10. 市自来水公司自来水收费	21068.79	6366.52	30.22%	—	—
11. 吴中区自来水公司自来水收费	10729.98	1008.17	9.40%	—	—
12. 新区自来水收费	10446.80	763.15	7.31%	—	—
13. 园区自来水收费	13487.30	1111.87	8.24%	—	—

注：正数表示核增，负数表示核减。

表11-44　2010年成本监审（调查）项目统计表

成本监审项目	企业申报成本（万元）	核增/核减数额（万元）	核增/减百分比（%）	定价单位成本（元）	制定或调后价格（元）
1. 苏州市公交公司公交车发动机改造成本	5678.18	-189.48	-3.00	—	—
2. 苏州外国语学校教育成本	4104.44	-705.87	-17.00	—	—
其中：小学	2307.28	-438.07	-19.00	18434/年	22000/年
中学	1797.16	-267.80	-15.00	21848/年	23000/年
3. 苏州市公交公司客运定价成本	26315.69	-1242.56	-5.00	—	—
4. 苏州相城国际外语学校（教育）成本	4619.54	-1119.25	-24.00	—	—
其中：小学	1437.60	-348.55	-24.00	—	—
中学	1177.06	-285.16	-24.00	—	—
高中	819.04	-198.53	-24.00	—	—
高中国际班	889.26	-215.75	-24.00	56598/年	58000/年
5. 苏州相城国际外语学校（住宿费）成本	598.72	-228.72	-38.00	—	—
其中：小学	274.85	-106.46	-39.00	2402/年	2700/年
中学	323.87	-122.26	-38.00	2149/年	2400/年
6. 苏州中学校剑校国际班收费成本	2000.32	-1161.85	-58.00	—	—
7. 苏州华葆药业有限公司阿胶补血口服液生产成本	—	—	—	—	—
其中：9支/盒	108.29	-4.77	-4.00	—	—
12支/盒	40.08	-7.10	-18.00	—	—
8. 苏州第四制药厂右旋布洛芬胶囊（0.15*12粒/盒）	57.15	-5.67	-10.00	—	—
9. 礼来苏州制药有限公司培美曲塞二钠、艾塞那肽注射液生产成本	—	—	—	—	—
其中：培美曲塞二钠100mg瓶/盒	296.64	-1.68	-1.00	—	—
培美曲塞二钠500mg瓶/盒	3739.14	-41.07	-1.00	—	—
艾塞那肽注射液5μg/盒	37.66	-0.17	—	—	—
艾塞那肽注射液10μg/盒	34.30	-0.21	-1.00	—	—
10. 苏州君安药业有限公司头痛定糖浆生产成本（150ml瓶/盒）	155.07	-47.50	-31.00	—	—
11. 苏州新区自来水建设发展公司二次供水维护成本（平方米·10年）	—	—	—	—	—
建筑高度18—35米住宅（平方米·10年）	0.0026	-0.0005	-19.00	—	—

苏州市价格志

成本监审项目	企业申报成本（万元）	核增/核减数额（万元）	核增/减百分比（%）	定价单位成本（元）	制定或调后价格（元）
建筑高度35—54米住宅（平方米·10年）	0.0030	−0.0025	−83.00	—	—
建筑高度54—100米住宅（平方米·10年）	0.0036	−0.0006	−17.00	—	—
12. 苏州大学附属第一医院内毒素鲎定量检测收费成本（每例）	0.0185	0.0004	2.00	—	—
13. 苏州工业园区100米以上供水管理维护收费成本	—	—	—	—	—
建筑高度小于或等于150米住宅（平方米·10年）	0.0055	−0.0013	−24.00	—	—
建筑高度小于或等于210米住宅（平方米·10年）	0.0064	−0.0015	−23.00	—	—
建筑高度小于或等于255米住宅（平方米·10年）	0.0072	−0.0018	−25.00	—	—
建筑高度小于或等于300米住宅（平方米·10年）	0.0074	−0.0019	−26.00	—	—
建筑高度小于或等于350米住宅（平方米·10年）	0.0082	−0.0022	−27.00	—	—
建筑高度大于350米住宅（平方米·10年）	0.0090	−0.0024	−27.00	—	—
14. 苏州市自来水公司100米以下供水管理维护收费成本	—	—	—	—	—
建筑高度小于或等于18米住宅	0.0040	−0.0017	−43.00	—	—
建筑高度大于18米小于或等于54米住宅	0.0057	−0.0027	−47.00	—	—
建筑高度大于54米小于或等于100米住宅	0.0067	−0.0032	−48.00	—	—
15. 苏州市区餐厨垃圾收运成本调查（吨）	0.0161	−0.0024	−15.00	—	—
16. 苏州市公共租赁住房租金成本调查（月·平方米）	0.0021	−0.0017	−81.00	—	—
17. 苏州港华燃气有限公司	50257.42	−9319.31	−18.54	—	—
18. 苏州华润燃气有限公司	27621.27	−1243.87	−4.50	—	—
19. 苏州市相城区燃气有限责任公司	6302.21	−264.36	−4.19	—	—
20. 苏州市吴中燃气有限公司	6910.59	−518.97	−7.51	—	—
21. 苏州市燃气有限公司	11163.80	−314.39	−2.82	—	—

注：正数表示核增，负数表示核减。

第十一章 价格调控管理

第六节 市场价格行为监管

随着价格改革的不断深入，特别是1992年党的十四大确定建立社会主义市场经济体制以后，苏州市逐步确立了通过市场竞争由经营者自主定价的价格形成机制。社会商品零售总额及生产资料销售总额中，实行市场调节价所占比例已逾95%，实行政府定调价的商品服务占比已不足5%。然而消费者反映最多、抱怨最多的价格欺诈等问题，都集中在价格早已放开的商品和服务方面。如何对市场价格行为进行有效监管，做到既要"放得开"，更要"管得好"，业已成为政府价格主管部门面临的重大课题。有鉴于此，苏州市物价局从2009年开始，强化市场价格行为监管，在机构设置、制定规则、构建网络、价格诚信建设等诸多方面的探索创新，受到各方的关注和好评。

一、机构设置

2008年以来，苏州市物价局大胆探索，勇于创新，拓展职能，进一步转变思想观念，转变工作职能，转变工作方法，把工作重点转移到以监管市场价格行为为主，实现了价格职能的四大转变：由单纯的《政府定价目录》管理转变到对所有价格和收费行为进行监管，由单一的监管价格行为转变到监管与价格相关的市场供应和市场行为，由从事一般的价格审批事务转变到提供全面的价格公共服务，由单纯依靠行政系统少数人管理转变到广泛发动全社会力量齐抓共管。

2009年3月，苏州市物价局在全国率先成立了专司市场价格行为的管理部门——市场价格行为监督管理处。其主要职责：负责对市场价格行为的规范和监管工作，依法拟订和实施市场价格行为规则、办法；指导各行业开展价格自律工作；负责社会价格监督服务网络的建设和管理，组织开展规范市场价格行为工作；会同有关部门积极参与社会诚信体系建设，组织开展价格诚信活动；负责全市商品和服务明码标价管理工作；参与对重要放开商品和服务价格依法实行临时价格干预措施工作；组织、协调市区农贸市场等企业开展价格管理工作；配合有关部门开展市场监测工作；协调、处理相关价格争议。

二、制定市场价格行为监管规则

党的十八届三中全会作出的《中共中央关于全面深化改革若干重大问题的决定》中明确："使市场在资源配置中起决定性作用"，但市场经济的有效运行需要政府适当的干预，价格监管是市场监管的重要内容，是宏观调控的重要手段。完善市场价格行为监管法律制度，维护市场价格秩序，是强化市场价格监管的一项迫切任务。2010年，根据市人大常委会办公室关于印发《苏州市人大常委会2010年立法计划》的通知精神，市物价局提出的《苏州市市场价格行为监督管理条例》立法申请被市人大常委会2010年立法计划列为预备项目。为做好预备立法工作，切实加强领导，明确责任和目标，坚持科学立法、民主立法，保证质量，按计划完成起草工作，苏州市物价局成立了立法工作领导小组。经市人大调研论证，将

《苏州市市场价格行为监督管理条例》改为《苏州市市场价格行为监督管理办法》，并以政府规章的形式先行施行。至2013年6月，经市政府第十三次常务会议讨论通过《苏州市市场价格行为监督管理办法》，并于同年8月1日正式试行，成为全国首部专门规范市场价格行为的政府规章，受到国家、省的关注推介（该《办法》详见本志《附录一》）。

稳定"菜篮子"价格，事关千家万户百姓的切身利益，为进一步强化农贸市场行业价格管理，2010年10月市物价局拟定了《苏州市区农贸市场价格管理办法》上呈苏州市政府，随即市政府下发了《关于印发苏州市区农贸市场价格管理办法的通知》。与之相配套，苏州市物价局先后出台了《关于进一步加强农贸市场摊位费管理的通知》、《苏州市农贸市场摊位费管理实施细则》、《苏州市餐饮行业价格行为规范》等多项规范性文件，通过建章立制，订立"游戏规则"，规范市场行业价格行为。

三、社会价格监督服务网络

所谓"社会价格监督服务网络"，是指政府价格主管部门以外的，协助进行价格监管的非专业队伍，是价格监管服务的重要力量。根据苏州市人民政府《关于建立苏州市社会价格监督服务网络的实施方案》的通知要求，2008年四季度开始，苏州市各级物价部门积极筹建社会价格监督服务网络，并在全市各地相继建立了一批价格监督服务站试点，做到人员配置到位、设施配置到位、职责明确到位、制度建设到位、业务培训到位，为全市社会价格监督服务网络作出了示范。

苏州市社会价格监督服务网络作为2009年苏州市政府的实事工程，于2009年3月30日正式启动建设。

苏州市社会价格监督服务网络的构成：乡镇、街道建立价格监督服务站，挂牌办公，每个服务站聘请1~2名兼职价格监督员；村、社区建立价格监督服务点，每个服务站聘请一名兼职价格监督员；大型商场、超市、农贸市场以及各类专业交易市场内设立价格监督服务站；大型生产、经营企业和有行政事业性收费的党政机关、事业单位中设立价格监督员，兼职价格监督员可以由街道、社区干部、人大代表、政协委员、物价员、下岗职工中的优秀人员等组成，也可邀请企事业单位的代表担任。社会价格监督服务网络实行统一领导，分级管理。其职责为：协助价格主管部门向广大市民宣传价格法律、法规和政策；落实价格、收费公示制度，对价格公示栏实施日常管理，保持公示栏内容的及时性和有效性；及时制止或协助物价部门查处价格违法行为；及时做好价格问题的解释、调解、处理工作；认真调查，及时反馈与群众生活密切相关的商品价格和服务收费的政策执行情况，协助价格主管部门做好价格诚信、价格监测、价格调研和价格信息等服务工作。

2009年6月，平江区在全市率先建成了覆盖全区的社会价格监督服务网络，全区6个街道42个社区及120家企业都建立了社会价格监督服务站、点、台、员网络，将价格服务送到了老百姓家门口，为全市社会价格监督服务网络建设做出了良好示范。平江区做到了"五个到位"：人员配置到位，在各单位共聘请了193名监督员，并统一挂牌上岗；设施配置到位，每个街道和社区都配备有电子触摸屏或专用电脑，并制作发放了5种价格宣传资料计3.5万份；职责明确到位，明确了价格监督服务站、点、台、员的工作职责和人员守则，使整个网络服务工作有据可依,有章可循;制度建设到位,平江区制定了《价格监督服务站(点)工作职责》、《价格监督员工作守则》、《价格投诉登记制度》等一系列规章制度,做到用制度管事,用制度管人;业务培训到位,平江区举办首期价格监督员培训班,通过专家授课、发放学习资料、现场答疑等方式对全区70多名街道、社区、企事业单位价格监督员进行了业务培训,取得了良好的效果。

同年8月6日,市领导视察苏州市政府实事工程社会价格监督服务网络建设情况。市领导来到沧浪区南门街道价格监督服务站,察看了该站价格监督服务网络运行情况,听取价格监督服务站站长的讲解,察看了网络建设工作平台,并亲自点击电子触摸屏查询价格政策、重要民生价格公示等内容;认真听取市物价局对网络建设的机构职能、工作流程等基本情况的汇报;与价格监督员进行了亲切交谈,询问了窗口工作情况、窗口运行还有什么困难,详细了解社区居民对价格的诉求,同时勉励窗口工作人员要热情为社区居民服务,努力发挥好社会价格监督服务网络服务基层、服务企业、服务群众的作用,切实维护好人民群众的价格权益,真正把价格服务送到老百姓的家门口。在充分肯定社会价格监督网络建设的同时,阎市长进一步提出:要不断完善网络体系,充实网络功能,形成长效机制,使社会价格监督服务员队伍成为社会价格监督服务的宣传员、联络员、监督员、信息员、调解员;使社会价格监督服务网络成为全面开展价格公共服务的优质平台,成为了解民情、倾听民声、开展价格宣传工作的主渠道,成为加强市场价格监管、规范市场价格秩序、营造良好价格环境的有力抓手,成为转变职能作风,拓展服务领域,提升服务水平的重要载体,为苏州经济又好又快发展营造良好的价格环境。

同年8月13日,市政协领导也实地视察了沧浪区南门街道价格监督服务站,并召开座谈会,听取市物价局关于市场价格工作情况、价格监督服务网络建设,以及提案办理等情况的汇报。领导们充分肯定苏州市社会价格监督网络工作取得的阶段性成果,希望继续发挥价格杠杆的调节作用,积极解决关系群众切身利益的价格热点、难点问题,市政协将动员更多的社会资源和力量,关注、支持价格部门的工作。

苏州市社会价格监督服务网络得到了省物价局、苏州市委、苏州市政府的高度重视,这项惠民工程在全市各地政府的重视关心下,太仓、昆山、吴江、张家港、常熟及吴中、相城、园区、新区全覆盖式的社会价格监督网基本建成,真正将价格服务送到城乡居民的家门口,大大方便了老百姓,

至2010年7月,苏州大市范围已建成143个服务站,价格监督服务点763个,价格监督服务台529个,聘请价格监督服务员2481人,已初步形成了站、点、台、员"四位一体"的社会价格监督服务网络,全市基本实现社会价格监督服务网络全覆盖。"苏州把价格公共服务网络列入政府实事工程,构建公共服务长效机制"的做法,受到国家发改委和省物价局的肯定和推广。

社会价格监督服务网络建成以来,已经在宣传价格法律法规、加强市场价格行为监督、调解价格矛盾纠纷、提供价格公共服务等方面取得了很好的实际效果,价格监督"五员"作用得到了充分的发挥,即发挥价格政策宣传的喉舌作用,当好宣传员;发挥联系群众的桥梁作用,当好联络员;发挥价格监督的辅助作用,当好监督员;发挥多种渠道的耳目作用,当好信息员;发挥排忧解难的助手作用,当好调解员。

苏州市物价局坚持把社会价格监督服务网络打造成为价格部门长期的民心工程、品牌工程,使其成为价格部门全面开展价格公共服务的优质平台,成为了解民情、倾听民声、开展价格宣传工作的主要渠道,成为加强市场监管、规范市场价格秩序、营造良好价格环境的有力抓手,成为转变职能作风、拓展服务领域、提升服务水平的重要载体。

第十二章 价格监督检查

　　30多年来，苏州市价格监督检查作为价格工作的重要组成部分，在整顿和规范市场经济秩序，保障消费者价格权益，构建和谐社会，保持苏州市场价格总水平基本稳定，促进苏州经济社会健康发展方面做出了积极贡献，取得了显著成绩。价格监督检查从组织体系上可分为政府价格监督和社会价格监督两个部分。1984～2010年，苏州市物价局检查分局（市物价检查所）本级共查处各类价格违法行为和案件14527起，实施经济制裁17590.97万元，其中罚款253.36万元，没收违法所得15082.09万元，退回用户2255.52万元，上缴财政15335.45万元。苏州市价格监督检查工作受到了国家发展改革委和省、市政府的充分肯定，苏州市物价检查所、苏州市物价局检查分局先后被评为"国家级规范化检查所""省级规范化检查所""全国价格监管先进集体"。

第一节　机构设置

　　建国初期，苏州市未设立专职的价格检查机构。计划经济时期，价格的监督检查活动在市政府领导下，由市物价部门牵头组织从事价格工作相关人员会同人大、政协、"工、青、妇"等代表参加。每逢重大节假日以及重要商品价格调整时期，即时组织各相关部门联合开展市场物价大检查，以贯彻落实调价措施，维护市场价格秩序。当时，对检查发现的价格违纪问题，一般是以自查自纠和对责任人实施党纪、政纪处分为主。20世纪80年代初期，江苏省政府在有关文件中明确要求，违反物价纪律应给予经济处罚，由此，价格监督检查在纠正价格违纪行为的同时，通过经济制裁、依法治价，确保各项价格改革措施落实，保持市场价格总水平基本稳定，维护生产者、经营者、消费者的价格权益。

　　1979年后，随着价格改革的推进，物价监督检查任务日趋繁重，为了加强物价监督检查力量，国务院于1982年7月颁布《物价管理暂行条例》，作出了"县以上物价部门设物价检查机构"的规定，国家编委和国家物价局为各级物价部门下达了专项编制，成立专职价格监督检查部门。自1983年起，江苏省陆续开始在各地物价部门设立物价检查所。此后，物价监督检查进入专职机构为主，群众业余监督为辅，开展常态的计划性、系统性价格监督检查工作阶段。

　　1984年1月，苏州市人事局、劳动局、财政局、计委、物价委员会联合发出《设立物价检查机构和选调录用干部》的通知。同年3月，苏州市物价检查所（物价检查分局的前身）成立，性质为全额拨款科级事业单位，隶属苏州市物价委员会（苏州市物价局的前身）。当时的编制人员数，市区为50人。干部的一半来自学校、机关、企事业单位抽调，另一半向社会公开招考，由此开创了用招考的形式录用干部的先河。同年9月1日起，在苏州彩香饭店集中进行政治学习和业务培训，两个月后新招录的价格检查干部开始参与价格检查工作。时市物价检查所内设：所长室；检查一组，专司工业产品价格检查；检查二组，专司农副产品价格检查；检查三组，专司非商品收费检查；检查四组（综合组），专司综合、审理案卷、信访等。当时暂借市区南门地区城南旅社顶楼办公。次年，市物价检查所迁址道前街170号市级机关大院原市物资局二楼办公。

1985年8月15日，市物价委员会会同市总工会，建立苏州市区第一支职工义务监督队伍。此后，平江、金阊、沧浪区，及各县（市）也相继建立职工义务物价监督队伍，积极配合物价检查所开展市场物价监督检查工作。

1987年8月，市编委发文要求平江、沧浪、金阊及郊区建立物价局，并从市物价检查所的编制中划拨8名干部充实各区物价局力量。市级检查所人员递减为42人。同年，市物价委员会明确区级物价局的工作职责和任务。1988年9月，苏州市编委下发《关于同意各区建立物价检查所等问题的批复》，平江、金阊、沧浪、郊区物价检查所以及苏州市管六县的物价检查所相继建立，自此，覆盖全市的物价检查系统网络形成。

1990年市物价委员会撤委建局，次年市物价检查所搬迁至阊胥路115号4楼。1999年10月，市物价检查所增挂苏州市价格举报中心牌子，将原属于检查所综合组的来信来访工作，划归市价格举报中心。其工作职责：受理公民、法人或其他组织有关价格问题的咨询和举报等工作。2002年4月，市物价检查所被省物价局命名为省级规范化检查所。2003年2月，被国家计委命名为国家级规范化物价检查所。同年4月21日，经市编委同意，苏州市物价检查所更名为苏州市物价局检查分局，同时挂苏州市价格举报中心牌子，为物价局直属单位。

2004年1月，经中共苏州九届市委第五十八次常委会同意，检查分局升格为副处级单位，解决了困扰检查分局科级建制与其所担负的业务对象和职级不相适应，不利于分局独立办案的问题。2月4日，苏州市编制办下发《关于调整苏州市物价局检查分局建制级别及内设机构的批复》，同意苏州市物价局检查分局由正科级建制升为副处级建制；设立8个内设机构，均为副科级建制；领导职数为：分局局长1名，分局副局长3名，内设机构科长（主任）8名。同年，根据省人事厅、省物价局的相关文件精神并经批准，物价检查系统人员参照公务员制度实施管理。

2007年，国务院总理温家宝批示，将1983年国家下达的价格监督事业编制，全部转为价格执法专项行政编制。2008年，根据国家发改委及省物价局的相关文件规定，市价格检查分局的原参照公务员管理的事业编制干部全部转为公务员编制。10月16日，苏州市编制办下发《关于同意苏州市物价局检查分局调整内设机构设置和建制的批复》，检查分局的内设机构由原副科级建制调整为正科级建制；重新核定内设机构领导职数，正科职8名，副科职10名。

第二节　政府价格监督检查

政府价格监督检查指主要依靠政府价格主管部门及各个主管部门相关工作人员对市场价格行为实施的监督检查。苏州市的政府价格监督检查历史，是伴随于价格改革的深入和价格法制建设的推进，不断探索、不断实践、不断发展的过程，从初创、成长至逐渐壮大，其历史大致可分五个阶段。

第一阶段（1979~1983年）

苏州当时还没有专门的价格检查机构，但有组织的价格监督检查已经开展。主要是在市政府领导下，由市物价委员会牵头，组织人大代表、政协委员及相关部门物价员等开展市场价格检查。

1979年11月，国家调整8类副食品零售价格后，苏州市政府根据上级精神和市民对调价工作的意见反映，在1980年春节前组织物价、工商管理、商业等部门开展市场物价检查，对提价不当或乘机提价的218个商品零售价格作了纠正或降价处理。同年5月、12月，党中央、国务院和省委、省政府先后发出了《加强物价管理，坚决制止乱涨价和变相涨价》和《严格控制物价，整顿议价》的通知。中共苏州市委和市政府对此一一作了贯彻，并于1981年元旦前后又组织一次大规模的全市性物价大检查，参加检查队伍的人数达240余人。检查的范围包括农副产品、日用工业品和生产资料等商品价格。

1982年1月，国务院颁发关于稳定市场物价十条通知，省政府继发八条通知。苏州市政府再一次组织物价、商业、供销、粮食、轻工等部门132人开展市场物价大检查。不久，市人大常委会、市政协也组织33名代表、132名委员对粮食、食品、水产、蔬菜、糖酒食品工业、日用杂品、果品茶叶、服装缝纫等8个方面的市场价格进行视察检查。

1983年7月，根据国务院、中纪委发出的《关于坚决制止乱涨生产资料价格和向建设单位乱摊派费用的紧急通知》的要求，市政府又组织纪委、计委、物委、物资、财政、工商管理、建行、协作办公室等部门组成检查组，对所辖全民企业的五类主要生产资料（钢材、生铁、水泥、木材、煤炭），检查其在生产和流通环节中的价格执行情况。同时由副省长杨泳沂率领的省政府检查组对苏州市的贯彻执行情况进行监督检查。

第二阶段（1984~1985年）

1984年3月，苏州市设立物价检查所，从此，价格检查工作开始进入以专职机构为主、群众监督相配合，经常性、计划性、系统性工作的新阶段。

市物价检查所建所初期，面临着计划经济"一统天下"的价格体系受到严重冲击，新的价格秩序也尚未建立，乱涨价、乱收费现象严重的局面。为稳定群众生活，市物价检查所边组建边工作，学中干、干中学，积极探索和总结工作经验。这阶段工作重点如下：

开展市场价格巡查。主要检查内容放在"青菜、萝卜、豆制品、油条大饼、肉禽蛋"等主副食品价格上。1984年开始，市场主副食品价格涨幅曾几度出现异常。维护市场价格秩序，确保群众基本生活必需品的价格稳定是价格监督检查的职责所在。同年9月初到10月5日，适逢中秋、国庆两大节日，为稳定节日市场价格，全市开展市场价格检查突击月活动。选调的新物价检查干部也参加这次大检查。此次物价检查期间，查实的经营企业商品价格和度量衡器差错率为47%，物价检查所对这类违反物价纪律的问题做了相应处理。此次节日市场检查维护了物价政策的严肃性，保护了广大消费者的权益，对稳定市场物价、安定人心起到了积极作用。同时，选调干部的直接参与，增长了他们价格检查实战经验和知识。据统计，从1984年四季度开始的物价检查初战告捷，当年处理143件价格违纪案件，没收违法金额3.63万元，罚款0.88万元。

加强物价监督检查业务基础建设。为规范价格监督检查工作，相继制定了一批比较符合当时实际情况，行之有效的工作制度和规定，初步理顺了价格监督检查工作机制，同时抓紧学习培训工作，从而迅速提高了检查人员的整体业务素质。

开展声势较大的市场物价大检查。1985年7月，为保证猪肉及小杂粮、小油料价格放开工作的顺利进行，维护消费者的利益，在市政府统一部署下，物价、工商干部为专职检查骨干，邀请人大代表、政协委员、卫生、防疫、街道等各方面人员参加。由于联合检查具有广泛的代表性，各自优势得到充分发挥，十分有利于检查工作的深入展开。1985年一年，市物价检查所本级共查处违纪案件1305件，经济制裁总金额191万元，其中罚款2.9万元，没收188.1万元，上缴财政191万元。实践证明：物价检查所的建立及其监督检查的实施，不仅为价格改革保驾护航，更是稳定物价、稳定社会的一个强有力的调控手段，切实维护了人民群众的切身价格权益，同时为新入职的检查人员提供了锻炼成长的机会。

第三阶段（1985~1997年）

1. 物价大检查

根据国务院和省的统一部署，从1985年始苏州市开展"财务、税收、物价大检查"，简称"三大检查"。"三大检查"中物价大检查的重点是治理经济环境，整顿经济秩序，而物价大检查是该时段"三大检查"中一项影响深广、举措有力、效果明显、深得民心的工作。物价检查部门通过查处乱涨价、乱收费行为，达到了维护广大消费者价格权益，整顿价格秩序，抑制通货膨胀，促进苏州经济社会健康发展的目的。

1985年起到1997年止，每年从四季度开始，根据国务院"财务、税收、物价"大检查办公室文件要求开展检查工作。苏州市成立了"三大检查"办公室，由"财务、税收、物价"系统各派员组成，各司其职。"三大检查"的范围涉及企业、事业、行政单位等各种社会经济细胞，检查环节包括生产、分配、交换、消费等所有领域，社会经济活动基本纳入其监督之下。物价大检查一般从每年的第四季度开始，但早在8月就要开会部署，9月各级动员，10月进行自查，11月和12月开展重点检查，元旦、春节前后检查基本告一段落，进入收缴结案、整改建制阶段。整个苏州市"三大检查"中的物价大检查，从其检查涉及的重点内容来区分，大致可分为查处生产流通经营领域和行政事业、垄断行业的乱涨价、乱收费这两个方面。

(1) 1985～1992年物价大检查

这一时段，苏州市物价大检查的主要对象是生产和经营企业，内容是查处就地加价，转手倒卖重要生产资料和紧俏耐用消费品，计划内物资转计划外价格销售，超过国家规定销售商品以及擅自提高医疗、教育、交通运输、公用事业收费和宾馆招待所价格标准等行为。物价大检查结合了当时市场价格动态、政府调控目标，有重点地进行。根据国家和省的统一部署，结合苏州的实际，每年大检查中的重点检查阶段的侧重点有所不同。

"物价大检查"的自查阶段：当时苏州市区每年平均有市属二千左右的单位向苏州市物价检查所上报了自查结果，自查中主要发现的问题是，将计划内产品或生产资料转为计划外销售、转手加价、擅自加价销售、乱收费等四个方面的问题。如在1985年自查阶段，某化纤厂自查将计划内150D低弹丝等三个品种共85吨，擅自转为计划外高价销售多收金额15.55万元；某造纸厂擅自收取纸张销售管理费2%～3%，仅这一项该厂就多收9.87万元。互查和重点抽查阶段：当时苏州市物价检查所会同各有关主管局、公司组成的若干个物价大检查抽查组，先后进驻市区24个系统、区、直属单位，完成了对轻工、化工、医药、丝绸、纺工、物资等系统以及流通领域、商贸企业的抽查工作。元旦、春节以后，进入收缴入库结案整改阶段。整个大检查工作在贯彻"边查处、边整改、边建设"的同时，做到大部不漏、情况见底、实事求是、区别对待。

特别是从1988年9月开始，中国经济出现了过热现象，市场物价总水平过快上涨。为维护正常的经济秩序，根据国务院、省政府的要求，物价大检查重点查处相关部门、企业越权制定和调整价格，转手加价倒卖，以及计划内转计划外销售，价外加价等不执行国家定价的行为，查处巧立名目乱收费以及在当年8月份抢购风中乱涨价的行为。

1988年，全市物价大检查开展以来，在物价大检查自查阶段，据统计，市区有2091家企业和单位自查上报价格违纪金额670余万元。从10月至11月，短短两个月，市物价检查所重点抽查489家企业和单位，查获价格违法案349件，价格违法总金额332万元，其中万元以上重大价格违法案64件，违法金额为254万余元；已经处理277件，收缴罚没款230.27万元，其中43件万元大案已经结案，收缴罚没款185.67万元。

同往年相比，1988年苏州市的物价大检查有几个明显特点：指导思想明确，起步早、行动快、收效好。1988年物价大检查"大气候"好，党的十三届三中全会确定"治理经济环境，整顿经济秩序，全面深化改革"的方针，符合党心，顺乎民意。在三中全会精神鼓舞下，全市各级领导重视物价大检查，物价干部劲头十足投身物价大检查，部署发动早于往年。市区有23个区、局（公司）成立了大检查领导小组，区长、局长亲自挂帅，组成了有各业务科室、物价、财会等人员参加的领导班子。组织实施本系统的自查互查，1988年的物价大检查与上年相比，既有广度，又有深度，自查抽查面广，全市自查上报户数由上年的956户增加到2091户，翻了一番多一点；上年整个大检查阶段重点抽查共计463个单位，1988年大检查已重点抽查了489个单位，超过了上年。查出的违纪数额大，上年整个大检查查处185万元，1988年大检查已查处222.8万元，超过上年；上年市所查处重大价格违法案15起，1988年市所大检查已查处重大价格违法案33件。入库速度快，全市又查处322万元违纪金额，核实收缴222.8万元，入库金额为129.89万元，当年底结案率和入库率分别为80%和58.3%。检查重点突出，政策界限清楚，切实加强领导。全市各级物价检查部门全力以赴，抽调各方面的力量，组成强有力的抽查队伍。例如：市物价检查所组成8个检查组，确定23个系统作为检查重点，主要抽查中央部属企业，机关经办的公司、物资经营部门和部分生产企业，突出查处转手倒卖生产资料、原材料以及紧俏耐用消费品的大案要案，全市查处43件大案，大部分属于这类情况。例如，康华总公司苏州发展公司是机关经办的，该公司自1988年7月份开张以来，高价倒卖彩电，就地转手倒卖钢材、摩托车、汽车，超规定费率非法牟利177477元，而自查仅上报违纪金额344元，市物检所不仅对违纪金额177477元予以全额没收，并加处22000元罚金。切实加强对大检查的领导。市物检所，吴县、沧浪区、金阊区等物价部门的领导每周定期召开会议，研究大检查中的新情况，明确政策界限，坚持集体审议价格违法案件，做到"严查、快处、重罚"，"边检查、边处理、边入库、边整改"。对自查出的问题从宽处理，对抽查出的问题从严处理，例如市塑料某厂自查上报无问题，在抽查中查出该厂生产的聚乙烯单丝146吨超规定作价非法收入4.2万余元，被全额没收，并加处1.5万元罚款，罚责任人200元。对一些情节恶劣、影响大的大案要案，一查到底并公开处理，通过报刊、电台、电视台曝光，这样影响大震动大，教育面广。省大检查工作组、省物检所经常到会，听取汇报，督促指导，推动了全市大检查工作的顺利进行。

苏州市1989年的物价大检查，重点开展生产资料如煤炭、木材、钢材等价格的专项检查。1990年重点检查与工农业生产、人民生活密切相关且社会反映强烈的重要收费项目，着重进行交通运输价格与收费，教育收费和重要生产资料价格的检查。1991年的物价大检查重点是与国营大中型企业密切相关的收费和价格，抗洪救灾物资价格，以及关系居民消费品价格。同时，为贯彻中央治理"三乱"（乱收费、乱摊派、乱罚款）的部署，苏州市重点检查电信、土地、城建、环保、医疗卫生等行业。

（2）1992~1997年物价大检查

这一时段，随着普通商品和服务价格的逐步放开，市场化进程的逐步推进，苏州市物价大检查的重点也从最初的生产、经营领域检查转入行政事业性收费、服务收费以及关系民生的垄断行业、公用事业的价格，重点是治理通货膨胀。

1993年苏州市物价大检查从9月份开始，按照省部署的重点是主管部门和地方政府越权定价行为，有关减轻农民负担的多项价费政策落实情况，国家定价商品和收费的执行情况，以及市场物价情况。根据省统一安排苏州对中小学收费进行专项检查。

为切实整顿粮油市场价格秩序，制止粮油市场乱涨价行为，1994年3月24~25日，市政府召开全市物价工作会议，动员部署加强物价管理，开展物价大检查；4月中旬，以国家技术监督局局长王以铭为组长的国务院物价大检查华东工作组在省政府有关部门领导陪同下来苏检查贯彻国务院关于开展物价大检查通知落实情况。通过检查考察活动，工作组对苏州市贯彻国务院关于开展物价大检查的通知，积极采取抑制物价过快上涨的一系列措施给予了充分肯定，对苏州市的下一步物价工作提出了意见。

1995年，物价大检查的重点是治理经济环境，抑制通货膨胀，环绕"米袋子"、"菜篮子"价格和人民生活必需品价格开展大检查。

1996年10月，苏州市根据全国开展税收财务物价大检查通知中的要求，物价部分重点查处居民生活必需品、公用事业和垄断行业价格执行中的乱涨价行为，以及中小学教育、医疗、代办服务和重要服务收费中的群众反映强烈的乱收费问题。

1997年10月开始的苏州市物价大检查列出的检查重点是：铁路行业乱涨价、乱收费行为，建设、国土、劳动等行政事业单位的乱收费行为，中小学教育、医疗和其他服务收费中群众反映强烈的乱收费行为，药品等经营活动中的价格违法行为。

从1985年至1997年连续13年卓有成效、声势浩大的物价大检查以中国特色的运动方式展开，自上而下，得到苏州市各级政府及其各个部门高度重视，相关的各类企事业单位也都非常重视。物价大检查涉及面广、量大，检查中既有专业物价检查干部全力以赴，又有企事业单位的物价员参与，同时也得到群众物价监督员队伍的积极配合。据统计，1985～1997年市物价检查所共查处价格违法案件11134件，经济制裁金额3813.93万元，其中通过物价大检查，每年都会查出并处罚数量较大的价格违法案件，对各类价格违法行为起到了重大的教育震慑作用。可以不夸张地说，在前20年苏州价格改革的航程中，物价大检查发挥了重要的保驾护航的作用。

从1998年5月1日开始，随着《价格法》的实施，代替物价大检查的是专项检查和节日市场物价的监督检查，物价检查工作纳入常态化。

2. 节日市场检查和物价专项检查

20世纪80年代中期至90年代中期，市场价格总水平曾经三次出现结构性上升，经济过热，通胀压力增大，给经济社会发展和稳定带来严重影响。1987年9月11日，国务院发布《中华人民共和国价格管理条例》，为物价检查机构进一步依法行使价格监督检查和处理价格违法行为提供了法律武器。按照"支持改革，保护合法，纠正失误，惩处违法"的指导思想，围绕着价格调控目标，除每年下半年开展的物价大检查外，物价部门还组织开展了一系列的市场价格监督检查和专项检查，成为价格监督部门的常态化工作。

（1）日常性的市场价格巡查

每逢重大的价格调整改革措施出台，为确保价格改革顺利推进，物价检查机构总是围绕改革措施的落实，开展即时的价格监督检查工作。每逢春节、五一、十一和中秋等节假日，以及苏州"城市旅游节"、"创建文明城市"、"治理整顿"等活动，就是物价重点检查时日。结合时、节，有重点地来安排检查内容，使检查工作更具时效性、针对性。检查内容涵盖粮油等居民生活必需品、紧俏日用工业品、肉禽蛋菜等农副产品、餐饮服务价格，停车、园林门票、娱乐场所收费以及明码标价等。查处了哄抬物价、欺行霸市、短斤缺两、暴利"宰客"等价格违法行为，起到了安定人民群众生活、营造良好的消费环境、繁荣节日市场、促进苏州大旅游健康发展、维护市场物价总水平基本稳定的作用。

（2）专项检查

根据国家物价局和省物价局的统一部署，结合苏州实际，市物价检查所抓住关系国计民生的重要生产资料和垄断行业价格以及其他重要商品价格，开展行业价格专项检查。通过专项检查，贯彻落实国家"治理经济环境，整顿经济秩序，全面深化改革"的方针，环绕社会焦点、热点价格问题进行整治，以达到规范市场价格秩序、惩戒价格违法行为的目的。专项价格检查一般由省局统一部署，市物价检查部门先后开展了彩电、冰箱、空调、收录机等家用电器价格专项检查，家具反暴利专项检查，粮油及其制品，蔬菜，豆制品，水果等市场农副产品专项检查，理发，婚纱及摄影，餐饮，娱乐，通信等服务价格专项检查，钢材、木材、石油、农资、化肥、棉花、煤炭、电力、有色金属、交通运输、铁路等生产资料专项检查，能源价格和重要交通运输价格专项检查，教育、医疗、公安、工商、税务、国土、金融保险证券等行政事业单位的专项检查，涉房、涉农、涉企收费等也是专项检查的重要内容。

在邓小平南方谈话之后，社会主义市场经济体制得到确立和逐步完善，95%以上的商品和服务价格放开，市场调节价在经济生活中跃居主导地位。由于对市场经济形势的发展缺乏足够的思想准备和实践经验，社会上也一度认为，"价格都放开了，不需要物价监督检查……"，物价检查查什么、怎么查成为人们心中的困惑，也束缚了物价检查干部的手脚，价格监督检查一度进入低谷。1992年、1993年苏州市所查处案件数分别为72件和159件，经济制裁金额分别为72.38万元和112.42万元。

第四阶段（1998~2001年）

1998年5月1日《中华人民共和国价格法》施行，初步解决了物价工作干什么、怎么干的问题，也给物价检查工作提供了法律依据和有力的支持，物价检查工作展开了崭新的一页。1998年到2001年，苏州市物价检查所共查处价格违法案件1255件，实行经济制裁3871.45万元，其中罚款30.19万元，没收违法所得2784.80万元，退还用户1056.46万元。

《中共中央、国务院关于治理向企业乱收费、乱罚款和各种摊派等问题的决定》文件出台后，从1998年开始，物价检查的重点逐步转向了行政事业性收费。这一时期，苏州市物价检查所按照省价格监督检查意见和全市物价工作会议要求，坚持以"清费、治乱、减负"为中心，整顿价格和收费秩序，加大执法力度，加强业务基础建设，提高执法水平，为促进苏州市经济持续、快速、健康和社会稳定服务。

认真开展市场价格检查工作。每逢节假日，市物价检查部门均相继开展了春节、"五一"节、国庆、中秋等节日市场物价大检查和"明码标价"检查工作，这一时段从总体情况看，市场供应充裕、供需平衡，特别是工业品供大于求，价格平稳，经营者的价格法制意识进一步增强，价格行为进一步规范。

围绕"清费、治乱、减负"这一中心工作，认真开展各类专项检查工作。首先是以减轻农民负担为重点，整顿和规范涉农价格和收费行为，开展对农用物资、柴油等农资价格，以及农村医疗服务、邮电资费、农民建房、计划生育、婚姻登记、农机服务等价格（收费）的监督检查；其次是以减轻企业和个体私营经济的负担为重点，整顿和规范涉企收费行为，抓好工商代理收费、税务代理收费、交通系统收费的专项检查，以及中介服务收费的整顿、规范和检查工作；再次是以群众关心的热点问题为重点，整顿和规范医疗、教育收费、律师（公证）收费、汽车维修行业和旅游市场价格秩序；开展建设项目收费环境稽察的重点抽查，抓好对涉房"两管三线"（燃气、自来水、电力、电话、有线电视）的垄断经营、重复收费行为的专项检查。

加大信访工作的力度。这一时段，市物价局部门专门建立了价格举报中心，向全社会公布了举报电话，并建立健全了受理登记制度、审批归档制度等，从制度上切实维护了信访群众的合法价格权益。

加强监督检查队伍建设，提高自身素质。认真学习贯彻执行《价格法》《价格行政处罚程序规定》等法律法规，进一步规范价格行政执法行为。以"内强素质、外树形象"为目标，积极响应国家计委和省物价局关于创建规范化物价检查所的号召，抓差距、定措施、统一思想，落实任务，在全局掀起创建规范化检查所热潮。2002年4月，苏州市物价检查所被江苏省物价局命名为江苏省规范化检查所。2003年2月，被国家计委命名为"2001年度规范化物价检查所（分局）"。

第五阶段（2002~2010年）

2001年底，中国正式加入世贸组织（WTO），标志着中国对外开放进入了一个新的阶段，更加全面融入了经济全球化的进程。在这种大背景下，价格改革和价格监督工作呈现出了新的阶段性特点，即按照科学发展观的要求和参与全球化的需要，进一步完善市场形成价格的机制和政府对价格的管理调控体系，在放开大部分商品价格和服务收费的同时，继续对极少数重要商品和服务价格进行管理监督。此时的价格监督检查进入了相对平稳阶段，打击价格欺诈、价格串通，规范市场价格行为成为价格监督检查的工作重心。2002年到2010年，9年间苏州市物价检查所共查处价格违法案件1995件，实行经济制裁9258.87万元，其中罚款51.13万元，没收违法所得8024.75万元，退还用户1182.99万元，上缴财政8075.88万元。

市场检查方面，苏州市物价局检查分局加强了节假日市场价格监管，突出重要节日，加大了市场巡查力度，坚持执行《市场价格行为日常监督巡查制度》，检查处室与各城区的价格部门联动，根据月度巡查计划组织实施市场价格巡查。坚持在春节、五一和国庆等节假日及中高考等重要时间段进行市场专项检查，保证全市市场价格平稳有序。一方面，积极宣传价格政策法律法规，主动向经营者发放价格法规宣传册、价格政策提醒函，让经营者自觉遵守法律规定，主动规范价格行为，牢固树立诚信经营、公平竞争的意识，切实承担起社会责任。另一方面，选择价格投诉较多、社会反映强烈的行业领域，以商场、大市场、超市、宾馆、饭店等单位为重点，集中开展专项执法检查活动。严厉打击虚构原价、虚假打折、不履行价格承诺、误导性价格标示等价格欺诈行为，维护消费者合法权益。经过多年的努力，市场价格串通、价格欺诈等不正当价格行为明显减少，依法经营、诚实守信的价格氛围更加浓厚。

专项检查方面，按照省局部署，市物价局检查分局围绕促进"三农"经济发展，开展了涉农价格（收费）专项检查，检查的重点为水利水务部门收费、农村基础设施收费、农产品流通收费、农村中小学收费等。围绕服务经济和社会发展的中心任务，分局开展了涉企收费专项检查，进一步清理涉企收费，治理各种摊派等加重企业负担的问题；全面建立减轻企业负担工作长效机制，为企业健康发展营造良好的外部环境。围绕促进民生改善，开展了住房、医疗、教育收费等专项检查。2011年4月份开始，根据省医疗卫生服务价格大检查的统一部署，市物价局检查分局会同监察局（纠风办）、卫生局部署开展了苏州市医药服务价格大检查工作。从检查的情况看，虽然经过多年的治理，全市大部分医疗机构能严格执行各项价格政策，但是仍存在一些乱收费现象。这次医药服务价格专项检查经济制裁总金额高达1474.44万元，其中涉案金额超过100万以上的价格违法案件就有5件，创下全市物价检查历史之最，彰显了物价部门在治理医疗乱收费问题上是下决心和狠心的。

自身建设方面，经多年努力，分局连续三届获评苏州市文明单位、江苏省文明行业，先后获"全国价格监管服务先进集体"和"江苏省价格监督检查先进集体"等荣誉称号。

工作创新方面，2007年，苏州市检查分局在医疗收费专项检查中运用金箭价格检查系统进行数字化检查，药品检查查出的违纪金额创历年检查之最。2008年8月，市检查分局研究制定了《价格专项检查进点公告制度》和《苏州市物价局检查分局关于案件销号的有关规定》两项新规定，进一步加强了执法能力，规范了办案流程，提高了案卷质量。2009年，苏州市物价局检查分局制定了《苏州市物价局检查分局重大事项议事规则》《市场价格行为日常巡查制度》和《双休及短假期应急值守制度》，为规范自身价格行为、净化市场消费环境起到了积极作用。

第三节　价格举报工作

价格举报工作是群众参与价格监督检查的一种有效形式，也是了解社情民意、掌握价格热点难点问题、提供查处价格案件线索的重要渠道，更是物价部门密切联系群众、维护消费者价格权益的主要阵地之一。

1984年市物价检查所成立之初，就接受群众来信来访，开展价格举报工作，由检查四组（综合组）负责接待、检查、处理群众信访工作。

根据市物委《关于整顿录音机价格的通知》要求以及人民群众的来信来访，1985年5月，市物价检查所对市区130多家经销单位录音机开展了检查，对于122家存在不同问题的单位及时作了处理，并责成20多家零售单位贴出了退差价公告，计有3300余元差价退还到了40多位消费者手里，苏州市场录音机价格秩序混乱状况得到了整顿和改善。

1986年全年，苏州市（含四县二市）物价检查机构通过价格举报查处退还用户及消费者30.26万元，苏州市物价检查所通过查处人民群众的信访举报所反映的热点问题，如彩电、冰箱、洗衣机、收录机等紧俏日用工业消费品乱涨价问题，物价检查影响不断扩大，社会各界知晓有这样一个专职物价监督检查机构在维护国家、生产者、经营者以及消费者的价格权益。

在1985～1997年的物价大检查中，市物价检查所充分发挥人民群众参与大检查的积极作用，收到了明显的成效。例如1988年，苏州市物价检查所依靠人民群众，十分重视群众举报工作，除了向全社会公布监督电话、地址外，还设专人接待、处理群众来访来电，至是年10月份，已接待群众举报111人次；对群众反映举报的价格问题分别作了妥善处理，对其中有关价格违法问题的重要线索进一步深入调查，市物检所经过调查研究，已处理了市某商场、某无线电厂综合服务部等数起万元以上的大案，吴县、吴江县物价检查所也通过群众举报，查处了吴县某供销公司、吴江县某某某公司等数起万元以上价格大案。

1998年9月18日，国家计委发布《关于价格举报的规定》。1999年10月，根据上级文件精神，苏州市物价检查所增挂"苏州市价格举报中心"牌子。其工作职责是受理公民、法人或其他组织有关价格问题的咨询和举报，承接上级机关交办、其他机关转办的价格举报案件，督办交由相关科室或下级机关承办的举报案件，及时向有关部门移送不属于本中心受理的举报案件，建立价格举报统计报告制度及价格举报档案，承办领导批办的价格举报案件查处工作。

2001年，国家计委在全国设立"12358"价格举报电话和举报投诉电话网，同年5月8日，苏州市物价检查所在向社会公布价格监督举报电话8267737的基础上，也开通"12358"全国统一价格举报专线电话，并通过新闻媒体广而告之，更加方便了广大消费者的咨询和投诉。

市价格举报中心加大查处力度，以点带面抓案源，深入挖掘那些带有系统性、倾向性、行业规律性的问题，做到办理一案、教育一片、治理一方的作用。如2003年的"非典"期间的"消杀、防疫、卫生"商品的价格异动，2005年开始的"柴油慌"引发的高价柴油问题，普通商品房销售中出现的名目繁多的价格问题，娱乐场所的"宰客、强迫消费"，医疗药品价格等都成为价格举报查处的重点、热点问题，并由此成为专项价格检查的命题，取得良好的社会效益。"当您的价格权益受到侵害时，请拨打12358"，不仅为人民群众所熟记，而且成为广大消费者的保护神。例如2005年，根据市长阎立的批示和市长信箱的四封举报信所提供的举报线索，3月15～16日，市物价局会同市公安、工商部门联手出击，突击查处兰瑰缘茶楼、摇滚玫瑰酒吧、金茂宾馆KTV等三家黑心茶楼、酒吧、歌厅宰客损害外地游客的价格违法行为，责令其将多收款退给消费者并加处罚款，经济制裁总金额共计10832元。《苏州日报》、市广电总台等多家新闻媒体予以宣传曝光，震慑教育了娱乐行业价格违法者。对此，市长阎立先后作出重要批示，高度赞扬了市物价、公安、工商、《苏州日报》、市广电总台等部门，并对如何加强娱乐场所的长效管理，提出了希望和要求。市物价党组也对参加这次突击检查的检查分局、成本调查队、综合处的全体同志予以通报表彰。

2007年全年，苏州市价格举报中心共受理各类举报（咨询）1072件，其中立案查处价格违法案件98件，办结率100%，咨询974件，也全部答复；实施经济制裁金额5.01万元，其中退还消费者4.29万元，罚款0.72万元。当年受理的各类价格投诉，涉及百姓吃、穿、住、行、用各个方面，其中停车收费，成品油价格，药品和医疗服务价格，交通运输价格等热点问题的举报案件相对集中。面对非机动车停车场收费投诉高居榜首，部分社会加油站擅自超过国家规定的加价幅度销售0号柴油，房地产、物业管理收费方面的投诉也日渐增多的问题，市价格举报中心及时有力地进行查处，遏止了涨价之风的蔓延，切实维护了正常价格秩序和消费者权益。

2007年起，按照省物价局的要求，苏州市价格举报中心完善执法程序，受理的价格咨询和举报实现无纸化网上操作。2008年底，苏州市"12358"价格举报管理信息系统实现了三级联网，价格举报信息上下贯通、互联互通、信息共享。2009年后，价格举报中心先后建立了快速办理机制、多层协调制度、物价部门约谈提醒工作制度，并完善了价格举报工作流程，规范了《苏州市价格举报中心协调处理书》格式，增强了干部职工的业务水平和服务意识，进一步发挥了价格举报工作的职能作用。

2009年5月起，市价格举报中心创新服务方式，将每周二上午设为局长接待日，苏州市物价局党组成员轮流到信访接待室接待群众来访，接听群众的来电，第一时间解决群众反映强烈的热点，难点价费问题。年中，苏州市价格举报中心建立应急值守值班和夜间110联动制度，做到了24小时电话值守和全天候应急查处，提高价格举报案件处理的时效性。2010年1月起，市物价局积极探索行政指导新方式，通过政策宣传和预警预告，达到管理与被管理，服务与执法的良性互动。市物价局还主动申请进驻苏州市便民服务中心，建立了"12358"与"12345"的热线联动、平台对接机制，价格举报工作真正实现了接听电话全天候、服务群众全方位、处理投诉全公开的惠民目标。

价格举报中心的成立，为群众有关价格政策的答疑解惑，价格投诉的快速、便捷解决起到了很好的作用。从1999年4月价格举报中心成立到2010年间，苏州市价格举报中心共计接受各类投诉、咨询13012件，经济制裁金额合计1277.01万元，为促进苏州市经济发展和社会稳定做出了积极的贡献。

第四节　明码标价

商品和服务实行明码标价,是市场经济条件下商品交易的基本要求和规范市场交易行为的必要条件,也是规范市场价格行为,保护消费者、经营者合法权益,倡导价格诚信,防止价格欺诈的重要措施。

1984年9月,苏州市物价委员会发出《关于提倡文明经营,加强明码标价工作的通知》,指出明码标价是物价管理制度中的一个重要部分,也是文明经商的一个标志,不论工业、农业、商业、粮食、供销等部门,凡批发、零售商店、个体户(包括饮食、服务行业)都要实施明码标价。通知还就标价卡的样式、填制以及管理等都一一明示,并且作出"对不执行明码标价的,每缺一个标价卡罚款1元"的规定。

1986年8月,市物价委员会作出的《关于实行商品统一标价卡的通知》中,强调实行商品统一标价卡、实施明码标价是贯彻国务院《关于加强物价管理和监督检查的通知》的一项重要措施,是工商企业和个体经营者正确执行价格、提高服务质量、文明经营的重要方面,是强化物价管理的手段之一,各级价格主管部门均需重视此项工作,并加强监督指导和做好宣传工作。

根据市物委的通知,1987年1月1日起,苏州市区实行由市物价检查所统一监印的商品标价卡,规定:苏州市区范围内一切经商单位及个体户,都必须使用由苏州市物价检查所统一监印的标价卡(集市贸易市场的农副产品除外),旧的标价卡不再继续使用;对不宜使用统一标价卡的行业,可以采取挂牌的办法来实行明码标价,但在同一行业中,必须用统一的标价形式,并要征得市物价检查所的同意。统一标价卡,分零售统一标价卡和批发统一标价卡两种。零售统一标价卡内容为七标一章,七标为产地、货号、品名、规格、等级、单位、零售价,一章为物价员盖章;批发统一标价卡增加批发价一项内容。使用统一标价卡要与健全企业内部价格管理制度结合起来,统一标价卡一定要由指定的专(兼)职物价员盖章后才能生效。经商企业及个体户实行统一标价卡,将作为物价检查内容之一,对于不重视商品统一标价工作或在规定时间内不实行商品统一标价的单位及个人,将根据有关规定给予经济处罚。嗣后,苏州市物价检查所在历次的市场物价检查中,都将实行统一的明码标准作为检查的一项重要内容。并多次开展专项整治,通过检查督促、处罚整改,提高了广大商贸企业实行明码标价的自觉性,促进了明码标价在市场上的普及率及覆盖面。

1990年国家物价局《关于商品和收费实行明码标价制度的规定》发布,苏州物价部门予以贯彻执行。1992年5月,市物价局对全市统一标价卡、价目表制度,制定出具体的实施措施。

1994年,根据国家计委《关于商品和服务实行明码标价的规定》、《关于商品和服务实行明码标价的规定及实施细则》文件规定,为努力提高苏州市明码标价的普及率和准确率,进一步规范市场价格行为,自1995年3月23~30日,市、区两级物价检查所会同职工物价监督总站,并邀请市人大、政协、民主党派"特邀价格监督员"及群众义务监督员共60余人,分14个小组对市区的明码标价情况进行了全面检查,共查国营、集体及个体经营企业1839户,其中处罚786户（国营占12.2%，集体占54.3%，个体占33.5%），罚款总金额为19.1万元。

通过检查，总体看来明码标价的普及率和准确率较之往年有明显提高，并具有三个特点：市区大型商场、骨干企业普遍率先执行明码标价规定，标价卡整齐、醒目、规范，如人民商场、食品大楼、苏州商业大厦、工业品商场、一百商店、亚细亚商厦、石路商场等；主管局、大公司的下属企业明码标价意识大大加强，如供销社系统、物资局下属的机电设备公司等把落实明码标价制度作为企业内部管理的重要环节来抓，并初见成效；明码标价工作的"死角"相对减少，一些个体工商户及不少新开的企业也能按规定明码标价。然而检查中也发现不少问题，主要是：一、标价不规范。大多数经营者虽然使用了统一标价卡，但标价卡的内容、项目未填全，有的填写不规范，较常见的是"产地"一栏填"进口"或"合资"等。二、自制标价卡。餐饮业、服装经营户等在这方面的问题比较突出，如自制菜谱标价，用字码条代替统一服装标价，而水果、香烟店用白纸标价的现象尤为普遍；三、商品无标价。尽管这种现象较少，但明码标价意识的淡薄可见一斑，如胥江路上一家人造板专卖店，检查时无一张标价卡，经营者还振振有词地说是"价格都放开了，还需什么标价"。根据上述情况，为了进一步贯彻落实国家计委关于明码标价的规定及实施细则，市物价检查所着重加强四个方面的工作：加大舆论宣传力度，通过新闻媒体等宣传途径，使明码标价法规家喻户晓，以提高经营者的守法意识与消费者的自我保护意识，并有针对性地开展对重点行业、重点部门、集贸市场及个体工商户等的宣传教育活动；长期、持久地开展明码标价检查，将此作为物价大检查的一项重要内容来抓，依靠社会各方面的力量坚持经常性的监督检查，并加大处罚力度，努力提高全市明码标价的普及率和准确率；加强指导和培训工作，积极引导企业开展自查与互查，通过行业间监督促使企业完善自我管理，进一步强化统一标价意识，规范企业价格行为；认真研究实行明码标价中存在的新情况、新问题，根据不同行业、不同特点推行操作性较强的标价卡（薄）及配套的管理制度。

1996年9月底，市、区两级物价检查机构邀请市、区人大代表，政协委员，民主党派"特邀物价监督员"，以及市总工会职工物价监督员联合开展全市国庆节日市场物价大检查。检查的重点之一是商品和服务是否执行国家有关明码标价的规定。10月4日，市物价检查组在观前街49号大华皮鞋店（南方百货商店）执法检查，查实该店明码标价极不规范：商品或缺标价签，或一货两签，且悬挂自制标价牌等问题十分严重，检查人员当即要求其整改，并进行现场取证，却遭到店方无理阻挠，撕毁物证，抢夺摄像机，谩骂围攻，进而聚众持械殴打市电视台等新闻媒体记者以及劝阻的物价执法人员，致使市中心观前街交通一度堵断，围观者达数百人，面对暴力抗法，新闻记者及物价检查人员，骂不还口，打不还手。省、市各新闻单位对暴力抗拒物价执法检查进行了连续专题报道，社会各界人士纷纷要求严肃查处违法者。对此事件，市委副书记、市长章新胜，常务副市长冯大江，分管物价工作的副市长陈浩，市政府秘书长许树东等领导十分重视，专门作了重要批示，要求依法严肃查处。市工商平江分局对大华商店（南方百货商店）违反工商法规异地无照经营作出责令该店暂停营业等候处理的决定。市物价局对该店违反国家明码标价的有关规定，作出罚款1万元，限期整改的决定。10月11日，参与暴力抗拒物价执法、行凶打人犯罪嫌疑人徐某被警方从外地抓获归案，并宣布执行刑事拘留。10月25日，平江区人民检察院对"大华商店"帮工徐某以妨碍公务罪作出批捕决定并提起公诉。12月27日，平江区人民法院开庭公开审理判处徐某以妨碍公务罪执行有期徒刑1年。至此，这起轰动苏城的暴力抗法案件画上了圆满的句号。

1997年苏州市物价局出台了《关于进一步规范商品销售中明码标价行为的通知》，将商品销售中的明码标价问题作了进一步明确。

1998年9月21日，江苏省明码标价检查团一行6人来苏，认真检查指导苏州市场明码标价工作，现场检查市人民商场，观前街、石路等商业区，对苏州市明码标价规范化、普及率等工作比较满意。

此后，为加强交易行为管理，防止价格欺诈，打造价格诚信，国家发改委、省物价局多次就明码标价的贯彻实施印发相关文件作出明确规定。2000年10月，国家发展计划委员会出台《关于商品和服务实行明码标价的规定》，文件重新修订了对违反明码标价行为的处罚：不明码标价的，不按规定的内容和方式明码标价的，在标价之外加价出售商品或收取未标明的费用的，由价格主管部门责令改正，并可以处5000元以下的罚款；没有违法所得额的，可以处5000元以下的罚款。

2000年4月26日，市物价局在苏州人民商场召开全市创建明码标价示范街（示范单位）活动大会。市政府副秘书长张国华、市委宣传部副部长高志罡出席会议并讲话，对苏州市创建明码标价示范街（示范单位）活动作了充分肯定。同年7月31日，市政协副主席江慧英、苏慧心带队对市政协委员关于家具明码标价的提案进行督查。市物价局长时裕福等陪同检查了市第一百货商店家具城和金海马家具城的明码标价情况。

2001年2月，国家计委在《关于商品和服务实行明码标价的规定实施细则》中对不按规定明码标价的行为如何处罚进行了修改：不按规定的内容填写标签的，每签处以3元的罚款；部分商品或收费不实行明码标价的，每缺一签（项）处以5元的罚款，罚款金额总数不超过2000元等。3月，《江苏省商品和服务实行明码标价的实施办法》出台。

2001年2月15日，市物价局召开"苏州市创建'明码标价示范街（示范单位）'活动总结表彰大会"，授予苏州人民商场股份有限公司等26家单位"苏州市商品和服务明码标价示范单位"荣誉称号。市政府副秘书长张国华、市委宣传部副部长高志罡等领导出席会议并讲话。

2001年8月29日~9月7日，APEC财长会议在苏州召开前夕，市物价局组织力量对会议会场、宾馆和周边地区的商贸、服务业等执行中英文双语标价卡、价目表等明码标价情况进行重点检查、规范及指导。

2002年5月30日，苏州市物价局对全市明码标价争优活动暨示范单位考核情况进行通报，张家港市物价局、新区物价办公室被评为先进单位，太仓市、相城区、常熟市物价局被评为优秀单位。

2004年7月，《江苏省明码标价实施办法》颁布实施。苏州市物价局也在第一时间发布了《关于贯彻〈江苏省商品和服务实行明码标价的实施办法〉的通知实施办法》。

2006年6月12日，市物价局印发《关于全市开展明码标价专项整治活动的通知》，决定自6月份起用四个月的时间在全市开展明码标价整治活动。为大力推进明码标价工作，苏州市物价局检查分局一方面通过媒体加大宣传力度，上街设置宣传服务点，直接面向经营商户提供咨询服务,开展明码标价"宣传月、规范月"活动;另一方面由检查科室和区物价部门联动,定期、不定期地对划定区域进行市场价格巡查,对未按规定进行明码标价的商家做出相应处理,全力维护市场价格秩序。

为树立先进典型,苏州市物价局检查分局在基础工作扎实、口碑良好的大中型商场、市场、医院等,逐步推广明码标价示范场店。苏州观前地区、石路地区成为明码标价示范街区,人民商场、电信、移动、联通公司等成为明码标价示范商店,历史名街苏州山塘街成为了创建明码标价示范街。

第五节　价格诚信

在计划经济向市场经济转型时期，苏州市价格部门积极培育价格诚信典型，推进价格诚信单位的创建工作，这是一项利国利民的系统工程，对于倡导文明经商，构建和谐社会，维护消费者、经营者利益具有深远的现实和历史意义。

一、"物价、计量信得过单位"活动

1984年5月，江苏省物价局、商业厅转发了国家物价局《关于开展物价、计量信得过活动的通知》，要求尚未开展此项活动的市县，将此活动作为一个创建文明商店的重要内容，扎扎实实地开展起来，以维护国家和消费者利益，确保市场物价的基本稳定。1985年3月13日，国务院指出："要依靠企业内部职工，加强物价监督，推广行之有效的'物价、计量信得过'企业活动。"1996年，国务院办公厅在文件中仍要求继续开展这项工作。

1985年9月，市物价委员会、总工会、标准计量局、工商局、供销社、粮食局、商业局等七家单位联合发出《关于开展"物价、计量信得过单位活动的意见"的通知》（以下称"双信活动"），确定了"双信活动"参与的对象，公布了评选条件以及时间进度的安排。市区有百货、纺织品、五化交、饮食服务、烟糖、南酱、医药、粮食、副食、煤炭等行业2100多家零售商店积极响应，投入该项活动。苏州市物价检查所、市总工会、市度量衡器管理所组成专职的"双信活动"联合工作小组，根据相关标准，对申报的商贸服务企业逐一进行实地考评，召开座谈会听取附近居民消费者意见，并将初选的入围名单在各大新闻媒体公示，充分征求群众的意见。1986年4月22日，经过七个月的工作，市物委、标准计量局等七家单位联合召开表彰大会，颁发奖匾，授予苏州市采芝斋食品商店、观前土特产商店、万康南酱店、西白点心店等16户商家（柜组）第一届"苏州市物价、计量信得过单位"（详见下表12-1）。会上首届16家"双信"单位联合向全市商贸服务企业发出了《关于广泛深入开展"物价、计量信得过单位活动"的倡议书》。

表12-1　苏州市第一届物价、计量信得过单位名单

单位名称	单位名称	单位名称	单位名称
采芝斋食品商店	乾泰祥绸布商店	枫桥煤店	万康南酱店
得月楼菜馆	苏州五金商店	胥江废旧物资回收商店	西白点心店
车站食品商店	爱民饼店	玄妙观肉店管云宝柜组	天益生国药店
观前土特产商店	跨塘桥粮店	市第一百货商店床上用品柜	虎丘园林小卖部

此后，争创"物价、计量信得过单位"活动得到全市广大企业的响应，争创"双信"单位活动在全市轰轰烈烈开展起来。市物价、计量部门基本上每两年一次对"双信"单位进行复验，不搞"终身制"，同时对新申请的参评单位进行新一轮考评。

1987年评出第二届"双信"单位28家。1989年下半年，根据市场供求情况，以市区27家

"物价、计量信得过"单位为龙头,有计划地开展了以"为稳定市场、稳定物价做贡献,为满意在苏州活动增光彩"为宗旨的降价让利、优质服务活动,并指定部分地产电冰箱、吸尘器、电扇等商品调低价格,通过组织物价回降工作,把一部分调价过头的商品价格适当降下来,减轻群众对涨价的心理压力。

1987年以后,争创"物价、计量信得过"单位活动,不仅在市商业、供销、粮食等七大系统展开,而且扩到各市(县)、区,覆盖了苏州大市范围。在各市(县)、区系统开展初评的基础上,1991年2月,产生了35家苏州市第三届"物价、计量信得过"单位,详细名单如下:

市商业局:苏州市人民商场、苏州市得月楼菜馆、苏州市食品公司上塘鲜肉门市部方便柜、苏州市乾泰祥绸布商店、苏州采芝斋糖果商店、苏州市五交化站华新五金门市部、苏州市久泰绸布商店、苏州市第一百货商店床上用品柜。

市供销社:苏州市观前土特产商店、苏州市物资回收利用公司胥江废品回收店。

市粮食局:苏州市安利桥粮油食品商店、苏州市跨塘桥粮油食品商店、苏州市东中市粮油食品商店。

市医药公司:苏州市国营天益生药店、苏州市国营利民药店。

市物资局:苏州市古市巷煤炭店、苏州市枫桥煤炭店。

市政公用局:苏州市风光商厦。

市园林局:苏州市虎丘山管理处小卖部。

平江区:苏州市平江区皮市街道西白点心店、上海泰康食品商店苏州分店、苏州市人和食品商店、苏州市新乐面店、苏州市车站食品商店、苏州市梅村南货酱品店。

金阊区:苏州市金阊区百货商店、苏州五金商店。

沧浪区:苏州市沧浪区爱民饼馒商店、苏州上海食品商场。

郊区:苏州市国营万康南酱商店、苏州市国营大有福南酱商店、苏州市浒墅关供销社保安商场、苏州市洗涤化妆用品批发部。

市(县):张家港市第一人民商场、常熟市东联商场。

1995年苏州市第四届"物价、计量信得过"单位发展至51家。为了学习张家港人"团结拼搏、负重奋进、自加压力、敢于争先"的精神,进一步推动苏州市"物价、计量信得过"活动更广泛深入地开展,1995年7月24~25日,苏州市物价局在张家港市召开了由51家第四届苏州市"物价、计量信得过"单位的代表参加的苏州市"物价、计量信得过"活动现场经验交流会。这次会议共收到书面经验交流材料16份,苏州市人民商场股份有限公司、张家港市第一人民商场、张家港市商业大厦、张家港市江南商场等13家"双信"单位在会上作了经验交流。他们的共同点是,在建立社会主义市场经济体制过程中,当企业取得商品生产经营和价格决定的自主权之后,能够严格按照国家物价、计量政策法规规范自身的经营行为和价格行为,做到五个方面:公平交易、货真价实、严防假冒伪劣商品进入市场,维护消费者合法权益;合理定价、合理盈利、扩大销售、不断提高市场占有率;优质服务、信誉至上,视顾客为"上帝",围绕商品销售实施系列化便民措施,真正做到了全心全意为人民服务;科学管理、严格要求,转变经营机制和经营战略,不断提高企业素质;顾全大局,执行政策,兼顾企业利益与国家利益,自觉为群众解难、为政府分忧,发挥国有企业平抑市场物价的主导作用。

这就是苏州市五十一家"物价、计量信得过"单位最根本的经验。

1997年此项活动改名为"执行物价、计量政策法规最佳单位"活动。同年12月8日,市物价局、市技术监督局、市总工会、苏州日报社、市贸易局、市供销合作总社、市消费者协会在苏州市人民商场召开市第五届"执行物价、计量政策法规最佳单位和优秀单位"表彰大会,授予人民商场等14家单位苏州市第五届"执行物价、计量政策法规最佳单位"称号,授予苏州市长发商厦等45家单位市第五届"执行物价、计量政策法规优秀单位"称号,副市长陈浩代表市政府向受表彰的企业表示祝贺。

十多年来,苏州市"双信单位"已经由1986年的16家增加发展到1997年的59家。"双信"活动成为苏州市一项持续时间长、影响面广、成效显著的群众性竞赛活动,呈现出"双信"活动范围不断扩大,竞赛内容不断充实,制度不断完善的特点;在稳定物价,抑制通胀,模范执行物价、计量政策法规,带头抵制和打击假冒伪劣商品,坚持优质文明服务,维护消费者利益等方面做出了积极贡献。实践证明,开展"双信"活动是一项行之有效的活动,得到了各级领导的重视、企业的欢迎和广大群众的好评。

二、创建"价格信用单位"

2003年1月,为打造"诚信苏州"品牌,服务"两个率先",苏州市物价局在全市范围组织开展"价格诚信活动"。苏州人民商场、石路国际商场等8家单位联合向社会公开作出"价格诚信承诺",并向全市商家发出"价格诚信倡议书"。市物价检查所在全市范围开展以查处价格欺诈、倡导价格诚信为重点的春节市场价格监督检查活动。当时市区有84家单位申报"价格信用单位",经考核评比,9月16日,市物价局隆重召开"AA级价格信用单位"表彰大会,28家企业成为继"双信"单位后的首批市"AA级价格信用单位"(详见下表12-2)。入选的苏州人民商场、中国联通苏州分公司代表全市价格诚信单位进行大会经验交流发言。

表12-2　苏州市2003年度AA级价格信用单位

单位名称	单位名称
苏州人民商场股份有限公司	苏州礼安国药连锁总店有限公司
苏州长发商厦有限责任公司	苏州市龙凤金店有限责任公司
苏州泰华商城有限公司	苏州雷允上国药连锁总店有限公司
苏州市虎丘山风景区	苏州绿叶市场物业管理三元二村分公司
苏州市太平洋商厦有限公司	苏州美罗商城(工业品商场、购物中心)
中国联通苏州分公司	江苏移动通信有限责任公司苏州分公司
第一百货商店有限公司	北京华联综合超市股份有限公司苏州分公司
苏州市老东吴食府	苏州市万家灯火大酒店有限公司
苏州市养蚕里集贸市场	苏州市新庄农贸市场
苏州市双塔集贸市场	苏州市石路国际商城有限责任公司
通天府大酒店	苏州亚细亚商厦
苏州长江钟表眼镜有限公司	苏州市吴中人民医院
苏州文化用品大厦有限公司	南开大酒店有限责任公司
苏州苏苑饭店	江阴市亚博家艺有限公司(蠡口专卖商场)

2003年10月，市物价局批复同意江苏省移动通信有限责任公司苏州分公司下属苏州市区范围（包括吴中区、相城区的直属单位）52个厅、店营业场所复制悬挂"AA级价格信用单位"的奖牌，要求该公司进一步做好诚信优质服务工作，为诚信苏州做出贡献。

为推进价格诚信建设，结合苏州创建"全国消费放心城市活动"要求，2004年苏州市价格协会发动开展"争创价格诚信活动先进单位"活动，得到9个行业价格分会500多家企事业单位的踊跃参与和响应。经过综合考评，2005年4月28日，市价格协会授予得月楼餐饮有限公司等91家企事业单位"苏州市争创价格诚信活动先进单位"荣誉称号，并颁布奖牌予以表彰。在此基础上，2005年8月，市物价局开展对第二批申报"AA级价格信用单位"的考核、验收，并对第一批价格信用单位进行年检。8月底，市物价局发出《关于开展"推进价格诚信、打击价格欺诈"宣传执法月活动的通知》，从当年9月至10月上旬，在全市范围内积极宣传价格法律法规政策，宣传价格诚信先进典型，并开展市场价格欺诈检查，揭露当前价格欺诈违法行为，曝光典型案例，以震慑价格违法经营者，提高消费者的维权意识。

同年12月23日，市物价局在市规划展示馆召开表彰大会，颁发"苏州市AA级价格信用单位"奖牌给60家获此荣誉称号的单位。"AA级价格信用单位"涉及大型商场、医疗、医药、通讯、餐饮、旅游、农贸市场、市政公用等多个行业。至此，"AA级的价格信用单位"累计已有102家，并有包括人民商场在内的6家苏州市企业成为省"AAA级价格诚信先进单位"。

苏州市物价、计量信得过活动和以此升级的"AA级价格信用单位"的推广与评选，为倡导全社会诚信经营，推进放心消费城市建设和创建文明城市等活动，都起到了不可或缺的积极作用。

三、"价格诚信单位"建设

为进一步规范和引导市场价格行为，促进明码实价工作的发展，推动价格诚信体系建设的深入，按照国家发改委"建设价格诚信体系"的要求，以及省物价局关于全省开展价格诚信活动的通知精神，继苏州市开展"物价、计量信得过单位"活动，创建"价格信用单位"后，2008年，苏州市物价局进一步开展价格诚信建设，通过价格诚信宣传教育、价格信用信息采集应用、信用市场培育和价格信用激励惩戒机制，营造和谐的价费环境。为切实保证创建价格诚信单位工作取得成效，主要从四个方面加强创建工作：

利用多种形式，采取政府部门引导与社会力量监管相结合。多年来，结合"3·15国际消费者权益日"，《价格法》颁布日，五一、十一、春节市场价格检查，创建全国放心消费城市等活动，扩大宣传影响，积极营造创建氛围，不断提高全社会的价格诚信意识。同时，充分发挥行业价格分会的作用，在大多数商品价格放开的情况下，为加强与居民生活密切相关的衣、食、住、行等重要民生价格的管理，充分发挥市价格协会各行业分会在价格自律、价格诚信中的桥梁纽带作用。市物价局会同市价格协会按照市场经济要求，结合苏州的实际，积极发挥政府调控引导，依托行业分会加强价格自律的作用，不仅新建了农产品平价商店行业分会、超市卖场等行业价格分会，并且抓住相关行业分会的换届改选的契机，帮助各行业价格分会成员间建立QQ群，加强沟通联系，强化价格政策指导和服务，每逢节假日进行温馨提醒，倡导诚信经营、公平竞争，并组织开展形式多样、内容丰富的行业活动，增强行业组织的凝聚力，不断加强市场行业价格自律，构建企业价格诚信机制。

注重上门指导服务与专项检查相结合。在创建过程中，始终坚持主动上门指导服务，加强宣传动员，充分利用社会价格监督服务网络参与诚信建设。为保证创建效果，有计划开展了明码标价专项检查、节假日市场巡查、组织价格监督员定期督查以及商贸企业自查，通过上述形式，查找不规范价格行为，并督促整改。

强化创建"省价格诚信单位"业务培训。从申报企事业单位中选取具有一定经营规模、在当地同行业中起示范引领作用的经营者或其他组织作为培养对象，对照"江苏省价格诚信单位"考评标准，重点环绕"领导重视、制度健全、资料齐全、执行价格政策、内部管理规范、服务优质"六大项目的考评内容和考核办法，进行辅导培训，指导参创单位对评分项目进行细化，制定创建工作计划并建立相关创建制度、内部管理制度，健全价格管理台账，着力培育和树立一批诚实标价、明码实价、诚信经营的先进典型。

坚持标准，严格把关。"价格诚信单位"的创建考评工作由市物价局分管局长，市场价格行为监督管理处、检查分局相关人员组成，对各市、区上报的"价格诚信申报单位"进行综合评审。整个过程中按照各市、区物价局初步审核，苏州市物价局依照复审标准严格把关，省物价局抽查验收的程序执行，确保公开、公平、公正，使荣获"江苏省价格诚信单位"的企事业单位均在同行业中起到示范引领和表率作用。

苏州市创建"省价格诚信单位"工作走在全省前列，取得丰硕成果，2008～2009年度苏州市67家企事业单位被授予"江苏省价格诚信单位"，2009～2010年度苏州市56家企事业单位被授予"江苏省价格诚信单位"。

第六节　社会价格监督检查

一、职工物价监督检查

职工物价监督检查工作，是广大职工群众参与国家经济事务、行使公民监督权的重要工作，是对国家价格监督的重要补充。职工物价监督检查队伍，是一支重要的社会价格监督辅助力量。开展职工价格监督工作，首先的作用是让政府"稳物价、控通胀"的政策壮声势、入民心；其次，利用职工监督人数优势，将物价监督检查面覆盖更为广大；再者，能发挥职工监督人员中对行业的熟识度，增加价格监督检查的深度及精度。20世纪80年代中期以来，苏州市同全国各地一样相继开展了职工物价监督工作，协助政府查处价格违法行为，对于稳定市场物价、维护消费者利益、保证价格改革顺利进行起到了积极作用。

1985年8月，全国总工会和国家物价局《关于颁发职工物价监督暂行办法的通知》要求，物价部门同总工会合作，成立职工物价监督队伍。

在上述大背景下，1985年8月5日，苏州市总工会、苏州市物价委员会转发全国总工会和国家物价局《关于颁发职工物价监督暂行办法的通知》和江苏省总工会规定，要求贯彻执行，并先搞试点、总结经验并及时报告贯彻执行情况。同年8月15日，苏州市职工义务物价监督员队伍成立，由金阊、平江、沧浪3个区的基层工会推荐40名职工成立苏州市职工义务物价监督队伍，市总工会和物价委员会对义务物价监督员颁发了聘书及臂章，并集中业务培训4天，学习并熟悉有关物价政策和物价检查业务知识。随后，在物价检查所带领下，开展物价检查活动，检查的重点是菜场、肉店、饮食店等副食品商店，及时纠正了经营单位和个人的价格违纪行为，对情节较为严重的44个单位及个人进行了经济处罚。之后这支队伍又按辖区设立了三个义务物价监督站，每站下设四个监督组，进行每周次监督组上街检查的常态化工作，市物价检查所派出三位检查人员到各区监督站担任联络员，指导并协助工作。同年11月27日，市委、市政府决定抽调400名企事业干部、职工，从12月1日开始到来年春节，对集市农副产品实行限价措施做监督检查。此项工作于次年2月底结束，这是苏州市发动职工参与物价监督检查规模最大的一次。

1986年不脱产的职工义务物价监督员，采取定期不定时的形式走上社会开展物价监督以来，已由3个区发展到10个厂、5个系统，建立了130个内部物价监督组，有2700多名义务物价监督员。这些物价监督组织和人员，积极宣传物价政策，坚持"以内为主、内外结合、定期走向社会"的原则，开展物价、计量监督工作，帮助企业开展"双信"活动，对平抑物价、稳定市场、保证价格改革的顺利进行，发展安定团结的大好形势发挥了积极作用，涌现了一批先进集体和个人。

1986年6月，为了进一步搞好物价监督工作，巩固职工物价监督队伍，扩大活动范围，根据市人民政府办公室规定，市总工会、市物委、市标准计量局联合召开《苏州市职工义务物价监督工作交流、表彰会》，表彰了一批先进义务物价监督集体（分站、企业、柜组、岗亭）和先进职工义务物价监督员。

1988年下半年，市区各街道办事处建立了群众价格监督站，并增加一名事业编制人员，作为专职物价员兼任街道群众价格监督站的站长，在街道办事处的领导下和区物价局的指导下开展工作。

1989年3月，国家物价局、全国总工会、国家财政部联合发布《关于加强职工物价监督检查工作的通知》，要求进一步提高对职工物价监督工作重要性和长期性的认识，要求该队伍积极开展市场物价监督检查，配合专业物价检查队伍，扩大检查的覆盖面。

1990年10月，国家物价局发布《关于委托职工价格监督组织查处价格违法行为的暂行规定的通知》，1994年7月，国家计委、全国总工会发出《关于进一步加强职工物价监督工作的通知》等，对职工物价监督的职责、职能、职权、队伍培养、经费保障等都做了全面的安排。

1990年11月，根据国家物价局《关于委托职工价格监督组织查处价格违法行为的暂行规定》和省物价局的相关文件精神要求，苏州市明确职工价格监督组织和街道群众监督组织为授权组织，坚持以市场物价检查为主，对与群众生活密切相关的日用工业消费品价格和服务性收费，特别是"米袋子"、"菜篮子"的价格，开展经常性的监督检查工作；其处罚权限为省辖市级组织1000元（不含）以下；1000元以上的价格违法案件，职工（街道）监督站要移交并协助当地物价检查机关立案查处。

1998年2月6日，苏州市物价局会同市总工会发文《关于表彰1996～1997年度苏州市职工物价监督工作先进集体和先进个人的决定》，昆山市总工会职工物价监督站等6个单位、叶长青等35名同志分别荣获先进集体和先进个人称号。

20世纪80年代末至90年代，苏州市职工义务物价监督队伍，积极参与多次集市农副产品的限价工作和节日市场、日常市场物价监督检查，积极参与1985年到1997年间开展的"财务、税收、物价"三大检查，在提供大检查线索、发动企事业单位自查自纠、协助查处价格违纪案件、维护消费者利益等方面均起到了重要作用。

二、特邀价格监督员

为进一步规范市场价格行为，加强全社会价格管理监督，加快建立和完善社会主义市场经济条件下新的价格形成机制、宏观调控体系和价格约束机制，进一步增强政府部门与市人大、政协的联系，更好地接受市人大、政协对政府物价工作的监督、指导，充分发挥人大代表、政协委员、民主党派人士在社会价格监督中的作用，经市人大、政协、民主党派有关部门推荐，本人同意，1994年1月24日市物价局聘请了姚眉、火树安、贾景余等53位市人大代表、政协委员和民主党派人士为苏州市"特邀价格监督员"。这在苏州市还是首次。

"特邀价格监督员"的职责和任务：及时了解社会各方面对市场物价的反映，对政府物价工作提出意见和建议。应邀参加由市物价局组织的重大节日和专项的市场价格监督检查工作，一般每年不少于2次。在平时的工作、生活以及视察活动中，以"特邀价格监督员"的身份，持证进行价格监督检查，对检查汇总发现的价格违法违纪问题提出处理意见和建议。宣传党和国家的价格方针、政策，宣传社会主义市场经济条件下物价工作和价格社会监督的任务和作用，配合物价部门共同做好价格改革的有关宣传解释工作。对各级物价部门及其工作人员的党风、廉政情况实施监督并提出意见和建议。

1月31日下午,市物价局召开"特邀价格监督员"聘请大会,市人大、政府、政协、市委统战部的领导和53位"特邀价格监督员"出席了会议,市物价局局长朱全林就1993年的物价工作和1994年价格改革以及物价工作任务向大会作了汇报,会议向"特邀价格监督员"颁发了聘书和价格检查证,特邀价格监督员代表、市人大代表姚眉发了言,市政府副市长陈浩到会讲了话。

2月1日上午,由市物价局组织,"特邀价格监督员"分成三个大组分赴平江、沧浪、金闾区视察和检查了部分农贸市场、菜场、粮油商店和商业零售企业,各区人大、政府、政协的领导和市、区物价局的领导陪同视察和检查。在检查中,特邀价格监督员详细询问了蔬菜、猪肉等主要副食品限价情况和节日市场供应情况,对市委、市政府在春节期间采取的稳定物价、保证供应的一系列措施表示充分肯定,同时也指出了个别商店和个体户执行明码标价和限价等方面存在的问题。新闻单位对会议和视察活动都作了跟踪报道。

1995年8月10日,苏州市物价局召开市人大代表、政协委员、民主党派人士"特邀价格监督员"座谈会,通报物价工作情况,并听取意见。

1996年7月,市物价局经过换届又聘请了45位特邀价格监督员,利用特邀价格监督员参政议政能力强、接触社会群众多的特点,促进物价工作。除组织定期活动外,还采取联系单形式,交流沟通,征求意见,到1996年底已收到特邀价格监督员19件来函。如市人大代表特邀价格监督员姚眉反映南门农贸市场水产摊位标虚价,利用塑料包装袋搞价格欺诈牟取暴利的问题,市物价局在组织国庆节日市场检查时重点查了卖大闸蟹的水产摊位,查实了一只塑料包装袋价高达十余元的暴利事实,对其中的4户当场处以罚款1500元,退回顾客48.5元,进一步整顿了水产市场的明码标价情况,规范了价格行为,受到了消费者的好评。

从20世纪90年代初到21世纪初的十余年间,特邀价格监督员们活跃在苏州市区市场价格监督的第一线,每逢重大节假日和专项检查,物价部门常常邀请他们一起参加价格监督检查,岁末年初,市物价局也总是召开特邀价格监督员座谈会,向市人大、政协及各民主党派的特邀价格监督员汇报一年来物价工作所取得的成绩和问题,倾听他们的意见和建议。特邀价格监督员认真履行职责,起到政府与群众之间的桥梁和纽带作用。

表12-3　1984~2010年苏州市物价局检查分局(物价检查所)罚没金额统计表

单位:万元

年份	件数	罚款	没收违法所得	退还用户	经济制裁	上缴财政
1984	143	0.88	3.63	—	4.51	4.51
1985	1305	2.90	188.10	—	191.00	191.00
1986	778	1.90	144.32	—	146.22	146.22
1987	525	0.73	139.33	—	140.06	140.06
1988	655	9.93	522.04	—	531.97	531.97
1989	730	8.00	926.23	—	934.23	934.23
1990	281	1.46	178.40	—	179.86	179.86
1991	1027	6.59	265.69	—	272.28	272.28
1992	72	0.06	72.32	—	72.38	72.38
1993	159	2.92	109.50	—	112.42	112.42

年份	件数	罚款	没收违法所得	退还用户	经济制裁	上缴财政
1994	1580	61.36	286.75	—	348.11	348.11
1995	1812	58.80	370.59	—	429.39	429.39
1996	1362	—	456.23	—	456.23	456.23
1997	848	16.51	609.41	16.07	641.99	625.92
1998	363	2.95	434.50	30.86	468.31	437.45
1999	267	4.45	589.80	10.13	604.38	594.25
2000	177	10.79	865.90	939.83	1816.52	876.69
2001	448	12.00	894.60	75.64	982.24	906.60
2002	450	12.86	645.04	53.60	711.50	657.90
2003	421	17.51	1477.49	20.79	1515.79	1495.00
2004	257	2.80	989.29	371.94	1364.03	992.09
2005	223	2.68	908.29	131.68	1042.65	910.97
2006	146	1.33	982.75	436.02	1420.10	984.08
2007	139	0.72	736.53	4.29	741.54	737.25
2008	99	13.15	919.41	1.76	934.32	932.56
2009	96	—	445.79	105.87	551.66	445.79
2010	164	0.08	920.16	57.04	977.28	920.24
总计	14527	253.36	15082.09	2255.52	17590.97	15335.45

第十三章　价格认证

苏州的价格认证工作产生于20世纪90年代初期。它顺应了服务于价格管理和价格形成机制发生了深刻变化的现状，是价格工作职能转变的重要标志，是经济体制改革的必然产物，也是加强社会主义法制建设的重要内容。

建国以后，计划经济逐渐一统天下，各种商品和服务价格实行政府统一定价，企业在经济活动中很少出现自主定价行为，司法机关、行政执法机关在办理案件过程中依据政府定价确认涉案物品和服务价格，并依据认定涉案人罪与非罪及责任大小，也基本不存在因价格不明或难以确定而影响案件的审理、裁决和执行，也不需要价格认证。

随着中国经济体制改革和价格改革的深化，社会主义市场经济体制的建立和完善，除了少数与国民经济、人民生活密切相关的商品、服务价格还属于政府定价、政府指导价外，其余的绝大部分商品和服务价格由市场定价。在这种情况下，企业和其他组织经济活动中自主定价而发生价格咨询，司法机关和行政执法机关在办理案件过程中涉案商品和服务价格绝大多数也是难以确定的市场调节价格，这就迫切需要有一个公正、权威的从事价格鉴证和价格认证的部门来为企业和社会服务，为司法和行政机关办理案件提供价格依据。价格主管部门作为政府的价格行政主管部门，在价格法律法规的了解把握，价格信息的收集、鉴证和发布等方面具有特殊的优势。发挥价格主管部门自身的优势和价格服务职能作用，为社会各方面提供价格咨询、价格认证和价格鉴证服务，就必然成为新时期价格部门的重要工作。价格认证中心，正是顺应社会主义市场经济发展的需要而生。

苏州的价格认证工作大致经历三个发展阶段。

第一阶段为1992年12月~2000年8月，全市各级价格主管部门适应市场经济的发展和司法工作的需要，苏州市及各县级市相继成立了价格事务所。创立之初，先从开展价格咨询服务，受聘担任企业价格顾问开始，逐步发展成包含价格咨询、价格顾问、价格纠纷的调解与仲裁等内容的社会中介价格评估，并开始承担价格认证司法鉴定，公物拍卖，工程造价稽核，资产及抵押物估价，房地产评估等众多服务内容。这一时期，价格事务所既涉足社会中介价格评估，又承担涉案物品价格鉴定、指定业务。

第二阶段为2000年9月~2006年9月。2000年，国务院部署对全国经济鉴证类社会中介机构进行清理整顿后，鉴于涉案财产鉴证的特殊性和价格主管部门开展涉案财产价格鉴证的优势，国家计委于同年9月印发了《关于规范价格鉴证机构管理意见》，明确规定，各级政府价格主管部门设立的价格鉴证机构（价格事务所），为国家司法机关指定的专司涉案物品价格鉴证工作的机构。司法机关、行政执法机关和仲裁机构在办理各自管辖的案件中，凡涉及需要对案件标的物进行价格鉴证的，都应由司法机关指定的价格鉴证机构鉴证。价格事务所统一更名为价格认证中心,作为各级政府价格主管部门的事业单位保留,不参加脱钩改制,退出社会中介市场。同时要求规范经费来源渠道,保障生存。据此,至2001年8月,苏州大市价格事务所均完成清理整顿任务和机构更名工作。2001年12月,省政府颁布了《江苏省涉案财产价格鉴证管理办法》,对涉案财产价格鉴定工作实行统一规范化管理,促进了苏州市价格认证工作行为逐步规范,对价格认证工作的管理进一步加强,市价格认证中心主要业务内容是涉案财产价格鉴证,同时积极开展商品价格和服务价格认证。

第三阶段为2006年10月~2010年。以《江苏省涉案财产价格鉴证条例》2006年10月1日正式施行作为重要里程碑,促使价格认证走上法制化轨道,工作规范有序,质量和水平进一步提高,它标志着苏州市价格认证工作从此进入一个新的发展时期。

第一节　机构沿革及职能

一、机构演变

1992年9月,苏州市编制委员会批复:同意建立"苏州市价格事务所",全民事业单位性质,相当于科级建制,核定人员编制8名(从苏州市物价检查所人员编制中划拨),人员经费按原渠道支付不变,隶属苏州市物价局领导。同年12月16日,启用"苏州市价格事务所"印章,事务所下设一个业务部。由市政府分管领导、市物价局领导参加的顾问班子,负责价格事务所工作指导和协调。

1994年4月,市编委调整苏州市物价检查所和苏州市价格事务所人员编制,将原市物价检查所划拨给苏州市价格事务所的8名专项事业编制划还市物价检查所,重新核定苏州市价格事务所人员编制16名,人员经费自收自支。

1996年12月,苏州市价格事务所实行全员聘任(用)制,其中所长、副所长由市物价局自行聘任,报人事局备案,并享受事业单位同职干部待遇。

1998年8月,市计委批复、同意苏州市价格事务所具备企业法人资质,为全民事业单位,注册资金100万元,从业人员16人,办公地点闾胥路70号四楼(后搬迁至闾胥路121号)。

1996~1998年期间,苏州市价格事务所工作成绩显著,1999年6月,获国家发展计划委员会颁发的"先进价格事务所"光荣称号。

2000年8月,经批准,"苏州市价格事务所"更名为"苏州市价格认证中心"(以下称中心)。原机构类型、所有制、建制级别、隶属关系、核定的人员编制和人员经费渠道不变。同年12月,苏州市价格认证中心正式挂牌,启用"苏州市价格认证中心"新印章。2003年,办公地址搬至闾胥路115号四楼。

2003年3月,市价格认证中心实施深化内部体制改革,主要是:在编人员实行全员聘任,以合同形式明确权利与义务;明确岗位设置与职责;推行绩效挂钩,理顺分配关系;推动决策科学化、民主化,深化管理制度改革。同年6月,市价格认证中心贯彻实施国家计委《价格认证中心工作管理办法》。随着这一系列的改革措施贯彻落实,营造了价格认证事业蓬勃发展的良好环境。

2004年6月，经批准，苏州市价格认证中心增加3名人员编制，核定中心人员编制21名，其机构建制和经费渠道不变。至2010年未有变化。翌年2月，市编办发文调整市价格认证中心人员经费渠道，由自收自支事业编制改为财政全额拨款事业编制。

二、主要职能

　　1992年苏州市价格事务所成立伊始，其主要职能为如下8项：担任企业价格顾问，开展价格政策咨询，办理商品价格认证，进行资产价格评估，受理司法价格鉴证，调节企业价格纠纷，接受事故车辆评估，举办价格知识培训。

　　2000年以后，市价格认证中心的职能转变为6项：接受司法机关、行政执法机关和仲裁机构的委托，对刑事、民事、行政、经济案件中涉及的各类标的进行价格鉴定；接受市场主体提出的对各类有形无形资产、各种商品和服务的价值、价格进行公正性认定，接受单位或当事人委托，对各类中介价格评估机构的结论进行认证；面向社会，为生产经营者等各类组织和公民提供关于价格政策法规、市场行情、价格预测等咨询，指导本行政区内价格认证中心的业务工作；调解价格矛盾，处理价格纠纷，承担社会价格争议行政调解工作；接受政府价格主管部门委托，做好有关价格管理方面的事务性工作；承担价格部门两次行政许可（价格评估机构资质认定，价格评估人员职业资格认定）工作。据2010年中央纪委、国家发展改革委、监察部、财政部下发的《纪检监察机关查办案件涉案财物价格认定工作暂行办法》规定："纪检监察机关在查办案件中，对价格不明、价格有争议的涉案财物，向人民政府价格主管部门设立的价格认证机构提出价格认定，由价格认证机构依法对涉案财物的价格进行测算，并作为认定结论的行为。"负责承办纪检监察机关查办案件涉纪的财物价格认定工作。

三、科室设置与职责

　　2010年苏州市价格认证中心下属业务科室设置与职责职能。

　　认证一科：服务司法。接受公安机关（含消防部门）、检察机关、纪检监察机关的委托，负责刑事案件、纪检监察机关立案查处的涉案财产价格鉴证工作。开拓涉税财物价格鉴证工作。

　　认证二科：服务司法。接受法院、仲裁机构、行政执法机关的委托，负责民事、执行案件、行政诉讼案件、行政执法案件、仲裁案件中的涉案财产价格鉴证工作。开拓环保部门等行政执法涉案财产价格鉴证工作。

　　认证三科：服务社会。调解社会价格矛盾、处理价格纠纷，负责价格争议调解处理和价格争议仲裁工作。负责事故车损、路损、物损价格认定工作和消防民事纠纷调解工作。

　　认证四科：服务政府。接受政府行政部门委托，对政府行政事务领域涉及财产（有形和无形资产，各类商品和服务价格）进行认定。负责城市建设中企业设备设施收购或搬迁补偿价格认定工作。

第二节　价格事务工作

1992年12月,为适应市场经济的发展和司法工作的需要,苏州市及下属各县级市相继成立了价格事务性服务机构——价格事务所。苏州市价格事务所成立后主要业务为:开展价格咨询服务,受聘担任企业价格顾问,开展价格政策咨询和培训;各类司法价格鉴定工作开始;逐步发展机动车事故车损评估鉴定,企业价格纠纷调解与仲裁,接受委托对各类市场为主体的价格行为的合法性、价格水平的合理性进行公正性认定等业务,并在一些诸如拍卖领域、工业拆迁价格鉴定等业务领域作了尝试和参与。在这一时期,价格事务所是价格主管部门的事业单位,同时又具有社会中介机构的特点,既承担涉案物品价格鉴定指定业务,也涉足社会中介价格评估。

一、价格咨询

1992年12月价格事务所建立后,根据市物价局工作布置,在全市各主管局、直属厂矿企业、供销合作社、省属企业间发展价格顾问户。1992年至2000年间,价格顾问户发展到一百余家,2000年以后逐年减少,2005年停止该项业务。业务存续期间,事务所向顾问户提供《苏州价格信息》、《企业之友》等刊物,建立了咨询服务台账和档案,制定出常年价格顾问户联络员制度,定期召开会议,为企业在经济活动中提供政策和价格信息,指导企业按合法、合理的行为规范从事经济活动及价格活动。

二、运营证使用权拍卖

1995年1月29日,苏州市价格事务所首次承担了市政府委托的出租车营运证有偿使用权的拍卖工作,经过18轮竞拍,18家企业获得了28辆出租车营运证使用权,每辆营运证使用费为13.5万元,从无偿使用至有偿使用,共为苏州公用事业发展筹得378万元资金,开创了苏州市出租车有偿使用的先例。

三、价格争议调解处理

价格争议调解是价格部门的又一服务职能。认证中心充分发挥专业优势及调处专长,利用社会价格监督服务网络资源,积极开展此项工作。

1996年4月,市物价局批复同意价格事务所(价格认证中心前身)增设价格争议仲裁部,开展相关业务。

2009年6月,苏州仲裁委员会同意市价格认证中心挂牌"苏州仲裁委员会价格争议仲裁部",采取"市物价局统一组织领导,价格认证中心专业人员和社会价格监督服务网络协作开展"的方式,展开这项工作。价格争议调处,为民众价格纠纷调解提供了更多选择,为争议双方提供了更为便捷的服务。

2010年6月,市价格认证中心会同平江区人民法院、平江区物价局在平江区试点开展诉前价格争议调解处理，取得化解矛盾纠纷、维护社会和谐稳定的良好效果。此项工作为全国首创，得到了国家发改委、法院等部门的肯定和推广，价格争议调解工作随之在苏州大市全面展开。全市682人组成的调解员队伍，共受理调解各类价格争议纠纷660多起，其中通过简易调解程序，成功调解480多起，通过书面调解程序，成功调解180多起，大量价格纠纷矛盾被化解在激化之前。以调解手段处理价格争议初现成效。

四、价格评估行政许可

价格评估行政许可是国家发改委、省级政府价格主管部门根据价格评估机构和价格评估人员的申请，经依法审查，对其从事各种涉及国家利益和公众利益的有形资产和无形资产以及服务项目估价业务的机构资质和人员职业资格进行认定，准予其从事价格评估活动的行为。

根据2004年施行的《中华人民共和国行政许可法》以及《国务院对确需保留的行政审批项目设定行政许可的决定》，价格部门承担了对涉及国家利益和社会公众利益的价格评估机构进行资质认定和对价格评估人员的执业资格进行认定的行政许可工作。2006年5月起，根据国家发改委和省物价局文件规定，受苏州市物价局委托苏州市价格认证中心具体承担价格评估机构资质认定、价格评估人员职业资格认定的"双认定"行政许可的事务性工作，主要包括甲级、乙级价格评估机构资质的受理和预审，丙级价格评估机构资质受理和初审，价格评估人员执业资格受理和预审、初审。至2010年，苏州市经过国家发展改革委和江苏省物价局"双认定"的机构有37家，人员352名。

表13-1　1993～2000年苏州市价格事务所业务情况一览表

单位：元

年份	咨询服务部	涉案物品评估部	机动车损评估部	总计
1993	—	—	—	88450
1994	—	—	—	625674.22
1995	392000	349583	1280	742863
1996	403000	583086	261616	1247702
1997	384500	1082032	560292	2026824
1998	337000	877022	490612	1704634
1999	327000	1002700	500000	1829700
2000	222500	1118208	709555	2050263

第三节　价格鉴证

一、涉案财产价格鉴证

涉案财产价格鉴证是价格鉴证机构接受司法机关、行政执法机关、仲裁机构的委托，对其办理案件过程中涉及的价格不明或者价格难以确定的有形财产、无形资产和有偿服务进行价格鉴定、认证的活动。涉案财产价格鉴证是价格认证中心的主要业务，也是司法、行政执法程序在价格领域的延伸。从价格事务所创建伊始，就建立落实了相关的规章措施，以加强管理并确保价格鉴证公正、公平及权威性。

1994年10月，苏州物价局明确了苏州市赃物评估协调小组主要工作职责。1996年12月，在评估小组的成员做了调整的同时，市物价局、市中级法院、市检察院和市公安局联合发文重申了赃物统一评估鉴定工作的意见，其中就价格事务所为赃物鉴定的主体等问题以及鉴定程序等做了规定。此外除了组建涉案物品评估协调小组外，还组织聘请了46名各行业专家为兼职评估员和报价员，对疑难杂症"案件"进行"会诊"、鉴定认证，用以保证涉案财产价格鉴证的公正、公平和权威性。这个做法为全省首创，并得到了江苏省价格事务所的认可，在全省推广。

2000年，依照国家计委印发《关于规范价格鉴证机构管理意见》文件的要求，全国各级价格事务所"退出中介，专司涉案"，并更名为价格认证中心。随即苏州市价格事务所更名为"苏州市价格认证中心"，并严格遵循法律、法规以及上级有关文件精神，将涉案财产价格鉴证作为市价格认证中心的主业。

2006年10月，市价格认证中心贯彻实施《江苏省涉案财产价格鉴证条例》，进一步推动了涉案财产价格鉴证工作的健康有序发展，价格鉴证工作做到了有法可依，委托行为和价格鉴证行为进一步得到规范，价格鉴证工作质量和水平得到进一步提高。

2010年5月，市政府下发了文件《关于加强涉案财产价格鉴证工作的意见》后，苏州市成立了以分管物价工作的副市长为组长，市政府副秘书长为副组长，市法制办、物价部门和办案机关领导组成的"苏州市涉案财产价格鉴证工作协调小组"，使价格鉴证程序和鉴证工作得以加强，鉴证质量得以提高。同年，市物价局与市公安局联合下发《关于贯彻落实省物价局、省公安厅〈进一步规范火灾损失财产价格鉴证工作的通知〉实施意见》，结合苏州市实际，市价格认证中心对火灾直接财产损失价格鉴证工作，作了补充规定，全年鉴证火灾财产损失5起。

市价格认证中心在完成公安机关、派出所日常委托鉴证业务的同时，通过拓展"经侦、刑侦"案件中的价格鉴证标的业务区间，使业务量逐年上升。2001年至2010年间，共办理公安、纪检、监察部门委托的各类涉案价格鉴证业务24632件，鉴证标的32953.53万元；办理法院民事涉案价格鉴证1390件，鉴证标的116055.23万元；办理行政执法领域鉴证案件321件，鉴证标的46143.17万元。

二、交通事故车、物损价格鉴证

1995年，市价格认证中心与公安局、保险公司一起，开始交通事故车、物损失价格鉴定业务。

从此,市价格认证中心对道路交通事故车、物损失进行的价格鉴定报告成为公安部门处理交通事故经济损失赔偿依据。随着沪宁、沪嘉杭等高速公路的开通,连通苏州的高速公路规模快速扩张,交通事故发生率相应上升,至1997年,业务量增至2000多件。2001年至2010年间,市价格认证中心累计交通事故车、物损价格鉴证件数达30642件,鉴证标的额达42887.76万元。

三、拆(搬)迁费用价格鉴证

2003年开始,苏州的城市建设进程中,存在涉及拆迁企业前期安置补偿标准缺位现象。由于赔偿费用不能及时到位,城市建设的前期拆迁工作无法顺利开展。为顺利解决此类问题,同年,在南环高架建设前期拆迁工作开展时,市建设局等部门将上述事宜委托市价格认证中心进行价格鉴证。其后,市价格认证中心又承担了苏州市东环、西环、北环高架,友新立交,环古城风貌建设项目的拆迁企业搬迁设备、设施补偿价格的认定工作。随后,市政府在收回国有土地使用权中和园区新农村建设项目中涉及的企业搬迁等项目,均由认证中心进行价格认定。2006年以来,随着政府实事项目和重大工程的不断推进,国际教育园,火车站地区综合改造(商贸圈),虎丘地区城乡综合改造,苏州轻轨1号线、2号线以及城际铁路,3个新城区建设,工业园区3个新农村改造以及娄葑镇"退二进三"改造,石路西扩(商圈),南环新村危旧房解危改造等工程项目前期拆迁价格认定工作,均由认证中心承担。2003年至2010年,认定标的总额达50多亿,核减财政支出20%左右。

四、涉税价格鉴证认定

2008年省物价局、省地方税务印发《江苏省涉税财产价格鉴证管理办法》。

从2009年开始,市价格认证中心接受市地税局的委托,进行房地产补征税基价格鉴证。

2010年,作为市耕占税和契税管理所的"涉税房地产价格评估认证单位",市价格认证中心开展部分房产交易课税价格认定工作40多起,标的额达1.4亿元。同期,完成了市区存量房税基价格数据库初稿,保障了苏州市存量房交易计税工作的顺利实施。

2010年3月,市物价局、市地税局联合下发了《苏州市涉税财产价格鉴证操作办法(试行)》(以下称《办法》)。《办法》规定归属价格认证中心进行鉴证认定的7个事项,涵盖了各级地方税务机关在税务征收管理中涉及的动产、不动产、无形资产的价格鉴证。

同年,市价格认证中心与市契税所约定,为其提供价格信息服务,根据契税所的委托要求,市价格认证中心定期提供苏州市区各类房屋的税基参考价格数据库,一般每半年一次,如有必要,每季度提供一次;个案价格咨询服务,为契税所提供价格咨询服务,并出具相应的价格征询函;个案价格认定服务,对需要价格认定的个案提供价格认定报告;对其他中介机构完成的有争议的价格认定结论进行复核。

2010年4月,国家发展改革委、国家税务总局下发了《关于开展涉税财物价格认定工作的指导意见》,涉税价格认定工作已被国家发改委和税务总局列为重点推进的项目,市价格认证中心该项务前景广阔。据统计,2009年至2010年间,受理地税业务处室、各分局委托的房屋税基价格认定工作13起,受理契税所委托的税基价格认定共60多起,完成苏州市区存量房交易普通商品房屋(一区一价)的税基参考价格数据库工作。

第四节　成本认证

价格认证中心接受市场主体提出的各类有形和无形资产，各种商品和服务价格认证。苏州市价格认证中心以其专业性的认证，为商品的作价提供权威性的认证报告。具体实施的为普通商品房成本认证、非公办幼儿园收费成本认证。

一、普通商品房成本认证

2003年初，国家对房地产价格进行宏观调控，根据市政府办公室《关于印发苏州市商品房价格管理实施细则的通知》的要求，苏州市实行普通商品房定价前成本认证制度。市价格认证中心因具有"价格行为合法性和价格水平合理性认证"职能而从事此项工作，并依据有关法律、法规制定了《苏州市价格认证中心商品房成本认证操作规程》，统一了成本认证原则、方法和程序，保证了该项工作的规范有序。市价格认证中心接受房地产开发企业的委托，对商品房成本构成的真实性、合理性实施认证后，出具《商品房价格成本认证结论书》，经价格主管部门确认后，作为商品房定价的依据。至2008年底，苏州市价格认证中心对苏州市区商品房成本认证标的为176.46亿元。

2008年底，因上级下发了暂停审核报批普通商品房价格有关文件，该项业务随即停止。

二、幼儿园收费成本认证

根据苏州市人民政府办公室《关于转发苏州市区幼儿园（托儿所）收费管理办法的通知》，市价格认证中心开展了幼儿园成本认证工作。与之相配套，2006年7月，制定并下发了《苏州市民办幼儿园收费成本认证操作规程》。当年在市区范围内对21家民办幼儿园开展了民办幼儿园收费成本认证工作。据统计，自2006年至2010年间，市价格认证中心共认证57家民办幼儿园，规范了市区民办幼儿园（托儿所）的收费行为。

表13-2　2001~2010年苏州市价格认证中心业务统计数据

年份	刑事案件		非刑案件		行政案件		仲裁案件		车损案件		价格认证	
	总件数	标的额（万元）	总件数	标的额（万元）	总件数	标的额（万元）	总件数	标的额（万元）	总件数	标的额（万元）	总件数	标的额（万元）
2001	1315	1093	344	11691	—	—	5	2059	1402	2001	21	178
2002	1950	2463.43	248	6944	4	95	—	—	2127	2444.28	37	325
2003	2473	1338.8	188	3740.79	150	6064.94	—	—	3304	3532.02	69	101670.4
2004	3238	2926.9	97	3832.37	32	10283.03	—	—	3857	4460.91	36	325055.5
2005	4386	2980.07	89	5190.18	15	21123.73	1	3.15	4525	6512.67	25	127646.81
2006	3142	4152.02	79	10191.66	23	202.71	4	209.11	3125	4891.01	96	447556.17
2007	2610	4269.65	84	17518.12	25	708.59	—	77.7	3405	5023.81	101	531637.65
2008	2315	5226.01	93	21478	20	260.13	—	—	3671	6092.31	46	395508.6
2009	1492	2492.58	90	22000	20	224.63	2	6.1	2436	3970.03	682	151976.04
2010	1711	6011.07	78	13469.11	35	7207.83	3	169.14	2790	3959.73	544	39972.74

表13-3　2001~2005年苏州市价格认证中心价格鉴证业务统计表

项目		2001年	2002年	2003年	2004年	2005年
刑事案件	总件数	1315	1950	2473	3238	4386
	标的额(万元)	1093	2463.43	1338.8	2926.9	2980.07
民事案件	总件数	344	248	188	97	89
	标的额(万元)	11691	6944	3740.79	3832.37	5190.18
行政案件	总件数	—	4	150	29	15
	标的额(万元)	—	95	6064.94	10255.61	21123.73
道路交通事故车、物损	总件数	1402	2127	3304	3857	4525
	标的额(万元)	2001	2444.28	3532.02	4460.9	6512.67
仲裁案件	总件数	5	—	—	3	1
	标的额(万元)	2059	—	—	27.42	3.15
价格认证	总件数	21	37	69	36	25
	标的额(万元)	178	325	101670.4	325055.57	127646.81
合计	总件数	3087	4366	6184	7260	9041
	标的额(万元)	17022	12271.71	116346.95	346558.77	163456.61

表13-4　2006~2010年苏州市价格认证中心价格鉴证业务统计表

项目		2006年	2007年	2008年	2009年	2010年
刑事案件	总件数	3142	2610	2315	1492	1711
	标的额(万元)	4152.02	4269.65	5226.01	2492.58	6011.07
民事案件	总件数	79	84	93	90	78
	标的额(万元)	10191.66	17518.12	21478	22000	13469.11
行政案件	总件数	23	25	20	20	35
	标的额(万元)	202.71	708.59	260.13	224.63	7207.83
道路交通事故车、物损	总件数	3125	3405	3671	2436	2790
	标的额(万元)	4891.01	5023.81	6092.31	3970.03	3959.73
仲裁案件	总件数	4	2	—	2	3
	标的额(万元)	209.11	77.7	—	6.1	169.14
价格认证	总件数	96	101	46	682	544
	标的额(万元)	447556.17	531637.65	395508.6	151976.04	39972.74
合计	总件数	6469	6227	6145	4722	5161
	标的额(万元)	467202.68	559235.52	428565.05	180669.38	70789.62

第十四章 价格协会

　　苏州市价格协会是由价格工作者、有关行业价格管理组织、企事业单位、价格理论专家自愿联合结成,具有法人资格的全市非营利性的社会组织。其前身为成立于1985年1月的苏州市价格学会。苏州市价格协会是社会主义市场经济条件下价格工作的重要组成部分,是开展价格理论与实践问题前瞻性研究的重要学术团体,是加强行业价格自律、规范市场价格行为的重要社会力量。市价格协会成立近30年来,在苏州市物价局的领导下,在中国价格协会、江苏省价格协会、苏州市哲学社会科学界联合会(简称市社科联)、苏州市民政局的指导下,始终坚持加强价格理论研究和指导价格实践创新相结合,遵循"法律规范、政府监管、社团自律"的原则,以促进社会主义市场经济发展为指导思想,紧紧围绕服务科学发展、服务民生改善、服务社会和谐的价格工作主旋律发挥了积极的作用,取得了明显成效,初步形成了具有苏州特色的价格协会和行业价格管理工作新模式。2005年5月,中共苏州市委宣传部、市社科联授予苏州市价格协会为"2001~2004年度苏州市社科系统优秀学会"称号;2008年以来,苏州市价格协会先后二次荣获中国价格协会授予的"全国价格协会系统先进集体"称号。

第一节　协会沿革

　　民国时期和建国以后20世纪50~70年代,苏州没有专司价格理论、政策研究和从事价格行业管理工作的社会学术团体。

一、市价格学会建立及人事更迭

　　党的十一届三中全会以后,在经济体制改革深入发展、价格体系改革起步的新形势下,专司价格学术研究的群众性团体——苏州市价格学会于1985年1月29日成立。大会讨论通过了《苏州市价格学会章程》和1985年价格学会工作计划,协商选举了苏州市价格学会首届理事、常务理事、正副会长和正副秘书长等。一致通过聘请副市长冯大江和市政协副主席社科联副主席陈晖为名誉会长。

　　苏州市价格学会首届名誉会长、会长、秘书长、常务理事、理事名单:

名誉会长	冯大江　陈　晖
会　长	戴坤生
副会长	吴仲道　倪庆生
秘书长	耿凤玉
副秘书长	蒋　麟　汪国英

常务理事	戴坤生	吴仲道	倪庆生	耿凤玉
	蒋 麟	汪国英	于文祥	秦友祺
	张宇仓	董素玲	沈介安	

理 事	于文祥	倪庆生	吕耀基	吴仲道
	吴本楳	吴德义	汪国英（女）	汪素岚（女）
	汪大鸣	沈介安	何錬生	李幼淑
	陆华植	陈一帆	杨通观	张宇仓
	张乃成	封鸿海	姚尔纲	耿凤玉（女）
	诸景章	秦友祺	黄廷芳	程万里
	蒋 麟	董素玲（女）	戴坤生	魏德渊

出席成立大会的首批60余名会员中，有长期从事物价工作、经验丰富的老专家，有重视和支持物价工作的领导干部，有财经院校或物价专科学校毕业的有志于物价研究和物价工作的年轻人，有几十年从事经济、教学与研究工作的理论教学工作者。市委宣传部、市哲学社会科学联合会、市物委的负责人及有关单位的代表讲了话，省物价局和省价格学会专门发来了贺信，南京市物价局张士高副局长发来了贺电，无锡市物价局局长张芙初到会祝贺，并作了热情洋溢的发言。市委宣传部副部长冯逸庭对市价格学会提出三点希望：解放思想，实事求是，积极探索具有中国特色的社会主义价格体系；发扬学术讨论的民主自由、理论联系实际的作风；价格学会要多活动、多写文章、多出成果。市价格协会名誉会长、市政协副主席、市社科联主席陈晖对其当选学会名誉会长和学会的成立表示衷心感谢和热烈祝贺，他要求认真学习贯彻党的十二届三中全会的《决定》，充分认识"价格体系的改革是整个经济体制改革成败的关键"的重要意义，而苏州价格学会的成立"生逢其时"，希望价格理论工作者和实际工作者团结一致，理论与实际相结合，为当前的价格改革作出贡献。

为了使价格理论研究与实际工作密切结合起来，集中各方面的智慧，推进价格体系改革、提高价格管理水平，市价格学会于1985年5月21日至22日，召开第一次价格理论讨论会。会议收到有关价格体系改革的探讨和调研文章20篇，作者在会上都作了认真发言，并展开了讨论，大家从理论和实践的结合上发表了许多很好的意见，与会者感到深受启发。市价格学会副会长、物委副主任吴仲道在发言中，对这次会议作了较高的评价，并就如何进一步认清形势，解放思想，更加扎实地开展价格理论研究，为价格体系改革服务等方面向全体会员提出了希望。自此以后，学会每年都适时举办1~2次价格理论研讨会，形成了价格理论研究与实际工作密切结合的好传统。

1986年1月，苏州市价格学会召开第一次年会暨1985年度价格理论讨论会，就如何控制当前物价上涨展开热烈讨论。讨论分两个专题：如何控制农副产品价格上涨？在原材料涨价的情况下，如何增强企业的内部消化能力？会议收到论文、调研文章29篇。会议具体探讨了控制农副产品价格上涨和稳定副食品价格的现实意义及措施，企业内部消化的含义，增强企业内部消化的途径以及企业内部消化存在的问题。不少人认为1985年改革的步子迈得过大,对放开后可能产生的问题估计不足,对价格改革的艰巨性和复杂性缺乏必要的思想准备,因此物价上涨比较大,当前主要要从发展生产、发挥主渠道作用、加强管理三方面入手来控制物价上涨。加工企业内部消化的潜力较大,但不能一刀切,要区别不同的行业、企业进行消化。一些人认为强调内部消化不是稳定市场物价的根本,而稳定生产资料价格、制止乱摊派乱加价等才是稳定市场物价的根本。

省价格学会和市社联的负责同志应邀出席并讲话。省价格学会秘书长谢孟华对这次会议作了较高的评价。他说,苏州市价格理论讨论会开得很成功,走出了一条地方性价格学会从实际来研究理论、探讨问题的路子。市社科联负责人、市价格学会名誉会长陈晖在讲话中指出,市价格学会是在价格改革的重要时期成立的,一年来取得了较大成绩,值得祝贺。他希望学会会员继续结合实际研究新的价格管理形式。市价格学会副会长吴仲道总结了这次讨论会的研究成果,指出了不足之处,并布置了1986年度的工作。讨论会自始至终洋溢着浓郁的学术探讨气氛。

1986年5月15日,市价格学会召开常务理事会议,讨论研究了四个问题,批准市农机公司郑经良、吴县物委徐德兴两位为市价格学会会员。定于7月中旬召开的1986年上半年度价格理论讨论会内容有:农副产品放开后的新情况、新问题及其对策;钢、铁、煤等主要生产资料实行单一价格后将会带来什么问题及其对策;商品的流通渠道搞活后,在价格管理上如何采取相应的有效措施。除此之外,各会员可根据自己在工作中遇到的问题,撰写有关文章。为进一步推动价格改革的顺利进行,帮助企业自觉地用好定价权,市价格学会将与市物委联合举办物价员培训班,为全市各生产、经营企业分期分批培训物价员。为提高价格学会会员素质,保证会员质量,决定在当年内对学会会员作一次组织整顿并发给会员证。

1986年5月19日至21日,市哲学社会科学联合会召开第二次代表大会,全市30多个学会150余名代表出席了会议。市价格学会吴仲道、张宇仓、汪国英三名代表参加。会议选举产生了由64名组成的市社科联第二届理事会,市价格学会副会长吴仲道当选为理事。

为帮助企业自觉用好国家明确下放的定价权,市物价委员会和市价格学会于1986年5月28日至31日联合举办首批物价员培训班,全市150余家生产、经营企业的物价员和市总工会40名物价义务监督员参加了培训。这期培训班针对新办企业作价比较混乱的现状,主要讲授物价管理知识,现行物价政策和规定,日用工业品具体作价办法,物价监督检查知识等。培训班结束时进行了考试,及格率达到97%,平均考分为86.7分,考试合格者发给"物价员证书"。自此开始了价格学(协)会分期分批进行价格法规政策业务培训的先河。

苏州市价格学会为了联系实际,积极为企业价格工作服务,从1987年11月起,开展价格咨询服务活动,主要内容有:为企业设计价格管理制度并辅导实施,为企业定价、调价提供有关信息及资料,为企业研究、制定价格问题的可行性方案,为企业担任常年价格顾问,为企业解决价格纠纷。价格学会推出的为企业服务五项举措受到了广大工商企业的欢迎和好评。

经过五年的茁壮成长、健康发展,1989年12月,苏州市价格学会举行会员代表大会,依据学会章程规定举行了换届选举大会,选举产生了苏州市价格学会第二届理事29名、常务理事11名,聘请陈晖、戴坤生为市价格学会名誉会长,选举吴仲道为学会会长,左贞彦、蒋麟、秦友祺为副会长，汪国英为秘书长，张宇仓、张惠楠、黄金保、董素玲、沈介安、张乃成为常务理事。中国价格学会、国家物价局价格研究所、江苏省社科联、省价格学会及省内各兄弟学会等祝贺苏州市价格学会成立五周年。市价格学会由建会时的70多名会员，经过吐故纳新发展到90多名会员，而且会员素质较前提高。

1993年12月，苏州市价格学会举行第三次全体会员大会，大会聘请陈晖为学会名誉会长，朱品珊、朱全林为学会顾问。选举产生了苏州市价格学会第三届会长、秘书长、常务理事。吴仲道当选为价格学会会长，左贞彦、万解秋为副会长，汪国英为秘书长，张乃成、祝尧荣为副秘书长，常务理事为黄金保、董素玲、鲁月莲、张宇仓、冯象春、蒋建森、施凤达、郭学文、张恩伟。大会还选举产生了姚尔纲、吴本梁等38名理事。

1995年1月16日，苏州市价格学会召开大会，纪念苏州市价格学会成立十周年暨1994年年会活动。会长吴仲道作了苏州市价格学会十周年工作总结，表彰了十年来价格学会活动积极分子29名。

1997年12月，苏州市价格学会举行换届选举大会，产生学会第四届名誉会长、顾问、会长、常务理事和理事名单。大会聘请时裕福为市价格学会名誉会长，吴仲道为学会顾问，选举朱全林为学会会长，左贞彦、万解秋为学会副会长，汪国英为秘书长，郭学文为副秘书长，黄金保、奚永涛、石如文、朱炳炎、朱坤生、高佐本、李道芳、詹柏荪、徐育忠、蒋建森、陶令敏、黄建明、王桂根、韦学洲、孙雁为常务理事，朱全林等32名为理事。

1999年5月21日，苏州市价格学会第五次会员代表大会召开。第四届学会秘书长汪国英主持大会，第四届学会会长朱全林作了题为《在市场经济大潮中发挥价格学会的作用》的工作报告及换届建议，副会长左贞彦作了关于修改章程的报告和第四届学会财务收支的报告。会议一致通过第四届理事会提出的第五届理事会理事候选人名单。下午，召开市价格学会五届一次会议。苏州市物价局副局长励启中主持会议。选举产生了第五届常务理事及学会领导层人员：时裕福任会长，励启中、史双顶任副会长，汪国英任秘书长，潘步高任副秘书长。聘请市委常委、副市长汪国兴为名誉会长，聘请朱全林、左贞彦、吴仲道、万解秋、郭学文五位为学会顾问。

时裕福会长简要回顾了市价格学会成立十五年来取得的丰硕成果，并对第四届理事会卓有成效的工作表示衷心的感谢！他指出本届价格学会的宗旨是：研究价格理论，指导价格改革，服务经济发展。并对做好第五届价格学会工作提出三点要求：大兴学习之风，坚持不懈地抓好理论武装；围绕中心，服务大局，坚持正确的指导思想；明确目标，突出重点，扎扎实实推进学会工作。市委宣传部副部长、市社科联秘书长高志罡到会庆贺，市民政局社团管理处也派员出席会议。

2002年1月16日，市价格学会召开2001年度常务理事扩大会议，增补赵长华、蔡守山、马根元、李荣泉、朱永晓、谢培荣、郭爱国、徐金龙为理事，增补周锦荣、陶君玉、顾全兴为常务理事，增聘孔繁康为学会副秘书长，增聘韦四二、奚永涛、李康廷为学会顾问。

2002年3月8日，召开苏州市价格学会五届四次年会暨理论研讨会，史双顶副会长主持会议，向大会报告并通过了价格学会修改章程及2001年度常务理事扩大会议纪要；时裕福会长作2001年工作总结及2002年工作意见的报告；秘书处报告2001年度学会财务收支情况；

大会宣读书面交流共计28篇论文。市社科联及市民政局领导出席并讲话。

2003年2月28日，市价格学会召开五届五次年会暨理论研讨会。励启中副会长主持会议，时裕福会长作工作报告，2002年学会以十六大精神和"三个代表"重要思想为指针，紧紧围绕中心，服务大局，认真开展价格理论研究，在实用性上下功夫，认真完成2002年度研究课题，撰写完成论文或调研报告30余篇，大会交流6篇，书面交流17篇，并将1999年至2002年公开发表的百余篇论文，筛选整理出87篇文章汇编成《会员文集》（第四辑）出版，其论文的质量，因具有较强的时代性、广泛的实践性、一定的探索性和可读性而获得好评。市物价局局长王元仁出席并讲话，他充分肯定了学会多年来的工作和成绩，并就下一步调整组织机构，适应市场经济要求和"入世"新形势，提出了"抓好调查研究，抓好改革和创新，抓好学习"的要求和希望。市社科联、市民政局领导也到会祝贺。

二、建立市行业价格管理协会

1992年邓小平南方谈话发表后，价格改革不断深入，大部分商品和服务价格进一步放开，企业定价权不断扩大，苏州以市场调节为主的经济体制和价格运行机制逐步形成。其间，苏州先后组织了金属、燃料、汽配、机电、百货、五金等20余个行业价格管理小组，行业价格管理的社会覆盖面越来越大，迫切需要在这些行业价格管理小组的基础上成立一个统一的和分层次的行业价格管理的组织来协调工作。经市政府领导同意，1992年4～5月，按照政府引导、企业自治的原则，开始筹建苏州市行业价格管理协会。同年5月14日、20日，市物价局、市民政局分别批复同意成立苏州市行业价格管理协会，并登记注册为社团组织。

1992年7月4日，召开苏州市行业价格管理协会成立大会。大会在市机械供销公司三楼会议室隆重召开。会议由市物价局副局长左贞彦主持。苏州市副市长孙中浩，江苏省物价局副局长孙炳辉，市物价局局长朱品珊，老领导陈晖、陆咸、吴仲道到会，并在主席台上就座。

苏州市行业价格管理协会共有理事单位68个，常务理事24人，孙中浩副市长任名誉会长，陈晖、陆咸、吴仲道担任顾问。市物价局局长朱品珊任会长，市物价局副局长左贞彦、市物资局副局长金家荣、市商业局副局长史松英、市供销社副主任严水源、市工商联副主委沈鹤寿任副会长，市物价局市场科王亚非科长任秘书长，汪国英、李裕生副科长任副秘书长。

会上一致通过了苏州市行业价格管理协会章程，章程共十四条，市行业价格管理协会的主要任务：宣传党和国家的物价方针、政策、法规；组织各行业制定本行业的价格行为公约并督促会员自觉遵循；组织各行业价格管理组协商议定主要放开商品的具体价格（收费标准）或作价办法；接受政府和物价检查部门委托，组织企业进行价格自查或行业内相互监督检查；开展价格信息的交流与传递，为企业提供价格咨询服务，组织物价员的培训，提高企业干部素质；组织同行业价格管理的调查研究，提出政策建议，沟通政府与企业的联系；维护会员的合法价格权益；接受物价部门委托的其他价格管理事宜。

市行业价格管理协会会长，市政府领导，协会名誉会长、顾问，省物价局领导分别作了重要讲话。副市长孙中浩着重讲了三个问题：要提高和增强对价格改革的全面认识；行业价格管理活动要切实体现"政府引导、企业自治"的原则；要加强对协会的领导，各部门要做好配合协调工作。要求不断深化行业价格管理工作，为苏州市价格改革创造出新的经验和成绩。

市行业价格管理协会自1992年成立后的10年间,积极开展行业价格管理活动,成绩卓著,在本章第三节作详细记叙。

三、合并组建市价格协会

2003年4月,根据苏州市的实际情况,借鉴兄弟城市的有益做法,经局党组研究,苏州市价格学会、行业价格管理协会合并,变更组建苏州市价格协会,以进一步适应新形势下的价格工作。2003年4月28日,苏州市价格学会更名为苏州市价格协会,同时撤销苏州市行业价格管理协会,将原苏州市行业价格管理协会的会员、职能、资产一并转入苏州市价格协会。

在苏州市价格协会成立大会上,励启中副局长宣读了苏州市物价局关于苏州市价格学会变更为苏州市价格协会的决定,以及市民政局批准的苏州市价格协会社会团体法人登记证书。大会通过了《苏州市价格协会章程》。苏州市价格协会是由物价工作者、有关行业价格管理组织、企事业单位、价格理论专家、学者自愿联合结成,并经市社团管理部门批准,具有法人资格的全市性非营利性的社会组织。苏州市价格协会致力于行业价格协调、价格信息咨询、价格事务服务、价格业务培训、价格科学研究、价格学术活动,并受政府和价格管理部门的委托从事社会需要的有关价格服务工作。会议选举产生了新一届理事会和常务理事,选举王元仁为会长,恽向军、励启中、张惠楠、马俊为副会长,施相平为秘书长,潘步高、蔡守山为副秘书长,聘请了市委常委、副市长汪国兴为名誉会长,聘请了市物价局历任老领导时裕福、史双顶、朱全林、左贞彦、吴仲道、韦四二为顾问。

市价格协会王元仁会长就如何做好新形势下的价格工作和发挥价格协会作用讲了两点意见:围绕中心,服务大局,切实做好新形势下的价格工作。他强调保持物价总水平基本稳定的重要意义,当前防治非典工作是物价部门的一项重要而迫切的工作,稳定物价事关全局、责任重大,价格协会一定要积极发挥作用,做好稳定市场、稳定物价的工作。为此要加强价格监测,做好预警预报工作,对与非典防治的有关商品和人民必需品价格要重点监测,一旦发现价格异常,要及时采取果断措施。要强化市场监管,进一步加大价格政策法规宣传力度,倡导城市信用,对防治非典药品及相关商品实行最高限价和限定差价率、利润率;强化市场价格监督检查力度,依法从重从快惩处哄抬物价、扰乱市场秩序的不法经营者。运用优势,搞好服务,充分发挥价格协会的职能作用。要发挥协会人才荟萃、联系广泛的优势,面向市场、面向企业、面向群众,深入调研,服务价格改革,为政府部门当好参谋,为群众办好实事。要坚持创新、开拓进取。要大力开展价格事务服务、价格信息咨询服务、价格宣传培训,加强对行业价格管理活动的指导、引导。宣传有关价格法规政策,运用行业价格管理、价格自律等手段配合物价部门规范市场价格行为。要发挥物价部门的整体优势,关心和支持协会的工作,要注重协会内部建设,修订完善各行业分会章程,加快筹建新的分会,把协会的各项工作做好,为苏州的经济和社会发展作出新的贡献。

从2003年5月开始,苏州市价格协会以原市行业价格管理协会为基础,并根据全市行业组织的现状,对已经实行市场调节价格的行业进行归类引导,加快行业价格分会建设,通过修改完善原行业分会的章程和规章制度来规范企业的价格行为;同时,动员骨干企业牵头发起组建新的行业分会,并担任分会负责人。至2006年,市价格协会已在市区组建了房地产、医药、农贸市场、餐饮、百货、旅社、游览景点、沐浴、酒吧咖啡茶楼、通讯、医疗等11个行业分会和一个价格咨询专业委员,共12个分支机构。每个行业分会根据各自特点,细分为若干个行业活动小组,如医药分会下设医药、零售、批发、生产4个活动小组。当时直接参加行业活动的企业单位达500余家。行业价格活动采取定期与随机相结合的办法,原则上每1~2月一次。全市各市(县)、区价格协会,也下设若干个分会,基本形成了覆盖全市的行业价格管理网络,为行业价格管理纳入"政府引导,企业自律"的轨道提供了组织保证。

2003年6月和11月,市价格协会先后二次召开协会常务理事扩大会议,交流各地价格协会组建工作情况,研究部署全市价格协会有关工作,进而推动全市价格协会工作的顺利开展,至年底,各市(县)、区积极创造条件建立健全了各自协会的组织机构。如吴江市经过积极筹建,于10月9日成立了吴江市价格协会;太仓市价格协会于6月份召开常务理事(扩大)会议,对原章程进行修改,健全协会组织机构;吴中区价格协会根据区委、区政府大力发展旅游业的要求,于10月份通过成立吴中区价格协会旅游行业分会,加强旅游业的价格自律,规范旅游业的价格行为;常熟市价格协会召开年会,进行换届选举,顺利地完成了领导班子新老交替工作。

2004年,根据市委、市政府《关于推进社会事业领域企事业单位和社会团体等改革的决定》和市改革领导小组《关于社会团体清理整顿的实施意见》的统一部署和要求,8月5日,苏州市价格协会召开协会理事会议,讨论通过了市价格协会修改章程,调整增补了理事和常务理事和名誉会长,讨论通过调整增补会长、副会长、秘书长、副秘书长的议案,即王元仁不再担任会长;恽向军、励启中、张惠楠、马俊不再担任副会长;施相平不再担任秘书长;潘步高、蔡守山不再担任副秘书长。会议选举朱品珊(已退休,原任市计委副主任、市物价局局长、市人大研究会秘书长)担任苏州市价格协会会长兼任秘书长;选举施相平任会长办公室主任,潘步高任会长办公室副主任。同年8月11日,市价格协会向市社会团体改革工作领导小组上呈《苏州市价格协会清理整顿改革方案》,主要是继续保留"苏州市价格协会";根据相关规定,市物价局机关人员不再兼职,改任协会理事或常务理事;汪国兴、周伟强继续任协会名誉会长,增补王元仁任名誉会长;根据"三脱钩"要求,实行协会人员、协会场地、协会财务"三脱钩"。上述《改革方案》获得市改革领导小组的允准。

2004年,苏州市社科联发出《关于评选社科系统"十佳学会"的通知》,市价格协会积极响应参评,并连续几年参加市社科联组织的"纪念中央3号文件社科宣传咨询周活动",上街设宣传咨询点并举行价格学术报告研讨会等活动,屡获好评。2005年5月,中共苏州市委宣传部、苏州市社科联授予苏州市价格协会为"2001~2004年度苏州市社科系统优季学会"称号。

根据苏州创建"全国消费放心城市"活动的要求,2004年由苏州市价格协会发起,9个价格行业分会具体组织实施,在全市范围内开展的"争创价格诚信活动先进单位"活动,得到苏州市9个行业500多家企事业单位的踊跃参与和热烈响应。各行业价格分会通过对各会员企业进行价格政策法规宣传,安排相关的调研培训,加大指导服务力度,相互观摩学习,内强素质,外树形象,取得丰硕成果,经过综合考评,苏州市得月楼餐饮有限公司等91家企事业单位获得"苏州市争创价格诚信活动先进单位"荣誉称号,2005年4月,苏州市价格协会召开表彰大会,颁发奖牌予以表彰。对此,市委常委、副市长周伟强批示:"物价部门的价格协会组织开展诚信活动很好。"

在这基础上，大市范围内先后已有三批108家企事业单位被评为"AA"价格信用单位和"AAA"价格信用单位。各行业分会结合各自行业特点，每年开展行业内的审价活动，如餐饮业的价格分等定级，旅馆业按等级议定"五一"、"国庆"、"春节"黄金周价格，医药行业价格分会还组织全市医疗行业的审价互查活动，使绝大多数医疗单位做到了价格公示醒目齐全，收费行为规范、透明。

2006年4月，苏州市价格协会出席在洛阳召开的全国部分城市价格协会工作经验交流大会，根据会议安排，苏州市价格协会向大会作了题为《"12345"唱响苏州行业价格管理合奏曲——苏州市依托行业组织加强价格自律的做法和体会》的经验交流发言，获得了中国价格协会王永治会长等领导以及全国与会代表的肯定和表扬。

2006年8月，根据市统一部署，苏州市价格协会积极参加苏州市创建全国消费放心城市的活动，并成为苏州市创建全国消费放心城市领导小组成员之一。为认真做好创建工作，积极开展价格诚信活动，市价格协会制定了"创建领导小组工作制度"、"创建办公室工作制度"、"创建达标考核标准"、"市价格协会各分会创建达标考核标准"等多项制度及标准，动员全体会员单位及各行业分会积极参加，有力地推动全市创建活动深入持久开展。

2006年9月，市价格协会参加市社科联组织的"苏州市首届社会科学普及宣传系列活动"，并在小公园等闹市区开展广场咨询宣传，普及价格法律法规知识活动。

2007年，为促进科学民主决策，市价格协会向省局、省价格协会推荐苏州大学的2名教授专家成为江苏省价格协会决策专家资讯委员会委员，参与了重要价格方案的论证、重大价格决策的研究，为全省决策提供了帮助。

2007年5月30日，市价格协会召开常务理事扩大会议，会议通过了《苏州市价格协会章程》的修改意见，因工作变动、年龄等原因，调整增补了理事、常务理事，同意朱品珊因年事已高的原因辞去价格协会会长及秘书长的职务，由名誉会长王元仁主持价格协会工作，并上报市委组织部备案，获得同意。

2008年10月10日，苏州市价格协会召开会员代表大会暨理论研讨会。根据协会章程"每届为五年"的有关规定，举行协会第二届理事、常务理事、会长、秘书长等的换届选举工作，大会选举产生了第二届价格协会理事40名、常务理事20名，聘请市委常委、市政府副市长周伟强，市物价局局长曹霞富为市价格协会名誉会长；选举王元仁为市价格协会会长，励启中为副会长，施相平为秘书长，潘步高为副秘书长。大会通过了市价格协会章程修改意见。11位论文作者在市价格协会理论研讨会上作了大会交流发言。新当选的王元仁会长致辞，希望这一届协会进一步为苏州经济和社会发展服务，搞好调查研究，开展价格理论学术的研究和实践，多出优秀的调研报告和学术论文，为政府物价部门当好参谋和助手；进一步加强行业价格管理，规范市场价格行为，发挥协会的桥梁和纽带作用，维护生产者、经营者、消费者的合法权益；各行业分会进一步加强价格自律和价格协调工作，为保持市场物价基本稳定作出贡献。

市物价局局长、市价格协会名誉会长曹霞富对新一届协会工作提出三点要求：充分认识在社会主义市场经济条件下办好价格协会的重要意义，把价格协会工作做得更好；坚持社团组织的正确方向,切实发挥价格协会的作用,加强理论研究,加强行业价格管理工作;加强对价格协会的组织领导,使价格协会健康发展。

为推动价格协会工作网络的构建和完善,市价格协会积极参加市社科联组织的市级骨干学会定期分组交流活动,努力创出特色,扩大影响。2007年9月,市价格协会积极参加了市社科联组织的"苏州市第二届社会科学普及宣传周"系列活动,通过制作宣传展板,开展广场咨询、学术交流等活动,宣传展示了市价格协会的学术研究成果,普及了价格知识和政策,树立了协会形象。

2008年12月,苏州市价格协会被中国价格协会评为"全国价格协会先进单位"。翌年1月,市价格协会赴北京参加中国价格协会第二届理事会第三次常务理事(扩大)会议暨授奖大会,捧回先进奖牌。

2009年2月26日,中国价格协会会长王永治一行及省物价局副局长孔祥平、省价格协会领导来苏调研。苏州市价格协会就市场经济条件下如何发挥价格协会作用,开展行业价格管理,强化行业协调自律功能,坚持市场导向与政府调控引导相结合,积极组织价格理论研讨等五个方面作了专题汇报,受到中国价格协会会长王永治及省局、省价格协会领导的肯定和好评。

2009年6月2日至6月4日,全国地(市)级价格协会工作经验交流会在苏州市会议中心举行,来自26个省(区、市)、计划单列市、副省级省会城市价格协会,60个地市级价格协会及16个县级价格协会的160多人出席会议,共同探讨、交流在新时期发挥价格协会作用的实践与做法。中国价格协会会长王永治,苏州市人民政府副市长张跃进,江苏省物价局副局长、省价格协会会长孔祥平出席并讲话。

会上,来自全国各地的19位代表向大会作交流发言。苏州市价格协会会长王元仁首先介绍了苏州价格协会发挥价格协会"老娘舅"作用,一手牵商家,一手牵市民,力保民生价格平稳的实践与探索。苏州市积极构建政府价格管理职能向价格行业协会转移的平台,大胆实践和探索市场经济条件下,坚持市场导向与政府调控相结合、依托价格行业协会加强价格自律的新路,相继在价格放开,实行市场调节价的餐饮、农贸市场、百货、旅社、沐浴、酒吧、咖啡茶楼、通信、游览景点、房地产、医药、医疗服务等领域组建价格行业分会,并形成了一整套有效的运作模式:"放开不能放任",在"引"字上求突破,价格行业协会通过发布"参考价"等形式,引导行业内企业合理定价;"让市场行业协会唱主角",在"转"字上求突破,发挥市场配置资源的主要作用,市物价部门从"裁判员兼运动员"逐步转变成"定规则,当裁判,搞服务";"只设路标不设路障",在"放"字上求突破,让行业协会价格管理拓展空间。上述经验介绍受到了中国价格协会及与会代表的肯定和好评。中国价格协会会长王永治指出:地市价格协会要当好价格主管部门的参谋助手,发挥好价格领域群众性组织的桥梁和纽带作用;苏州市价格协会的运行模式,值得全国各地学习、借鉴。

2010年3月24日,江苏省价格研究工作暨秘书长会议在苏州召开。曹霞富代表苏州市物价局、苏州市价格协会向大会作了题为《加强价格理论研究提高工作水平》的经验介绍,重点汇报了苏州市牢固确立理论指导、研究为先的理念,切实把价格理论研究工作摆在价格工作全局的重要位置,准确把握价格理论研究方向,始终注意找准价格理论研究的结合点、切入点、落脚点和着力点，采取切实可行的价格理论研究方法，着力提高价格理论研究工作的实效等方面的经验做法和体会，受到了全省价格系统与会同行的欢迎和好评。

2010年5月5日，苏州市物价局、苏州市价格协会联合转发省价格协会关于印发《关于开展"倡导价格诚信、对接世博盛会"活动的倡议书的通知》，要求各市、区物价局、价格协会，各行业价格分会，各有关企事业单位进一步规范市场价格行为，服务世博盛会，确保世博期间苏州市场价格总水平以及相关商品和服务价格的基本稳定。

2010年7月27日，苏州市物价局、苏州市价格协会联合印发《关于进一步加强和改进价格协会工作意见的通知》，以切实加强协会自身建设，进一步完善协会内部管理机制和工作机制，严格按照协会章程和分会的工作规则办事，提高行业价格自律、规范市场价格行为的能力和水平。

第二节　价格理论研究

苏州的价格理论研究工作,作为价格工作有机组成部分,在苏州30多年价格改革的进程中,随着价格改革的推进不断深化。苏州市价格学会、苏州市价格协会始终注意发挥理论联系实际、理论指导实践的作用,积极开展价格理论和政策的研究,明确研究课题,组织专题调研,为价格改革献计献策,将研究成果转化运用到实际价格工作中去,努力探索适合苏州实际的价格改革路子。苏州的价格理论研究取得了丰硕成果。据不完全统计,近30年来,全市价格工作者和理论工作者公开举办价格理论研讨会40多次,发表的价格理论研究论文超过1000篇,出版《乡镇企业定价指南》、《苏州市物价志》(1993年版)等专著。《苏州市物价志》还选编入《苏州市志·第三十四卷　经济综合管理·第三章　物价管理》。从1989年开始,每隔5年左右时间,协会(学会)就将会员们在各级报刊杂志刊登发表有价值的研究论文汇集付梓,先后刊印《会员文集》计五册,约150万字。2008年至2009年,2010年,又先后收录了新闻报道、政务信息、价格理论研究文章,汇编成《2008~2009苏州价格印象》、《2010苏州价格印象》、《价格惠民谱新章》计3册内部资料,近60万字。

在苏州市价格研究工作中自始至终注重价格理论成果的转换。及时将价格理论研究成果转化为现实的工作能力,这是价格理论研究工作的结果和目的。开展价格理论研究,不搞空对空的研究,避免做“无用功”,积极地将理论研究成果运用到具体价格实践当中,推广运用理论研究成果,提升价格工作水平;同时,注意从价格实践中不断吸取营养,进一步修正完善价格理论研究成果。近30年来,价格理论研究中关于保持市场物价总水平基本稳定、防止通货膨胀与通货紧缩、巩固拓展价格部门阵地、转变价格部门职能、规范市场价格行为、建设覆盖全社会的价格监督服务网络、农贸市场价格监管、构建低收入群体物价动态补贴机制等理论研究成果,都先后被运用于价格工作实践,并取得明显成效。此外,为进一步扩大价格理论研究成果,市价格协会还主动为市、县、区四套班子领导和市各部委办局领导订阅《价格改革30年》、《价格理论与实践》、《江苏价格》等杂志和书籍,让领导了解价格工作,关注价格工作,支持价格工作,同时也是把价格理论研究成果转化为领导重视价格工作的实践。

苏州的价格理论研讨工作大致经历了五个阶段:

第一阶段改革初期(1984~1989):探讨如何解放思想,突破单一计划价格模式,积极理顺价格关系,改革价格管理体制,放开价格及如何对放开价格管理的研究。

积极支持乡镇企业发展,搞活价格。改革开放初期,苏州乡镇工业迅猛发展,为使乡镇工业企业的商品定价能够有效规范搞活,市价格协会组织部分会员,在江苏省物价局和《江苏价格探讨》编辑部的帮助下,从1985年至1986年花了两年的时间撰写,经省新闻出版局批准,于1988年出版了计320页28.5万余字《乡镇工业企业定价指南》专著一书,受到广大乡镇企业的欢迎,不仅主销苏州及江苏全省,而且兼销外地,远至青海、黑龙江等地,为指导乡镇企业定价作出了积极贡献。

大兴调查研究之风，为物价部门中心工作献计献策。价格学会充分发挥学会会员来自各方的优势和"智囊"作用，围绕农产品价格放开、建立稳定副食品价格基金、取消豆制品凭票供应办法、市场调节价管理、增强工业企业内部消化"涨价"途径、园林门票价格改革等热点问题，撰写许多论文和调研报告，为价格改革出谋献策。不少可贵有益的见解和意见被政府物价等部门采纳和应用。在这阶段，价格学会共收到会员撰写的200余篇文章，其中有40多篇在全国省以上刊物上发表。在此基础上收录选编73篇，首次结集印发《喜看五载结硕果》一书，总结展示了学会这阶段价格理论研究的成果。

积极宣传党和国家物价方针政策。面对人民群众对价格改革产生疑虑和抵触情绪时，部分学会会员向机关、学校、工厂、部队、妇联、居委会等干部群众，作了数十次的价格改革宣传报告，用摆事实讲道理的方法，实事求是地既讲改革的必要性，又讲改革中取得的成绩，也讲改革中存在的问题和解决问题的途径。从而缓和了群众对价格改革的逆反情绪，为稳定民心，巩固安定团结的局面，作出了不懈的努力。

第二阶段（1988~1992）：围绕治理整顿价格环境，开展探讨如何加强价格宏观调控、稳定市场物价的研究。

1. 研究如何治理整顿价格环境

1988年由于经济过热，出现严重的通货膨胀。面对市场价格和秩序混乱、改革不配套、新旧体制的矛盾和新体制不完善等等现象，抑制通货膨胀，整顿价格秩序，不但成为推进价格改革的前提条件，也是民心所系、社会安定团结稳定的客观要求。这一时期价格理论研究，先后举办了关于当前价格形势、深化价格改革思路、治理整顿流通领域价格秩序，加强价格调控管理等方面的专题研讨。针对价格"双轨制"弊病，探讨如何兴利除弊，加快改革；如建议提高计划内生产资料价格，建立生产资料日用工业品专业市场，对计划外生产资料实行限价，扩大企业自主权，逐步实行计划内外价格并轨。针对高涨的副食品价格，提出建立蔬菜基地，组建农产品批发市场，实行短期限价等平抑菜价的若干措施；针对经济环境中出现的通货膨胀，探讨其成因主要是总供给与总需求严重失衡，宏观调控滞后，对放开价格缺乏规范，市场不健全，企业改革中利益与约束不对称，价格秩序混乱等等。提出了加强宏观调控，扎紧涨价口子，实行控制价格总水平目标责任制，设立价格调节基金；改进对放开价格的管理，对重要商品价格实行提价申报和备案制度。特别是结合苏州市场实际，提出了对放开商品实行有指导的行业议价，实行行业价格管理。上述这些理论研讨文章不仅先后发表在《价格理论与实践》、《江苏物价》等国家、省级杂志上，汇编印发《会员文集》，而且发挥了理论的先导作用，促进和丰富了苏州价格改革的理论和实践。

2. 编修出版《苏州市物价志》

1986年9月，市政府批转市志编委会报告，要求各单位编写单位部门分志，以便及早形成《苏州市志》初稿。根据市政府要求，1989年初，市物价委员会、市价格学会组成《苏州市物价志》编纂委员会，编委成员为朱品珊、吴仲道、左贞彦、励启中、姚尔纲、潘步高，朱品珊任编委主任，吴仲道任主编，姚尔纲任主笔，潘步高为采稿，至1991年，历时三载，三易志稿，形成三章八节8万余字的《苏州市物价志》书稿，并于1993年3月付梓刊印。全书以对历史认真负责的态度，客观、科学系统地记述了从清末民初（1912年左右）至新中国建立后改

第十四章 价格协会

1055

革开放初（1985）止，70余年间苏州各个时期的市场主要商品价格变动情况，以及价格管理的演变过程，为后人留下了一部了解苏州价格历史、认识价格运动规律的价格史学术著作。1991年4月，《苏州市物价志》被市价格学会评选为"特等奖"。同年6月，在一次座谈会上，苏州市地方志编纂委员会办公室、《苏州市志》主编陈晖称赞《苏州市物价志》"写得好"，政治观点正确，体例结构合理，资料翔实可靠，具有较高的"存史、资政"价值，并欣然为该志题词"以史为镜，鉴古知今"。1995年1月出版的《苏州市志》将《苏州市物价志》主要内容选辑入书，列入《第三十四卷　经济综合管理》中《第三章　物价管理》篇。

第三阶段（1992~2003）：开展社会主义市场经济体制下价格形成机制和价格管理体制的研究。

1992年初，邓小平视察南方发表的重要谈话极大地促进了思想解放。同年10月，党的十四大明确提出建立社会主义市场经济体制的改革目标，强调价格改革是市场经济发育和经济体制改革的关键。以此为标志，价格改革进入新阶段。这一阶段不但大面积放开了价格，进一步理顺价格体系，同时以《中华人民共和国价格法》1998年5月1日实施为契机，社会主义市场经济体制下的价格形成机制、运行机制及与之相适应的价格管理体制开始建立并逐步完善。这阶段苏州市价格理论研究呈现出以下三个特点：

1. 围绕以建立社会主义市场经济为目标，探讨深化价格改革的目标、内容和实现途径

如吴仲道发表的《探索在建立社会主义市场经济体制过程中的价格工作》、《新阶段价格改革的近期任务》，左贞彦发表的《认真贯彻〈江苏省价格管理监督条例〉进一步加强监审商品的价格管理》、《新形势下地方物价工作的实践与探索》、《浅议现代企业制度下的价格管理》，汪国英发表的《围绕两个根本性转变搞好价格工作的思考》等文章，总结经验，提出建议，指导推动了苏州价格改革的深入发展。

2. 治理通货膨胀，抑制通货紧缩

保持物价总水平的基本稳定始终是价格工作最重要的任务。从1993年开始至1996年，新一轮的通货膨胀达到了建国以来的历史之最。为确保改革开放顺利进行，市场经济健康发展和人民生活安定，党和国家全力以赴运用各种经济、法律、行政手段调控市场价格总水平，苏州各级地方政府先后出台了一系列稳价措施，苏州价格工作者更是竭尽全力投入抑制通胀工作，价格管理力度空前加强，价格调控机制和约束机制基本形成，如建立了各级政府领导下物价调控目标责任制，完善了价格调节基金制度，加大了市场价格监测网络建设，坚持了依法治价，强化了市场监督检查，加大了"清费治乱减负"工作力度，完善了行业价格管理制度等等，上述各方面的理论和实践探索，均被市价格学会《会员文集》第三辑、第四辑所辑存阐述，从中看得出苏州物价工作者在抑制通胀中所作的辛勤劳动与有益探索所带来的丰硕成果。

1997年至2003年年间，市场价格在低位运行，竞相降价，部分行业甚至出现低价倾销、恶性竞争。针对这一新情况，苏州价格理论研究主要探讨了价格正常回落与不正常降价行为的是与非的界限，根据《价格法》的规定，探讨如何规范市场价格行为，建立制止不正当价格竞争和反低价倾销的政策法规，特别是加强行业自律，政府价格主管部门应加强对行业价格的指导，防止行业价格垄断，行业定价不能代替经营者定价，不能侵犯企业价格自主权等。建议苏州要着力调整产业和产品结构,价格工作要转变职能,服务苏州经济和社会的发展,加紧清费治乱,切实减轻企业和人民群众的负担,积极运用价格杠杆,促进苏州旅游业、房地产等第三产业的发展,做好价格信息价格事务所等工作。例如:《价格改革二十年》(左贞彦《苏州经济论坛》1998年第5、6期),苏州市价格学会课题组撰写的《关于规范降价竞争的探讨》(《价格理论与实践》1998年第5期、《江苏物价》1998年第3期),苏州市物价局、行业价格管理协会撰写的《积极探索、努力开创行业价格管理工作的新局面》(载《江苏价格改革二十年·第十四章》),《规范降价竞销,保护合法竞争》(奚永涛《江苏物价》1999年第3期),《社会主义市场经济条件下价格信息工作的再认识》(励启中、汪国英、谢健《江苏物价》1998年第3期),《坚持依法治价,规范价格行为》(时裕福、励启中、潘步高《苏州日报》1999年4月23日),《加强房地产中介管理,促进房地产业健康发展》(时裕福、温福南、王鑫昌《江苏价格》1999年第12期),《依法治价促发展》(时裕福、励启中、潘步高《苏州日报》2000年5月24日),《营造苏州大旅游良好价格环境》(时裕福、潘步高《苏州日报》2001年5月9日),《新时期物价工作的定位思考》(时裕福、汪国英《江苏物价》2002年第3期)。上述发表的论文,不仅结合苏州实际,注重价格理论与实践总结的研究,而且积极为政府决策献计献策,推动苏州价格改革的深化和产业转型升级。

3. 研究与国际经济接轨的价格对策

苏州是个外向型经济发达、开发区林立、改革开放走在全国前列的城市,特别是中国加入世贸组织后,价格工作如何服务外向型经济,如何"入世",按照市场经济要求和WTO游戏规则,开放市场、公平竞争,成为苏州价格理论研究工作的又一重要方面。1999年至2002年发表于《江苏物价》、《苏州经济论坛》等报刊杂志的研究文章,如《希望与困难同在,机遇与挑战并存——加入WTO对价格工作的影响及对策思考》(苏州市价格学会时裕福、潘步高),《民营工业区扎口收费的几点想法》(昆山市价格协会边晓杰),《苏州工业园区企业投资与运营成本分析》、《新加坡促进物价稳定的策略、措施和挑战》(苏州工业园区物价办公室黄建明),《强化收费管理繁荣区域经济》(苏州新区物价办公室),《浅析规范涉企收费和减轻企业负担的现状和对策》(相城区价格学会董志毅、王建军),《入世,你准备好了吗》(昆山市价格协会宋理平),《加入WTO后价格工作的三点趋势》(苏州市价格学会赵长华)等等数十篇文章,从各个不同的侧面,研讨了价格工作服务苏州外向型经济,繁荣经济开发区,切实减轻企业负担,提高价格竞争力,促使国内外价格平衡衔接,社会主义市场经济逐步完善,保持价格总水平基本稳定等的对策建议,发挥了理论和政策研究的先导作用,受到了各级政府及相关方面的重视、关注和采纳。

第四阶段(2003~2007):开展价格工作服务科学发展,构建和谐社会,关爱民生价格权益,促进苏州经济社会发展等方面的价格理论研究。

2003年苏州市价格学会更名为苏州市价格协会,撤销市行业价格管理协会,并将其职能归并入市价格协会,以此为标志,这阶段的价格理论研究工作显著的特点是坚持超前研究和理论先行的原则,更加主动服务价格改革和价格工作,更加贴近苏州经济社会发展和价格改革的实际。

随着经济体制改革的深入,价格改革进入攻坚阶段。如何疏导深层次的价格矛盾,探索价格监管工作新思路，积极稳妥地推进资源产品价格改革，如何运用价格杠推进和谐社会建设、资源节约型、环境友好型社会建设等等，都是摆在价格工作者面前的重点命题，都需要在总结实践经验的基础上，通过理论创新推动价格工作的实践创新，促进苏州价格工作水平和价格队伍素质的提高。为此苏州市价格协会要求苏州市局本部的每个个人会员，都要结合自己本职工作每年完成一篇价格理论研讨文章，做到人手一篇，并实行调研稿费奖励激励机制。从2003年开始至2007年，整整持续了5年。同时，每年初下达国家、省、市布置的重点课题研究，年中都召开价格理论研讨会，年底又对优秀论文进行评选和奖励。例如2007年价格理论研讨会上，共收到各市、区价格协会26篇学术论文和调研文章，大会交流宣读11篇，书面交流16篇。内容涉及价格工作如何服务经济社会发展大局，如何运用价格杠杆促进苏州社会主义新农村建设、节约型社会建设、环境价格体系建设等。太仓市价格协会的《提供全方位价格服务，促进民营经济快速发展》（作者周锦荣）、苏州市价格协会的《积极运用价格杠杆，完善收费管理制度，促进环境价格体系建设》（作者王亚非）、《注重水资源价格改革和管理，为建设和谐苏州作贡献》（作者恽向军、王炳坤、潘步高）等等理论研究成果，开拓了思路，提供了对策建议，推动了苏州价格工作的实践创新。

许多价格调研文章和学术研究论文不仅被国家、省、市级刊物采登载，部分作品获奖，而且得到了中共苏州市委、市政府主要领导的批示、肯定。如调查报告《制止虎丘山下的不正当竞争》（作者高培林、潘步高），揭露了某民营园林与黑导游、三轮车夫、黑车司机相勾结，采取丰厚回扣手法等不正当竞争手段，诱骗、欺诈外地游客，损害苏州优秀旅游城市形象的事实，并提出了加强组织领导，各司其职，各相关部门强化管理，联手开展专项整治，加强企业自律等多项建议对策。该文刊登于《苏州价格内参》2006年第15期后，得到了市委、市政府各部门领导的批示和肯定。随即，苏州旅游、工商、公安、交通、物价、园林、民族宗教等八个相关部门联手行动，对苏州旅游市场秩序进行了专项规范整治，取得了阶段性成果，维护了苏州"全国优秀旅游城市"良好形象，有力地推进了苏州创建"全国消费放心城市"的建设进程。

第五阶段（2008~2010）：根据省价格协会"以调控稳价格，以服务促发展，以监管惠民生"的要求，结合苏州实际，积极开展价格理论研究工作的新探索，促进价格理论研究更好地服务价格工作的中心任务，服务推动科学发展观的实践。

1. 找准结合点，在如何服务于地方党委、政府的中心工作上下功夫、做文章

价格部门作为地方政府工作的一个部门，必须坚定政治方向，紧紧围绕地方党委、政府的中心工作，主动"靠"上去、"贴"上去，开展价格理论研究。2008年，党中央、国务院都对稳定市场物价工作提出了要求。为此，市物价局、市价格协会组织了力量进行专题调研，先后撰写发表了《CPI过快攀升给我们的告诫》、《PPI持续走高给我们的提示》、《居民消费价格与城乡居民收入比较得到的启示》、《应对市场价格异动对策探讨》、《坚持以科学发展观为指针，全面履行价格监管服务职能》、《依法治价，造福人民》、《改革创新是价格事业发展的不竭动力》等等系列论文。其中《CPI过快攀升给我们的告诫》一文，从各个不同的方面研讨物价上涨的原因，抑制CPI过快上涨、保持物价基本稳定的方法途径，提出要始终注意巩固农业基础地位，始终把解决民生问题摆在物价工作的首位，始终关注国际经济运行态势和重要商品价格走势，始终坚持市场调节与政府监管两手抓，始终坚持搞好价格改革，为科学发展服务等6个方面的分析对策。在《PPI持续走高给我们的提示》一文中，围绕PPI（工业品出厂价格指数的简称）走高，研判其原因是资源性产品价格上涨，带有明显的国际输入型通胀的特征，原油、煤炭、电力、水资源等资源性产品价格扭曲，不能真实反映市场供求格局，扭曲偏低的资源性产品价格，不利于资源节约和环境保护，不利于经济结构的调整和产业结构的优化升级，也不利于可持续的科学发展道路。在加快政府扶持生产企业的发展，加快企业技术进步、升级改造、节能减排，提高自身竞争能力的同时，深化价格改革，适度理顺资源价格体系，逐步完善反映市场供求、资源稀缺程度、环境损害成本的资源价格形成机制，从而为深化工业品价格改革进程，提供了决策参考依据，因而引起了地方党委、政府领导的重视。其中，市物价局局长、市价格协会名誉会长曹霞富撰写的《CPI过快攀升给我们的告诫》一文，被苏州市委研究室《调研与参考》刊载后，苏州市政府市长阎立作了批示："曹霞富六个方面的分析很好，我们的干部都要有针对性地做好分析与预测，提出相应措施，促进苏州经济社会又好又快发展，让百姓从发展中得到实惠。"

2009年，"保增长、促发展、惠民生"成为各级党委、政府关注的重点，针对这一中心任务，市物价局、市价格协会围绕"切实转变价格工作职能、服务苏州经济社会'又好又快'发展"的主题，先后组织开展了多项专题调研，形成了《全面履行价格监管服务职能助推科学发展》、《运用价格杠杆，助推服务业发展》、《积极服务科学发展，努力减轻企业负担》等多篇调研文章。苏州是全省唯一开展城乡一体化发展综合配套改革的试点城市，城乡统筹发展是苏州经济社会发展的特色。近年来围绕城乡一体发展大局，加强价格理论研究，先后形成了《发挥价格认证优势促进城乡一体化发展的几点思考》、《运用价费政策促进农民专业合作社发展初探》、《浅析价格服务在新农村建设中的作用》等理论研究成果。其中，市物价局副局长沈志栋《发挥价格认证优势促进城乡一体化发展的几点思考》一文，得到市委副书记徐建明的批示："志栋想法很好，充分体现了服务城乡改革发展的进取精神。请一体办整理下发。"苏州积极争创全国文明城市，价格协会也积极介入这项工作，撰写了《推进价格诚信体系建设，打造放心消费"新天堂"》、《发挥价格监管职能，打造"价格文明之城"》等多篇论文。

在《当前基层价格工作面临的突出矛盾和破解对策》（作者曹霞富，载《价格理论与实践》2008年第6期）论文中提出，市场经济是政府宏观调控下的规范有序的竞争性法治经济，其核心是价格，在完善社会主义市场经济体系的过程中，政府对价格监管负有重要的责任。在市场95%以上的商品和服务价格完全放开，经营者自主定价为主、政府价格宏观调控和少量政府定价为辅的价格管理新模式下，物价部门要按照科学发展观的要求，全力以赴推进"四大转变"：由单纯的《定价目录》管理转变为对所有价格和收费行为进行监管；由单纯从事价格审批事务转为提供全面的价格公共服务；由单纯监管价格转变为监管价格以及与相关的市场供应和市场行为；由单纯依靠价格部门少数人抓价格监管转变为发动社会力量齐共管。苏州"四大转变"价格管理理论的提出和具体实践，在江苏乃至全国率先探索建立符合市场经济发展要求的价格管理新体制，创新做法得到了国家发改委、省价格部门的肯定，管理经验在全国、全省得到推广。

2. 找准切入点，在如何应对价格工作新形势、新问题、新矛盾上下功夫、做文章

随着经济社会的快速发展，价格工作面临的形势不断变化，价格问题日益增多，价格矛盾日趋复杂，这些都要求加强价格理论研究。同时，价格领域的这些新形势、新问题和新矛盾，也是开展价格理论研究的重要内容。

从2008年至2010年结集刊出的《苏州价格印象》、《价格惠民谱新章》中所涉及反映的重点是依法治价、服务科学发展，其最终落脚点则是造福人民群众，如何实现价格惠民，成为新形势下价格理论研究的鲜明特征。

物价上涨，低收入群众受到的压力冲击最大，如何保护低收入群体，使他们的基本生活不因物价上涨而受到影响，发表在《江苏价格》（2008年第4期）等刊物上调研报告《构建物价动态补贴机制，为低收入者撑起"保护伞"》（作者潘步高、颜艳平），对此项工作进行专项研究解读，提出物价部门除了在出台相关调价项目时兼顾低保和困难人群的利益外，还应积极探索对低收入人群实施动态物价补贴的办法，建立经济增长和物价水平相适应的救助标准调整机制，健全动态的更加科学合理的临时救助制度。从而为低收入群体发放物价补贴提供了决策参考和理论诠释。据此，2008年7月4日，苏州市政府在全省乃至全国，率先出台《对低收入居民实行基本生活消费价格上涨动态补贴办法》。该办法的实施，构建了物价补贴动态机制，实现了低收入群众物价补贴与苏州CPI涨落挂钩，启动灵敏及时，发放更具操作性，起到了雪中送炭的作用，彰显了社会分配的公平，也契合了以人为本的理念，体现了政府的民生责任。据统计，当年7月份就向全市12.8万名困难群众发放上半年物价动态补贴2400余万元。《姑苏晚报》评论道："济难解困，关注民生民情，让群众分享改革开放的成果，政府的形象必将因此得分。"

发表于国家、省、市各级刊物上的价格理论研究成果，如《苏州市社会价格监督服务网络建设纪实》（载《中国价格监督检查》2009年第12期，作者沈志栋、李荣泉、于绍明）、《应对市场价格异动措施实行动快》（载《中国价格监督检查》2008年第3期，作者赵长华、陈鸣）、《做好价格监测预警工作的几点体会》（载《中国价格监督检查》2008年第9期，作者陆招元）、《对做好车损价格鉴证工作的几点思考》（载《价格理论与实践》2008年11期，作者周伟昱）、《油价调整对苏州城市公交的影响及对策研究》（载《江苏价格》2008年第4期，作者钱苏扬、邱隆平、潘步高）、《加强幼儿园收费管理的几点思考》（载《江苏价格》2008年第6期，作者张翠萍）、《加强引导管理、促进降本惠民——苏州城区自来水供水成本监审情况分析》（载《江苏价格》2009年第6期，作者马根元）、《对排污权有偿使用的几点认识》（载《江苏价格》2008年第1期，作者王亚非、俞青云）、《春运票价管理启示》（载《江苏价格》2008年第1期，作者苏佳福）、《实施政府补贴，社区让利，努力化解看病贵、看病难——聚焦苏州市降低社区药价改革试点》（载《江苏价格》2008年第三期，作者潘步高）、《行业管理、招标采购、政府补贴谱写苏州医药价格改革三部曲》（载《江苏价格改革30年》，作者励启中、潘步高）等等价格研究文章都从各个不同角度彰显价格研究工作关注民生福祉的主题，为破解人民群众关心的价费热点难点，提供了理论依据和实践探索。

面对价格部门职能弱化、影响淡化、地位边缘化的问题，市价格协会会员们有针对性地进行了研究：先后发表了《充分发挥职能、巩固拓展阵地、不断提升形象——关于市场经济

条件下切实提高价格监管服务水平的思考》、《积极转变职能、不断优化服务——关于做好新形势下价格工作的思考》、《解放思想、大胆创新，以顽强的进取精神做好新形势下的价格工作》、《当前基层价格工作面临的突出矛盾及其破解对策》、《加强市场价格监管势在必行》、《学习实践谋思路，转变职能抓监管》、《整合行政资源，转变工作职能，使价格工作更好地为科学发展服务》、《关于苏州市价格系统机构改革的建议》、《关于保留和加强市县价格部门强化价格工作职能的报告》等多篇理论文章，解析价格部门特别是基层价格部门面临的新问题、新矛盾，深入思考价格部门如何适应形势、转变职能。针对市场经济条件下放开商品价格行为如何监管问题，先后调研并形成了《规范市场价格行为、营造良好消费环境——考察广州、深圳、珠海市场价格行为监管的调研报告》、《对放开商品和服务价格监管的思考》等论文，有力推动了苏州市市场价格行为监督管理工作。根据新形势下价格工作的特点，提出了《善于借智借力借势、增强价格监管实效》的观点，指出价格部门必须正视价格工作客观现状，确立"借"的意识，做到借智而谋，借力而为，借势而上，为价格部门的发展营造良好的政治环境、社会环境和舆论环境。

3. 找准落脚点，在如何破解价格热点、难点问题上下功夫、做文章

实现好、维护好、发展好最广大人民的根本利益，是价格工作的根本出发点和落脚点。价格领域出现的热点、难点问题，领导重视、群众关心、社会关注，自然也是价格理论研究的重点之一。针对农贸市场菜价过高的问题，2008年专门组织人员赴外地考察学习，形成了《考察上海、无锡、杭州、南京农贸市场暨"菜篮子"工程调研报告》，市委常委、分管副市长周伟强作了重要批示。2010年，又进一步提出了《发展生产、建好渠道、整合资源、强化管理——关于抓好"菜篮子"工程、平抑市场菜价的对策与建议》，受到了市委、市政府领导的重视，市委书记蒋宏坤、市长阎立分别作出批示，同时，为制定《苏州市区农贸市场价格管理办法》进行调研论证，做好了前期准备工作。成品油价税费改革前后，经过广泛调研，又先后撰写了《成品油价税费改革对交通运输成本的影响》、《油价调整对苏州城市公交的影响及对策研究》、《出租车司机应对油价上涨经济承受能力分析》、《油价上涨对公路客运的影响及建议》等多篇调研文章，积极为领导决策提供参考。针对非机动车乱收费行为屡禁不止的问题，进行深刻反思，向市委、市政府领导上报了《以科学发展观为指针破解非机动车乱停放乱收费问题》调研报告，引起了市委、市政府领导的重视，市委、市政府主要领导均作出批示，责成相关部门研究落实。群众普遍关注医药、教育、房地产等领域的价格，协会急群众之所急，加大这方面理论研究力度，先后形成了《实施政府补贴、社区让利，努力化解看病贵、看病难》、《完善社区医疗服务体系，促进和谐社会健康发展》、《铁腕治价，切实解决医疗服务乱收费之痛》、《加强幼儿园收费管理的几点思考》、《商品房价格管理的几点思考》、《浅谈促销商品虚构原价及其治理对策》等多篇调研文章，为破解价费热点、难题提供了理论依据和实践总结。

4. 找准着力点，在如何提高价格干部队伍的能力素质上下功夫、做文章

高素质的价格干部队伍是价格工作成败的关键，同时也是价格理论研究的重要对象。通过系统的理论研究，明确管理思路，更加科学地管理价格干部队伍，提高价格干部队伍的工作热情和能力素质。2008年初，市价格协会名誉会长、市物价局局长曹霞富针对价格干部在思想

上存在的模糊认识，深入地进行了分析研究，总结了价格干部需要改变的"不愿争、不能改、不敢闯、不会创"的思想问题，形成了《勇于解放思想，推动价格工作创新发展》的调研成果；2009年，结合学习实践科学发展观活动，大力开展思想教育，进行归纳总结，形成了《着力提高价格干部队伍的六个能力》、《正确处理相互关系，以德为先全面发展》等理论文章。同时，还十分注重对价格管理经验的总结，市价格协会会员先后撰写了《春风使者——吴中区物价局局长陶君玉和她的团队》、《创新应对挑战——苏州市物价局充分发挥职能服务经济发展民生改善纪实》、《加强价格监督服务网络建设、贴近和服务民生》、《苏州市社会价格监督服务网络建设纪实》等经验介绍类的调研文章，大力宣扬先进，激发工作干劲。

为激发进行价格理论研究的积极性，采取三项具体措施：经常进行布置讲评和辅导培训，把理论研究与其他工作一起布置讲评，请专家辅导培训，还定期派员赴市委、市政府和其他机关见学，以学习调研文章、领导讲话、主持词等文稿写作为抓手，提高价格干部的洞察力、判断力、逻辑分析能力和写作能力，培养他们积极向上的进取精神，同时也借机宣传价格部门的理论研究成果；重用理论素质高的价格干部，理论素质是"德才兼备"中"才"的重要组成部分，在2009年3月公开选拔任用干部活动中，十分注重选拔那些价格业务能力和理论素质强的干部，充实到中层领导干部队伍中；制定奖励措施，市价格协会同市物价局对价格理论研究成果实行"双稿酬"制，凡价格干部职工写作的理论文章被各类刊物采用的，市物价局再给予其同等稿酬，年终再进行优秀论文评选和奖励。通过以上措施，物价系统干部职工对价格理论调研工作的积极性被充分调动了起来，催生了价格研究成果。

同时，注重发挥行业价格分会的作用。各行业分会在市价格协会的指导下，大兴调查研究之风，坚持每年下发理论研究重点课题，并召开理论研讨会，形成了一批质量较高，内容涉及到价格工作的各个方面，有较强理论性、应用性和实用性的好文章，推动了苏州市价格理论研究工作。多年来，依托行业分会，先后撰写了《"12345"唱响苏州行业价格管理合奏曲》、《切实转变职能、依托行业协会、加强价格自律、构建和谐社会》、《行业管理、招标采购、政府补贴，谱写苏州医药价格改革三部曲》、《结合行业价格管理，谈谈科学发展观的实践运用——苏州行业价格管理模式》、《发挥价格协会作用，规范酒店对自带酒水收取服务费行为》等理论文章，形成了一批价格理论研究成果。

第三节　行业价格管理

　　江南水乡,古城苏州,明清以来就一直是各种手工业行会及商业行会发达的城市,见于碑刻及有关资料的有近90个。明清及民国时期的苏州行会在市场培育、市场准入、行业价格自律、行业保护等方面都曾经扮演过重要的角色。建国后至改革开放前这一时期,在计划经济体制下,行会组织及行业价格管理随之退出人们视野。20世纪80年代开始,随着价格改革逐步向纵深发展,价格管理的内容和方式不断地发生着变化。管理权限由高度集中的政府定价演变为以经营者分散自主定价为主,价格的形成机制也由按政府价格政策和成本定价演变为以市场形成为主。苏州市场经济的快速发展再一次将苏州的行业价格管理推到了前台。市物价部门及行业价格协会、价格协会适应形势的发展,以积极的态度努力寻找工作的切入点,通过组织开展行业价格管理这一新载体,探索价格管理的新路。一个政府物价部门调控引导宏观价格、行业协会实施价格自律的价格管理新格局逐步形成,并具有鲜明的苏州地方特色。

　　苏州市的行业价格管理工作大致可以分成四个阶段。

第一阶段是摸索准备阶段（1985~1988年）

　　党的十一届三中全会以后,中国的经济走上了逐步开放的道路,价格管理上伴随着三次放开小商品价格和放开生猪、蔬菜等大宗农副产品的价格,商品生产、流通领域出现了多元化局面,主管部门、主营公司制定的价格无法覆盖影响全社会,兼营服从主营的规定已经不适应改革的需要,例如一些区属企业的产品、服务价格不再到主管部门、主营公司报核,政府和社会各方面要求加强价格信息传递,平衡价格的呼声逐步增大。市物价委员会从1985年开始探索打破由主营公司制定公布价格的现状,由物价部门牵头指导协调商品的价格水平和价格信息的交流传递工作。1985年7月,率先在果品行业开展行业议价活动,由物价部门牵头,每周二次协议时令瓜果的批、零价格,由各批发单位和部分零售企业代表参加,起到了交流情况、平衡价格、稳定市场的积极作用,受到了经营企业的欢迎。以此为开端,在以后的几年中,市物价局对其他行业分别进行实践尝试,并总结提高。1986年3月,由蔬菜、果品等系统的批发单位参加开展了春毛笋行业议价活动。1986年4月,由部分茶叶加工、零售单位参加协商建立了茶叶价格协调小组,把价格和质量一起抓,设立了样板店和样板价格。1986年5月,把当时的17家咖啡店组织起来建立了冷热饮料行业价格管理小组。1986年10月,完善了水果行业价格协议会议,同时组织开展电视机、收录机修理议价小组。1987年4月,开展了新兴的西餐行业价格管理;同年12月,建立了旅社业优质优价管理小组。在这个阶段,有选择地在部分行业中试行协调管理,并逐步完善,通过交流行情信息,平衡价格,稳定了改革初期部分居民生活资料的价格水平,保证了改革的顺利进行。

第二阶段是形成制度化阶段（1988~1992年）

　　1988年上半年开始进入了第二阶段,实行了制度化管理。在第二阶段,由物价部门牵头组织，以协调制定公布挂牌价为重点，由专人负责，使制度落到了实处，进驻市场之后对行情了如指掌，便于协调和督促挂牌价的执行。依托当时生产资料流通的重要场所物资贸易中心，建立了生产资料价格中心，明确专人，常年进驻中心办公，针对生产资料流通管理中出现的因控制净利润产生的高进高出、低进低出或盲目无序定价难以管理的局面，建立了金属材料、木材、建材等价格管理小组，根据市场行情协调制定挂牌价，作为对双轨制价格条件下放开商品的最高限价，有效地遏制了当时通货膨胀条件下价格水平的不合理上扬。1990年，根据生产资料价格中心的成功做法，在日用工业品批发交易中心，筹建了日用工业品价格中心，同样明确专人进驻市场办公，建立了百货、杂品、纺织品、五化交行业价格管理小组，同时在生产资料价格中心增建了燃料、机电、汽车配件价格管理小组，当年行业价格协调品种从1988年的47种，增加到632种，行业活动108次，公布挂牌价67期。1989年9月，针对议价粮油比重增加的局面，建立了粮油行业价格管理小组，由经营单位参加，对议价粮油协调制定挂牌价，1991年建立了食品价格中心，把农产品、副食品纳入中心统一管理。

第三阶段是规范化发展阶段（1992~1998年）

1992年之后，苏州市的行业价格管理工作走上了规范化轨道，按照邓小平南方讲话精神，加大了价格改革的力度，除极少数品种仍由国家管理外，90%以上的品种由经营者自主定价，按照当时"四放开"的改革要求，市物价局从"政府放权，企业管严"要求出发，积极筹建了苏州市行业价格管理协会，成为具有法人资格的社会团体，把原来建立起来的小组纳入协会的统一管理，协会通过了章程，选举产生了由物价、商业、供销、物资以及工商联等部门领导参加的协会领导班子，理事会由工、商企业及个体户代表60人组成，协会在秘书处的协调下，通过20多个小组开展行业价格管理活动。在价格管理的内容上由原来的挂牌价扩大到与协议价、行情价三者并存，即对重要的品种以挂牌价形式公布，参与协商的单位共同遵守；其他经营面广的品种通过交流协商形成行情价，指导经营者自主合理定价。

1992年以来，在市行业价格管理协会的协调下，行业价格管理由初期的交流协调行情，指导价格水平，发展到配合国家重大价格改革措施出台，自查互查，指导建立健全企业内部制度，参与审价、评定等级、测定市场平均价格等维护市场价格秩序，规范经营者价格行为上来。

1993年5月，国家提高了零售营业税，增税后势必影响价格。苏州市物价局通过有关行业小组协调，对于必须提价的采用分期分批的办法分散解决。1994年1月，国家出台了税制改革措施，市物价局从行业价格管理入手，及时走访骨干企业和重要商品的批发企业，组织对作价办法如何适应新税要求进行培训，学习新税制，解剖实际事例。在省和市具体文件出台后，一些零售企业主动降低了批零差率，批发企业及时安排调整了进销差，保持了市场价格的稳定。

1993年和1994年两次组织粮油行业价格管理小组的骨干成员，对国家出台的价格改革措施落实情况开展互查活动，对执行中出现的问题及时指出予以纠正，对流通秩序出现的问题，结合成员单位的反映写调查汇报，报告市政府和有关主管部门，呼吁引起重视。又如在日用工业品、副食品、旅社等行业内开展互访活动，通过实地走访各成员单位，征求对价格管理办法的建议和意见，沟通了企业间的交流，相互启发、取长补短，获得了良好的反响。

1994年国家实施宏观调控措施，从中央到地方逐级公布了实施价格监审的商品，市物价局就依托市行业价格管理协会，根据政策要求、市场行情和成本，在不到一个月内组织20多次行业会议，制定了一批监审品种的市场挂牌价格，其主要品种为家用电器、照相机、手表、钟表、卫生纸、洗衣粉、汗衫、汗背心、棉毛衫裤、全毛绒线、自行车等，报经物价部门公布，允许经营者在规定幅度内自行定价，减少了经营者的提价申报手续，稳定了市场价格水平。1994年12月后，国家在部分行业实施反暴利管理措施，市物价局还是依托行业价格管理协会，测定并公布市场平均价格，公布涉及到的有钢铁等金属材料、计划外化工、燃料、木建材、轻纺原材料产品、主要家用电器等的市场平均价、指导价，作为制止牟取暴利的执行和监督的依据。

1992~1998年，市行业价格管理协会共组织开展行业价格管理活动1400余次，公布价格667期，另外还通过组织培训及时宣传国家的物价方针政策，例如《价格法》颁布实施前后，在各行业价格管理小组内开展了宣传咨询活动，结合各行业自身的特点学习《价格法》，讨论执行《价格法》的具体意见办法。行业价格管理工作经过十四年的实践探索，已经成为配合政府价格主管部门行政管理的行之有效的形式。

第四阶段是坚持按照市场经济规律管理市场价格行为阶段（1998~2010年）

1998年5月，《中华人民共和国价格法》正式实施，市场经济的快速发展和价格改革的不断深入，绝大多数的商品和服务价格已经放开，价格管理方式也随之由管理具体价格为主转向以管理市场价格行为为主。在这种情况下，市价格协会顺应发展社会主义市场经济的需要，从健全组织、完善网络入手，充分发挥行业组织引导价格自律、促进价格管理的作用，有效地维护了市场价格秩序。

1. "两会合并"，整合资源

为充分发挥价格协会的作用，使价格协会成为行业价格管理工作的组织者，2003年便撤销了苏州市行业价格管理协会，将苏州市价格学会更名为苏州市价格协会，把原行业价格管理协会的职能赋予了价格协会，为行业价格管理纳入"政府引导、企业自律"的轨道提供了组织保证。

2. 设立分会，形成网络

根据全市行业组织的现状，进行了归类引导，市价格协会在各行业组织中设置行业价格管理分会，通过分会的内部章程和规章制度来规范企业的价格行为。同时，动员骨干企业牵头发起组建新的行业价格分会，并担任分会负责人。至2005年底，市价格协会已在市区组建了房地产、医药、农贸市场、餐饮、百货、旅社、游览景点、沐浴、酒吧咖啡茶楼等9个行业价格分会和一个价格咨询服务专业委员会共10个分支机构，2006年又筹建通讯行业和医疗价格行业分会。每个行业分会根据各自特点，细分为若干个行业活动小组。如医药分会下设医药、零售、批发、生产4个行业活动小组。直接参加行业活动的企业单位达400余家。行业价格活动采取定期与随机相结合的办法，原则上每月一次。全市各县、区也组建了价格协会，下设若干个分会，基本形成了覆盖全市的行业价格管理网络。

这一阶段，苏州市价格协会在行业管理中强化行业自律功能，始终把促进苏州经济发展和维护物价基本稳定作为行业价格管理工作的两个重点。

3. 紧紧围绕促进经济发展这个主题，为苏州加快实现"两个率先"助推

为发展苏州大旅游，市物价局会同市价格协会指导游览景点、餐饮、旅社、沐浴行业等价格分会，定期开展行业审价活动，不断完善宾馆、客房、餐饮价格分等定级管理办法。为防止旅游旺季客房价格暴涨，依托旅社行业价格分会，测定公布了"五一"、"国庆"、"春节"三个旅游黄金周期间苏州市区旅社客房市场平均价格和浮动幅度，指导各旅社合理定价。为引导房地产企业实行行业价格自律，房地产价格分会以实施新的《苏州市商品房价格管理实施细则》和《关于修订〈苏州市商品房明码标价的规定〉的通知》为契机，先后举办了四期有100多家房地产开发商参加的房地产价格政策培训班，受到了房地产分会会员和开发商的热烈欢迎。同时，依托行业组织贯彻新的商品房价格管理实施细则和明码标价一房一价的规定，从改革普通商品房定价办法、扩大价格浮动幅度、引入商品房成本认证制度、强化"一价清"制度、搞明码标价、落实"定销房"及中低收入住房困难户价格政策等环节入手，整顿规范房地产价格和物业管理收费行为。

4. 围绕保持物价基本稳定这个目标，为维护市场价格秩序保驾

为把行业价格管理纳入"政府引导、企业自律"的轨道中去，市物价局、市价格协会突破传统的价格管理方式，坚持市场导向与政府调控引导相结合。

2003~2005年，市行业价格管理同样经受了防治"非典"、"禽流感"和应对粮油蔬菜价格突发性上涨的严峻考验，并发挥了独特的作用。为了加强对防治"非典"、"禽流感"有关商品和群众基本生活必需品的重点监测，严格执行国家"两条控制线"的规定，全市各级行业价格管理组织在价格主管部门的指导下，积极参与粮油、家禽、防治"非典"地产消毒液等商品的价格成本调研，参与粮油、蔬菜等市场价格监测，参与农副产品价格突发性上涨行情分析。当对涉及抗击"非典"有关商品采取市场最高限价、差率管理和"两条控制线"等一系列临时价格干预措施时，行业组织成员单位不仅严格执行国家"两条控制线"的规定，积极协助搞好成本调研、行情分析，当好参谋助手，还克服困难带头执行最高限价和差率管理，并且积极组织货源，为确保市场供应和物价基本稳定作出了积极贡献。

5. 确立"只设路标，不设路障"的观念，在"放"字上求突破

为了营造地方经济发展宽松良好的价格环境，不断提高"亲商、为民"的服务意识，以加快推进价格行政审批制度为突破口，进一步放开已经形成充分竞争的商品和服务价格，给予企业充分的自主定价权。企业定价权是企业走向市场的重要标志，也是实施行业管理的基础，根据《江苏省定价目录》，在市政府的统一领导下，物价部门多次取消、下放和降格了一批价格行政审批事项，坚决做到不截留企业定价权。

6. 确立"让市场、企业当主角"的观念，在"转"字上求突破

在参与行业价格管理活动中，物价部门坚持转变观念，转变职能，多指导，少干预。坚持由市场、企业当主角。明确商品的生产经营者是放开商品价格定价的主体，享有充分的定价、调价自主权，最终的价格要通过市场竞争形成。由各行业价格分会具体负责本行业日常价格管理工作，对放开商品价格组织同行议价，为生产经营者提供参考价格。参加议价的生产经营者在同行业中具有一定的代表性和权威性，同时邀请用户代表参加行业议价活动，比

较全面地反映各方面的要求,议定的价格内容比较符合企业和市场实际,避免发生"价格大战"和价格垄断现象。坚持有所为、有所不为,想大事、谋全局,当参谋、出主意,尽可能减少对微观价格事务的直接干预。在发挥对行业组织的引导作用时,注意把握好"度"。对行业议价活动,坚持多通报情况,多提供价格法规政策,只保留必要的行政干预。

7. 确立"放开不能放任"的观念,在"引"字上求突破

坚持对放开的商品价格不放任自流、放而不管,通过行业组织依法进行引导和规范。把与人民群众生活关系密切的放开商品价格列入政府价格调控目标,实行调控目标责任制。每年由政府发文,将已经放开的米、面、油、肉、蛋、菜、糖、牛奶等价格列入价格调控目标进行考核,依托行业组织,以定期公布大宗蔬菜和主副食品全社会平均价格的形式予以调控引导,取得了良好的社会效果。充分发挥行业组织自我管理、自我约束、自我规范的能力,建立健全市场主体的价格约束机制。价格协会依托各行业价格分会,引导企业广泛开展"价格诚信"、"明码标价规范月"等活动,先后已有三批108家企事业单位被评为"AA"价格信用单位和"AAA"价格信用单位。各行业分会结合各自行业特点,每年开展行业内的审价活动,如餐饮业的价格分等定级、旅馆业按等级议定黄金周价格,医药行业价格分会还组织全市医疗行业的审价互查活动,使绝大多数医疗单位做到了价格公示醒目齐全,收费行为规范、透明。

在行业价格管理的实践中,通过积极引导行业与企业合理定价规范市场价格行为,逐步形成了四种自律价格形式。

行情价。是各行业分会在各企业交流市场价格行情的基础上,归纳的市场实际成交销售价格,主要适用于大型批发市场。

市场平均价。各行业分会依据生产成本和市场供求情况测定,为经营者自主制定同类或相关商品和服务价格提供参考标准,也为消费者提供价格参考。这种形式在行业价格管理中采用最多。如每周在全市各农贸市场通过大型电子显示屏公布主要农副产品市场平均价格。在餐饮、娱乐、酒吧茶楼、沐浴、园林、涉外星级饭店等行业定期发布内供饮料、酒水、食品市场平均价格,以及市场平均毛利率。

同行议价。由行业分会根据企业的不同软、硬件设施、条件,对餐饮、旅游、沐浴、娱乐、酒吧茶楼等企业价格进行同业评审,分等定级,依据企业的价格等级测定其主要经营品种的市场平均价格和差率幅度。

行业指导价。是经同行之间充分民主协商,允许有一定浮动幅度的行业指导价,以加强行业管理。如2005年以来,百货行业价格分会根据国内外市场金价上扬下浮行情,多次发布行业指导价,有效地发挥了行业组织的管理作用。由于该分会在率先实行金价与加工费分离、保持苏州金饰品传统精细特色、防止"价格大战"、树立企业价格诚信等方面成绩显著,受到了国外同行的邀请,参加了意大利黄金协会和世界黄金协会的活动。

8. 行业价格管理作用

多年来的实践证明,在市场经济条件下,依托行业组织加强行业价格管理有五个方面的优势:

有利于政府价格主管部门转变职能。行业价格管理为价格主管部门变直接管理为间接管理开创了一条新路,是适应市场经济特点、改革价格管理体制的有效措施,有利于价格主

管部门转变思维定式,从过去的主要对商品和服务价格的定调价管理,转变为以"定规则、当裁判、搞服务"规范市场价格行为为主。

有利于科学合理制定价格。市场经济的一个重要特征是主要由市场决定价格,行业价格管理正是顺应了市场决定价格的大趋势,通过"市场规律这只看不见的手"调节市场供求,合理配置资源。

有利于保护企业合法经营,公平竞争。行业组织通过同行议价,充分考虑同行业经营者的成本、产销、供求等情况,体现符合实际的市场平均价格水平和全行业大多数经营者的利益,促进经营者改进管理、改善经营、降低成本、公平竞争。

有利于建立正常的市场价格秩序。行业价格管理是各市场主体在价格行为上的一种自治方式,有着政府部门不可替代的作用,它通过协会的内部章程和规章制度来规范企业价格行为,可以有效地加强企业自律和相互监督,防止恶意竞争和价格垄断。苏州这几年之所以在价格放开的同行业中没有发生价格大战和价格垄断,行业价格管理发挥了积极作用。

有利于政府加强宏观调控。通过价格协会和行业管理这个载体和渠道,价格主管部门能及时将价格调控政策措施贯彻落实到各行业的经营者中去。实践证明,它既能适应市场经济的需要,又能适应宏观调控的需要,实现了政府和企业的"双赢"。

大事记

1949年

4月27日,苏州解放,解放军代表在吴县商会宣布人民币对几项主要商品的作价规定。

5月1日,苏州市军管会宣布人民币为流通中的合法货币,市场开始使用人民币。

6月14日开始,苏州市场各物价格一律以人民币计算。

11月,苏州市军管会和人民政府针对5~11月出现三次较大的物价波动,采取果断措施,从抛售物资、控制货币投放及加强市场管理等方面着手,促使物价稳定下来。

1950年

2月,苏州市场白米每石价格最高时上涨到27.3万元,日用工业品价格亦纷纷上涨,市政府调进粮食向市场抛售,并发行折实公债,加强税收以及压缩信贷等各项措施,使市场物价迅速得到平抑。

1952年

4月11日,中国百货公司苏州支公司降低1516种商品牌价,各类商品平均降幅为6.5%~16.8%。

1953年

11月,苏州市政府根据中央政策,公布对粮油实行计划收购和计划供应。

12月7日,苏州全市实行粮食定点供应。

1954年

8月18日,苏州市区对供应日益紧张的食糖实行凭证供应。

9月15日,苏州对棉布实行计划供应,以保持价格稳定。

1955年

2月21日,国务院颁布关于发行新人民币和收回现行人民币的命令。

3月1日,发行新人民币,以一比一万元收兑旧人民币,商品价格按同比改标。

9月1日,苏州全市城镇实行粮食定量供应,定量供应人口共402997人(包括木渎镇)。

1957年

7月,苏州市人委颁发《关于加强物价管理的意见》,全市物价管理工作由苏州市计划委员会设立物价办公室统一领导。

1959年

1月，市设工商行政管理处，物价管理工作又划归该处管理。

4月，苏州市委颁发《关于市场物价管理的几项暂行规定》。

5月，苏州市市场物价管理委员会建立，统管全市工、农、商、交通运输等价格。

7月，苏州市人委发布《苏州市市场物价管理暂行办法》和《苏州市物价管理暂行规定》。

8月，建立苏州市物价局。下设秘书科、一科（生产资料价格）、二科（生活资料价格）。

1960年

1月，苏州市对一部分主要生活用品和副食品实施计划供应，凭票凭证供应的副食品有肉类、蔬菜等26个品种。

6月，苏州市物价局、商业局、粮食局合署办公。

9月，苏州市适当降低了市民的口粮、口油定量标准。粮食，干部、企事业管理人员每人每月减2斤；食油，不分老少每人每月从4两减少为2两。

1961年

2月，苏州市开始供应高价糖果、高价糕点和高价菜肴。高价糖果始售平均每市斤6元左右，高价糕点始售平均每市斤4元左右，高价菜肴始办时毛利80%。

8月，调整苏州市场物价管理委员会组成人员，委员有吴迪人、时立德、陈健光、李克夫、高正林、陈昌明、翁文俊等七人，委员会主任为吴迪人，副主任时立德、李克夫。

11月，苏州市人委发出《关于苏州市物价管理暂行办法的有关补充规定》，要求市管商品在价格管理上，贯彻"管而不死，活而不乱"，允许集市贸易在最高限价下自由交易。

1962年

5月，重建苏州市工商行政管理局，物价局和工商行政管理局合署办公，下设物价科管理物价。

6月，苏州市又扩大了高价商品范围，增加了绸缎、被面、毛巾、自行车、手表等工业用品。

7月，苏州市改进计划供应，试行对城市居民按工资水平发放购货券，凭券按牌价供应呢绒、羊毛制品、铝制品等13类72种商品。调高了煤球价格，每百市斤从2元调到2.2元。

1963年

9月，撤销苏州市物价局，建立苏州市物价委员会。

1964年

1月，苏州城市居民恢复1960年前的粮油供应标准。

4月1日，苏州按省统一部署，调整了菜油统销价格，每市斤从0.74元提高为0.79元。

5月，苏州市人委批转苏州市物委《关于修订物价管理权限职责的报告》。

1965年

4月1日，苏州调整白米统销价格，标二粳每百市斤由13.9元调高为14元，同时给职工每年增发粮价补贴2元。

1967年

8月，中央发出《关于进一步实行节约闹革命，控制社会集团购买力，加强资金、物资和物价管理的若干规定》。

1970年

11月，国务院发出《关于不得自行调整商品价格的通知》。

1972年

3月，江苏省革命委员会计划经济委员会转发国家计划委员会《关于加强物价工作的通知》，要求尽快建立健全县以上物价工作机构。

1973年

7月，苏州市革命委员会生产指挥组在财贸组内配置专职物价干部两名，负责管理物价。

1975年

4月，物价管理工作和专职物价干部由计划组负责。

12月，苏州市生产指挥组印发《关于苏州当前物价工作规定》，恢复"文化大革命"前规定，由中央、省和市三级分级管理价格，重申基层生产企业、经营企业无权自行确定、改变商品价格。

1976年

12月，苏州市生产指挥组根据上级对商（产）品价格分级管理精神，修订了苏州市有关部门分工管理价格的商（产）品目录，9类81个品种。

1977年

4月，撤销生产指挥组，恢复设立成立苏州市计划委员会，全市物价工作由市计委兼管。

11月，苏州市计划委员会设立物价科管理全市物价工作。

1978年

全市物价管理工作基本恢复"文化大革命"前状态，仍沿用单一的国家管价的基本形式。

从1967年到1978年的这段时间内,不仅没有解决历史上遗留下来的一部分商(产)品价格不合理状况,相反,由于长时间冻结物价,积累了更多的价格矛盾,使整个价格体系不合理状况更为突出。

1979年

党中央十一届三中全会后,1979年开始,对长期积累下来的不合理的价格体系按照价格规律的要求进行改革,从调整明显过低的农产品收购价格开始,拉开了全国性的价格改革序幕。

4月,苏州按照全省统一部署,陆续提高了粮食、油料、生猪、水产等农副产品的收购价格。其中,粮食价提高19.3%,油菜籽提高28.6%,对粮油的超购部分由加价30%提高为50%。生猪提高23%,水产品提高33.2%。

6月,苏州市委发出《关于加强市场物价管理的通知》。

11月1日,苏州市贯彻中共中央、国务院和省委、省革会的指示,部署调整八种主要副食品价格,同时对职工实行副食品价格补贴。

1980年

4月23日,经苏州市委批准,建立苏州市物价委员会,由施建农兼任主任,谢惠珍兼任副主任。

9月25日,经苏州市编委批准,设立工业品价格科、市场物价科。核定行政编制15名。

10月6日,苏州市委通知,吴仲道任苏州市物价委员会副主任、苏州市计划委员会党组成员。

12月26日,苏州市委通知,陈晖兼任苏州市物价委员会主任。同日,苏州市物价委员会组织全市物价大检查,市物委主任陈晖作动员,副市长施建农到会并讲话。

1981年

2月7日,为了整顿议价,苏州市物价委员会印发了《关于议价商品实行薄利多销的通知》。

3月6日,苏州市政府在开明剧场召开苏州市计划会议,市物价委员会副主任吴仲道作了《关于物价工作意见》的发言,明确了1981年物价工作的任务和政策。

3月13日,市物价委员会制定了《苏州市日用工业品工业自销价格管理的试行办法》。

4月14日,市物价委员会制定了《关于加强涉外商品价格管理的通知》。

4月25日,市物价委员会出台了《苏州市地产生产资料价格及协作物资价格中若干问题的暂行办法》。

5月10日,苏州市政府批转市物委《当前街道企业物价管理情况》。

6月16日,市物价委员会印发了《关于电视机、收音机、录音机、扩音机维修收费标准的通知》。

6月17日,市物价委员会制定了《关于度量衡器修理、油漆收费标准的通知》。

8月1日,苏州市政府批转市物价委员会《关于整顿全市电扇价格的报告》。

8月11日,市物价委员会召开半年度全市物价工作大会,总结上半年物价工作,并对下半年工作提出了要求。会上表彰了12位物价工作先进个人。

10月29日,市物价委员会印发了《关于统一钟表修配价格的通知》。

12月1日，经苏州市政府同意，从12月开始，调整市内公共汽车月票。

1月23日，市物价委员会设立了市场物价群众监督岗，公布了联系电话。

2月3日，市物价委员会出台了《苏州市弹力涤纶丝织品作价（试行）办法》。

2月19日，市物价委员会召开1981年全市物价工作大会，总结了去年工作，对1982年工作提出了要求，表彰了先进集体和先进个人。

3月5日，苏州市政府办公室规定了市属各部门发出有关物价（包括收费标准）的文件，必须经市物价委员会同意，并与市物价委员会联合发文。

7月7日，市物价委员会印发了《苏州市三办企业产品价格管理试行规定》。

11月21日，苏州市政府批转苏州市物价委员《关于加强涉外价格管理的请示报告》。

1月29日，苏州市政府批转了苏州市物价委员、卫生局、财政局的请示报告，并规定医院实行两种收费标准。

2月25日，市物价委员会召开物价工作会议，全市各局、公司、直属企业的物价干部近百人参加，副主任吴仲道作了1982年全市物价工作的总结并对1983年的物价工作提出了要求。大会表彰了26名1982年度市区物价先进工作者。

2月28日，苏州市物价委员会召开沪宁线上的兄弟城市物价部门碰头交流会，研究一些新情况、新问题，以适应新形势下对物价工作的要求。江苏省物价委员会副主任陈智、处长祝世珍也参加了会议。

3月9日，按照上级关于地市合并的要求，原苏州地区计委物价科并入苏州市物价委员会。

3月25日，中共苏州市委通知，戴坤生兼任苏州市物价委员会主任，吴仲道任副主任。

5月21日，根据机构改革的精神，苏州市编制委员会规定，苏州市物价委员会设立办公室，撤销工业品价格科和市场物价科。

6月4日，苏州市委通知，吴仲道为苏州市计划委员会党组成员。

6月25日，苏州市物价委员会制定了《苏州市零售物价管理办法》，提出了14条具体管理措施。

10月30日，市物价委员会颁发了《苏州市零售物价管理办法》。

12月23日，苏州市物价委员会被评为省物价工作先进集体。

2月1日，市物价委员会在葑门招待所召开全市物价工作会议，会上副主任吴仲道总结了1983年物价工作，对1984年的物价工作作了布置。表彰了74名1983年度物价先进工作者。

2月27日，根据江苏省人事局、劳动局、计委、财政厅、物价局通知，成立物价检查所，编制50名。

4月2日，经苏州市编委批复，办公室改为秘书科，增设工交物资价格科、农贸市场价格科。

5月4日，苏州市物价委员会、苏州市人事局发文《关于招考录用干部简章》，公开招考录用物价检查所干部。

6月9日，苏州市物价委员会印发了《关于加强和改进涉外价格管理的通知》。

8月24日，经苏州市人事局批复，吸收录用24名物价检查所干部。

9月3日，经中共苏州直属机关委员会批复，建立苏州市物价委员会机关党支部，由温福南任支部书记，励启中、吴本梁为支部委员。

10月13日，经苏州市直属机关工会工作委员会研究，同意建立苏州市物委机关工会委员会。耿凤玉任工会主席，史敏菊、冯大男、陆招元、邵祖良为工会委员。

12月24日，市物价委员会颁发了《苏州市旅社、招待所价格管理办法》。

1985年

1月5日，苏州市哲学社会科学联合会批复，同意成立苏州市价格学会。

1月26日，苏州市农产品成本调查队成立。

1月29日，苏州市价格学会正式成立，通过了《苏州市价格学会章程》，聘请副市长冯大江和政协副主席、社联副主席陈晖为名誉会长。

2月8日，市物价委员会在葑门招待所召开全市物价工作会议，副主任吴仲道总结了1984年物价工作，并对1985年的物价工作提出了要求。表彰了74名1984年度物价先进工作者。

6月18日，根据苏州市政府规定，任命周卫国为苏州市物价委员会副主任。

6月21日，市物价委员会根据江苏省政府通知精神，结合苏州市情况，对放开猪肉销价和猪肉、小油料、小杂粮直接相关的食品及制品价格调整了443个品种，调整面占行业经营品种的35.56%，零售价平均提幅为23.06%，在上述价格从7月1日开始执行的同时，给城镇居民发了肉食品补贴。

8月5日，根据苏州市编委规定，工交物资价格科、农贸市场价格科合并为价格科，另设综合信息科。

8月15日，市物价委员会会同市总工会，在苏州市区建立第一支职工义务物价监督员队伍。

9月24~27日，苏州市委、市政府召开县（市）、区委书记，县（市）区长会议，讨论搞好市场供应，稳定市场物价会议。28日，市委、市政府发出《关于搞好市场供应稳定市场物价的通知》。

市政府决定从12月1日开始至1986年春节，对市区农贸市场主要蔬菜品种和鸡蛋的集贸市场价格实行限价销售。市物价委员会牵头组织400名干部职工全天上农贸市场，检查督促经营者执行限价规定，以稳定市场物价、稳定民心。

12月5日，经苏州市人事局批准，吸收录用的24名物价检查干部正式转为国家干部。

1986年

2月21日，市物价委员会在城南旅社召开全市物价工作会议，传达全国物价会议精神，总结了1985年物价工作，布置1986年的物价工作任务。表彰了87名1985年度优秀物价工作者。

6月，苏州市物价委员会副主任周卫国回江苏省物价局工作。

8月21日，苏州市物价委员会发出通知，要求从1987年1月1日起，在全市范围内一律使用由物价检查所统一监印的商品标价卡。

11月16日，苏州市物价委员会建立集市农副产品价格信息网络。

12月15日，市物价委员会建立团支部，首届团支部委员会由李荣泉任书记，蔡荣华任副书记。

1987年

1月5日，市物价委员会发文《关于当前市场物价管理若干政策规定的通知》。

2月24日，苏州市计委同意改选物价机关党支部委员会，励启中任支部书记，朱正锡为副书记，戴整为组织委员，王炳坤为宣传委员，施相平为纪检委员。

2月27日，经苏州市编委同意，增设宣传教育科。

3月5日，苏州市直机关工作委同意苏州市物价委员会机关工会第二届委员会由杨新荣任工会主席，邵祖良任工会副主席，施相平、史敏菊、张志方、詹馨鸿、陆招元为工会委员。

4月10日，市物价委员会印发了《关于明确非商品收费管理权限的通知》。

4月20日，市物价委员会印发了《关于严格按照物价分级管理权限办事的通知》。

4月27日，市政府批转市物价委员会《关于努力保持物价基本稳定的报告》的通知。

7月17日，市物价委员会印发了《关于对重要商品提价实行申报制度的通知》。

8月8日，苏州市政府规定，任命左贞彦、励启中为苏州市物价委员会副主任。

8月21日，根据苏州市编委规定，关于各区建立物价局的通知，从苏州市物价检查所编制划出8名给区，由50名减为42名。

10月19日，苏州市政府批转苏州市物价委员、建委关于《苏州市商品住宅价格管理暂行规定》的通知。

12月21日，苏州市政府批转苏州市物价委员会《关于建立街道群众价格监督站的报告》的通知。

1988年

1月13日，苏州市政府同意苏州市物价委员会关于申请免缴商品建筑、人防费用的报告。

3月4日，苏州市政府规定，免去戴坤生市物价委员会主任职务。

3月15日，市物价委员会印发了《关于在苏州市实行〈江苏省收费许可证〉和〈江苏省收费员证〉的通知》。

4月8日，市物价委员会、市编委、市人事局、市财政局规定，同意新增16名物价检查行政编制人员名额。

5月26日，经苏州市直机关工委规定，同意施相平任苏州市物价委员会机关工会主席，增补周珠琴为工会委员，免去杨新荣工会主席职务。

6月3日，苏州市编委规定，同意市物价委员会撤销价格科、宣传教育科，建立工业品价格科、农产品价格科、收费管理科。

7月8日，市物价委员会关于下达《苏州市饮食业价格管理办法》的通知。

9月23日，苏州市编委下达关于同意各区建立物价检查所等问题的批复。

9月24日，苏州市政府办公室批转苏州市物价委员会《关于对十五个部门的收费项目进行清理整顿的报告》的通知。

9月28日，市物价委员会印发了《关于确认王立衡等32位专业技术职称资格的通知》。

10月20日，苏州市政府办公室同意《关于当前物价工作存在问题及处理意见的报告》。

11月11日，市物价委员会印发了《苏州市物价委员会机关关于为政清廉的若干规定》的通知。

1989年

1月9日，市物价委员会召开办公会议，明确吴仲道副主任退休后，左贞彦主持全局工作，主任分工不变。

1月16日，免去吴仲道苏州市物价委员会副主任职务。省物价局规定，任命吴仲道为省政府驻苏视察员。

2月12日，苏州市政府办公室转发苏州市物价委员会《关于对行政性、事业性收费项目进行清理、整顿意见的请示》的通知。

2月20日，市物价委员会印发关于执行《苏州市区饮食业价格管理办法》的通知。

2月27日，经苏州市计委规定，同意励启中兼任苏州市物价检查所所长。

3月13日，市物价委员会印发关于执行《苏州市区饮食业价格管理办法》的补充通知。

4月13日，市物价委员会印发了《苏州市区茶叶价格管理规定》。

6月3日，市物价委员会印发了《关于加强县（市）区物价检查所领导的通知》。

6月20日，市物价委员会印发了《关于明确苏州市各级物价检查机构价格监督检查职责范围的通知》。

8月24日，市物价委员会发文关于印发《苏州市个体工商户价格管理规定》的通知。

8月26日，市物价委员会、市财政局印发了《关于行政性事业性收费管理规定的通知》。

10月18日，市物价委员会印发了《一九八九年物价大检查中注意掌握的若干政策界限》。

1990年

1月27日，市政府关于印发《苏州市价格管理办法》的通知，明确了价格管理范围、原则、权限、价格监督检查和处罚，共二十三条。

2月20日，市物价委员会、市城建委印发关于试行《苏州市环卫有偿服务暂行办法》和《苏州市城区环卫资金管理暂行办法》的通知。

3月8日，根据国家物价局《关于商品和收费实行明码标价制度的规定》，从1990年4月1日起，在苏州市范围内使用统一标价卡。

4月17日，市物价委员会印发《关于对日用工业品价格实行行业管理的暂行规定》。苏州市编委办同意市物委增设法制科。

5月29日，苏州市人大常委会任命朱品珊为苏州市物价局局长。

6月12日，经省政府批准，苏州市物价委员会从市计委分出，单独成立苏州市物价局（一级局），为苏州市政府组成部门。内设秘书科、工业品价格科、综合信息科、农产品价格科、收费管理科。

7月2日,苏州市委规定,同意建立苏州市物价局党组。朱品珊任党组书记,左贞彦、励启中为党组成员。

7月11日,苏州市政府批转市物委《关于适度调整物价控制力度若干政策问题的请示》的通知。

8月20日,苏州市编委办规定,同意苏州市物价局综合信息科更名为综合科。

8月29日,成立苏州市价格信息中心,相当于科级建制,全民所有制事业单位。核定编制4名。

11月30日,苏州市直机关党委下发《关于同意建立苏州市物价局机关党总支的批复》。

12月12日,苏州市物价局印发了《关于区物价部门、乡镇物价机构工作职责的暂行规定》。

1991年

1月18日,经苏州市直机关批复,同意苏州市物价局机关党总支选举。左贞彦副局长兼任党总支书记。

2月26日,市物价局印发了《关于加强法制建设的工作意见》。

4月5日,市物价局印发了《关于表彰一九九〇年度苏州市物价系统先进集体、先进工作者的通知》。

4月24日,市物价局印发了《关于加强当前物价管理若干规定的通知》。

4月27日,市物价局印发了《关于调整粮油统销价格的通知》。

5月27日,根据苏州市编制办公室规定,局秘书科更名为办公室。

5月30日,苏州市政府办公室批转市物价局《关于一九九一年市区物价控制部门责任目标的请示》的通知。

6月7日,市物价局出台《关于当前搞活企业、促进经济发展的若干价格政策措施》共14条,使物价工作更好地为振兴地方经济服务。

7月29日,经苏州市编委批复,苏州市农产品成本调查队更名为苏州市工农业产品成本调查队。

8月22日,市物价局印发了《关于制定现代化办公用品价格管理暂行办法的通知》。

10月22日,市物价局印发了《关于开展一九九一年全市物价大检查的通知》。

10月29日,苏州市政府办公室转发市物价局《关于调整市区零售物价总指数控制目标的意见》的通知。

11月6日,苏州市政府办公室转发市物价局《关于争取完成今年物价控制目标的意见》的通知。

12月5日,苏州市物价局会同市人事局、市监察局、市劳动局发出了《关于对不适合物价系统工作人员实行调离制度的通知》。

12月30日,市物价局印发了《关于下达〈苏州市工农业产品成本调查队工作任务和内部分工职责〉的通知》。

1992年

1月10日,经苏州市编委批复,苏州市价格信息中心更名为苏州市价格咨询服务中心。

2月14~15日，市物价局召开全市物价工作会议，传达江苏省物价工作会议精神，总结了1991年物价工作，对1992年物价工作提出了要求。表彰了1991年度市物价先进集体和先进个人。

3月2日，市物价局印发了《关于表彰一九九一年度全市物价工作先进集体和先进工作者的通报》。

3月19日，市物价局会同市建委下达《关于颁布〈苏州市城镇商品房价格管理办法〉的通知》。

4月16日，苏州市政府办公室转发市物价局《关于搞活国合商业企业若干价格政策措施的意见》的通知。

4月21日，经苏州市编委批复，同意撤销农产品价格科和工业品价格科，设立工农业产品价格科和市场价格管理科。

5月14日，苏州市行业价格管理协会登记注册成立。

6月5日，经苏州市编委批复，同意建立新区物价工作办公室。

6月10日，苏州市政府办公室转发市物价局《关于一九九二年市区物价控制部门责任目标的意见》的通知。

7月4日，苏州市行业价格管理协会成立大会召开。

8月27日，经苏州市编办批复，同意工农业产品价格科更名为商品价格管理科。

9月2日，苏州市政府办公室转发市物价局《关于进一步深化价格改革的实施意见》的通知。

9月5日，经苏州市编委批复，同意建立苏州市行政事业性收费管理办公室。

9月29日，经苏州市编委批复，同意建立苏州市价格事务所。

11月21日，经苏州市政府批复，任命史双顶为市物价局副局长。

12月19日，励启中副局长兼任苏州市价格事务所所长。

1993年

1月29日，史双顶兼任苏州市物价检查所所长，励启中不再兼任苏州市物价检查所所长职务。

2月20日，苏州市物价局被江苏省物价局评为"1991~1992全省物价系统先进集体"。

3月5日，苏州市物价局召开全市物价工作会议，总结了1992年物价工作，对1993年物价工作提出了要求，表彰了1992年度市物价先进集体和先进个人。副市长孙中浩出席会议并讲话。

3月25日，市物价局印发了《关于稳定当前市场价格的若干规定》。

4月14~17日，以国家技术监督局副局长王以铭为组长的国务院物价大检查华东工作组一行五人，在省政府有关部门领导陪同下来苏考察检查物价大检查工作，听取了副市长、市物价大检查领导小组组长陈浩，以及市物价、工商、标准计量等部门的汇报，考察了市场物价和供应情况，充分肯定了苏州市积极开展物价大检查、抑制物价过快上涨所采取的一系列措施和做法。

4月10日，免去朱品珊苏州市物价局党组书记、局长职务，朱全林任苏州市物价局党组书记、局长。

7月12日，苏州市物价局召开全市加强物价管理制止乱涨价、乱收费大会。市委副书记黄俊度、副市长孙中浩出席会议并讲话。

9月9日，苏州市物价局召开全市物价局长座谈会，副市长陈浩出席会议并讲话。

9月22日，全国人大常委会财经委委员、中国价格学会会长、国家物价局原局长成致平来苏考察，听取了苏州市和昆山市的物价工作汇报，就物价形势和物价工作进行了座谈，并作了关于当前经济、物价形势和有关价格改革认识问题的报告。市政府陈浩副市长、徐洪斌副秘书长参加了座谈会。

12月6日，苏州市直机关工会批复同意苏州市物价局机关工会委员会改选。高兴华任工会主席，副主席邵祖良，委员王鑫昌、周珠琴、冯慧文。

12月31日，苏州市物价局印发了《关于委托苏州新区工商局行使物价管理职能的通知》。

1994年

1月19日，市物价局印发了《关于表彰一九九三年度全市物价工作先进集体和先进工作者的决定》。

1月20日，召开苏州市物价工作会议，传达江苏省物价工作会议精神，总结1993年物价工作，部署1994年的物价工作。表彰了1993年度市物价先进集体和先进个人。市委副书记黄俊度、副市长陈浩参加会议并作讲话。

1月24日，市物价局印发了《关于聘请市人大代表、政协委员、民主党派人士为"特邀价格监督员"的决定》。

3月24日，苏州市政府召开全市物价大检查工作会议，贯彻落实国务院、省政府关于开展物价大检查的通知，动员部署全市物价大检查工作。市委副书记黄俊度、副市长陈浩参加会议并作讲话。

7月12日，召开苏州市物价工作会议，传达全国、全省物价大检查工作会议精神，总结交流上半年物价工作，部署安排下半年的物价工作，副市长陈浩参加会议并作讲话。

7月13日，苏州市政府任命韦四二为市物价局副局长。

7月28日，经苏州市编办批复，同意苏州市价格信息咨询服务中心更名为苏州市价格信息中心。

8月25日，经苏州市编办批复，撤销商品价格科、市场价格管理科、新区物价工作办公室。内部机构设置为办公室、综合科、法制科、工业产品价格科、农产品价格科、服务价格科、收费管理科、房地产价格科。

9月9日，市物价局召开全市物价局长座谈会，对当前物价形势和物价工作进行了分析研究，副市长陈浩参加会议并作讲话。制定了《苏州市饮食业、娱乐业、服务业内供食品、饮料价格管理办法》。

9月12日，苏州市人民政府下发《关于加强物价管理，努力抑制物价上涨的通知》，出台了加强物价管理、抑制通货膨胀、稳定市场、稳定社会的10项措施。同时市政府决定建立苏州市市场物价管理协调领导小组，定期研究分析市场物价动态，协调处理市场物价管理重大问题。由副市长陈浩任组长，市政府副秘书长徐洪斌、市物价局局长朱全林任副组长，领导小组成员由市工商、商业、供销、粮食、财政、税务、蔬菜副食品办公室、监察、标准计量等9个部门的领导组成。

同日,市物价局会同市工商局、粮食局制定《关于当前市场粮食价格管理的暂行办法》。

11月24日,长江三角洲地区价格信息网络第十二次联席会议在苏州召开,会上苏州市物价局作了《搞好"监审"稳定民心》专题发言。

12月,市物价局拟定了《苏州市禁止不正当价格行为和牟取暴利暂行办法》,上呈苏州市政府;同月12日,市府颁布施行。

市物价局陆续出台了《关于明确主要商品和服务价格暴利界限的通知》、《关于调整主要商品和服务价格暴利界限的通知》、《苏州市饮食业、娱乐业、服务业内供食品、饮料价格管理办法》、《关于明确家具商品暴利界限的通知》等一系列反暴利的配套性、规范性文件。

1995年

1月16日,市价格学会召开纪念苏州市价格学会成立十周年暨1994年年会。吴仲道会长作了苏州市价格学会十周年工作总结,表彰了十年来价格学会活动积极分子29名。

1月19日,市物价局会同有关部门首次对客运小轿车营运证拍卖,严格按照"公开拍卖、公平竞争、公正成交"的三公原则。经过18轮激烈的竞拍,每张营运证从底价3万元起升到13.5万元,由18家企业竞得了280辆出租车的营运权。为苏州市城市建设和管理筹得资金达3780万元。

1月19~20日,苏州市政府召开《市计划与经济体改物价工作会议》,局长朱全林在会上作了题为《认真做好1995年物价工作,为抑制通货加快发展苏州经济服务》发言,总结1994年物价工作,部署了1995年物价工作。

3月22~24日,江苏省物价工作经验交流会在苏州张家港市召开。苏州市物价局在会上作了《认定目标,开拓进取,努力探索物价管理新路子》的经验交流发言。苏州市副市长陈浩、张家港市委书记秦振华分别在会上介绍苏州、张家港市改革开放和精神文明建设成绩。省物价局局长祝世珍、省人大常委会财经委副主任姜宗濂参加会议并讲话。国家计委副主任马凯,省委常委、副省长杨晓堂到会并作重要讲话。

在这次会议上,苏州市物价局、张家港物价局、常熟市物价局和太仓市物价局被省物价局评为"省物价系统先进集体"。

3月,在1994年政务信息工作中,苏州市物价局分别荣获苏州市委、市政府颁发的二等奖和三等奖。

4月5日,召开苏州市物价工作会议,传达江苏省物价工作会议精神,表彰了1994年度市物价先进集体和先进个人。

4月14日,苏州市政府与市物价局、粮食局、商业局、工商局、物资局、市政公用局和郊区政府共7个部门签订了物价控制目标责任书。

4月13~21日,苏州市人大常委会对全市贯彻《江苏省价格管理监督条例》的情况进行执法检查。江苏省人大常委会副主任、苏州市人大常委会主任王敏生听取了检查组汇报并作重要讲话。市人大常委会副主任王继忱、陈金科,市政府副秘书长徐洪斌等参加了执法检查。

5月12日,第四届苏州市物价计量信得过单位表彰大会在苏州市委会堂召开,苏州人民商场等51家单位受到表彰,苏州市人大常委会、市政府、市政协的领导到会祝贺。

5月，经苏州市级机关党工委批复，同意苏州市物价局机关党总支换届选举。韦四二兼任党总支书记。

5月27日，苏州市委批准副局长左贞彦退休。

6月16日，苏州市人大常委会副主任陈金科带领部分人大代表及政府办公室领导视察物价局办理代表建议工作情况并听取汇报。

6月20日，苏州市物价局会同苏州市工商局出台《苏州市广告收费备案实施办法》，要求所有广告收费必须明码标价。

7月4日，根据苏州市机构编制委员会要求，苏州市物价局内设"科"更名为"处"。

8月10日，苏州市物价局召开由市人大代表、政协委员、民主党派人士组成的"特邀价格监督员"座谈会，通报物价工作情况，并听取意见。

8月24日，苏州市政府任命恽向军为市物价局副局长。

10月21日，苏州市物价局印发了《关于开展一九九五年物价大检查的通知》。

10月31日~11月3日，全国部分城市价格协作网第十七次会议在无锡市、苏州市两地召开。参加会议的有黄石、九江等18个城市的代表57人。江苏省物价局副局长周卫国应邀出席会议并讲话，无锡市人民政府副市长杨惠菊、政协副主席华焕林看望了与会代表，苏州市人民政府副市长陈浩到会作了讲话。

11月1日，苏州市政府召开全市物价工作会议，总结前十个月工作，动员全市上下抓住后两个月，确保全市物价控制目标实现。市长章新胜出席会议并作重要讲话，副市长陈浩主持会议。

11月2日，苏州市物价局会同苏州市房管局、财政局出台了《苏州市市区住宅小区物业管理收费暂行办法》。

11月12~16日，国家计委在苏州召开全国物价综合处长工作会议，来自全国30个省、自治区、直辖市以及计划单列市的物价综合处长共60余人出席会议。国家计委副主任马凯参加会议并作了重要讲话，省物价局局长祝世珍、市政府副市长陈浩到会并看望了与会代表。

11月16日，苏州市物价局会同苏州市商业局出台了《苏州市餐饮业价格管理办法》。

1996年

1月18~19日，苏州市物价局召开全市物价工作会议，市政府副市长陈浩到会并讲话。市人大常委会副主任王继忱、市政协副主席林兴成出席会议。

2月8日，苏州市物价局召开特邀市人大、政协会员及民主党派人士价格监督员座谈会，汇报物价工作，倾听他们对物价工作的意见和建议。

2月12日，在苏州市政府举行"1996年苏州市物价控制目标责任制签约仪式"。副市长陈浩代表政府与19个部门签订了物价控制目标责任书。市长章新胜参加会议并作讲话。

3月，在1995年政务信息工作中，苏州市物价局荣获苏州市委、苏州市政府颁发的一等奖。

4月19日，苏州市物价局会同苏州市工商局召开大会，表彰朝阳、金狮河沿、香花桥、东环、辛庄、凤凰、南环、胥门、里河、虎丘等十家农贸市场为价格管理先进单位。

5月28~29日，苏南区物价局局长联席会议在常熟召开。

6月19日，苏州市政府副秘书长徐洪斌主持召开苏州市物价管理协调领导小组会议，苏州市物价局通报了全市上半年物价控制目标责任制执行情况和下半年工作意见，副市长陈浩到会讲话。

7月26日，市物价局会同市粮食局印发了《关于调整粮食销售价格的通知》。

8月1日，苏州市粮食销售价格按调整方案平稳出台，市场粮源充足，集市粮价稳定，人心比较安定。

8月20~23日，江苏省农本农价工作会议在苏州市召开。

8月21日，市物价局印发了《苏州市游览参观点价格管理办法》。

9月16~20日，市物价局召开《全市农贸市场价格管理经验交流汇报会议》。

9月19日，市物价局会同市建委出台《苏州市城镇非住宅商品房基准价格管理规定》。

10月4日，在观前街"大华商店"进行物价检查时，遭到业主暴力抗拒物价检查，聚众持械围攻殴打记者和物价检查人员。对此事件，市长章新胜，副市长冯大江、陈浩等领导十分重视，专门作了批示，要求依法严肃查处。

10月18日，市物价局会同市房管局印发了《关于加强市区房地产中介机构管理的通知》。

10月25日，苏州市物价局印发了《关于开展一九九六年全市物价大检查的通知》。

11月1日，在苏州市政府召开第95次常务会议上，《苏州市行政事业性收费管理暂行办法》通过，并以文件正式颁布。

12月17日，苏州市平江区法院经公开开庭审理，对10月4日价格检查中以暴力抗拒物价检查的被告徐某当庭以妨碍公务罪判处有期徒刑一年。

12月30日，苏州市政府办公室发出《关于印发〈苏州市物价局职能配置内设机构和人员编制方案〉的通知》。

12月31日，市长章新胜、副市长王振明等领导带领物价局、工商局、贸易局等部门负责人，检查市场供应和物价情况，并对新年市场供应和物价工作提出了要求。

1997年

1月7日，苏州市物价局颁发《苏州市赃物评估操作细则》（试行）。

1月13~14日，苏州市物价局召开全市物价工作会议，总结了1996年物价工作，对1997年物价工作进行了安排，市四套班子的领导出席了会议，市委副书记黄俊度、市政府副市长陈浩出席会议并作了重要讲话。市物价控制目标责任制各签约单位与市政府签订了物价控制目标责任书。

1月27~29日，国家物价局物价特派员张元杰、马松司长一行3人到苏州及常熟、昆山等地调查视察指导工作。

2月13日，苏州市物价局被批准为"创建国家卫生城市达标单位"。

3月12日，苏州市物价局被市委办公室评为1996年"政务信息三等奖"，局机关工会被苏州市级机关工会评为先进基层工会。

3月21日，市物价局会同市建委、房产局、住房改革办《关于印发〈苏州市经济适用住房价格管理实施细则〉的通知》。

3月28日，苏州市政府召开苏州市1997年物价控制目标责任书签约大会，副市长陈浩在会上分别与各市、区政府以及市有关部门共24个地区、部门签订了物价控制目标责任书。市人大常委会副主任王继忱、市政协副主席黄铭杰出席了签约大会。

4月7日，市物价局对《苏州市旅社收费管理办法》作出补充规定，明确特等旅社特级客房收费标准。

4月11日，苏州市中级人民法院行政庭依法驳回"沈昌人体科技应用中心"对"沈昌信息茶"一案的行政诉讼，维持苏州市物价检查所对此案的行政处罚决定。

4月17日，苏州市物价局被苏州市委、苏州市政府评为"1995~1996年度市人大代表建议、市政协委员提案先进承办单位"。

4月26~27日，在南京召开的第三次全省物价工作经验交流会上，苏州市物价局被江苏省物价局授予"省物价工作先进集体（1995~1996）"光荣称号。

4月，国家计委副秘书长邹向群，物价特派员徐康民、李培初等领导先后来苏州调查考察农本、粮价并轨及"粮食安全带"等情况。

5月14日，范敬中任苏州市物价局党组书记，免去朱全林苏州市物价局党组书记、局长职务。恽向军任苏州市物价局党组副书记。

5月15日，苏州市物价局被国家计委列为全国价格信息系统监测报告单位。

7月，市物价局机关工会改选，经市直机关工会批复同意，顾关兴任工会主席，副主席张志方，委员周小琴、胡金生、周皓。

7月17日，苏州市物价局与苏州市监察局联合印发了《关于在全市开展建设项目收费检查的通知》。

9月9日，苏州市委免去范敬中市物价局党组书记职务。

9月18日，江苏省高级人民法院对"沈昌信息茶"牟取暴利一案作出一审判决，苏州市物价检查所胜诉，罚没款182万余元被强制执行。

10月17日，市物价局印发了《关于开展1997年物价大检查的通知》。

10月28日，市物价局印发了《关于明确苏州市医药价格管理办公室机构职责的通知》。

11月23日，苏州市151名价格监督检查干部参加国家计委组织的全国价格监督检查干部资格统一考试，苏州市参考人员取得平均92.67分的成绩。

11月26日，时裕福任市物价局党组书记。

12月8日，在苏州市人民商场召开市第五届"双信单位"表彰大会，授予人民商场等14家单位为苏州市第五届执行物价、计量政策法规最佳单位称号；授予苏州市长发商厦等45个单位为市第五届执行物价、计量政策法规优秀单位称号。副市长陈浩代表市政府向受表彰的企业表示祝贺。

12月28日，"沈昌信息茶"案，经江苏省高院终审判决，沈昌再次败诉，罚没款182万元被强制执行收缴入库。

1998年

1月6日，苏州市物价局召开全市农村电价清理整顿工作会议，副市长汪国兴到会并讲话。

1月10日，时裕福任苏州市物价局局长。

1月15日，市物价局会同市卫生局《关于印发〈苏州市医疗单位自制药物计价办法实施细则〉（试行）的通知》，从2月1日起执行。

1月16日，苏州市物价局召开全市物价工作会议，回顾总结1997年物价工作，部署1998年物价工作。

2月6日，市物价局会同市总工会发出《关于表彰1996～1997年度苏州市职工物价监督工作先进集体和先进个人的决定》，昆山市总工会职工物价监督站等6个单位、叶长青等35人分别获先进集体和先进个人荣誉称号。

2月10日，市物价局印发了《关于制订〈苏州市扣押、追缴、没收物品估价实施细则〉（试行）的通知》。

2月25日，苏州市政府在市级机关大院内召开苏州市1998年物价调控目标责任制签约大会，副市长汪国兴代表市政府与27个主要责任地区、部门签订了物价调控目标责任书。市委副书记周彩宝、市人大常委会副主任陈浩、市政协副主席江惠英等领导出席了签约大会。

3月30日，为认真贯彻实施《中华人民共和国价格法》，苏州市物价局举办学习《价格法》培训班。

4月1~2日，国家发展计划委员会在苏州市召开"全国农价处长座谈会"，研究部署1998年粮棉等农副产品成本及价格情况。

4月22日，市物价局会同市监察局、市减负办联合召开苏州市试行《企业交费登记卡》动员大会，市委副书记、市纪委书记周彩宝到会并讲话。

4月24日，苏州人民广播电台邀请市物价局局长时裕福就《中华人民共和国价格法》5月1日正式实施，向全市人民进行广播宣传。同时，全市各级物价部门掀起了学习、宣传、贯彻《价格法》的热潮。

5月29日，苏州市物价局在太仓市召开苏州市房地产价格（收费）工作会议。

6月11日，市物价局会同市建委发出《关于印发苏州市〈商品住宅预售价格管理暂行规定〉的通知》。

8月21日，国家计委粮食调控办公室副主任王宝伟来苏州考察，调查粮食改革"三项政策"的落实情况。

9月21日，江苏省明码标价检查团一行6人来苏州检查指导工作，对苏州市的明码标价工作比较满意。

10月6日，市物价局召开苏州市游览参观点门票价格调整听证会，广泛征求社会各界意见。

11月24日，市物价局印发了《关于开展全市汽车维修行业价格检查的通知》。

11月25日，苏州市委批准朱全林退休。

12月2日，苏州市物价局分别印发了《关于制止理发业牟取暴利的通知》和《关于苏州市区沐浴业浴资价格管理的通知》。

1999年

2月4日，苏州市物价局获国家计委1998年度"价格监测先进单位"荣誉称号。

2月5日，召开苏州市物价工作会议，回顾总结1998年物价工作，部署落实1999年物价工作。签订了1999年价格调控目标责任书。副市长汪国兴出席会议并讲话。

3月11日，苏州市物价局荣获江苏省物价局颁发的"物价政务信息一等奖"。

3月15日，经苏州市级机关党工委批复，同意苏州市物价局机关党总支换届选举。副局长恽向军兼任党总支书记。

3月14～15日、29～30日，为纪念《价格法》实施一周年和"3·15国际消费者权益日"，苏州市物价局在闹市中心设点进行宣传和咨询活动。

4月27日，苏州市价格信息网开通。

5月21日，市价格学会召开第五次会员代表大会，会议进行了换届选举，产生了第五届常务理事及会长。局长时裕福任会长，副局长励启中、史双顶任副会长，汪国英任秘书长，潘步高任副秘书长。聘请副市长汪国兴为名誉会长。市委宣传部副部长、市社科联秘书长高志罡到会祝贺并讲话。

6月，市价格事务所荣获国家发展计划委员会颁发的"先进价格事务所"奖牌。

6月27日，国家发展计划委员会在苏州市召开全国十五个省（市）物价局长药品价格座谈会。会后国家发展计划委员会调控司副司长韩永文、省物价局局长孙炳辉在苏州、吴江等地开展物价工作调研。

7月6～7日，由市物价局两名局领导分别带队，共九名分赴太湖大堤和郊区横塘乡第一线参加抗洪抢险。

8月27日，市物价局聘请市人大代表、政协委员、民主党派人士和有关业务主管部门共计15名同志为"物价行风监督员"。

9月1日，经苏州市编委批准，成立苏州市价格举报中心，挂牌在苏州市物价检查所。

10月，经市级机关工会批复同意，张志方任市物价局工会主席，周小琴任副主席，工会委员胡金生、周皓、周小玉。

10月10日，免去韦四二苏州市物价局党组成员、副局长、纪检组长职务，任苏州市物价局助理调研员；恽向军副局长兼任纪检组长。张惠楠任市物价局党组成员、副局长。赵长华任市物价局助理调研员。

12月27日，苏州市物价局被苏州市级机关党工委和苏州市总工会评为"市结对帮困送温暖先进单位"。

2000年

1月19日，召开苏州市物价工作会议，总结1999年物价工作，部署2000年物价工作。副市长汪国兴到会讲话，市人大副主任谢慧新、市政协副主席江惠英等领导出席。市各物价调控目标责任签约单位分别与市政府签订了2000年价格调控目标责任书。

2月24日，"苏州市价格学会年会暨理论研讨会"在苏州市物价局召开，副会长励启中主持会议，时裕福会长总结1999年度学会工作，部署2000年学会工作。10余名会员向大会宣读交流了论文。

2月25日，苏州市物价局召开苏州市公用事业价格听证委员会成员会议，向委员们通报关于调整苏州市民用管道煤气价格情况。

3月13日，苏州市物价局发出《关于印发〈苏州市价格监督检查工作意见〉的通知》，对苏州市价格监督检查提出了具体意见。

3月30日，苏州市物价局召开领导干部"三讲"教育动员大会，局长时裕福在会上进行了动员和部署。市委巡视组组长潘慰农出席会议并讲话。

4月26日，在苏州市人民商场召开全市创建明码标价示范街（示范单位）活动大会，市政府副秘书长张国华、市委宣传部副部长高志罡出席会议并讲话，对创建明码标价示范街（示范单位）活动作了充分肯定。

5月30日，苏州市物价局召开领导干部"三讲"教育总结大会，局长时裕福对领导干部历时两个月的"三讲"教育作总结。市委巡视组组长潘慰农对物价局领导干部"三讲"教育所取得的成果给予充分肯定。

7月31日，市政协副主席江惠英、苏慧心对市政协部分委员关于家具明码标价的提案进行督查，局长时裕福陪同检查了第一百货商店家具城和金海马家具城的明码标价情况。

8月24日，经苏州市编委批准，苏州市价格事务所更名为苏州市价格认证中心。

11月7~9日，在苏州召开长江流域价格政务信息网络城市第八次物价局长联席会，市政府副市长汪国兴出席会议并讲话。

11月28日，市物价局召开价格听证会，对苏州市公交公司和巴士公交公司提出的调整城市公交月票的要求举行价格听证会，广泛听取社会各界的意见，论证其必要性和可行性。

2001年

1月16日，召开苏州市物价工作会议，回顾总结2000年物价工作，部署2001年物价工作。表彰了1999~2000年度物价系统先进集体和先进个人。市各物价调控目标责任签约单位签订了2001年价格调控目标责任书。副市长汪国兴出席会议并讲话。

2月15日，市物价局召开"苏州创建'明码标价示范街（示范单位）'活动总结表彰大会"，授予苏州人民商场股份有限公司等26个单位为"苏州市商品和服务明码标价示范单位"。市政府副秘书长张国华、市委宣传部副部长高志罡等领导出席会议并讲话。

3月21日，市物价局发出《关于印发〈苏州市物价局创建规范化物价检查所规划〉的通知》。

4月24~25日，江苏省物价局在苏州召开全省物价局长会议，省人大财经工委主任祝世珍，省物价局局长孙炳辉，副局长周卫国、赵耿毅以及各省辖市物价局长，省局有关处室处长出席了会议。

4月25日，市物价局开通全国统一价格举报电话号码"12358"。

6月5日，市物价局制定并印发《苏州市价格决策听证的试行办法》。

7月20日，苏州市物价局在太仓召开各市物价局长会议，总结上半年物价工作，部署下半年工作要点。

8月14日，苏州市委批准韦四二退休。

8月20日，市物价局会同苏州市财政局、苏州市监察局、苏州市减轻农民负担监督管理办公室发出《关于进一步推进和规范涉农收费公示制的通知》。

8月29日~9月7日，APEC财长会议在苏召开前夕，苏州市物价局组织力量对会议会场、宾馆和周边地区的商贸、服务业等执行中英文双语标价卡、价目表等明码标价情况有重点地检查、规范和指导。

10月19日，市物价局召开游览景点门票价格听证会，广泛征求听证委员们的意见。

10月25日，苏州市政府办公室对苏州市物价局的职能调整、主要职责、内设机构、人员编制和领导职数进行了明确规定。

12月28日，市物价局召开禁止价格欺诈行为提醒会，并向全市经营者发出了禁止价格欺诈行为的提醒函。

2002年

1月22日，召开苏州市物价工作会议，总结2001年物价工作，部署2002年物价工作。副市长汪国兴出席会议并讲话。会后市政府与29个地区和部门签订了2002年价格调控目标责任书。

3月26~27日，江苏省物价局检查分局局长甘家林一行8人来苏州市检查验收创建规范化物价检查所工作情况，对苏州创建规范化物价检查所取得的成效给予充分肯定。

3月28日，市物价局召开全市物价系统行风评议工作动员大会，局长时裕福在会上进行了动员和部署。江苏省物价局副局长李春林，苏州市纪委常委、廉政办副主任缪红梅，苏州市行风评议组副组长徐五官等领导出席会议并讲话。

5月16日，市物价局在太仓召开全市物价局长例会。交流物价工作和开展行风评议工作情况。

5月30日，苏州市物价局对全市明码标价争优活动暨示范单位考核情况进行通报，张家港市物价局、新区物价办公室被评为先进单位，太仓市、相城区和常熟市物价局被评为优秀单位。

6月3日，市物价局副局长恽向军走进市广播电台《法制天地》专题节目，纵谈物价系统政风行风评议工作，向社会各界征询意见。

8月19日，在苏州市会议中心召开苏州市物价系统政风行风评议大会，局长时裕福作了全市物价系统行风评议自评报告和表态发言。苏州市物价局政风行风评议组长、市人大教科文卫委主任张旺健就物价系统政风行风评议情况进行了综合评价。江苏省物价局局长孙炳辉，市委常委、副市长汪国兴出席会议并讲话。

8月21日，陈启元任市物价局副局长。

10月17日，苏州市物价局召开全市纳税人评议政风、行风总结大会，局长时裕福在会上作了关于苏州市物价局政风、行风评议整改情况的汇报，进一步明确了整改措施。

11月5日，免去陈启元苏州市物价局副局长职务（调任）。

11月25日，免去史双顶苏州市物价局副局长职务，任苏州市物价局调研员。

11月25日，王元仁任苏州市物价局党组书记。

11月30日，苏州市价格认证中心被评为全省价格认证系统先进集体。

12月6日，马俊任苏州市物价局副局长。

12月，经苏州市编制办批准，苏州市价格信息中心增挂苏州市价格监测中心牌子，同时撤销原增挂苏州市价格培训中心牌子。

12月20日，苏州市医药价格信息网正式开通，该网是由苏州市物价局、监察局、卫生局和社保局联合主办。网址：www.szyyjg.cn。苏州市价格信息中心被评为全省2001~2002年度信息工作先进集体。

2003年

1月7日，苏州市编委《关于确定参照国家公务员制度管理的事业单位的通知》，苏州市物价检查所、苏州市工农业产品成本调查队列入参照管理范围。

1月10日，苏州市物价局会同苏州工商局召开市区农贸市场价格管理工作表彰会，对养蚕里等15个市场和新康等12个市场分别授予2002年度价格管理先进单位和表扬单位。

1月23日，王元仁任苏州市物价局局长。

2月20日，召开苏州市物价工作会议，总结2002年物价工作，部署2003年物价工作。大会表彰了2001~2002年度市物价工作先进集体和先进工作者。副市长汪国兴出席会议并讲话。市人大常委会副主任谢慧新出席了会议。市各物价调控目标责任签约单位签订了2003年价格调控目标责任书。

3月13~14日，苏州市物价局召开局双文明目标签约暨价格监督检查工作会议，通过签约对物价工作目标任务进行了分解。

3月24日，苏州市物价局发出《关于印发苏州市物价局内部管理制度的通知》，共计有局机关公文处理管理规定等10项制度。

4月2日，苏州市编制办《关于印发苏州市物价检查分局职能配置内设机构和人员编制规定的通知》，同意苏州市物价检查所更名为苏州市物价局检查分局。

4月28日，召开苏州市价格协会成立大会。撤销苏州市行业价格管理协会，将其职能资产归并入市价格协会。将苏州市价格学会更名为苏州市价格协会，通过了《苏州市价格协会章程》，选举产生了第一届理事、常务理事。选举王元仁为会长，恽向军、励启中、张惠楠、马俊为副会长，施相平为秘书长，潘步高、蔡守山为副秘书长。聘请市委常委、副市长汪国兴为名誉会长。聘请市物价局历任老领导为顾问。

4月22~29日，市物价局先后印发了《关于公布部分中药饮片最高限价的通知》、《关于对防治"非典"药品及相关商品价格实行干预措施的紧急通知》、《关于公布部分防治"非典"药品最高限价的通知》和《关于明确"非典"预防期间消毒收费的通知》等四个文件，抗击"非典"，确保苏州市场物价基本稳定。

5月23日，苏州市物价局检查分局检查人员在康源药店执法中，遭店主暴力抗法，打伤检查人员。公安机关依法逮捕了康源药店店主，沧浪区检察院以"妨碍公务罪"提起公诉。江苏省物价局领导得知此事后，通过电传发来"慰问信"，同时转达了国家发改委价格监督检查司的问候。

6月2日，市物价局印发了《关于对农贸市场价格管理工作开展考核的通知》。

6月27日，苏州市价格协会旅社行业分会成立。

7月，市物价局工会换届选举，经市级机关工会批复同意，高兴华任主席，副主席张志方、周小琴，工会委员高培林、周小玉。

7月4日，苏州市政府办公室印发市物价局、建设局修订《苏州市商品房价格管理工作实施细则》。

8月4日，苏州市物价局召开物价系统政风行风回评动员大会。市行风评议组副组长黄勇林、市廉政办副主任王志明到会并讲话。

8月5日，市物价局发出《关于印发〈苏州市价格认证中心商品房成本认证操作规程〉的通知》。

8月，市物价局先后获"省案卷文书规范奖"和"市信访先进集体"荣誉称号。

9月16日，市物价局召开首批"AA级价格信用单位"表彰大会，苏州人民商场股份有限公司等28家企业荣获"AA级价格信用单位"称号。

9月19日，市物价局召开物价行风（执法）监督员会议，并向新一轮15名物价行风（执法）监督员颁发聘任证书。

9月22日，中共苏州市委决定，陈炳善任市物价局党组成员。

10月17日，苏州市物价局召开市物价系统政风行风回评评议大会。苏州市廉政办领导、行风评议组全体成员参加了会议。市行风评议组组长张旺健、副组长黄勇林和市廉政办副主任王志明到会并讲话。

10月21日，市物价局会同市建设局、房管局印发了《关于贯彻"全面实施住宅商品房销售'一价清'制度的意见"的通知》。

11月4日，市物价局印发了《关于对价格专项执法情况进行巡查的通知》。

12月3日，市价格协会召开理事会议，总结了2003年协会工作，对2004年协会工作提出了要求。

2004年

1月2日，经九届苏州市委第58次常委会会议，同意苏州市物价局检查分局升格为副处级单位，同时为行政直属单位。

1月9日，苏州市物价局会同苏州工商局召开市区农贸市场价格管理工作表彰会，对养蚕里等16个市场和新苏等13个市场分别授予2003年度价格管理先进单位和表扬单位。

1月14日，苏州市价格协会沐浴行业分会成立。

2月4日，苏州市编制办《关于调整苏州市物价局检查分局建制级别及内设机构的批复》，同意苏州市物价局检查分局由正科级建制升为副处级建制；设立8个内设机构，均为副科级建制；领导职数为分局局长1名，分局副局长3名，内设机构科长（主任）8名。

2月9日，恽向军任苏州市物价局副调研员，免去苏州市物价局党组副书记、副局长职务。

2月23日，市物价局召开机关作风建设大会，认真分析物价局机关作风建设基本情况和存在的问题，对加强机关作风明确了要求。赵长华任苏州市物价局检查分局局长。

3月5日，召开苏州市物价工作会议，总结2003年物价工作，部署2004年物价工作。市委常委、副市长周伟强出席了会议并讲话。市各物价调控目标责任签约单位签订了2004年价格调控目标责任书。

4月26日，市物价局举办市区管道煤气价格调整决策听证会，来自社会各界的22名听证会代表出席。另有4名本市居民参加旁听。

5月1日晚，市物价局在五卅路市体育馆举办"纪念《价格法》实施六周年暨物价检查机构成立二十周年晚会——价格之夜"。

5月26日，市物价局会同市交通局召开市区客运出租车价格听证会。

6月28日，第二十八届"世界遗产大会"在苏州召开，为保证会议期间市场物价稳定，为"世遗会"营造良好的旅游、购物的价格环境，苏州市物价局加强价格调控监督检查工作。

7月13日，苏州市人民政府决定任命陈炳善为市物价局副局长（正处级），任职时间从2003年9月算起。

7月19日，苏州市物价局《关于印发〈苏州市价格系统应对价格异动工作预案〉的通知》，要求各地结合当地的实际情况做好工作。

8月，苏州市物价局检查分局荣获市级"文明单位"称号。

9月2日，市物价局会同市房管局印发了《关于明确城市房屋拆迁评估专家鉴定收费暂行标准的通知》。

9月9日，市物价局印发了《关于〈苏州市公共汽车客运价格管理办法〉补充规定的通知》。

10月9日，中共苏州市委决定励启中任市物价局党组副书记，陈炳善任市物价局派驻纪检组组长。

10月10日，市物价局印发了新的《苏州市餐饮行业价格行为规范管理办法》。

11月2日，施相平任苏州市物价局助理调研员。

11月16日，苏州市物价局在昆山市召开苏州市价格系统深化创建文明行业工作会议。做好2003~2004年度文明行业评选的申报工作。

12月13日，市物价局印发了《苏州市价格违法案件案件审议规定》。

2005年

1月25日，市物价局召开保持共产党员先进性教育活动动员大会，党组书记、局长王元仁作动员，市督导组长吴素英出席会议并讲话。

2月25日，苏州市物价局全体党员到常熟市蒋巷村参观学习常德盛先进事迹。

3月4日，召开苏州市物价工作会议，总结2004年物价工作，部署2005年物价工作。表彰了苏州市物价工作先进集体和先进个人。与11个地区18个部门签订了2005年价格调控目标责任书。

4月16日，苏州市、区两级物价部门，主要由共产党员及入党积极分子组成的志愿者服务队，分别在观前、石路、南门和高新区商业街等地，开展了现场咨询服务活动，共散发了关于价格法、反对价格欺诈行为、商品明码标价方面的宣传资料约2500份。

4月28日，市价格协会召开苏州市争创价格诚信活动表彰大会。来自全市餐饮、酒吧咖啡茶楼、农贸市场、医药、房地产、旅社、沐浴、游览景点等八个行业分会的91家单位获得"苏州市争创价格诚信活动先进单位"荣誉称号。

5月9日，市物价局在开明大戏院举办纪念《中华人民共和国价格法》七周年专场文艺演出，苏州市滑稽剧团的国家一级演员顾芗、张克勤等演员的精彩演出，为现场观众带来了阵阵笑声,同时也为苏州广大市民带来了价格法律知识。

6月10日,市物价局印发了《苏州市物价局价格管理和价格监督检查工作规程(试行)的通知》。

6月22日,市物价局召开保持共产党员先进性教育活动总结大会,党组书记、局长王元仁作总结,市督导组长张长锁出席会议并讲话。

7月8日,市物价局印发了《关于建立普通住宅商品房价格监测制度的通知》。

7月14日,市物价局向苏州市人大领导汇报物价工作,市人大常委会主任周福元对物价部门工作表示满意。

8月1日,市物价局向苏州市政协领导汇报物价工作,市政协主席冯瑞渡充分肯定了物价部门对苏州社会经济发展作出的贡献。

9月29日上午,市物价局会同市卫生局在苏州卫生学校召开苏州市医疗服务价格管理工作会议,市物价局副局长励启中对苏州市贯彻执行全省医疗服务价格改革的情况进行了通报,强调了此次医疗服务价格改革的意义、基本原则和主要内容。市卫生局局长府采芹就如何贯彻执行,确保医疗服务价格改革方案顺利实施作了具体要求。

10月13日,市物价局召开由各区物价局、市区重点农贸市场及有关市场主办单位负责人参加的会议,并提出价格调控监管三项措施,以平抑市场菜价;会同市纠风办等六个部门发出《关于印发〈苏州市药品政府采购(集中招标采购)不良行为处理暂行办法〉的通知》。

11月26日,市物价局走进苏州人民广播电台《政风行风热线》直播室,副局长马俊向市民重点宣传新修订的《苏州市商品房明码标价的规定》,并当场接受市民咨询投诉。

12月23日,市物价局在市规划展示馆召开"苏州市第二批AA级价格信用单位表彰大会",得月楼餐饮有限公司等60家企业获殊荣。江苏省物价局副局长李春林,市委常委、副市长周伟强出席了表彰大会并作讲话。

2006年

1月11日,市物价局会同市财政局印发了《关于开展2005年度收费年审和换发〈收费许可证〉工作的通知》,以进一步加强收费管理,规范收费行为。

1月18日,市物价局召开2005年度总结大会,对2005年工作和2006年任务分别作了总结和部署,会议对先进集体和个人、突出贡献人员、优秀调研文章、工作目标责任制百分考核和省文明行业等进行了颁奖。

2月6日,市委批准史双顶退休。

2月5～8日,市物价部门全面开展春节市场价格专项检查,检查的重点是与广大市民关系密切的商品和服务价格,严肃查处趁节日之机乱涨价、乱收费和价格欺诈、哄抬物价、牟取暴利等价格违法行为,切实维护节日市场价格秩序。

2月9日,苏州市人民政府发出《批转关于实施苏州市2006年价格调控目标责任制的意见的通知》。

2月18日,市物价局全体人员参加《市物价局机关作风建设大会》,会议传达了市委书记王荣、市长阎立和市纪委书记沈荣法等在市级机关作风建设大会上的讲话精神,并结合市物价局实际作出了具体部署。

2月21日，市物价局召开苏州市物价工作会议，会议认真总结了2005年物价工作经验，部署安排了2006年物价工作任务。各市（县）、区物价部门领导，市物价调控目标责任制签约单位主要负责人出席了这次会议。

3月9日，市物价局印发了《关于做好2006年度物价干部培训工作的通知》，进一步明确了培训的内容及形式。

3月23日，市物价局召开苏州市物价工作情况汇报会，分别向苏州市人大、政协领导汇报了当前物价工作的有关情况。

3月31日，2006年度苏州市价格协会年会暨理论研讨会召开。苏州市价格协会常务理事、理事，各市、区价格协会秘书长，以及苏州市价格协会各个行业分会秘书长出席了这次会议。市价格协会常务理事励启中作报告，大会交流了27篇学术论文和调研报告，其中9篇作了大会交流发言。

4月25日，市物价局印发了《关于开展"五一"节日市场价格检查的通知》，要求各地重点检查公园、景点、旅游服务、交通运输以及市场上出现的哄抬价格、价格欺诈和不按规定执行明码标价等价格违法行为。

5月8日，市物价局印发了《苏州市物价系统2006年政风行风评议工作实施方案》，明确了全市物价系统政风行风评议工作的指导思想、评议目标和范围、评议内容以及工作步骤和实施方法。

5月23日，市物价局制定并印发了《苏州市物价局行政性收费督查工作规程（试行）》。

6月12日，市物价局印发了《关于全市开展明码标价专项整治活动的通知》，决定自6月起用四个月时间，在全市开展明码标价专项整治活动。

6月16日，苏州市政府办公室批转了市教育局、物价局、财政局制定的《苏州市区幼儿园（托儿所）收费管理办法》，新《办法》从2006年秋季新生开学起执行。

7月，选举产生市物价局第四届机关党总支，并经市级机关党工委批准，陈炳善任书记，副书记赵长华、潘步高、蔡守山，委员邱隆平、马根元、马琛玲。

7月10日，市物价局召开苏州市物价工作会议，总结了上半年全市物价工作，部署了下半年物价工作的主要任务。

7月12日，市价格协会召开常务理事会议，对上半年价格协会工作进行小结，并根据国家和省价格协会的会议精神要求，结合苏州的实际研究部署下半年价格协会的工作。

7月27日，市物价局制定并印发了《苏州市物价局关于加强廉政建设防治商业贿赂的通知》，要求全局各部门工作人员要从执政兴国、发展稳定的高度，充分认识其重要性和必要性，自觉加入防治商业贿赂工作之中。

9月15日，市物价局、市价格协会参加市委宣传部、市社科联举办的"苏州市首届社会科学普及宣传周"现场宣传展示活动，展示市价格协会近年来价格研讨成果，同时进行价格政策宣传和咨询服务。

10月24日，苏州市委、市政府、市文明委评选了一批2004~2005年度市文明行业和市文明单位，全市价格系统有9个系统、单位受到命名表彰。

11月9日，市物价局成立了苏州市应对价格异动工作领导小组，领导小组下设办公室。

12月22日，市物价局发出通知，决定在全市范围内开展元旦、春节市场物价检查工作。

2007年

1月18日，苏州市物价局与苏州工商行政管理局联合发文，对2006年度市区农贸市场价格管理成绩突出的20家先进单位、12家表扬单位给予通报表彰。

2月9日，市物价局召开苏州市物价工作会议，会议总结了2006年全市物价工作经验，部署了2007年物价工作任务。市政府与11个市（县）、区政府和18个市职能部门签订价格调控目标责任书。

3月15日，苏州市物价局与苏州工商行政管理局、苏州市质量技术监督局、苏州市消保委等部门联合开展了"把消费维权网络建到消费者身边"活动。

3月26日，市物价局制定了开展廉政文化示范点创建活动的实施方案。

4月，经市级机关党工委同意，增补龚霄飞为党总支委员。

4月17日，苏州市物价局与驻苏某部共建开展党员、干部军营一日生活主题教育活动。

4月19日，市物价局发出《开展以"坚持依法治价、关注民生价格、构建和谐苏州"为主题的〈价格法〉宣传月活动的通知》。

4月27日，市物价局与市民政局联合印发了《苏州市公墓价格管理试行办法》。

5月1日晚，苏州市物价局举办了纪念《中华人民共和国价格法》实施九周年"价格之声"专场音乐会，由加拿大北美流行音乐组合"八彩虹"倾情演绎。

5月22日，召开苏州市物价局处室作风建设暨效能建设推进大会。

5月30日，市价格协会召开一年一度的苏州市价格协会年会暨理论研讨会，市价格协会常务理事、理事，各市、区价格协会秘书长，价格协会各行业分会秘书长以及大会交流论文撰写者出席会议。

6月20日，市物价局发出通知，聘请41位同志为苏州市政府价格决策听证会代表，聘期为三年。

6月20日，苏州市物价局在张家港市召开苏州市价格系统文明创建工作会议，传达了上级文明创建工作精神，各市、区物价局就文明创建工作作交流发言，省物价局副局长李春林、市文明办副主任刘宝绵参加会议并讲话。

7月12日，市物价局印发了《市价格系统2007年政风行风评议工作实施方案》。

7月18日，市物价局印发了《〈收费许可证〉管理工作规程》、《价格鉴定、认证管理工作规程》。

8月3日，市物价局就制定苏州市有线数字电视基本收视维护费举行了政府价格决策听证会，参加这次听证会的有24名政府价格决策听证代表、1名旁听人员、9家新闻媒体的10名代表。

8月8日，市物价局召开全局上半年物价工作会议，传达贯彻了苏州市委十届四次全委扩大会议和江苏省物价局长座谈会议精神。回顾总结了上半年物价工作，部署安排下半年物价工作。

8月16日，苏州市人大常委会副主任汪国兴、谢慧新和财经工委领导等一行五人来苏州市物价局视察工作，听取了市物价局领导关于上半年物价工作情况、当前物价形势和下半年物价工作主要任务的汇报。

8月30日,市物价局发出通知,自2007年9月1日起,在苏州市逐步实施居民生活用水的阶梯式计量水价。

9月27日,市物价局印发了《关于进一步规范"十一"黄金周期间娱乐场所价格行为的提醒函》和《关于做好"十一"黄金周期间价格监管的通知》。

10月23日,市物价局制定了《苏州市物价局处室作风建设评议工作暂行规定》和《苏州市物价局机关处室作风建设评议工作实施方案》。

10月25日,召开苏州市物价局处室作风建设评议工作动员大会。

11月27日,苏州市物价局党组明确纪检组、监察室的主要工作。

11月28日,市物价局对各处室(单位)作风建设评议中有关单位进行通报表彰。

12月4日,苏州市政府副市长周伟强等一行三人来物价局视察工作,听取物价局领导汇报2007年市场物价的走势,以及为稳定市场物价采取的相应措施,并对当前及2008年的物价工作提出了要求。

12月6日,曹霞富任苏州市物价局党组书记,免去王元仁苏州市物价局党组书记职务。张惠楠任苏州市政府办公室副主任、苏州市行政服务中心主任,免去苏州市物价局副局长职务。

12月19日,苏州市物价局按照江苏省物价局的统一部署,在市中心小公园广场组织了纪念《价格法》十周年大型宣传及价格咨询投诉活动。

2008年

1月16日,曹霞富任苏州市物价局局长。

1月23日,苏州市编制办《关于全市物价检查事业编制改为行政编制的通知》,明确苏州市物价检查和农产品成本调查人员的事业编制全部改为行政编制,为各级物价主管部门的直属行政机构。

1月24日,苏州市物价局印发了《关于做好临时价格干预措施实施工作的通知》,《通知》明确了全市实施临时价格干预的原则、商品品种范围、权限等政策,明确了组织领导以及宣传、检查、监测等工作,并要求各市、区物价部门要认真贯彻执行。

1月24~25日,苏州市物价局分别与有关部门及各市、区物价部门商定并汇总了全市实行临时价格干预措施的备案企业名单,并于25日下午向市政府报出了苏州市实行临时价格干预措施的备案企业名单。

2月2日,免去王元仁苏州市物价局局长职务,任苏州市物价局调研员。

2月13日,江苏省委常委、苏州市委书记王荣一行走访看望物价局全体干部职工,希望物价部门努力做到"两个保":保科学发展,促进苏州经济社会又好又快发展;保民生改善,努力保持市场物价基本稳定。

2月15日,苏州市物价局与苏州市监察局联合印发了《苏州市加强价格监管纪律规定》的通知;出台了《苏州市物价局制定和调整价格(收费)集体审议规定》(试行)。

2月29日,苏州市物价局发文对2007年度各市、区物价工作目标责任制优秀、先进单位进行表彰。

3月6日，苏州市物价局召开全市价格工作会议，总结全市2007年价格工作，部署安排2008年全市价格工作任务。市政府副秘书长王国祥宣读了省委常委、市委书记王荣和市长阎立关于物价工作的重要指示，11个市、区人民政府和20个签约部门（单位）分管领导分别向市政府副市长周伟强递交了2008年价格调控目标责任书，省物价局副局长孔祥平到会讲话，市委常委、副市长周伟强作了重要讲话。

3月26日，市委副书记、市长阎立专程来到苏州市物价局，看望慰问物价干部职工。召开了由市发改委、经贸委、财政局等九个部门和人大代表参加的物价问题专题调研座谈会。

4月11日，市物价局印发了《关于调整苏州市物价局案件集体审理委员会成员的通知》和《关于成立创建"江苏省价格诚信单位活动领导小组"的通知》。

4月16日，苏州市物价局在太仓召开了全市一季度价格形势分析会。分析全市价格形势，部署安排下一阶段工作任务。各市、区物价局局长，各处室主要负责人参加了会议。

4月27日，苏州市物价局发文表彰常熟市价格认证中心、吴江市价格认证中心、太仓市价格认证中心、吴中区价格认证中心为2007年苏州市价格认证工作先进集体。

4月29日，苏州市物价局与各区物价部门联动，组织《价格法》进社区开展纪念《价格法》十周年宣传活动。

5月6日，经苏州市编办批准，苏州市价格信息中心更名为苏州市价格监测中心，同时挂苏州市价格信息中心牌子。

5月8日，苏州市价格调控工作领导小组副组长、副市长周伟强主持召开了市价格调控工作领导小组第一次全体会议。会议听取了苏州市物价局关于当前价格形势和下阶段工作打算的汇报，商讨了保证市场供应、实行物价补贴、加强舆论宣传、稳定政府定价等问题，副市长周伟强作了总结讲话。

6月23日，赵长华任苏州市物价局党组成员。

7月4日，苏州市政府印发了市物价局、财政局、民政局、总工会、劳动和社会保障局联合制定的《关于对低收入居民实行基本生活消费价格上涨动态补贴办法》。此办法通过实行物价上涨动态补贴，为低收入群体撑起了一把保护伞。

8月6日，市委副书记、市长阎立，市委常委、常务副市长曹福龙等领导视察市政府实事工程社会价格监督网络建设情况，认真听取市物价局局长曹霞富的情况汇报，并进行实地考察。

8月7日，市物价局印发了《苏州市价格系统政务信息工作考核评比办法（试行）》。

8月13日，市政协领导一行考察沧浪区南门街道价格监督服务站，并召开座谈会。

8月15日，市物价局与市教育局、财政局联合发文，决定从2008年秋季起，义务教育阶段学校停止执行"双语实施班费"的收费标准。

8月25日，市物价局印发了《苏州市价格系统行政处罚自由裁量权实施办法（试行）》。

8月26日，市物价局印发了《价格监测预警管理工作规程》，并与市公安局、工商局、文广局、交通局、旅游局联合印发了《关于开展对"宰客"场所整治的工作意见》。

8月29日，中共苏州市委接省委通知，明确曹霞富为副市级。

9月19日，苏州市价格协会积极参加市社科联在吴江市举办的苏州市第三届社会科学普及宣传周广场咨询活动。市物价局印发了《关于认真做好苏州市居民生活用水阶梯式计量水价考核工作的通知》和《苏州市物价局收发文管理制度》。

9月23日，市物价局与市建设局、房管局、土地储备中心联合印发了《关于对拆迁企业冷库评估方法的通知》。

10月10日，苏州市价格协会召开会员代表大会暨价格理论研讨会，通过了苏州市价格协会章程修改意见，选举产生了第二届苏州市价格协会理事、常务理事、名誉会长、会长、副会长、秘书长、副秘书长，苏州市委常委、市政府副市长周伟强，苏州市物价局党组书记、局长曹霞富当选为第二届市价格协会名誉会长，王元仁当选为第二届市价格协会会长。

10月13日，市物价局印发了《关于进一步加强进驻行政服务中心价格行政审批工作的通知》。

10月16日，苏州市编制办《关于同意苏州市物价局检查分局调整内设机构设置和建制的批复》，检查分局的内设机构由原副科级建制调整为正科级建制；重新核定内设机构领导职数，正科职8名，副科职10名。

11月12日，苏州市物价局印发了《关于贯彻苏州市政府〈建立苏州市社会价格监督服务网络实施方案〉的通知》。

11月25日，沈志栋任苏州市物价局副局长，朱敏任苏州市物价局副调研员。

11月26日，经苏州市编委批复，建立宣传教育处（组织人事处）、市场价格行为监督管理处。

12月12日，苏州市物价局印发了《关于解除对食品类商品临时价格干预措施的通知》。

12月17日，苏州市物价局与苏州市劳动和社会保障局、苏州市财政局联合印发了《关于减免苏州市市区灵活就业人员委托保存档案费的通知》。

12月29日，苏州市物价局印发了《苏州市物价局政府集中招标采购药品确认工作暂行规则》。

12月29日，苏州市物价局印发了《苏州市物价局内设机构及派驻机构职责》。

2009年

1月，经市级机关党工委批准，胡伟为市物价局党总支委员会副书记。

1月5日，市物价局与市财政局、卫生局联合印发《关于进一步规范卫生监督、疾病控制机构收费的通知》。

1月9日，胡伟任苏州市物价局副调研员。

1月20日，苏州市物价局发文表彰2008年度全市价格政务信息工作先进集体和先进个人。

2月3日，市物价局印发《苏州市物价局2009年作风效能建设实施方案》。

2月5日，苏州市物价局印发《运用价格杠杆为企业服务、为群众服务、为基层服务的十六条举措》。

2月6日，市物价局印发《苏州市物价局关于印发2009年全市价格系统法制工作要点的通知》。

2月9日，市物价局与市财政局联合发文公布《苏州市行政事业性收费项目目录（截至2009年1月1日）》。

2月10日，市物价局印发《苏州市物价局转变工作作风提升服务效能的规定》。

2月12日，市物价局发文表彰2008年度各市、区物价工作目标责任制优秀、先进单位。

2月18日，免去励启中苏州市物价局党组副书记、副局长职务，任苏州市物价局调研员。

2月18日，苏州市物价局召开全市价格工作会议，总结2008年价格工作，部署2009年价格工作任务。12个市、区人民政府和19个签约部门（单位）分管领导分别向市政府递交了2009年价格调控目标责任书；省物价局副局长孔祥平，市委常委、副市长周伟强到会并作重要讲话。

2月23日，市物价局与市贸易局、苏州工商行政管理局联合发文，对2008年度市区农贸市场价格管理成绩突出的25家市场授予价格管理先进单位和15家市场授予表扬单位，并进行通报表彰。

2月24日，市物价局印发《苏州市物价局财务管理补充规定》。

3月30日，市物价局发文，继续聘请市政协、市纪委、民主党派和有关业务主管部门等18名为新一轮物价行风（执法）监督员。

3月30日，苏州市政府召开了苏州市社会价格监督服务网络建设推进大会。正式启动苏州市社会价格监督服务网络。市长阎立、省物价局局长周卫国、副市长周伟强以及市人大、市政协等领导为7家苏州市社会价格监督服务站、服务点授牌。

3月30日，市物价局印发《苏州市物价局做好企业评议机关政风行风活动工作计划》和《苏州市物价局关于开展党性党风党纪主题教育活动的实施意见》。

4月2日，为纪念《中华人民共和国价格法》实施十周年，围绕"坚持依法治价，关注民生价格，构建和谐苏州"这一主题，从4月下旬开始，在全市组织开展"十个一"专题宣传活动。市物价局印发《苏州市物价局内部处室工作基本制度（试行）》。

4月29日，市物价局在彩香、新升新苑、大龙港、新湘苑等社区开展价格法宣传服务活动。翌日，又在观前街玄妙观正山门举行大型《价格法》专场宣传活动，发放《苏州市价格服务简明手册》等宣传纪念品近万份，现场受理群众价格咨询举报投诉。市价格协会11个行业分会也开展形式多样的行业价格宣传活动。

4月29日，市物价局印发《苏州市成本调查与监审走访情况回执办法》和《苏州市成本调查与监审工作规程》。

5月3日，市物价局转发了上级《关于加强防控H1N1流感疫情医药产品及相关原材料价格监管工作的紧急通知》。

5月4日，市物价局印发《关于加强与防范甲型H1N1流感有关商品的市场价格监管工作的通知》，要求各市、区物价局要加强与防范甲型H1N1流感有关商品市场价格监管。

5月5日，市物价局成立"苏州市物价局防控甲型H1N1流感应对价格波动工作领导小组"。曹霞富任组长，马俊任常务副组长。

5月25日，市物价局印发了《苏州市社会价格监督服务网络考核验收办法及考核验收标准》。同时对网络建设的时间要求、考核验收内容、考核验收办法、考核验收工作流程等作出了明确。

6月22日，苏州市物价局分别下发了《苏州市物价局廉政教育规定（试行）》和《苏州市物价局加强廉政监督暂行规定》。

6月10日，市物价局与市交通局联合印发《关于进一步规范机动车维修服务价格行为提高机动车维修服务透明度的通知》。

7月，市物价局机关工会换届，经市级机关工会批复同意，邱隆平任工会主席，周小琴、周小玉、徐峰、高培林任工会委员。

7月24日，市物价局与市房产管理局联合印发了《关于进一步规范房产中介服务收费行为的通知》。

7月28日，省辖市物价局长座谈会在苏州召开，各地就上半年价格工作和下半年价格工作思路进行了交流；苏州、无锡两市物价局就基层物价部门在新形势下如何主动转变职能的主题，作了专题汇报交流。苏州市委常委、副市长周伟强到会并致辞；江苏省物价局局长周卫国对全省上半年价格工作作了总结，并对下半年价格工作任务进行了具体部署。

7月30日，市物价局印发《苏州市价格系统行政行为执法监察实施细则（试行）》。

8月6日上午，苏州市委副书记、市长阎立，市委常委、常务副市长曹福龙等市领导视察了市政府实事工程——社会价格监督服务网络建设情况。

8月6日、24日，苏州市人大常委会主任杜国玲、副主任程惠明先后两次调研指导价格工作，听取了关于价格工作情况的汇报。

8月13日，苏州市政协领导一行专题听取价格工作情况汇报，就如何做好当前形势下的价格工作进行调研。

8月18日，市物价局印发《苏州市社会价格监督服务网络工作指导意见》。

9月8日，市物价局、市价格协会联合市贸易局、市餐饮商会、市烹饪协会，在鸿运涵碧楼酒店共同举办了"厨王杯"定价比赛，全市有35家餐饮企业参加了此次活动。

9月10日，苏州市人大常委会副主任程惠明率领市人大常委会执法检查组，对《江苏省涉案财产价格鉴证条例》贯彻落实情况进行专项执法检查，市委常委、副市长周伟强，市人大常委会秘书长张厚和、副秘书长鲍鹏，江苏省物价局价格认证中心主任万学群等参加了执法检查情况汇报会议。

9月27~30日，苏州全市价格系统开展了国庆、中秋节日市场价格检查。

10月14日，市物价局机关干部一行50余人，由副局长马俊带队赴南京参观了《奋进的江苏——庆祝新中国成立60周年大型成就展》。

10月21日，苏州市物价局在吴中区召开全市物价系统房地产价格工作会议，回顾工作，分析市场，探讨对策，研究思路。副局长马俊，各市、区物价局（办）分管领导、职能科室负责人参加会议。

10月28日，苏州市人大法工委、财经工委、市法制办有关领导来苏州市物价局开展《苏州市市场价格行为监督管理条例》立法前期调研工作。

11月2日，苏州市文明办考核检查组一行莅临苏州市物价局，对物价系统创建2006~2008年度苏州市文明行业工作进行考核验收。

11月20日，市物价局印发《苏州市物价局推行行政指导工作的实施方案》。

11月23日，苏州市调整市区非居民生活和特种用自来水价格，非居民生活用水价格由每立方米3.00元调整为3.50元，特种用水价格由每立方米4.00元调整为4.70元。

12月14日，市物价局发出通知，决定在全市组织开展元旦、春节节日市场价格检查。

12月25日，市物价局召开苏州市区居民生活用自来水价格调整听证会，印发了《苏州市社会价格监督服务网络工作考核办法（试行）》。《考核办法》计12条，自2010年1月1日施行。

2010年

1月11日，市物价局与市财政局联合发文公布《苏州市行政事业性收费项目目录（截至2009年12月31日）》。

1月12日，市物价局印发了《苏州市区煤热价格联动管理暂行办法》。

1月18日，市物价局成立《苏州市市场价格行为监督管理条例》立法起草工作领导小组。

1月29日，市物价局对2009年度盘溪等23家市区农贸市场授予价格管理先进单位，对金塘等17家市区农贸市场给予表扬，并进行通报表彰。印发《2010年苏州市价格监测预警工作意见》。

2月，选举产生市物价局第五届机关党总支，并经市级机关党工委批准，陈炳善任书记，副书记胡伟、颜艳平，委员龚霄飞、毛金华、邵祖良、邱隆平、马琛玲、李佳。

2月2日，召开苏州市价格工作会议。会议由市政府副秘书长朱国强主持，会上对2009年全市物价工作情况进行了简要回顾，并对2010年的物价工作任务作了全面部署；表彰2009年度价格工作先进集体和先进个人；12个市、区人民政府和19个签约部门（单位）分管领导分别向苏州市政府递交2010年价格调控目标责任书；省物价局副局长孔祥平、市政府副市长周伟强参加会议并讲话。

2月5日，市物价局下发《苏州市物价局〈关于坚决制止党员干部违规收送礼金礼券〉工作方案》。

2月20日，市物价局印发了《2010年全市价格工作要点》。

2月22日，苏州市物价局召开作风效能暨廉政建设大会。

2月24日，苏州市物价局印发了《苏州市物价局助推三区三城建设服务经济转型升级的28项具体举措》。

3月2日，苏州市物价局印发了《苏州市物价局纪检信访举报工作实施意见》。

3月11日，苏州市物价局价格认证中心与苏州市消防支队联合召开规范火灾财产损失价格鉴证工作座谈会。

3月，苏州市价格认证中心荣获2009年度全省价格认证工作先进集体。

3月18日，江苏省服务与房地产价格工作会议在苏州召开。会上各市分别交流了服务与房地产价格工作情况，讨论和征求相关文件修订意见，并对今后江苏省服务与房地产价格工作提出思路和要求。各省辖市物价局分管局长及服务与房地产价格处负责人参加了会议。

3月22日，市物价局与苏州市地税局联合印发《苏州市涉税财产价格鉴证操作办法（试行）》。市物价局印发了《关于调整苏州市区居民生活用自来水价格的通知》。

3月23日，市物价局印发《关于表彰2009年度全市价格认证工作先进集体的通知》，授予昆山市价格认证中心、吴中区价格认证中心、相城区价格认证中心为2009年度全市"价格认证工作先进集体"荣誉称号。

3月24日，江苏省价格研究工作暨价格协会秘书长会议在苏州召开，省物价局副局长、省价格协会会长孔祥平，省物价局价格研究所所长许伟、副所长倪健，各省辖市物价局分管局长、综合处长、协会秘书长及《江苏价格》杂志特约通讯员出席会议。

3月29日，市物价局印发《关于全面推进价格争议调解处理工作的通知》。

4月，陈建红任物价局党组成员。

4月12日，苏州市政府办公室印发《苏州市物价局主要职责内设机构和人员编制规定》。明确市物价局主要职责、内设机构、局机关行政编制为25名。直属行政机构：市物价局检查分局职责、内设机构、分局行政编制49名，市物价局成本调查监审分局职责及行政编制10名。市物价局与市住房和城乡建设局联合印发《苏州市房屋重置价格评估办法（2010年修订）》。

4月13日，在江苏省价格系统宣传与法制工作会议上，苏州市物价局荣获"2009年度全省价格政务信息工作先进单位"一等奖。

4月19～20日，苏州市物价局在太仓召开全市一季度价格形势分析会。

4月28日，市物价局印发《关于加强基本药物药品价格管理的通知》。

4月29日，在苏州市委、市政府召开的全市党政信息工作会议上，苏州市物价局荣获"2009年度党政信息工作先进单位"一等奖。

4月30日，陈建红任市物价局副局长（列曹霞富之后），免去市经济和信息化委员会副主任职务。

5月18日，苏州市召开"苏州市重要民生商品（收费）采集公布工作推进大会"。市政府副秘书长朱国强主持会议，宣读了省委常委、市委书记蒋宏坤的贺信；印发了市委常委、副市长周伟强的书面讲话材料；市物价局局长曹霞富介绍了重要民生商品价格采集公布工作开展情况和下一阶段工作打算；大会作了交流发言；向47家民生商品价格采集点颁发"苏州市重要民生商品价格（收费）采集点"铜牌；省物价局副局长祝井贵在会议最后作了重要讲话，并与市政协副主席葛维玲共同为苏州市物价局成本调查监审分局揭牌。

6月下旬，国务委员、公安部长孟建柱在视察沪宁高速大队期间，对苏州市价格认证中心从方便群众的角度出发，向交巡警高速公路大队派驻车物损价格鉴证人员，现场提供价格鉴证服务，调解处理交通事故的做法给予了充分肯定。

6月23日，市物价局与市纠风办、市教育局、市规划局、市监察局联合印发了《关于进一步规范幼儿园招生和收费工作的意见》。印发《市物价局关于深入开展创先争优活动实施意见》。

7月5日至7日，江苏省物价局价格诚信工作检查组来苏州市开展为期三天的省价格诚信单位认定工作。

7月15日，苏州市政府下发《苏州市治理和规范涉企收费工作方案》，并于7月16日召开"全市开展治理和规范涉企收费工作联席会议"，会议由市政府副秘书长朱国强主持，市委常委、副市长周伟强到会并作重要指示。

7月27日，市物价局与市价格协会联合印发《关于进一步加强和改进价格协会工作意见的通知》。

8月2日，市物价局召开局机关作风效能建设推进大会。会上，传达了市委、市政府召开的全市作风效能建设推进会精神。

8月4日，市物价局印发了《苏州市物价局建设学习型党组织实施办法》。

8月5日，苏州市物价局在昆山召开全市价格系统作风效能建设推进会。

8月13日，苏州市政府副市长王鸿声来苏州市物价局进行工作调研。局党组书记、局长曹霞富就价格工作情况进行了汇报。副市长王鸿声对物价局取得的成绩表示了充分肯定,同时对物价局的下步工作提出了具体要求。市政府副秘书长朱国强、综合三处副处长冯国民参加了调研活动。

8月17日,市物价局印发《苏州市物价局关于进一步加强和推进作风效能建设实施意见》。

8月18日,市物价局印发《苏州市重要民生商品价格采集工作程序》。

8月23日,市物价局印发《苏州市游览参观点门票价格管理办法》。

8月25日,市物价局印发《苏州市区中药饮片价格管理实施细则(试行)》。

9月6日,市物价局印发《苏州市物价局关于进一步深化政务公开工作的实施意见》、《苏州市物价局政务公开工作主要职责》、《苏州市物价局政府信息公开工作制度》、《苏州市物价局行政权力网上公开透明运行工作制度》和《苏州市物价局非行政许可审批事项运行操作办法》。

9月25日,苏州市人大常委会副主任程惠明一行来物价局开展工作评议,并召开评议工作动员大会。

9月26日,苏州市政府在苏州工业园区召开市区农贸市场价格管理现场推进会,会议由市政府副秘书长朱国强主持,副市长王鸿声到会并讲话。苏州市物价局召开苏州市价格工作形势分析会。

10月21日,市物价局印发《关于在苏州市价格系统开展以价格惠民优质服务为主题的机关服务品牌创建活动实施意见的通知》。

10月22日,市物价局印发《关于建立中层领导干部廉政档案暂行办法的通知》。

11月5日,市物价局邀请市作风效能办主任徐华峰为全局干部职工作"作风效能建设"专题讲座。

11月13日,市委常委、常务副市长曹福龙一行来市物价局调研指导工作,并看望了干部职工。

11月15日至16日,江苏省物价局局长周卫国一行来苏就促进服务业发展、差别电价和惩罚性电价等价费政策落实情况,以及明年苏州价格工作思路进行调研。省物价局副巡视员曹俊生、办公室主任李明志、工价处处长丁坚等陪同调研。

11月16日,市物价局印发《关于做好新一轮〈苏州市价格志〉编纂工作的通知》。

11月29日,苏州市政协领导一行对苏州市物价工作进行视察,实地查看了观前商圈价格矛盾调处点、观前街大成坊小吃街、家乐福东环店、园区邻里中心,并听取了物价工作的情况汇报。

12月,谢勤俭任市物价局党组成员。

12月1日,苏州市物价局印发了《落实市区公办农贸市场摊位租金减半收取政策引导农贸市场开展价格惠民活动的工作意见》。

12月2日,苏州市物价局在苏州科技学院召开稳定高校伙食价格座谈会,24所在苏高校的财务和后勤部门负责人、市教育局高教处有关人员参加了会议。

12月7日,市物价局组织苏州市29家省级价格诚信单位代表在小公园广场举行价格惠民倡议签名活动。

2011年

市编办批复同意调整市物价局、检查分局内设机构和人员编制，经调整后，苏州市物价局和苏州市物价局检查分局内设机构、人员编制、领导职数情况如下：市物价局内设8个职能处室，即办公室（组织人事处）、综合法制处（行政许可服务处）、信息宣传处、财务审计处、工农产品价格处（环境资源价格处）、服务价格处（房地产价格处）、收费管理处（医药价格处）和市场价格行为监督管理处。另外，按规定设置纪检组、监察室（由市纪委、监察局派驻，合署办公）。

1月4日，苏州市物价局发文表彰2010年度全市价格认证系统单项先进集体和先进工作者。

1月13日，苏州市物价局召开2010年民生价格采集比对公布工作总结表彰大会。

1月18日，苏州市物价局发文表彰2010年度价格工作先进单位和价格监管先进单位。

1日19日春运第一天，副局长马俊带队到汽车北站对汽车客运站票价执行情况进行实地督查。

1月21日，召开全市价格工作会议，会议由常务副市长曹福龙主持。会上，12市、区政府（管委会）及24个签约部门（单位）领导向市委副书记、市长阎立递交2011年价格调控目标责任书；阎立市长作重要讲话。市人大常委会程惠明副主任、市政协申建华副主席出席会议。2011年苏州市价格调控预期目标为居民消费价格总水平涨幅控制在4%左右。

1月21日，市物价局召开2010年度市区农贸市场价格管理工作总结表彰会议。

1月23日，市物价局公布经市价格协会旅社行业分会测定的苏州市区春节期间旅社客房市场平均价格，合理幅度为50%。

1月24日，市物价局就春节期间部分寺庙道观临时门票价格函复市民族宗教事务局，同意西园寺等8所寺观2011年春节期间"烧头香"临时门票价格维持2010年票价水平。

1月24日，市苏州市物价局发出通知，对实行政府指导价管理的农药品种开展年度销售价格综合考核检查。

1月25日，苏州市物价局举行全市社会价格监督服务网络工作总结表彰大会暨价格监督员风采展示文艺汇演。

1月28日，苏州市物价局组织召开大润发、家乐福等市区13家大型超市参加的规范市场价格行为提醒会。

2月，市编办同意市价格认证中心的人员经费渠道由自收自支改为财政全额拨款，重新核定人员编制数为12名。

2月14日，苏州市物价局下发通知，要求各市、区物价局（办）根据当地经济发展目标、人均可支配收入增长速度和居民住房支付能力，合理确定本地区2011年新建住房价格控制目标，报经当地政府（管委会）审定后，于一季度在当地向社会公布，并将执行情况作为行政领导问责的主要依据。

2月20日零时起，苏州市上调成品油价格。调整后的90号、93号、97号高标准清洁汽油的最高零售价格分别为每升6.65元、7.05元和7.45元，0号、–10号柴油的最高零售价格为每升6.95元、7.36元。

2月22日，苏州市物价局下发通知，在全市开展"创建明码标价诚信经营示范街（店）"活动,并成立创建工作领导小组,曹霞富局长任组长。此项活动纳入苏州市依法治市领导小组2011年"关爱民生法治行"系列活动之中。2月24日,苏州市物价局与依法治市领导小组办公室举行2011年"关爱民生法治行"暨"创建明码标价诚信经营示范街"活动启动仪式。市委常委、政法委书记邱岭梅,市委常委、常务副市长曹福龙,市政协副主席姚东明,市人大常委会党组成员鲁国强等出席启动仪式。此项活动开始以后,山塘旅游街区、新火车站、观前街中华老字号等地区和企业,实行规范的明码标价,标价率达到100%,率先成为苏州放心旅游消费场所。

2月28日,苏州市物价局印发《2011年全市价格工作要点》和《2011年苏州市价格系统依法行政工作要点》。

3月14日,苏州市物价局与市财政局、市民政局联合转发上级《关于公布取消和停止社会团体部分收费及有关问题的通知》。

3月17日,苏州市一些地方出现市民过量采购食盐的现象,苏州市物价局立即进行专门部署:启动价格监测预案,加大监测力度,及时掌握动态;派出6个检查组对全市食盐进行专项价格巡查,向商家发出行政提醒函,同时加强"12358"热线值班值守,确保24小时畅通;约请苏南盐业公司启动应急预案,维护食盐市场供应秩序;通过社会价格监督网络向市民进行宣传提醒,及时澄清不实信息和传言。

3月17日,苏州市物价局发出紧急通知,要求全市价格部门开展食盐市场价格巡查,坚决打击哄抬价格行为。

3月31日,苏州市物价局组织召开规范商业促销价格行为座谈会,市区人民商场、石路国际等12家大型商场代表到会。会上,苏州市物价局向苏城各大商场发出自觉遵守价格法律法规、规范促销价格行为的倡议,要求商家加强内部价格管理,建立健全价格管控体系,不断推进企业诚信建设,努力促进企业健康发展。

3月31日,苏州市物价局召集欧尚、家乐福、大润发等市区14家主要大型超市、卖场召开明码实价、诚信经营座谈会。

4月1日,苏州市物价局印发《苏州市价格鉴证援助办法》,并自2011年4月1日起施行。

4月7日零时起,苏州市上调成品油价格。调整后的90号、93号、97号高标准清洁汽油的最高零售价格分别为每升7.02元、7.45元和7.87元,0号柴油的最高零售价格为每升7.29元。

4月12日,苏州市物价局成立苏州市物价局"12345"便民服务工作领导小组,局长曹霞富任组长。

4月13日,苏州市物价局下发《关于实行重要商品价格异动销售异动情况通报制度的通知》,从5月起,在市区主要商场、超市、农贸市场等有关单位实行重要商品价格异动、销售异动情况通报制度。通报商品涉及工业生产资料和农业生产资料三大类58个商品品种,其中与市民生活息息相关的粮油、猪肉、禽蛋、蔬菜、食盐、食糖、牛奶,以及洗衣粉、洗洁精、香皂、牙膏等重要民生商品计42个品种。

4月22日,苏州市物价局与市监察局、纠风办、卫生局联合层转上级《关于开展全国医疗卫生服务价格大检查的通知》。

4月22日,苏州市价格协会、苏州市房地产行业协会组织33家会员单位向全市房地产开发企业发出落实国家房地产市场调控政策措施，实现新建住房价格控制目标的倡议，倡议书刊登在2011年5月6日《苏州日报》A12物价专版上。

4月26日，苏州市物价局召开会议，研究部署"五一"市场价格价格大检查。

4月26日，苏州市物价局在苏州市便民服务中心19家进驻单位一季度"便民杯"优质服务竞赛评比活动中，荣获一季度流动红旗，得到便民服务中心的表彰。

4月29日，苏州市物价局与金阊区物价局、山塘旅游发展有限公司举行试行"创建明码实价店"授牌仪式，山塘街区10家商户获授"创建明码实价店"标牌。苏州市物价局副局长沈志栋、金阊区副区长闵文军、金阊区物价局局长俞建国出席仪式。

5月，政府实事工程"感知价格"系统建设的重要组成部分"农资价格通"已经建成并运行。"农资通"是苏州市农副产品价格和供求信息采集、发布的重要平台，苏州市价格部门通过该平台逐步公布农副产品市场平均价、批发价、生产基地的价格和周边城市和全国重点产地的价格。各市场可以通过该平台及时上传和发布真实的价格和供求信息。构建农副产品产供销直接对接的新通道，降低流通环节成本。

5月8日，苏州市物价局主办、七个区物价部门及人民商场协办的"12358"价格举报电话开通10周年现场咨询、投诉活动，共有50多位价格咨询、执法人员参与此次活动，现场发放价格资料2万份，就市民关注的热点价格问题、投诉进行解答、受理。活动现场，市价格举报中心公布了价格举报办理流程、服务网络以及优质惠民措施等。10年来，苏州市价格举报部门共接到电话2万余次，为消费者挽回经济损失1883万元。

5月23日，苏州市物价局印发《关于运用价格杠杆助推全市率先基本实现现代化实施意见的通知》。

5月23日，苏州市物价局与市交通运输局、市财政局联合下发《苏州市区客运出租汽车油运价格联动办法》，并根据该《办法》测算发布了2011年油运价格联动的基准点和启动点。油运价格联动基准点以国家公布的我省93号汽油最高零售价7.16元/升为基准点，油运价格联动首次启动点以国家公布的我省93号汽油最高零售价7.68元/升为首次启动点。

5月26日，苏州市物价局召开规范价格行为，推进明码实价工作会议，邀请市区15家大型商贸流通企业和5位行风监督员参加。

6月3日，苏州市物价局印发《关于开展提升服务水平切实规范市场价格行为活动的实施意见》。

6月6日，市物价局、市民政局等八部门联合发文调整2011年苏州市社会保障对象生活救助（补助）标准：城乡最低生活保障标准，由原来的450元/月、400元/月统一提高至500元/月；城乡五保供养对象供养标准及低保边缘、重残、特殊残疾人生活救助标准按原政策规定同步调整。新标准于2011年7月1日开始执行。

6月22日，苏州市物价局发文，决定从7月起，在苏州市区、张家港市、常熟市、太仓市、昆山市、吴江市、吴中区、相城区实行价格通报制度。品种范围：主副食品（粮油、猪肉、禽蛋、水产、蔬菜，食糖、副食品、牛奶）、农资产品（主要化肥、农膜等）、消费价格指数。

6月28日，苏州市物价局曹霞富局长带队走访平江区娄门街道永林社区的低收入家庭和沧浪区双塔街道二郎巷社区的普通家庭。

7月，市物价局检查分局核定编制43名。领导职数为分局长1名（副处职），副分局长3名

（正科职）。内设处室正处长（主任）7名，副处长（副主任）9名。

同月，市编办批复同意"苏州市价格信息中心"牌子更名为"苏州市价格研究中心"；增核苏州市价格监测中心（苏州市价格研究中心）事业编制1名，重新核定全额拨款事业编制为5名。

7月5日，苏州市物价局印发《苏州市物价局集体审议议事规则》，该规则共计12条。

7月14日，苏州市物价局下发《关于明确城市社区服务设施水电气价格有关问题的通知》，《通知》明确城市社区服务设施的供暖、水电、燃气等费用标准，按照当地居民使用价格的标准收取，并统一自2011年7月1日起执行。

7月19日，苏州市物价局下发通知，调整驻苏部队用水类别。《通知》明确驻苏部队战备、训练、执勤、生活保障用自来水，按照居民生活用水价格标准收取，并自2011年8月1日起的抄见量开始执行。其他性质的用水仍按原规定执行。

8月2日，受市政府委托，市物价局会同市经信委、农委、粮食局、供销社等部门迎接省政府督查组一行对苏州市上半年贯彻落实价格调控目标责任制情况进行督查。市政府周勤第副秘书长参加督查活动。

8月4日，市委政法委副书记朱耀明带领督查组一行，对苏州市物价局"关爱民生法治行"活动进展情况进行调研督查。

8月17日，市政府在苏州市物价局举行苏州市重要民生商品价格采集系统启动仪式，会议由市政府副秘书长周勤第主持，常务副市长曹福龙到会作重要讲话，并为苏州市重要民生商品价格采集系统暨价格800频道开播按亮启动球。

8月23日，苏州市物价局印发《苏州市物价局价格违法案件行政处罚检查和处理相分离规定》。《规定》共五章二十七条。

8月25日，苏州市物价局发文批复苏州市自来水公司，明确新建小区生活饮用水二次供水管理运行维护费标准。该标准自2011年9月1日起执行。

8月26日，苏州市物价局与市交通运输局联合下发《关于苏州市区公交票价优惠和实行季节性降价的通知》。

8月29日，市长阎立一行莅临苏州市物价局，视察调研重要民生商品价格采集发布系统的建设情况。

9月8日，苏州市物价局发出通知，部署全市中秋、国庆两大节日期间市场价格检查工作。

9月9日，苏州市物价局与市发改委、监察局、民政局、财政局、市容市政局、农委、商务局、粮食局、供销社、苏州工商局等部门联合下发《关于加快农产品平价商店（直销店）建设的通知》。

9月13日，苏州市物价局印发《苏州市大型超市农产品平价商店（直销区）建设运营规范指引》。

9月14日，苏州市政府召开苏州市建设农产品平价商店稳定菜篮子价格工作推进大会。会议由曹福龙常务副市长主持，市长阎立、省物价局局长周卫国、常务副市长曹福龙、副市长周玉龙、市人大常委会副主任程惠明、市政协副主席蒋来清、市政府秘书长陶孙贤、副秘书长高晓东等领导出席会议。会上，宣读了首批34家苏州市农产品平价商店名单并授牌。省物价局周卫国局长、阎立市长分别作重要讲话。

9月19日，苏州市物价局函复市旅游局，同意第三十三届寒山寺听钟声活动票价维持去年水平，即基本票价为320元/人，全套票价（含两餐）最高不超过450元/人。

9月22日，苏州市物价局下发《关于认真做好苏州市居民生活用水阶梯式计量水价考核工作的通知》。按照一年内总用水量（即自2010年9月1日后第二次抄见量至今年9月1日后第二次抄见量之差），对照阶梯式计量水价规定的分级用水量标准，对超过第一级用水并在第二级用水量内的用水加收50%水价；对超过第二级的用水量加收100%水价。考核的方法可以按照户均用水量或人均用水量。今后阶梯式计量水价的考核，仍以每年9月1日后的第二次抄见量作为考核期。

9月27~28日，江苏卫视、江苏广播、江苏教育台、《新华日报》、《现代快报》、《扬子晚报》、《南京晨报》等七家省内主流媒体集中来苏报道苏州市农产品直销成果。以《平价直销：一场农产品流通的"革命"》为题，详细介绍苏州市积极探索稳定"菜篮子"价格的新办法，从改变农产品物流模式入手，通过农产品平价直销的方式，破解农民"卖菜难"、市民"买菜贵"的难题，走出一条具有苏州特色的"平价直销"新路。目前苏州已经建立起街道农产品直销店、社区平价直销站、超市平价直销区、应急平价直销点、流动平价直销车、农贸平价直销专场、高校平价直销中心、网络平价直销平台等八种形式，实现了惠民、利民和便民，促进了农产品流通体系建设。

9月28日，市委副书记、市长阎立，副市长黄钦、浦荣皋等领导同志实地视察苏州市农产品平价直销商店建设，对全市农产品平价商店建设提出新的要求。

10月20日，市政协党组成员季忠正率领市政协提案委主任潘忠东、副主任赵建根等一行，来苏州市物价局专题调研物价和"菜篮子"工作。

11月，陈杰任市物价局党组成员。

11月1日，苏州市物价局与市发改委、监察局联合印发《苏州市管理通胀预期有关工作落实情况监督检查工作方案》。

11月7日，苏州市物价局印发《苏州市价格系统行政行为执法监察工作实施意见》。

11月24日，苏州市物价局批复昆山市利群固废处理有限公司和苏州时钻环保实业有限公司，核定危险废弃物处置收费标准为1850元/吨，允许上下浮动15%，试行期2年。

12月1日，苏州市物价局与市交通局、公安局联合发文，制定苏州市城市道路、普通公路车辆施救基本服务收费标准。该收费标准自2012年1月1日起执行，试行期2年。

12月9日，苏州市物价局与市公安局、市容市政管理局、苏州工商行政管理局、苏州地方税务局联合印发《苏州市区非机动车停放服务收费管理办法》，要求各相关责任部门各司其职，督促辖区内所有停车场所在2012年1月底前重新办理相关手续，审查停车场地条件和经营资格，核准停车区域，核准收费标准，核售停车票据。该办法从2012年2月1日起正式实施。

12月19~27日，市监察局、物价局根据市政府文件精神，会同市发改委、民政局、财政局、农委、商务局和粮食局等部门组成督查组，对12市、区2011年价格调控目标责任制执行情况开展督查。本次督查由市纪委副书记、监察局局长刘费加，市物价局党组书记、局长曹霞富带队。督查重点主要是价格调控工作机制建立情况、主要农副产品保供稳价措施及成效、农产品平价直销网点建设情况、价格调节基金使用情况、物价上涨动态补贴落实及发放情况等五个方面。

12月22日，苏州市物价局与市财政局联合层转《财政部国家发展改革委关于免征小型微型企业部分行政事业性收费的通知》和《财政部国家发展改革委关于调整中国国际贸易促进委员会行政事业性收费项目的通知》。

12月23日，苏州市物价局印发《苏州市成本监审专家库管理办法》。

12月27日，苏州市物价局举行成本监审专家受聘仪式，对首批14位成本监审专家库成员授予了聘书。苏州市物价局副局长陆招元到会并讲话。

12月28日，副局长马俊主持召开苏州市区客运出租汽车运价结构调整听证会，本次听证会就取消市区客运出租汽车5分钟免费等候和实行低速时距并计的收费方式听取听证会参加人意见。听证会应到听证会参加人22人，实到21人。省市20家媒体现场进行报道，6名听证会旁听人进行了旁听。

12月29日，苏州市物价局与市住建局联合印发《关于进一步规范物业管理项目代收代交费用收取行为的意见》。

2012年

市编办批复同意调整市物价局内设机构人员编制，增设机关党委专职副书记1名，增核内设机构正科职领导职数1名；收费管理处增挂"医药价格处"牌子。

1月4日，市物价局下发《关于印发〈苏州市物价局市场检查（巡查）通知书〉的通知》。

1月4日，市物价局与市财政局联合转发《江苏省物价局、江苏省财政厅关于贯彻江苏省人民政府治理规范涉企收费政策意见的通知》。

1月5日，市物价局函复市民族宗教事务局，同意西园寺、寒山寺、玄妙观、伽蓝寺、定慧寺、文山寺和佛教居士林等7所寺观2012年春节期间"烧头香"临时门票价格维持2010年票价水平。

1月5日，苏州市价格调控工作领导小组办公室召开价格调控工作座谈会。会议由市价格调控工作领导小组办公室主任、市物价局局长曹霞富主持，市价格调控工作领导小组部分成员单位及相关部门负责人参加了会议。会上通报了2011年苏州市价格调控目标责任制执行情况的督查报告，及向省政府上报的苏州市2011年价格调控目标责任制完成情况的报告。会议还要求，2012年要继续把价格调控作为一项重要工作来抓，各部门之间要加强交流，加强互通，齐抓共管，形成合力，共同担负起保供稳价的责任。

1月6日，市物价局转发《江苏省物价局关于公布基本药物集中采购中标零售价格的通知》。

1月9日，在全省价格工作会议上，苏州市人民政府因价格调控目标责任制完成较好，被省政府评为全省价格调控工作先进单位，苏州市物价局被评为全省价格系统绩效考评先进单位。昆山市物价局、苏州市相城区物价局被省人社厅、省物价局和省公务员局授予"全省价格系统先进集体"荣誉称号，苏州市物价局王亚非、吴江市物价局吴勇敏被授予"全省价格系统先进工作者"荣誉称号。苏州市物价局、吴中区物价局、金阊区物价局被省物价局评为"2009~2010年度价格工作先进集体"，昆山市物价局徐惠芳、常熟市发改委朱雪娟、苏州工业园区物价办赵建刚被省物价局评为"2009~2010年度价格工作先进个人"。苏州市物价局陆招元、王亚非、钱苏扬、蒋龙兴、王炳坤、谢健、马根元和高新区物价局吴维红等8名从事价格工作满30年、为价格事业作出突出贡献的同志，被省物价局授予荣誉证书，并予以表彰。

1月9日、13日、16日、17日，市物价局分别发文表彰2011年度苏州市价格系统先进集体，全市社会价格监督服务网络先进单位和先进个人，局先进集体和优秀个人，以及价格政务信息和宣传报道工作先进集体和先进个人。

1月12日，市物价局转发《省物价局关于〈做好春节期间平价商店相关工作〉的通知》。

1月16日，市物价局与市交通局联合下发通知，对苏州市区客运出租汽车运价作结构性调整，取消5分钟免费等候，实行低速时距并计的计费方式。调整后的出租车运价计费方式自2012年2月1日起执行。

1月18日、19日，市物价局与市财政局联合印发《苏州市农产品平价直销网点考核奖励暂行办法》和《苏州市区省级价格调节基金支持农产品平价商店建设补助资金拨付方案》。

1月19日，市物价局印发《苏州市农产品平价商店建设计划和布局指南》和《苏州市农产品平价直销网点日常运行管理暂行办法》。

1月19日，市物价局召开全市社会价格监督服务网络工作总结表彰大会。

1月20日，市物价局召开2011年度总结大会。会议由副局长陈建红主持，会上副局长马俊宣读有关表彰通报，局领导向先进集体和先进个人颁奖，各部门、单位主要负责人向曹霞富局长递交2012年工作目标、党风廉政建设目标、依法行政工作目标等责任书，纪检组长谢勤俭作春节期间党风廉政教育和安全保密教育。会议最后局长曹霞富讲话。

1月29日，市物价局发出通知，对实行政府指导价管理的农药品种进行年度销售价格综合考核检查。对列入政府指导价管理目录的农药品种按全年的进货量、综合成本、销售量、销售额统计，以规定的综合差率和批零差率为标准进行考核。

1月30日、31日，市物价局召开党组会和全体干部职工大会，贯彻落实市作风效能建设大会精神，部署2012年价格工作任务，提出要按照市委、市政府"五大行动计划"的要求，进一步创新做亮价格工作，在十个方面下真功夫。

1月31日，市物价局与市财政局联合下发《关于开展2011年度收费年审工作的通知》。

1月31日，市物价局与市财政局联合层转《财政部国家发展改革委关于公布取消253项涉及企业行政事业性收费的通知》。

2011年，经过全局上下共同努力，市物价局在市综合考核中第一次被市委、市政府表彰为作风效能建设优胜单位；被苏州市文明办、纠风办、总工会、便民服务中心评为"苏州市第六届'便民杯'优质服务竞赛先进集体"，获得"热心进取奖"荣誉称号，苏州市价格举报中心周峰被评为"苏州市第六届'便民杯'优质服务竞赛先进个人"；由市物价局主办的价格信息公共服务网站"苏州价格在线"被苏州市政府评为2011年电子政务优秀项目"为民服务奖"。

腾讯发布《江苏微博报告》，苏州市物价局腾讯官方微博以19万听众数的成绩被评为"江苏十大政务微博"。

2月，市编办重新核定市价格认证中心人员编制数为15名。5月，市编办同意增加人员编制3名，重新核定人员编制数为18名。

同月，市编办重新核定市价格监测中心人员编制数为8名。

同月，陈杰任苏州市物价局检查分局局长。

2月7日、20日，市物价局分别印发《关于社会价格监督服务网络做好农产品平价直销网点监管工作的通知》和《关于印发苏州市2012年农产品平价直销网点建设意见的通知》。

2月8日，市物价局印发《关于认真做好人大代表建议政协提案办理工作的通知》，要求按时保质保量完成人大代表建议政协提案的办理工作，主办件办理时限2个月，协办件办理时限1个月。

2月8日，市物价局成立苏州市市场价格行为监督管理办法立法工作领导小组，局长曹霞富任组长，马俊、陆招元、陈杰任副组长，成员由相关处室负责人组成。领导小组下设办公室，副局长马俊兼任办公室主任，副局长陆招元兼任办公室副主任。

2月8日零时起，苏州市上调成品油价格。调整后的90号、93号、97号高标准清洁汽油的省定最高零售价格分别为每升7.02元、7.45元和7.87元，0号、−10号柴油的省定最高零售价格为每升7.29元、7.73元。

2月9日，市交通运输局、市物价局联合发布《2011年下半年度苏州市道路水路货物运输价格行情综述》。

2月10日，市商务局、市发改委、市公安局、市物价局、市国税局、苏州地税局、苏州工商局联合印发《苏州市清理整顿大型零售企业向供应商违规收费工作实施方案》。

2月10日，市物价局在昆山召开全市贯彻落实省明码实价规定工作座谈会，12个市、区物价局（办）领导等参加会议。

2月10日，市纪委、财政局、物价局联合召开"切实加强收费管理规范涉企收费行为工作会议"，具体部署全市清理规范涉企收费工作。

2月10日，市物价局印发《关于加强作风效能建设做好价格惠民十项工作的通知》，要求全市价格系统2012年要围绕"五大行动、十四项任务"，着力做好价格惠民十项工作。

2月16日，市物价局印发《苏州市物价局公务员职业道德主题教育实践活动实施方案》。

2月17日，市物价局召开全市物价局长座谈会，市物价局领导、全市5市7区物价局长及市物价局相关部门负责人参加座谈会。

2月17日，召开全市价格工作会议，会议由市政府副秘书长周勤第主持，市物价局局长曹霞富通报2011年全市价格工作情况，部署2012年全市价格工作的主要任务；2012年全市价格调控预期目标为居民消费价格总水平涨幅控制在4%左右。吴江市政府、相城区政府、市农委、市商务局分别围绕2011年保供稳价、保障民生工作所取得的成效作大会交流发言；12市、区政府（管委会）及25个签约部门（单位）领导向常务副市长曹福龙递交2012年价格调控目标责任书；常务副市长曹福龙作重要讲话。市人大常委会程惠明副主任、市政协姚东明副主席出席会议。

省委常委、市委书记蒋宏坤专门对全市价格工作作出重要批示，要求各级党委、政府加大对价格工作的领导，增强价格调控的针对性和灵活性，积极运用价格杠杆为"加快转型、稳定外贸、兴盛文化、广惠民生"服务，各级价格部门要充分履行职能，把"平价直销网点建设"这一政府实事工程落实好，真正让广大市民得到实惠。

2月24日、28日，市物价局分别印发《2012年全市价格工作要点》、《2012年苏州市价格系统依法行政工作要点》和《关于进一步加强价格政务信息工作的意见》。

2月24日，市物价局下发通知，建立机关收费管理考核卡实施办法和企业付费登记监督卡管理办法。

2月27日，召开全市农产品平价直销网点建设会议，部署推进农产品平价直销网点建设。各市、区政府（管委会），各部门（单位），各大型流通企业，生产基地，农业合作社的200余位负责人参加了会议。副市长周玉龙、江苏省物价局副局长祝井贵等领导出席会议，并作讲话。

2月27日，市纪委副书记监察局局长刘费加、纪委常委沈琪、纪委执法室叶帆主任，市财政局副局长朱晓平等一行，来市物价局专题调研物价和集团采购价格信息网建设工作，并在曹霞富局长的陪同下，检查指导市价格认证中心涉纪财物价格认定工作。

2月28~29日，全省收费管理工作会议在苏州市召开。

2月29日，市物价局下发通知，实施居民生活用自来水价格第二步调整工作，即居民生活用自来水价格由3.10元/立方米调整为3.20元/立方米，调整实施时间自2012年3月1日起执行，3月1日后对用水户的第一次抄表执行现行价格，第二次抄表执行调整后的价格。

3月5日，市物价局印发《2012年苏州市社会价格监督服务网络工作要点》。

3月6日，市物价局组织召开苏州轨道交通票价听证会，会议由副局长马俊主持。本次听证会就备选的两套苏州轨道交通票价方案及优惠政策进行听证。听证会应到参加人22人，实到20人。省市20家媒体现场进行报道，3名听证会旁听人进行了旁听。

3月9日，印发《苏州市物价局2012年度开展"三访三促"活动实施方案》。

3月12日，召开市区农产品平价直销网点考核检查动员会议，市区农产品平价直销站、直销店、直销区40余位负责人参加会议。此次考核检查由市物价局会同市财政、农委、商务、供销等部门组成检查组，于3月12日至3月14日对市区第一批农产品平价直销网点日常运行情况进行考核检查。

3月13日，市物价局下发通知，开展《江苏省农村道路客运价格管理规定》贯彻情况的督查。

3月15日，市物价局组织召开五市二区价格监测工作会议。

3月16日，市交通局、市物价局联合下发通知，明确公交扫墓专线票价政策：现行公交票价优惠、免费政策均适用于公交扫墓专线。

3月19日，市物价局与市依法治市领导小组办公室联合下发《关于表彰2011年度明码标价诚信经营示范街（店）创建活动先进单位和先进个人的决定》。山塘街等5条街为2011年度诚信经营示范街，国际购物中心有限责任公司等15家店为2011年度诚信经营示范店，李源国等10名同志为2011年度创建明码标价诚信经营示范街（店）活动先进个人。

3月20日零时起，全市上调成品油价格。调整后的90号、93号、97号高标准清洁汽油的省定最高零售价格分别为每升7.47元、7.92元和8.37元，0号柴油的省定最高零售价格为每升7.80元，部分加油站试行国Ⅳ标准车用97号汽油，最高零售价为每升8.71元。

3月20日，市物价局公布苏州热电有限公司和华能苏州热电有限责任公司2012年第二季度的蒸汽销售价格为235元/吨，从2012年4月1日起执行。

3月20日，市政府通报表彰2011年度全市信息化工作先进单位、先进个人和优秀项目，市物价局"主要民生商品价格采集发布系统"获评苏州市2011年度信息化优秀项目。该项目2011年被列为政府实事工程。全市已建立起集"民价通、药价通、农价通、资源通、集团消费通、有线800频道"为一体的价格采集发布系统,对涉及广大老百姓日常生活的7大类3000多种商品价格进行比对公布,引导消费者理性消费,促使经营者合理定价。

3月21日,市物价局复函市城市客运交通管理处。自2012年3月22日起,苏州市区客运出租汽车每车次一次性向乘客收取1元燃油附加。

3月22日,市物价局组织召开全市创建明码标价诚信经营示范街(店)活动总结暨"双实"工作推进会。市委政法委副书记朱耀明,市物价局副局长陈建红、陆招元,检查分局局长陈杰出席会议。各市、区物价局,市区大型商贸企业、连锁超市、医药经营企业及创建先进单位近百人参加会议。会议总结2011年度创建明码标价诚信经营示范街(店)活动情况,对2011年度明码标价诚信经营示范街、示范店及先进个人分别进行表彰和授牌。会议研究部署了2012年全市开展诚实标价、明码实价"双实"工作。

3月28日,市物价局层转《国家发展改革委关于进一步落实青少年门票价格优惠政策的通知》。

3月28日,市人社局、市财政局、市卫生局、市物价局联合转发《关于印发江苏省城镇医疗保险付费方式改革实施办法的通知》。

3月29日,市物价局印发《关于发挥价格杠杆作用促进全市经济发展方式转变的实施意见》。《实施意见》从指导思想、目标任务、工作重点和保障措施等四个方面提出具体的工作意见。

3月30日,市物价局下发通知,对车用天然气销售价格实行审核备案管理,自2012年4月1日起执行。

3月30日,市物价局发文批复苏州轨道交通有限公司,明确苏州轨道交通单程票票价为起步价2元可乘6公里;6公里以上部分,6~16公里每1元可乘5公里,16~30公里每1元可乘7公里,30公里以上每1元可乘9公里。同时,对特殊人群及普通乘客刷卡乘车实行票价优惠:残疾军人、因公致残警察、盲人免费乘车,市区离休干部可携带1名陪护人员免费乘车,市区的70周岁以上老人(除工作日高峰时段7:00~9:00、17:00~19:00以外,以进站时间为准)、70周岁以下残疾人、义务教育阶段学生免费乘车;市区的60~69周岁老年人、普通高中、中专、技校、职高学生享受单程票票价5折优惠;每位成年人可免费携带1名身高1.3米以下的儿童乘车,超过1名按超过人数购票;普通乘客刷卡乘车可享受单程票票价9.5折优惠。票价自轨道交通1号线开通试运营之日起至2号线开通试运营之日止试行。

4月1日,市物价局85名党员、干部来到光福新四军太湖游击队纪念馆,面向国旗庄严宣誓,拉开全局公务员职业道德专题教育宣誓活动暨党员爱国主义主题教育活动序幕。

4月5日,苏州市政府新闻办召开新闻发布会,正式发布苏州轨道交通票价。市物价局副局长马俊出席发布会并就苏州轨道交通票价的有关问题作解答说明。

同日,市物价局价格举报中心召开全市价格举报工作会议,总结分析2011年全市价格举报工作情况,安排部署2012年全市价格举报工作任务。

4月9~10日,省物价局涉农价格与收费检查组来苏州市,对涉农价格和收费专项检查工作进行督查。

4月11日，苏州市价格协会房地产行业分会召开工作会议，20余家会员单位参加会议。会议主要内容是贯彻落实《省物价局关于严格执行商品住房销售"一价清"制度的通知》，要求各房地产开发经营企业严格执行商品住房销售"一价清"制度的规定。副局长马俊到会并讲话。

4月16日，由市监察局、市财政局、市物价局共同主办的苏州市集团采购价格信息网正式开通。该信息网是集价格信息采集、汇总、发布、查询、比对等于一体的智能化应用系统平台，也是一个面向政府、社会和市场的开放、共享平台，政府相关部门、采购人、供应商、中介机构以及社会公众都能通过该平台共享价格信息。市委常委、市纪委书记王天琦，市政府副秘书长周勤弟出席开通仪式。

4月19日，苏州市价格协会游览景点行业分会召开工作例会，市区各景点分管领导参加会议，市物价局、园林局、宗教局、文广新局等部门派员列席会议、指导工作。会议传达学习和贯彻落实国家发展改革委《关于进一步落实青少年门票价格优惠政策的通知》，对青少年优惠政策的范围和对象作进一步明确：儿童的免费优惠由原来的身高标准（1.2米及以下）扩大到身高或年龄标准（6岁及以下）符合其中之一即可；明确了学生半价优惠的范围，即全日制本科及以下学历学生；增加了除学生外的6岁（不含）~18周岁（含）青少年半价优惠政策。

4月19日，市物价局成本调查监审分局组织召开成本监审专家库成员专题会议，会议对9项成本监审报告情况进行评议，主要涉及中小学教育收费、管道天然气、供水、景点门票以及市民卡制发等成本监审项目。

4月份，市物价局核准5条新辟公交线路票价：公交夜1线、公交111路、公交209路，实行无人售票，全程票价1元/人，空调车加价1元；公交夜2线、公交夜3线，实行无人售票翻牌制，全程票价2元/人，空调车加价1元。

4月27日，在苏州市庆"五一"暨劳模先进表彰大会上，市物价局钱苏扬荣获2012年"苏州市劳动模范"。

5月1日起，市物价局在全市开展诚实标价、倡导明码实价工作，先行在大型商贸流通企业、连锁超市、药品经营企业、中华老字号实行明码实价工作试点。

5月4日，市物价局发文批复苏州市城市信息化建设有限公司，同意市民卡B卡采用自愿申购的形式发放，初次申购或因用户保管不善造成遗失、损坏等要求补换的，收取工本费18元/张；因IC卡质量问题要求更换的免费。城镇失业人员、低保人员等困难群体，凭相关部门证明，初次申购市民卡B卡免收工本费。

5月7日，市物价局下发《关于印发建立"12358价格监督检查流动服务站"实施方案的通知》。

5月8日，"12358价格监督检查流动服务站"正式启动运行。"流动服务站"由市物价局检查分局与各区检查所共同建立，人员由局检查分局、各区检查所以及社会价格监督员组成。在市区各商圈、超市、专业市场、街道、社区流动巡查，宣传价格政策，引导商家诚信经营、消费者理性消费，解答价格咨询，受理价格投诉，及时查处价格违法案件，严厉打击串通涨价、哄抬物价、价格欺诈等价格违法行为，全力维护市场价格秩序。

5月10日零时起，全市下调成品油价格。调整后的90号、93号、97号高标准清洁汽油的省定最高零售价格分别为每升7.23元、7.66元和8.09元，0号柴油的省定最高零售价格为每升7.54元，国Ⅳ标准车用90号、93号、97号汽油省定最高零售价格分别为每升7.53元、7.98元和8.44元。

同日，5月10日，成立苏州市物价局行政调解工作领导小组，局长曹霞富任组长，陈建红、马俊、谢勤俭、陆招元、陈杰等局领导任副组长，各业务处室相关负责人为成员。领导小组办公室设在综合法制处，副局长马俊兼任办公室主任。

5月15日，市物价局转发《省物价局关于征集加强银行服务价格管理意见建议的通知》。

5月18日，苏州首家农产品平价直销店（残疾人创业店）在苏州市残疾人创业孵化基地开张营运。市物价局局长曹霞富、市残联理事长蔡建军等领导到店庆贺，并共同为残疾人农产品平价直销店揭牌。

同日，印发《关于集中公布农产品平价直销蔬菜品种目录的通知》。

5月18日，市价格认证中心与市保险行业协会联合召开苏州市保险毁损财物价格鉴证委员会成立会议。委员会主要负责指导保险毁损财物价格鉴证工作，建立保险机构与价格认证中心的联动机制，制定相关专业技术规程，对重大、疑难项目进行集体审议。委员会由市公安局交巡警支队、公安消防支队、质监局、房屋安全鉴定管理处等相关领导担任委员。

5月21~22日，市物价局先行组织对市区第二批农产品平价直销网点进行检查考核，并针对检查考核中存在的问题要求相关平价直销网点予以整改纠正，确保全市第二批农产品平价直销网点全部通过省考核验收。

5月24日，市物价局党组书记、局长曹霞富一行赴长桥街道开展"三访三促"活动。活动期间，市物价局人员认真听取长桥街道领导介绍"三访三促"活动中街道在调节物价方面的相关举措；从街道当前物价实施的实际情况出发，提出建立平价直销网点和价格服务监督网络示范站的实施方案，并实地参观天怡社区、永诚国际广场在建的平价直销商店。

5月28日，市物价局与市财政局公布2011年年审结果：290家单位"收费许可证"年审合格，可继续亮证收费；18家单位"收费许可证"注销，不得再行收费。

5月22日，市物价局发文批复苏州国际外语学校，同意该校高中生学费标准调整为每生每学期14000元，初中生学费调整为每生每学期13600元，小学生学费标准调整为每生每学期13200元。上述收费标准允许上浮，最高不超过10%，从2012年秋季招收的新生开始执行。

5月25日，市物价局复函市交通运输局，同意苏州市区电调专用出租车收费由企业制定试销价格，并提前15个工作日报市价格主管部门备案后实施。自市区电调专用出租车试运营之日起试行2年。

5月30日，市物价局与市交通运输局、市财政局联合公布苏州市区客运出租汽车油运价格联动基准点和启动点。

5月29~30日，市物价局举办全市第二次价格监督服务站站长培训班。各市、区物价局负责网络工作的负责人、全市140多名价格监督服务站站长参加培训。

5月30日，市住建局、市民政局、市财政局、市物价局联合下发《关于调整2012年度住房保障相关政策的通知》。从2012年7月1日起，市区低收入家庭收入标准从1200元调整到1380元，中等偏低收入家庭收入标准从1700元调整到1900元。从2012年7月1日起，城区的政府购房补贴标准从3400元/平方米调整到3570元/平方米,领取政府购房补贴的公有住房收回价格从3500元/平方米调整到3675元/平方米;城区2012年度城市居民公共租赁住房配租对象扩大到中等偏低收入无房家庭。中等偏低收入家庭承租的公共租赁住房的基本租金为住房市场同类地区、同类住房平均租金价格的70%左右;城区2012年度中低收入家庭住房优惠面积内的销售价格从3190元/平方米调整到3350元/平方米,优惠面积外销售价格仍为6000元/平方米。

5月31日,市物价局发文批复苏州市金阊区东冉学校,同意该校小学生学费标准调整为每生每学期950元,允许上浮,最高不超过10%,从2012年秋季招收的新生开始执行。

5月31日,市物价局下发通知,从2012年6月1日开始至2012年6月20日,在全市范围内开展中、高考期间市场价格专项检查。

6月1日,市物价局与市教育局联合发文调整苏州市区中小学校校服价格。小学校服(一套长一套短)价格为155元,中学校服(一套长一套短)价格为180元。

6月6日,中共苏州市委常委、政法委书记王翔,市委政法委副书记朱耀明等领导一行来市物价局调研指导工作,实地察看了解市价格数据中心和涉纪财物价格认定室工作运行情况,市物价局曹霞富局长等局领导陪同调研。

6月7日,市发改委、经信委、环保局、商务局、物价局、苏州工商局、苏州质监局联合下发《关于印发苏州市限制生产销售使用塑料购物袋专项行动方案暨成立工作机构的通知》。

6月12日,市民政局、市委农工办、市财政局、发改委、统计局、人社局、物价局、国资委联合下发《关于调整苏州市市区社会救助(补助)标准的通知》。明确苏州市市区社会救助(补助)标准于2012年7月1日起调整。城乡最低生活保障标准由原来的500元/月提高至570元/月,20世纪60年代初精减退职老职工生活补助标准由原来的750元/月提高至855元/月,城乡五保供养对象标准及低保边缘、重残、特殊残疾人生活救助标准按原政策规定随低保标准同步调整。

6月15日,市物价局召开全市价格系统纪检监察工作会议。

6月20日,市物价局下发通知,实施苏州市区管道天然气工业商业用气价格并轨。将用气价格分类调整为居民生活用气、非居民生活用气和其他用气三类。将"商业服务"和"工业生产"用气归并为"非居民生产用气";将原"商业服务"用气中准价格由现行的每立方米2.33元与工业用气每立方米2.78元同价,每立方米并轨上调0.45元,浮动幅度不变。自2012年7月1日起执行。

6月25日,市物价局发文批复苏州热电有限公司和华能苏州热电有限责任公司,适当下调蒸汽销售价格,从现行的235元/吨调整为230元/吨,自2012年7月1日起执行。

为了更好地服务政府重点实事工程,体现价格认证服务职能,6月27日,市物价局曹霞富局长等一行赴郭巷街道进行工作调研。

6月28日,市物价局召开成本监审专家集体评议会议。会议主要对燃气定价成本、高教区学生公寓住宿成本、民办高校教育培养成本以及药品生产成本等6项成本监审项目的监审内容进行评议。

6月29日,苏州市委书记蒋宏坤在《苏州市夏粮单产减、成本增、收益降》(《苏州价格监测分析》2012年第13期）上作出重要批示："这份材料分析得很好，数据分析很有说服力，且材料文字不多，提倡多一点这样调查分析，对帮助市委、市政府了解情况、科学决策很有好处。"市物价局的这篇调研分析材料，主要反映了当年苏州市小麦在收购价格上涨近一成的情况下，受赤霉病等因素减产和种植成本增加的叠加影响，农户现金收益下降七成。

7月5日，市物价局与中国银行业监督管理委员会苏州监管分局联合印发《关于开展商业银行服务价格公布工作的通知》。

同日，市物价局印发《苏州市价格系统2012年度绩效考核实施方案》。

7月9日，市物价局召开价格调控工作座谈会。会议由市物价局副局长马俊主持，会上市民政局、财政局、人社局、农委、商务局、统计局、粮食局、供销社等部门领导先后介绍了上半年价格调控目标任务完成进度、存在问题以及下半年工作安排；还对有关价格调控工作事宜进行了讨论。市纪委常委顾瑾出席会议并讲话。

7月10日，市物价局转发《省物价局关于公布部分基本药物集中采购中标零售价格的通知》。

7月11日零时起，苏州市下调成品油价格。调整后的90号、93号、97号高标准清洁汽油的省定最高零售价格分别为每升6.52元、6.91元和7.30元，0号柴油的省定最高零售价格为每升6.76元，国Ⅳ标准车用90号、93号、97号汽油省定最高零售价格分别为每升6.82元、7.23元和7.64元。

7月11日，市物价局复函市城市客运交通管理处，明确自2012年7月12日零时起，取消苏州市区客运出租汽车每车次向乘客收取的1元燃油附加。

7月18日，市物价局局长曹霞富等一行先后赴高新区、相城区等地对苏州市平价商店建设情况进行实地调研。

7月18日、26日，市物价局分别印发《关于开展全市农产品平价商店年中考核检查的通知》和《关于农产品平价商店统一建立台账的通知》。

7月23日，市物价局召开年度工作推进会。会上，各部门负责人回顾总结上半年工作，对下半年工作进行梳理；分管领导对所分管部门的工作进行了点评。最后局长曹霞富作讲话。

7月27日，市物价局发文批复苏州热电有限公司和华能苏州热电有限责任公司，下调蒸汽销售价格，从现行的230元/吨调整为220元/吨，自2012年8月1日起执行。

7月31日，市物价局召开全局思想作风建设会议，贯彻落实全市思想作风建设大会会议精神，统一思想，明确工作目标和要求。

8月1日，市委副书记陈振一、市人大常委会副主任周玉龙、市政协副主席蒋来清等领导对苏州市农产品平价直销网点建设情况进行调研，听取了市物价局局长曹霞富有关全市农产品平价直销网点建设情况的工作汇报。市委副秘书长王国荣、市政府副秘书长高晓东及相关部门负责人等陪同调研。

从2012年8月1日起，《苏州新闻》将每日滚动播出市物价局价格监测中心发布的苏州部分农贸市场肉禽蛋、水产、蔬菜等主要农副产品零售均价。

8月2日，市物价局与市教育局、市财政局联合批复苏州中学，同意该校学生公寓式宿舍收费标准为四人间每生每学期650元，二人间每生每学期700元。上述标准含电量每生每学期40千瓦时，用水量每生每学期20吨，管道热水量每生每学期6吨，超出部分由学校按成本收费。此收费标准自2012年秋季新生入学起执行，非新建宿舍的收费仍按原标准执行。

8月8日，南通市人大常委会副主任施建中、财政经济委员会主任施德威一行在苏州市人大财经工委主任何坚忠、市物价局局长曹霞富陪同下，赴沧浪区西大街社区仓润农产品平价直销店进行实地调研，详细了解了平价商店的日常经营状况，对苏州市依托农业生产基地、建设特色平价店的做法给予充分肯定。

8月8日，市物价局与市交通局联合发布《2012年上半年苏州市道路水路货物运输价格行情综述》。

8月8日，市物价局与市财政局、市教育局联合转发《江苏省幼儿园收费管理办法》。

8月9~10日，市物价局在张家港市召开全市收费管理工作会议，各市、区物价局（办）分管领导、收费管理科科长参加会议，副局长陈建红与会并讲话。

8月10日，市委副书记、市长周乃翔，副市长王鸿声，市政府秘书长陶孙贤等领导一行来到吴县新村里的社区农产品平价直销店进行调研。局长曹霞富陪同调研，并介绍了全市农产品平价直销店建设运营等情况。

8月10日，江苏省物价局局长周卫国来苏州调研价格工作，市委副书记、市长周乃翔会见了周卫国局长，市物价局局长曹霞富会见时在座，并汇报苏州价格工作情况。

8月10日零时起，苏州市调整成品油价格。调整后的90号、93号、97号高标准清洁汽油的省定最高零售价格分别为每升6.81元、7.22元和7.62元，0号柴油的省定最高零售价格为每升7.08元，国Ⅳ标准车用90号、93号、97号汽油省定最高零售价格分别为每升7.11元、7.54元和7.97元。

8月27日，市物价局发文批复苏州市城市信息化建设有限公司，明确苏州市民卡A卡收费标准：首次发卡或因IC卡质量问题予以更换的实行免费；因用户保管不善造成遗失、损坏等要求补换的，收取工本费20元/卡。

8月27日，市物价局转发《省物价局关于降低海藻碘盐价格的通知》。

8月28日，市物价局与市城乡一体化发展综合配套改革试点工作领导小组办公室下发《关于苏州市城乡一体化综合配套改革中供配电工程建设费标准的通知》。明确苏州市新建居住区供配电工程价格试行标准（以不带电梯多层住宅为标准）为230元/平方米。对纳入城镇规划建设用地范围的农民安置房建设，供配电工程建设费按149元/平方米计收。

8月30日，市物价局转发《省物价局关于开展平价商店建设交叉检查活动的通知》。

9月7日，市物价局转发省物价局《关于开展"示范平价商店"创建活动的通知》。

9月11日零时起，全市调整成品油价格。调整后的90号、93号、97号高标准清洁汽油的省定最高零售价格分别为每升7.22元、7.65元和8.08元，0号柴油的省定最高零售价格为每升7.54元，国Ⅳ标准车用90号、93号、97号汽油省定最高零售价格分别为每升7.52元、7.98元和8.43元。

9月17日，市物价局印发苏州市七区开展商品房销售明码标价专项检查工作实施方案，检查重点按国家及省《关于立即开展商品房销售明码标价专项检查工作的通知》文件明确的内容；检查时间9月18日至10月25日；检查范围为所有在售楼盘，重点是商品住房。

9月21日，市物价局下发《关于认真做好2012年苏州市居民生活用水阶梯式计量水价考核工作的通知》。按照一年内总用水量（即自2011年9月1日后第二次抄见量至今年9月1日后第二次抄见量之差），对照阶梯式计量水价规定的分级用水量标准，对超过第一级用水并在第二级用水量内的用水加收50%水价；对超过第二级的用水量加收100%水价。考核的方法仍按照户均用水量或人均用水量。

9月21日，市物价局转发《省物价局关于做好近期游览参观点门票价格管理工作有关问题的通知》。

9月24日，市物价局发出通知，在全市范围内开展"中秋"、"国庆"两大节日市场价格大检查。

9月25日，市物价局公布苏州热电有限公司和华能苏州热电有限责任公司2012年第四季度的蒸汽销售价格为220元/吨，从2012年10月1日起执行。

9月26日，市物价局组织召开市区民生价格采集公布系统价格监测调查员（核查员）工作会议，45位一线采报价人员出席会议。

9月27日，由市文明办刘文伟副主任率队，市文明办、市委组织部、市发改委、市卫生局、市文广新局等领导组成的市文明创建检查组一行莅临市物价局检查指导。市物价局党组成员、纪检组长谢勤俭就市物价局2009~2011年度文明行业创建工作情况向检查组一行进行工作汇报。

10月9日，市物价局印发《关于做好规范行政事业性收费行为综合考评工作的通知》。

10月9日，市物价局发文公布苏州市区所有在用的中药饮片最高零售价格。

10月12日，市物价局复函市城市客运交通管理处，同意自2012年10月13日起，苏州市区客运出租汽车（不含电调专用出租车）每车次一次性向乘客收取1元燃油附加。

10月17日，市物价局与市教育局联合印发《苏州市中小学校伙食费管理暂行办法》，《暂行办法》明确了学校伙食费不以营利为目的及体现公益性的原则，并重点突出"自愿选择"的要求，自2013年1月1日起执行。

10月17日，苏州市价格调控工作领导小组办公室召开价格调控工作座谈会，市纪委常委顾瑾出席会议并讲话。市价格调控工作领导小组办公室主任、市物价局副局长马俊主持。市发改委、经信委、教育局、监察局、民政局、财政局、人社局、住建局、交通局、农委、商务局、统计局、物价局、粮食局、供销社、苏州工商局等部门领导参加座谈。

10月22日，市物价局与市财政局联合印发《2012年苏州市区农产品平价商店年中考核检查情况及奖励方案》和《苏州市区第二批省级价格调节基金支持平价商店建设补助资金拨付方案》。

10月23日，市物价局复函市旅游局，同意第三十四届寒山寺听钟声活动临时门票价格为320元/人，维持去年水平。

10月24日，省物价局局长周卫国率队带领相关处室负责人来苏州市进行工作调研，座谈资源环境价格改革及明年价格工作思路，市物价局局长曹霞富等相关领导参与座谈并作工作汇报。

10月25日，省物价局周卫国局长一行7人到昆山市，就省直管县体制改革试点及昆山市价格工作进行调研。局长曹霞富陪同调研。

10月26日，市物价局转发《省物价局关于部分中成药最高零售价格转为正式价格的通知》。

11月1日，市物价局复函市园林和绿化管理局，同意天云寺景点门票价格为10元/人次，列入园林年卡使用范围，各种特殊群体的门票优惠按现行规定执行；天云寺景点与天平山风景名胜区可设置联票，联票价格为30元/人次。上述门票价格自2012年12月11日起执行。

11月1日，市物价局转发《省物价局关于核定新建居住区供配电工程价格的通知》。省局《通知》明确，苏州市供配电工程价格标准为190元/平方米。

11月4日，国家发改委副主任彭森一行来苏州调研价格工作。市物价局党组书记、局长曹霞富向副主任彭森汇报近年来苏州价格工作情况，副主任彭森对苏州价格部门的创新做法给予充分肯定。

11月8日，市物价局召开行风监督员座谈会。会上，局党组成员、纪检组长谢勤俭向行风监督员通报今年以来市物价局工作开展情况和明年工作思路。与会行风监督员对近年来的价格工作给予充分肯定和认可，同时也对价格工作提出了意见和建议。

11月16日零时起，全市下调成品油价格。调整后的90号、93号、97号高标准清洁汽油最高零售价格分别为每升6.99元、7.41元和7.82元，0号柴油最高零售价格为每升7.28元，国Ⅳ标准车用90号、93号、97号汽油最高零售价格分别为每升7.29元、7.73元和8.17元。

11月20日，市物价局局长曹霞富做客苏州阳光便民寒山闻钟论坛"在线交流"活动，与网友实时沟通互动。

11月20日，市交通局、人社局、物价局、总工会联合下发通知，在全市出租汽车行业开展和谐劳动关系创建活动。

11月21日，市物价局下发《关于进一步规范农产品平价商店直销区运行的通知》。

11月21日，市物价局召开中层以上干部会议，学习十八大会议精神，结合工作实际，提出五条具体贯彻落实措施。27日，市物价局召开领导干部学习十八大会议精神体会交流会，全体人员参加会议。会上，局领导结合实际工作，就学习领会、贯彻落实十八大精神作学习交流。

11月23日，市物价局印发《关于违反局机关工作纪律的问责办法（试行）》。同日下发通知，开展苏州市价格系统绩效考评工作。

11月26日，根据国家发展改革委要求，市物价局下发《关于实施教育收费专项检查方案的通知》。

12月2日，寒山闻钟论坛举行主题为"提升执行力，为民解难题"的在线交流特别节目，14个部门相关领导做客节目现场，与网友实时沟通互动，市物价局副局长马俊参加寒山闻钟论坛在线交流特别节目直播。

12月3日，市物价局下发通知，开展2012年市区农产品平价商店年终考核检查。

12月5日，市物价局印发《苏州市物价局重大行政决策程序规定》，该《规定》对市物价局重大行政决策工作从决策建议的提出及承办、风险评估、专家论证、公众参与、合法性审查、廉洁性审查、集体讨论决定、决策的执行等方面作出规定，共计10章42条。

12月7~8日，国家发改委价格监督检查与反垄断局局长许昆林一行来苏州市调研，考察张家港价格诚信城市创建和苏州市农产品平价商店建设工作，省物价局局长周卫国、市物价局局长曹霞富等领导陪同调研。

12月13日,市物价局复函苏州轨道交通集团有限公司,同意本次发行的苏州轨道交通计次月票价格备案,即首次购票充值60元/20次、130元/50次,后续持票充值50元/20次、120元/50次。

12月14日,市物价局与市农委联合发文,公布苏州市2013年水稻良种补贴种子销售政府指导价格。

12月18日,市物价局下发通知,开展全市社会价格监督服务网络2012年度考核评比工作。

12月19~20日,市监察局、物价局根据《市政府办公室关于转发2012年苏州市价格调控目标责任制执行情况督查方案的通知》精神,会同市发改委、民政局、财政局、农委、商务局和粮食局等部门组织开展对市区2012年苏州市价格调控目标责任制执行情况的督查活动。

12月24日,市物价局检查分局召开2013年"12358价格监督检查流动服务站"实施方案研讨会,各区检查所所长参加此次会议。

12月24日,市物价局发文批复苏州热电有限公司和华能苏州热电有限责任公司,下调蒸汽销售价格,从现行的220元/吨调整为212.50元/吨,自2013年1月1日起执行。

12月25日,苏州市区存量房交易纳税评估系统顺利通过专家认证。该系统由苏州地税局立项,市物价局价格认证中心具体实施。认证会上专家们从存量房交易价格采集的信息、修正系数、评估系统及房屋地理位置、周边交通、房屋外观图片等专业角度进行了多方位的提问和论证。市地税、物价、财政、住建、耕契、价格认证中心、房地产专家及双认定评估单位的代表参加会议。市物价局副局长陈建红、苏州地税局副局长孟咸华到会并讲话。

12月26日,市物价局下发通知,在全市范围内开展2013年元旦、春节市场价格检查。

12月27日,市物价局与市财政局联合下发《2012年苏州市区农产品平价商店年终考核检查情况及奖励方案》。

12月28日,市物价局与市财政局、市水利局联合转发省《关于核定苏州市胥口水利枢纽复线船闸船舶过闸费征收标准的通知》。

12月31日,市物价局与市交通运输局联合印发《关于正式制定苏州市区货运出租汽车运价的通知》,自2013年1月1日起执行。

12月31日,市物价局复函苏州汽车客运集团有限公司,明确苏州市汽车客运站小件行李自助寄存收费标准,自2013年1月1日起执行。

12月31日,市物价局转发《省物价局关于明确国Ⅳ标准汽油价格的通知》。

2013年

1月8日,苏州市价格调控工作领导小组办公室召开价格调控工作座谈会。会议由市价格调控工作领导小组办公室主任、市物价局副局长马俊主持,市价格调控工作领导小组部分成员单位及相关部门负责人参加会议。会上通报了苏州市2012年价格调控目标责任制完成情况;修改完善2013年苏州市价格调控目标责任制实施意见。市物价局局长曹霞富,市纪委常委、市监察局副局长顾瑾到会并讲话。

2月6日,市委副书记、市长周乃翔率监察、交运、公安、商务、安监、物价、食药监、住建、消防等部门负责人,对苏州市节日市场供应、食品安全、交通客运、服务管理等环节进行检查。市物价局党组书记、局长曹霞富陪同检查。

2月7日，省委常委、苏州市委书记蒋宏坤对苏州价格系统工作作出重要批示："2012年市物价系统干部职工认真贯彻落实市委、市政府工作要求，各项工作都取得了很好成绩，呈现不少在全省有影响的工作亮点，向你们表示感谢！价格工作关乎民生，涉及百姓切身利益，希望你们按照党的十八大精神，进一步履行好物价监管职能，在稳住物价、服务发展、惠及民生等方面取得新的成绩。"

2月20日，市物价局召开全局作风效能建设大会，认真学习贯彻全市作风效能建设大会精神，深入查找2012年度局机关作风效能建设中不足之处，对2013年度作风效能建设工作作出周密部署。会议由副局长陈建红主持。

2月25日零时起，苏州市上调成品油价格。调整后的90号、93号、97号高标准清洁汽油最高零售价格分别为每升7.21元、7.64元和8.08元，0号柴油最高零售价格为每升7.53元，国Ⅳ标准车用90号、93号、97号汽油最高零售价格分别为每升7.52元、7.97元和8.42元。

2月26日，市长周乃翔对全市价格系统工作作重要批示："2012年，全市价格系统紧紧围绕市委、市政府中心工作，尽心履职，扎实工作，在稳物价、惠民生、强监管等方面取得了显著成效，一些创新工作走在了全省乃至全国前列，成绩来之不易，值得珍惜！2013年，经济形势更加复杂严峻，价格工作任务更加繁重艰巨，希望全市价格系统认真学习贯彻党的十八大精神，按照市委、市政府的决策部署，进一步理清思路，突出重点，攻坚克难，努力赢取价格调控监管工作新成效，为苏州率先基本实现现代化作出新贡献！"

3月7日，苏州市召开全市价格工作会议，认真传达贯彻全国物价局长工作会议和全省价格工作会议精神，总结2012年全市价格工作，分析当前价格工作形势，安排部署2013年价格工作任务。市委常委、常务副市长周伟强出席会议，并对全市物价工作提出三点要求。

2013年苏州市价格调控预期目标为居民消费价格总水平涨幅控制在3.5%左右。

3月18日，市物价局受江苏省物价局委托，组织召开市区居民生活用管道天然气价格调整听证会。听证会应到参加人22人，实到20人。此外，1名听证会旁听人出席会议，12家新闻媒体记者到会进行现场报道。

3月25日，市物价局公布苏州热电有限公司和华能苏州热电有限责任公司2013年第二季度的蒸汽销售价格为212.5元/吨，从2013年4月1日起执行。

3月26日，市便民服务中心对进驻的33家单位进行了第八届"便民杯"优质服务竞赛第一季度综合考评，市物价局在考评中荣获流动红旗，受到表彰。

3月27日零时起，全市下调成品油价格。调整后的90号、93号、97号高标准清洁汽油最高零售价格分别为每升6.98元、7.40元和7.82元，0号柴油最高零售价格为每升7.27元，国Ⅳ标准车用90号、93号、97号汽油最高零售价格分别为每升7.29元、7.72元和8.16元。

4月2日，市物价局召开全市价格监测工作会议。贯彻省价格监测工作和全市价格工作会议精神；学习省价格监测新制度内容；布置2013年全市价格监测预警主要工作。各市、区物价局分管领导和价格监测部门负责人参加会议。副局长陆招元出席会议并讲话。

4月7日，市政府召开"中心城区农贸市场标准化建设工作会议"，会上市长周乃翔先后三次对物价部门开展的农产品平价商店建设工作及取得的成效予以表扬。

4月24日24时起,全市按照江苏省成品油价格调整公告下调成品油价格。调整后的90号、93号、97号高标准清洁汽油最高零售价格分别为每升6.68元、7.08元和7.49元,0号柴油最高零售价格为每升6.93元,国Ⅳ标准车用90号、93号、97号汽油最高零售价格分别为每升6.99元、7.41元和7.83元。

5月3日,市物价局与市价格协会联合召开"全市价格研究工作暨价格协会秘书长会议"。各市、区物价局(办)分管领导及价格协会秘书长,市局各部门、单位负责人,部分兼职价格研究员,以及市价格协会11个行业分会会长参加会议。会议传达"全省价格研究工作暨价格协会秘书长会议"精神,对2011~2012年度全市优秀理论研究成果进行表彰和奖励。市物价局副局长马俊、市价格协会常务副会长励启中出席会议并讲话。

5月6日,市物价局聘请34名权威专家担任苏州市物价局价格认证专家和江苏省价格认证专家库市级专家,涉及玉器、奇石、珠宝、保险、火灾、园林绿化、市政工程、房地产、装饰装潢等多个领域,有丰富从业经验和较高理论水平的教授、高工、大师等行家。

5月9日24时起,全市按照江苏省成品油价格调整公告上调成品油价格。调整后的90号、93号、97号高标准清洁汽油最高零售价格分别为每升6.75元、7.16元和7.56元,0号柴油最高零售价格为每升7.01元,国Ⅳ标准车用90号、93号、97号汽油最高零售价格分别为每升7.06元、7.48元和7.91元。

5月18日起,市物价局进一步扩大实行明码实价的范围,在大型商贸企业、连锁超市、药品企业、中华老字号等14个行业推行明码实价。

5月25日,市物价局积极参加由市作风办、效能办、市级机关工委共同组织的"市级机关争创'群众公认的服务品牌'宣传推广暨党员志愿者广场服务活动",现场开展"价格政策咨询、价格投诉举报、价格争议调处、价格信息服务"等多项服务,发放各类价格宣传资料。

6月4日,《苏州市市场价格行为监督管理办法》经市政府第13次常务会议讨论通过,并于6月27日正式对外发布,同年8月1日正式施行。

6月6日、21日24时起,全市分别按照江苏省成品油价格调整公告调整成品油价格。6日调整后的90号、93号、97号高标准清洁汽油最高零售价格分别为每升6.68元、7.08元和7.49元,0号柴油最高零售价格为每升6.93元,国Ⅳ标准车用90号、93号、97号汽油最高零售价格分别为每升6.99元、7.41元和7.83元;21日调整后的90号、93号、97号高标准清洁汽油最高零售价格分别为每升6.76元、7.16元和7.57元,0号柴油最高零售价格为每升7.02元,国Ⅳ标准车用90号、93号、97号汽油最高零售价格分别为每升7.06元、7.49元和7.91元。

6月25日,市物价局公布苏州热电有限公司和华能苏州热电有限责任公司2013年第三季度的蒸汽销售价格为212.5元/吨,从2013年7月1日起执行。

7月5日、19日24时起,苏州市分别按照江苏省成品油价格调整公告调整成品油价格。5日调整后的90号、93号、97号高标准清洁汽油最高零售价格分别为每升6.70元、7.10元和7.50元,0号柴油最高零售价格为每升6.95元,国Ⅳ标准车用90号、93号、97号汽油最高零售价格分别为每升7.01元、7.43元和7.85元;19日调整后的90号、93号、97号高标准清洁汽油最高零售价格分别为每升6.94元、7.36元和7.77元,0号柴油最高零售价格为每升7.22元,国Ⅳ标准车用90号、93号、97号汽油最高零售价格分别为每升7.25元、7.68元和8.12元。

7月10日，市物价局召开2013年半年度总结大会。会上，纪检组长谢勤俭传达习近平总书记在党的群众路线教育实践活动工作会议上的重要讲话，以及全省党的群众路线教育实践活动动员大会精神；副局长陈建红传达市委十一届五次全体扩大会议精神，总结上半年工作，部署下半年任务。局长曹霞富对做好下半年工作提出四点要求：要坚持目标导向，以新业绩兑现工作承诺；要坚持惠民理念，以新举措服务民生改善；要坚持创新引领，以新思维破解价格难题；要坚持强基固本，以新面貌彰显作风形象。

7月11日，市物价局与市法制办联合举行《苏州市市场价格行为监督管理办法》颁布实施新闻发布会，向全社会宣传解读《办法》制定的相关情况及下一步贯彻实施意见。

8月12日，市政府副市长盛蕾一行在市物价局曹霞富局长及相关部门负责人陪同下，对苏州市农产品平价商店建设进行实地调研指导。

8月27日，市物价局召开苏州市区游览参观点门票价格工作会议，市相关部门、各区价格主管部门和市管景点负责人参加会议。会议通报近期游览参观点价格行为专项检查情况，重申相关政策规定，解读明码标价的格式要求。副局长马俊到会并讲话。

8月30日24时起，全市按照江苏省成品油价格调整公告调整成品油价格。调整后的90号、93号、97号高标准清洁汽油最高零售价格分别为每升7.12元、7.54元和7.97元，0号柴油最高零售价格为每升7.41元，国Ⅳ标准车用90号、93号、97号汽油最高零售价格分别为每升7.42元、7.87元和8.31元。

9月13日、29日24时起，苏州市分别按照江苏省成品油价格调整公告调整成品油价格。13日调整后的90号、93号、97号高标准清洁汽油最高零售价格分别为每升7.18元、7.62元和8.05元，0号柴油最高零售价格为每升7.48元，国Ⅳ标准车用90号、93号、97号汽油最高零售价格分别为每升7.49元、7.94元和8.39元；29日调整后的90号、93号、97号高标准清洁汽油最高零售价格分别为每升7.00元、7.42元和7.84元，0号柴油最高零售价格为每升7.28元，国Ⅳ标准车用90号、93号、97号汽油最高零售价格分别为每升7.31元、7.75元和8.18元。

10月28日，国家发改委价格司和中国价格协会联合下发通知，对2012~2013年度价格理论宣传先进集体和个人进行表彰，苏州市物价局荣获"2012~2013年度全国价格理论宣传先进集体"称号；局长曹霞富荣获"2012~2013年度全国价格理论宣传先进个人"称号。

10月31日零时起，按照江苏省成品油价格调整公告，南京、无锡、常州、苏州、南通、扬州、镇江、泰州市行政区域内的加油站（点）销售的第五阶段车用汽油，89号、92号、95号苏Ⅴ汽油最高零售价格分别为每升7.35元、7.79元和8.23元。

10月31日24时起，苏州市按照江苏省成品油价格调整公告调整成品油价格。调整后的90号、93号、97号高标准清洁汽油最高零售价格分别为每升6.95元、7.36元和7.78元，0号柴油最高零售价格为每升7.22元，89号、92号、95号苏Ⅴ汽油最高零售价格分别为每升7.29元、7.73元和8.16元。

11月14日、28日24时起，苏州市分别按照江苏省成品油价格调整公告调整成品油价格。14日调整后的90号、93号、97号高标准清洁汽油最高零售价格分别为每升6.83元、7.24元和7.64元，0号柴油最高零售价格为每升7.08元，89号、92号、95号苏Ⅴ汽油最高零售价格分别为每升7.17元、7.60元和8.03元；28日调整后的90号、93号、97号高标准清洁汽油最高零售价格分别为每升6.95元、7.36元和7.78元，0号、−10号柴油最高零售价格为每升7.22元、7.65元，89号、92号、95号苏Ⅴ汽油最高零售价格分别为每升7.29元、7.73元和8.16元。

11月16日，市物价局局长曹霞富带队参加苏州新闻广播的《沟通·政风行风热线》直播，就百姓关心的价格热点与民众互动。

11月27日，省物价局局长周卫国一行莅临市物价局调研指导价格工作，听取曹霞富局长关于2013年苏州市价格工作完成情况以及2014年价格工作思路的汇报，与局班子成员及部分市、区物价局长就相关价格工作进行座谈交流。

11月29日，副市长盛蕾一行来局调研指导价格工作。盛市长一行听取曹霞富局长关于2013年价格工作完成情况以及2014年价格工作思路的汇报，与市物价局领导班子成员进行座谈交流。

12月6日，市物价局组织召开苏州古典园林保护传承及门票价格调整听证会，会议由副调研员钱苏扬主持。本次听证会应到参加人22人，实到22人；另有6位旁听人进行旁听，20家媒体现场进行报道。

12月12日24时起，全市按照江苏省成品油价格调整公告调整成品油价格。调整后的90号、93号、97号高标准清洁汽油最高零售价格分别为每升6.99元、7.41元和7.83元，0号、−10号柴油最高零售价格为每升7.27元、7.70元，89号、92号、95号苏Ⅴ汽油最高零售价格分别为每升7.33元、7.77元和8.21元。

12月24日，市物价局邀请"市党的十八届三中全会精神宣讲团"专家成员——苏州大学方世南教授，来市物价局进行党的十八届三中全会精神实质专题讲解。

12月25日，市物价局公布苏州热电有限公司和华能苏州热电有限责任公司2014年第一季度的蒸汽销售价格为194.00元/吨，从2014年1月1日起执行。

附 录

附录一 《苏州市市场价格行为监督管理办法》

苏州市人民政府令第128号

《苏州市市场价格行为监督管理办法》已于2013年6月4日经市政府第13次常务会议讨论通过,现予发布,自2013年8月1日起施行。

市长:周乃翔

2013年6月27日

苏州市市场价格行为监督管理办法

第一条 为了规范市场价格行为,维护市场价格秩序,保护消费者、经营者合法权益,根据《中华人民共和国价格法》等法律、法规,结合本市实际,制定本办法。

第二条 本市行政区域内的市场价格行为及其监督管理适用本办法。

本办法所称市场价格行为,是指经营者在销售或者提供实行市场调节价的商品或者服务过程中产生的,与价格相关的经营活动。

第三条 市场价格行为监督管理遵循政府规范引导、行业协调自律、经营者诚实守信、社会共同监督的原则。

第四条 各级人民政府应当加强对市场价格行为监督管理工作的领导,建立健全市场价格监督管理体系,营造公平竞争的市场价格环境。

第五条 市、县级市(区)政府价格主管部门负责本行政区域内市场价格行为的监督管理工作。

其他相关部门应当按照各自职责,做好市场价格行为监督管理的相关工作。

第六条 镇、街道价格监督服务站和村、社区价格监督服务点接受市、县级市(区)政府价格主管部门指导,开展价格政策宣传、信息沟通、市场巡查和争议调解等市场价格行为监督服务工作。

第七条 市、县级市(区)政府价格主管部门应当加强对与市场价格行为相关的行业组织的培育扶持和指导监督。

相关行业组织应当遵守价格法律、法规,建立行业价格行为规范以及自我约束机制,督促行业组织成员价格自律、诚信经营。

第八条　任何单位和个人有权对价格违法行为进行举报和投诉。

新闻媒体有权对市场价格行为进行舆论监督。

第九条　实行市场调节价的商品和服务价格，由经营者基本依据生产经营成本和市场供求状况，遵循公平、合法和诚实信用的原则，自主制定。

第十条　经营者应当根据经营条件建立内部价格管理制度，准确记录和核定商品和服务的生产经营成本。

鼓励商场、超市、集贸市场和各类专业交易市场等在经营现场设立价格服务窗口，及时处理价格咨询投诉。

第十一条　经营者销售商品或者提供服务，应当按照政府价格主管部门的规定实行明码标价，注明商品的品名、产地、规格、等级、计价单位、价格或者服务的项目、收费标准等内容。

需要增减标价内容以及不宜标价的，按照政府价格主管部门的有关规定执行。

第十二条　商品或者服务实行先消费后结算的，经营者应当在销售商品或者提供服务前，告知并经消费者确认所消费商品或者接受服务的价格。经营者在结算时应当出具列有具体收款项目和价格的单据。

第十三条　经营者销售等级、规格降低、数量减少但外观无显著变化的商品，仍按照原价结算的，应当于商品销售期内在经营场所予以特别提示。

第十四条　经营者不得有下列哄抬价格的行为：

（一）捏造、散布涨价信息，扰乱市场价格秩序的；

（二）除生产自用外，超出正常的存储数量或者存储周期，大量囤积市场供应紧张、价格发生异常波动的商品，经政府价格主管部门告诫后仍然继续囤积的；

（三）利用其他手段哄抬价格的。

第十五条　经营者不得有下列价格欺诈行为：

（一）明码标价标示的内容与实际不符，并以此为手段诱骗消费者或者其他经营者购买的；

（二）对同一商品或者服务，在同一交易场所同时使用两种标价方式，以低价招徕顾客并以高价进行结算的；

（三）使用欺骗性或者误导性的语言、文字、图片、视频、计量单位等价格表示的；

（四）销售处理商品时，不标示处理品和处理品价格的；

（五）销售商品和提供服务带有价格附加条件时，不标示或者含糊标示附加条件的；

（六）销售商品和提供服务前有价格承诺，不履行或者不完全履行的；

（七）其他价格欺诈行为。

第十六条　经营者不得有下列强迫交易对方接受特定价格的商品或者服务的行为：

（一）凭借自身有利条件或者利用交易对方不利条件强行交易的；

（二）以视同交易对方默认接受的方式强行交易的；

（三）借助行政性权力强行交易的；

（四）其他强迫交易对方接受特定价格的商品或者服务的行为。

第十七条　经营者开展直接或者间接降低商品或者服务价格的优惠促销活动，应当在经营场所的显著位置明示促销内容,促销内容应当包括促销的原因、方式、规则、期限、范围和相关限制性条件。

经营者开展价格优惠促销时标示的价格,不得高于促销前七日内在本交易场所成交的有交易票据的最低交易价格;若七日内没有成交的,促销商品和服务的标示价格不得高于七日前最后一次交易价格。

单店营业面积在三千平方米以上的经营者,应当在开展价格优惠促销活动七日前,将有关促销内容向所在地县级市(区)政府价格主管部门备案。

第十八条　经营者销售商品或者提供服务时,对该商品或者服务必不可少的附随商品或者附随服务,不得要求消费者另行支付价款或者费用。

第十九条　政府价格主管部门应当加强价格监测工作,完善价格监测网络,建立价格异动应急监测预案。

政府价格主管部门应当建立价格信息公布制度,定期通过网络、广播、电视、报刊杂志、街道社区信息公布栏等向社会公布重要商品和服务价格信息以及经备案的价格优惠促销信息,促进经营者合理定价、消费者理性消费。

政府价格主管部门依法开展价格监测时,经营者应当及时提供真实、准确、完整的相关资料数据。

第二十条　政府价格主管部门应当推进价格信用体系建设,建立健全经营者价格信用档案,依法公开经营者价格信用信息。

第二十一条　有下列情形的,政府价格主管部门可以采取建议、提示、引导、劝勉、告诫、约谈、警示等方式指导经营者规范价格行为:

(一)市场价格总水平、重要商品或者服务价格发生或者有可能发生异常波动的;

(二)集中出现或者有可能集中出现价格问题的;

(三)发现经营者价格行为不规范、不合理,但尚未构成价格违法行为的;

(四)发现经营者有轻微价格违法行为,但依法可以不予行政处罚的;

(五)政府价格主管部门认为有必要指导经营者规范价格行为的。

第二十二条　发生价格争议的,当事人可以向政府价格主管部门及其设立的价格认证机构或者镇、街道价格监督服务站申请调解。

政府价格主管部门应当建立价格争议调解员队伍和价格争议调解专家库,调解员队伍由专职调解员和兼职调解员组成。

价格争议调解应当遵循自愿、合法、平等、效益的原则。

第二十三条　政府价格主管部门应当建立价格违法行为举报投诉制度,公布举报投诉渠道。受理举报投诉的政府价格主管部门应当按照规定调查处理,将处理结果告知举报人或者投诉人,为举报人保密,对举报有功人员给予奖励。

第二十四条　经营者违反本办法规定,法律、法规、规章已有处罚规定的,从其规定。

第二十五条　经营者违反本办法规定,有下列情形之一的,由政府价格主管部门责令改正;逾期不改正的,可以处以1000元以上1万元以下罚款:

(一)单店营业面积在三千平方米以上的经营者,在开展价格优惠促销活动前未按照规定备

案的;

（二）政府价格主管部门依法开展价格监测时,经营者未按照规定提供相关资料数据的。

第二十六条　经营者违反本办法规定,有下列情形之一的,由政府价格主管部门责令改正,可以并处1000元以上1万元以下罚款,情节严重的,处以1万元以上3万元以下罚款:

（一）实行先消费后结算的经营者未按照规定提前告知消费者价格的;

（二）降低商品等级、规格、数量但外观无显著变化,按原价结算,经营者未按照规定提示的;

（三）经营者开展直接或者间接降低商品或者服务价格的优惠促销活动,未按照规定明示促销内容的;

（四）经营者销售商品或者提供服务时,对该商品或者服务必不可少的附随商品或者附随服务,要求消费者另行支付价款或者费用的。

第二十七条　政府价格主管部门及其工作人员违反本办法规定,玩忽职守、滥用职权、徇私舞弊的,由其所在单位或者上级主管部门对直接负责的主管人员和其他直接责任人员依法给予行政处分;构成犯罪的,依法追究刑事责任。

第二十八条　本办法自2013年8月1日起施行。

附录二

附表一　《苏州市2001年行政事业性收费项目目录》

序号	部门	收费项目名称	立项级别	资金管理方式	文件依据	备注
一	公安					
1	—	出入境收费	—	—	价费字〔1992〕240号,财预字〔1994〕37号,苏财综〔1993〕195号,苏财综〔1998〕66号,苏财综〔1998〕111号,苏财综〔2000〕117号,苏价费〔2002〕224号,苏财综〔2002〕90号	国家公布项目名称为"外国人签证费"、"外国人证件费"、"公民出入境证件费"
—	—	（1）对俄罗斯公民签证收费	国家	缴入国库	计司收费〔1998〕2号	—
—	—	（2）内地居民因私赴港签注收费	国家	缴入国库	计价费〔1998〕799号	—
—	—	（3）出入境证件收费	国家	缴入国库	价费字〔1993〕164号	—
—	—	（4）台湾居民来往大陆通行证	国家	缴入国库	价费字〔1993〕164号,计价格〔2001〕1835号	—
—	—	（5）台湾居民定居证	国家	缴入国库	价费字〔1993〕164号	—
—	—	（6）华侨回国定居证	国家	缴入国库	价费字〔1993〕164号	—
—	—	（7）大陆居民往来台湾通行证	国家	缴入国库	价费字〔1993〕164号,计价格〔2001〕1835号	—
—	—	（8）大陆居民往来台湾通行证签注、加注、延期	国家	缴入国库	价费字〔1993〕164号	—
—	—	（9）华侨港澳人员暂住证收费	省	缴入国库	苏价涉字〔1992〕70号,苏财综〔1992〕54号	—
—	—	（10）非对等国家签证、证件人民币收费标准	国家	缴入国库	公通字〔1996〕89号	—

序号	部门	收费项目名称	立项级别	资金管理方式	文件依据	备注
—	—	（11）对等国家签证收费标准（人民币）	国家	缴入国库	公通字〔1996〕89号	—
—	—	（12）非对等国家签证外币收费标准	国家	缴入国库	公通字〔1996〕89号	—
—	—	（13）对等国家签证外币收费标准	国家	缴入国库	公通字〔1996〕89号	—
—	—	（14）对等国家签证美元收费标准	国家	缴入国库	公通字〔1996〕89号	—
—	—	（15）新版(1997版)护照	国家	缴入国库	计价格〔2000〕293号	—
—	—	（16）丢失补发护照	国家	缴入国库	计价格〔2000〕293号	—
2	▲	治安管理费、牌证费	—	—	苏价费〔2002〕224号，苏财综〔2002〕90号	
—	—	（1）特种行业许可证工本费	国家	缴入国库	计价格〔1994〕916号，计价格〔1999〕1707号，苏价费〔1999〕453号，苏财综〔1999〕262号	国家公布项目
—	—	（2）公共场所安全合格证	省	缴入国库	苏价涉字〔1992〕70号，苏财综〔1992〕54号，苏财综〔1993〕195号	
—	—	（3）养犬管理费	省	缴入国库	苏价费〔2001〕360号，苏财综〔2001〕181号，苏财综〔1993〕195号，苏财综〔1992〕54号，苏财综〔1993〕195号	已出台有关犬类管理的地方法规或政府规章及政府规范性文件的省辖市及常熟市区按2001年文件执行，不符合此规定的按原规定执行
3	—	枪支管理证件工本费	—	—	苏价费〔2002〕224号，苏财综〔2002〕90号	
—	—	（1）公务用枪持枪证	国家	缴入国库	财综字〔1997〕162号，计价费〔1998〕29号，财预字〔1994〕37号，苏财综〔1998〕65号	国家公布项目
—	—	（2）民用枪支持枪证	国家	缴入国库	财综字〔1997〕162号，计价费〔1998〕29号，财预字〔1994〕37号，苏财综〔1998〕65号	国家公布项目
4	▲	门（楼）牌收费	省	缴入国库	苏价费〔1996〕402号，苏财综〔1996〕146号，苏价费〔2002〕224号，苏财综〔2002〕90号	—
5	—	居民身份证工本费（含加急费）	国家	缴入国库	价费字〔1992〕240号，计价格〔1995〕873号，苏财综〔1995〕146号，财预字〔1997〕37号，财综字〔1994〕80号，苏财综〔1995〕8号，计价费〔1997〕1485号，苏价费〔1998〕35号，苏财综〔1998〕2号，苏价费〔2002〕224号，苏财综〔2002〕90号	国家公布项目
6	—	暂住证工本费	—	—	苏价费〔2002〕224号，苏财综〔2002〕90号	—
—	—	（1）纸质暂住证	国家	缴入国库	计价格〔2001〕2220号，苏财综〔2001〕192号，苏价涉字〔1992〕70号，苏财综〔1992〕54号，苏财综〔1993〕195号	国家公布项目名称为"户籍管理证件工本费"
—	—	（2）非接触式IC卡暂住证（4K CPU）	国家	缴入国库	计价格〔2002〕633号，苏价费〔2002〕224号，苏财综〔2002〕90号	国家公布项目名称为"户籍管理证件工本费"
—	—	（3）二维条形码暂住证	国家	缴入国库	计价格〔2002〕633号，苏价费〔2002〕224号，苏财综〔2002〕90号	国家公布项目名称为"户籍管理证件工本费"
7	—	户政收费	—	—	苏价费〔2002〕224号，苏财综〔2002〕90号	—
—	—	（1）户口簿工本费	国家	缴入国库	价费字〔1992〕240号，财预字〔1994〕37号，苏价费〔1995〕76号，苏财综〔1995〕36号	国家公布项目名称为"户籍管理证件工本费"

序号	部门	收费项目名称	立项级别	资金管理方式	文件依据	备注
一	一	（2）更换人造革封面	国家	缴入国库	价费字〔1992〕240号，财预字〔1994〕37号，苏价费〔1996〕402号，苏财综〔1996〕146号	国家公布项目名称为"户籍管理证件工本费"
一	一	（3）更换首页	国家	缴入国库	价费字〔1992〕240号，财预字〔1994〕37号，苏价费〔1996〕402号，苏财综〔1996〕146号	国家公布项目名称为"户籍管理证件工本费"
一	一	（4）更换内页	国家	缴入国库	价费字〔1992〕240号，财预字〔1994〕37号，苏价费〔1996〕402号，苏财综〔1996〕146号	国家公布项目名称为"户籍管理证件工本费"
一	一	（5）户口迁移证及打印工本费	国家	缴入国库	价费字〔1992〕240号，财预字〔1994〕37号，苏价费函〔1994〕50号，苏财综〔1994〕200号	国家公布项目名称为"户籍管理证件工本费"
一	一	（6）户口准迁证及打印工本费	国家	缴入国库	价费字〔1992〕240号，财预字〔1994〕37号，苏价费函〔1994〕50号，苏财综〔1994〕200号	国家公布项目名称为"户籍管理证件工本费"
一	一	（7）本市城区内迁入每次一次性收费	国家	缴入国库	价费字〔1992〕240号，财预字〔1994〕37号，苏价费函〔1994〕50号，苏财综〔1994〕200号	国家公布项目名称为"户籍管理证件工本费"，办理出生以及变更更正不得收费
8	一	船舶户口簿工本费	一	一	苏价费〔2002〕224号，苏财综〔2002〕90号	一
一	一	（1）户口簿工本费	国家	缴入国库	价费字〔1992〕240号，财预〔1994〕37号，苏价费函〔1999〕66号，苏财综〔1999〕83号	国家公布项目名称为"户籍管理证件工本费"
一	一	（2）首页更换	国家	缴入国库	价费字〔1992〕240号，财预〔1994〕37号，苏价费函〔1999〕66号，苏财综〔1999〕83号	国家公布项目名称为"户籍管理证件工本费"
一	一	（3）水上人口登记卡更换	国家	缴入国库	价费字〔1992〕240号，财预〔1994〕37号，苏价费函〔1999〕66号，苏财综〔1999〕83号	国家公布项目名称为"户籍管理证件工本费"
9	▲	船只寄泊站管理费	省	缴入国库	苏财综〔1993〕195号，苏价费字〔1993〕212号，苏价费〔2002〕224号，苏财综〔2002〕90号，苏价费字〔2003〕25号，苏财综字〔2003〕29号	一
10	▲	船民证、船舶户牌证件费	一	一	苏价费〔2002〕224号，苏财综〔2002〕90号	一
一	一	（1）船民证、临时船民证	省	缴入国库	苏价费函〔1997〕206号，苏财综〔1997〕186号	
一	一	（2）船舶户牌工本费	省	缴入国库	苏价费函〔1997〕206号，苏财综〔1997〕186号	
11	▲	易燃易爆物品安全许可证费	一	一	苏价费〔2002〕224号，苏财综〔2002〕90号	
一	一	（1）易燃易爆物品安全许可证（含生产、贮存、使用、购买、销售、运输）	国家	缴入国库	价费字〔1992〕240号，财预字〔1994〕37号，苏政发〔1997〕113号，苏价费〔1998〕84号，苏财综〔1998〕28号	国家公布项目名称为"爆炸物品管理证件工本费"
一	一	（2）安全员证（含爆破员、保管员、押运员、驾驶员）	省	缴入国库	苏政发〔1997〕113号，苏价费〔1998〕84号，苏财综〔1998〕28号	
12	▲	放射性同位素登记证审查费	省	缴入国库	苏价费函〔1999〕116号，苏财综〔1999〕177号，苏价费〔2002〕224号，苏财综〔2002〕90号	
13	▲	边防检查收费	一	一	苏价费〔2002〕224号，苏财综〔2002〕90号	
一	一	（1）边境通行证	国家	缴入国库	苏价费〔1996〕270号，苏财综〔1996〕98号	国家公布项目名称为"边防检查证件工本费"

附录

1131

序号	部门	收费项目名称	立项级别	资金管理方式	文件依据	备注
一	一	（2）出海船舶管理费	省	缴入国库	苏财综〔1993〕195号，苏财综〔1991〕82号，苏公厅〔1991〕339号	一
一	一	（3）交通运输工具证件费	一	一	一	国家公布项目
一	一	搭靠外轮许可证	国家	缴入国库	价费字〔1992〕240号，财预字〔1994〕37号，苏财综〔1993〕195号	一
一	一	机动车辆入出查验卡	国家	缴入国库	价费字〔1992〕240号，财预字〔1994〕37号，苏财综〔1993〕195号	一
一	一	（4）口岸以外边防检查、监护费	国家	缴入国库	价费字〔1992〕240号，财预〔1994〕37号，计价格〔2001〕523号，苏财综〔1993〕195号，苏财综〔2001〕80号	国家公布项目
一	一	（5）往来港澳小型船舶查验簿收费	国家	缴入国库	价费字〔1992〕240号，财预〔1994〕37号，苏财综〔1993〕195号	国家公布项目
一	一	（6）出海船舶、船民证件费	一	一	一	一
一	一	出海船舶户口簿	国家	缴入国库	价费字〔1992〕240号，财预〔1994〕37号，计价格〔2000〕932号，苏财综〔2000〕209号	国家公布项目
一	一	出海船舶边防登记簿	国家	缴入国库	价费字〔1992〕240号，财预〔1994〕37号，计价格〔2000〕932号，苏财综〔2000〕209号	国家公布项目
一	一	出海船民证	国家	缴入国库	价费字〔1992〕240号，财预〔1994〕37号，计价格〔2000〕932号，苏财综〔2000〕209号	国家公布项目
一	一	临时出海船民证	国家	缴入国库	价费字〔1992〕240号，财预〔1994〕37号，苏财综〔1993〕195号，苏财综〔1992〕22号	国家公布项目
一	一	合资船船员登陆证	国家	缴入国库	价费字〔1992〕240号，财预〔1994〕37号，计价格〔2000〕932号，苏财综〔2000〕209号	国家公布项目
一	一	合资船船员登轮证	国家	缴入国库	价费字〔1992〕240号，财预〔1994〕37号，计价格〔2000〕932号，苏财综〔2000〕209号	国家公布项目
14	▲	安全技术防范产品和工程收费	一	一	苏价费〔2002〕224号，苏财综〔2002〕90号	一
一	一	（1）达标推荐证书费和资质证书费	省	缴入国库	苏价费〔1998〕258号及317号，苏财综〔1998〕124号及155号	
一	一	（2）安全技术防范系统设计、施工审验费	省	缴入国库	苏价费〔1998〕258号及317号，苏财综〔1998〕124号及155号	
一	一	（3）安全技术防范产品质量委托检测收费	省	缴入国库	苏价费〔1998〕258号及317号，苏财综〔1998〕124号及155号	
15	▲	机动车辆号牌工本费	一	一	苏价费〔2002〕224号，苏财综〔2002〕90号	
一	一	（1）号牌	国家	缴入国库	价费字〔1992〕240号，财预字〔1994〕37号，计价格〔1994〕783号，苏价费〔1994〕197号，苏财综〔1994〕118号	国家公布项目。包括：汽车号牌（反光）、摩托车号牌（反光）、挂车号牌（反光）、农用车号牌（反光）、各类车辆的不反光号牌、临时行驶车号牌（纸牌）、补发机动车号牌、教练车号牌、试车号牌
一	一	（2）号牌专用固封装置	国家	缴入国库	价费字〔1992〕240号，财预字〔1994〕37号，计价格〔1994〕783号，苏价费〔1994〕197号，苏财综〔1994〕118号	国家公布项目

序号	部门	收费项目名称	立项级别	资金管理方式	文件依据	备注
—	—	（3）号牌架	国家	缴入国库	价费字［1992］240号，财预字［1994］37号，计价格［1994］783号，苏价费［1994］197号，苏财综［1994］118号	国家公布项目
—	—	（4）机动车彩色照片	国家	缴入国库	价费字［1992］240号，财预字［1994］37号，计价格［1994］783号，苏价费［2002］224号，苏财综［2002］90号	国家公布项目
—	—	（5）特殊车辆警报器和标志灯具使用证	省	缴入国库	苏财综［1993］195号，苏财综［1992］54号，苏价涉字［1992］70号	—
16	▲	机动车辆行驶证工本费（含临时）	—	—	苏价费［2002］224号，苏财综［2002］90号	—
—	—	（1）机动车行驶证、临时行驶证	国家	缴入国库	价费字［1992］240号，财预字［1994］37号，计价格［1994］783号，苏价费［1994］197号，苏财综［1994］118号	国家公布项目
—	—	（2）移动证	省	缴入国库	苏财综［1993］195号，苏财综［1992］54号，苏价涉字［1992］70号	—
17	▲	机动车登记证书工本费	国家	缴入国库	财综［2001］67号，计价格［2001］1979号，苏价费［2001］359号，苏财综［2001］182号，苏价费［2002］224号，苏财综［2002］90号	国家公布项目
18	▲	机动车抵押登记费	国家	缴入国库	财综［2001］67号，计价格［2001］1979号，苏价费［2001］359号，苏财综［2001］182号，苏价费［2002］224号，苏财综［2002］90号	国家公布项目
19	▲	机动车辆安全检验费	—	—	苏价费［2002］224号，苏财综［2002］90号	国家公布项目
—	—	（1）机动车人工检验费	国家	缴入国库	价费字［1992］240号，财预字［1994］37号，苏价费［1997］148号，苏财综［1997］54号，苏价费［1998］402号	—
—	—	（2）机动车辆检测线检测费	国家	缴入国库	价费字［1992］240号，财预字［1994］37号，苏价费［2000］318号，苏财综［2000］172号	—
—	—	（3）小型手扶拖拉机、摩托车检测线检测费	国家	缴入国库	价费字［1992］240号，财预字［1994］37号，苏价涉字［1992］70号，苏财综［1992］54号，苏财综［1993］195号	—
20	▲	驾驶证工本费	国家	缴入国库	价费字［1992］240号，财预字［1994］37号，苏价费［1997］148号，苏财综［1997］54号，苏价费［2002］224号，苏财综［2002］90号	国家公布项目，包括：学习驾驶证、驾驶证、教练员证
21	▲	驾驶证年检费（江苏省名称为"驾驶员定期审验费"）	国家	缴入国库	价费字［1992］240号，财预字［1994］37号，苏价费［2000］318号，苏财综［2000］172号，苏价费［2002］224号，苏财综［2002］90号	国家公布项目
22	▲	驾驶员考试费	国家	缴入国库	价费字［1992］240号，财预字［1994］37号，苏价费［1997］148号，苏财综［1997］54号，苏价费［2002］224号，苏财综［2002］90号	国家公布项目
23	▲	租用场地、车辆练习费	省	缴入国库	苏价费［1997］148号，苏财综［1997］54号，苏价费［2002］224号，苏财综［2002］90号	由公安部门收取，不包括经营性收费部分
24	▲	自行车分合式牌照费	省	缴入国库	苏价费函［1998］80号，苏财综［1998］95号，苏价费［2002］224号，苏财综［2002］90号	—

序号	部门	收费项目名称	立项级别	资金管理方式	文件依据	备注
25	▲	三轮车、小板车检验费、号牌费、行驶证费	省	缴入国库	苏价费［1997］148号，苏财综［1997］54号，苏价费［2002］224号，苏财综［2002］90号	—
26	▲	助力车号牌费、检验费、准驾证费	省	缴入国库	苏价费［1997］148号，苏财综［1997］54号，苏价费［2002］224号，苏财综［2002］90号	—
27	▲	残疾车准驾证、号牌费、检验费、行车执照、登记费	省	缴入国库	苏价费字［1993］212号，苏财综［1993］195号，苏价费［2002］224号，苏财综［2002］90号	—
28	▲	拖拉抛锚、违章、事故车辆收费	省	缴入国库	苏价费［1998］522号，苏财综［1998］245号，苏价费［2002］224号，苏财综［2002］90号	机动车道违章停车
29	▲	禁区通行证工本费	省	缴入国库	苏财综［2001］47号，苏价费函［2001］47号，苏价费［2002］224号，苏财综［2002］90号	—
30	▲	道路交通事故处理费（国家名称为"重大、特大交通事故处理费"）	国家	缴入国库	价费字［1992］240号，价费字［1992］216号，财预［2000］127号，苏价费［2002］224号，苏财综［2002］90号	国家公布项目
31	▲	临时入境机动车辆及驾驶员收费（驾驶证、临时驾驶证、检验费、临时专用号牌）	国家	缴入国库	价费字［1992］240号，财预字［1994］37号，苏价涉字［1992］70号，苏财综［1992］54号，苏价费字［1993］212号，苏财综［1993］195号，苏价费［2002］224号，苏财综［2002］90号	国家公布项目，名称为机动车辆号牌工本费、机动车辆安全检验费、机动车辆行驶证工本费（含临时）
32	▲	违章记分卡工本费	省	缴入国库	苏价费［2000］318号，苏财综［2000］172号，苏价费［2002］224号，苏财综［2002］90号	
33	▲	非刑事案件检验鉴定费	省	缴入国库	苏价费［2002］224号，苏财综［2002］90号	—
—	—	(1)法医活体检验鉴定	—	—	苏价费函［1998］87号，苏财综［1998］113号	
—	—	(2)法医尸体检验鉴定	—	—	苏价费函［1998］87号，苏财综［1998］113号	
—	—	(3)尸体运输、冷藏等服务项目	—	—	苏价费函［1998］87号，苏财综［1998］113号，苏价费［2002］224号，苏财综［2002］90号	
—	—	(4)法医物证检验费	—	—	苏价费函［1998］87号，苏财综［1998］113号，苏价费［2002］224号，苏财综［2002］90号	
—	—	(5)理化检验费	—	—	苏价费函［1998］87号，苏财综［1998］113号	
—	—	(6)痕迹检验费	—	—	苏价费函［1998］87号，苏财综［1998］113号	
—	—	(7)文件检验费	—	—	苏价费函［1998］87号，苏财综［1998］113号	
—	—	(8)专家会诊费	—	—	苏价费函［1998］87号，苏财综［1998］113号	
—	—	(9)照相、录像	—	—	苏价费函［1998］87号，苏财综［1998］113号	
—	—	(10)尸体X照相	—	—	苏价费［2002］224号，苏财综［2002］90号	
—	—	(11)使用仪器进行文件检验、声纹鉴定	—	—	苏价费［2002］224号，苏财综［2002］90号	
34	▲	经济民警训练管理费	省	缴入国库	苏价费字［1993］212号，苏财综［1993］195号，苏价涉字［1992］70号，苏财综［1992］54号，苏财综［1998］59号，苏价费［2002］224号，苏财综［2002］90号	—

序号	部门	收费项目名称	立项级别	资金管理方式	文件依据	备注
35	▲	安全合格证工本费	省	缴入国库	苏价费字〔1993〕212号，苏财综〔1993〕195号，苏价涉字〔1992〕70号，苏财综〔1992〕54号，苏财综〔1998〕59号，苏价费〔2002〕224号，苏财综〔2002〕90号	包括：安全财会合格证、安全仓库合格证、101免检证
36	▲	计算机信息网络环境安全检测费	省	缴入国库	苏价费函〔2000〕1号，苏财综〔2001〕1号，苏价费〔2002〕224号，苏财综〔2002〕90号	用户自愿委托
37	—	看守所监控技术系统设计、安装、维修服务费	省	缴入国库	苏价费函〔1996〕3号，苏财综〔1996〕4号，苏价费〔2002〕224号，苏财综〔2002〕90号	省公安厅向当地公安部门收取
38	—	犯人手册	省	缴入国库	苏价费函〔1996〕3号，苏财综〔1996〕4号，苏价费〔2002〕224号，苏财综〔2002〕90号	省公安厅向看守所收取
39	—	戒毒人员生活、治疗费	省	缴入国库	苏价费〔2002〕224号，苏财综〔2002〕90号	—
—	—	（1）强制戒毒	—	—	苏价费函〔2001〕42号，苏财综〔2001〕40号	
—	—	（2）自愿戒毒	—	—	苏价费函〔2001〕42号，苏财综〔2001〕40号	
—	—	（3）对戒除毒瘾人员强制尿检收费	—	—	苏价费〔2002〕224号，苏财综〔2002〕90号	
40	—	收容教育人员生活费、医疗费	省	缴入国库	苏价费函〔2001〕7号，苏财综〔2001〕8号，苏价费〔2002〕224号，苏财综〔2002〕90号	
41	—	公安管理自学考试收费	省	缴入国库	苏价费〔2002〕224号，苏财综〔2002〕90号	
—	—	（1）公安管理专业本科段	—	—	苏价费函〔1999〕85号，苏财综〔1999〕116号	
—	—	（2）大专自学考试报名考试费	—	—	苏价费〔2002〕224号，苏财综〔2002〕90号	
42	▲	消防产品安全许可证（仅指灭火器维修）	省	缴入国库	苏价费〔1998〕86号，苏财综〔1998〕23号，苏政发〔1997〕113号，苏政发〔2000〕60号，苏价费〔2002〕224号，苏财综〔2002〕90号	—
43	▲	火灾扑救补偿费	省	缴入国库	苏价涉字〔1992〕70号，苏财综〔1992〕54号，苏财综〔1993〕195号，苏价费〔2002〕224号，苏财综〔2002〕90号	—
44	▲	消防产品质量检测费	省	缴入国库	苏价费〔1999〕129号，苏价费〔2001〕295号，苏财综〔2001〕149号，苏价费〔2002〕224号，苏财综〔2002〕90号	—
45	▲	治安联防费	省	缴入国库	苏价费〔2002〕224号，苏财综〔2002〕90号	
—	—	（1）在本省内河水域从事生产经营的水上经营者（按规定应当申领《船民证》或《临时船民证》）	—	—	苏政发〔1997〕113号，苏价费〔1998〕87号，苏财综〔1998〕34号，苏财综〔1996〕86号，苏价费〔2002〕224号，苏财综〔2002〕90号	—
—	—	（2）铁路运输物资	—	—	苏政发〔1997〕113号，苏价费〔1998〕87号，苏财综〔1998〕34号，苏财综〔1992〕55号，苏价费〔1992〕178号，苏财综〔1992〕139号，苏价费〔2002〕224号，苏财综〔2002〕90号	由铁路公安部门收取，与铁路公安部门收取的停车费合并作为铁路治安联防费管理
—	—	（3）其他从事生产经营的企事业单位	—	—	苏政发〔1997〕113号，苏价费〔1998〕87号，苏财综〔1998〕34号，苏财综〔1993〕195号，苏价费字〔1993〕212号，苏公治李字〔1988〕107号，苏价费〔2002〕224号，苏财综〔2002〕90号	

序号	部门	收费项目名称	立项级别	资金管理方式	文件依据	备注
46	—	交通法规教育费	省	缴入国库	苏价费〔1997〕148号，苏财综〔1997〕54号，苏价费〔2002〕224号，苏财综〔2002〕90号	—
47	—	电子警察监控机动车违章曝光公告费	省	缴入国库	苏价费〔1999〕174号，苏财综〔1999〕245号，苏价费〔2002〕224号，苏财综〔2002〕90号	—
48	▲	超限运输车辆通行费	省	缴入国库	苏价费〔1998〕81号，苏财综〔1998〕26号，苏价费〔2002〕224号，苏财综〔2002〕90号	—
49	▲	公安被装监制费	省	缴入国库	苏价费函〔1992〕92号，苏价费〔2002〕224号，苏财综〔2002〕90号	—
50	▲	非道路交通事故处理费	省	缴入国库	苏价费〔2002〕224号，苏财综〔2002〕90号	—
51	▲	治安保卫人员岗位证书工本费	省	缴入国库	苏价费〔2002〕224号，苏财综〔2002〕90号	—
52	▲	金融单位安全防护设施合格证工本费	省	缴入国库	苏价费〔2002〕224号，苏财综〔2002〕90号	—
53	▲	停车费	省	缴入国库	苏价费〔2002〕224号，苏财综〔2002〕90号	—
—	—	（1）停车场点机动车临时停放费	省	缴入国库	苏价涉字〔1992〕70号，苏财综〔1992〕54号，苏价费字〔1993〕212号，苏财综〔1993〕195号	—
—	—	（2）停车场点非机动车临时停放费	省	缴入国库	苏价涉字〔1992〕70号，苏财综〔1992〕54号，苏价费字〔1993〕212号，苏财综〔1993〕195号	—
54	▲	法定培训收费	—	—	苏价费〔2002〕224号，苏财综〔2002〕90号	公安部门及其下属事业单位、社会团体的收费收入缴入国库，其他部门、单位接受委托开展的法定培训缴入财政专户
—	—	（1）消防法定培训收费	省	缴入国库	苏价费〔2003〕83号，苏财综〔2003〕28号	—
—	—	（2）危险物品安全管理培训费	省	缴入国库	苏价费〔2000〕120号，苏价费〔2002〕224号，苏财综〔2002〕90号	
—	—	（3）特种行业、公共场所从业人员培训费	省	缴入国库	苏价费〔2000〕120号，苏价费〔2002〕224号，苏财综〔2002〕90号	
—	—	（4）保卫干部等培训训练费	省	缴入国库	苏价费〔2000〕120号，苏价费〔2002〕224号，苏财综〔2002〕90号	
—	—	（5）计算机安全员培训考核收费	省	缴入国库	苏价费函〔1999〕150号，苏财综〔1999〕232号，苏价费〔2002〕224号，苏财综〔2002〕90号	
55	▲	铁路无人看守道口安全监护费	省	财政专户	国办发〔1994〕65号，国经贸运〔1995〕466号，省政府1995年21号省长办公会议纪要，苏财综〔1996〕27号，苏财综〔1997〕138号，苏政办发〔2002〕77号	
二	外办					
56	▲	护照费	—	—	—	—
—	—	（1）护照	国家	缴入国库	价费字〔1992〕198号，计价格〔1999〕466号，财预〔2000〕127号，苏价费字〔1993〕100号，苏财综〔1993〕115号	国家公布项目

苏州市价格志